DIREITO COMERCIAL

DIREITO COMERCIAL

ANTÓNIO MENEZES CORDEIRO
CATEDRÁTICO DA FACULDADE DE DIREITO DE LISBOA

DIREITO COMERCIAL

4.ª EDIÇÃO

(revista, atualizada e aumentada)

REIMPRESSÃO

com a colaboração de
A. BARRETO MENEZES CORDEIRO, LLM
Doutor em Direito
Professor auxiliar convidado da FDL

ALMEDINA
2019

DIREITO COMERCIAL

AUTOR
ANTÓNIO MENEZES CORDEIRO

1.ª edição: Março de 2001

EDITOR
EDIÇÕES ALMEDINA, SA
Rua Fernandes Tomás n.ᵒˢ 76-80
3000-167 Coimbra
Tel.: 239 851 904
Fax: 239 851 901
www.almedina.net
editora@almedina.net

DESIGN DE CAPA
FBA

PRÉ-IMPRESSÃO
EDIÇÕES ALMEDINA, SA

IMPRESSÃO E ACABAMENTO
PAPELMUNDE

Janeiro, 2019
DEPÓSITO LEGAL
415241/16

Os dados e as opiniões inseridos na presente publicação
são da exclusiva responsabilidade do(s) seu(s) autor(es).

Toda a reprodução desta obra, por fotocópia ou outro qualquer
processo, sem prévia autorização escrita do Editor, é ilícita
e passível de procedimento judicial contra o infractor.

Biblioteca Nacional de Portugal – Catalogação na Publicação

CORDEIRO, António Menezes, 1953-

Direito comercial. – 4.ª ed. rev. actualizada e aum.
ISBN 978-972-40-6699-8

CDU 347

Outras obras do Autor no domínio do Direito comercial:

Cláusulas contratuais gerais/Anotação ao Decreto-Lei n.º 446/85, de 25 de Outubro, Coimbra, 1986, col. Professor Doutor Mário Júlio de Almeida Costa, com diversas reimpressões;

Direito da economia, Lisboa, 1986, policopiado;

Expurgação da hipoteca/Parecer, col. Professor Doutor José de Oliveira Ascensão, CJ XI (1986) 5, 35-47;

Concessão de crédito e responsabilidade bancária, BMJ 357 (1986), 5-66;

Obrigações em moeda estrangeira e taxas de juros, O Direito 106-119 (1974/87), 119-145;

A responsabilidade fiscal subsidiária: a imputação aos gestores dos débitos à previdência, col. Professor Doutor Ruy de Albuquerque, CTF 1987, 147-190;

Cessão de exploração de estabelecimento comercial, arrendamento e nulidade formal/ /Parecer, col. Professor Doutor José de Oliveira Ascensão, ROA 1987, 845-927;

Products Liability/An International Manual of Practice/Portugal, col. Professor Doutor Martim de Albuquerque, Londres, 1988;

Saneamento financeiro: os deveres de viabilização das empresas e a autonomia privada, em *Novas perspectivas do Direito Comercial* (1988), 57-100;

Das publicações obrigatórias nos boletins das cotações das bolsas de valores, O Direito 120 (1988), 341-370;

Do contrato de franquia (franchising)/Autonomia privada versus tipicidade negocial, ROA 1988, 63-84;

Cessão de exploração de um navio/Parecer, CJ XIII (1988) 3, 33-47;

Compra e venda internacional, inflação e moeda estrangeira/Anotação a RLx 7-Mai.-1987, RDES XXX (1988), 69-93;

Da responsabilidade dos administradores das sociedades comerciais, em *Estruturas jurídicas da empresa*, Lisboa, 1989, 83-105;

Do reporte: subsídios para o regime jurídico do mercado de capitais e da concessão do crédito, O Direito 121 (1989), 443-459;

Da transmissão em bolsa de acções depositadas, O Direito 121 (1989), 75-90;

Estudos de Direito Comercial, vol. I – *Das falências* (org.), com prefácio do Professor Doutor José Dias Marques, Coimbra, 1989;

Da preferência dos accionistas na subscrição de novas acções; exclusão e violação, ROA 50 (1990), 345-362;

Insolvência: da resolução do aval em benefício da massa; o interesse em agir/Anotação a RPt 9-Jan.-1990, ROA 50 (1990), 159-180;

Declaração de insolvência; fiança e aval; actos resolúveis em benefício da massa; interesse em agir/Anotação a STJ 7-Nov.-1990, ROA 50 (1990), 713;

6 *Direito comercial*

Banca, bolsa e crédito/Estudos de Direito Comercial e de Direito da Economia, 1.º volume, Coimbra, 1991;

Impugnação pauliana de actos anteriores ao crédito – Nulidade da fiança por débitos futuros indetermináveis – Efeitos da impugnação/Anotação a STJ 19-Fev.-1991, ROA 51 (1991), 525-572;

As privatizações e o Direito privado: alguns aspectos com referência ao sector bancário, Direito e Justiça V (1991), 71-89;

Da importação e exportação de capitais: a autorização prévia do Banco de Portugal e o registo de hipotecas e mútuos celebrados no estrangeiro, O Direito 123 (1991), 7-19;

Hipotecas a favor de bancos prediais/Parecer, CJ XVI (1991) 3, 55-69;

Impugnação pauliana e fiança de conteúdo indeterminável, CJ XVII (1992) 3, 55-64;

La bonne foi dans l'exécution du contrat/Rapport portugais, em *Travaux de l'Association Henri Capitant*, tomo XLIII (1992), 337-350;

Contratacion laboral: libertad de empresa y accion administrativa. La experiencia portuguesa, em *La reforma del mercado de trabajo*, dir. Borrajo Dacruz, Madrid, 1993, 275-284;

Das cartas de conforto no Direito bancário, Lisboa, 1993;

Da cessão financeira (factoring), Lisboa, 1994;

Da transmissão e difusão de sinais televisivos/Parecer, ROA 54 (1994), 439-472;

Da tomada de sociedades (takeover): efectivação, valoração e técnicas de defesa, ROA 54 (1994), 761-777;

Vícios ocultos nos bens privatizados: subsídios para a análise da privatização da Sociedade Financeira Portuguesa – Banco de Investimento, SA e suas consequências/Parecer, em *A privatização da Sociedade Financeira Portuguesa*, Lisboa, 1995, 79-143;

Empréstimos "cristal": natureza e regime/Parecer, O Direito 127 (1995), 463-509;

Aquisição de empresas/Anotação ao acórdão do Tribunal Arbitral 31-Mar.-1993, ROA 55 (1995), 37-104;

Da perda de metade do capital social das sociedades comerciais, ROA 56 (1996), 157-177;

Ofertas públicas de aquisição, ROA 56 (1996), 499-533;

Da responsabilidade civil dos administradores das sociedades comerciais, Lisboa, 1996;

Direito bancário/Relatório, Coimbra, 1996;

Leis da banca anotadas, 1.ª ed., Coimbra, 1997;

Les garanties de financement/Portugal, em *Travaux de l'Association Henri Capitant*, tomo XLVII, 1997, 493-502;

A OPA estatutária como defesa contra tomadas hostis, ROA 58 (1998), 133-145;

Manual de Direito bancário, 1.ª ed., Coimbra, 1998.

O contrato bancário geral, Estudos de Direito Bancário, Coimbra, 1999, 11-19;

Da constitucionalidade das aquisições tendentes ao domínio total (artigo 490.º, n.º 3, do Código das Sociedades Comerciais), BMJ 480 (1999), 5-30;

Leis da banca anotadas, 2.ª ed., Coimbra, 2000;

Do contrato de concessão comercial, ROA, 2000, 597-613;

Das acções preferenciais sem voto, ROA 60 (2000), 1001-1056;

Direito dos seguros: perspectivas de reforma, em *I Congresso Nacional de Direito dos Seguros*, org. António Moreira e Costa Martins, 2000, 19-29;

Manual de Direito comercial, I volume, Coimbra, 2001;

Outras obras do Autor no domínio do Direito comercial 7

Manual de Direito bancário, 2.ª ed., Coimbra, 2001;

Acordos parassociais, ROA 61 (2001), 529-542;

Livrança em branco/pacto de preenchimento/Anotação a STJ 3-Mai.-2001, ROA 61 (2001), 1039-1052;

Manual de Direito comercial, II volume – *Sociedades comerciais*, pré-edição, Coimbra, 2001;

Anteprojecto do Regime Geral dos Seguros, na RFDUL, 2001;

O regime jurídico do euro, RFDUL, 2001;

Leis dos seguros anotadas, com a colaboração da Dr.ª Carla Teixeira Morgado, Coimbra, 2002;

Depósito bancário e compensação, em CJ/Supremo X (2002) 1, 5-10 e nos *Estudos em homenagem ao Prof. Doutor Inocêncio Galvão Telles*, *Direito bancário*, vol. II, Almedina, Lisboa, 2002, 89-102;

Estabelecimento comercial e arrendamento, nos *Estudos em homenagem ao Prof. Doutor Inocêncio Galvão Telles*, *Direito do arrendamento urbano*, vol. III, Almedina, Lisboa, 2002, 407-428;

Da reforma do direito dos seguros, separata das memórias do *III Congresso Nacional de Direito dos Seguros*, Lisboa, 2002;

Da compensação no Direito civil e no Direito bancário, Coimbra, 2003;

A evolução do direito das sociedades comerciais em Portugal, em *O Direito contemporâneo em Portugal e no Brasil*, coord. Ives Gandra da Silva Martins/Diogo Leite de Campos, Coimbra, 2003, 401-422;

Escrituração comercial, prestação de contas e disponibilidade do ágio nas sociedades anónimas, nos *Estudos em homenagem ao Prof. Doutor Inocêncio Galvão Telles*, vol. IV, Almedina, Lisboa, 2003, 573-588;

Convenções colectivas de trabalho e direito transitório: com exemplo no regime da reforma no sector bancário, ROA 63 (2003), 63-93;

Manual de Direito das sociedades, I - *Das sociedades em geral*, Coimbra, 2004;

A 13.ª Directriz do Direito das sociedades (ofertas públicas de aquisição), ROA 64 (2004), I/II, 97-111;

Vernáculo jurídico: directrizes ou directivas?, ROA 64 (2004), I/II, 609-614;

Direito europeu das sociedades, Coimbra, 2005;

Concorrência e direitos e liberdades fundamentais na União Europeia, em *Regulação e concorrência*, coordenação dos Profs. Doutores Ruy de Albuquerque e António Menezes Cordeiro, Coimbra, 2005, 9-28;

Defesa da concorrência e direitos fundamentais das empresas: da responsabilização da Autoridade da Concorrência por danos ocasionados em actuações de inspecção, em *Regulação e concorrência*, coordenação dos Profs. Doutores Ruy de Albuquerque e António Menezes Cordeiro, Coimbra, 2005, 121-157;

Da prescrição de créditos das entidades prestadoras de serviços públicos essenciais, em *Regulação e concorrência*, coordenação dos Profs. Doutores Ruy de Albuquerque e António Menezes Cordeiro, Coimbra, 2005, 287-332;

Leis da banca anotadas, em colaboração com a Dra. Carla Teixeira Morgado, 3.ª ed., Coimbra, 2005;

A perda de metade do capital social e a reforma de 2005: um repto ao legislador, ROA 65 (2005), I, 45-87;

8   *Direito comercial*

Aquisições tendentes ao domínio total: constitucionalidade e efectivação da consignação em depósito (artigo 490.º/3 e 4 do Código das Sociedades Comerciais), O Direito 137.º (2005), III, 449-463;

Introdução ao Direito da insolvência, O Direito 137.º (2005), III, 465-506;

Manual de Direito bancário, 3.ª ed., Coimbra, 2006;

Manual do Direito das Sociedades, II – Das Sociedades em Especial, 1.ª ed., Coimbra, 2006;

Regulação económica e supervisão bancária, O Direito, Ano 138.º (2006), II, 245-276;

A grande reforma das sociedades comerciais, O Direito, Ano 138.º (2006), III, 445-453;

O anteprojecto de Código do Consumidor, O Direito 138.º (2006), IV, 685-715;

Evolução do Direito europeu das sociedades, ROA 66 (2006), I, 87-118;

Os deveres fundamentais dos administradores das sociedades (artigo 64.º/1 do CSC), ROA 66 (2006), II, 443-488;

A lealdade no Direito das sociedades, ROA 66 (2006), II, 1033-1065;

SA: assembleia geral e deliberações sociais, Coimbra, 2007.

Manual de Direito comercial, 2.ª ed., Coimbra 2007;

Do contrato de mediação, O Direito 139.º (2007), III, 517-554;

O presidente da mesa da assembleia geral e as grandes assembleias mediáticas de 2007 (PT e BCP), O Direito 139 (2007), IV, 697-735;

Créditos documentários, ROA 67 (2007), I, 81-102;

Introdução do Direito da prestação de contas, Coimbra, 2008;

Uma nova reforma do Código das Sociedades Comerciais, RDS 2009, 11-55;

A Directriz 2007/36, de 11 de Julho (accionistas de sociedades cotadas): comentários à proposta de transposição, ROA 68, II/III (2008), 503-554;

Das prestações complementares da segurança social convencionadas antes do Decreto-Lei n.º 887/76, de 29 de Dezembro, O Direito 140 (2008), V, 999-1051;

A crise planetária de 2007/2010 e o governo das sociedades, RDS 2009, 263-286;

As aplicações financeiras como base contributiva, perante o Código dos Regimes Contributivos do Sistema Previdencial de Segurança Social, RDS 2009, 845-863;

A nacionalização do BPN, RDS 2009, 57-91;

Accionistas: concessão de crédito e igual tratamento, nos Estudos em homenagem ao Prof. Doutor Martim de Albuquerque, I vol., 131-163, Coimbra, 2010;

Do registo de quotas: as reformas de 2006, de 2007 e de 2008, RDS 2009, 293-326 e na obra em homenagem ao Prof. Doutor Carlos Ferreira de Almeida, Faculdade de Direito da Universidade Nova de Lisboa, 2010, 15-50;

A tutela do consumidor de produtos financeiros e a crise mundial de 2007/2010, em Homenagem ao Prof. Doutor José Manuel Sérvulo Correia, III vol., FDL, 2010, 683-706;

Das acções próprias: dogmática básica e perspectivas de reforma – I, RDS 2009, 637-646;

A Directriz 2007/36, de 11 de Julho (Accionistas de sociedades cotadas): Comentário à Proposta de Transposição, Estudos em Honra do Prof. Doutor Paulo de Pitta e Cunha,

Novas regras sobre assembleias gerais: a reforma de 2010, RDS 2010, 11-33;

Ações sem valor nominal, RDS 2011, 473-508;

O CSC e a reforma de 2010: gralhas, lapsos, erros e retificações, RDS 2010, 509-528;

Manual de Direito bancário, 4.ª ed., Coimbra, 2010;

Outras obras do Autor no domínio do Direito comercial 9

Direito das sociedades, 1, 3.ª ed., Coimbra, 2011;
A responsabilidade da sociedade com domínio total (501.º/1 do CSC) e o seu âmbito, RDS III (2011), 1, 83-115;
Consequências da crise económica no interior – A crise económica e os seus reflexos nas regiões interiores, em memória do Dr. António Francisco de Menezes Cordeiro, Câmara Municipal de Bragança, 2011;
OPAs obrigatórias: pressupostos e consequências da sua não-realização, RDS III (2011), 4, 927-984;
Direito Comercial, 3.ª ed., Coimbra, 2012;
Da natureza jurídica do navio, Jornadas de Lisboa de Direito Marítimo, Centro de Direito marítimo e dos transportes, FDL;
Perspectivas evolutivas do Direito da insolvência, RDS IV (2012), 3, 551-591 e Revista Themis, Universidade Nova de Lisboa, Ano XII, n.ºs 22/23 (2012), 7-50;
As sociedades anónimas de seguros, RDS IV (2012), 4, 829-869;
As empresas petrolíferas em Angola, em *Direito dos Petróleos, Uma Perspectiva Lusófona*, Instituto da Cooperação Jurídica, FDL, 2013, 9-42;
Repurchase Agreement (promessa de recompra): conceito e sistematização dogmática, c/ A. Barreto Menezes Cordeiro, RDS V (2013), 1 e 2, 39-58.
Da responsabilidade bancária perante as leis de Macau, em *Formação Jurídica e Judiciária – Colectânea*, Tomo IX, Centro de Formação Jurídica e Judiciária de Macau, 2013, 377-390;
O princípio da boa-fé e o dever de renegociação em contextos de "situação económica difícil", RDS V (2013), 3, 487-535.
Sigilo bancário: fica a saudade?, Cadernos O Direito, n.º 8, Temas de Direito bancário I, Coimbra, 2013, 11-57;
Direito bancário, 5.ª ed., Coimbra, 2014;
O transporte multimodal, compilação das conferências das III Jornadas de Direito Marítimo e dos Transportes, Centro de Direito Marítimo e dos Transportes, Das regras de Haia às regras de Roterdão, FDL, maio de 2013, Coimbra, 2014, 53-64;
Direito bancário e alteração das circunstâncias, RDS VI (2014), 343-390;
Direito dos Seguros, 2.ª ed., Coimbra, 2016.

ADVERTÊNCIAS

As disposições legais não acompanhadas da fonte correspondem a artigos do Código Comercial português, aprovado por Carta de Lei de 28 de junho de 1888, com alterações subsequentes, salvo quando, da sequência, resulte outra pertença.

Os nossos *Direito das obrigações* (1989, reimp.), *Da boa fé no Direito civil* (1984, 7.ª reimp., 2011) e *Tratado de Direito civil*, dez volumes publicados, bem como os nossos *Manual de Direito do trabalho* (1999, reimp.), *Direito bancário*, 5.ª ed. (2014), *Direito das Sociedades* I, 3.ª ed. (2011) e II, 2.ª ed. (2007) e *Direito dos seguros*, 2.ª ed. (2016) serão citados de modo abreviado, sem quaisquer outras indicações. As outras obras do Autor nos domínios comerciais, acima elencadas, são referidas, apenas, pelo título.

A obra está atualizada com referência a elementos publicados até junho de 2016. Apesar do cuidado posto na sua revisão, nem o Autor, nem a Editora, se responsabilizam pelas indicações legislativas: os práticos são convidados a confrontar, permanentemente, as precisas leis em vigor.

Lisboa, setembro de 2016.

ABREVIATURAS

A) Revistas, enciclopédias e recolhas de jurisprudência

AbürgR — *Archiv für bürgerliches Revht*
ACC — *Actas da Câmara Corporativa*
Acc. STJ — *Accórdãos do Supremo Tribunal de Justiça*
AcD — *Acórdãos doutrinais do Supremo Tribunal Administrativo*
AcP — *Archiv für die civilistische Praxis*
ADC — *Annales de Droit Commercial*
AG — *Die Aktiengesellschaft/Zeitschrift für das gesamte Aktienwesen, für deutsches, europäisches und internationales Unternehmens- und Kapitalmarktrecht*
APD — *Archives de Philosophie du Droit*
ARS — *Arbeitsrecht Sammlung*
ARSP — *Archiv für Rechts- und Sozialphilosophie*

BAGE — *Entscheidungen des Bundesarbeitsgerichts*
Bank-Archiv — *Bank-Archiv/Zeitschrift für Bank- und Börsenwesen*
BB — *Der Betriebsberater*
BBTC — *Banca, borsa e titoli di credito*
BFD — *Boletim da Faculdade de Direito da Universidade de Coimbra*
BFHE — *Sammlung der Entscheidungen und Gutachten des Bundesfinanzhofs*
BGHZ — *Entscheidungen des Bundesgerichtshofes in Zivilsachen*
BIRD — *Bulletino dell' Istituto di Diritto Romano*
BMJ — *Boletim do Ministério da Justiça*
BOHGE — *Entscheidungen des Bundes-Oberhandelsgerichts*
BOMJ — *Boletim Oficial do Ministério da Justiça*
Bull/CssFr — *Bulletin des Arrêts de la Cour de Cassation*
BVerfGE — *Entscheidungen des Bundesverfassungsgerichts*

CadMVM — *Cadernos do Mercado de Valores Mobiliários*
CC/Pareceres — *Câmara Corporativa/Pareceres*

CJ	– *Colectânea de Jurisprudência*
CJ/Supremo	– *Colectânea de Jurisprudência/Acórdãos do Supremo Tribunal de Justiça*
CLJ	– *Cambridge Law Journal*
CLP	– *Collecção de Legislação Portugueza*
COF	– *vide* CollOffSTJ
CollOffSTJ	– *Collecção Official dos Acórdãos do Supremo Tribunal de Justiça*
CTF	– *Ciência e Técnica Fiscal*

D	– *Recueil Dalloz*
DB	– *Der Betrieb*
DCDep	– *Diário da Câmara dos Senhores Deputados*
DG	– *Diário do Governo*
DHP	– *Dicionário da História de Portugal*
Dir	– *O Direito*
Dir/Cadernos	– *Cadernos O Direito*
DirComm	– *Il diritto commerciale*
DirFall	– *Il diritto fallimentare e delle società commerciali*
DJ	– *Direito e Justiça*
DJT	– *Deutscher Juristentag*
DJZ	– *Deutscher Juristen-Zeitung*
DLx	– *Diario de Lisboa/Folha official do Governo Portuguez*
D.P.	– *Dalloz Periodique*
DR	– *Deutsches Recht* ou *Diário da República*, conforme o contexto
DS	– *Dalloz/Sirey*
DSess	– *Diário das Sessões*
DSR	– *Direito das sociedades em revista*
DStR	– *Deutsches Steuerrecht*

ED	– *Enciclopedia del diritto*
EF/Anais	– *Anais do Instituto Superior de Ciências Económicas e Financeiras*
EP	– *Polis/Enciclopédia Verbo da Sociedade e do Estado*
ESC	– *Estudos Sociais e Corporativos*
EuR	– *Europarecht*
EuZW	– *Europäische Zeitschrift für Wirtschaftsrecht*
EWS	– *Europäisches Wirtschaftsrechts- & Steuerrecht*

FI	– *Il Foro Italiano*
FI(R)	– *Il Foro Italiano (Repertorio generale)*

FP	– *Il Foro Padano*
GI	– *Giurisprudenza italiana*
GiurCom	– *Giurisprudenza commerciale*
GmbHR	– *GmbH-Rundschau*
GP	– *Gazette du Palais*
GRLx	– *Gazeta da Relação de Lisboa*
Gruchot	– *Beiträge zur Erläuterung des Deutschen Rechts*, fundado por Gruchot
GrünhutsZ	– *Zeitschrift für das Privat- und öffentliche Recht der Gegenwart*, fundado por Grünhut
IC	– *Ius Commune*
Il Fall	– *Il fallimento e le altre procedure concorsuali*
InVo	– *Insolvenz & Vollstreckung*
IPRax	– *Praxis des Internationalen Privat- und Verfahrensrechts*
JA	– *Juristische Arbeitsblätter*
JCP	– *Juris Classeur Périodique*
JhJb	– *Jherings Jahrbücher für die Dogmatik des bürgerlichen Rechts*, antigos *Jahrbücher für die Dogmatik des heutigen römischen und deutschen Privatrechts*
JNot	– *Journal des Notaires et des Avocats et Journal du Notariat*
JOCE	– *Jornal Oficial das Comunidades Europeias*
JR	– *Juristische Rundschau*
JTComm	– *Journal des Tribunaux de Commerce*
Jura	– *Jura/Juristische Ausbildung*
JuS	– *Juristische Schulung*
JW	– *Juristen Wochenschrift*
JZ	– *Juristenzeitung*
MDR	– *Monatschrift für Deutsches Recht*
NJW	– *Neue Juristische Wochenschrift*
NssDI	– *Novissimo Digesto Italiano*
NZA	– *Neue Zeitschrift für Arbeits- und Sozialrecht*
NZG	– *Neue Zeitschrift für Gesellschaftsrecht*
NZI	– *Neue Zeitschrift für das Recht der Insolvenz und Sanierung*
PWRE	– *Paulys Realentzyklopädie der klassischen Altertumswissenschaft*, continuada por G. Wissova
QF	– *Quaderni Fiorentini*

RabelsZ	*– Zeitschrift für ausländisches und internationales Privatrecht, fundado por E. Rabel*
RB	*– Revista da Banca*
RCLJ	*– Revue Critique de Législation et de Jurisprudence*
RdA	*– Recht der Arbeit*
RDC	*– Revista de Direito Civil*
RDCiv	*– Rivista di diritto civile*
RDComm	*– Rivista del diritto commerciale e del diritto generale delle obbligazioni*
RDE	*– Revista de Direito e de Economia*
RDES	*– Revista de Direito e de Estudos Sociais*
RDS	*– Revista de Direito das sociedades*
RDottComm	*– Rivista dei dottori commercialisti*
Recht	*– Das Recht*
RFDDF	*– Revista de Finanças públicas e de Direito fiscal*
RFDUL	*– Revista da Faculdade de Direito da Universidade de Lisboa*
RFDUSP	*– Revista da Faculdade de Direito da Universidade do Estado de São Paulo*
RGDComm	*– Revue Générale de Droit Commercial*
RGZ	*– Entscheidungen des Reichsgerichts in Zivilsachen*
RhZ	*– Rheinische Zeitung für Zivil- und Prozessrecht des In- und Auslandes*
RIDA	*– Revue Internationale des Droits de l' Antiquité*
RISG	*– Rivista Italiana per le Scienze Giuridiche*
RivS	*– Rivista delle società*
RJLB	*– Revista Jurídica Luso-Brasileira*
RLJ	*– Revista de Legislação e de Jurisprudência*
ROA	*– Revista da Ordem dos Advogados*
ROHGE	*– Entscheidungen des Reichs-Oberhandelsgerichts*
RS	*– Revue des Sociétés*
RT	*– Revista dos Tribunais*
RTDC	*– Revue Trimestrielle de Droit Civil*
RTDPC	*– Rivista trimestrale di diritto e procedure civile*
RTh	*– Rechtstheorie/Zeitschrift für Logik, Methodenlehre, Zibernetik und Soziologie des Rechts*
S	*– Recueil Sirey*
SchwAG	*– Schweizerische Aktiengesellschaft*
SeuffA	*– Seufferts Archiv für Entscheidungen der obersten Gerichte in den deutschen Staaten*
SI	*– Scientia Iuridica*

SJZ	– *Süddeutsche Juristenzeitung*
SZRom	– *Zeitschrift der Savigny-Stiftung für Rechtsgeschichte/Romanistische Abteilung*
SZW	– *Schweizerische Zeitschrift für Wirtschaftsrecht/Revue suisse de droit des affaires*

Themis	– *Revista da Faculdade de Direito da UNL*
ThLL	– *Thesaurus Linguae Latinae*
TJ	– *Tribuna da Justiça*
TS	– *Tijdschrift voor Rechtsgeschiedenis/Revue d'Histoire du Droit*

VersR	– *Versicherungsrecht. Juristische Rundschau für die Individualversicherung*

WarnR	– *Warneyer/Die Rechtsprechung des Reichsgerichts*
WM	– *Zeitschrift für Wirtschaft und Bankrecht, Wertpapiermitteilungen*

ZAkDR	– *Zeitschrift der Akademie für Deutsches Recht*
ZBlHR	– *Zentralblatt für Handelsrecht* (em regra, cita-se atualizadamente, como ZHR)
ZdR	– *Zeitschrift für deutsches Recht*
ZeuP	– *Zeitschrift für Europäisches Privatrecht*
ZfA	– *Zeitschrift für Arbeitsrecht und Sozialrecht*
ZgHR	– *Zeitschrift für das gesamte Handelsrecht*
ZGR	– *Zeitschrift für Unternehmens- und Gesellschaftsrecht*
ZHR	– *Zeitschrift für das gesamte Handels- und Wirtschaftsrecht*
ZInsO	– *Zeitschrift für das gesamte Insolvenzrecht*
ZIP	– *Zeitschrift für Wirtschaftsrecht*
ZStW	– *Zeitschrift für die gesamte Strafwissenschaft*
ZVI	– *Zeitschrift für Verbraucher- und Privat- Insolvenzrecht*
ZZP	– *Zeitschrift für Zivilprozess*

B) **Tribunais**

AG	– *Arbeitsgericht*

BAG	– *Bundesarbeitsgericht*
BFH	– *Bundesfinanzhof*
BGH	– *Bundesgerichtshof*
BOHG	– *Bundesoberhandelsgericht*

BVerfG – *Bundesverfassungsgericht*

CApp – *Cour d'Appel* ou *Corte d'Appelo* (consoante a localidade da sede)
CImp – *Cour Impériale* (corresponde às CApp, durante o ch. segundo império)
CssFr – *Cour de Cassation*
CssIt – *Corte di Cassazione*

OAG – *Oberappelationsgericht zu Lübeck*
OLG – *Oberlandesgericht*

RAG – *Reichsarbeitsgericht*
RCb – *Relação de Coimbra*
REv – *Relação de Évora*
RG – *Reichsgericht*
RGm – *Relação de Guimarães*
RLx – *Relação de Lisboa*
RPt – *Relação do Porto*
ROHG – *Reichsoberhandelsgericht*

SchwBG – *Schweizerisches Bundesgericht*
STA – *Supremo Tribunal Administrativo*
STJ – *Supremo Tribunal de Justiça*
STJ(P) – *Supremo Tribunal de Justiça/Tribunal Pleno*

TEDH – *Tribunal Europeu dos Direitos do Homem*
TJE – *Tribunal de Justiça Europeu*
TSCCI – *Tribunal Supremo das Contribuições e Impostos*

C) **Outras**

ABGB – *Allgemeines Bürgerliches Gesetzbuch* (austríaco)
ADHGB – *Das allgemeine deutsche Handelsgesetzbuch*
ADWO – *Allgemeine deutsche Wechselordnung*
AG – *Aktiengesellschaft*
AktG – *Aktiengesetz*
al. – *alemão*
ALR – *Allgemeines Landrecht für die Pressischen Staaten*
an. – *anotação*
a.s. – *ação social*

BetrVG	– *Betriebsverfassungsgesetz*
BGB	– *Bürgerliches Gesetzbuch* (alemão)
BH	– *Beiheft*
BLR	– *Bayerisches Landrecht*
BN	– *Biblioteca Nacional*
C.	– *Codex*
CA	– *Contribuição Autárquica*
cast.	– *castelhano*
CCom	– *Código Comercial*
CCoop	– *Código Cooperativo*
CE	– *Código da Estrada*
ch.	– *chamado*
CIRE	– *Código da Insolvência e da Recuperação de Empresas*
CIt	– *Codice Civile* (italiano)
CMR	– *Convenção de Genebra relativa ao transporte internacional de mercadorias por estrada*
CMVM	– *Comissão do Mercado de Valores Mobiliários*
CNap	– *Code Napoléon*
CNot	– *Código do Notariado*
Code	– *Code de Commerce*
Codice	– = CIt
CódMVM	– Código *do Mercado de Valores Mobiliários*
COTIF	– *Convenção Relativa aos Transportes Internacionais Ferroviários*
CP	– *Código Penal*
CPEF	– *Código dos Processos Especiais de Recuperação da Empresa e da Falência*
CPI	– *Código da Propriedade Industrial*
CPP	– *Código de Processo Penal*
CR	– *Constituição da República*
CRC	– *Código do Registo Comercial*
CRP	– *Código do Registo Predial*
CS	– *Código Civil* de 1867 (de Seabra)
CSC	– *Código das Sociedades Comerciais*
CT	– *Código do Trabalho*
CVM	– *Código dos Valores Mobiliários*
CVR	– *Convenção de Genebra relativa ao transporte internacional de passageiros e bagagens*
D.	– *Digesto*

EG	– *Einführungsgesetz zum Bürgerlichen Gesetzbuche*
esp.	– *espanhol*
Est.	– *Estudos*
Et.	– *Études*

Fasc.	– *Fascículo*
FG	– *Festgabe*
fr.	– *francês*
FS	– *Festschrift*

GenG	– *Gesetz betreffend die Erwerbs- und Wirtschaftsgenossenschaften*
GmbHG	– *Gesetz betreffend die Gesellschaften mit beschränkter Haftung*
GS	– *Gedächtnisschrift*
GWB	– *Gesetz gegen Wettbewerbsbeschränkungen*

HGB	– *Handelsgesetzbuch*
HRefG	– *Gesetz zur Neuregelung des Kaufmanns- und Firmenrechts und zur Änderung anderer handels- und gesellschaftsrechtlicher Vorschriften*

I.	– *Institutiones*
InsO	– *Insolvenzordnung*
IRC	– *Imposto sobre o rendimento das pessoas coletivas*
IRS	– *Imposto sobre o rendimento das pessoas singulares*
it.	– *italiano*
IVA	– *Imposto sobre o valor acrescentado*

KG	– *Kommanditgesellschaft*
KGaA	– *Kommanditgesellschaft auf Aktien*
KO	– *Konkursordnung*
Komm	– *Kommentar*

LCT	– *Lei do Contrato de Trabalho*
LSQ	– *Lei das Sociedades por Quotas*
LUCh	– *Lei Uniforme do Cheque*
LULLiv	– *Lei Uniforme das Letras e Livranças*

Mel.	– *Mélanges*
MitbestG	– *Gesetz über die Mitbestimmung der Arbeitnehmer*
MP	– *Ministério Público*
NF	– *Neue Folge*

OP	– *Oferta pública*
OPA	– *Oferta pública de aquisição*
Ord. Fil.	– *Ordenações Filipinas*

POC   – *Plano Oficial de Contabilidade*

r.a.	– *responsabilidade dos administradores*
r.c.	– *responsabilidade civil*
RAU	– *Regime do Arrendamento Urbano*
Rec.	– *recensão*
RegRC	– *Regulamento do Registo Comercial*
Reimpr.	– *reimpressão*
RGES	– *Regime Geral das Empresas Seguradoras*, aprovado pelo Decreto--Lei n.º 94-B/98, de 17 de Abril
RGIC	– *Regime Geral das Instituições de Crédito e Sociedades Financeiras*, aprovado pelo Decreto-Lei n.º 298/92, de 31 de Dezembro
RNPC	– *Registo Nacional de Pessoas Coletivas*, aprovado pelo Decreto-Lei n.º 129/98, de 13 de Maio
ROC	– *revisor oficial de contas*

Sc.	– *Scritti*
Sep.	– *separata*
St.	– *Studi*
Supl.	– *Suplemento*

Trad.	– *tradução*
TVG	– *Tarifvertragsgesetz*

UmwG	– *Umwandlungsgesetz*
UWG	– *Gesetz gegen den unlauteren Wettbewerb*

VAG	– *Versicherungsaufsichtsgesetz*
VVG	– *Gesetz über den Versicherungvertrag*

WG   – *Wechselgesetz*

ZPO   – *Zivilprozessordnung*

ÍNDICE GERAL

Outras obras do Autor no domínio do Direito comercial 5
Advertências 11
Abreviaturas.. 13
Índice geral.. 23

I
INTRODUÇÃO

§ 1.º O Direito Comercial

1. Aproximação; Direito privado 41
2. Direito especial.. 43
3. Direito do comércio ou dos comerciantes 44
4. Condicionamentos histórico-culturais e dogmáticos 45

CAPÍTULO I – A EVOLUÇÃO DO DIREITO COMERCIAL

§ 2.º Das origens aos primeiros códigos comerciais

5. Génese e Direito romano 47
6. Do *ius mercatorum* às leis comerciais modernas 51
7. O *Code de Commerce* de 1807; influência........................... 54
8. A evolução alemã e o Código Geral de 1861 61

§ 3.º As codificações tardias e a unificação do Direito privado

9. As codificações oitocentistas tardias 66
10. Institutos comerciais sensíveis; evolução científica..................... 69

24 *Direito comercial*

11. O século XX e a unificação do Direito privado 70
12. Elementos subsequentes... 75

§ 4.º A experiência anglo-saxónica

13. Evolução geral 78
14. Tendências atuais; a experiência norte-americana do *Uniform Commercial Code* 79

CAPÍTULO II – A EXPERIÊNCIA LUSÓFONA

§ 5.º Das origens ao século XVIII

15. O comércio e as primeiras leis 83
16. As Ordenações; aspetos gerais do antigo Direito comercial português 85
17. A doutrina comercial lusófona 89
18. As reformas comerciais do Marquês de Pombal 90

§ 6.º Os Códigos Comerciais oitocentistas

19. Antecedentes; a Lei da Boa Razão (18-ago.-1769) 93
20. O Código Ferreira Borges (1833)................................. 95
21. O Código Veiga Beirão (1888).................................. 101

§ 7.º A comercialística dos séculos XX e XXI

22. A evolução legislativa subsequente ao Código Comercial; a) Alterações
    ao Código 106
23. Segue; b) Leis complementares 113
24. A doutrina.. 116

§ 8.º Outras experiências lusófonas

25. Brasil.. 125
26. Angola 128
27. Cabo Verde 129
28. Guiné 130
29. Macau 131
30. Moçambique.. 133
31. São Tomé e Príncipe.. 136
32. Timor 137

Índice geral

CAPÍTULO III – COORDENADAS ATUAIS DO DIREITO COMERCIAL

§ 9.º Características gerais

33.	A "comercialidade"	139
34.	O problema da autonomia	143
35.	A especialidade	146
36.	A aplicação analógica do Direito comercial	148
37.	A natureza fragmentária e a dependência científica	150
38.	Natureza histórico-cultural; consequências	152
39.	Internacionalismo e pequeno comércio	153

§ 10.º A autonomização de disciplinas comerciais

40.	Dados legislativos; Direito comercial amplo e Direito comercial residual	156
41.	O Direito das sociedades comerciais	157
42.	O Direito da concorrência	159
43.	O Direito da propriedade industrial	164
44.	O Direito dos títulos de crédito	166
45.	O Direito bancário	167
46.	O Direito dos valores mobiliários	169
47.	O Direito dos seguros	171
48.	Outras disciplinas	173
49.	O Direito comercial nuclear	175

§ 11.º Integração e internacionalização

50.	Aspetos gerais	177
51.	Integração europeia e diretrizes comerciais	179
52.	Internacionalização	181
53.	A Cnudci (Uncitral) e a Unidroit	182
54	O novo *ius mercatorum*	185
55.	A arbitragem: nacional e internacional	187

§ 12.º O Direito comercial dos nossos dias

56.	Aspetos metodológicos	191
57.	Programa	193
58.	Bibliografia lusófona	194
59.	Bibliografia estrangeira	197
60.	Revistas, comentários, coletâneas e *Internet*	200

II
DOUTRINA COMERCIAL GERAL

CAPÍTULO I – COMÉRCIO E COMERCIANTES

Secção I – DOS ATOS DE COMÉRCIO

§ 13.º Atos de comércio

61. O sistema do Código Comercial...................................... 207
62. Atos de comércio objetivos 209
63. Segue; atos comerciais por analogia?................................ 211
64. Segue; o problema das "empresas" do artigo 230.º 216
65. Atos de comércio subjetivos... 221
66. Os atos mistos... 225
67. Síntese; a Lei n.º 62/2013, de 26 de agosto; perspetivas 226

§ 14.º Regime geral dos atos de comércio

68. Sistema de fontes; analogia e princípios comerciais 231
69. O Direito subsidiário; também Direito público? 234
70. Princípios materiais 235

§ 15.º Os usos comerciais

71. Aspetos gerais... 240
72. Elementos e natureza; confronto com o costume........................ 244
73. Os usos do Código Civil; os usos como estalões (*standards*) 245
74. Os usos no Código Comercial e no Direito mercantil 249
75. Natureza; a "boa-fé" 253

Secção II – DOS COMERCIANTES

§ 16.º A ideia geral de comerciante

76. Relevância; os atos de comércio unilaterais............................ 256
77. Comerciante e empresário 259
78. A reforma do Código Comercial alemão de 1998 262
79. O sistema do Código Comercial...................................... 265

§ 17.º O comerciante pessoa singular

80. O acesso ao comércio... 268

Índice geral

81. A capacidade para praticar atos de comércio 269
82. A situação dos menores 272
83. A profissão de comerciante; proibições, incompatibilidades, inibições
e impedimentos 274

§ 18.º O comerciante pessoa coletiva

84. Sociedades comerciais 278
85. Associações e fundações 279
86. Pessoas coletivas públicas e entidades de solidariedade social 283
87. Associações desportivas e suas federações 284
88. Empresas públicas 284
89. Institutos públicos e associações públicas 285

§ 19.º Pessoas semelhantes a comerciantes

90. A categoria "pessoas semelhantes a comerciantes" 287
91. O mandatário comercial; os gerentes, auxiliares, caixeiros e comissários...... 289
92. Profissionais liberais... 290

CAPÍTULO II – EMPRESA E ESTABELECIMENTO

Secção I – A EMPRESA

§ 20.º Evolução histórico-comparatística da empresa

93. Aspetos gerais; a necessidade de enquadramento cultural 293
94. A tradição germânica; do negócio à "empresa em si" 295
95. Continuação; a (possível) dogmática da empresa 299
96. Continuação; a evolução na segunda metade do século XX 302
97. A tradição francesa.. 306
98. A tradição italiana... 309

§ 21.º A empresa na experiência portuguesa

99. A tradição de Ferreira Borges e de Veiga Beirão 312
100. A objetivação da empresa... 313
101. Os "interesses" da empresa 315

§ 22.º A empresa e o Direito comercial português

102. Os desenvolvimentos linguísticos e a sua refutação..................... 322
103. A empresa como noção-quadro 324
104. Concretização.. 327

28   *Direito comercial*

Secção II – O ESTABELECIMENTO

§ 23.º Noção e elementos do estabelecimento

105. Aceções e noção geral 330
106. Elementos do estabelecimento 332
107. O critério da sua inclusão...................................... 334
108. Nota comparatística 338

§ 24.º O regime e a natureza do estabelecimento

109. A negociação unitária; o trespasse 341
110. A cessão de exploração e a locação de estabelecimento 346
111. O usufruto do estabelecimento.................................. 351
112. O estabelecimento como objeto de garantia..................... 351
113. A reivindicação e as defesas possessórias 352
114. A natureza.. 353
115. O estabelecimento individual de responsabilidade limitada 356

CAPÍTULO III – O ESTATUTO GERAL DOS COMERCIANTES

Secção I – A FIRMA E A DENOMINAÇÃO

§ 25.º A firma e a sua evolução

116. Ideia geral, origens e consagração legislativa 359
117. A evolução novecentista.. 362
118. A natureza da firma; opções.................................... 364

§ 26.º A firma na experiência portuguesa

119. O Código Veiga Beirão; antecedentes e evolução subsequente............. 368
120. As reformas dos anos 80 do século XX 372
121. O RNPC de 1998 374

§ 27.º O regime da firma

122. Os princípios; teleologia geral 380
123. Autonomia privada e limitações genéricas 382
124. Obrigatoriedade e normalização 385
125. Os comerciantes pessoas singulares............................ 387
126. A verdade e a exclusividade.................................... 390
127. A estabilidade; a transmissão da firma......................... 393
128. O princípio da novidade.. 396

Índice geral 29

129. A unidade 398
130. Aspetos processuais 400
131. A firma e o regime especial de constituição de sociedades (2005) 402
132. Tutela e natureza perante o Direito português 403

Secção II – A ESCRITURAÇÃO MERCANTIL
E A PRESTAÇÃO DE CONTAS

§ 28.º Da escrituração

133. Noção, escopo e enquadramento dogmático 405
134. Evolução geral; partidas dobradas e codificações 407
135. O Código Comercial de 1888 409
136. A evolução subsequente 411
137. A reforma das sociedades de 2006; o fim da escrituração comercial 414

Secção III – O REGISTO COMERCIAL

§ 29.º O registo comercial: evolução e funcionamento

138. Origem e evolução 418
139. A experiência portuguesa 421
140. O Código do Registo Comercial de 1986 424
141. O funcionamento do registo comercial (antes de 2006) 429

§ 30.º A reforma do registo comercial de 2006

142. Aspetos gerais 433
143. A eliminação da competência territorial das conservatórias 435
144. Registos por transcrição e por depósito 435
145. O processo do registo 437
146. Papel da informática, apresentação por notário e documentos 438
147. A impugnação de decisões 439
148. O regime transitório 440
149. As reformas de 2007, de 2008 e de 2009 441

§ 31.º O âmbito e os princípios do registo comercial

150. O âmbito do registo comercial 443
151. Os princípios do registo comercial; o princípio da instância 445
152. O princípio da obrigatoriedade 446
153. Os princípios da competência, da legalidade e do trato sucessivo 447

§ 32.º Os efeitos do registo comercial

154. Generalidades; efeito presuntivo e regra da prioridade 450
155. Efeito constitutivo 451
156. Efeito indutor de eficácia; a) A publicidade negativa.................... 452
157. Segue; b) A publicidade positiva; as nulidades do registo................ 456
158. Segue; c) A invocação da eficácia da aparência........................ 459
159. O problema das invalidades substantivas............................. 460
160. A responsabilidade do Estado 461

Secção IV – A INSOLVÊNCIA

§ 33.º Introdução ao Direito da insolvência

161. A insolvência 463
162. O Direito da insolvência.. 465
163. Aspetos metodológicos 466
164. Autonomia dogmática e bibliografia 468

§ 34.º A evolução do Direito da insolvência

165. Direito romano 470
166. Evolução subsequente; tradições francesa, alemã e anglo-saxónica 472
167. A experiência portuguesa... 474

§ 35.º As grandes reformas da insolvência

168. A reforma francesa de 1985 478
169. A reforma alemã de 1994/2001 480
170. As reformas das primeiras décadas do século XXI 482

§ 36.º As insolvência internacionais

171. Aspetos gerais e fontes... 486
172. As normas internas de conflitos 487
173. O Regulamento 1346/2000, de 29 de maio 489
174. O Regulamento 2015/848, de 20 de maio 490

§ 37.º Perfil geral da insolvência

175. Princípios clássicos 492
176. Situações especiais; a banca e os seguros 494

Índice geral

§ 38.º O revogado processo especial de recuperação de empresas e da falência

177. A recuperação de empresas; o Decreto-Lei n.º 177/86, de 2 de julho 496
178. O Código dos Processos Especiais de Recuperação da Empresa e da Falência;
a) A recuperação 498
179. Segue; a assembleia de credores 500
180. A falência e as suas consequências 502

§ 39.º O Código da Insolvência

181. A Lei n.º 39/2003, de 22 de agosto (autorização legislativa) 505
182. O Decreto-Lei n.º 53/2004, de 22 de agosto (diploma preambular) 507
183. O Decreto-Lei n.º 200/2004, de 18 de agosto e as reformas subsequentes 508
184. Legislação complementar 510
185. O sistema geral do Código da Insolvência 511
186. As disposições introdutórias 512
187. Segue; noções legais 514
188. Segue; preceitos processuais 515

§ 40.º Coordenadas da insolvência

189. Enumeração 517
190. A primazia da satisfação dos credores 518
191. A ampliação da autonomia privada dos credores 520
192. A simplificação do processo; a insolvência da pessoa singular 523

§ 41.º A revitalização de empresas

193. O Memorando da Troika 525
194. O regresso à recuperação, a simplificação e os credores 527
195. O SIREVE, o PARI e o PERSI 528
196. Perspetivas 530

§ 42.º A responsabilidade do requerente da insolvência

197. O problema e o seu interesse 532
198. A evolução do tema nas leis nacionais 533
199. O artigo 22.º do CIRE: origem plausível 543
200. Interpretação integrada 547
201. A aplicabilidade na insolvência da litigância de má-fé, do abuso do direito
de ação e da *culpa in agendo* ou *in petendo* 548

§ 43.º Valoração do Código da insolvência

202. Aspetos gerais 550

32 *Direito comercial*

203. As opções básicas 551
204. Técnica e estímulo jurídico-científico 552

III
CONTRATOS COMERCIAIS

CAPÍTULO I – DOS CONTRATOS COMERCIAIS EM GERAL

Secção I – PRINCÍPIOS GERAIS

§ 44.º Autonomia das partes

205. *Numerus apertus*; o poder do mercado 555
206. Contratos mistos; a natureza comercial 557
207. As coligações de contratos 561
208. Segue; os seus efeitos 565
209. Consensualidade e normalização 567
210. A delimitação negativa; a deontologia comercial 569
211. O papel jurídico-científico da contratação comercial 570

§ 45.º Princípios e regras comerciais

212. Os chamados princípios comerciais materiais 571
213. A liberdade de língua; o uso obrigatório do português 572
214. As comunicações à distância 576
215. A solidariedade 578
216. O regime conjugal de dívidas 578
217. Tutela do crédito comercial 580
218. A prescrição presuntiva de dívidas comerciais 584

Secção II – A CONTRATAÇÃO COMERCIAL

§ 46.º *Culpa in contrahendo*

219. Deveres pré-contratuais mercantis 586
220. A jurisprudência comercial 589
221. Sentido e consequências; a natureza comercial 590
222. O conteúdo do dever de informar 593

§ 47.º Negócios preliminares e contratação mitigada

223. Negócios preliminares e intercalares 595
224. A contratação mitigada 596

Índice geral

Secção III – A ADESÃO A CLÁUSULAS CONTRATUAIS GERAIS

§ 48.º O comércio e as cláusulas contratuais gerais

225. As cláusulas e o comércio 599
226. Dogmática básica 600
227. Evolução; leis específicas 603

§ 49.º A lei portuguesa das cláusulas contratuais gerais

228. Aspetos gerais 608
229. Âmbito e inclusão nos negócios singulares 613
230. Interpretação e integração 618

§ 50.º Cláusulas contratuais gerais nulas e proibidas

231. Nulidade e proibição 620
232. Sistema geral das proibições 621
233. As cláusulas proibidas 626
234. A conformação dos contratos comerciais 631
235. O problema dos contratos pré-formulados 632

Secção IV – O COMÉRCIO À DISTÂNCIA

§ 51.º Comércio eletrónico e comércio fora do estabelecimento

236. A contratação por computador 636
237. A contratação por meios eletrónicos ou por *internet* 639
238. Contratos à distância e fora do estabelecimento 643
239. Vendas automáticas e vendas especiais esporádicas 644
240. Publicidade não solicitada e venda ambulante 645
241. Documentos eletrónicos e assinatura digital 646
242. Faturas e comércio eletrónicos 647
243. Balanço; a natureza comercial 650

CAPÍTULO II – CONTRATOS ESPECIAIS DE COMÉRCIO

Secção I – TIPIFICAÇÕES

§ 52.º Os contratos comerciais e a sua ordenação

244. A ordenação legal 651
245. Contratos extravagantes; tipos sociais 652
246. A ordenação proposta 654

Secção II – A REPRESENTAÇÃO E O MANDATO COMERCIAIS

§ 53.º A representação em geral

247. Generalidades; evolução geral da representação 656
248. Requisitos, distinções e regime comum 660
249. O negócio-base; regras quanto ao procurador e à sua substituição 665
250. A tutela de terceiros 669
251. Segue; a procuração tolerada e a procuração aparente. 672

§ 54.º A representação comercial

252. A situação em Ferreira Borges 676
253. O Código Comercial 677
254. A tutela de terceiros 679

§ 55.º O mandato comercial

255. Tipos de mandato comercial; o núcleo estrito 681
256. Gerentes de comércio 684
257. Auxiliares e caixeiros 686
258. O contrato de comissão 686

Secção III – O CONTRATO DE MEDIAÇÃO

§ 56.º Mediação: noções básicas e evolução

259. Noções básicas 689
260. Direito romano e Direito intermédio 691
261. Os Direitos nacionais modernos. 693
262. Codificações civis e comerciais; justificações da figura 696

§ 57.º A mediação na experiência lusófona

263. O Direito antigo e o Código Ferreira Borges (1833) 699
264. O Código Veiga Beirão 700

§ 58.º A especialização da mediação

265. Mediação mobiliária; intermediação financeira 703
266. Mediação dos seguros 705
267. Mediação imobiliária 708
268. Mediação monetária 714
269. Mediação de jogos sociais do Estado 715

§ 59.º Dogmática geral da mediação

270. Aceções e modalidades 716
271. Mediação civil e mediação comercial 718
272. Mediação típica e mediação atípica 720
273. Figuras afins 722

§ 60.º O regime e a natureza da mediação

274. Requisitos 724
275. Cláusulas típicas e boa-fé 726
276. A retribuição 729
277. A cessação 731
278. Características e natureza 732

Secção IV – OS CONTRATOS DE ORGANIZAÇÃO

§ 61.º A associação em participação

279. Generalidades; origem e evolução; sistemas societários 734
280. Segue; sistemas comutativos 737
281. Os Códigos Comerciais portugueses; a conta em participação 739
282. A associação em participação. 740
283 O regime 742
284. A natureza 745

§ 62.º O consórcio

285. Noções básicas; nota de Direito comparado 747
286. O Direito português; influências decisivas. 749
287. Regime vigente. 752
288. O problema da repartição dos ganhos e perdas 756
289. O termo do consórcio 759

§ 63.º O contrato de lojista em centro comercial

290. Generalidades 762
291. Esquema geral; a inaptidão do arrendamento 763
292. Um tipo autónomo 763
293. Natureza e regime 768

36 *Direito comercial*

Secção V – OS CONTRATOS DE DISTRIBUIÇÃO

§ 64.º Contratos de distribuição em geral

294. A distribuição e o Direito 770
295. Os contratos de distribuição 772

§ 65.º A agência

296. Origem e evolução; o papel de matriz 776
297. A Diretriz n.º 86/653/CEE 778
298. O regime legal; generalidades 779
299. As posições das partes 782
300. A proteção de terceiros 786
301. A cessação 787
302. A indemnização de clientela; outros aspetos 790

§ 66.º A concessão

303. O perfil da concessão 794
304. Figuras afins 795
305. O regime da concessão 799
306. Especificidades 801

§ 67.º A franquia (*franchising*)

307. Generalidades 804
308. Modalidades; desenvolvimento em Portugal 806
309. As posições das partes 808
310. A cessação 810
311. Problemas de concorrência 812
312. Aspetos práticos 814

Secção VI – OS CONTRATOS BANCÁRIOS

§ 68.º Contratos bancários

313. Características gerais 816
314. Enumeração e remissão 818

Secção VII – OS CONTRATOS DE TRANSPORTE

§ 69.º O Direito geral dos transportes

315. Generalidades; aspetos institucionais e materiais 820

Índice geral 37

316. O Código Comercial e o papel das cláusulas contratuais gerais 822
317. Quadro geral dos contratos de transporte 823

§ 70.º O Direito internacional dos transportes; os *incoterms*

318. As convenções internacionais 825
319. As diretrizes comunitárias 828
320. Os *incoterms* 829
321. Segue; aplicação interna e natureza 831
322. *Trade terms* 833

§ 71.º O contrato de transporte

323. Nota histórica 835
324. O transporte em geral 837
325. O Código Comercial 839
326. A guia de transporte 840
327. A execução do transporte 841
328. A responsabilidade do transportador 843
329. A entrega e as garantias do transportador 845

§ 72.º Figuras afins do contrato de transporte e natureza

330. O transitário 846
331. Contratos de reboque, de tração e de afretamento 848
332. A natureza 849

Secção VIII – O CONTRATO DE SEGURO

§ 73.º Problemática geral dos seguros

333. Generalidades 852
334. Remissão 854

Secção IX – OS CONTRATOS DE COMPRA E VENDA
E DE TROCA MERCANTIS

§ 74.º A compra e venda comercial

335. Delimitação 856
336. Modalidades 858
337. Particularidades de regime 860

38 — Direito comercial

§ 75.º O escambo ou troca comerciais

338. A equiparação à compra e venda 862

Secção X – O REPORTE

§ 76.º O reporte

339. Noção geral 864
340. Modalidades e características. 866
341. Função e natureza. 868
342. Os denominados direitos acessórios. 871

Secção XI – A LOCAÇÃO COMERCIAL

§ 77.º A locação comercial

343. O aluguer comercial. 879
344. O arrendamento comercial. 879

Secção XII – TRANSMISSÃO E REFORMA DE TÍTULOS DE CRÉDITO MERCANTIS

§ 78.º Transmissão e reforma de títulos de crédito

345. Remissão 881

Índice de jurisprudência 883
Índice onomástico. 899
Índice bibliográfico 923
Índice ideográfico. 995

I

INTRODUÇÃO

§ 1.º O DIREITO COMERCIAL

1. Aproximação; Direito privado

I. O Direito comercial é definido ora como o Direito privado especial do comércio[1] ora como o Direito dos comerciantes[2] ou dos comerciantes e das empresas[3]. A doutrina atual aproxima e complementa largamente essas noções, ainda que respeitando as fórmulas. Como base de trabalho, elas podem ser adotadas. Vamos decompô-las, nos seus termos.

II. O Direito comercial é Direito privado. Integra uma área normativa dominada por vetores de igualdade e de liberdade: os diversos sujeitos

---

[1] Georg Arnold Heise, *Heise's Handelsrecht/Nach dem Original- Manuscript* (1814--1817, publ. 1858), VIII + 452 pp. (1); Georg Friedrich von Martens, *Grundriss des Handelsrechts insbesondere des Wechsel- und Seerechts*, 3.ª ed. (1820), 2; a 1.ª ed. data de 1797 e a 2.ª de 1805; C. C. E. Hiersemenzel, *Preussisches Handels-Recht* (1856), VI + 298 pp. (1 ss.); o Direito comercial abrange os institutos jurídicos que pertencem ao comércio, nas palavras de Heinrich Thöl, *Das Handelsrecht*, 1, 3.ª ed. (1854), 1. Thöl é um nome-chave na comercialística moderna.

[2] Claus-Wilhelm Canaris, *Handelsrecht*, 24.ª ed. (2006), 2; Karsten Schmidt, *Handelsrecht/Unternhmensrecht*, 1, 6.ª ed. (2014), XLI + 1225 pp., e *Münchener Kommentar zum Handelsgesetzbuch*, I – §§ 1-104a, 4.ª ed. (2016), XXXV + 1616 pp., Vor § 1, Nr. 1 (5) § 1 (5 ss.), onde podem ser confrontadas inúmeras outras indicações; Klaus J. Hopt, em Adolf Baumbach/Klaus J. Hopt, *Handelsgesetzbuch*, 36.ª ed. (2014), LXVI + 2558 pp., Einl v § 1, Nr. 1 (3); está anunaciada a 37.ª ed., para agosto de 2016. Jacques Mestre/Marie--Eve Tian-Pancrazi e outros, *Droit commercial*, 29.ª ed. (2012), 1324 pp., 19, falam no "... ramo do Direito privado relativo às operações jurídicas realizadas pelos comerciantes (...) reportando-se ao exercício do comércio...". Nas origens, então recentes, desta orientação: Adolf Mensching, *Das deutsche Handelsrecht zum praktischen Gebrauch gemeinsatzlich dargestellt* (1864), VIII + 240 pp. (1): o Direito das regras relativas ao tráfego comercial.

[3] Wulf-Henning Roth, em Ingo Koller/Wulf-Henning Roth/Winfried Morck, *Handelsgesetzbuch*, 5.ª ed. (2005), Vor § 1, Nr. 1 (2).

apresentam-se sem poderes de autoridade e podem, em princípio, desenvolver todas as atividades que a lei não proíba. Pelo contrário: no Direito público – e, pelo menos, a nível de sistema – deparamos com entidades dotadas de *ius imperii* as quais, em contrapartida, só podem agir quando uma lei o permita.

Mais importante do que estas fórmulas tendenciais, cuja verificação deve ser sempre aferida caso a caso, é o conjunto das valorações envolvidas, que cumpre recordar[4]: valorações culturais, teóricas, práticas e significativo-ideológicas.

III. Em termos culturais, o Direito comercial radica na tradição românica e assenta em receções sucessivas do Direito romano. A asserção não é rigorosa, cumprindo explicar. O moderno Direito comercial tem sido derivado de estatutos e práticas medievais e não do Direito romano[5] – numa postura não incontroversa; todavia, as suas categorias têm, no essencial, uma conceção românica, tendo sido justamente o seu tratamento, à luz dos quadros pandetísticos, que lhe assegurou sobrevivência e modernidade[6]. Contrariando o Direito público de base racionalista e reformista, o Direito comercial traduz uma paulatina evolução, adversa a súbitas alterações. Esta quietude é, de resto, um dos fatores que explicam a sua sobrevivência, ainda hoje, como disciplina autónoma.

Numa valoração teórica, o Direito comercial reporta-se a relações interindividuais de nível profundo; contrapõe-se, tal como o civil, ao sistema do Direito público que se ocupa do relacionamento com o Estado e de certos esquemas dirigistas de distribuição dos bens.

Em termos práticos, o Direito comercial é cultivado por privatistas, surge no prolongamento lógico de múltiplas conceções civis e é aplicado em conjunto com os mais diversos institutos comuns.

---

[4] *Tratado* I, 4.ª ed., 112 ss.. Enfatizando a natureza privada do Direito comercial: Anja Steinbeck, *Handelsrecht*, 3.ª ed. (2014), 25.

[5] Assim, Francesco Galgano, *História do Direito Comercial*, trad. port. João Espírito Santo (s/d, a 2.ª ed. original italiana é de 1980), 26 ss. e 31 ss..

[6] Peter Raisch, *Die Abgrenzung des Handelsrechts vom Bürgerlichen Recht als Kodifikationsproblem im 19. Jahrhundert* (1962), 18-19, reportando-se a Thöl; todavia, esta asserção pode ser documentada nos diversos ordenamentos (designadamente no francês), antes dessa data, como adiante se explicará.

§ 1.º O Direito comercial	43

Finalmente, em termos significativo-ideológicos, o Direito comercial, tal como o civil, dá corpo ao sentir profundo da sociedade em que surja. Previne intervenções arbitrárias do poder e assegura, aos particulares, um plano de livre desenvolvimento das suas personalidades.

IV. A integração do Direito comercial no seio das disciplinas privatísticas deve ser sublinhada, ainda a outros títulos. Este posicionamento é muito rico em consequências: basta ver que o Direito comercial é, em boa parte, fragmentário, tornando-se operacional apenas graças à presença permanente das regras civis.

Além disso, a sua natureza privada é essencial para demarcar o Direito comercial do Direito do comércio internacional e do Direito público da distribuição dos bens.

V. A natureza privada do Direito comercial – tal como sucede com o Direito civil – revela-se apenas a nível de sistema. Se considerarmos isoladamente algumas das suas áreas, depararemos com regras de Direito público, regras essas que podem mesmo abranger capítulos inteiros: assim sucede com o registo comercial ou com os deveres contabilísticos dos comerciantes[7].

2. Direito especial

I. O Direito comercial é considerado especial. Assim se distinguiria do Direito civil: Direito comum.

A relação de especialidade ocorre quando, perante um complexo normativo que se dirija a uma generalidade de situações jurídicas, um segundo complexo, mais restrito mas mais intenso, contemple uma situação que, de outro modo, respeitaria ao primeiro, dispensando-lhe um tratamento particularmente adequado. A adequação pode resultar de normas diferenciadas que estabeleçam situações diversas ou de regras complementadoras que precisem, num ou noutro sentido, soluções deixadas em aberto pelo Direito comum[8].

---

[7] Assim, Canaris, *Handelsrecht* cit., 24.ª ed. 4-5.

[8] *Idem*, 5. Acentuam a especialidade: Eugen Klunzinger, *Grundzüge des Handelsrechts*, 14.ª ed. (2011), 1; Hans Brox/Martin Henssler, *Handelsrecht*, 21.ª ed. (2011) e Tobias Lettl, *Handelsrecht*, 3.ª ed. (2015), 3.

Prosseguindo, poderemos afirmar que a especialidade é relativa: impõe-se quando, perante duas áreas normativas, seja possível estabelecer uma relação geral/especial. O Direito comercial seria especial em relação ao civil; mas surgirá geral em relação ao Direito bancário, ainda mais especial[9].

II. A afirmação de natureza especial do Direito mercantil é útil: permite justificar a aplicação subsidiária do Direito civil, em termos que abaixo melhor examinaremos. A comercialística dos nossos dias mantém--se-lhe fiel[10].

Também aqui teremos de observar que a relação de especialidade se obtém, apenas, a nível do sistema. O Direito comercial apresenta-se muito heterogéneo. Citando Oetker[11] que retoma Canaris[12], podemos falar, a seu respeito, em "variações sobre temas civis". Mas podemos ir mais longe: há áreas comerciais importantes que não têm, subjacente, qualquer regra civil: pense-se, por exemplo, nos títulos de crédito. As próprias sociedades comerciais e os denominados grupos de sociedades apresentam regras que transcendem o Direito civil.

A especialidade resulta, então, de níveis reguladores mais gerais e, sobretudo, da própria materialidade das regras consideradas. Trata-se de um tema a aprofundar a propósito da autonomia do Direito comercial e das suas relações com o Direito civil.

3. Direito do comércio ou dos comerciantes

I. O Direito comercial será, por fim, o Direito do comércio ou dos comerciantes. Tecnicamente, o comércio – que engloba, em Direito, a indústria – é a atividade lucrativa da produção, distribuição e venda de

---

[9] *Tratado* I, 4.ª ed., 112.

[10] Assim, Claus-Wilhelm Canaris, *Handelsrecht* cit., 24.ª ed. 5, Karsten Schmidt, *Handelsrecht* cit., 6.ª ed., Nr. 3 (4) e Klaus J. Hopt, no Baumbach/Hopt, *Handelsgesetzbuch* cit., 35.ª ed., Einl v § 1, Nr. 3 (3). A subsidiariedade está ancorada no art. 2.º da lei de Introdução ao Código Comercial alemão (EGHGB) e no artigo 3.º do nosso Código Comercial.

[11] Hartmut Oetker, *Handelsrecht*, 7.ª ed. (2015), 4.

[12] Claus-Wilhelm Canaris, *Handelsrecht* 24.ª ed. cit., 17 (Nr. 47).

§ 1.° O Direito comercial

bens. O termo "comércio" pode, com propriedade, aplicar-se a qualquer dos segmentos do circuito que une produtores a consumidores finais e, ainda, às atividades conexas e acessórias.

II. A questão de saber se estamos perante um Direito do comércio – conceção objetiva – ou dos comerciantes, depois alargados às empresas – conceção subjetiva – corresponde a uma colocação do problema considerada superada desde os anos 30 do século XX[13]. Qualquer ramo jurídico, para mais especial, pode ser sempre configurado num sistema subjetivo: regulando o comércio, regulam-se os comerciantes[14].

O problema em aberto é, antes, estoutro: as proposições jurídico-comerciais diferenciam-se por se dirigir a quem, em que circunstâncias e segundo que critérios? É a este nível que se repõe a contraposição entre o objetivismo (Direito do comércio) e o subjetivismo (Direito dos comerciantes). A resposta a tal questão implica um desenvolvimento histórico, uma nota comparatística e, finalmente e sobretudo: um estudo de Direito positivo. Não é possível esclarecer este ponto em abstrato.

4. Condicionamentos histórico-culturais e dogmáticos

I. A noção acima desenvolvida é puramente preambular. O modo de ser do Direito comercial e a estrutura básica da Ciência jurídica a ele subjacente implicam um conjunto de informações históricas e comparatísticas de alguma extensão.

II. O Direito comercial não pode ser compreendido se não ponderarmos as suas origens, a sua evolução e o papel que, mau grado inúmeros constrangimentos, ainda hoje se lhe atribui.

Adiantando elementos, podemos antecipar que o Direito comercial moderno – mormente o português – não tem unidade dogmática. Além disso, apresenta uma fraqueza sistemática marcada, mais parecendo um conjunto de disciplinas autónomas. As suas relações com o Direito civil

---

[13] Peter Raisch, *Die Abgrenzung des Handelsrechts vom Bürgerlichen Recht* cit., 21.

[14] Assim se explica a naturalidade com que o Código Comercial alemão ou HGB (*Handelsgesetzbuch*) de 1897 adotou uma conceção aparentemente subjetiva, quando, anteriormente, dominavam já orientações objetivistas.

variam imenso, consoante as áreas consignadas. Os critérios – ora objetivos, ora subjetivos – para a sua abordagem são múltiplos: dependem dos institutos em jogo.

III. Em suma: o Direito comercial não provém de qualquer definição lógica pré-elaborada. Como (boa) disciplina jurídico-privada, ele apresenta-se fruto de condicionamentos histórico-culturais complexos. A própria dogmática mercantil lhe sofre as consequências ainda que – ou não seria Direito! – intente, até aos confins do possível, oferecer reduções coerentes e soluções harmónicas para os problemas.

A noção de Direito comercial será retomada quando dispusermos de elementos histórico-culturais, comparatísticos e jurídico-científicos.

CAPÍTULO I
A EVOLUÇÃO DO DIREITO COMERCIAL

§ 2.º DAS ORIGENS AOS PRIMEIROS CÓDIGOS COMERCIAIS

5. Génese e Direito romano

I. O aparecimento do comércio terá, provavelmente, decorrido da própria hominização. Enquanto atividade autónoma e organizada, ele documenta-se desde a Antiguidade mais recuada, acompanhando o uso da escrita em cuja origem terá, por certo, tido papel decisivo[15].

Logo que surgiu, o comércio teve regras: nenhuma atividade humana que implique relacionamentos estáveis pode viver sem elas. Encontramos normas comerciais na Mesopotâmia[16], no antigo Egito[17], na Fenícia e na Palestina[18] e na Grécia[19].

Particularmente na Grécia, haveria mesmo um corpo separado de regras comerciais: um tanto à semelhança do moderno Direito comercial e

---

[15] *Introdução ao Direito da prestação de contas* (2008), 15 ss..

[16] Paul Rehme, *Geschichte des Handelsrechts* (1914), 52 ss. (existe uma versão de 1913, incluída no *Handbuch des gesamten Handelsrechts*, vol. I, org. Victor Ehrenberg, 29-259; as pp. correspondem), Pietro Bonfante, *Lezioni di storia del commercio*, 1 – *Era antica (mediterranea)* (1925), 19 ss. e Josef Klíma, *Le droit commercial dans la périphérie de la sphère mésopotamienne*, RIDA XVI (1969), 21-29.

[17] Pietro Bonfante, *Lezioni di storia* cit., 1, 24 ss., Albert Troullier, *Documents pour servir à l'histoire de l'évolution des effets de commerce et notamment de la lettre de change* (1912), 8 ss. e G. Bourcart, *Esquisse historique du Droit commercial jusqu'au Code de commerce Français de 1804*, ADC XXXIII (1924), 259-283 (264-265).

[18] Pietro Bonfante, *Lezioni di storia* cit., 1, 30 ss. e Zeev W. Falk, *Zum jüdischen Handelsrecht*, RIDA XVI (1969), 11-19.

[19] Levin Goldschmidt, *Universalgeschichte des Handelsrechts*, parte A do *Handbuch des Handelsrechts*, 3.ª ed. (1891, 2.ª reimpr., 1973), 53 ss., Rehme, *Geschichte des Handelsrechts* cit., 67 ss. e Pietro Bonfante, *Lezioni di storia* cit., 1, 42 ss..

48   *A evolução do Direito comercial*

ao contrário do que sucederia em Roma. Tais regras visavam o tráfego marítimo e terrestre e dispunham de tribunais especializados para a sua aplicação[20].

II. A existência de um Direito comercial em Roma dá azo a alguma controvérsia[21]. Roma teve, na origem, relações comerciais complexas que se estabeleceram entre a Etrúria e a Magna Grécia[22]. A existência, desde o início, de regras legitimadoras foi inevitável. E esse facto mais se terá intensificado com a expansão romana: na Península itálica e, depois, em toda a bacia do Mediterrâneo. Sabemos que, sob o Império, foi estabelecida uma rede de estradas, entre todas as províncias, que apenas seria alcançada, de novo, no século XIX. O tráfego marítimo no Mediterrâneo era intenso, trazendo a Roma todo o tipo de produtos: desde o estanho da Britânia, ao trigo da Hispânia e de África, ao marfim e às especiarias da Ásia. Nada disto é pensável sem códigos de conduta desenvolvidos e sem instâncias capazes de dirimir convenientemente os inevitáveis litígios. Surpreendentemente – dado, para mais, o desenvolvimento alcançado pelo Direito romano –, tais códigos de conduta comercial não se documentam.

III. Existe, na comercialística, uma tradição radicada em Pardessus[23] e em Goldschmidt[24], segundo a qual o Direito comercial teria sido estra-

---

[20] Paul Rehme, *Geschichte* cit., 70, considera a matéria pouco clara; a autonomia do Direito comercial na Grécia antiga vem demonstrada por Ugo Enrico Paoli, *L'autonomia del diritto commerciale nella Grecia classica*, RDComm XXXIII (1935) I, 36-54; na Grécia clássica, o Direito da *polis* aplicar-se-ia apenas nas relações entre cidadãos; para as relações mercantis, desenvolvidas fora da *polis* entre cidadãos e estrangeiros, surgiram normas consuetudinárias particularmente adaptadas, a aplicar por tribunais especializados; com o tempo, o Direito comercial exerceu um papel de mutação no Direito interno da *polis*.

[21] Levin Goldschmidt, *Universalgeschichte* cit., 59 ss., Rehme, *Geschichte des Handelsrechts*, 73 ss. e Bonfante, *Lezioni di storia* cit., 1, 81 ss..

[22] Mariagrazia Bianchini, *Diritto commerciale nel diritto romano*, DDP/*Sezione Commerciale* IV (1990), 320-333 (321-322).

[23] Jean-Marie Pardessus (1772-1853), jurista francês conhecido por ter publicado a obra do Chanceler Henri-François d'Aguesseau (1668-1751) e que se notabilizou pela divulgação do *Code de Commerce* de 1807. Utilizando precisamente Pardessus para introduzir ao Direito comercial: Vincenzo Buonocore, *Il diritto commerciale nel sistema del diritto privato*, em Buonocore e outros, *Manuale di diritto commerciale*, 3.ª ed. (2001), 3-37 (3 ss.).

[24] Levin Goldschmidt (1829-1897), professor alemão de origem judaica, em Heidel-

§ 2.º Das origens aos primeiros códigos comerciais 49

nho ao Direito romano: apenas viria à luz nos burgos medievais[25]. Tal afirmação deve ser reconduzida a certas proporções[26], vindo a ser abertamente contestada, nos inícios do século XXI[27].

De acordo com o estudo de Cerami/Petrucci, operavam no Direito romano, diversos institutos, sendo de referir: (a) organizações empresariais; (b) empresas individuais e coletivas; (c) empresas e atividade bancária; (d) empresas e atividade de navegação; (e) empresas de comerciantes de escravos[28].

As fontes suportam esse desenvolvimento muito alargado. Faltou, todavia uma sistematização capaz de orientar a matéria, nos séculos da retoma comercial no Mediterrâneo.

Para além de institutos especializados claramente comerciais, deve-se ter em boa conta que o Direito romano, mormente após a criação dos *bonae fidei iudiciae*, nos finais do século II a. C., justamente em obediên-

---

berg e em Berlim e que foi o primeiro ordinário (catedrático) de Direito comercial desta última Universidade; deve-se-lhe o desenvolvimento da moderna comercialística europeia; foi o Autor da já citada obra *Universalgeschichte des Handelsrechts* e de um importante manual de Direito comercial: o *Handbuch des Handelsrechts*, em dois volumes e com várias edições após 1864; sobre Goldschmidt e com importantes elementos referentes ao desenvolvimento do Direito comercial alemão no século XIX, *vide* Bernhard Grossfeld/ /Ioannis Men. Papagiannis, *Levin Goldschmidt/Zur Geschichte des modernen Handelsrechts*, ZHR 159 (1995), 529-549 e Lothar Weyhe, *Levin Goldschmidt/Ein Gelehrtenleben in Deutschland* (1996, 583 pp.), rec. Klaus Peter Schroeder, NJW 1997, 2666.

[25] *Vide* Giovanni Cassandro, *Storia del diritto commerciale* (1955), I, 9 ss., que começa as suas lições precisamente com referência aos finais do século XI; Bourcart, *Esquisse historique du Droit commercial* cit., 266, fala mesmo num "desdém" de Roma pelo comércio. Esta orientação tem muita voga na literatura francesa; *vide* Gérard Lyon- -Caen, *Contribution à la recherche d'une définition de Droit commercial*, RTDComm II (1948), 577-588 (577), Jean Hilaire, *Introduction historique au Droit commercial* (1986), 25 ss. e Romuald Szramkiewicz, *Histoire du Droit des affaires* (1989), 18 ss..

[26] O grande opositor de Goldschmidt foi, neste ponto, Carlo Fadda (1853-1931), *Istituti commerciali del diritto romano/Introduzione* (1903, reimpr. 1987, com notas de Lucio Bove), 1 ss.; Fadda intentou demonstrar que o Direito romano estava dotado dos diversos institutos "comerciais". A ideia foi retomada por Huvelin, abaixo citado e por Giuseppe Valeri, *Autonomia e limiti del nuovo diritto commerciale*, RDComm XLI (1943) I, 21-45 (23).

[27] Em especial, temos presente a monografia de Pietro Cerami/Aldo Petrucci, *Diritto commerciale romano/Profilo storico* (2010), 337 pp., com muitas indicações.

[28] *Idem*, 36 ss., 68 ss., 109 ss., 221 ss. e 297 ss..

cia às necessidades do comércio, dotou-se de contratos consensuais, flexíveis, equilibrados e acessíveis a *cives* e a *peregrini*, isto é: a cidadãos romanos e a estrangeiros[29]. A essa luz, poderemos afirmar que todo o Direito romano, designadamente no campo das obrigações e dos contratos, era Direito comercial. Formou-se por oposição ao velho *ius civile*, consubstanciado nas *legis actiones* e inadaptável ao comércio, pela sua rigidez e pelo seu formalismo[30].

IV. Suscita dúvidas a afirmação, patente em diversos autores[31], de que o espírito do Direito romano, de base igualitária, não se coadunaria com corpos de regras diferenciadas, para certas categorias de cidadãos. Numa sociedade esclavagista, tal afirmação parece pouco rigorosa.

De facto, exigências particulares do comércio, como certas presunções de solidariedade, como a onerosidade das relações comerciais, como os juros (*foenus*) e como a simplificação do processo eram contempladas no Direito romano. Os próprios *chirographa* encorporavam obrigações, funcionando como títulos de câmbio, surgidos muitos séculos mais tarde[32].

Além disso, certas categorias mais delicadas como a dos *argentarii* (banqueiros)[33] ou determinadas áreas mais sensíveis, como as do tráfego marítimo[34] ou do controlo e segurança das transações[35] tinham regras especiais.

---

[29] *Da boa fé*, 81 ss.; *vide* Mariagrazia Bianchini, *Diritto commerciale nel diritto romano* cit., 322/II e Cerami/Petrucci, *Diritto commerciale romano* cit., 27 ss..

[30] Quanto à insuficiência do Direito romano para contemplar o comércio, *vide* A. A. de Castro Corrêa, *Existiu em Roma um Direito comercial?*, RFDUSP, LXV (1970), 69 ss. da separata. Este estudo como aliás, explica o seu Autor, assenta no escrito de P. Huvelin, *Études d'Histoire du Droit Commercial Romain* (*Histoire Externe – Droit Maritime*), publ. H. Lévy-Bruhl, 1929.

[31] Levin Goldschmidt, *Universalgeschichte* cit., 71.

[32] Sobre tudo isso, Castro Corrêa, *Existiu em Roma um Direito comercial?* cit., 78 ss..

[33] *Vide* Fadda, *Istituti commerciali del diritto romano* cit., 104; Alfons Bürge, *Fiktion und Wirklichkeit: Soziale und rechtliche Strukturen des römischen Bankwesens*, SZRom 104 (1987), 465-558; Cerami/Petrucci, *Diritto commerciale romano* cit., 109 ss..

[34] Gianfranco Purpura, *Studi romanistici in tema di diritto commerciale maritimo* (1996); Cerami/Petrucci, *Diritto commerciale romano* cit., 221 ss..

[35] Roberto Andreoti, *Su alcuni problemi del rapporto fra politica di sicurezza e controllo del commercio nell'impero romano*, RIDA XVI (1969), 215-257.

§ 2.° Das origens aos primeiros códigos comerciais   51

V. O Direito romano facultou-nos institutos aptos a desenvolver o tráfego comercial e a profissão de comerciante. Tais institutos não foram articulados em sistema uma vez que o próprio Direito romano não era sistemático. Não reside aí, porém, nenhuma particularidade adversa ao Direito comercial.

Finalmente: o Direito romano deixou-nos uma Ciência – a Ciência do Direito – que tornaria possível, muito mais tarde, a articulação de um verdadeiro Direito comercial.

6. Do *ius mercatorum* às leis comerciais modernas

I. O Direito comercial terá assumido uma configuração mais característica nas cidades medievais, especialmente em Itália[36].

O antigo comércio mediterrânico nunca terá desaparecido por completo. Mas foi drasticamente reduzido: a feudalização do Império, as invasões e, por fim, a vaga islâmica isolaram o Ocidente, dando azo a uma economia de tipo fechado.

A partir do século XI, uma certa estabilização militar e a subsistência do Império de Bizâncio propiciaram, em Itália, o aparecimento e o desenvolvimento do comércio[37]. Os mercadores, por via consuetudinária ou através dos seus organismos, criaram e aperfeiçoaram normas próprias, para reger a sua profissão e os seus interesses[38]. São particularmente refe-

---

[36] Levin Goldschmidt, *Universalgeschichte des Handelsrechts* cit., 143 ss. e *Handbuch des Handelsrechts*, Teil B-1 – *Geschichtlich-Literarische Einleitung und Grundlehren* (1875, reimpr., 1973), 38 ss., Carlo Pasteris, *Diritto commerciale*, NssDI V (1960), 813-819 (813 ss.), Francesco Galgano, *História do Direito comercial*, trad. port. cit., 36 ss., Vito Piergiovanni, *Diritto commerciale nel diritto medievale e moderno*, DDP/*Sezione Commerciale* IV (1990), 333-345 (334 ss.), Antonio Padoa Schioppa, *Saggi di storia del diritto commerciale* (1992), 11 ss., Jacques Mestre/Marie-Ève Tian-Pancrazi, *Droit commercial* cit., 29.ª ed., 21 (n.° 6), Françoise Dekeuwer-Défossez/Édit Blary-Clément, *Droit comercial* cit., 11.ª ed., 15-16, (n.° 5) e Michel Pédamon/Hugues Kenfac, *Droit comercial*, 4.ª ed. (2015), 3 ss. (n.° 2).

[37] Em especial, Francesco Galgano, *História do Direito comercial*, trad. port. cit., 31 ss., com diversas indicações.

[38] Helmut Coing, *Europäisches Privatrecht (1500 bis 1800)* – Band I – *Älteres Gemeines Recht* (1985), 519 ss..

ridos estatutos de Génova, de Florença e de Veneza[39], as guildas do Norte da Europa[40] e o *Consolat del Mar* no Direito marítimo catalão[41-42].

II. A necessidade e o êxito do *ius mercatorum* não é hoje explicada com recurso à (mera) luta de classes[43]. Cumpre recordar que o Direito romano, retomado após a formação das universidades, não era já o complexo maneável do *praetor* e dos *jurisprudentes*. Surgia, antes, como um conjunto muito complexo de regras, de conhecimento e interpretação difíceis: bastará ter presente a ausência de qualquer sistema de exposição e o simples – mas determinante – facto de apenas no século XV ter aparecido a imprensa, a qual só no século seguinte se generalizou.

O Direito romano da receção, pelas apontadas circunstâncias práticas, não tinha – pelo menos logo nos séculos XIII e XIV – condições para reger a vida comercial. Houve que fixar regras: algumas mais não faziam do que retomar proposições romanas, como as que impunham o respeito pela boa-fé e pela palavra dada; outras, como as referentes às aquisições *a non domino*, correspondem a novas necessidades económico-sociais[44].

---

[39] Goldschmidt, *Handbuch des Handelsrechts* cit., B-1, 38-40, indicando as fontes.

[40] Manfred Weider, *Das Recht der deutschen Kaufmannsgilden des Mittelalters* (1934); *vide*, aí, 1 ss., quanto à origem das guildas, 100 ss., quanto aos seus órgãos e 361 ss., quanto à sua organização política e militar.

[41] Goldschmidt, *Universalgeschichte* cit., 203 ss. (208 ss.) e Bourcart, *Esquisse historique* cit., 275.

[42] Elementos alargados podem ser confrontados em Hansjörg Pohlmann, *Die Quellen des Handelsrechts*, na monumental obra organizada por Helmut Coing, *Handbuch der Quellen und Literatur der neueren europäischen Privatrechtsgeschichte*, vol. I *Mittelalter (1100-1500)* (1973), 801-834.

[43] E daí: um tanto ao arrepio da linguagem adotada por Galgano ou de noções como a de Lyon-Caen que, em 1948, chegou a definir o Direito comercial como o "Direito das instituições específicas do regime económico dito capitalista" – *vide*, desse Autor, *Contribution à la recherche d'une définition de Droit commercial* cit., 583 – não temos base científica para explicar o Direito comercial como um Direito "burguês", por oposição ao civil (?), de tipo aristocrático. Nenhum esquema de domínio dispensa a propriedade, seja direta, seja através do exercício de funções na organização do Estado. Finalmente: o Direito civil é, por definição, o ponto de apoio de qualquer classe que se pretenda dominante.

[44] Em Coing, *Europäisches Privatrecht* cit., 1, 520 e em Galgano, *História do Direito Comercial* cit., 44 ss., podem ser confrontadas algumas das novas regras.

§ 2.° Das origens aos primeiros códigos comerciais 53

III. Torna-se importante reter os esquemas histórico-culturais que permitiram, ao *ius mercatorum*, surgir nos Estados modernos[45]. Em primeira linha, ele foi incluído nas fontes doutrinárias, através de uma adequada integração nos quadros semânticos. Chegou-se, assim, a um Direito "comum" europeu comercial[46], assente numa crescente Ciência do Direito comercial[47]. Importantes tratadistas, como Casaregis[48], permitiram o acolhimento do Direito comercial nas doutrinas nacionais[49].

Decisiva seria, porém, a recuperação que, dos estatutos e regras hanseáticas, fizeram os grandes Estados territoriais dos séculos XVII e XVIII[50]. Adotando-os e aperfeiçoando-os, os Estados lograram preservar o fundo sócio-cultural que o *ius mercatorum* representava, evitando a sua diluição no Direito comum.

Foi, designadamente, o que sucedeu em França através das *Ordonnance du Commerce* (1673) e *Ordonnance de la Marine* (1681)[51]. Estes importantes diplomas, preparados sob as ordens de Colbert por Jacques

---

[45] Estados modernos – tal como leis comerciais "modernas" – não se confundem com Estados "contemporâneos": recorde-se que a Idade Moderna principiou, em 1453, com a queda de Constantinopla terminando, em 1789, com a Revolução Francesa.

[46] Karl Otto Scherner, *Die Wissenschaft des Handelsrechts*, em H. Coing, *Handbuch der Quellen*, vol. II – *Neuere Zeit (1500-1800)/Das Zeitalter des gemeinen Rechts*, tomo I – *Wissenschaft* (1977), 797-801.

[47] Ulrich Eisenhardt, *Zu den deutschrechtlichen Wurzeln des Handelsrechts oder wie deutsch ist das deutsche Handelsrecht?*, FS Raisch (1995), 51-65 (53-54).

[48] Josephi Laurenti Mariae de Casaregis, *Discursus legalis de commercio*, em dois tomos, Florença, 1719.

[49] *Vide* L. Goldschmidt, *Ueber die wissenschaftliche Behandlung des deutschen Handelsrechts und den Zweck dieser Zeitschrift*, ZHR 1 (1858), 1-24 (8), na abertura da prestigiada ZHR, de que foi o fundador. Para além de tratamentos generalizantes, surgiram importantes escritos sectoriais, base das compilações pré-codificadoras do século XVIII. *Vide* Honorati Leotardi, *liber singularis, de usuris, et contractibus usurariis coërcendis*, 4.ª ed. (1682) e Joan. Dominici Gaiti, *De credito Tractatus ex libris, epistolis, cambiis* (1696).

[50] Em especial: Siegbert Lammel, *Die Gesetzgebung des Handelsrechts*, em H. Coing, *Handbuch der Quellen*, vol. II, tomo II – *Gesetzgebung und Rechtsprechung* (1976), 571-1083.

[51] *Vide* Lammel, *Die Gesetzgebung des Handelsrechts* cit., 806 ss.. *Vide* Rehme, *Geschichte des Handelsrechtes* cit., 183, H. Coing, *Europäisches Privatrecht* cit., 1, 521, referindo também a *Ordenanza* de Bilbao (1737) e o Direito marítimo prussiano, de 1727 e Szramkiewicz, *Histoire du droit des affaires* cit., 79 ss.. Torna-se interessante notar que Heise, um dos pioneiros do Direito comercial dos nossos dias, situava o início da sua breve História do Direito comercial nas leis de Luís XIV; *vide Heise's Handelsrecht* cit., 5-6.

Savary (1622-1690), comerciante em Paris, acolheram muitas das regras estatutárias de origem italiana e neerlandesa[52]. Além disso, eles vieram uniformizar, em todo o Reino, o Direito comercial e isso numa altura em que o Direito civil, particularmente diferenciado entre o Norte, costumeiro e o Sul, de Direito escrito, apresentava uma feição caleidoscópica[53].

IV. Foram justamente estas leis comerciais dos Estados modernos, com um relevo especial para as ordenanças de Luís XIV, que permitiram conservar, como corpo autónomo, o *ius mercatorum* medieval. Os juristas mantiveram o hábito de lidar, de modo separado, com o Direito civil e o Direito comercial. Preservou-se a cultura comercialística, dando-lhe uma base moderna: o poder soberano do Estado.

Em Inglaterra, onde tais leis não surgiram, o Direito comercial definhou e acabou por desaparecer, integrado na *Common Law*, no século XVIII.

7. O *Code de Commerce* de 1807; influência

I. A obra legislativa de Napoleão alargou-se ao Direito comercial: trata-se de uma orientação que assegurou a sua sobrevivência, até hoje, nos diversos ordenamentos do Continente. O *Code de Commerce* foi aprovado por lei de 10-Set.-1807 e promulgada a 20 do mesmo mês e ano[54].

---

[52] Goldschmidt, *Handbuch des Handelsrechts* cit., B-1, 42-44, indicando fontes. *Vide* Antoine Pirovano, *Introduction critique au droit commercial contemporain*, RTDComm XXXVIII (1985), 219-263 (243). Quanto a Jacques Savary, *vide* o seu *Le parfait negociant*, nov. ed., dois tomos, 1763.

[53] E. Thaller, *De la place du commerce dans l'histoire générale et du droit commercial dans l'ensemble des sciences*, ADC 1892, 49-70, 97-128, 145-168, 192-215, 257-286 (101).

[54] O Decreto de 15-Set., promulgado a 25-Set.-1807 fixou o dia 1-Jan.-1808, para a sua entrada em vigor; cf. a edição de T. D., *Les Cinq Codes, Napoléon, de Procedure Civile, de Commerce, d'Instruction criminelle, et Pénal* (1811), 391-467 (391 e 466). Quanto ao *Code de Commerce* em si, cumpre referir a ed. de 1807, *par un jurisconsulte qui a concouru à la confection de ces codes*. A preparação desse Código pode ser confrontada em M. le Baron Locré, *La legislation civile, commercielle et criminelle de la France* (31 volumes), 1 (1827), 12 ss.; diversas indicações podem ser vistas em Goldschmidt, *Handbuch des Handelsrechts* cit., B-1, 209 ss. e em Schioppa, *Saggi di storia del diritto commerciale* cit., 89 ss.. Uma visão sintética consta de Michel Pédamon/Hugues Kenfac, *Droit comercial* cit., 4.ª ed., 5-6 (n.º 5).

§ 2.º Das origens aos primeiros códigos comerciais

Materialmente, o *Code de Commerce* acolheu as *Ordonnances* de Colbert[55] tendo, nessa medida, sido relativamente pouco inovador[56]. Aquando da sua preparação, ainda foi sondada a hipótese de incluir a matéria comercial no Código Civil. Todavia, prevaleceu o hábito, então já radicado nos juristas franceses, de trabalhar em separado com a matéria comercial: justamente os códigos colbertianos.

Na grande viragem que representou a codificação napoleónica, esta opção preservadora de um fenómeno tipicamente francês permitiu, até hoje, a sobrevivência do Direito comercial, como realidade autónoma. Recorde-se que, pela mesma altura e na Inglaterra, campeã do comércio da época, o Direito comercial perdia a sua autonomia[57].

II. O teor geral do *Code de Commerce* deve ser retido. Ele reparte-se por quatro livros, assim intitulados:

Livro I   – Do comércio em geral;
Livro II   – Do comércio marítimo;
Livro III   – Das falências e bancarrotas;
Livro IV   – Da jurisdição comercial.

Por seu turno, o Livro I arrumava-se em oito títulos, nos seguintes termos:

Título I   – Dos comerciantes;
Título II   – Dos livros de comércio;
Título III   – Das sociedades;
Título IV   – Das separações de bens;
Título V   – Das bolsas de comércio, agentes de câmbio e corretores;
Título VI   – Dos comissários;
Título VII   – Das compras e vendas;
Título VIII – Da letra de câmbio, do bilhete à ordem e da prescrição.

---

[55] Albert Wahl, *Précis Théorique et Pratique de Droit Commercial* (1922), 7, G. Bourcart, *Esquisse historique du Droit commercial* cit., 281-282 e Franz Wieacker, *Privatrechtsgeschichte der Neuzeit*, 2.ª ed. (1967), 342.

[56] O Código de Comércio tem sido criticado; seria mesmo o menos perfeito dos códigos napoleónicos; efetivamente, houve uma certa precipitação no seu apontamento: Napoleão pretendeu enfrentar uma onda de falências, provocada pela guerra com a Inglaterra. *Vide* a literatura citada nas duas notas anteriores.

[57] *Infra*, 78 ss..

O Código de comércio francês beneficiou de ter sido precedido pelo Código Civil, de 1804. Pôde simplificar a matéria, atendo-se às questões mais diretamente comerciais. Ele não tem sido considerado uma grande obra, ao contrário do Código Civil[58]. Elaborado de modo apressado, ele ressentir-se-ia, ainda, de ter precedido a revolução industrial: esta exigiria quadros jurídicos bem mais flexíveis[59]. De todo o modo e formalmente, ainda hoje, o Código se mantém em vigor; todavia, dos seus iniciais 648 artigos, apenas pouco mais de 100 não foram revogados; e ainda desses, somente 33 subsistiam, em 1994, na sua redação original[60]. Em 18-Set.-2000, a Ordenança veio introduzir, no Código de Comércio, diversa legislação, com relevo para o Código das Sociedades de 1966: através de uma renumeração de preceitos[61]. Torna-se, assim, um diploma de consulta demorada[62].

Na versão resultante da Ordenança de 2000, o Código de Comércio francês passou a compor-se de nove livros:

I – Do comércio em geral;
II – Das sociedades comerciais e dos agrupamentos de interesse económico;
III – De certas formas de venda e das cláusulas de exclusividade;
IV – Da liberdade dos preços e da concorrência;
V – Dos efeitos de comércio e das garantias;
VI – Das dificuldades das empresas;
VII – Das jurisdições comerciais e da organização de comércio;
VIII – De algumas profissões regulamentadas;
IX – Disposições relativas ao Ultramar.

O "Código de Comércio" daqui resultante foi objeto de diversas críticas[63]. Designadamente: (a) não tem uma conceção lógica de comércio,

---

[58] Françoise Dekeuwer-Défossez/Édith Blary-Clément, *Droit Commercial*, 11.ª ed. (2015), 7. As críticas francesas ao seu próprio Código de Comércio ignoram, todavia, a larga influência que ele teve nos diversos países.

[59] Jacques Mestre/Marie-Ève Pancrazi, *Droit comercial* cit., 29.ª ed., 4 (n.º 9) e e Pédamon/Kenfac, *Droit comercial* cit., 4.ª ed., 5-6 (n.º 5).

[60] Michel Pédamon, *Droit commercial* (1994), 5.

[61] G. Ripert/R. Roblot, *Traité de Droit Commercial* I/2, 18.ª ed. (2003), 4.

[62] *Vide* o *Code de Commerce* da Dalloz, 111.ª ed. (2016), org. Nicolas Rontchevsky, XLIX + 3686, com índices e um *addendum* de 93 pp..

[63] Michel Pédamon/Hugues Kenfac, *Droit comercial* cit., 4.ª ed., 10-11.

§ 2.° Das origens aos primeiros códigos comerciais 57

seja ela objetiva ou subjetiva; (b) mistura matérias comerciais e não-
-comerciais; (c) consagra desenvolvimentos amplos a profissionais cujas
atividades são civis.

Depois da recompilação de 2000, sucederam-se reformas e alterações. Uma lei de 26-Jul.-2005 renovou profundamente o Livro VI, sobre
as dificuldades das empresas.

Paralelamente, nem o Decreto n.° 2007-431, de 25-Mar.-2007, nem o
Arrêté de 14-Jan.-2009 reuniram e reproduziram todos os regulamentos
autónomos e todos os decretos relativos às questões comerciais[64]. O *Code
de Commerce* sofreu alterações subsequentes, designadamente as introduzidas pela Lei n.° 2015-990, de 6-ago.-2015, (a *Loi Macron*) relativamente
ao crescimento, à atividade e à igualdade de oportunidades económicas[65].

III. O Direito comercial chegava ao século XIX como o Direito dos
comerciantes[66]. A tradição anterior tinha uma base nitidamente pessoal,
atribuindo-lhes jurisdição própria. A Revolução Francesa não podia con-
temporizar com esse tipo de privilégio. Mas como a autonomia do Direito
comercial era vivida enquanto dado ontologicamente irrecusável, houve
que remodelar: a competência dos tribunais de comércio seria ditada não
pela qualidade das partes, mas pelo facto que dê azo ao litígio[67].

Resultou daí a adoção do sistema dito objetivo: o *Code* visava os atos
de comércio, indicando depois, num sistema fechado, que atos seriam
esses, para efeitos de jurisdição comercial[68]. E os próprios comerciantes
vinham definidos por referência aos atos de comércio. Segundo o artigo
1.°, do *Code de Commerce*,

---

[64] Jacques Mestre/Marie-Ève Pancrazi, *Droit comercial* cit., 29.ª ed., 24-27.

[65] JORF n.° 0181, de 7-ago.-2015, 13537 ss..

[66] Helmut Coing, *Europäisches Privatrecht (1800 bis 1914)*, Band II – *19. Jahrhundert* (1989), 531.

[67] Raisch, *Die Abgrenzung des Handelsrechts vom Bürgerlichen Recht* cit., 47, nota
167, transcrito também em H. Coing, *Europäisches Privatrecht* cit., II, 532. Segundo Pirovano, *Introduction critique* cit., 226-227, o Código disfarçou a sua verdadeira intenção: a
de tratar os comerciantes.

[68] Pasteris, *Diritto commerciale* cit., 815/I. Trata-se de matéria regulada nos artigos
631.° e seguintes do *Code de Commerce*, versão original. *Vide* J. A. Rogron, *Code de Commerce expliqué*, 5.ª ed. (1834), 195 ss..

58 *A evolução do Direito comercial*

São comerciantes aqueles que exercem atos de comércio e disso fazem a sua profissão habitual.

IV. A objetivação do sistema comercial tinha, implícitos, os germes da sua diluição, no Direito privado. Efetivamente, a especialidade de um ato mercantil ou de um contrato comercial, quando postos à disposição de qualquer interessado, não é superior à de múltiplos contratos altamente diferenciados e que ninguém iria retirar do Direito civil. Adiante veremos as repercussões que esta problemática teve na evolução do Direito comercial.

Todavia, o Direito comercial francês sobreviveu. Desde logo: mau grado o teor geral acima relatado, ele não é inteiramente objetivo. Integra um *status* de comerciante, com regras específicas e que interferem, depois, no regime dos "atos objetivos". Particularmente importante era, a esse propósito, a existência de uma jurisdição especial para os comerciantes. Dispunha o artigo 618.° do *Code de Commerce*, na sua versão original[69]:

> Os membros dos tribunais de comércio serão eleitos numa assembleia composta de comerciantes notáveis e principalmente dos chefes das casas mais antigas e mais recomendáveis pela sua qualidade, espírito de ordem e economia.

Todo o comerciante, desde que alcançasse os trinta anos, podia ser eleito, exigindo-se quarenta, para o presidente. Mas sobretudo: a mera existência de um Código de Comércio, firme na longa pré-elaboração que o antecedeu, com relevo para os códigos colbertianos, manteve uma cultura comercialística que prolongaria, até hoje, como autónomo, o Direito comercial.

V. A codificação comercial francesa implicou, ainda, uma outra opção de fundo, que seria marcante em toda a evolução subsequente: optou pela natureza privada da regulação do comércio[70].

---

[69] *Les cinq codes* cit., 462; J. A. Rogron, *Code de Commerce expliqué* cit., 5.ª ed., 191.

[70] Orlando de Carvalho, *Critério e estrutura do estabelecimento comercial* I – *O problema da empresa como objecto de negócios* (1967), 23 ss.. *Vide*, também, Menezes Cordeiro, *Da responsabilidade civil dos administradores das sociedades comerciais* (1997), 79, focando particularmente o "perigo" – debelado pelo *Code* – de fazer cair, no Direito público, toda a matéria das sociedades.

§ *2.° Das origens aos primeiros códigos comerciais* 59

Teria sido possível um modelo alternativo: uma série de deveres de tipo público, dimanados pelas corporações ou pelo Estado, dariam o recorte da atuação comercial. O Antigo Regime apontaria nesse sentido. A opção decidida pelo privatismo foi, então, realizada. Pensamos que ela seria crucial, na subsequente evolução das sociedades ocidentais.

VI. O Código de Comércio francês teve uma influência marcada, nos diversos países. Curiosamente, essa influência precedeu a do próprio Código Civil: vingou a ideia de que regras claras e simples tinham um papel determinante no desenvolvimento do comércio e da indústria. Ou, pelo menos: seriam de mais fácil conceção.

De entre os códigos comerciais imediatamente influenciados pelo *Code de Commerce* francês conta-se, logo, o primeiro Código de Comércio espanhol, de 30 de maio de 1829[71]. Trata-se de um diploma sensivelmente mais extenso do que o Código de Comércio francês, alcançando os 1219 artigos. O que bem se compreende: faltava, na altura e em Espanha, um Código Civil: o legislador comercial era obrigado a suprir essa falta. O Código de Comércio de Espanha, de 1829, repartia-se por cinco livros, assim intitulados, sinteticamente:

    I – Dos comerciantes;
    II – Dos contratos comerciais;
    III – Do comércio marítimo;
    IV – Das falências;
    V – Do processo comercial.

Também o Código de Comércio holandês se inscreve neste âmbito: o *Wetboek van koophandel*, de 1 de outubro de 1838[72]. Este diploma reparte-se por três livros, segundo o modelo napoleónico:

---

[71] Pedro Gomes de la Serna/José Reus y Garcia, *Código de Comercio, arreglado á la reforma de metade en 6 de Deciembre de 1869*, 5.ª ed. (1869); pode-se, aí – 17 e ss. – confrontar uma interessante introdução histórica, onde as vicissitudes deste Código – 31 ss. – são descritas. *Vide* Dionisio A. Perona Tomás, *Notas sobre el proceso de la codificatión mercantil en la España del siglo XIX* (2015), 184 pp., 17 ss., 25 ss. e 31 ss., com muitos elementos e, com um apanhado geral, Goldschmidt, *Handbuch des Handelsrechts* cit., B-1, 237 ss.. O movimento codificador em Espanha foi muito rico e complexo; *vide* Juan Baró Pazos, *La codificación del Derecho civil en España (1808-1889)* (1993), 320 pp..

[72] O Código foi aprovado em versão bilingue, francês/holandês. Para além da versão oficial no *Journal Officiel du Royaume des Pays-Bas*, tomo XXI (1828), *vide* Charles

I – Do comércio em geral;
II – Do comércio marítimo;
III – Da falência.

VII. Muito significativa foi, ainda, a influência do Código de Comércio francês em Itália[73]. Desde logo, em diversas regiões particularmente dominadas por Napoleão, a legislação francesa foi posta em vigor[74]. Entre as subsequentes iniciativas italianas, cumpre referir o Código de Comércio para os Estados Sardos ou Código de Comércio Albertino, de 30-Dez.-1842. Considerado como dos mais significativos códigos pré-unitários, o Código Albertino, com 723 artigos, seguia a ordenação do *Code de Commerce* francês[75].

Após a unificação surgiu, em 28-Jun.-1865, o primeiro Código de Comércio italiano. Moldado sobre o Código Albertino – e, assim, fortemente aparentado ao modelo francês – o Código de Comércio italiano de 1865 compreendia 4 livros, em 732 artigos:

I – Do comércio em geral;
II – Do comércio marítimo;
III – Da falência e da bancarrota;
IV – Da competência e do arresto em matéria comercial.

Temos, de novo, o modelo francês. O diploma foi, todavia, enriquecido com elementos mais atualizados e, designadamente, com leis francesas entretanto surgidas[76].

Lyon-Caen (org.), *Les lois commerciales de l'Univers*, tomo XXVIII, s/d, onde pode ser vista – 3 ss. – a evolução histórica que conduziu ao diploma em causa. *Vide*, igualmente com interesse, W. L. P. A. Molengraaff, *Principes de droit commercial néerlandais*, trad. fr. Max Franssen (1931).

[73] Perdeu-se, assim e de certa forma, a conexão com a comercialística italiana dos séculos XVI e XVII.

[74] Com diversos elementos, Levin Goldschmidt, *Handbuch des Handelsrechts* cit., B-1, 244 ss..

[75] Cesare Aproli, *Lezioni di diritto commerciale*, 2 (1855), 81 ss.. Em geral: Mittermaier, *Die Leistung der Gesetzgebung. Rechtsprechung und Miesenschaft in Italien auf dem Gebiete des Handelsrechts*, ZHR 4 (1861), 327-340 e Schioppa, *Saggi di storia del diritto commerciale* cit., 137 ss.. Quanto ao Código em si, cumpre referir: A. Albertazzi/ /M. S. Prasca, *Comento analitico al codice di commercio per gli stati sardi*, 3 volumes, 1843-1845.

[76] Goldschmidt, *Handbuch des Handelsrechts* cit., B-1, 246.

§ 2.° *Das origens aos primeiros códigos comerciais*   61

VIII. Verificaremos adiante como o Código de Comércio francês teve, também, uma particular influência em Portugal. Sem prejuízo para existência de uma tradição nacional, que foi respeitada e por uma certa elaboração dos nossos juristas, o Código francês teve um papel especial no aprontamento, por Ferreira Borges, do nosso primeiro Código Comercial, de 1833.

8. A evolução alemã e o Código Geral de 1861

I. A codificação comercial francesa foi possibilitada pela centralização derivada da Revolução e do Império. No mesmo período, na Alemanha, a fragmentação política dificultava iniciativas codificadoras gerais. A forte capacidade produtiva alemã obrigou a doutrina e a jurisprudência a transcender as carências legislativas.

Algumas iniciativas parcelares tiveram importância. Assim, a Lei Geral dos Estados Prussianos – *Allgemeines Landrecht für die Preussischen Staaten* ou ALR –, de 1794, continha regras de Direito comercial, considerando-o um Direito especial para comerciantes[77]. Tratava-se de uma conceção subjetiva, diversa da que, em 1807, seria adotada pelo *Code* francês. O ALR tinha, ainda, subjacente, uma ideia de tratamento alargado do Direito; o Código Civil austríaco de 1811, pelo contrário, ocupar-se-ia, apenas, do Direito civil[78].

II. Durante a primeira metade do século XIX, o aperfeiçoamento do Direito comercial, que não podia, perante a industrialização nascente, aguardar pela unificação política, ficou entregue aos juristas e aos tribunais.

---

[77] ALR §§ 475 ss., II, 8 = *Allgemeines Landrecht für die Preussischen Staaten von 1794*, intr. Hans Hattenhauer (1970), 467 ss.; segundo o referido § 475,

> É considerado comerciante aquele que prossiga a sua principal atividade através do comércio com mercadorias ou valores.

[78] Para uma exposição da matéria à luz do ALR *vide* o já citado Hiersemenzel, *Preussisches Handels-Recht* (1856), 1 ss. (comerciantes), 46 ss. (negócios de comerciantes), 75 ss. (corretores), 84 ss. (processo comercial), 97 ss. (títulos de crédito) e 147 ss. (falência de comerciantes): fica-se, assim, como uma ideia do seu conteúdo.

Necessidades comerciais prementes levaram a que, logo em 1815, as quatro cidades livres do Ocidente alemão – Lubeque, Hamburgo, Bremem e Francoforte – estabelecessem, com sede em Lubeque, um tribunal superior de apelação comercial, com jurisdição sobre os tribunais comerciais das cidades em causa: era o *Oberappelationsgericht zu Lübeck* – OAG Lübeck. Este Tribunal superior foi obrigado a decidir as mais delicadas questões comerciais, sem apoio em leis modernas. Perante isso, baseava--se ora no *Corpus Iuris Civilis*, ora na doutrina, ora em diplomas estrangeiros, ora nos usos comerciais, ora, finalmente, na boa-fé[79]. A jurisprudência do OAG Lübeck teve a maior importância no Direito comercial contemporâneo. Desde logo, ela manteve viva a ideia de uma autonomia do Direito comercial, assente em valores específicos e numa cultura própria. De seguida, graças às suas decisões, que se encontram publicadas[80], ela foi sedimentando soluções depois acolhidas aquando da realização de codificações gerais.

III. As tentativas de unificação legislativa alemã principiaram pelo domínio comercial. O primeiro passo ocorreu no domínio dos títulos de crédito: a convite da Prússia, teve lugar, em Leipzig, uma conferência cuja comissão preparou um projeto de Lei Geral Alemã Cambiária – *Allgemeine deutsche Wechselordnung* ou ADWO. Este projeto chegou a ser aprovado como lei em 1848, aquando do Congresso Nacional de Francoforte; todavia, o fracasso da iniciativa apenas permitiu que, subsequentemente, os diversos Estados alemães a fossem adotando, através de leis próprias[81].

---

[79] Em Menezes Cordeiro, *Da boa fé*, 316, podem ser confrontadas decisões ilustrativas destes tópicos.

[80] Assim: F. A. T. Bruhn, *Sammlung von Entscheiden des Oberappellationsgerichts zu Lübeck in Lübecker Rechtssachen* e Jac. Römer, *Sammlung von Entscheiden des Oberappellationsgerichts zu Lübeck in Frankfurter Rechtssachen*; além disso e sem indicação de autoria, temos as recolhas *Sammlung von Entscheiden des Ober-Appellationsgerichts der vier freien Städte zu Lübeck in Frankfurter Rechtssachen* e *Sammlung von Erkenntnissen und Entscheidungsgründe des Ober-Appellations-Gerichts zu Lübeck in Hamburgischen Rechtssachen*; como se vê, o simples facto de as próprias recolhas de decisões serem efetuadas de acordo com as cidades de origem dos litígios mostra a caminhada exigida para a unificação. *Vide*, ainda, a introdução ao *Heise's Handelrecht* cit., V.

[81] Uma série de elementos pode ser vista em Goldschmidt, *Handbuch des Handelsrechts* cit., B-1, 68 ss..

§ 2.º Das origens aos primeiros códigos comerciais 63

O Governo provisório de 1848, pró-unitário, tentou também a unificação do Direito comercial e marítimo. Foi designada uma comissão cujos trabalhos foram interrompidos pela queda do regime[82]. A iniciativa foi retomada, noutros moldes, em 1857, com a conferência de Nuremberga. Após várias vicissitudes, acabaria por ser aprovado, pelo Congresso – que não tinha poderes legislativos elaborando, tão-só, recomendações – o Código Comercial Geral Alemão – *das Allgemeine Deutsche Handelsgesetzbuch* ou ADHGB[83], de 17 de dezembro de 1862. O ADHGB apresenta-se como um diploma de fôlego[84], assim repartido:

Livro I – Do comércio – artigos 1.º a 84.º;
Livro II – Das sociedades comerciais – artigos 85.º a 249.º;
Livro III – Da parceria e da associação em participação – artigos 250.º a 270.º;
Livro IV – Dos negócios comerciais – artigos 271.º a 431.º.

A matéria tem um tipo de arrumação mais evidente e que dá já conta da importância relativa que as matérias iriam assumir, no futuro.

O ADHGB introduz a disciplina regulativa em termos diretos e que fazem apelo, desde logo, às origens do Direito comercial e aos seus antecedentes imediatos, no pensamento da jurisprudência alemã. Segundo o seu artigo 1.º,

> Nas questões comerciais aplicam-se, sempre que este Código não contenha qualquer disposição, os usos do comércio e, na sua insuficiência, o Direito civil geral[85].

---

[82] Goldschmidt, *Handbuch des Handelsrechts* cit., B-1, 84 ss.. Em 1849 ainda foi publicado um projeto. *Vide* Theodor Baums, *Entwurf eines allgemeines Handelsgesetzbuches für Deutschland* (1848/49), com uma importante introdução.

[83] Goldschmidt, *Handbuch des Handelsrechts*, B-1.º cit., 91 ss.. *Vide* Heinrich Thöl, *Zur Geschichte des Entwurfes eines allgemeinen deutschen Handelsgesetzbuches*, 1861. As vicissitudes que rodearam a preparação e a aprovação do ADHGB podem ainda ser confrontados em Friedrich von Hahn, *Commentar zum Allgemeinen Deutschen Handelsgesetzbuch*, 1, 3.ª ed. (1879), XXI ss.. *Vide*, também, A. Herzog, *Das österreichische Handelsrecht/nach dem Handelsgesetzbuche vom 17. December 1862* (1863), 4 ss.; o ADHGB também se aplicou na Áustria.

[84] *Vide* H. Makower, *Das allgemeine deutsche Handelsgesetzbuch* (1864) e A. Wengler, *Das allgemeine deutsche Handelsgesetzbuch* (1867).

[85] *Vide* Von Hahn, *Commentar* cit., 1, 3.ª ed., 1 ss.; a jurisprudência do ROHG limitou os "usos" ao Direito consuetudinário comercial – *idem*, 11; quanto ao Direito civil geral

IV. Prenunciando determinadas evoluções subsequentes, o ADHGB adotou um sistema misto, objetivo e subjetivo[86]. Ele parte, no seu artigo 4.°[87], do conceito de comerciante, um tanto ao jeito do ALR: postula, para ele, regras especiais. Simplesmente, nos seus artigos 271.° e 307.°[88], ele considera comerciais determinadas situações a título puramente objetivo, e portanto: podendo as respetivas e comerciais regras aplicar-se a não-comerciantes.

O ADHGB padeceu, ainda, da falta de um Código Civil. Compreende, por isso, inúmeras regras civis, cuja ausência, na época, ele teve de suprir.

V. O movimento tendente à unificação do Direito comercial alemão prosseguiu. Muito importante foi a entrada em funções, a 12-Jun.-1869, do Tribunal Comercial Superior da União – o *Bundesoberhandelsgericht* ou BOHG – em Leipzig. Com a proclamação, por Bismarck e na sequência da vitória sobre a França, na Guerra de 1870-71, do Segundo Império, o BOHG foi convertido no Tribunal Comercial Superior do Império, o *Reichsober-handelsgericht* ou ROHG, em 2-Set.-1871. A manutenção – ainda que apenas por algum tempo[89] – destes tribunais supremos de competência comercial foi importante, para a preservação da autonomia da disciplina[90].

---

entendia-se, como tal, todo o Direito civil, fosse qual fosse a sua fonte – *idem*, 12; recorde-se que, na altura, não havia, na Alemanha, qualquer Código Civil.

[86] Claus-Wilhelm Canaris, *Handelsrecht*, cit., 24.ª ed., 17-18.

[87] Segundo o artigo 4.° do ADHGB:

Considera-se como comerciante, no sentido deste Código, quem celebre negócios comerciais, a título profissional [*wer gewerbemässig Handelsgeschäfte betreibt*].

Vide Von Hahn, *Commentar* cit., 1, 3.ª ed. cit., 18 ss..

[88] O artigo 271.° enumera negócios comerciais; o artigo 307.° alarga determinadas regras a não-comerciantes; *vide* Von Hahn, *Commentar* cit., 2, 2.ª ed. (1883), 3 ss. e 150 ss., respetivamente.

[89] A competência do ROHG foi transferida para o *Reichsgericht* – RG – em funcionamento a partir de 1-Out.-1879: assim se alcançou, pelo menos a nível de Tribunal Supremo, a unificação das jurisdições civil e comercial. Quanto à História do *Reichsgericht*, *vide* a recolha de estudos organizada por Bernd-Rüdiger Kern/Adrian Schmidt-Recla, *125 Jahre Reichsgericht* (2006), 266 pp..

[90] As decisões do BOHG foram publicadas oficialmente em *Entscheidungen des Bundes-Oberhandelsgerichts* e as do ROHG em *Entscheidungen des Reichts-Oberhandelsgerichts*, BOHGE e ROHGE, respetivamente.

§ 2.º Das origens aos primeiros códigos comerciais

VI. A experiência alemã e a sua evolução, ao longo da primeira parte do século XIX, documentam raízes histórico-culturais do Direito comercial, sedimentadas em moldes diversos dos da experiência francesa. Enquanto, nesta, o Direito comercial alcançou uma identidade apoiado na autoridade do Estado e, mediatamente, na cultura dos juristas, na Alemanha, esta jogou em primeira linha.

A ausência de codificações com poder legislativo foi suprida pelos cientistas do Direito e por tribunais livremente organizados. Além disso, a codificação comercial antecedeu largamente a civil, ao contrário da experiência napoleónica[91].

No fundo, poder-se-ia proclamar que a cultura dos juristas está sempre subjacente à autonomia comercial: em França como na Alemanha. Neste último caso, todavia, o fenómeno é mais marcado, tendo tido consequências no desenvolvimento subsequente das disciplinas comerciais.

VII. Mas a existência de leis nunca é indiferente. O próprio ADHGB teve um papel de relevo: permitiu cristalizar uma cultura difusa, dando azo ao aparecimento dos primeiros grandes tratados comerciais.

O ADHGB foi muitas vezes criticado nalgumas das suas soluções. Ele surgiu particularmente tímido no capítulo das sociedades comerciais, mantendo a exigência da concessão estadual da personalidade jurídica para as anónimas[92]. Não houve, de facto, condições políticas para adotar soluções avançadas.

Em moldes científicos, o ADHGB foi decisivo, orientando toda a evolução subsequente. Paralelamente, mantiveram-se muito ativas uma doutrina e uma jurisprudência que, desde cedo, trabalharam o Direito comercial em termos universalistas.

---

[91] Recorde-se que o BGB alemão só surgiu em 1896: quase quarenta anos depois do Código Geral de 1861.

[92] *Vide* Karl Lehmann, *Das Recht der Aktiengesellschaft*, 1 (1898, reimpr. 1964), 82 ss.). A evolução da matéria relativa às sociedades comerciais consta do *Direito das sociedades*, 1, 3.ª ed., 51 ss..

§ 3.º AS CODIFICAÇÕES TARDIAS E A UNIFICAÇÃO DO DIREITO PRIVADO

9. As codificações oitocentistas tardias

I. Após a primeira vaga de códigos comerciais do século XIX – com relevo para o espanhol, de 1829 e o italiano, de 1865, de modelo napoleónico e o alemão, de 1861 –, seguiu-se uma segunda leva, menos pioneira e mais elaborada, a que chamaremos "codificações oitocentistas tardias".

Temos em mente, desde logo, o Código Comercial italiano de 1882[93]. Assente numa doutrina comercial elaborada, entretanto surgida, o segundo Código Comercial italiano foi preparado com cautela[94]. Para além, naturalmente, do seu antecessor, de 1865, cuja estrutura geral conservou, o Código de Comércio italiano de 1882 atendeu ao AGHGB[95] e à forte doutrina alemã, dele decorrente.

O Código de Comércio italiano de 1882 desenvolveu a matéria com mais cuidado, designadamente na área dos contratos comerciais[96]. Foram tratados negócios antes ausentes, como o reporte, as sociedades cooperativas, o cheque, a conta-corrente, o mandato comercial, o seguro terrestre e os depósitos em armazéns gerais, entre outros. Além disso, foram aperfei-

---

[93] Os trabalhos preparatórios deste Código encontram-se publicados: *Lavori preparatori del codice di commercio del Regno d'Italia*, 2 volumes (1883).

[94] Quanto à sua preparação, à sua aprovação e às suas características gerais, *vide* Ercole Vidari, *Corso di diritto commerciale* 1, 5.ª ed. (1900), 95 ss. e Schioppa, *Saggi di storia del diritto commerciale* cit., 157 ss..

[95] F. Mittermaier, *Das Italianische Handelsgesetzbuch von Jahre 1882*, ZHR 29 (1883), 132-181 (132 ss.).

[96] Francesco Galgano, *História do Direito comercial* cit., 83-84. De entre os diversos comentários marcantes, cumpre referir: Leone Bolaffio/Cesare Vivante (coord.), *Il codice di commercio commentato*, em nove volumes subdivididos em tomos, 3.ª ed., a partir de 1913.

§ 3.° As codificações tardias e a unificação do Direito privado

çoadas figuras já inseridas no Código de 1865, com relevo para as obrigações comerciais em geral, a compra e venda, a sociedade, os títulos de câmbio, a comissão, o transporte e a falência.

II. Um tanto na mesma linha, podemos referir o Código espanhol de 1885[97]. Reparte-se por quatro livros:

Livro I – Dos comerciantes e do comércio em geral;
Livro II – Dos contratos especiais de comércio;
Livro III – Do comércio marítimo;
Livro IV – Da suspensão de pagamentos, das quebras e das prescrições.

Deve notar-se que o Código de Comércio espanhol teve influência, em diversos aspetos, no Código Veiga Beirão.

III. O segundo Código Comercial português ou Código Veiga Beirão, de 1888 e ainda em vigor, surgiu neste ensejo. Adiante ponderaremos a sua origem, a sua técnica e as suas características.

IV. O século XIX fechou da melhor maneira com o Código Comercial alemão (*Handelsgesetzbuch* ou HGB) de 1897, aprovado para entrar em vigor com o BGB, em 1900. Ambos os diplomas foram preparados em paralelo e com tempo[98], tendo-se ainda em conta, particularmente nas sociedades, a dinâmica adveniente da industrialização[99].

O HGB pretendeu adequar a legislação comercial ao novo Direito privado potenciado pelo BGB. As múltiplas disposições civis, que o ADHGB de 1861 fora obrigado a conter, tornaram-se supérfluas, podendo

---

[97] F. Mittermaier, *Das Spanische Handelsgesetzbuch von 1885*, ZHR 33 (1887), 286-330; o Código data, mais precisamente, de 22-ago.-1885. Quanto à sua movimentada preparação, *vide* Dionisio A. Parona Tomás, *Notas sobre el proceso de la codificación mercantil en la España del siglo XIX* cit., 107 ss. e 119 ss..

[98] Cabe referir J. Riezer, *Zur Revision des Handelsgesetzbuchs*, ZgHR/BH XXXIII (1887). Assinale-se que, logo em 1896, surgiu uma tradução francesa: Paul Carpentier, *Code de commerce allemand/traduit et annoté* (1896).

[99] Como escrito de referência: Norbert Horn/Jürgen Kocka, *Recht und Entwicklung der Grossenunternehmen im 19. und frühen 20. Jahrhundert/Law and the Formation of the Big Enterprises in the 19th and Early 20th Centuries* (1979), relativo às experiências alemã, francesa, britânica e norte-americana, reunindo escritos de 25 autores.

68 A evolução do Direito comercial

ser eliminadas. Na contraposição entre os sistemas objetivo e subjetivo[100], o HGB optou, em linhas gerais, pelo segundo modelo: fixou um "Direito de comerciantes", livre já dos pruridos pós-revolucionários franceses. Os diversos contratos, precisamente pelo cotejo, agora possível, com as figuras "civis", adquiriram um perfil mais claro e completo. Múltiplos aperfeiçoamentos ditados pela doutrina e pela jurisprudência fizeram a sua aparição. Particularmente importantes, na sua preparação, foram as obras surgidas à sombra do ADHGB, onde avultam nomes como Cosack[101], Gareis[102], Goldschmidt[103], Thöl[104] e Endemann[105] e os comentários de Anschütz/von Völderndorff[106], de von Hahn[107], de Makower[108], de Puchelt[109] e de Staub[110].

Aquando da preparação do BGB e do HGB, a manutenção do Direito comercial como disciplina autónoma foi ponderada. A figura de Goldschmidt[111], bem como, naturalmente, toda a evolução anterior[112], foram decisivas, nessa conservação. Ela exigiu, contudo, a adoção de um esquema subjetivo: de outra forma, as figuras comerciais não seriam algo de especial, paralelo ao Direito civil mas, antes, figuras próprias, a classi-

---

[100] Karl Wieland, *Handelsrecht* (1921), 49 ss..

[101] Konrad Cosack, *Lehrbuch des Handelsrechts*, edições anteriores à 5.ª, de 1900.

[102] Carl Gareis, *Das deutsche Handelsrecht*, edições anteriores a 1900; a 8.ª ed., inalterada, é de 1909.

[103] Levin Goldschmidt, *Handbuch des Handelsrechts*, 2.ª ed. (1874).

[104] Heinrich Thöl, *Das Handelsrecht*, 5.ª ed., 2 tomos (1876).

[105] Wilhelm Endemann, *Das Deutsche Handelsrecht*, 2.ª ed. (1868).

[106] August Anschütz/von Völderndorff, *Kommentar zum Allgemeinen Deutschen HGB mit Ausschluss des Seerechts* (1870).

[107] Friedrich von Hahn, *Commentar zum Allgemeinen Deutschen Handelsgesetzbuch*, 1, 3.ª ed. (1879) e 2.º vol., 2.ª ed. (1883).

[108] H. Makower, *Das allgemeine Deutsche Handelsgesetzbuch*, 1864.

[109] Ernst Sigismund Puchelt/R. Förtsch, *Kommentar zum Allgemeinen Deutschen Handelsgesetzbuch* (1893).

[110] Herman Staub, *Kommentar zum Allgemeinen Deutschen Handelsgesetzbuch (ohne Seerecht)*, 1893; esta obra, depois reportada ao HGB e continuada por inúmeros colaboradores, está na origem do *Grosskommentar* ao HGB.

[111] Levin Goldschmidt, *Die Codification des Deutschen bürgerlichen und Handelsrechts*, ZHR 20 (1874), 134-171; *vide supra*, nota 24.

[112] Karl Lehmann, *Die Entwicklung des deutschen Handelsrechts*, ZHR 52 (1902), 1-30.

§ 3.° *As codificações tardias e a unificação do Direito privado*   69

ficar dentro do Direito privado: um aspeto a que teremos a oportunidade de regressar.

Anote-se, por fim, que o HGB, mau grado muitas e profundas alterações, sobretudo no domínio das sociedades[113], continua em vigor.

V. As codificações oitocentistas tardias surgiram como o ponto alto do Direito mercantil, enquanto disciplina jurídica privada especial. De certo modo, elas pretenderam justamente cristalizar esse tipo de entendimento. E assim, assistimos, nos vários códigos, à duplicação de diversas figuras: contratos como a compra e venda, o depósito ou o mandato, como exemplos, regulados na lei civil, recebem agora, nos códigos mercantis, versões "especiais"[114]. É evidente que isso só é possível com um sistema subjetivo ou misto: donde a aparente recaída no que se poderia chamar um "Direito de classe" e que atingiu a sua manifestação máxima no HGB[115].

A base dogmática da autonomia subjetiva do Direito comercial é frágil. Além disso, ela vem contundir com princípios constituintes do Direito privado moderno e aos quais, quase um século antes, os juristas de Napoleão já haviam sido sensíveis. O Direito comercial aparentava uma fraqueza que se iria traduzir, no século XX, em movimentos integracionistas, abaixo examinados.

10. Institutos comerciais sensíveis; evolução científica

I. Antes de analisar a evolução do Direito comercial na primeira metade do século XX, cumpre relatar alguns institutos comerciais sensíveis, isto é: institutos que, ao longo do século XIX, originaram discussões e movimentos de reforma.

Trata-se de um ponto particularmente percetível em França, justamente pela conservação, até hoje, do *Code de Commerce* de 1807. As alterações significativas deram corpo a distintas leis extravagantes.

---

[113] Por último e neste momento, foi alterado pela Lei de 31-mar.-2016. O seu texto (quase) atualizado pode ser comodamente confrontado em *Handelsgesetzbuch*, 58.ª ed. da Beck (2015), com intr. de Holger Fleischer, reportado a 26-ago.-2015, XIV + 341 pp..

[114] Francesco Galgano, *História do Direito comercial* cit., 83.

[115] Quanto ao "subjetivismo" do HGB, *vide* Orlando de Carvalho, *Critério e estrutura* cit., I, 37 ss..

II. A grande batalha do Direito comercial, na primeira metade do século XIX, teve a ver com o triunfo do liberalismo. Este exigia, entre outros aspetos, liberdade de empresa e, daí, liberdade na constituição de sociedades comerciais, particularmente as anónimas. Esse princípio, em França, só foi alcançado através da Lei de 24-Jul.-1867.

O liberalismo e a industrialização requereram, depois, a proteção da propriedade intelectual. A evolução doutrinária e legislativa daí decorrente acabaria por originar uma área comercial autónoma.

Cheques e outros títulos de crédito mantiveram medidas legislativas: dentro e fora dos códigos comerciais.

III. A partir daí, assistiu-se a um conjunto de evoluções no Direito das sociedades comerciais, designadamente quando, no século XX, se processou a sua democratização. A defesa da concorrência, a intervenção do Estado na economia e o tema das falências originaram iniciativas significativas, ainda que periféricas, em relação ao cerne mercantil. Novos contratos fazem a sua aparição, com especial relevo para o Direito bancário e para os sectores da distribuição. Quanto ao primeiro, bastará recordar a abertura de conta, a locação financeira e a cessão financeira; e quanto aos segundos, figuras como a agência comercial, a concessão comercial e a franquia.

Podemos considerar que o Direito comercial, como bom Direito privado que é, vai evoluindo lentamente, ao sabor do progresso científico--cultural da matéria, disciplinando soluções já experimentadas.

A evolução do Direito comercial assentou, sobretudo, numa evolução científica, fonte de releituras e de novas sistematizações.

11. O século XX e a unificação do Direito privado

I. A autonomia do Direito comercial é uma resultante histórico-cultural. Trata-se de uma constatação que nada tem de desprimoroso. Mas mais: ela não obsta a consequências dogmáticas, antes as potenciando. Compreende-se, de toda a forma e a essa luz que, quando uma codificação comercial coincida com uma civil, se ponha de imediato o problema da manutenção de um dualismo no Direito privado.

II. A primeira experiência a reter, neste domínio, é a Suíça, de 1907. O Direito comercial, a propósito da elaboração do Código Civil Suíço, foi

§ 3.° As codificações tardias e a unificação do Direito privado 71

integrado no Direito das obrigações[116]. Mesmo âmbitos normativos como os das sociedades comerciais e cooperativas, do Direito da firma e dos títulos de crédito tiveram esse destino[117].

O Código Civil Suíço conserva regras próprias para os comerciantes. De todo o modo, na forma como em substância, desapareceu o Direito comercial clássico[118].

III. O exemplo suíço foi particularmente defendido em Itália, por Vivante[119].

No fundamental, este Autor explica que a existência de um Direito comercial, como corpo normativo autónomo, fazia sentido quando o comércio era exclusivamente exercido por comerciantes inscritos em corporações. Numa sociedade moderna, os atos de comércio são acessíveis a qualquer interessado, seja ele comerciante, seja ele um interessado ocasional. Assim sendo, o Direito comercial torna-se parte do Direito privado.

Todas as relações privadas podem ser objeto de uma mesma e única teoria, tal como é diariamente comprovado pelos tribunais ingleses e norte-americanos[120] e, naturalmente, pela (então) recente experiência suíça. No próprio Direito italiano, nessa altura dividido entre o Código Civil de 1865 e o Comercial de 1882, a supressão de juízos comerciais teve um efeito aglutinador: os juízes ordinários, ao aplicar promiscuamente ora o Código Civil, ora o Comercial, com um único processo, acabam por desenvolver um critério uno para decidir controvérsias civis e comerciais[121].

---

[116] Konrad Zweigert/Hein Kötz, *Einführung in die Rechtsvergleichung*, 3.ª ed. (1996), 168-169.

[117] Na sequência do ADHGB, chegou a pensar-se na elaboração de um Código Comercial Suíço, tendo mesmo sido preparado um projeto, por Munziger, em 1864; simplesmente, em 1868, essa ideia foi abandonada, a favor de um Direito das obrigações suíço; *vide* Hans Merz, *Obligationenrecht/Allgemeiner Teil*, I (1984), 3-4.

[118] Rudolf Gmür, *Das schweizerische Zivilgesetzbuch verglichen mit dem deutschen Bürgerlichen Gesetzbuch* (1965), 179 ss..

[119] Cesare Vivante, *Trattato di diritto commerciale*, I – I commercianti, 5.ª ed. (1922), § 1.° (1-25), relativo à unidade do Direito privado; trata-se de uma rubrica que surgia já nas anteriores edições do *Trattato*, de Vivante, e que este fez questão em manter.

[120] Vivante, *Trattato* cit., I, 5.ª ed., 9.

[121] Vivante, *Trattato* cit., I, 5.ª ed., 10-11.

IV. Vivante vai, todavia, ainda mais longe. O Código de Comércio estabelece regimes mais favoráveis para os comerciantes. Esse aspeto opera, naturalmente, aquando dos contratos entre comerciantes e não-comerciantes, prejudicando assim a grande maioria da população[122]. Além disso, o Código de Comércio admitia a prevalência dos usos comerciais, mesmo nas relações entre comerciantes e não-comerciantes. Vivante comenta este preceito como atribuindo, aos comerciantes, uma parcela do poder legislativo[123].

A discussão sobre a natureza civil ou comercial de certos atos, profundamente inútil, tolhe e complica a aplicação da Justiça[124]. A duplicação de institutos prejudica a harmonização de preceitos e de soluções[125]. A presença de dois códigos dificulta o processo científico: é – será – evidente a natureza puramente descritiva de muitas obras de Direito comercial[126].

V. As considerações de Vivante são ponderosas. Elas obtiveram um acolhimento alargado. É importante sublinhar que não se trata de fazer desaparecer o acervo histórico do Direito comercial, nem de pôr em causa os institutos jurídico-mercantis. Apenas se questiona a sua arrumação como *lex specialis*, em paralelo com institutos homólogos do Direito civil. O Direito comercial deveria ser preservado como um sector particular do Direito privado, à disposição de todos, tal como qualquer instituto privatístico, por definição, se encontra. Quando muito, poderíamos admitir disciplinas especiais, para certo tipo de organizações[127].

E assim, este entendimento foi acolhido aquando da preparação do Código Civil italiano, de 1942. Este importante Código veio tratar unitariamente todo o Direito privado, substituindo o antigo Código de Comércio, de 1882 e o velho Código Civil, de 1865.

---

[122] Vivante, *Trattato* cit., I, 5.ª ed., 12.

[123] Vivante, *Trattato* cit., I, 5.ª ed., 14. Este Autor – p. 15 – refere, por exemplo, usos bancários como sendo pouco tranquilizantes, para os particulares.

[124] Vivante, *Trattato* cit., I, 5.ª ed., 16.

[125] Vivante, *Trattato* cit., I, 5.ª ed., 17.

[126] Vivante, *Trattato* cit., I, 5.ª ed., 17 ss..

[127] Quanto à matéria da autonomia e do critério do Direito comercial temos, entre nós, uma célebre nota de pé de página: a nota 64, de Orlando de Carvalho, *Critério e estrutura do estabelecimento comercial* cit., que se estende da p. 120 à p. 179, com inúmeras indicações.

§ 3.º As codificações tardias e a unificação do Direito privado   73

VI. O Código Civil italiano, de 1942, reparte-se por seis livros:

I – Das pessoas e da família;
II – Das sucessões;
III – Da propriedade;
IV – Das obrigações;
V – Do trabalho;
VI – Da tutela dos direitos.

No livro IV – *Das obrigações*, aparece um título III – *Dos contratos singulares*, onde são versados diversos contratos comerciais, lado a lado com os civis. É o que sucede com o reporte, o transporte, a expedição, a agência, a conta-corrente, os contratos bancários[128] e o seguro, entre outros.

Por seu turno, no livro V – *Do trabalho*, surgem títulos sobre as sociedades, as empresas cooperativas e mútuos de seguros, sobre a associação em participação e sobre a concorrência.

Aqui temos um sugestivo exemplo quanto à unificação do Direito privado.

Um segundo exemplo – a que abaixo iremos aludir – é constituído pelo Direito "comercial" inglês: lado a lado são examinados institutos que, para os quadros continentais, seriam ora civis, ora comerciais.

VII. A unificação do Direito privado, levada a cabo em Itália, causou algum choque, na comercialística local. Na verdade, o Direito comercial moderno viera à luz nas cidades italianas. E em Itália surgiram muitos estudiosos comercialistas consagrados.

Parece-nos patente, em diversos autores que se pronunciaram no período da reforma ou logo depois dela, uma certa nostalgia pelo perdido Código de Comércio[129]. De resto, a decisão de unificação foi tomada com

---

[128] E mais precisamente: o depósito bancário, o aluguer de cofres, a abertura de crédito, a antecipação, as operações bancárias em conta-corrente e o desconto.

[129] Alberto Asquini, *Una svolta storica del diritto commerciale*, RDComm XXXVIII (1940) I, 509-517, descrevendo as tentativas de reforma na primeira parte do século XX, ainda com tudo em aberto e *Il diritto commerciale nel sistema della nuova codificazione*, RDComm XXXIX (1941) I, 429-438, já após a unificação, fazendo uma profissão de fé na Ciência do Direito comercial. Apontando inconvenientes à unificação legislativa: Luigi Lordi, *Istituzioni di diritto commerciale* 1 (1943), 3 ss.. Tem especial interesse seguir a sucessão de trabalhos de Lorenzo Mossa: *Scienza e metodi del diritto*

a reforma já avançada e, também, por alguma preocupação política: tratava-se de introduzir a "empresa" na lei civil, para assim dar corpo ao novo Direito "corporativo" italiano[130]. As tentativas imediatas surgiram no sentido de sedimentar um "novo Direito comercial", assente em ideias institucionalistas e, deste modo, materialmente autónomo[131].

A essa luz, a própria existência de um Código Comercial autónomo seria dispensável[132].

A experiência italiana da unificação, até pela relativa proximidade que a respetiva doutrina tem, nalguns pontos, com a lusófona, constitui um excelente campo de meditação, antes de qualquer reforma do Direito privado, entre nós.

VIII. A melhor doutrina italiana – embora não unívoca – continua hoje a defender os pontos de vista de Vivante[133].

Mesmo as mais atualistas visões transalpinas do Direito comercial como Direito das empresas comerciais e das suas operações[134] – para tentar evitar o escolho representado pelas conceções subjetivistas, de sabor corporativo – não lograram princípios próprios nem, sobretudo, apronrar um sistema diferenciado. Em suma: o Direito comercial poderia conservar uma autonomia expositiva e didática, ficando contudo claro tratar-se de uma parte do todo jurídico-privado.

Todas estas considerações parecem ajustadas. Todavia, o Direito comercial tem uma autonomia histórico-cultural que se impõe, ainda hoje.

---

commerciale, RDComm XXXIX (1941) I, 439-449 e *Il diritto del lavoro, il diritto commerciale ed il Codice Civile*, RDComm XLIII (1945) I, 39-75.

[130] Isidoro la Lumia, *L'autonomia del nuovo diritto delle imprese commerciali*, RDComm XL (1942) I, 1-9. É curioso salientar que Francesco Carnelutti profetizou o desaparecimento do Direito comercial até então existente, na sequência da reforma; respondeu Lorenzo Mossa, menos "pessimista"; *vide* a correspondência publicada por Alberto Asquini, *Sulle nuove posizioni del diritto commerciale*, RDComm XL (1942) I, 65-71.

[131] Giuseppe Valeri, *Autonomia e limiti del nuovo diritto commerciale*, RDComm XLI (1943) I, 21-45 e *Il Codice di Commercio I. Come fu suppresso II. Come devrà risorgere*, RDComm XLIII (1945) I, 11-19.

[132] Giuseppe Ferri, *Revisione del Codice Civile e autonomia del diritto commerciale*, RDComm XLIII (1945) I, 99-113 e Paolo Greco, *Il diritto commerciale fra l'autonomia e la fusione*, RDComm XLV (1947) I, 1-11.

[133] Francesco Ferrara Jr./Francesco Corsi, *Gli imprenditori e le società*, 14.ª ed. (2009), 12 ss. (17 ss.).

[134] P. ex., o escrito de Carlo Angelici, *Diritto commerciale* I (2002), 3 ss..

§ 3.º As codificações tardias e a unificação do Direito privado   75

Adiante procederemos a um ponto da situação, à luz dos conhecimentos disponíveis.

12. Elementos subsequentes

I. A defesa da autonomia do Direito comercial, subsequente à forte argumentação de Vivante e ao seu êxito no Código Civil italiano de 1942, foi viva, mas pouco profunda.

A afirmação de que existe uma vida comercial intensa, que exigindo celeridade, eficácia e tutela da boa-fé, não se compadeceria com as delongas da vida civil, desconhece dois pontos essenciais:

– a generalidade dos atos comerciais é praticada por não-comerciantes – os consumidores finais – pelo que, quantitativa e qualitativamente, o Direito comercial é o Direito de todos e do dia-a-dia;
– o Direito civil, por razões que abaixo retomaremos, mantém-se como a instância científica inovadora onde os conceitos e as soluções mais avançadas devem ser procuradas: a tutela da confiança no comércio, por exemplo, é legitimada pela boa-fé ... civil.

II. Devemos estar prevenidos contra um tipo de desenvolvimento linguístico que, a partir da palavra "comércio", procede a latos discursos justificativos, que esquecem a realidade sócio-cultural. No dia-a-dia, são celebrados mais negócios comerciais do que civis: nenhuma razão há para pretender, do Direito comercial, fazer uma camada de elite ou de exceção.

Uma verdadeira autonomia do Direito comercial teria de ser procurada num plano científico: o Direito comercial disporia de princípios autónomos, métodos próprios e esquemas diferenciados de realização do Direito. Salvo o que abaixo se dirá sobre a Ciência do Direito comercial, desde já adiantamos que não é assim.

O Direito comercial não se distingue por especiais procedimentos científicos ou concretizadores – tal como, de resto e por essa via, não se distinguem muitos dos ramos do Direito cuja autonomia é indiscutível.

III. A autonomia do Direito comercial ou existe ou é indefendível. Estamos no campo do Direito: Ciência – sim – mas Ciência da cultura e do espírito. Por múltiplos acidentes históricos acima bosquejados, os ordenamentos romano-germânicos desenvolveram um corpo de regras ditas "comerciais" ou "mercantis", tendo-se habituado a trabalhar com elas. Não é a única saída; e poderá mesmo não ser a mais racional nem a mais conveniente. Mas existe e, com os elementos disponíveis, no tempo e no lugar onde opera, afigura-se a mais diferenciadora de situações, a mais rica em termos culturais e humanos e, nessa medida, a mais justa.

A existência de codificações civis e comerciais separadas é fundamental para a preservação dos dados ontológicos que, ao Direito comercial, conferem a sua autonomia.

Tem-se afirmado que as experiências unitárias suíça e italiana não conduziram, nos respetivos espaços, ao desaparecimento do Direito comercial. Não é rigorosamente exato. É verdade que a um tipo de problemática ligada à vida dos negócios – portanto: situações jurídicas nuclearmente empresariais, muito mais restritas do que o tradicional Direito comercial –, um tanto à semelhança do atual *merchant law* anglo-saxónico, adquire um tratamento em conjunto, sob o título "Direito comercial". Porém, os clássicos desenvolvimentos jurídico-comerciais, patentes em qualquer manual alemão, francês ou português, perderam-se. O manual típico italiano[135] ocupa-se da empresa, das sociedades, das marcas e de contratos comerciais, ignorando as muitas centenas de páginas que, antes de 1942, eram dedicadas aos comerciantes e aos atos do comércio ...

O Direito comercial mantém-se – até por osmose com as experiências vizinhas e por um evidente peso da tradição –, mas é qualitativa e quantitativamente diferente: mais fraco, menos coeso e mais sujeito a fracionar-se em múltiplas disciplinas autónomas.

IV. A autonomia do Direito comercial manteve-se, pois – e salvo quanto ficou dito – nos diversos países.

Ao longo do século XX, a sua evolução foi marcada pelo aparecimento de leis especiais crescentemente aperfeiçoadas e pela progressiva afirmação de disciplinas comerciais especializadas. Trata-se de um fenómeno abaixo retomado e que não contradita o facto de atuarem diversos vetores no sentido da universalização e da integração.

Mas a autonomia comercial e o âmbito das suas normas dependem sempre do peso da tradição e dos hábitos que os juristas transmitem, de

---

[135] *Vide*, como exemplos, Pier Giusto Jaeger/Francesco Denozza/Alberto Toffoletto, *Appunti di diritto commerciale* I, 7.ª ed. (2010) e Giuseppe Auletta/Niccolò Salanitro, *Diritto commerciale*, 20.ª ed. (2015), XV + 793 pp..

§ 3.º As codificações tardias e a unificação do Direito privado   77

geração em geração. Quando, na segunda metade do século XX, os negócios de massa, comerciais por excelência, exigiram regras especiais quanto à sua celebração e ao seu conteúdo, foi o Direito civil que se manifestou: as leis sobre cláusulas contratuais gerais são civis: não comerciais. Não há razões lógicas conhecidas.

V. Finalmente, é sintomático o facto de o Código Civil holandês de 1991 – a última codificação europeia do século XX – ter também procedido à unificação do Direito privado[136], enquanto o Código Civil brasileiro de 2002 – a primeira grande codificação do século XXI – fez opção idêntica[137].

As dificuldades de reforma do Código Comercial de Veiga Beirão encontram justificações, também neste plano: já não é hoje possível reescrever, *ex novo*, um Código Comercial. Este ou existe, pelo peso da tradição, ou mais não seria do que uma compilação de regras diversas.

Mas não há regras absolutas, no campo cultural. E assim, particularmente no espaço lusófono, encontramos códigos comerciais novos: Macau (1999) e Moçambique (2005). Abaixo veremos o sentido destas experiências. Além disso, no próprio Brasil e mau grado a presença de um jovem e bem elaborado Código Civil, que unificou o Direito privado, surgiu um movimento de reforma investido num Projeto de Código Comercial (Projeto de Lei n.º 1-572/2011), cujo processo legislativo ainda está em curso. A doutrina dividiu-se[138]: uma experiência abaixo referidas e que cabe seguir com cuidado[139].

---

[136] Zweigert/Kötz, *Einführung in die Rechtsvergleichung*, 3.ª ed. cit., 100.

[137] Aprovado pela Lei 10.406, de 10 de janeiro de 2002, que revogou (artigo 2.045) a Lei n.º 3.071, de 1 de janeiro de 1916, que aprovara o Código Civil e a Lei n.º 556, de 25 de junho de 1850, 1.ª parte, que aprovara o Código Comercial.

[138] *Vide* Gerson Luiz Carlos Branco, *As obrigações contratuais civis e mercantis e o projeto de Código Comercial*, RJLB 2015, 849-887 e José Carlos Moreira Alves, *A unificação do Direito privado brasileiro*, RDC 2015, 9-22. Com muitas indicações sobre a rica evolução brasileira, Mário Luiz Delgado, *Codificação, descodificação, recodificação do direito civil brasileiro* (2010).

[139] *Infra*, 128.

§ 4.º A EXPERIÊNCIA ANGLO-SAXÓNICA

13. Evolução geral

I. A experiência anglo-saxónica, no tocante ao Direito comercial, é bem ilustrativa do relevo que a História e a Cultura assumem na configuração do Direito das sociedades modernas.

A origem do Direito comercial inglês – *Law Merchant* – é considerada obscura[140]. Tal como noutros países, ela assentou na prática comercial: particularmente desenvolvida, em Inglaterra, mercê da liberdade transfronteiriça assegurada aos comerciantes pela própria Magna Carta[141].

Durante a Idade Média, e um tanto à semelhança do sucedido noutros espaços europeus, assistiu-se a uma dualidade de jurisdições: os comerciantes dispunham de instâncias próprias para aplicação da justiça. No final da Idade Média, este esquema entrou em decadência, mercê da força que foi ganhando a jurisdição comum[142].

Esta evolução consumou-se com a integração do Direito comercial no *Common Law*, nos finais do século XVIII[143]; esta integração foi levada a cabo, dogmaticamente, por William Murray Mansfield (1705-1793)[144].

II. Na atualidade falta, em Inglaterra, qualquer codificação do Direito comercial ou, sequer, qualquer Direito privado especialmente dirigido ao comércio ou aos comerciantes e que seja distinto do que rege a generalidade

---

[140] J. H. Baker, *The Law Merchant and the Common Law before 1700*, CLJ 38 (2), Nov. 1979, 295-322 (295).

[141] Robert Bradgate, *Commercial Law*, 3.ª ed. (2000), 9.

[142] J. H. Baker, *The Law Merchant* cit., 299-306. *Vide* S. B. Marsh e J. Soulsby, *Business Law*, 3.ª ed. (1992), 5-6.

[143] J. H. Baker, *The Law Merchant* cit., 320.

[144] Wolfgang Fikentscher, *Methoden des Rechts in vergleichender Darstellung*, Band II – *Anglo-amerikanische Recht* (1975), 40, Volker Triebel, *Englisches Handels- und Wirtschaftsrecht* (1978), 18 e Roy Goode, *Commercial Law*, 4.ª ed. (2011), 6 ss..

§ 4.° A experiência anglo-saxónica 79

das pessoas[145]. Comparatistas sublinham que a receção do *Law Merchant* no *Common Law* foi possibilitada, antes de mais, pelo facto de este último – e ao contrário do *Civil Law* continental – se ter mantido muito flexível[146].

III. Este estado de coisas sofre algumas alterações recentes. Surgem normas especiais para os comerciantes e até, por imposição europeia, áreas inteiras correspondentes ao Direito comercial do Continente, com tónica na concorrência e na tutela do consumidor[147]. Mas esses elementos não permitem ressuscitar um Direito comercial digno desse nome.

14. Tendências atuais; a experiência norte-americana do *Uniform Commercial Code*

I. Na atualidade surgem-nos, na Grã-Bretanha – ou mais precisamente em Inglaterra – múltiplos manuais de *Business Law*[148], *Commercial Law*[149] ou *Mercantile Law*[150].

Recorrendo no seu conteúdo, verificamos que o *Business Law* apresenta a maior extensão: abrange descrições da organização judiciária, dos contratos em geral, dos diversos contratos incluindo, lado a lado, figuras que no Continente se diriam civis e comerciais e às quais se adita o contrato de trabalho, sociedades, falências e, nos mais recentes, a concorrência e a tutela do consumidor.

---

[145] Arthur Curti, *Englands Privat- und Handelsrecht*, 2, *Handelsrecht* (1927), 1 e Roy Goode, *Commercial Law in the Next Millenium* (1998), 3 ss..

[146] Tal a colocação de Triebel, *Englisches Handels- und Wirtschaftsrecht* cit., 18 e 19.

[147] Roy Godde, *Commercial Law*, 4.ª ed. (2011), 15. *Vide* em especial, Francis Rose (ed.), *Blackstone's Statutes on Commercial & Consumer Law*, 20.ª ed. (2011), 736 pp..

[148] Assim: Woolf, Tanna e Singh, *Business Law* (1988), Marsh e Soulsby, *Business Law*, 3.ª ed. (1992), Savage e Bradgate, *Business Law* (1993), Stephen Dudge, *Business Law* (1995) e Paul Dubson, *Business Law*, 16.ª ed. (1997); Lucy Jones, *Introduction to Business Law*, 3.ª ed., (2015); J. Scott Slorach/Jason Ellis, *Business Law 2015-2016*, 32.ª ed. (2015).

[149] Assim: Sir Gordon Borrie, *Commercial Law*, 6.ª ed. (1988), Robert Lowe, *Commercial Law*, 6.ª ed. (1983), Michael Connolly, *Comercial Law*, 2.ª ed. (1998), Robert Bradgate, *Commercial Law*, 3.ª ed. (2000), L. S. Sealy/R. J. A. Hooley, *Commercial Law* (2003), Roy Goode, *Commercial Law*, 4.ª ed. (2011); Eric Baskind/Greg Osborne/Lee Roach, *Commercial Law*, 2.ª ed., (2016).

[150] Assim: Denis Keenan, *Mercantile Law* (1986).

II. Os manuais de *Commercial Law* são mais comedidos: embora com um conteúdo muito variável de obra para obra, eles concentram-se nas diversas figuras contratuais, incluindo muitas comerciais. Por exemplo (Sir Gordon Borrie) e por esta ordem: representação, venda de bens, crédito ao consumo, títulos de crédito e direito dos seguros[151] ou (Roy Goode): aspetos gerais dos contratos, representação, vendas, moeda, pagamentos e sistema de pagamentos, crédito, contratos financeiros, insolvência, comércio e finança internacionais e arbitragens[152].

Do ponto de vista continental, eles não obedecem a qualquer sistematização: antes correspondem à capacidade empírica dos seus autores de transmitir conhecimentos[153]. Temos ainda que ter em conta o facto de as respetivas rubricas não coincidirem com as que se obtenham no Continente, por mera tradução dos termos implicados. Apenas um estudo de Direito comparado, que assentasse nas funções dos institutos em presença, permitiria proceder a aproximações.

III. Como foi referido, fazem a sua aparição, no "Direito comercial", temas de tutela do consumidor e de concorrência, através do influxo comunitário. Não obstante, a diversidade técnica, conceitual e sistemática mantém-se: trata-se de uma riqueza cultural do Velho Mundo, que deve ser preservada.

IV. A experiência norte-americana merece uma referência especial.

As colónias britânicas no Continente Norte-Americano mantiveram o Direito da Metrópole e, designadamente, a separação entre o *Common Law* e o *Mercantile Law*. A receção deste último pelo primeiro não operou

---

[151] Sir Gordon Borrie, *Commercial Law* cit., 6.ª ed., 1 ss., 50 ss., 152 ss., 220 ss. e 293 ss., como exemplos. Robert Lowe, *Commercial Law* cit., 6.ª ed., trata, sucessivamente: representação, venda de bens, crédito ao consumo, títulos negociáveis, seguros, locação, proteção do consumidor, exportações e concorrência.

[152] Roy Goode, *Commercial Law* cit., 4.ª ed., 69 ss., 177 ss., 199 ss., 485 ss., 521 ss., 619 ss., 903 ss., 941 ss. e 1251 ss..

[153] Esta diversidade transmite-se às exposições do Direito inglês feitas por comparatistas. Assim, Arthur Curti, no 2.º volume do seu *Englands Privat- und Handelsrecht*, precisamente intitulado "Direito comercial", cura, sucessivamente, do Direito dos contratos e dos atos ilícitos, da propriedade industrial e do Direito de autor e das pessoas, incluindo as sociedades. Triebel, por seu turno, em *Englisches Handels- und Wirtschaftsrecht* cit., trata, sequencialmente, da compra de mercadorias, do crédito, da representação, do Direito do trabalho, das sociedades e da insolvência ...

§ 4.º A experiência anglo-saxónica

com a clareza britânica; daí resultou uma complexidade, agravada com a dispersão das regras entre os vários estados federados.

Nos finais do século XIX, o desenvolvimento extraordinário do comércio interestadual e a industrialização do Continente Norte-Americano exigiam regras claras, simples e cognoscíveis para todos. Assim, veio a ser instituída a *National Conference of Commissioners on Uniform State Laws*, que foi preparando sucessivos diplomas relativos a áreas comerciais: o *Uniform Sales Act* (1906), o *Uniform Warehouse Receipts Act* (1906), o *Uniform Stock Transfer Act* (1909), o *Uniform Conditional Sales Act* (1918) e o *Uniform Trust Receipts Act* (1933). Estes diplomas foram sendo recebidos como leis pelos diversos estados federados.

Em 1940, a *Conference* reuniu para estudar alterações ao *Uniform Sales Act*. Foi então proposto o abandono do esquema dos diplomas parcelares uniformes, até então existentes, a favor de um único estatuto: tal a conceção do *Uniform Commercial Code* ou UCC. Em 1942, foram nomeadas inúmeras comissões de individualidades, especialmente magistrados, para preparar o que se anunciava como gigantesca tarefa, numa iniciativa conjunta do *American Law Institute* e da *National Conference*. Ambas essas instituições aprovaram, em 1952, o texto do UCC, o qual surge também apoiado pela *House of Delegates of the American Bar Association*. O UCC foi sendo adotado pelos diversos estados federados: a Pensilvânia o primeiro; a Luisiana o último, tendo-o feito apenas parcialmente.

Foi instituído o *Permanent Editorial Board*, para analisar e preparar *uniform amendments*. Estes foram surgindo, sendo de mencionar o de 1989, sobre transferências eletrónicas.

O UCC é uma referência obrigatória, em matéria comercial. Trata-se de um texto extenso, complexo e preciso: de acordo com a técnica anglo-saxónica, surge minucioso, estando ainda cheio de particularidades relativas aos diversos Estados[154]. Tem excelentes provas dadas[155].

---

[154] Sobre toda esta matéria e com um apanhado do UCC, *vide* Charles M. Tatelbaum/ /John K. Pearson (ed.), *Manual of Credit and Commercial Laws*, 91.ª ed. (1999), 5 (5-6 ss.); *vide* ainda, a pequena síntese de Zweigert/Kötz, *Einführung in die Rechtsvergleichung* cit., 3.ª ed., 247.

[155] O seu texto pode comodamente ser consultado em www.law.cornell.edu/ucc, com múltiplos elementos e precisões: está atualizado com referência ao final de 2005.

CAPÍTULO II

A EXPERIÊNCIA PORTUGUESA

§ 5.º DAS ORIGENS AO SÉCULO XVIII

15. O comércio e as primeiras leis

I. A história do Direito privado lusófono está, ainda hoje, por investigar[156]; apenas certos aspetos sectoriais têm merecido a atenção dos autores. Este estado de coisas atinge, naturalmente, o Direito comercial. Convém ter presente que muito da sua feição atual deve ser procurado na evolução histórica.

Os elementos que se seguem têm, assim, natureza puramente ilustrativa.

II. As relações comerciais referentes à Terra Portucalense datam desde a Fundação, tendo-a antecedido[157]. E desde cedo surgiram leis nacionais tendentes a defendê-las e a regulá-las.

Entre as mais antigas conta-se uma lei atribuída ao primeiro ano do Reinado de D. Afonso II[158],

---

[156] Vide Johannes-Michael Scholz, *Portugal*, em Helmut Coing (org.), *Handbuch der Quellen und Literatur der neueren europäischen Privatrechtsgeschichte* – vol. III, *Das 19. Jahrhundert*, tomo 1 (1982), 687-861 (687).

[157] Henrique da Gama Barros, *História da Administração Pública em Portugal nos séculos XII a XV*, 2.ª ed. dirigida por Torquato de Sousa Soares, tomo IX (1950), 314 ss..

[158] *Vide Livro das leis e posturas*, ed. RFDUL (1971), 10; esta lei passou, depois, às *Ordenações Afonsinas*, Liv. II, título XXXII = ed. Gulbenkian (1998), II, 274-275. Sobre toda esta matéria, desenvolvidamente: José Duarte Nogueira, *Lei e poder régio* I – *As leis de Afonso II* (2006), 213 ss..

Como elRey manda os seus almuxarifes que nom leuem nenhua cousa daqueles a que acaeçe prigos no mar.

Todavia, já anteriormente surgiam, em certos forais, normas relativas ao tráfego naval[159].

Nos restantes aspetos, saliente-se o facto de ocorrerem medidas tendentes a proteger o comércio, designadamente em face de abusos cometidos por nobres[160].

III. Também cedo surgem disposições legislativas referentes à usura. D. Afonso II, em 1211, proíbe a certos funcionários seus que deem[161]:

(...) dinheiros a husura pera sy nem pera outrem.

A matéria foi retomada por D. Afonso IV[162], sempre em moldes restritivos.

IV. No tempo de D. Afonso III havia já corretores[163]. O fretamento de navios encontra regras lusófonas desde o princípio do século XIV[164]. D. Fernando fez lei "àcerca dos Mercadores Estrangeiros, como houvessem de comprar e vender as mercadorias nos seus Reinos"; esta lei está inserida nas Ordenações Afonsinas, em conjunto com outras similares[165].

V. Datam ainda do período inicial as primeiras regras sobre seguros. Nos finais do século XIII, o comércio marítimo tinha, no País, bastante significado. Os negociantes interessados estabeleceram, por compromisso entre si, que na Flandres e em Portugal tivessem sempre a soma de cem marcos de prata para acorrerem a despesas exigidas pelo comércio. Para o efeito, seriam cobrados vinte soldos no frete de todas as barcas de mais de cem tonéis que carregassem em portos portugueses para Flandres, Ingla-

---

[159] Gama Barros, *História* cit., IX, 319, refere o foral de Santarém, de 1179, igual ao de Lisboa.

[160] Gama Barros, *História* cit., IX, 322 ss..

[161] *Livro das leis e posturas* cit., 17.

[162] *Livro das leis e posturas* cit., 398 ss., 417 ss. e 458 ss..

[163] Gama Barros, *História* cit., IX, 332 ss..

[164] Ord. Af., Liv. IV, Tit. V = ed. Gulbenkian, IV, 55 ss..

[165] Ord. Af., Liv. IV, Tit. V = ed. Gulbenkian, IV, 46 ss..

§ 5.° Das origens ao século XVIII 85

terra, Normandia, Bretanha e Arrochella[166]; nos de lotação inferior, cobrar-
-se-iam dez soldos. D. Dinis confirmou o ato, em 10-Mai.-1293.

D. Fernando instituiu, em Lisboa e no Porto, uma bolsa, para a qual contribuíam todos os navios com mais de cinquenta tonéis e que serviria para acudir em caso de naufrágio[167].

Subsequentemente, documentam-se numerosas medidas régias destinadas a incentivar a construção de navios e o tráfego marítimo. Cumpre ter presente que as descobertas portuguesas resultaram da execução minuciosa de um plano pensado e facultado pelo Estado. Não foram obra nem de súbita inspiração, nem do acaso[168].

16. As Ordenações; aspetos gerais do antigo Direito comercial português

I. Com os antecedentes apontados, o antigo Direito português era bastante rico em regras comerciais. Tomando como base as *Ordenações do Reino*, desde logo cumpre destacar a existência de uma magistratura especificamente comercial: a dos almotacés.

O almotacé – ou almotacel[169] – era, à partida, um funcionário eleito, encarregado de zelar pela igualdade dos pesos e medidas; podia, ainda, impor taxas, verificar a correção das transações e promover distribuições de géneros. Junto da Corte funcionava o Almotacé Mor, que providenciava o abastecimento do séquito real e tinha, ainda, diversas funções de polícia e de magistratura económicas[170]. Nos concelhos, operavam os juízes almotacés, a quem cumpria a fiscalização económica e o julgamento da

---

[166] Trata-se do porto francês de La Rochelle.

[167] Gama Barros, *História* cit., IX, 357-358, onde podem ser confrontadas diversas fontes.

[168] É frequente a afirmação de que a gesta dos Descobrimentos não teve uma correspondência jurídica paralela. Todavia, cumpre ter presente que toda esta matéria está, em grande parte, por estudar. Muito provavelmente, os Descobrimentos portugueses tiveram projeções jurídicas originais e de relevo, ainda por desbravar. Abaixo veremos alguns indícios que depõem nesse sentido.

[169] Expressão que nos veio do árabe *almohtacel*, do verbo *haçaba*, contar, calcular; *vide Ord. Fil.*, ed. Gulbenkian I, 46, nota 2.

[170] *Ord. Fil.*, Liv. I, Tit. XVIII = ed. Gulbenkian I, 46-53.

86 *A experiência portuguesa*

violação de posturas que fosse perpetrada por comerciantes, artesãos e industriais[171].

II. Além da interessante figura do almotacé, as *Ordenações* previam o *Juiz da Índia, Mina e Guiné* e o *Ouvidor da Alfândega da Cidade de Lisboa*.

Ao Juiz da Índia, Mina e Guiné,

(...) pertence examinar e justificar as procurações e scripturas, per que nas Casas da India, Mina e Armazens se houverem de recadar ou pagar quaesquer direitos. (...)

Item tomará conhecimento das causas, que algumas pessoas tiverem com outras per razão de pedraria e outras encommendas, que lhes trouxessem da India, ou de outras partes de fóra destes Reinos. (...)

Item, conhecerá das demandas, que se moverem sobre frétes, os quaes mandará depositar na fórma, em que o há de fazer o Ouvidor da Alfandega, confórme o seu Regimento. E bem assi conhecerá de avarias, custos de Náos e Navios, ou outras cousas de Guiné, Arquim, India, Brasil, Çafalla, ou dos lugares, que se regulam pelas leis da Guiné e India; e assi conhecerá dos tratos, convenças e maleficios, que nos ditos lugares e navegação delles, ou sobre cousas delles, ou para elles se fazem, de que nenhum outro Julgador conhecerá, postoque as partes se desafórem[172].

O *Juiz da Índia, Mina e Guiné* tinha, assim, uma completa jurisdição marítima. Quanto ao *Ouvidor da Alfândega* de Lisboa,

(...) conhecerá dos feitos civeis, que perante elle se moverem entre quaesquer Mercadores, ou Tratantes, assi naturaes, como Estrangeiros, sobre quaesquer tratos e mercadorias, pagamentos ou entregas dellas (...)[173].

O *Ouvidor* dispunha também de competência marítima relativa a causas que não pertencessem ao *Juiz da Índia*.

---

[171] *Ord. Fil.*, Liv. I, Tit. LXVIII = ed. Gulbenkian I, 157-162. *Vide*, ainda, Pascoal de Melo, *Instituições de Direito Civil português*, trad. port. de Miguel Pinto de Meneses, BMJ 161 (1966), 112-113 (= Liv. I, Tit. I, § XI); existe uma reimpr. da 3.ª ed., no original latino, de 1842.

[172] *Ord. Fil.*, Liv. I, Tit. LI, corpo e §§ 2 e 3 = ed. Gulbenkian cit., I, 95-96.

[173] *Ord. Fil.*, Liv. I, Tit. LII, corpo = ed. Gulbenkian cit., I, 96.

§ 5.º *Das origens ao século XVIII* 87

A jurisdição comercial específica é clara; resta investigá-la. A sua existência não é prejudicada pelo facto de a distinção entre os poderes, jurisdicional e administrativo, não estar, então, totalmente efetuada[174].

III. As *Ordenações* regulavam ainda diversos aspetos do estatuto de comerciante e contratos comerciais. Assim, segundo o Livro IV, Título XVI,

> Os Clerigos de Ordens Sacras, ou Beneficiados, e os Fidalgos e os Cavalleiros, que stiverem em acto militar, não comprarão cousa alguma para revender, nem usarão publicamente de regataria[175], porque não convem a suas dignidades e stado militar entremetterem-se em acto de mercadejar, antes lhes he per Direito defezo[176].

Quanto a atos ou contratos comerciais, registamos:

– *como se pagará o pão, que se vendeo fiado, ou se emprestou*[177];
– *em que moedas se farão os pagamentos do que se compra ou deve*[178];
– *do emprestimo que se chama mutuo*[179];
– *dos contractos usurarios*[180].

IV. Finalmente, as Ordenações regulam os *mercadores que quebrão*, isto é, a falência[181]. Particularmente visadas eram as quebras fraudulentas, acompanhadas pelo desvio de bens ou de dinheiro.

V. As Ordenações – aliás completadas por diversa legislação extravagante com relevo comercial – não eram verdadeiras codificações científi-

---

[174] Todavia, o ofício de Juiz era rodeado de diversas cautelas, enquanto executor privilegiado da lei; *vide* António Barbas Homem, *Judex perfectus/Função jurisdicional e estatuto judicial em Portugal (1640-1820)*, tomo I (1998), 307 ss. e *passim*.

[175] A *regataria* equivale, hoje, ao chamado comércio de retalho ou retalhista.

[176] Ed. Gulbenkian, IV e V, 798/II.

[177] *Ord. Fil.*, Liv. IV, Tit. XX = Ed. Gulbenkian, IV e V, 801.

[178] *Ord. Fil.*, Liv. IV, Tit. XXI = Ed. Gulbenkian, IV e V, 802.

[179] *Ord. Fil.*, Liv. IV, Tit. L = Ed. Gulbenkian, IV e V, 842.

[180] *Ord. Fil.*, Liv. IV, Tit. LXVII = Ed. Gulbenkian, IV e V, 871.

[181] *Ord. Fil.*, Liv. V, Tit. LXVI = Ed. Gulbenkian, IV e V, 1214 ss.. *Vide* Luís Menezes Leitão, *Direito da insolvência*, 3.ª ed. (2011), 52 ss..

cas, no sentido atual do termo: permanentemente se entrelaçam, nelas, regras civis, administrativas, penais e processuais. De todo o modo, elas compreendem regras comerciais e, designadamente:

– preveem ou pressupõem o *status* de comerciante;
– estabelecem uma jurisdição comercial específica[182];
– regulam diversos atos de comércio;
– determinam sobre a falência.

A substância comercial era conhecida, embora lhe faltasse uma tradição de autonomia. E isso desde logo porque, mercê de centralização política e administrativa ditada, primeiro, pelas necessidades de reconquista e, depois, pela expansão ultramarina, nunca chegou a verificar-se uma cultura estatutária urbana independente do Rei.

Além disso, faltaram as codificações colbertianas que, em França – e provavelmente, mais tarde, na Europa – asseguraram, até hoje, a autonomia do Direito comercial.

---

[182] Já em 28-Nov.-1592, Filipe I adotara – retomando uma orientação do Cardeal D. Henrique –, uma *Provizão e Regimento do Consulado Portuguez*. Tratava-se de um tribunal especializado; segundo o § 7 do Regimento,

E os ditos Prior, Consules, e Letrado Accessor do Consulado conheção de *todas as cauzas de Negocio* que se offerecerem daqui em diante entre Mercadores, e seus Feitores, e de todas e quaesquer couzas tocantes, consernentes, e dependentes de Mercancia, Trato e Commercio de Mercador a Mercador, assim de compras, como de vendas, que entre elles haja; e assim das dividas que procedem de Cambios, e modo em que devem correr; e dos seguros que se fazem nesta Cidade, contas com companhias, que ao presente tenhão e jà tivessem e ao diante possão ter; e assim dos fretamentos de Naús e Navios que houver; e Dinheiros, que tomão a Cambio sobre casco e frete; e assim de Marinhagens, que dão os Senhorios, e Mestres das Naús e Navios a quem por ellas lhe dà dinheiro; e de feitorias que os ditos Mercadores tiverem dado a seus feitores, assim nestes Reynos, como fòra delles: e todas as mais couzas que acontecerem, e se offerecerem pelo tempo adiante, que tocarem a trato de Mercancia; e assim de modo que tem os Corretores de Mercadorias desta Cidade na venda e compra que fazem aos Mercadores *naturaes e Estrangeiros*, que de tudo conhecerão, e o determinarão pelo modo abaixo declarado.

A *Provizão e Regimento* constam, como apêndice II, a José Ferreira Borges, *Das fontes, especialidade, e excellencia de administração commercial segundo o Código Commercial Portuguez* (1835), 33-63. Este esquema veio a ser substituído pelas Ordenações Filipinas, acima referidas; vê-se, de todo o modo, que corresponde a uma linha de pensamento sedimentada.

§ 5.° Das origens ao século XVIII

17. A doutrina comercial lusófona

I. Para além das iniciativas legislativas, de que acima demos breve nota, cumpre ainda mencionar a doutrina comercial lusófona. Por vezes mais do que a própria lei, a doutrina é decisiva para a manutenção dos ramos do Direito.

II. Deve ser feita uma menção particular a Pedro de Santarém – Petrus Santerna – autor do *Tractatus perutilis et quotidianus de assecurationibus et sponsioribus* ou, em língua portuguesa: *Tratado muito útil e quotidiano dos seguros e promessas dos mercadores*, cuja 1.ª ed. terá sido publicada em 1552[183].

Pedro de Santarém viveu no reinado de D. Manuel. Não se conhecem os anos do seu nascimento e da sua morte. Morou em Itália, mais precisamente em Florença e em Liorne, já se tendo suscitado a hipótese de ser um cristão novo.

O seu tratado foi, em especial, estudado por Amzalak[184] e por Domenico Maffei[185].

Trata-se de uma obra muito clara e precisa e que não pode deixar de ser interpretada como um resultado da rica tradição dos seguros, existente no País. Lamentavelmente, o tema não foi, de imediato, retomado entre nós.

Apenas quase três séculos volvidos podemos apontar uma obra comercial de relevo vinda do Brasil: os *Princípios de Direito Mercantil*[186],

---

[183] O *Tratado dos seguros* de Pedro de Santarém foi traduzido em português por Miguel Pinto de Meneses, EF/Anais XXVI (1958), 355-476. Existe uma reedição no latim original, acompanhada de traduções em português, inglês e francês, de 1971, editada pelo grémio dos seguradores, sendo a versão portuguesa antecedida por um prefácio de Ruy Ennes Ulrich, de *Duas palavras ... de* Arnaldo Pinheiro Torres e de *Notas bibliográficas* de Moses Amzalak. Com mais elementos, *vide* o nosso *Direito dos Seguros*, 2.ª ed., (2016), 835 ss..

[184] Moses Amzalak, *O "Tratado de Seguros" de Pedro de Santarém*, EF/Anais XXVI (1958), 335-354.

[185] Domenico Maffei, *Il giurisconsulto portoghese Pedro de Santarém autore del primo Trattado sulle assicurazioni (1488)*, BFD LVIII (1982), 703-728.

[186] Mais precisamente: *Principios de Direito Mercantil e Leis da Marinha para uso da mocidade Portugueza,/destinada ao commercio dividido em oito tratados elementares,*

de José da Silva Lisboa, Visconde de Cayrú (1756-1835)[187]: um escrito extenso que recai, sobretudo, sobre a matéria dos seguros.

III. A nível de obras gerais, é importante, já no final do período, referir Pascoal de Melo. Nas suas *Instituições* e no Livro I reportado ao *Direito público*, Melo dedicava o Título VIII ao comércio[188], acrescentando-lhe, ainda, o Título IX, sobre as leis náuticas[189].

Quanto ao comércio, Pascoal de Melo referia diversas figuras contratuais em geral, a usura, o câmbio, as sociedades mercantis, os falidos e a moeda.

No tocante às leis náuticas, surgem-nos diversos pontos relativos ao Direito do mar e ao comércio marítimo, desde os primórdios[190].

18. As reformas comerciais do Marquês de Pombal

I. No século XVIII, o Direito lusófono apresentava uma feição pouco animadora[191]. Disperso entre as Ordenações, há muito desatualizadas, as múltiplas leis extravagantes, as decisões dos tribunais e o Direito romano, o sistema português não oferecia a diferenciação harmónica e a previsibilidade que se requeriam a qualquer ordenamento moderno.

A situação era particularmente gravosa no comércio, tanto mais que se atravessava um período de expansão, decisivo para a evolução subsequente. Cumpre verificar algumas medidas tomadas pelo reformismo de

---

contendo a respectiva legislação patria e indicando as fontes originais dos regulamentos maritimos das principaes praças da Europa, publ. na Bahia, em 1798.

[187] Quanto a José da Silva Lisboa, *vide* Luís Bigotte Chorão, *A comercialística portuguesa e o ensino universitário do Direito comercial no século XIX*/I – *Subsídios para a História do Direito comercial* (1998), 33-34, nota 1.

[188] Paschalis Josephii Melli Freirii, *Institutiones Juris Civilis Lusitani cum publici tum privati*, Liber I *De jure publico*, ed. Inácio Freitas (1815), 101-123; na trad. port., *vide* Pascoal de Melo, *Instituições* cit., BMJ 162 (1967), 61-88.

[189] *Idem*, 123-131 e 89-100 na cit. ed. port..

[190] Januário Gomes, *O ensino do Direito marítimo/O soltar das amarras do Direito da navegação marítima* (2005), 50 ss..

[191] Rui Manuel de Figueiredo Marcos, *A legislação pombalina/Alguns aspectos fundamentais* (1990), 58 ss..

§ 5.º Das origens ao século XVIII

Pombal, para obviar à situação apontada. Deixaremos para momento posterior o tema da Lei da Boa Razão.

II. Na tradição das Ordenações, o comércio era uma atividade degradante: estava mesmo vedado, como vimos, às classes nobres. Decorria, daí, uma cultura contrária ao desenvolvimento, que o Marquês tentou contrariar. O alvará de 7-jun.-1755, que estabeleceu a Companhia Geral do Grão Pará e Maranhão, determinou que o comércio a ela inerente não prejudicaria a nobreza herdada e seria mesmo meio próprio para alcançar a nobreza adquirida[192].

Numa Lei de 30-ago.-1770[193], obrigava-se ao registo na Junta do Comércio de todos os comerciantes; para alcançarem a correspondente matrícula, era ainda necessário que obtivessem a aprovação na *Aula do Commercio*[194].

III. O problema das falências foi disciplinado por alvará de 13-nov.--1756[195], o qual criou o cargo de *Juiz Conservador Geral da Junta do Commercio*.

No fundamental, procurava-se um reforço da boa-fé e da estabilidade nas relações de comércio[196], distinguindo com clareza o mercador infeliz do fraudulento.

A magistratura comercial foi repartida por vários juízes, de modo a permitir a celeridade e a precisão[197].

---

[192] *Direito das sociedades* 1, 3.ª ed., 90, onde pode ser confrontada a norma em causa – o artigo 39.º.

[193] Lei de 30-Ago.-1770, "... pela qual manda S. Magestade, que sejam matriculados até o ultimo de dezembro do presente anno em a Junta do Commercio destes Reinos, e seus Dominios todos os Commerciantes nacionaes, que forma o Corpo da Praça desta Capital" na *Collecção das Leys, Decretos e Alvarás* (1775).

[194] Cujos estatutos haviam sido adotado em 19-abr.-1759 e aprovados por alvará de 19-Mai.-1759.

[195] Alvará com força de lei de 13-nov.-1756, "... sobre os homens de negócios falidos", na *Collecção das Leys, Decretos e Alvarás*, tomo I (1790).

[196] Rui Marcos, *A legislação pombalina* cit., 223.

[197] Rui Marcos, *A legislação pombalina* cit., 233.

IV. A atuação de Pombal teve ainda um grande relevo no domínio das companhias comerciais[198]. Trata-se de matéria a examinar no 1.º volume do *Manual de Direito das sociedades*.

Sob a confusão das fontes, os usos e as práticas comerciais tinham um relevo reconhecido. Borges Carneiro dizia, a tal propósito, citando um alvará de 1771:

> Especialmente os negocios mercantis se decidem mais pelo conheci- mento pratico das maximas, usos e costumes do maneio do Commercio, que pelas regras de Direito e doutrinas dos Jurisconsultos[199].

---

[198] *Vide* o nosso *Da responsabilidade civil dos administradores das sociedades comerciais* (1997), 189 ss. e Rui Marcos, *As companhias pombalinas/Contributo para a História das sociedades por acções em Portugal* (1995).

[199] Manuel Borges Carneiro, *Direito civil de Portugal* 1 (1826), 56 (§ 15, 2).

§ 6.° OS CÓDIGOS COMERCIAIS OITOCENTISTAS

19. Antecedentes; a Lei da Boa Razão (18-ago.-1769)

I. A complexidade das fontes do Direito, em vigor no século XVIII, requeria uma simplificação radical. Não estando ainda reunidas as condições jurídico-científicas para uma codificação de fundo, procedeu-se a uma arrumação abstrata da matéria.

Tal foi o papel da Lei da Boa Razão, de 18-ago.-1769[200], que procedeu à reorganização das fontes e do Direito subsidiário[201].

II. No tocante ao Direito mercantil[202], a Lei de 18-ago.-1769, no seu artigo 9.°, remetia para

> (...) aquella *boa razaõ*, que se estabelece nas Leys Politicas, Economicas, Mercantîs, e Maritimas, que as mesmas Nações Christãs tem promulgado com manifestas utilidades, do socego publico, do estabelecimento da reputaçaõ, e do augmento dos cabedaes dos Póvos, que com as disciplinas destas sabias, e proveitozas Leys vivem felices á sombra dos Thronos, e debaixo dos auspicios dos seus respectivos Monarcas, e Principes Soberanos: Sendo muito mais rationavel, e muito mais coherente, que nestas interessantes materias se recorra antes em cazos de necessidade ao subsidio proximo das sobreditas Leys das Nações Christãs, illuminadas e polidas, que com ellas estão resplandecendo na boa, depurada, e sãa Jurisprudencia; (...).

---

[200] Incluída na *Collecção das Leys, Decretos, e Alvarás*, II volume, 12 pp..

[201] Nuno Espinosa Gomes da Silva, *História do Direito Português/Fontes de Direito*, 4.ª ed. (2006), 464 ss..

[202] Sobre a História do Direito comercial português *vide*, em geral e com indicações, Luís Bigotte Chorão, *A comercialística portuguesa*, acima citado.

O assento da Casa da Suplicação, de 23-nov.-1769, veio complementar que as obrigações dos comerciantes e suas formas, não havendo sido reguladas pelas leis do Reino, devem reger-se pelas leis marítimas e comerciais da Europa e pelo Direito das Gentes e prática das nações comerciais.

III. Decorridas algumas décadas de vigência de tal esquema, os litigantes haviam-se tornado hábeis na citação de leis estrangeiras, sem se atender à falta de unidade daí decorrente e à pura e simples inadequação de muitas delas. A situação era tanto mais gravosa, quanto é certo que, nos domínios comerciais, é bem importante a previsibilidade das decisões jurídicas. O Direito e a Jurisdição comerciais chegaram, assim, a um estado lamentável[203].

IV. Quanto ao modo por que eram tidas e sentidas as *leis mercantis*, à luz da Lei da Boa Razão, dê-se a palavra a Corrêa Telles[204]:

> As Leis Mercantis são todas as que respeitão ao negocio: taes como as que tratão das qualidades, que devem ter os Negociantes e Mercadores; dos seus privilegios; dos seus livros de negocio, e prova que fazem; das Sociedades, e Companhias, Balanços e Contas; das Letras de Cambio, e seus Protestos; das quebras dolosas, e de boa fé; dos Corretores, Comissarios, e Carreteiros; dos contrabandos & C.

E, mais adiante[205]:

> Como as nossas Leis sobre taes assumptos não bastem para formar hum Codigo regular de Commercio, justamente ordenou a nossa Lei, que nos casos omissos recorressemos ás Leis das Nações civilisadas da Europa, com preferencia ás Romanas, porque os Romanos sobre estes artigos tiverão vistas muito curtas.

Prosseguindo[206]:

> Porém podendo, e devendo com justa razão ter-se por civilisadas todas as Nações da Europa, só se exceptuarmos a Turquia; e tendo cada

---

[203] Barbosa de Magalhães, *José Ferreira Borges*, em *Jurisconsultos Portugueses do Século XIX*, 2 (1960), 202-311 (278 ss.), com múltiplas indicações.

[204] *Commentario critico á Lei da Boa Razão, em data de 18 de agosto de 1769* (1836, ed. aqui citada; há ed. de 1845 e de 1865), n.º 141 (61).

[205] Ob. cit., n.º 143 (62).

[206] Ob. cit., n.º 144 (62).

§ 6.° Os códigos comerciais oitocentistas

huma os seus Estatutos; muitas vezes nos acontece o acharmos disposições encontradas sobre o mesmo caso. Eis aqui aberta a porta ao arbitrario dos julgadores, que podem conformar-se a esse ou aquelle Estado, como lhes parecer. E sendo tantas as Nações da Europa, e tão diversas as linguas, he muito difficil, por não dizer impossível, que os nossos julgadores possão comprehender tantos e tão varios Estatutos, dos quaes apenas temos em lingoagem os poucos que inseriu nos seus principios de Direito Mercantil *José da Silva Lisboa*.

145. Melhor fora talvez, que a uma Lei nos casos omissos mandasse recorrer ás Leis Mercantis, e Maritimas de tal ou tal Nação (...)

Nestas condições, o advento do liberalismo tornou premente a reforma do Direito comercial.

20. O Código Ferreira Borges (1833)

I. A elaboração de um Código Comercial, exigida ainda pelo estado do País[207], representava, porém, problemas muito sérios. Embora, à primeira vista, aquém das dificuldades postas pelo Código Civil[208], a codificação comercial deparava com obstáculos quase insuperáveis. Por definição, a regra comercial é ordenada em função da civil: trata-se de uma consequência direta da sua especialidade. Teoricamente, parece impensável uma codificação comercial, sem a civil[209]. A tarefa só se tornou possível pela navegação à vista possibilitada pelo *Code Napoléon*.

II. O primeiro Código Comercial português deve-se a um jurista de génio: José Ferreira Borges, o qual, nas palavras de Barbosa de Magalhães, "ainda hoje deve ser considerado o maior comercialista português"[210].

---

[207] *Vide* a descrição de Paul Ricard, *Traité général du Commerce*, 1 (1798), 594 ss..

[208] Para mais indicações: Menezes Cordeiro, *Teoria geral do Direito civil/Relatório* (1988), 105 ss..

[209] É certo que a Alemanha, através do ADHGB, conheceu uma situação de antecipação comercial, semelhante à portuguesa. Simplesmente, a Ciência civil, através da pandetística, atingira, aí, um grau de sedimentação, que permitia superar a falta do Código Civil. O fenómeno paralelo, ocorrido em Espanha, explica-se pela disponibilidade dos grandes códigos napoleónicos.

[210] Barbosa de Magalhães, *José Ferreira Borges* cit., 204. *Vide*, sobre este jurista, Luís Bigotte Chorão, *A comercialística portuguesa* cit., 22 ss..

José Ferreira Borges nasceu em 1-Jun.-1786, filho de um armador. Cursou humanidades e formou-se em cânones. Advogou no Porto. Colaborou com os franceses, mas defendendo o interesse nacional, tendo sobrevivido às perseguições movidas aos denominados jacobinos. Em 1812, foi nomeado secretário da Junta Geral da Companhia de Agricultura das Vinhas do Alto Douro. Criou, com Manuel Fernandes Tomás, o *Synhedrio*, alma da Revolução de 1820. Deputado ativo, Ferreira Borges emigrou para Londres, após a Vilafrancada de 26-Mai.-1823, lá tendo ficado três anos. Publicou, então, as *Instituições de direito cambial português*[211] e iniciou os estudos que levariam ao Código Comercial. De regresso ao País, em fevereiro de 1827, exerceu advocacia em Lisboa. Após a tomada do poder por D. Miguel – 1828 – emigrou, de novo, tendo ficado em Paris e em Londres, até setembro de 1833. Foi neste período que Ferreira Borges escreveu dois trabalhos fundamentais: o *Dicionário Jurídico-Comercial* e o *Codigo Commercial Portuguez*[212]. Regressado ao País, Ferreira Borges ainda desenvolveu alguma atividade política, curando, particularmente, de defender o *Código* contra os ataques que lhe foram desferidos. Morreu pobre, em 14-nov.-1838[213].

III. Na elaboração do Código, Ferreira Borges deparou com as maiores dificuldades, assim expressas na *introdução*, escrita em Londres, em 8-Jun.-1833:

> Depois de lançar as primeiras linhas do meu edificio por vezes desisti, porque me occorria que a falta d'escriptos commerciaes em nossa lingoagem, a falta d'ensino do direito mercantil em nossas escolas tornaria a minha obra inutil por inintelligivel. Era logo necessario que precedesse á obra um diccionario portuguez de direito commercial[214].

Quanto às fontes, diz Ferreira Borges:

> Na compilação deste codigo tive á vista não só todos os codigos commerciaes que conheço, isto é, o da Prussia, da Flandres, da França, o projecto do codigo d'Italia, o codigo d'Hespanha, e as leis commerciaes da

---

[211] *Infra*, nota 221.

[212] *Infra*, notas 216 e 214, respetivamente.

[213] Sobre a vida e obra de Ferreira Borges, com ricas indicações bibliográficas e uma panorâmica vigorosa do seu tempo, Barbosa de Magalhães, *José Ferreira Borges* cit., 202 ss.. Refira-se, ainda, António Álvaro Doria, *Borges, José Ferreira*, DHP I (1979), 357-358.

[214] *Codigo Commercial Portuguez*, Lisboa, Na Imprensa Nacional (1833), fl. 1 v.. O Código foi aprovado por Decreto de 18-Set.-1833, para vigorar a partir de 14-jan.-1834.

§ 6.º Os códigos comerciais oitocentistas 97

Inglaterra, e o direito da Escocia, mas tãobem as ordenanças da Russia e quasi todas as muitas parciaes d'Allemanha (...)[215].

Na verdade, Ferreira Borges preparou o *Diccionario*, só publicado, aliás, depois do próprio *Código*[216]. Este foi, ainda, antecedido por uma trilogia de estudos sobre avarias[217], sobre a sociedade comercial[218] e sobre o câmbio marítimo[219] e acompanhado, de perto, por um escrito quanto às fontes[220]. Como se vê, a obra legislativa de Ferreira Borges teve, a rodeá-la, estudos comerciais aprofundados e alargados. Uma codificação não se improvisa: assenta em estudos meticulosos[221].

IV. Com os antecedentes apontados, o Código de Ferreira Borges, num total de 1860 artigos[222], ocupava duas partes, relativas, respetivamente, ao comércio terrestre e ao comércio marítimo. A primeira repartia-se por três livros[223]:

Livro I – Das pessoas do commercio;

---

[215] *Idem*, fl. 2.

[216] José Ferreira Borges, *Diccionario Jurídico-Commercial*, Lisboa (1839); há uma 2.ª ed., póstuma, publicada no Porto, em 1856; cita-se de acordo com esta última. O *Diccionario* acaba por se alargar, também, à matéria civil, "... porque mal poderiamos collocar a exceição se não soubessemos estabelecer a regra" – ob. cit., III.

[217] José Ferreira Borges, *Commentario sobre a legislação portugueza ácerca de avarias* (1830), ed. em Londres.

[218] José Ferreira Borges, *Jurisprudência do Contracto-mercantil de sociedade, segundo a legislação, e arestos dos Codigos, e Tribunaes das Naçoens mais cultas da Europa*, 1.ª ed. (1830, Londres) e 2.ª ed. (1844, Lisboa, aqui usada).

[219] José Ferreira Borges, *Synopsis juridica do contracto de cambio maritimo ou contracto de risco, com referencia ás leis e costumes das praças da Europa* (1830), ed. em Londres.

[220] José Ferreira Borges, *Das fontes, especialidade e excellencia da administração commercial segundo o codigo commercial portuguez* (1835, Porto); esta obra – V ss. – contém uma pequena história do Comércio, ditada pelo Autor que, então, já se encontrava cego.

[221] Ferreira Borges foi, ainda, Autor de outros escritos comerciais, com relevo para *Commentarios sobre a legislação portugueza ácerca de seguros maritimos* (1841) e *Instituições de direito cambial portuguez com referencia ás leis, ordenações e costumes das principaes praças da Europa ácerca da letra de cambio* (apenas se confrontou a 2.ª ed., de 1844), ambas póstumas.

[222] E portanto: quase o triplo do Código de Comércio francês, de 1807.

[223] *Codigo Commercial Portuguez*, ed. da Imprensa Nacional (1833), 88 = ed. da Imprensa da Universidade (1856), 101.

Livro II – Das obrigações commerciaes;
Livro III – Das acções commerciaes, e organização do fôro mercantil, e das quebras.

O *Livro I*, em quatro títulos, tratava dos comerciantes e suas espécies, das praças de comércio e empregados comerciais, dos atos comerciais e sua competência e das obrigações comuns a todos os que professam o comércio.

O *Livro II*, em quinze títulos, ocupava-se da natureza, formação e efeitos das obrigações em geral, do mútuo mercantil, dos juros comerciais, do comodato mercantil, do depósito mercantil, do penhor mercantil, das letras de câmbio, livranças, ou bilhetes à ordem, cheques e letras de terra, das cartas de crédito, da compra e venda mercantil, do "escambio ou contracto de troca mercantil", da locação-condução mercantil, das companhias, sociedades, e parcerias comerciais, do mandato, da comissão, e da consignação, das fianças comerciais e dos modos por que se dissolvem e extinguem as obrigações comerciais em geral.

O *Livro III*, em treze títulos, tinha a ver com as ações comerciais em geral, a reivindicação, a ação institória, as perdas e danos por inexecução do contrato mercantil, as provas, o poder judicial em matérias comerciais, o supremo magistrado do comércio, o tribunal superior de comércio ou segunda e última instância do juízo comercial, a competência do juízo e das pessoas que formam o tribunal ordinário do comércio ou juízo comercial de primeira instância, a ordem do juízo nos feitos comerciais, recursos e execução, as quebras, a reabilitação do falido e as moratórias.

A *segunda parte*, relativa ao comércio marítimo, compreendia um livro único que, em dezasseis títulos, tinha a ver com: embarcações, parceria marítima, donos, compartes e caixas de navios, capitão ou mestre do navio, contramestre e piloto, sobrecarga, corretores intérpretes dos navios, ajuste de soldadas dos oficiais e gentes da tripulação, seus direitos e obrigações, fretamentos e conhecimentos, dano causado por abalroação, naufrágio, varação e fragmentos náufragos, arribadas forçadas, contratos de risco, seguros, avarias e extinção das obrigações em matéria de comércio marítimo.

V. Antes de Ferreira Borges, o único jurista que "... em nossa lingoagem illustrou a Jurisprudencia Mercantil ..."[224] fora José da Silva Lisboa,

---

[224] Ferreira Borges, *Das fontes, especialidade e excellencia* cit., V.

§ 6.° Os códigos comerciais oitocentistas 99

acima referido[225]. Ao realizar, apenas com os antecedentes da sua própria obra, um Código Comercial abrangente, Ferreira Borges fez algo de teoricamente impossível: uma codificação sem substrato. Tal foi tornado possível mercê da receção da ciência jurídica napoleónica, receção essa que, no entanto, teve em conta particularidades do País e mercê, sobretudo, da obra alargada do próprio Ferreira Borges. Sem mais, bastará subscrever as palavras, já citadas, de Barbosa de Magalhães que, em Ferreira Borges, via o nosso maior comercialista[226].

Envolvido na política do seu tempo, Ferreira Borges foi denegrido, na sua pessoa e na sua obra, por contemporâneos despeitados, mesquinhos ou, simplesmente, incapazes de apreciar, para além do contingente[227]. O fenómeno não se acantonou, infelizmente, na primeira metade do século XIX.

A História ditou a sua justiça sendo, ontem como hoje, comum o reconhecimento do mérito da obra do velho liberal[228]. Aliás, o próprio relatório que antecedeu a proposta de lei do que viria a ser o Código Veiga Beirão teve, para com ele, palavras de apreço[229].

VI. O Código Comercial de 1833 foi censurado por conter múltiplas regras civis e por se preocupar com definições de compêndio. Há resposta: faltava um Código Civil e uma ciência jurídico-mercantil; deste modo quedava, ao legislador, suprir ambas as falhas.

---

[225] *Supra*, 89-90.

[226] *Supra*, nota 210.

[227] Em Barbosa de Magalhães, *José Ferreira Borges* cit., 209 ss., podem ser confrontadas inúmeras e interessantes indicações, sobre este tema.

[228] P. ex., Diogo Pereira Forjaz de Sampaio Pimentel, *Annotações ou synthese annotada do Codigo de Commercio*, tomo I (1874), XLVII ss., Sousa Duarte, *Diccionario de Direito Commercial* (1880), 455-467, Eduardo de Almeida Saldanha, *Estudos sobre o Direito Commercial Portuguez*, I (1896), CXLIII ss., e o próprio Veiga Beirão, *Direito Commercial Portuguez/Esboço do Curso* (1912), 12, para referir juristas que viveram a aplicação quotidiana do Código Ferreira Borges. A apreciação positiva da obra deste jurista é comum, na literatura posterior, até hoje; por todos, Fernando Olavo, *Direito Comercial*, 1, 2.ª ed. (1970), 39.

[229] Diz textualmente – DCDep. 1887, 601, 1.ª col.: "Nenhum portuguez pôde desconhecer o serviço relevantissimo que este abalizado jurisconsulto prestou ao seu paiz".

Mais delicada foi, na altura, a censura à inadaptação da administração comercial, nele prevista, e a que Ferreira Borges ainda responderia[230]. Borges não era um simples teórico. Cumpre recordar que ele fora secretário da Junta Geral da Companhia de Agricultura das Vinhas do Alto Douro. Além disso, exerceu intensa advocacia, em Lisboa e no Porto. Deixou-nos, ainda, importantes estatutos societários[231]. Ele conhecia o seu País. Não há, porém, reformas definitivas[232].

Num balanço sereno sobre as vantagens e desvantagens do Código de Ferreira Borges, Caeiro da Matta, após uma valoração globalmente positiva, aponta: como vantagens, a liberdade comercial consagrada, o fim do arbítrio ocasionado pela Lei de 18 de agosto de 1769, a explicitação dos direitos e deveres dos comerciantes e a precisão do foro mercantil; como desvantagens, assinala o casuísmo, o excesso de definições e de repetições, a falta de clareza, a consagração de soluções antiquadas e a presença de contradições, derivadas da multiplicidade das leis usadas, na elaboração do diploma[233].

VII. O Código Comercial de 1833 teve, ainda, um importante papel no futuro do Direito comercial português: habituou, desde cedo, os juristas

---

[230] Assim, p. ex., José Ferreira Borges, *Memoria em Refutação do Relatorio e Decretos do Ministro das Justiças o Rev. Antonio Manoel Lopes Vieira de Castro na parte relativa á administração commercial, pelo Author do Codigo* (1837).

[231] Em *Das fontes, especialidade e excellencia da administração commercial* cit., 111 ss. e 116 ss., ele deixar-nos-ia um projeto para a formação de uma companhia de seguros e os estatutos do Banco Comercial do Porto, respetivamente.

[232] Apesar dos louvores, "... foram malsinadas as intenções de Ferreira Borges, apodado de revolucionario, de utopista e de ambicioso", nas palavras de J. F. Azevedo e Silva, *Commentario ao Novo Codigo Commercial Portuguez*, Fasc. 1.º, *Introdução* (1888), 91. Borges respondeu tendo, designadamente, apodado os detratores: "invejosos, ignorantes, infactuados, imbecis, malevolos, tarelos, pedantes, sonambulos da jurisprudência, faltos de grammatica e de senso".

[233] José Caeiro da Matta, *Direito Commercial Português* (1910), 112 ss.. A enumeração de Caeiro da Matta vem retomada em Barbosa de Magalhães, *Princípios de Direito Comercial/Parte Geral* (lições por José d'Assumpção Mattos, 1933), 54, que explicitava, ainda, mais duas desvantagens: a de acumular, num único corpo, Direito substantivo e Direito adjetivo e a de conter disposições de Direito civil. Vários destes óbices seriam, porém, desculpáveis. Refiram-se, também, Mário de Figueiredo, *Lições de Direito Comercial* (coligidas por António Simões de Pinho, 1928), 14 e *Lições de Direito Comercial* (coligidas por Eduardo Marques Ralha, 1930), 13.

§ *6.° Os códigos comerciais oitocentistas* 101

portugueses a trabalharem, em separado, com os Direitos civil e comercial. Antecedendo o próprio Código de Seabra, o Código Ferreira Borges deu, aos comercialistas portugueses, uma base teórica, prática e cultural para um labor especializado[234].

Trata-se de um aspeto que, embora aparentemente formal, teria consequências significativas, até nos nossos dias: antes de Ferreira Borges, e antecipando uma discussão que só muito mais tarde surgiria na Europa[235], Cardozo da Costa defendera a unidade do Direito civil e comercial[236].

21. O Código Veiga Beirão (1888)

I. A discussão da reforma do Código Comercial começou, de imediato, após a aprovação do Código Ferreira Borges[237]. Pensamos não ser indiferente ao surto comercialista registado no século XIX, em Portugal, a criação, em 1836, da disciplina, no 4.° ano jurídico, de *Direito Comercial e Marítimo*[238]

Logo em 1834, o deputado Larcher preconizou a reforma do Código Comercial[239]. Para o efeito, chegou a ser ouvida a Associação Comercial

---

[234] Coelho da Rocha, nas suas *Instituições de Direito Civil Portuguez*, 8.ª ed. (1909, correspondente à 2.ª ed., de 1848), apresenta assim o objeto da sua obra – § 33, 15:

> É do Direito *Particular*, ou Civil Portuguez, no sentido que acima fica exposto, que nos propomos fazer uma exposição methodica; porém com exclusão das leis, que regulam o *processo*, assim como das que regulam os direitos e obrigações entre comerciantes, que constituem o *Direito Commercial*: das quaes, assim como de quaesquer outras, não trataremos senão em alguns casos, em que seja necessario recordar as suas disposições para a explicação das leis civis.

[235] Jorge Coutinho de Abreu, *Curso de Direito Comercial*, 1, 6.ª ed. (2006), 21, nota 57.

[236] Vicente J. F. Cardozo da Costa, *Que he o codigo civil?* (1822), 109 ss., sendo de admitir influências británicas.

[237] Azevedo e Silva, *Commentario ao Novo Codigo Commercial Portuguez* cit., 95 ss..

[238] Decreto de 5 de dezembro de 1836, que criou a Faculdade de Direito; *vide* Luís Bigotte Chorão, *A comercialística portuguesa* cit., 21 ss..

[239] Sobre toda esta matéria, a grande fonte de informações continua a ser o Relatório da Proposta de Lei apresentada na Sessão de 17-mai.-1887, na *Câmara dos Senhores Deputados, pelo ministro dos negocios ecclesiasticos e de justiça*, Francisco António da Veiga Beirão, DCDep. 17-mai.-1887, 599-614, e que seria, mais tarde, publicado, em apêndice ao Código, em termos abaixo citados.

de Lisboa[240]. Pouco depois, o deputado José Ferreira Pinto dos Santos propôs a supressão da "suprema magistratura do comércio", supressão essa que, mau grado a oposição de Ferreira Borges, foi aprovada, em 1836. Seguiram-se múltiplas leis extravagantes, com relevo para a Lei de 22-Jun.-1867, sobre sociedades anónimas[241].

Houve, ainda, iniciativas mais diretas de reforma. Em 1839, sem indicação de autor, foi publicado um projeto de Código intitulado *Digesto de Direito Comercial*. Em 1852, o Visconde de Seabra apresentou um projeto sobre falências, tendo Gaspar Pereira da Silva, quando deputado, em 1859, retomado o tema, também a nível de projeto.

II. Em 13-jul.-1859, foi nomeada, por Decreto de iniciativa de Martens Ferrão, Ministro da Justiça, uma comissão encarregada de rever todo o Código[242]. Os trabalhos não foram muito produtivos, tendo-lhe sido, em 1866, agregado o lente Diogo Pereira Forjaz de Sampaio e mais três juristas. A Comissão chegou ao artigo 745.°, do Código Ferreira Borges, tendo publicado um resumo dos seus trabalhos[243]; em 1868, foi dissolvida, por improdutividade, tendo Forjaz de Sampaio continuado sozinho, até aprontar um projeto, que foi publicado[244].

III. Em 17-jun.-1870, sendo considerada indispensável e urgente a reforma do Código Comercial, para mais após a aprovação e entrada em vigor do Código Civil de Seabra, foi nomeada uma nova Comissão. Esta-

---

[240] Esta *Associação* designou, com esse fito, uma comissão de sete membros, que elaborou um escrito: *Revisão do Código Comercial português por convite da câmara dos senhores deputados por uma comissão nomeada de entre os seus sócios pela Associação Mercantil.*

[241] Outros diplomas podem ser confrontados, p. ex., em Barbosa de Magalhães, *Princípios de Direito comercial* cit., 55. Quanto à importante Lei de 22-Jun.-1867: *Direito das sociedades*, 1, 3.ª ed., 120 ss. e *Da responsabilidade civil dos administradores*, 205 ss..

[242] Tinha, esta Comissão, 14 membros, com o encargo de "rever, reformar e organizar assim a legislação comercial como o processo respectivo". Pertenciam, à Comissão, nomes como Francisco António Fernandes da Silva, Alberto António de Moraes Carvalho e Levy Maria Jordão.

[243] Trata-se de um folheto intitulado *Resumo das deliberações tomadas pela comissão revisora do codigo commercial*, como se pode confrontar no Relatório de Veiga Beirão.

[244] Diogo Pereira Forjaz de Sampaio Pimentel, *Projecto do Codigo de Commercio* (1870).

§ *6.º Os códigos comerciais oitocentistas* 103

va-se, então, sob a ditadura de Saldanha e era Ministro da Justiça José Dias Ferreira. Nada ela fez, outro tanto sucedendo com nova Comissão, nomeada em 1881, pela via indireta de aditar novos membros, à anterior. Com estes antecedentes pouco brilhantes, caberia a Veiga Beirão, Ministro da Justiça sob o primeiro Governo progressista de Luciano de Castro, retomar a ideia com uma metodologia diversa: pedir a personalidades individualmente tomadas a elaboração de parcelas determinadas do futuro Código. Assim, Vicente Monteiro, da Associação dos Advogados de Lisboa, foi incumbido das falências; para as sociedades, aproveitou-se um projeto de 1882 de Hintze Ribeiro, tendo sido solicitada a parte relativa às sociedades anónimas a Tavares Medeiros; a parte referente a bolsas, operações de bolsa e corretores, assentou no trabalho de Teixeira de Queiroz; a parte respeitante a seguros, avarias, arribada, abalroação e assistência, foi confiada a José Pereira e o resto do comércio marítimo, a Serpa Pimentel, ambos conselheiros; as letras de câmbio ficaram para Henrique de Midosi, professor do Instituto Industrial e Comercial de Lisboa e que participara no Congresso de Antuérpia, em 1885; os juros e empréstimos, finalmente, couberam a Alfredo Artur de Carvalho. O resto competiria ao próprio ministro.

Como diretriz para todos estes intervenientes assentou-se, previamente, que seriam quanto possível conservadas as disposições anteriores; nas reformas a introduzir seguir-se-iam os códigos comerciais estrangeiros mais recentes, com relevo para o espanhol e o italiano, mas sem esquecer os usos e tradições nacionais. Tudo isto é interessante; por um lado, mantém-se a tradição pombalina do recurso aos Direitos dos povos civilizados e cultos da Europa; por outro, inicia-se, ainda que de forma lenta, a emancipação do modelo napoleónico, já envelhecido.

IV. Com todos os trabalhos, elaborou-se um primeiro projeto, examinado pela Associação dos Advogados e revisto por Veiga Beirão; foram ouvidas as Associações Comerciais de Lisboa e Porto. O projeto seguiu para o Parlamento, onde foi repartido e atribuído a diversos especialistas[245], dentro de uma Comissão de legislação; daqui resultou novo texto,

---

[245] Mais precisamente: as disposições gerais e o direito internacional couberam a Guimarães Pedrosa; o registo de comércio, a Baptista de Sousa (Visconde de Carnaxide); a correspondência telegráfica, conta-corrente, armazéns gerais, seguros e hipoteca marítima, a Barbosa de Magalhães (pai); as sociedades em geral, a Oliveira Martins; as sociedades

104   *A experiência portuguesa*

discutido e emendado na Câmara. Seguiu, depois, para a Câmara dos Pares, onde nova comissão, de 15 membros, examinou o documento, dando parecer; o projeto foi alterado na Câmara Alta, baixando, de novo, à dos Deputados onde foi, finalmente aprovado, em 19-jun.-1888, sendo promulgado, por carta de Lei de 28 do mesmo mês, para entrar em vigor em 1-jan.-1889[246].

V. O Código Comercial de 1888, ou Código Veiga Beirão, ficou, assim, dotado de trabalhos preparatórios, através dos quais é possível seguir a génese de muitas das suas soluções[247]. Paradoxalmente, esta facilidade veio incentivar uma interpretação exegética, de tipo subjetivista, que marcou a comercialística subsequente, deixando curiosos rastos até aos nossos dias.

---

anónimas, a Madeira Pinto; as letras de câmbio, a Oliveira Vale; as falências, a Alfredo Brandão; as bolsas, a Gabriel Ramires; o Direito marítimo, tit. I, a Mattoso Côrte-Real; o Direito marítimo, resto, a Dias Ferreira; as cooperativas, operações de bancos, contratos, seguros, transportes e empresas, a Frederico Laranjo. Ao lado de professores ou futuros professores de Direito – Guimarães Pedrosa, Dias Ferreira e Frederico Laranjo, todos com experiência prática, aliás – surgem especialistas oriundos de outras áreas.

[246] As vicissitudes da reforma de 1888, que conduziram ao Código Comercial de 1888, ou Código Veiga Beirão, podem ser seguidas no próprio relatório, de Veiga Beirão, DCDep. 1887, 599 ss., já referido, e publicado, também, no *Appendice ao Codigo Commercial Portuguez approvado pela Carta de Lei de 28 de junho de 1888*, 3.ª ed. (1906), 5 ss.. Refiram-se, ainda, Azevedo e Silva, *Commentario ao Novo Codigo Commercial Portuguez* cit., 95 ss., Almeida Saldanha, *Estudos sobre o Direito Commercial Portuguez* cit., CL ss., Eduardo Alves de Sá, *Primeiras explicações do Código Commercial Portuguez de 1888*, vol. I (1903), 12 ss., Caeiro da Matta, *Direito Commercial Portuguez* cit., 114 ss., José Gabriel Pinto Coelho, *Direito Commercial Portuguez*, vol. I (1914), 13 ss., Barbosa de Magalhães, *Princípios de Direito Comercial* (Lições, por Assumpção Mattos), 56 ss., e Guilherme Braga da Cruz, *A Revista de Legislação e de Jurisprudência/Esboço da sua História*, vol. I (1975, separata), 219 ss., nota 561. Para uma referência exaustiva aos antecedentes do Código Comercial, cumpre citar Veiga Beirão (referido F. Beirão), *Codigo Commercial/Apontamentos para a historia das suas fontes*, O Direito 41 (1909), 305-306, 42 (1910), 273-274 e 43 (1911), 2-4, 33-36, 49-52, 81-84, 161-163, 193-195, 273-276 e 289-292, incompleto, com a morte do seu Autor. Outros elementos foram, por ele, publicados na Revista do Direito, tomo III, n.ºs 77 ss., de acordo com informação dada em O Direito 41, 305.

[247] Embora não sendo propriamente um trabalho preparatório, cumpre, ainda, referir o livro de João António de Freitas Fortuna, *Analyse do projecto de Codigo Commercial* (1888), onde são feitas cuidadas apreciações.

§ 6.º Os códigos comerciais oitocentistas

VI. O Código Veiga Beirão está dividido em três livros:

   I – Do comércio em geral;
   II – Dos contratos especiais do comércio;
   III – Do comércio marítimo.

O *Livro I – Do comércio em geral*, compreende oito títulos: disposições gerais, capacidade comercial e dos comerciantes, firma, escrituração, registo, balanço e prestação de contas, corretores e lugares destinados ao comércio: bolsas, mercados, feiras, armazéns e lojas.

O *Livro II – Dos contratos especiais do comércio*, abrange vinte títulos: disposições gerais, sociedades, conta em participação, empresas, mandato, letras, livranças e cheques, conta-corrente, operações de bolsa, operações de bancos, transporte, empréstimo, penhor, depósito, depósito de géneros e mercadorias nos armazéns gerais, seguros, compra e venda, reporte, escambo ou troca, aluguer e transmissão e reforma de títulos de crédito mercantil.

O *Livro III – Do comércio marítimo*, alinha sete títulos: navios, seguro contra riscos do mar, abandono, contrato de risco, avarias, arribadas forçadas, abalroação e salvação e assistência.

§ 7.° A COMERCIALÍSTICA DOS SÉCULOS XX E XXI

22. A evolução legislativa subsequente ao Código Comercial; a) Alterações ao Código

I. Quando foi aprovado pela Carta de Lei de 28 de junho de 1888, o Código Comercial pretendeu abranger, em definitivo, toda a matéria do comércio. Por isso, veio dispor no seu artigo 4.°:

> Toda a modificação que de futuro se fizer sobre matéria contida no Código Comercial será considerada como fazendo parte dele e inserida no lugar próprio, quer seja por meio de substituição de artigos alterados, quer pela supressão de artigos inúteis, ou pelo adicionamento dos que forem necessários.

Este preceito não foi cumprido. Não que fosse inexequível, mau grado uma avalancha incontida de novas leis comerciais: simplesmente não houve decisão política de o executar. E assim, com o tempo, verificou-se uma acumulação considerável de diplomas extravagantes.

II. Quanto a diplomas que tenham a ver com matéria regulada no Código Comercial, e seguindo a ordenação deste, temos[248]:

Livro I – Do comércio em geral
Título I – Disposições gerais
– a matéria do artigo 5.°, relativa à competência internacional dos tribunais portugueses, consta, hoje, dos artigos 65.° e seguintes do CPC[249].

---

[248] A enumeração subsequente não pretende ser exaustiva.

[249] O artigo 65.°-A do CPC foi introduzido pelo Decreto-Lei n.° 329-A/95, de 12 de dezembro. Cumpre ter em conta o Regulamento n.° 44/2001, de 22-dez.-2000, JOCE N. L 12/1-23, de 16-jan.-2001.

§ 7.° A comercialista dos séculos XX e XXI

Título II – Da capacidade comercial e dos comerciantes
– os artigos 8.°, 9.°, 11.° e 16.° foram revogados pelo Decreto-Lei n.° 363/77, de 2 de setembro: entravam em conflito com o novo esquema do Código Civil, revisto em 1977 ou com a regra constitucional da igualdade;
– o artigo 10.°, foi alterado por aquele mesmo diploma, de modo a efetuar uma remissão para o artigo 1696.°/1, do CC[250].

Título III – Da firma
– todo este Título – artigos 19.° a 28.° – está hoje revogado: os artigos 19.°, 20.° e 24.° a 28.°, pelo Decreto-Lei n.° 42/89, de 3 de fevereiro[251]; os artigos 21.° a 23.°, pelo Decreto-Lei n.° 262/86, de 2 de setembro[252-253].

Título IV – Da escrituração
– os artigos 29.° (Obrigatoriedade de escrituração mercantil), 30.° (Liberdade de organização da escrituração mercantil), 31.° (Livros obrigatórios), 39.° (Requisitos externos dos livros de atas), 40.° (Obrigação de arquivar a correspondência, a escrituração mercantil e os documentos), 41.° (Inspeções à escrita), 42.° (Exibição judicial da escrituração mercantil) e 43.° (Exame da escrituração e documentos)[254], foram alterados pelo artigo 8.° do Decreto-Lei n.° 76-A/2006, de 29 de março[255]; de notar que este diploma introduziu epígrafes nos artigos 29.°, 30.°, 39.°, 40.°, 41.° e 42.°, enquanto os restantes artigos não são, oficialmente, epigrafados;
– os artigos 32.°, 33.°, 34.°, 35.° e 36.° foram revogados pelo artigo 61.°, *d*), do Decreto-Lei n.° 76-A/2006;

---

[250] Alterado, por seu turno, pelo Decreto-Lei n.° 329-A/95, de 12 de dezembro.

[251] Artigo 88.°, alínea *a*); o Decreto-Lei n.° 42/89, de 3 de fevereiro, foi revogado pelo Decreto-Lei n.° 129/98, de 13 de maio, que aprovou o RNPC, abaixo examinado; este último diploma foi alterado, por último, e neste momento, pelo Decreto-Lei n.° 201/2015, de 17 de setembro.

[252] Artigo 3.°/1; o Decreto-Lei n.° 262/86, de 2 de setembro, aprovou o Código das Sociedades Comerciais.

[253] Anteriormente, os artigos 19.°, 19.° § único, 20.° e 23.° já haviam sido alterados pelo Decreto n.° 19 638, de 24 de abril de 1931.

[254] Este preceito foi objeto do acórdão n.° 2/98, de 22 de abril de 1997, que precisou não ter ele sido revogado pelo artigo 519.°/1, do CPC: STJ(P) 2/98, de 22 de abril (Ramiro Vidigal), no DR I Série-A, n.° 6, de 8-Jan.-1998.

[255] Retificado pela Declaração n.° 28-S/2006, de 26 de maio; este diploma alterou profundamente o CSC e o CRCom.

108   *A experiência portuguesa*

– o artigo 37.º (Livros de atas das sociedades) foi alterado pelo artigo 7.º do Decreto-Lei n.º 257/96, de 31 de dezembro

Título V – Do registo
– todo este Título – artigos 45.º a 61.º – está revogado, tendo sido substituído pelo Código de Registo Comercial e pelo seu Regulamento; o CRC vigente foi aprovado pelo Decreto-Lei n.º 403/86, de 3 de dezembro[256] e o seu Regulamento pela Portaria n.º 883/89, de 13 de outubro; todavia, em matéria de registo de navios, mantém-se em vigor o anterior diploma sobre Registo Comercial, aprovado pelo Decreto-Lei n.º 42 644, de 14 de novembro de 1959[257] e Regulamento aprovado pelo Decreto n.º 42 645, de 14 de novembro[258].

Título VI – Do balanço
– a epígrafe deste título foi introduzida pelo Decreto-Lei n.º 76-A/2006, o qual alterou o artigo 62.º (Obrigatoriedade do balanço) e revogou o artigo 63.º (Obrigações de prestação de contas).

Título VII – Dos corretores
– todo este Título – artigos 64.º a 81.º – foi aparentemente revogado pelo artigo 24.º do Decreto-Lei n.º 142-A/91, de 10 de abril, que aprovou o CódMVM[259], o qual, por seu turno, foi revogado pelo

---

[256] O CRC, por seu turno, foi alterado pelos Decretos-Leis n.º 349/89, de 13 de outubro, n.º 238/91, de 2 de julho, n.º 31/93, de 12 de fevereiro, n.º 267/93, de 31 de julho, n.º 216/94, de 20 de agosto, n.º 328/95, de 9 de dezembro, n.º 257/96, de 31 de dezembro, n.º 368/98, de 23 de novembro, n.º 172/99, de 20 de maio, n.º 198/99, de 8 de junho, n.º 375--A/99, de 20 de setembro, n.º 410/99, de 15 de outubro, n.º 533/99, de 11 de dezembro, n.º 273/2001, de 13 de outubro, n.º 323/2001, de 17 de dezembro, n.º 107/2003, de 4 de junho, n.º 53/2004, de 18 de março, n.º 70/2004, de 25 de março, n.º 2/2005, de 4 de janeiro, n.º 35/2005, de 17 de fevereiro, n.º 111/2005, de 8 de julho, n.º 52/2006, de 15 de março, n.º 76-A/2006, de 29 de março, que o republicou em anexo, n.º 8/2007, de 17 de janeiro, n.º 357-A/2007, de 31 de outubro, n.º 247-B/2008, de 20 de dezembro, Lei n.º 19/2009, de 12 de maio, Decretos-Leis n.º 185/2009, de 12 de agosto, n.º 49/2010, de 19 de maio, n.º 33/2011, de 7 de março e n.º 53/2011, de 13 de abril, n.º 209/2012, de 19 de setembro, n.º 250/2012, de 23 de novembro e n.º 201/2015, de 17 de setembro.

[257] *Vide infra*, § 29.º.

[258] Fora alterado pelo Decreto n.º 42 968, de 9 de maio de 1960 e pelo Decreto n.º 408/72, de 26 de outubro.

[259] O CódMVM fora alterado, designadamente, pelos Decretos-Leis n.º 89/94, de 2 de abril, n.º 186/94, de 5 de junho, n.º 204/94, de 2 de agosto, n.º 196/95, de 29 de junho, n.º 261/95, de 3 de outubro, n.º 232/96, de 5 de dezembro, n.º 178/97, de 24 de julho, n.º 343/98, de 6 de novembro e o n.º 172/99, de 20 de maio.

§ 7.° A comercialista dos séculos XX e XXI

artigo 15.°/1, *a*), do Decreto-Lei n.° 486/99, de 13 de novembro, que aprovou o CVM[260-261].

Título VIII – Dos lugares destinados ao comércio
  Capítulo I – Das bolsas
    – no tocante a bolsas de valores, os artigos 82.° a 92.° que davam corpo a este capítulo foram revogados pela legislação que já atingira o Título VII e que acima referimos; por seu turno, o Decreto n.° 21 858, de 11 de novembro de 1932, aprovou o Regulamento Geral das Bolsas de Mercadorias[262].

Livro II – Dos contratos especiais de comércio
  Título I – Disposições gerais
    – o artigo 102.°, relativo a juros, foi alterado pelo Decreto-Lei n.° 262/83, de 16 de junho, pelo Decreto-Lei n.° 32/2003, de 17 de fevereiro[263], substituído pelo Decreto-Lei n.° 62/2013, de 10 de maio[264].

---

[260] O Decreto-Lei n.° 473/99, de 8 de novembro, aprovou o Estatuto da CMVM. O CVM, por seu turno, foi alterado pelos Decretos-Leis n.° 61/2002, de 20 de março, n.° 38/2003, de 8 de março, n.° 107/2003, de 4 de junho, n.° 66/2004, de 24 de março, n.° 52/2005, de 15 de março (estes dois últimos diplomas alteraram numerosos artigos), n.° 219/2006, de 2 de novembro, n.° 357-A/2007, de 31 de outubro, que republicou o CVM, n.° 49/2010, de 19 de maio, n.° 85/2011, de 29 de junho, pela Lei n.° 46/2011, de 24 de junho, que instituiu o Tribunal da Propriedade Intelectual, pelos Decretos-Lei n.° 85/2011, de 25 de junho, n.° 18/2013, de 6 de fevereiro (??? artigos), n.° 63-A/2013, de 6 de fevereiro, n.° 29/2014, de 25 de fevereiro, n.° 40/2014, de 18 de março, n.° 88/2014, de 6 de junho e n.° 157/2014, de 24 de setembro, pelas Leis n.° 16/2015, de 24 de fevereiro e n.° 23-A/2015, de 26 de março, pelo Decreto-Lei n.° 124/2015, de 7 de julho, pela Lei n.° 148/2015, de 9 de setembro e pelo Decreto-Lei n.° 22/2016, de 3 de junho.

[261] Anteriormente, esta matéria já havia sido atingida pelo Decreto de 10 de outubro de 1901, que aprovou o *Regimento do ofício de Corretor e o Regulamento do serviço e operações das Bolsas de fundos públicos e particulares e outros papéis de crédito*; seguiu-se, quanto a bolsas de valores, o Decreto-Lei n.° 8/74, de 14 de janeiro, alterado pelo Decreto-Lei n.° 113/74, de 18 de março e diversa legislação subsequente.

[262] DG I Série n.° 265, de 11-Nov.-1932, 2201-2208.

[263] Trata-se do diploma que transpôs, para a ordem interna, a Diretriz n.° 2000/35/CE, do Parlamento Europeu e do Conselho, a qual estabeleceu medidas de luta contra os atrasos de pagamento nas transações comerciais.

[264] Diploma que procedeu à transposição da Diretriz n.° 2011/7, de 16 de fevereiro, que substitui a anterior.

Título II – Das sociedades
– todo este Título – artigos 104.° a 223.° – após múltiplas alterações[265], consta hoje do Código das Sociedades Comerciais, aprovado pelo Decreto-Lei n.° 262/86, de 2 de setembro e do Código Cooperativo, aprovado pela Lei n.° 119/2015, de 31 de agosto.

Título III – Da conta em participação
– todo este Título – artigos 224.° a 229.° – foi revogado pelo Decreto-Lei n.° 231/81, de 28 de julho, que veio regular o consórcio e a associação em participação[266].

Título IV – Das empresas
– este Título contém um único artigo – o 230.° – que enumera as "empresas" consideradas comerciais; esta listagem é, hoje, complementada com muitas dezenas de diplomas, a que abaixo faremos referência.

Título VI – Das letras, livranças e cheques
– as letras e livranças regem-se, hoje, pela Lei Uniforme Relativa às Letras e Livranças[267], enquanto os cheques dispõem da Lei Uniforme Relativa ao Cheque[268]; os artigos 278.° a 343.° não foram, todavia, revogados[269], a não ser na medida em que contrariem as referidas Leis Uniformes; todavia, generalizou-se a prática de reportar direta e exclusivamente às Leis Uniformes, quaisquer questões de letras, livranças e cheques.

Título VIII – Das operações de bolsa
– os artigos 351.° e 361.° que davam corpo a este Título foram revogados pelo Decreto-Lei n.° 142-A/91; têm aqui aplicação as anota-

---

[265] Sobre toda esta matéria *Direito das sociedades*, 1, 3.ª ed., 160 ss..

[266] O Decreto-Lei n.° 231/81, de 28 de julho, no seu artigo 32.°, revogou, apenas, os artigos 224.° a 227.°; todavia, os comentadores entendem tratar-se de mero lapso de escrita, uma vez que os artigos 228.° e 229.°, desinseridos dos restantes e reportados à conta em participação, não têm qualquer significado quando isolados; a revogação ter-se-á, pois, estendido aos artigos 228.° e 229.°, em causa.

[267] Assinada em Genebra, a 7-Jun.-1930, aprovada para ratificação, pelo Decreto-Lei n.° 23 721, de 29 de março de 1934 e publicada no DG I Série, Suplemento, de 21-Jun.-1934.

[268] Assinada em Genebra, a 19-Mar.-1931 e aprovada e publicada nos termos referidos na nota anterior.

[269] Os artigos 341.° e 342.° haviam, todavia, sido revogados pelo Decreto-Lei n.° 13 004, de 12 de janeiro de 1927, no seu artigo 33.°.

§ 7.º A comercialista dos séculos XX e XXI 111

ções acima efetuadas sobre os corretores e sobre os lugares destinados ao comércio[270].

Título IX – Dos seguros
– os artigos 425.º a 462.º, que compunham o contrato de seguro, foram revogados pelo artigo 6.º/2, *a)*, do Decreto-Lei n.º 72/2008, de 16 de abril, que aprovou o regime jurídico do contrato de seguro, alterado pela Lei n.º 147/2015, de 9 de setembro.

Livro III – Do comércio marítimo
Título I – Dos navios
Os capítulos I a VII deste Título, correspondendo aos artigos 485.º a 573.º e com exceção do artigo 488.º, relativo à lei reguladora das questões sobre navios, estão hoje revogados, nos seguintes termos:
Capítulo I – Disposições gerais, artigos 485.º a 491.º e com exceção do referido artigo 488.º, pelo Decreto-Lei n.º 201/98, de 10 de julho, relativo ao estatuto legal do navio;
Capítulo II – Do proprietário, artigos 492.º a 495.º, pelo Decreto-Lei n.º 202/98, de 10 de julho, referente à responsabilidade do proprietário do navio, alterado pelo Decreto-Lei n.º 64/2005, de 18 de março;
Capítulo III – Do capitão, artigos 496.º a 515.º, pelo Decreto-Lei n.º 384/99, de 23 de setembro, que regula a tripulação e o capitão do navio[271];
Capítulo IV – Da tripulação, artigos 516.º a 537.º, pelo referido Decreto-Lei n.º 384/99;
Capítulo V – Do conhecimento, artigos 539.º e 540.º, pelo artigo 32.º do Decreto-Lei n.º 352/86, de 21 de outubro, sobre transporte de mercadorias por mar, alterado pelo Decreto-Lei n.º 323/2001, de 17 de dezembro;
Capítulo VI – Do fretamento, artigos 541.º a 562.º, pelo artigo 49.º do Decreto-Lei n.º 191/87, de 29 de abril, relativo ao contrato de fretamento[272];

---

[270] Títulos VII e VIII do Livro I.

[271] O artigo 497.º já havia sido revogado pelo artigo 32.º do Decreto-Lei n.º 352/86, de 21 de outubro, sobre transporte de mercadorias por mar; outro tanto sucedera com o artigo 509.º, desta feita mercê do artigo 20.º do Decreto-Lei n.º 202/98, de 10 de julho, acima citado. Para uma recolha de diplomas de Direito marítimo: Manuel Januário da Costa Gomes, *Leis marítimas*, 2.ª ed. (2007), 1159 pp..

[272] Houve zelo em excesso, uma vez que, dos preceitos aí revogados, os artigos

Capítulo VII – Dos passageiros, artigos 563.º a 573.º, pelo Decreto--Lei n.º 349/86, de 17 de outubro, que regula o transporte de passageiros por mar;
Título VII – Da salvação e assistência, artigos 676.º a 691.º, pelo Decreto-Lei n.º 203/98, de 10 de julho, sobre salvação marítima, retificado pela Declaração n.º 11-M/98, de 31 de julho.

Livro IV – Das falências
Abrangia os artigos 692.º a 749.º, que foram revogados pelo Decreto de 26 de julho de 1899[273], que aprovou o Código das Falências; a matéria passou para o Código de Processo Comercial de 1905, regressando a um Código de Falências, em 1935; daí transitou para o Código de Processo Civil de 1939, para ser de novo autonomizada no Código dos Processos Especiais de Recuperação da Empresa e de Falência, aprovado pelo Decreto-Lei n.º 132/93, de 23 de abril[274], Código esse que foi substituído pelo Código da Insolvência e da Recuperação de Empresa, aprovado pelo Decreto-Lei n.º 53/2004, de 18 de março, já com múltiplas alterações, das quais a última, em junho de 2016, foi aprovada pelo Decreto-Lei n.º 26/2015, de 6 de fevereiro.

III. Tudo visto, verifica-se que, dos 749 artigos que, inicialmente, tinha o Código Comercial, foram revogados mais de 450 artigos, encontrando-se, dos remanescentes, vários alterados. Este estado de coisas deve-se, todavia, ao facto de o legislador ter optado por dispersar a matéria comercial em diplomas extravagantes, em vez de – como se impunha – ir alterando o Código sempre que necessário. Não era nenhuma fatalidade.

O Código Veiga Beirão mantém-se, ainda assim, como bússola sistematizadora do Direito Comercial português.

559.º a 561.º já haviam sido atingidos pelo artigo 33.º do Decreto-Lei n.º 352/86, de 21 de outubro.

[273] J. M. Barbosa de Magalhães, *Codigo de Fallencias Annotado* (1901), 17.

[274] A propósito da insolvência veremos, de modo mais detido, esta conturbada evolução legislativa.

§ 7.º A comercialista dos séculos XX e XXI

23. Segue; b) Leis complementares

I. Um primeiro e fundamental núcleo de leis complementares ao Código Comercial é o que resulta de diplomas que substituíram ou alteraram várias das suas disposições e de que acima demos conta.

Além disso, cumpre referir a existência de múltiplos diplomas sobre sociedades comerciais submetidas a regimes específicos[275]. Temos, depois, diplomas sobre diversas estruturas organizadas para a prática do comércio:

- agrupamentos complementares de empresas: Lei n.º 4/73, de 4 de junho[276] e Decreto-Lei n.º 430/73, de 25 de agosto, ambos com alterações introduzidas pelo Decreto-Lei n.º 36/2000, de 14 de março; e, quanto ao segundo, pelo Decreto-Lei n.º 323/2001, de 17 de dezembro, enquanto o primeiro foi alterado pelo artigo 10.º do Decreto-Lei n.º 76-A/2006, de 29 de março;
- agrupamento europeu de interesse económico: Regulamento (CEE) n.º 2137/85, do Conselho, de 25 de julho de 1985, Decreto-Lei n.º 148/90, de 9 de maio e Decreto-Lei n.º 1/91, de 5 de janeiro;
- estabelecimento individual de responsabilidade limitada: Decretos--Leis n.º 343/98, de 6 de novembro e n.º 248/86, de 25 de agosto, alterado pelo Decreto-Lei n.º 36/2000, de 14 de março, pelo artigo 14.º do Decreto-Lei n.º 76-A/2006, de 29 de março e pelo Decreto--Lei n.º 8/2007, de 17 de janeiro.

II. Quanto às contas dos comerciantes e à sua revisão, temos:

- Sistema de Normalização Contabilística, aprovado pelo Decreto--Lei n.º 158/2009, de 13 de julho, que revogou o plano oficial de contabilidade, aprovado pelo Decreto-Lei n.º 410/89, de 21 de novembro, com alterações subsequentes;
- revisores oficiais de contas: Decreto-Lei n.º 487/99, de 16 de novembro, muito alterado pelo Decreto-Lei n.º 224/2008, de 20 de novembro, que o republicou em anexo.

---

[275] *Direito das sociedades*, 1, 3.ª ed., 182 ss..
[276] Alterada pelo Decreto-Lei n.º 157/81, de 11 de junho.

Além disso, há a registar diversa legislação específica relativa a sociedades[277], a entidades financeiras[278] e a seguradoras[279].

III. Os importantes sectores comerciais da banca e dos seguros têm, hoje, toda uma vasta legislação especial. No tocante à banca, domina o Regime Geral das Instituições de Crédito e Sociedades Financeiras, aprovado pelo Decreto-Lei n.° 298/92, de 31 de dezembro, com alterações posteriores. Além disso, há que lidar com muitas dezenas de diplomas complementares e com diversa legislação europeia[280].

Quanto aos seguros, regem o Decreto-Lei n.° 147/2015, de 9 de setembro, relativo ao regime de acesso à atividade seguradora, e o Decreto-Lei n.° 72/2008, de 16 de abril, quanto ao regime do contrato de seguro, além de diversos diplomas institucionais e materiais[281].

IV. Distintos contratos comerciais ocorrem fora do Código Comercial, com relevo para o contrato de agência, aprovado pelo Decreto-Lei n.° 178/86, de 3 de julho[282] e para certos contratos bancários, como a locação financeira, vertida no Decreto-Lei n.° 149/95, de 24 de junho[283] e como a

---

[277] Decreto-Lei n.° 238/91, de 2 de julho, sobre consolidação de contas de sociedades, hoje revogado e substituído pelo Sistema de Normalização Contabilística, aprovado pelo Decreto-Lei n.° 158/2009, de 13 de julho; este foi várias vezes alterado, tendo sido republicado pelo Decreto-Lei n.° 98/2015, de 2 de junho, e modificado pelo Decreto-Lei n.° 291/2015, de 11 de setembro.

[278] Decreto-Lei n.° 36/92, de 28 de março; veja-se o Decreto-Lei n.° 88/2004, de 20 de abril, bem como as alterações introduzidas pelos Decretos-Leis n.° 35/2005, de 17 de fevereiro e n.° 188/2007, de 11 de maio.

[279] Decreto-Lei n.° 147/94, de 25 de maio, também alterado pelos dois últimos diplomas referidos na nota anterior.

[280] Menezes Cordeiro/Carla Teixeira Morgado, *Leis da banca anotadas*, 3.ª ed. (2005), 1504 pp.; embora desatualizado, dá uma ideia do conjunto normativo em vigor no sector bancário.

[281] Menezes Cordeiro/Carla Teixeira Morgado, *Leis dos seguros anotadas* (2002), 995 pp.; embora desatualizado, dá uma ideia do conjunto normativo em vigor no sector dos seguros. Vide, infra, §§ 71.° e 72.°.

[282] Alterado pelo Decreto-Lei n.° 118/93, de 13 de abril.

[283] Alterado pelos Decretos-Leis n.° 265/97, de 2 de outubro, n.° 285/2001, de 3 de novembro e n.° 30/2008, de 25 de fevereiro.

§ 7.º A comercialista dos séculos XX e XXI

cessão financeira, introduzida no Decreto-Lei n.º 56/86, de 18 de março e hoje regulada pelo Decreto-Lei n.º 171/95, de 18 de julho[284].

V. Todo o Direito do consumidor poderia, à partida, ser comercial. Inclui dezenas de diplomas, cabendo referir:

– a Lei de Defesa do Consumidor: Lei n.º 24/96, de 31 de julho, por último alterada e modificada pela Lei n.º 47/2014, de 25 de julho[285];
– o Código da Publicidade: Decreto-Lei n.º 330/90, de 23 de outubro[286].

Toda esta matéria passaria para o Código do Consumidor cujo anteprojeto foi posto em discussão pública[287]. Todavia, não teve seguimento.

No entanto, razões de tradição e o progressivo desaparecimento, em diversos países, dos códigos comerciais têm levado esta matéria para o Direito civil.

VI. Também a defesa da concorrência é matéria comercial. Cumpre reter os Decretos-Leis n.º 370/93[288] e n.º 371/93[289], ambos de 29 de outu-

---

[284] Alterado pelo Decreto-Lei n.º 186/2002, de 21 de agosto, por último pelo Decreto-Lei n.º 100/2015, de 2 de junho.

[285] Temos, ainda e como exemplos: o Decreto-Lei n.º 253/86, de 25 de agosto, sobre saldos, revogado pelo Decreto-Lei n.º 70/2007, de 26 de março, alterado pelo Decreto-Lei n.º 10/2015, de 16 de janeiro, o Decreto-Lei n.º 143/2001, de 26 de abril, sobre vendas ao domicílio e por correspondência substituído pelo Decreto-Lei n.º 24/2014, de 14 de fevereiro, e o Decreto-Lei n.º 133/2009, de 2 de junho, sobre crédito aos consumidores, alterado pelo Decreto-Lei n.º 72-A/2010, de 16 de junho e pelo Decreto-Lei n.º 42-A/2013, de 23 de março, que o republicou em anexo.

[286] Alterado pelos Decretos-Leis n.º 74/93, de 10 de março, n.º 6/95, de 17 de janeiro, n.º 61/97, de 25 de março e n.º 275/98, de 9 de setembro, pela Lei n.º 6/99, de 27 de janeiro e pelos Decretos-Leis n.º 51/2001, de 15 de fevereiro e n.º 332/2001, de 24 de dezembro, pela Lei n.º 32/2003, de 22 de agosto, pelo Decreto-Lei n.º 224/2004, de 4 de dezembro e, por último, pela Lei n.º 8/2011, de 11 de abril e pelo Decreto-Lei n.º 66/2015, de 29 de abril.

[287] Vide o nosso *O anteprojeto de Código do Consumidor*, O Direito 2006, 685-715.

[288] Alterado pelo Decreto-Lei n.º 140/98, de 16 de maio.

[289] Alterado pelo Decreto-Lei n.º 10/2003, de 18 de janeiro.

116 *A experiência portuguesa*

bro, este último substituído pela Lei n.º 18/2003, de 18 de janeiro[290], a qual foi revogada pelo novo regime de Lei n.º 18/2012, de 8 de maio. A matéria sobre concentração de empresas poderia, ainda, ser aqui chamada à colação.

VII. O processo comercial dispôs, durante décadas, de leis especiais: havia toda uma tradição nesse sentido. O primeiro Código de Processo Comercial data de 2-mar.-1895, seguindo-se-lhe um outro, de 13-mai.--1896[291]. A matéria teve ainda diversas flutuações, até ser abolida a dualidade de processos, em 1939: o Código de Processo Civil absorveu, então, o comercial.

24. A doutrina

I. A situação legislativa permite apenas uma primeira aproximação à comercialística portuguesa dos nossos dias. Torna-se muito importante proceder ao levantamento da situação doutrinária.

Deve adiantar-se que a doutrina comercial portuguesa é bastante mais extensa do que por vezes se julga: e em todo o caso, assume uma dimensão proporcionalmente superior à civil.

II. Na sequência, porventura, da produção de Ferreira Borges e assentes, para mais, no facto de ter sido comercial o primeiro código português, surgiram, no último terço do século XIX, múltiplos estudos jurídico-mercantis. Cientistas e homens públicos, da maior craveira, iniciaram as suas carreiras, com estudos de Direito comercial. Basta citar: Avelino Callisto (1842-1910)[292], Theophilo Braga[293], Hintze Ribeiro (1849-1907)[294], Gui-

---

[290] Alterada pela Lei n.º 46/2011, de 24 de junho.

[291] *Vide* Guilherme Braga da Cruz, *A Revista de Legislação e de Jurisprudência/ /Esboço da sua História* cit., 1, 206 ss., nota 522 e 227 ss., bem como José Maria Barbosa de Magalhães, *Codigo completo de processo comercial*, 2.ª ed. (1901), XIII ss..

[292] Avelino Cesar Augusto Maria Callisto, *Direito Commercial – Natureza dos actos comerciaes/Dissertação inaugural para o acto de conclusões magnas* (1868), XXXIII + 68 pp..

[293] Theophilo Braga, *Características dos actos commerciaes/Dissertação para o concurso da cadeira de commercio e economia política na academia polytechnica do Porto* (1868), 45 pp..

[294] Ernesto Rodolpho Hintze Ribeiro, *Theoria e legislação do recambio/Estudo jurídico-commercial* (1870), XIX + 369 pp..

§ 7.º A comercialista dos séculos XX e XXI   117

lherme Moreira (1861-1922)[295], Marnoco e Souza (1869-1916)[296] e José Alberto dos Reis[297]. Trata-se, em geral, de obras precisas, corretas, mas pouco densas, sendo patente um crescendo, no sentido da complexidade, à medida que elas se iam sucedendo.

Significativos foram os comentários, aos códigos de comércio, e as críticas de política legislativa; recordem-se Forjaz de Sampaio[298], Freitas Fortuna[299], Azevedo e Silva[300], Barbosa de Magalhães[301] e Almeida Saldanha[302].

Decisivo, contudo, afigura-se-nos o escrito de José Tavares (1873--1938), *Das sociedades commerciais* que, apesar de apresentado como *dissertação inaugural* foi, de facto, uma obra geral, que influenciaria toda a comercialística portuguesa do século XX[303].

---

[295] Guilherme Alves Moreira, *Actos de Commercio/Estudo exegético e critico das disposições do novo Código Commercial*, vol. I/*Dissertação inaugural para o acto de conclusões magnas* (1889), 227 pp..

[296] José Ferreira Marnoco e Souza, *Das letras no direito comercial portuguez/ Dissertação inaugural* (1897), depois refundido e reeditado sob o título *Das letras, livranças e cheques/Commentario ao titulo VI do livro II do Codigo Commercial* – volume 1.º *(Artt. 278.º-313.º)* (1905), IX + 467 pp..

[297] José Alberto dos Reis, *Dos títulos ao portador – Dissertação inaugural para o acto de conclusões magnas* (1899), 381 pp..

[298] Diogo Pereira Forjaz de Sampaio Pimentel, *Projecto de Codigo de Commercio* (1870) e *Annotações ou synthese annotada do Codigo do Commercio* (1875).

[299] João Antonio de Freitas Fortuna, *Analyse do projecto de Código Commercial* (1888).

[300] J. F. Azevedo e Silva, *Commentario ao novo Codigo Commercial Portuguez* (1888).

[301] José M. Barbosa de Magalhães, *Codigo completo de processo comercial/Unificação e coordenação annotada dos dois codigos vigentes sobre processo mercantil*, 1.º vol. (1895) e 2.º vol. (1896).

[302] Eduardo de Almeida Saldanha, *Estudos sobre o Direito Commercial Portuguez*, I (1896), onde – IX ss. – mau grado as lamentações do Autor, sobre a escassez de produção comercialística nacional, se podem ver referidas diversas outras obras notáveis.

[303] José Tavares, *Das sociedades commerciaes/Tractado theorico e pratico (Dissertação inaugural para o acto de conclusões magnas na Faculdade de Direito), em dois volumes, Parte I – Das sociedades industriaes em geral* (1899) e *Parte II – A disciplina juridica commum das sociedades commerciaes* (1899). Anteriormente, José Tavares já havia publicado o escrito *A fiança no Direito commercial* (1896), 115 pp..

A Ciência jurídico-comercial estava, pois, bem viva[304]. Teriam faltado compêndios abrangentes: sem a unidade sistemática, por eles propiciada, o Direito comercial soçobra, com facilidade, numa multiplicação de temas aparentemente estanques. Pense-se em áreas como os atos de comércio, as sociedades e os títulos de crédito, como exemplos. As condições para que tal sucedesse eram, porém, excelentes.

III. O século XX começou da melhor forma, dominado pelo *Curso de Direito comercial* de José Tavares[305]. O *Curso* esteve, manifestamente, na origem das importantes *lições* de Caeiro da Matta[306], de José Gabriel Pinto Coelho[307], de Veiga Beirão[308] e de Mário de Figueiredo[309]. Curiosamente,

---

[304] Braga da Cruz, *A Revista de Legislação e de Jurisprudência* cit., 1, 219 ss., lamenta o desinteresse votado, na época, pela *Revista*, às reformas do Direito comercial. Mas tal desinteresse deve ser interpretado como uma contingência da RLJ, manietada pela estreiteza do seu corpo redatorial, onde faltava, então, um comercialista. Ele não pode ser generalizado. Além da bibliografia comercial, já referida ou a referir, recorde-se que, na época, a revista *O Direito* publicava, regularmente, escritos de Direito comercial, sendo ainda de apontar a fundação de duas revistas de Direito comercial: a *Revista de Direito e de Legislação Comercial*, de Sousa Gomes/Maia Mendes, publicada em 1887-1888 e a *Revista de Direito Comercial*, de José Benevides, publicada entre 1894 e 1901. Além disso, cumpre ter presente a ação da *Gazeta da Relação de Lisboa*, que sempre dedicou largo espaço ao Direito comercial, podendo considerar-se, até ao seu termo, em 1940, como publicação liderante, na matéria.

[305] José Tavares, *Curso de Direito Commercial*, tomo I (1901); trata-se de uma obra que conferiu, em termos metodologicamente muito corretos, a maior importância ao desenvolvimento histórico do Direito comercial – XIII ss. – num conjunto de dados que iriam, depois, reaparecer em sucessivas obras e manuais, até hoje.

[306] José Caeiro da Matta, *Direito commercial portuguez* (1910), onde, expressamente, se afirma reproduzir o *Curso de Direito Comercial*, em preparação (sic), de José Tavares.

[307] J. G. Pinto Coelho, *Apontamentos de Direito Commercial*, por J. B. Calleça (1911) e, depois, *Direito Commercial Portuguez*, volume I (1914), da sua responsabilidade. Bastante mais tarde, surgiriam as *Lições de Direito Comercial* (1942, Lisboa), editadas por Carlos Ernesto Martins Souto, na base de notas taquigráficas, minuciosas e refletindo um tipo de exegese subjetivista.

[308] Francisco António da Veiga Beirão, *Direito Commercial Portuguez/Esboço do curso professado pelo Lente cathedratico do Instituto superior de commercio* (1912), que, embora exterior às Faculdades de Direito, tem inquestionável nível universitário.

[309] Mário Augusto Jorge de Figueiredo, *Lições de Direito Comercial* por António Simões de Pinho (1928) e *Lições de Direito Comercial*, coligidas por Eduardo Marques Ralha (1930).

§ 7.º A comercialista dos séculos XX e XXI

estas obras, partindo de interessantes análises históricas, foram amparando um tipo de pensamento jurídico subjetivista. Uma referência particular deve ser feita às *lições* de Barbosa de Magalhães[310]. Todos estes escritos ficaram, por natureza, vinculados à sua origem pedagógica, sendo evidente que a sua multiplicação – num fenómeno que se mantém, até hoje – traduz mais o espírito individualista dos universitários portugueses, do que uma verdadeira reformulação nos métodos e nos resultados. Não está em causa, por certo, a valia ou o perfil dos seus autores. Porém, resulta claro, do teor das obras, que o entusiasmo presente nos escritos de José Tavares e de Caeiro da Matta, foi esmorecendo, vindo a ser substituído pelas *sebentas* dos alunos, pragmáticas e pouco aprofundadas. Faltou, claramente, o coroar de todo o esforço anterior: tratados aprofundados e abrangentes de Direito comercial, comparáveis aos que vinham vendo a luz, noutras latitudes.

Em todo este período, a produção comercialística não se ficou por lições académicas. Manteve-se uma certa produção monográfica, normalmente ligada a dissertações académicas. Recordem-se as obras de Ávila Lima[311], Emygdio da Silva[312], Mário de Figueiredo[313], Ruy Ulrich[314] e Costa Leite[315]. É, no entanto, claro que estes escritos, dispersos por temas que pouco contactavam diretamente entre si, apenas mostravam a valia dos seus autores: não a solidez duma disciplina.

Também os artigos de revista ou similares, mantiveram uma certa fluência, sendo de referir, no domínio do Direito das sociedades, os de Aze-

---

[310] Em especial: Adelino da Palma Carlos, *Direito Comercial/Apontamentos coligidos sobre as prelecções do Exmo. Sr. Dr. Barbosa de Magalhães ao Curso Jurídico de 1924-1925* (1924) e José d'Assumpção Mattos, *Princípios de Direito Comercial/ /Parte Geral, Em rigorosa harmonia com as Prelecções do Exmo. Sr.: doutor barbosa de magalhãis:* (1933).

[311] José Lobo d'Avila Lima, *Da concorrência desleal* (1910), 169 pp..

[312] Fernando Emygdio da Silva, *Seguros mútuos* (1911), 642 pp..

[313] Mário Augusto Jorge de Figueiredo, *Caracteres gerais dos títulos de crédito e seu fundamento jurídico* (1919), 220 pp. e *Contrato de conta corrente* (1923), 148 pp..

[314] Ruy Ennes Ulrich, *Da bolsa e suas operações* (1906), 543 pp..

[315] João Pinto da Costa Leite (Lumbrales), *Organização bancária portuguesa* (1927), 280 pp..

vedo Souto[316], os de José Tavares[317] e os de Barbosa de Magalhães[318], a título de exemplos: a dispersão era, contudo, inevitável. Com antecedentes no Visconde de Carnaxide[319], duas importantes monografias – a de José Tavares sobre *Sociedades e empresas comerciais*[320] e a de Barbosa de Magalhães, sobre o *Estabelecimento comercial*[321], prenunciaram já uma viragem do Direito comercial, para a empresa.

Houve traduções de comercialistas italianos – Vivante[322] e Rocco[323] – o que documenta um interesse larvar pela matéria, sendo o panorama completado por diplomas anotados dos quais o mais envolvente é, ainda hoje, o *Comentário*, de Cunha Gonçalves[324].

IV. A segunda metade do século assistiu a uma concentração de esforços privatistas, no Direito civil. Era natural, se tivermos em conta o relevo assumido pela reforma civil e, depois, pelo próprio Código de 1966, pela revisão deste e pela sua aplicação.

De todo o modo, houve um esforço de revitalização do Direito comercial, lançado por Ferrer Correia, logo no segundo pós-guerra, atra-

---

[316] Adolpho de Azevedo Souto, *Estudos sobre o Codigo Commercial* I – *Forma de contrato de sociedade*, O Direito 42 (1910), 113-117, bem como o relato *O 3.º congresso juridico internacional das sociedades por acções e das sociedades cooperativas*, O Direito 42 (1910), 289-291 e 305-308 e O Direito 43 (1911), 17-20.

[317] José Tavares, *Os princípios fundamentais do novo typo das sociedades por quotas*, em Estudos Jurídicos, publ. José Tavares/António José Teixeira d'Abreu (1912), 60-75, *A constituição das sociedades por quotas*, idem, 367-380 e *A determinação dos actos de commercio (Analyse do art. 2.º do Codigo commercial)*, idem, 588-614.

[318] J. M. Vilhena Barbosa de Magalhães, *Dissolução de sociedades em comandita*, GRLx 33 (1920), 337-338 e *Sociedades comerciais irregulares*, GRLx 34 (1920), 241-245.

[319] António Baptista de Sousa (Visconde de Carnaxide), *Sociedades anonymas/ /Estudo theorico e pratico de direito interno e comparado* (1913).

[320] José Tavares, *Sociedades e empresas comerciais*, 2.ª edição completada das *Sociedades Commerciaes* e da parte jurídica das *Emprezas no Direito Commercial Portuguez* (1924).

[321] Prof. Doutor Barbosa de Magalhães, *Do estabelecimento comercial/Estudo de Direito privado*, 2.ª ed. (1964); a 1.ª ed. data de 1951.

[322] Cesare Vivante, *Instituições de Direito Comercial*, sobre a 10.ª ed. it., trad. de J. Alves de Sá (1910).

[323] Alfredo Rocco, *Princípios de Direito Comercial/Parte Geral*, trad. de Cabral de Moncada (1931).

[324] Luiz da Cunha Gonçalves, *Comentário ao Código Comercial Português*, 1 (1914), 2 (1915) e 3 (1918), num total de quase 2000 pp..

§ 7.° A comercialista dos séculos XX e XXI 121

vés da importante monografia sobre sociedades unipessoais[325] e depois coroado por sucessivas e influentes lições universitárias[326]. O testemunho foi assegurado por Orlando de Carvalho[327] e Lobo Xavier[328]. Paralelamente, Fernando Olavo, além de monografias importantes[329], manteve a tradição das *lições* cuidadas, elaboradas pelo próprio[330]. A literatura jurídica do Direito das sociedades tem sido dominada, da melhor forma, por Raúl Ventura[331], embora, no tocante à preparação do Código das Sociedades Comerciais, se devam ainda mencionar Vaz Serra[332] e Fernando

---

[325] A viragem é, efetivamente, constituída por António de Arruda Ferrer Correia, *Sociedades fictícias e unipessoais* (1948), onde é feita uma conexão direta à vasta produção comercial alemã, num fluxo que não mais se perderia.

[326] Referem-se as mais significativas, na reimpressão da Lex (1994): A. Ferrer Correia, *Lições de Direito Comercial*, I (1973), II (1968) e III (1975).

[327] Orlando de Carvalho, *Critério e estrutura do estabelecimento comercial I – O problema da empresa como objecto de negócios* (1967), 887 pp.; trata-se de uma dissertação de doutoramento.

[328] Vasco da Gama Lobo Xavier, *Anulação de deliberação social e deliberações conexas* (1976), 635 pp.; trata-se, igualmente, de uma dissertação de doutoramento. De referir, também, o escrito *Direito comercial/Sumários das lições ao 3.° ano jurídico* (1977/78), onde, com supressões e atualizações, se remete para as *Lições* de Ferrer Correia, bem como *Sociedades comerciais/Lições* (1987).

[329] Fernando Olavo, *Abertura de crédito documentário* (1952), 212 pp. e *Desconto bancário: introdução, descrição, estrutura e natureza* (1955), 285 pp..

[330] Fernando Olavo, *Direito Comercial*, vol. I, 1.ª ed. (1964), 2.ª ed. (1970) e 2.ª reimpr. (1979). Surgem *Lições* policopiadas anteriores, com relevo para as de 1959, editadas pela Associação Académica, com 418 pp.. Além da obra citada, cabe referir, sempre de Fernando Olavo, *Direito Comercial*, vol. II, apontamentos coligidos por Alberto Xavier e Martim de Albuquerque (1963), sobre sociedades comerciais e títulos de crédito. Embora fora das Faculdades de Direito, cumpre também referir as lições de José Pires Cardoso, que foram conhecendo diversas edições, desde *Elementos de Direito comercial* (1933), ao *Compêndio de noções de Direito Comercial* (s/d, mas 1970), e às *Noções de Direito Comercial*, atualizadas por F. Carvalho Costa e Vasco Santiago Neves.

[331] Devem-se, a Raúl Ventura, dezenas de monografias e artigos sobre temas de Direito das sociedades; como exemplos, citar-se-á, aqui e agora, apenas a obra, em dois volumes, *Sociedades comerciais: dissolução e liquidação* (1960) e, já à luz do CSC, *Alterações do contrato de sociedade*, 1.ª ed. (1986) e 2.ª ed. (1991); *Dissolução e liquidação de sociedades* (1987); *Sociedades por quotas*, vol. I, 1.ª ed. (1987) e 2.ª ed. (1993), vol. II (1989) e vol. III (1991); *Fusão, cisão, transformação de sociedades* (1990); *Estudos vários sobre sociedades anónimas* (1992).

[332] Adriano Paes da Silva Vaz Serra, *Acções nominativas e acções ao portador*, BMJ

Olavo[333], além dos escritos de Ferrer Correia[334] e do próprio Raúl Ventura[335].

O Direito comercial só em data recente viria a ser objeto de monografias de fôlego, sendo de referir, como exemplos, a de Paulo Sendin[336] e, já depois do CSC, as de Evaristo Mendes[337], de Maria Augusta França[338], de Brito Correia[339], de Engrácia Antunes[340], de Pedro de Albuquerque[341], de Paulo Olavo Cunha[342], de Coutinho de Abreu[343] e de Cassiano dos Santos[344]. Foram publicadas lições, designadamente as de Paulo Sendin[345],

---

175 (1968), 5-43, 176 (1968), 11-81, 177 (1968), 5-94 e 178 (1968), 17-85 e *Assembleia geral*, BMJ 197 (1970), 2-176.

[333] Fernando Olavo, *Sociedade em nome colectivo – Ensaio de anteprojecto*, BMJ 179 (1968), 15-37 e Fernando Olavo/Gil Miranda, *Sociedade em comandita/Notas justificativas*, BMJ 221 (1972), 11-42, 223 (1973), 15-65 e 224 (1973), 5-79.

[334] A. Ferrer Correia, *O problema das sociedades unipessoais*, BMJ 166 (1967), 183-217 e A. Ferrer Correia/António A. Caeiro, *Lei das sociedades comerciais (Anteprojecto)*, BMJ 189 (1969), 15-136.

[335] Raúl Ventura/Brito Correia, *Transformação de sociedades – Anteprojecto e notas justificativas*, BMJ 218 (1972), 5-129 e 219 (1972), 11-69 e 220 (1972), 13-83, além dos diversos estudos relativos às sociedades por quotas e à responsabilidade dos administradores.

[336] Paulo Melero Sendin, *Letra de câmbio/L.U. de Genebra*, vol. I. *Circulação cambiária* (1976) e vol. II, *Obrigações e garantias cambiárias* (1982), num total de 1250 pp..

[337] Evaristo Mendes, *A transmissibilidade das acções*, 2 volumes (1989, polic.).

[338] Maria Augusta França, *A estrutura das sociedades anónimas em relação de grupo* (1990), 184 pp..

[339] Luís Brito Correia, *Os administradores de sociedades anónimas* (1991), 848 pp..

[340] José A. Engrácia Antunes, *Os grupos de sociedades/Estrutura e organização jurídica da empresa plurisocietária* (1993, reimp., 2002), 842 pp. e *Liability of corporate groups* (1994).

[341] Pedro de Albuquerque, *Direito de preferência dos sócios em aumentos de capital nas sociedades anónimas e por quotas* (1993), 467 pp..

[342] Paulo Olavo Cunha, *Os direitos especiais nas sociedades anónimas: as acções privilegiadas* (1993), 278 pp..

[343] Jorge Coutinho de Abreu, *Da empresarialidade (As empresas no Direito)* (1994), 401 pp.; trata-se de uma dissertação de doutoramento.

[344] Filipe Cassiano Nunes dos Santos, *Estrutura associativa e participação societária capitalística* (2002), LI + 757 pp.; trata-se, igualmente, de uma dissertação de doutoramento.

[345] Paulo Melero Sendin, *Lições de Direito comercial e de Direito da economia*, 2 volumes (1979-80).

§ 7.° *A comercialista dos séculos XX e XXI*

Pereira de Almeida[346], Brito Correia[347], Pupo Correia[348] e programas, como o de Ferreira de Almeida[349] e o de Paulo Olavo Cunha, depois vertido em obra geral[350] e de Ferreira Pinto[351]. A multiplicação da legislação comercial, agravada pelas reformas comunitárias, dá os maiores mérito e relevo às coletâneas legislativas, com destaque para a de António Caeiro/Nogueira Serens[352] e aos comentários, com menção obrigatória aos de Abílio Neto[353].

A produção geral foi retomada por Oliveira Ascensão[354], em meados da década de 80 do século XX, sendo devida uma palavra especial à nova escola da Universidade Católica do Porto, com relevo para Osório de Castro[355]. Na Faculdade de Direito de Coimbra, o Direito comercial está hoje confiado a Jorge Coutinho de Abreu[356], a Filipe Cassiano Santos[357] e a

---

[346] António Pereira de Almeida, *Direito Comercial* (1976-77), 2.° vol. – *Sociedades comerciais/Sumários desenvolvidos* (1981) e 3.° vol. – *Títulos de crédito* (1988). Deste autor, cumpre referir, por último, *Sociedades comerciais*, 4.ª ed. (2006).

[347] Luís Brito Correia, *Direito comercial*, 1.° vol. (1987/88), 2.° vol. – *Sociedades comerciais* (1989) e 3.° vol. – *Deliberações dos sócios* (1990).

[348] Miguel A. Pupo Correia, *Direito comercial/Lições dadas ao 3.° ano do Departamento de Direito da Universidade Lusíada* (1988); a 12.ª ed. data de 2011, com reimpressão em 2015.

[349] Carlos Ferreira de Almeida, *Direito comercial/Programa e textos de apoio pedagógico* (1994).

[350] Paulo Olavo Cunha, *Lições de Direito comercial* (2010), *Direito comercial – II – Sociedades anónimas*, 2.ª ed. (1994) e *Direito das sociedades comerciais*, 5.ª ed. (2015).

[351] Fernando Ferreira Pinto, *Contratos de distribuição (Da tutela do distribuidor integrado em face da cessação do vínculo* (2013).

[352] António Caeiro/Nogueira Serens, *Código Comercial/Código das Sociedades Comerciais/Legislação Complementar*, 18.ª ed. (2011).

[353] Abílio Neto, *Código Comercial*, 1.ª ed. (2008).

[354] Por último: José de Oliveira Ascensão, *Direito comercial* – vol. I – *Institutos gerais* (1998/99), vol. II – *Direito industrial* (1994), vol. III – *Títulos de crédito* (1993) e vol. IV – *Sociedades comerciais* (1993); trata-se de escritos policopiados que reproduzem, em geral, textos anteriores.

[355] Carlos Osório de Castro, *Os efeitos da nulidade da patente sobre o contrato de licença da invenção patenteada* (1994) e *Valores mobiliários/Conceito e espécies* (1999).

[356] Jorge Coutinho de Abreu, *Curso de Direito comercial*, 1, 10.ª ed. (2016), já citado; deste Autor, também *Uma introdução ao Direito comercial* em *Ab uno ad omnes/75 anos da Coimbra Editora* (1998), 519-537; outros elementos constam do índice bibliográfico. Este Autor tem, ainda, escritos significativos no domínio do Direito das sociedades.

[357] Filipe Cassiano Santos, *Direito comercial português* I – *Dos actos de comércio às empresas: o regime dos contratos e mecanismos comerciais no Direito português* (2007).

Alexandre Dias Pereira[358] aos quais se devem publicações assinaláveis. Na Universidade Católica, temos a apontar o esforço de Paulo Olavo Cunha[359] e o de José Engrácia Antunes[360], respetivamente em Lisboa e no Porto. Na Universidade do Minho, avulta a obra de Catarina Serra[361]. Cabe ainda mencionar J. P. Remédio Marques, autor de uma significativa obra geral de Direito comercial[362], bem como Paulo Câmara, a quem se deve um escrito de referência no domínio do Direito mobiliário[363]. Referimos, por fim, a publicação de Pedro Pais de Vasconcelos, de cunho didático[364] e, na regência do mestrado na Faculdade de Direito de Lisboa, o livro de A. Barreto Menezes Cordeiro[365].

V. Neste momento, sem prejuízo para as linhas evolutivas detetadas, a comercialística nacional debate-se entre as lições pragmáticas e as monografias dispersas. À atração exercida, sobre os espíritos, pelo Código Civil de 1966, sucedeu outra, não menos explicável, derivada do Direito da economia e do Direito das empresas públicas. A regressão de ambos permitiu isolar sectores mais consistentes, como o Direito das sociedades comerciais, o Direito da concorrência, o Direito bancário, o Direito mobiliário e o Direito do consumo: outros tantos pólos que concentram as pesquisas e enfraquecem a comercialística tradicional.

A manutenção e o progresso da comercialística nacional, como em qualquer outro sector jurídico-científico, terão de ser assegurados por uma articulação entre tratados abrangentes, que deem um mínimo de unidade a uma disciplina estruturalmente fragmentária e monografias aprofundadas, que não percam as ligações com a moderna metodologia e com o atual Direito civil.

---

[358] Alexandre Libório Dias Pereira, *Direito comercial das empresas /Apontamentos teórico-práticos*, 2.ª ed., (2015).

[359] Paulo Olavo Cunha, *Lições de Direito comercial* (2010).

[360] José A. Engrácia Antunes, *Direito dos contratos comerciais* (2009).

[361] Catarina Serra, *Direito comercial/Noções fundamentais* (2009).

[362] J. P. Remédio Marques, *Direito comercial/Introdução. Fontes. Actos de Comércio. Comerciantes. Estabelecimento. Sinais distintivos* (1995).

[363] Paulo Câmara, *Manual de Direito dos Valores Mobiliários*, 2.ª ed. (2011).

[364] Pedro Pais de Vasconcelos, *Direito comercial 1* (2011).

[365] A. Barreto Menezes Cordeiro, *Direito dos valores mobiliários*, I – *Fontes, dogmática geral* (2015).

§ 8.° OUTRAS EXPERIÊNCIAS LUSÓFONAS

25. Brasil

I. Após a independência de 1822, o Brasil manteve as leis anteriormente em vigor, com relevo para as Ordenações do Reino. No plano jurídico-científico, conservou-se a tradição de fazer estudar, em Coimbra, os jovens candidatos a juristas: assim se assegurou, num primeiro momento, uma especial proximidade dos Direitos português e brasileiro.

As condições específicas reinantes na grande Nação, dobradas por uma evolução política própria e pela criação e funcionamento de prestigiadas Faculdades de Direito (S. Paulo e Olinda/Recife), facultaram uma Ciência própria que acabaria por dar frutos em grandes codificações privadas.

II. Num paralelo com o Direito de aquém-Atlântico, a primeira codificação brasileira foi o Código Comercial, aprovado pela Lei n.° 556, de 25 de junho de 1850. De resto, a Constituição Brasileira, de 1824, previa, expressamente, a rápida elaboração de um Código Civil e Criminal, "fundado nas sólidas bases da justiça e da equidade", o que não foi, no imediato, cumprido: o Código Civil só surgiu em 1916, como abaixo será referido. As exigências do comércio não se compadeciam já com as velhas Ordenações, dobradas por inúmeras leis avulsas. Quanto ao Código: foi, *grosso modo*, retido o modelo napoleónico, sendo ainda manifesto o conhecimento do Código Ferreira Borges.

O Código Comercial brasileiro de 1850 repartia-se por três partes: comércio em geral, comércio marítimo e quebras. Quanto à primeira parte, tínhamos a assinalar dezoito títulos:

      I – Dos comerciantes (1.° a 31.°);
      II – Das praças do comércio (32.° a 34.°);

126 *A experiência portuguesa*

III – Dos agentes auxiliares do comércio (35.º a 118.º);
IV – Dos banqueiros (119.º e 120.º);
V – Dos contratos e obrigações mercantis (121.º a 139.º)
VI – Do mandato mercantil (140.º a 164.º);
VII – Da comissão mercantil (165.º a 190.º);
VIII – Da compra e venda mercantil (191.º a 220.º);
IX – Do escambo ou troca comercial (221.º a 225.º);
X – Da locação mercantil (226.º a 246.º);
XI – Do mútuo e dos juros mercantis (247.º a 255.º);
XII – Das fianças e cartas de crédito e abuso (256.º a 264.º);
XIII – Da hipoteca e penhor mercantil (265.º a 279.º);
XIV – Do depósito mercantil (280.º a 286.º);
XV – Das companhias e sociedades comerciais (287.º a 353.º);
XVI – Das letras, notas promissórias e créditos mercantis (354.º a 427.º);
XVII – Dos modos por que se dissolvem e extinguem as obrigações comerciais (428.º a 437.º);
XVIII – Da prescrição (441.º a 456.º).

Toda esta matéria foi sendo alterada e, parte dela, substituída, ao longo do tempo.

O Código Comercial sentiu-se na necessidade de desenvolver matéria geral: faltava, à época, um Código Civil para se apoiar. Todavia, ele representou um considerável avanço, indo além, como lhe competia, do Código de Ferreira Borges. Registe-se, por fim, que ele teve um certo relevo no estrangeiro[366].

A partir de meados do século XIX, o Direito brasileiro encetou uma complexa migração: abandonou a área de influência napoleónica e aproximou-se da alemã. Essa solução levaria a uma confluência num sistema lusófono, hoje claramente dotado de características próprias[367].

Neste quadro deve ser entendido o primeiro Código Civil brasileiro. Preparado durante cerca de 62 anos, ele foi aprovado pela Lei n.º 3.071, de 1 de janeiro de 1916. Está redigido num excelente português, manifestando caminhos próprios, com uma elaborada influência alemã, em clara

---

[366] Existe uma edição em língua alemã: S. Borchardt/Herrmann Stolp, *Das Brasilianische Handelsrecht/Nach dem Codigo Commercial do Imperio do Brasil* (1856), 98 pp.; explica-se, aí, na introdução (*idem*, V-VI), que o Código do Brasil tem interesse no âmbito da preparação do Código alemão.

[367] *Vide* o nosso *O sistema lusófono de Direito*, ROA 2010, 17-119 (108 ss.).

§ 8.° Outras experiências lusófonas

emancipação do modelo napoleónico. Estudado e aprofundado por grandes tratadistas e por inúmeras decisões judiciais, o Código ressentir-se-ia da forte evolução da sociedade e da economia brasileiras. Impunham-se novas reformas codificadoras[368]. Em 1976, foi adotada uma lei autónoma (n.° 6.404) para as sociedades anónimas.

III. Desenhava-se um novo Código Civil, cujo anteprojeto veio à luz em 1975. Seguiram-se prolongadas revisões, vindo a ser adotado o Novo Código Civil pela Lei n.° 10.406, de 10 de janeiro de 2002, em vigor um ano após a sua publicação. Foram revogados o Código Civil de 1916 e a primeira parte do Código Comercial de 1850 (2045.°). Como se vê, consumou-se a unificação do Direito privado, com a exceção das sociedades anónimas, dotadas de lei própria, ressalvada pelo artigo 1089.°: nos casos omissos, aplica-se, porém, o Código Civil.

IV. O novo Código Civil Brasileiro dispõe, já, de vasta literatura[369]. Trata-se de um diploma de elaboração própria, com influências italianas, alemãs e portuguesas. No que tange à matéria "comercial" acolhida na lei civil[370], observamos o seguinte:

– entre as várias espécies de contratos incluem-se a comissão (693.° a 709.°), a agência e distribuição (710.° a 721.°), a corretagem (722.° a 729.°), o transporte (730.° a 756.°) e o seguro (757.° a 802.°); além disso, e entre os títulos incluídos no Direito das obrigações, um deles – o VIII – regula os títulos de crédito (887.° a 926.°);

---

[368] *Tratado* I, 4.ª ed., 248 ss..

[369] Assim: Ricardo Fiúza (coord.), *Novo Código Civil Comentado* (2003), Nelson Nery Junior/Rosa Maria de Andrade Nery, *Código Civil Anotado e Legislação Extravagante*, 2.ª ed. (2003), o *Código Civil Comentado*, coord. por Álvaro Villaça Azevedo, de grande porte, em publicação a partir de 2003 e José Miguel Garcia Medina/Fábio Caldas de Araújo, *Código Civil Comentado* (2014). Quanto à estrutura geral do Código: *Tratado* I, 4.ª ed., 248-249, bem como Francisco Amaral, *O novo Código Civil brasileiro*, em Estudos em Honra do Professor Doutor Inocêncio Galvão Telles, 4 (2003), 9-19. Obras de referência serão mencionadas a propósito de cada rubrica.

[370] Diego Corapi, *L'unificazione del codice di commercio e del codice civile in Brasile*, em Calderale, *Il nuovo Codice Civile brasiliano* (2003), 3-14.

– temos um livro sobre a empresa[371], que versa os comerciantes (966.º a 980.º), as sociedades, não personificadas (986.º a 990.º)[372] e personificadas (997.º a 1141.º), o estabelecimento (1142.º a 1149.º) e os institutos complementares (1150.º a 1195.º) onde se inclui o registo, o nome empresarial, os prepostos e a escrituração.

O Código Civil brasileiro de 2002 procedeu a uma certa unificação do Direito privado. Ficaram fora o Direito das sociedades anónimas, o Direito do trabalho e o Direito do consumo, matérias que têm uma significativa tradição de estudo autónomo, no Brasil. Mais recentemente, ressurgiu a temática da autonomia formal de Direito comercial, através da apresentação, no Congresso do Brasil, de um projeto de novo Código Comercial[373]. Cabe seguir o debate com toda a atenção.

Aguardamos, agora, um aprofundamento dos estudos de Direito privado, cujo fluxo já se faz sentir. Conserva-se, ainda, um importante intercâmbio jurídico-científico.

26. Angola

I. Angola, com as suas riquezas naturais, o seu vasto território e as suas gentes, tem um grande potencial económico. O restabelecimento da paz civil deixa esperar um período de intenso desenvolvimento. Tem, pois, o maior interesse seguir a evolução do seu Direito comercial.

II. A receção dos princípios de uma economia de mercado foi fixado pela Lei das privatizações, aprovada pela Lei n.º 10/94, de 31 de agosto e alterada pela Lei n.º 8/2003, de 18 de abril[374]. Quanto ao Direito comer-

---

[371] Inclui quatro títulos: do empresário, da sociedade, do estabelecimento e dos institutos complementares.

[372] Abrangendo a sociedade em comum (uma sociedade "de facto", não registada) e a sociedade em conta de participação. *Vide* Ricardo Fiúza, *Novo Código Civil Comentado* cit., 892 ss..

[373] *Supra*, 77.

[374] Toda esta matéria por ser comodamente seguida em Carlos Maria Feijó, *O novo Direito de economia de Angola* (2005), 566 pp.. *Vide*, ainda, Joaquim Dias Marques de Oliveira, *Manual de Direito comercial angolano*, II (2011), 445 pp..

§ 8.° Outras experiências lusófonas 129

cial propriamente dito, temos a assinalar a Lei das Sociedades Comerciais, adotada pela Lei n.° 1/2004, de 13 de fevereiro. Trata-se de um diploma de grande fôlego, em 529 artigos e no qual, com adaptações, é patente a influência do Código das Sociedades Comerciais de 1986. Por essa via, o Direito angolano das sociedades mantém uma firme ligação ao Direito continental de filiação germânica. Esse diploma foi antecedido pelo Decreto n.° 47/2003, de 8 de julho, que criou o Ficheiro Central de Denominações Sociais (FCDS).

III. No domínio dos contratos comerciais, temos três importantes diplomas a assinalar:

– a Lei sobre as cláusulas contratuais gerais dos contratos (Lei n.° 4/2002, de 18 de fevereiro);
– a Lei sobre os contratos de distribuição, agência, franchising e concessão comercial (Lei n.° 18/2003, de 12 de agosto);
– a Lei sobre os contratos de conta em participação, consórcios e agrupamento de empresas (Lei n.° 19/2003, de 12 de agosto).

Em todos estes diplomas é patente a integração no sistema lusófono, com as alterações que o legislador angolano entendeu convenientes. Temos, ainda, a assinalar um desenvolvimento especial do Direito dos petróleos, com características mistas: públicas e privadas[375].

A experiência angolana surge sustentada: não se procurou proceder a uma codificação *ad nutum*, patrocinada por alguma instituição internacional. Antes se tem avançado por fases, apoiadas na jovem doutrina jurídica de Angola.

O intercâmbio universitário existente deve ser incrementado.

27. Cabo Verde

I. O Direito de Cabo Verde mantém em vigor parte do Código Veiga Beirão. Todavia, abrigou uma importante reforma no Direito das sociedades. O Decreto Legislativo n.° 3/99, de 29 de março, veio aprovar um denominado Código das Empresas Comerciais, seguindo-se o Decreto-

---

[375] *Vide* o nosso *Direito angolano dos petróleos* (2012).

130

A experiência portuguesa

-Lei n.º 59/99, de 27 de setembro, que regulamentou o Registo das Firmas[376].

II. O Código das Empresas Comerciais abrange os pontos seguintes:

Livro I
- Título I — Estabelecimento comercial (3.º a 16.º);
- Título II — Formas de cooperação entre empresas comerciais[377] (17.º a 74.º);
- Título III — Empresas Comerciais[378] (75.º a 103.º).

Livro II
- Título I — Parte geral (104.º a 258.º);
- Título II — Sociedades em nome coletivo (259.º a 271.º);
- Título III — Sociedades por quotas (272.º a 341.º);
- Título IV — Sociedades anónimas (342.º a 458.º);
- Título V — Sociedades em comandita (459.º a 473.º);
- Título VI — Sociedades cooperativas (474.º a 511.º);
- Título VII — Sociedades coligadas (512.º a 539.º).

Livro III — Disposições gerais e de mera ordenação social (540.º a 560.º).

III. O Código das Empresas Comerciais de Cabo Verde mostra que, na sua elaboração, foi tida em conta a produção legislativa lusófona mais recente, com especial relevo para o Código das Sociedades Comerciais. Todavia, houve o cuidado de contemplar algumas especificidades nacionais[379], atendo-se, ainda, a críticas doutrinárias. Trata-se de uma experiência a seguir.

28. Guiné

I. A evolução do Direito comercial da Guiné – ou Guiné-Bissau – é marcada pela sua adesão à OHADA (*Organisation pour l'Harmonisation en Afrique du Droit des Affaires*): criada pelo Tratado relativo à harmoni-

---

[376] Ambos os diplomas estão publicados sob o título *Código das Empresas Comerciais e Registo das Firmas*, Praia, 2003.

[377] Abrange o consórcio, o contrato de associação em participação e o agrupamento complementar de empresas.

[378] Com a firma, escrituração e o balanço e prestação de contas.

[379] Tem o maior interesse a leitura do preâmbulo do Decreto Legislativo n.º 3/99, de 29 de março.

§ 8.° Outras experiências lusófonas

zação do Direito comercial em África, assinado a 17 de outubro de 1993 em Porto Luís (Ilha Maurícia). Hoje, ela abrange 16 países: da Zona Franco (CFA) e, ainda, os Comores e a Guiné Conacry, estando aberta a todos os Estados africanos. Anuncia-se a adesão da República Democrática do Congo[380].

II. A OHADA tem elaborado atos uniformes, particularmente no domínio comercial. Uma vez vertidos em língua portuguesa, tais atos devem conformar as leis internas, substituindo a anterior legislação. Nessa linha, foi já adotado o *Acto uniforme relativo ao Direito das sociedades comerciais e do agrupamento complementar de empresas*[381], seguindo-se atos sobre garantias, arbitragem, insolvência, ação executiva e Direito comercial em geral, aos quais a Guiné tem vindo a aderir, a partir de 1998.

III. Os meios universitários guineenses, particularmente a Faculdade de Direito de Bissau, mantêm um bom intercâmbio com a Universidade de Lisboa. A experiência da OHADA, fortemente marcada pela influência francófona e com grande apoio francês, implica uma inflexão para a órbita gaulesa. Os atos uniformes, elaborados nessa esfera, apresentam uma grande dificuldade conceitual.

A Guiné, como único País aderente portador de uma Ciência Jurídica de tipo germânico, terá excelentes condições para liderar o processo de estudo dos atos uniformes. Para já, é essencial proceder a uma adequada transposição interna, que não sacrifique a sua tradição jurídica própria.

É fundamental que o Estado português dê um apoio lúcido à cooperação interuniversitária.

29. Macau

I. Em Macau, a Administração Portuguesa curou, antes da entrega do Território à China, de elaborar leis envolventes. Entre outras, surgiu assim

---

[380] *Vide* www.ohada.com, onde podem ser confrontados os diversos elementos.

[381] Publicado pela Unidade de Coordenação do Projecto de Reabilitação e Desenvolvimento do Sector Privado/Banco Mundial. Legislação comercial relevante da Guiné--Bissau/Centro de Estudos e Apoio às Reformas Legislativas, *Guiné-Bissau/Código Civil (com anotações) e Legislação Complementar* (2006), 775 pp..

132   *A experiência portuguesa*

um Código Civil e um Código Comercial, publicado em versões chinesa, portuguesa e inglesa.

O Código Comercial foi aprovado pelo Decreto-Lei n.º 40/99/M, de 3 de agosto. Após a entrega de Macau à China, ele foi conservado, com pequenas alterações. Na sua preparação foram tidas em conta as leis portuguesas e diversas referências doutrinárias[382].

II. O Código Comercial de Macau tem o seguinte teor geral:

Livro I – Do exercício da empresa comercial em geral:

Título I	– Dos empresários comerciais, das empresas comerciais e dos atos de comércio (1.º a 13.º);
Título II	– Da firma (14.º a 37.º);
Título III	– Da escrituração mercantil (38.º a 60.º);
Título IV	– Do registo (61.º e 62.º);
Título V	– Da prestação de contas (63.º);
Título VI	– Da representação no exercício da empresa (64.º a 80.º);
Título VII	– Da responsabilização pelo exercício da empresa[383] (81.º a 84.º);
Título VIII	– Da responsabilidade civil do empresário comercial (85.º a 94.º)[384];
Título IX	– Da empresa comercial[385] (95.º a 152.º);
Título X	– Da disciplina da concorrência entre empresários (153.º a 173.º).

Livro II – Do exercício da empresa coletiva e da cooperação no exercício da empresa:

Título I	– Das sociedades comerciais[386] (174.º a 488.º);
Título II	– Dos agrupamentos de interesse económico (489.º a 527.º);
Título III	– Do contrato de consórcio (528.º a 550.º);
Título IV	– Do contrato de associação em participação (551.º a 562.º).

---

[382] A matéria pode ser seguida numa *Nota justificativa*, de Augusto Teixeira Garcia, *Código Comercial/Versão portuguesa*, Imprensa Oficial de Macau (1999), V-XLVI; Teixeira Garcia coordenou a elaboração do competente projeto.

[383] Trata-se de responsabilidade patrimonial por dívidas.

[384] Equivale à responsabilidade do produtor.

[385] Corresponde ao estabelecimento comercial.

[386] Abrange a parte geral e as sociedades em nome coletivo, em comandita, por quotas e anónimas e as disposições gerais.

§ 8.° *Outras experiências lusófonas* 133

Livro III – Da atividade externa da empresa:
Título I   – Das obrigações comerciais em especial (563.° a 577.°);
Título II   – Do contrato estimatório (578.° a 580.°);
Título III   – Do contrato de fornecimento (581.° a 592.°);
Título IV   – Do contrato de comissão (593.° a 615.°);
Título V   – Do contrato de expedição (616.° a 621.°);
Título VI   – Do contrato de agência (622.° a 656.°);
Título VII   – Do contrato de concessão comercial (657.° a 678.°);
Título VIII   – Do contrato de franquia (679.° a 707.°);
Título IX   – Do contrato de mediação (708.° a 719.°);
Título X   – Dos contratos publicitários (720.° a 748.°);
Título XI   – Do contrato de transporte (749.° a 778.°);
Título XII   – Do depósito em armazéns gerais (779.° a 797.°);
Título XIII   – Do contrato de hospedagem (798.° a 819.°);
Título XIV   – Do contrato de conta corrente (820.° a 830.°);
Título XV   – Do contrato de reporte (831.° a 839.°);
Título XVI   – Dos contratos bancários (840.° a 910.°);
Título XVII   – Dos contratos de garantia (911.° a 961.°);
Título XVIII   – Do contrato de seguro (962.° a 1063.°).
Livro IV – Dos títulos de crédito:
Título I   – Dos títulos de crédito em geral (1064.° a 1133.°);
Título II   – Dos títulos de crédito em especial (1134.° a 1268.°).

III. A codificação comercial de Macau tem um grande contorno. Apoiada no Direito português, ela empreendeu a sedimentação de diversos contratos que, entre nós, são conhecidos apenas como tipos sociais. Terá, de resto, sido uma preocupação da Administração Portuguesa: a de deixar obra codificada.

Para além disso, verifica-se que, em várias oportunidades, o legislador de Macau introduziu melhorias nos textos adaptados dos portugueses. Em compensação, não poderemos deixar de lastimar algumas alterações terminológicas: existe um português jurídico universal, que deve ser respeitado.

30. Moçambique

I. Também Moçambique procedeu à codificação do seu Direito comercial. A experiência não começou da melhor maneira: foi aberto um concurso internacional, financiado pelo Banco Mundial, para a preparação, entre outros diplomas, do Código Comercial. A corrupção reinante nos meios onde se decidiu a matéria levou a uma adjudicação a uma entidade sul-africana não habilitada, a qual subcontratou uma entidade brasileira ignota. Daí resultou um texto totalmente inaproveitável, que acabou sendo recusado pelo Parlamento moçambicano.

II. Numa segunda tentativa, fez-se apelo a juristas que já haviam tido intervenção na feitura do Código Comercial de Macau. A Assembleia da República de Moçambique autorizou o Governo a "introduzir alterações" no Código Comercial, através da Lei n.° 10/2005, de 23 de dezembro. No seu artigo 2.°, a Lei em causa definiu a extensão da reforma nos termos seguintes:

> 2. Nas alterações a introduzir ao Código Comercial, o Governo deve:
>
> *a*) adequar a lei ao princípio constitucional de igualdade entre o homem e a mulher;
> *b*) estabelecer formas para permitir que os incapazes por menoridade possam exercer uma atividade comercial, por forma a acautelar a sobrevivência das famílias em caso de eventuais situações de incapacidade ou ausência dos pais;
> *c*) prever formas de incentivar os comerciantes informais para se integrarem no setor formal da economia;
> *d*) adequar a lei comercial moçambicana às novas tendências e ao contexto regional e internacional;
> *e*) estabelecer o regime jurídico do estabelecimento comercial;
> *f*) rever a matéria respeitante às sociedades comerciais, aperfeiçoando os tipos societários já existentes e introduzindo, se necessário, novos tipos societários;
> *g*) adequar a estrutura e funcionamento das sociedades comerciais aos imperativos de simplicidade, celeridade, segurança e proteção dos sócios e de terceiros;
> *h*) reformular os contratos mercantis consagrados e prever a existência de novos contratos mercantis;
> *i*) prever regimes mais simplificados e flexíveis adequados aos pequenos empresários;
> *j*) fixar a disciplina dos títulos de crédito em geral, inserindo em especial a Lei Uniforme relativa à Letra e à Livrança e a Lei Uniforme relativa ao Cheque;
> *k*) prever a adoção de procedimentos suscetíveis de acolher as novas tecnologias de informação e comunicação.

§ 8.º Outras experiências lusófonas 135

III. No tocante ao conteúdo do Código, cumpre relevar a sua estruturação geral[387]. Temos:

Livro Primeiro – Exercício da Empresa Comercial:
Título I – Disposições gerais (1.º a 8.º);
Título II – Capacidade empresarial e suas obrigações[388] (9.º a 65.º);
Título III – Lugares destinados ao comércio (66.º a 68.º);
Título IV – Estabelecimento comercial (69.º a 81.º).
Livro Segundo – Sociedade Comercial:
Título I – Parte geral (82.º a 252.º).
Título II – Sociedades comerciais em especial:
    Capítulo I – Sociedades em nome coletivo (253.º a 269.º);
    Capítulo II – Sociedades em comandita (270.º a 277.º);
    Capítulo III – Sociedade de capital e industrial (278.º a 282.º);
    Capítulo IV – Sociedade por quotas (283.º a 330.º);
    Capítulo V – Sociedade por quotas com um único sócio (328.º a 330.º);
    Capítulo VI – Sociedade anónima (331.º a 457.º).
Livro Terceiro – Contratos e obrigações mercantis:
Título I – Parte geral (458.º.º a 476.º).
Título II – Contratos em especial:
    Capítulo I – Compra e venda mercantil (477.º a 486.º);
    Capítulo II – Contrato de reporte (487.º a 495.º);
    Capítulo III – Escambo ou troca (496.º);
    Capítulo IV – Contrato de fornecimento (497.º a 508.º);
    Capítulo V – Contrato de prestação de serviços mercantis (509.º a 521.º);
    Capítulo VI – Contrato de agência (522.º a 556.º);
    Capítulo VII – Contrato de transporte (557.º a 599.º);
    Capítulo VIII – Contrato de associação em participação (600.º a 612.º);
    Capítulo IX – Contrato de consórcio (613.º a 633.º).
Livro Quarto – Títulos de crédito:
Título I – Títulos de crédito em geral (634.º a 703.º);
Título II – Lei uniforme relativa às letras e livranças (704.º a 781.º);
Título III – Lei uniforme relativa ao cheque (782.º a 838.º).

---

[387] Vide Utrel, *Código Comercial/Aprovado pelo Decreto-Lei n.º 2/2005, de 27 de dezembro* (2006). Embora desatualizado, cumpre referir Sílvia Alves/Luís Barbosa Rodrigues, *Código Comercial e Legislação Complementar de Moçambique* (2006), 962 pp..
[388] Nas obrigações incluem-se a firma, a escrituração, as contas e o registo.

136   *A experiência portuguesa*

IV. O Código Comercial de Moçambique apresenta-se mais simples do que o de Macau: não regula, designadamente, tantos tipos contratuais. Além disso – mas aqui tal como o modelo macaense – foi acolhida matéria de inspiração lusófona, com correções que revelam o conhecimento da doutrina subsequente.

Todavia, surgem lapsos flagrantes – como sucede, nos artigos 467.º e seguintes, com as "cláusulas dos contratos". Anuncia-se, aliás, uma revisão corretora.

Também aqui se nos afigura fundamental manter a cooperação universitária bilateral com os juristas de Moçambique.

31. São Tomé e Príncipe

I. A legislação comercial de São Tomé e Príncipe tem vindo a evoluir na base de reformas sectoriais. Para além de diplomas relativos à banca, aos seguros e à promissora indústria petrolífera, temos um interessante filão marcado por regras de extraterritorialidade. Cumpre assinalar[389]:

- Decreto-Lei n.º 61/95, de 31 de dezembro, relativo ao regime franco;
- Decreto n.º 33/98, de 10 de novembro, que aprova o Código das atividades franca e offshore;
- Decreto n.º 70/95, de 31 de dezembro, com o regime das sociedades anónimas offshore;
- Decreto n.º 62/95, de 31 de dezembro, sobre o regime dos bancos offshore.

II. Como se vê, optou-se, em São Tomé e Príncipe, por reformas comerciais sustentadas especialmente dirigidas para o desenvolvimento do País. Trata-se de uma experiência a acompanhar com atenção, sendo manifesto que, do seu funcionamento, podem resultar úteis ensinamentos.

---

[389] A legislação comercial santomense pode ser confrontada em Kiluange Tiny/Rute Martins Santos/N'Gunu Tiny, *Investimentos em São Tomé e Príncipe/Legislação Básica* (2006), 461 pp..

§ 8.º Outras experiências lusófonas 137

32. Timor

I. A experiência timorense tem alguns contornos muito particulares: um verdadeiro caso de estudo[390].

Na sequência da invasão de 1975, foi posta em vigor, na então província de Timor, a legislação indonésia. Trata-se de uma situação de facto, uma vez que a independência fora proclamada em 28 de novembro de 1975 e a ocupação indonésia nunca chegou a ser reconhecida pela comunidade internacional.

A legalidade acabaria por ser reposta na sequência da intervenção das Nações Unidas e do referendo que deu larga maioria à independência. Seguiu-se a Constituição de 2002. Qual o Direito em vigor?

II. A Lei n.º 2/2002, de 7 de agosto, veio dispor (1.º):

> A legislação vigente em Timor-Leste em 19 de maio de 2002 mantém-se em vigor, com as necessárias adaptações, em tudo o que se não mostrar contrário à Constituição e aos princípios nela consignados.

Mas qual era a legislação vigente em 19 de maio de 2002? Logicamente, seria a portuguesa, uma vez que a ocupação indonésia nunca foi reconhecida, nem pela ONU, nem pelo povo de Timor. E nesse sentido, chegou a ser decidido pelo Tribunal de Recurso, em Dili. As confusões daí resultantes, em conjunto com um persistente Direito consuetudinário, levaram o Parlamento de Timor a aprovar uma lei interpretativa: a Lei n.º 10/2003, de 10 de dezembro, cujo artigo 1.º dispunha:

> Entende-se por legislação vigente em Timor-Leste em 19 de maio de 2002, nos termos do disposto no artigo 1.º da Lei n.º 2/2002, de 7 de agosto, toda a legislação indonésia que era aplicada e vigorava "de facto" em Timor-Leste, antes do dia 25 de outubro de 1999, nos termos estatuídos no Regulamento n.º 1/1999 da UNTAET.

III. No campo comercial foi, pois, (re)posta em vigor a Lei indonésia. Estão em preparação leis importantes, verdadeiramente timorenses, e que merecem a maior atenção. A instabilidade política tem retardado a sua

---

[390] Cumpre agradecer os elementos que nos foram dados pelo Dr. Luís Sottomayor Felgueiras, ilustre magistrado do Ministério Público e que prestou serviço em Timor.

preparação. No entanto, foi aprovada a Lei n.° 4/2004, de 21 de abril, "sobre sociedades comerciais". Trata-se de um verdadeiro código das sociedades comerciais[391], de forte influência portuguesa, mas que traduz, em diversos pontos, significativas adaptações à realidade local.

Esperemos que a evolução política de Timor dê lugar a novas experiências no domínio do Direito comercial.

---

[391] Com 304 artigos ordenados em moldes continentais: parte geral e diversos tipos de sociedades. Admitimos que o próprio Direito indonésio, mercê da influência holandesa, já manifestasse tendências continentais (por oposição a anglo-saxónicas).

CAPÍTULO III

COORDENADAS ATUAIS DO DIREITO COMERCIAL

§ 9.º CARACTERÍSTICAS GERAIS

33. A "comercialidade"

I. O Direito comercial foi apresentado como o Direito privado especial do comércio ou dos comerciantes. Temos, agora, diversos elementos de tipo histórico-cultural que nos permitem reconstruir, dogmaticamente, essa asserção e determinar o alcance dos seus diversos termos.

II. Conforme foi referido, a discussão clássica de saber se o Direito comercial haveria de reger os comerciantes ou os atos de comércio encontra-se, materialmente, superada: existe uma implicação evidente entre as duas noções, de tal modo que ao regular comerciantes, o Direito regerá a sua atividade e os seus atos, enquanto ao tratar destes, versa a atividade comercial e, logo, os comerciantes[392]. Quanto a determinar se um preciso Direito comercial positivado inicia a construção da matéria por alguma das vertentes em presença, é questão a responder perante cada experiência jurídico-comercial. Advirão, daí, determinadas consequências interpretativas.

III. O Código Veiga Beirão, preocupado com o que ainda parecia uma efetiva opção de fundo, enveredou por um sistema misto, pensadamente

---

[392] Peter Raisch, *Die Abgrenzung des Handelsrechts* cit. 18 ss. e, entre nós, Orlando de Carvalho, *Critério e estrutura* cit., 177 ss., com indicações.

ambíguo. No seu artigo 1.º, fez uma profissão de fé objetivista, proclamando reger atos de comércio, sejam ou não comerciantes as pessoas que neles intervenham[393]. Mas logo no artigo 2.º, vem considerar como comerciais, além dos atos regulados especialmente no Código, os praticados pelos comerciantes, nessa qualidade. O subjetivismo é patente.

Haverá, pois, que procurar uma ideia substantiva de comercialidade.

IV. Existe, entre os juristas, a convicção de que a comercialidade aqui em jogo equivale a um predicativo jurídico: recorrer à economia para esclarecer o tema iria desde logo contundir com a natureza histórica do Direito mercantil.

A doutrina atual mostra-se muito cética quanto à possibilidade de isolar uma "comercialidade" em sentido substantivo[394]: isso pressuporia uma característica marcante, presente nas normas comerciais e que as distinguiria das restantes – designadamente das civis – o que não é realista.

Recorrendo à História e ao Direito comparado, ficam-nos três hipóteses:

- ou partir de uma ideia material de comerciante;
- ou partir do modo por que se apresente certa atividade humana, para ser comercial;
- ou partir do modo por que certa atividade humana seja preparada e desenvolvida.

O comerciante é a pessoa que pratica atos jurídicos patrimoniais em termos profissionais, isto é, que dirige a sua atividade económica nesse sentido: tal a noção do artigo 13.º, 1.º[395]. Num sistema aberto, qualquer pessoa o poderá fazer, ocasional, sazonal, duradoura ou permanentemente. Não é possível fixar fronteiras. Além disso, estaríamos a escamotear o essencial: o comerciante seria o profissional ... do comércio, continuando tudo por definir. Fica-nos, pois, como hipótese, a formalização do conceito: comerciante é aquele que, como tal, se encontre inscrito no registo comercial.

---

[393] Na base desse preceito, alguns Autores proclamam uma opção objetivista do Código; assim Paulo Olavo Cunha, *Lições de Direito Comercial* (2010), 5.

[394] Canaris, *Handelsrecht* cit., 24.ª ed., 5.

[395] Trata-se de uma fórmula que remonta ao ALR prussiano: II, 8, § 475; *vide* C. C. E. Hiersemenzel, *Preussisches Handels-Recht* cit., 1.

§ 9.º Características gerais 141

Chegaríamos, por esta via, a um verdadeiro estatuto profissional de tipo corporativo, o que parece inaceitável: inconstitucional, mesmo[396].

IV. Dadas as dificuldades em partir da noção de comerciante, surgiu outra pista: a de usar o modo por que se apresente certa atividade humana lucrativa. A ideia, que remonta a Heck[397], é bastante simples: o que caracteriza o ato comercial não é o ser praticado por um comerciante: este pode praticar atos "não-comerciais", enquanto o "não-comerciante" pode realizar atos comerciais em sentido próprio; o ato comercial define-se, antes, por ser pensado e modelado como ato de massa, isto é, como parte de um procedimento destinado a ser repetidamente levado a cabo. Daí que, sempre segundo Heck, no Direito comercial, as práticas e os usos do tráfego assumam um maior relevo do que no Direito civil[398]. Esta mesma ideia poderá ser transmitida afirmando-se que o Direito comercial é um Direito de mercado, sujeito a uma especial estandardização[399].

Haverá aqui, como nota Canaris, uma parcela de verdade. Mas não obtemos um conceito operacional: temos atos de massa não-comerciais e atos comerciais pensados para operar isoladamente[400].

V. Não se podendo progredir com base no modo por que se apresente certa atividade humana, fica-nos a forma da sua preparação: o ato comercial provém de uma organização de meios destinada a facultá-lo, o que é dizer – e antecipando: de uma empresa.

A ideia de empresa tem, no Direito comercial como no Direito em geral, uma aplicação difusa que dificulta – ou impossibilita – a sua dogmatização: isso lhe dá o seu especial interesse. Abaixo será tratada[401].

---

[396] Jörg Neuner, *Handelsrecht – Handelsgesetz – Grundgesetz*, ZHR 157 (1993), 243-290 (286 ss., 288).

[397] Philipp Heck, *Weshalb besteht ein von dem bürgerlichen Rechte gesonderter Handels-privatrecht*, AcP 92 (1902), 438-466 (455 ss.).

[398] Heck, *idem*, 443.

[399] Paulo Olavo Cunha, *Lições de Direito Comercial* cit., 6-7.

[400] A Lei das Cláusulas Contratuais Gerais, relativa, por definição, aos tais eventos de massa, ignora, de modo ostensivo, a contraposição entre atos civis e comerciais; por outro lado a constituição de uma sociedade comercial não pode ser considerada um "ato de massa", embora, tradicionalmente, tenha natureza comercial.

[401] *Infra*, 322 ss..

Podemos, todavia, ponderar desde já a hipótese de a utilizar como elemento aglutinador do Direito comercial.

O recurso à empresa para isolar o Direito comercial tem raízes que remontam aos finais do século XIX. Todavia, seria na vertente antiliberal dos anos trinta do século XX que, ligada a um pensamento "institucionalista", a empresa veio ocupar um espaço explicativo. Desde cedo, porém, se verificou que dificilmente o Direito comercial seria o "Direito da empresa": esta não é sujeito de Direito, tão-pouco esgotando o objeto do comércio[402]. A empresa operaria apenas como um referencial: o comerciante seria todo aquele que dispusesse de uma empresa[403] ou, noutros termos: o empresário[404]. A hipótese nunca deixou de ser prejudicada pela ambiguidade do termo "empresa" e pelo facto de esta ser usada como um programa de reforma ou de reativação jurídico-comercial[405]. Mas ela manteve-se, sempre, como ideia atuante[406], vindo a obter o apoio de comercialistas consagrados como Peter Raisch[407] e Karsten Schmidt[408-409]. O con-

---

[402] Quando muito, poder-se-ia usar diretamente a empresa para agrupar as normas que se lhe reportem – H. A. Schultze-von Lasaulx, *Handel und Gewerbe. Gedanken zur Gruppierung des Rechtsstoffes*, AcP 145 (1939), 234-247: chegar-se-ia, porém e por esta via, ao denominado Direito da economia.

[403] Hermann Krause, *Kaufmannsrecht und Unternehmensrecht*, ZHR 105 (1938), 69-132 (129); curiosamente, esta fórmula corresponde à que, em 1998, seria introduzida no § 1 do HGB.

[404] O artigo 2082.º do Código Civil italiano veio definir empresário como

> (...) o que exerce profissionalmente uma atividade comercial organizada com o fim de produzir ou de trocar bens ou serviços.

[405] Rolf Herber, *Probleme der gesetzlichen Fortentwicklung des Handels- und Gesellschaftsrechts*, ZHR 144 (1980), 47-73.

[406] Além do referido Hermann Krause, *vide* Karl Wieland, *Handelsrecht* vol. I – *Das Kaufmänische Unternehmen und die Handelsgesellschaften* (1921), 136 ss. (145) e Rudolf Müller-Erzbach, *Deutsches Handelsrecht*, 2-3.ª ed. (1928), 65 ss..

[407] Peter Raisch, *Geschichtliche Voraussetzungen, dogmatische Grundlagen und Sinnwandkung des Handelsrechts* (1965), 14 ss..

[408] Karsten Schmidt, *Von Handelsrecht zum Unternehmens-Privatrecht?*, JuS 1985, 249-257; este escrito mereceu a crítica de Oliver Vossius, *Über das Unternehmens-Privatrecht und wider die Methode aprioristischer Fragestellung in der Rechtswissenschaft*, JuS 1985, 936-939; K. Schmidt replicou em *Spekulation oder skeptischer Empirismus im Umgang mit kodifizierten Recht?*, JuS 1985, 939-941. De Karsten Schmidt *vide*, em especial, o *Handelsrecht*, cit., 6.ª ed., 55 ss..

[409] Sobre esta evolução *vide* Ulrich Preis, *Der persönliche Anwendungsbereich der*

§ 9.º Características gerais 143

ceito de comerciante consignado no § 1.º do HGB[410] era considerado pouco satisfatório: "salto no escuro", aquando da sua aprovação, em 1897[411], preceito inconstitucional[412] ou mero resquício de estádios anteriores[413]: tudo isso serviu para apelar a uma nova construção: a do Direito comercial assente na empresa.

A reforma do HGB de 1998 deu um passo, embora tímido, nesse sentido[414]: abaixo lhe faremos maior referência[415].

VI. O debate em torno da utilidade da empresa, para surpreender o Direito comercial, é muito extenso. Fica a ideia de que, embora descritivamente útil, a empresa não dá fronteiras seguras para a comercialidade. No próprio HGB, após a reforma de 1998, tudo parece manter-se em aberto[416]: nem todos os titulares de empresas caem sob o Direito comercial, enquanto este mesmo Direito é aplicável a pessoas que não se podem considerar, com realismo, "suportes de empresas".

34. O problema da autonomia

I. Não conseguimos apontar um conceito dogmático claro de "comercialidade". Adiante veremos como interpretar o âmbito de aplicação do Código Comercial, sendo todavia antecipável que o resultado porventura obtido nessa latitude é jurídico-positivo e logo histórico e contingente.

Sonderprivatrechte/Zur systematischen Abgrenzung von Bürgerlichen Recht, Verbraucherrecht und Handelsrecht, ZHR 158 (1994), 567-613 (570 ss.).

[410] *Infra*, 261-262, quanto ao teor original deste § e às alterações nele introduzidas pela importante reforma de 1998.

[411] Martin Henssler, *Gewerbe, Kaufmann und Unternehmen/Herkunft und Zukunft der subjektiven Anknüpfung des Handelsrechts*, ZHR 161 (1997), 13-51 (15).

[412] Jörg Neuner, *Handelsrecht* cit., 288 e Martin Henssler, *Gewerbe, Kaufmann und Unternehmen* cit., 29 ss..

[413] Martin Henssler, *Gewerbe, Kaufmann und Unternehmen* cit., 50.

[414] Herbert Lessmann, *Vom Kaufmannrecht zum Unternehmensrecht?*, FG Zivilrechtlehrer 1934/35 (1999), 361-381 (381): tal reforma não chegou a erguer o Direito comercial sobre a ideia de empresa; afirmou, todavia – e na tese deste Autor – o conceito de comerciante, avançando nessa linha; *vide* Karsten Schmidt, *Handelsrecht* cit., 6.ª ed., § 2, Nr. 48 (70-71)

[415] *Infra*, 262 ss..

[416] Claus-Wilhelm Canaris, *Handelsrecht* cit., 24.ª ed., 10.

Fica-nos, pois, a ideia de Direito comercial como algo de histórico-
-culturalmente propiciado. Teremos aqui a base para a construção jurídica
subsequente?

II. Quando se pretenda determinar um "Direito comercial" em moldes centrais, isto é, aprioristicamente assentes em princípios norteadores
ou numa "comercialidade substantiva", acaba por se pôr em crise a sua
autonomia. Não foi outro o percurso de Vivante, acima referido[417]. Na
literatura alemã, Nussbaum já havia chegado a essa conclusão[418], num
caminho que, com mais subtileza, seria percorrido pelo clássico Eichler[419].
Na doutrina francesa, Marty explica que boa parte das "especialidades"
comerciais foram, afinal, acolhidas no Direito civil[420]; a unificação seria
um facto[421], surgindo, como áreas autónomas, o Direito profissional e o
Direito do consumidor[422]. Mesmo "autonomistas", como Raisch, reconhe-
cem que, afinal, muitos dos contratos especialmente regulados no Código
Comercial não são estruturalmente diferentes dos civis[423].

III. Entre nós, o problema pôs-se aquando da preparação do Código
Civil de 1966.

O Decreto-Lei n.º 33:908, de 4 de setembro de 1944[424], que autorizou o Ministro da Justiça a promover a elaboração de um projeto de revisão geral do Código Civil, não tomou posição sobre o problema da unificação: o projeto poderia englobar ou não o Direito comercial, conforme o

---

[417] *Supra*, 71 ss..

[418] Arthur Nussbaum, *Die Auflösung des Handelsrechtsbegriffs*, ZHR 76 (1915), 325-336.

[419] Hermann Eichler, *Die Einheit des Privatrechts*, ZHR 126 (1964), 181-198 (182 ss.); Eichler – *idem*, 198 – admite que o Direito comercial tenha certas particularidades.

[420] Jean-Paul Marty, *La distinction du droit civil et du droit commercial dans la législation contemporaine*, RTDComm 1981, 681-702 (685).

[421] Marty, *La distinction* cit., 685-686. Encontramos opções deste tipo já em Albert Wahl, *Précis Théorique et Pratique de Droit Commercial* cit., 3 ss..

[422] Marty, *La distinction* cit., 694.

[423] Peter Raisch, *Die rechtsdogmatische Bedeutung der Abgrenzung von Handel-srecht und bürgerlichen Recht/Zugleich ein Beitrag zur analogen Anwendung handels-rechtlicher Normen auf Nichtkaufleute*, JuS 1967, 533-542 (534).

[424] DG I Série n.º 196, de 4-Set.-1944, 830-836.

§ 9.º *Características gerais*   145

julgasse preferível[425]. Por seu turno, a Portaria n.º 10:756, de 10 de outubro de 1944, que nomeou uma comissão para curar da reforma[426], determinou que ela se ocupasse primeiro do Direito civil, ficando para ulterior decisão a hipótese de fusão com o Direito comercial[427]. No período de reflexão subsequente, Galvão Telles pronunciou-se a favor da autonomia comercial[428], enquanto Barbosa de Magalhães pugnou pela teoria da unidade[429-430].

A aprovação do Código Civil, pelo Decreto-Lei n.º 47 334, de 25 de novembro de 1966, consagraria, em definitivo, a autonomia legal do Direito comercial.

IV. A realizada ronda pela doutrina, em busca de uma comercialidade "material", permite confirmar as asserções já obtidas, acima, a propósito da evolução histórica.

A autonomia do Direito comercial parece ser ontologicamente inegável, na sequência dos diversos episódios que, desde o século XVII, o ani-

---

[425] Lê-se, aí – DG 196 cit., 835/II – depois de se referirem as experiências unitárias suíça e italiana:

> (...) haverá que resolver se ainda subsistem as razões de autonomia do direito comercial ou se, ao contrário, a época atual já se não compadece com a existência de um domínio jurídico à parte, no qual se desenvolvam as atividades comerciais. Por isso se prevê que os trabalhos de revisão abranjam o direito comercial.

A resposta acabaria por ser dada pela inércia.

[426] DG I Série n.º 222, de 10-Out.-1944, 973-974.

[427] Artigo 6.º da Portaria n.º 10:756, no que parece um certo recuo em relação ao texto do preâmbulo do Decreto-Lei n.º 33:908.

[428] Inocêncio Galvão Telles, *Aspectos comuns aos diversos contratos*, RFDUL VII (1950), 234-315 (268 ss.).

[429] Barbosa de Magalhães, *A revisão geral do Código Civil, a autonomia do Direito comercial e o problema da codificação*, ROA 10 (1950), 1 e 2, 1-58 (16 ss.); anteriormente, já Guilherme Moreira, *Instituições de Direito civil*, 1 (1911), 147-149, tinha sublinhado os inconvenientes pedagógicos da separação entre o Direito civil e o comercial. Também Cunha Gonçalves, *Tratado de Direito Civil*, 1 (1929), 74, entendia que a divisão entre o Direito civil e o comercial "... não tem razão de ser e só se funda na formação histórica de algumas especialidades mercantis ...".

[430] Esta contraposição é tanto mais curiosa: subjetivamente, seria de esperar que Galvão Telles, civilista, opinasse pela unidade enquanto Barbosa de Magalhães, comercialista, deveria chegar à opção inversa. Não foi isso o que sucedeu, o que, na prática, determinou o afastamento de alguns "comercialistas" da grande reforma de 1966.

mam. Mas é uma autonomia ditada pela tradição e pela cultura: não por postulados científicos.

É certo que as normas e os institutos comerciais – ou alguns deles – hão-de acolher valorações próprias às quais, de modo impreciso mas, apesar de tudo, significativo, se chama "comerciais". Trata-se, todavia, de um aspeto a ponderar, norma a norma e caso a caso.

35. A especialidade

I. À partida – e como já foi referido – a especialidade deveria ser constatada em cada regra. Apenas uma operação de cotejo entre uma norma "geral" e a possível norma "especial" permitirá descobrir uma relação de especialidade[431].

Nestas condições, não admira que a afirmação da natureza especial do Direito comercial, obrigatoriamente inserida à cabeça dos manuais e tratados dessa disciplina, seja posta em dúvida[432]. Na verdade, boa parte do Direito das sociedades comerciais e do Direito dos grupos de empresas não tem equivalência no Direito civil: não são especiais em relação a coisa nenhuma. O mesmo sucede com o Direito dos títulos de crédito. Também o Direito da concorrência pertenceria, hoje, a uma disciplina autónoma. Quedaria o núcleo tradicional do Direito mercantil, onde dominam as dúvidas.

II. Como regras especiais do comércio apontam-se, com frequência: a tutela da confiança, a celeridade e a desformalização[433]. Trata-se, porém, ou de vetores que vêm claramente do Direito civil ou de parâmetros que ocorrem sempre que alguém se dirige ao público[434]. A existência de um

---

[431] Natalino Irti, *L'età della decodificazione*, 4.ª ed. (1999), 53, com indicações e Franco Modugno, *Norme singolari, speciali, eccezionali*, ED XXVIII (1979), 506-531 (514, nota 55), onde se referem vários clássicos: não se trata, pois, de uma questão recente.

[432] Assim, Wolfgang Zöllner, *Wovon handelt das Handelsrecht?*, ZGR 1983, 82-91, em rec. ao *Handelsrecht* de Karsten Schmidt, 1.ª ed. (1980) e 2.ª ed. (1982).

[433] *Vide* a enumeração de Fernando Olavo, *Direito comercial* I, 2.ª ed. cit., 21-23. Próximo: Canaris, *Handelsrecht* cit., 24.ª ed., 6-7.

[434] Peter Raisch, *Handels- oder Unternehmensrecht als Sonderprivatrecht?*, ZHR 154 (1990), 567-578 (570-571): uma rec. a Bydlinski. Quanto a estes princípios como parâmetros materialmente comerciais *vide infra*, § 43.º.

§ 9.º *Características gerais*

Direito comercial poderia analisar-se num mero conjunto de leis complementares ao Direito civil, com o seu âmbito próprio de aplicação jurídica[435]. No fundo, a especialidade derivaria de não se incluir, *in toto*, no sistema pandetístico[436].

III. A afirmação do Direito comercial como Direito especial – retomando, de novo, a primeira apresentação acima realizada – só é possível a nível de sistema e como indício de ordem geral. Sendo Direito privado, o Direito comercial é uma disciplina mais restrita e mais particularizada do que o civil: visa, apenas, determinadas áreas sócio-económicas.

Posto isso, encontramos no Direito comercial:

– áreas que não têm correspondência no Direito civil, como a dos títulos de crédito;
– áreas que têm regras civis mas que ou surgem muito incipientes ou se dirigem a problemas diversos: assim as sociedades comerciais;
– áreas que se poderiam considerar civis ou que têm, pelo menos, aplicações civis, como certos contratos de distribuição ou como regras relativas à firma;
– áreas efetivamente "especiais", como sucede com a generalidade dos contratos inseridos no Código Comercial[437], embora com consequências e níveis de regulação muito variáveis.

IV. Com as limitações apontadas, a natureza especial do Direito comercial corresponde, ainda hoje, a uma representação presente nos juristas e no legislador. Ela terá, por certo, consequências no plano da realização do Direito, ainda que elas devam ser ponderadas caso a caso.

Trata-se, pois, de uma característica a reter.

---

[435] Franz Bydlinski, *Sonderprivatrechte – Was ist das?*, FS Walther Kastner 90. (1992), 71-83 (75).

[436] *Idem*, 77.

[437] E, designadamente: o mandato, o empréstimo, o penhor, o depósito, a compra e venda e o aluguer. Já os contratos de organização – agência, concessão e franquia – ficariam fora de qualquer especialidade: não têm correspondentes "civis".

36. A aplicação analógica do Direito comercial

I. Ocorre colocar aqui o problema da possibilidade de, por analogia, aplicar normas comerciais no campo civil ou, em geral, fora dos casos por elas visados.

A questão é universal, sem prejuízo do que abaixo se dirá sobre os preceitos gerais do Código Veiga Beirão, a propósito da própria integração do Direito comercial: não é admissível que, hoje em dia, uma questão desta natureza obtenha resposta perante as particularidades contingentes de qualquer lei.

II. No Direito comum do século XVI, entendia-se que o *ius singulare* não admitia aplicação extensiva: na linguagem da época, significava isso que ele não admitia aplicação analógica[438]. Simplesmente, o *ius singulare* era Direito excecional e não especial[439].

À partida, o Direito comercial não é excecional: as suas regras não contrariam os princípios gerais do Direito civil. Apenas poderemos dizer que, nalguns casos, elas traduzem desvios em relação ao que resultaria do regime civil geral.

III. A possibilidade de, por analogia, aplicar normas comerciais a questões civis implicará um conjunto de requisitos[440]: a presença de uma lacuna no Direito civil; a existência de uma norma comercial que vise um caso análogo a esse; a ausência de uma norma civil nas mesmas circunstâncias; um juízo de dispensabilidade do comerciante (ou do comércio) para o funcionamento da norma comercial em causa[441].

Tudo visto, nada impede a aplicabilidade analógica de regras comerciais: haverá, todavia, que, caso a caso e norma a norma, ponderando a

---

[438] Peter Raisch, *Zur Analogie handelsrechtlicher Normen*, FS Stimpel (1985), 29-46 (34 ss.).

[439] E assim, a proibição de aplicação analógica de regras excecionais ainda hoje surge no artigo 11.º do Código Civil.

[440] Recorde-se o clássico Oskar Pisko, *Handelsgesetze als Quelle des bürgerlichen Rechts/Ein Beitrag zur Lehre von der Analogie* (1935), 7 ss., 25 e 34.

[441] Quanto à analogia em geral: *Tratado* I, 4.ª ed., 754 ss..

§ 9.º Características gerais

história e a *ratio* do preceito em jogo, determinar se procedem os requisitos próprios da aplicação analógica de normas[442]-[443].

IV. A aplicação analógica de normas comerciais não se confunde, em termos metodológicos, com o recurso à analogia para qualificar uma determinada situação jurídica, em globo, como comercial. Tal operação – caso possível – seria, depois, a origem da aplicabilidade de numerosas outras regras comerciais.

A jurisprudência alemã[444] e parte da doutrina[445] respondem pela negativa: não caberia aos tribunais substituir-se ao legislador na enumeração dos atos comerciais ou do elenco de comerciantes.

Também alguma doutrina nacional depõe nessa linha[446]: não seria possível recorrer à analogia para qualificar um ato como comercial sob pena de contrariar a intenção normativa de, nessa sede, indicar com precisão e pela positiva quais os casos sujeitos a tratamento especial.

A questão não pode ser posta *a priori*, sob pena de conceptualismo. Tudo dependerá, pois, de saber se o regime comercial pode ser alargado por analogia. Pode: desde que se verifiquem os competentes requisitos, a ponderar norma a norma[447]. Adiante retomaremos essa questão, perante o Direito português[448].

---

[442] Peter Raisch, *Zur Analogie handelsrechtlicher Normen* cit., 45.

[443] Naturalmente: pode a ponderação dos fatores apontados levar a concluir ou que não há analogia de situações ou que não há lacuna ou que a norma comercial candidata é excecional: nessa altura, falta, *in concreto*, a possibilidade de aplicação analógica. *Vide* Peter Raisch, *Die rechtsdogmatische Bedeutung* cit., 542.

[444] BGH 7-Jan.-1960, BGHZ 31 (1960), 397-401 (400), recusando a natureza de comerciante a uma entidade que, caindo no âmbito do § 2.º do HGB, não fora, todavia, inscrita no registo comercial e, daí, negando a aplicação analógica do § 28 HGB, que alarga a responsabilidade e BGH 13-Jul.-1972, BGHZ 59 (1973), 179-187 (182 ss.), recusando natureza comercial a uma sociedade de construção.

[445] Dieter Brügemann, *GrossKomm/HGB*, 4.ª ed. (1995), § 1, Nr. 65 (94) e Horst Baumann, *Strukturfragen des Handelsrechts*, AcP 184 (1984), 45-66 (45 ss.).

[446] Oliveira Ascensão, *Direito Comercial*, volume I – *Institutos gerais* (1999), 63 ss..

[447] Marco Kessler, em Thomas Heidel/Alexander Schall, *HGB/NomosKommentar* (2011), § 1, Nr. 14 (54).

[448] *Infra*, 211 ss..

37. A natureza fragmentária e a dependência científica

I. O Código Comercial vigente surgiu depois de aprovado e em vigor o Código Civil de Seabra, de 1867. Pôde, assim, descongestionar as suas normas: não havia que regular *toda* a matéria comercialmente relevante mas, apenas, aquela que justificasse um tratamento diferenciado. O resto cairia no Direito civil.

O Direito comercial não se apresenta, desta forma, como um tecido contínuo: ele sofre repetidas interrupções, antes assumindo uma configuração insular. Os diversos institutos nele regulados são-no ao sabor dos acasos histórico-culturais, das intervenções legislativas ou, até, de problemas que, em determinada época, tenham justificado especiais medidas, a nível de fontes.

II. O Direito comercial, tomado como um todo regulativo, desenvolve-se em torno de alguns pólos, sem preocupações de unidade. Tradicionalmente, podemos apresentar cinco vértices desse tipo:

– o ato comercial e os deveres do comerciante;
– as sociedades comerciais;
– os títulos de crédito;
– o comércio marítimo;
– a falência.

Os contactos científicos entre estes pólos são remotos. Em rigor, eles deveriam surgir como cerne de outras tantas disciplinas autónomas e não como capítulos de uma área unitária. Aliás, há tendências claras no sentido de uma crescente depuração do Direito comercial, progressivamente reduzido a um conjunto de resíduos[449].

Cientificamente, assim é. O Direito comercial apresenta-se como uma disciplina lassa, à qual apenas uma tradição histórico-cultural dá o mínimo de estável unidade[450]. Fica-nos, tudo visto, tão pouca

---

[449] Udo Wolter, *Was ist heute Handelsrecht? – Eine Einführung in einige grundsätzliche Probleme eines prekären Rechtsgebiets*, Jura 1988, 169-178 (169).

[450] A natureza fragmentária do Direito comercial é um dado adquirido; entre tantos *vide* Wolfram Müller-Freienfels, *Zur "Selbständigkeit" des Handelsrechts*, FS v. Caemmerer 1978, 583-621 (591) e Udo Wolter, *Was ist heute Handelsrecht?* cit., 170/II.

§ 9.° Características gerais

matéria que se torna difícil proceder, neste momento, a uma codificação comercial[451].

III. A natureza fragmentária do Direito comercial manifesta-se, ainda, num aspeto da maior importância e que em nada desvaloriza os seus cultores: a sua dependência científica.

O Direito comercial progride e trabalha usando conceitos e construções civis. Por vezes, afeiçoa-as; noutros casos – a generalidade – isso não ocorre: ou não é possível, ou não é necessário. O risco do comercialismo é, muitas vezes, o de trabalhar com instrumentação arcaica: a própria imagem de, lado a lado, vigorar, entre nós um Código Comercial de 1888 e um Código Civil de 1966, separados por gerações de acelerada evolução jurídico-científica, documenta-o, para lá de tudo.

IV. E porque, justamente e por direito próprio, a comercialística recorre à Ciência jurídica privada – que, de resto, ela tem contribuído para aperfeiçoar – o Direito comercial e a sua doutrina assumem, em todas as literaturas, uma feição essencialmente descritiva.

Em regra, o Direito comercial traduz a necessidade de examinar e explicar mecanismos específicos: não a de preparar conceitos, indagar valorações ou construir novos esquemas explicativos. A defesa do nível dos escritos comerciais deve, pois, estar sempre presente.

---

[451] *Vide* Canaris, *Handelsrecht* cit., 24.ª ed., 16-17; Wolfgang Fikentscher explica que a separação entre o Direito civil e o comercial se deve a um acaso histórico, não sendo hoje possível: *Schuldrecht*, 9.ª ed. (1997), 5. À luz destas considerações, compreende-se a magreza da reforma do Código Comercial alemão, levada a cabo em 1998, perante o que seria de esperar em face da evolução do comércio, ao longo do século XX; *vide* Andreas Heinemann, *Handelsrecht im System des Privatrechts – Zur Reform des deutschen Handelsgesetzbuchs*, FS Fikentscher 1998, 349-379 (349 ss.) e a rec. de Meinrad Dreher, ZHR 163 (1999), 488-490 (488).

Assinale-se ainda que toda esta discussão já havia decorrido há vinte anos em torno da então hipotética reforma do Direito das obrigações; *vide* Uwe Diederichsen, *Zur gesetzlichen Neuordnung des Schuldrechts*, AcP 182 (1982), 101-125.

38. Natureza histórico-cultural; consequências

I. Em múltiplos momentos da exposição antecedente, viemos sublinhando a natureza histórico-cultural do Direito mercantil. Retomamos, agora, alguns dos seus termos.

O Direito comercial do de tipo continental é fruto de múltiplos acasos históricos, de que recordamos os mais significativos:

– os estatutos medievais, simples e diretos, por oposição ao Direito romano de receção;
– os Códigos Savary;
– o *Code de Commerce* de Napoleão;
– os tribunais comerciais alemães da primeira metade do século XIX;
– o ADHGB alemão;
– a doutrina comercialista do século XIX.

Todos estes passos corresponderam, como é evidente, a necessidades do comércio. Mas estas mesmas necessidades poderiam ter sido enfrentadas – por exemplo e entre outras hipóteses – com recurso a um Direito comum alargado e, pontualmente, a leis especialmente adaptadas. Basta recordar a experiência inglesa. Apenas uma indiscernível complexidade histórica levou a que fosse trilhado este caminho.

II. Nestas condições, o Direito comercial aparece-nos marcado por forte tradição. Desta deriva, além da própria existência do Direito comercial, o fundamental da sua configuração sistemática. Submetê-lo a mera reflexão teorética conduz, inevitavelmente, a conceções unionistas do Direito privado: documentaram-no cem anos de reflexão, desde Vivante a Fikentscher.

Será esse o futuro?

III. Não é, de todo o modo, o presente. A autonomia do Direito comercial, radicado na sua tradição, é um facto de tal modo irresistível que vem sobrevivendo a gerações de pensadores. Apesar do irracionalismo básico em que assenta, ela servirá valores de monta, ainda que muitos deles não possam ser assumidos com clareza pelo pensamento político-
-social moderno. Destacamos alguns aspetos:

– o estatuto profissional do comerciante, com os seus deveres e com alguns – ainda que não declarados – privilégios;

§ 9.º Características gerais

153

– a existência de áreas especializadas, ligadas à produção e à circulação dos bens e enquanto preferencialmente visadas para o produtor ou distribuidor;
– a necessidade de uma linguagem universal em termos de comércio; este aspeto surge, todavia, muito prejudicado pela natureza histórico-cultural do comércio, como abaixo iremos referir.

IV. Nas dimensões da aprendizagem e da realização, o Direito comercial tem todos os condimentos para constituir uma disciplina autónoma. Tanto basta para que surja uma literatura especializada em cujos quadros se irão formar gerações de novos juristas.

Mau grado a sua natureza fragmentária e descritiva, o Direito comercial vem a adquirir uma certa coesão pedagógica, fruto de uma aproximação de soluções e, daí: de tendências niveladoras quando elas se apresentem injustificadamente diferentes e de tendências diferenciadoras sempre que ocorram arbitrariamente iguais.

Em suma: um espaço histórico-cultural dá azo, apesar de todas as fraquezas, a um espaço científico e académico próprio e, daí, a vias específicas de realização do Direito.

V. O tipo de Ciência jurídica praticada no Direito comercial tem diferenciações. O Código Veiga Beirão filia-se num pensamento de tipo napoleónico. Embora estivessem em curso importantes antecedentes, não ocorrera ainda, em 1888, a receção maciça do pensamento alemão, levada a cabo por Guilherme Moreira, a partir de 1902 e que, no espaço de duas gerações, tornaria quase irreconhecível o Direito civil.

Resulta daqui e para o Direito comercial, um lastro de tradicionalismo científico que, defrontando um Direito civil mais atual, dará lugar a novas e criativas sínteses.

39. Internacionalismo e pequeno comércio

I. O internacionalismo do Direito comercial era uma referência constante nos manuais clássicos da especialidade[452]. O Direito comercial,

---

[452] Fernando Olavo, *Direito Comercial* cit., 1, 2.ª ed., 22-23; Karsten Schmidt, *Handelsrecht* cit., 6.ª ed., § 1, Nr. 70-71/(41-43).

mercê do tipo de problemas que enfrenta, teria uma forte parecença nos diversos países, ao contrário do que sucederia no Direito civil, mais diferenciado. Trata-se de uma afirmação lógica: todavia – e surpreendentemente – sucede o contrário. Temos aqui a contraprova da natureza histórico-cultural do Direito comercial.

II. Se compararmos o Código Civil de 1966 com o BGB alemão, com o Código Civil italiano – descontando as áreas "comerciais" – e com o próprio Código Napoleão[453], notaremos as semelhanças. Quer pela distribuição das matérias, quer pela linguagem, quer pelas soluções, vê-se que estamos perante uma mesma Ciência, com matizes nacionais. Idêntica operação levada a cabo com os códigos comerciais – e computando, desta feita, as áreas "comerciais" do Código Civil italiano – dá uma imagem inversa. Sem uma prévia iniciação, o comercialista formado à luz do Código Veiga Beirão não conseguirá vogar no HGB, no *Codice Civile* ou, mesmo, no que resta do *Code de Commerce*.

O Código Civil de 1966 é muito mais "internacional" do que o Código Comercial. Assenta em doutrinas mais recentes e numa receção especialmente cuidada da Ciência jurídica alemã. Vê-se, por aqui, o risco das repetições estereotipadas, na base de meras aportações acríticas, realizadas a partir de obras clássicas.

III. O que nos resta do Código Comercial é fortemente nacional. E na verdade, ele aplica-se ao pequeno comércio, pouco preocupado com implicações internacionalistas.

O grande comércio obedece, hoje, a disciplinas comerciais autónomas, marcadas pela conformação de novos tipos contratuais e por elementos europeus, muito longe dos quadros mercantis de Veiga Beirão ou da comercialística que ainda anima o nosso ensino universitário. A banca, os seguros ou os valores mobiliários documentam-no, à saciedade. Além disso, agita-se o Direito de comércio internacional, fortemente contratualizado[454].

---

[453] Este último desde que conhecida a ordem de arrumação da matéria.

[454] Maria Helena Brito, *Direito do comércio internacional/Relatório* (2004), 262 pp. e Luís Lima Pinheiro, *Direito comercial internacional* (2005), 690 pp..

§ 9.º *Características gerais* 155

IV. As próprias tendências universalizadoras da primeira metade do século XX, de que as leis uniformes são o mais conhecido exemplo, soçobraram em manifestações nacionais. No comércio internacional, os títulos de crédito só por exceção são hoje utilizados. O moderno Direito bancário oferece esquemas mais rápidos e seguros de transferências de fundos, de meios de pagamento e de garantias. A dogmática alemã dos títulos de crédito distancia-se da francesa, muito mais, por exemplo, do que o que sucede com os respetivos Direitos das sociedades comerciais. E nenhum operador lusófono iria trabalhar com doutrinas alemãs ou francesas relativas a obrigações cartulares e isso apesar de nos três países vigorarem as leis uniformes ...

V. Nas áreas que requerem efetivo internacionalismo, têm ocorrido tendências integradoras – aliás: menos fortes do que o inicialmente previsto, como abaixo melhor explicaremos. Tal o caso do Direito das sociedades comerciais, com as sucessivas diretrizes aí surgidas. Mas tudo isso constitui, hoje, uma disciplina autónoma.

O Direito comercial tradicional é, hoje, o Direito do pequeno comércio, fortemente nacional[455]. Também por isso merece respeito, estudo e preservação. De todo o modo, esse papel não minimiza o interesse científico: ele faculta quadros mentais depois aplicáveis a áreas "internacionalizadas". E assim permite, mesmo nesse campo, a defesa da identidade do Direito lusófono.

---

[455] Os enunciados de "princípios" ou "vetores" comerciais evitam, hoje, referir o internacionalismo; *vide*, como exemplo, Tobias Lettl, *Handelsrecht*, 3.ª ed. (2015), 4-6. Outros mencionam-no, mas para reportar áreas que não se prendem com o núcleo comercial tradicional: Eugen Klunzinger, *Grundzüge des Handelsrechts*, 14.ª ed. (2011), 11.

§ 10.º A AUTONOMIZAÇÃO DE DISCIPLINAS COMERCIAIS

40. Dados legislativos; Direito comercial amplo e Direito comercial residual

I. O Direito comercial caracteriza-se por uma abundante produção de diplomas extravagantes[456]. O fenómeno é natural se tivermos em conta que rege um Código Comercial de 1888: ora, de então para cá, as mudanças sociais e económicas são incontáveis. Mas a sobreprodução legislativa deriva, ainda, da imensa facilidade com que o legislador nacional exerce as suas prerrogativas.

Importantes contratos comerciais – hoje pertença do Direito bancário – como a locação financeira ou a cessão financeira, que em países como a Alemanha assentam em normas consuetudinárias e na prática das cláusulas contratuais gerais, têm disfrutado, em Portugal, de sucessivos regimes aprovados por lei.

II. A hiperprodução legislativa não deve esconder o facto de algumas áreas comerciais terem obtido regulações científicas de fôlego, à semelhança, aliás, do que sucede noutros países continentais. Pensamos, designadamente:

– no Código da Insolvência;
– nas Leis Uniformes das Letras e Livranças e dos Cheques;
– no Código das Sociedades Comerciais;
– no Código da Propriedade Industrial;
– no Regime Geral das Instituições de Crédito;
– no Regime Geral das Empresas de Seguros;
– no Código de Valores Mobiliários.

---

[456] *Supra*, 113 ss..

§ 10.° *A autonomização de disciplinas comerciais* 157

Numa segunda linha, poderemos apontar:

– o Código do Registo Comercial;
– diversos diplomas sobre a indústria dos seguros;
– diversos diplomas sobre o comércio marítimo;
– diversos diplomas sobre contratos comerciais.

III. Algumas destas áreas apresentam princípios gerais marcantes e, sobretudo, obedecem a técnicas específicas de realização do Direito. Têm uma literatura própria, com manuais e revistas especializados e dispõem de juristas habilitados, que lhes dominam os contornos e o conteúdo.

Há uma interligação segura entre o surgimento de codificações separadas de matéria comercial e a autonomização das inerentes disciplinas: ambos os fenómenos se potenciam mutuamente.

A autonomização de disciplinas comerciais parece, hoje, irreversível. Todavia, reputamos importante que o Direito comercial tradicional mantenha contactos com as disciplinas em diáspora. Propomos, por isso, as distinções que seguem.

IV. Um Direito comercial amplo abrange toda a matéria tradicionalmente comercial e que, *grosso modo*, é a que, inicialmente, Veiga Beirão incluíra no Código Comercial.

O Direito comercial residual é o que resta depois de terem sido autonomizados ramos como o Direito das sociedades comerciais, o Direito da concorrência, o Direito dos títulos de crédito, o Direito da propriedade industrial, o Direito mobiliário, o Direito bancário e o Direito dos seguros.

Veremos, adiante, como posicionar uma exposição de Direito comercial, entre estes dois pólos.

41. O Direito das sociedades comerciais

I. As regras sobre sociedades comerciais constavam inicialmente do Código Veiga Beirão. Este inseria-as como um "contrato especial de comércio", nos seus artigos 104.° a 206.°. Já então havia uma extensão regulativa considerável, até pelos antecedentes legislativos que se espraiaram ao longo do século XIX.

Treze anos passados sobre a publicação do Código Comercial, surgiu uma extravagante da maior importância: a Lei de 11 de abril de 1901, que instituiu um novo tipo de sociedade comercial: a sociedade por quotas[457]. Ao longo do século XX – e principalmente na sua segunda metade – ocorreram outras extravagantes importantes, com relevo para os domínios da fiscalização, da fusão e da cisão de sociedades.

II. A doutrina sobre sociedades comerciais floresceu. Os problemas foram-se repetindo, com a subsequente produção jurisprudencial. A própria evolução sócio-económica e cultural guindou as sociedades comerciais ao primeiro plano: hoje, com exceções cada vez menos significativas, os "comerciantes" são, sempre, sociedades comerciais.

A integração europeia teve um papel uniformizador, precisamente no domínio das sociedades. Diversas diretrizes obrigaram a diplomas de receção.

Em suma: o Direito das sociedades comerciais, como um todo dotado de crescentes extensão e coerência, separou-se do tradicional Direito comercial. De resto, outro tanto ocorreu na Alemanha, em França e na Itália.

III. Esta evolução foi coroada em 1986 com a publicação do Código das Sociedades Comerciais[458]. Com todas as limitações que se lhe possam apontar, trata-se de um diploma de fôlego, elaborado em função de pontos de vista científicos. Torna-se, assim e por excelência, apto a suportar um estudo totalmente autónomo, assente em fontes próprias e numa literatura especializada.

A sucessão de diplomas extravagantes relativos a sociedades comerciais mais acentua a necessidade de um estudo particularizado sobre a matéria.

IV. O Direito das sociedades comerciais é hoje uma disciplina jurídica autónoma. Ela não deve ser reconduzida a um Direito comercial em sentido estrito[459]: traduziria o empobrecimento de ambos.

Todavia, não há motivos para não a manter numa noção ampla de Direito comercial: pelo contrário. Razões de ordem prática levarão mesmo

---

[457] *Direito das sociedades* 2, 2.ª ed., 236 ss..
[458] Sobre a sua preparação e aprovação, *Direito das sociedades* 1, 3.ª ed., 145 ss..
[459] Claus-Wilhelm Canaris, *Handelsrecht* cit., 24.ª ed., 4.

§ 10.° A autonomização de disciplinas comerciais 159

a que o Direito das sociedades comerciais deva ser ministrado numa disciplina universitária de Direito comercial[460].

42. O Direito da concorrência

I. O Direito da concorrência não dispõe, entre nós, da solidez institucional já alcançada pelo Direito das sociedades comerciais[461].

Em abstrato, estão em causa três áreas normativas:

– a das práticas contrárias à concorrência;
– a dos grupos de sociedades;
– a da concorrência desleal.

Poderíamos agrupar tudo isto numa área relativa ao Direito da economia[462]. Algumas tentativas feitas no nosso meio universitário não têm, todavia, sido coroadas de êxito. Sustentamos, além disso, que toda esta matéria tem natureza essencialmente jurídica: nem económica, nem política.

II. A defesa da concorrência é, entre nós, assegurada pelo Decreto--Lei n.° 370/93, de 29 de outubro[463], relativo a práticas individuais contrárias à concorrência e pela Lei n.° 18/2003, de 11 de junho, alterados pela Lei n.° 46/2011, de 24 de junho e referente à concorrência propriamente dita. Trata-se de matéria correspondente, *grosso modo* à Lei Alemã contra as Limitações à Concorrência, conhecida pela sigla GWB[464].

---

[460] Embora seja, de todo, desejável a criação de uma explícita disciplina de Direito das sociedades.

[461] Como escrito introdutório, *vide* o nosso *Defesa da concorrência e direitos fundamentais das empresas*, em Ruy de Albuquerque/Menezes Cordeiro, *Regulação e concorrência/Perspectivas e limites da defesa da concorrência* (2005), 121-157 (121 ss.).

[462] Claus-Wilhelm Canaris, *Handelsrecht* cit., 24.ª ed., 4; *vide* Wolfgang Fikentscher, *Wirtschaftsrecht*, I, *Weltwirtschaftsrecht und Europäisches Wirtschaftsrecht* (1983), 1 ss..

[463] Alterado pelo Decreto-Lei n.° 140/98, de 16 de maio e pelo Decreto-Lei n.° 10/2003, de 18 de janeiro.

[464] *Gesetz gegen Wettbewerbsbeschränkungen*. Quanto à História do *Kartellrecht vide* Rainer Bechtold, GWB/*Kartellgesetz/Gesetz gegen Wettbewerbsbeschränkungen/ Kommentar*, 3.ª ed. (2002), 2 ss..

O Decreto-Lei n.º 370/93, de 29 de outubro, é um diploma simples, em oito artigos e aos quais o Decreto-Lei n.º 140/98, de 16 de maio, veio acrescentar um novo preceito: o artigo 4.º-A. O artigo 1.º proíbe a aplicação de preços ou de condições de venda discriminatórios; o 2.º obriga a facultar tabelas e condições de venda; o 3.º proíbe, em princípio, a venda com prejuízo ou *dumping*, isto é: a venda a um preço inferior ao do próprio custo do bem, ainda que com exceções; o 4.º proíbe a recusa arbitrária de venda de bens ou serviços; o 4.º-A veda práticas negociais abusivas, ou seja na linguagem da lei, "... obter de um fornecedor preços, condições de pagamento, modalidades de venda ou condições de cooperação comercial exorbitantes relativamente às suas condições de venda". A concluir, os artigos 5.º, 6.º e 7.º, alterados pelo Decreto-Lei n.º 10/2003, que instituiu a autoridade da concorrência, tratam de infrações, fiscalização e coimas, cabendo ao 8.º a fixação da *vacatio*. Note-se que o Decreto-Lei n.º 370/93 evita a designação "comerciante"; prefere a de "agente económico", mais lata.

III. A permanente turbulência legislativa nacional levou à aprovação, pela Lei n.º 18/2003, de 11 de junho, de um novo regime da concorrência[465]. Foi revogado o anterior Decreto-Lei n.º 371/93. O confronto entre a Lei n.º 18/2003 e o anterior Decreto-Lei n.º 371/93 permite constatar que o cerne substantivo do regime da concorrência se mantém sem alterações significativas. De resto: ele advém do Tratado de Roma. Não é possível sedimentar a jurisprudência e a doutrina. Com efeito, a Lei n.º 19/2012, de 8 de maio, aprovou um novo regime da concorrência. Vamos sumariá-lo[466]:

Capítulo I   – Promoção e defesa da concorrência (1.º a 8.º);
Capítulo II   – Práticas restritivas da concorrência (9.º a 35.º);
Capítulo III – Operações de concentração de empresas (36.º a 59.º):
Secção I   – Operações sujeitas a controlo (36.º a 41.º);
Secção II   – Procedimento de controlo de concentrações (42.º a 57.º);
Secção III   – Processo sancionatório relativo a operações de concentração (58.º e 59.º).

---

[465] Sobre o diploma, Adalberto Costa, *Regime legal da concorrência* (2004), 15 ss.. *Vide* José Luís Caramelo Gomes, *Lições de Direito da concorrência* (2010), 262 pp..

[466] Carlos Botelho Moniz (coord.), *Lei da concorrência anotada* (2016), 1206 pp..

§ 10.° A autonomização de disciplinas comerciais   161

Capítulo IV   – Estudos, inspeções e auditorias (60.° a 64.°).
Capítulo V   – Auxílios públicos (65.°).
Capítulo VI   – Regulamentação (66.°).
Capítulo VII   – Infrações e sanções (67.° a 74.°).
Capítulo VIII – Dispensa ou redução de coimas em processos de contraorde-
                nação por infração às regras da concorrência (75.° a 82.°):
   Secção I   – Disposições gerais (75.° e 76.°);
   Secção II   – Requisitos (77.° a 79.°);
   Secção III – Procedimento e decisão (80.° a 82.°).
Capítulo IX   – Recursos judiciais (83.° a 93.°):
   Secção I   – Processos contraordenacionais (83.° a 90.°);
   Secção II   – Procedimentos administrativos (91.° a 93.°).
Capítulo X   – Taxas (94.°).
Capítulo XI   – Disposições finais e transitórias (95.° a 101.°).

A Lei da Concorrência de 2012 denota um acolhimento de regras públicas de tipo regulamentar. Não obstante, ela tem a ver, fundamentalmente, com o Direito das sociedades e com acordos concluídos entre entidades, fundamentalmente de tipo societário. Integra o chamado *Kartellrecht*[467]. Torna-se importante manter essa conexão.

IV. A Autoridade da Concorrência, referida na revogada Lei n.° 18/ /2003, fora criada pelo Decreto-Lei n.° 10/2003, de 18 de janeiro (1.°)[468]. Trata-se de uma "pessoa coletiva de direito público, de natureza institucional, dotada de órgãos, serviços, pessoal e património próprios e de autonomia administrativa e financeira" (2.°). Veio substituir o Conselho da Concorrência e, em parte, a Direção-Geral do Comércio e da Concorrência (5.°).

Os Estatutos da Autoridade da Concorrência, aprovados em anexo ao Decreto-Lei n.° 10/2003, constam hoje do Decreto-Lei n.° 125/2014, de 18 de agosto, em adaptação à lei-quadro das entidades reguladoras, aprovada pela Lei n.° 67/2013, de 28 de agosto. Têm a seguinte arrumação:

---

[467] *Vide* Volker Emmerich, *Kartellrecht*, 13.ª ed. (2014), XXVII + 538 pp.; Michael Kling/Stefan Thomas, *Kartellrecht*, 2.ª ed. (2015), XL + 909 pp..
[468] No uso da autorização legislativa concedida pela Lei n.° 24/2002, de 31 de outubro.

Capítulo I – Disposições gerais (1.º a 10.º).
Capítulo II – Organização:
Secção I – Órgãos (11.º);
Secção II – Conselho de administração (12.º a 24.º);
Secção III – Fiscal único (25.º a 28.º);
Secção IV – Organização, trabalhadores e prestadores de serviços (29.º a 31.º).
Capítulo III – Gestão económico-financeira e patrimonial (32.º a 39.º).
Capítulo IV – Independência, responsabilidade e transparência (40.º a 47.º).

Não oferece quaisquer dúvidas a submissão da Autoridade à lei. De resto, o artigo 35.º dos Estatutos dispõe, de modo expresso:

1 – Os titulares dos órgãos, os trabalhadores e os titulares dos cargos de direção ou equiparados, respondem civil e criminal, disciplinar e financeiramente pelos atos e omissões que pratiquem no exercício das suas funções, nos termos da legislação aplicável.

O controlo jurisdicional das decisões da Autoridade é assegurado pelo Tribunal da Concorrência, Regulação e Supervisão (45.º/1).

V. Por fim, temos a relevante disciplina da concorrência desleal[469]. Na experiência alemã – que vamos tomando como ponto de referência por representar a mais evoluída experiência continental europeia e por, pelas características de ambos os ordenamentos, ela não repugnar à portuguesa – ela é objeto de uma lei específica, reformulada em 2004 e conhecida pela sigla UWG[470] e, neste momento, por último alterada pela Lei de 2 de

---

[469] Entre nós, e embora escrita ainda sob o Código de 1995, a obra de referência mantém-se o escrito de José de Oliveira Ascensão, *Concorrência desleal* (2002), 689 pp., cujo interesse transcende, aliás, a mera concorrência desleal. Esta obra foi precedida por lições universitárias policopiadas de que referimos a última versão: *Concorrência desleal/ Parte geral* (2000), 477 pp..

[470] *Gesetz gegen den unlauteren Wettbewerb. Vide* Helmut Kohler, *Das neue UWG*, NJW 2004, 2121-2127. Na versão anterior, o comentário de referência é o de Adolf Baumbach/Wolfgang Hefermhel, *Wettbewerbsrecht*, 22.ª ed. (2001), 1919 pp.. Na versão atual, temos Helmut Köhler/Joachim Bornkamm, *Wettbewerbsrecht*, 34.ª ed. (2016), XXIV + 2195 pp.. *Vide*: Tobias Lettl, *Wettbewerbsrecht*, 3.ª ed. (2016), XVII + 419 pp.; Christian Alexander, *Wettbewerbsrecht* (2016), XXXIII + 455 pp.; Volker Emmerich, *Unlanterer Wettbewerb*, 10.ª ed. (2016), XXI + 412 pp..

§ *10.° A autonomização de disciplinas comerciais* 163

dezembro de 2015. A concorrência desleal é, antes de mais, um limite jurídico, de natureza comercial, à atuação de comerciantes, "agentes económicos" ou "empresas".

A lei portuguesa trata o tema com conotações penais. Segundo o artigo 317.° do CPI[471],

> 1. Constitui ocorrência desleal todo o ato de concorrência contrário às normas e usos honestos de qualquer ramo de atividade económica, nomeadamente:[472] (...)

Trata-se, manifestamente, de matéria que transcende a chamada propriedade industrial; deveria, pois, ter outra sede[473]. A matéria deve ser conjugada com o Decreto-Lei n.° 57/2008, de 26 de março, relativo a práticas comerciais desleais. Esse diploma foi alterado pelo Decreto-Lei n.° 205/2015, de 23 de setembro.

VI. Toda esta temática relativa à concorrência poderia ser agrupada numa grande disciplina "comercial" autónoma.

De todo o modo, ela não cabe numa ideia estrita de Direito comercial. Basta ver que, mau grado certas formulações subtis, ela traduz uma ingerência do Estado na Economia, sendo patentes as suas colorações públicas. Temos, ainda, uma forte aportação de Direito europeu[474].

Além disso, ela corresponde a matéria inteiramente nova, que não proveio nem do Código Comercial nem das reflexões tecidas em seu torno.

Por fim, a concorrência acusa uma forte penetração comunitária. Obedece a técnicas específicas de interpretação e de aplicação. Não obstante, seja pela sua finalidade, seja por muitas das técnicas e dos conceitos que utiliza, o Direito da concorrência surge como um ramo predominante-

---

[471] Ainda que ao abrigo do Código anterior, *vide* o excelente escrito de Adelaide Menezes Leitão, *Estudo de Direito privado sobre a cláusula geral de concorrência desleal* (2000), 208 pp., especialmente 57 ss..

[472] Seguem-se 6 copiosas alíneas.

[473] Nesse sentido, Oliveira Ascensão, *Direito Comercial*, II – *Direito industrial* (1987/88, reimpr. 1994), 45 ss.. *Vide* Carlos Olavo, *Propriedade industrial* I – *Sinais distintivos do comércio/Concorrência desleal*, 2.ª ed. (2005), 321 pp..

[474] *Vide* a introdução de Helmut Köhler, a *Wettbewerbsrecht/Kartellrecht*, 36.ª ed. (2016), XXIX + 480 pp..

164   *Coordenadas atuais do Direito comercial*

mente privado, embora especial. Uma noção ampla de Direito comercial abarcá-lo-ia.

43. O Direito da propriedade industrial

I. O Direito da propriedade industrial aparece-nos definido – ou pressuposto – no artigo 1.º do CPI de 2003[475], como reportado à concorrência. Segundo esse preceito:

> A propriedade industrial desempenha a função de garantir a lealdade da concorrência pela atribuição de direitos privativos sobre os diversos processos técnicos de produção e desenvolvimento de riqueza.

De facto, a matéria da concorrência deve ser reportada ao "Direito da concorrência", em termos acima relatados. Fica-nos, para um Direito da propriedade industrial, a matéria dos "direitos privativos"[476].

II. Os "direitos privativos" são direitos reportados a bens intelectuais[477] e que abarcam:

– patentes: recaem sobre invenções novas, implicando atividade inventiva, se forem suscetíveis de aplicação industrial (51.º/1 do CPI)[478];

– modelos de utilidade: *idem*, mas com uma proteção conseguida por uma via mais acelerada (117.º/2 do CPI);

---

[475] Aprovado pelo Decreto-Lei n.º 36/2003, de 5 de março.

[476] Para uma breve nota elucidativa, *vide* a nossa recensão a Carlos Olavo, *Propriedade industrial* cit., O Direito 2005, 617-618.

[477] *Tratado* III, 3.ª ed., 158 ss.. Em geral, vide Carlos Olavo, *Propriedade industrial* cit., 2.ª ed., 17 ss..

[478] Quanto ao Direito das patentes: Rudolf Krasser, *Patentrecht: Ein Lehr- und Handbuch zum deutschen Patent- und Gebrauchsmusterrecht, Europäischen und Internationalen Patentrecht*, 6.ª ed. (2008), 1050 pp.; Christian Osterrieth, *Patentrecht*, 4.ª ed. (2010), 340 pp.; Maximilian Haedicke, *Patentrecht*, 2.ª ed. (2013), XIX + 259 pp.; Rudolf Busse/Alfred Keukenschrijver, *Patentgesetz Kommentar*, 7.ª ed. (2013), XLV + 2534 pp.; Rainer Schulte, (org.) *Patentgesetz mit Europäischem Patentübereinkommen*, 9.ª ed. (2014), XCIII + 2909 pp.; Rudolf Kraßer/Christyh Ann, *Patentrecht*, 7.ª ed. (2016), XXXV + 1038 pp.. Aspetos históricos podem ser confrontados em Martin Otto/Diethelm Klippeh (publ.) *Geschichte des deutschen Patentrechts* (2015), VIII + 313 pp..

§ 10.º A autonomização de disciplinas comerciais   165

– topografias de produtos semicondutores: conjunto de imagens relacionadas, quer fixas quer codificadas, que representem a disposição tridimensional das camadas de que o produto se compõe (154.º do CPI);
– desenhos ou modelos: as aparências de totalidade ou de parte de um produto resultante das características de, nomeadamente, linhas, contornos, cores, forma, textura ou materiais do próprio produto e da sua ornamentação (173.º do CPI);
– marcas: sinais ou conjuntos de sinais suscetíveis de representação gráfica, nomeadamente palavras, incluindo nomes de pessoas, desenhos, letras, números, sons, a forma do produto ou da respetiva embalagem, desde que sejam adequados a distinguir os produtos ou serviços de uma empresa dos de outras empresas (222.º/1, do CPI).

A lei refere ainda as recompensas, o nome e insígnia de estabelecimento e as denominações de origem e indicações geográficas (271.º, 282.º e 305.º, todos do CPI). Toda esta matéria envolve uma técnica jurídica específica, com uma linguagem própria. Postula diversas regras administrativas, mas é visceralmente privada. Acusa um forte influxo do Direito europeu.

III. O Direito da propriedade intelectual versa a constituição, modificação, transmissão e extinção dos direitos privativos referentes aos bens intelectuais acima referenciados. A sua proteção envolve uma atividade de registo, confiada a departamentos especializados.

Parece-nos evidente que nenhum comércio – no sentido jurídico do termo, que englobe a "indústria" – é minimamente pensável sem os direitos privativos englobados na propriedade industrial. E todavia, esta matéria, pela sua origem recente, pelas técnicas específicas que usa e pela especialização de que é objeto, contrapõe-se com clareza ao Direito comercial de cepa tradicional.

IV. Depurada dos aspetos da concorrência, a propriedade industrial poderia ser estudada, em conjunto com o Direito de autor, num Direito dos bens imateriais[479]. A tradição portuguesa radicada no CPI não parece

---

[479] Vide Alois Tröller, *Immaterialgüterrecht/Patentrecht, Markenrecht, Muster- und Modellrecht, Urheberrecht, Wettbewerbsrecht*, 1, 3.ª ed., (1983) e 2 (1985).

166   *Coordenadas atuais do Direito comercial*

muito favorável a esta orientação. Admitimos, contudo, que o aprofundamento universtário destas disciplinas possa permitir uma rearrumação da matéria em moldes que facilitem a sua aprendizagem e o seu funcionamento.

44. O Direito dos títulos de crédito

I. O Direito dos títulos de crédito pertence ao cerne mais tradicional do Direito comercial. Ficam abrangidas as letras, as livranças, os cheques e, ainda, eventuais títulos atípicos[480].

A sua ligação ao Direito comercial, em termos dogmáticos ou racionais, sempre foi lassa: afinal, os títulos de crédito podem ser usados por não-comerciantes e isso fora de qualquer atuação comercial. Grande parte dos pagamentos civis concretiza-se através de cheques.

II. Além do aspeto sublinhado, deve ter-se presente que os títulos de crédito dispõem de fontes próprias – e, sobretudo, que obedecem a regras muito estritas e específicas, bem distantes de hipotéticos princípios comerciais.

A ligação dos títulos de crédito ao Direito comercial é histórica: por isso mesmo, sólida. Ela tende, hoje, a esmorecer.

III. Estudados em livros separados dos manuais clássicos, os títulos de crédito têm já uma tradição de autonomia há muito conquistada, mesmo entre nós[481]. Poderemos englobá-los numa noção ampla de Direito comercial: não numa restrita[482].

Razões de oportunidade podem levar a estudá-los na disciplina de Direito comercial[483]. Noutras literaturas, tem vindo a impor-se o seu

---

[480] Alfred Hueck/Claus-Wilhelm Canaris, *Recht der Wertpapiere*, 12.ª ed. (1986), Wolfgang Zöllner, *Wertpapierrecht*, 14.ª ed. (1987), Adolf Baumbach/Wolfgang Hefermehl, *Wechselgesetz und Scheckgesetz*, 23.ª ed. (2007) e Peter Bülow, *Wechselgesetz/Scheckgesetz Kommentar*, 5.ª ed. (2013), 782 pp..

[481] Autores como Ferrer Correia, Fernando Olavo e Oliveira Ascensão autonomizam, mesmo formalmente, a matéria relativa aos títulos de crédito.

[482] Canaris, *Handelsrecht*, cit., 24.ª ed., 4.

[483] Menezes Cordeiro, *Direito bancário/Relatório* (1997), 190-191. *Vide* obras como a de Hans Brox/Martin Henssler, *Handels mit Grundzüngen des Wertpapierrechtzs*, 22.ª ed. (2016), onde os títulos de crédito surgem a p. 267 ss..

§ 10.° *A autonomização de disciplinas comerciais* 167

estudo no Direito bancário: na atualidade, os títulos de crédito são prevalentemente manuseados por instituições de crédito.

45. O Direito bancário

I. O Direito bancário constitui uma das mais conseguidas autonomizações operadas a partir da grande metrópole do Direito comercial.

O Código Veiga Beirão dedicava um Título do seu Livro II – o Título IX – às operações de banco. Tínhamos, aí, quatro simples artigos, com o seguinte teor:

– artigo 362.°: natureza comercial das operações de bancos;
– artigo 363.°: regime das operações de bancos, remetendo para os contratos que estivessem em causa;
– artigo 364.°: regime especial dos bancos emissores de títulos fiduciários, remetendo para legislação especial;
– artigo 365.°: presunção de falência culposa, por parte do banqueiro que cesse pagamentos.

Esta matéria foi desmesuradamente alargada.

II. A evolução das sociedades industriais e pós-industriais levou a que se generalizassem os negócios através de pagamentos em moeda e, depois, a que a moeda implicasse, nas suas diversas vertentes, operações bancárias. O Direito bancário – ou Direito dos banqueiros, da banca ou da atividade bancária – evolui no sentido de um Direito do dinheiro[484].

A sensibilidade da atividade bancária, diretamente ligada à confiança do público e das diversas instituições económicas, obrigou o Estado a uma intervenção crescente na banca. Surge-nos, hoje, um banco central[485], dotado de poderes especiais, de tipo público, sobre todo o sistema financeiro. Paralela ou cumulativamente, deparamos com poderes de fiscalização, também de tipo público. Todo o sistema financeiro fica submetido a uma especial ordenação, sujeita a regras técnicas vincadas e, ainda, a uma cuidada arte de fazer banca. A organização financeira, os poderes de dire-

---

[484] *Vide* Hans-Peter Schwintowski, *Bankrecht*, 4.ª ed. (2014), § 1, Nr. 9 (3).
[485] De resto imerso no Serviço Europeu de Bancos Centrais, sob a direção do Banco Central Europeu: isso na União Europeia dos nossos dias.

ção e de fiscalização que assistem ao banco central e a outros organismos estaduais especializados e toda uma série de regras instrumentais que acompanham essa realidade constituem o que se poderá chamar o Direito bancário institucional.

O Direito bancário institucional está hoje, em grande parte e entre nós, reunido no Regime Geral das Instituições de Crédito e Sociedades Financeiras ou RGIC, aprovado pelo Decreto-Lei n.° 298/92, de 31 de dezembro, com alterações subsequentes[486]. A matéria é muito marcada por exigências comunitárias, num fenómeno que tem levado à sucessiva transposição, para a ordem interna, de múltiplas diretrizes, acolhidas no RGIC.

III. Além disso, surge-nos um Direito bancário material ou Direito dos atos praticados pelo banqueiro com os seus clientes, Direito da responsabilidade do banqueiro e Direito de determinados deveres funcionais que ao mesmo assistem[487].

O Direito bancário material é, à partida, Direito comercial. Diversos contratos bancários resultam hoje de leis extravagantes ou, simplesmente, de cláusulas contratuais gerais. Todavia, eles apresentam diversas conexões com figuras tradicionalmente inseridas em códigos comerciais. As evidentes ligações existentes entre o Direito bancário material e o Direito bancário institucional e a presença, muito marcante, da relação complexa que se estabelece entre o banqueiro e o seu cliente dão, ao Direito bancário, uma coesão e uma unidade que, embora recentes, ultrapassam seguramente a que ocorre no Direito comercial.

IV. A tudo isso podemos acrescentar uma literatura bancária especializada, patente nos diversos países. Surge uma cultura jurídica da banca, expressão mercantil apurada do Direito dos contratos e que vai conquistando um espaço crescente, na constelação das disciplinas jurídicas.

O Direito comercial, enquanto província-mãe, deve manter um acompanhamento discreto sobre estes promissores desenvolvimentos.

---

[486] Menezes Cordeiro, *Leis da banca anotadas*, 3.ª ed., 97 ss..

[487] Sobre toda esta matéria *Direito bancário*, 5.ª ed., 60 ss. e 325 ss. e elementos aí referidos.

46. O Direito dos valores mobiliários

I. O Código Comercial, na sua versão original, regulava a matéria atinente aos corretores – artigos 64.º a 81.º – e às operações de bolsa – artigos 351.º a 361.º.

Em torno da bolsa foi-se desenvolvendo um Direito da bolsa ou Direito do mercado de capitais. A matéria teve uma evolução um tanto paralela à da popularização da banca, sendo marcada pelo empolamento.

A reprivatização da economia portuguesa, subsequente a 1989, determinou um crescimento das operações de bolsa, num fenómeno que mais se acentuaria através das subsequentes reorganizações e concentrações das empresas privatizadas. A disciplina jurídica ligada às bolsas de valores conhece, em Portugal, um desenvolvimento muito superior ao registado na generalidade dos outros países europeus e sem proporção com os valores efetivamente em causa.

II. Na ambiência acima referenciada surgiram, sucessivamente, dois importantes Códigos: o Código do Mercado de Valores Mobiliários, aprovado pelo Decreto-Lei n.º 142-A/91, de 10 de abril e o Código dos Valores Mobiliários, aprovado pelo Decreto-Lei n.º 486/99, de 13 de novembro, que veio substituir o primeiro. Ambos estes diplomas obedecem ao desígnio de codificar toda a matéria relativa às bolsas de valores[488].

Para esse efeito, parte-se de uma ideia de valor mobiliário, que não se define: as exigências da segurança aí reinantes levaram o legislador a optar pela enumeração. Segundo o artigo 1.º do CVM, na redação dada pelo Decreto-Lei n.º 66/2004, de 24 de março, são valores mobiliários, além de outros que a lei como tal qualifique:

    a) As ações;
    b) As obrigações;
    c) Os títulos de participação;
    d) As unidades de participação em instituições de investimento coletivo;
    e) Os warrants autónomos;

---

[488] Sobre toda esta matéria remete-se para o já referido, de Paulo Câmara, *Manual de Direito dos Valores Mobiliários*, 2.ª ed. (2011), 55 ss. e para A. Barreto Menezes Cordeiro, *Direito dos valores mobiliários*, (2015), 123 ss..

f) Os direitos destacados dos valores mobiliários referidos nas alíneas anteriores *a)* a *d)*, desde que o destaque abranja toda a emissão ou série ou esteja previsto no ato de emissão;

g) Outros documentos representativos de situações jurídicas homogéneas, desde que sejam suscetíveis de transmissão em mercado.

Anteriormente, esse artigo comportava um número 2, que admitia que a CMVM, por regulamento ou, estando presente a natureza monetária, o Banco de Portugal, por aviso, pudessem reconhecer como valores mobiliários,

(...) outros documentos representativos de situações jurídicas homogéneas que visem, direta ou indiretamente, o financiamento de entidades públicas ou privadas e que sejam emitidos para distribuição junto do público, em circunstâncias que assegurem os interesses dos potenciais adquirentes.

De certo modo, será esta a noção geral de "valor mobiliário".

III. O Direito dos valores mobiliários pode, *grosso modo*, articular-se numa área institucional e numa área material; a primeira tem a ver com a organização e os poderes da CMVM, como entidade de superintendência e, depois, com todas as normas relativas aos sujeitos terminais – emitentes e titulares de valores mobiliários – e à intermediação; a segunda rege os valores mobiliários em si.

Ambas as áreas têm uma forte interpenetração.

IV. O Direito dos valores mobiliários apresenta um nível técnico e regulativo em afinamento constante. No tocante aos aspetos materiais: a sua consideração em planos elevados de abstração acaba por levar aos vetores clássicos do Direito privado: informação, tutela da materialidade subjacente, tutela da confiança e celeridade nas transações.

Tal como sucede com a banca e, como veremos, com os seguros, o Direito mobiliário assenta na confiança do grande público e dos agentes envolvidos. A intervenção fiscalizadora e disciplinadora do Estado – neste caso através da Comissão de Mercado de Valores Mobiliários – é uma necessidade premente. O Direito mobiliário consagra múltiplos estratos normativos a essa intervenção, numa ambiência própria do Direito público. E comporta, depois, uma área de relações entre particulares de índole privada.

§ 10.º A autonomização de disciplinas comerciais

V. A matéria tem grandes exigências práticas. O CVM veio, no fundamental, responder à crítica movida pela particular complexidade do CódMVM, pejado de definições, de remissões, de cláusulas gerais e de exceções e que dificultava em extremo qualquer atuação séria, no campo mobiliário.

Indubitavelmente mais claro e acessível, o CVM acusa uma instabilidade legislativa que não permite verificar se os desígnios do legislador foram ou não alcançados. Além disso, ele apresenta-se como um núcleo em torno do qual outras fontes irão orbitar[489].

VI. O Direito dos valores mobiliários tem sido, noutros países e por alguns autores[490], estudado em conjunto com o Direito bancário. Na verdade, hoje em dia, a grande maioria das operações sobre valores mobiliários passa por banqueiros e tem implicações de toda a ordem, a nível bancário.

Entre nós, a evolução tentacular do Direito mobiliário justificaria o seu tratamento ao domínio do Direito das sociedades, particularmente das anónimas[491]. Todavia, parece estar em curso uma tradição de separação: porventura mais por circunstâncias de ordem académica do que por razões de fundo[492]. Tem todo o interesse, para o futuro do Direito mobiliário, a ligação ao Direito das sociedades e, mais latamente, ao Direito privado. Inversamente, as descobertas operadas a nível mobiliário são úteis para toda a Ciência jurídica: um fenómeno a acompanhar nos próximos anos.

47. O Direito dos seguros

I. O regime geral do contrato de seguro constava do Código Veiga Beirão: artigos 425.º a 462.º. Tratava-se de uma matéria que tem, em Por-

---

[489] Carlos Ferreira de Almeida, *O Código dos Valores Mobiliários e o sistema jurídico*, sep. dos CadMVM 7 (2000), 19-47 (*maxime*, 46).

[490] Assim, Siegfried Kümpel/Arne Wittig, *Bank- und Kapitalmarktrecht*, 3.ª ed. (2004) e Carsten Peter Claussen/Norbert Bröcker/Roland Erne, *Bank- und Börsenrecht*, 3.ª ed. (2008).

[491] *Direito das sociedades 2*, 2.ª ed., 609 ss..

[492] *Vide* as considerações de Amadeu Ferreira, *Direito dos valores mobiliários* (1997), 22-24. *Vide* Paula Costa e Silva, *Direito dos valores mobiliários/Relatório* (2004).

tugal, a maior tradição quer prática – século XIII – quer doutrinária – século XVI, através do Tratado de Pedro de Santarém. Muito se lamenta o esquecimento científico em que tem caído.

II. O Direito dos seguros tem conhecido um desenvolvimento muito intenso, mercê de várias coordenadas[493]. O seguro popularizou-se e diversificou-se em extremo: todos os riscos são seguráveis e tendem a ser seguros. Em casos sensíveis, a lei estabelece mesmo a obrigação de seguro: assim no tocante a acidentes de automóvel e a acidentes de trabalho. A própria verificação de um sinistro e a medida da sua compensabilidade obriga a trabalhar com a responsabilidade civil e com diversas regras conexas. A massa de diplomas a considerar, tendo para mais em conta a facilidade legislativa portuguesa, era enorme[494]. Temos, aqui, o Direito material dos seguros, de índole comercial[495].

Em 2008, foi dado um passo fundamental. O Decreto-Lei n.º 72/2008, de 16 de abril, veio a aprovar o Regime Jurídico do Contrato de Seguro, revogando (artigo 6.º) os artigos 425.º a 462.º do Código Comercial, bem como numerosos outros diplomas e disposições atinentes ao Direito material dos seguros. Com isso, inaugurou-se uma nova fase no Direito dos seguros, à qual deve ser dada a maior atenção.

III. Nos seguros, o interessado ou tomador transfere, para uma companhia seguradora, um risco, mediante um prémio. Normalmente, este corresponde a (pequenos) pagamentos periódicos, devendo a seguradora um (grande) pagamento, na hipótese de um sinistro. Tudo isto opera na base da confiança e de uma criteriosa administração de fundos, por parte

---

[493] Como referências atualizadas (neste momento): António Menezes Cordeiro, *Direito dos seguros*, 2.ª ed. (2016), 973 pp.; Alexander Bruns, *Privatversicherungsrecht* (2015), LXII + 528 pp.; Manfred Wandt, *Versicherungsrecht*, 6.ª ed. (2016), XXX + 621 pp..

[494] António Menezes Cordeiro, *Leis dos seguros anotadas* (2002), 995 pp.. Anteriormente: Paulo Ventura, *Legislação sobre seguros e actividade seguradora* (1990), com 677 pp..

[495] Esteve em curso uma tentativa de codificação da matéria relativa ao contrato de seguro – *vide* Menezes Cordeiro, *Do regime do contrato de seguro/Um anteprojecto*, RFDUL (2001), bem como *Direito dos seguros: perspectivas de reforma*, em *I Congresso Nacional de Direito dos Seguros*, org. António Moreira e M. Costa Martins (2000), 17-29. Finalmente: um excelente programa relativo a uma disciplina de seguros consta de Pedro Romano Martinez, *Direito dos seguros/Relatório* (2005).

§ *10.° A autonomização de disciplinas comerciais* 173

das seguradoras; de outro modo, ninguém teria garantias de que os seguros funcionem, quando necessário.

Impõe-se uma cuidada intervenção do Estado, através de uma entidade pública competente, tecnicamente apetrechada e dotada de autonomia: a Autoridade de Supervisão de Seguros e Fundos de Pensões ou ASF. Existe um conjunto articulado de regras que disciplinam a ASF e a sua atuação e que fixam os grandes parâmetros da indústria seguradora. Também aqui proliferam as exigências comunitárias, tendo sido recebidas, entre nós, sucessivas Diretrizes. Trata-se do Direito dos seguros institucional.

Dotado de uma sedimentação ainda inferior ao Direito bancário institucional, o Direito dos seguros institucional logrou, todavia, uma codificação avançada na Lei n.° 147/2015, de 9 de setembro: o Regime geral da Atividade Seguradora ou RGAS.

IV. Entre o Direito dos seguros material e o institucional há evidentes conexões. Torna-se assim possível falar de um Direito dos seguros que abrangeria ambas as vertentes[496].

O Direito dos seguros, mau grado a falta de tratamento universitário, surge como uma recente disciplina comercial, emancipada do velho tronco comum e que vai logrando uma cultura própria. De certa forma, ela traduz uma colocação pós-industrial de responsabilidade civil, tal como o Direito bancário o faz em relação ao Direito dos contratos. De todo o modo, tem total cabimento considerar o contrato de seguro como um contrato comercial.

48. Outras disciplinas

I. O problema da (re)arrumação do vasto património do Direito comercial não tem regras. Além disso, obedece a tradições díspares e a voluntarismos de todo o género.

---

[496] *Vide* o nosso *Direito dos seguros* cit., 2.ª ed., 34 ss. e *passim*. No Direito alemão – a grande distância o que mais tradições tem, na atualidade, de tratamento dos seguros e aquele onde essa disciplina se encontra mais estudada e documentada – os Direitos institucional e material dos seguros são objeto de exposições em separado.

Em França, por exemplo, lado a lado com um Direito comercial de cepa tradicional e alargado à concorrência e a (alguns) contratos comerciais[497], surge-nos um Direito dos negócios[498] e um Direito público de economia[499]: o primeiro traduzindo como que a atuação exterior das empresas, de feição privada e o segundo a intervenção do Estado na economia[500].

II. A matéria de supervisão, que dá corpo aos Direitos institucionais, bancário, mobiliário e dos seguros, poderia ser estudada conjuntamente numa disciplina de Direito de supervisão.

III. O Direito das falências – hoje: da insolvência – pode surgir como um capítulo específico do Direito comercial, na tradição de Veiga Beirão, ou elevar-se a um ramo especializado do Direito processual civil.

IV. Em Itália – e para mais dada a fraqueza que o Direito comercial, depois da experiência unitária levada a cabo pelo Código Civil de 1942 – já tem surgido uma disciplina dita "Direito industrial". Oliveira Ascensão repescou a ideia, tratando, como "Direito industrial", além da concorrência desleal, os sinais distintivos do comércio – onde inclui a firma, o nome, a insígnia do estabelecimento, a marca, as indicações de proveniência, as recompensas, os modelos de utilidade e modelos e desenhos industriais –, as patentes e o saber-fazer (*know-how*), a franquia e o processamente referente às patentes[501]. Trata-se de uma amálgama de matérias dispersas e

---

[497] *Vide* Michel Pédamon/Hugues Kenfack, *Droit commercial/Commerçants et fonds de commerce/Concurrence et contrats de commerce*, 4.ª ed. (2015); trata-se de matéria claramente separada do Direito bancário e do Direito dos seguros, que lograram autonomia; *vide* Jean-Louis Rives-Lange/Monique Contamine-Raynaud, *Droit bancaire*, 6.ª ed. (1995) e Yvonne Lambert-Faivre/Laurent Leveneur, *Droit des assurances*, 13.ª ed. (2011).

[498] Yves Chartier, *Droit des affaires*, 2.ª ed. (1986); cf., aí, a p. 19, a contraposição perante o Direito comercial.

[499] Gérard Farjat, *Droit économique* (1977).

[500] *Vide* Murad Ferid/Hans Jürgen Sonnenberger, *Das französische Zivilrecht*, I/1, 2.ª ed. (1994), 50, nota 71.

[501] Oliveira Ascensão, *Direito comercial, 2 – Direito industrial* (1987/88, reimpr. 1994), já citado. Manuel Ohen Mendes, *Direito Industrial – I* (1984), trata as patentes e os modelos de utilidade, os modelos e os desenhos industriais, o *know-how* ou segredo industrial e a transferência de tecnologia ou licença; estamos, desta feita, próximos do Direito

§ 10.º A autonomização de disciplinas comerciais   175

desinseridas dos troncos dogmáticos a que pertencem e que o próprio parece ter abandonado[502].

V. Uma referência a um Direito das empresas seria tentadora. Encontramo-la em Itália, sempre na sequência do enfraquecimento do Direito mercantil tradicional, vocacionado pelo *Codice*.

Às dificuldades suscitadas pela ideia de "empresa" e pela especificidade do seu papel somam-se a ausência de uma tradição capaz de dar consistência a esse designativo e à heterogeneidade da matéria envolvida[503]. O "Direito das empresas" não tem, assim, singrado.

VI. Temos, por fim, o Direito marítimo. Desinserido do Código Comercial[504], o Direito marítimo constitui também uma área que, progressivamente, tem alcançado a sua autonomia[505]. O fenómeno é particularmente claro em Itália, por razões de circunstância: o Código Civil de 1942 acolheu a matéria comercial, mas com exceção, precisamente, do Direito marítimo. Este recebeu, depois, uma codificação autónoma – o Código da Navegação[506] –, sendo hoje estudado numa disciplina própria[507].

49. O Direito comercial nuclear

I. A vigorosa fragmentação da matéria mercantil em jovens e promissoras disciplinas autónomas deixa-nos o Direito comercial como um con-

---

da propriedade industrial. Em Inglaterra, o *Industrial Law* abrange fundamentalmente o Direito do trabalho e o Direito das condições de trabalho; *vide* I. T. Smith e Sir John C. Wood, *Industrial Law*, 1986.

[502] Na medida em que, em *Direito comercial*, 1 – *Institutos gerais* (1998/99) inclui matérias, como a firma – 283 ss. – antes tratada em *Direito industrial* – *vide*, aí, 79 ss..

[503] Jorge M. Coutinho de Abreu, *Da empresarialidade (As empresas no Direito)* cit., 304.

[504] *Supra*, 111 ss..

[505] Em especial: Januário Gomes, *O ensino do Direito marítimo* cit., 261 ss., com um excelente programa de Direito marítimo.

[506] Aprovado em 1942, em conjunto com o Código Civil, o Código da Navegação italiano deve-se a Antonio Scialoja. *Vide* M. Stucchi (org.), *Codice della navigazione* (2011), 1433 pp..

[507] Cumpre referir o clássico maciço Antonio Lefebvre d'Ovidio/Gabriele Pescatore/ Leopoldo Tullio, *Manuale di diritto della navigazione*, 8.ª ed. (1996).

junto de resíduos. À fragmentação congénita segue-se, agora, o desaparecimento de províncias inteiras, num movimento que o mero oportunismo das circunstâncias não permite explicar.

II. Todo este movimento tem, subjacente, uma preocupação crescente de especialização dos juristas, requerida pela complexidade e pela diferenciação ascendentes, a que o Direito comercial deve acudir. Não obstante, o remanescente mantém ainda algum potencial de enquadramento, para além de constituir um espaço académico para o estudo de questões que, de outra forma, nunca seriam aprofundadas.

III. Um Direito comercial renovado poderia assentar nos contratos "comerciais". Estes, nos sistemas em que, como o português, se mantém a separação das codificações civil e comercial, correm o risco de se dispersar, com perdas dogmáticas e pedagógicas.

Veremos até onde é possível ir nessa via.

§ 11.º INTEGRAÇÃO E INTERNACIONALIZAÇÃO

50. Aspetos gerais

I. Como foi referido, a propósito das características gerais do Direito comercial, este apresentaria uma tendência profunda para o universalismo[508]. O comércio não tem fronteiras; o Direito teria, pois, de se adaptar a reger situações que, permanentemente, poriam em contacto pessoas de diversos espaços jurídicos.

Ainda nessa ocasião, ponderámos que, numa inflexão típica das humanísticas, o Direito comercial (residual) é, hoje, mais diferenciado, em termos nacionais, do que o próprio Direito civil.

Estas contingências não escondem a efetiva e florescente existência de um comércio sem fronteiras. Perante ele, o Direito comercial não poderá deixar de agir, aprontando esquemas suscetíveis de enquadrar os problemas que surjam, propondo soluções.

II. Tradicionalmente, o problema das relações que entrem em contacto com Direitos de diversos Estados pode ser resolvido por uma de três formas:
- ou pela aplicação do Direito nacional de um dos Estados em presença;
- ou pelo facto de, em momento prévio, os Direitos dos Estados em presença terem sido unificados, de tal modo que, frente a frente, apenas surjam normas equivalentes;
- ou pela existência de uma norma material internacional, aplicável ao caso.

---

[508] *Supra*, 153 ss..

A primeira solução é a tradicional; compete ao Direito internacional privado definir a regra aplicável. A segunda implica todo um movimento de prévia introdução de regras uniformes; seja por convenção internacional, seja por processos de produção legislativa supranacional, os vários Estados adotam, no seio dos ordenamentos respetivos, regras materialmente idênticas. A terceira, por fim, depende de, por qualquer via, se ter chegado a uma regra material que, independentemente dos ordenamentos internos, reja o problema em jogo: trata-se do chamado Direito uniforme:

III. O *ius mercatorum* medieval era Direito comum: funcionava, uma vez acolhido pelos grandes tratadistas, em todo o espaço europeu civilizado, segundo a linguagem mais tarde adotada. Com as codificações, o Direito comercial foi "nacionalizado": diferenciou-se, em função dos Estados e iniciou, nessa base, uma caminhada distanciadora. O "internacionalismo" do Direito comercial denotava-se, então, pela presença de regras de Direito internacional privado, colocadas logo à cabeça dos Códigos. O Código Veiga Beirão dá-nos, neste domínio, um exemplo excelente, bastando atentar nos preceitos seguintes:

– artigo 4.º: fixa a lei aplicável aos atos de comércio;
– artigo 5.º: ocupa-se da competência internacional dos tribunais portugueses;
– artigo 6.º: dispõe sobre relações com estrangeiros;
– artigo 12.º: determina a lei competente para reger a capacidade comercial.

Convém ter presente que estas normas de Direito internacional privado ocorreram, na lei comercial, bastante antes de terem surgido na lei civil. Hoje, elas devem ter em conta o Regulamento (CE) n.º 593/2008, do Parlamento Europeu e do Conselho, de 17 de junho, sobre a Lei aplicável às obrigações contratuais (Roma I).

IV. Na primeira parte do século XX surgiram as leis uniformes relativas a letras e livranças e a cheques. Podemos considerar que, nessa ocasião, houve uma convicção forte de que a unidade das leis do comércio poderia advir da aprovação, por convenção internacional, de leis que vigorariam, depois, nos diversos Estados signatários ou aderentes.

O problema, como aflorámos[509], é bem mais complexo.

---

[509] *Supra*, 166 ss..

§ *11.° Integração e internacionalização*   179

No momento da aplicação, nunca funciona uma única norma isolada ou, sequer, um único diploma: por várias vias – incluindo a do pré-entendimento do intérprete aplicador – é sempre o conjunto do ordenamento que se aplica[510]. Leis aparentemente idênticas vêm, assim, a ganhar sentidos normativos diferentes, consoante o espaço de aplicação. Jogam as conexões com outras normas, as tradições e o próprio sentido específico que, após a tradução, as leis uniformes adquiram no espaço do destino.

A experiência das leis uniformes mantém-se, pois e há quase um século, solitária.

51. Integração europeia e diretrizes comerciais

I. O Tratado sobre o Funcionamento da União Europeia fixa, no seu artigo 63.°, o princípio da livre circulação de capitais. Por seu turno, nos artigos 49.° e seguintes, vem garantido o direito de estabelecimento[511]. Este pressupõe a supressão das restrições à liberdade de estabelecimento dos nacionais de um Estado-membro no território de outro Estado-membro[512]. Para facilitar esse acesso, o artigo 50.°/1 prevê diretrizes. Estas (288.°/III) dependem de normas internas de transposição[513].

O Tratado prevê ainda a hipótese de a Comissão, diretamente através de regulamento, fixar normas eficazes em toda a União (288.°/II). O regulamento distingue-se, assim, da diretriz: esta, ao contrário do primeiro, exige uma lei que a transponha para a ordem interna; além disso – e sempre, naturalmente, ao contrário do primeiro, a diretriz deixa, em regra, ao legislador nacional, uma margem de livre atuação –, a usar aquando da transposição.

II. O regulamento só tem sido usado em matérias muito técnicas e definidas. O exemplo paradigmático é constituído pelo Regulamento

---

[510] *Tratado* I, 4.ª ed., 495 ss..

[511] Peter-Christian Müller-Graf, em Rudolf Heinz, *EUV/AEUV*, 2.ª ed. (2012), 699 ss.; Alexandre Mota Pinto, em Manuel Lopes Porto/Gonçalo Anastácio, *Tratado de Lisboa anotado e comentado* (2012), 316 ss..

[512] Manuel Lopes Porto, *Teoria da integração e políticas comunitárias* (1997).

[513] Werner Schroeder, em Heinz, *EUV/EGV* cit., 2153 ss., à luz da versão anterior ao Tratado de Lisboa.

1103/97/CE, do Conselho, de 17-Jun., que instituiu o euro como moeda única[514].

Num primeiro momento, houve a expectativa do surgimento de um Direito comercial europeu uniforme, assente em regulamentos. Desde cedo essa perspetiva se perdeu: a dificuldade de legislar de modo igualitário para espaços dotados de ordenamentos diferenciados, com ciências jurídicas autónomas e sistemas judiciais distintos, levou a privilegiar a diretriz. Esta, pela possibilidade de adaptação que comporta, seria mais manejável.

III. A hipótese, tecnicamente lógica, de uma avalancha de diretrizes comerciais não se concretizou.

No plano puramente comercial, há a registar uma única diretriz[515]: a Diretriz n.° 86/653/CE, relativa ao contrato de agência[516].

As diretrizes da área comercial têm-se concentrado no Direito das sociedades comerciais[517], no Direito bancário[518], no Direito mobiliário[519] e no Direito dos seguros[520]. Elementos importantes, com relevância indireta no Direito comercial, ocorrem, ainda, no domínio do Direito do consumidor[521]. O Direito comercial nuclear mantém-se fortemente nacional.

IV. A integração política e económica é possível sob uma diversidade de Direitos privados. A prova já havia sido tirada nas experiências norte--americana e canadiana. Supomos que ela será confirmada na Europa, caso

---

[514] Completado pelos Regulamentos n.° 974/98/CE, de 3-Mai. e n.° 2866/98/CE, de 31-Dez., ambos do Conselho.

[515] Irene Klauer, *Die Europäisierung des Privatrechts* (1998), 167.

[516] Esta Diretriz foi transposta para a ordem interna pelo Decreto-Lei n.° 118/93, de 13 de abril, que alterou, em conformidade, o Decreto-Lei n.° 178/86, de 3 de julho.

[517] Karsten Schmidt, *Gesellschaftsrecht*, 4.ª ed. (2002), 36 ss. e o nosso *Direito das sociedades* 1, 3.ª ed., 190 ss.. Mais elementos podem ser confrontados no nosso *Direito europeu das sociedades*.

[518] *Direito bancário*, 5.ª ed., 233 ss..

[519] *Vide* os preâmbulos dos Decretos-Leis n.° 142-A/91, de 10 de abril e n.° 486/99, de 13 de novembro, que aprovaram, respetivamente, o CódMVM e o CVM. Elementos mais cabais: Paulo Câmara, *Manual de Direito dos Valores Mobiliários* cit., 2.ª ed. 38 ss. e A. Barreto Menezes Cordeiro, *Direito dos valores mobiliários* cit., 99 ss..

[520] Helmut Müller, *Versicherungsbinnenmarkt/Die europäische Integration im Versicherungswesen* (1995), 7 ss..

[521] *Tratado* I, 4.ª ed., 322 ss..

§ 11.º *Integração e internacionalização* 181

a integração prossiga. Poder-se-ia ainda levantar uma dúvida, parcialmente apoiada, aliás, nas citadas experiências do novo Mundo: a diversidade de Direitos privados não deverá ser dobrada pela unidade do Direito comercial[522]?

Nada permite confirmar essa necessidade. O Direito comercial interno é, como foi visto, um Direito de retalho e de pequeno comércio, perfeitamente compatível com leis territoriais. Grandes negócios têm, sempre, a possibilidade de determinar, eles próprios, a lei aplicável. A relativa uniformidade alcançada pelas diretrizes tem mais a ver com questões de concorrência ou com o domínio, hoje autónomo, das sociedades comerciais, do que com genuínas exigências comerciais. Compreende-se, a essa luz, a dimensão reduzida que, tudo visto, elas acabam por assumir.

52. Internacionalização

I. Para além da integração europeia, outros fatores jogam no sentido da internacionalização do Direito comercial ou, melhor dizendo, de algumas das suas províncias autónomas.

Cabe fazer uma breve referência.

II. Em primeiro lugar, cumpre mencionar os esforços, penosos mas fundamentais para o futuro da Humanidade, de ir estabelecendo uma organização planetária efetiva. Há que pôr termo às guerras, aos desperdícios, à destruição do ambiente e às desigualdades gritantes entre seres humanos.

A ONU terá, aí, papel pioneiro.

No campo comercial, para além da UNCITRAL/CNUDCI e da UNIDROIT, abaixo abordadas, deve mencionar-se o papel do GATT (*General Agreement on Tariffs and Trade*), que visa, no fundamental, liberalizar o comércio mundial. Para tanto, há que:

– promover o abaixamento dos direitos alfandegários;
– pôr cobro a práticas de contingentação na importação;
– alargar a todos a "cláusula de nação mais favorecida";

---

[522] De facto, no Canadá, existe um Código Comercial unitário, para toda a Federação, enquanto vigora, no Quebeque, um Código Civil específico; também nos Estados Unidos encontramos o acima referido *Uniform Commercial Code*.

182   *Coordenadas atuais do Direito comercial*

– combater o *dumping*;
– vedar as subvenções à exportação.

Na sequência do *Uruguay Round*, o GATT institucionalizou-se, dando azo à Organização Mundial do Comércio (1995).

III. Têm sido concluídas, quer a nível multilateral, quer a nível bilateral, numerosas convenções internacionais com relevância comercial direta[523].

Tais convenções regem, naturalmente, as situações que caiam no seu âmbito. Porventura mais importante será o facto de elas instilarem uma cultura jurídica alargada, de tipo mundial, capaz de dar corpo, no Direito comercial – ou, mais latamente, no Direito patrimonial privado – à ideia de aldeia global para que tende o Planeta.

53. A CNUDCI (UNCITRAL) e a UNIDROIT

I. A internacionalização do Direito comercial opera em duas vertentes: a aproximação dos diversos Direitos nacionais e a criação de normas especialmente adaptadas ao tráfego jurídico internacional.

Com relevo em ambos os domínios, cumpre referir duas instituições internacionais: a CNUDCI e a UNIDROIT.

II. A CNUDCI – Comissão das Nações Unidas para o Direito Comercial Internacional ou UNCITRAL, na sigla inglesa[524] – é uma agência das Nações Unidas especializada. Ela foi criada por Resolução da Assembleia Geral de 17-dez.-1966, com vista a reduzir as disparidades entre os diversos Direitos comerciais, entendidas como obstáculos às trocas internacionais[525].

A Comissão é composta por 36 Estados eleitos para mandatos de 6 anos, de acordo com as regras de distribuição geográfica da ONU. Tem um

---

[523] *Vide* a recolha monumental de António Marques dos Santos, *Direito internacional privado/Colectânea de textos legislativos de fonte interna e internacional*, 2.ª ed. (2002), 1866 pp., onde podem ser confrontadas inúmeras fontes com relevo no domínio do comércio.

[524] De *United Nations Comission on International Trade Law*.

[525] Sobre a CNUDCI/UNCITRAL, com elementos, www.uncitral.org.

§ 11.º Integração e internacionalização 183

Secretariado assegurado pelo Serviço de Direito Comercial Internacional do Departamento de Assuntos Jurídicos das Nações Unidas, com sede em Viena.

III. A CNUDCI tem preparado importantes convenções internacionais com relevo para a Convenção de Viena sobre os Contratos de Compra e Venda Internacional de Mercadorias, de 1980, em vigor, para os países que a ratificaram, a partir de 1988[526]. Ela comporta uma regulação extensa que rege a formação dos contratos de compra e venda internacional de mercadorias, os deveres de ambas as partes e a quebra do contrato[527]. Trata-se de matéria sobre a qual se têm registado contínuos desenvolvimentos[528], com larga jurisprudência em diversos idiomas[529].

De relevo, também, o Regulamento de Arbitragem da CNUDCI, de 1976, revisto em 2010, à disposição das partes e dos centros internacionais de arbitragem. Em 1985, foi aprontada uma lei-tipo sobre a arbitragem comercial internacional, disponível para os Estados que a queiram receber nos Direitos internos respetivos, completada em 2006[530]. Essa é, de resto, a origem do regime de arbitragem voluntária em vigor, adotado pela lei n.º 63/2011, de 14 de dezembro.

Numerosos outros instrumentos têm sido aprontados: quer convenções[531], quer leis-tipos[532].

---

[526] A Convenção de Viena em causa ainda não foi ratificada por Portugal.

[527] *Vide* Staudinger/Ulrich Magnus, *Wiener UN-Kaufrecht* (2005), em quase 1000 pp. maciças; quanto à preparação da Convenção de Viena, que assentou também em estudos da Unidroit, cf. Bernard Audit, *La vente internationale de marchandises* (1990), 5 ss..

[528] *Vide* Burghard Piltz, *Neue Entwicklungen im UN-Kaufrecht*, NJW 2000, 553-560, dando conta dos países que ratificaram a convenção e entre os quais faltava ainda o nosso. Do mesmo Autor: *Neue Entwicklungen im UN-Kaufrecht*, NJW 2005, 2126-2131.

[529] Quanto a materiais, comentários e jurisprudência, cf. www.cisg.law.pace.edu; jurisprudência em língua francesa pode ser confrontada em www.jura.uni.sb.de/FB/LS/Witz/cisg.htm; em língua castelhana: www:uc3m.es/uc3m/dyto/PR/dppr03/cisg.

[530] *Vide* o nosso *Tratado de arbitragem* (2015), 673 pp., 26-27.

[531] Assim, além da Convenção de Viena sobre Compra e Venda Internacional, de 1980, temos: a Convenção sobre Transporte Marítimo de Mercadorias (1978); a Convenção sobre a Responsabilidade dos Operadores de Terminais de Transporte no Comércio Internacional (1991); a Convenção sobre Letras de Câmbio e Promissórias Internacionais (1988); a Convenção sobre Garantias Autónomas e Cartas de Crédito (1995).

[532] A acrescentar à já referida Lei-Tipo da Arbitragem Comercial Internacional, de 1985, temos: Lei-Tipo sobre Transferências Internacionais (1992); Lei-Tipo sobre Obtenção

IV. Por seu turno, a UNIDROIT é uma organização intergovernamental independente, com sede em Roma[533]. A UNIDROIT ou Instituto Internacional para a Unificação do Direito Privado nasceu em 1926 como órgão auxiliar da Sociedade das Nações. Após o desaparecimento desta, ela foi reconstruída em 1940, com base num estatuto orgânico. São membros os Estados que a ela adiram: 58, entre os quais Portugal.

A UNIDROIT assenta numa Assembleia Geral, numa Direção e num Secretariado.

V. A UNIDROIT visa a elaboração de regras uniformes no campo do Direito privado. Alguns dos seus trabalhos vieram a ser adotados por conferências diplomáticas, surgindo convenções internacionais. Entre outras[534], cumpre referir:

– Convenção da Haia sobre Venda Internacional de Móveis (1964);
– Convenção de Bruxelas sobre Contratos de Viagem (1970);
– Convenção de Otava sobre Locação Financeira (1988);
– Convenção de Otava sobre Cessão Financeira (1988);
– Convenção de Roma sobre Bens Culturais Subtraídos ou Ilicitamente Exportados (1995);
– Convenção relativa às garantias internacionais relativas a bens móveis de equipamento (2001); existe, ainda, um protocolo desse mesmo ano, sobre a matéria em causa;
– Convenção de Genebra relativa a normas de Direito material aplicáveis a valores intermediados (2009).

Além disso, a UNIDROIT tem preparado outros importantes textos, com relevo para os Princípios relativos aos Contratos de Comércio Internacional, de 1994[535] e para os Princípios de processo civil transnacional, de 2004.

(*Procurement*) de Bens, de Construção e de Serviços (1994); Lei-Tipo sobre o Comércio Electrónico (1996) com emendas subsequentes; Lei-Tipo sobre Insolvência Internacional (1997), com diversas emendas, a última das quais de 2011.

[533] Sobre a Unidroit, com diversos elementos: www.unidroit.org.

[534] Assim, temos ainda Convenções sobre a Formação de Contratos sobre Venda Internacional de Móveis (Haia, 1964), sobre o Testamento Internacional (Washington, 1973) e sobre Representação na Venda Internacional de Mercadorias (Genebra, 1983).

[535] *Vide* Michael Joachim Bonell, *An International Restatement of Contract Law/*

§ 11.° *Integração e internacionalização* 185

54. O novo *ius mercatorum*

I. O comércio põe em contacto agentes de todo o Mundo: floresce, a nível internacional. Como atividade humana, o comércio internacional carece de regras. Na Idade Média, ele seria universal: além do próprio Direito civil que, assente no Direito canónico e na receção do Direito romano, não conheceu fronteiras dentro do Ocidente, as próprias práticas comerciais se assemelhavam: era o *ius mercatorum*[536].

Esse *ius mercatorum*, ainda que gerado por usos e hábitos de praças distintas, tenderia a aproximar-se. Dizia Lord Mansfield, em 1757:

> A lei mercantil, a tal propósito, é a mesma em todo o Mundo. Partindo das mesmas premissas, as conclusões das mesmas razão e justiça devem ser universalmente idênticas[537].

Tal unidade perdeu-se com as codificações dos Estados territoriais dos séculos XVII a XIX[538]. A partir daí, passou a haver uma tradição europeia bipolar, quanto ao Direito comercial: nacionalista e universalista[539].

II. As necessidades do comércio internacional não podiam ceder perante um nacionalismo radical. Na base de uma nova concertação podemos apontar a ideia de Savigny de uma comunidade de Direito internacional, constituída por Estados soberanos[540], cujas ordens jurídicas se reconhecessem mutuamente. Tal esquema está na base do Direito internacional privado.

/The UNIDROIT *Principles of International Commercial Contracts*, 2.ª ed. (1997). *Vide* Michael J. Bonell/Franco Bonelli (org.), *Contratti commerciali internazionali e principi Unidroit* (1997).

[536] Rudolf Meyer, *Bona fides und lex mercatoria in der europäischen Rechtstradition* (1994), 56 ss.; Ursula Stein, *Lex mercatoria: Realität und Theorie* (1995), 4; para mais indicações, *vide* o nosso *Tratado da arbitragem*, 516 ss..

[537] Citado em Clive M. Schmitthoff, *Das neue Recht des Welthandels*, RabelsZ 28 (1964), 47-77 (47, nota 1).

[538] Schmitthoff, *Das neue Recht* cit., 49 e Rudolf Meyer, *Bona fides und lex mercatoria* cit., 69 ss.. Ou, se se preferir: o *ius mercatorum* evoluiu para o Direito comercial; *vide* Vito Piergiovanni (org.), *From lex mercatoria to commercial law* (2005), 290 pp..

[539] Rudolf Meyer, *Bona fides und lex mercatoria* cit., 19.

[540] Savigny, *System des heutigen römischen Rechts*, vol. VIII (1842), 15 ss..

186 *Coordenadas atuais do Direito comercial*

Mas havia que ir mais longe: os esquemas das normas de conflitos são complicados e não dão – ou não dão sempre – satisfação à celeridade e à segurança requeridas pelo comércio internacional.

III. Em 1929, o jurista alemão Grossmann-Doerth suscitou a hipótese de, no comércio internacional, funcionar um conjunto de costumes, de formulários de empresas e de condições preconizadas por associações de comércio que se aplicariam diretamente a situações comerciais internacionais[541].

A ideia foi retomada nos anos 60 e 70 do século XX. Em detrimento do Direito internacional privado, apresentar-se-iam regras comerciais de tipo material, suscetíveis de resolver problemas[542]. Esse conjunto, assente nos usos comerciais internacionais[543], em convenções, em leis-modelos ou no Direito consuetudinário[544] e no princípio *pacta sunt servanda*[545], assumiria uma natureza de corpo, um tanto à semelhança do antigo *ius commune*[546]. O papel da boa-fé seria, nesse domínio, de grande importância[547].

IV. A ideia é aliciante. Entre nós, ela obteve importantes contributos de Marques dos Santos[548] e de Lima Pinheiro[549]. Contudo, não tem sido

---

[541] Hans Grossmann-Doerth, *Der Jurist und das autonome Recht des Welthandels*, JW 1929, 3447-3451 (3448).

[542] Ursula Stein, *Lex Mercatoria* cit., 13 e 19.

[543] Karl-Heinz Böckstiegel, *Die Bestimmung des anwendbaren Rechts in der Praxis internationaler Schiedsgerichtsverfahren*, FS Beitzke (1979), 443-458 (456 ss.).

[544] Fritz Fabricius, *Internationales Handelsrecht und Weltfrieden – Eine Bestandsaufnahme*, FS Schmitthoff (1973), 100-144 (141); Karsten Schmidt, *Handelsrecht* cit., 6.ª ed., § 1, Nr. 67-68 (40-41).

[545] Aleksandar Goldstajn, *The New Law Merchant reconsidered*, FS Schmitthoff (1973), 172-185 (179); *vide* o próprio Schmitthoff, *Das neue Recht des Welthandels* cit., 59 e Michael Joachim Bonell, *Das autonome Recht des Welthandels – Rechtsdogmatische und rechtspolitische Aspekte*, RabelsZ 42 (1978), 485-506 (486-487).

[546] Bonell, *Das autonome Recht des Welthandels* cit., 496.

[547] Além da já citada monografia de Rudolf Meyer, *Bona fides und lex mercatoria*, cabe referir Hans Jürgen Sonnenberger, *Treu und Glauben – ein supranationaler Grundsatz?*, FS Odersky (1996), 703-721.

[548] António Marques dos Santos, *As normas de aplicação imediata no Direito internacional privado/Esboço de uma teoria geral*, 1 (1990), 656-690.

[549] Luís Lima Pinheiro, *Contrato de empreendimento comum (joint-venture) em Direito internacional privado* (1998), 605 ss..

§ *11.° Integração e internacionalização* 187

possível proceder a uma dogmatização unitária. Aparentemente, surgem duas linhas: uma orientação puramente empírico-descritiva das relações de comércio internacionais e uma orientação que procura construir uma ordem mercantil independente dos Estados[550].

A simples discussão sobre a eventual existência da *lex mercatoria* induz uma fragilidade de raiz[551]. Muitas vezes, ela é referida a propósito das arbitragens internacionais[552]; todavia, só raramente a *lex mercatoria* ocorre nas decisões da CCI[553]. Apesar de tudo, as partes preferirão remeter para uma das leis em presença – ou para um regulamento preciso – em vez de tudo deixar cair numa fórmula pouco explícita.

De todo o modo, a *lex mercatoria* fica-nos como um potencial motivo de normas materiais de comércio, capaz de, no limite, reger o tráfego internacional[554].

55. A arbitragem: nacional e internacional

I. A lei admite que as partes submetam a resolução dos seus litígios de natureza patrimonial a árbitros: basta, para tanto, que não esteja em causa matéria sujeita exclusivamente aos tribunais do Estado ou a arbitragem necessária – artigo 1.°/1 da Lei da Arbitragem Voluntária, aprovada pela Lei n.° 63/2011, de 14 de dezembro[555]. A arbitragem tem, assim, uma aplicação evidente no Direito comercial.

O recurso à arbitragem tem vantagens:

---

[550] Ursula Stein, *Lex Mercatoria* cit., 179 ss. e 200 ss. (o resumo).

[551] Hans-Joachim Mertens, *Das lex mercatoria-Problem*, FS Odersky (1996), 857-872 (857).

[552] Paul-Frank Weise, *Lex mercatoria/materielles Recht vor der internationalen Handelsschiedsgerichtsbarkeit* (1990), XVI + 182 pp.; Thomas E. Carbonneau (org.), *Lex Mercatoria and arbitration: a discussion of the new Law Merchant* (1996), XXV + 296 pp.; Hans-Patrick Schroeder, *Die lex mercatoria arbitralis* (2007), XXIX + 493 pp..

[553] Ursula Stein, *Lex Mercatoria* cit., 5, nota 22.

[554] Mertens, *Das lex mercatoria-Problem* cit., 864.

[555] A Lei n.° 63/2011, de 14 de dezembro, revogou a anterior Lei n.° 31/86, de 29 de agosto, sobre a arbitragem voluntária; entrou em vigor a 15-mar.-2012; *vide* o nosso *Tratado da arbitragem*, 67 ss..

- permite uma justiça mais rápida do que a obtida nos tribunais do Estado;
- faculta uma decisão por parte de especialistas, o que poderá ser relevante em litígios que ponham em jogo matéria específica;
- dá azo à aplicação de regras mais elásticas ou permissivas, quando essa seja a vontade das partes e, designadamente, sempre que remetam para a equidade.

A arbitragem, que implica a montagem *ad hoc* de uma estrutura e a contratação de especialistas de renome, tende a parecer dispendiosa. Torna-se, todavia, atrativa para questões de valor médio ou elevado, devendo ser confiada a pessoas experientes. Assinale-se, ainda, que a arbitragem exige verdadeiros cavalheiros: a nível de árbitros, de advogados e de partes intervenientes.

Dada a fraqueza dos processos judiciais comuns e as demoras da justiça pública, as arbitragens têm-se vindo a multiplicar.

II. A arbitragem pode ser inorgânica ou, pelo contrário, pode postular uma adesão a estruturas já preparadas para o seu funcionamento[556]. As associações comerciais e outras entidades de prestígio dispõem, por vezes, de regulamentos de arbitragem e de esquemas institucionais para a indicação de árbitros.

Entre nós, cabe referir a Associação Comercial de Lisboa e a Associação Comercial do Porto, junto das quais funcionam Centros de Arbitragem Comercial. Dotados de regulamentos especiais, os Centros de Arbitragem vêm dirimindo litígios de relevo, particularmente no campo comercial[557].

III. Para o Direito comercial internacional, designadamente para o *ius mercatorum*, tem uma importância muito especial a arbitragem internacional e, portanto, a arbitragem especializada na resolução de litígios surgidos entre interesses originários de diversos Estados. Existe uma vasta produ-

---

[556] *Vide* o artigo 38.º da Lei n.º 31/86, de 29 de agosto e o artigo 62.º da Lei n.º 63/ /2011, de 14 de dezembro.

[557] *Vide* o *Regulamento de Arbitragem* de 2014.

§ 11.° Integração e internacionalização

ção especializada, particularmente em língua inglesa[558], mas que já abrange, entre nós, obras importantes[559].

Também a arbitragem internacional pode ser institucionalizada. A instância mais conhecida e mais prestigiada é, nesse domínio, o Tribunal que funciona junto da Câmara de Comércio Internacional ou *International Chamber of Commerce*, com sede em Paris[560]. Criada em 1919, a CCI tem como membros empresas e associações comerciais privadas: vários milhares, de 130 países. Em 1923, foi formado, a ela anexo, o Tribunal Internacional de Arbitragem. Este Tribunal funciona na base de um Regulamento cuja versão em vigor data de 1998, com uma tabela de custos de 2010. Tem grande prestígio e produtividade: o seu procedimento é objeto de comentários[561] e as suas sentenças vêm sendo publicadas[562].

Assegura, ainda, diversas publicações e importantes modelos contratuais.

IV. Além da CCI, cumpre referir outros centros internacionais de arbitragem, de especial projeção. Assim, temos a *American Arbitration Association* (AAA), com sede em Nova Iorque e que propõe regras de arbitragem internacional de útil consulta[563]. Em Londres funciona a LCIA ou *London Court of International Arbitration*, muito usada pelos países anglo-saxónicos[564]. Para questões marítimas, opera a *London Maritime*

---

[558] Referimos: Julian D. M. Lew/Loukas A. Mistelis/Stefan M. Kröll, *Compaparative International Commercial Arbitration* (2003), 953 pp., Alan Redfern/Martin Hunter, *Law and Practice of International Commercial Arbitration* (2004), 613 pp., Norbert Horn (ed.), *Arbitration Foreign Investement Disputes/Procedural and Substantive Legal Aspects* (2004), 553 pp. e Philip Capper, *International Arbitration: a Handbook* (2004), 179 pp.. Mais elementos podem ser confrontados no nosso *Tratado da arbitragem*, 474 ss..

[559] Dário Moura Vicente, *Da arbitragem comercial internacional: Direito aplicável ao mérito de causa* (1990), 357 pp. e Luís de Lima Pinheiro, *Arbitragem transnacional: a determinação do estatuto da arbitragem* (2005), 702 pp.. Vide rec. O Direito 2006, 219-221.

[560] *Vide* www.iccwbo.org e *ICC Rules of Arbitration* (2012); *vide* o nosso *Tratado da arbitragem* cit., 487 ss. e 589 ss. (o regulamento, em português).

[561] *Vide* Karl-Heinz Böckstiegel e outros, *Recht und Praxis der Schiedsgerichtsbarkeit der Internationalen Handelskammer* (1986).

[562] Sigvard Jarvin/Yves Derais (org.), *Collection of ICC Arbitral Awards/Recueil des sentences arbitrales de la CCI*, 7 volumes já publicados, a partir de 1974.

[563] www.adr.org/.

[564] www.lcia-arbitration.com.

Arbitration Association, cujos termos são largamente seguidos[565]. De relevo: ainda o *Permanent Court of Arbitration* que funciona junto do *International Council for Commercial Arbitration*, com sede em Haia, na Holanda[566], e que visa especialmente litígios entre Estados ou que envolvam Estados[567].

---

[565] *The L.M.A.A.Terms* (2002).

[566] www.pca-cpa.org/. Sob a coordenação de Albert Jan van den Berg, o ICCA publica um anuário, estando disponível o de 2015.

[567] Albert Jan van den Berg (ed.), *New Horizonts in International Commercial Arbitration and Beyond* (2004), 627 pp..

§ 12.º O DIREITO COMERCIAL DOS NOSSOS DIAS

56. Aspetos metodológicos

I. O Direito comercial é, antes de mais, Direito privado. Têm aplicação, no seu âmbito, as considerações tecidas em torno do Direito civil[568]. Noutros termos: está fora de causa a confeção de um método especificamente "comercial".

De todo o modo, na aprendizagem e na aplicação do Direito comercial, supõem-se alguns vetores, dotados de especial utilidade.

II. O Direito comercial visa, como qualquer sector normativo, a resolução de casos concretos. Daí resultam algumas indicações relevantes:

– o pragmatismo na seleção e ordenação dos temas;
– a atualização;
– o conhecimento da jurisprudência;
– o correto manuseio da Ciência do Direito.

Todo o Direito é uma Ciência prática: ou não é Direito. Esta afirmação tem redobrada valia numa disciplina dogmática e, de modo acrescido, no Direito comercial. É certo que existem dimensões culturais a não perder. O Direito comercial dos nossos dias deve, porém, ser abrangente, dirigindo-se a efetivas questões que tenham de ser solucionadas pelo Direito positivo. Faz pouco sentido debater longamente, por exemplo, o tema da natureza comercial dos atos, quando, daí, não se extraiam conclusões em termos de regime ou quando tais conclusões possam ser obtidas sem o recurso a essa qualificação.

---

[568] *Tratado* I, 4.ª ed., 407 ss..

O cerne do Direito comercial – ou o que dele reste – é composto pelos contratos comerciais. Qualquer programa que pura e simplesmente esqueça esse domínio merece abandono[569].

III. O estudo do Direito comercial deve ser um estudo atualizado. E isso nas diversas dimensões em presença: há que trabalhar com o Direito vigente e não com leis revogadas; há que conhecer a doutrina atual e a jurisprudência dos nossos dias; há, por fim, que dar provas de uma atualização metodológica.

Sem o conhecimento da História e do passado, a maior parte dos institutos jurídico-comerciais torna-se incompreensível. Mas qualquer evolução histórica deve desembocar na situação dos nossos dias. O Direito comercial é, em grandes áreas, uma disciplina descritiva: não há que fugir a isso. Não faz sentido uma descrição desatualizada[570].

IV. O domínio da jurisprudência é fundamental no estudo do Direito privado: uma dimensão que permite distinguir radicalmente a comercialística atual da anterior. No Direito comercial assim é. E com particular veemência: perante um Código de 1888, apenas a perceção das decisões dos nossos tribunais e do tipo de problemas que eles enfrentam permitirá restituir, à comercialística, a sua efetiva capacidade de solucionar casos concretos.

Além do rigor teórico que esta escolha implica, estão em jogo opções pedagógicas claras, que muito facilitam a aprendizagem.

V. Finalmente, impõe-se um discurso científico correto. O Direito comercial, como disciplina científica, deve ser cultivado com humildade, com estudo e com capacidade de reflexão autocrítica. Não há verdades definitivas. A literatura deve ser percorrida e as soluções ponderadas.

---

[569] Contra: Coutinho de Abreu, *Curso de Direito comercial* cit., 1, 10.ª ed., 61-62, nota 104, com interessantes considerações. A afirmação que consta do texto (e que não vemos inconveniente em manter) advém da 1.ª ed. desta nossa obra, datada de 2001. Nessa ocasião, campeavam, ainda, programas de Direito comercial que ignoravam os contratos comerciais, insistindo mesmo nessa postura. Hoje, como era inevitável, a batalha está ganha.

[570] Também aqui houve que superar um ensino ainda praticado nos finais do século XX e que usava quadros anteriores à expansão contratual e aos novos dados da Ciência do Direito. Hoje, a veemência que mantemos no texto já não é (felizmente) necessária.

§ 12.º *O Direito comercial dos nossos dias* 193

A teleologia das normas e a ponderação das consequências de qualquer decisão constituem, necessariamente a base de qualquer discurso maduro. A Ciência do Direito não conhece fronteiras. O jurista português tem uma particular disponibilidade para se socorrer de literatura estrangeira. Pode e deve fazê-lo: nesse nível surgirá o verdadeiro internacionalismo da Ciência jurídico-comercial.

Mas não se deve proceder a uma transposição de soluções sem passar pelo crivo do Direito comparado. A natureza dos sistemas em presença, a função dos institutos, a história das normas e a própria ambiência da sua aplicação constituem elementos a ponderar, antes de qualquer transposição.

57. Programa

I. Os índices das obras gerais de Direito comercial, nacionais e estrangeiras, revelam as mais distintas formas de organizar uma exposição de Direito comercial, ainda que sobre um núcleo omnipresente: o que resulta das diversas codificações comerciais.

O Código Veiga Beirão tem, pois, um papel ordenador sempre atual: o Direito comercial é um ramo do Direito positivo.

Assente esse ponto, há que conciliar o lastro histórico-cultural do Direito comercial, que não permite alijar, pura e simplesmente, alguns temas clássicos, ainda que menos úteis com as necessidades da vida mercantil dos nossos dias. Tudo está em reduzir as rubricas às suas devidas dimensões.

II. O Direito comercial corresponde à aceção restrita do termo. Por isso, não lhe cabem as múltiplas disciplinas comerciais que se têm vindo a autonomizar[571]. Quanto ao Direito das sociedades: optámos, hoje, pela sua autonomização dogmática completa, outro tanto sucedendo em relação ao Direito bancário e ao Direito dos seguros.

III. Dividiremos, assim, o *Direito comercial* em três partes. A primeira tem a ver com a presente introdução. A segunda irá tratar da doutrina comercial geral, abrangendo:

---

[571] *Supra*, 156 ss..

194   *Coordenadas atuais do Direito comercial*

– o comércio e os comerciantes;
– a empresa e o estabelecimento;
– o estatuto geral dos comerciantes.

Numa terceira parte iremos cuidar de diversos contratos comerciais. As sociedades, a banca e os seguros constam de manuais autónomos.

58. Bibliografia lusófona [572]

I. Anterior a 1833:

Petrus Santerna, *Tractatus perutilis et quotidianus de assecurationibus et sponsioribus* (1552), trad. port. de Miguel Pinto de Meneses, EF/Anais XXVI (1958), 355-476;

José da Silva Lisboa, *Princípios de Direito Mercantil e Leis da Marinha para uso da mocidade Portugueza*, 7 volumes, Bahia, 1806-1812;

Pascoal José de Melo Freire, *Institutiones Juris Civilis Lusitani cum publici tum privati, Liber* I – *De jure publico*, Tit. VIII (1815), trad. port. Miguel Pinto de Meneses, BMJ 162 (1967), 61-88.

II. Posterior a 1833 e anterior a 1888:

José Ferreira Borges, *Das fontes, especialidade e excellencia da administração commercial segundo o codigo commercial portuguez*, Porto, 1835;

– *Diccionario Juridico-Commercial*, Lisboa, 1839 e 2.ª ed., Porto, 1858;

Gaspar Pereira Silva, *Fontes proximas do Codigo Commercial Portuguez ou Referencia aos Codigos das Naçoens civilisadas e às obras dos melhores Jurisconsultos onde se encontrarão disposições ou doutrinas identicas ou similhantes à legislação do mesmo Codigo*, Porto, 1843.

---

[572] A bibliografia referente às sociedades comerciais, ao Direito bancário e ao Direito dos seguros será indicada nos competentes *Manuais*.

§ 12.º O Direito comercial dos nossos dias

Diogo Pereira Forjaz de Sampaio Pimentel, *Synthese do Codigo de Commercio Portuguez/Na ordem das annotações ao mesmo Codigo pelo Auctor d'estas annotações*, 2.ª ed., Coimbra, 1866;
— *Annotações ou synthese annotada do Codigo de Commercio*, I, Coimbra, 1874/75;
Innocencio de Sousa Duarte, *Diccionario de Direito Commercial*, Lisboa, 1880.

III. Posteriores a 1888:

J. F. Azevedo e Silva, *Commentario ao Novo Codigo Commercial Portuguez*, Fasc. 1.º, Introdução, Lisboa, 1888;
Eduardo de Almeida Saldanha, *Estudos sobre o Direito Commercial Portuguez*, I, Coimbra, 1896;
José Maria Joaquim Tavares, *Curso de Direito Commercial*, tomo I, Coimbra, 1901[573];
José Caeiro da Matta, *Direito Commercial Portuguez*, Coimbra, 1910;
José Gabriel Pinto Coelho, *Apontamentos de Direito Commercial*, por J. B. Calleça, Coimbra, 1911;
— *Direito Commercial Portuguez*, vol. I, Coimbra, 1914;
— *Lições de Direito Comercial*, 1.º vol., por Carlos Ernesto Martins Souto, Lisboa, 1942;
Francisco António da Veiga Beirão, *Direito Commercial Portuguez/ Esboço do curso professado pelo Lente cathedratico do Instituto superior de commercio*, Coimbra, 1912;
Luiz da Cunha Gonçalves, *Comentário do Código Comercial Português*, 3 volumes, Coimbra, 1914-1918;
José Maria Vilhena Barbosa de Magalhães, *Direito Comercial*, por Adelino da Palma Carlos, Lisboa, 1924;
— *Princípios de Direito Comercial/Parte geral*, por José d'Assumpção Mattos, Lisboa, 1933;
Mário Augusto Jorge de Figueiredo, *Lições de Direito Comercial*, por António Simões de Pinho, Coimbra, 1928;
— *Lições de Direito Comercial*, por Eduardo Marques Ralha, Coimbra, 1930;

---

[573] Trata-se da primeira exposição de tipo contemporâneo, do Direito comercial português: influenciou toda a restante literatura.

Fernando Olavo, *Manual de Direito comercial* I, Coimbra, 1964;
António de Arruda Ferrer Correia, *Lições de Direito Comercial*, vol. I, Coimbra, 1973, *Reprint*, Lisboa, 1994;
António Pereira de Almeida, *Direito Comercial*, 1.º vol., Lisboa, 1976/1977;
Vasco da Gama Lobo Xavier, *Direito Comercial/Sumários*, Coimbra, 1977/78;
Fernando Olavo, *Direito Comercial*, vol. I, 2.ª ed., Lisboa, 1970 e 2.ª reimpr., Lisboa, 1979;
Paulo Melero Sendin, *Lições de Direito comercial e de Direito da economia*, 2 volumes, Lisboa, 1979/1980;
José de Oliveira Ascensão, *Lições de Direito Comercial*, vol. I – *Parte geral*, Lisboa, 1986/1987;
— *Direito Comercial* – vol. I – *Institutos gerais*, Lisboa, 1998/1999;
Luís Brito Correia, *Direito Comercial*, 1.º vol., Lisboa, 1987/1988;
Carlos Ferreira de Almeida, *Direito Comercial/Programa e textos de apoio pedagógico*, Lisboa, 1994;
J. P. Remédio Marques, *Direito Comercial/Introdução. Fontes. Actos de comércio. Comerciantes. Estabelecimento. Sinais distintivos*, Coimbra, 1995;
Filipe Cassiano dos Santos, *Direito comercial português* 1, Coimbra, 2007;
Catarina Serra, *Direito comercial/Noções fundamentais*, Coimbra, 2009;
José Augusto Engrácia Antunes, *Direito dos contratos comerciais*, Coimbra, 2009;
Miguel A. Pupo Correia, *Direito comercial/Direito da empresa*, com a colaboração de António José Tomás e Octávio Castelo Paulo, 11.ª ed., Lisboa, 2009;
Paulo Olavo Cunha, *Lições de Direito comercial*, Coimbra, 2010;
Pedro Pais de Vasconcelos, *Direito comercial* 1, Coimbra, 2011.
Alexandre Dias Ferreira, *Direito comercial das empresas*, 2.ª ed., Coimbra, 2015;
Jorge Coutinho de Abreu, *Curso de Direito Comercial*, vol. I, *Introdução, actos de comércio, comerciantes, empresas, sinais distintivos*, 10.ª ed., Coimbra, 2016.

§ 12.º O Direito comercial dos nossos dias

59. Bibliografia estrangeira [574]

I. Alemã[575]:

Claus-Wilhelm Canaris, *Handelsrecht*, 24.ª ed., Munique, 2006;
Eugen Klunzinger, *Grundzüge des Handelsrechts*, 14.ª ed., Munique, 2011;
Karsten Schmidt, *Handelsrecht*, 6.ª ed., Colónia, Berlim, Bona e Munique, 2014;
Anja Steinbeck, *Handelsrecht*, 3.ª ed., Baden-Baden, 2014;
Peter Jung, *Handelsrecht*, 10.ª ed., Munique, 2014;
Peter Bülow/Markus Artz, *Handelsrecht*, 7.ª ed., Heidelberg, 2015;
Georg Bitter/Florian Schumacher, *Handelsrecht mit UN-Kaufrecht*, 2.ª ed., Munique, 2015;
Hartmut Oetker, *Handelsrecht*, 7.ª ed., Berlim e Heidelberg, 2015;
Rainer Wörlen/Axel Kokemoor, *Handelsrecht mit Gesellschaftsrecht*, 12.ª ed., Munique, 2015;
Tobias Lettl, *Handelsrecht*, 3.ª ed., Munique, 2015;
Hans Brox/Martin Henssler, *Handelsrecht mit Grundzügen des Wertpapierrechts*, 22.ª ed., Munique, 2016.

II. Francesa:

Michel de Juglart/Benjamin Ippolito, *Cours de Droit Commercial/ /Actes de commerce. Commerçants. Fonds de commerce. Effets de commerce*, 11.ª ed., Paris, 1995;
G. Ripert/R. Roblot, *Traité de Droit Commercial*, tomo 1.º, 17.ª ed., por Michel Germain/Louis Vogel, Paris, 1998 e tomo 2.º, 16.ª ed., por Philippe Delebecque/Michel Germain, Paris, 2000;

---

[574] Dada a sua extensão, optamos por indicar alguns títulos mais significativos, das atuais literaturas alemã, francesa, italiana e anglo-americana; no caso da italiana, todavia, referiremos algumas obras anteriores a 1942, dada a influência que elas tiveram na conformação da comercialística portuguesa.

[575] Curiosamente, a literatura alemã do Direito comercial acaba por ser a que mais de perto acompanha as obras gerais portuguesas sobre essa matéria; a francesa encontra-se dispersa entre manuais de Direito comercial, de Direito dos negócios e de Direito privado da economia, enquanto a italiana, vitimada pela supressão, em 1942, do Código de Comércio, ocupa obras repartidas pelas diversas rubricas atinentes ao Código Civil.

Jacques Mestre/Marie-Eve Tian-Pancrazi, *Droit Commercial*, 29.ª ed., Paris, 2012;

Dominique Legeais, *Droit commercial et des affaires*, 22.ª ed., Paris, 2015;

Georges Decocq/Aurélie Ballot-léna, *Droit commercial*, 7.ª ed., Paris, 2015;

Michel Menjucq, *Droit commercial et des affaires*, 9.ª ed., Paris, 2015;

Françoise Dekeuwer-Défossez, *Droit commercial/Activités commerciales, commerçants, fonds de commerce, concurrence, consomation*, com a colaboração de Édith Blary-Clément, 11.ª ed., Paris, 2015;

Michel Pédamon/Hugues Kenfack, *Droit commercial/Commerçants et fonds de commerce/Concurrence et contrats de commerce*, 4.ª ed., Paris, 2015.

III. **Italiana** anterior a 1942:

Alberto Marghieri, *Manuale di diritto commerciale italiano*, 2.ª ed., Nápoles, 1902;

Cesare Vivante, *Instituições de Direito Comercial*, trad. port. de J. Alves de Sá, Lisboa, 1910;

— *Trattato di diritto commerciale*, 5.ª ed., quatro volumes, 1922-1929;

Alfredo Rocco, *Principii di diritto commerciale/Parte generale*, Turim, 1928;

— *Principios de Direito Comercial/Parte geral*, trad. port. de Cabral de Moncada, Coimbra, 1931.

IV. **Italiana** posterior a 1942:

Gastone Cottino, *Diritto commerciale*, vol. I, 3.ª ed., Pádua, 1993;

Pietro Rescigno (org.), *Codice civile*, 2 volumes, 8.ª ed., Milão, 2008;

Pier Giusto Jaeger/Francesco Denozza/Alberto Toffoletto, *Appunti di diritto commerciale*, I, 7.ª ed., Milão, 2010;

Francesco Ferrara, *Gli imprenditori e le società*, 15.ª ed., Milão, 2011;

Marco Cian (org.), *Diritto commerciale 1*, Turim, 2014;

Giuseppe Auletta/Niccolò Salanitro, *Diritto commerciale*, 20.ª ed., Milão 2015;

§ 12.° O Direito comercial dos nossos dias   199

Vincenzo Buonocore (org.), *Manuale di diritto commerciale*, 14.ª ed., Turim, 2015;

Gaetano Presti/Matteo Rescigno, *Corso di diritto commerciale* 1, 7.ª ed., Bolonha, 2016;

Marco Cian (org.), *Manuale di diritto commerciale*, Turim, 2016;

Piero Schlesinger (org.), *Il Codice Civile/Commentario*, em várias dezenas de volumes, Milão, em curso de publicação.

V. Inglesa:

Denis King Keenan, *Mercantile Law*, Londres, 1989;

Paul Dubson, *Business Law*, 16.ª ed., Londres, 1997;

Stephen Judge, *Business Law*, Londres, 1998;

Michael Connolly, *Commercial Law*, Londres, 1999;

Sir Gordon J. Borrie, *Commercial Law*, 6.ª ed., Londres, 2000;

Robert Bradgate, *Commercial Law*, 3.ª ed., Londres, 2000;

S. B. Marsh e J. Soulsby, *Business Law*, 7.ª ed., Londres, 2002;

L. S. Sealy/R. J. A. Hooley, *Commercial Law/Text, Cases and Materials*, Londres, 2003;

J. Scott Slorach/Jason Ellis, *Business Law 2015/2016*, Oxford, 2015;

Lucy Jones, *Introduction to Business Law*, 3.ª ed., Oxford, 2015;

Francis Rose (ed.), *Blackstone's Statutes on Commercial & Consumer Law*, 24.ª ed., Oxford, 2015-2016;

Roy Goode, *Commercial Law*, 5.ª ed., Londres, 2016;

Eric Baskind/Greg Osborne/Lee Roach, *Commercial Law*, 2.ª ed., Oxford, 2016.

VI. Espanhola:

Guilhermo J. Jiménez Sánchez/Alberto Díaz Moreno, *Lecciones de derecho mercantil*, Madrid, 2012, 769 pp.;

Alberto Alonso Ureba e outros (org.), *Código Comercial y Leyes Mercantiles*, Madrid, 2015, 1491 pp.;

Enrique Gadea/Eba Gaminde/Antonio Rego, *Manual sobre la contratación mercantil*, Madrid, 2015,. 537 pp.;

Ignacio Arroyo Martínez (org.), *Código de comercio y legislación mercantil*, 32.ª ed., Madrid, 2015, 1983 pp.;

Manuel Broseta Pont/Fernando Martínez Sanz, *Manual de Derecho Mercantil*, 22.ª ed., 2 volumes, Madrid, 2015, 700 + 690 pp.;

Ana Felícitas Muñoz Pérez/Antonio Serrano Acitores/Javier Martínez Rosado, *Handbook of Spanish Business Law*, Madrid, 2016, 293 pp.;

Maria Teresa Bote García, *Derecho mercantil*, 6.ª ed., Madrid, 2016, 455 pp..

60. Revistas, comentários, coletâneas e *Internet*

I. O estudo e a prática do Direito comercial requerem um esforço permanente de informação e de atualização. Para tanto, é essencial o acesso a revistas, a comentários e a bases de dados.

No tocante a revistas portuguesas, qualquer dos títulos gerais mais significativos contém matéria comercial. A nível doutrinário, cumpre referir:

– *O Direito*;
– *Revista de Legislação e de Jurisprudência*;
– *Revista da Ordem dos Advogados*.

No domínio das revistas especializadas, cabe apontar dois títulos que, embora dirigidas para o Direito das sociedades, têm relevo no domínio do Direito comercial:

– *Revista de Direito das Sociedades*;
– *Direito das Sociedades em Revista*.

Com jurisprudência – e ainda, por vezes, com escritos doutrinários –, são de menção obrigatória:

– *Boletim do Ministério da Justiça*;
– *Colectânea de Jurisprudência*.

Quanto a comentários ao Código Comercial, cumpre referir:

Adriano Anthero, *Comentário do Codigo Commercial Portuguez*, Porto, 1913;

Luiz da Cunha Gonçalves, *Comentário do Código Comercial Português*, 3 volumes, Coimbra, 1914-1918;

J. Pinto Furtado, *Código Comercial Anotado*, 3 volumes, Coimbra, 1975-1979.

§ *12.° O Direito comercial dos nossos dias* 201

II. No tocante a revistas estrangeiras, referimos quatro títulos especializados[576]:

– *Revue Trimestrielle de Droit Commercial* (RTDComm), francesa;
– *Rivista del diritto commerciale e del diritto generale delle obbligazioni* (RDComm), italiana;
– *Zeitschrift für Unternehmens- und Gesellschaftsrecht* (ZGR), alemã;
– *Zeitschrift für das gesamte Handels- und Wirtschaftsrecht* (ZHR), alemã.

Para uma atualização semanal, as revistas recomendadas, ainda que de ordem geral, são as seguintes:

– *Dalloz* (D), francesa;
– *Neue Juristische Wochenschrift* (NJW), alemã.

Os grandes comentários são invariavelmente ao Código Comercial alemão, cabendo referir:

Grosskommentar zum Handelsgesetzbuch, fundado por Hermann Schaub, 4.ª ed., por vários autores, a partir de 1983;
Heidelberger Kommentar zum Handelsgesetzbuch, 7.ª ed., por vários autores, Heidelberg, 2007;
Ingo Koller/Wulf-Henning Roth/Winfried Morck, *Handelsgesetzbuch*, 7.ª ed., Munique, 2011, 1012 pp.;
Karlheinz Boujong/Carsten Thomas Ebenroth/Detlev Joost, *Handelsgesetzbuch* 1, 3.ª ed., Munique, 2014, L + 2875 pp. e 2, *idem*, XLVIII + 2581 pp.;
Thomas Heidel/Alexander Schall, *Handelsgesetzbuch*, 2.ª ed., Baden--Baden, 2015, 3043 pp.;
Hartmut Oetker (org.), *Kommentar zum Handelsgesetzbuch*, 4.ª ed., Munique, 2015, XLIII + 2390 pp.;
Münchener Kommentar zum Handelsgesetzbuch, org. Karsten Schmidt, Munique, desde 1996; iniciou-se a publicação da 4.ª ed., a partir de 2016;

---

[576] Para indicações mais extensas *vide* o índice de abreviaturas, no início da presente obra.

202   *Coordenadas atuais do Direito comercial*

Klaus J. Hopt/Christoph Kumpan, *Handelsgesetzbuch*, 37.ª ed., Munique, 2016, 2625 pp..

III. A multiplicação e a dispersão da legislação comercial dá o maior interesse às coletâneas de diplomas comerciais.

Neste momento, estão disponíveis, como coletâneas atualizadas:

Abílio Neto, *Código Comercial e Contratos Comerciais*, Lisboa, 2008;

António Caeiro e Nogueira Serens, *Código Comercial/Código das Sociedades Comerciais*, 18.ª ed., Coimbra, 2011.

IV. *Bases de dados e Internet*

O comercialista, particularmente o português, enfrenta, hoje e como primeira dificuldade, a multiplicação das fontes e dos elementos necessários para o seu desempenho. Tem, assim, a maior utilidade aceder a bases de dados, fechadas ou disponíveis através da *Internet*.

As grandes publicações tendem a estar disponíveis em *CDRom* ou diretamente na Net, mediante assinatura. Como base de dados com vertentes legislativa e jurisprudencial, avulta a LEGIX, da Priberam, de que foi responsável o Dr. Ernesto de Oliveira, a cuja memória prestamos homenagem.

A *Internet* e o acesso à informação que ela possibilita têm um interesse crescente na Ciência do Direito[577], dando azo a múltiplas intervenções legislativas[578].

Multiplicam-se, na *Internet*, os sítios com informação jurídica útil[579]. Apenas como exemplos nacionais:

---

[577] Cumpre referir, para uma primeira abordagem: Aaron Schwabach, *Internet and the Law: Technology, Society and Compromises* (2005), 395 pp. e Keith B. Darrel, *Issues in Internet Law* (2006), 249 pp..

[578] Para efeitos de cotejo, referimos: Giuseppe Cassano (org.), *Codice dell'internet* (2006), 1318 pp..

[579] *Vide* Detlef Kröger/Ralf Clasen/Dirk Wallbrecht, *Internet für Juristen* (1996). Contra o que por vezes se pensa, a *Internet* não veio provocar, só por si, particulares mutações na Ciência do Direito; cf. Thomas Hoeren, *Internet und Recht – Neue Paradigmen des Informationsrechts*, NJW 1998, 2849-2861. Ela veio, sim, acelerar o acesso à cultura e a velocidade de trabalho; cf. Thomas Hoeren, *Internet und Jurisprudenz/zwei Welten begegnen sich*, NJW 2000, 188-190.

§ 12.° O Direito comercial dos nossos dias

– *Faculdade de Direito de Lisboa*: *www.fd.ul.pt*[580];
– *Faculdade de Direito de Coimbra*: *www.fd.uc.pt*[581];
– *Ministério da Justiça*: *www.mj.gov.pt*[582];
– *Tribunal Constitucional*: *www.tribunalconstitucional.pt*;
– ITIJ (*Instituto das Tecnologias de Informação na Justiça*): *www.gde.mj.pt/*;
– *Procuradoria-Geral da República*: *www.pgr.pt/*;
– *Ordem dos Advogados*: *www.oa.pt*.

Estão disponíveis, na *Internet* as decisões de vários tribunais, com relevo para o *Bundesgerichtshof*, bem como as leis de diversos países, mais recentes. Informação jurídico-comercial internacional importante, como a relativa à CNUDCI/UNCITRAL, à UNIDROIT ou à Câmara de Comércio Internacional, é acessível em sítios acima referidos. São, também, de fácil acesso múltiplas revistas jurídicas e bibliografias variadas, com relevo para obras anglo-saxónicas. Torna-se possível, por esta via, aceder rapidamente a material que, ainda há poucos anos, exigia prolongadas deslocações.

A *Internet* abre grandes perspetivas à divulgação e à investigação jurídicas: ela deverá, agora, promover a elevação da cultura e não o seu abaixamento. A ética universitária veda a referência a obras meramente listadas como tendo sido efetivamente consultadas.

A legislação nacional é acessível através de *www.incm.pt*, com entrada no DRE ou Diário da República eletrónico, podendo chegar-se à comunitária através de *europa.eu.int/eur-lex*. As leis e a jurisprudência dos países africanos lusófonos é acessível através da legis/palop, mediante assinatura. Quanto ao Direito do Brasil, há múltiplos sítios relevantes, com focagem no Planalto.gov.br, onde está disponível uma chamada para a legislação.

---

[580] Sendo de reter a biblioteca: www.biblioteca.fd.ul.pt.

[581] Sendo de reter a biblioteca: www.fd.uc.pt/biblioteca/bibliosoft/ e os *links jurídicos*: www.fd.uc.pt/dirnet/index.html.

[582] Através de www.dgsi.pt há acesso aos pareceres da PGT, aos acórdãos do TC, do STJ, do STA, da RLx e da RPt, à jurisprudência europeia e a diversas bibliotecas.

II

DOUTRINA COMERCIAL GERAL

CAPÍTULO I
COMÉRCIO E COMERCIANTES

SECÇÃO I
DOS ATOS DE COMÉRCIO

§ 13.º ATOS DE COMÉRCIO

61. O sistema do Código Comercial

I. Segundo o artigo 1.º, a lei comercial rege os atos de comércio. A expressão "ato de comércio" é muito discutida[583], tendo preenchido, ao longo de gerações, boa parte dos programas da disciplina de Direito comercial[584].

A doutrina tradicional entendia que a expressão "ato", quando reportada ao comércio e nas palavras do legislador comercial, tinha um sentido alargado. Designadamente, ficariam abrangidos:

– os contratos: boa parte do Código Comercial – Livro II, artigos 96.º e seguintes – é-lhes reportada;

---

[583] Assim e desde logo a dissertação de Guilherme Moreira, *Actos de commercio/ /Estudo exegetico e critico das disposições do novo Codigo Commercial*, I, 1889, 230 pp..

[584] *Vide*, por último e já em moldes mais contidos, Remédio Marques, *Direito comercial* cit., 235-299, Oliveira Ascensão, *Direito comercial* cit., 1, 53-84 e 365-401, Cassiano Santos, *Direito comercial português* cit., 1, 60-105 e *passim* e Coutinho de Abreu, *Curso de Direito comercial* cit., 1, 10.ª ed., 67-111. Em J. G. Pinto Coelho, *Direito Commercial Portuguez*, 1 (1914), 39-127, a matéria pode ser seguida com largas remissões para o debate parlamentar.

– os negócios unilaterais: a constituição de uma sociedade comercial unipessoal – artigo 270.º-A do CSC[585];

– os atos jurídicos em sentido estrito, isto é: enformados, apenas, pela liberdade de celebração[586]: tal sucede com o endosso de um cheque, que deve ser puro e simples – artigo 19.º da LUCh;

– os factos ilícitos: assim a abalroação com culpa – artigos 665.º e 666.º.

II. Dando mais um passo, Fernando Olavo veio sustentar que "atos comerciais" abrangeria os próprios factos jurídicos *stricto sensu*, isto é, aqueles que já não se analisassem em atuações humanas, mas apenas em eventualidades que desencadeassem efeitos de Direito[587]: tal sucede com o sinistro casual que ocasione o funcionamento de um contrato de seguro. Contra veio depor diversa doutrina[588], impressionada pela referência a "atos" não correspondentes a atuações humanas.

A questão tem interesse por via metodológica: trata-se de estabelecer o sistema do Código Comercial ou, pelo contrário, de, à luz da atual terminologia, afeiçoar uma ideia aceitável de "ato" de comércio? Neste domínio, releva a primeira opção: definições rigorosas de "factos", "atos" e "negócios" é tarefa da parte geral do Direito civil, operada com base em quadros teóricos adequados e não em vetustos textos comerciais.

III. O sistema do Código Comercial é o de regular factos jurídicos em sentido lato – abrangendo contratos, negócios unilaterais, atos não negociais e factos *stricto sensu* – e, ainda, diretamente – isto é: independentemente dos factos que os originem – efeitos jurídicos. Di-lo o próprio Código, no seu artigo 2.º, quando afirma:

---

[585] A sociedade unipessoal, como o nome indica, é uma sociedade constituída por uma única pessoa, sendo admitida pelos artigos 270.º-A e seguintes do CSC, na redação do Decreto-Lei n.º 257/96, de 31 de dezembro; efetivamente há, aí, liberdade de estipulação e de celebração, mas surge uma única pessoa.

[586] Seguimos, pois, a terminologia de Paulo Cunha: *Tratado* I, 4.ª ed., 952 ss. e II, 4.ª ed., 85 ss..

[587] Fernando Olavo, *Direito Comercial* cit., 1, 62; Remédio Marques, *Direito comercial* cit., 236.

[588] Lobo Xavier, *Direito Comercial* cit., 33 e nota 1, considerando esta saída um tanto forçada, Coutinho de Abreu, *Curso de Direito Comercial* cit., 1, 10.ª ed., 77-78 e Oliveira Ascensão, *Direito comercial* cit., 1, 71.

§ 13.º *Atos de comércio*   209

Serão considerados atos de comércio (...) todos os contratos e obrigações dos comerciantes (...)

É evidente que uma obrigação não é um ato; o Código Veiga Beirão, assumidamente, recorre a esta fórmula, elegante e incorreta, para explicar que iria reger toda a matéria comercial: os factos e os seus efeitos[589] ou, se se quiser, os factos e as situações jurídicas que eles originem, retratadas como "obrigações".

IV. Tendo fixado este alcance amplo para "atos" de comércio, o Código passa a referenciá-los, no seu artigo 2.º. Recorre, aí, a dois critérios distintos:

– um critério objetivo: o tratar-se de atos especialmente regulados neste Código;
– um critério subjetivo: o serem "atos" de comerciantes.

O primeiro critério origina atos objetivos; o segundo, os subjetivos. Cumpre analisá-los separadamente.

62. Atos de comércio objetivos

I. São atos de comércio objetivos, nas palavras do artigo 2.º, 1.ª parte,

(...) todos aqueles que se acharem especialmente regulados neste Código (...)

Esta fórmula pretende evitar os riscos de uma definição geral de atos de comércio e as dificuldades de uma enumeração explícita, recorrendo a um enunciado implícito[590]: um levantamento de atos comerciais objetivos seria, de todo o modo, possível[591]. Porém, na sua aparente clareza, coloca logo dois problemas:

– são comerciais todos os "atos" regulados no Código?
– são comerciais apenas os "atos" nele regulados?

---

[589] Oliveira Ascensão, *Direito comercial* cit., 1, 71, parece deixar esta hipótese em aberto.

[590] J. G. Pinto Coelho, *Direito Comercial Portuguez* cit., 1, 40 ss., ponderando os vários sistemas possíveis e concluindo pela excelência do nosso.

[591] Barbosa de Magalhães, *Lições de Direito comercial* por A. Palma Carlos (1924), 87-89, apresenta, nessa base, uma lista de 51 atos de comércio objetivos.

A primeira questão obtém resposta negativa. A lei não diz "todos os atos regulados neste Código" mas todos os que o sejam "especialmente", isto é, com desvio em relação ao regime geral. Num exemplo[592]: o antigo artigo 49.º/2 sujeitava a registo comercial a convenção antenupcial do comerciante[593]: tal convenção não passaria, por isso, a ser um ato de comércio[594]. A especialidade resulta, sempre, de um juízo de pertença ao sistema "especial"; ora tal juízo não é possível perante a convenção antenupcial, integrada no sistema civil.

Só serão comerciais os atos regulados no Código e nos quais aflore a característica da especialidade. Esta advém de uma valoração feita perante a correspondente regra civil ou, pelo menos, da sua integração num conjunto que, perante o equivalente conjunto civil, mereça o epíteto "especial".

II. Surge, porém, um embaraço. O Código Comercial qualifica, por vezes, certos "atos" como comerciais sem, para eles, prever a aplicação de regimes especiais. É o que sucede com as operações de banco (362.º), remetidas para os respetivos contratos (363.º) ou com o aluguer mercantil (481.º), reenviado para a lei civil (482.º).

Cumpre distinguir. Ou a qualificação como ato comercial permite a aplicação de um regime especial[595] e o ato será efetivamente comercial ou isso não sucede e a qualificação legal, por não ter dado azo a qualquer norma de conduta, perde-se. Ora não se presume a presença de normas inúteis (9.º/3, do Código Civil). A qualificação legal remete, assim, para as regras comerciais gerais, em termos a ponderar caso a caso.

III. A segunda questão – são comerciais apenas os "atos" regulados neste Código? – obtém, também, resposta negativa: haverá atos comerciais que não estão regulados no Código Comercial. Assim:

– são comerciais os atos regidos por diplomas que vieram substituir normas do Código Comercial mantendo-se, todavia, como extrava-

---

[592] Oliveira Ascensão, *Direito comercial* cit., 1, 58.

[593] Este preceito foi revogado pelo Decreto-Lei n.º 42 644, de 14 de novembro de 1959, que aprovou regras sobre o registo comercial, não constando do CRC vigente, de 1986.

[594] Sê-lo-ia, sim, a obrigação de a submeter a registo: aí já há "especialidade".

[595] Ainda que ele resulte de meras regras gerais: Oliveira Ascensão, *Direito comercial* cit., 1, 60.

§ 13.º Atos de comércio

gantes; tal o caso das Leis Uniformes ou do Código das Sociedades Comerciais;
– são comerciais os atos tratados em normas extravagantes que se assumam comerciais: tal o caso paradigmático do arrendamento comercial, antes tratado no Código Civil[596] e no RAU[597]; o atual NRAU suprimiu a referência a arrendamentos comerciais mas conservou, materialmente, as suas normas[598].

Em ambos os casos mantém-se a necessidade de se tratar de atos "especialmente" regulados, isto é: com o desvio de "especialidade" em relação à lei civil.

63. Segue; atos comerciais por analogia?

I. Coloca-se, por fim, a questão já aludida[599] da possibilidade de considerar comerciais atos que não surjam nem no Código Comercial, nem em leis que alteraram o Código Comercial, nem em leis que se assumam, elas próprias, como comerciais. Isso implicaria o recurso à analogia para qualificar, como comercial, um certo ato.

A doutrina portuguesa dividiu-se quanto a esta matéria: contra a analogia na qualificação de atos comerciais pronunciaram-se Guilherme Moreira[600], José Tavares[601], Alves de Sá[602], Caeiro da Matta[603], Mário de

---

[596] Artigos 1112.º e seguintes, da redação original.

[597] Artigos 110.º e seguintes.

[598] Artigo 1112.º do Código Civil, na redação dada pela Lei n.º 6/2006, de 27 de fevereiro.

[599] *Supra*, 147 ss..

[600] Guilherme Moreira, *Actos de commercio* cit., 44 ss. (53); este Autor invoca os trabalhos preparatórios, que indicariam uma "especificação taxativa". Os seus termos teriam, porém, de ser interpretados.

[601] José Tavares, *A determinação dos actos de commercio (Analyse do art. 2.º do Codigo Commercial)*, em *Estudos jurídicos* (s/d), 588-616 (596 ss.), impressionado também com os preparatórios.

[602] Eduardo Alves de Sá, *Primeiras explicações do Codigo Commercial Portuguez de 1888*, vol. 1.º (1903), 158 ss., confrontado, em especial o Código português com o espanhol e o italiano.

[603] José Caeiro da Matta, *Direito commercial português* (1910), 229 ss.. Afirma – ob. cit., 229:

Figueiredo[604], J. G. Pinto Coelho[605], Fernando Olavo[606], Ferrer Correia[607], Brito Correia[608], Remédio Marques[609] Oliveira Ascensão[610] e Pupo Correia[611]; a seu favor votam José Benevides[612], Cunha Gonçalves[613], Barbosa

---

Esta interpretação, que resulta claramente da disposição da lei, é afirmada por uma fórma inequivoca e inilludivel nas palavras do relatorio do codigo e pela discussão parlamentar em ambas as camaras.

[604] Mário de Figueiredo, *Lições de Direito Comercial*, por Marques Ralha (1930), 43-44: "De facto o art. 3.° admite a analogia, mas apenas no momento em que a relação já se encontra qualificada e portanto integrada no sistema de direito comercial".

[605] J. G. Pinto Coelho, *Direito Comercial Português* cit., 105-106: tal como Guilherme Moreira exclui a analogia mas admite a interpretação extensiva.

[606] Fernando Olavo, *Direito Comercial* cit., 1, 2.ª ed., 70, na base de dois argumentos que relevam da interpretação subjetivista: a primeira parte do artigo 2.° teve como fonte o artigo 2.°/2 do Código espanhol, segundo o qual seriam "considerados atos de comércio os compreendidos neste Código e quaisquer outros de natureza análoga"; ora a supressão deste final ("quaisquer outros de natureza análoga") revelaria a intenção de banir a analogia; o segundo argumento resulta do relatório do Código que afirma tudo depender de estar ou não, o ato em causa, no próprio Código.

[607] António Ferrer Correia, *Direito comercial*, 1 (1973), 67 ss. = *Reprint* (1994), 48, acaba por depor contra a analogia: esta seria porventura, mais justa "... mas, em contrapartida, traria consigo um forte estado de incerteza quanto à natureza jurídica de muitas relações".

[608] Brito Correia, *Direito comercial*, 1 (1987), 34-35, sublinhando a rejeição da fórmula adotada pelo Código espanhol.

[609] Remédio Marques, *Direito comercial* cit., 247-248, retendo o argumento histórico e o da segurança.

[610] Oliveira Ascensão, *Direito comercial* cit., 1, 63-65, impressionado com o argumento de insegurança, acaba por recusar a analogia na qualificação dos atos de comércio. Explica:

Admitir a analogia seria substancialmente contraditório com um sistema de enumeração implícita. Pois isso acabaria por trazer a incerteza na delimitação do próprio âmbito da lei comercial.

[611] Miguel J. A. Pupo Correia, *Direito Comercial*, 9.ª ed. (2005), 403-404; este Autor apesar de apelar repetidamente para os interesses e valores subjacentes, acaba por recusar a analogia na qualificação de atos comerciais objetivos: ela iria atentar contra a certeza jurídica que deve rodear tal qualificação.

[612] José Benevides, *Contractos commerciaes* (1892), 66 ss..

[613] Luiz da Cunha Gonçalves, *Comentário do Código Comercial Português*, 1.° vol. (1914), 13-14: "... a enumeração é, como devia ser, meramente exemplificativa".

§ 13.º Atos de comércio

de Magalhães[614], Pereira de Almeida[615], Lobo Xavier[616] e Coutinho de Abreu[617].

II. Outros autores, como Azevedo e Silva[618] e Eduardo Saldanha[619] preferem falar no carácter taxativo da enunciação dos atos de comércio objetivos, o que equivale, parece, à exclusão do seu alargamento por analogia.

No campo oposto surge uma denominada teoria do acessório, segundo a qual seriam comerciais os atos acessórios de outros, objetivamente comerciais. Trata-se de uma figura presente em Cunha Gonçalves[620], Adriano Antero[621] e Barbosa de Magalhães[622-623]. A doutrina dominante reconduz esta teoria a uma fórmula de analogia.

III. O problema da qualificação de certos "atos" como comerciais, com recurso à analogia, representa um exercício teórico de interpretação e

---

[614] Barbosa de Magalhães, *Lições de Direito Comercial*, por A. Palma Carlos cit., 87.

[615] António Pereira de Almeida, *Direito comercial*, 1.º vol. (1976/77), 66.

[616] Vasco Lobo Xavier, *Direito comercial* cit., 56 ss..

[617] Coutinho de Abreu, *Curso de Direito comercial* cit., 1, 10.ª ed., 87 ss. (90).

[618] J. F. Azevedo e Silva, *Commentario do Novo Codigo Commercial Portuguez*, Fasc. 1.º *Introdução* (1888), 121.

[619] Eduardo de Almeida Saldanha, *Estudos sobre o Direito Comercial Portuguez*, 1 (1896), 40 ss. e 45 ss..

[620] Cunha Gonçalves, *Comentário* cit., 1, 12:

> Mas, como os actos que em si contêem a ideia de operação comercial não perdem a sua natureza por serem praticados por quem não é comerciante, igualmente serão comerciaes os actos que a êles se ligam como accessorios, posto que não constituam em si, isoladamente, um acto de comercio, porque se verifica neste caso a mesma razão juridica, que leva a considerar mercantil o acto accessorio quando praticado por um comerciante.

[621] Adriano Anthero, *Comentário* cit., 29:

> Ora, desde que os actos sejam commerciaes, são-no por egual os que tenham com elles intima relação d'origem ou dependencia, ou d'elles provenham como effeito immediato, pela regra de que o *acessorio segue o principal*, embora isoladamente fossem civis.

[622] Barbosa de Magalhães, *Lições de Direito comercial* cit. 109 ss..

[623] Quanto à origem da teoria do acessório, surgida em França para normalizar a competência dos Tribunais comerciais, *vide* Fernando Olavo, *Direito Comercial* cit., 1, 2.ª ed., 100-101, nota 1.

214   *Comércio e comerciantes*

de construção jurídicas: tal sucede, de resto, com a interpretação de todo o artigo 2.º do Código Comercial.

Em termos práticos, o problema não se tem posto dada a envolvência da 2.ª parte do artigo 2.º e dada a escassez de aplicações analógicas ocorridas nos nossos tribunais. Na verdade, os atos que não sejam comerciais por estarem especialmente regulados no Código – ou em diplomas equivalentes – e que tenham relevo económico, são praticados por comerciantes – normalmente, hoje, por sociedades – assim acedendo à comercialidade. Quanto à analogia: muito debatida nos manuais teóricos, ela está ausente da jurisprudência[624]. A proliferação de normas, de princípios e de conceitos indeterminados tem permitido ao juiz encontrar soluções para os problemas sem percorrer o clássico caminho da determinação e da integração de lacunas.

De toda a maneira, o exercício mantém interesse teórico, além de constituir, provavelmente, a questão clássica mais debatida do Direito privado português. Vamos prosseguir.

IV. Não parece de todo possível discutir a possibilidade do uso de analogia na qualificação de "atos" como comerciais sem saber quais as implicações em jogo. As regras envolvidas em tal qualificação são decisivas. Por exemplo: o ilícito contra-ordenacional da violação de direitos de nome e insígnia – artigo 333.º do CPI – corresponde a um ato comercial objetivo: ele está especialmente regulado em leis comerciais[625]. Todavia, não podemos, por analogia, alargar o leque de semelhantes "atos" – entenda-se: com as mesmas regras, ou a qualificação seria inútil: a Constituição[626] e as regras básicas do Direito penal[627] vedam-no, em absoluto.

Tudo depende, pois e desde logo, do regime em jogo.

V. O debate da possibilidade do recurso à analogia na qualificação de atos de comércio corresponde a uma inversão metodológica. A qualificação não é causal do regime; antes decorre deste[628].

---

[624] *Tratado* I, 4.ª ed., 763 ss..

[625] Anteriormente, a matéria surgia no artigo 28.º do Código Comercial e no artigo 268.º do CPI de 1995.

[626] Artigo 29.º da CR.

[627] Artigo 1.º/3 do CP.

[628] Trata-se, aliás, do esquema geral que deve presidir às qualificações, seja no

§ 13.º Atos de comércio

Não se deve, *a priori* e em abstrato, qualificar (ou não) qualquer "ato" como comercial[629]. O caminho correto é o inverso: perante um "ato", há que lhe determinar o regime; conhecido este: se se tratar de um regime comercial, o ato é comercial, sob pena de inutilidade do próprio conceito. Proclamar um "ato" como comercial é um esquema expedito de dizer que se lhe aplicam determinadas regras: de outra forma, o Direito nem seria manuseável. Mas havendo dúvidas, há que descer ao fundamento da qualificação.

VI. As regras de Direito comercial são especiais: à partida, não são excecionais. Comportam pois, como vimos[630], aplicação analógica. Posto isto, podemos assentar no seguinte:

– perante um ato que não esteja "especialmente regulado neste Código" – ou situação equivalente –, há que verificar se o seu regime é "comercial e especial"; sendo a resposta positiva, o ato é comercial;

– perante um ato lacunoso, há que lhe apurar o regime: seja pela analogia, seja pela norma que o intérprete criaria[631]; na integração da lacuna, podem ser usadas normas e princípios comerciais – desde que não excecionais – de acordo com as regras gerais aqui aplicáveis[632]; perante o resultado obtido, se chegarmos à conclusão que o ato ficou como que "especialmente regulado neste Código", ele é comercial.

Digamos que, por esta via, é teoricamente possível que um "ato" deva ser considerado comercial, por força de aplicação analógica (ou da

---

Direito interno, seja no Direito internacional privado; *vide* o artigo 15.º do Código Civil.

[629] Contra: Coutinho de Abreu, *Curso de Direito comercial* cit., 1, 10.ª ed., 88, nota 166. Todavia: para se poder afirmar que um ACE ou uma empresa de reparações são (ou não) comerciais, é necessário analisar o seu regime; se este for lacunoso, proceder-se-á à integração, então se apurando se cabem regras civis ou comerciais; apenas na posse do regime se podem fazer qualificações, sob pena de inversão conceitualista. Este aspeto afigura-se (a nós) definitivamente esclarecido pela crítica à velha jurisprudência dos conceitos: estes não são causais do regime, antes decorrendo deste.

[630] *Supra*, 148 ss..

[631] Artigo 10.º do Código Civil.

[632] *Supra*, 149.

"norma que o intérprete criaria") das normas de que a qualificação depenḍa. Um exemplo: as obrigações resultantes da *culpa in contrahendo*, verificada aquando da preparação de um contrato comercial, serão, elas próprias, comerciais. Embora não previstas em lei comercial, elas devem reger-se, dadas as valorações em jogo, pelas regras comerciais próprias do contrato definitivo. São comerciais "por analogia".

Pode ainda ocorrer um ato neutro, isto é: um ato não lacunoso e cujo regime, uma vez apurado, não permita descobrir nem comercialidade, nem ausência dela. Nessa altura, o ato é civil, já que não se mostra qualquer especialidade.

VII. Alguma doutrina poderia contrapor um obstáculo: o artigo 3.°, que fixa o critério de integração das "questões sobre direitos e obrigações comerciais" pressupõe, antes da integração, a qualificação da figura. Sem a intervenção da moderna teoria da realização do Direito, o artigo 3.°, como abaixo referiremos, é um círculo inextrincável: não sabendo qual o regime de uma questão, como decidir se ela é civil ou comercial?

A norma é um todo e, tal com a interpretação, a integração e a aplicação, faz parte de um processo unitário[633]. A questão decidida pelo Direito comercial é comercial. E comercial será a resolvida pelo "espírito" da lei comercial, por aplicação analógica do Direito comercial ou, até, pelo Direito civil, mas numa ambiência ou confluência de valores que permitam julgar este como de mera aplicação subsidiária.

Evidentemente: se mercê de valorações seguras já sedimentadas, soubermos de antemão que determinado ato merece o epíteto de "comercial", poderemos seguir, na prática, por esse atalho, dele decorrendo o regime. A via da investigação é, porém, sempre a inversa.

64. Segue; o problema das "empresas" do artigo 230.°

I. No tocante à determinação de atos de comércio objetivos, deparamos com o artigo 230.°. Cumpre citá-lo, na sua versão original[634]:

---

[633] *Tratado* I, 4.ª ed., 495 ss..
[634] Carta de Lei de 28-jun.-1888; DG n.° 203, de 6-set.-1888 = COLP 1888, 223.

§ 13.° *Atos de comércio* 217

Haver-se-ão por commerciaes as empresas, singulares ou collectivas que se propozerem:

1.° Transformar, por meio de fabricas ou manufacturas, materias primas, empregando para isso, ou só operarios, ou operarios e machinas;

2.° Fornecer, em épocas differentes, generos, quer a particulares, quer ao estado, mediante preço convencionado;

3.° Agenciar negocios ou leilões por conta de outrem em escriptorio aberto ao publico, e mediante salario estipulado;

4.° Explorar quaesquer espectaculos publicos;

5.° Editar, publicar ou vender obras scientificas, litterarias ou artisticas;

6.° Edificar ou construir casas para outrem com materiaes subministrados pelo empresario;

7.° Transportar, regular e permanentemente, por agua ou por terra, quaesquer pessoas, animaes, alfaias ou mercadorias de outrem.

§ 1.° Não se haverá como comprehendido no n.° 1.° o proprietario ou o explorador rural que apenas fabríca ou manufactura os productos do terreno que agriculta accessoriamente á sua exploração agricola, nem o artista, industrial, mestre ou official mechanico que exerce directamente a sua arte, industria ou officio, embora empregue para isso, ou só operarios e machinas.

§ 2.° Não se haverá como comprehendido no n.° 2.° o proprietario ou explorador rural que fizer fornecimentos de productos da respectiva propriedade.

§ 3.° Não se haverá como comprehendido no n.° 5.° o proprio auctor que editar, publicar ou vender as suas obras.

II. Perante este texto, encontramos, frente a frente, duas grandes linhas de interpretação: a da empresa-atividade, que entende estarem em causa as atuações ou conjuntos de atos enunciados no focado artigo 230.°, seguida por Guilherme Moreira[635], por Lobo Xavier[636] e por Coutinho de Abreu[637]; a da empresa-organização, que julga tratar-se das entidades singulares ou coletivas, que desenvolvam depois as referenciadas atividades;

---

[635] Guilherme Moreira, *Actos de commercio* cit., 188 ss.. Explica este Autor:

Os actos d'uma empreza não são considerados commerciaes por fazerem parte do exercício do commercio, mas por serem parte de um todo em que o legislador reconheceu caracter commercial.

[636] Vasco Lobo Xavier, *Direito comercial* cit., 38 ss..

[637] Jorge Coutinho de Abreu, *Curso de Direito comercial* cit., 1, 10.ª ed., 83-84.

era a orientação de José Tavares[638], de Adriano Anthero[639], de Cunha Gonçalves[640], de Barbosa de Magalhães[641], de Paulo Sendin[642] e, pelo menos aparentemente, Cassiano Santos[643].

A questão tem interesse pelo seguinte: na primeira hipótese, o artigo 230.º permitiria enunciar novos atos como objetivamente comerciais; na segunda, seriam referenciados comerciantes, autores de hipotéticos atos comerciais, mas agora em sentido subjetivo.

Surgem, ainda, opiniões mistas ou conciliadoras, como a de Fernando Olavo[644], Oliveira Ascensão[645] e Pupo Correia[646]: a lei enunciaria

---

[638] José Maria Joaquim Tavares, *Das Emprezas no Direito Commercial (Estudo sobre o artigo 230.º do Código Commercial Portuguez)* (1898), 107, onde se diz que empresa é sinónimo de empresário e depois em *Sociedades e empresas comerciais*, 2.ª ed. (1924), 728 ss.:

> (...) o nosso código, ao contrário do italiano e semelhantes nesta matéria, considerou as empresas sob o aspecto subjectivo das pessoas jurídicas (...).

[639] Adriano Anthero, *Comentario ao Codigo Commercial Portuguez* cit., 424, definindo a empresa como

> (...) um organismo productor collectivo que se propõe realizar uma série de actos destinados a uma especulação económica.

[640] Cunha Gonçalves, *Comentário* cit., 1, 586, que embora divergindo em parte de José Tavares entende que a empresa está, aqui, em sentido subjetivo: o artigo 230.º seria o complemento do artigo 13.º e não do 2.º.

[641] Barbosa de Magalhães, *Do estabelecimento comercial/Estudo de Direito Privado*, 2.ª ed. (1964, semelhante à 1.ª, de 1951), 21.

[642] Paulo Sendin, *Artigo 230.º, Código Comercial e teoria jurídica da empresa mercantil*, Estudos F. Correia, II (1989), 909-1064 (1025).

[643] Filipe Cassiano Santos, *Direito comercial português* cit., 1, 77-91: aparentemente por usar um discurso assente na empresa e por se declarar próximo de Coutinho de Abreu (86-87, nota 69), o que não é exato.

[644] Fernando Olavo, *Direito Comercial* cit., 1, 253: este Autor começa por explicar que o artigo 230.º se reporta ao empresário, visto referir empresas "singulares ou coletivas"; simplesmente, vem a caracterizar essas empresas em sentido subjetivo "... pelo seu objeto, por aquilo que o empresário há-de exercer, em suma, pela empresa em *sentido objetivo*". Trata-se de uma orientação já presente em F. Olavo, *A empresa e o estabelecimento comercial*, CTF 55-60 (1963), 14-37.

[645] Oliveira Ascensão, *Direito Comercial* cit., 1, 154; segundo este Autor, o artigo 230.º teria "... a função prioritária de qualificar como comerciais, logo comerciantes, certas categorias de empresários". E prossegue: "Mas (...) porque são considerados comerciantes estes empresários? Pelas *atividades* a que se dedicam. Essas atividades vêm enumeradas no corpo do artigo e sofrem algumas limitações nos parágrafos".

§ 13.° Atos de comércio

empresas comerciais – portanto: comerciantes – mas pela via de considerar comerciais as respetivas atividades. Mas não se pode evitar o problema: se o artigo 230.°, seja qual for a via seguida, tomar por comerciantes as pessoas que nele se perfilem, *todos* os atos por eles praticados, que não caiam na exclusão da 2.ª parte do artigo 2.°, seriam comerciais.

III. A interpretação do artigo 230.° coloca um curioso problema geral de interpretação. Esta, de acordo com os cânones hoje dominantes, deve preferencialmente ser atualista e objetivista. Simplesmente, qualquer reconstrução não arbitrária do pensamento legislativo terá de partir do sentido da lei. Havendo uma evolução semântica[647], teremos de começar por reter o sentido do preceito na altura em que foi produzido; depois veremos, pelos cânones atualistas, e tendo em conta os restantes elementos da interpretação, com relevo para o sistemático e o teleológico, se o sentido atual acompanha ou não a evolução semântica: as leis do Direito não são, necessariamente, as da etimologia ou da linguística.

IV. A doutrina que vê, na "empresa" do artigo 230.°, um empresário é, em especial, sugestionada pela referência legal a "... singulares ou collectivas". Lê-se aí "pessoas singulares ou colectivas". Porém, em 1888, a expressão "pessoa colectiva" era desconhecida na doutrina portuguesa; ela apenas surgiria em 1907 – e portanto: quase 20 anos depois – pela pena de Guilherme Moreira[648], sendo genuinamente nacional: nem no Brasil ela é usada[649]. O artigo 230.° não tinha em vista quaisquer sujeitos, singulares ou coletivos: antes se reportava a atuações (empreendimentos) levadas a cabo por uma única pessoa – singulares – ou concretamente por várias pessoas – coletivas.

---

[646] Pupo Correia, *Direito comercial*, 9.ª ed. cit., 399, para o qual pouco interessa saber se os atos em causa no artigo 230.° são objetiva ou subjetivamente comerciais.

[647] Portanto: uma evolução no sentido da palavra ou palavras envolvidas.

[648] Guilherme Moreira, *Instituições do Direito Civil português* – vol. I – *Parte geral* (1907), § 14 (153-163). Antes disso, o próprio Guilherme Moreira falava em *pessoas jurídicas* ou *moraes*, contrapondo-as a *pessoas physicas* (e não singulares). Sobre a expressão "pessoa coletiva" *vide* Menezes Cordeiro, *O levantamento da personalidade colectiva no Direito civil e comercial* (2000), 17 ss..

[649] Diz-se, em português do Brasil, "pessoa jurídica" tal como, de resto, na Alemanha ou em Itália.

Por seu turno, a palavra "empresa" tinha, então, o sentido de "atividade", "tarefa" ou "empreendimento"[650]: não o de organização de meios, tipo "sujeito".

A locução "que se propuserem" significa "que visarem" ou que "tenham como objetivo": trata-se de definir o tipo de atividade em jogo e não as intenções futuras seja de quem for – e muito menos da "empresa", que não é pessoa nem tem intenções.

Portanto e categoricamente: em 1888, o artigo 230.º visava classificar como comerciais determinadas atividades ou conjuntos de atos, a desenvolver por uma pessoa só ou por várias. Saber se o autor dessa atividade é ou não comerciante será assunto a decidir nos termos do artigo 13.º.

V. Atualmente, os termos "singulares ou coletivas" e "empresas" têm – pelo menos em Direito – outros significados. "Singulares ou coletivas" esgotam o universo dos sujeitos jurídicos, enquanto "empresas" traduzem organizações de meios humanos e materiais com vista a uma atuação economicamente racionalizada. Haverá elementos sistemáticos ou teleológicos que, somados às condições em que a lei venha a ser explicada, recomendem uma interpretação que descubra, no artigo 230.º, uma listagem de comerciantes?

Entendemos que não.

Interpretar o artigo 230.º como um elenco de comerciantes iria contundir com o artigo 13.º: o artigo 230.º não se reportaria a sociedades (!) nem a comerciantes profissionais (!) que já seriam comerciantes por aquele mesmo preceito; apenas ao remanescente ... e que fosse empresa. Além disso, essa interpretação ficaria francamente fora do espírito do Código Comercial, que regula "atos de comércio", sejam ou não comerciantes os seus autores – artigo 1.º. O elemento sistemático da interpretação depõe contra a "subjetivação" ou "empresarialização" do artigo 230.º.

Em termos teleológicos, tão-pouco essas duas saídas seriam de encarar. Classificar uma entidade como comerciante (só) por causa de um empreendimento conduziria a um Direito de classe estranho ao pensamento dos nossos dias, artificializando a noção, desmesuradamente alargada. Uma associação académica não é comerciante por organizar espetá-

---

[650] Empresa provém do latim *in* + *prehenso*, agarrar, procurar obter, solicitar ou ser candidato a.

§ 13.° Atos de comércio 221

culos públicos – 230.°, 4.° – assim como o não é o autor que edite ou venda obras científicas – 230.°, 5.°: esses atos são, assim, objetivamente comerciais!

VI. Finalmente e como veremos, a empresa não é sujeito de Direito nem realiza atividades; a evolução jurídica dos nossos dias mantém-na, como veremos, num lugar à parte, fora dos quadros jurídicos estritos. Donde o seu interesse. Mal estaríamos se se recorresse a ela, num aspeto tão marcadamente conceitual: um ponto a confirmar, quando analisarmos a ideia de empresa.

VII. O artigo 230.° tem sido alongado por diversa legislação extravagante que refere empresas comerciais. Caso a caso e diploma por diploma, haverá que ver se se qualificam novas atividades como comerciais – entenda-se, como conjuntos articulados de "atos" comerciais – ou se é dos respetivos sujeitos – em regra, sociedades – que se trata.

65. Atos de comércio subjetivos

I. O artigo 2.° do Código Comercial fixou os "atos" de comércio objetivos, isto é, os que o são por si e em si mesmos. São "... todos aqueles que se acharem especialmente regulados neste Código ...", com os alargamentos e as delimitações acima apurados.

Prossegue a sua 2.ª parte[651]:

---

[651] O artigo 2.° surge como uma curiosa bissetriz da doutrina da época; enquanto a 1.ª parte foi retirada do Código de Comércio Espanhol, a 2.ª, agora em causa, adveio do Código de Comércio italiano de 1882; este diploma, depois de enumerar os atos de comércio no artigo 3.° – portanto: num sistema de enumeração explícita – veio acrescentar, no artigo 4.°:

> si reputano inoltre atti di commercio gli altri contratti e le altre obbligazioni dei commercianti, se non sono di natura essenzialmente civile, se il contrario non risulti dell' atto stesso.

As alterações cifram-se no seguinte: a fórmula "reputam-se" foi suprimida, ficando apenas "além deles"; o advérbio "essencialmente" foi substituído por "exclusivamente". Todas estas subtilezas têm sido, entre nós e ao longo de gerações de comercialistas, objeto de leituras específicas e fonte de apuramentos diversificados. Em especial, J. G. Pinto Coelho, *Direito commercial portuguez* cit., 64 ss. e Fernando Olavo, *Direito comercial* cit.,

222   *Comércio e comerciantes*

(...) e, além deles, todos os contratos e obrigações dos comerciantes, que não forem de natureza exclusivamente civil, se o contrário do próprio ato não resultar.

São os atos comerciais subjetivos: a comercialidade deriva do sujeito.

II. A referência a "contratos e obrigações" como atos já acima foi enfrentada: ela permite concluir que "atos" traduz, no sistema do Código, todo e qualquer facto jurídico comercialmente relevante[652]. A expressão "... além deles ..." permitiria afastar a hipótese de haver, com referência aos "atos" subjetivos, uma mera presunção de comercialidade[653]. A lei determina, em definitivo, que os "contratos e obrigações" dos comerciantes sejam considerados "atos" de comércio.

"Dos comerciantes" pode, sem dificuldade, ser reportado à definição de comerciante que resulta do artigo 13.º. Abaixo procederemos às competentes precisões[654].

III. Para serem comerciais, os "contratos e obrigações" dos comerciantes não devem ser "de natureza exclusivamente civil".

Uma doutrina tradicional, alicerçada nos trabalhos preparatórios[655] e subscrita por Guilherme Moreira[656], José Benevides[657], José Tavares[658],

---

1, 2.ª ed., 76 ss.. Também aqui os debates parlamentares havidos aquando da discussão do então projeto de Código são aduzidos, pelos Autores, em prol das interpretações que propugnem.

[652] *Supra*, 206-207.

[653] Trata-se de uma hipótese aventada pouco depois da aprovação do Código por José Braz de Mendonça Furtado, *Lições de Direito commercial* (1889-1890), 264 ss. [litografadas e citadas por Pinto Coelho, *Direito commercial portuguez* cit., 1, 61, nota 1; não podemos confrontá-las], por José Benevides, *Contractos commerciaes* cit., 16 e por Alves de Sá, *Primeiras explicações ao codigo commercial portuguez* cit, 164 e 165, este último opinando mesmo tratar-se de uma presunção *iuris et de iure*.

Tudo isto foi, com oportunidade, refutado por J. G. Pinto Coelho, *Direito commercial portuguez* cit., 1, 61.

[654] *Infra*, 266 ss..

[655] Designadamente, seria valorada a substituição do advérbio "essencialmente", constante do artigo 4.º do Código de Comércio italiano por "exclusivamente"; *vide* o *Appendice ao Codigo Commercial Portuguez aprovado pela Carta de Lei de 28 de junho de 1888*, 3.ª ed. (1906), 19.

[656] Guilherme Moreira, *Actos de commercio* cit., 117 ss..

[657] José Benevides, *Contractos commerciais* cit., 18 ss..

[658] José Tavares, *Curso de Direito Commercial* cit., 1, 36 ss..

§ 13.º Atos de comércio

Caeiro da Matta[659] e Pinto Coelho[660], entende que a natureza "exclusivamente civil" assiste aos atos regulados apenas no Código Civil. O envelhecimento do Código Civil – entenda-se: o de Seabra – levou a que surgisse matéria civil fora dele; além disso, os estudiosos aperceberam-se de que o próprio Código Civil poderia ter matéria comercial. Assim, a doutrina tradicional evoluiu, assumindo uma feição negativa, patente em Fernando Olavo[661]: teriam natureza exclusivamente civil os atos não especialmente contemplados no Código Comercial, não integrados num género de que uma espécie estivesse tratada nesse Código nem, finalmente, integrados no núcleo do artigo 230.º. Uma curiosa evolução desta mesma orientação surge-nos em Oliveira Ascensão: o ato exclusivamente civil é o que não possa ser regulado pelo Código Comercial[662].

IV. A esta orientação contrapõe-se uma outra que mergulha diretamente na interpretação, feita pela doutrina italiana, do artigo 4.º do revogado *Codice di Commercio* de 1882: seriam atos de natureza exclusivamente civil os que, pela sua natureza, não são conexionáveis com o exercício do comércio. Tal a opção de Alves de Sá[663], de Cunha Gonçalves[664], de Adriano Anthero[665], de Barbosa de Magalhães[666], de Ferrer Correia[667], de Lobo Xavier[668], de Olavo Cunha[669] e de Coutinho de Abreu[670].

V. A referência a "atos" que não tenham natureza exclusivamente civil corresponde a um recorte ou a uma delimitação objetiva no seio dos "atos" subjetivamente comerciais. Estão em causa situações jurídicas que, embora encabeçadas por comerciantes, não podem ter natureza comercial.

---

[659] Caeiro da Matta, *Direito comercial português* cit., 1, 241 ss..

[660] J. G. Pinto Coelho, *Direito commercial portuguez* cit., 1, *maxime* 77.

[661] Fernando Olavo, *Direito comercial* cit., 1, 2.ª ed., 87 ss. (90).

[662] Oliveira Ascensão, *Direito comercial* cit., 1, 75-76.

[663] Alves de Sá, *Primeiras explicações* cit., 1, 215 ss..

[664] Cunha Gonçalves, *Comentário* cit., 1, 16 ss..

[665] Adriano Anthero, *Comentario* cit., 24.

[666] Barbosa de Magalhães, *Lições de Direito Comercial* cit., 101 ss..

[667] Ferrer Correia, *Direito comercial* cit., 1, 113 ss. = *Reprint* cit., 66 ss..

[668] Lobo Xavier, *Direito comercial* cit., 72.

[669] Paulo Olavo Cunha, *Lições de Direito comercial* cit., 48-49.

[670] Coutinho de Abreu, *Curso de Direito comercial* cit., 1, 10.ª ed., 102-103.

Porquê? A História dá várias leituras, ora mais legalistas (porque só constam do Código Civil ou porque não podem constar do Código Comercial) ora mais valorativas (porque não se podem conexionar com o comércio), mas todas em torno da mesma ideia.

Uma fórmula mais abrangente e atualista tomará como exclusivamente civis os atos que, no momento considerado, não sejam regulados pelo Direito comercial: esta a nossa noção. Não nos parece viável dar um critério universal para tais atos: caso a caso teríamos de discutir se, perante as valorações em presença, o ato em jogo ainda se poderia submeter a regras comerciais.

Admitimos, pois, que possa haver atos conectados com o exercício do comércio – p. ex., a doação feita a clientes – mas que, todavia, mercê do regime e dos valores em causa, não tenham regime comercial. Não serão, pois, atos de comércio[671].

VI. O artigo 2.º, 2.ª parte, conclui com uma fórmula pitoresca (Oliveira Ascensão): "... se o contrário do próprio ato não resultar".

Aquando da apresentação do projeto, Veiga Beirão propendia para conectar esta fórmula à 1.ª parte do artigo 2.º: o ato (objetivamente) comercial já não o seria se, dele próprio, resultasse o contrário[672]. A doutrina rejeitou com unanimidade tal asserção: se do próprio ato objetivamente comercial resultasse que o não era, o problema nunca se poria, para ter de ser excecionado.

A doutrina acolheu-se, então, ao entendimento de Manara, desenvolvido em Itália a propósito de idêntica fórmula constante do *Codice di Commercio*[673]: o ato praticado pelo comerciante só será comercial se não resultar de si próprio ou de circunstâncias que o acompanhem que não tem a ver com o giro comercial[674].

---

[671] Contra: Coutinho de Abreu, *Curso de Direito comercial* cit., 1, 10.ª ed., 103, que parece admitir a aplicação, às doações, de "algum do regime aplicável aos atos mercantis em geral". Não vemos como. Recordamos que a denominada doação remuneratória não é uma verdadeira doação.

[672] Francisco António da Veiga Beirão, *Codigo Commercial* (*Relatório da Proposta de Lei*), DCDep 1887, 599-614.

[673] Ulisses Manara, *Gli atti di commercio secondo l'art. 4 del vigente Codice Commerciale italiano/Commento teorico-pratico* (1887), 66 ss. (70-71).

[674] Alves de Sá, *Primeiras explicações* cit., 228 ss., Guilherme Moreira, *Actos de commercio* cit., 126 ss., José Tavares, *Curso de Direito Commercial* cit., 1, 38-39, Caeiro da

§ 13.º Atos de comércio

O comerciante que pratique atos que não sejam de natureza exclusivamente civil terá pois o encargo de deles fazer constar que não se inserem no seu manejo comercial; de outro modo, terão natureza mercantil.

Como é evidente: à medida que toda a atividade comercial venha a ser levada a cabo por sociedades comerciais, este final do artigo 2.º perde o alcance prático.

66. Os atos mistos

I. Na tradição comercial, fala-se em "atos". Todavia, é sabido que tais "atos" são, na sua grande maioria, contratos. A razão radica na eventualidade de atos subjetivos de comércio. Nessa eventualidade, quando um ato bilateral (contrato) seja comercial relativamente a uma das partes (comerciante) e não-comercial em relação à outra (não-comerciante), que regime aplicar? Trata-se dos denominados "atos mistos": comerciais em relação a uma das partes e não-comerciais em relação à outra.

II. O Direito comercial permite, numa especialidade não conhecida no Direito civil, cindir um contrato em dois atos, de modo a que opere como comercial, apenas, para uma das partes.

Haverá, então, que discernir, por via do artigo 99.º:

– as regras que, pela sua natureza, forem aplicáveis apenas à parte comerciante, funcionam em relação a ela[675]; à outra parte, aplica-se o Direito comum[676];

Matta, *Direito comercial português* cit., 1, 243 ss., J. G. Pinto Coelho, *Direito commercial portuguez* cit., 1, 75, Barbosa de Magalhães, *Lições de Direito Comercial* cit., 104 ss., Fernando Olavo, *Direito comercial* cit., 1, 2.ª ed., 92-96, Ferrer Correia, *Direito comercial* cit., 1, 111-112 = *Reprint* cit., 67-68, Oliveira Ascensão, *Direito comercial* cit., 1, 77-78, Pupo Correia, *Direito comercial*, 9.ª ed. cit., 408-409 e Coutinho de Abreu, *Curso de Direito comercial* cit., 1, 10.ª ed., 104-105.

[675] REv 14-dez.-1989 (Raúl Mateus), CJ XIV (1989) 5, 270-273 (271/I): a ressalva do artigo 99.º respeita à firma, à escrituração mercantil, ao registo, ao balanço, à prestação de contas, à solidariedade e à moratória do artigo 1696.º/1, do Código Civil.

[676] STJ(P) Assento de 27-nov.-1964 (Gonçalves Pereira), BMJ 141 (1964), 171-174 (173): o artigo 10.º (hoje revogado) não é aplicável ao outorgante em relação ao qual o contrato de compra e venda não seja mercantil.

226   *Comércio e comerciantes*

– não sendo possível fazer essa destrinça, ambas as partes ficam sujeitas à lei comercial[677].

67. Síntese; a Lei n.° 62/2013, de 26 de agosto; perspetivas

I. O desenvolvimento anterior constitui uma rubrica clássica do comercialismo português. Todos os autores intervêm e o debate agita diversos vetores do Direito comercial.

Adiantámos, todavia, que o interesse prático da delimitação dos atos de comércio surge reduzido.

Os atos objetivamente comerciais têm o regime que lhes advém da lei: seja do Código Comercial seja – hipótese cada vez mais frequente – de leis extravagantes. A sua identificação depende do concreto regime que a cada um assista: nunca de prévias fórmulas conceituais abstratas.

Os atos subjetivamente comerciais que não coincidam com os primeiros apenas se distinguem dos correspondentes civis por escassos aspetos abaixo examinados[678].

II. Outrora, a distinção era decisiva uma vez que dela dependia o foro competente: os atos comerciais eram julgados em tribunais comerciais, com uma composição específica e regras processuais próprias[679]; os civis seguiam o foro comum.

Após 1932, o foro foi unificado[680]. E com o Código de Processo Civil de 1939, desapareceu o próprio processo comercial[681]. Muitas ques-

---

[677] STJ 19-fev.-1963 (Ricardo Lopes), BMJ 124 (1963), 734-746 (743): (…) o legislador quis, na regulamentação dos atos mistos, adotar o sistema da unidade legislativa, submetendo o mesmo ato à mesma lei (…).

[678] *Infra*, 231 ss..

[679] Barbosa de Magalhães, *Codigo de Processo Commercial Annotado*, 2 volumes, s/d, relativo ao Código aprovado pelo Decreto de 14 de dezembro de 1905.

[680] O Decreto n.° 21:694, de 29 de setembro de 1932 (Manuel Rodrigues), extinguiu os tribunais de comércio; este diploma compreende um extenso e muito interessante preâmbulo explicativo, que permite entender as razões da decisão então tomada; *vide* COLP 1932, 467-472 (469 ss.). Um dos aspetos curiosos aí focados diz respeito à maior morosidade ... das causas comerciais.

[681] Acolhido, como se disse, no processo civil; como especialidade manter-se-ia, neste, a matéria da falência.

§ 13.º *Atos de comércio* 227

tões correm, nos nosso tribunais, sem que tenha de se decidir se os atos nelas discutidos têm natureza civil ou comercial.

III. De todo o modo, vamos sintetizar as conclusões a que chegámos. São elas:

– os "atos" comerciais são factos jurídicos *lato sensu* e, ainda, as situações jurídicas deles decorrentes, que se rejam pelo Direito comercial;

– a comercialidade desses "atos" pode resultar de, independente-mente do sujeito que os encabece, lhes ser aplicável um regime especial historicamente dito mercantil (atos objetivamente comerciais);

– ou de tal regime lhes competir por terem sido levados a cabo por comerciantes, no exercício do comércio (atos subjetivamente comerciais).

É esta a interpretação que resulta, hoje, do artigo 2.º do Código Veiga Beirão.

IV. A Lei n.º 3/99, de 13 de janeiro[682], veio aprovar a Lei de Orga-nização e Funcionamento dos Tribunais Judiciais, alterando a Lei n.º 38/87, de 23 de dezembro. No seu artigo 78.º, ela admitiu a possibilidade de serem criados tribunais de competência especializada, entre os quais – alínea *e*) –, tribunais de comércio. O artigo 89.º da Lei em causa veio dispor sobre a competência de tais tribunais. A matéria foi retomada pela Lei n.º 62/2013, de 26 de agosto, que adota a Lei da Organização do Sis-tema Judiciário. Este diploma acolhe "tribunais de competência territorial alargada", entre os quais o tribunal da propriedade intelectual (111.º), o da concorrência, regulação e supervisão (112.º) e o tribunal marítimo (113.º). Prevê, depois diversas secções especializadas, entre as quais secções de comércio, sucessoras dos anteriores tribunais de comércio. Dispõe o artigo 128.º, equivalente ao antigo artigo 89.º:

---

[682] Com a Retificação n.º 7/99, de 16 de fevereiro. Foi alterada, pela décima quinta vez, pela Lei n.º 46/2011, de 24 de junho.

228 *Comércio e comerciantes*

1 – Compete às secções de comércio preparar e julgar:

a) Os processos de insolvência e os processos especiais de revitalização;

b) As ações de declaração de inexistência, nulidade e anulação do contrato de sociedade;

c) As ações relativas ao exercício de direitos sociais;

d) As ações de suspensão e de anulação de deliberações sociais;

e) As ações de liquidação judicial de sociedades;

f) As ações de dissolução da sociedade anónima europeia;

g) Ações de dissolução de sociedades gestoras de participações sociais;

h) As ações a que se refere o Código do Registo Comercial;

i) As ações de liquidação de instituição de crédito e sociedades financeiras;

2 – Compete ainda às secções de comércio julgar as impugnações dos despachos dos conservadores do registo comercial, bem como as impugnações das decisões proferidas pelos conservadores no âmbito dos procedimentos administrativos de dissolução e de liquidação de sociedades comerciais.

3 – A competência a que se refere o n.º 1 abrange os respetivos incidentes e apensos, bem como a execução das decisões.

Como se vê, trata-se de uma enumeração que pouco ou nada tem a ver com os antigos atos comerciais do Código Veiga Beirão. A mensagem legislativa parece clara: uma redefinição do Direito comercial teria de ser feita por grandes sectores normativos, claramente determinados e não na base de "atos", "direitos" ou "obrigações". Saudado por uns[683] e criticado por outros[684], o artigo 89.º da Lei n.º 3/99 – hoje 128.º da Lei n.º 62/ /2913 – veio, na prática, a constituir mais um foco de litigiosidade. Os tribunais tiveram de se pronunciar inúmeras vezes sobre questões de competência dos tribunais de comércio.

V. A Lei n.º 46/2011, de 24 de junho, criou um tribunal da propriedade intelectual e um tribunal da concorrência, regulação e supervisão. Visou-se, com isso, enfrentar uma crescente necessidade de especializa-

---

[683] Pupo Correia, *Direito comercial*, cit., 9.ª ed., que a considera "... digna de todo o aplauso".

[684] Oliveira Ascensão, *Direito comercial* cit., 1, 368: "Muitas dúvidas podem surgir quanto à justeza do critério de escolha das competências, que deixa de fora matérias análogas e outras em que a necessidade de especialização se fez igualmente sentir, como as relativas a valores mobiliários".

§ 13.º Atos de comércio

ção, acelerando a administração da justiça. Esse tribunal absorveu alguma da competência antes reservada aos tribunais comerciais. A matéria passou, com meras alterações formais, à Lei n.º 62/2013, de 26 de agosto. Vamos reter os seus preceitos mais relevantes:

Artigo 111.º
Competência

1. Compete ao tribunal da propriedade intelectual conhecer das questões relativas a:

a) Ações em que a causa de pedir verse sobre direito de autor e direitos conexos;

b) Ações em que a causa de pedir verse sobre propriedade industrial, em qualquer das modalidades previstas na lei;

c) Ações de nulidade e de anulação previstas no Código da Propriedade Industrial;

d) Recursos de decisões do Instituto Nacional da Propriedade Industrial, I.P. (INPI, I.P.) que concedam ou recusem qualquer direito de propriedade industrial ou sejam relativas a transmissões, licenças, declarações de caducidade ou a quaisquer outros atos que afetem, modifiquem ou extingam direitos de propriedade industrial;

e) Recurso e revisão das decisões ou de quaisquer outras medidas legalmente suscetíveis de impugnação tomadas pelo INPI, I.P., em processo de contra-ordenação;

f) Ações de declaração em que a causa de pedir verse sobre nomes de domínio na Internet;

g) Recursos das decisões da Fundação para a Computação Científica Nacional, enquanto entidade competente para o registo de nomes de domínio de.PT, que registem, recusem o registo ou removam um nome de domínio de.PT;

h) Ações em que a causa de pedir verse sobre firmas ou denominações sociais;

i) Recursos das decisões do Instituto dos Registos e do Notariado, I.P. (IRN, I.P.) relativas à admissibilidade de firmas e denominações no âmbito do regime jurídico do Registo Nacional de Pessoas Coletivas;

j) Ações em que a causa de pedir verse sobre a prática de atos de concorrência desleal em matéria de propriedade industrial;

k) Medidas de obtenção e preservação de prova e de prestação de informações quando requeridas no âmbito da proteção de direitos de propriedade intelectual e de direitos de autor.

(...)

Artigo 112.º
Competência

1. Compete ao tribunal da concorrência, regulação e supervisão conhecer das questões relativas a recurso, revisão e execução das decisões, despachos e demais medidas em processo de contra-ordenação legalmente suscetíveis de impugnação:

a) Da Autoridade da Concorrência (AdC);
b) Da Autoridade Nacional de Comunicações (ICP-ANACOM);
c) Do Banco de Portugal (BP);
d) Da Comissão do Mercado de Valores Mobiliários (CMVM);
e) Da Entidade Reguladora para a Comunicação Social (ERC);
f) Do Instituto de Seguros de Portugal (ISP) (hoje Autoridade de Supervisão de Seguros e Fundos de Pensões ou ASF);
g) Das demais entidades administrativas independentes com funções de regulação e supervisão.

(…)

A criação destes tribunais inscreve-se nas sucessivas reformas levadas a cabo, nos últimos anos, para resolver o perturbante bloqueio da Justiça. De momento, a instabilidade legislativa tem gerado novas delongas e perplexidades, tanto mais que se anunciam outras reformas. Tal como sucedeu com os tribunais de comércio[685], a criação de novos tribunais especializados provoca, de imediato, uma litigiosidade centrada na sua exata competência, num novo elemento de resistência às decisões finais.

A médio prazo, esperamos melhorias: desde que a Ciência do Direito possa acompanhar o legislador.

---

[685] Há centenas de decisões ilustrativas; como exemplos: RPt 29-mar.-2011 (Maria Cecília Agante), Proc. 5326/07 (deliberação de dissolução), STJ 7-jun.-2011 (Azevedo Ramos), Proc. 612/08 (contratos de suprimento) e STJ 15-set.-2011 (Silva Gonçalves), Proc. 5578/09 (ações de responsabilidade dos administradores *ut singuli* e *ut universi*). Fundamentalmente, tem estado em jogo o contencioso das sociedades.

§ 14.º REGIME GERAL DOS ATOS DE COMÉRCIO

68. Sistema de fontes; analogia e princípios comerciais

I. Os atos de comércio, isto é, na linguagem do Código Comercial, o conjunto das situações jurídicas comerciais, regem-se pelas normas competentes de Direito mercantil. A natureza deste sector normativo, dita "especial", leva ao estabelecimento de um particular sistema de fontes. Dispõe o artigo 3.º:

> Se as questões sobre direitos e obrigações comerciais não puderem ser resolvidas, nem pelo texto da lei comercial, nem pelo seu espírito, nem pelos casos análogos nela previstos, serão decididas pelo direito civil.

O artigo transcrito tem a ver com todas as situações jurídicas comerciais. O artigo 2.º recorrera à locução "contratos e obrigações dos comerciantes"; desta feita, surgem-nos os "direitos e obrigações comerciais", num conjunto de flutuações que transmitem a conceção normativa de todo o universo comercial.

II. O artigo 3.º remete, em primeiro lugar, para o "texto da lei comercial" e, de seguida, para o "seu espírito". Encontramos a letra e o espírito da lei, que o Código Civil, no seu artigo 9.º, ainda manteve passado quase um século.

Não se trata, apenas, da letra e do espírito da lei comercial mas, simplesmente, do Direito comercial diretamente aplicável. O próprio artigo 3.º fala em "lei comercial" e, não, em Código Comercial: prova de que se deve trabalhar com todo o conjunto das fontes comerciais.

O preceito em análise parece ainda pressupor, como questão previamente assente, a classificação dos "direitos e obrigações" em jogo como "comerciais": só depois de termos arrumado esse ponto poderíamos passar à aplicação da lei comercial. Como vimos, ocorre aqui uma construção

232   *Comércio e comerciantes*

ainda conceitualista da realização do Direito. Em termos valorativos e, até, gnoseológicos, a qualificação e a aplicação da lei comercial operam em conjunto. Justamente por, a determinada situação da vida, se dever aplicar a lei comercial é que constatamos estar-se perante um "ato de comércio". Feita esta precisão, nenhum inconveniente existe em, para efeitos de análise, manter a ficção da separação do processo de realização do Direito em várias fases[686].

III. Determinada uma lacuna, o artigo 3.º manda recorrer aos "... casos análogos nele prevenidos ...". Remete-se, pois, para a analogia, mas dentro do Direito comercial.

A ideia é a seguinte: o Direito comercial tem uma lógica intrínseca; aplica-se perante conjunções de interesses e de valores a que, historicamente, se chame "vida comercial". Quando ocorra uma confluência de interesses e de valores, em tudo semelhante a uma situção comercialmente regulada, temos um caso análogo que deverá conhecer a mesma solução. Também no Direito comercial se conserva a ideia de que, na Ordem Jurídica, há que tratar o igual de modo igual e o diferente de modo diferente de acordo com a medida da diferença.

Aparentemente, teríamos aqui quatro operações distintas:

– a qualificação de uma situação como "comercial";
– a constatação de uma lacuna na lei comercial;
– o apuramento de um caso análogo na lei comercial;
– a integração aplicativa.

Não é assim: esta separação de operações apenas tem interesse analítico para efeitos de exposição universitária; ela não corresponde à realidade do processo de realização do Direito, tal como hoje o conhecemos.

Desde logo, a integração de uma lacuna e a sua determinação operam, muitas vezes, em simultâneo: justamente por uma norma "reclamar" a sua própria aplicação fora do campo que, à partida, lhe caberia, é que podemos apurar a presença do caso omisso[687]. Além disso, já verificámos

---

[686] Menezes Cordeiro, *Ciência do Direito e Metodologia Jurídica nos finais do Século XX* (1989), 70 e *Tratado* I, 4.ª ed., 495 ss. e 671 ss..

[687] Recorde-se o clássico de Claus-Wilhelm-Canaris, *Die Feststellung von Lücken im Gesetz* (1964, reimpr., 1981); *vide* o *Tratado* I, 4.ª ed., 746 ss..

§ 14.º Regime geral dos atos de comércio

que não há, ontologicamente, uma autónoma operação de "qualificação" comercial. Em suma: as regras comerciais têm a potencialidade de se aplicar às situações que prevejam e, ainda, às denominadas situações análogas.

IV. Na falta de casos análogos e antes de passar ao Direito subsidiário, poderíamos recorrer aos princípios comerciais?

A doutrina tradicional distinguia entre a analogia *legis* e a analogia *iuris*[688]: na primeira, passar-se-ia diretamente da norma para a situação análoga; na segunda, isso seria possível apenas através da mediação de um princípio. Sempre segundo essa doutrina, a analogia *iuris* surgiria ainda como analogia. Diferente de ambos é o recurso a princípios gerais: aí já não há o estabelecimento de situações análogas mas, somente, a constatação da presença de valorações sensíveis aos mesmos vetores jurídicos[689].

Havendo um princípio comercial aplicável, há que recorrer a ele antes de passar ao Direito subsidiário. Trata-se de uma interpretação atualista do artigo 3.º, em parte facilitada pelo teor do artigo 2.º do CSC[690]. Impõem-se, porém, duas precisões:

– os princípios verdadeiramente comerciais, dada a natureza fragmentária deste ramo do Direito, serão raros e difíceis de distinguir dos princípios civis;
– existe, no recurso a princípios comerciais, como na própria hipótese de analogia, sempre uma sindicância do Direito subsidiário: o Direito civil.

---

[688] Oliveira Ascensão, *O Direito. Introdução e Teoria Geral*, 13.ª ed. (2005), 454 ss.; *Tratado* I, 4.ª ed., 759 ss., com outras indicações.

[689] Todas estas construções estão em regressão mercê do reconhecimento da natureza unitária da realização do Direito e das conceções da "espiral hermenêutica" e da própria "espiral na realização do Direito". A analogia *legis* é sempre reforçada ou indiciada pela *iuris* e esta será subsequente à solução concreta. De todo o modo, mantemos que são úteis, como auxiliares de análise.

[690] Quanto à aplicação analógica dentro do mesmo tipo societário, STJ 11-nov.-1997 (Martins da Costa), CJ/Supremo V (1997) 3, 126-127 (127/I) e STJ 15-jan.-2004 (Duarte Soares), Proc. 03B3827; a aplicação analógica de regras sobre sociedades por quotas às sociedades anónimas, no domínio dos suprimentos, documenta-se em REv 7-mai.-1998 (Mota Miranda), BMJ 477 (1998), 585 e em STJ 9-fev.-1999 (Francisco Lourenço), CJ/ /Supremo VII (1999) 1, 100-103 (102/I), com indicações.

234   *Comércio e comerciantes*

Noutros termos: a insistência na busca intracomercial de uma solução, depois de se ter apurado a falta de norma diretamente aplicável, ocorre porque, mercê dos fatores de realização do Direito em presença[691], a aplicação da lei civil se mostra insatisfatória. E aqui temos mais uma confirmação da unidade do processo.

69. O Direito subsidiário; também Direito público?

I. Esgotadas as buscas de solução à luz do Direito comercial e do seu sistema, manda o artigo 3.º recorrer ao Direito civil.

Na fase mais marcadamente exegética que se seguiu à publicação do Código de Seabra e do Código Veiga Beirão, entendeu-se que "Direito civil" era o "Código Civil". Orientação abandonada: valem, para efeitos de Direito subsidiário, quaisquer fontes "civis".

O tratamento do Direito civil como mero Direito subsidiário implica que se lhe recorra apenas na certeza de exauridas as soluções comerciais. Digamos que o recurso à lei civil é natural, por estarmos perante um Direito especial, sendo ela o comum; mas justamente por isso, apurada a "especialidade" do caso que exigiria um tratamento comercial, só perante a falha do sistema se cai no campo civil. Uma prevenção: tudo isto é razoável; todavia, devemos ter em conta que mercê da natureza fragmentária do Direito comercial, o seu relevo é mais teórico do que prático.

II. No Direito alemão, as relações de subsidiariedade entre os Direitos civil e comercial foram estabelecidas de modo inverso. Segundo o artigo 2.º da Lei de Introdução do Código Comercial – o EGHGB[692] –

> (...) nas questões comerciais os preceitos do Código Civil só recebem aplicação na medida em que no Código Comercial não esteja determinado diversamente.

A doutrina deduz, daqui, que o Direito comercial recebe em regra uma aplicação conjunta com o Direito civil[693]. Resulta uma estruturação

---

[691] Com especial relevo para o pré-entendimento dos problemas, no qual se irão inserir, como fatores de peso, a sensibilidade e a experiência do intérprete aplicador.

[692] Sigla de *Einführungsgesetz zum Handelsgesetzbuch*.

[693] Canaris, *Handelsrecht* cit., 24.ª ed., 5.

§ 14.° Regime geral dos atos de comércio 235

aparentemente mais frágil do Direito comercial: embora admitindo a aplicação analógica das regras comerciais, a doutrina recai mais facilmente no Direito civil. Trata-se de uma decorrência da conceção do Direito comercial como Direito especial dos comerciantes; uma construção de tipo objetivista é levada, naturalmente, a conceber o sistema comercial em moldes mais fechados.

III. O Direito civil, quando chamado a resolver questões comerciais, mantém a natureza civil. A doutrina é unânime em recusar o que seria uma transmutação jurídica[694].

Parece-nos legítimo colocar hoje uma questão mais ampla: o "Direito civil" será apenas Direito civil em sentido técnico ou abrangerá, antes, todo o Direito comum, mesmo público?

Há áreas importantes do Direito comercial que relevam mais do Direito público do que do privado. Pense-se na escrituração mercantil, no registo comercial e nas diversas áreas instrumentais. Temos ramos especializados do Direito comercial, como o Direito bancário e o Direito dos seguros, que comportam níveis públicos. Ora nesses casos, o Direito subsidiário será constituído pelo Direito público comum – portanto: pelo Direito administrativo –, só na falha deste se regressando ao Direito civil[695].

70. Princípios materiais

I. O sistema de fontes do Direito comercial dá-nos apenas um quadro abstrato das suas regras aplicáveis. Fica em aberto a questão magna de saber se é possível a elaboração de princípios comerciais materiais.

Como representativa das atuais enumerações de princípios elaboradas pela Ciência do Direito, vamos partir da de Karsten Schmidt[696], completando-a. Descobrimos os seguintes:

---

[694] Ferrer Correia, *Direito comercial* cit., 1, 45 = *Reprint*, 31 e Oliveira Ascensão, *Direito comercial* cit., 1, 34-35.

[695] *Tratado* I, 4.ª ed., 112 ss..

[696] Karsten Schmidt, *Handelsrecht* cit., 6.ª ed., 41 ss. e *Münchener Kommentar zum HGB*, 1, 4.ª ed. (2015), Vor § 1, Nr. 38-47 (37-41). Este Autor não refere diretamente princípios mas sim "características" das normas comerciais. Claus-Wilhelm Canaris, *Handelsrecht* cit., 24.ª ed., 6-7 refere, por seu turno: o alargamento da autonomia privada, a tutela

236 *Comércio e comerciantes*

– a internacionalidade;
– a simplicidade e a rapidez;
– a clareza jurídica, a publicidade e a tutela da confiança;
– a onerosidade.

No tocante à internacionalidade, verificámos que, para além das leis uniformes e da integração comunitária[697], o saldo é magro: a nível internacional fica a esperança na *lex mercatorum* e nos esforços da UNCITRAL ou da UNIDROIT[698] enquanto, a nível interno, vale o labor dos universitários e da Ciência do Direito, como placa giratória para a formação de uma comercialística universal[699].

II. A simplicidade e a rapidez manifestam-se em regras já tradicionais, do comércio[700]. Assim, cumpre reter:

– a liberdade de escrituração, salvo quanto ao livro de atas – artigo 30.°;
– a liberdade de língua – artigo 96.°[701];
– a liberdade de forma do mandato geral – artigo 249.°;
– a possibilidade de provar o empréstimo mercantil por qualquer modo – artigo 396.°[702];
– a possibilidade de celebrar penhor com entrega meramente simbólica da coisa empenhada – artigo 398.°, § único[703].

---

da confiança e do tráfego e o progresso. Tobias Lettl, *Handelstrecht*, 3.ª ed. (2015), Nr. 18-21 (5-6), elenca a rapidez e a simplicidade, a segurança jurídica e a clareza do tráfego jurídico, a autoresponsabilização dos comerciantes e a natureza complementadora, perante a lei civil. *Vide* também Klaus J. Hopt, em Baumbach/Hort, *Handelsgeserzbrech*, 36.ª ed. (2014), Einl c § 1, Nr. 4-7 (3-4).

[697] Significativa, apenas, no Direito das sociedades comerciais e em ramos especializados, como os da banca, dos seguros e dos títulos imobiliários.

[698] *Supra*, 182 ss..

[699] *Supra*, 191 ss..

[700] Não-formalismo, celeridade e confiança, segundo RLx 3-jul.-1997 (Dário Raínho), CJ XXII (1997) 4, 75-77, a propósito de operações de bolsa.

[701] Como veremos, esta "especialidade" encontra-se, hoje, invertida; o Direito civil admite o uso de línguas estrangeiras, enquanto o Direito comercial, em tudo o que se relacione com o público, obriga ao uso do português, por força das regras de tutela do consumidor.

[702] STJ 19-mar.-1998 (Lúcio Teixeira), CJ/Supremo VI (1998) 1, 142-143 (143/I).

[703] RCb 22-jun.-1999 (Araújo Ferreira), CJ XXIV (1999) 3, 42-43 (43/I).

§ 14.º Regime geral dos atos de comércio

III. A clareza jurídica, a publicidade e a tutela da confiança aflorariam em diversos institutos, com relevo para:

- o valor probatório dos livros dos corretores – artigo 98.º;
- a aplicação da lei comercial aos atos apenas unilateralmente comerciais – artigo 99.º;
- a regra da solidariedade nas obrigações comerciais – artigo 100.º[704];
- a solidariedade do fiador – artigo 101.º[705];
- o registo comercial, hoje constante de um Código próprio, com relevo para a proteção dos terceiros de boa-fé – artigo 22.º/3 do CRC;
- a proteção do portador de título de crédito, de boa-fé – artigo 16.º/ /II da LULLiv e artigo 21.º da LUCh;
- o regime especial do artigo 1301.º do Código Civil, no tocante a coisa comprada de boa-fé a um comerciante[706];
- múltiplas regras do Direito das sociedades comerciais.

Por vezes, os autores falam, a propósito de alguns destes vetores, em "tutela do crédito"; tal tutela resulta, porém, de regras e princípios que comportam um tratamento analítico diferenciado. Digamos que a tutela do crédito é o efeito e não a regra para lá chegar.

IV. Por fim, a onerosidade é uma regra lógica e normal no comércio: trata-se de um Direito profissional subordinado à ideia de obtenção de lucros. A onerosidade aflora:

- na possibilidade de uma taxa supletiva de juros moratórios a favor de créditos de comerciantes – artigo 102.º, § 3.º[707-708];

---

[704] STJ 13-dez.-2000 (Sousa Dinis), CJ/Supremo VIII (2000) 3, 174-176 (175/II).

[705] RCb 27-abr.-2004 (Araújo Ferreira), Proc. 451/04.

[706] RLx 25-mar.-1999 (Santos Bernardino), CJ XXIV (1999) 1, 96-99.

[707] Trata-se de um preceito introduzido pelo Decreto-Lei n.º 262/83, de 16 de junho; este diploma, alterando a terminologia do Código Comercial, veio falar em "empresas comerciais, singulares ou coletivas" e não em comerciantes; ora, por muito que se queira à teoria da empresa, não é viável a sua personalização; muito menos o será a discriminação do pequeno comerciante, que não tenha empresa; se necessário, poder-se-ia invocar o artigo 13.º/1 da Constituição. Pelas razões acima apontadas, não vale invocar o teor do artigo 230.º.

[708] STJ 6-out.-1998 (Lemos Triunfante), BMJ 480 (1998), 441-449 (448).

238 Comércio e comerciantes

– na presunção de que o mandato comercial é remunerado – artigo 232.º – contrastante com uma presunção de princípio de sinal contrário, no Direito civil – artigo 1153.º do Código Civil;
– na regra de que o empréstimo mercantil é sempre retribuído – artigo 395.º –, contra a simples presunção de onerosidade do mútuo civil – artigo 1145.º/1 do Código Civil – e contra a regra da gratuitidade do comodato – artigo 1129.º do mesmo Código[709];
– na fixação de juros comerciais supletivos superiores aos civis: Portarias n.º 262/99 e n.º 263/99, ambas de 12 de abril, para os juros comerciais (12%) e civis (7%), respetivamente; todavia, o Decreto-Lei n.º 62/2013, de 10 de maio, visando transpor a Diretriz n.º 2011/7, de 16 de fevereiro, que adotou medidas de luta contra os atrasos de pagamento, veio fixar regras específicas para os juros "de que sejam titulares empresas comerciais, singulares ou coletivas" (102.º, § 3.º): trata-se de uma nova formulação dos juros comerciais; hoje, a Portaria n.º 291/2003, de 8 de abril, fixa os juros civis em 4%, enquanto os juros moratórios "relativamente aos créditos de que sejam titulares empresas comerciais", resultantes do esquema fixado na Portaria n.º 277/2013, de 26-ago., para o 2.º semestre de 2016, estão fixados, conforme os casos, em 7% e 8%[710];
– na regra da gratificação do depositário mercantil – artigo 404.º – contra a presunção de gratuitidade civil – artigo 1186.º do Código Civil, que remete para o artigo 1158.º do mesmo Código.

V. As normas apontadas deixam-nos, efetivamente, uma imagem do Direito comercial como uma disciplina virada para a circulação de bens e de serviços, mais estritamente aderente às realidades económicas. O Direito comercial tentaria, assim, diminuir os "custos negociais das transações" na linguagem da teoria económica do Direito[711], facilitando a

---

[709] O "empréstimo", na linguagem do Código de Seabra que é a de Veiga Beirão, abrange, efetivamente, quer o comodato, quer o mútuo, consoante a natureza não-fungível ou fungível das coisas envolvidas.

[710] Aviso n.º 8671/2016, de 30 de junho, da Direção-Geral do Tesouro e Finanças, publ. no DR II Série, n.º 132, Série II-C, de 12-jul.-2016, 21308/II.

[711] Richard A. Possner, *Economic Analysis of Law*, 5.ª ed. (1998), 127 e Hans-Bernd Schäfer/Claus Ott, *Lehrbuch der ökonomischen Analyse des Zivilrechts*, 4.ª ed. (2005), 398.

§ 14.º *Regime geral dos atos de comércio* 239

forma dos contratos e a sua prova. A autonomia privada teria um papel acrescido, de modo a que, por contrato, melhor se possam encarar quaisquer novas necessidades.

Além disso, o Direito comercial reforçaria o crédito através de garantias mais eficazes e da tutela da boa-fé.

Finalmente, tudo no comércio estaria virado para o lucro.

Impõe-se, contudo, uma dupla ressalva: os apontados vetores não são estranhos ao Direito civil, designadamente quando patrimonial; por outro lado, o próprio Direito comercial não os concretiza uniformemente: eles vão surgindo ao sabor de institutos históricos e culturalmente condicionados.

§ 15.° OS USOS COMERCIAIS

71. Aspetos gerais

I. Os usos comerciais estão na origem do Direito mercantil. As exigências do comércio medieval originaram, nas cidades italianas e, mais tarde, nas do Norte da Europa, regras que serviam todos os interessados e que, por isso, eles voluntariamente subscrevam.

Pergunta-se, todavia e desde logo: porquê usos e não costume? Na tradição civil, diz-se costume a prática social reiterada, acompanhada da convicção da sua obrigatoriedade. O uso seria, simplesmente, uma prática reiterada, sem esse elemento subjetivo. Esta conceção deve ser abandonada: a convicção da obrigatoriedade só surge ... depois de haver costume. Por isso, a distinção entre o uso e o costume não pode ser endossada à denominada "convicção de obrigatoriedade", presente, apenas, neste último[712].

A distinção será outra: o costume traduz regras de tipo imperativo. Pelo contrário, o uso é supletivo. Só adere a um uso quem pretender beneficiar do que ele comporte; em compensação, o costume traduz uma conduta imperativa, sob cominação de sanções.

Compreende-se, a esta luz, porque razão, no Direito comercial, operam os usos e não, em regra, o costume: as regras em jogo são supletivas. E já assim era nos inícios.

II. O desenvolvimento do Direito comercial, na Alemanha e durante a primeira parte do século XIX operou, em boa parte, na base dos usos. Por isso e em homenagem às origens, os códigos comerciais do século

---

[712] *Tratado* I, 4.ª ed., 562 ss..

§ *15.° Os usos comerciais* 241

XIX – com relevo para o ADHGB[713] e para o *Codice di Commercio* de 1882 – davam um especial papel aos usos, mesmo nas relações com não--comerciantes[714]. A evolução subsequente levou a que muitos dos usos comerciais fossem acolhidos nas leis. Dada essa recuperação do Direito comercial pelo Estado, pouco sentido faria a manutenção de um especial papel dos usos: difíceis de conhecer e de impor, eles constituiriam sempre um fator de complicação e de incerteza.

Sensível a esta problemática, o Código comercial não os incluiu entre os seus esquemas de integração, previstos no artigo 3.°. Assinale-se que mesmo no domínio das doutrinas cujas leis os referem, se reconhece que, hoje, eles são apenas uma reminiscência[715].

III. Perante o silêncio do Código Comercial, quanto a um valor genérico dos usos, cabe recorrer ao Código Civil. Este nada dispõe, em geral, quanto ao costume. Mas no que respeita aos usos, contém um pequeno subsistema regulador. No seu artigo 3.°, epigrafado "valor jurídico dos usos", dispõe:

1. Os usos que não forem contrários aos princípios da boa fé são juridicamente atendíveis quando a lei o determine.

2. As normas corporativas prevalecem sobre os usos.

No anteprojeto de Manuel de Andrade, o mesmo n.° 1 era expresso em termos de maior elegância[716]:

Os usos não contrários à boa fé têm relevância jurídica quando assim esteja determinado na lei.

Não foi feliz o "revisor ministerial", ao mutilar a fórmula de Manuel de Andrade. Além da inelegância "forem"/"são", substituiu "boa-fé" por

---

[713] No seu artigo 279.° o qual passou, depois, ao § 346 HGB; quanto à origem daquele preceito: Jürgen Basedow, *Handelsgebraüche und AGB- Gesetz/Spontane Regelbildung im Zeitalter Kodifizier Usance*, ZHR 150 (1986), 469-491 (470 ss.).

[714] Recordem-se as críticas de Vivante, *Trattato* cit., 1, 5.ª ed., 14-15, a esse estado de coisas; perante o Código Civil de 1942, *vide* Lordi, *Istituzioni di Diritto commerciale* cit., 1, 17 ss..

[715] Basedow, *Handelsgebraüche* cit., 473 ss..

[716] Manuel de Andrade, *Fontes de direito, vigência, interpretação e aplicação da lei*, BMJ 102 (1961), 141-152 (142).

242 *Comércio e comerciantes*

"princípios da boa-fé" e isso quando a boa-fé equivale, por si, a um princípio; e trocou "têm relevância jurídica" por "são juridicamente atendíveis": fica-se sem saber de que poderá depender tal "atendibilidade", depois de haver, para eles, uma remissão legal.

IV. A fonte inspiradora de Manuel de Andrade foi o artigo 8.° das disposições preliminares do Código Civil italiano[717]. Sob a epígrafe "usos", dispõe esse preceito:

> 1. Nas matérias reguladas pelas leis e pelos regulamentos, os usos só têm eficácia quando sejam reclamados por eles.
> 2. As normas corporativas prevalecem sobre os usos, ainda que reclamados pelas leis e pelos regulamentos, salvo se dispuserem diversamente.

Segundo o artigo 1.° das referidas disposições preliminares, os usos surgiam, entre as fontes, em quarto e último lugar (depois das leis, dos regulamentos e das normas corporativas). O artigo 9.° admitia usos publicados em recolhas oficiais de entes e de órgãos para tanto autorizados: presumir-se-ia a sua existência, até prova em contrário.

V. Ao elaborar o seu anteprojeto, Manuel de Andrade acolheu as ideias de que os usos só valeriam quando a lei para eles remetesse e de que eles cedem perante as normas corporativas. Quanto à boa-fé: esse Autor reconhece que se inspirou em Enneccerus/Nipperdey[718] e, logo, no Direito alemão[719].

Este aspeto, pela sua importância, merece ser aprofundado. Enneccerus/Nipperdey[720], relativamente aos usos e às práticas do comércio (*Ver-*

---

[717] Na literatura italiana, avultam os escritos de Cajo Enrico Balossini, *Il diritto delle consuetudine e degli usi* (1974), 362 pp. e *Usi (Teoria degli)*, NssDI XX (1975), 200-209.

[718] Manuel de Andrade, *Fontes de direito* cit., 148.

[719] No Direito alemão, a boa-fé surge ligada aos usos por razões históricas: ao longo do século XIX, os tribunais comerciais alemães depararam com um comércio em forte expansão, mas sem qualquer lei comercial moderna para aplicar; usaram, além do *corpus iuris civilis*, de manuseio sempre complicado, a ideia de boa-fé, na sua vertente de respeito pela confiança e pela materialidade das situações e os usos, desde que conformes com a boa-fé.

[720] Ludwig Enneccerus/Hans Carl Nipperdey, *Allgemeiner Teil des Bürgerlichen Rechts*, 1, 15.ª ed. (1959), § 41, II (272); Manuel de Andrade trabalhou com uma edição anterior, idêntica, neste ponto, à última edição, aqui citada.

§ 15.º Os usos comerciais 243

kehrssitte e *Handelsbräuche*), ocupam-se do tema. Segundo esses Autores, os usos, quando concordes com a boa-fé, seriam aplicáveis nas hipóteses seguintes:

(a) na interpretação dos negócios jurídicos; de facto, o § 157 do BGB determina que os contratos sejam interpretados segundo a exigência da boa--fé, com consideração pelos costumes do tráfego;

(b) sempre que, para eles, as partes remetam;

(c) no âmbito do § 242, do BGB: o devedor fica obrigado a efetivar a prestação como o exija a boa-fé, com consideração pelos costumes do tráfego;

(d) quando a lei especificamente para eles apele.

Manuel de Andrade restringiu, no seu anteprojeto, a relevância dos usos à quarta situação de Enneccerus/Nipperdey. Mas acrescentou[721]:

> Resta advertir que nos lugares próprios deve considerar-se a relevância dos usos no tocante à interpretação dos contratos (ou outros negócios de natureza patrimonial), à execução de quaisquer prestações devidas, e ainda que as partes podem remeter para eles, de modo expresso ou tácito, quando estipulem sobre matérias não subtraídas à sua disponibilidade.

O legislador, particularmente o então Ministro da Justiça, Antunes Varela, não considerou esta recomendação. O Código Civil não se refere aos usos em matéria de interpretação (236.º a 238.º) ou de integração de negócios (239.º), nem no tocante à execução das obrigações (762.º/2). Tão-pouco se lhes reporta como hipótese de remissão das partes. Foi pena.

IV. Como se vê, o Código Civil, na versão final, restringiu em extremo o papel dos usos. Recorreu, em simultâneo, aos modelos italiano e alemão para multiplicar as restrições. E ainda aí, delimitou as hipóteses de relevância.

Subjacente está uma evidente desconfiança, em relação aos usos. Além disso, manifesta-se a não-sensibilidade dos seus ilustres Autores ao Direito privado, no seu todo, designadamente ao Direito comercial.

---

[721] Manuel de Andrade, *Fontes de direito* cit., 148, de novo referindo Enneccerus/ /Nipperdey.

244 *Comércio e comerciantes*

72. Elementos e natureza; confronto com o costume

I. Como foi adiantado, o uso traduz-se numa prática social reiterada. Temos, como elementos:

– a atuação social; tal atuação deve ter uma extensão mínima, sendo adotada por diversos membros da comunidade: condutas isoladas ou restritas não dão corpo a usos;
– a atuação repetida: só o reiterar da conduta permite identificar um uso;
– uma certa antiguidade: a própria repetição implica estabilidade nas condutas.

II. A reflexão sobre os usos juridicamente relevantes – e como abaixo veremos, eles são numerosos, nas áreas comerciais e bancárias – permite apurar um outro requisito: a sua patrimonialidade. Por certo haverá usos não patrimoniais (por exemplo, nos casamentos a noiva vai vestida de branco e nos funerais, os homens levam gravata preta): mas tais usos não são juridicamente relevantes. Em compensação, os usos relativos a contratos internacionais de transportes (*incoterms*) e de compra e venda (*trade terms*, como exemplos) e os usos bancários (contrato de abertura de conta, como exemplo), têm natureza comercial e, logo, patrimonial.

Em compensação, o requisito da espontaneidade levanta dúvidas. Num primeiro momento (o do proto-uso), haverá espontaneidade, quer na criação quer, pelo menos, na adoção. Mas desde o momento em que o uso se generalize e, para ele, apontem ou a lei ou a jurisprudência, perde-se esse fator. O uso deve ser aprendido, para poder funcionar.

III. O confronto habitual entre o costume e os usos explica que o primeiro tem, em si próprio, o fundamento da jurídica-positividade. Seja pela *opinio iuris vel necessitatis*, seja pela especial matéria que sobre ele recaia, seja pelo fenómeno da positivação, o costume tem uma capacidade de autoafirmação que falece ao uso.

Daí resulta um ponto prático decisivo, já adiantado: quando se aplique um costume lida-se com uma norma imperativa. O recurso ao uso traduz uma simples norma supletiva: funciona quando as partes para ela remetam ou, pelo menos, quando não a afastem.

§ 15.º Os usos comerciais 245

73. Os usos do Código Civil; os usos como estalões (standards)

I. A dogmática dos usos implica o levantamento dos lugares civis que se lhes reportam. Assim:

artigo 3.º: valor jurídico dos usos;

artigo 234.º: a declaração de aceitação é dispensável, designadamente, por via dos usos;

artigo 560.º/3: as restrições relativas ao anatocismo não são aplicáveis se forem contrárias a regras ou usos particulares do comércio;

artigo 763.º/1: a prestação deve ser realizada integralmente e não por partes, exceto se outro for o regime convencionado ou imposto por lei ou pelos usos;

artigo 777.º/2: quando seja necessária a fixação de um prazo para o cumprimento, quer pela natureza da prestação, quer pelas circunstâncias, quer pela força dos usos e as partes não acordarem, a fixação é deferida ao tribunal;

artigo 885.º/2: se, por estipulação das partes ou por força dos usos, o preço não tiver de ser pago no momento da entrega, o pagamento será efetuado no lugar do domicílio que o credor tiver ao tempo da entrega;

artigo 919.º: na venda sob amostra, o devedor assegura a existência, na coisa vendida, de qualidades iguais às da amostra, salvo se da convenção ou dos usos resultar que esta serve somente para indicar de modo aproximado as qualidades do objeto;

artigo 920.º: ficam ressalvadas as leis especiais ou, na falta destas, os usos sobre a venda de animais defeituosos;

artigo 921.º/1: o vendedor pode ficar obrigado, por convenção das partes ou por força dos usos, a garantir o bom funcionamento da coisa vendida;

artigo 921.º/2: no silêncio do contrato, o prazo da garantia de bom funcionamento expira seis meses após a entrega da coisa, se os usos não estabelecerem prazo maior;

artigo 924.º/3: na venda a contento, o vendedor pode fixar um prazo razoável para a resolução, se nenhum for estabelecido pelo contrato ou, no silêncio dele, pelos usos;

artigo 925.º/2: na venda sujeita a prova, esta deve ser feita dentro do prazo e segundo a modalidade estabelecida pelo contrato ou pelos usos; se tanto o contrato como os usos forem omissos, observar-se-ão o prazo fixado pelo vendedor e a modalidade escolhida pelo comprador, desde que sejam razoáveis;

artigo 937.º: na venda sobre documentos, a entrega da coisa é substituída pela entrega do seu título representativo e de outros documentos exigidos pelo contrato ou, no silêncio deste, pelos usos;

artigo 940.°/2: não há doação na renúncia a direitos ou no repúdio de herança ou legado, nem tão-pouco nos donativos conformes aos usos sociais;

artigo 1037.°/1: não obstante convenção em contrário, o locador não pode praticar atos que impeçam ou diminuam o gozo da coisa pelo locatário, com exceção dos que a lei ou os usos facultem ou o próprio locatário consinta em cada caso, mas não tem obrigação de assegurar esse prazo contra atos de terceiro;

artigo 1039.°/1: o pagamento da renda ou aluguer deve ser efetuado no último dia de vigência do contrato ou do período a que respeita, e no domicílio do locatário à data do vencimento, se as partes ou os usos não fixarem outro regime;

artigo 1122.°/1: quanto à parceria pecuária, na falta de convenção quanto a prazo, atender-se-á aos usos da terra; na falta de usos, qualquer dos contraentes pode, a todo o tempo, fazer caducar a parceria;

artigo 1128.°: ainda quanto à parceria pecuária, no que não estiver estabelecido nos artigos precedentes devem ser observados, na falta de convenção, os usos da terra;

artigo 1158.°/2: se o mandato for oneroso, a medida da retribuição, não havendo ajuste entre as partes, é determinada pelas tarifas profissionais; na falta destas, pelos usos; e, na falta de umas e outros, por juízos de equidade;

artigo 1163.°: quanto à aprovação tácita do mandato: tem-se por verificada no silêncio do mandante, por tempo superior àquele em que teria de pronunciar-se, segundo os usos ou, na falta destes, de acordo com a natureza do assunto;

artigo 1167.°: o mandante é obrigado (b) a pagar ao mandatário a retribuição que ao caso competir e fazer-lhe provisão por conta dela, segundo os usos;

artigo 1323.°/1: no tocante a animais e coisas móveis perdidas, observam-se, além de outras regras, os usos da terra, sempre que os haja;

artigo 1682.°/4: quanto à alienação ou oneração de móveis, pelos cônjuges, não há imputação na meação quando se trate de donativo conforme aos usos sociais;

artigo 1718.°: o regime de bens do casamento não pode ser fixado, no todo ou em parte, por simples remissão genérica para uma lei estrangeira, para um preceito revogado, ou para usos e costumes locais;

artigo 2110.°/2: não estão sujeitas a colação as despesas com o casamento, alimentos, estabelecimento e colocação dos descendentes, na medida em que se harmonizem com os usos e com a condição social e económica do falecido;

artigo 2326.°: se o testador não especificar as atribuições do testamenteiro, competirá a este (a) cuidar do funeral do testador e pagar as despesas e sufrágios respetivos, conforme o que for estabelecido no testamento ou, se nada se estabelecer, consoante os usos da terra.

Na versão original, o Código Civil referia ainda, no artigo 1066.°/3, os usos locais, quanto à não renovação do arrendamento rural, no artigo 1087.°, os usos quanto ao prazo para o arrendamento feito ao cultivador direto e no artigo 1667.°/1, os usos e a condição dos cônjuges, quanto ao governo doméstico entregue à mulher.

O atual regime do arrendamento rural, aprovado pelo Decreto-Lei n.° 294/2009, de 13 de outubro, não refere os usos. Quanto ao governo doméstico entregue à mulher: foi suprimido pelo Decreto-Lei n.° 496/77, de 25 de novembro.

II. Como se vê, os usos são objeto de remissão, pelo Código Civil, em oito grupos de situações:

– na da conclusão do contrato, quanto à dispensa de aceitação (234.°);
– nas obrigações em geral, quanto ao anatocismo (560.°/3) e à realização da prestação (763.°/1 e 777.°/2);
– na compra e venda, designadamente nas modalidades mais marcadamente comerciais (885.°/2, 919.°, 920.°, 921.°/1, 922.°/2, 924.°/2, 925.°/2, 937.°);
– na locação, de forma moderada (1037.°/1 e 1039.°/1);
– na parceria pecuária, contrato de tipo agrário (1122.°/1 e 1128.°);
– no mandato, particularmente nas vertentes comerciais (1158.°/2, 1163.° e 1167.°);
– no achamento (1323.°/1);
– no campo das doações, da família e das sucessões, designadamente no que tange a donativos e certas despesas: 940.°/2, 1682.°/1, 2110.°/2 e 2326.°.

Temos, ainda, a proibição de remeter para os usos, no artigo 1682.°/4.

III. Em termos práticos, a área civil que mais atenção tem merecido, aos tribunais, é a do anatocismo (juros de juros). A existência de um uso bancário que permita o funcionamento alargado do anatocismo é afirmado

248

por vária jurisprudência: STJ 14-mar.-1990[722], RLx 7-Jul-1993[723] e RLx 31-out.-1996[724]. REv 9-jul.-1996 admite esse uso em geral, mas considera que ele não se coaduna com a atividade das cooperativas[725]. Diogo Leite de Campos contesta a existência de tal uso[726]. Outra jurisprudência reconhece o desfavor civil relativamente ao anatocismo (STJ 14-fev.-1995[727]), requer que ele seja invocado e provado em cada caso[728] ou refere, em geral apenas, a sua possibilidade (STJ 8-mar.-2003[729]).

Nos termos gerais (348.°), quem invocar a existência de um uso deve prová-lo. O tema do anatocismo veio perder acutilância judicial porque passou a ser contemplado nas cláusulas dos contratos bancários. Ele é ainda objeto de um especial esclarecimento, ao consumidor. O controlo pelo sistema (a "boa-fé" do artigo 3.°/1) deve ser efetivo, particularmente na área em jogo.

IV. Os usos podem também ter um papel significativo no tocante à concretização de certos conceitos indeterminados. Por exemplo: a remissão do artigo 487.°/2 para o bom pai de família, na determinação da culpa, e na base da qual se pode extrapolar um critério de diligência, em geral[730]. Fixar, em sectores específicos, qual o grau de diligência exigível pode implicar o conhecimento das "práticas" ou das "boas práticas", na área em causa. Estamos perante um elemento no qual os usos podem ser úteis[731], falando-se, ainda, em estalões (*standards*)[732]. Estes funcionam como fon-

---

[722] STJ 14-mar.-1990 (Barros Sequeira), BMJ 395 (1990), 556-560 (558).

[723] RLx 7-Jul-1993 (Cruz Broco), CJ XVIII (1993) 3, 151-152 (151).

[724] RLx 31-out.-1996 (Silva Salazar), CJ XXI (1996) 4, 147-149 (149/I).

[725] REv 9-jul.-1996 (Mota Miranda), CJ XXI (1996) 4, 278-280 (279/I).

[726] Diogo Leite de Campos, *Anatocismo/Regras e usos particulares do comércio*, ROA 1988, 37-62 (61).

[727] STJ 14-fev.-1995 (Cardona Ferreira), CJ/Supremo III (1995) 1, 82-84 (84).

[728] RPt 16-mar.-1998 (Gonçalves Ferreira), CJ XXIII (1998) 2, 206-208 (208/I).

[729] STJ 8-mar.-2003 (Ezagüy Martins), CJ/Supremo IX (2003) 2, 34-38 (37/I).

[730] *Tratado* II/1, 450 e 452 ss.; existem lugares paralelos, aí referidos.

[731] Kuntze-Kaufhold, *Legal best Practices: von der tatsächlichen zur guten Übung in der Rechtsanwendung*, ARSP 95 (2009), 102-119.

[732] *Vide* a obra coletiva publicada por Thomas M. J. Möllers, *Geltung und Faktizität von Standards* (2009), 293 pp., com escritos de onze autores.

§ 15.° Os usos comerciais

tes mediatas, no sentido de atuarem no âmbito da concretização de tais conceitos, fontes primárias[733].

Finalmente: os usos podem ter um papel no pré-entendimento do juiz e interferir, nessa medida, em toda a sequência de realização do Direito. O controlo desse processo implica, deste modo, a sensibilização da Ciência do Direito para os usos.

74. Os usos no Código Comercial e no Direito mercantil

I. No próprio Código Civil, o essencial da remissão para os usos opera em áreas materialmente comerciais[734]. Cumpre, agora, levantar as referências feitas, a seu propósito, no Código Comercial. Temos[735]:

– artigo 232.°, § 1.°: a remuneração do mandatário é regulado pelo acordo das partes ou, na sua falta, pelos usos da praça onde for executado o mandato;
– artigo 238.°: o mandatário que não cumpra o mandato de acordo com as instruções recebidas e, na falta ou insuficiência destas, com os usos do comércio, é responsável;
– artigo 248.°: é gerente de comércio todo aquele que, sob qualquer denominação, consoante os usos comerciais, se acha proposto para tratar do comércio de outrem (...);
– artigo 269.°: o comissário não responde pelo cumprimento das obrigações contraídas pela pessoa com quem contratou, salvo pacto ou uso contrários;
– artigo 373.°, § único: na falta de guia de transporte as questões serão resolvidas pelos usos do comércio ou, na sua falta, nos termos gerais de direito;
– artigo 382.°: o transportador é obrigado a fazer a entrega dos objetos no prazo fixado por convenção ou pelos regulamentos especiais da transportadora e, na sua falta, pelos usos comerciais (...);
– artigo 399.°: o penhor em letras ou títulos à ordem pode ser constituído por endosso com a correspondente declaração segundo os usos da praça (...);

---

[733] Thomas M. J. Möllers, *Standards als sekundäre Rechtsquellen/Ein Beitrag zur Bindungswirkung von Standards*, *idem* (2009), 143-171.

[734] *Vide* Engrácia Antunes, *Os usos e o costume no Direito comercial/Algumas breves reflexões*, em *Estudos Comemorativos dos 10 anos da FDUNL*, II (2008), 215-239.

[735] Para indicações mais alargadas – uma vez que trabalhava então com uma versão menos expurgada do Código Comercial – *vide* Barbosa de Magalhães, *Direito comercial* (ed. A. Palma Carlos) cit., 67.

– artigo 404.º, § único: no tocante ao depositário, se a quota da gratificação não houver sido previamente acordada, regular-se-á pelos usos da praça (...);
– artigo 407.º: os depósitos feitos em bancos ou sociedades reger-se-ão pelos respetivos estatutos[736] em tudo quanto não se achar prevenido neste capítulo e mais disposições aplicáveis.

Os diplomas extravagantes, que têm vindo a substituir as rubricas do Código Comercial não referem, em geral, os usos comerciais; todavia, uma alusão desse tipo ocorre no artigo 25.º/6 do Decreto-Lei n.º 231/81, de 28 de julho, a propósito da determinação dos resultados de exercício, na associação em participação. De um modo geral, o Direito codificado não joga com os usos.

II. Os usos valem, ainda, quando as partes, ao abrigo da sua autonomia privada, para eles remetam. Nessa altura, terão a força vinculativa dos próprios contratos.
Trata-se de uma ocorrência que, quando alcançada através de cláusulas contratuais gerais predispostas por comerciantes a não-comerciantes, exige um especial esclarecimento dos particulares[737]. Ela é bastante frequente no domínio do Direito bancário. E é ainda no Direito bancário que se documenta algum apelo judicial aos usos[738].

III. Uma aplicação relevante dos usos ocorre nos tipos sociais de contratos.
Diz-se contrato típico aquele cujas cláusulas nucleares constam da lei[739]. As partes não são, em regra, obrigadas a observá-las: trata-se de

---

[736] A referência a "estatutos" reporta-se, apesar da aparente inverosimilhança, a "usos"; é o que resulta da origem desse preceito, transposto do artigo 310.º do Código de Comércio Espanhol, em termos consagrados na doutrina e na jurisprudência; vide o *Direito bancário*, 5.ª ed., 216 ss., com indicações.
[737] As próprias ccg podem recolher usos – e fazem-no, em áreas sensíveis. *Vide* Basedow, *Handelsgebräuche* cit., 480.
[738] Assim, RPt 22-mar.-2001 (Alves Velho), CJ XXVI (2001) 2, 190-194 (193/I), considera "uso bancário" a prática de creditar cheques em conta (apenas) com a cláusula "salvo boa cobrança".
[739] Com elementos: *Tratado* VII, 191 ss..

§ 15.º Os usos comerciais

esquemas legais disponíveis: as partes podem desviar-se deles, estipulando as cláusulas que, em concreto, mais lhes convenham.

Apesar de meramente supletivos, os tipos legais de contratos têm um duplo interesse:

– representam, no termo de longa evolução histórica, tendencialmente, as soluções mais justas e equilibradas;
– dispensam as partes, quando queiram contratar, de (re)elaborar todo um complexo articulado.

Tipos legais de contratos são os constantes do Código Civil: dezasseis, desde a compra e venda à transação (artigos 874.º a 1250.º). São ainda tipos contratuais legais outras figuras constantes do Código Comercial e de diversos diplomas avulsos.

Ao lado dos tipos contratuais legais temos tipos sociais: encadeamentos de cláusulas habitualmente praticadas em determinados sectores, muitas vezes dotados de designação própria e que, mau grado a não-formalização em lei, traduzem composições equilibradas e experimentadas. Tipos sociais muito importantes são, por exemplo, os contratos de abertura de conta (bancária)[740] e de concessão comercial[741]. O tipo social, mau grado a falta do selo oficial, pode funcionar em moldes paralelos aos do tipo legal: também ele evita, às partes, o terem de se repetir em lugares comuns, ao mesmo tempo que afeiçoa as soluções historicamente mais equilibradas.

Noutros ordenamentos, como no alemão, os tipos sociais dão azo a regras consideradas consuetudinárias[742]. Entre nós, a lesteza do legislador, que tudo regula com prontidão, confere pouca margem aos tipos sociais: transforma-os em legais, como sucedeu com a locação financeira e com a cessão financeira. Verifica-se, ainda, que os tipos sociais são, com frequência, alvo de pequenas codificações, feitas em cláusulas contratuais gerais. Haverá, então, que proceder ao seu controlo material, através da Lei das Cláusulas Contratuais Gerais.

---

[740] *Direito bancário*, 5.ª ed., 552 ss..

[741] *Infra*, § 66.º.

[742] É o que sucede com os contratos de locação financeira (*leasing*) e de cessão financeira (*factoring*). Em geral: Karsten Schmidt, no *Münchener Kommentar zum HGB* cit., 1, 4.ª ed., Vor § 1, Nr. 32 (36).

IV. O artigo 3.º/1 do Código Civil, como vimos, dá relevância aos usos quando, para eles, a lei remeta. No Direito bancário português existe uma remissão geral para os usos[743].

Segundo o artigo 407.º do Código Comercial,

> Os depósitos feitos em bancos ou sociedades reger-se-ão pelos respetivos estatutos em tudo quanto não se achar prevenido neste capítulo e mais disposições legais aplicáveis.

A referência a "estatutos" reporta-se, na realidade, aos "usos"[744]. "Estatutos" corresponde à expressão usada no artigo 310.º do Código de Comércio Espanhol, fonte do citado artigo 407.º. No preceito espanhol, eles designam os usos. Como "estatutos", em sentido português, nem fariam sentido: o banqueiro individual não tem estatutos enquanto os das sociedades não se ocupam dos depósitos, como é evidente[745].

Temos, pois, um preceito que, no tocante ao depósito bancário, remete para os usos. O depósito bancário surge, muitas vezes, integrado em séries negociais complexas, que incluem, como exemplos, a abertura de conta, a convenção de cheque, a concessão de determinados créditos e, ainda, a prestação de certos serviços. Podemos admitir a vigência, *ex lege*, de usos que abarquem todo esse negócio complexo, por interpretação extensiva e atualista do artigo 407.º do Código Comercial. Caso a caso se procederá à sindicância *ex bona fide*. Os nossos tribunais acolhem, por vezes e sem sobressalto, usos bancários[746].

---

[743] Quanto aos usos como fonte do Direito bancário, *vide Direito bancário*, 5.ª ed., 215 ss..

[744] Assim: STJ 26-jun.-1980 (Rodrigues Bastos), BMJ 298 (1980), 354-357 (356), STJ 8-mai.-1984 (Moreira da Silva), BMJ 337 (1984), 377-384 (382), REv 9-nov.-1989 (Raúl Mateus), CJ XIV (1989) 5, 258-261 (259, 2.ª col.) e RCb 29-out.-1991 (Costa Marques), CJ XVI (1991) 4, 122-124 (123, 1.ª col.).

[745] *Vide* a explicação confluente de Luiz Cunha Gonçalves, *Comentário ao Código Comercial Português*, 2 (1914), 383-384; Aureliano Strecht Ribeiro, *Código Comercial Português/actualizado e anotado*, vol. II (1939), 303.

[746] Assim: RLx 3-jun.-2003 (Pimentel Marcos), CJ XXVIII (2003) 3, 101-105 (103/I), onde se refere, como uso, a prática do lançamento em conta dos cheques depositados, com a cláusula "salvo boa cobrança".

§ 15.° Os usos comerciais 253

V. Finalmente, temos uma relevância dos usos no domínio do *ius mercatorum*[747] e dos contratos internacionais de transporte[748]. Para aí remetemos.

75. Natureza; a "boa-fé"

I. Os usos traduzir-se-iam em meras práticas sociais. Só por si, não dariam azo a normas jurídicas[749], isto é, a proposições capazes de resolver casos concretos. Como foi dito, por aí se distinguiriam do costume o qual teria, em si, essa potencialidade[750].

O artigo 3.°/1, do Código Civil, é demasiado restritivo, como é hoje pacífico[751]: coloca-se em contra-corrente relativamente ao conjunto do Direito privado atual. A ser tomado à letra, erradicaria os usos comerciais, que alimentam áreas nobres do ordenamento.

II. Os usos podem adquirir relevância prescritiva por uma de três vias:

– através da lei, que para eles remeta; tal a mensagem do artigo 3.°/1; nessa eventualidade, a lei poderá fazê-lo totalmente, de modo que os usos assumam uma função regulativa; mas pode remeter para eles apenas para auxiliarem na interpretação de negócios jurídicos ou para complementarem a sua integração; a lei portuguesa não documenta, todavia, estas duas últimas hipóteses;

– através do costume: caso o uso funcione como norma imperativa *a se*, manifesta-se uma fonte autónoma do Direito;

---

[747] *Supra*, 185 ss..

[748] *Infra*, § 70.°.

[749] Carlos Mota Pinto, *Teoria geral do Direito civil*, 4.ª ed., por António Pinto Monteiro e Paulo Mota Pinto (2005), 66.

[750] Enneccerus/Nipperdey, *Allgemeiner Teil* cit., 1, 15.ª ed., § 41, IV (273); *vide* Erich Danz, *Laienverstand und Rechtsprechung (§§ 157, 242 BGB)*, JhJb 38 (1899), 373-500 (454-454) e *Rechtsprechung nach der Volkanschaung und nach dem Gesetz/Ein Beitrag zur Lehre von Gewohnheitsrecht und zur Gesetzauslegung*, JhJb 54 (1909), 1-81 (15 ss.).

[751] Além de que não cabe à lei atingir fontes como o costume. *Vide* João Baptista Machado, *Introdução ao Direito e ao discurso legitimador* (1983), 158-159 e 161-162.

254   *Comércio e comerciantes*

– através da autonomia privada: as partes, quando celebrem livremente os seus contratos, podem fazê-lo estipulando cláusulas ou remetendo, simplesmente, para as práticas habituais no sector.

Em qualquer dos casos, os usos são fontes de Direito: são eles que permitem a revelação de normas jurídicas. E fazem-no diretamente: por isso, contra a qualificação legal, eles não podem deixar de surgir como fontes imediatas do Direito.

III. Se bem atentarmos nas figuras dos usos comerciais consagrados e nos tipos contratuais sociais, verifica-se que a juridificação dos usos, que eles consubstanciam, acaba por ser imputada ao sistema, no seu conjunto. Eles *são sistema*, independentemente da possibilidade de os intercalar na pirâmide kelseniana.

Uma doutrina experiente como a alemã não tem dúvida relativamente a esses tipos, em considerá-los Direito consuetudinário. Entre nós, dada a forte aversão do legislador civil de 1966 pelo costume, aversão essa que surge reforçada pelos constitucionalistas pós-1976 (veja-se o destino dos assentos), não soaria bem dar esse passo[752].

Fica-nos, pois, a saída dos usos como fontes de Direito, para integração no sistema.

IV. O artigo 3.°/1 exige, para a aplicabilidade dos usos, que os mesmos não sejam "contrários à boa-fé". Vimos a sua origem, de resto confessada por Manuel de Andrade: ela reside na conexão entre *Treu und Glauben* e *Verkehrssitte*, a qual remonta à jurisprudência comercial alemã do século XIX. E entre nós?

Já se tem visto, na sindicância *ex bona fide*, uma exigência de racionalidade[753], uma forma de combater os "usos manhosos"[754] e um conceito "ético-moral" (sic), a apreciar em cada caso pelo julgador[755]. Esta última solução, vinda dos ilustres autores do Código Civil, nesta área, surpreende: afastou-se o costume pela insegurança que poderia ocasionar e permite-se

---

[752] Todavia, *vide* Diogo Freitas do Amaral, *Introdução ao estudo do Direito* 1 (2004), 373 ss., com uma vigorosa defesa do costume, enquanto fonte autónoma do Direito.

[753] Oliveira Ascensão, *O Direito*, 13.ª ed. (2005), 278.

[754] José Hermano Saraiva, *Apostilha crítica* cit., 35.

[755] Pires de Lima/Antunes Varela, *Código Civil Anotado*, 1, 4.ª ed. (1997), 54.

§ 15.° Os usos comerciais

que o julgador decida, caso a caso, em função de bitolas éticas para as quais não se dá qualquer critério?

A boa-fé tem, hoje, um sentido estabilizado: não se compreenderia que, a propósito de cada uma das suas diversas manifestações, os autores se afadigassem a montar um sistema *ad hoc*, sem terem em conta de que estamos perante uma das áreas mais densificadas, em termos de jurisprudência e de doutrina, do Direito civil.

A boa-fé opera como um princípio do sistema jurídico, desdobrado em dois subprincípios: o da tutela da confiança e o da primazia da materialidade subjacente. Assim, não são atendíveis usos que defrontem aquilo com que, legitimamente, os interessados poderiam contar (confiança). E tão-pouco são operativos os usos que desvirtuem a função sócio-económica do instrumento de cuja concretização se trate. Nada temos, aqui, de muito diferenciado: a própria lei que contradite esses vetores será paralisável por abuso do direito.

SECÇÃO II

DOS COMERCIANTES

§ 16.° A IDEIA GERAL DE COMERCIANTE

76. Relevância; os atos de comércio unilaterais

I. As exposições de Direito comercial português comportam sempre uma rubrica de média extensão consagrada aos comerciantes[756]. Trata-se, efetivamente, de uma matéria que, embora residualmente, tem a sua importância.

O Código Comercial principia, no seu artigo 1.°, com uma profissão de fé objetivista: declara reger atos de comércio, sejam ou não comerciantes as pessoas que neles intervenham. Porém, logo no artigo 2.°, prevê a especial categoria dos atos subjetivamente comerciais, isto é, daqueles que o são por serem praticados por comerciantes ou por a estes respeitarem.

É certo que toda a pessoa civilmente capaz de se obrigar pode praticar atos de comércio – artigo 7.°. Mas nem todo o que pratica atos de comércio é comerciante. Na verdade e segundo o artigo 13.°:

São comerciantes:

1.° As pessoas que, tendo capacidade para praticar atos de comércio, fazem deste profissão;

2.° As sociedades comerciais.

---

[756] *Vide* Fernando Olavo, *Direito comercial* cit., 1, 2.ª ed., 231-259 e 399-428, Ferrer Correia, *Direito comercial* cit., 1, 123-178 = *Reprint* cit., 73-104, Coutinho de Abreu, *Curso de Direito comercial* cit., 1, 10.ª ed., 113-203, Oliveira Ascensão, *Direito comercial* cit., 1, 233-280 e Pupo Correia, *Direito comercial* cit., 9.ª ed., 77-114.

§ *16.° A ideia geral de comerciante*   257

A profissão do comércio é proibida a determinadas entidades referidas no artigo 14.°, havendo ainda que contar com diversa legislação especial.

II. A decisão de considerar uma pessoa como comerciante tem relevo para a determinação dos atos de comércio subjetivos. Além disso, ela torna os visados incursos em obrigações especiais. Segundo o artigo 18.°:

> Os comerciantes são especialmente obrigados:
> 1.° A adotar uma firma;
> 2.° A ter escrituração mercantil;
> 3.° A fazer inscrever no registo comercial os atos a ele sujeitos;
> 4.° A dar balanço e a prestar contas.

Outras obrigações surgem em diplomas extravagantes. Apesar da linguagem legal, as "obrigações" dos comerciantes apresentam-se, muitas vezes, como encargos. A sua inobservância pode não ter sanções diretas: apenas os impede de beneficiar plenamente do estatuto mercantil. Todavia, somente caso a caso se torna possível fazer um juízo sobre a natureza das "obrigações" dos comerciantes.

III. A qualidade de comerciante não origina tão-só obrigações: confere, ainda, determinados privilégios. Tais privilégios prendem-se com o desfruto de diversos aspetos da lei comercial que tutelam a sua atividade – e cujos princípios materiais acima deixámos expressos. Mas prendem-se, sobretudo, com o regime dos chamados atos de comércio unilaterais ou – melhor dizendo – atos unilateralmente comerciais[757], já acima aludidos a propósito dos atos mistos[758].

Em termos históricos, o Direito comercial era o Direito da classe dos comerciantes. A Revolução Francesa combateu esse ponto de vista, originando sistemas objetivos de Direito comercial: este regulará o comércio, independentemente da intervenção de comerciantes. O Direito português

---

[757] Os "atos de comércio unilaterais" podem ser contratos; paralelamente, os "atos de comércio bilaterais" podem ser negócios unilaterais que criem relações de natureza comercial para todos os intervenientes. Visando prevenir tais confusões Fernando Olavo, *Direito comercial* cit., 1, 2.ª ed., 113 ss., propõe antes uma contraposição entre atos de comércio puro e atos mistos.

[758] *Supra*, 225.

conservou, todavia, o resquício dos atos comerciais subjetivos. Trata-se de uma prerrogativa dos comerciantes: a de "comercializarem" os atos em que toquem. Quando essa "comercialização" valesse nos atos concluídos apenas por comerciantes, tudo se passaria entre eles. O problema põe-se quando um comerciante se relacione com um não-comerciante: que Direito aplicar?

IV. Quando o ato seja objetivamente comercial, o Direito a aplicar é, naturalmente, o comercial. Quando o ato seja cindível e surja objetivamente comercial apenas por uma das partes[759], o regime aplicável é, ainda, o comercial. E quando, finalmente, o ato não seja cindível e seja subjetivamente comercial para uma das partes e não para a outra, o regime aplicável é, de novo, o comercial. É este o regime que se extrai do artigo 99.º, assim concebido:

> Embora o ato seja mercantil só com relação a uma das partes será regulado pelas disposições da lei comercial quanto a todos os contratantes, salvo as que só forem aplicáveis àquele ou àqueles por cujo respeito o ato é mercantil, ficando, porém, todos sujeitos à jurisdição comercial.

A exceção da 2.ª parte do preceito ("salvo as que só forem aplicáveis ...") é relativa aos atos "cindíveis". Mas, na prática, tem a ver com as obrigações específicas do comerciante, seriadas no artigo 18.º – firma, escrituração comercial, registo comercial e balanço e contas – ou outras equivalentes[760].

V. O comerciante pode, pois, impor a "sua" lei aos não-comerciantes. Vê-se, por aqui, que a qualificação de uma pessoa como "comerciante" não é uma questão interna de uma classe ou categoria profissional: dela resultam consequências para todos. Aliás, a própria ideia de "cindibilidade" de certos atos comerciais apenas para um dos lados é

---

[759] Por exemplo: a venda de coisa móvel adquirida para revenda é comercial, por via do artigo 463.º, 3.º; mas para a compra correspondente àquela mesma venda, feita pelo consumidor final, é civil.

[760] A jurisdição comercial foi suprimida pelo Decreto n.º 21:694, de 29 de setembro de 1932, como vimos; todavia, o teor do final do artigo 99.º dá bem a ideia dos privilégios dos comerciantes: numa questão com não-comerciantes, estes seriam obrigados a litigar no foro comercial.

§ 16.° A ideia geral de comerciante

artificiosa: os atos são unos, destinando-se a sua "cisão" apenas a deixar passar a ideia do predomínio comercial. A contraprova está no regime aplicável: o mercantil.

77. Comerciante e empresário

I. A expressão "comerciante" – que engloba, também, o industrial – era a fórmula técnica correta para designar o sujeito que atua no Direito comercial, com os atributos do artigo 13.°.

Na linguagem corrente, provavelmente como resquício do ancestral desprezo em relação ao comércio, que tantos prejuízos causou ao desenvolvimento do País, a expressão "comerciante" assume uma conotação menos relevante, quando não mesmo: pejorativa. Assim, ela tem sido substituída por "empresário", locução prestigiada. Outras designações específicas de comerciante vêm sendo trocadas; o estalajadeiro será o empresário de hotelaria e o merceeiro empresário da indústria alimentar ... Alguma doutrina e o próprio legislador contribuem para este insólito substituindo, sem critério, "comerciante" por "empresário" ou por "empresa".

A evolução semântica não levanta problemas ao Direito: este pode, sem qualquer conotação, manter com vida expressões socialmente arcaicas. Além disso, nada impede que diplomas mais recentes venham, paulatinamente, introduzindo novas expressões.

II. Sucede, porém, que "empresário" é, aparentemente, o detentor de uma empresa. A locução só se adapta a pessoas singulares e não tem rigor jurídico: tanto é empresário o comerciante ou industrial proprietário direto de uma empresa assim como o é o acionista de uma sociedade que, por seu turno, detenha a empresa, desde que exerça funções de administrador.

Além disso, o comerciante pode não deter qualquer empresa. A expressão empresário não lhe poderia, pois, ser aplicável.

III. Não obstante estes óbices, o Decreto-Lei n.° 339/85, de 21 de agosto, que veio regular o acesso à atividade comercial[761], não referia o comerciante: mencionava, pessoas coletivas e "empresários em nome indi-

---

[761] *Vide* o Parecer da PGR n.° 2/2003, de 12 de fevereiro (Maria Fernanda Maçãs), DR II Série n.° 53, de 4-mar.-2003, 3494-3503, quanto a vendedores ambulantes.

vidual"[762]. Esse diploma foi revogado e substituído pelo Decreto-Lei n.º 48/2011, de 1 de abril, alterado pelo Decreto-Lei n.º 10/2015, de 16 de janeiro, que mantém essa mesma terminologia. Além disso, fixa diversas exigências (simplificadas) para o exercício do comércio, sem referir comerciantes ou as velhas categorias comerciais.

O artigo 3.º do revogado Decreto-Lei n.º 339/85, de 21 de agosto, fixava as condições para a obtenção do "cartão de identificação de empresário individual", a emitir pelo Registo Nacional de Pessoas Coletivas. Entre tais condições está a de ter capacidade comercial nos termos da legislação comercial – alínea *a*) – mas não a de ... deter qualquer empresa.

E com uma agravante: o artigo 1.º deste Decreto-Lei n.º 339/85, que procedia a definições, introduziu, no seu n.º 5, a figura do "agente de comércio", nos termos seguintes:

Entende-se que exerce a atividade de agente de comércio toda a pessoa física[763] ou coletiva que, não se integrando em qualquer das

---

[762] Tal expressão, francamente anómala por não corresponder nem à tradição jurídica portuguesa nem à linguagem técnica, foi introduzida pelo Decreto-Lei n.º 144/83, de 31 de março, que estabeleceu o Registo Nacional de Pessoas Coletivas; este diploma incluiu nesse registo os empresários em nome individual – artigo 2.º, *g*). O preceito foi revogado pelo Decreto-Lei n.º 42/89, de 3 de fevereiro, que, todavia, no seu artigo 29.º/1 continuou a inserir no ficheiro central de pessoas coletivas:

g) Os comerciantes individuais;

h) Os demais empresários individuais que exerçam habitualmente por conta própria e com fim lucrativo, atividade económica legalmente não qualificada como comercial nem como profissão liberal.

O Decreto-Lei n.º 42/89, de 3 de fevereiro foi, por seu turno, revogado pelo artigo 12.º do Decreto-Lei n.º 129/98, de 13 de maio, que aprovou o regime do registo nacional das pessoas coletivas, hoje em vigor e abaixo examinado. Segundo o artigo 4.º/1 do regime em causa, o ficheiro central de pessoas coletivas integra informação relativa a:

g) Comerciantes individuais e heranças indivisas, quando o autor da sucessão fosse comerciante individual.

Aparentemente teria sido corrigido o erro técnico – embora não a absoluta anomalia de criar um ficheiro de pessoas coletivas com informações sobre ... pessoas singulares; porém, o artigo 4.º/2 e 3 continua a referir os empresários individuais. O Decreto-Lei n.º 247-B/2008, de 30 de dezembro, prevê a atribuição do cartão de empresa a pessoas coletivas e equiparadas, entre as quais os empresários individuais inscritos no FCPC – artigo 3.º/1, *f*).

[763] Em português jurídico correto, a pessoas coletivas contrapõem-se pessoas singulares e não "físicas"; este lapso é cometido repetidamente pelo Decreto-Lei n.º 339/85, de

§ 16.º A ideia geral de comerciante

categorias anteriormente definidas mas possuindo organização comercial, pratica, a título habitual e profissional, atos de comércio.

Além da sobreposição dispensável com a ideia de comerciante, assiste-se a novo lapso: o agente de comércio é – em linguagem técnica já na época consagrada[764] – a pessoa que beneficia de um contrato de agência comercial.

Os juristas devem defender a sua Ciência perante a multiplicação, totalmente evitável, de barbarismos legislativos[765].

O Decreto-Lei n.º 48/2011, de 1 de abril, hoje em vigor, com as alterações apontadas, já evitou excessos desse tipo.

IV. Devemos ainda estar prevenidos perante a utilização, com um sentido autónomo, da expressão "empresário" no Direito civil do consumo e no das cláusulas contratuais gerais[766]. Aí, empresário contrapõe-se a consumidor final[767]. Sendo assim, empresário surgirá, tecnicamente, como qualquer agente económico-jurídico que ocupe uma posição como produtor ou como distribuidor. E isso independentemente de surgir como comerciante ou de deter qualquer empresa. Este conceito de empresário que se presta, de resto, a dúvidas e a objeções[768], não pode ser nem extrapolado para o Direito comercial, nem equiparado a comerciante[769].

---

21 de agosto: artigo 1.º, *a*) e *b*), artigo 1.º/5 e artigo 2.º.

[764] De facto, a regulamentação legal do contrato de agência surgiria apenas através do Decreto-Lei n.º 178/88, de 3 de julho, depois alterado pelo Decreto-Lei n.º 118/93, de 13 de abril.

[765] *Vide* a apreciação de Oliveira Ascensão, *Direito comercial* cit., 1, 237-239.

[766] Em especial, Karsten Schmidt, *"Unternehmer" – "Verbraucher" – "Kaufmann"/ /Schnittstellen im "Sonderprivatrecht" und Friktionen zwischen §§ 13, 14 BGB und §§ 1 ff. HGB*, BB 2005, 837-842 (838 ss.).

[767] Confrontem-se, por exemplo, os artigos 17.º e 20.º da LCCG.

[768] Assim sucede perante a definição de "empresário" dada pelo atual § 14 do BGB, justamente para delimitar o não-consumidor:

Empresário é a pessoa singular ou coletiva ou uma sociedade de pessoas dotada de capacidade [no Direito alemão, não é claro que se trate de pessoas coletivas] que, na conclusão de um negócio, atue profissionalmente no exercício da sua atividade empresarial ou liberal.

[769] Peter Bülow, *Handelsrecht*, 5.ª ed. (2005), Nr. 2 (1) e Karsten Schmidt, *"Unternehmer" – "Verbraucher" – "Kaufmann"* cit., 842/I.

78. A reforma do Código Comercial alemão de 1998

I. As vicissitudes do legislador nacional, acima apontadas, têm, todavia, uma certa justificação de fundo. Há muito o Direito comercial iniciou uma deslocação da ideia de comerciante para a de empresa. Sem êxito: como abaixo melhor veremos, a "empresa" não suporta uma dogmatização operacional. Daí o quedar-se por posturas ambíguas, como a de empresário.

O fenómeno não é nacional: ele tem sido enfrentado, com êxitos diferentes, pelas diversas doutrinas. A essa luz, parece-nos ter o maior interesse referir a tentativa levada a cabo pelo moderno Direito comercial alemão de, através de corajosa reforma legislativa, efetuar uma bissetriz razoável entre as ideias (ambas brumosas) de comerciante e de empresa.

II. A reforma do HGB[770], aprovada pela Lei de 22-jun.-1998[771], veio tocar nos pontos seguintes[772]:

- no conceito de comerciante;
- no regime da firma, de modo a torná-lo mais operacional perante a concorrência europeia;
- no Direito das sociedades comerciais de pessoas, atualizando-o;
- no processo contencioso do registo comercial, aperfeiçoando-o e facilitando-o;
- no domínio da proteção das marcas;

---

[770] Conhecida pela sigla HRefG: *Gesetz zur Neuregelung des Kaufmanns- und Firmenrechts und zur Änderung anderer handels- und gesellschaftsrechtlicher Vorschriften.*

[771] O seu texto pode ser acompanhado em Erich Schaefer, *Handelsrechtsreformgesetz/Erläuternde Darstellung des neuen Rechts anhand der Materialen* (1999), 57 ss., com os trabalhos preparatórios.

[772] Eberhard von Olshausen, *Fragwürdige Redeweisen im Handels rechtsreformgesetz*, JZ 1998, 717-720; Peter Bülow/Markus Artz, *Neues Handelsrecht*, JuS 1998, 680-684; Karsten Schmidt, *Das Handelsrechtsreformgesetz*, NJW 1998, 2161-2169; Gerhard Ring, *Das neue Handelsrecht* (1999), 11; quanto aos objetivos da reforma: Schaefer, *Handelsrechtsreformgesetz* cit., 13 ss. e *Der neue Handelstand/Zur Geschichte und Motiven des neuen Kaufmannsbegriffs nach der Handelsrechtsreform 1998*, em *Die Reform des Handelsstandes und der Personengesellschaften/Fachtagung der Bayer-Stiftung für deutsches und internationales Arbeits- und Wirtschaftsrecht* (1998), 23-29; Klaus J. Hopt, no Baunanbach/Hopt, *Handelgesetzbrech* cit., 36.ª ed., § 1, Nr. 3 ss. (44 ss.); Karsten Schmidt, no *Münchener Kommentar zum HGB* cit., 1, 4.ª ed., § 1, Nr. 2-4. (49-50).

§ 16.º A ideia geral de comerciante   263

– no tema da proibição da concorrência pós-contratual, em função de exigências constitucionais.

Interessa-nos, agora, o primeiro dos referidos pontos. Para o apreciar, vamos ter presente a anterior redação dos dois primeiros parágrafos do HGB, em tradução aproximada[773]. Antes de 1998, dispunham:

§ 1 – I – Para efeitos do presente Código, é comerciante o que exerce uma profissão comercial.

II – Considera-se profissão comercial toda a atuação que tenha por objeto uma das categorias de operações seguintes:

1. Compra e revenda de mercadorias ou outros valores, sejam ou não revendidas após um trabalho de configuração ou de transformação;
2. Aceitação, por conta de outrem, de um trabalho de configuração ou de transformação, salvo se for artesanal;
3. Realização de seguros;
4. Operações de banco e de câmbio;
5. Empreendimento de transporte marítimo (...)
6. Operações de comissários, de comissários expedidores ou de armazenistas;
7. Operações de representação ou de corretagem comercial;
8. Atividades de editor ou de comércio de livros ou de obras de arte;
9. Atividades de tipografia, salvo se artesanal.

§ 2 (1) Toda a empresa artesanal ou industrial cuja exploração não seja considerada como atividade comercial por via do § 1, II e que, não obstante, requeira, pela sua natureza e dimensão, uma instalação de tipo comercial, será considerada comercial no sentido do presente Código, na medida em que a sua denominação social esteja inscrita no registo comercial. (2) O responsável da empresa deve proceder à inscrição de acordo com as disposições em vigor para as empresas comerciais.

III. Após 1998, as alterações cifraram-se, essencialmente, no seguinte[774]: o § 1.º/II perdeu a enumeração que o enformava, sendo substituído por esta fórmula:

---

[773] Quanto à evolução, refira-se, ainda, Karsten Schmidt, no *Münchener Kommentar zum HGB* cit., 1, 4.ª ed., § 1, Nr. 2 ss. (49 ss..).

[774] Sobre toda esta matéria, além dos elementos indicados e a indicar, deve ser feita especial referência a Karsten Schmidt, *Handelsrecht* cit., 6.ª ed., 105 ss..

264 *Comércio e comerciantes*

Considera-se profissão comercial todo o empreendimento profissional, a não ser que a empresa, pelo seu tipo ou âmbito, não exija um empreendimento negocial erigido em moldes comerciais.

Por seu turno, o § 2 do HGB ficou assim concebido:

(1) Uma empresa profissional cujo exercício profissional não seja profissão comercial segundo o § 1, 2, valerá como empresa comercial no sentido deste Código, quando a firma da empresa seja inscrita no registo comercial. (2) O empresário tem o direito, mas não o dever, de requerer a inscrição segundo os preceitos aplicáveis para a inscrição de firmas comerciais. (3) (...)

IV. Precisando conceitos, temos, à cabeça, a noção de *profissão comercial*. Esta tem componentes racionais e histórico-culturais, sendo definida como autónoma, remunerada, dirigida para um número indeterminado de negócios e com uma atuação virada para o exterior, com exceção das profissões artísticas ou científicas, tal como das profissões liberais[775].

O *exercício* de uma profissão deve sê-lo em nome próprio.

O núcleo da noção de "comércio" acaba assim por ser a "necessidade de um empreendimento negocial erigido em moldes comerciais". Não se trata de uma definição, reclamando Canaris, para o seu funcionamento, indícios ordenados em função de um sistema móvel[776]. Tal empreendimento exige, pois, um mínimo de organização, em moldes qualitativos ou quantitativos, a determinar de acordo com juízos de normalidade[777].

V. A apontada reforma do HGB, no tocante ao conceito de comerciante, implicou ganhos em adequação: pôs cobro ao anterior sistema de enumeração de atividades comerciais, considerada antiquada. Provocou, todavia, todas as incertezas das cláusulas gerais[778]. A doutrina aplaude a supressão das antigas categorias de comerciantes ("voluntários", "obriga-

---

[775] Canaris, *Handelsrecht*, 23.ª ed. (2000), 23-28 (28); *vide* Gerhard Ring, *Das neue Handelsrecht* cit., 20.

[776] Canaris, *Handelsrecht* cit., 23.ª ed., 33-34.

[777] G. Ring, *Das neue Handelsrecht* cit., 21; Manfred Lieb, *Probleme des neuen Kaufmannsbegriffs*, NJW 1999, 35-36.

[778] Canaris, *Handelsrecht*, 24.ª ed. (2006), 26-27.

§ 16.° A ideia geral de comerciante 265

tórios", "grandes" e "pequenos"), substituídas pela faculdade, reconhecida aos pequenos empreendimentos, de assumirem, pelo registo, natureza comercial[779].

VI. Preparada com cuidado já sob o signo da transposição para a empresa[780], o novo conceito de comerciante parece apontar nessa direção[781]. E foi, aí, tão longe quanto possível[782]. Mas a tarefa é difícil: para além dos óbices da teoria da empresa, abaixo referidos[783], encontramos, ainda, a polissemia resultante de, nas leis do consumo, "empresário" ter um sentido diferente[784].

79. O sistema do Código Comercial

I. O Código Comercial dedicou os Títulos II e III do seu Livro I, respetivamente, à capacidade comercial e aos comerciantes. Aparentemente, haveria uma inversão lógica, depressa desmentida pela consideração do ideário objetivista do Código: a "capacidade" reporta-se à prática de atos de comércio – artigo 7.°; e é na base dessa prática que se alcança a ideia de comerciante – artigo 13.°.

No tocante ao capítulo relativo a comerciantes, encontramos seis artigos, com o seguinte teor geral:

artigo 13.°: indica quem se considera comerciante;
artigo 14.°: proíbe a profissão do comércio a certas entidades;
artigo 15.°: dívidas comerciais do cônjuge comerciante;
artigo 16.°: hoje revogado: mulher casada comerciante;
artigo 17.°: Estado e outras entidades públicas;
artigo 18.°: obrigações específicas dos comerciantes.

---

[779] G. Ring, *Das Neue Handelsrecht* cit., 18.

[780] Karsten Schmidt, *Bemerkungen zur Überarbeitung des Handelsgesetzbuchs/ /Von Recht des "Handelsstands" (Erstes Buch) zum Recht der "Unternehmen"*, DB 1994, 515-521.

[781] Jürgen Treber, *Der Kaufmann als Rechtsbegriff im Handels- und Verbraucherrechte/Überlegung zum Handelsrechtsreformgesetz*, AcP 199 (1999), 525-590 (530 ss.).

[782] Meinrad Dreher, *Das neue Handelsstand* em *Die Reform des Handelsstandes* cit., 1-21.

[783] *Infra*, 322 ss..

[784] *Supra*, 261.

266   *Comércio e comerciantes*

O esquema tinha uma indubitável lógica de conjunto. Cumpre agora verificar como resistiu ao assalto do tempo.

II. O artigo 13.º contrapôs, aparentemente, pessoas singulares – n.º 1 – a pessoas coletivas – n.º 2. Mas não: logo no artigo 14.º, proíbe a "profissão do comércio" às associações ou corporações que não tenham por objeto interesses materiais: prova (segundo alguns) de que, na linguagem de Veiga Beirão, as pessoas coletivas podem fazer do comércio profissão, caindo assim no âmbito do artigo 13.º, 1.º.

Ser-se comerciante – descontado agora o caso das sociedades – é fazer profissão do comércio, desde que, naturalmente, se tenha capacidade para isso.

III. A prática profissional de atos de comércio pode ser classificada com recurso a quatro vetores[785]:

- é uma prática reiterada ou habitual: o profissional do comércio – como qualquer profissional – não se limita a praticar atos ocasionais ou isolados: realiza-os em cadeia, articuladamente e em grande número; poderíamos admitir uma profissão que, por natureza, implique poucas realizações finais – p. ex., construtor de metropolitanos; mas a preparação dessas realizações implicaria sempre uma sucessão indeterminada de múltiplos atos;
- é uma prática lucrativa: a linguagem não comporta uma ideia de "doador" ou "benemérito" profissional, ainda que felizmente os haja; uma atuação profissional é sempre uma atuação que visa angariar meios, isto é, que procura um lucro;
- é uma prática juridicamente autónoma: o comerciante atua em nome próprio e por sua conta; se se tratar de um trabalhador subordinado, cai no regime do contrato de trabalho, muito diverso do Direito comercial;
- é uma prática tendencialmente exclusiva: embora o comerciante possa ter outras profissões e outros profissionais também possam ser comerciantes, há limites práticos: ninguém pode ter um número elevado de "profissões", uma vez que não é possível acumular,

---

[785] Recorde-se Claus-Wilhelm Canaris, *Handelsrecht* cit., 24.ª ed., 20 ss.; *vide* Tobias Lettl, *Handelsrecht* cit., 3.ª ed., 9-10.

§ 16.º A ideia geral de comerciante 267

indefinidamente, práticas reiteradas de atos de diversa natureza; a lei comercial não exige a exclusividade; no entanto estabelece regras que inculcam uma afetação total do património do comerciante ao seu comércio e, daí, uma ideia de dedicação tendencialmente exclusiva.

IV. O sistema do Código Comercial está claramente assente em "atos de comércio" e não na empresa. Teoricamente, seria possível intentar um modelo em que o comerciante fosse o detentor da empresa – o empresário –, ou dispusesse de uma organização mínima, um tanto à semelhança do reformado Direito comercial alemão e do Direito italiano. Num cenário desse tipo, seria mesmo possível alargar, depois, o regime do empresário, pelo menos nalguns pontos, ao "pequeno comerciante" ou ao profissional sem empresa.

Não é esse o esquema da lei. Por um lado, como veremos, a ideia de empresa é imprecisa no que, de resto, lhe dá o seu atrativo. Por outro, não foi essa a escolha do legislador. Não podemos, nessa base, (re-)construir o sistema do Código Veiga Beirão.

§ 17.º O COMERCIANTE PESSOA SINGULAR

80. O acesso ao comércio

I. As pessoas singulares podem ser comerciantes: basta que tenham capacidade para praticar atos de comércio e façam, deste, profissão.

A Constituição garante a liberdade de trabalho – artigo 47.º/1[786] – e a liberdade de empresa – artigo 61.º/1. Inferimos daí que a possibilidade de abraçar a profissão de comerciante e, dentro do comércio, de escolher qualquer ramo ou domínio tem cobertura constitucional.

No tocante à atividade industrial – que, juridicamente, se integra no comércio –, a liberdade de acesso é afirmada pelo artigo 1.º/1 do Decreto--Lei n.º 519-I 1/79, de 29 de dezembro. Este diploma destinava-se a revogar os resquícios do chamado "condicionamento industrial" vigente no Estado Novo: nos termos desse "condicionamento" o estabelecimento de qualquer indústria exigia uma autorização do Estado[787].

II. O condicionamento industrial constava do Decreto-Lei n.º 46666, de 29 de novembro de 1965[788].

---

[786] A liberdade de trabalho deve ser interpretada não apenas como a liberdade de celebrar contratos de trabalho na qualidade de trabalhador mas, também, como a liberdade de assumir uma profissão autónoma, incluindo a de comerciante; *vide* Gomes Canotilho/ /Vital Moreira, *Constituição da República Portuguesa Anotada*, 1, 4.ª ed. (2007), 652 ss. e Jorge Miranda/Rui Medeiros, *Constituição portuguesa anotada* 1, 2.ª ed. (2010), 961 ss..

[787] *Vide*, ainda, o Decreto-Lei n.º 109/91, de 15 de março, alterado pelo Decreto-Lei n.º 282/93, de 17 de agosto e o Decreto-Lei n.º 69/2003, de 10 de abril, alterado pelo Decreto-Lei n.º 174/2006, de 25 de agosto.

[788] No âmbito do regime que o antecedeu *vide* J. Rodrigues de Matos, *Condicionamento industrial* (1940).

§ 17.° O comerciante pessoa singular

Trata-se de um esquema que requeria, para a instalação de qualquer nova indústria uma licença especial do Estado considerada, ao mesmo tempo, como "um ato de polícia económica, um instrumento de controlo tecnológico da produção e uma providência de fomento"[789]. Eram consultados os concorrentes já instalados.

Ao abrigo do condicionamento industrial, importantes iniciativas empresariais foram retardadas durante muito tempo: bloqueadas, mesmo, num aspeto que dificultou o desenvolvimento do País.

III. O acesso ao comércio foi genericamente simplificado pelo Decreto-Lei n.° 48/2011, de 1 de abril, alterado pelos Decretos-Leis n.° 141/2012, de 11 de julho e n.° 10/2015, de 16 de janeiro. A venda ambulante resultava do Decreto-Lei n.° 122/79, de 8 de maio, alterado pelo Decreto-Lei n.° 252/93, de 14 de julho. Há que lidar com numerosas regras especiais. Embora formalmente acessível, o exercício do comércio depara com os maiores constrangimentos: basta pensar nos aspetos urbanísticos e ambientais, em si indispensáveis, mas dependentes de departamentos que exigem anos para tomar qualquer decisão. A burocracia explica muito do atraso do País.

81. A capacidade para praticar atos de comércio

I. Segundo o artigo 13.°, 1.°, para se ser comerciante é necessário ter capacidade para praticar atos de comércio. Capacidade de gozo ou capacidade de exercício? A doutrina encontra-se dividida. Entende a maioria dos autores que está em causa a capacidade de exercício; assim: Adriano Anthero[790], Pinto Coelho[791], Cunha Gonçalves[792], Barbosa de Magalhães[793],

---

[789] Marcello Caetano, *Manual de Direito administrativo*, tomo II, 10.ª ed. (1972), act. Diogo Freitas do Amaral, 1143, 1170 e *passim*.

[790] Adriano Anthero, *Comentário* cit., 58, remetendo para 36-37.

[791] J. G. Pinto Coelho, *Direito commercial portuguez* cit., 1, 155 ss..

[792] Cunha Gonçalves, *Comentário* cit., 1, 79-80, ressalvando a hipótese do menor que herde um estabelecimento comercial.

[793] Barbosa de Magalhães, *Princípios de Direito comercial* cit., 118-119.

Fernando Olavo[794], Lobo Xavier[795], Brito Correia[796], Coutinho de Abreu[797] e Pupo Correia[798]. Uma posição minoritária, inicialmente lançada por Mário de Figueiredo[799] e retomada por Ferrer Correia[800] e por Pereira de Almeida[801], entendia bastar a simples capacidade de gozo. Oliveira Ascensão tenta uma terceira via[802] que nos parece aderente à posição maioritária: o incapaz não poderia, por si, praticar atos de comércio e logo ser comerciante; mas já poderia sê-lo quando os competentes atos fossem praticados por representantes legais, devidamente autorizados.

II. O Código Comercial distingue entre a capacidade para praticar atos de comércio – artigo 7.º – e os requisitos para se ser comerciante – artigo 13.º, 1.º. Cumpre manter estes dois planos distintos, sendo certo que apenas o primeiro tem a ver com a capacidade comercial em si.

Segundo o artigo 7.º:

> Toda a pessoa, nacional ou estrangeira, que for civilmente capaz de se obrigar, poderá praticar atos de comércio, em qualquer parte destes reinos e seus domínios, nos termos e salvas as exceções do presente Código.

Este preceito equivale a uma remissão para a lei civil. As regras sobre capacidade de gozo e de exercício das pessoas singulares e coletivas, fixadas pela lei geral, têm plena aplicação no Direito comercial. No essencial, elas são as seguintes:

---

[794] Fernando Olavo, *Direito comercial* cit., 1, 2.ª ed., 400-401, particularmente impressionado com a letra do artigo 13.º, 1.º, que fala na capacidade de praticar atos de comércio e com as regras do registo comercial que, para a matrícula do comerciante, exigem uma declaração de que o requerente é "civilmente capaz para se obrigar".

[795] Vasco Lobo Xavier, *Direito comercial* cit., 76 ss..

[796] Brito Correia, *Direito comercial* cit., 1, 190-191: se assim não fosse a referência do artigo 13.º/1 à capacidade seria redundante.

[797] Coutinho de Abreu, *Curso de Direito comercial* cit., 1, 8.ª ed., 97-98.

[798] Pupo Correia, *Direito comercial* cit., 9.ª ed., 101.

[799] Mário de Figueiredo, *Direito comercial* cit., 90-91.

[800] Ferrer Correia, *Lições de Direito comercial* cit., 123-124 = *Reprint* cit., 95-96.

[801] Pereira de Almeida, *Direito comercial* (1976/77, polic.) 328-329.

[802] Oliveira Ascensão, *Direito comercial* cit., 1, 240-243.

§ 17.º O comerciante pessoa singular

– as pessoas singulares têm capacidade de gozo pleno – artigo 67.º do Código Civil;
– as pessoas coletivas têm a capacidade de gozo necessário ou conveniente à prossecução dos seus fins: artigos 160.º/1 do CC e 6.º/1 do CSC, sendo de notar que a doutrina atual interpreta latamente estes preceitos, pondo em causa o princípio da especialidade[803].

No tocante às pessoas singulares, os menores não têm, em princípio, capacidade de exercício – artigo 123.º do Código Civil; a incapacidade daí resultante é suprida pelo poder paternal e, subsidiariamente, pela tutela – artigo 124.º[804].

Quanto às pessoas coletivas, são as mesmas representadas pelos titulares dos competentes órgãos: artigos 163.º/1 do Código Civil e 192.º/1, 252.º/1, 408.º, 431.º/2, 474.º e 478.º, todos do CSC. Trata-se da representação orgânica.

Tudo isto é aplicável, por força do artigo 7.º, à prática de atos comerciais.

III. O artigo 7.º não refere "toda a pessoa capaz de se obrigar, *pessoal e livremente*". Ora, os incapazes obrigam-se pelos seus representantes. As próprias pessoas coletivas, embora não sejam incapazes, também são representadas para agir.

Entendemos, pois, que o artigo 7.º remete globalmente para a lei civil, quer quanto à capacidade de gozo, quer quanto à capacidade de exercício. Como veremos, mercê dessa regra, há atos de comércio que são acessíveis a menores, mesmo sem representação.

IV. Quanto a estrangeiros, deve ter-se presente que rege a lei pessoal, tratando-se de pessoas singulares – artigo 25.º – e a lei da sede principal e efetiva da sua administração, perante pessoas coletivas – artigo 33.º, ambos do Código Civil. Teremos, pois, de perguntar à lei competente qual a capacidade civil das pessoas em causa; nessa base obteremos a indicação quanto à capacidade comercial, em face da lei portuguesa.

---

[803] *Tratado* IV, 671 ss. e *Direito das sociedades* 1, 3.ª ed., 375 ss..
[804] *Tratado* IV, 474 ss..

82. A situação dos menores

I. O artigo 7.º, de acordo com a interpretação acima proposta, determina a aplicação, no Direito comercial, das diversas regras civis: quer quanto à capacidade de gozo, quer quanto à capacidade de exercício. É a saída mais natural e que corresponde precisamente aos valores em presença: não se compreenderia uma dualidade de capacidades que, para mais, encobrisse requisitos mais pesados ou gravosos para a prática de atos comerciais.

Esta orientação pode ser confirmada com recurso à situação dos menores.

II. O artigo 123.º do Código Civil retira aos menores a capacidade de exercício. Fá-lo, porém, aparentemente[805]. Convém reter o artigo 127.º do mesmo Código:

> 1 – São excecionalmente válidos, além de outros previstos na lei:
>
> *a*) Os atos de administração ou disposição de bens que o menor de 16 anos haja adquirido por seu trabalho;
>
> *b*) Os negócios jurídicos próprios da vida corrente do menor que, estando ao alcance da sua capacidade natural, só impliquem despesas, ou disposições de bens, de pequenas importâncias;
>
> *c*) Os negócios jurídicos relativos à profissão, arte ou ofício que o menor tenha sido autorizado a exercer, ou os praticados no exercício dessa profissão, arte ou ofício.
>
> 2 – Pelos atos relativos à profissão, arte ou ofício do menor e pelos atos praticados no exercício dessa profissão, arte ou ofício só respondem os bens de que o menor tiver a livre disposição.

Perante este preceito e desenvolvendo uma ideia do Prof. Gomes da Silva, verificamos que a incapacidade dos menores é, desde logo, aparente: as exceções são mais extensas do que a regra. Na verdade:

– os negócios da vida corrente, do menor como do maior, são acessíveis a todos: alimentação, vestuário, despesas mensais de uma casa

---

[805] *Tratado* IV, 469 ss..

§ 17.º O comerciante pessoa singular 273

de família; apenas se exigirá que o menor entenda o que está a fazer, o que é de apreensão imediata por qualquer envolvido;
– o menor de dezasseis anos pode ser autorizado a exercer profissão, arte ou ofício: nessa altura pode praticar não apenas os atos relativos à atividade em causa como, ainda, administrar e dispor de bens assim adquiridos[806].

III. Temos, de seguida, um aspeto da maior importância: o regime dos atos praticados pelos menores. Tais atos são (meramente) anuláveis – artigo 125.º do Código Civil – o que é dizer: produzem todos os seus efeitos, podendo ser impugnados, apenas, pelo representante do menor ou pelo próprio menor e, mesmo então, com diversos condicionamentos.

O menor pode, pois, praticar inúmeros atos comerciais: quer por serem da vida corrente, quer por corresponderem a uma profissão que o menor tenha sido autorizado a exercer, quer, finalmente, por porem em jogo apenas bens conseguidos no exercício dessa profissão.

IV. Pergunta-se, todavia, se a prática de atos comerciais por menores não vai instilar "insegurança" no meio mercantil. Não há perigo: trata-se de negócios da vida corrente, normalmente pagos de imediato[807]. O menor autorizado a exercer uma profissão tenderá a dar boa conta de si[808]. Em suma: só por ironia se poderia apresentar como perigosa a prática de atos comerciais por menores.

V. A lei faz depender de autorização a prática de certos atos comerciais ou com relevância comercial, por parte dos menores. Assim, os pais necessitam de autorização do Tribunal – agora: do Ministério Público[809] para – artigo 1889.º/1, c), do Código Civil:

Adquirir estabelecimento comercial ou industrial ou continuar a exploração do que o filho haja recebido por sucessão ou doação.

---

[806] *Vide*, também, o artigo 1888.º/1, d), do Código Civil.

[807] Os regulamentos bancários permitem aos jovens, devidamente autorizados, movimentar contas e efetuar operações com cartões bancários a partir dos 15 anos.

[808] Além disso, nenhuma lei exige, para a prática de atos de comércio, a detenção de qualquer património.

[809] Segundo o artigo 2.º/1, b), do Decreto-Lei n.º 272/2001, de 13 de outubro.

274 *Comércio e comerciantes*

A alienação do estabelecimento também carece de autorização: cai no âmbito geral do artigo 1889.°/1, *a*), do Código Civil. Tudo isto opera também quanto ao tutor, nos termos do artigo 1938.°/1, *a*), do mesmo Código.

O esquema é ainda aplicável ao interdito – artigo 139.° – e ao inabilitado – artigo 154.° – com as necessárias adaptações[810].

Tudo o que envolva um estabelecimento comercial tem uma dimensão especial: não é ato comercial corrente. Não admira, por isso, que a lei preveja, aqui, normas especiais.

83. A profissão de comerciante; proibições, incompatibilidades, inibições e impedimentos

I. Fixada a capacidade para a prática de atos de comércio, o Código Comercial vem definir quem entende por comerciante. O artigo 13.°, 2.°, reporta-se a sociedades pelo que cumpre relevar o n.° 1 desse preceito, segundo o qual é comerciante a pessoa que, tendo capacidade para praticar atos de comércio, faça deste profissão.

Verificámos acima as características que devem assistir a determinado desempenho, para que se possa considerar "profissional"[811]. Ora parece totalmente razoável e coerente que a lei fixe regras mais estritas para a prática habitual de atos de comércio do que para a sua efetivação ocasional ou, simplesmente, não-profissional.

O artigo 13.° é, apenas, um intróito: apresenta uma noção de comerciante para, depois, poder prescrever regras quanto ao seu acesso. O próprio artigo 14.°, 2.°, ao dispor que a profissão de comércio é proibida aos que, por lei ou disposições gerais, não possam comerciar, vem remeter para legislação extravagante.

II. A profissão de comerciante está aberta a todas as pessoas (singulares). Só por exceção surgem, depois, casos em que ela é vedada. Podemos distinguir:

---

[810] *Tratado* IV, 495 ss..
[811] *Supra*, 266-267.

§ 17.° O comerciante pessoa singular

– proibições gerais;
– incompatibilidades;
– inibições;
– impedimentos.

As proibições gerais resultam de normas que vedem a toda e qualquer pessoa singular certo tipo de comércio. É o que sucede com o comércio bancário, uma vez que, segundo o artigo 14.°/1, *b*), do RGIC, todas as instituições de crédito com sede em Portugal devem assumir a forma de sociedades anónimas. A prática não autorizada de comércio bancário é reprimida como crime – artigo 200.° do RGIC –, crime esse no qual incorre necessariamente qualquer pessoa singular que a tanto se abalance. Também a atividade seguradora em Portugal só pode ser exercida por sociedades anónimas autorizadas – artigo 7.°/1, *a*), do Decreto-Lei n.° 94-B/98, de 17 de abril.

A proibição geral visa ordenar a estrutura comercial do País, pelo menos no tocante ao concreto sector visado.

III. As incompatibilidades impedem determinadas pessoas singulares, colocadas em certas posições ou envolvidas em determinadas situações jurídicas, de exercer o comércio. É o que se passa com os magistrados judiciais, nos termos do artigo 13.° do Estatuto dos Magistrados Judiciais[812]. Ocorrem esquemas similares com os magistrados do Ministério Público[813], com militares[814], com titulares de órgãos de soberania, de outros cargos políticos e de altos cargos públicos ou equiparados[815].

As incompatibilidades atingem determinadas pessoas não por si, mas em função de cargos que exerçam. Vedam qualquer exercício comercial e

---

[812] Aprovado pela Lei n.° 21/85, de 30 de julho, com alterações sucessivas e, por último, pela Lei n.° 9/2011, de 12 de abril.

[813] Artigo 81.°/1, da Lei n.° 47/86, de 15 de outubro, alterada pela Lei n.° 60/98, de 27 de agosto, que a republica em anexo com o Estatuto do Ministério Público e, por último, pela citada Lei n.° 9/2011, de 12 de abril.

[814] Artigo 14.°/1 do Estatuto dos Militares das Forças Armadas, aprovado pelo Decreto-Lei n.° 90/2015, de 29 de maio, que fixa um princípio de exclusividade.

[815] Artigos 1.°, 2.° e 3.° da Lei n.° 64/93, de 26 de agosto, com alterações introduzidas, designadamente, pelas Leis n.° 28/95, de 18 de agosto, n.° 12/96, de 18 de abril, n.° 42/96, de 31 de agosto e n.° 12/98, de 24 de fevereiro e, por último, pela LO n.° 1/2011, de 30 de novembro.

não podem ser afastadas por nenhuma autorização: apenas com a cessação da ocorrência que lhe deu origem.

IV. As inibições atingem seletivamente determinadas pessoas, por factos que elas hajam perpetrado ou por situações nas quais se achem incursas.

A inibição é diversa da incompatibilidade: não está em causa o exercício de nenhum cargo, mas uma ocorrência relativa, própria do inibido. Ao contrário da incompatibilidade, ela não desaparece com a cessação do exercício de quaisquer funções mas, apenas, de acordo com certos mecanismos legais.

O caso clássico era o da inibição do falido[816]. Segundo o artigo 148.º do revogado CPEF[817],

> 1. A declaração de falência determina o encerramento dos livros do falido e implica a sua inibição para o exercício do comércio, incluindo a possibilidade de ocupação de qualquer cargo de titular de órgão de sociedade comercial ou civil, associação ou fundação privada de atividade económica, empresa pública ou cooperativa, sem prejuízo do disposto na alínea *d*) do n.º 1 do artigo 238.º.

A inibição podia, caso a caso, ser aplicada, pelo juiz, ouvido o liquidatário judicial, aos gerentes, administradores ou diretores a que se referem os artigos 126.º-A e 126.º-B do CPEF[818].

O atual CIRE, que lida com a insolvência, comum a comerciantes e a não comerciantes, alarga a ideia de inibição[819]. Segundo o seu artigo 81.º/1:

> (...) a declaração de insolvência priva imediatamente o insolvente, por si ou pelos seus administradores, dos poderes de administração e de

---

[816] Oliveira Ascensão, *Efeitos da falência sobre a pessoa e negócios do falido*, ROA 1995, 641-688 e *Direito comercial* cit., 1, 220 ss. e Maria do Rosário Epifânio, *Os efeitos substantivos da falência* (2000), 69 ss..

[817] Alterado pelo Decreto-Lei n.º 315/98, de 20 de outubro.

[818] RPt 22-abr.-1999 (Viriato Bernardo), CJ XXIV (1999) 2, 209-211 (210/II); *vide* Carvalho Fernandes/João Labareda, *Código dos Processos Especiais de Recuperação de Empresa e de Falência Anotado*, 3.ª ed. (1999), 395 (artigo 148.º, anot. 5) e Catarina Serra, *Efeitos da declaração de falência sobre o falido*, SI 47 (1998), 274-313.

[819] Coutinho de Abreu, *Curso de Direito comercial* cit., 1, 10.ª ed., 135 ss..

§ 17.º O comerciante pessoa singular

disposição dos bens integrantes da massa insolvente, os quais passam a competir ao administrador da insolvência.

Já não se verifica, propriamente, uma inibição para o exercício do comércio: antes uma inibição geral de administrar e de dispor de certos bens, inibição essa que, no seu âmbito, atinge a prática de atos comerciais.

V. Os impedimentos adstringem as pessoas neles incursas a não praticar determinado tipo de comércio, salvo autorização. É o que sucede com o gerente de comércio, previsto no artigo 253.º:

> Nenhum gerente poderá negociar por conta própria, nem tomar interesse debaixo do seu nome ou alheio em negociação do mesmo género ou espécie da de que se acha incumbido, salvo com expressa autorização do proponente.

Este impedimento dá corpo a uma proibição de concorrência; encontramos figuras deste tipo nos artigos 180.º (proibição de concorrência nas sociedades em nome coletivo), 254.º (proibição de concorrência dos gerentes das sociedades por quotas), 398.º/3 (*idem*, dos administradores das sociedades anónimas) e 428.º (*idem*, de administradores executivos), todos do Código das Sociedades Comerciais.

O impedimento atinge a pessoa em virtude de um cargo; mas ao contrário da incompatibilidade, não é geral e pode cessar com uma autorização.

§ 18.º O COMERCIANTE PESSOA COLETIVA

84. Sociedades comerciais

I. Recordamos o artigo 13.º, que considera comerciantes:

1.º As pessoas que, tendo capacidade para praticar atos de comércio, fazem deste profissão;
2.º As sociedades comerciais.

Passando à categoria do comerciante pessoa coletiva, logo encontramos, como entidade de qualificação segura, a sociedade comercial. Sucede, todavia, que a própria sociedade comercial é definida, nessa qualidade, em função de "atos de comércio". Segundo o artigo 1.º/2 do CSC,

> São sociedades comerciais aquelas que tenham por objeto a prática de atos de comércio e adotem o tipo de sociedade em nome coletivo, de sociedade por quotas, de sociedade anónima, de sociedade em comandita simples ou de sociedade em comandita por ações.

Os "atos de comércio" aqui visados só poderão ser atos objetivamente comerciais: os restantes pressuporiam a prévia qualificação do seu autor como comerciante.

II. Segundo o artigo 1.º/3 do CSC, as sociedades que tenham por objeto a prática de atos de comércio devem adotar uma das formas referidas no n.º 2: não pode haver sociedades comerciais "sob forma civil". Resta concluir que todas as sociedades que tenham por objeto a prática de atos comerciais assumem uma das formas tipificadas no CSC e são comerciantes.

III. A lei não exige, para a qualificação como "comercial", que o objeto social se reporte exclusiva ou, sequer, predominantemente, à prá-

§ 18.° O comerciante pessoa coletiva

tica de atos comerciais. Estes poderão estar previstos apenas como parte do objeto social ou, até, como algo de acessório[820].

Trata-se de um ponto importante e que estabelece já a ponte para as sociedades civis sob forma comercial: estas regem-se, como melhor veremos e no essencial, pelo Direito mercantil.

IV. As sociedades comerciais adquirem a personalidade no momento do registo definitivo do ato constitutivo – artigo 5.° do CSC. Resta concluir que se tornam comerciantes nesse momento.

Teoricamente pode, pois, haver "comerciantes" que nunca tenham praticado qualquer ato comercial: a sua comercialidade, prevista na lei, tem o sentido de uma aptidão de princípio para os praticar.

V. As sociedades que tenham por objeto, exclusivamente, a prática de atos não-comerciais são sociedades civis. Elas podem seguir o esquema dos artigos 980.° e seguintes do Código Civil: são as sociedades civis sob forma civil ou, na expressão de Paulo Cunha, sociedades civis puras. E podem, nos termos do artigo 1.°/4 do CSC, adotar um dos tipos legais de sociedades comerciais: são as sociedades civis sob forma comercial.

Embora civis, elas regem-se pela lei das sociedades comerciais – artigo 1.°/4, *in fine* – do CSC. São-lhes ainda aplicáveis diversas regras comerciais, com relevo para o disposto quanto ao registo comercial – artigo 3.° do CRC.

Só não são operacionais para dar azo a atos subjetivamente comerciais – artigos 13.° e 2.°, 2.ª parte.

85. Associações e fundações

I. O exercício do comércio por parte de pessoas coletivas exige cautelas: para defesa dos próprios envolvidos no substrato e no funcionamento das pessoas coletivas em causa, para tutela dos terceiros que, com elas, contratem e para defesa do próprio mercado. Justamente as fórmulas

---

[820] Esta interpretação é reforçada pelo abaixo examinado artigo 1.°/4 do CSC: as sociedades civis sob forma comercial devem ter *exclusivamente* por objeto a prática de atos não-comerciais.

mais conseguidas, no presente momento histórico, para prosseguir tal objetivo, são as sociedades comerciais[821].

Seria, pois, de esperar que todas as pessoas coletivas que se dedicassem ao comércio incorressem em normas paralelas às do artigo 1.º/3 do CSC: devessem assumir a forma de sociedades comerciais, adotando um dos tipos previstos no referido Código. Isso não sucede. Por duas razões:

- a formação fragmentária do Direito privado: há esquemas de pessoas coletivas não societárias, que se dedicam com mais ou menos intensidade ao comércio e que, por tradição consignada na lei civil, não obtêm a forma societária;
- a falta, no Direito comercial, de tipos de pessoas coletivas que correspondam aos interesses geridos pelas associações e pelas fundações e mais precisamente: de um tipo "comercial" igualitário tipo "associação" e de um tipo "comercial" fundacional[822].

Há pois que admitir que pessoas coletivas não societárias, designadamente as associações e as fundações civis, possam praticar atos de comércio (objetivos). De resto, é o que resulta do princípio geral do artigo 7.º. Poderão ser comerciantes?

II. Partindo do artigo 13.º, n.º 1 – portanto: são comerciantes as pessoas que, tendo capacidade para praticar atos de comércio, fazem deste profissão –, encontramos duas posições:

- esse preceito reportar-se-ia, apenas, a pessoas singulares: Fernando Olavo[823], Ferrer Correia[824], Pinto Furtado[825], Brito Correia[826] e Pupo Correia[827];

---

[821] Por isso a lei, em áreas mais delicadas como, por exemplo, a das instituições de crédito, obriga à adoção da forma de sociedades anónimas; cf. o artigo 14.º/1, *b*), do RGIC.

[822] Quanto à necessidade de reforma das fundações: *Tratado* IV, 818 ss..

[823] Fernando Olavo, *Direito comercial* cit., 1, 2.ª ed., 237-238: nenhuma das categorias de pessoas morais tem fins lucrativos, exceto as sociedades; ora estas cairiam no n.º 2.

[824] Ferrer Correia, *Direito comercial* cit., 1, 137 = *Reprint*, 81-82: por um lado, "pessoa", sem mais, seria a singular; por outro, a pessoa coletiva não societária que exercesse o comércio apenas o poderia fazer a título subordinado: nunca principal.

[825] J. Pinto Furtado, *Disposições gerais do Código comercial* (1984), 62-63, fazendo apelo ao sentido tradicional do preceito.

[826] Brito Correia, *Direito comercial* cit., 1, fazendo apelo, também, a uma interpretação histórica.

§ *18.° O comerciante pessoa coletiva* 281

– esse preceito reportar-se-ia, também, a pessoas coletivas: assim opinam José Tavares[828], Barbosa de Magalhães[829], Pedro Sousa Macedo[830], Pereira de Almeida[831], Oliveira Ascensão[832] e Coutinho de Abreu[833].

Também a jurisprudência se dividiu[834].

III. Uma interpretação atualista e integrada não pode deixar de partir da lei vigente. Ora, quanto a isso, não parece haver dúvidas de que o Código Veiga Beirão, no seu artigo 13.°, só previu como comerciantes:

– as pessoas singulares que, do comércio, façam profissão;
– as sociedades.

Seria, por demais, bizarro que se fossem contrapor pessoas singulares *e* coletivas, às sociedades comerciais. É certo que o artigo 14.°, no seu n.° 1, proibia a "profissão do comércio":

---

[827] Pupo Correia, *Direito comercial* cit., 9.ª ed., 77: por um lado, porque o artigo 13.°, 1.°, adveio do artigo 18.° do Código de Comércio italiano, que apenas visava pessoas singulares; por outro, porque as pessoas coletivas sem forma lucrativa não podem, em virtude da especialidade, dedicar-se ao exercício habitual do comércio.

[828] José Tavares, *Problemas práticos sobre a qualidade de comerciante*, em *Estudos Jurídicos* (s/d), 617-646 (634-635).

[829] Barbosa de Magalhães, *Sociedades comerciais irregulares*, GRLx 47 (1934), 321-329 e 337-343 (322).

[830] Pedro de Sousa Macedo, *Manual de direito das falências*, I (1964), 162-163.

[831] Pereira de Almeida, *Direito comercial* cit., 280, tendo especialmente em vista as empresas públicas.

[832] Oliveira Ascensão, *Direito comercial* cit., 1, 246: o artigo 14.° admite, implicitamente, que as pessoas coletivas tenham profissão; além disso, seria o meio "... mais adequado para resolver os problemas práticos que se suscitam ...".

[833] Coutinho de Abreu, *Curso de Direito comercial* cit., 1, 10.ª ed., 124-125; no essencial por entender que "... uma interpretação objetivo-atualista da citada norma do art. 13.°, que tenha em conta a sua teleologia e as novas (ou renovadas) realidades económico-empresariais, não pode impor o intuito lucrativo como nota essencial, indefectível, de profissão".

[834] STJ 20-jun.-1930 (Albuquerque Barata), GRLx 45 (1931), 216-217 (217), no sentido de o artigo 13.°, 1.°, abranger também pessoas coletivas; STJ 23-mar.-1962 (Lopes Cardoso), BMJ 115 (1962), 441-443: a Casa das Beiras, não sendo comerciante, não poderia deter um estabelecimento comercial.

282 *Comércio e comerciantes*

Às associações ou corporações que não tenham por objeto interesses materiais.

Simplesmente, tais "associações ou corporações" esgotam o universo das "pessoas morais" que não fossem sociedades, como demonstra Fernando Olavo, apenas com a exceção das entidades públicas, excluídas depois no artigo 17.º.

Devemos ter presente que, em 1888, a doutrina da personalidade coletiva estava ainda muito incipiente. Não admira, por isso, que a linguagem do Código Veiga Beirão não fosse perfeita: longe foi ela!

IV. Pergunta-se, agora, se houve uma evolução dos interesses e dos valores que recomende, em nome de uma "interpretação atualista", a ampliação do n.º 1.º. Se sim, sustentaremos todavia que tal interpretação não deve fazer-se em detrimento dos conceitos comerciais já alcançados, forçando as palavras e as próprias valorações a eles imanentes.

Como foi referido, deve entender-se que "profissão" tem intuitos lucrativos; e seguramente os terá a "profissão comercial"[835]. Afirmar, por exemplo, que a Fundação Gulbenkian tem, como profissão, o ser comerciante, por ter atividades que a financiam e por vender livros, é forçar as palavras e os valores. Não vemos qualquer vantagem em dirigir o Direito comercial, supostamente (mais) aderente às realidades da vida e aos valores em presença, para semelhantes irrealismos: o Direito civil atual rejeitá-los-ia categoricamente.

Assim sendo – e assim é – não são comerciantes as associações e as fundações (civis): as primeiras não têm por fim o lucro económico dos associados – artigo 157.º do Código Civil e artigo 182.º/1, *b*), do mesmo diploma; as segundas têm interesse social – o citado artigo 157.º – não podendo ser reconhecidas se isso não ocorrer – artigo 188.º do Código Civil. Também não poderia considerar comerciantes as cooperativas: dado o disposto no artigo 2.º/1 do CCoop[836], não têm fins lucrativos.

A profissão de comércio implica necessariamente um fim lucrativo.

V. É certo que as associações e as fundações, mau grado não terem fim lucrativo, devem dispor de rendimentos. Para isso, ou vivem de dona-

---

[835] *Supra*, 266.
[836] Aprovado pela Lei n.º 119/2015, de 31 de agosto.

§ *18.° O comerciante pessoa coletiva* 283

tivos ou têm de desenvolver atividades lucrativas. Assim se admite que a fundação, por exemplo, possa assumir uma empresa, dando-lhe corpo e pondo-a a funcionar[837].

Quando isso suceda, haverá que aplicar, até onde a materialidade das situações o permita, normas comerciais. Não inferimos daí que se trate do exercício profissional do comércio: a paróquia que mantenha uma loja de santinhos e de velas não preenche, de todo, o artigo 13.°, n.° 1, do Código Comercial.

De iure condendo, quando o comércio atinja uma dimensão considerável, o ente não-lucrativo em causa deveria constituir uma sociedade autónoma para o efeito: esta, sim, seria comerciante.

86. Pessoas coletivas públicas e entidades de solidariedade social

I. O artigo 17.° veda a "profissão" de comerciante às pessoas coletivas públicas de base territorial. Assim, segundo o seu corpo,

> O Estado, o distrito, o município e a paróquia não podem ser comerciantes, mas podem, nos limites das suas atribuições, praticar atos de comércio, e quanto a estes ficam sujeitos às disposições deste Código.

Na primeira parte deste preceito, pouco se adiantou: o artigo 13.° já só admitia, como pessoas coletivas comerciantes, as sociedades comerciais: qualidade que, por certo, as pessoas coletivas públicas de base territorial – o Estado, o distrito, o município e, hoje, a freguesia – não têm.

O importante é, pois, a segunda parte da regra: (...) *podem* (...) *praticar atos de comércio, e quanto a estes ficam sujeitos às disposições deste Código*.

II. O § único do artigo 17.° manda aplicar a mesma regra às misericórdias, asilos e demais institutos de benemerência e caridade[838]. Hoje

---

[837] Heinz-Ludwig Steuck, *Die Stiftung als Rechtsform für wirtschaftliche Unternehmen* (1967), 64-65, Uwe Paver, *Eignet sich die Stiftung für den Betrieb erwufwirtschaftlicher Unternehmen?* (1967), Vinken, *Die Stiftung als Trägerin von Unternehmen und Unternehmensteilen* (1970) e H. Berndt, *Stiftung und Unternehmen*, 3.ª ed. (1978).
[838] Luiz da Cunha Gonçalves, *Comentário ao Código Comercial* cit., 1, 78-79.

284   *Comércio e comerciantes*

estão em causa as instituições particulares de solidariedade social, genericamente reguladas pelo Decreto-Lei n.º 119/83, de 25 de fevereiro, com
as alterações introduzidas pelo Decreto-Lei n.º 29/86, de 19 de fevereiro[839] e várias outras, sendo, neste momento, as últimas as derivadas da
Lei n.º 76/2015, de 28 de julho.

87. Associações desportivas e suas federações

I. As associações desportivas ou clubes são pessoas coletivas de
Direito privado e tipo associativo: não podem ter intentos lucrativos, numa
regra reforçada pelo artigo 26.º da Lei n.º 5/2007, de 16 de janeiro: a Lei
de Bases da Atividade Física e do Desporto, por último alterada pela Lei
n.º 74/2913, de 6 de setembro. Também as federações desportivas, referidas no artigo 14.º da Lei n.º 5/2007, não podem ter fins lucrativos.

II. As associações desportivas não se confundem com as sociedades
desportivas, mencionadas no artigo 27.º/1 da Lei n.º 5/2007, depois substituído pelo revogado Decreto-Lei n.º 67/97, de 3 de abril, ratificado com
alterações pela Lei n.º 107/97, de 16 de setembro[840] e alterado pelo Decreto-Lei n.º 76-A/2006, de 29 de março. Hoje dispõe o Decreto-Lei n.º
10/2013, de 25 de janeiro, que fixa o seu regime. As sociedades desportivas, que devem ter, na firma ou denominação social, a sigla SAD, assumem a forma de sociedade anónima ou de sociedade unipessoal po rquotas
(artigo 2.º/1 do Decreto-Lei n.º 10/2013). A título subsidiário, é-lhes aplicável o Direito das sociedades anónimas e por quotas – artigo 5.º/1 do
mesmo diploma. São, seguramente, comerciantes.

88. Empresas públicas

I. As empresas públicas, longamente reguladas pelo Decreto-Lei
n.º 260/76, de 11 de abril, e, depois, pelo Decreto-Lei n.º 558/99, de 17 de

---

[839] Às quais o Decreto-Lei n.º 171/98, de 25 de junho, equiparou certas casas do
povo.

[840] *Vide* Ricardo Candeias, *Personalização de equipa e transformação de clube em
sociedade anónima desportiva (Contributo para um estudo das sociedades desportivas)*
(1999, polic.).

§ 18.° O comerciante pessoa coletiva 285

dezembro[841], constam, hoje, do Decreto-Lei n.° 133/2013, de 3 de outubro. Assumem a forma de sociedade de responsabilidade limitada, nos termos da lei comercial (5.°/1), sendo regidas pelo Direito privado, com especificidades (14.°/1). Aplica-se-lhes o princípio da neutralidade competitiva, estando sujeitas às regras gerais sobre concorrência (15.°/1). Em suma: depois de várias oscilações, parecem ter desaguado no grande oceano do Direito comercial.

II. Já houve alguma discussão sobre a natureza comercial das empresas públicas[842], discussão que se poderia prolongar perante as EPE (entidades públicas empresariais). Nenhuma razão existe para as discriminar em relação às "empresas privadas". Desde o momento que, no seu objeto, caia, ainda que a título acessório, a prática do comércio, elas serão comerciantes[843].

89. Institutos públicos e associações públicas

I. Os institutos públicos pertencem à administração descentralizada do Estado. Caem no artigo 17.°: não podem ser comerciantes, embora possam praticar atos de comércio.

II. As associações públicas caem na mesma alçada. Embora previstas por lei, elas têm base associativa, assumindo determinados poderes de autoridade[844]. A certas associações mais antigas dava-se a designação de *ordens*: Ordem dos Advogados[845], Ordem dos Médicos[846], Ordem dos Engenheiros[847] e Ordem dos Farmacêuticos[848]. Mais tarde, a designação

---

[841] Alterado, por último, pela Lei n.° 55-A/2010, de 31 de dezembro.

[842] Menezes Cordeiro, *Direito da economia* I (1986), 282 ss. (287) e Oliveira Ascensão, *Direito comercial* cit., 1, 488 ss..

[843] *Vide* Coutinho de Abreu, *Curso de Direito comercial* cit., 1, 10.ª ed., 123-125.

[844] Jorge Miranda, *As associações públicas no Direito português* (1985).

[845] Hoje regida pela Lei n.° 145/2015, de 9 de setembro.

[846] Decreto-Lei n.° 282/77, de 3 de julho, alterado e republicado pela Lei n.° 117/2015, de 31 de agosto.

[847] Decreto-Lei n.° 119/92, de 30 de junho, alterado e republicado pela Lei n.° 123/2015, de 2 de setembro.

[848] Decreto-Lei n.° 288/2001, de 10 de novembro, alterado e republicado pela Lei n.° 131/2015, de 4 de setembro.

generalizou-se, tendo vindo a surgir de modo repetido: a Ordem dos Médicos Veterinários[849], a Ordem dos Enfermeiros[850], a Ordem dos Economistas[851], a Ordem dos Arquitetos[852], a Ordem dos Biólogos[853], a Ordem dos Médicos Dentistas[854] e a Ordem dos Revisores Oficiais de Contas[855].

Estas entidades não são comerciantes. Todavia, podem praticar determinados atos de comércio objetivos: venda de livros, como exemplo.

---

[849] Decreto-Lei n.º 368/91, de 4 de outubro, alterado e republicado pela Lei n.º 125//2015, de 3 de setembro.

[850] Decreto-Lei n.º 104/98, de 21 de abril, alterado e republicado pela Lei n.º 156//2015, de 16 de setembro.

[851] Decreto-Lei n.º 174/98, de 27 de junho, com base na antiga APEC – Associação Portuguesa de Economistas, alterado e republicado pela Lei n.º 101/2015, de 20 de agosto.

[852] Decreto-Lei n.º 176/98, de 3 de julho, alterado e republicado pela Lei n.º 113/2015, de 28 de agosto. a Ordem dos Arquitetos deriva da velha Sociedade dos Arquitetos Portugueses, que já se tornara associação pública pelo Decreto-Lei n.º 465/88, de 15 de dezembro.

[853] Decreto-Lei n.º 183/98, de 4 de julho, na base da APB – Associação Portuguesa de Biólogos; foi alterado e republicado pela Lei n.º 159/2015, de 18 de setembro.

[854] Lei n.º 82/98, de 10 de dezembro, alterando a Lei n.º 110/91, de 29 de agosto e muito alterada pela Lei n.º 44/2003, de 22 de agosto, que a republicou em anexo.

[855] Lei n.º 140/2015, de 7 de setembro.

§ 19.º PESSOAS SEMELHANTES A COMERCIANTES

90. A categoria "pessoas semelhantes a comerciantes"

I. As exposições de Direito comercial comportam uma rubrica relativa a figuras de qualificação controversa[856]: o mandatário comercial, os gerentes, auxiliares ou caixeiros, os comissários, o mediador, os corretores, o agente comercial, os sócios de responsabilidade ilimitada, os farmacêuticos e os artífices[857].
Deixamos de parte as situações típicas da agência e da mediação, a estudar em sede própria, bem como as figuras que, hoje, só podem ser preenchidas por sociedades comerciais: necessariamente comerciantes.

II. Perante as realidades práticas e dogmáticas do Direito comercial, não é possível proceder a qualificações rigorosas das figuras em jogo. Elas pressuporiam sempre uma análise prévia do regime aplicável, regime esse que depende, em geral, da autonomia privada dos envolvidos. Acresce ainda que o Direito comercial não é um todo coerente e sistemático. Além disso, as suas normas não são, à partida, excecionais: podem aplicar-se sempre que ocorram situações que o justifiquem.
Chegamos, assim, à ideia de "pessoa semelhante a comerciante"[858]: uma entidade que não sendo comerciante em si, suscita, não obstante, a aplicação das diversas regras do Direito comercial[859].

---

[856] Remédio Marques, *Direito comercial* cit., 366 ss., Oliveira Ascensão, *Direito comercial* cit., 1, 250 ss. e Coutinho de Abreu, *Curso de Direito comercial* cit., 1, 10.ª ed., 149 ss., falando em sujeitos de qualificação duvidosa.

[857] Enumeração de Oliveira Ascensão, *Direito comercial* cit., 1, 250-280.

[858] *Vide* Claus-Wilhelm Canaris, *Handelsrecht*, cit., 24.ª ed., 332-334 e Klaus-Hannes Schäch, *Die Kaufmannsähnlichen Personen als Ergänzung zum normierten Kaufmannsbegriff* (1989), 41 ss..

[859] A ideia foi lançada por uma decisão do Tribunal Federal alemão: BGH 26-jun.-

288 Comércio e comerciantes

III. Três critérios enformam as "pessoas semelhantes a comerciantes", para além do facto de, naturalmente, não se poderem considerar de imediato comerciantes, por via das categorias do artigo 13.°[860]:

– são autónomas, no sentido de não se encontrarem ao serviço de outra entidade, por via de um contrato de trabalho;
– praticam, em série, atos jurídicos com fins lucrativos;
– dispõem de uma organização mínima, ainda que rudimentar, figurativa de uma empresa.

IV. Quanto às regras comerciais aplicáveis: não é viável uma definição *a priori*. Torna-se sempre necessário ponderar cada figura, cada situação e cada norma.

A margem para grandes labores é estreita. Os atos objetivamente comerciais não dependem de discussão; os subjetivamente comerciais são escassos; finalmente, os deveres aplicáveis – sujeição a registo, contas e requisitos particulares – dependem, hoje, de estreita legislação especial: escapam às qualificações genéricas do velho Direito comercial.

De todo o modo, a figura tem interesse: flexibiliza a ideia de comerciante permitindo alargá-la de acordo com a evolução dominante[861], numa orientação particularmente importante em face de orientações subjetivistas[862].

-1963, BGHZ 40 (1964), 42-49; segundo esta decisão, a figura da aceitação tácita da comprovação comercial feita por escrito – construção tipicamente germânica derivada do § 362, HGB, no caso do mandato geral; *vide* Canaris, *Handelsrecht* cit., 24.ª ed., 353 ss. – poderia ser aplicada "... quando o emitente não seja comerciante, mas participe na vida dos negócios de modo semelhante ao de um comerciante e possa esperar que, perante ele, se proceda de forma comercial" – BGHZ 40, 43-44.

[860] Referindo critérios próximos dos dois últimos: Canaris, *Handelsrecht* cit., 24.ª ed., 333.

[861] Klaus-Hannes Schäch, *Die kaufmannsähnlichen Personen* cit., 52.

[862] *Idem*, 74 ss., referindo a estreiteza excessiva do HGB; a reforma de 1998 terá permitido atenuar o problema. Schäch, *Die kaufmannsähnlichen Personen* cit., 132 ss., 144 ss., 169 ss. e 188 ss., estuda, depois, figuras como os profissionais livres, as empresas públicas, as associações e fundações e os artífices.

§ 19.° Pessoas semelhantes a comerciantes

91. O mandatário comercial; os gerentes, auxiliares, caixeiros e comissários

I. Há mandato comercial quando alguma pessoa se encarregue de praticar um ou mais atos de comércio por mandado de outrem – artigo 231.°.

O mandato comercial é uma modalidade de mandato – artigos 1157.° e seguintes do Código Civil – o qual, por seu turno, é uma prestação de serviço – artigo 1155.° do mesmo Código. Trata-se de uma figura a estudar oportunamente, na parte relativa aos contratos comerciais. Nessa qualidade, ele implica o dever de praticar atos jurídicos –: "... um ou mais atos de comércio" - artigo 231.°, corpo – por conta do mandante. O mandato comercial envolve poderes de representação, ao contrário do civil que pode, ou não, implicá-los[863].

II. Como modalidade de mandatário comercial surge o gerente de comércio – artigos 248.° e seguintes. O gerente tem mandato geral e trata e negoceia em nome do seu proponente – artigos 249.° e 250.°. Também mandatários, no sentido do Código Veiga Beirão, são, em certos limites, os auxiliares – 256.° – e os caixeiros – 259.°[864].

Finalmente, a comissão corresponde a um mandato comercial sem representação – artigo 266.°.

III. Pergunta-se se estas pessoas são comerciantes. A doutrina tem respondido pela negativa, impressionada pelas regras da representação: afinal, quanto fizesse o mandatário comercial – ou o beneficiário de qualquer das subfiguras que lhe possam ser reconduzidas – repercutir-se-ia,

---

[863] A explicação é elementar: em 1888, o mandato englobava a procuração, ao estilo napoleónico; apenas em 1966, na sequência dos estudos de Galvão Telles, Ferrer Correia e Pessoa Jorge, foi introduzida, na nossa lei, a dissociação, apurada por Jhering, entre as duas figuras; daí pode resultar mandato com representação – artigos 1178.° e seguintes – e sem representação – artigos 1180.° e seguintes, ambos do Código Civil.

[864] Coutinho de Abreu, *Curso de Direito Comercial* cit., 1, 10.ª ed., 151 ss., entende que estas categorias correspondem, hoje, a trabalhadores subordinados, por estes poderem ter poderes de representação. Isso dependerá de haver, ou não, subordinação laboral: caso a caso terá de ser apurado.

290 *Comércio e comerciantes*

por força da representação, na esfera do representado[865]. As demais figuras reduzir-se-iam a trabalhadores subordinados[866].

Apenas o comissário, quando exerça profissionalmente as suas funções, seria o comerciante[867-868].

IV. A qualificação destas figuras é facilitada com a admissão da categoria de "pessoa semelhante a comerciante".

Quando alguém exerça profissionalmente as funções de mandatário comercial, de gerente de comércio, de caixeiro ou de comissário, o faça com autonomia e disponha de uma organização para o efeito, haverá que lhe aplicar as regras do comércio, como princípio.

Caso a caso se tomaria uma opção cabal.

92. Profissionais liberais

I. Os profissionais liberais não são considerados comerciantes. É certo que, na generalidade, eles dirigem empresas de pequena, média ou, até, grande dimensão. Um escritório de advocacia ou um consultório médico colocam os seus serviços no mercado; dispõem de uma organização de meios materiais e humanos para produzir os serviços e têm um intuito lucrativo.

Também os farmacêuticos fazem outro tanto, embora com a particularidade de, mais do que serviços, venderem bens.

Por razões de tradição a que o Direito comercial, como Direito privado, não deixa de ser sensível, os profissionais liberais não são considerados comerciantes[869]. Entre nós, são seguramente profissionais liberais

---

[865] Ferrer Correia, *Direito comercial* cit., 1, 142 ss. = *Reprint*, 84-85 e Oliveira Ascensão, *Direito comercial* cit., 1, 254 ss..

[866] Coutinho de Abreu, *Curso de Direito Comercial* cit., 1, 10.ª ed., 152.

[867] Ferrer Correia, *Direito comercial* cit., 1, 85, Coutinho de Abreu, *Curso de Direito Comercial* cit., 1, 10.ª ed., 153 e Oliveira Ascensão, *Direito comercial* cit., 1, 257 ss..

[868] Luís Brito Correia, *Direito comercial* cit., 1, 197 ss. (201-202); *vide* Manuel Januário Gomes, *A qualidade de comerciante do agente comercial*, BMJ 313 (1982), 17-49.

[869] Recorde-se Canaris, *Handelsrecht* cit., 24.ª ed., 21-22.

§ 19.º *Pessoas semelhantes a comerciantes* 291

os que trabalhem com autonomia no âmbito de profissões enquadradas por ordens profissionais[870].

II. Todavia – e aí admitimos graduações – encontramos profissionais liberais que dirigem autênticas empresas, em moldes próximos dos comerciais. Quando isso suceda estaremos perante "pessoas semelhantes a comerciantes". Torna-se possível aplicar-lhes determinadas normas comerciais: tudo depende da natureza da situação considerada.

Queda acrescentar que a referência crescente, em diversa legislação, a "empresários" não permite transpor, para estes, a lógica do "comerciante". Antes teremos de, caso a caso, verificar o âmbito atribuído pelas normas em jogo a "empresários". A expressão pode, de resto e como vimos[871], ter o sentido puramente civil do não-consumidor.

---

[870] *Supra*, 285-286.
[871] *Supra*, 261.

CAPÍTULO II
EMPRESA E ESTABELECIMENTO

SECÇÃO I
A EMPRESA

§ 20.º EVOLUÇÃO HISTÓRICO-COMPARATÍSTICA DA EMPRESA

93. Aspetos gerais; a necessidade de enquadramento cultural

I. A expressão "empresa" apresenta uma utilização avassaladora, em diversos sectores normativos. A moderna legislação comercial, económica, fiscal, do trabalho e processual recorre a ela, de modo contínuo.

Também a linguagem corrente usa "empresa" em termos de grande amplitude. E fá-lo em detrimento de outras locuções que vão mesmo caindo em desuso: trabalha-se para uma "empresa" e não para uma sociedade ou as "empresas" instalaram-se no centro da Cidade, em vez de se dizer que os comerciantes abrem, aí, os seus estabelecimentos.

II. Tentando ordenar este uso caudaloso, podemos adiantar que, quer perante numerosas leis, quer em face da linguagem corrente, a expressão "empresa" traduz, conforme o contexto:

– um sujeito que atue e que, nessa qualidade, é suscetível de direitos e de obrigações; pense-se, por exemplo, nos "direitos ou deveres das empresas", na "política das empresas" ou nas "preferências das empresas";

– um complexo de bens e direitos capaz de suportar a atuação de interessados; assim a "compra de uma empresa";

– uma atividade: "levar a cabo uma empresa"; esta última aceção, tradicional, tende a cair em manifesto desuso.

Devemos ainda adiantar que este uso alargado de "empresa" pode documentar-se noutros idiomas. Todavia, ele é mais intenso na língua portuguesa do que nas suas congéneres, sendo ainda flagrante que as nossas leis lhe têm dado uma cobertura sem paralelo. A questão tem vindo a complicar-se com o recente surto de referências legais à figura do "empresário": aparentemente, o titular de uma empresa.

III. Numa primeira leitura, a "empresa" pareceria querer abarcar a própria ideia de comerciante, incluindo o singular (a "empresa individual") e, em simultâneo, a de estabelecimento ou unidade produtiva. É manifestamente demais: o fenómeno deve ser reduzido a dimensões mais apropriadas.

IV. A evolução semântica vulgar teve reflexos na dogmática jurídica, particularmente na comercial.

O desenvolvimento, ao longo do século XX, do conceito de personalidade coletiva e a tipificação das sociedades comerciais conduziu a um inevitável formalismo que deixou os juristas insatisfeitos. Afinal, o que se abrigava por detrás das fórmulas jurídicas abstratas aí envolvidas? Também a figura da fábrica produtiva, com as coisas, móveis e imóveis, que a compõem, com os seus trabalhadores, com os seus quadros, com a sua clientela, o seu *know-how*, as suas patentes e licenças e a sua inserção no tecido produtivo, não se podia analisar num somatório de direitos, deveres e contratos. Como tratar tudo em conjunto?

Exigia-se um conceito novo, envolvente, capaz de dar corpo a esta realidade. A "empresa" poderia corresponder ao pretendido.

V. E assim, logo no início do século XX, a doutrina começou a recorrer à "empresa" tentando conquistar-lhe uma dimensão dogmática. Justus Wilhelm Hedemann previa, em 1919, que a empresa se iria tornar no conceito dominante na reconstrução da ordem jurídica privada[872]. Os estudiosos italianos que possibilitaram o Código Civil de 1942 – o qual absorveu

---

[872] Justus Wilhelm Hedemann, *Das bürgerliche Recht und die neue Zeit* (1919), 17.

§ 20.° Evolução histórico-comparatística da empresa

o velho Código de Comércio – previram um papel aglutinador para a empresa, no campo laboral e no comercial[873].

Ao longo de todo o século XX, sucederam-se as tentativas de reconstruir o Direito comercial em torno da ideia de empresa, em detrimento dos envelhecidos "ato de comércio" ou "comerciante". Adiantamos já que, por razões de ordem diversa – e não apenas científica – essas tentativas não tiveram êxito[874]. Todavia, deixaram marcas importantes na dogmática comercial e enriqueceram a Ciência jurídico-mercantil com novos instrumentos de análise e de valoração.

VI. Antes de ponderar a matéria, à luz do Direito positivo português vigente, cumpre efetuar o enquadramento cultural da ideia de empresa. Para tanto e no essencial, bastará recorrer à sua evolução histórica e ao emprego que, da empresa, tem sido feito nos ordenamentos mais relevantes para o nosso: o alemão, o italiano e o francês[875].

94. A tradição germânica; do negócio à "empresa em si"

I. Na análise histórico-comparatística da ideia de empresa, cumpre distinguir a tradição germânica da tradição latina.

A primeira tomou a empresa como uma realidade objetiva, capaz de substituir a ideia de estabelecimento. Ela seria objeto de negócios podendo mesmo, no limite, abarcar as próprias sociedades, tornando-se num sujeito de direitos.

A segunda partiu da empresa como uma atividade comercial: ela seria o produto da atuação e das intenções dos comerciantes. Nesta vertente, a empresa iria absorver a ideia de "ato de comércio".

Mais tarde as duas tradições aproximar-se-iam, ainda que sob o signo da prevalência da construção alemã.

---

[873] *Vide* os artigos 2082.° e seguintes do Código Civil italiano.

[874] Kurt Ballerstedt, *Was ist Unternehmensrecht*, FS Duden 1977, 15-36 (15 e 16), sublinhava o estudo da empresa, então já com mais de 70 anos; todavia, manter-se-ia a dúvida sobre se ela pode constituir um ponto de referência para um sistema jurídico científico.

[875] Na exposição subsequente, usamos elementos coligidos para a nossa obra *Da responsabilidade civil dos administradores* cit., 498 ss., com atualizações.

II. A utilização jurídico-científica de "empresa", na tradição alemã, iniciou-se pela pena de Wilhelm Endemann, em 1867[876]. Usando ainda o termo *Geschäft* (negócio), Endemann fez da empresa uma pedra angular do seu sistema de Direito comercial.

Segundo este Autor, o *Geschäft* tinha, no início, apenas o escopo de dar lucro ao seu dono e de desenvolver a produção. Mais tarde, o negócio ganharia a sua vida própria. O dono é, com frequência, apenas a cabeça ou a alma do negócio. Às vezes, nem isso: o *negócio* funciona por si.

O *Geschäft* tem características específicas suas, não dependendo arbitrariamente do dono. Os auxiliares dedicam as suas forças ao *negócio*. Este faz o comerciante e não o contrário. O negócio é o verdadeiro suporte do crédito, surgindo como um organismo, que supera as pessoas que lhe deram origem. Estariam abertas as portas à subjetividade jurídica, funcionando os auxiliares como órgãos[877]. Estava lançado o repto: é evidente que a empresa, assim entendida, tenderia a ocupar o lugar de personalidade coletiva ou, pelo menos, de uma "personalidade comercial".

III. Pouco depois verificou-se uma inflexão na ideia de empresa. Em vez de se elaborar uma doutrina que tornaria a "empresa" concorrente da personalidade coletiva, optou-se por aprofundar a sua capacidade para constituir um objeto (unitário) de negócios e de outras vicissitudes jurídicas. Nesse sentido foram importantes, logo no princípio do século XX, os austríacos von Ohmeyer[878] e Pisko[879], a que podemos acrescentar Isay[880]. Conseguiu-se, por esta via, um conjunto de soluções novas, consignadas pela jurisprudência. Assim, admitiu-se a possibilidade de transacionar a

---

[876] Wilhelm Endemann, *Das deutsche Handelsrecht/Systematisch dargestellt*, 2.ª ed. (1868, Heidelberg), § 15 (76-78) = 4.ª ed. (1887, Leipzig), § 18 (54-55).

[877] Endemann, *Handelsrecht*, 2.ª ed. cit., 77 = 4.ª ed. cit., 55; aqui, na nota 6, o Autor responde já às críticas provocadas pelas edições anteriores, designadamente a Laband. Esta matéria foi exemplarmente exposta por Hermann Krause, *Unternehmer und Unternehmung/ /Betrachtungen Rechtsgrundlage des Unternehmertums* (1954), 5 ss..

[878] Kamillo Edlen von Ohmeyer, *Das Unternehmen als Rechtsobjekt/Mit einer systematischen Darstellung der Spruchpraxis betreffend die Exekution auf Unternehmen* (1906), 8 e *passim*.

[879] Oskar Pisko, *Das Unternehmen als Gegenstand des Rechtsverkehrs* (1907), 46 ss. e *passim*, preconizando a aplicabilidade, à empresa, dos grandes princípios sobre coisas.

[880] Rudolf Isay, *Das Recht am Unternehmen* (1910), 12 ss., que vai, justamente, usar particularidades dogmáticas envolvidas, para mostrar a existência de um direito sobre a empresa.

§ 20.° Evolução histórico-comparatística da empresa

empresa no seu conjunto e a de aplicar, à venda da empresa com defeitos não aparentes, as regras dos vícios da coisa vendida[881].

IV. Ficou ainda em aberto a possibilidade de ver, na empresa, um núcleo autónomo de interesses específicos. Trata-se de uma linha herdeira das primeiras posições de Endemann. Ela foi retomada por Müller-Erzbach[882], nome prestigioso da jurisprudência dos interesses e, de certa forma, percursor de Rathenau, dando origem a vetores ainda hoje presentes na doutrina.

A defesa da personalidade coletiva "clássica", perante a transformação da empresa em sujeito de direitos, fora imediatamente lançada, contra Endemann, por Laband[883]. Talvez por isso os estudiosos que tinham em mente uma ideia da empresa como sujeito tentaram um esquema menos claro: o de apurar interesses "próprios" da empresa.

Na verdade, a empresa, a ser jussubjetivada, ofereceria, aos juristas, o que a personalidade (normalmente) coletiva já dava[884], *menos* o seu nível significativo-ideológico. Havia, pois, que reforçar indiretamente o poder figurativo e conformador da empresa, o que seria tentado através da doutrina, algo sibilina, do *Unternehmen an sich*: a empresa valeria por si.

A doutrina da "empresa em si" tem sido imputada, entre nós – pensamos que por via das referências de Jaeger[885] – a Rathenau. Vale a pena, contudo – aqui e como sempre – tentar confrontar, de modo direto, as fontes. De facto, Rathenau não chegou a lançar o conhecido mote; ocupando-se da

---

[881] Com diversos elementos jurisprudenciais e doutrinários, *vide* Menezes Cordeiro/ /Rita Amaral Cabral, *Aquisição de empresas* (separata da ROA, 1995), 88 ss. (93 ss.), para onde se remete. A cedibilidade da empresa foi, particularmente, sublinhada, na época, por Hans Oppikofer, *Das Unternehmensrecht in geschichtlicher, vergleichender und rechtspolitischer Betrachtung* (1927), 68 ss..

[882] Müller-Erzbach, *Die Erhaltung des Unternehmens*, ZHR 61 (1908), 357-413. No seu manual – Rudolf Müller-Erzbach, *Deutsches Handelsrecht* 2.ª e 3.ª ed. (1928) – este Autor, dando relevo à empresa, coloca-a no seu lugar de objeto – ob. cit., 71 ss..

[883] Paul Laband, rec. a Endemann, *Das deutsche Handelsrecht*, ZHR 8 (1865), 638- -649 (643 ss.).

[884] Com a maior tecnicidade.

[885] Pier Giusto Jaeger, *L'interesse sociale* (1964, reimpr., 1972), 17 ss.; esta obra, de resto excelente, não pode ser considerada como um repositório da doutrina alemã da empresa; faltam-lhe referências importantes (Endemann, Isay, Jacobi, Krause, Laband, Pisko e von Ohmeyer, como exemplos) e não tem preocupações dogmáticas.

298   *Empresa e estabelecimento*

grande empresa, ele sublinhou, sim, que ela não representava, apenas, a soma dos interesses dos seus acionistas, antes surgindo como um fator em si[886]; trata-se de um novo *Daseinsrecht*[887]. A ideia foi criticada por Fritz Hausmann, em escritos sucessivos[888], aí aparecendo, sim, a "empresa em si"[889]. O ponto alto desta orientação[890], onde o interesse próprio das sociedades foi sublinhado, surgiu no projeto alemão de 1930, de lei sobre sociedades anónimas, cuja justificação de motivos, após diversas explicações de ordem geral, vinha explicitar que "... os interesses da empresa, enquanto tal, são tão carecidos de proteção como o interesse individual do acionista em

---

[886] Walther Rathenau, *Vom Aktienwesen/Eine geschäftliche Betrachtung* (1918), 28. O escrito de Rathenau obteve, logo, a reação de Hachenburg, *Vom Aktienwesen im Grossbetriebe*, JW 1918, 16-18, o qual, entre outros aspetos, veio sublinhar que aquele Autor se cingira à grande empresa e que, inclusive, ele pretendia limites ao direito, dos sócios, de questionar a administração. Repondo a verdade histórica do *Unternehmen an sich*, *vide* Adolf Grossmann, *Unternehmensziele im Aktienrecht/Eine Untersuchung über Handlungsmassstäbe für Vorstand und Aufsichtsrat* (1980), 142 e Michael Jürgenmeyer, *Das Unternehmensinteresse* (1984), 52 ss..

[887] Rathenau, *Vom Aktienwesen* cit., 39. Este Autor preocupava-se, em especial, com o abuso das "minorias", cujos poderes entendia excessivos: foi esta preocupação inicial – hoje, numa certa ironia histórica, já esquecida – que levou ao lançamento de um (pretenso) interesse da empresa, sobreposto ao dos sócios.

[888] Fritz Hausmann, *Vom Aktienwesen und vom Aktienrecht* (1928): não confrontámos este escrito: reconstituímos o seu pensamento através das obras, desse Autor, abaixo citadas e de Oskar Netter, *Zur aktienrechtlichen Theorie des "Unternehmens an sich"*, FS Albert Pinner (1932), 507-612 (545 ss.); Netter é importante, por ter feito o ponto da situação, quanto ao *Unternehmen an sich*, reunindo – ob. cit., 544-545, nota 35, a bibliografia do seu tempo sobre o tema). Ainda de Hausmann: *Die Aktiengesellschaft als "Unternehmen an sich"*, JW 1927, 2953-2956, com elementos de *Vom Aktienwesen*, explicando, designadamente, que o seu pensamento não contraditava a economia de mercado, e *Gesellschaftsinteresse und Interessenpolitik in der Aktiengesellschaft*, Bank-Archiv XXX (1930/31), 57-65 e 86-95; aqui, cumpre reter a afirmação de que a bitola dos interesses resulta da *Verkehranschauung* – ob. cit., 87.

[889] A exposição básica sobre a teoria em causa, será, porventura e ainda hoje, a de Oskar Netter, *Zur aktienrechtlichen Theorie des "Unternehmens an sich"* cit., 535 ss. e a – de resto sintética – de Hermann Krause, *Unternehmer und Unternehmung* cit., 12..

[890] Assim, Julius Lehmann, *Soll bei einer künftigen Reform des Aktienrechts eine Annährung an das englisch-amerikanische Recht in grundlegenden Fragen stattfinden?*, DJT 34 (1927) 1, 258-331, e o relatório de Albert Pinner, DJT 34 (1927) 2, 611-678 (626 ss. e *passim*). *Vide*, também, Eberhard Schmidt, *Bedarf das Betriebsgeheimmis einer verstärkten Schutz?*, DJT 36 (1930) 1, 101-230 (133 ss.), sublinhando o papel da empresa, a sua objetivação e os seus interesses.

§ 20.° Evolução histórico-comparatística da empresa   299

si"[891]. A batalha estava, porém, perdida. As indicações da justificação de motivos não singrariam, em texto legal, ficando a ideia, atribuída a Rathenau, apenas, como mais um contributo para o debate sobre a empresa[892]. Repare-se: as duas grandes novidades, que a empresa poderia trazer, residiam ou na alternativa à personalidade coletiva, ou na descoberta de um centro de interesses – ou de valores – diferente do dos seus suportes humanos. O primeiro termo foi rebatido, em moldes categóricos, num importante trabalho de Jacobi[893], enquanto o segundo caiu, sob a pena de Netter: os interesses dos acionistas conformariam o interesse da sociedade[894].

Parece difícil prosseguir semelhantes discussões em abstrato. O papel da empresa enquanto centro autónomo de interesses ou o que quer que, com isso, se verifique, teria de apresentar reflexos no regime. Trata-se do aspeto subsequente.

De todo o modo, ninguém, hoje e na sua terra de origem, eleva a ideia de "empresa em si" a categoria operacional. Ligada às tentativas antiliberais do entre-guerras alemão, ela já foi mesmo incluída na "galeria dos horrores" jurídicos[895].

95. Continuação; a (possível) dogmática da empresa

I. No subsequente desenvolvimento da empresa, a doutrina alemã tentou o afinamento possível da sua dogmática. Passow adiantou a contraposição entre *Betrieb*, *Unternehmen* e *Konzern*[896]: o *Betrieb* traduziria um

---

[891] *Entwurf eines Gesetzes über Aktiengesellschaften und Kommanditgesellschaften auf Aktien sowie Entwurf eines Einführungsgesetzes nebst erläuternden Bemerkungen* (1930, Berlim), 94.

[892] Em termos inesperados, e na sequência de modificações introduzidas, nesse sentido, na fase terminal do projeto, por Brito Correia, ela reapareceria – ou poderia ter reaparecido – no artigo 64.° do CSC, versão inicial, pelo que, abaixo, terá de ser retomada.

[893] Erwin Jacobi, *Betrieb und Unternehmen als Rechtsbegriffe*, FS Ehrenberg (1927), 1-39 (15 e 22, para o *Betrieb* e o *Unternehmen*, respetivamente).

[894] Netter, *Zur aktienrechtliche Theorie* cit., 611.

[895] Gunther Teubner, *Unternehmensinteresse – das gesellschaftliche Interesse des Unternehmens "an sich"?*, ZHR 149 (1985), 470-488 (470: *Gruselkabinett der Rechtsfiguren*).

[896] Poder-se-ia propor a tradução de *Betrieb*, por estabelecimento, de *Unternehmen*, por empresa e de *Konzern*, por grupo de empresas; a situação doutrinária portuguesa não permite, porém, ainda, tal afinação.

300 *Empresa e estabelecimento*

complexo de fatores unitário e destinado a desenvolver uma atividade económica duradoura; o *Unternehmen* exprimiria um *Betrieb* autónomo; o *Konzern*, finalmente, daria corpo a um conjunto de empresas, civilmente autónomo[897].

Jacobi aperfeiçoou os dois primeiros termos: o *Betrieb* seria determinado por escopos técnicos, enquanto o *Unternehmen* obedeceria à satisfação de necessidades; daí que um *Unternehmen* pudesse abranger vários *Betriebe*[898]. Deve sublinhar-se que *Betrieb* veio aproximar-se de um original conceito de "fábrica", próprio da industrialização, acabando, mercê das leis relativas à co-gestão, por adquirir, no Direito do trabalho, um sentido preciso, que se mantém[899]; já o *Unternehmen*, próprio da comercialística, conserva, até hoje, irredutível indeterminação[900]. A tutela da empresa era, entretanto, precisada por Callmann[901], enquanto Barbara Meyer a entendia como objeto de um direito a um bem imaterial[902]: tudo isso foi tentado.

II. Ainda nos anos trinta do século XX, veio-se a debater a possibilidade de, em torno dela, erguer normas e princípios, no "Direito das empresas": tal o caso de Jessen[903]. Trata-se de um filão tocado, ainda, por

---

[897] Richard Passow, *Betrieb, Unternehmen, Konzern* (1925), 2, 41 e 100; este Autor explica, ainda, que o património da empresa é uma realidade diversa: trata-se do património que serve para a atividade da empresa.

[898] Jacobi, *Betrieb und Unternehmen* cit., 23. *Vide*, também, Karl August Eckardt, *Betrieb und Unternehmen/Ein Beitrag zur juristischen Terminologie*, ZHR 94 (1929), 1-30, que, de resto – ob. cit., 28-29 – acaba por considerar dispensáveis tais conceitos.

[899] *Vide* o escrito fundamental de Detlev Joost, *Betrieb und Unternehmen als Grundbegriffe im Arbeitsrecht* (1988), 13 ss..

[900] Joost, *Betrieb und Unternehmen* cit., 396.

[901] Rudolf Callmann, *Der Unternehmensbegriff im gewerblichen Rechtsschutz*, ZHR 97 (1932), 129-152 (150), tomando a empresa como um bem económico, dotado de proteção jurídica. *Vide*, ainda, Werner Marquitz, *Der Rechtsschutz des kaufmännischen Unternehmens durch die §§ 823 ff. BGB* (1937), onde, com prevenções, se podem apreciar os progressos conseguidos nos anos trinta do séc. XX.

[902] Barbara Elisabeth Meyer, *Das subjektive Recht am Unternehmen* (1933), 35 ss..

[903] Jens Jessen, *Unternehmen und Unternehmensrecht*, ZHR 96 (1931), 37-94; já na altura, este Autor começa a sua intervenção dizendo ser uma autêntica empresa conseguir dizer algo de novo, sobre a empresa. Subsequentemente, ele apresenta a empresa não apenas como elemento económico, mas, também, jurídico, procedendo a um apanhado de elementos de Direito comparado.

§ 20.° Evolução histórico-comparatística da empresa

Krause, num primeiro trabalho sobre o tema[904], por Gieseke[905] e por Fechner[906]. Este último, contradizendo o primeiro, vem afirmar a necessidade de construir um conceito unitário de empresa, a que associa grande importância, no momento histórico então atravessado. Para o efeito contrapõe, aos tradicionais, os conceitos gerais-concretos, de tipo neo-hegeliano, recentemente introduzidos, na época, por Karl Larenz. Mau grado esta colocação promissora, Fechner acabaria por apresentar uma noção complexa e pouco manuseável[907].

III. Numa outra linha dogmática, iniciara-se, entretanto, a utilização do termo "empresa", para, com o adjetivo, designar a empresa pública[908]. Esta, porém, veio a adquirir um sentido técnico preciso, acentuadamente formal[909], não dependendo do que se venha a encontrar, para "empresa" *tout court*[910]. A empresa pública suscita, hoje, intervenções doutrinárias,

---

[904] Hermann Krause, *Kaufmannsrecht und Unternehmensrecht*, ZHR 105 (1938), 69-132 (64 ss.), o qual refere, ainda, as suas ligações com a economia – ob. cit., 131.

[905] Paul Gieseke, *Die rechtliche Bedeutung des Unternehmens*, FS Ernst Heymann (1940), 112-147; este trabalho tem alguns pontos curiosos, que cumpre consignar; assim, Gieseke sublinha que a personificação da empresa é um facto, p. ex., na linguagem corrente – ob. cit., 118; a Ordem Jurídica, por seu turno, não se limita a acolher a empresa económica, antes elaborando, também, a sua própria teoria – ob. cit., *maxime* 121; finalmente, a tutela da empresa não é primária: visa-se uma proteção geral do ordenamento – ob. cit., 147. Gieseke teve, ainda, o mérito de ter sublinhado a inexistência de um conceito unitário de empresa.

[906] Erich Fechner, *Das wirtschaftliche Unternehmen in der Rechtswissenschaft* (1942).

[907] Fechner, *Das wirtschaftliche Unternehmen* cit., 4-6, 13 e 17.

[908] Quanto a empresas mistas – e afirmando que o fenómeno nada tinha de novo – cumpre citar Kurt Bussmann, *Die Rechtsstellung der gemischtwirtschaftlichen Unternehmungen/unter besonderer Berücksichtigung der Gross-Hamburger Elektrizitätswirtschaft* (1922); este Autor – ob. cit., 2 – explica que as empresas públicas são demasiado lentas, donde a ideia de as privatizar parcialmente. Com elementos históricos, Volker Emmerich, *Das Wirtschaftsrecht der öffentlichen Unternehmen* (1969), 24 ss..

[909] Günther Püttner, *Die öffentlichen Unternehmen/Ein Handbuch zu Verfassungs- und Rechtsfragen der öffentlichen Wirtschaft*, 2.ª ed. (1985), 25, o qual foca, também, aspetos materiais.

[910] Assim, Jorge Coutinho de Abreu, *Definição de empresa pública* (1990), 137, Menezes Cordeiro, *Direito da Economia* cit., 1, 267-268 e Eduardo Paz Ferreira, *Sumários de Direito da Economia*, I (1995), 203 ss..

302   *Empresa e estabelecimento*

na Alemanha, relacionadas com temas de concorrência[911], enquanto, em Itália, se debatia a sua definição[912].

96. Continuação; a evolução na segunda metade do século XX

I. A empresa, tal como sucedeu, em geral, com a teoria da instituição, foi usada pelas ideologias antiliberais do século XX para combater uma ideia de Direito, assente na pessoa humana. Ela ressentiu-se: resultou, daí, um certo preconceito que a prejudicou no imediato.

Após a Guerra de 1939-1945, o tema foi retomado, de modo prudente, por Julius von Gierke. A "prudência" tem a ver com o acima referido: a ideia de empresa tende – ou pode tender – a ocupar o lugar da pessoa. Von Gierke reata a ideia de que não há um conceito unitário de empresa, a qual nos terá advindo de economia[913]; de todo o modo, ele intenta surpreendê-la, com recurso a três traves mestras: a atividade, as coisas e as posições jurídicas – incluindo vinculações – para tanto necessárias e a comunidade de pessoas que a servem[914]. Trata-se de pontos retomados por Ballersted, que releva a rentabilidade, o capital e o trabalho[915] e por Hubmann, que releva, ainda, a circulabilidade das empresas e a tutela de que beneficiam[916].

---

[911] Volker Emmerich, *Das Wirtschaftsrecht der öffentlichen Unternehmen* cit., 183 ss., Jürgen Backhaus, *Öffentliche Unternehmen*, 2.ª ed. (1980), 77 ss. e Wolfgang Fikentscher, *Wirtschaftsrecht*, II – *Deutsches Wirtschaftsrecht* (1983), 113 ss..

[912] Sabino Cassese, *L'impresa pubblica: storia di un concetto*, em Berardino Libonati/Paolo Ferro-Lizzi, *L'impresa* (1985), 167-182. Também, em Itália, se recorreu à técnica de transformação, em sociedades anónimas; *vide Le privatizzazioni: forma di società per azioni e titolarità pubblica del capitale (Seminario)* (1995), com múltiplas intervenções, Piergaetano Marchetti (org.), *Le privatizzazioni in Italia/Saggi, leggi e documenti* (1995), também com vários interventores e Renzo Costi, *Privatizzazione e diritto delle società per azioni*, GiurComm 22.1 (1995), 77-100.

[913] Julius von Gierke, *Das Handelsunternehmen*, ZHR 111 (1948), 1-17 (2 e 5).

[914] Von Gierke, *Das Handelsunternehmen* cit., 7-8; o Autor procede, igualmente, a um apanhado de Direito comparado – ob. cit., 17; as três linhas, referidas no texto, surgem, ainda, em J. von Gierke, *Firmenuntergang und Firmenverlegung*, ZHR 112 (1949), 1-11 (8-9).

[915] Kurt Ballersted, *Unternehmen und Wirtschaftsverfassung*, JZ 1951, 486-493 (487/II).

[916] Heinrich Hubmann, *Das Recht am Unternehmen*, ZHR 117 (1955), 41-81 (41-42, 46, 60 ss. e 74 ss.). *Vide*, ainda, Karsten Schmidt, *Vom Handelsrecht zum Unternehmens--Privatrecht?*, JuS 1985, 249-257 (255).

§ 20.° Evolução histórico-comparatística da empresa

II. De então para cá, a empresa veio sendo trabalhada, em várias frentes, sem que, dela, se possa dar uma imagem dogmática concatenada. Aparentemente simples, a empresa torna-se uma realidade muito complexa[917]. Assim, os Autores acentuam o valor próprio que ela traduz[918], bem como a sua origem na Economia[919], destinando-se a criar valor[920] e a produzir lucros[921]. Aspetos diversificados do seu regime têm sido explorados, tal como a sua esfera de sigilo[922], a sua aptidão para poder funcionar como objeto do enriquecimento[923] ou a submissão dos seus sujeitos ao princípio da igualdade[924]. A doutrina está de acordo quanto ao facto de a empresa poder apresentar diversas formas jurídicas[925], incluindo a de pes-

---

[917] Otto Kuntze, *Unternehmensverband und Unternehmensgrösse*, FS R. Fischer (1979), 365-384 (367).

[918] Konrad Mellerowicz, *Der Wert der Unternehmung als Ganzes* (1952), 18 e 19.

[919] Ralf Bodo Schmidt, *Wirtschaftslehre der Unternehmung* (1969), 8.

[920] Otto Kuntze, *Unternehmensverband und Unternehmensrecht*, FS K. Duden (1977), 201-228 (203).

[921] Hans-Martin Lauffer, *Der notwendige Unternehmensgewinn/Eine Analyse des bilanziellen Mindestgewinns* (1968), concluindo que deveria ser procurado o lucro necessário, para prosseguir a sua tarefa e Thomas Raiser, *Unternehmensziele und Unternehmensbegriff*, ZHR 144 (1980), 206-231 (207); quanto ao conceito de lucro, Georg Döllerer, *Zum Gewinnbegriff des neuen Aktiengesetzes*, FS Gessler (1971), 93-110, sendo de citar, no tocante à transposição da Diretriz referente a balanços, Peter Hommelhoff/ /Hans-Joachim Priester, *Bilanzrichtliniengesetz und GmbH* (1986) e Peter Ulmer, *Begriffsvielfalt im Recht der Verbundenen Unternehmen als Folge des Bilanzrichtlinien – Gesetzes – Eine systematische Analyse*, FS Goerdeler (1987), 623-648.

[922] Jean Nicolas Druey, *Geheimsphare des Unternehmens* (1977), 104 ss.; este Autor sublinha que as pessoas coletivas também gozam de direitos de personalidade, os quais também tutelam valores económicos; a empresa, por seu turno, traduz uma conexão de direitos e deveres, que asseguram uma articulação de fatores produtivos, sendo tutelada – ob. cit., 89, 94, 101 e 102.

[923] Kurt Ballerstedt, *Das Unternehmen als Gegenstand eines Bereicherungsanspruchs*, FS W. Schilling (1973), 289-307.

[924] Klaus Reuber, *Die haftungsrechtliche Gleichbehandlung von Unternehmensträgern/Der allgemeine Gleichheitssatz (Art. 3 Abs. 1GG) als Wertungskriterium für die Anwendung des § 31 BGB auf Unternehmensträger* (1990); cf., aí, 29, quanto à noção de empresa.

[925] Ernst Joachim Mestmäcker, *Zur Systematik des Rechts der Verbundenen Unternehmen im neuen Aktiengesetz*, FG Kronstein (1967), 129-150, Fritz Rittner, *Unternehmenspenden an politische Parteien*, FS Knur (1972), 205-233 (206, notas), Ralf-Bodo Schmidt, *Wirtschaftslehre der Unternehmung* cit., 42-44 e Georg Crezelius, em Karl Peter/Georg Crezelius, *Neuzeitlich Gesellschaftsverträge und Unternehmensformen*, 5.ª ed. (1987), Nr. 7 (3). No

304 *Empresa e estabelecimento*

soa singular, a de sociedade de pessoas[926], a de cooperativa[927] e mesmo a de fundação[928].

III. Em todo este período, manteve-se uma certa discussão teórica, em torno da ideia de empresa[929], com uma expressa ressalva do monismo dos interesses subjacentes, embora não esteja definitivamente adquirido[930].

---

tocante a "empresas internacionais", Hans-Georg Koppensteiner, *Internationalen Unternehmen im deutschen Gesellschaftsrecht* (1971), 31, explica que funcionam, como tais, todos os empreendimentos estrangeiros, no País, seja qual for a sua natureza.

[926] Werner Merle, *Personenhandelsgesellschaften als Unternehmer im Gewerberecht*, FS Bartholomeizcik (1973), 279-288 e Harry Westermann, *Gedanken zum Unternehmensschutz im Recht der Personenhandelsgesellschaft*, idem, 395-414 (401), focando, designadamente, que a tutela acaba por ser dada, através do esquema societário.

[927] *Vide* o folheto, aliás interessante, de W. W. Engelhardt, *Sind Genossenschaften gemeinwirtschaftliche Unternehmen?* (1978).

[928] *Supra*, 283.

[929] Fritz Rittner, *Unternehmen und Freier Beruf als Rechtsbegriffe* (1962), 5, fazendo apelo aos conceitos de ordem, de Heck, para explicar a empresa, Oswald von Nell-Breuning, *Unternehmensverfassung*, FG Kronstein (1967), 47-77 (47 e 50 ss.), considerando a empresa como um conceito organizatório e criticando o velho "Unternehmen an sich", Peter Nobel, *Anstalt und Unternehmen/Dogmengeschichtliche und vergleichende Vorstudien* (1978), recorrendo a categorias de Max Weber, pergunta se não se passará à personificação de empresa – 60 ss. e 12, Otto Kunze, *Unternehmen und Gesellschaft*, ZHR 147 (1983), 16-20, tentando uma síntese de pontos de vista, Thomas Raiser, *Unternehmensrecht als Gegenstand juristischer Grundlagenforschung*, FS Erich Potthoff (1989), 31-45, concluindo, um tanto contra a corrente hoje prevalecente, que o Direito da empresa é uma nova disciplina jurídica e Antje Mattfeld, no *Münchener Handbuch des Gesellschaftsrechts*, I, 2.ª ed. (2004), § 53, Nr. 16 (943), sublinhando que o conceito de empresa é funcional e não institucional.

[930] Horst Steinmann, *Das Grossunternehmen im Interessenkonflikt/Ein wirtschaftswissenschaftlicher Diskussionsbeitrag zu Grundfragen einer Reform der Unternehmensordnung in hochentwickelten Industriegesellschaften* (1969), 32 e 35, depois de ter criticado a "empresa em si", defende a inexistência de uma unidade de interesses, entre a empresa e os seus titulares; este Autor preconiza uma reativação dos acionistas, para quebrar a separação entre a propriedade e o poder de decisão; em compensação, Franz Jürgen Säcker, *Unternehmensgegenstand und Unternehmensinteresse*, FS Lukes (1989), 547-557 (557), embora apoiado no dever de lealdade, acaba por preconizar um dever dos acionistas de votar o alargamento do objeto da sociedade, quando o seu interesse objetivo o exigir. No tocante a deveres específicos, *vide* Fritz Rittner, *Zur Verantwortung des Vorstandes nach § 76 Abs 1, AktG 1965*, FS Gessler (1971), 139-158, referindo o interesse da sociedade e o interesse público (156).

§ 20.° Evolução histórico-comparatística da empresa

A construção da empresa não é tema esgotado, continuando a suscitar importantes desenvolvimentos[931].

Em termos dogmáticos, a empresa surge no âmbito do Direito dos grupos de sociedades[932] – onde, de resto, é usada para cobrir as diversas formas societárias – no Direito da concorrência desleal[933] e no domínio do Direito do trabalho[934], com tónica na co-gestão[935], ainda que aí predomine o conceito técnico preciso de *Betrieb*[936]. Por vezes, a empresa é referida

---

[931] Em especial: Fritz Rittner, *Unternehmensfreiheit und Unternehmensrecht* cit., 69 ss..

[932] Ainda antes do *AktG 1965*, cumpre referir Ernst Gessler, *Der Schutz der abhängigen Gesellschaft*, FS Walter Schmidt (1959), 247-278; depois dessa lei, cf.: Hans-Friedrich Luchterhandt, *Der Begriff "Unternehmen" im Aktiengesetz 1965*, ZHR 132 (1969), 149-174 (155 ss.), Wolfgang Hefermehl, *Der Aktionär als "Unternehmen" im Sinne des Konzernrechts*, FS Gessler (1971), 203-217, Ernst-Joachim Mestmäcker, *Europäisches Wettbewerbsrecht* (1974), 193 ss. e *passim* – hoje: Ernst Joachim Mestmäcker/Heike Schweitzer, *Euröpaiches Wettbewehsrecht*, 3.ª ed. (2014), 616 ss. e *passim* –, numa obra já clássica, Wolfgang Zöllner, *Zum Unternehmensbegriff der §§ 15 ff AktG*, ZGR 1976, 1-32, Horst S. Werner, *Der aktienrechtliche Abhängigkeitstatbestand/Eine Untersuchung der Herrschaftsmöglichkeiten von Unternehmen über Unternehmen in der faktischen Konzernverbindung* (1979), Peter Hommelhoff, *Die Konzernleitungspflicht/Zentrale Aspekte eines Konzernverfassungsrechts* (1982) – trata-se de uma habilitação maciça –, Bruno Kropff, *Konzerneingangskontrolle bei der qualifiziert konzerngebundenen Aktiengesellschaft*, FS Goerdeler (1987), 259-278 e Uwe Hüffer, *Gesellschaftsrecht*, 4.ª ed. (1996), 340 ss..

[933] Como mero exemplo: Eberhard Günther, *Das Unternehmen im Wettbewerb*, FS Bartholomeyczick (1973), 59-74.

[934] Kurt H. Biedenkopf, *Answirkungen der Unternehmensverfassung auf die Grenzen der Tarifautonomie*, FS Kronstein (1967), 79-105, Franz Böhm, *Der Zusammenhang zwischen Eigentum, Arbeitskraft und dem Betreibe eines Unternehmens*, *idem*, 11-45, Von Nell-Breuning, ob. cit., 58 ss., Otto Kunze, *Bemerkungen zu Inhalt und Methode einer Unternehmensrechtsreform*, FS Gessler (1971), 47-57 e *Bemerkungen zum Verhältnis von Arbeits- und Unternehmensrecht*, FS W. Schilling (1973), 333-361 (347), Fritz Rittner, *Unternehmensverfassung und Eigentum*, *idem*, 363-384 e Wilfried Guth, FS Semler (1993), 713-719, também como meros exemplos.

[935] Klaus-Peter Martens, *Das Unternehmen und seine Ordnung*, RdA 1972, 269-279 (279/I), Herbert Wiedemann, *Grundfragen der Unternehmensverfassung*, ZGR 1975, 385-432 (389 ss.), Otto Kuntze, *Zum Stand der Entwicklung des Unternehmensrechts*, ZHR 144 (1980), 100-135 (124), Thomas Raiser, *Theorie und Aufgaben des Unternehmensrechts in der Marktwirtschaft*, ZRP 1981, 30-35 e Fritz Rittner, *Unternehmensfreiheit und Unternehmensrecht zwischen Kapitalismus, Sozialismus und Laborismus* (1998), 229 ss..

[936] Detlev Joost, *Betrieb und Unternehmen* cit., 231 e 265.

306   *Empresa e estabelecimento*

como sujeito de direitos, embora em linguagem menos rigorosa[937], mantendo-se a ideia da noção pré-jurídica[938] e, em todo o caso, ampla[939].

IV. Por fim, a empresa vem a objetivar-se. Ela é tratada como objeto de negócios em modernas exposições de Direito comercial, aproximando-se do nosso estabelecimento[940]. Mesmo autores que, como Karsten Schmidt, mantêm a empresa como elemento aglutinador central do Direito comercial acabam por lhe dar verdadeira relevância dogmática apenas nesse plano[941].

Finalmente, a última reforma comercial do século XX – a do HGB, de 1998, acima examinada[942] –, avançou quanto pôde no sentido da empresa sem, dela, lograr fazer um centro autónomo de imputação de interesses.

97. A tradição francesa

I. A tradição francesa das "empresas" pode ser fixada no artigo 632.º[943], do *Code de Commerce*, com raízes na *Ordonnance*, de 1673. Aquele preceito, a propósito da competência dos tribunais de comércio, que abrangia os atos comerciais independentemente da qualidade das pessoas que neles interviessem, vinha dispor:

> La loi répute actes de commerce, tout achat de denrées et marchandises pour les revendre, soit en nature, soit après les avoir travaillées et mises en oeuvre, ou même pour en louer simplement l'usage; toute *entreprise* de manufactures, de commission, de transport par terre ou par eau; toute *entreprise* de fournitures, d'agences, bureaux d'affaires, établissements de vente

---

[937] Ernst Gessler, *Das "Unternehmen" im Aktiengesetz*, FS Knur (1972), 145-164 (148).

[938] Konrad Duden, *Zur Methode der Entwicklung des Gesellschaftsrechts zum "Unternehmensrecht"*, FS W. Schilling (1973), 309-331 (311).

[939] Dirk Ehlers, *Der Schutz wirtschaftlicher Unternehmen vor terroristische Anschlägen, Spionage und Sabotage*, FS Lukes (1989), 337-357.

[940] Claus-Wilhelm Canaris, *Handelsrecht* cit., 24.ª ed., 140 ss..

[941] Karsten Schmidt, *Handelsrecht*, 5.ª ed. cit., 63 ss. e *Gesellschaftsrecht*, 4.ª ed. (2002), 16 ss.. Em especial: Thomas Raiser/Rüdiger Veil, *Recht der Kapitalgesellschaften*, 4.ª ed. (2006), § 6 (18 ss.).

[942] *Supra*, 262 ss..

[943] J. A. Rogron, *Code de commerce expliqué* cit., 5.ª ed., 196-197.

§ 20.° Evolução histórico-comparatística da empresa

à l'encan, de spetacles publics; toute opération de change, banque et courtage; toutes les opérations des banques publiques; toutes obligations entre négocians, marchands et banquiers; entre toutes personnes, les lettres de change, on remises d'argent faites de place en place[944].

A empresa era, aqui, a atividade mercantil ou o conjunto das atuações comerciais. Para além do enunciado transcrito, essa asserção é confirmada pela estatuição: a "empresa" é, aí, considerada ato de comércio. Verifica-se, ainda, que é anterior à experiência alemã.

Como explica Escarra ela tem, subjacente, uma ideia, rica, mas pouco praticável, de Direito comercial, assente em profissões de comerciantes e não em atos isolados[945].

II. Acompanhando, depois, uma evolução semântica a que não foi estranha a prática dirigista da organização das profissões, no segundo pós-guerra, a "empresa" veio a traduzir não já a atividade em si, mas a própria organização necessária para o desenvolvimento da atividade.

Reclamando uma origem económica para o conceito de empresa, Yvonne Lambert-Faivre propõe, como definição jurídica de empresa, a de "... quadro no qual capital e trabalho são postos em ação por um chefe de empresa, com vista a um fim económico"[946]. A empresa seria suscetível de assumir diversas formas[947], acabando, contudo, por ser considerada o "objeto" da sociedade[948].

---

[944] Trata-se da versão original, de 1808, que empobrecida fica perante qualquer tradução; *vide Les cinq codes* (1811), 463-464. Mais tarde, este preceito obteve uma extensão maior, tendo sido alterado por leis de 7-jun.-1894, 13-jul.-1967 e 9-jul.-1970; *vide* Marie-Jeanne Campana, *Code de Commerce* (1991), ed. Litec, 523 ss., com larga anotação e o *Code de Commerce* da Dalloz, 95.ª ed. (2000), red. Yves Chaput, 149 ss.; finalmente, ele desapareceu na reforma de 2000.

[945] Jean Escarra, *Cours de Droit Commercial* (1952), n.° 91 (60). *Vide*, atualmente, Françoise Dekeuwer-Défossez, *Droit commercial*, 8.ª ed. cit., 59: a empresa, no *Code*, daria corpo a atos de comércio, não isolados, mas assentes em estruturas, com repetição.

[946] Yvonne Lambert-Faivre, *L'entreprise et ses formes juridiques*, RTDComm XXI (1968), 907-975 (947 e 948).

[947] Lambert-Faivre, *L'entreprise* cit., 911; *vide* Michel Trochu, *L'entreprise: antagonisme ou collaboration du capital et du travail*, RDComm XXII (1969), 681-717 (684).

[948] Lambert-Faivre, *L'entreprise* cit., 974.

III. Em 1967, a propósito da preparação da (antiga) lei das falências, houvera uma tentativa gorada de, aí, definir a empresa, cada vez mais objetivada, na linguagem económica e de gestão[949]. Os manuais de Direito comercial, contudo, só lhe faziam breves referências[950], apresentando, mais recentemente, os diversos sentidos que ela comporta[951].

Curiosamente, seria no moderno Direito da falência e, mais precisamente, na Lei de 11-jul.-1985, relativa ao *Redressement et liquidation judiciaires des entreprises*, que a empresa ganharia novo fôlego e, mesmo, uma definição jurídica[952]. De facto, o artigo 81.º desse diploma definia a empresa como centro de atividades, suscetível de exploração autónoma[953]. Trata-se de uma noção que pouco tem auxiliado a doutrina[954] mas que, de todo o modo, permite tornar operacional a lei francesa das falências. Este diploma assume um papel muito particular por ter, de forma direta, inspirado o revogado CPEF português, de 1993.

Por esta via algo sinuosa, a "empresa" francesa vem a aproximar-se da atual prática alemã.

98. A tradição italiana

I. O Código de Comércio italiano de 1882, abordava as empresas, tal como o francês, pelo prisma dos atos de comércio – artigo 3.º, números 6

---

[949] Proliferaram manuais, dirigidos a cursos de gestão, pouco ou nada explícitos quanto à noção de empresa, mas tendo-a por título. Assim: Jean-Pierre Tosi, *Introduction au droit de l'entreprise* (1970), Jean-Pierre Casimir/Alain Couret, *Droit des affaires/gestion juridique de l'entreprise* (1987) onde, por exemplo, se debate a "escolha da estrutura para a empresa" (55) e Le Court, *L'entreprise/Environnement juridique-economique* (1988).

[950] Michel de Juglart/Benjamin Ippolito/Jacques Dupichot, *Cours de Droit Commercial*, 2, *Les sociétés commerciales*, 10.ª ed. (1999), 120.

[951] Elie Alfandari, *Droit des affaires* (1993), n.º 215 (167), onde se refere a empresa como atividade, como um bem e como uma organização.

[952] Fernand Derrida/Pierre Goddé/Jean-Pierre Sortais, *Redressement et liquidation judiciaires des entreprises*, DS hors série 1986, 2.ª ed. e, desses mesmos autores, *Cinq années d'application de la loi du 25-jan.-1985*, 3.ª ed. (1991). De teor marcadamente prático, *vide* Bernard Jadaud, *Le redressement et la liquidation judiciaires des entreprises* (1986).

[953] *Vide*, ainda, Jean Paillusseau/Jean-Jacques Caussain/Henry Lazarski/ /Philippe Peyramaure, *La cession d'entreprise* (1988), n.º 1003 (498).

[954] Assim, vejam-se as dúvidas, que se mantêm, em Derrida/Goddé/Sortais, *Redressement* cit., 7 e *Cinq années d'application* cit., 13 ss., bem como as explicações de Paillusseau/Caussain/Lazarski/Peyramaure, *La cession d'entreprise* cit., 497 e 498-499.

§ 20.° Evolução histórico-comparatística da empresa

e seguintes. A interpretação destes preceitos suscitava dúvidas e teorias, parecendo prevalecer a que detetava, neles, o exercício de uma atividade complexa, com uma repetição de atos singulares, relativos a determinada atividade[955].

II. A influência da cultura jurídica alemã jogaria, depois, acelerando a objetivação da empresa e intentando, dela, perante as invocadas realidades do comércio, fazer um conceito-chave no Direito comercial[956]. Parece inevitável considerar que todo este movimento foi auxiliado, pela "doutrina" do corporativismo, então oficial, sob a ditadura do partido de Mussolini: a vários títulos, a reificação da empresa e a sua sobrevalorização permitiriam combater, quer o liberalismo, quer o socialismo.

III. Todo este forte movimento, de entre as guerras, deu frutos relativos, no Código Civil de 1942. Na verdade, este diploma compreende um livro V, dedicado ao trabalho, que trata, sucessivamente e noutros tantos títulos, da disciplina das atividades profissionais, do trabalho na empresa, do trabalho autónomo, do trabalho subordinado, das sociedades, das cooperativas, da associação em participação, do estabelecimento, da disciplina sobre as obras do engenho e invenções industriais, da disciplina da concorrência e dos consórcios e de disposições penais, em matéria de sociedade e de consórcios. Como se vê, o plano era ambicioso. Falhou: hoje, está adquirida a repartição de toda essa matéria em disciplinas perfeitamente autónomas, com cultores e dogmáticas próprios: Direito do trabalho, Direito comercial, Direito das sociedades comerciais, Direito da propriedade industrial, Direito da concorrência e Direito penal. As empre-

---

[955] Alfredo Rocco, *Principii di diritto commerciale/Parte generale* (1928), 182 ss.. Em especial e com múltiplas indicações históricas, Roberto Montessori, *Il concetto di impresa negli atti di commercio/Dell'art. 3 Cod. di Comm.*, RDComm X (1912) 1, 408-445 e 497-523.

[956] Assim, com indicações: Lorenzo Mossa, rec. a Wieland, *Handelsrecht*, RDComm XIX (1921) 1, 283-287 (285) e, depois, sucessivamente e em crescendo, *I problemi fondamentali del diritto commerciale*, RDComm XXIV (1926) 1, 233-252 (245) e *Per il nuovo codice di commercio*, RDComm XXVI (1928) 1, 16-33 (16 ss. e 25 ss.). Finalmente, já com o novo Código à vista, cf. Mossa, *Trattato del nuovo diritto commerciale/Secondo il Codice Civile del 1942 – I – Il libro del lavoro/L'impresa corporativa* (1942), 35 ss.. Vide, ainda, Alberto Asquini, *Codice di commercio, codice dei commercianti o codice misto di diritto privato?*, RDComm XXV (1927) 1, 507-524 (512).

sas surgiam, nos artigos 2082 e seguintes, *Título II – Do trabalho na empresa, Capítulo I – Da empresa em geral* e *Secção I – Do empresário*. Era dececionante: o *Codice* limitava-se, naquele preceito, a definir "empresário" (*imprenditore*)[957]:

> (...) aquele que exerce profissionalmente uma atividade económica organizada, com vista à produção ou à troca de bens e serviços.

No artigo 2086.º, ao sabor da época, sob a epígrafe "direção e hierarquia na empresa", dispunha-se que o empresário é o chefe da empresa, dele dependendo hierarquicamente os seus colaboradores.

De todo o modo, o Código Civil italiano de 1942 representa o momento mais alto, no Ocidente, da teoria da empresa. Ele acabaria por ter uma influência tardia nalguns códigos lusófonos: sem que um prévio desenvolvimento jurídico-científico o possa justificar.

IV. O fracasso daquilo que, à partida, pareceria ser a consagração da empresa como instrumento jurídico-chave, no Direito privado italiano, tem uma explicação científica. O legislador de 1942 optou, na verdade – e pensamos que por razões menos jurídicas – por consagrar a empresa, enquanto realidade objetiva. Simplesmente, e por falta de desenvolvimentos científicos mínimos, não lhe foi possível prescindir de conceitos "concorrentes", como o de sociedade comercial e, até, o de estabelecimento (*azienda*). Nestas condições, o espaço normativo deixado à empresa seria pouco mais do que verbal.

V. No pós-guerra, a empresa – na base da definição legal de empresário – vem a ser definida como o "exercício profissional de uma atividade económica organizada, com fins de produção ou de troca de bens ou serviços"[958]. Houve que afirmar a sua sobrevivência, em relação ao corporativismo deposto[959], mantendo-se, depois, a sua definição, como ativi-

---

[957] *Vide* as anotações de Roberto Triola, *Codice Civile annotato*, 3.ª ed. (2003), 1917 e de Cian/Trabucchi, *Commentario breve al Codice Civile*, 4.ª ed. (1992), 1729 ss..

[958] Angelo Nattini, *Lezioni di diritto commerciale/Impresa – Azienda – Società – Titoli di credito-cambiali* (1950), 9 e Giuseppe Fanelli, *Introduzione alla teoria giuridica dell'impresa* (1950), 79.

[959] Fanelli, *Introduzione* cit., 8 ss. e 44 ss..

§ 20.º *Evolução histórico-comparatística da empresa* 311

dade[960]. Não faltariam estudos, assentes na análise económica da empresa[961], documentando-se, ainda, um uso polissémico da expressão[962].

Nos manuais mais recentes, mantêm-se as definições de empresário[963] ou de empresa[964], coladas à da lei, sem que, daí, se retirem especiais consequências dogmáticas. Mesmo os autores que, como Auletta/Salanitro, conservam, à empresa, um certo papel sistemático, limitam-se, praticamente, a afirmações de princípio e a contrapor, antes de um estudo de tipo tradicional, empresários a empresas coletivas[965].

Paralelamente, e para além do uso de "empresa" em temas comunitários, essa locução surge em "empresas públicas"; tem, aí, contudo, um sentido técnico preciso[966].

---

[960] Vittorio Colussi, *Capacità e impresa* I – *L'impresa individuale* (1974), 5 ss. e Vincenzi Panucchio, *Teoria giuridica dell'impresa* (1974), 117 ss..

[961] Remo Franceschelli, *Imprese e imprenditori* (1972, reimpr. da 3.ª ed.), 11 ss..

[962] Assim: Berardino Libonati/Paolo Ferro-Luzzi (org.), *L'impresa* (1985) e Nino Longobardi, *Crisi dell'impresa e intervento pubblico* (1985).

[963] Pier Giusto Jaeger/Francesco Denozza, *Appunti di diritto commerciale* I – *Impresa e società*, 7.ª ed. (2010), 13 ss..

[964] Gastone Cottino, *Diritto commerciale/Imprenditori, impresa e azienda*, vol. I, tomo 1.º, 3.ª ed. (1993), 171 ss. e Maria Elena Gallesio-Piuma/Vittorio Polleri, *Elementi di diritto commerciale*, 2.ª ed. (1996), 24.

[965] Giuseppe Auletta/Niccolò Salanitro, *Diritto Commerciale*, 8.ª ed. (1993), 6, 13 ss. e 103 ss., 14.ª ed. (2003), 3 ss. e 95 ss. e 18.ª ed. (2010), 3 ss. e 99 ss..

[966] Laura Ammannati, *Le privatizzazioni delle imprese pubbliche in Italia* (1995), com diversos estudos e uma cronologia. Quanto a "empresa", no Direito comunitário, designadamente para efeitos de transferência de empresa, *vide*, do TJE, 7-mar.-1996, JuS 1996, 836-837, anot. Dieter Reuter.

§ 21.º A EMPRESA NA EXPERIÊNCIA PORTUGUESA

99. A tradição de Ferreira Borges e de Veiga Beirão

I. A "empresa" surge, no Direito moderno português, como forma de delimitar o âmbito comercial. O Código Ferreira Borges, no Livro I – *Das pessoas do commercio*, da Parte I, Título I – *Dos commerciantes, e suas especies*, Secção I – *Dos commerciantes em geral*, dispunha:

> 34. Os empresarios de fabricas gozam dos privilegios dos commerciantes em quanto respeita á direcção d'ellas, e venda dos artigos fabricados.
> 35. Commerciante é voz generica, que comprehende os banqueiros, os seguradores, os negociantes de comissão, os mercadores de grosso e retalho, e os fabricantes ou empresarios de fabricas na aceção dada.

Portanto: empresário era o detentor de fábricas, sendo equiparado a comerciante. Daí, seria possível extrapolar a própria fábrica, como empresa.

II. No Código Veiga Beirão, o mesmo objetivo, de inspiração napoleónica, de melhor definir o universo dos atos de comércio ou da atividade comercial, manteve-se. Segundo o seu artigo 230.º, "Haver se-hão por comerciais as emprêsas, singulares ou colectivas, que se propuzérem: ..."; seguia-se uma lista, que veio a ser alargada por sucessiva legislação posterior[967]. Perante este articulado, parte da doutrina entendeu, na sequência de José Tavares[968], que a "empresa" era, aí, a pessoa, singular ou coletiva,

---

[967] *Supra*, 216 ss..

[968] José Tavares, *Sociedades e empresas comerciais*, 2.ª ed. (1924), 728-729; tal posição já havia sido tomada, em edição anterior de *Das emprezas no Direito Comercial*; *vide*, aí, 107, onde se diz que a empresa, no artigo 230.º, é sinónimo de empresário; *supra* 218, nota 638.

§ 21.º A empresa na experiência portuguesa

que pretendesse praticar os atos em jogo[969]. Não era esse o entendimento correto[970]: de todo o modo, ele marca um início subjetivista.

100. A objetivação da empresa

I. Acompanhando uma imparável evolução semântica, surgiram, logo no início do século XX, orientações de tipo objetivista que, na empresa viam "... um organismo productor collectivo que se propõe realisar uma série de actos destinados a uma especulação económica"[971].

Nesta tradição, provavelmente reforçada por elementos jurídico-científicos alemães, se poderá inscrever Ferrer Correia que, pelo menos num certo momento do seu pensamento, equiparou a empresa ao estabelecimento comercial[972], numa orientação mantida por alguns Autores[973].

Apesar de certos esforços destinados a reanimar a empresa, enquanto fator relevante do Direito comercial[974], podemos considerar que a comercialística portuguesa não está, nesse domínio, mais avançada do que as suas congéneres francesa, alemã e italiana, aqui tomadas como exemplares.

II. Um reforço particular, para a ideia de empresa, adveio do Direito da economia[975], tomado latamente enquanto normas e princípios ordenados em função de pontos de vista jurídico-económicos. Diversos diplomas com incidência económica dimanam normas diretamente dirigidas a empresas. Coroando esta evolução – e sob manifesta influência da expe-

---

[969] Cunha Gonçalves, *Comentário ao Código Comercial Português* cit., 1, 586, Barbosa de Magalhães, *Do estabelecimento comercial*, 2.ª ed. (1951), 21 e Oliveira Ascensão, *Lições de Direito Comercial*, I – *Parte Geral* (1986/87), 121-122, que, depois, procura aproveitar a noção.

[970] *Supra*, 220-221.

[971] Adriano Anthero, *Comentario ao Codigo Commercial Portuguez* cit., 1, 424; este Autor – ob. cit., 425 – não deixa de reconhecer que o Código Comercial deu, à noção, um emprego subjetivo.

[972] Ferrer Correia, *Lições de Direito Comercial*, cit., 1, 201.

[973] Assim, Orlando de Carvalho, *Critério e estrutura do estabelecimento comercial*, I cit., 7 ss., nota 3 (8) e Coutinho de Abreu, *Da empresarialidade* cit., 4.

[974] Com relevo para José de Oliveira Ascensão e, recentemente, para Pupo Correia.

[975] *Vide* os nossos *Direito da Economia* cit., 1, 231 ss. e *Aquisição de empresas* cit., 88 ss..

314   *Empresa e estabelecimento*

riência francesa – o CPEF, aprovado pelo Decreto-Lei n.° 132/93, de 23 de abril e hoje revogado, veio aplicar-se a empresas[976]. O artigo 2.° desse Código adiantava, mesmo, como definição:

> Considera-se empresa, para o efeito do disposto no presente diploma, toda a organização dos factores de produção destinada ao exercício de qualquer actividade agrícola, comercial ou industrial ou de prestação de serviços.

III. Mesmo limitando a noção ao próprio CPEF, poderíamos pensar que este vinha personalizar todas as empresas, fosse qual fosse a sua fórmula jurídica. Mas não: o artigo 125.°/1, do CPEF, veio excluir, da declaração de falência, as associações, comissões especiais ou sociedades sem personalidade jurídica; o n.° 2 apenas ressalva, a esta regra, o estabelecimento individual de responsabilidade limitada. Resta concluir que, embora para efeitos restritos, seria possível, no domínio falimentar, uma dogmática da empresa; esta não substitui, contudo, a personalidade jurídica[977].

Todavia, entre nós como na experiência dadora francesa, não havia uma dogmática da empresa, minimamente desenvolvida, capaz de permitir uma codificação complexa que a tivesse por cerne. Não admira, pois, que, na prática do CPEF, o papel da empresa tenha sido pouco mais do que vocabular.

IV. Este estado de coisas foi reconhecido pelo CIRE de 2004, que veio revogar o CPEF. É certo que o artigo 5.° do novo Código não resistiu: definiu de novo a empresa, desta feita nos termos seguintes:

> Para efeitos deste Código, considera-se empresa toda a organização de capital e de trabalho destinada ao exercício de qualquer atividade económica.

---

[976] Segundo o seu artigo 1.°, na redação dada pelo Decreto-Lei n.° 315/98, de 20 de outubro:

> 1. Toda a empresa em situação económica difícil ou em situação de insolvência pode ser objeto de uma medida ou de uma ou mais providências de recuperação ou ser declarada em regime de falência.

[977] STJ 23-abr.-1996 (Cardona Ferreira), CJ/Supremo IV (1996) 1, 167-170 (170): o Código, aprovado pelo Decreto-Lei n.° 132/93, reconhece a personalidade judiciária das empresas, para facilitar, mesmo quando não tenham personalidade jurídica.

§ 21.º A empresa na experiência portuguesa

Ao longo do CIRE não surgem, todavia, consequências práticas: nem da noção prodigalizada, nem de qualquer outra ideia de empresa[978]. O Código desenvolve-se ao abrigo de noções dogmatizadas.

Poderemos concluir que, no nosso Direito como noutras experiências europeias, com relevo para a alemã[979], a "empresa" é uma locução disponível para o legislador, sem se embaraçar com uma técnica jurídica precisa, indicar destinatários para as suas normas, designadamente as de natureza económica. E em paralelo documenta-se uma sua utilização com o sentido de estabelecimento.

101. Os "interesses" da empresa

I. Com os elementos obtidos, vamos agora verificar se a empresa inflete, por si, normas jurídicas, de modo a poder considerar-se como um centro autónomo de interesses[980].

Impõe-se recordar algumas categorias gerais. Em sentido subjetivo, o interesse traduz uma relação de apetência entre o sujeito e as realidades que ele considere aptas para satisfazer as suas necessidades ou os seus desejos; em sentido objetivo, interesse traduz a relação entre o sujeito com necessidades e os bens aptos a satisfazê-las[981]. Finalmente, podemos apontar um sentido técnico-jurídico: interesse será a realidade protegida por normas jurídicas de tal modo que, quando atingidas, se origine um dano[982].

A noção de interesse só terá algum relevo quando se defira, ao próprio sujeito, a função de definir quais os interesses e como os prosseguir.

---

[978] Vide Luís Menezes Leitão, *Código da Insolvência e da Recuperação de Empresas Anotado*, 4.ª ed. (2008), 56 e Luís Carvalho Fernandes/João Labareda, *Código da Insolvência e da Recuperação de Empresas Anotado* I (2005), 81-82, dando-lhe, todavia, mais algum relevo.

[979] Vide Otto Kuntze, *Unternehmensverband und Unternehmensrecht* cit., 115.

[980] Ou como um monismo de interesses subjacentes; *supra*, 302.

[981] Menezes Cordeiro, *Direitos Reais* (Reprint, cit.), 217. Com múltiplos elementos, Pedro de Albuquerque, *Direito de preferência dos sócios em aumentos de capital nas sociedades anónimas e por quotas* (1993), 310 ss..

[982] Paulo Mota Pinto, *Interesse contratual negativo e interesse contratual positivo* I (2008), 528 ss..

De outra forma[983], a lei mandaria, *ad nutum*, adotar certa atuação: seria uma mera norma de conduta, sem necessidade de a completar através da intermediação dos enigmáticos interesses. Mas se o próprio define os seus interesses, também pouco se adianta: bastará dizer que existe um direito subjetivo (uma permissão normativa específica de aproveitamento) que o beneficiário exercerá como entender. De novo a referência a "interesses" se converte em dispensável complicação linguística.

II. Temos de ser realistas: a noção de interesse não é dogmaticamente aproveitável, no estado atual da Ciência do Direito. Falta a instrumentação necessária para, dele, fazer um conceito atuante e útil[984]. Assim sendo e por maioria de razão: não é viável falar num "interesse" da "empresa": à indefinição de um iríamos somar a do outro, em moldes que representariam um completo retrocesso. Isto dito: alguma doutrina, por pura inércia, mantém referências a "interesses" como se, com isso, lograsse referir uma realidade *a se*, dotada de relevo dogmático. Já é tempo de inverter posições: cabe aos seguidores de "interesses" vir à liça e explicar o que, com isso, pretendem significar.

III. O problema do "interesse" autónomo da empresa poderia pôr-se de novo por via da versão original do artigo 64.º do CSC[985]. Este preceito parecia admitir um "interesse" das sociedades comerciais. Segundo o seu teor,

> Os gerentes, administradores ou diretores de uma sociedade devem atuar com a diligência de um gestor criterioso e ordenado, no interesse da sociedade, tendo em conta os interesses dos sócios e dos trabalhadores.

Esse "interesse" da sociedade não poderá ser o da empresa, a ela subjacente?

---

[983] Isto é: se a própria lei dissesse quais os interesses a prosseguir.

[984] Nesse sentido, aliás, o estudo exaustivo de Christian Schmidt-Leithoff, *Die Verantwortung der Unternehmensleitung* (1989), 45 ss.. Também Fritz Rittner, *Zur Verantwortung der Unternehmensleitung*, JZ 1988, 113-118 (188), concluíra que o "interesse da empresa" não é operacional. Quanto às insuficiências do interesse na construção do direito subjetivo *vide* o *Tratado* I, 4.ª ed., 879-880.

[985] Para maiores explicações *vide* o nosso *Direito das sociedades* I, 3.ª ed., 863 ss..

§ 21.º A empresa na experiência portuguesa 317

O artigo 64.º do CSC teve uma origem anómala, que não pode deixar de ser referida. Ele provém do artigo 17.º/1 do Decreto-Lei n.º 49.381, de 15 de novembro de 1969, segundo o qual[986]:

> Os administradores da sociedade são obrigados a empregar a diligência de um gestor criterioso e ordenado.

Trata-se de um preceito que passaria ao projeto, com uma redação equivalente[987]. Foi, pois, na fase final da revisão do projeto que, por iniciativa de Brito Correia, se acrescentou "... no interesse da sociedade, tendo em conta os interesses dos sócios e dos trabalhadores"[988]. À primeira vista, este preceito teria um impacto tremendo. Na verdade, o CSC fala, diversas vezes, em interesse social – artigos 6.º/3, 252.º, 328.º/2, c), 400.º/1, b) e 460.º/2; porém, todos esses preceitos têm sido reconduzidos, sem dificuldades, pela doutrina, aos interesses comuns dos sócios[989]. No artigo 64.º, porém, a saída não é tão simples: a lei refere, lado a lado, os interesses da sociedade e os dos sócios, em termos que sugerem uma contraposição.

Brito Correia afirma, sucessivamente, ter-se inspirado no § 76, do AktG de 1965[990] e no § 70, do AktG de 1937[991]. Mas não: o § 76, do AktG

---

[986] Santos Machado/João Carlos Godinho, *Novo regime de fiscalização das sociedades anónimas anotado* (1970), 41.

[987] *Código das Sociedades (Projeto)* cit., BMJ 325, 107; no artigo 92.º/1, do Projeto, apenas se substituiu "administradores" por "gerentes, administradores e diretores".

[988] Di-lo o próprio: Brito Correia, *Direito Comercial*, 2, *Sociedades Comerciais* (1989), 49.

[989] Coutinho de Abreu, *Da empresarialidade* cit., 225 e 226; quanto ao artigo 460.º/2, cf. Pedro de Albuquerque, *Direito de preferência* cit., 340 ss., também citado na obra anterior.

[990] Brito Correia, *Direito Comercial* cit., 2, 49.

[991] Brito Correia, *Os administradores de sociedades anónimas* cit., 602, nota 17, referindo, também, o artigo 10.º, a), da 5.ª Diretriz da CEE, proposta modificada; trata-se de uma Diretriz relativa à defesa dos interesses dos associados e de terceiros, datada de 9-out.-1972 e modificada em 19-ago.-1983. Efetivamente, é nesta última versão – JOCE C 240, de 9-set.-1983, 12 –, no artigo 10 a)/2, que encontramos o seguinte preceito: "Todos os membros dos órgãos de direção e de vigilância exercem as suas funções no interesse da sociedade, tendo em conta os interesses dos acionistas e dos trabalhadores. Eles observam a necessária discrição ...". Este preceito explica-se pelo seguinte: a 5.ª Diretriz, proposta modificada, de resto sob manifesta influência alemã, pretenderia estabelecer, em certos casos, esquemas de co-gestão. Ora a presença de representantes dos trabalhadores, nos órgãos sociais, lado a lado com os eleitos pelos acionistas, obriga a explicar que *todos eles* estão ao serviço dos acionistas, dos trabalhadores e da sociedade, evitando trazer lutas sindicais para o interior dos órgãos sociais. A introdução deste preceito – de resto, uma mera

de 1965, nada tem a ver com o tema[992], enquanto o § 70, do AktG de 1937 dispunha:

> A direção deve conduzir a sociedade sob a sua própria responsabilidade, tal como o requeiram o bem da empresa e do seu pessoal e a utilidade comum do povo e do *Reich*.

Tratava-se do *Führerprinzip*[993], numa das poucas manifestações do pensamento nacional-socialista, vertidas na Lei de 1937. A Lei de 1965 evitou-o, não tanto para prevenir comentários fáceis, mas antes por outra substancial razão: a impossibilidade dogmática de reduzir tão estranha construção. No que aqui releva: o § 70, do AktG de 1937 também não contrapõe os interesses dos sócios aos da sociedade. De todo o modo, nem do "interesse da empresa", nem do bem comum é possível – na falta de violação de regras – retirar normas exequíveis, pelo Estado[994].

Resta concluir que não há razões sólidas ou, sequer pensadas, que amparem o acrescento feito no Projeto e que preenchia a 2.ª parte do artigo 64.º.

IV. A doutrina portuguesa tem reconduzido o interesse da sociedade ao interesse comum dos sócios.

O próprio Brito Correia vem dizer que o chamado interesse da sociedade se reconduz a interesses de pessoas físicas relacionadas com a sociedade[995]. E acrescenta[996]:

> Definir interesse social consiste, pois, em determinar a quem pertencem, em última análise, os interesses para cuja realização a sociedade funciona e qual o seu conteúdo típico.

---

proposta – no CSC, que não prevê qualquer co-gestão, presta-se, de facto, a interpretações que nada têm a ver com o sentido inicial da regra comunitária.

[992] Quando muito, poderíamos chamar à colação o § 93 (1) doAktG de 1965, que dispõe a bitola do gestor consciente e ordenado ... mas sem nada dizer quanto a interesses. Chamando a atenção para a incongruência do apelo ao § 76 do AktG de 1965, Coutinho de Abreu, *Da empresarialidade* cit., 226, nota 590.

[993] Schmidt/Meyer-Landrut, *AktG/Grosskomm*, 2.ª ed. (1961), § 70, An. 1 (430).

[994] Dieter Baas, *Leitungsmacht und Gemeinwohlbindung der AG* (1976), especialmente 130, 133, 252 e 254.

[995] Brito Correia, *Direito Comercial* cit., 2, 50.

[996] *Idem*, loc. cit..

§ 21.° A empresa na experiência portuguesa 319

Luís Menezes Leitão, por seu turno, explica[997]:

(...) o que o legislador pretende ao indicar que o administrador deve atuar no interesse da sociedade é referir o interesse *contratual* do conjunto dos sócios na prossecução do objeto social, sendo os interesses pessoais dos sócios e dos trabalhadores também referidos, mas unicamente pela razão de o administrador se encontrar em especial posição para lhes causar reflexamente danos, no caso de má administração, permitindo o preceito a sua responsabilidade em face deles (art. 483.°, n.° 1 C.C.).

Pedro de Albuquerque sufraga esta orientação[998]. Coutinho de Abreu segue na mesma via, mas apenas até certo ponto: acaba por conferir um especial papel ao interesse dos trabalhadores[999].

Mas sem unanimidade. Para além das flutuações apontadas, Oliveira Ascensão considera, de facto, um interesse da sociedade, contraposto ao dos sócios, assente numa visão institucionalista de empresa: o artigo 64.° abriria, assim, um caminho promissor[1000].

V. A hipótese de descobrir um interesse real de uma sociedade, diferente do dos sócios – e isso admitindo, o que não parece possível, que, de "interesse", se pudesse fazer um conceito operativo – só seria possível, através da teoria da empresa[1001]. A sociedade, só por si, poderá ter realidades subjacentes tão diversas – ou, até, nenhumas – que não parece cientifi-

---

[997] Luís Menezes Leitão, *Pressupostos da exclusão de sócio nas sociedades comerciais* (1989), 39, nota 37. Anteriormente: Vasco da Gama Lobo Xavier, *Anulação de deliberação social e deliberações conexas* (1976), 242, nota 116.

[998] Pedro de Albuquerque, *Direito de preferência* cit., 332.

[999] Coutinho de Abreu, *Da empresarialidade* cit., *maxime* 230-231. De certo modo, trata-se de uma linha presente, já, em Eliseu Figueira, *Disciplina jurídica dos grupos de sociedades/Breves notas sobre o papel e a função do grupo de empresas e a sua disciplina jurídica*, CJ XV (1990) 4, 35-59 (54), que acaba por entender o interesse da sociedade como "... o resultado da conjugação dos interesses comuns dos sócios e dos trabalhadores".

[1000] Oliveira Ascensão, *Lições de Direito Comercial* cit., 1, 446-447; *vide*, desse mesmo Autor e obra, também o vol. IV – *Sociedades Comerciais* (1993), 54-57.

[1001] Como, aliás, o próprio Oliveira Ascensão não deixa de reconhecer. Poder-se-ia, ainda, tentar convolar o interesse da sociedade, para o seu objeto. Tecnicamente, porém, as noções são distintas. De seguida, o objeto está no controlo dos sócios. E finalmente: do ponto de vista dogmático, o "objeto" debate-se, no plano interno, com uma fraqueza estrutural que, dele, pouca utilidade permite retirar; *vide* Elisabetta Bertacchini, *Oggetto sociale e interesse tutelato nelle società per azioni* (1995), 187 ss..

camente realista descobrir-lhe interesses efetivos próprios. A alternativa estaria em reconstituir doutrinas organicistas[1002], que dessem corpo a um "interesse" da sociedade, e isso um século depois de o próprio von Gierke ter deposto as armas, reconhecendo que o BGB – tal como os diversos códigos civis, entre os quais o nosso – não acolhera a conceção, por ele propugnada.

A empresa, como se viu, não tem uma dogmática minimamente capaz de lhe conferir um papel nuclear ou, sequer, substancial, no Direito do comércio. Designadamente, não é configurável atribuir-lhe "interesses" próprios, capazes de ditar, infletir ou esclarecer regimes. Fica-nos, pois, apenas a sociedade.

O artigo 64.º não foi conseguido: a sua extraordinária origem atesta-o. Mas ele existiu, até ser alterado pela reforma de 2006. Para entender esta, há que manter vivo o sentido útil que o artigo 64.º do CSC, na sua versão inicial, poderia ter.

VI. Encetando o tema, recorde-se que a personalidade coletiva se analisa em novos complexos normativos, que se antepõem entre os destinatários, necessariamente singulares, e a realidade da vida. Uma regra, dirigida a uma pessoa coletiva, será sempre, em última instância, uma norma destinada aos administradores ou aos sócios. Mas é-o em *modo coletivo*, isto é, pela particular técnica, ideologicamente significativa, da personalidade coletiva. Assim, tal regra – que implicará sempre a intermeação de numerosas outras regras – não se confunde com os comandos, diretamente dirigidos aos administradores e aos sócios.

Aqui temos a chave do artigo 64.º. Os "interesses" nele referidos são, simplesmente, normas e princípios jurídicos[1003]. Os administradores devem

---

[1002] *Tratado* IV, 577 ss..

[1003] Sob a realidade jurídica existem, naturalmente, as mais diversas necessidades e apetências ("interesses"), em termos descritivos – *vide* as enumerações de Wolfgang Koch, *Das Unternehmensinteresse als Verhaltensmassstab der Aufsichtsratsmitglieder im mitbestimmten Aufsichtsrat einer Aktiengesellschaft* (s/d, 1985?), 7 e 29 ss. e Manfred H. Kessler, *Die Leitungsmacht des Vorstandes einer Aktiengesellschaft*, AG 1995, 61-76 e 120-132 (63 ss.). Tudo isso, importante para a aplicação do Direito e para a formulação de juízos de oportunidade, quanto à escolha dos administradores, não é, contudo, suscetível de os responsabilizar, civilmente, enquanto não se traduzir em normas de conduta. Em termos auxiliares, o interesse pode ser usado para a determinação do âmbito do sigilo; cf. Dietrich von Stebut, *Geheimnisschutz und Verschwiegenheitspflicht im Aktienrecht* (1972), 155. Quanto a interesses políticos: Werner Wellhöfer, *Die Ausübung der Aktionärsrechte zur Verfolgung politischer und gemeinnütziger Interessen auf den Hauptversammlungen deutscher und amerikanischer Aktiengesellschaften* (1977), 149 ss. (as conclusões).

§ 21.º A empresa na experiência portuguesa

usar de determinada diligência, acatando as normas e princípios relativos à sociedade, isto é, aos sócios e aos trabalhadores, mas em *modo coletivo*, ou seja, através da particular técnica da personalidade coletiva[1004].

A novidade está, no fundo, na referência aos trabalhadores. Perante os valores que enformam as modernas sociedades pós-liberais, a ideia parece adequada.

Resta acrescentar que esta linha interpretativa mantém atualidade para se entender (parte) do atual artigo 64.º do CSC[1005]: as referências a múltiplos e contraditórios interesses aos quais os administradores deverão ser "leais" exprimem, tão-só, a necessidade de respeitar as competentes normas jurídicas.

[1004] Será ainda possível retirar, do contexto, uma ideia de funcionalização das normas em jogo. Os "interesses" da sociedade ou, mais precisamente, a lógica empresarial, poderá intervir, no seio da interpretação dos institutos em jogo, no campo societário, contribuindo, assim, para definir a responsabilidade. *Vide*, quanto à funcionalização, Gunther Teubner, *Corporate fiduciary duties and their beneficiaries: a functional approach to the legal institutionalization of corporate responsability*, em Klaus J. Hopt/Gunther Teubner, *Corporate Governance and Directors' Liabilities/Legal, economic and sociological analyse on corporate social responsability* (1985), 149-177. Um dos campos úteis, para reflexão deste esquema, é o da responsabilidade organizacional, i. é, a responsabilidade inerente à repartição de funções, nas empresas ou nos grupos de empresas. *Vide* Gert Brüggemeier, *Organisationshaftung/Deliktsrechtliche Aspekte innerorganisatorischer Funktionsdifferenzierung*, AcP 191 (1991), 33-68 (67-68).

[1005] *Vide* o nosso *Os deveres fundamentais dos administradores* cit., 485-486.

§ 22.º A EMPRESA E O DIREITO COMERCIAL PORTUGUÊS

102. Os desenvolvimentos linguísticos e a sua refutação

I. A noção de empresa, pela sua omnipresença e pela sua imprecisão, representa um campo de eleição para desenvolvimentos linguísticos. Bastará recordar as profecias (não verificadas) de Hedemann que, nos princípios do século XX, via, na empresa, uma noção nuclear no então futuro Direito privado.

Entre nós, orientações deste tipo surgiram pelas penas de Orlando de Carvalho e de Oliveira Ascensão: o primeiro quando, da empresa, pretendeu fazer o cerne objetivo da atividade comercial[1006] e o segundo ao apontar as empresas como verdadeiros sujeitos da vida social e até da vida política, que controlariam[1007].

Pois bem: a toada algo épica destes autores não tem depois repercussões no plano dogmático. A empresa-objeto de Orlando de Carvalho pode, com vantagem, ser substituída pelo estabelecimento, enquanto a empresa--sujeito de Oliveira Ascensão encontra, como campo de efetivação, uma interpretação inaceitável do há muito exangue artigo 230.º[1008].

II. Uma verdadeira teoria da empresa não pode ser deduzida, em termos centrais, de umas quantas afirmações indemonstradas, tidas por

---

[1006] Orlando de Carvalho, *Critério e estrutura do estabelecimento comercial* cit., 90 ss. e *passim*; trata-se de uma linha que nos parece prolongada em escritos de Coutinho de Abreu e, por último em *Curso de Direito comercial* cit., 1, 10.ª ed., 205 ss., 229 ss. e *passim*.

[1007] Oliveira Ascensão, *Direito comercial* cit., 1, 137.

[1008] A simples leitura de Oliveira Ascensão, *Direito comercial* cit., 1, 137-164, constitui acabado exercício da disfunção entre a empresa-universo tomada como ponto de partida e os modestos resultados dogmáticos alcançados à chegada.

§ 22.º A empresa e o Direito comercial português

dogmas. O caminho teria de ser o inverso: estudar os diversos institutos onde a empresa tenha uma efetiva projeção a nível de regime e, depois, procurar reconstruir uma ideia geral.

E justamente aí reside o drama: os institutos concretos reportados às empresas, quando analisados com alguma profundidade, decompõem-se em noções jurídicas mais precisas: sociedades, organizações individuais, estabelecimentos e conjunções várias de meios humanos e materiais. Não há uma noção geral de empresa[1009].

III. É certo que muitas dessas noções jurídicas isoladas não apresentam, por si, a projeção económica e social que alcançam quando articuladas "em empresa". Estamos conscientes disso. A "empresa" tem, assim, o seu papel. Mas ela não pode substituir os institutos dogmáticos de base.

A empresa destina-se a introduzir uma nota de realismo em organizações de meios humanos e sociais que, de outra forma, surgiriam como somatórios desgarrados de peças soltas. Não deve converter-se num incontrolável desenvolvimento linguístico que perca de vista esse seu papel, obnubile os institutos jurídicos de base e constitua um pretexto para verbalizar, sem conteúdo, o ensino do Direito comercial, rejeitando, sem argumentos, quaisquer construções dogmáticas, *a priori* tomadas como adversas, só por existirem.

IV. As considerações acima efetuadas são particularmente importantes perante o Direito português. Aí verifica-se que o legislador faz um apelo ao termo "empresa" sem precedente nos diversos ordenamentos europeus. Além disso, tem-se mantido, na nossa literatura, um manifesto fascínio pelos escritos italianos e alemães da primeira metade do século XX: os desenvolvimentos alemães dos finais desse século, que procuram esgotar, até ao osso, as potencialidades dogmáticas da empresa e que, de certo modo, culminaram na reforma do Código Comercial alemão de 1998, são pura e simplesmente ignorados.

E isso sucede quando o Direito português, justamente pela sua posição de charneira, aberto a vários ordenamentos e tradições e fortalecido com uma insistente produção legislativa, estaria em excelentes condições

---

[1009] Karsten Schmidt, *Handelsrecht* cit., 6.ª ed., § 3 (73 ss.), a quem se deve, de resto, uma certa reanimação das empresa.

para explicar, em termos jurídico-científicos – e logo: dogmáticos e realistas – o verdadeiro papel da empresa.

103. A empresa como noção-quadro

I. A comercialística de diversos quadrantes aceita hoje que a empresa não é nem uma pessoa coletiva, nem um mero conjunto de elementos materiais[1010]. Podemos entendê-la como um conjunto concatenado de meios materiais e humanos, dotados de uma especial organização e de uma direção, de modo a desenvolver uma atividade segundo regras de racionalidade económica[1011]. Os seus elementos, muito variáveis, poderiam assim agrupar-se:

– num elemento humano: ficam abrangidos quantos colaborem na empresa, desde trabalhadores aos donos, passando por quadros, auxiliares e dirigentes; em concreto, isso poderá representar desde uma única pessoa a universos com milhares de intervenientes;

– num elemento material: falamos de coisas corpóreas, móveis ou imóveis, seja qual for a fórmula do seu aproveitamento e de bens incorpóreos: saber-fazer, licenças, marcas, insígnias, clientela, aviamento e inter-relações com terceiros, normalmente outras empresas;

– numa organização: todos os elementos, humanos ou materiais, não estão meramente reunidos ou justapostos; eles apresentam-se numa articulação consequente, que permite depois desenvolver uma atividade produtiva;

– numa direção: trata-se do fator aglutinador dos meios envolvidos e da própria organização; a empresa é algo que funciona, o que só é pensável mediante uma estrutura que determine o contributo de cada uma das parcelas envolvidas.

[1010] Em especial, Karsten Schmidt, *Handelsrecht* cit., 6.ª ed., 74 ss.; *vide* Georg Bitter/Florian Schummacher, *Handelsrecht*, 2.ª ed. (2015), § 3, Nr. 3 (16) e Hans Brox/Martin Hessder, *Handelsrecht*, 22.ª ed. (2016), Nr. 123 (72).

[1011] Outras fórmulas: Canaris, *Handelsrecht* cit., 24.ª ed., 27 e 142.

§ 22.° A empresa e o Direito comercial português   325

Cada um destes elementos pode variar até ao infinito: desde uma simplicidade infantil até estruturas da maior complexidade até hoje alcançadas.

II. A empresa não é prévia ao Direito[1012]. Apenas um ordenamento jurídico mínimo permite a existência e o funcionamento de uma empresa. Sem regras jurídicas não é possível, sequer, o aparecimento de vários dos fatores essenciais à empresa; muito menos organizá-los; e sobretudo: dirigi-los.

A empresa é uma organização produtiva que exprime no seu seio a síntese entre os factos e o Direito.

III. A imensa versatilidade da empresa torna-a numa locução de uso fácil e apetecido. O Direito português, através de inúmeras leis, reporta-se-lhes em duas aceções:

– subjetiva, quando refere os direitos, os deveres ou os objetivos das empresas;
– objetiva, quando dirige a certas pessoas regras de atuação para com as empresas.

Na primeira aceção, "empresa" visa designar, em geral, todos os sujeitos produtivamente relevantes: pessoas singulares, sociedades comerciais, sociedades civis, associações, fundações, cooperativas, entidades públicas e organizações de interesses não personificadas. É extremamente útil: evita ao legislador o ter de embrenhar-se em distinções e qualificações de redução impossível e transfere, para o momento da aplicação e à luz da lógica global do sistema, a função de determinar o preciso alcance das normas envolvidas.

IV. Na segunda aceção – a objetiva – a empresa tem a vantagem de permitir cominar deveres aos responsáveis por todas as entidades acima referidas, o que seria impensável sem esse apoio linguístico. Ficam envol-

---

[1012] A própria ideia de que haveria realidades "prévias" ao Direito está enfeudada à ideia de Direito como um *plus* relativamente à realidade. As conceções atuais do *continuum* universal explicam que o Direito existe *com* a realidade por ser, ele próprio, realidade. Não é "subsequente" a ela.

vidas pessoas singulares (os "empresários individuais"), administradores, gerentes e diretores das sociedades comerciais, bem como os seus auxiliares e quadros superiores e ainda, em certos casos, os próprios sócios, quotistas ou acionistas, administradores de associações e os próprios associados, administradores de fundações, administradores de cooperativas e os próprios cooperantes, dirigentes de organismos públicos e contitulares de interesses não personalizados. Voltamos a frisar: sem o arrimo da "empresa", seria totalmente inviável explicitar num diploma e a cada passo, todo este mundo diversificado e variável.

Além disso, a "empresa" permite ao legislador determinar medidas em relação às organizações produtivas, sem ter de explicitar tratar-se de conjuntos articulados e dirigidos de meios humanos e materiais. As hipóteses são tantas que apenas um conceito-quadro como o de empresa permite fazer trabalho útil.

V. Não deve, daqui, inferir-se uma qualquer desvalorização da ideia de empresa. Ela exprime, num plano de efetividade, o funcionamento dos mais diversos institutos jurídicos, que não substitui nem pretende substituir. Ela transcende, de resto, o Direito comercial, dada a natureza acidental deste: uma empresa pode visar uma atuação não puramente comercial. Finalmente, verifica-se que qualquer definição de empresa, por bem aprontada que se apresente, lhe retiraria o seu papel de enquadramento, assente, precisamente, numa (certa) indefinição.

VI. Podemos ir mais longe: será a empresa um mero expediente linguístico, à disponibilidade do legislador quando, *in concreto* e pela riqueza da vida real, ele não possa especificar todo o universo a que se dirija? Não é ou não é apenas isso[1013].

A empresa, particularmente nas economias abertas do Ocidente, tem toda uma carga valorativa e ideológica. Ela traduz, pelo menos, uma preocupação de uso racional dos meios disponíveis, de modo a minimizar custos e ampliar resultados. E ela implica uma dimensão social e humana

---

[1013] Deve todavia dizer-se que, mau grado a aura de modernidade que surge ligada à ideia de empresa, existem boas exposições de Direito comercial, totalmente atualizadas, que praticamente não recorrem a ela; assim: Peter Jung, *Handelsrecht*, 10.ª ed. (2014); Anja Steinbeck, *Handelsrecht*, 3.ª ed. (2014); Rainer Wörlen/Axel Kokemoor/Stefan Lohrer, *Handelsrecht*, 12.ª ed. (2015); Hartmut Oetker, *Handelsrecht*, 7.ª ed. (2015).

§ 22.° *A empresa e o Direito comercial português*   327

já que falar em empresas é referir o elemento pessoal que ela sempre inclui.

Em compensação e precisamente pela sua imensa variabilidade, a empresa não serve como elemento sistematizador do Direito comercial ou, sequer, como suporte de um denominado "Direito das empresas"[1014]. Ela iria defrontar, sem grande glória, toda uma sedimentada tradição jurídico--mercantil e iria oferecer quadros rígidos – e, como tal irreais – deitando a perder a grande vantagem significativa que apresenta.

A empresa traduz, por fim, um espaço privilegiado para seguir e discutir toda uma interessante evolução histórico-cultural.

104. Concretização

I. Fixámos a empresa como um conceito-quadro: disponível para o legislador e para a prática jurídica, sempre que caiba referir realidades produtivas sem pormenores técnicos. Podemos ir mais longe e abordar, na base de um ponto da situação, as grandes linhas da sua concretização. Temos:

– a empresa-sujeito e a empresa-objeto;
– o Direito das empresas;
– a empresa como sublinguagem comunicativa;
– a empresa como conceito geral-concreto.

A empresa-sujeito equivale ao conjunto de destinatários de normas comerciais: pessoas singulares, pessoas coletivas e pessoas rudimentares[1015]. A empresa objeto reporta-se ao estabelecimento dotado de direção humana. Apenas a interpretação permitirá, caso a caso, determinar o preciso sentido em jogo, bem como o seu alcance.

II. O Direito das empresas, usado em sentido amplo[1016], abrange o Direito das sociedades e, ainda, todos os sectores normativos que se apli-

---

[1014] *Vide* Coutinho de Abreu, *Da empresarialidade* cit., 304 ss..

[1015] *Tratado* IV, 599 ss..

[1016] Otto Kuntze, *Unternehmensverband und Unternehmensrecht* cit., 201-202. Desse Autor, *vide* ainda *Zum Stand der Entwicklung des Unternehmensrechts* cit., 110.

cam às sociedades: Direitos mobiliário, da concorrência, dos grupos, do trabalho, fiscal, da economia e da propriedade industrial. Ingovernável, tal "Direito" constitui, todavia, um ponto de encontro e de síntese entre disciplinas condenadas a entender-se[1017]. Em sentido estrito, o Direito das empresas não tem consistência, mercê das dificuldades acima apontadas.

III. A referência à empresa funciona – ou pode funcionar – como sublinguagem comunicativa. Ao falar em "empresa", a lei, os estudiosos e os operadores do Direito podem ter em vista transmitir como que uma mensagem subliminar destinada a enfatizar: a capacidade produtiva, a ideologia do mercado ou a prevalência das realidades económicas.

A capacidade produtiva articula-se com a ideia de organização: um filão integrador da empresa, hoje clássico[1018], mas sempre útil[1019].

Quanto à ideologia do mercado: uma linguagem empresarial dá um toque de modernidade. Ela vem sendo adotada, de modo *naïf*, por circunspectas obras de talhe tradicional, surgindo em diplomas como alienígena (*vide* o CIRE!). Nesse plano, ela acentua a propriedade privada, a livre iniciativa e a contenção do Estado. Permite construções vocabulares, a evitar. Mas é útil: toma lugar entre os elementos relevantes da interpretação, designadamente na vertente teleológica[1020]. Caso a caso se verificará se a mensagem subliminar tem alcance e qual.

A prevalência das realidades económicas recorda que as sociedades são, no fundo, uma forma jurídica sob a qual algo se abriga[1021] – ou pode abrigar. Faz-se como que um apelo ao substrato e ao que ele representa[1022].

[1017] Franz Georg Semler, *Vom Gesellschaftsrecht zum Unternehmensrechts/Versuch einer Orientierung*, FS Raisch 1995, 291-308 (292-294).

[1018] Recordamos Thomas Raiser, *Das Unternhemen als Organisation/Kritik und Erneuerung der juristischen Unternehmenslehre* (1969), 93 ss.. Raiser sondava, ainda então, a hipótese da personificação da empresa – *idem*, 171.

[1019] Andreas Engert, *Eine juristische Theorie des Unternehmens*, FS Heldrich 2005, 87-111 (101).

[1020] *Idem*, 111. A empresa, nesta dimensão, liga-se ainda ao governo das sociedades (*corporate governance*) e à gestão ótima que ela implica.

[1021] Wolfgang Schiling, *Das Aktienunternehmen*, ZHR 144 (1980), 136-144 (138 ss.), no caso das sociedades anónimas.

[1022] Gunther Teubner, *Unternehmenskorporatismus/New Industrial Policy und das "Wesen" der juristischen Person*, KritV 1987, 61-85 (64 ss.).

§ 22.º *A empresa e o Direito comercial português*   329

IV. Finalmente, a empresa tem sido reconstruída com base na dialética hegeliana. Temos presente o desenvolvimento de Herbert Wiedemann[1023], o qual intenta enquadrar os contrários que enformam a empresa-indivíduo/sistema social; efetividade económica/efetividade social; estabilidade/dinâmica; direção/colaboradores e a direção da organização social.

A matéria é inesgotável.

[1023] Herbert Wiedemann, *Das Unternehmen als dialektisches System/Führung und Kommunikation einmal anders betrachtet* (2003), 297 pp..

SECÇÃO II

O ESTABELECIMENTO

§ 23.º NOÇÃO E ELEMENTOS DO ESTABELECIMENTO

105. Aceções e noção geral

I. A empresa surge como um conceito-quadro de grande extensão e particular versatilidade. Torna-se pouco adequada para transmitir regimes jurídicos concretos: tal o resultado das anteriores indagações.

Compreende-se, assim, que o Direito português tenha elaborado, a seu lado, um outro conceito particularmente apto para traduzir o objeto unitário de determinados negócios: o de estabelecimento. Como veremos, este comporta, hoje, uma conformação e um regime precisos.

II. No Código Comercial, o estabelecimento surge em duas aceções[1024]:

– como armazém ou loja: artigos 95.º, 2.º[1025] e 263.º, § único[1026];

[1024] Fernando Olavo, *Direito comercial* cit., 1, 2.ª ed., 259-260 e José Pinto Loureiro, *Manual do inquilinato*, 2 (1942), 99-100, nota 1. Barbosa de Magalhães, *Do estabelecimento comercial* cit., 2.ª ed., 13 ss., aponta cinco aceções.

Na exemplificação acima realizada, retemos apenas, do Código Comercial, os preceitos que não se mostrem revogados.

[1025] Segundo esse preceito, considerar-se-ão como armazéns ou lojas de venda abertos ao público,

2.º Os que estabelecerem os comerciantes não matriculados, toda a vez que tais estabelecimentos se conservem abertos ao público (...)

[1026] Dispõe o preceito em causa:

O caixeiro despedido terá o direito ao salário correspondente a esse mês, e o patrão não será obrigado a conservá-lo no estabelecimento nem no exercício das suas funções.

§ 23.º Noção e elementos do estabelecimento

– como conjunto de coisas materiais ou corpóreas: artigo 425.º[1027-1028].

Curiosamente, a noção geral adotada de estabelecimento já não se encontra no Código Comercial[1029], aflorando noutros lugares normativos, com relevo para o Código Civil.

Assim, cumpre relevar, todos do Código Civil:

artigo 316.º: prescrevem em seis meses os créditos dos estabelecimentos de alojamento, comidas ou bebidas, pelos créditos respetivos;

artigo 317.º: prescrevem em dois anos, alínea *a*), os créditos dos estabelecimentos que forneçam alojamento ou alojamento e alimentação a estudantes, bem como os créditos dos estabelecimentos de ensino, educação, assistência ou tratamento, relativamente aos serviços prestados;

artigo 495.º/2: no caso de morte ou de lesão corporal, têm direito a indemnização aqueles que socorrerem o lesado, bem como os estabelecimentos hospitalares, médicos ou outras pessoas ou entidades que tenham contribuído para o tratamento ou assistência de vítima;

artigo 1559.º: a servidão legal de presa assiste a determinados proprietários e aos donos de estabelecimentos industriais;

artigo 1560.º/1, *a*): a servidão legal de presa para o aproveitamento de águas públicas só pode ser imposta coercivamente perante proprietários ou donos de estabelecimentos industriais que reúnam certas características aí definidas;

[1027] Segundo o qual:

Todos os seguros, com exceção dos mútuos, serão comerciais a respeito do segurador, qualquer que seja o seu objeto; e relativamente aos outros contratantes, quando recaírem sobre géneros ou mercadorias destinados a qualquer ato de comércio, ou sobre estabelecimento mercantil.

[1028] O Decreto-Lei n.º 462/99, de 5 de novembro, relativo ao denominado cadastro comercial, dá, no seu artigo 3.º/1, uma definição ainda mais restrita de estabelecimento: apenas abrange determinadas instalações, de caráter fixo e permanente.

[1029] Ele surgia no hoje revogado artigo 24.º, assim redigido:

O novo adquirente de um estabelecimento comercial pode continuar a geri-lo sob a mesma firma, se os interessados nisso concordarem, aditando-lhe a declaração de nele haver sucedido, e salvas as disposições dos artigos precedentes.

artigo 1682-A/1, *b*): carece do consentimento de ambos os cônjuges, salvo se entre eles vigorar o regime de separação de bens, a alienação, oneração ou locação de estabelecimento comercial, próprio ou comum;

artigo 1938.º/1, *f*): o tutor necessita de autorização do tribunal para continuar a exploração do estabelecimento comercial ou industrial que o menor haja recebido por sucessão ou doação;

artigo 1940.º: o tutor que continue a explorar, sem autorização, o estabelecimento comercial ou industrial do pupilo é pessoalmente responsável por todos os danos;

artigo 1962.º/1: quando não exista pessoa em condições de exercer a tutela, o menor é confiado à assistência pública, nos termos da respetiva legislação, exercendo as funções de tutor o diretor do estabelecimento público ou particular, onde tenha sido internado.

Esta aceção ocorria ainda nos artigos 111.º, 115.º e 116.º do RAU: trata-se de regras antes incluídas no Código Civil e, após 2006, de novo nele inseridas: artigos 1109.º e 1112.º. Abaixo serão considerados.

O estabelecimento traduz, aí, um conjunto de coisas corpóreas e incorpóreas devidamente organizado para a prática do comércio[1030]. Digamos que corresponde *grosso modo* a uma ideia de empresa, sem o elemento humano e de direção[1031].

106. Elementos do estabelecimento

I. O estabelecimento comercial abrange elementos bastante variados. Em comum têm apenas o facto de se encontrarem interligados para a prática do comércio.

Seguindo uma técnica contabilística pode distinguir-se, no estabelecimento, o ativo e o passivo[1032]: o ativo compreende o conjunto de direitos e outras posições equiparáveis, afetas ao exercício do comércio; o passivo corresponde às adstrições ou obrigações contraídas pelo comerciante, por

---

[1030] Barbosa de Magalhães, *Do estabelecimento comercial* cit., 2.ª ed., 13.

[1031] O problema não se põe para os autores que, como Coutinho de Abreu, *Curso de Direito comercial* cit., 1, 10.ª ed., 215 ss., não distingam entre empresa e estabelecimento.

[1032] Barbosa de Magalhães, *Do estabelecimento comercial* cit., 2.ª ed., 37 e 73 ss..

§ 23.º *Noção e elementos do estabelecimento* 333

esse mesmo exercício. À partida, o passivo inclui-se no estabelecimento embora seja frequente, em negócios de transmissão, limitá-los ao ativo.

II. No respeitante ao ativo, o estabelecimento abrange[1033]:

– coisas corpóreas;
– coisas incorpóreas;
– aviamento e clientela.

No que tange a coisas corpóreas, ficam abarcados os direitos relativos a imóveis, particularmente: os direitos reais de gozo, como a propriedade ou o usufruto e os direitos pessoais de gozo, como o direito ao arrendamento. Seguem-se os direitos relativos aos móveis: mercadorias, matérias-primas, maquinaria, mobília e instrumentos de trabalho ou auxiliares, escrituração, computadores, livros, documentos, ficheiros e títulos de crédito. Ficam, pois, abrangidas quaisquer coisas que, estando no comércio, sejam, pelo comerciante, afetas a esse exercício.

III. No tocante a coisas incorpóreas, distinguimos[1034]: as obras literárias ou artísticas que se incluam no estabelecimento, os inventos (portanto: as patentes) e as marcas. Podemos ainda acrescentar o direito à firma ou nome do estabelecimento[1035] e outros aspetos que, embora à partida não-patrimoniais, consintam todavia uma comercialidade limitada. Desde meados do século XX, a nossa doutrina põe em relevo esta dimensão do estabelecimento. E bem: aquando da negociação de um estabelecimento, é evidente que os referidos fatores incorpóreos poderão ser determinantes para encontrar um valor. Há estabelecimentos que valem, sobretudo, pelo nome que tenham ou pelas marcas ou patentes que acarretem.

[1033] Para diversas enumerações entre nós *vide* Fernando Olavo, *Direito comercial* cit., 1, 263 ss., Ferrer Correia, *Direito comercial* cit., 1, 202 ss. = *Reprint* cit., 117 ss. e *Reivindicação do estabelecimento comercial como unidade jurídica* (1957), em *Estudos jurídicos*, 2 (1969), 255-276 (255 ss.).

[1034] *Tratado* III, 3.ª ed., 169 ss..

[1035] O qual, todavia, segue o regime da firma; *vide* RCb 24-set.-2002 (Artur Dias), CJ XXVII (2002) 4, 10-13, RLx 16-jan.-2003 (António Valente), CJ XXVIII (2003) 1, 63-64 (64/I) e STJ 20-jun.-2006 (Fernandes Magalhães), Proc. 05A1454.

334   *Empresa e estabelecimento*

Também quanto a coisas incorpóreas, há que incluir os direitos a prestações provenientes de posições contratuais. Assim sucede desde logo com os contratos de trabalho; seguem-se-lhe outros contratos de prestação de serviço, contratos com fornecedores, contratos de distribuição, de publicidade, de concessão comercial, de agência, de franquia e mesmo contratos relativos a bens vitais: água, eletricidade, telefone, ligação à *internet* e gás.

Adiante explicaremos por que razões tudo isto integra o estabelecimento.

IV. Encontramos, depois, o aviamento e a clientela: o primeiro é particularmente querido aos italianos e o segundo, aos franceses. O aviamento corresponde *grosso modo* à mais-valia que o estabelecimento representa em relação à soma dos elementos que o componham, isoladamente tomados[1036]: ele traduziria, deste modo, a aptidão funcional e produtiva do estabelecimento[1037]. A clientela, por seu turno, equivale ao conjunto, real ou potencial, de pessoas dispostas a contratar com o estabelecimento considerado, nele adquirindo bens ou serviços[1038].

O aviamento e a clientela não constituem, como tais, objeto de direitos subjetivos. Eles correspondem, não obstante, a posições ativas e são objeto de regras de tutela. Pense-se, por exemplo, na indemnização de clientela prevista na hipótese de cessação do contrato de agência e aplicável a outros negócios de distribuição[1039]. Ambos estes fatores influenciam – ou podem influenciar – decisivamente o valor do estabelecimento e, sendo este transmitido, vão com ele.

107. O critério da sua inclusão

I. Perante o enunciado de elementos acima efetuado, pergunta-se qual o critério da sua inclusão no estabelecimento. A questão é importante; não obstante, repousa em construções doutrinárias, ainda que com bases legais

---

[1036] Barbosa de Magalhães, *Do estabelecimento comercial* cit., 2.ª ed., 58 ss..

[1037] Cosimo Sasso, *Avviamento d'impresa*, DDP/SezComm II (1987), 56-74.

[1038] *Idem*, 69 ss..

[1039] *Infra*, n.º 302.

§ 23.º Noção e elementos do estabelecimento

dispersas e consagração jurisprudencial. O critério do estabelecimento assenta em duas ordens de fatores:

– um fator funcional;
– um fator jurídico.

O fator funcional apela ao realismo exigido pela própria vida do comércio. Sob pena de nos perdermos em inúteis abstrações, devemos, pela observação, verificar como se organiza efetivamente um estabelecimento e como ele funciona. Procurar reduzi-lo a coisas corpóreas, por muito que isso depois facilite o seu regime, é escamotear a realidade: o estabelecimento existe e é autonomizado pelo comércio e pelo Direito precisamente por organizar as coisas corpóreas, em conjunto com as incorpóreas, num todo coerente para conseguir angariar clientela e, daí, lucro. A análise dos factos diz-nos que, em regra, o estabelecimento gira sob um nome, tem insígnias, usa marcas e patentes, disfruta de colaboradores, etc..

II. A dimensão jurídica explica-nos que, em homenagem a essa realidade que ele traduz, o Direito concede, ao conjunto dos elementos referidos, um regime especial, inaplicável *in solo*.

A origem do reconhecimento do estabelecimento como realidade autónoma qualitativamente diferente dos elementos que o componham reside nas leis sobre o arrendamento, que vieram a ser promulgadas ao longo do século XX[1040]. E é ainda o estabelecimento que ditou boa parte da autonomia dos arrendamentos comerciais[1041].

À partida, é importante ter presente que, muitas vezes, particularmente nos grandes centros, os comerciantes instalavam os seus estabelecimentos em locais arrendados. Esses locais, justamente quando neles exercessem comerciantes ordenados e de prestígio, viam o seu valor aumentar. O próprio comerciante poderia ser levado a realizar investimentos de relevo.

Todavia, no sistema liberal do Código de Seabra, o senhorio poderia, praticamente a todo o tempo, pôr cobro aos arrendamentos em vigor. Quando isso sucedesse, o estabelecimento teria de se transferir o que impli-

---

[1040] *Vide*, sobre a matéria, Barbosa de Magalhães, *Do estabelecimento comercial* cit., 2.ª ed., 43 ss. e o preâmbulo do Decreto-Lei n.º 321-B/90, de 15 de outubro; com indicações, referimos ainda o nosso *Leis do arrendamento urbano anotado* (2014), 355 ss..

[1041] *Vide* João Espírito Santo, *Especificidades dos arrendamentos para comércio ou indústria*, em *Estudos em Honra do Prof. Doutor Inocêncio Galvão Telles* 2 (2002), 429-475.

caria, muitas vezes, o seu desmantelamento. A mais-valia conquistada pelo comerciante perder-se-ia, em conjunto com numerosos investimentos por ele levados a cabo. Além disso, o senhorio poderia receber, de volta, um local valorizado pelo trabalho alheio.

Estas e outras considerações acabaram por pesar junto do legislador. Assim, um Decreto de 12 de novembro de 1910[1042] veio dispor, para além de outras medidas, que o arrendatário comerciante ou industrial que tivesse valorizado o local arrendado teria, caso fosse despedido, o direito a uma indemnização pela clientela que poderia ir até dez vezes a renda anual – artigo 33.º. Além disso, segundo o artigo 35.º desse diploma, os prédios onde estivessem instalados estabelecimentos comerciais ou industriais poderiam ser "sublocados" – de facto: trespassados – sem autorização do senhorio.

Seguiu-se o importante Decreto n.º 5.411, de 17 de abril de 1919[1043], que consolidou algumas das soluções acima apontadas. Pelo seu artigo 53.º, § 2.º, o comerciante arrendatário despejado poderia ter direito a uma indemnização de clientela correspondente a até vinte vezes o valor da renda anual – artigo 53.º, § 2.º. Além disso, havendo trespasse do estabelecimento, considerar-se-ia nele incluído, sem necessidade de autorização do senhorio, a sublocação do prédio ou da parte onde o mesmo estivesse instalado – artigo 55.º.

A Lei n.º 1:662, de 4 de setembro de 1924[1044], veio adotar novas medidas que mantêm a diferenciação do estabelecimento. Os trespasses de estabelecimento, que incluem a transferência do arrendamento sem autorização do senhorio, exigem escritura pública – artigo 9.º. Paralelamente, permite-se o despejo quando o local, tendo sido dado em arrendamento para comércio ou indústria, se mantenha encerrado durante mais de um ano – artigo 5.º, § 9.º: apenas o estabelecimento efetivo é, pois, protegido. Esta vertente acentuou-se na Lei n.º 2:030, de 22 de junho de 1948[1045]: segundo o seu artigo 64.º/2, o trespasse do estabelecimento exige a manutenção do mesmo comércio ou indústria e, ainda, que a transmissão seja acompanhada dos diversos elementos do estabelecimento.

Trata-se de uma regra similar à que apareceria no artigo 1118.º do Código Civil e, depois, no artigo 115.º do RAU. Finalmente, a reforma

---

[1042] DG n.º 34, de 14-nov.-1910.

[1043] DG n.º 80 (Suplemento), de 17-abr.-1919.

[1044] DG n.º 200, de 4-set.-1924, rect. no DG n.º 203, de 8-set.-1924 e no DG n.º 299, de 11-out.-1924.

[1045] DG I Série, n.º 143, de 22-jun.-1948, 529-538.

§ 23.° Noção e elementos do estabelecimento

adotada pela Lei n.° 6/2006, de 27 de fevereiro, que aboliu (mal)[1046], pelo menos na forma, os arrendamentos comerciais, acabaria por conservar (não obstante!) esse mesmo preceito, inserindo-o, agora, no artigo 1112.° do Código Civil.

III. Do regime específico do estabelecimento, destacamos:

– o direito ao arrendamento, quando se inclua no estabelecimento, pode ser transmitido, em conjunto com este, independentemente de autorização do senhorio – artigo 1112.°, do Código Civil[1047];
– a transmissão de firma só é possível em conjunto com o estabelecimento a que ela se achar ligada – artigo 44.° do RNPC;
– o trespasse do estabelecimento fazia presumir a transmissão do pedido de registo ou de propriedade da marca – artigo 211.°/1 do CPI de 1995; no CPI vigente, desaparece a presunção mas mantém-se o regime. Dispõe o artigo 297.° deste último diploma:

Na transmissão do registo do nome ou da insígnia devem observar-se as formalidades legais exigidas para a transmissão do estabelecimento de que são acessórios.

– a transmissão do estabelecimento implica a transferência da posição jurídica de empregador para o novo adquirente, relativamente aos contratos de trabalho dos trabalhadores a ele afetos – artigo 285.°/1, do CT[1048]; anteriormente: artigo 318.°/1, do CT de 2003 e artigo 37.° da LCT[1049];
– no caso de expropriação por utilidade pública que envolva um estabelecimento.

[1046] Também crítico: Fernando de Gravato Morais, *Novo regime do arrendamento comercial* (2006), 18.

[1047] Versão da Lei n.° 6/2006, de 27 de fevereiro.

[1048] O artigo 318.°/1 mistura "estabelecimento" e "empresa"; a confusão deve-se à transposição da Diretriz n.° 2001/23/CE, de 12 de março, que se viu constrangida a usar terminologia latina (estabelecimento) e alemã (empresa). Em Portugal, dever-se-ia ter mantido "estabelecimento". Optou-se, porém, pela confusão que consta da lei. Quanto ao preceito *vide* Joana Vasconcelos, em Pedro Romano Martinez, *Código do Trabalho Anotado*, 9.ª ed. (2013), 624 ss..

[1049] *Manual de Direito do Trabalho*, 773 ss..

338 *Empresa e estabelecimento*

O sistema parece claro. O estabelecimento, para além de direitos reais relativos a coisas corpóreas, envolve posições contratuais, como o direito ao arrendamento, ou o contrato de trabalho e posições incorpóreas, como o direito à firma e a marca ou o pedido do seu registo. Além disso, o aviamento e a clientela são valorados para efeitos de expropriação por utilidade pública, prova de que existem e são tidos em conta pelo Direito[1050].

IV. É certo que algum destes elementos – e muitos outros, com destaque para o passivo e para os contratos que, por definição, impliquem uma prestação do comerciante e logo, a esse nível, um passivo – só se transmitem plenamente com o consentimento do terceiro cedido: trata-se do regime que emerge dos artigos 424.º/1 e 595.º do Código Civil. Essa necessidade não prejudica a especificidade – que sempre é alguma – dos regimes acima apontados. Tão-pouco ela põe em crise os aspetos funcionais ou o tipo social que representa a transmissão, em bloco, de todos os elementos integrantes do estabelecimento.

Finalmente: o aviamento e a clientela valem, insofismavelmente, para efeitos indemnizatórios. Logo existem e são valorados pelo Direito.

108. Nota comparatística

I. A autonomização de uma ideia de estabelecimento, distinta da do seu titular e – salvo quanto à Alemanha – diferente da de empresa é uma exigência do comércio tradicional.

Vamos, por isso, encontrá-la nos diversos ordenamentos, sendo curioso e elucidativo aqui consignar uma breve nota comparatística[1051].

II. Em França, o estabelecimento comercial (*fonds de commerce*) é definido por Georges Ripert e René Roblot como uma propriedade incorpórea que consiste no direito à clientela, ligada ao estabelecimento pelos

---

[1050] Torna-se impossível sufragar Oliveira Ascensão, *Direito comercial* cit., 1, 105 ss., que reduz o estabelecimento a uma universalidade de facto, depois de o haver expurgado de todos os elementos não reais; este Autor vê-se, de resto, obrigado a admitir, em conjunto com o estabelecimento, todo um conjunto de realidades que o acompanham.

[1051] *Vide* Mario Santorini, *Azienda in diritto comparato*, DDP/SezCom 2 (1987), 97-99.

§ 23.° Noção e elementos do estabelecimento

elementos que servem à exploração. Esses elementos são uns de natureza corpórea: os utensílios e as mercadorias; outros de natureza incorpórea: o nome, a insígnia, o direito à locação, as patentes e as marcas[1052]. Uma orientação deste tipo constava já de Jean Escarra[1053] e expandiu-se no espaço belga[1054], podendo considerar-se significativa. Sendo semelhante à noção portuguesa, a versão francesa do estabelecimento apresenta, no entanto, duas particularidades: exclui os imóveis[1055] e acentua fortemente o elemento clientela, com uma tónica que supera a da nossa doutrina.

III. Em Itália, ao contrário do que sucede nos outros países, aparece uma definição expressa de estabelecimento (*azienda*): pelo artigo 2555.° do Código Civil italiano, é o complexo dos bens organizados pelo empresário, para o exercício da empresa. A doutrina trabalha com esta noção, descobrindo nela dois elementos: um elemento formal objetivo – os bens – e um elemento formal finalístico – a organização[1056]. Ascarelli dedica ao estabelecimento comercial páginas muito semelhantes às dos comercialistas portugueses, explicando-o como um conjunto de bens funcional ou instrumentalmente unificados em relação a uma atividade empresarial determinada[1057]. A doutrina mais recente, baseada na evolução legislativa e jurisprudencial, acentua o aviamento como elemento fundamental do estabelecimento[1058]. Este ponto não é tão salientado no espaço português.

[1052] Ripert/Roblot, *Traité Élementaire de Droit Commercial*, 1, 10.ª ed. (1980), 373, n.° 522.

[1053] Jean Escarra, *Cours de Droit Commercial*, 10.ª ed. (1952), 160 ss. (n.os 231 ss.), sublinhando (n.° 236) a essencialidade da clientela.

[1054] Louis Fredericq, *Précis de Droit Commercial* (1970), 77 ss.. Quanto à clientela, diz este autor: "Trata-se, na opinião dominante, do elemento essencial. Não se imagina um estabelecimento sem clientela nem a cessão do estabelecimento sem a cessão de clientela" – *idem*, 77.

[1055] Jean Escarra, *Cours* cit., 161, n.° 232 e Michel Pédamon, *Droit commercial* cit., 187 ss..

[1056] Giorgio Ferrara, *Azienda (diritto privato)*, ED IV (1959), 680-740 (685) e Mario Casanova, *Azienda*, DDP/SezComm II (1989), 76-97.

[1057] Tulio Ascarelli, *Corso di diritto commerciale*, 3.ª ed. (1962), 318.

[1058] Mario Casanova, *Azienda*, Apendice I NssDI (atualização ao Novissimo Digesto Italiano) (1980), 626-635 (631-632; cf. 633). Sobre o estabelecimento em Itália refira-se a obra coletiva maciça (quase 900 pp.), coordenada por Fabrizio Guerrera, *I trasferimenti di azienda* (2000).

340 *Empresa e estabelecimento*

IV. Na Alemanha, a doutrina designa o estabelecimento como empresa, num dos seus sentidos. Compõe-se de coisas corpóreas – imóveis, construções, mercadorias, armazéns –, de direitos – créditos, direito à firma, marcas, patentes, direitos de autor –, e de vinculações. Tais elementos, como diz Canaris, são, no entanto, ainda pouco caracterizadores do estabelecimento: é essencial que o comerciante proceda a uma ordenação ao serviço da prossecução de determinado escopo económico[1059]. Incluem-se, pois, no estabelecimento, como elementos fundamentais: "... a repartição de tarefas no estabelecimento, a escrita, os métodos de trabalho, a experiência comercial, os segredos do negócio, bem como os fornecedores, as possibilidades de venda, a reputação e outros elementos semelhantes"[1060]. Há um paralelismo claro perante o esquema português – deve ter-se presente que o Direito alemão é o mais românico da atualidade – sendo de enfocar a tónica funcional que, aí, lhe é conferida.

[1059] Claus-Wilhelm Canaris, *Handelsrecht* cit., 24.ª ed., 27-28 e *passim*.
[1060] Günther H. Roth, *Handels- und Gesellschaftsrecht/Das Recht des Kaufmännischen Unternehmens* (1980), 9 ss. e Hans Brox/Martin Henssler, *Handelsrecht* cit., 22.ª ed., 72 ss..

§ 24.º O REGIME E A NATUREZA DO ESTABELECIMENTO

109. A negociação unitária; o trespasse

I. O ponto mais significativo do regime do estabelecimento é a possibilidade da sua negociação unitária.

Em princípio, perante um conjunto de situações jurídicas distintas, funciona a regra da especialidade: cada uma delas, para ser transmitida, vai exigir um negócio jurídico autónomo[1061]. Estando em causa um acervo de bens e direitos, a lei e a prática consagradas admitem que a transferência se faça unitariamente. Trata-se de um aspeto que abrange não apenas as coisas corpóreas articuladas, suscetíveis de negociação conjunta através das normas próprias das universalidades de facto – artigo 206.º do Código Civil – mas, também, todas as realidades envolvidas, incluindo o passivo.

Repare-se: não deixa de haver transmissão unitária pelo facto de, para a perfeita transferência de alguns dos elementos envolvidos, se exigir o consentimento de terceiros. É o que vimos suceder com o passivo, com os contratos de prestações recíprocas e é o que sucede, como veremos, com a própria firma. O trespasse do estabelecimento que tudo englobe continua a fazer-se por um único negócio, com todas as facilidades que isso envolve[1062].

II. É certo que, perante a relativa indefinição legal e dada a exigência das tais autorizações, o trespasse clássico tem vindo a perder terreno, a favor de esquemas societários. O comerciante que pretenda fundar um estabelecimento constituirá uma sociedade comercial mais ou menos (des) capitalizada, que irá encabeçar o acervo de bens e de deveres a inserir no

---

[1061] Claus-Wilhelm Canaris, *Handelsrecht* cit., 24.ª ed., 142.

[1062] RPt 25-out.-2011 (Ramos Lopes), Proc. 11887/08.

342 *Empresa e estabelecimento*

estabelecimento. Querendo alienar a sua posição, o comerciante em causa, muito simplesmente, transferirá as suas posições sociais – quotas ou ações – para o adquirente. Formalmente, não há qualquer modificação a nível do sujeito.

Este fenómeno apenas documenta uma certa perda de importância relativa que o velho Direito comercial vem a acusar, a favor dos ramos comerciais mais novos, como o Direito das sociedades. Não obstante, e designadamente ao nível do pequeno comércio, a transferência do estabelecimento, enquanto tal, continua a apresentar um interesse marcado: basta ver a multiplicidade de casos judicialmente decididos[1063].

III. O trespasse do estabelecimento, mormente para ter eficácia no ponto nevrálgico do arrendamento, devia ser celebrado por escritura pública – artigo 115.º/3 do revogado RAU, na sua versão inicial[1064]. Todavia, o Decreto-Lei n.º 64-A/2000, de 22 de abril, alterou esta regra tradicional: passou a bastar a forma escrita, explicitando (inutilmente) o novo n.º 3 daquele preceito: "sob pena de nulidade". O atual artigo 1112.º/3 do Código Civil já não contém esse insólito. Deve tratar-se de um estabelecimento efetivo, isto é: que compreenda todos os elementos necessários para funcionar e que, além disso, opere, em termos comerciais. O artigo 1112.º do Código Civil exprime essa ideia pela negativa; não haverá trespasse:

a) Quando a transmissão não seja acompanhada de transferência, em conjunto, das instalações, utensílios, mercadorias ou outros elementos que integram o estabelecimento;

b) Quando, transmitido o gozo do prédio, passe a exercer-se nele outro ramo de comércio ou indústria ou quando, de um modo geral, lhe seja dado outro destino.

O trespasse exige, pois, uma transmissão do estabelecimento no seu todo ou como universalidade[1065]: é insuficiente aquela que incida sobre apenas alguns dos seus elementos[1066]. Por certo que as partes, ao abrigo

---

[1063] RPt 1-jul.-1999 (Oliveira Vasconcelos), CJ XXIV (1999) 4, 189-190.

[1064] Uma vez que podem ser abrangidos elementos muito diversos, a exigência da forma limitava-se ao seu cerne: STJ 28-mar.-2000 (Francisco Lourenço), CJ/Supremo VIII (2000) 1, 148-152 (151/I).

[1065] STJ 9-out.-2006 (Sebastião Póvoas), Proc. 06A2868.

[1066] STJ 25-mar.-1999 (Herculano Namora), CJ/Supremo VII (1999) 2, 38-40 (39).

§ 24.º O regime e a natureza do estabelecimento

da sua autonomia privada, poderão, do estabelecimento, retirar os elementos que entenderem. O trespasse não deixará de o ser até ao limite de o conjunto transmitido ficar de tal modo descaracterizado que já não possa considerar-se um "estabelecimento" em condições de funcionar[1067].

Além da transmissão, o estabelecimento deve manter-se como tal. Daí o não poder passar-se a exercer, no local, comércio diferente[1068].

A lei especifica, a propósito da transmissão do arrendamento, que o trespasse deve abarcar "instalações", "utensílios", "mercadorias" e "outros elementos". Não oferecerá dúvidas reportar que, como vimos, "outros elementos" abrangerá os fatores incorpóreos, com relevo para diversos direitos de crédito, nome, patentes e marcas.

IV. Perante um trespasse de âmbito máximo, que englobe, pois, o passivo, teremos de distinguir os seus efeitos internos dos externos[1069]. Quanto aos internos, o trespassário adquirente fica adstrito, perante o trespassante, a pagar aos terceiros o que este lhes devia. Quanto aos externos: o alienante só ficará liberto se os terceiros, nos termos aplicáveis à assunção de dívidas e à cessão da posição contratual, o exonerarem ou derem acordo bastante.

V. O "trespasse" é, apenas, uma transmissão definitiva do estabelecimento[1070]. Só por si, não nos diz a que título[1071]. Quer isso dizer que o trespasse pode operar por via de qualquer contrato, típico ou atípico, que assuma eficácia transmissiva: compra e venda, dação em pagamento, sociedade, doação ou outras figuras diversas.

[1067] Trata-se do chamado estabelecimento incompleto: Oliveira Ascensão/Menezes Cordeiro, *Cessão de exploração de estabelecimento comercial, arrendamento e nulidade formal/Parecer*, ROA 1987, 845-927 (882 ss.).

[1068] Pode, todavia, passar a exercer-se no local uma atividade anteriormente acessória: RLx 10-mai.-2001 (Salazar Casanova), CJ XXVI (2001) 3, 87-92 (92/I).

[1069] STJ 28-mar.-2000 cit., CJ/Supremo VIII, 1, 150/I.

[1070] STJ 29-set.-1998 (Ferreira Ramos), CJ/Supremo VI (1998) 3, 38-44 (41/I). O trespasse não tinha, no início, um sentido unívoco; *vide* Barbosa de Magalhães, *Estabelecimento comercial* cit., 213 ss.; Taborda Ferreira, *Sublocação e trespasse; elementos para a definição do trespasse*, RDES 9 (1956), 97-112 (97 ss.) e Rui de Alarcão, *Sobre a transferência da posição do arrendatário no caso de trespasse*, BFD 47 (1971), 21-54 (22 ss.).

[1071] Coutinho de Abreu, *Curso de Direito comercial* cit., 1, 10.ª ed., 297-298.

O regime do trespasse dependerá do contrato que, concretamente, estiver na sua base. Para o tema aqui em causa, relevará apenas o seu efeito transmissivo de um estabelecimento.

Apesar de ser esse o núcleo, cumpre apontar outras decorrências típicas do trespasse:

– o artigo 1112.º/4 do Código Civil, retomando o artigo 116.º do RAU, atribui ao senhorio um direito de preferência, na hipótese de trespasse por venda ou dação em cumprimento;
– o trespassante poderá ficar investido num dever de não-concorrência em relação ao trespassário.

Vamos ver cada um destes pontos.

Tem aplicação, em tudo o que a lei comercial não prescreva diretamente, o regime geral das preferências legais[1072]. Designadamente: salvo situações de abuso do direito, a preferência não funciona quando o estabelecimento seja usado para a realização de capital social[1073].

VI. A preferência do senhorio fora instituída pela Lei n.º 1.662, de 4 de setembro de 1924 – artigo 9.º, § único – vindo, mais tarde, a desaparecer. O RAU restabeleceu-a e isso com duas finalidades essenciais[1074]:

– permitir ao senhorio uma vantagem potencial, aquando da transmissão do estabelecimento instalado no objeto da sua propriedade[1075];
– facultar um certo controlo da sociedade civil sobre as simulações operadas no tocante a trespasses.

[1072] *Vide Tratado* II/2, 495 ss., bem como as aplicações feitas em STJ 16-mar.-2011 (Moreira Alves), Proc. 1113/06 e em RLx 24-mai.-2011 (Gouveia de Barros), Proc. 726/05.2.

[1073] RPt 28-abr.-2011 (Maria Catarina Gonçalves), Proc. 1156/09.

[1074] Menezes Cordeiro/Castro Fraga, *O novo regime do arrendamento urbano anotado* (1990), 152. *Vide* Januário Gomes, *Cessão da posição do arrendatário e direito de preferência do senhorio*, em *Estudos em Honra do Prof. Doutor Inocêncio Galvão Telles* 2 (2002), 493-536.

[1075] A preferência funciona no arrendamento comercial; não no arrendamento para o exercício de profissões liberais; *vide* TC n.º 421/99, de 30 de junho (Paulo Mota Pinto), Proc. 93/98. Em sentido contrário, STJ 12-jun.-1996 (Metelo de Nápoles), CJ/Supremo IV (1996) 2, 122-124, sob a ideia de que se visa extinguir o arrendamento.

§ 24.° O regime e a natureza do estabelecimento

A preferência em causa, após a reforma de 2006, encontrou guarida no novo artigo 1112.°/4 do Código Civil, ainda que a título supletivo[1076]. Não é exata a asserção de que, no conflito entre a propriedade fundiária e a propriedade comercial, o RAU tenha dado a primazia à primeira. O direito de preferência conferido ao senhorio não é um direito de resgate da coisa, de modo a conseguir desmantelar o estabelecimento, só para reaver o objeto da sua propriedade. Trata-se de uma preferência na venda ou dação em cumprimento *do estabelecimento*. O senhorio interessado não pode agir na hipótese de qualquer trespasse mas, apenas, na de venda ou dação. Além disso, ele terá de adquirir todo o estabelecimento, mantendo--o em funções, nas precisas condições em que o faria o trespassário interessado[1077].

Resulta ainda daí que a preferência do senhorio só seja possível quando, este próprio, esteja em condições de, licitamente, adquirir o estabelecimento. Tratando-se de uma farmácia, exige-se que o senhorio seja farmacêutico[1078]; estando em jogo um estabelecimento para o exercício de profissão liberal[1079], o senhorio deverá ter as habilitações necessárias para prosseguir essa exploração[1080]. Além disso, não cabe preferência no caso de integração, com o estabelecimento, de quota social: em princípio não há aqui venda ou dação em pagamento[1081], ficando todavia ressalvada a hipótese de abuso do direito.

VII. O dever de não-concorrência do trespassante perante o trespassário, quando não seja expressamente pactuado, poderá ser uma exigência da boa-fé[1082]. Vamos supor que um comerciante conhecido angaria larga clientela. Trespassa, depois, por bom lucro, o seu estabelecimento e vai, de

---

[1076] Fernando de Gravato Morais, *Novo regime do arrendamento comercial* cit., 144; *vide* o nosso *Leis do arrendamento urbano anotado*, 381 ss..

[1077] RLx 18-nov.-1993 (Lopes Pinto), BMJ 431 (1993), 538 (o sumário).

[1078] STJ 15-jun.-1994 (Roger Lopes), CJ/Supremo II (1994) 2, 146-148 (148).

[1079] Em princípio, já não será, então, um estabelecimento comercial; aplicam-se-lhe, todavia, as mesmas regras; estaremos, então, perante uma "pessoa semelhante a comerciante".

[1080] RLx 29-jun.-1995 (Silva Salazar), CJ XX (1995) 3, 142-146 (145).

[1081] RLx 26-fev.-2002 (Vaz das Neves), CJ XXVII (2002) 1, 116-119 (118/I).

[1082] Em geral: Nuno Aureliano, *A obrigação de não concorrência do trespassante de estabelecimento comercial no Direito português*, em *Estudos em Honra do Prof. Doutor Inocêncio Galvão Telles*, 4 (2003), 717-815.

346 *Empresa e estabelecimento*

seguida, abrir um novo estabelecimento semelhante, mesmo em frente. É evidente que a clientela, que já o conhece, irá segui-lo: o trespassário adquire algo que, sem clientela, pouco ou nada vale.

Impõe-se, *ex bona fide* e como dever pós-eficaz[1083], uma obrigação de não-concorrência[1084], a qual apenas pode ser ponderada caso a caso[1085]. A sua violação pode acarretar deveres de cessar a concorrência indevida e de indemnizar o lesado, reconstruindo a situação que existiria se não fosse a violação perpetrada.

110. A cessão de exploração e a locação de estabelecimento

I. Na locação de estabelecimento (1109.º, do Código Civil, na reforma de 2006), antes dita cessão de exploração, há uma cedência temporária do estabelecimento comercial[1086].

Em rigor, haveria que distinguir: a cessão de estabelecimento seria a transferência temporária do estabelecimento, efetuada a qualquer título (incluindo o comodato); a locação de estabelecimento implicaria a cessão titulada por um negócio decalcado da locação, designadamente com uma obrigação periódica de pagamento de retribuição, tipo renda ou aluguer.

O interesse da autonomização da cessão de exploração é o do próprio reconhecimento do estabelecimento como objeto de negócios:

– permitiria a cedência temporária do estabelecimento como um todo, sem necessidade de negociar, uma a uma, todas as realidades que o componham e viabilizando ainda o cômputo de elementos sem autonomia, como o aviamento e a clientela;

[1083] Menezes Cordeiro, *Da pós-eficácia das obrigações*, em *Estudos de Direito civil* (1991, reimp.), 143-197.

[1084] O Supremo já sancionou uma situação deste tipo, a propósito do trespasse de uma agência funerária: o trespassante foi abrir outra mesmo ao pé, conservando, com isso, a clientela que era suposto ter deixado ao trespassário; em STJ 17-fev.-1998 (Torres Paulo), CJ/Supremo VI (1998) 1, 79-84 = BMJ 474 (1998), 502-515 (509 ss.), entendeu-se haver concorrência desleal. Preferiríamos a via que figura no texto, embora as soluções se aproximem.

[1085] RPt 15-out.-2004 (João Bernardo), CJ XXIX (2004) 4, 190-192 (191/I).

[1086] STJ 29-set.-1998 cit., CJ/Supremo VI, 3, 41/I.

§ 24.° O regime e a natureza do estabelecimento 347

– possibilitaria atender à verdadeira realidade em jogo no estabelecimento, afastando normas comuns aplicáveis a outras figuras contratuais como, por exemplo, o arrendamento.

II. O reconhecimento da cessão de exploração como negócio próprio do estabelecimento foi obra da jurisprudência portuguesa, conforme relata Orlando de Carvalho[1087]. Um passo importante nesse sentido foi dado pelo Supremo Tribunal de Justiça, no acórdão de 8-fev.-1935, a propósito do cinema portuense *Águia d'Ouro*[1088]. Seguiram-se outras decisões similares[1089].

Curiosamente, a autonomia da cessão da exploração foi-se afirmando mais pela negativa do que pela positiva. Era inevitável: mantendo-se o silêncio da lei, não restava, para ela, qualquer regulação específica. Caso a caso, havia que, à luz dos princípios gerais do Direito dos contratos e de acordo com as estipulações das partes, encontrar, para as diversas cessões, o regime adequado. Muito claro, Barbosa de Magalhães apresenta, a esse propósito, a ideia dos contratos mistos, recordando as teses clássicas apresentadas para os enquadrar e propondo uma solução[1090]. Mas tudo isto é necessariamente formal: em abstrato, não se pode esquematizar um regime genérico para a cessão de exploração. Em compensação, pela negativa, foi-se deixando clara a inaplicabilidade, à mesma, de normas dirigidas ao arrendamento[1091].

Este aspeto é primordial. O arrendamento, por força da conhecida problemática social que envolve, foi concitando, da parte do legislador, a inclusão, no seu regime típico, de normas injuntivas, isto é, subtraídas à livre disponibilidade das partes. De entre elas, avultam as que se prendem com o regime do termo da situação locatícia, bastante limitativo e com a sua prorrogação automática no termo, e às quais, por influência italiana, se tem

---

[1087] Orlando de Carvalho, *Estabelecimento comercial* cit., 268 ss. (272). Quanto à história da cessão de exploração *vide* STJ 6-mai.-1998 (Miranda Gusmão), 428-436 (433).

[1088] STJ 8-fev.-1935 (Pires Soares), COF 34 (1935), 42-43 = RT 53 (1935), 116-117. A justificação era ainda insuficiente, dizendo apenas que a "... concessão de imóvel e móveis e do maquinismo para exploração de espetáculos não está sujeita às regras excecionais do inquilinato". Donde a nota desfavorável da RT, loc. cit., 117.

[1089] Orlando de Carvalho, *Estabelecimento comercial* cit., 268 ss..

[1090] Barbosa de Magalhães, *Estabelecimento comercial* cit., 166 ss..

[1091] Adriano Vaz Serra, anotação a STJ 16-fev.-1967, RLJ 100 (1968), 262-266 (264), e Antunes Varela, anotação ao mesmo acórdão, loc. cit., 266-271 (270), que, de modo incisivo, aponta a necessidade de um estabelecimento em sentido próprio para haver cessão. Do mesmo autor e no mesmo sentido *vide*, ainda, *Contratos mistos*, BFD 44 (1968), 143--168 (153).

348   *Empresa e estabelecimento*

chamado regime vinculístico. Ora o estabelecimento comercial implica, muitas vezes, o gozo de bens imóveis o qual, sendo transferido temporariamente, cai, de modo automático, nas normas restritivas do arrendamento. O afastamento dessas normas constitui operação delicada, surgindo, com frequência, *contra legem*[1092]. Tornou-se, pois, desejável a consagração legislativa da subtração da cessão de exploração ao regime do arrendamento. O que foi feito, entre nós, pelo Código Civil de 1966, como cessão de exploração. As correspondentes regras passaram para o RAU de 1990, regressando ao Código Civil, agora como locação de estabelecimento (1109.º), com a reforma de 2006[1093].

III. A possibilidade de, na locação de estabelecimento, afastar o regime restritivo do arrendamento, obriga a uma delimitação mais cuidada dos seus contornos. À partida, pode dizer-se que deve haver, como objeto do negócio, um estabelecimento comercial: é a presença deste, com a sua lógica própria e os seus valores particulares, que conduziu à autonomização prática e conceitual da figura. Antunes Varela justifica a exclusão, na então cessão de exploração, dos esquemas injuntivos do arrendamento, acentuando[1094]:

- a inexistência das razões que justificam o protecionismo do inquilinato comercial ou industrial;
- o facto de, ao cedente, se dever a iniciativa da criação ou a manutenção do estabelecimento, em cujo património ele se integra e continua;
- o facto de o cessionário não ter criado o estabelecimento, limitando-se a fruir o que temporariamente lhe foi cedido;

[1092] A doutrina jurídica, ainda que com cautelas compreensíveis, teria vindo a admitir a possibilidade de, em certos casos, a jurisprudência intervir *contra legem*; recorde-se o tema da inalegabilidade das nulidades formais, analisado no *Tratado de Direito civil* V, 2.ª ed., 329 ss..

[1093] Fernando de Gravato Morais, *Novo regime do arrendamento comercial* cit., 154 ss..

[1094] Pires de Lima/Antunes Varela, *Código anotado* cit., 2, 2.ª ed., 491-492 e RLJ 100, 270 cit.. Ferrer Correia, noutro prisma mas de modo confluente, contrapondo a cessão de exploração ao arrendamento, explica que, na primeira, se teve em vista a empresa e não o prédio – *Reivindicação de estabelecimento* cit., 266, em nota. Este mesmo aspeto é bem enfocado por Avelino Faria, *O contrato de exploração de estabelecimento comercial ou industrial*, RT 77 (1959), 66-70 (68-69).

§ 24.º O regime e a natureza do estabelecimento 349

– a assimilação da cessão de exploração ao trespasse, caso tivesse aplicação o esquema da renovação automática estabelecida para o arrendamento.

Em bom rigor, a cessão de exploração, mesmo na modalidade legalmente prevista da "locação de estabelecimento", é um negócio atípico[1095]. Cabe às partes desenvolver o regime que entendam adotar.

O último dos pontos referidos tem um peso relativo: a semelhança com o trespasse ocorreria, apenas, pelo prisma do cedente; além disso, o regime restritivo vigente para o arrendamento aproxima-o da pura transmissão do imóvel sem que, daí, se extraiam consequências dogmáticas.

O Código Civil autonomizou a cessão de exploração precisamente pelo prisma da exclusão do regime do arrendamento, no seu artigo 1085.º, versão original. Trata-se da norma que passaria para o artigo 111.º do hoje revogado RAU, assim concebida:

Artigo 111.º (Cessão de exploração do estabelecimento comercial): 1. Não é havido como arrendamento de prédio urbano ou rústico o contrato pelo qual alguém transfere temporária e onerosamente para outrem, juntamente com a fruição do prédio, a exploração de um estabelecimento comercial ou industrial nele instalado.

Este texto legal tinha, patentes, os elementos relevados como integrando a ideia de cessão de exploração: a presença de um estabelecimento comercial, aliás particularmente salientada em epígrafe, e a sua transferência temporária e onerosa para outrem. A falta de algum dos elementos estruturais do estabelecimento, aquando da cessão, determinava a conversão legal desta em arrendamento, nos termos do artigo 111.º/2 do RAU.

IV. O novo regime do arrendamento urbano, de 2006, procurou clarificar a terminologia: sobre a qual, de resto, não havia quaisquer dúvidas. O artigo 1109.º, versão atual, do Código Civil, passou a falar diretamente em locação de estabelecimento, esclarecendo que, quando instalado em local arrendado, ela não carece de autorização do senhorio (1109.º/2), embora lhe deva ser comunicada no prazo de um mês.

[1095] STJ 13-jul.-2004 (Salvador da Costa), CJ/Supremo XII (2004) 2, 145-150 (147/I).

350   *Empresa e estabelecimento*

V. A jurisprudência sobre cessão de exploração tem vindo a fixar os contornos da figura. Desde logo ela exige um estabelecimento[1096], sob pena de ser um arrendamento "puro"[1097]. Quando ela envolva um local arrendado, ficou entendido não ser necessária a autorização do senhorio[1098]: um ponto que, em 2006, passou para a lei expressa. Já parecia razoável exigir que, nos termos gerais do artigo 1038.º, *g*), do Código Civil, a operação seja comunicada ao senhorio, mau grado alguma divisão da jurisprudência[1099]. Como vimos, a lei vigente cortou quaisquer dúvidas, dando, ao tema, uma resposta positiva. Quando a cessão seja declarada nula, a retribuição acordada é devida pelo cessionário ao cedente, enquanto subsistir a exploração[1100].

A cessão de exploração exigia escritura pública – artigo 89.º, *k*) do CNot de 1967[1101]. A regra desapareceu do CNot vigente, vindo o Decreto-Lei n.º 64-A/2000, de 22 de abril, introduzir, no artigo 111.º do RAU, a regra de que a cessão de exploração deve constar de documento escrito. Hoje vale, nesse mesmo sentido, o artigo 1069.º do Código Civil, conetando a locação de estabelecimento do artigo 1109.º do mesmo Código[1102]. Finalmente, haverá que reconduzi-la à figura geral da locação[1103]: seria "locação produtiva" (*Pacht, affitto*) caso essa figura tivesse sido autonomizada pelo Direito português. Não operam, como vimos, as regras vinculísticas do arrendamento.

[1096] Ainda que com interrupção no negócio: STJ 14-mai.-2002 (Silva Salazar), CJ/ /Supremo X (2002) 2, 60-63 (61/II).

[1097] RLx 5-jul.-2001 (Ferreira de Almeida), CJ XXVI (2001) 4, 75-76 (76/I).

[1098] RPt 8-jan.-1998 (Oliveira Vasconcelos), CJ XXIII (1998) 1, 184-188, REv 29-jan.-1998 (Gomes da Silva), CJ XXIII (1998) 1, 262-263 (263/II), STJ 2-jun.-1998 (Tomé de Carvalho), CJ/Supremo VI (1998) 2, 102-105 (104/I), sublinhando que se trata de um *minus* em relação ao trespasse e RCb 20-mar.-2001 (Gil Roque), CJ XXVI (2001) 2, 29-31 (31/I).

[1099] *Vide* RCb 9-dez.-1997 (Serra Baptista), CJ XXII (1997) 5, 32-36 (35/I), enumerando as teorias e REv 29-jan.-1998 cit., CJ XXIV, 1, 263/II.

[1100] STJ 6-abr.-2006 (Pereira da Silva), Proc. 05B4346.

[1101] RLx 4-jun.-1998 (Proença Fouto), CJ XXIII (1998) 3, 122-123.

[1102] *Vide* o nosso *Leis do arrendamento urbano anotado*, 355 ss..

[1103] *Vide*, quanto à aproximação, STJ 30-jun.-1998 (Machado Soares), CJ/Supremo VI (1998) 2, 153-157 (155/II), RLx 2-jul.-1998 (Urbano Dias), CJ XXIII (1998) 4, 84-86 e STJ 29-fev.-2000 (Dionísio Correia), CJ/Supremo VIII (2000) 1, 122-124 (124/I).

§ 24.° O regime e a natureza do estabelecimento

111. O usufruto do estabelecimento

I. Sobre o estabelecimento comercial pode recair o direito de usu-fruto[1104]. Nessa altura e nos termos gerais, o usufrutuário poderá aproveitar plenamente o estabelecimento, sem alterar a sua forma ou substância – artigo 1439.° do Código Civil.

A figura não levanta dúvidas: os elementos corpóreos podem, por definição, ser objeto de usufruto, enquanto os incorpóreos o serão por via dos artigos 1463.° a 1467.° do Código Civil e dos princípios que deles emergem.

II. No domínio dos poderes de transformação do usufrutuário, pensamos que, tratando-se de um estabelecimento, estes devem ir tão longe quanto possível[1105]. De outro modo, iremos bloquear a atualização e a renovação do estabelecimento, enquanto durar o usufruto: haverá danos para o comércio e para todas as pessoas envolvidas, incluindo o titular da raiz.

112. O estabelecimento como objeto de garantia

I. Para além de poder ser globalmente transmitido, a título definitivo (trespasse) ou temporário (locação ou cessão de exploração), o estabelecimento comercial pode, ainda, ser dado em garantia ou, genericamente: pode operar como objeto de garantia. Bastará atentar em que essa situação constitui sempre um *minus* em relação ao próprio trespasse.

II. O estabelecimento pode ser dado em penhor, pelo seu titular. Em termos analíticos, teríamos um misto de penhor de coisas e de penhor de direitos. Relevante é aqui, todavia, o penhor global sobre o conjunto. Em regra tratar-se-á de um penhor mercantil, sendo pois suficiente, nos termos do artigo 398.°, § único, uma entrega simbólica. O que tem aqui a maior importância prática: o estabelecimento dado em garantia poderá continuar

---

[1104] Claus-Wilhelm Canaris, *Handelsrecht* cit., 24.ª ed., 160, chamando a atenção para a sua semelhança com a locação do estabelecimento. Entre nós, *vide* o desenvolvido tratamento dado a esta rubrica por Barbosa de Magalhães, *Do estabelecimento comercial* cit., 2.ª ed., 299 ss..

[1105] *Direitos reais* (1993, *Reprint*), 650 ss..

352 *Empresa e estabelecimento*

a funcionar normalmente, numa situação fundamental para o bom decurso da operação.

III. O estabelecimento comercial pode ainda ser objeto de penhora[1106]. Trata-se de uma operação que não afeta a relação locatícia que, eventualmente, nele se inclua e que, como em qualquer situação relativa ao estabelecimento, o atinge, no seu conjunto.

113. A reivindicação e as defesas possessórias

I. O estabelecimento não é composto apenas por coisas corpóreas. Não obstante, estas, para além de poderem ter um papel dominante, emprestam ao conjunto um teor característico. Basta ver que o estabelecimento, na multiplicidade dos seus elementos, surge como algo de percetível pelos sentidos, enquanto o exercício de poderes sobre ele comporta, por si, uma publicidade espontânea.

Deste modo, apesar de múltiplas hesitações pontuais, a doutrina e a jurisprudência têm-se inclinado para a aplicabilidade, ao estabelecimento, das defesas reais[1107].

II. Em primeiro lugar, o estabelecimento pode ser reivindicado. Embora se trate de uma ação primacialmente dirigida a efetivar o direito de propriedade sobre os elementos corpóreos, os restantes fatores acompanharão, automaticamente, os primeiros[1108].

III. De seguida, temos as ações possessórias[1109]. Estas assistem ao seu titular. Mas também o trespassário poderá utilizá-las para tornar efetiva a posse que tenha recebido por via contratual[1110].

[1106] RLx 3-jul.-1997 (Proença Fouto), CJ XXII (1997) 4, 84-85 (85) e RLx 10-mar.-2011 (Isabel Canadas), Proc. 52594/06. *Vide* José Lebre de Freitas, *A penhora do direito ao arrendamento e trespasse*, em *Estudos em Honra do Prof. Doutor Inocêncio Galvão Telles* 2 (2002), 477-491.

[1107] RLx 13-mar.-2008 (Ezaguy Martins), Proc. 9186/2007.2.

[1108] Oliveira Ascensão, *Direito comercial* cit., 1, 134-135, mau grado a opção restritiva que formula quanto ao estabelecimento.

[1109] *Vide*, com indicações de opções diversas, REv 12-jan.-1997 (Rodrigues dos Santos), CJ XXII (1997) 3, 272-277 (274/II e 275/I); *vide* Menezes Cordeiro, *A posse/Perspectivas dogmáticas actuais*, 3.ª ed. (2000), 79 ss..

[1110] RPt 4-fev.-1999 (João Vaz), CJ XXIV (1999) 1, 213-216 (215/I).

§ 24.º O regime e a natureza do estabelecimento

Vale o afirmado quanto à compleitude do estabelecimento e quanto à possibilidade de atingir, por essa via, elementos não corpóreos.

114. A natureza

I. A questão da natureza do estabelecimento comercial tem-se prestado, na História e no Direito comparado, a uma especulação donde resultam inúmeras teorias[1111].

Se – como agora compete – colocarmos o problema perante o Direito positivo português, a questão resulta grandemente simplificada.

II. À partida, devemos entender que o estabelecimento não se confunde com a empresa. Esta, como vimos, é um conceito-quadro que ora se reporta a um sujeito de direitos, ora abrange uma organização produtiva com a sua direção. Não há qualquer dogmática unitária para a empresa: é justamente esse o grande trunfo explicativo do seu êxito.

Já o estabelecimento surge, no Direito português, como um conceito jurídico mais preciso, dotado de regras próprias, dimanadas pelo legislador e cuidadosamente aperfeiçoadas pela jurisprudência e pela doutrina.

III. O estabelecimento é, no Direito português, objeto de negócios e de direitos. Demonstra-o todo o desenvolvimento, acima efetuado e referente ao seu regime. Tanto basta para afastar as teorias que intentem a sua personificação[1112].

Mais delicada surge a recondução do estabelecimento à categoria de património autónomo ou de afetação: a unidade surgiria apenas perante determinados negócios ou ações, sendo impensável fora deles[1113]. Trata-se de uma construção que deve ser reconduzida à particular conceção que, de personalidade coletiva, nos deixou Brinz. Segundo esta orientação, a própria ideia de personalidade coletiva deveria ser substituída pela de patri-

---

[1111] Na nossa literatura domina, ainda hoje, o lato desenvolvimento de Barbosa de Magalhães, *Do estabelecimento comercial* cit., 2.ª ed., 77 ss..

[1112] Era, como vimos, a tradição de Endemann, prontamente rebatida, na época, por Laband; *supra*, 297.

[1113] Alois Brinz, *Lehrbuch der Pandekten*, 1 (1857), § 50 (176-177).

354 Empresa e estabelecimento

mónio de afetação[1114], razão pela qual, quando aplicada ao estabelecimento, não é diferenciadora.

Os primeiros dogmáticos da empresa descobriram, na titularidade desta, um direito global autónomo[1115]. Aplicada ao estabelecimento, esta doutrina redundaria em apresentá-lo como o objeto de um específico direito subjetivo: o direito ao estabelecimento. Vem esta orientação contraditada pelo Direito positivo, pelo menos em parte: dado o princípio da especialidade, as diversas situações jurídicas incluídas no estabelecimento não perdem a sua autonomia. Temos, seguramente, uma multiplicidade de direitos, ainda que, sobre o conjunto, surja algo que cumpre explicar.

IV. As dificuldades encontradas por estas tentativas de explicação mais elaboradas levaram a doutrina, particularmente a italiana[1116], a reconduzir o estabelecimento ao universo das coisas: mais precisamente às coisas compostas ou universalidades, discutindo-se, dentro destas, se se trata de universalidade de facto ou de universalidade de direito[1117].

Apelando às regras jurídico-positivas já apuradas, parece fácil avançar: o Direito civil português actual não admite – de resto à semelhança do italiano –, a figura das universalidades de direito[1118]; por outro lado, o estabelecimento não pode dar corpo a uma universalidade de facto[1119], por duas razões, qualquer delas definitiva:

[1114] *Vide* Menezes Cordeiro, *O levantamento da personalidade colectiva* (2000), 49 ss..

[1115] Assim Pisko, *Das Unternehmen als Gegenstand des Rechtsverkehrs* cit., 46 ss. e Isay, *Das Recht am Unternehmen* cit., 12 ss.. Recorde-se, ainda, Barbara Meyer, *Das subjektive Recht am Unternehmen* cit., 35 ss., que tomava a empresa como objeto de um direito sobre um bem imaterial.

[1116] *Vide* as numerosas indicações dadas por Barbosa de Magalhães, *Do estabelecimento comercial* cit., 82 ss..

[1117] A enumeração dos Autores portugueses que aderem a cada uma dessas orientações pode ser seguida em Barbosa de Magalhães, *Do estabelecimento comercial* cit., 90 ss.; o próprio Barbosa de Magalhães defendera inicialmente que se tratava de uma universalidade de facto vindo, depois, a aderir à tese da universalidade de direito; *vide* ob. cit., 91-92.

[1118] *Tratado* III, 2.ª ed., 218 ss..

[1119] Contra, Oliveira Ascensão, *Direito comercial* cit., 1, 110-111, que considera, como se referiu, o estabelecimento como uma coisa só, corpórea e universalidade de facto; para justificar tal conceptualização, viu-se obrigado a alijar do estabelecimento todos os elementos incorpóreos, o que contradiz o regime aplicável.

§ 24.° *O regime e a natureza do estabelecimento* 355

– abrange ou pode abranger o passivo;
– abrange ou pode abranger coisas incorpóreas.

V. O Direito dispensa um tratamento unitário às coisas compostas ou universalidades de facto, sem prejuízo de se conservarem direitos autónomos a cada uma das coisas simples que as componham. Este regime, embora corresponda a um desvio ao denominado princípio da especialidade, não deve ser considerado como de absoluta exceção. Outras leis poderão, em certos casos, determinar tratamentos unitários para elementos que, de outra forma, andariam dispersos. E a própria autonomia privada, respeitados os limites injuntivos, poderá fazer outro tanto: recorde-se que estamos em pleno Direito privado.

Recordemos a herança: deriva da esfera jurídica patrimonial do falecido, incluindo todo o tipo de direitos e de obrigações, e que tem um tratamento unitário: pode ser alienada – artigos 2024.° e seguintes do Código Civil – ou "reivindicada", no seu conjunto – artigos 2075.°, do mesmo Código.

VI. O estabelecimento comercial é uma autêntica esfera jurídica e não, apenas, um património: inclui ou pode incluir o passivo e toda uma série de posições contratuais recíprocas. Trata-se, todavia, de uma esfera jurídica afeta ao comércio ou a determinado exercício comercial. Tem, pois, a natureza de esfera jurídica de afetação, sendo delimitada pelo seu titular em função do escopo jurídico-comercial em jogo.

Teremos, assim, de admitir, ao lado dos patrimónios especiais há muito conquistados pela doutrina[1120], a ideia de esferas jurídicas especiais, de modo a incluir o passivo. A unificação poderá dar-se em função de qualquer ponto de vista unitário – pense-se na herança! Não é necessário que a esfera de afetação implique qualquer regime preferencial de responsabilidade por dívidas: há outros fatores possíveis de unificação.

Em qualquer dos casos, é inaceitável qualquer opção que, querendo reconduzir o estabelecimento comercial a conceitos mais rígidos, proceda, para o efeito, a uma amputação de todos os elementos que perturbem a geometria ambicionada. Teremos, aí, uma flagrante inversão conceitualista e não uma busca, ainda que atormentada, de esquemas explicativos reais.

[1120] *Tratado* III, 3.ª ed., 237 ss..

115. O estabelecimento individual de responsabilidade limitada

I. O exercício do comércio implica riscos. No caso do estabelecimento comercial, recordamos que ele se encontra na titularidade de um interessado; este responde com todo o seu património pelas dívidas ocasionadas através de exploração comercial.

Constituiu um desafio clássico ao Direito comercial o apurar esquemas que, sem colocarem em risco a segurança do comércio e a fidedignidade das transações, permitam limitar a responsabilidade individual dos operadores.

Essa preocupação foi, em grande parte, alcançada pelas sociedades comerciais de responsabilidade limitada. *Quid iuris*, todavia, quando se tratasse de um comerciante em nome individual, que não desejasse associar-se?

II. Uma primeira via, classicamente encetada, foi a de admitir sociedades unipessoais, isto é, sociedades com um único sócio. Pelas dívidas da sociedade responderia apenas o património desta, assim se conseguindo a procurada limitação[1121]. Este caminho acabaria por ser seguido pelo legislador português através do Decreto-Lei n.º 257/96, de 31 de dezembro, que introduziu no CSC os artigos 270.º-A a 270.º-G, permitindo sociedades unipessoais de quotas[1122].

De todo o modo e como primeira tentativa limitadora, a lei portuguesa, através do Decreto-Lei n.º 248/86, de 25 de agosto, veio permitir a figura do estabelecimento individual de responsabilidade limitada ou EIRL.

III. O Decreto-Lei n.º 248/86, de 25 de agosto[1123], reparte-se por 36 artigos agrupados em sete capítulos:

[1121] Veja-se o preâmbulo do Decreto-Lei n.º 248/86, de 25 de agosto.

[1122] Tem também o maior interesse ler o preâmbulo do referido Decreto-Lei n.º 257/96, de 31 de dezembro, que se dedica a criticar ... o próprio legislador, nas suas iniciativas de pretérito. Quanto às sociedades por quotas unipessoais: *Sociedades*, 2, 441 ss..

[1123] Alterado pelo Decretos-Leis n.º 343/98, de 6 de novembro, n.º 36/2000, de 14 de março, no sentido de uma certa desburocratização pelo Decreto-Lei n.º 76-A/2006, de 29 de março (artigos 14.º e 15.º), em muitos dos seus preceitos e pelo Decreto-Lei n.º 8/2007, de 17 de janeiro, relativo à informação empresarial simplificada.

§ 24.º O regime e a natureza do estabelecimento

Capítulo I   – Constituição (1.º a 7.º);
Capítulo II   – Administração e funcionamento (8.º a 11.º);
Capítulo III – Elaboração das contas anuais (12.º a 15.º);
Capítulo IV   – Alteração do ato constitutivo (16.º a 20.º);
Capítulo V   – Negociação, oneração e penhora do estabelecimento indivi-
dual de responsabilidade limitada (21.º e 22.º);
Capítulo VI   – Liquidação do estabelecimento individual de responsabili-
dade limitada (23.º a 33.º);
Capítulo VII – Disposições finais (34.º a 36.º).

A ideia é a seguinte: o interessado afeta ao EIRL parte do seu património, o qual constituirá o capital inicial do estabelecimento – artigo
1.º/2. O EIRL constitui-se por escrito, salvo se for exigida uma forma mais
solene para a transmissão dos bens que representem o capital inicial do
estabelecimento (2.º/1), com todas as especificações do artigo 2.º/2,
devendo ser inscrito no registo comercial e procedendo-se à publicação no
Diário da República – artigo 5.º: a partir daí, produz efeitos perante terceiros – artigo 6.º[1124].

Pelas dívidas resultantes de atividades compreendidas no objeto do
EIRL, respondem apenas os bens a este afetados, salvo se o titular não
tiver respeitado o princípio da separação dos patrimónios – artigo 11.º.
O ato constitutivo pode ser alterado, designadamente através de aumentos
ou de reduções do capital, com as cautelas especificadas na lei – artigos
16.º a 20.º.

Segundo o artigo 21.º/1 do Decreto-Lei n.º 248/86, de 25 de agosto,

O estabelecimento individual de responsabilidade limitada pode ser
transmitido por ato gratuito ou oneroso, ou dado em locação. Pode ainda
sobre ele constituir-se um usufruto ou um penhor, produzindo este os seus
efeitos independentemente da entrega ao credor.

IV. O EIRL é, de facto, um estabelecimento comercial, colocado
numa situação especial que permite a responsabilidade limitada. Há traços
do seu regime que refletem bem os progressos obtidos no tratamento do
tema: veja-se o artigo 21.º/1, acima transcrito.

[1124] Sem essa formalização, não há EIRL, para efeitos legais: RPt 11-dez.-2006
(Jorge Vilaça), Proc. 0554586.

A situação especial em que se coloca o EIRL e a necessidade de proteger terceiros e o comércio em geral levaram o legislador a formalizar alguns aspetos do estabelecimento em jogo. Designadamente: os bens que o componham não são, *ad nutum*, os que sejam afetados ao comércio mas antes aqueles que constem do título constitutivo.

Não obstante, muitos dos valores contemplados no EIRL têm diretamente a ver com o estabelecimento comercial. As regras daquele podem, após verificação, funcionar como auxiliares de aplicação, para resolver problemas do estabelecimento em geral.

V. Tal como o estabelecimento comercial, também o EIRL constitui uma esfera jurídica de afetação: no fundo, este tenderia, à partida, a ser uma modalidade daquele[1125]. Não bastará considerá-lo como um património autónomo[1126], uma vez que também abrange o passivo.

A criação do EIRL caiu sob uma chuva de críticas[1127], desferidas, inclusive, pelo próprio legislador[1128]. Todavia, o diploma está tecnicamente bem elaborado e representa um conjunto de aspetos interessantes, mesmo para a teoria do estabelecimento.

Não pode, de facto, contrariar a progressão do Direito das sociedades comerciais, num fenómeno cuja explicação se prenderá à cultura dos nossos dias.

De todo o modo, o legislador procurou facilitar o recurso ao EIRL: o Decreto-Lei n.º 36/2000, de 14 de março, veio alterar diversos preceitos do regime aprovado pelo Decreto-Lei n.º 248/86, de 25 de agosto, dispensando o recurso à escritura pública, em várias circunstâncias, numa linha rematada pelo Decreto-Lei n.º 76-A/2006, de 29 de março.

[1125] De facto e como não há controlo "de mérito" sobre o que se inclua num EIRL, poderia um comerciante incluir neste ... vários estabelecimentos comerciais autónomos. Não obstante, é indubitável que o regime do EIRL está moldado, em pontos importantes e sobre o do estabelecimento.

[1126] Assim o faz Miguel Teixeira de Sousa, *As partes, o objecto e a prova na acção executiva* (1995), 118, retomado num *obiter dictum* do STJ 31-jan.-2006 (Azevedo Ramos), Proc. 05A3992.

[1127] Assim: Oliveira Ascensão, *Direito comercial* cit., 1, 409 ss. e *O E.I.R.L. ou o falido rico*, O Direito 120 (1988), 17-33 e *Estruturas jurídicas da empresa* (1989), 13-35.

[1128] Assim o já referido preâmbulo do Decreto-Lei n.º 248/86, de 26 de agosto.

CAPÍTULO III
O ESTATUTO GERAL DOS COMERCIANTES

SECÇÃO I
A FIRMA E A DENOMINAÇÃO

§ 25.º A FIRMA E A SUA EVOLUÇÃO

116. Ideia geral, origens e consagração legislativa

I. Cada ser humano é único: em termos biológicos, psicológicos, pessoais, espirituais, sociais, económicos e jurídicos, não há qualquer indiferenciação. Resulta, daí, uma identidade, dada pela natureza das coisas e à qual o Direito deve emprestar consequências de relevo.

Uma dessas consequências é o reconhecimento, a cada pessoa singular, de um nome: uma designação, simples ou composta, inconfundível, e que permita, em termos fonéticos e gráficos, identificar de imediato a pessoa que esteja em causa[1129].

Podemos avançar. Quando, em contactos sociais menos profundos ou em escritos, se pretenda invocar ou mencionar alguém, isso faz-se por referência ao nome, independentemente da personalidade que lhe corresponda. A pessoa, sobretudo à medida que o tempo passe e que se desvaneçam as memórias que dela haja, deixa de o ser: confundir-se-á com a sua obra ou, no limite, com o seu nome.

[1129] Quanto à origem e à necessidade do nome: *Tratado* IV, 3.ª ed., 213 ss..

360   *O estatuto geral dos comerciantes*

No termo de uma curiosa evolução, o nome acaba por ser a *persona* (a máscara) através da qual atuamos no palco da vida[1130].

II. Quanto ficou dito tem aplicação no domínio do comércio. Aí, os diversos operadores singulares contactam regularmente entre si e com os seus clientes. Têm de reconhecer-se e ser reconhecidos. Surgem, agora num contexto comercial, a necessidade do recurso ao nome e as consequências que daí derivam: a "personificação" do nome em causa. O nome passa a valer por si: um comerciante prestigiado é um nome prestigiado, tanto mais que, no limite, já ninguém conhecerá sequer a concreta pessoa sob cujo nome opere o giro comercial coroado de êxito.

A firma é originalmente o nome comercial: o nome que o comerciante utiliza no exercício do seu comércio[1131].

III. O uso do nome, em comércio, remonta à Antiguidade: aí ocorreria já o *signum mercatorum*, que traduzia a designação sob que se realizava determinado comércio e cuja chancela marcava a assunção de obrigações[1132].

Na evolução subsequente, o tema da firma foi regido pelo costume[1133]: apesar da sua importância, não havia ainda uma densidade demográfica e económica tão elevada que obrigasse a lei a ocupar-se *ex professo* do tema. O aparecimento de operadores comerciais coletivos – portanto: de sociedades comerciais – no século XIII, levou a que estas tivessem uma designação sob a qual giravam: a razão social (*ratio, razione sociale* ou *raison sociale*)[1134]. Mas também esta se podia reger pelo cos-

---

[1130] Recorde-se que a expressão *persona* (pessoa) significava, nas origens, a máscara das representações teatrais: adveio de *per sonare* – soar ou falar através de – sendo usada pelos atores, também, para melhorar a acústica. Numa sugestiva evolução semântica, ela acabaria por designar os próprios figurantes e, mais tarde, as pessoas em geral. *Vide*, com indicações, Menezes Cordeiro, *O levantamento da personalidade colectiva* cit., 25-26.

[1131] Tobias Lettl, *Handelsrecht* cit., 3.ª ed., 62; Fabian Reuschle, no Ebenroth/Boujong, *HGB Kommentar* cit., 3.ª ed., § 17 (278 ss.); Andreas Heidinger, no *Münchener Kommentar zum HGB* cit., 1, 4.ª ed., § 17 (498 ss.).

[1132] Levin Goldschmidt, *Handbuch des Handelsrechts* cit., 1, 273 e Ortwin Krause, *Die Entwicklung des Firmenrechts im 19. Jahrhundert* (1995), 21.

[1133] Ortwin Krause, *Die Entwicklung des Firmenrechts* cit., 22.

[1134] Irmgard Heinrich, *Firmenwahrheit und Firmenbeständigkeit* (1982), 53.

§ 25.° A firma e a sua evolução

tume: as regras do nome, intuitivas e automáticas, operavam, numa situação facilitada pelo escasso número de entidades existentes[1135].

IV. O aumento do número de sociedades e a perspetiva generalizadora das pré-codificações e das codificações levou a que a matéria da designação das sociedades fosse objeto de tratamento. Assim sucedeu com o ALR prussiano de 1794[1136] – II, 8, §§ 621-622[1137-1138] – e com o *Code de Commerce* de Napoleão[1139].

As primeiras regras referentes à firma em geral – e portanto: relativas, também, aos comerciantes singulares – surgiram no ADHGB[1140] de 1864. Aí – artigo 15.°[1141] – a firma recebeu a definição que ainda hoje se conserva, no Direito alemão[1142]:

> A firma de um comerciante é o nome sob o qual ele exerce o seu negócio no comércio e cuja assinatura apõe.

V. A matéria da firma alcançou o seu desenvolvimento clássico nas codificações tardias do século XIX. Ela encontrou guarida, designada-

---

[1135] Irmgard Heinrich, *Firmenwahrheit* cit., 54.

[1136] Diethelm Klippel, *Der zivilrechtliche Schutz des Namens/Eine historische und systematische Untersuchung* (1985), 66, Irmgard Heinrich, *Firmenwahrheit* cit., 54 e Ortwin Krause, *Die Entwicklung des Firmenrechts* cit., 16.

[1137] *Vide*, na reimpr. intr. por Hans Hattenhauer, de 1970, ALR, 472/II. Cabe consignar o texto desses dois preceitos, no alemão da época:

> § 621. Bey Bestimmung der Firma ist darauf zu sehen, dass sich dieselbe von allen bereits öffentliche bekannt gemachten hinlänglich unterscheide.
>
> § 622. Ergrabt sich in der Folge, dass eine andere bereits errichtete Handlung dergleichen Firma führe: so ist die später geschlossene Societät verbanden, ihre Firma zu ändern.

[1138] Irmgard Heinrich, *Firmenwahrheit* cit., 56.

[1139] Artigos 21.°, quanto a sociedades em nome coletivo, 23.°/II, quanto às sociedades em comandita, e 29.° e 30.° quanto às sociedades anónimas.

[1140] Ortwin Krause, *Die Entwicklung des Firmenrechts* cit., 120 ss., com múltiplos elementos; a matéria pode ainda ser acompanhada em Irmgard Heinrich, *Firmenwahrheit* cit., 62 e em Diethelm Klippel, *Der zivilrechtliche Schutz des Namens* cit., 67.

[1141] Makower, *Das allgemeine Deutsche Handelsgesetzbuch/Kommentar*, 8.ª ed. (1880), 72. A matéria vinha depois regulada nos seus artigos 15.° a 27.°: constituem o primeiro instrumento genérico sobre a firma.

[1142] Canaris, *Handelsrecht* cit., 24.ª ed., 182.

362   *O estatuto geral dos comerciantes*

mente, nos §§ 17 e seguintes do HGB alemão[1143]. Em Itália, embora com menor clareza, o tema da firma (*ditta*) obteve especial desenvolvimento, ainda no período do Código de Comércio Albertino[1144]. A firma recebeu um tratamento sistemático no Código Civil – artigos 2563.º e seguintes –, em capítulo intitulado "Da firma e da insígnia". A firma é, aí, reportada ao empresário[1145].

117. A evolução novecentista

I. A evolução da firma, ao longo do século XX, foi marcada por alguns parâmetros mais significativos, que vamos sublinhar. Em primeiro lugar, é patente o desvio entre o estilo napoleónico e o germânico. Em França, a matéria relativa ao "nome comercial" tem um desenvolvimento doutrinário bastante escasso[1146]. De resto e por confronto com a experiência alemã, outro tanto sucede com o próprio direito ao nome[1147]. Pelo contrário, na Alemanha e, no seu seguimento, em Itália, o tema da firma tem desenvolvimentos doutrinários e judiciais consideráveis.

II. De seguida, temos uma evolução significativa no sentido da comercialidade: a firma, mais do que a designação de uma pessoa, passa a ser um valor mercantil.

[1143] Klippel, *Der zivilrechtliche Schutz des Namens* cit., 280 ss., quanto à história de competentes preceitos do HGB.

[1144] Gino Magri, *Sul concetto giuridico della ditta commerciale*, RDComm X (1912) 1, 18-39 e Mario Casanova, *Natura e limiti del diritto alla ditta*, RDComm XXVI (1928) 2, 201-204; surge, também, a expressão "nome comercial": Giovanni Pacchioni, *Nome civile e nome commerciale*, RDComm XI (1913) 2, 165-170 e Isidoro la Lumia, *Nome civile e nome commerciale*, *idem*, 170-178.

[1145] Com indicações, p. ex., G. Pescatore/C. Ruperto, *Codice civile annotato*, 2, 10.ª ed. (1997), 4594 ss.; *vide*, ainda, Luigi Mengoni, *Nome sociale e ditta*, RDComm LIV (1956) 2, 47-53, Mario Casanova, *Ditta*, NssDI VI (1960), 1-17 (1) e Alessandro Graziani, *Ditta*, ED XIII (1964), 345-356 (346).

[1146] Bastará confrontar manuais da atualidade; p. ex., Dekeuwer-Défossez/Blary--Clément, *Droit commercial* cit., 10.ª ed., 156 e Jacques Mestre/Marie-Ève Pancrazi, *Droit commercial* cit., 28.ª ed., 589.

[1147] Murad Ferid/Hans Jürgen Sonnenberger, *Das französische Zivilrecht*, Band I/1, 2.ª ed. (1994), 338-339.

§ 25.° A firma e a sua evolução

A evolução iniciou-se através das sociedades comerciais. Também estas careciam de uma designação que as individualizasse. Nas sociedades de pessoas, essa designação foi composta, inicialmente, através dos nomes dos próprios associados. Mais tarde, o aparecimento de sociedades anónimas levou a designações de fantasia, a breve trecho misturadas com nomes de sócios, atuais ou anteriores.

Jogou a tendência secular para a reificação do nome. Este, em determinada altura, já não se reporta – ou não se reporta apenas – ao comerciante em si: alcança o estabelecimento e a própria empresa.

III. Como terceiro e importante ponto, temos a sujeição da firma a regras mais diretamente comerciais: ela decorre da evolução acima mencionada, acabando por emancipar-se do próprio nome das pessoas envolvidas. Trata-se de um passo dado tardiamente pela jurisprudência francesa, em especial num pleito que, como exemplar, merece ser consignado: o caso *Bordas*, decidido pela Cassação Comercial, em 12-mar.-1985.

> Pierre Bordas e o irmão fundaram uma sociedade destinada a editar livros escolares. Essa sociedade tomou, como denominação, o apelido dos seus fundadores. Conheceu, depois, uma viva expansão, tendo o seu capital sido largamente aumentado, com participações de outras entidades. Pierre Bordas acabou por se tornar num sócio (muito) minoritário. Em determinada altura, suscitou-se um litígio entre ele e os sócios maioritários. Bordas decidiu, então, retirar-se da sociedade e proibi-la de continuar a usar o seu apelido.
>
> A Cassação francesa entendeu que o não podia fazer. *Bordas* seria, agora, um nome comercial, pertença da sociedade *Bordas*[1148].

IV. O progresso do Direito privado ditou o aparecimento de novos ramos dedicados aos bens imateriais. Assim sucede com o Direito da propriedade industrial, entre nós, que tutela as marcas.

[1148] CssFr 12-mar.-1985, D 1985, 1, 471, anot. Guestin; *vide* Pédamon/Kenfack, *Droit commercial* cit., 3.ª ed., 220-222 e Dekeuwer-Défossez/Blary-Clément, *Droit commercial* cit., 10.ª ed., 156, que referem a ulterior evolução em França, de tipo mais restritivo. Com efeito, a jurisprudência veio limitar o uso do nome da pessoa singular, pela sociedade, a título de firma: não de marca. Os direitos de personalidade individuais prevalecem sobre os interesses das pessoas coletivas.

A firma pode, através de um adequado processo de registo, tornar-se uma marca. Desfrutará, então, de uma tutela mais alargada, constituindo--se objeto de um direito privativo. Em Portugal, veja-se o artigo 222.º/1, do CPI, relativo à constituição da marca. Ao Direito comercial em sentido restrito compete ainda a firma; a marca inclui-se, como vimos, no Direito da propriedade industrial.

V. A firma realizou uma importante progressão, no último século: um período histórico curto, em termos de Direito privado. Atingiu rapidamente um papel de relevo no campo comercial[1149].

Como muitas vezes sucede no Direito comercial, a evolução não se processou pela substituição, por novos, de elementos mais antigos: ela vai antes somando, aos antigos, fatores regulativos mais recentes. No tocante à firma resultou, daqui, uma amálgama de regras e que vão desde o clássico direito ao nome até às modernas técnicas de proteção advenientes da propriedade industrial. Chegou-se, assim, a sistemas complicados, de que o Direito português, abaixo referido, será o mais rematado exemplo.

Como último esforço reformador do passado século XX, neste domínio, ocorreu a revisão do HGB alemão[1150], que atingiu em profundidade o Direito da firma, no sentido da sua simplificação e liberalização[1151]. Abaixo seguiremos os moldes dessa reforma.

118. A natureza da firma; opções

I. A questão da natureza da firma deve ser equacionada e resolvida perante cada concreto Direito positivo. Existem, contudo, grandes opções sedimentadas na história e no Direito comparado e cuja explanação prévia, pelo seu potencial de esclarecimento, nos parece útil efetuar.

[1149] *Vide* as importantes considerações de STJ 22-jan.-1997 (Cardona Ferreira), CJ/ /Supremo V (1997) 1, 67-70 (68/II).

[1150] Acima referida a propósito da revisão do próprio conceito de "comerciante"; *vide supra*, 262 ss..

[1151] Gerhard Ring, *Das neue Handelsrecht* cit., 39 ss., Karl-Heinz Fezer, *Liberalisierung und Europäisierung des Firmenrechts*, ZHR 161 (1997), 52-66 (59) e Baumbach/ Hopt, *HGB* cit., 32.ª ed., §§ 17 ss. (109 ss.)

§ 25.° A firma e a sua evolução

Quer em termos históricos, quer em termos comparatísticos, a discussão em torno da natureza da firma não acompanhou, sempre, a havida a propósito da natureza do nome[1152]. Hoje, este é entendido como um direito de personalidade[1153]: um dos poucos que a própria lei civil portuguesa veio tipificar como tal[1154]. Anteriormente, ele fora tomado, particularmente em França, como um direito de propriedade e, depois, como o produto de normas de Direito público destinadas a facilitar as tarefas fiscais e policiais[1155].

A firma apresenta, mercê dos valores comerciais que acima deixámos mencionados, desde cedo, uma vitalidade própria.

II. Num primeiro momento, em França, a firma foi entendida como objeto da propriedade do seu titular[1156]. Tratava-se, todavia, de um entendimento inaproveitável pela pandetística, assente no dogma da natureza necessariamente corpórea do objeto da propriedade[1157].

O Direito alemão foi infletido pela presença de regras específicas, no ADHGB: o artigo 23.° permitia, em certos casos, a alienação da firma, em conjunto com o estabelecimento, enquanto o seu artigo 27.° dava, ao titular, meios para reagir perante atentados à sua firma: uma pretensão de omissão e uma pretensão de indemnização.

Chegou-se a uma construção do direito à firma diferente da de propriedade: um direito absoluto, mas referente a um bem imaterial, com

---

[1152] Quanto a esta, Peter Schwerdtner, *Münchener Kommentar/BGB*, 3.ª ed. (1993), § 12, Nr. 41 (120), Frank Bayreuther, *idem*, 5.ª ed. (2006), § 12, Nr. 1 (147-148) e Franz Jürgen Säcker, *idem*, 7.ª ed. (2015), § 12, Nr. 1-5 (131-133), bem como Jürgen Ellenberger, no Palandt/BGB, 75.ª ed. (2016), § 12, Nr. 2 (15): a firma desfruta da tutela dada, pelo § 12 do BGB, ao nome.

[1153] Por todos, Karl Larenz/Manfred Wolf, *Allgemeiner Teil* cit., 9.ª ed., 129-130 e Hans-Martin Pawlowski, *Allgemeiner Teil des BGB*, 6.ª ed. (2000), 117 ss..

[1154] Artigo 72.° do Código Civil; *vide Tratado* IV, 213 ss..

[1155] Marcel Planiol, *Traité élementaire de Droit civil*, I, 3.ª ed. (1904), 147 ss. (153 ss.), Victor Ehrenberg, *Über das Wesen der Firm/Zugleich ein Beitrag zur Lehre von den negativen Verbindlichkeiten*, ZHR 28 (1882), 25-55 (51), sustentava que o nome tinha a ver com o Direito público; a firma, pelo contrário, seria de Direito privado.

[1156] Nas palavras de Etienne Blanc, *Traité de la contrefaçon* (1838), 188: *Le nom d'un fabricant est sans contredit sa propriété exclusive*; *apud* Helmut Coing, *Europäisches Privatrecht 1800 bis 1914* cit., 2, 556.

[1157] Helmut Coing, *Europäisches Privatrecht* cit., 2, 557.

366 *O estatuto geral dos comerciantes*

conteúdo económico[1158]. Trata-se de uma orientação defendida nas duas margens do Reno[1159].

III. Mais recentemente, um certo exacerbar dos direitos de personalidade e o facto de o direito ao nome estar presente na firma, levou a que esta recebesse algum tratamento próprio dos direitos de personalidade[1160].

Os direitos de personalidade devem ser tomados com realismo, perante as necessidades do nosso tempo. Quer se queira quer não, eles vieram a assumir, em muitos casos, uma relevância patrimonial. O direito à imagem, de resto considerado como um direito de personalidade pelo (restritivo) Código Civil, no seu artigo 79.º tem – ou pode ter – conteúdo patrimonial: o n.º 1 do citado preceito admite que o retrato de uma pessoa possa, desde que com autorização desta, "... *ser* (...) *lançado no comércio* ...". Os proventos daí advenientes caberão ao retratado, em primeira linha[1161].

Por muito que se lamente, há uma conversão de direitos de personalidade em direitos patrimoniais[1162]. Perante isso, não deve o privatista verter lágrimas sobre a espiritualidade perdida ou – pior ainda – irradicar do campo dos direitos de personalidade tudo quanto possa ter um significado patrimonial: isso equivaleria a tirar, aos direitos visados, uma tutela e um regime – este último: ainda que parcial – que, por estarem ligados à pessoa humana, devem ser assegurados, a todo o custo, pelo Direito privado.

IV. Situações como a do direito ao nome têm, assim, uma dimensão de personalidade[1163] e uma dimensão patrimonial[1164].

[1158] Assim, Ehrenberg, *Über das Wesen der Firm* cit., 53; *vide* Müller-Erzbach, *Deutsches Handelsrecht* cit., 2.ª e 3.ª ed., 87: ao contrário de um direito de personalidade, a firma serve a empresa.

[1159] Eberhard Baur, *Der Schutz des ausländische Namens und des ausländischen Handelsnahmens in Frankreich* (1967), 15 e Jean Carbonnier, *Droit civil 1. Les personnes*, 21.ª ed. (2000), 73-74.

[1160] Diethelm Klippel, *Der zivilrechtliche Schutz des Namens* cit., 140 e 176 ss..

[1161] *Tratado* IV, 249 ss..

[1162] Horst-Peter Götting, *Persönlichkeitsrechte als Vermögensrechte* (1995), 12.

[1163] Götting, *Persönlichkeitsrechte als Vermögensrechte* cit., 90 ss..

[1164] Götting, *Persönlichkeitsrechte als Vermögensrechte* cit., 110 ss.; Götting adianta aí que a relevância patrimonial do nome é tão evidente que nem careceria de demonstração. *Vide* Pawlowski, *Allgemeiner Teil* cit., 6.ª ed., 121.

§ 25.° A firma e a sua evolução 367

O direito à firma é, hoje, distinto do direito ao nome[1165]. O direito ao nome acentua, mau grado a evolução acima registada, a vertente da personalidade; o direito à firma tende, cada vez mais, para o direito a um bem imaterial. Todavia, as suas conexões são, ainda, suficientemente evidentes para que a doutrina o considere como um direito misto: um direito de personalidade reportado, também, a bens imateriais patrimoniais[1166]. A sua transmissibilidade é, assim, possível[1167]. Adiante veremos, no Direito português, reflexos desta conceção: quando implique o nome de uma pessoa, a firma torna-se transmissível, no essencial, apenas com a autorização do visado.

A última reforma do Direito comercial alemão veio, porventura, reforçar o afastamento do direito à firma do Direito de personalidade. Trata-se de um aspeto a acompanhar.

[1165] Helmut Köhler, *Namensrecht und Firmenrecht*, FS Fikentscher (1998), 494-515 (514).

[1166] Claus-Wilhelm Canaris, *Handelsrecht* cit., 24.ª ed., 183-184.

[1167] Hans Forkel, *Die Übertragbarkeit der Firma*, FS Paulick 1973, 101-117 (117).

§ 26.º A FIRMA NA EXPERIÊNCIA PORTUGUESA

119. O Código Veiga Beirão; antecedentes e evolução subsequente

I. O regime português da firma, fruto de uma evolução assaz complexa, surge excessivamente atormentado. Apenas através da História, poderemos entender os seus meandros.

O Código Ferreira Borges, na sua Parte I, Livro II, Título XII, tratava *Das companhias, sociedades e parcerias commerciaes*. Distinguia a *companhia* que seria "... uma associação d'accionistas sem firma social, qualificada pela designação do objeto da sua empresa ..." – artigo 538.º – e que corresponde às atuais sociedades anónimas e a *sociedade com firma*; esta ocorre, segundo o artigo 548.º,

> Quando os socios convencionam commerciar debaixo d'uma firma, que abrace a collecção de seus respectivos nomes, esta sociedade chama-se sociedade, ou em nome collectivo, ou com firma. Mas d'esta só podem fazer parte os nomes dos socios, ou alguns, ou um só d'elles, com tanto que a firma contenha a formula – e companhia.

Destes e doutros preceitos deduz-se que, no âmbito do Código Ferreira Borges, a firma era a designação de certas sociedades comerciais que correspondesse, total ou parcialmente, ao nome dos sócios ou de um deles.

A "denominação" podia ser aproveitada para as designações que não envolvessem os nomes dos sócios: designadamente as sociedades anónimas (sem nome). Assim sucederia. Quando, em 22-Jun.-1867, foi publicada a importante lei sobre sociedades anónimas, o legislador passou a atribuir-lhes (artigo 1.º, § 1.º) uma denominação particular ou a indicação clara do seu objeto ou fim. Não tinham "firma" (nome do sócio): por isso se diziam anónimas[1168].

[1168] *Direito das sociedades*, 2, 533 ss..

§ 26.° A firma na experiência portuguesa

II. O Código Veiga Beirão veio reger a matéria da firma, no seu artigo 19.°[1169]. As preocupações existentes, quanto às sociedades anónimas – e cuja origem remonta ao Código de Comércio napoleónico – levaram-no a acentuar a distinção entre "firma" e "denominação particular". Dispunha o seu artigo 19.°, versão original:

> Todo o comerciante exercerá o comércio, e assinará quaisquer documentos a ele respetivos, sob um nome que constituirá a sua firma.
> § único. As sociedades anónimas existirão, porém, independentemente de qualquer firma, e designar-se-ão apenas por uma denominação particular, sendo contudo aplicáveis a esta as disposições do presente Código relativas às firmas.

O artigo 23.°, na sua versão original[1170], proibia que, na denominação das sociedades anónimas, surgissem nomes de pessoas.

Inferimos daqui que a "firma" portuguesa, mais próxima do étimo latino *firmare*[1171], reportava o nome de uma pessoa singular, por ela usada no comércio e utilizada para assinar ou confirmar um facto, dando-lhe consistência; poderia, assim, ocorrer nas sociedades comerciais dotadas de "nome" humano. Já nas sociedades anónimas, designadas por nomes de fantasia – portanto: não próprios de pessoas – não haveria "firma" mas "denominação particular"; esta seria, de resto, inaproveitável para assinar[1172].

III. Tal foi a origem da clássica distinção entre "firma" e "denominação particular", no Direito comercial português[1173]. Houve, depois, uma evolução.

[1169] Luiz da Cunha Gonçalves, *Comentário ao Código Comercial Português* cit., 1, 85, explicando que o legislador português foi dos primeiros a regular o uso da firma dos comerciantes individuais.

[1170] Dispunha o artigo 23.° em causa:

> A denominação das sociedades anónimas deve, quanto possível, dar a conhecer o seu objeto, não podendo em caso algum conter nomes dos sócios ou de outras pessoas, e será sempre precedida ou seguida das palavras "sociedade anónima, responsabilidade limitada".

[1171] *Firmare* significa consolidar, reforçar, afirmar, assegurar, confirmar e assinar.

[1172] Pinto Coelho, *Direito commercial portuguez* cit., 1, 284 ss. e Cunha Gonçalves, *Comentário ao Código Comercial Português* cit., 1, 85.

[1173] Fernando Olavo, *Direito comercial* cit., 1, 2.ª ed., 286 ss..

Em 11-abr.-1901, uma Lei veio aprovar um novo tipo de sociedade comercial, não previsto no Código Veiga Beirão: o das sociedades por quotas[1174]. Segundo o seu artigo 3.º[1175],

> As sociedades por quotas, de responsabilidade limitada, adoptarão uma firma ou uma denominação particular.
> § 1.º A firma, quando não individualize todos os socios, deve conter o nome, ou firma, de um d'eles. A denominação deve, quanto possivel, dar a conhecer o objeto das sociedades.
> (...)

Tínhamos, pois, duas hipóteses: sociedades por quotas com firma, quando, como designação, adotassem o nome de um ou mais sócios e sociedades com denominação social, quando o nome fosse qualquer outro, relacionado com a sua atividade ou de pura fantasia.

A sociedade por quotas com firma ficava obrigada com a assinatura de um dos gerentes com a firma social – artigo 29.º, § 1.º, da LSQ. Tratando-se de sociedades por quotas com denominação particular, a obrigação surgiria quando os atos fossem assinados, em seu nome, pela maioria dos gerentes – artigo 30.º da mesma LSQ –, "salvo qualquer estipulação em contrario na escriptura social"[1176].

IV. O sistema do Código Veiga Beirão, retomado pela LSQ, suscitava um problema prático grave. Sociedades havia que, assumindo a forma de sociedade em nome coletivo, conheceram grande êxito e desejavam transformar-se em sociedades anónimas[1177]. Pelo Direito da época, teriam de mudar de nome, já que a sociedade anónima não podia assumir firma: apenas denominação particular à qual, pelo artigo 23.º, versão original, não podia pertencer qualquer nome de pessoa. Ora a conservação do nome de origem, sob o qual fora conseguida uma especial dimensão e angariada toda uma clientela, correspondia a um interesse inteiramente legítimo e

---

[1174] *Direito das sociedades* 2, 219 ss.. *Idem*, 238 ss..

[1175] Colp 1901, 97/I.

[1176] Colp 1901, 99/II.

[1177] Trata-se de uma evolução seguida por muitas sociedades portuguesas, na primeira parte do século XX.

§ 26.° A firma na experiência portuguesa

razoável e, além disso: vantajoso para o comércio e a economia, em geral[1178].

Assim surgiu o Decreto n.° 19:638, de 21 de abril de 1931[1179]. Este diploma revogou o § único do acima transcrito artigo 19.°, que conferia às sociedades anónimas não uma firma mas (apenas) uma denominação particular. Além disso, ele substituiu, no artigo 23.°, a expressão "denominação" por firma e acrescentou-lhe um § único:

> Sempre que na lei se fale em "denominação particular" de uma sociedade anónima, deverá esta expressão considerar-se equivalente à palavra "firma".

V. Parece-nos evidente que o legislador, em 1931 e de acordo com a experiência de outros países, pretendeu abolir a contraposição entre firma e denominação particular. Defendeu-o, de resto e na época, José Gabriel Pinto Coelho[1180]. Simplesmente, a lei limitou-se a revogar o § único do artigo 19.°, a alterar o artigo 23.° e a inserir, neste, um preceito referente (apenas) às sociedades anónimas.

Manteve-se a LSQ, com a sua distinção entre sociedades por quotas com firma e sociedades por quotas com denominação particular. Além disso, conservou-se a seguinte contraposição[1181]:

– a firma era registável na conservatória do registo comercial, produzindo esse registo efeitos, apenas, na circunscrição respetiva;
– a denominação, a inscrever igualmente na conservatória do registo comercial, deveria sê-lo também no registo central de transmissões, então existente, traduzindo efeitos a nível nacional.

[1178] *Direito das sociedades* 2, 535 ss..

[1179] DG n.° 95, de 24-abr.-1931, 686.

[1180] Cabe assinalar a polémica por ele havida com Fernando Tavares de Carvalho, *Das firmas e denominações das sociedades* (1939), 58 pp.; Pinto Coelho respondeu: *As firmas e o Decreto n.° 19.638: Resposta ao Dr. Fernando Tavares de Carvalho* (1943), 26 pp.; o visado replicou com *As minhas afirmações sobre firmas: depoimento sobre a razão de ser de uma atitude* (1943), 104 pp., tendo Pinto Coelho retorquido em *Lições de Direito comercial* 1, 3.ª ed. (1957), 276, referindo-se a "... um notário de Lisboa ...".

[1181] Abílio Neto, *Sociedades por quotas/Notas e comentário* (1977), 70-71.

372 *O estatuto geral dos comerciantes*

Por fim, havendo firma, o comerciante ou gerente assina com o nome em causa; tratando-se de denominação particular, os administradores escrevem, sob a denominação, o seu nome civil.

VI. Perante a confusão assim reinante, a doutrina efetuou as seguintes composições terminológicas: haveria um conceito geral de firma ou firma *lato sensu*; esta abrangeria a firma *stricto sensu*, firma-nome ou firma pessoal, composta pelo nome de pessoas, eventualmente completado pelo tipo de comércio a exercer e a firma-denominação, centrada apenas nesse tipo de comércio[1182].

120. As reformas dos anos 80 do século XX

I. Na década de 80 do século XX, Portugal conheceu sucessivas reformas que atingiram a matéria da firma. Aparentemente, elas foram provocadas mais por recomposições departamentais de tipo burocrático do que por verdadeiras necessidades sócio-económicas, devidamente apuradas, em moldes científicos[1183].

Na origem das reformas – e num fenómeno que não tem paralelo nos ordenamentos próximos do nosso – está a atração exercida pela nascente informatização dos serviços de identificação. A Lei n.º 2/73, de 10 de fevereiro, veio instituir o Registo Nacional de Identificação. O Decreto--Lei n.º 555/73, de 26 de outubro, desenvolveu a matéria, estabelecendo (1.º) o ficheiro central de pessoas coletivas e equiparadas. O artigo 19.º desse diploma, depois alterado pelo Decreto-Lei n.º 326/78, de 9 de novembro, fixava a obrigatoriedade de inscrição nesse ficheiro, num movimento reforçado pelo Decreto-Lei n.º 463/79, de 30 de novembro, que impôs o número de contribuinte.

Foram estabelecidos departamentos estaduais competentes nesta matéria, fonte de uma nova dinâmica legislativa. Foi absorvida a velha Repartição do Comércio junto da qual, desde a Lei de 22 de julho de 1867,

---

[1182] RCb 23-fev.-1994 (Silva Freitas), CJ XIX (1994) 1, 42-46 (44/I).

[1183] Bastante crítico em relação a todo esse movimento: Oliveira Ascensão, *Direito comercial* cit., 1, 285 ss.. Referindo a evolução, PGR n.º 56/85, de 24 de outubro (Mário José de Araújo Torres), BMJ 354 (1986), 179-206 (182 ss.).

§ 26.º A firma na experiência portuguesa

funcionava o registo central das denominações das sociedades[1184]. O Direito comercial começou a perder terreno, à medida que regras mercantis bem clássicas foram sendo absorvidas por diplomas de índole administrativa.

II. O registo nacional de pessoas coletivas foi retomado, já à luz das considerações acima efetuadas, pelo Decreto-Lei n.º 144/83, de 31 de março. Este diploma, bastante extenso[1185], veio definir o Registo Nacional das Pessoas Coletivas como instituto público (1.º):

> (...) que tem como principais atribuições identificar as pessoas coletivas e entidades equiparadas, inscrever a sua constituição, modificação e dissolução no ficheiro central de pessoas coletivas e providenciar pelo respeito dos princípios da exclusividade, verdade e unidade das respetivas firmas e denominações.

Os próprios "empresários em nome individual" eram equiparados a pessoas coletivas – artigo 2.º, *g*) e artigo 3.º. O diploma regia, depois, o ficheiro central das pessoas coletivas – artigos 5.º e seguintes – a inscrição, que era obrigatória, no Registo Nacional das Pessoas Coletivas – artigos 23.º e seguintes – o certificado de admissibilidade de firmas e denominação – artigos 36.º e seguintes – e o cartão de identificação de pessoa coletiva ou entidade equiparada – artigos 55.º e seguintes –, para além das sanções e da organização burocrática.

III. Meses volvidos, a matéria foi de novo reorganizada pelo Decreto-Lei n.º 425/83, de 6 de dezembro. Este diploma já invadiu a matéria das firmas e denominações, reportando-as a "empresários individuais" e a "pessoas coletivas" – e não a comerciantes pessoas singulares e sociedades – artigo 1.º/1. Foi-se, assim, dobrando toda a terminologia do Código Veiga Beirão. Revogou-se parte do Decreto-Lei n.º 144/83, de 31 de março e o Decreto-Lei n.º 777/76, de 27 de outubro, que obrigava a que as firmas e as denominações fossem corretamente redigidas em língua portuguesa – artigo 68.º: este último comando transitou para o artigo 8.º/1

[1184] Com diversas indicações sobre esta evolução, *vide* PGR n.º 153/83, de 7 de dezembro (António Gomes Lourenço Martins), BMJ 335 (1984), 128-147 (130 ss.).

[1185] Abrange 92 artigos, alguns de assinalável dimensão, dada a técnica legislativa seguida.

374 *O estatuto geral dos comerciantes*

do Decreto-Lei n.º 425/84, de 6 de dezembro. Múltiplas alterações foram introduzidas, depois, pelo Decreto-Lei n.º 32/85, de 28 de janeiro, que visou eliminar sobreposições ocorridas com o registo comercial.

IV. O Decreto-Lei n.º 42/89, de 3 de fevereiro, reformulou toda a matéria. Revogou os artigos 19.º, 20.º e 24.º do Código Comercial, quase tudo o que restava do Decreto-Lei n.º 144/83, de 31 de março e o Decreto--Lei n.º 425/83, de 6 de dezembro.

Fixou diversas normas sobre firmas e denominações[1186], remetendo ainda o tema das sociedades comerciais e civis sob forma comercial para o entretanto publicado Código das Sociedades Comerciais – artigo 8.º/1.

O Decreto-Lei n.º 42/89, de 3 de fevereiro, foi alterado pelo Decreto--Lei n.º 205/92, de 2 de outubro. Antes disso, o Decreto-Lei n.º 426/91, de 31 de outubro, determinara a integração do Registo Nacional das Pessoas Coletivas na Direção-Geral dos Registos e do Notariado.

Toda esta evolução, prolixa e avassaladora, transcende tudo o que conhecemos nos restantes ordenamentos do Continente.

121. O RNPC de 1998

I. A matéria da firma rege-se, hoje, pelo RNPC; aprovado pelo Decreto-Lei n.º 129/98, de 13 de maio[1187]. A ele há, todavia, que acrescentar diversos outros diplomas com regras sobre firmas, com relevo para o CSC.

O RNPC é um diploma extenso, de 91 artigos. Ele ordena-se em títulos repartidos, alguns dos quais, por capítulos, nos termos seguintes:

Título I   – Disposições gerais (1.º a 3.º);
Título II – Ficheiro central de pessoas coletivas
   Capítulo I   – Âmbito e forma de inscrição (4.º a 12.º);
   Capítulo II – Número e cartão de identificação (13.º a 20.º);

[1186] Por exemplo, segundo o seu artigo 3.º/1,

   Os dizeres das firmas e denominações devem ser corretamente redigidos em língua portuguesa.

[1187] Este diploma revogou o que sobrava do Decreto-Lei n.º 144/83, de 31 de março, o Decreto-Lei n.º 42/89, de 3 de fevereiro e diversos outros diplomas.

§ 26.° A firma na experiência portuguesa 375

Capítulo III – Proteção de dados (21.° a 31.°);
Título III – Admissibilidade de firmas de denominações
  Capítulo I – Princípios gerais (32.° a 35.°);
  Capítulo II – Regras especiais (36.° a 44.°);
  Capítulo III – Procedimentos (45.° a 59.°);
  Capítulo IV – Vicissitudes (60.° a 62.°);
Título IV – Direitos e garantias dos particulares
  Capítulo I – Recurso hierárquico (63.° a 65.°);
  Capítulo II – Recurso contencioso (66.° a 73.°);
Título V – Sanções (74.° a 77.°);
Título VI – Registo nacional de pessoas coletivas
  Capítulo I – Competência e direção (78.° a 80.°);
  Capítulo II – Pessoal (81.° a 86.°);
  Capítulo III – Funcionamento (87.° a 91.°).

Assinalem-se as seguintes alterações:

– Decreto-Lei n.° 12/2001, de 25 de janeiro: deu nova redação aos artigos 46.° (Pedido de certificado) e 50.° (Ordem de prioridade);
– Decreto-Lei n.° 323/2001, de 17 de dezembro, que procedeu a diversas conversões em euros: alterou os artigos 74.°, 75.° e 76.°;
– Decreto-Lei n.° 2/2005, de 4 de janeiro, sobre sociedades anónimas europeias: modificou os artigos 6.°, 54.° e 56.°;
– Decreto-Lei n.° 111/2005, de 8 de julho, que cria um regime de constituição imediato de sociedades: atingiu os artigos 18.°, 32.°, 33.°, 34.°, 53.°, 54.°, 56.° e 64.°; apesar de este diploma visar (apenas) a denominada "constituição imediata das sociedades", alterou diversos preceitos do RNPC que nada têm a ver com o referido objetivo;
– Decreto-Lei n.° 76-A/2006, de 29 de março, com a grande reforma das sociedades: alterou o artigo 61.° (Perda do direito ao uso de firmas e denominações por requerimento) e acrescentou o artigo 80.°-A (Oficiais dos registos);
– Decreto-Lei n.° 125/2006, de 29 de junho: procede à criação da "empresa on-line", estabelecendo um regime especial de constituição on-line de sociedades comerciais e civis sob forma comercial do tipo por quotas e anónimas, da competência do RNPC: dá nova redação ao artigo 45.°;
– Decreto-Lei n.° 8/2007, de 17 de janeiro: veio criar a IES (informação empresarial simplificada), modificando diversos preceitos do

CSC, do CRCom e de outros diplomas; alterou (17.º) os artigos 54.º e 56.º do RNPC;

– Decreto-Lei n.º 247-B/2008, de 30 de dezembro: pretendeu simplificar o RNPC; alterou numerosos preceitos do Decreto-Lei n.º 129/98, de 13 de maio, acrescentou outros e revogou uns tantos, em termos que, abaixo, serão considerados[1188];

– Decreto-Lei n.º 122/2009, de 21 de maio, que veio simplificar as relações dos cidadãos com o Estado: aditou o artigo 11.º-A ao RNPC, de modo a facultar comunicações oficiosas do respetivo organismo com a administração tributária e a segurança social;

– Lei n.º 29/2009, de 29 de junho: veio aprovar o Regime Jurídico do Processo de Inventário; aditou os artigos 73.º-A, 73.º-B e 73.º-C ao RNPC, sobre a arbitragem no tocante ao contencioso de firmas e de denominações: matéria que não tem, de resto, a ver com o inventário;

– Decreto-Lei n.º 250/2012, de 21 de novembro, relativo ao registo da aprovação de contas: aditou, ao artigo 24.º, um número 2, permitindo o cruzamento de dados;

– Decreto-Lei n.º 201/2015, de 17 de setembro: aprovou o modelo de contabilidade do Instituto dos Registos e do Notariado, I.P. (IRN, IP); modifica o artigo 89.º do RNPC.

II. O RNPC regula a designação das pessoas coletivas em geral. Mas além disso, veio abarcar designações de entidades não personalizadas, de organismos e serviços da Administração pública não personalizados, de comerciantes individuais e heranças indivisas, quando o autor da sucessão fosse comerciante em geral.

Parece-nos eloquente transcrever o artigo 4.º do RNPC, epigrafado "âmbito pessoal", na redação dada pelo Decreto-Lei n.º 247-B/2008, de 30 de dezembro:

1. O FCPC integra informação relativa a:

a) Associações, fundações, sociedades civis e comerciais, cooperativas, empresas públicas, agrupamentos complementares de empre-

---

[1188] *Vide* Francisco Mendes Correia, *O Decreto-Lei n.º 247-B/2008, de 30 de dezembro: cartão de empresa, cartão de pessoa colectiva e outras entidades*, RDS 2009, 287-290.

§ 26.º A firma na experiência portuguesa

sas, agrupamentos europeus de interesse económico, bem como quaisquer outros entes coletivos personalizados, sujeitos ao direito português ou ao direito estrangeiro, que habitualmente exerçam atividade em Portugal;

b) Representações de pessoas coletivas internacionais ou de direito estrangeiro que habitualmente exerçam atividade em Portugal;

c) Entidades a que a lei confira personalidade jurídica após o respetivo processo de formação, entre o momento em que tiverem iniciado esse processo e aquele em que o houverem terminado;

d) Entidades que, prosseguindo objetivos próprios e atividades diferenciadas das dos seus associados, não sejam dotadas de personalidade jurídica;

e) Organismos e serviços da Administração Pública, não personalizados, que constituam uma unidade organizativa e funcional;

f) Estabelecimentos individuais de responsabilidade limitada;

g) Comerciantes individuais;

h) Empresários individuais que exerçam atividade económica legalmente não qualificada como profissão liberal e usem firma diferente do seu nome completo ou abreviado;

i) Instrumentos de gestão fiduciária e sucursais financeiras exteriores registados na Zona Franca da Madeira.

2. O FCPC pode ainda, enquanto for necessário para efeitos fiscais, incluir informação respeitante a quaisquer sujeitos passivos da relação jurídica tributária não abrangidos pelo número fiscal de pessoa singular.

3. [Revogado].

O RNPC vai mais longe. Além dos elementos de identificação das entidades referidas, ele consigna, ainda, os seguintes atos e factos relativos a pessoas coletivas – artigo 6.º, na redação dada pelo Decreto-Lei n.º 247-B/2008, de 30 de dezembro:

Estão sujeitos a inscrição no FCPC os seguintes atos e factos relativos a pessoas coletivas:

a) Constituição;

b) Modificação de firma ou denominação;

c) Alteração do objeto ou do capital;

d) Alteração de localização da sede ou do endereço postal;

e) A alteração do código de atividade económica (CAE);

f) Fusão, cisão ou transformação;

g) Cessação de atividade;

h) Dissolução, encerramento da liquidação e regresso à atividade.

III. O RNPC optou por não dar um tratamento unitário à matéria civil e comercial. Vítima dos antecedentes adotados, ele pretendeu proceder a uma classificação de tipo formal.

Assim, ele manteve uma referência a firmas e a denominações. Usa as duas expressões ora em conjunto (firmas *e* denominações) – artigos 1.º, 33.º/1, 45.º/1, 50.º-A (epígrafe), 60.º e 61.º –, ora disjuntivamente (firmas *ou* denominações) – artigos 10.º/1, *a*), 21.º/1, *d*), 32.º/1, 2 e 4, 33.º/4, 34.º/1, 35.º/1, 2 e 3, 41.º/1 e 2, 46.º/1, 47.º, 48.º/1 e 2, 50.º/1, 52.º/1 e 2, 54.º/1 e 2, 56.º/1, 57.º/1, 60.º/1 e 2 e 63.º/1 e 2.

Usa-as, também, separadamente: ou só denominações – artigos 33.º/3, 36.º/1, 2 e 3, 42.º/1, 43.º/1 e 62.º – ou só firmas – artigos 37.º/1 e 2, 38.º/1, 2 e 3, 39.º/1 e 2, 40.º/1 e 3, 41.º/3, 44.º/1, 2, 3 e 4 e 50.º-A, corpo. No artigo 57.º/1 aparece ainda a expressão "nome do estabelecimento" para designar "firma ou denominação".

Este elenco contempla as alterações introduzidas pelo Decreto-Lei n.º 247-B/2008, de 30 de dezembro.

Procurando uma lógica nas disposições legais, chega-se à seguinte conclusão[1189]:

– a firma reporta-se a nomes de sociedades comerciais ou civis sob forma comercial (37.º), de comerciantes individuais (38.º) e de estabelecimentos individuais de responsabilidade limitada (40.º);
– a denominação tem a ver com associações e fundações (36.º) ou com sociedades civis sob forma civil (42.º);
– os empresários individuais não-comerciantes tinham denominação, à luz da versão original do RNPC; passaram a ter firma, por força do Decreto-Lei n.º 247-B/2008, de 30 de dezembro e da nova redação por ele dada ao artigo 39.º; com isto pretendeu-se "comercializar" esta categoria, embora não se saiba porquê.

Na atualidade, "firma" equivale a um nome comercial enquanto denominação se reporta a entidades não comerciantes, salvo a distorção introduzida em 2008. Assim é apenas perante o RNPC, já que outros diplomas usam a "denominação" para entidades comerciais[1190].

[1189] Também Coutinho de Abreu, *Curso de Direito comercial* cit., 1, 10.ª ed., 164 ss. e Oliveira Ascensão, *Direito comercial* cit., 1, 296-297.

[1190] Coutinho de Abreu, *Curso de Direito comercial* cit., 1, 10.ª ed., 164-165.

§ 26.º A firma na experiência portuguesa

Por exemplo, o agrupamento europeu de interesse económico, regulado pelo Decreto-Lei n.º 148/90, de 9 de maio, pode ter natureza civil ou comercial, conforme o seu objeto – artigo 3.º. Todavia, terá uma "denominação" – artigo 4.º. As cooperativas, que não seriam hoje sociedades, tão-pouco seriam comerciantes[1191]: a "denominação" que lhes assiste, prescrita no artigo 14.º do CCoop estaria, pois e desta feita, em consonância com a terminologia do RNPC.

O CSC, apesar de toda a evolução ocorrida, mantém, no artigo 200.º relativo à firma das sociedades por quotas, a contraposição entre "firma" e "denominação particular", ao gosto do Código Veiga Beirão reformado[1192]. O mesmo sucede no seu artigo 275.º, referente a sociedades anónimas[1193]. Outros diplomas conservam, no nosso ordenamento, a contraposição entre a firma *lato sensu* e a *stricto sensu*, abrangendo a primeira, ainda, as denominações. É o que sucede com o artigo 3.º/2 do Decreto-Lei n.º 430/73, de 25 de agosto, relativo a agrupamentos complementares de empresas.

A classificação introduzida pelo RNPC é apenas tendencial. Manifestamente, ela parece não operar nas sociedades comerciais, onde será necessário manter em vida a firma *lato sensu* e, depois, a firma-nome e a firma-denominação. De novo temos uma manifestação, porventura excessiva e dispensável, da complexidade histórico-cultural do Direito mercantil português[1194].

[1191] *Direito das sociedades*, 1, 3.ª ed., 409 ss.; na realidade, as cooperativas devem ser consideradas verdadeiras sociedades comerciais.

[1192] Adelaide Menezes Leitão/José Alves Brito, *CSC/Clássica*, 2.ª ed. (2011), 614-615.

[1193] *Idem*, 800-801.

[1194] A simples afirmação da atual autonomia do Direito das sociedades comerciais em relação ao Direito comercial e, portanto, a asserção de que "firma" poderia ter sentidos diferentes nesses dois ramos nada resolve: o RNPC pretende aplicar-se, também, a sociedades comerciais.

§ 27.º O REGIME DA FIRMA

122. Os princípios; teleologia geral

I. O regime da firma toma corpo através de alguns princípios tradicionais, que vieram a encontrar consagração legislativa.

Aparentemente, o RNPC apenas indica dois princípios: o princípio da verdade e o princípio da novidade, expressos, de resto, em dois artigos maciços daquele diploma: o 32.º e o 33.º. Todavia, seja pela análise desses preceitos, seja pelo recurso à doutrina mais aprofundada de outros países[1195] (sem deixar de ter em conta as cautelas necessárias na transposição para o Direito português) seja, finalmente, pelo recurso ao sistema, podemos alargar a sequência dos princípios a atender. Ganharemos, com isso, um poder de exposição e um conhecimento das regras a aplicar.

Assim, encontramos:

– o princípio da autonomia privada, com limitações genéricas;
– o princípio da obrigatoriedade e da normalização;
– o princípio da verdade;
– o princípio da estabilidade;
– o princípio da novidade e da exclusividade;
– o princípio da unidade.

[1195] Claus-Wilhelm Canaris, *Handelsrecht*, cit., 24.ª ed., 181 ss., Alexander Krafka/ /Heinz Willer, *Registerrecht*, 7.ª ed. (2007), XLIII + 917 pp., Nr. 203 ss. (72 ss.); Fabian Reuschle, hem Ebeuroth/Boujong, *HGB Kommentar* cit., 1, 3.ª ed., § 17, Nr. 7 (280-281); Andreas Heidinger, no HGB/*Münchener Kommentar* cit., 1, 4.ª ed., prenot. § 17, Nr. 17 ss. (382 ss.).

§ 27.° O regime da firma

Cada um destes princípios implica regras de concretização e eventuais desvios. Devem ser concatenados entre si.

II. A multiplicação apontada de princípios enformadores da firma não deve obnubilar os vetores substanciais subjacentes. No fundamental, a firma visa exprimir, com eficácia, a identidade do comerciante de cujo giro se trate. Além disso e pelas preocupações crescentes que as sociedades pós-industriais têm vindo a manifestar nesse domínio, a firma vem acompanhada de regras destinadas à tutela dos consumidores.

Trata-se de aspetos particularmente tidos em conta nas modernas reformas do Direito da firma[1196].

III. O Direito português parece prosseguir ainda, com a firma e as regras a ela inerentes, funções policiais e de fiscalização de ordem geral. Efetivamente, o artigo 2.° do RNPC dispõe:

> 1. O ficheiro central de pessoas coletivas (FCPC) é constituído por uma base de dados informatizados onde se organiza informação atualizada sobre as pessoas coletivas necessária aos serviços de Administração Pública para o exercício das suas atribuições.
> 2. O FCPC contém ainda, com os mesmos objetivos, informação de interesse geral relativa a entidades públicas ou privadas não dotadas de personalidade jurídica, bem como pessoas coletivas internacionais e pessoas coletivas de direito estrangeiro.

Além disso, o FCPC abrange informações relativas ... aos próprios comerciantes individuais – artigo 4.°/1, g).

Nestas condições, devemos admitir mais este fator de ordem teológica: o objetivo geral de facultar a fiscalização do Estado. Não obstante, deve ser preservada a tradição comercialística, própria do sistema em que nos encontramos e particularmente útil para salvaguardar a dignidade das pessoas e a liberdade de iniciativa: a firma pertence ao Direito privado e opera, no essencial, de acordo com os seus princípios.

O Estado deveria dar os seus quadros e serviços para proteção dos particulares. A burocratização asfixiante, que ultrapassa em Portugal quanto existe nos demais países da União, terá de ter um termo. As refor-

---

[1196] Gerhard Ring, *Das neue Handelsrecht* cit., 39 ss..

382 O estatuto geral dos comerciantes

mas que se seguiram, entre 2005 e 2010, procuraram dar uma resposta há muito reclamada. De momento, elas tornaram menos inteligíveis os diplomas alterados. Veremos se os frutos que todos desejam se virão a concretizar.

123. Autonomia privada e limitações genéricas

I. À partida, a firma é um instituto comercial e logo: do Direito privado. Aplicam-se-lhe pois, como princípio, os grandes vetores do privatismo e, designadamente, o da liberdade, aqui vertido na autonomia privada. Trata-se de um domínio onde se vem ampliando a liberalização[1197].

A escolha da firma cabe ao comerciante ou às entidades que irão constituir a sociedade comercial, quando disso se trate. Em rigor há, pois, uma dupla opção:

– a decisão de assumir uma firma;
– a concreta composição da firma em causa.

É certo que, nos termos da lei e como adiante veremos, a escolha da firma torna-se obrigatória para quem pretenda exercer o comércio. Como, todavia, a própria escolha deste releva da livre decisão dos interessados, a assunção da firma vem a desembocar na autonomia privada.

II. Quanto à concreta composição da firma em causa: também ela está nas mãos do interessado. A regra mantém-se embora, em função do que adiante chamaremos "normalização" e tendo em conta ainda a existência de princípios como os da verdade e da estabilidade, a liberdade de escolha da firma não seja absoluta.

Mas ela existe, sempre como princípio. Resulta, daí, um fator interpretativo e aplicativo da maior importância: em tudo o que a lei não vede ou não imponha, a liberdade dos interessados na escolha da firma é total. Designadamente, ela não pode ser embaraçada pela (poderosa) Administração Pública.

[1197] Andreas Heidinger, no HGB/*Münchener Kommentar* cit., 1, 4.ª ed., prenot. § 17, Nr. 5 ss. (367 ss.).

§ 27.° O regime da firma　　　383

III. Na liberdade de escolha que os interessados têm ao seu alcance, estão à sua disposição[1198]:

– firmas pessoais ou subjetivas;
– firmas materiais ou objetivas;
– firmas de fantasia;
– firmas mistas.

As firmas pessoais ou subjetivas são compostas com recurso ao nome de uma ou mais pessoas singulares. Trata-se das antigas "firmas-nomes", presentes na versão inicial do Código Veiga Beirão e que terão sobrevivido à reforma de 1931[1199]. Firmas deste tipo são previstas no artigo 38.°/1 do RNPC, a propósito do comerciante pessoa singular ou "comerciante individual", na expressão desse preceito. Por exemplo: *Abel Silva* ou *Bento e Carlos Silva, Lda.*. A firma pessoal poderá ainda resultar da inclusão, nela, da denominação de uma sociedade sócia da considerada[1200].

As firmas materiais ou objetivas reportam-se a objetos ou atividades que retratem a exploração comercial a exercer por quem as use. Por exemplo: Oficina de Restauros e Encadernações, Lda..

As firmas de fantasia não têm qualquer representação imediata: seja de pessoas, seja de atividades ou de objetivos; correspondem, apenas, a figurações (supostamente) agradáveis. Por exemplo: *Pérola do Oriente, Lda.* para designar uma sociedade que explore um restaurante de comida chinesa.

As firmas mistas combinam elementos de pelo menos duas das anteriores. Por exemplo: *Bento e Carlos Silva, Merceeiros, Lda.*.

Como veremos, regras específicas vedam, nalguns casos, certas opções.

IV. Como manifestação de autonomia privada que é, a livre escolha da firma depara com determinadas limitações de ordem genérica. O heterogéneo artigo 32.° do RNPC, no seu número 4[1201] e através das três

---

[1198] Procedemos a uma adaptação da terminologia de Claus-Wilhelm Canaris, *Handelsrecht* cit., 24.ª ed., 184-185.

[1199] *Supra*, 370-372.

[1200] STJ 9-fev.-1999 (Martins da Costa), CJ/Supremo VII (1999) 1, 93-94 (94/I).

[1201] Na redação dada pelo artigo 18.° do Decreto-Lei n.° 111/2005, de 8 de julho e pelo artigo 26.° do Decreto-Lei n.° 247-B/2008, de 30 de dezembro.

últimas alíneas desse mesmo preceito, dá corpo a tais limitações, arredando, das firmas:

> *b*) Expressões proibidas por lei ou ofensivas da moral ou dos bons costumes;
>
> *c*) Expressões incompatíveis com o respeito pela liberdade de opção política, religiosa ou ideológica;
>
> *d*) Expressões que desrespeitem ou se aproximem ilegitimamente de símbolos nacionais, personalidades, épocas ou instituições cujo nome ou significado seja de salvaguardar por razões históricas, patrióticas, científicas, institucionais, culturais ou outras atendíveis.

Uma análise em pormenor destas alíneas daria lugar a intermináveis discussões. Parece patente que se desviam, em diversos pontos, de terminologia fixada no Direito privado. Torna-se suficiente uma aproximação elementar.

V. A alínea *b*) do artigo 32.º/4 do RNPC reporta-se ao que, no Direito civil, se diria: contrário à lei, aos bons costumes e à ordem pública. A "moral" deverá ser aproximada dos bons costumes em sentido técnico[1202], enquanto os "bons costumes" – aparentemente usados numa aceção germânica – têm a ver com a ordem pública[1203]. Quando muito, poderíamos retirar da alínea *c*) em jogo que os bons costumes e a ordem pública, a ter em conta na composição da firma, são mais rigorosos do que os que se jogarão na generalidade dos negócios jurídicos. Uma firma é publicitada e está patente a todos, incluindo menores: bem fica, ao Direito privado, defendê-los.

VI. A alínea *c*) reporta a liberdade de opção política, religiosa ou ideológica. Parece-nos que se deve ir mais longe: não são admissíveis firmas que contundam com valores constitucionais básicos ou cuja existência, só por si, ponha em crise direitos fundamentais. Pense-se em firmas racistas ou em firmas destinadas, objetivamente, a prejudicar ou a atingir alguém.

[1202] *Tratado* II, 4.ª ed., 584 ss..

[1203] *Tratado* II, 4.ª ed., 603 ss..

§ 27.º O regime da firma   385

VII. A alínea *d*) funciona como cláusula geral de bom senso e de bom gosto. Sendo um ato de autonomia privada, a escolha de uma firma tem, após determinada tramitação, eficácia *erga omnes*. Além disso, ela assume, por definição, reflexos sociais, quiçá mesmo pedagógicos. Há, pois, que respeitar os valores histórico-culturais, particularmente os ligados à Nação cujo Direito esteja em jogo.

124. Obrigatoriedade e normalização

I. O princípio da obrigatoriedade decorre, desde logo, do artigo 18.º, 1.º: os comerciantes são especialmente obrigados a adotar uma firma. O RNPC não prescreve, expressamente, a obrigatoriedade de adoção de firma; mas ela resulta, entre outros, dos seguintes preceitos:

- da "sujeição" a inscrição dos factos referidos nos artigos 6.º a 10.º, factos esses que, direta ou indiretamente, incluem a firma;
- da cominação de coimas a quem não cumpra "... a obrigação de inscrição no FCPC ..." ou o não faça "... nos prazos ou nas condições fixadas no presente diploma ..." – artigo 75.º/1, *b*), do RNPC; este artigo, por descuido manifesto de revisão tem, por epígrafe, "falsificação";
- da imposição da nulidade aos contratos de constituição de sociedades ou outras entidades ou de modificação da sua firma, quando não seja exibido o certificado de admissibilidade da firma e isso por parte de quem tenha legitimidade para o fazer – artigos 55.º e 54.º do RNPC[1204];
- da necessidade de exibição do certificado de admissibilidade da firma para realizar diversos atos de registo comercial – artigo 56.º do RNPC – atos esses cuja inscrição é obrigatória – artigo 15.º do CRC.

[1204] O artigo 55.º, na redação original, falava na nulidade "da escritura": nulo é o contrato e não a forma que ele assuma. Evidentemente. O atual artigo 55.º, na redação dada pelo Decreto-Lei n.º 247-B/2008, de 30 de dezembro, evita o lapso, falando em nulidade do ato.

II. O incumprimento desta obrigação não envolve, só por si, a invalidade dos atos comerciais que venham a ser praticados pelo faltoso: vigora, como base, o princípio da correspondência entre a capacidade civil e a comercial – artigo 7.º. Tal invalidade só ocorre quando a lei o diga. Todavia, o "comerciante" que não adote firma sujeita-se a uma cascata de efeitos secundários nocivos, designadamente por se lhe fecharem as portas do registo comercial.

III. Além de obrigatória, a firma deve obedecer a certos ditames que a tornem reconhecível como firma. Desde logo, a firma deve ter uma expressão verbal, suscetível de comunicação oral e escrita: não podem ser adotados sinais, desenhos ou outras figurações[1205].

De seguida, a firma deve surgir em carateres latinos: no exemplo de Canaris, poderíamos aceitar a firma *Akropolis, Lda.*, mas não ακροπολις, *Lda.*.

Tratando-se de uma firma de fantasia, podemos admitir que ela assuma siglas, letras ou números, dentro dos limites da seriedade e da ordem pública. *XYZ, Lda.* ou *7x7, SA* poderiam ser admissíveis; já a firma *AAA AAA AAA AB, Lifesex TV, GmbH* foi recusada pelo tribunal de apelação de Celle[1206]: mais do que os bons costumes, estará em jogo um mínimo de bom gosto, ínsito na cláusula de ordem pública: assim veríamos o problema à luz do nosso Direito.

IV. Em compensação, entendemos que a firma, quando tenha algum significado, deve surgir em língua portuguesa correta[1207]. Trata-se de uma exigência que surgia expressamente no artigo 3.º/1 do revogado Decreto-Lei n.º 42/89, de 3 de fevereiro, vindo a desaparecer, disparatadamente, do atual RNPC[1208]. Todavia:

[1205] Claus-Wilhelm Canaris, *Handelsrecht* 24.ª ed. cit., 186.

[1206] OLG Celle 19-nov.-1999, DB 1999, 40/I, considerando, simplesmente, tratar-se de um mero conjunto impronunciável de carateres alfabéticos, insuscetível de dar corpo a um nome; esta decisão tem o aplauso de Canaris, *Handelsrecht* cit., 24.ª ed., 186, que recorre, para o efeito, ao abuso do direito.

[1207] Em rigor, admitiríamos expressões em latim, desde que não estivesse em causa o esclarecimento dos consumidores.

[1208] *Vide* o justo protesto de Oliveira Ascensão, *Direito comercial* cit., 1, 304.

§ 27.° O regime da firma

– nos atos judiciais, deve usar-se a língua portuguesa: artigo 139.°/1 do CPC;
– nos atos notariais, deve usar-se, igualmente, a língua portuguesa: artigo 58.° do CN;
– as informações ao consumidor devem ser prestadas em português: artigo 7.°/3 da LDC;
– os contratos que tenham por objeto a venda de bens ou produtos ou a prestação de serviços no mercado interno, bem como a emissão de faturas ou recibos, devem ser redigidas em língua portuguesa: artigo 3.° do Decreto-Lei n.° 238/86, de 19 de agosto;
– a indicação do objeto da sociedade deve ser corretamente redigida em língua portuguesa – artigo 11.°/1 do CSC, na redação dada pelo Decreto-Lei n.° 257/96, de 31 de dezembro.

De todos estes preceitos podemos retirar uma regra geral que funcionará, também, perante o RNPC[1209].

125. Os comerciantes pessoas singulares

I. A normalização das firmas leva, depois, a prescrever regras próprias para as diversas categorias de comerciantes.

As firmas das sociedades comerciais têm um tratamento autónomo – artigo 37.°/1 do RNPC. Pertence, hoje, ao Direito das sociedades comerciais, como tal sendo estudado[1210].

Cumpre analisar a firma dos comerciantes pessoas singulares.

II. Segundo o artigo 38.° do RNPC:

1. O comerciante individual deve adotar uma só firma, composta pelo seu nome, completo ou abreviado, conforme seja necessário para identifica-

---

[1209] Contra e numa opção que não podemos acompanhar: STJ 11-mar.-1999 (Martins da Costa), BMJ 485 (1999), 429-431 (430/II) = CJ/Supremo VII (1999) 1, 155-156, o qual, em consonância com o diretor do RNPC, veio admitir uma firma em língua estrangeira ... entendendo que o artigo 11.°/1 só se aplicaria ao contrato de sociedade!

[1210] Direito das sociedades 2, 2.ª ed., 61 ss. (sociedades civis), 153 (sociedades em nome coletivo), 258 (sociedades por quotas) e 553 ss. (sociedades anónimas).

ção da pessoa, podendo aditar-lhe alcunha ou expressão alusiva à atividade exercida.

Como se vê, o núcleo da firma do comerciante em nome individual deve ser composto pelo "seu nome", "completo ou abreviado". Trata-se de uma regra que, *de iure condendo*, deveria ser repensada. Os meios informáticos hoje existentes, permitem, com facilidade, associar os titulares de firmas. Assim – e à semelhança da reforma alemã, de 1998[1211], cuja justificação de motivos veio invocar a necessidade de responder à concorrência comunitária[1212] – deveria permitir-se que os comerciantes singulares adotassem firmas materiais ou firmas de fantasia, seguidas da referência "comerciante individual" (c.i.) ou equivalente. Semelhante orientação seria mesmo mais útil para o consumidor: este, perante a firma *Abel Silva* pouco adiantará; melhor esclarecido ficará perante a hipotética firma: *Canalizador da Estrela c.i.* que, de imediato, lhe dirá:

– que se trata mesmo de uma firma comercial;
– que visa a reparação de canos;
– que atua na região lisboeta da Estrela;
– que gira como comerciante a título individual.

O concreto nome do comerciante em causa apura-se facilmente no RNPC: poderia estar acessível pela *Internet*.

III. A lei permite que, ao núcleo da firma do comerciante pessoa singular – portanto e pela lei vigente: firma necessariamente pessoal ou subjetiva –, seja aditada alcunha ou expressão alusiva à atividade – 38.º/1, *in fine*.

Também pela positiva, a lei – artigo 38.º/2 – permite que, ao núcleo da firma, seja somada a indicação "sucessor de" ou "herdeiro de" e a firma do "estabelecimento"[1213] que tenha adquirido: teríamos, por hipótese, *Abel herdeiro de Bento* ou *Abel engarrafador*, sucessor de *Bento latoeiro*, na hipótese do primeiro ter adquirido o estabelecimento do segundo.

[1211] Wulf-Henning Roth, *Das neue Firmenrecht* em *Die Reform des Handelsstandes* cit., 31-64 e Doris Müller, *Das neue Firmenrecht in der Praxis*, *idem*, 65-71.

[1212] Gerhard Ring, *Das neue Handelsrecht* cit., 39 ss..

[1213] "Estabelecimento" está, aqui, indevidamente usado: trata-se da firma do anterior titular do estabelecimento.

§ 27.° O regime da firma

Desta feita, pela negativa – "... não pode ... salvo ..." – o artigo 38.°/3 permite que o comerciante faça anteceder o seu nome por expressões ou siglas correspondentes a títulos académicos, profissionais ou nobiliárquicos a que tenha direito[1214]. Como títulos académicos temos *licenciado*, *mestre* ou *doutor*[1215]; como títulos profissionais avultam os de professor, sendo certo que, com algumas exceções e em termos de linguagem escorreita, o título profissional segue-se ao nome: não o antecede. Os títulos nobiliárquicos – portanto: *barão*, *visconde*, *conde*, *marquês* e *duque*, a que poderíamos acrescentar o tratamento de *dom* – podem ser usados nas firmas, seguidos do nome do interessado. Teríamos, por hipótese, *Barão da Alameda Dom fulano de tal*. Os títulos, quer académicos, quer nobiliárquicos, podem ser usados nas firmas: mas não obrigatoriamente[1216].

Em qualquer dos casos, a lei impõe que se trate de títulos legítimos. A "legitimidade" deve ser provada pelos requerentes – 49.°/1 – devendo os competentes elementos serem-lhe oficiosamente solicitados, quando não o tenham feito – 49.°/2, ambos do RNPC e na redação dada pelo Decreto-Lei n.° 247-B/2008, de 30 de dezembro. No tocante a títulos, a pertinência resulta de certidões emitidas pela universidade respetiva; quanto a profissões, de certidão ou atestado produzido pela câmara, pela ordem ou por entidade com competência para a passagem de carteiras profissionais; quanto a títulos nobiliárquicos, de atestado elaborado e autenticado pelo Instituto da Nobreza; trata-se de uma ocorrência que em nada prejudica a natureza republicana do Estado, uma vez que o título nobiliárquico equivale hoje, apenas, a uma designação semelhante ao nome[1217].

Numa disposição paralela, manda o artigo 33.°/4 que a incorporação, na firma, de sinais distintivos registados dependa de prova do seu uso legítimo.

[1214] Estes fatores funcionam, aqui, como complementos do nome; *vide* Günther Höhn, *Akademische Grade-, Dienst- und Berufbezeichnungen sowie Titel (Namensattribute) in der Firma in firmen- und wettbewerbsrechtlicher Sicht*, ZHR 153 (1989), 386-422 (418 ss.).

[1215] A prática portuguesa confere aos licenciados o uso de "doutor", ainda que em forma abreviada: "dr.".

[1216] Andreas Heidinger, no HGB/*Münchener Kommentar* cit., 1, 4.ª ed., § 18, Nr. 61 (452-453).

[1217] *Tratado* IV, 3.ª ed., 312.

IV. O artigo 38.º/4 do RNPC[1218] vem dispor sobre o âmbito de tutela da firma dos comerciantes em nome individual. Trata-se de uma rubrica a examinar a propósito do princípio da verdade e da exclusividade.

126. A verdade e a exclusividade

I. A firma deve retratar a realidade a que se reporte; ou, pelo menos: não deve transmitir algo que lhe não corresponda. Surge aqui, em formulações positiva e negativa, o princípio da verdade[1219].

A lei admite firmas de fantasia. Quando isso suceda, da simples consideração da firma não resultará – ou poderá não resultar – coisa nenhuma. *Nihil obstat*. O problema põe-se, pois, apenas quando a firma retrate alguém ou tenha algum significado.

II. O artigo 32.º do RNPC, que mistura elementos limitativos, em geral, da autonomia privada com fatores que se prendem com o princípio da verdade e com o princípio da exclusividade, versa a matéria nos seus números 1, 2 e 4, *a*).

Segundo o seu n.º 1,

> 1. Os elementos componentes das firmas e denominações devem ser verdadeiros e não induzir em erro sobre a identificação, natureza ou atividade do seu titular.

Estão em causa todos os elementos que integrem a firma. Eles são verdadeiros: retratam a realidade efetivamente subjacente. Não devem induzir em erro:

> – *sobre a identificação*: estarão em causa, sobretudo, os comerciantes pessoas singulares[1220]; estes não podem adotar firmas pessoais com nomes que lhes não pertençam; quanto a pessoas coletivas, o problema põe-se quando recorram a "denominações"; além disso e

---

[1218] Redação dada pelo artigo 26.º do Decreto-Lei n.º 247-B/2008, de 30 de dezembro, o qual revogou o n.º 5 do preceito em causa.

[1219] Claus-Wilhelm Canaris, *Handelsrecht* cit., 24.ª ed., 185-188.

[1220] Mas não apenas: em STJ 19-Jun.-1984 (Silva Cura), BMJ 338 (1984), 436-442 (441), entendeu-se haver confusão entre as siglas ENI e IANI, na mesma área de atividade.

§ *27.° O regime da firma*   391

na linha do já examinado artigo 38.°/3, do RNPC, só podem ser incluídos na firma títulos académicos, profissionais ou nobiliárquicos a que o titular tenha direito: temos, aqui, complementos de identificação;
– *sobre a pertença a algum grupo*: hoje as sociedades estão, muitas vezes, interligadas; a pertença a um grupo, mesmo quando tenham objetos diferentes, é um fator relevante sobre que não podem ser enganados os consumidores[1221];
– *sobre a natureza*: regras especiais permitem, através da firma e em certos casos, conhecer o tipo de titular em causa; por exemplo, as siglas *Lda.*, *SA* ou *EP* (ou *EPE*, após o artigo 24.° do Decreto-Lei n.° 558/99, de 17 de dezembro); não pode, pois, um interessado adotar uma firma que inculque uma natureza que não seja a sua;
– *sobre a atividade*: quando esta resulte da firma, deverá corresponder à realidade.

III. O artigo 32.°/2 do RNPC reporta-se, depois, ao núcleo da firma: aos seus "elementos característicos". Aparentemente a lei é, aqui, ainda mais exigente: eles,

(...) ainda quando constituídos por designações de fantasia, siglas ou composições, não podem sugerir atividade diferente da que constitui o objeto social.

Mesmo sem induzir diretamente em erro, os referidos elementos podem sugerir atividades diferentes das praticadas. A lei não o permite. O preceito parece reportar-se a pessoas coletivas ("... objeto social ..."). Não oferece dúvidas a sua generalização.

IV. Procedendo a um tratamento tópico de vetores já firmados, o artigo 32.°/4, *a*), vem fazer diversas especificações. Mais precisamente: retoma a proibição de provocar confusão quanto à natureza jurídica – artigo 32.°/1 do RNPC – vindo vedar:

[1221] Pode assim conduzir a confusão o uso da locução "BRISA" por uma empresa hoteleira: sugere a integração num grupo BRISA/Auto-estradas de Portugal, SA; contra, todavia: STJ 29-out.-1998 (Sousa Dinis), BMJ 480 (1998), 498-505 (503) e STJ 17-Jun.--1999 (Sousa Inês), CJ/Supremo VII (1999) 2, 157-159 (159/I).

Expressões que possam induzir em erro quanto à caracterização jurídica da pessoa coletiva, designadamente o uso, por entidades com fim lucrativo, de expressões correntemente usadas na designação de organismos públicos ou de associações sem finalidade lucrativa;

A versão original deste preceito continha uma alínea *b*), revogada pelo Decreto-Lei n.º 111/2005, de 8 de julho, que dispunha a proibição de usar firmas que:

(...) sugiram de forma enganadora uma capacidade técnica, financeira ou âmbito de atuação manifestamente desproporcionados relativamente aos meios disponíveis ou que correspondam a qualidades ou excelências em detrimento de outrem.

Este preceito foi suprimido em conexão com a nova redação dada, pelo mesmo Decreto-Lei n.º 111/2005, ao artigo 32.º/3 do RNPC:

Ao RNPC não compete o controlo de legalidade do objeto social, devendo somente assegurar o cumprimento do disposto nos números anteriores.

Visou-se, pois, conter a burocracia, no que merece óbvios aplausos. Todavia, o preceito terá parecido menos claro. O Decreto-Lei n.º 247-B//2008, de 30 de dezembro, veio alterar novamente esse mesmo artigo 32.º/3, dando-lhe a seguinte feição:

Para efeitos do disposto neste artigo não deve ser efetuado o controlo da legalidade do objeto social, devendo somente ser assegurado o cumprimento do disposto nos números anteriores.

Aparentemente, há um certo retrocesso. Aguardemos as próximas redações.

V. O princípio da verdade manifesta-se, ainda no artigo 32.º/5 do RNPC[1222]. Dispõe:

[1222] Numeração dada pelo Decreto-Lei n.º 111/2005, de 8 de julho. Anteriormente, este preceito surgia como artigo 33.º/3 do RNPC, estando dissimulado a propósito do princípio da novidade, o que não era, de facto, correto.

§ 27.º O regime da firma 393

Quando, por qualquer causa, deixe de ser associado ou sócio pessoa cujo nome figure na firma ou denominação de pessoa coletiva, deve tal firma ser alterada no prazo de um ano, a não ser que o associado ou sócio que se retire ou os herdeiros do que falecer consintam por escrito na continuação da mesma firma ou denominação.

Uma explicitação relevante resulta do artigo 33.º/3, redação do Decreto-Lei n.º 111/2005, de 8 de julho, e que inova perante o anterior artigo 32.º/3:

Não são admitidas denominações constituídas exclusivamente por vocábulos de uso corrente que permitam identificar ou se relacionem com atividade, técnica ou produto, bem como topónimos e qualquer indicação de proveniência geográfica.

De novo e por via tópica, o legislador visou prevenir confusões.

VI. O artigo 34.º dispõe sobre firmas e denominações registadas no estrangeiro. O seu n.º 1, na redação dada pelo Decreto-Lei n.º 111/2005, de 8 de julho, determina que a instituição de representações permanentes de pessoas coletivas registadas no estrangeiro não esteja sujeita à emissão de certificado de admissibilidade de firma. O n.º 2 assegura os meios da confirmação da sua existência, através do Ministério dos Negócios Estrangeiros e assegura a não suscetibilidade de confusão com firmas ou denominações já registadas em Portugal.

127. A estabilidade; a transmissão da firma

I. O princípio da estabilidade não consta, de modo expresso, da lei portuguesa. Ele pode, todavia, ser construído por via doutrinária[1223]. Segundo o princípio da estabilidade, a firma, quando identificada com uma empresa ou um estabelecimento, conservar-se-ia, não podendo, *ad nutum*, ser alterada: impor-se-á, sempre, todo o processo constitutivo do início. Além disso, havendo transmissão do estabelecimento a que ela se reporte, a firma manter-se-ia estável, transferindo-se com ele. Ou, noutra

---

[1223] Claus-Wilhelm Canaris, *Handelsrecht* cit., 24.ª ed., 188 ss..

394   *O estatuto geral dos comerciantes*

fórmula: apenas em conjunto com o estabelecimento se pode transmitir a firma[1224].

II. O artigo 44.° do RNPC dá corpo a essa regra ao permitir, ainda que com autorização escrita do cedente e com menção à transmissão, a conservação, pelo adquirente de um estabelecimento, da firma usada pelo transmitente.

Assim, segundo o n.° 1 desse preceito,

> O adquirente, por qualquer título entre vivos, de um estabelecimento comercial pode aditar à sua própria firma a menção de haver sucedido na firma do anterior titular do estabelecimento, se esse titular o autorizar, por escrito.

Trata-se de mais uma formulação da regra contida no artigo 38.°/2 do RNPC, a propósito da composição da firma. A regra deve ser interpretada restritivamente, sob pena de pôr em total crise a ideia de conservação da firma: admite-se, assim, que o adquirente passe, simplesmente, a usar a firma anterior, com a informação "sucessor" ou "scr"[1225].

III. Põe-se, depois, o problema de saber se, havendo uma transmissão coerciva, a autorização do dono pode ser dispensada. Na Alemanha, a resposta era positiva, antes da reforma do HGB de 1998: o administrador da falência poderia optar pela sua transmissão[1226]. Depois da reforma, deu-se uma liberalização que permite – ainda que sem unanimidade[1227] – certas distinções. Assim, se se tratar de uma firma pessoal, a autorização do próprio seria sempre necessária: a vertente "direito de personalidade" prevalece sobre os interesses dos credores; havendo uma firma-objeto ou

---

[1224] Helmut Köhler, *Die kommerzielle Verwertung der Firma durch Verkauf und Lizenzvergabe*, DStR 1999, 510-515 (515).

[1225] Oliveira Ascensão, *Direito comercial* cit., 1, 318.

[1226] Bodo Riegger, *Die Veräusserung der Firma durch den Konkursverwalter*, BB 1983, 786-788.

[1227] Anja Steinbeck, *Die Verwaltbarkeit der Firma und der Marke in der Insolvenz*, NZG 1999, 133-140 (140/II): o titular põe o seu nome à disposição do comércio; logo a transmissão poderia operar por autorização do administrador da falência.

§ 27.º O regime da firma

uma firma de fantasia, a autorização seria dispensável[1228]. Nas sociedades de capitais, a firma acompanha sempre a sociedade.

No Direito português da insolvência, o CIRE, no seu artigo 162.º, refere a alienação da empresa "... como um todo ...". Logo, a firma-objeto e a firma de fantasia ficam abrangidas. Mas tratando-se de uma firma pessoal, prevalece o direito ao nome, mercê da sua natureza de personalidade[1229]: a autorização do próprio será sempre necessária, salvo abuso do direito[1230].

IV. O artigo 44.º/2 contém uma regra para sociedades comerciais. Desta feita, a alteração a nível de sócios não envolve modificação de firma, já que o titular – a própria pessoa coletiva – se mantém imutável. Todavia, quando se transmita a firma de sociedade na qual figure o nome de um sócio, este deverá dar autorização para que a firma se mantenha imutável: os aspetos de personalidade envolvidos no nome prevalecem sobre os interesses do comércio[1231].

A hipótese de sucessão por morte ocorre no n.º 3: desta feita não é, por definição, exigível qualquer autorização para o uso da firma[1232].

Finalmente, o artigo 44.º/4 vinca a essência da estabilidade:

> É proibida a aquisição de uma firma sem a do estabelecimento a que se achar ligada.

Trata-se de uma regra formulada, pela primeira vez, no artigo 23.º do ADHGB, de 1861[1233].

V. O princípio da estabilidade entra em certo conflito com o da verdade[1234]. O Direito português dá uma prevalência quase absoluta a este último.

[1228] Christa Kern, *Verwertung der Personalfirma im Insolvenzverfahren*, BB 1999, 1717-1720 (1720/II) e Johannes Wertenbruch, *Die Firma des Einzelkaufmanns und der OHG/KG in der Insolvenz*, ZIP 2002, 1931-1936 (1936/I).

[1229] Com apelo ao artigo 335.º do Código Civil (colisão de direitos).

[1230] Alteramos a posição que exprimimos na 1.ª edição desta obra.

[1231] Uwe Hüffer, *Das Namenrecht des ausscheidenden Gesellschafters als Grenze zulässiger Firmenfortführung*, ZGR 1986, 137-151. Quanto ao Direito italiano, Mario Casanova, *Ditta* cit., 3 e Alessandro Graziani, *Ditta* cit., 351.

[1232] Kurt Kuchinke, *Die Firma in der Erbfolge*, ZIP 1987, 681-687.

[1233] Makower, *ADHGB/Kommentar*, 8.ª ed. (1880), 79.

[1234] Walther F. Lindacher, *Firmenbeständigkeit und Firmenwahrheit/Bemerkung zum Spannungsverhältnis beider Grundsätze in Fälle des Rechtsformes?*, BB 1977, 1676-1681

Este ponto deveria, *de iure condendo*, ser repensado[1235]. O Direito português está ainda muito imbuído da ideia de firma com "nome". Hoje, ela é um bem comercial. A sua submissão, com as cautelas devidas à tutela do consumidor, às necessidades do giro comercial deveria ser mais facilitada. É de notar que, perante as regras da propriedade industrial, a transmissão de marcas ou a concessão de licenças para o seu uso por terceiros é bastante leve: mais do que no tocante à firma[1236]. Assim, recordamos que o registo do nome ou da insígnia, como acessórios, se transmitem com o estabelecimento a que se reportem, como pressupõe o artigo 297.º do CPI[1237].

Tratando-se de marcas, dispõe o artigo 262.º/1 do atual CPC[1238]:

> Os registos de marcas são transmissíveis se tal não for suscetível de induzir o público em erro quanto à proveniência do produto ou do serviço ou aos carateres essenciais para a sua apreciação.

O artigo 264.º admite licenças para a utilização de marcas, figura desconhecida quanto à firma.

VI. A transmissibilidade da firma, ainda que com os requisitos apontados, constitui um indício da dimensão patrimonial dos valores envolvidos. A firma opera, na verdade, como um fator a ter em conta na avaliação do conjunto a que pertença.

128. O princípio da novidade

I. O princípio da novidade vem expresso, no artigo 33.º/1 do RNPC, nos seguintes termos:

(1681). Quanto ao Direito subsequente à reforma de 1998: Marcus Lutter/Marcus Welp, *Das neue Firmenrecht der Kapitalgesellschaften*, ZIP 1999, 1073-1083.

[1235] Marcus Felsner, *Fortführung der Firma bei Ausscheiden des namensgebenden Gesellschaftes nach dem Handelsrechtsreformgesetz*, NJW 1998, 3255-3257.

[1236] Gerhard Schricher, *Rechtsfragen der Firmenlizenz*, FS Gamm (1990), 289-301.

[1237] *Supra*, 338 ss..

[1238] No CPI de 1995, a matéria surgia no artigo 211.º/2, a propósito do estabelecimento.

§ 27.º O regime da firma

As firmas e denominações devem ser distintas e não suscetíveis de confusão ou erro com as registadas ou licenciadas no mesmo âmbito de exclusividade, mesmo quando a lei permita a inclusão de elementos utilizados por outras já registadas, ou com designações de instituições notoriamente conhecidas.

Este mesmo princípio pode ser referenciado como o da "exclusividade": trata-se de facetas do mesmo vetor[1239].

II. Como ponto de partida, temos a ideia de que uma determinada firma, uma vez atribuída, dá ao seu titular o direito ao seu uso exclusivo em determinada circunscrição – artigo 35.º/1 do RNPC. O sistema é o seguinte:

- a firma do comerciante individual que corresponda ao seu nome, completo ou abreviado, não dá lugar a um exclusivo; todavia, havendo nome total ou parcialmente idêntico, ele não pode usá-lo profissionalmente de modo a prejudicá-lo: tal o regime do artigo 72.º/2 do Código Civil, possibilitado *a contrario* pelo artigo 38.º/4 do RNPC[1240];
- a firma do comerciante individual que não corresponda, apenas, ao seu nome, completo ou abreviado, dá direito ao seu uso exclusivo desde a data do registo definitivo;
- as firmas de sociedades comerciais ou civis sob forma comercial dão azo a um exclusivo em todo o território nacional – artigo 37.º/2 do RNPC;
- as denominações de associações e fundações são exclusivas em todo o território nacional, salvo quando o seu objeto estatutário indicie atividades de natureza meramente local ou regional – artigo 36.º/3 do RNPC.

[1239] STJ 4-fev.-1997 (Ramiro Vidigal), CJ/Supremo V (1997) 1, 90-93 (92/I e 93/II); STJ 25-mar.-2009 (Oliveira Vasconcelos), Proc. 09B0554; RLx 15-out.-2013 (Pimentel Marcos), Proc. 379/12.

[1240] O artigo 72.º/2, 2.ª parte, do Código Civil determina que, nesses casos, o tribunal decrete as providências que, segundo juízos de equidade, melhor conciliem os interesses em conflito. Quanto ao tema da homonímia, *vide* Piero Fioretta, *In tema di ononimia tra ditte non concorrenti*, RDComm L (1952) 2, 265-272.

III. A novidade é, pois, um requisito exigido às firmas, relativamente a outras que sejam eficazes num espaço territorial total ou parcialmente coincidente. A firma – ou candidata a firma – mais recente deve ser distinta da mais antiga, sob pena de facultar um enriquecimento à custa desta[1241].

O juízo de distintibilidade deve ser feito *in concreto* perante o universo dos fatores ponderáveis, exemplificativamente referidos no artigo 33.°/2 e 5 (redação do Decreto-Lei n.° 247-B/2008, de 30 de dezembro) do RNPC: prevalece o critério do homem médio ou consumidor comum[1242], havendo que atender ao conteúdo global da forma[1243]. Há ainda que atender ao facto de as possíveis firmas em confronto corresponderem a entidades que atuem ou não na mesma área comercial: no primeiro caso, a novidade é mais exigente, podendo quase desaparecer no segundo, quando não haja hipóteses de confusão[1244]. O "núcleo" da firma é preponderante para qualquer valoração[1245].

Expressões correntes ou de uso comum não podem ser apropriadas, a título de "firma ou denominação social"[1246].

129. A unidade

I. Segundo o princípio da unidade, o comerciante só poderia girar sob uma única firma. O artigo 38.° do RNPC predispõe-no para os comerciantes em nome individual, no seu n.° 1. E a doutrina encarrega-se de alargar esse princípio às sociedades[1247].

[1241] STJ 28-mai.-1992 (José Magalhães), BMJ 417 (1992), 652-663.

[1242] STJ 22-jan.-1997 cit., CJ/Supremo V, 1, 68/II.

[1243] STJ 28-set.-2010 (Helder Roque), Proc. 235 /05.

[1244] STJ 23-mai.-1991 (Pereira da Silva), BMJ 407 (1991), 571-577 (576), STJ 26-set.-1996 (Miranda Gusmão), BMJ 459 (1996), 562-571 (570) e RLx 18-nov.-2004 (Maria Manuela Gomes), CJ XXIX (2004) 5, 89-91 (90/II).

[1245] RLx 4-nov.-1998 (Martins da Fonseca), CJ XXIII (1998) 5, 75-78 (77/II).

[1246] Assim, STJ 18-Jun.-1985 (Solano Viana), BMJ 348 (1985), 436-439 (439), quanto a *ticket*.

[1247] Oliveira Ascensão, *Direito comercial* cit., 1, 314 e Coutinho de Abreu, *Curso de Direito comercial* cit., 1, 10.ª ed., 177-178, o qual cita, ainda, os artigos 9.°/1, c) e 171.°, 1), do CSC.

§ 27.º O regime da firma 399

Aparentemente, nem sequer se tem em conta o facto de o comerciante poder deter mais de um estabelecimento ou, mesmo, duas ou mais empresas totalmente distintas.

II. Trata-se de regras desfasadas, com a agravante de já anteriormente Ferrer Correia ter exposto as bases para a superação de tal entendimento[1248].

> Bastará um exemplo. Abel Silva, industrial, explora uma fábrica de tratores; adota a firma *Abel Silva, Tratores*. O mesmo Abel Silva é dono de uma quinta que produz peras. Terá de as comercializar sob a firma: *Abel Silva, Tratores*, já que o RNPC não lhe permite adotar uma segunda firma: *Abel Silva, fruticultor* ...
> Vê-se, por aqui, até que ponto o conceitualismo sem peias pode conduzir a soluções que nada têm a ver com o comércio.
> Também podemos configurar situações nas quais um único estabelecimento poderia, com vantagens, girar sob duas firmas diversas. Por exemplo, Bento Costa, costureiro, explora um estabelecimento com duas secções: masculina e feminina; tem todo o interesse em firmar *Bento Costa, costureiro/homens* e *Bento Costa, costureiro/senhoras*, consoante a secção. A lei não permite ...

Efetivamente, interesses comerciais perfeitamente razoáveis podem levar a que estabelecimentos tenham designações próprias e distintas. Esses mesmos interesses comunicam-se às firmas dos titulares respetivos[1249].

III. A doutrina alemã tem defendido, pelo menos para o comerciante pessoa singular, a possibilidade de girar sob firmas diversas[1250]. Em sen-

---

[1248] Ferrer Correia, *Direito comercial* cit., 1, 281 ss. = *Reprint* cit., 163 ss..

[1249] Coutinho de Abreu, *Curso de Direito comercial* cit., 1, 10.ª ed., 178, nota 396, discorda: explica que um mesmo sujeito poder apresentar-se no comércio jurídico com vários nomes causaria confusões (também) várias. Na era da informática, essas confusões seriam ultrapassáveis; de todo o modo, é uma questão de sensibilidade, no plano do Direito a constituir.

[1250] Assim: Hans-Carl Nipperdey, *Die Zulässigkeit doppelter Firmenführung für ein sinheitliches Handelsgeschäft*, FS Hueck 1959, 195-217 (217), Alfons Kraft, *Die Führung mehrerer Firmen* (1966), 20 ss., Gerhard Schlichting, *Die Zulässigkeit mehrerer Firmen für ein einzelkaufmännisches Unternehmen*, ZHR 134 (1970), 322-343 (343), ponderando os

400 *O estatuto geral dos comerciantes*

tido contrário, vem argumentar-se com a insegurança que poderia resultar, para o crédito, do facto de um comerciante único poder surgir com várias "faces". No entanto, ninguém obtém crédito exibindo, apenas, a firma. Uma investigação elementar poderá, pois, esclarecer com prontidão qualquer credor suspeitoso.

A prática tem contornado o problema criado pelo "princípio da unidade" através da multiplicação de micro-sociedades, todas com os mesmos ou semelhantes sócios e sem património específico: nenhumas vantagens a não ser o aumento da burocracia e – aí sim – perigo para o crédito.

Trata-se, pois, de outro aspeto a requerer melhor estudo.

130. Aspetos processuais

I. No Direito português, o direito a uma firma, com todas as suas prerrogativas, designadamente a exclusividade[1251], depende do seu registo definitivo no RNPC – artigo 35.°/1 do RNPC[1252]. A regra aplica-se a firmas estrangeiras[1253].

Antes disso, em particular no caso de pessoas coletivas, é necessário obter um certificado de admissibilidade da firma ou da denominação, e portanto: um documento emitido pelo RNPC, donde resulte que uma determinada firma, pretendida por um interessado, se encontra disponível e surge conforme com os princípios aplicáveis – artigo 45.° do RNPC.

Todos os obrigados a ter firma devem requerer a inscrição, em virtude do princípio da obrigatoriedade. Se o não fizerem, o artigo 12.°/1 do RNPC permite que ela seja feita oficiosamente, sem prejuízo do subsequente procedimento legal.

---

interesses do comerciante, Uwe John, *Der Grundsatz der Firmeneinheit in Deutschland und Österreich*, FS Duden 1977, 173-190 e Frank Wamser, *Die Firmenmehrheit* (1997).

[1251] Fica assim fora deste âmbito o uso, como firma, do nome próprio, completo ou abreviado; o facto de tal firma estar sujeita a registo não altera esta realidade.

[1252] A falta de exclusividade derivada da ausência de registo não impede uma proteção ao abrigo das regras da concorrência desleal, desde que se verifiquem os seus pressupostos; cf. STJ 17-Jun.-1998 (Aragão Seia), CJ/Supremo VI (1992) 2, 123-127 (126/II).

[1253] RLx 21-Jun.-1988 (Beça Pereira), CJ XIII (1988) 3, 160-163 (162/II).

§ 27.º *O regime da firma* 401

II. O pedido de certificado de admissibilidade deve ser requerido através das seguintes formas (46.º/1, na redação dada pelo Decreto-Lei n.º 247-B/2008, de 30 de dezembro):

– presencialmente, por "forma verbal", pelo próprio ou por alguém com legitimidade para o efeito ou por escrito, em formulário próprio;
– através de sítio na Internet;
– pelo correio, em formulário próprio.

A reserva, feita por 48 horas mediante a entrega, ao interessado, de um número de referência – 48.º/1 – constitui mera presunção de não confundibilidade da firma solicitada – 48.º/2. Esta reserva é importante porque marca a ordem de prioridade do pedido da firma em jogo – artigo 50.º/1, todos do RNPC.

O artigo 50.º-A, aditado pelo Decreto-Lei n.º 247-B/2008, de 30 de dezembro, prevê a aprovação automática de firmas e denominações (aliás: firmas), quando se trate da constituição de sociedades por quotas, unipessoal por quotas ou anónimas e elas correspondam ao nome dos sócios, pessoas singulares.

Concedido o certificado de admissibilidade, este tem os efeitos seguintes:

– define a posição do beneficiário em relação a interessados ulteriores; estes terão, perante ele, de evitar, na mesma área de eficácia, quaisquer confusões;
– permite a celebração de ulteriores atos públicos que dele dependam: constituição de pessoas coletivas e de estabelecimentos de responsabilidade limitada – artigo 54.º/1 do RNPC – bem como sua alteração – *idem*, n.º 2;
– limita a ampliação do objeto social a atividades contidas no objeto declarado no certificado de admissibilidade – *idem*, n.º 3;
– condiciona o registo comercial ou a inscrição no FCPC – artigo 56.º, na redação dada pelo Decreto-Lei n.º 247-B/2008, de 30 de dezembro.

III. Feita a inscrição da firma, o RNPC atribui, ao interessado, um número de identificação – o número de identificação de pessoa coletiva ou

NIPC – artigo 13.º/1; antes disso e às entidades em formação, pode ser atribuído um número provisório – artigo 15.º/1[1254], ambos do RNPC.

As entidades inscritas podem solicitar a emissão de um cartão de identificação – artigos 16.º e 17 do RNPC. Dele constam o NIPC, o nome, firma ou denominação, o domicílio ou sede, a natureza jurídica, a atividade principal e o número de bilhete de identidade dos empresários individuais.

Às entidades em formação é concedido cartão provisório – artigo 18.º.

IV. Quando violados os princípios da firma, o RNPC declara a perda do direito ao uso da que esteja em causa – artigo 60.º/1. Feita essa declaração, é a mesma levada ao registo comercial, se a ele estiver sujeita; o facto é, ainda, comunicado a outros serviços onde a entidade esteja registada, nos termos do artigo 60.º/2 do RNPC, na redação dada pelo Decreto-Lei n.º 247-B/2008, de 30 de dezembro.

131. A firma e o regime especial de constituição de sociedades (2005)

I. Visando enfrentar o problema da excessiva demora na constituição de sociedades comerciais, o legislador criou o denominado regime especial de constituição de sociedades: Decreto-Lei n.º 111/2005, de 8 de julho. Este diploma foi muito alterado pelo Decreto-Lei n.º 247-B/2008, de 30 de dezembro[1255]: e isso depois de ter sido modificado pelos Decretos-Leis n.º 76-A/2006, de 29 de março, n.º 125/2006, de 29 de junho e n.º 318/2007, de 26 de setembro. Depois dele, seguiram-se alterações introduzidas pelo Decreto-Lei n.º 99/2010, de 2 de setembro (artigo 11.º) e pelo Decreto-Lei n.º 33/2011), de 7 de março (art. 7.º).

Este regime é limitado às sociedades por quotas[1256] e às sociedades anónimas[1257] (1.º): num caso e no outro com exclusão as sociedades anónimas europeias (2.º).

[1254] Com diversas precisões, de acordo com a redação dada Decreto-Lei n.º 247--B/2008, de 30 de dezembro.

[1255] Mais concretamente: os artigos 2.º, 3.º, 4.º, 7.º a 15.º e 27.º.

[1256] *Manual de Direito das sociedades* 2, 2.ª ed., 252 ss., com um exame global ao diploma.

[1257] *Idem*, 527. Esta matéria pertence ao Direito das sociedades; aqui apenas se refere o ponto atinente à firma.

§ *27.° O regime da firma* 403

II. A ideia básica da lei é a de facultar, aos interessados, a imediata realização, num serviço centralizado, de todas as operações requeridas para a constituição de uma sociedade. No tocante à firma, este regime exige uma de três hipóteses – 3.°/3: (a) a aprovação no posto de entendimento; ou (b) escolha de firma constituída por expressão de fantasia previamente criada e reservada a favor do Estado, associada ou não à aquisição de uma marca previamente registada a favor do Estado; ou (c) apresentação de certificado de admissibilidade da firma.

Pressupõe-se, pois, que o Estado, com todas as cautelas exigidas aos particulares, disponha de uma "bolsa de firmas", previamente inscritas e validadas pelo RNPC[1258]. Uma vez atribuídas a particulares, essas firmas submetem-se às regras próprias das demais. Designadamente: pode-se, contra elas, reagir como se de comuns firmas privadas se tratasse.

132. Tutela e natureza perante o Direito português

I. O uso ilegal de uma firma concede aos interessados – artigo 62.°:

– o direito de exigir a cessação de tal uso[1259];
– o direito a uma indemnização por danos emergentes;
– o direito, eventualmente, de lançar mão de ação criminal.

No fundo, temos concretizações do princípio geral do artigo 70.°/2, do Código Civil.

II. Os particulares dispõem, ainda, de meios de proteção contra o Estado e, neste caso: contra o RNPC.

Assim, dos despachos que admitam ou indefiram firmas e de outros atos, cabe recurso hierárquico para o presidente do IRN, IP, seguindo-se o prescrito no CPA (artigos 63.° e 66.° do RNPC, na redação dada pelo Decreto-Lei n.° 247-B/2008, de 30 de dezembro).

[1258] A "lista de firmas" disponibilizada pode ser pesquisada na Net, teclando "empresa na hora: firmas".

[1259] Otto-Friedrich Frh. von Gamm, *Die Unterlassungsklage gegen Firmenmissbrauch nach § 37 II HGB*, FS Stimpel (1985), 1007-1014.

III. Perante o Direito português, a firma está (ainda) muito aderente ao direito ao nome. Pode ser considerada como uma modalidade comercial deste, assumindo pois a natureza de direito de personalidade.

A essa luz, compreende-se que ela apenas se transmita dentro do estrito circunstancialismo legal. O próprio não pode, sem mais, dispor dela. É, ainda, oponível *erga omnes* e dispõe de uma tutela alargada. Tudo isto, de acordo com a evolução geral de que acima demos nota, não é prejudicado pela dimensão patrimonial que hoje a firma assume.

SECÇÃO II

A ESCRITURAÇÃO MERCANTIL
E A PRESTAÇÃO DE CONTAS

§ 28.º DA ESCRITURAÇÃO

133. Noção, escopo e enquadramento dogmático

I. A escrituração mercantil[1260] exprime o conjunto de livros que o comerciante deve ter para conhecer e dar a conhecer, com facilidade e precisão, as suas operações e o estado do seu património. Além disso, essa locução pode ainda traduzir a técnica de registar as operações comerciais e as consequências patrimoniais delas advenientes. Neste último sentido, a escrituração é sinónimo de contabilidade; a escrituração material será, então, a aplicação desta[1261].

II. A necessidade de manter contas decorre do próprio exercício do comércio. Este, mesmo elementar, implica atos que o comerciante não pode reter sem apoio em notas. E são justamente estas, pelas informações que propiciam, que o poderão nortear em novas operações, sedimentando a experiência e dando corpo às disponibilidades.

A escrituração terá começado por servir os interesses do próprio comerciante: operaria, na doutrina clássica, como "espelho" do interessado, funcionando como a sua "consciência" ou a sua "bússola". Mas além

---

[1260] Para maiores desenvolvimentos, remete-se para o nosso *Introdução ao Direito da prestação de contas* (2008).

[1261] Barbosa de Magalhães, *Princípios de Direito comercial* cit., cap. VI, 38.

406   *O estatuto geral dos comerciantes*

disso, desde cedo se verificou que ela servia, também, os interesses dos credores e isso a um duplo título[1262]:

– incentivando a um comércio cuidadoso e ordenado, a escrituração conduz a práticas que põem os credores (mais) ao abrigo de falências e bancarrotas;
– permitindo conhecer a precisa situação patrimonial e de negócios, a escrituração faculta informações e determina responsabilidades.

A partir daí, reconheceu-se que a escrituração servia toda a comunidade, facultando ainda ao Estado atuar com fins de polícia, de fiscalidade ou de supervisão[1263]. Numa evolução mais recente, a escrituração veio servir os investimentos e a expansão mobiliária das empresas.

III. A escrituração mercantil e os deveres a ela inerentes andam hoje ligados à prestação de contas e à fiscalização das empresas. No fundamental, ela opera como um corpo de regras de Direito público, fixadas pelo Estado e que escapam, por isso e em larga medida, à lógica do Direito privado[1264]. A violação das suas regras conduz, no essencial, a sanções de tipo público, particularmente fiscais. Não obstante, era matéria clássica de Direito comercial[1265]: razões sistemáticas e de tradição a tanto conduzem.

Canaris, perante o escopo público das normas em jogo na escrituração e na prestação de contas, entende mesmo que elas não poderiam sequer ser tomadas como normas de proteção, para efeitos de responsabilidade civil[1266]. Trata-se, contudo, de um ponto que deve ser verificado norma a norma.

[1262] Quanto aos escopos da escrituração Karsten Schmidt, *Handelsrecht* cit., 6.ª ed., 512 ss. e Claus-Wilhelm Canaris, *Handelsrecht*, 23.ª ed. (2000), 272.

[1263] Kurt Göllert/Wilfried Ringling, *Bilanzrecht* (1991), 13.

[1264] Wolfgang Dieter Budde e outros, *Beck'scher Bilanz-Kommentar. Handels- und Steuerrecht/§§ 238 bis 339 HGB*, 3.ª ed. (1995), § 238, Nr. 56 (12), Karsten Schmidt, *Handelsrecht* cit., 6.ª ed., 512-513, Harald Wiedemann, *Bilanzrecht/Kommentar zu den §§ 238 bis 342a HGB* (1999), § 238, Nr. 1 (2) e Canaris, *Handelsrecht* cit., 23.ª ed., 274-275.

[1265] Georg Crezelius, *Einführung in das Handelsbilanzrecht*, JA 1990, 366-369 e 1991, 1-7 (1990, 366).

[1266] Mais precisamente, para efeitos do § 823, II do BGB, correspondente à segunda parte do artigo 483.º/1 do nosso Código Civil. Quanto a Canaris, *vide* o seu *Handelsrecht* cit., 23.ª ed., 272 e 274.

§ 28.º Da escrituração

Apesar da sua natureza pública, os deveres relativos à escrituração mercantil e à prestação de contas fazem parte do acervo que caracteriza o *status* do comerciante. Devem ser referidos a tal propósito, tendo grande importância prática[1267]. E embora os juristas não mostrem, à partida, um particular interesse por esse tipo de matéria, ela não tem especial dificuldade: é-lhes acessível mediante um *minimum* de aprendizagem e de prática.

134. Evolução geral; partidas dobradas e codificações

I. A necessidade de, para o próprio governo e para a tranquilidade dos outros, manter um registo de operações é tão forte que estará, provavelmente, na origem da invenção do uso da escrita: um dos progressos fundamentais da civilização da Terra. Assim, ela documenta-se no antigo Egito, na Mesopotâmia e no Oriente. Registos de contas eram mantidos nas antigas Grécia e Roma.

A contabilidade moderna veio, todavia, a impor-se nas cidades mercantis do século XIV[1268]. Foi importante, nesse movimento, a descoberta da técnica contabilística das partidas dobradas, operada pelos mercadores do Norte de Itália[1269].

A técnica das partidas dobradas consiste em autonomizar em contas os diversos sectores da empresa – por hipótese: caixa, carteira, matérias primas e mercadorias – e as relações com terceiros. Assim, quando venda uma mercadoria, o comerciante credita a conta "mercadorias", credora do preço e debita a conta do comprador, devedor dessa mesma importância. Quando

---

[1267] Bernhard Grossfeld, *Bilanzrecht/Jahresabschluss, Konzernabschluss, Internationale Standards*, 3.ª ed. (1997), 1 ss..

[1268] Sobre a evolução geral do Direito da escrituração, Bernhard Grossfeld, *Zur Geschichte des europäischen Bilanzrechts*, FS Habscheid (1989), 131-138 (174 e *passim*); numa ótica comparatística, do mesmo Bernhard Grossfeld, *Vergleichendes Bilanzrecht*, AG 1995, 112-119. Com outros elementos, *vide* o nosso *Introdução ao Direito da prestação de contas* cit., 15 ss..

[1269] Mestre/Tian-Pancrazi, *Droit commercial* cit., 24.ª ed., 145-146, donde retiramos a explicação subsequente e os seus exemplos. *Vide* Canaris, *Handelsrecht* cit., 23.ª ed., 277, Budde, *Beck'scher Bilanz-Kommentar* cit., 3.ª ed., § 238, Nr. 77 (16) e Wiedemann, *Bilanzrecht* cit., § 238, Nr. 24 (3).

este pague, a sua conta é creditada e debitada a da caixa. Caso compre, o comerciante debita a conta mercadorias e credita a do fornecedor; quando revenda a um preço superior ao preço de compra, o preço de revenda é dividido em duas parcelas: a correspondente ao preço de compra é levada a crédito da conta mercadorias; a correspondente à diferença é levada a crédito da conta "resultados".

Trata-se de um processo que, uma vez entendido, surge muito simples e permite, com facilidade, evitar erros e corrigi-los. Dá, além disso, uma imagem contínua da situação do comércio.

II. Na sequência dos Códigos Savary[1270], o *Code de Commerce* francês consignou o tema dos "livros de comércio" logo no título II do seu livro I: artigos 8.° a 17.°.

O esquema aí previsto – e que faria escola, depois, nos diversos códigos subsequentes – era o seguinte:

– cada comerciante deveria ter[1271]:

a) Um livro diário que apresente, em geral, tudo quanto o comerciante pague ou receba e a que título – artigo 8.°/I;

b) Um livro copiador que registe a correspondência enviada, devendo ser guardada em maço a recebida – artigo 8.°/II;

c) Um livro de inventário onde, anualmente, se dê conta dos seus efeitos mobiliários e imobiliários e dos seus créditos e débitos – artigo 9.°.

– esses livros deveriam estar ordenados, sendo mantidos durante dez anos – artigo 11.°;

– quando regularmente elaborados, os livros de escrituração podem ser admitidos pelo juiz para fazer prova entre comerciantes e por factos comerciais – artigo 12.°;

– no caso de falência, pode ser exigida a sua exibição em juízo – artigo 14.°.

III. O modelo do Código Napoleão foi retomado por codificações ulteriores. Dispunha o Código Ferreira Borges, no seu artigo 218.°:

Todo o commerciante é obrigado a ter livros de registo de sua contabilidade e escripturação mercantil. O numero e especie de livros, e fórma de

---

[1270] Bernhard Grossfeld, *Zur Geschichte des europäischen Bilanzrechts* cit., 135.
[1271] Na versão original do Código; *vide* J. A. Rogron, *Code de Commerce expliqué* cit., 5-6.

§ 28.º Da escrituração 409

sua arrumação, é inteiramente do arbitrio do commerciante, com tanto que seja regular, e tenha os livros, que a lei especifica como necessarios.

Subsequentemente, o nosso primeiro Código Comercial obrigava:

– a ter um livro diário que apresentasse, dia-a-dia, as diversas operações – artigo 219.º;
– a guardar um copiador de todas as cartas comerciais, emaçando e arquivando as cartas mandadeiras recebidas – artigo 220.º;
– a dar balanço nos três primeiros meses de cada ano, lançando-o num livro com esse destino – artigo 221.º.

Os livros de escrituração, devidamente arrumados, fariam prova em juízo entre comerciantes – artigo 224.º. Na sua falta ou perante a sua desarrumação, a falência que sobreviesse seria considerada culposa – artigo 222.º. A não apresentação dos livros, quando determinada pelo juiz, gera presunção contra o comerciante – artigo 227.º. O segredo e a inviolabilidade dos livros eram garantidos – artigo 231.º.

135. O Código Comercial de 1888

I. O Código Veiga Beirão, em preceitos revogados em 2006[1272], veio fixar um esquema ligeiramente mais complexo.

À partida, mantinha-se o princípio da obrigatoriedade de escrita comercial – artigo 29.º – dobrado pelo da liberdade de organização de escrita – artigo 30.º. Todavia, quatro livros eram obrigatórios – artigo 31.º:

– o inventário e balanços, que continha o ativo e o passivo do comerciante, o capital em comércio e, depois, os diversos balanços – artigo 33.º;
– o diário, onde eram lançados, dia-a-dia, os diversos atos comerciais – artigo 34.º;
– o razão, onde são escrituradas as operações do diário, ordenadas de acordo com regras de partidas dobradas – artigo 35.º;

[1272] *Infra*, 414 ss..

410   *O estatuto geral dos comerciantes*

– o copiador, para registar toda a correspondência enviada ou recebida.

As sociedades são ainda obrigadas a ter livro de atas, onde ficam consignadas as relativas às reuniões dos diversos órgãos sociais – artigo 37.º, na redação dada pelo Decreto-Lei n.º 257/96, de 31 de dezembro.

II. A escrituração mercantil pode ser levada a cabo pelo próprio ou por outrem, a mando – artigo 38.º. Ela deve ser feita sem intervalos em branco, entrelinhas, rasuras ou transporte para as margens – artigo 39.º. A correspondência devia ser arquivada por dez anos – artigo 40.º. O varejo ou a inspeção eram proibidos – artigo 41.º – só podendo ser ordenada a exibição judicial a favor dos interessados em questões de sucessão universal, comunhão ou sociedade ou no caso de falência – artigo 42.º. Fora isso, o exame da escrituração e documentos só podia ter lugar quando a pessoa a quem pertençam tenha interesse ou responsabilidade na questão em que tal apresentação fosse exigida[1273].

III. O artigo 44.º regula a matéria da força probatória da escrituração. Tal força probatória manifesta-se em juízo, entre comerciantes e quanto a factos do seu comércio, nos termos seguintes:

– os assentos lançados em livros de comércio, mesmo não arrumados, fazem prova contra o próprio; mas quem queira prevalecer-se disso deve aceitar também os assentos que lhe forem prejudiciais;
– quando regularmente arrumados, os assentos fazem prova a favor dos seus respetivos proprietários, desde que o outro litigante não apresente assentos arrumados nos mesmos termos ou prova em contrário;
– quando da combinação dos livros dos litigantes resulte prova contraditória, o tribunal decide de acordo com as provas do processo;
– nessa mesma eventualidade, prevalece a prova derivada de livros arrumados sobre a dos outros que o não estejam, salvo prova em contrário, por outros meios;

[1273] Em STJ(P) n.º 2/98, de 22-abr.-1997 (Ramiro Vidigal), DR I Série-A n.º 6/98, de 8-jan.-1998, 119-122, decidiu-se que este preceito não fora revogado pelo Código de Processo Civil de 1967.

§ 28.º Da escrituração

– se um comerciante não tiver livros ou não os apresentar, fazem prova contra ele os do outro litigante, devidamente arrumados, salvo força maior ou prova em contrário.

Em suma: tínhamos todo um esquema harmónico, donde resultava uma fraca força probatória da escrituração. A este nível, ela funcionava, pois, como um encargo, em sentido técnico.

IV. Os livros dos comerciantes deviam ser legalizados – artigo 32.º. Tratava-se de uma operação antes levada a cabo pelas secretarias dos tribunais e depois atribuída à conservatória do registo comercial competente, nos termos do artigo 112.º-A do CRC. A lei portuguesa não continha regras quanto ao idioma em que a escrituração devia ser exarada: poderia ser qualquer um, nos termos gerais do artigo 96.º[1274]. De todo o modo, o comerciante que não use o português na sua escrituração e a queira invocar em juízo, tem de providenciar a sua tradução, nos termos do artigo 139.º/1 do Código de Processo Civil. Em certos sectores sensíveis, como na banca, a lei impõe o uso do português, mesmo quando se trate de instituições de crédito estrangeiras – artigo 55.º do RGIC. Visa-se, assim, facilitar o exercício da supervisão.

136. A evolução subsequente

I. Os deveres dos comerciantes em relação a uma escrituração ordenada e regular mantiveram-se nas codificações subsequentes. Segundo o § 238 do HGB alemão[1275],

---

[1274] Curiosamente, o § 239 do HGB exige a utilização de uma "língua viva"; a doutrina conclui daí que se não possa, na escrituração comercial, recorrer ... ao latim, ao grego clássico ou ao esperanto; *vide* Wiedemann, *Bilanzrecht* cit., § 239, Nr. 2 (9) e Budde, *Beck'scher Bilanz-Kommentar* cit., 3.ª ed., 21.

[1275] Budde, *Beck'scher Bilanz-Kommentar* cit., 3.ª ed., § 238, Nr. 42 (10); Heidel//Schall, *HGB/Kommentar* cit., § 238, 1343 ss.; Hans-Joachim Böcking/Marius Gros, em Ebenroth/Boujong, *Haldelsgesetzbrech Kommentar* cit., 1, 3.ª ed., § 238 (2225 ss.); Hanno Merkt, em Baumbach/Hopt, *Handelsgesetzbrech* cit., 36.ª ed., § 238 (954 ss.).

412   *O estatuto geral dos comerciantes*

Todo o comerciante fica obrigado a manter livros e a neles exarar os seus negócios comerciais e a situação do seu património segundo os princípios de uma escrituração ordenada.

O § 240 do HGB obriga a elaborar um inventário sobre os seus bens e as suas dívidas, reportando-se o § 242 a um balanço e a uma apresentação de lucros e perdas. Outros deveres surgem para as sociedades de capitais.

Segundo a doutrina, apenas releva o património afetado ao negócio e não todo o património pessoal do comerciante[1276], devendo a escrita ser ordenada e diligente[1277].

O sistema alemão não obriga os pequenos comerciantes, não inscritos no registo, a manter a referida escrituração – § 2 do HGB[1278]. Trata-se de um esquema mais realista, uma vez que os pequenos comerciantes não acatam, entre nós, os deveres de escrituração[1279]. Estes, de resto, implicam hoje em dia a contratação, sempre dispendiosa, de um contabilista.

II. A evolução mais recente tinha levado, na prática, ao aparecimento de algumas normas opostas ao que resultaria do Código Comercial.

Segundo o acima referido artigo 41.º, a escrituração mercantil estaria sujeita a segredo. Todavia, uma série de exceções veio a transformar a regra no seu oposto[1280].

O próprio Código Veiga Beirão já previa, no seu artigo 178.º, que as sociedades anónimas concessionárias do Estado pudessem ser fiscalizadas por agentes do Governo, os quais teriam acesso à sua escrituração.

A Lei de 3 de abril de 1896[1281] veio estabelecer uma fiscalização reportada às sociedades bancárias. O Decreto com força de Lei de 21 de outubro de 1907[1282] fez o mesmo em relação às Companhias de Seguros: o

---

[1276] Canaris, *Handelsrecht* cit., 23.ª ed., 276.

[1277] Crezelius, *Einführung in das Handelsbilanzrecht* cit., 368.

[1278] Canaris, *Handelsrecht*, cit., 23.ª ed., 270; Jürgen Kessler, em Heidel/Schall, *HGB/Kommentar* cit., § 2 (69 ss.).

[1279] Luiz da Cunha Gonçalves, *Comentário* cit., 1, 200.

[1280] Jorge Coutinho de Abreu, *Curso de Direito comercial* cit., 1, 10.ª ed., 192 ss..

[1281] Artigos 15.º e 16.º; *vide* CLP 1896, 57-59 (58).

[1282] *A legislação* 1907, 798-812 (804-805).

§ 28.º *Da escrituração* 413

seu artigo 38.º determina expressamente que o Conselho de Seguros possa proceder ao exame da sua escrituração.

A fiscalização geral das sociedades anónimas foi estabelecida depois do advento da República. Assim, um Decreto de 13 de abril de 1911, ainda do Governo Provisório, veio dispor:

> Artigo 1.º É instituída a fiscalização de todas as sociedades anonymas a cargo de uma Repartição Technica, cuja organização e attribuição constam do regulamento annexo.

A fiscalização incidia sobre a escrita e outros documentos. O seu Regulamento[1283] foi revogado pelo artigo 19.º da Lei do Orçamento, de 30 de junho de 1913, sendo alguns dos seus artigos recuperados pelo Decreto n.º 24, de 7 de julho de 1913[1284].

Seguiu-se, depois, uma lenta evolução legislativa, que acabaria por desembocar no esquema dos revisores oficiais de contas e de que daremos fé, a propósito da fiscalização das sociedades, no competente *Manual*.

III. Assistiu-se, assim, a uma progressiva intervenção do Estado nas contas e na escrita dos comerciantes. Primeiro, a pretexto de supervisionar sectores sensíveis, como a banca e os seguros, de modo a proteger as pessoas e o mercado; depois, em geral, alargou-se a fiscalização às sociedades, sempre no interesse particular. Finalmente, com fins tributários, a fiscalização atingiu todos os agentes económicos.

Por exemplo, segundo o artigo 98.º do CIRC,

> 1 – As sociedades comerciais ou civis sob forma comercial, as cooperativas, as empresas públicas e as demais entidades que exerçam, a título principal, uma atividade comercial, industrial ou agrícola, com sede ou direção efetiva em território português, bem como as entidades que, embora não tendo sede nem direção efetiva naquele território, aí possuam estabelecimento estável, são obrigadas a dispor de contabilidade organizada nos termos da lei comercial e fiscal que, além dos requisitos indicados no n.º 3 do artigo 17.º, permita o controlo do lucro tributável.

[1283] O *Regulamento de fiscalização das sociedades anonymas*, de 13-abr.-1911 (José Relvas), CLP 1911, 2072-2077, abrangia, na realidade, também as sociedades por quotas.
[1284] CLP 1913, 343-344.

414   *O estatuto geral dos comerciantes*

IV. A escrituração tinha, porém, fins puramente comerciais: constituía o "espelho", a "consciência" e a "bússola" do interessado, como acima foi visto. Algumas exigências burocráticas eram supérfluas. Mas abolir em globo uma disciplina tão importante, era passo que não poderíamos justificar[1285].

Todavia: ele ocorreu, em 29 de março de 2006.

137. A reforma das sociedades de 2006; o fim da escrituração comercial

I. O Decreto-Lei n.° 76-A/2006, de 29 de março, veio adotar uma alargada reforma das sociedades comerciais[1286]. Por essa via, ele atingiu áreas significativas da escrituração e do registo comercial que não podem deixar de ser referidas, no plano do Direito comercial.

Quanto à escrituração, atentemos na *mens legis*, expressa no preâmbulo desse diploma. Visando acabar com "imposições burocráticas que nada acrescentem à qualidade do serviço", o legislador anuncia[1287]:

(...) o presente decreto-lei elimina a obrigatoriedade de existência dos livros da escrituração mercantil nas empresas e, correspondentemente, a imposição da sua legalização nas conservatórias do registo comercial. Logo, os livros de inventário, balanço, diário, razão e copiador deixam de ser obrigatórios, apenas se mantendo os livros de atas. Consequentemente, elimina-se a obrigatoriedade de legalização dos livros, incluindo dos livros de atas. Estima-se que, por esta via, deixem de ser obrigatórios centenas de milhares de atos por ano nas conservatórias, que oneravam as empresas.

Em execução deste ideário, o legislador de 2006 alterou profundamente toda a lógica da escrituração. Fê-lo modificando os artigos 29.°, 30.°, 31.°, 35.°, 39.°, 40.°, 41.°, 42.°, 43.° e revogando os artigos 32.°, 33.°, 34.° e 36.°.

[1285] *Vide*, um tanto nessa linha, Jorge Coutinho de Abreu, *Curso de Direito comercial* cit., 1, 10.ª ed., 190.

[1286] *Vide* o nosso *A grande reforma das sociedades comerciais*, O Direito 2006, 445-453.

[1287] DR I Série, n.° 63, de 29-mar.-2006, 2328-(2)/I.

§ 28.° Da escrituração 415

II. Quanto às revogações:

– desaparece a obrigatoriedade da legalização dos livros (32.°);
– desaparece a escrituração do livro de inventário e balanços (33.°): tal livro, que deixou de ser obrigatório, perdeu assim o conteúdo legal;
– desaparece a escrituração do diário (34.°): tal livro seguiu o destino do de inventário e balanços, embora apareça referido a propósito do razão (35.°);
– desaparece o copiador (36.°).

III. No que tange às alterações, frisamos:

– mantém-se a obrigatoriedade – mas agora restrita às atas – da escrituração mercantil; todavia, desaparece da lei o objetivo da escrituração: dar a conhecer fácil, clara e precisamente, as operações comerciais e fortuna (29.°);
– mantém-se a liberdade de organização da escrita, embora com alterações na redação do preceito em jogo (30.°): dispensavelmente: não se altera um texto com 118 anos, só por alterar;
– dos livros obrigatórios mantêm-se os das atas das sociedades (31.°); conservou-se o artigo 37.°, com a redação dada pelo Decreto-Lei n.° 257/96, de 31 de dezembro;
– os requisitos da escrituração passam a reportar-se apenas às atas (39.°);
– mantém-se a obrigação de conservar a correspondência e a "escrituração mercantil" pelo prazo de 10 anos; mas agora pode sê-lo, ainda, em suporte eletrónico (40.°);
– foi suprimido o sigilo da escrita: o artigo 41.°, que antes fixava a proibição de varejo ou inspeção, foi substituído por outro que apenas obriga as autoridades administrativas a respeitar as opções do comerciante, realizadas nos termos do artigo 30.°: como é óbvio;
– quanto à exibição judicial dos livros (42.°): substituiu-se "comercial" por "mercantil", suprimiu-se "por inteiro" e trocou-se "quebra" por "insolvência"; voltamos a frisar: não foi correto; não se mexe no texto de Veiga Beirão sem razões regulativas!
– modificou-se a redação do artigo 43.°, quanto ao exame da escrituração e documentos, apenas para atualizar o texto de 1888; vale a observação negativa feita a propósito do artigo 42.°.

IV. Tudo visto, mantêm-se:

– o artigo 37.º, sobre os livros de atas das sociedades, alterado em 1996;
– o artigo 44.º, sobre a força probatória das escrituração.

V. Uma primeira conclusão é inevitável. A pretexto de reformar o Direito das sociedades, o legislador suprimiu o Direito da escrituração mercantil do nosso Direito comercial. Apenas se mantêm os livros de atas: matéria que tem a ver com o Direito das sociedades. Aliás: as atas nem são, em bom rigor, "escrituração comercial".

Nós próprios tínhamos vindo, há anos, a reclamar um alívio na carga burocrática que, ingloriamente, pesa sobre o nosso comércio. Todavia: uma escrituração mercantil que permita conhecer o património e os negócios do comerciante[1288], seja para o próprio, seja para terceiros, é necessária. A supressão nacional – que não tem antecedentes tão radicais nos outros países – deixa pairar a suspeita de uma menor reflexão.

As regras fiscais obrigam a uma contabilidade organizada. Esta é, em regra, obtida por remissão para os livros comerciais[1289]. Entre nós, isso deixou de suceder.

VI. Deveria ter havido estudos de campo sobre as consequências práticas da reforma (melhor dizendo: sobre a abolição) da escrituração comercial. Pelo alcance de algumas intervenções – vejam-se as alterações inúteis e mutilantes aos artigos 41.º, 42.º e 43.º! – parece impor-se uma ideia de ligeireza e de precipitação.

A escrituração comercial será substituída por "escrituração fiscal": uma perda cultural para o nosso Direito. Ora ela podia ter sido simplificada, em consonância com desburocratizantes reformas tributárias, que não vêm à luz.

Mantemos a presente rubrica sobre escrituração mercantil: temos de preservar a cultura jurídica do País. Em termos positivos, ela já não vigora.

[1288] *Vide* o § 238 do HGB; *vide* Morck, no Koller/Roth/Morck, *HGB* cit., 5.ª ed., § 328, Nr. 1 (585) e Hanno Merkt, no Baumbach/Hopt, *Handelsgesetzbuch Kommentar* cit., § 238, Nr. 1 ss. (954 ss.).
[1289] Morck cit., § 328, Nr. 2.

§ 28.° Da escrituração

Mas quanto à prestação de contas, que constava de anteriores edições da presente obra[1290]: hoje, não se justifica a sua inclusão num programa de Direito comercial. Ela releva, apenas, para o Direito das sociedades. Aí será considerada[1291].

[1290] Vide o *Manual de Direito comercial*, 2.ª ed. (2007), 364 ss..
[1291] *Direito das sociedades*, 1, 3.ª ed., 1019 ss..

SECÇÃO III

O REGISTO COMERCIAL

§ 29.° O REGISTO COMERCIAL: EVOLUÇÃO E FUNCIONAMENTO

138. Origem e evolução

I. Os antecedentes do registo comercial dos nossos dias ocorreram em Itália, no século XV: origem que coincide com a do próprio Direito comercial, o que mostra a estreita ligação entre as disciplinas respetivas.

A situação de comerciante era, no início, estritamente pessoal. Assumia, deste modo, uma grande importância a sua matrícula, a realizar em câmaras ou conselhos das diversas cidades. Daí decorria a qualidade de comerciante, com a subsequente aplicabilidade do estatuto mercantil[1292]. No tocante a sociedades, instituiu-se, primeiro, o registo das comanditas: tratava-se, desta feita, de consignar e de dar a conhecer as situações nas quais alguém se associava aos riscos do comércio[1293-1294].

[1292] Max Rintelen, *Untersuchungen über die Entwicklung des Handelsregisters* (1914), 1 ss. e Edmond Gombeaux, *La legislation française du registre du commerce*, ADC XXX (1921), 5-44 e 85-112 (5 ss.); os estudiosos referem, em particular, o registo de matrículas de Florença, de 1414, que ainda se conserva. *Vide* Müller-Erzbach, *Deutsches Handelsrecht* cit., 2.ª e 3.ª ed., 66.

[1293] De novo ocorrem os registos das comanditas de Florença, de 1445; Max Rintelen, *Untersuchungen* cit., 5. Uma menção especial deve ainda ser feita aos registos comerciais de Barcelona, que datam de 1478; *idem*, 15 ss..

[1294] Como obra de referência sobre aspetos históricos e comparatísticos do registo comercial, *vide* Giuseppe A. Rescio/Federico Tassinari, *La pubblicità commerciale nei paesi dell'unione europea* (2000). Tem ainda interesse o clássico de Vittorio Afferni,

§ 29.° O registo comercial: evolução e funcionamento 419

II. Se, num primeiro momento, a necessidade do registo comercial foi uma decorrência de auto-organização dos comerciantes, cedo se deu uma recuperação do processo por parte dos nascentes Estados nacionais. O fenómeno foi claro em França cuja legislação comercial, pioneira, seria depois a matriz de numerosas reformas.

Assim, nos finais do século XVI, surgiu a *Ordonnance de Blois*, que obrigava à inscrição dos estrangeiros. Seguiu-se o Código Marillac, de 1604, que atingia já todos os sócios de sociedades comerciais. Finalmente, o Código Savary, de 1673, previa medidas generalizadas de registo comercial[1295].

O Código de Comércio de Napoleão, de 1807, mais não fez, no seu artigo 42.°, do que retomar, de modo limitado, o esquema colbertiano[1296]: um registo limitado para certos atos. Apenas a Lei de 18-mar.-1919 estabeleceria, em França, um registo comercial[1297].

Na Alemanha – que todavia fora pioneira no tocante ao registo predial – o registo comercial foi mais lento: surgiu por zonas e por cidades, ao longo do século XVIII[1298]. Cabe ao ADHGB de 1861, proceder a uma regulação geral[1299].

III. O afinamento aprofundado do registo comercial, das suas regras e dos efeitos por ele originados foi levado a cabo pela doutrina e pela jurisprudência alemãs, com base no HGB[1300].

Registro delle imprese (cenni storici e di diritto comparato), NssDI XV (1968), 178-195 (179 ss.).

[1295] Rintelen, *Untersuchungen* cit., 23 ss. (25, 27 e 29-30).

[1296] Rintelen, *Untersuchungen* cit., 38 ss. e Lothar Pahl, *Haftungsrechtlichen Folgen versäumter Handelsregistereintragungen und Bekanntmachungen* (1987), 43 ss..

[1297] Mestre/Tian-Pancrazi, *Droit commercial* cit., 28.ª ed., 217; Edmond Gombeaux, *La legislation française du registre du commerce* cit., 9; Giuseppe A. Rescio, *La pubblicità commerciale in Francia*, em *La pubblicità commerciale nei paesi dell'unione europea* (2000), 33-51 (33 ss.).

[1298] Rintelen, *Untersuchungen* cit., 52 ss..

[1299] Pahl, *Haftungsrechtlichen Folgen* cit., 109 ss.; *vide* Afferni, *Registro delle imprese* cit., 186 ss..

[1300] Uma referência deve ser feita aos clássicos Victor Ehrenberg, *Handelsregistergericht und Prozessgericht – Prüfungspflicht und Prüfungsrecht des Registergerichts*, JhJb 61 (1912), 423-492, Karl Lehmann, *Handelsrecht*, 2.ª ed. (1912), 141 ss. e Karl Wieland, *Handelsrecht* I (1921), 217 ss.. Na literatura atual avulta, entre várias, as obras de Martin Schmidt-Kessel/Gerd Leutner/Peter-Hendrik Müther, *Handelsregisterrecht/Kommentar*

Particularmente importante foi o facto de, nalguns casos, a qualidade de comerciante depender de inscrição no registo. Além disso, a aparência registal veio a ser protegida, pela negativa (não produção de efeitos de factos sujeitos a registo e não registados) e pela positiva (produção de efeitos de ocorrências não verificadas mas registadas)[1301].

A evolução subsequente tem seguido o rumo de um alargamento dos factos comerciais sujeitos a inscrição e de um cinzelamento da tutela da fé pública, daí resultante.

IV. Na atualidade, o registo comercial surge diversamente estruturado e conformado, nos diversos países. Na Alemanha, segundo o § 8 do HGB, o registo comercial cabe aos tribunais os quais dispõem, para isso, de uma secretaria específica[1302]. Em França, esse papel cabe ao *greffier* de cada tribunal de comércio[1303]. Na Grã-Bretanha, opera um registo de base nacional confiado ao *registror*, funcionário administrativo nomeado pelo Ministro do Comércio e da Indústria, vocacionado para as sociedades e cujos poderes cabem à *Companies House*[1304]. Em Itália, o Código Civil de 1942 veio instituir, nos seus artigos 2188.° e seguintes, um "registo das empresas"[1305]. Anteriormente vigorava um sistema de registo fragmentário para os comerciantes individuais[1306]. No Direito italiano vigente, mais harmónico, o registo comercial é mantido pelo *ufficio del registro delle imprese*, sob a vigilância de um juiz, delegado do presidente do tribu-

---

(2010), 547 pp. e de Jens Fleischhauer/Nicola Preuss, *Handelsregisterrecht/Verfahren – Anmeldungsmuster – Erläuterungen*, 2.ª ed. (2010), 1112 pp. maciças.

[1301] *Vide*, desde já, Holger Altmeppen, *Disponibilität des Rechtsscheins/Struktur und Wirkungen des Redlichkeitsschutzes im Privatrecht* (1993), 153 ss. e Claus-Wilhelm Canaris, *Die Vertrauenshaftung im deutschen Privatrecht*, 2.ª ed. (1983), 151 ss..

[1302] Federico Tassinari, *La pubblicità commerciale nella repubblica federale tedesca*, em *La pubblicità commerciale nei paesi dell'unione europea* (2000), 1-31 (6 ss.). *Vide* Roth, em Koller/Roth/Morck, *HGB* cit., 5.ª ed., § 8, Nr. 16 ss. (36 ss.) e Baumbach/Hopt, *HGB* cit., 36.ª ed., § 8, Nr. 3 (81).

[1303] Rescio, *La pubblicità commerciale in Francia* cit., 36 ss..

[1304] Giuseppe A. Rescio, *La pubblicità commerciale in Gran Bretagna*, em *La pubblicità commerciale nei paesi dell'unione europea* (2000), 53-67 (54 ss.).

[1305] Pietro Rescigno, *Codice civile* cit., 2, 6.ª ed., 2951 ss. e Ferrara/Corsi, *Gli imprenditori e le società*, 15.ª ed. (2011), 72 ss..

[1306] Gino de Gennaro, *L'iscrizione degli atti societari*, RSoc I (1956), 222-250 (226 ss.) e Afferni, *Registro delle imprese* cit., 181 ss..

§ 29.° O registo comercial: evolução e funcionamento   421

nal[1307]. Em Espanha, mantêm-se em vigor os artigos 16.° e seguintes do Código de Comércio de 1885, modificados por Leis de 1989 e de 1996. O *Registro Mercantil* assenta em registos territoriais e num registo central, com sede em Madrid, dependentes de uma Direção-Geral dos Registos e do Notariado, do Ministério da Justiça[1308].

139. A experiência portuguesa

I. O Direito português conhecia a inscrição de factos mercantis já no Direito antigo. A legislação pombalina prestou, a essa matéria, especial atenção[1309].

O registo comercial moderno surgiu apenas com o liberalismo, designadamente através do Código Ferreira Borges. O artigo 208.° deste diploma colocava logo, em primeiro lugar e a cargo dos comerciantes, a:

> obrigação de lançar n'um registro solemne todos os documentos, a que a lei marca este requisito.

Dispunha, depois, o artigo 209.°:

> Na secretaria de cada um dos tribunaes de commercio ordinarios haverá um registro público de commercio, guardado pelo respetivo secretario, responsavel, como official público, pela exatidão e legalidade de seus assuntos.

Estavam sujeitos a registo – artigos 210.° e 211.°:

> – a matrícula dos comerciantes;
> – as escrituras ou cartas de dotes celebradas com negociantes;
> – os pactos sociais;
> – as autorizações ou procurações comerciais;
> – as escrituras de comerciantes ou com comerciantes que contiverem hipotecas;
> – todos os outros atos previstos por lei.

[1307] Mario Casanova, *Registro delle imprese (Diritto italiano vigente)*, NssDI XV (1968), 195-210 (195 ss.) e Ermano Bocchini, *Registro delle imprese*, ED XXXIX (1988), 515-533 (515 ss.).

[1308] Federico Tassinari, *La pubblicità commerciale in Spagna*, em *La pubblicità commerciale nei paesi dell'unione europea* (2000), 69-104 (72 ss.).

[1309] *Supra*, 90 ss..

II. A estrutura prevista no Código Ferreira Borges foi sendo dobrada por outros registos. Assim, a Lei de 22 de junho de 1867, relativa às sociedades anónimas, criou, para estas, um registo central, ao qual foram depois submetidas as sociedades por quotas. Este registo, que funcionava na Repartição do Comércio, era especialmente vocacionado para as denominações sociais[1310]: será o antepassado do atual RNPC.

O Código Veiga Beirão retomou a matéria, sem inovar grandemente. O artigo 45.° mantinha o registo comercial em cada um dos tribunais de comércio e a cargo do respetivo secretário. O Regulamento, aprovado pelo Decreto de 15 de novembro de 1888[1311], especificava que tal sucedia nas comarcas de Lisboa e do Porto cabendo, nas outras comarcas, aos delegados do procurador da República ou agentes do MP.

Segundo o artigo 46.°, o registo comercial compreenderia:

1.° A matrícula dos comerciantes em nome individual;
2.° A matrícula das sociedades;
3.° A matrícula dos navios mercantes (...);
4.° A inscrição dos atos sujeitos a registo.

Os atos sujeitos a registo constavam do artigo 49.°, que aqui recordamos:

Ficam sujeitos ao registo comercial:

1.° A autorização para a mulher comerciar ou para fazer parte de sociedade comercial em que assuma responsabilidade ilimitada, a habilitação judicial desta para administrar, os seus bens na ausencia ou impedimento do marido, e a revogação da referida autorização;
2.° As escrituras ante-nupciaes do comerciante;
3.° As acções de separação e as de interdição que respeitem a comerciantes;
4.° As procurações escritas concedidas a quaesquer mandatarios comerciaes, e as respetivas modificações, renuncias e revogações;
5.° Os instrumentos de constituição e prorrogação de sociedade, mudança de firma, objecto, séde ou domicilio social, modificação nos estatutos, reforma, reducção ou integração de capital, dissolução e fusão, cedencia da parte de um socio em nome colectivo noutrem, e, em geral, toda e qualquer alteração no pacto social;

[1310] Luiz da Cunha Gonçalves, *Comentário* cit., 1, 121.
[1311] DG 29-nov.-1888, 2629-2632.

§ 29.° O registo comercial: evolução e funcionamento   423

6.° As emissões de acções, obrigações, cédulas ou escritos de obrigação geral das sociedades ou de particulares;

7.° As emissões de notas dos bancos;

8.° Os contratos de construção, grande reparação, adquisição, transmissão, hipoteca de navios, e as alterações e revogações que se lhes façam;

9.° O arresto e a penhora sobre navios.

§ unico. Póde tambem ter lugar o registo de escrituras ante-nupciaes de qualquer esposo ou conjuge, embora não-comerciante.

III. O princípio da tutela da fé pública, sob a forma de "publicidade negativa", resultava já do importante artigo 57.°:

Os actos sujeitos ao registo comercial só produzirão efeito para com terceiros desde a data do registo e na ordem por que este se ache feito.

§ 1.° Se, porém, os actos referidos forem tambem dos sujeitos a registro predial, e neste se acharem inscritos, produzirão efeito nos termos deste artigo, em materia comercial, desde a data desse registo, independentemente de se acharem lançados no registo comercial.

§ 2.° As escrituras ante-nupciaes de pessoas não-comerciantes continuarão a produzir, nos termos da lei civil e ainda em materia comercial todos os seus efeitos independentemente do registo que lhes é facultado no § unico do art. 49.°, salvo a contar da data em que principiarem a ser comerciantes, se o viérem a ser.

De todo o modo, o Código Veiga Beirão era muito parco em regras sobre o registo comercial. O essencial constava do já referido Regulamento de 15 de novembro de 1888, que vigoraria por 70 anos[1312]. O artigo 89.° deste Regulamento remetia a matéria do registo comercial, supletivamente, para o registo predial.

IV. A evolução do registo comercial foi demorada; por contraste, multiplicaram-se entretanto as reformas no registo predial, sendo de salientar o Código de Registo Predial aprovado pelo Decreto n.° 17:070, de 4 de julho de 1929. Deve referir-se, não obstante, o Decreto n.° 13:189, de 25 de fevereiro de 1927, que instituiu conservadores privativos do registo comercial, em Lisboa e no Porto.

[1312] Quanto ao sistema do Código Comercial e do Regulamento cabe referir João Mota Campos, *Registo comercial/Código Comercial/Regulamento do Registo Comercial* (1955).

A matéria do registo comercial manteve-se no Código Veiga Beirão, artigos 45.° a 61.°, até ao Decreto-Lei n.° 42 644, de 14 de novembro de 1959. Na mesma data, foi publicado o Decreto n.° 42 645, que constituiu o Regulamento do Registo Comercial. Foram, então, revogados os citados artigos do Código Comercial, bem como o Regulamento de 15 de novembro de 1888.

V. Colocando a matéria em termos modernos, o artigo 1.° do Decreto-Lei n.° 42 644 proclamava:

> O registo comercial tem essencialmente por fim dar publicidade à qualidade de comerciante das pessoas singulares e colectivas, bem como aos factos jurídicos especificados na lei, referentes aos comerciantes e aos navios mercantes.

Tratava-se, quanto ao resto, de um diploma breve: dependia do seu Regulamento[1313] e do regime predial, para o qual remetia, a título supletivo.

140. O Código do Registo Comercial de 1986

I. O Código do Registo Comercial foi aprovado pelo Decreto-Lei n.° 403/86, de 3 de dezembro. Este diploma pretendeu dar lugar a um verdadeiro "código" e, portanto, a algo que assumisse, nas palavras do seu preâmbulo, "um caráter sistemático e sintético que legitime a sua designação". Para o efeito, retomou, no seu corpo, uma série de normas que constavam do Código do Registo Predial, o qual deixou de ser considerado diploma subsidiário. Foram ainda absorvidas regras antes inseridas no Regulamento: o novo Regulamento do Registo Predial, aprovado pelo Decreto-Lei n.° 349/89, de 13 de outubro, tem apenas 19 artigos.

As preocupações autonomistas do registo comercial foram demasiado longe. E assim, o referido Decreto-Lei n.° 349/89 aproveitou para alterar o CRC, reintroduzindo, ainda que em moldes curiosamente restritivos, o registo predial como subsidiário: segundo o artigo 115.° do CRC (Direito subsidiário),

---

[1313] Diploma de extensão média, com os seus 93 artigos.

§ 29.º O registo comercial: evolução e funcionamento

São aplicáveis, com as necessárias adaptações, ao registo comercial, na medida indispensável ao preenchimento das lacunas de regulamentação própria, as disposições relativas ao registo predial que não sejam contrárias aos princípios informadores do presente diploma.

Teríamos, aqui, uma especial classe de aplicação subsidiária: a que se justificasse pela sua "indispensabilidade no preenchimento de lacunas". Trata-se, na realidade, de uma linguagem impressiva e justificativa, mais do que técnica e prescritiva.

II. O CRC foi alterado, sucessivamente:

– pelo Decreto-Lei n.º 7/88, de 15 de janeiro;
– pelo Decreto-Lei n.º 349/89, de 13 de outubro, que aprovou o RegRC e reintroduziu, como vimos, o registo predial como Direito subsidiário;
– pelo Decreto-Lei n.º 238/91, de 2 de julho, relativo à consolidação de contas e que modificou os seus artigos 3.º e 42.º;
– pelo Decreto-Lei n.º 31/93, de 13 de fevereiro, que pretendeu simplificar o processo registal e introduziu métodos de comunicação facultados pelas novas tecnologias; alterou os artigos 9.º, 15.º, 19.º, 21.º, 27.º, 30.º, 40.º, 65.º, 69.º, 76.º e 83.º;
– pelo Decreto-Lei n.º 267/93, de 31 de julho, sobre a competência dos notários na constituição de sociedades e que modificou os artigos 45.º e 48.º do CRC;
– pelo Decreto-Lei n.º 216/94, de 20 de agosto, que teve a ver com falências, com legalização de livros e com vária outra matéria; foram atingidos 14 artigos;
– pelo Decreto-Lei n.º 328/95, de 9 de dezembro, reportado ao CSC, e alterando o artigo 3.º do CRC, sobre prestação de contas;
– pelo Decreto-Lei n.º 257/96, de 31 de dezembro, também relativo em primeira mão ao CSC, mas que modificou ainda os artigos 3.º e 112.º-A do CRC;
– pelo Decreto-Lei n.º 368/98, de 23 de novembro, que veio dispensar a autenticação dos documentos de prestação de contas a depositar, alterando o artigo 42.º do CRC;
– pelo Decreto-Lei n.º 172/99, de 20 de maio, relativo a *warrants* autónomos e que modificou o seu artigo 3.º;
– pelo Decreto-Lei n.º 198/99, de 8 de julho, referente ainda a documentos de prestação de contas e que, de novo, veio mexer no artigo 42.º do CRC;

426   *O estatuto geral dos comerciantes*

– pelo Decreto-Lei n.° 375-A/99, de 20 de setembro, de índole processual e que vedou recursos para o STJ, modificando os artigos 92.° e 106.° do CRC;
– pelo Decreto-Lei n.° 410/99, de 15 de outubro, novamente sobre prestação de contas e que alterou o artigo 15.° do CRC;
– pelo Decreto-Lei n.° 533/99, de 11 de dezembro, sobre apresentação por notário e que aditou o artigo 28.°-A;
– pelo Decreto-Lei n.° 273/2001, de 13 de outubro, modificando os artigos 79.° e 81.° a 83.° do CRC;
– pelo Decreto-Lei n.° 323/2001, de 17 de dezembro: modificou o artigo 17.°/1 e 2 do CRC;
– pelo Decreto-Lei n.° 107/2003, de 4 de junho, que veio alterar o CSC e que, nessa linha, modificou os artigos 3.° (Sociedades) e 69.° (Factos sujeitos a averbamento) do CRC;
– pelo Decreto-Lei n.° 53/2004, de 18 de março, que aprovou o CIRE;
– pelo Decreto-Lei n.° 70/2004, de 25 de março, sobre *warrants* e que deu nova redação ao artigo 3.° do CRC;
– pelo Decreto-Lei n.° 2/2005, de 4 de janeiro, relativo a sociedades anónimas europeias e alterou, em conformidade, os artigos 3.°, 13.°, 14.°, 15.°, 27.°, 36.°, 61.°, 69.°, 70.°, 71.° e 112.°-B, do CRC;
– pelo Decreto-Lei n.° 35/2005, de 17 de fevereiro, sobre consolidação de contas e que mudou o artigo 72.° do CRC;
– pelo Decreto-Lei n.° 111/2005, de 8 de julho, que aprovou o regime especial de constituição imediata de sociedades: alterou os artigos 14.°, 51.°, 55.°, 62.°, 70.° e 71.° do CRC;
– pelo Decreto-Lei n.° 52/2006, de 15 de março, que operou a reforma do CVM e alterou os artigos 3.° e 69.° do CRC;
– pelo Decreto-Lei n.° 76-A/2006, de 29 de março: a grande reforma das sociedades comerciais, que alterou profundamente o CRC, republicando-o em anexo;
– pelo Decreto-Lei n.° 8/2007, de 17 de janeiro, que visou aperfeiçoar alguns aspetos resultantes da reforma de março de 2006;
– pelo Decreto-Lei n.° 318/2007, de 26 de setembro, referente à aquisição imediata e à aquisição *on line* de marca registada, que alterou, no seu artigo 12.°, o artigo 42.° do Código aqui em causa;
– pelo Decreto-Lei n.° 34/2008, de 26 de fevereiro, que procedeu à reforma das custas judiciais e deu nova redação ao artigo 93.°-C do Código;
– pelo Decreto-Lei n.° 73/2008, de 16 de abril, que visou criar um registo comercial bilingue e alterou os artigos 17.° e 58.° do CRC;
– pelo Decreto-Lei n.° 116/2008, de 4 de julho, que adotou medidas de simplificação, desmaterialização e eliminação de atos e procedimen-

§ 29.° O registo comercial: evolução e funcionamento

tos, no âmbito do registo comercial e diplomas conexos; foram mexidos os artigos -15.°, 22.°, 30.°, 32.°, 43.°, 44.°, 46.°, 49.°, 50.°, 52.°, 54.°, 65.°, 82.°, 84.°, 85.°, 88.°, 90.°, 91.°, 94.°, 101.°-B, 102.°, 106.°, 107.°, 111.° e 112.°, aditado o artigo 94.°-A e revogados os artigos 28.°-A, 64.°/1, *i*, 78.°-G/5, 89.°, 91.°/5, 93.°-C, 102.°/2 e 106.°/3;

– pelo Decreto-Lei n.° 247-B/2008, de 30 de dezembro, que, prosseguindo uma linha de simplificação, alterou os artigos 32.°, 45.°, 48.°, 52.°, 53.°-A e 114.°;

– pela Lei n.° 19/2009, de 12 de maio, que transpôs as Diretrizes n.° 2005/56, de 26 de outubro (fusões transfronteiriças) e n.° 2007/63, de 13 de novembro (relatórios de peritos sobre fusões e cisões) e alterou os artigos 3.° e 67.°-A, aditando, ainda, o artigo 74.°-A, relativamente ao CRC;

– pelo Decreto-Lei n.° 122/2009, de 21 de maio, com mais medidas de simplificação, e que modificou os artigos 52.° e 53.°-A do CRC;

– pelo Decreto-Lei n.° 292/2009, de 13 de outubro, com regras sobre contas e que alterou o artigo 15.° do CRC;

– pelo Decreto-Lei n.° 209/2012, de 19 de setembro, que modificou o Regulamento Emolumentar, alterando o artigo 79.°;

– pelo Decreto-Lei n.° 250/2012, de 23 de novembro, sobre o registo da aprovação de contas: atingiu os artigos 17.°, 42.°, 45.°, 46.°, 48.°, 78.°-F e 114.°, revogando o artigo 17.°/4 a 8;

– pelo Decreto-Lei n.° 201/2015, de 17 de setembro, sobre o modelo de contabilidade do IRN, IP, modificando os artigos 52.° e 110.° e revogando os artigos 52.°/4 a 6, 70.°/3 e 114.°/3 a 6.

Temos centenas de alterações, divididas por trinta e quatro diplomas, dos quais doze após a grande reforma de 2006. Apesar do essencial das reformas, nos últimos anos, ter de facto contribuído para simplificar o sistema do registo, boa parte das vantagens conseguidas perde-se perante a dificuldade em conhecer e interpretar a sucessão de leis.

III. Acontece ainda que o Decreto-Lei n.° 403/86, de 3 de dezembro, que aprovou o CRC, não revogou inteiramente o Direito anterior. Segundo o seu artigo 5.°/2, do Decreto-Lei n.° 42 644, de 14 de novembro de 1959 e do seu Regulamento, aprovado pelo Decreto n.° 42 645, da mesma data, mantêm-se em vigor os preceitos relativos ao registo de navios, até à publicação de nova legislação sobre a matéria. Essa "nova legislação" apenas apareceria através do Decreto-Lei n.° 277/95, de 25 de outubro, que aprovou um denominado Código do Registo dos Bens Móveis. Sim-

428   *O estatuto geral dos comerciantes*

plesmente, este Código só entraria em vigor, segundo o artigo 7.º do referido diploma, com um regulamento e determinadas portarias que, até hoje, nunca surgiram.

Mantêm-se, assim, em vigor diversos preceitos do Decreto-Lei n.º 42 644 e do Decreto n.º 42 645, ambos de 14 de novembro de 1959, que têm a ver com o registo (comercial) de navios.

No seu conjunto, o Direito português do registo comercial é, de quantos conhecemos, o mais alargado e prolixo, num fenómeno que mais se agrava se tivermos em conta a necessidade de o concatenar com o RNPC, com o CSC e ainda com múltipla legislação avulsa. O Direito alemão, campeão da matéria registal, continua, nesse domínio, a viver com uns quantos parágrafos, no HGB[1314], simplificados, a partir de 1-jan.-2007, com a introdução do registo eletrónico[1315].

IV. O CRC abrange mais de uma centena de artigos repartidos por 9 capítulos. Tem interesse considerar a sua sistematização geral:

Capítulo I   – Objeto, efeitos e vícios do registo (1.º a 23.º);
Capítulo II   – Competência para o registo (24.º a 27.º);
Capítulo III   – Processo de registo (28.º a 53.º);
Capítulo IV   – Atos de registo (53.º-A a 72.º);
Capítulo V   – Publicidade e prova do registo (73.º a 78.º-L);
Capítulo VI   – Suprimento, retificação e reconstituição do registo (80.º a 97.º);
Capítulo VII   – Impugnação das decisões (101.º a 112.º);
Capítulo VIII – Outros atos (112.º-B);
Capítulo IX   – Disposições diversas (113.º a 116.º).

Como se vê, foi adotado um tipo de sistematização funcional, por oposição a dogmática[1316]. A numeração indicada tem já em conta a reforma de 2006: mas mantém a referência a preceitos revogados.

[1314] *Vide* Klaus J. Hopt, em Baumbach/Hopt, *HGB* cit., 36.ª ed., §§ 8 ss. (76 ss.).

[1315] Alexander Krafka/Heinz Willer, *Registerrecht* cit., 7.ª ed., 19 ss.; Klaus J. Hopt, no Bamberger /Hopt, *Handelsgesetzbuch* cit., 36.ª ed., § 8, Nr. 2a e 2b (81).

[1316] Menezes Cordeiro, *Problemas de sistematização*, em *A feitura das leis*, II volume (1986), 133-149.

§ 29.° O registo comercial: evolução e funcionamento

V. O CRC dispõe, ainda, de diplomas complementares. Assim temos a tabela de emolumentos do registo comercial, aprovada pela Portaria n.° 996/98, de 25 de novembro e alterada, por último e neste momento, pela Portaria n.° 286/2012, de 20 de setembro, e o Regulamento do Registo Comercial, aprovado pela Portaria n.° 883/89, de 13 de outubro. Este último foi revogado pelo artigo 61.°, f), do Decreto-Lei n.° 76-A/2006, de 29 de março. Um novo regulamento foi adotado pela Portaria n.° 657--A/2006, de 29 de junho[1317], alterada pelas Portarias n.° 1416-A/2006, de 19 de dezembro, n.° 234/2008, de 12 de março, n.° 4/2009, de 2 de janeiro e n.° 1256/2009, de 14 de outubro.

141. O funcionamento do registo comercial (antes de 2006)

I. O registo comercial opera perante serviços públicos dependentes do Ministério da Justiça e especialmente preparados para o efeito: as conservatórias do registo comercial, em Lisboa, Porto, Coimbra e Funchal e as conservatórias do registo comercial e predial, nas restantes circunscrições. As conservatórias tinham âmbitos territoriais de competência próprios[1318]: deixaram de os ter em 1-jan.-2007, nos termos precisados pelo artigo 43.° do Decreto-Lei n.° 76-A/2006, de 29 de março.

Mantemos, pelo interesse prático e teórico que ainda tem, o funcionamento do registo antes da reforma de 2006. Parte destes preceitos foi transitoriamente ressalvada pelo artigo 53.° do Decreto-Lei n.° 76-A/2006.

Em cada conservatória existe, para efeitos do registo – artigos 56.° do CRC e 1.° do RegRC – um livro diário, no qual são anotados cronologicamente todos os pedidos de registo e respetivos documentos e fichas de registo e pastas, ordenadas pelos números que lhes caibam na ordem cronológica.

[1317] Com a Retificação n.° 54/2006, de 22 de agosto.

[1318] Quanto ao funcionamento do registo e como nótulas de comparação de Direitos, referimos Karl Drischler, *Verfügung über die Führung und Einrichtung des Handelsregisters (Handelsregisterverfügung)*, 5.ª ed. (1983), Eckart Gustavus/Walter Böhringer, *Handelsregister-Anmeldungen*, 2.ª ed. (1990) e Helmut Keidel/Hans Schmatz/Kurt Stöber, *Registerrecht*, 5.ª ed. (1991) – 62 ss. e 169 ss., para as secções A e B respeitantes, respetivamente, a pessoas singulares e a sociedades; entre nós recorde-se Fernando Olavo, *Direito comercial* cit, 1, 2.ª ed., 369 ss..

430 · *O estatuto geral dos comerciantes*

As fichas tinham cores diferentes, consoante se destinem ao registo de comerciantes individuais, sociedades, cooperativas, empresas públicas, agrupamentos complementares de empresas e agrupamentos europeus de interesse económico, estabelecimentos individuais de responsabilidade limitada e outras entidades sujeitas a registo – artigo 2.º/3 do RegRC.

As pastas tinham indicado, no seu exterior, o nome, firma ou denominação da entidade visada e o respetivo número de ordem – artigo 3.º do RegRC.

II. De modo a permitir a busca de quaisquer elementos há, nas conservatórias, ficheiros nominativos e numéricos: os nominativos são constituídos por verbetes com os nomes das entidades matriculadas, por ordem alfabética; os numéricos englobam verbetes ordenados pelo número de identificação de pessoa coletiva ou entidade equiparada ou pelo número fiscal, quando se trate de comerciante individual – artigo 4.º do RegRC.

Sobrevindo mudança voluntária de sede para localidade pertencente a área de conservatória diversa da do registo, a pasta é remetida oficiosamente para a nova conservatória, anotando-se o facto nos verbetes.

III. O registo comercial é, intrinsecamente, um registo de pessoas[1319]: contrapõe-se ao predial que é um registo de coisas, mais precisamente de prédios. Assim, enquanto neste a base de funcionamento do registo parte das descrições prediais, naquele ela opera a partir da matrícula. Esta visa a identificação do comerciante individual, da pessoa coletiva ou do estabelecimento individual de responsabilidade limitada: a cada uma dessas entidades corresponderá uma só matrícula, em nome do princípio da unidade – artigo 9.º do RegRC.

A matrícula deve conter os números do registo, de identificação ou fiscal, consoante os casos, a referência a ser provisória ou definitiva, o nome completo e a firma, quando for diferente, no caso dos comerciantes individuais e a firma ou denominação, nas restantes hipóteses – artigos 62.º do CRC e 11.º a 13.º do RegRC.

Seguem-se, depois, as inscrições, que devem ter os requisitos gerais e os requisitos especiais enunciados nos artigos 15.º e 16.º do RegRC: elas extratam, dos documentos depositados, os elementos que definam a situação jurídica em jogo – artigo 63.º do CRC.

[1319] *Vide* J. A. Mouteiro Guerreiro, *Noções de Direito Registral (Predial e Comercial)*, 2.ª ed. (1994), 315-316.

§ 29.° O registo comercial: evolução e funcionamento

IV. O registo comercial não se limita, todavia, à matrícula, inscrições e averbamentos. Segundo o artigo 55.°/1 do CRC,

O registo compreende:

a) O depósito de documentos;
b) A matrícula, inscrições e averbamentos respeitantes a comerciantes individuais, sociedades, cooperativas, empresas públicas, agrupamentos complementares de empresas, agrupamentos europeus de interesse económico e estabelecimentos individuais de responsabilidade limitada;
c) Publicações nos jornais oficiais.

Os registos devem ser efetuados no prazo de 15 dias, por ordem de anotação – artigo 54.° do CRC. Os documentos respetivos devem ser depositados em pasta própria – artigo 59.°/1 – não podendo, sem isso, ser efetuado o registo.

As inscrições podem ser provisórias por natureza, nos casos do artigo 64.° do CRC; passando a definitivas, elas conservam o número de ordem inicial. As inscrições provisórias caducam no prazo de 6 meses – artigo 18.° do CRC: a contar dos 15 dias subsequentes à prática do ato, margem essa na qual podia ser exercido o direito de reclamar[1320].

Os factos a averbar surgem na enumeração do artigo 69.°.

Diversos factos sujeitos a registo devem, ainda, ser publicados – artigo 70.° do CRC. A publicação é, em princípio, feita no *Diário da República*[1321]. Efetuado o registo, o conservador promove oficiosamente a publicação, a expensas do interessado – artigo 71.°.

V. O registo comercial é público. E assim, qualquer pessoa pode pedir certidões dos atos do registo e dos documentos arquivados, bem como obter informações verbais ou escritas sobre o conteúdo de uns e outros – artigo 73.° do CRC.

[1320] STJ 17-abr.-1997 (Almeida e Silva), CJ/Supremo V (1997) 2, 50-53 (51/II e 52/I): um excelente acórdão.

[1321] Para esse efeito e na sequência do Decreto-Lei n.° 391/93, de 23 de novembro, passou a existir uma parte B na III Série do *Diário da República*. O Decreto-Lei n.° 116-C//2006, de 16 de junho, que revogou esse diploma, determinou a extinção da III Série em causa: os atos que lá eram publicados passaram para a II Série. A matéria foi regulamentada pelo Despacho Normativo n.° 38/2006, de 30 de junho.

As inexatidões e os registos indevidamente lavrados devem ser retificados por iniciativa do conservador ou a pedido de qualquer interessado – artigo 81.º do CRC; hoje, 82.º/1.

Do despacho do conservador que recuse qualquer ato de registo, nos termos requeridos, cabia reclamação para o próprio conservador – artigo 98.º: para tanto, o prazo é de 30 dias – artigo 99.º, ambos do CRC. Tem o conservador 5 dias para apreciar a reclamação, proferindo despacho fundamentado a reparar ou a manter a decisão – artigo 100.º/1. Havendo indeferimento cabe recurso hierárquico para o Diretor-Geral dos Registos e do Notariado, a interpor no prazo de 30 dias – artigo 101.º/1; tem este 90 dias para decidir. Sendo a decisão desfavorável, cabe recurso contencioso para o tribunal de comarca, no prazo de 20 dias – artigo 104.º[1322]. Da sentença que assim se obtenha podem sempre recorrer, com efeito suspensivo, o funcionário recorrido, o Diretor-Geral dos Registos e do Notariado e o Ministério Público – artigo 106.º; não há, em princípio, recurso para o Supremo – *idem*, n.º 4.

Tudo estava montado como se a recusa fosse um direito subjetivo pessoal dos funcionários públicos envolvidos, a defender com todo o garantismo que a lei concede (por vezes) aos particulares. Tratava-se de um sistema pesado, que onerava sem glória o comércio português. Impunha-se uma reforma corajosa.

[1322] Portanto: para o tribunal da comarca em cuja área territorial foi praticado o ato de recurso do registo: RPt 27-nov.-1997 (Viriato Bernardo), BMJ 471 (1997), 455 (o sumário).

§ 30.º A REFORMA DO REGISTO COMERCIAL DE 2006

142. Aspetos gerais

I. O Decreto-Lei n.º 76-A/2006, de 29 de março, primacialmente virado para as sociedades comerciais[1323], alterou profundamente o Código do Registo Comercial, republicando-o em anexo. Com efeito:

– foram alterados 66 artigos – 5.º;
– foram aditados 23 artigos – 6.º;
– foram revogados 17 artigos – 61.º, c);
– foram revogados, parcialmente, 13 artigos – 61.º, c);
– foi fixado um regime transitório para o registo comercial: artigos 43.º a 56.º.

Vamos ver em que medida a dimensão quantitativa da reforma, que é muito extensa, foi acompanhada pela vertente qualitativa. De seguida, o Decreto-Lei n.º 8/2007, de 17 de janeiro, visando aperfeiçoar a reforma, alterou mais 17 artigos e aditou um.

II. Recorrendo ao preâmbulo, encontramos anunciadas diversas medidas relevantes para o registo. Assim[1324]:

– a possibilidade de praticar atos de registo *on-line*;
– a certidão permanente *on-line*;
– a redução e a clarificação dos custos da prática dos atos;

[1323] Recordamos o nosso *A grande reforma da sociedades comerciais*, O Direito 2006, 445-453.

[1324] DR I Série-A, n.º 63, de 29 de março de 2006, 2328(2)/II-2328(3)/I.

– a eliminação da competência territorial das conservatórias do registo comercial;
– a supressão de atos e práticas que não acrescentem valor; designadamente: reduzindo o número de atos sujeitos a registo e adotando a possibilidade de praticar atos através de um registo "por depósito";
– a criação de um novo regime de registo de transmissão de quotas.

III. A sistemática inicial do Código foi mantida. Apesar de se verificar uma alteração profunda em orientações básicas do diploma – radical mesmo, quanto às sociedades por quotas! – não houve o ensejo de elaborar um novo diploma.

Devem ainda ter-se presentes dois condicionalismos que possibilitam uma reforma ambiciosa:

– a disponibilidade de meios informáticos, os quais podem facilitar radicalmente todas as tarefas de coordenação, pesquisa e disponibilidade da informação registal;
– a dimensão do País, que permite centralizar toda esta matéria, em vez de a manter dispersa por várias circunscrições.

Uma boa aplicação é decisiva. No momento subsequente, a necessidade de adaptação dos serviços e, até, questões tão simples como a falta de novos impressos, veio provocar maiores demoras na prática de atos de registo. Posteriormente, sucederam-se as reformas e alterações, ao ritmo de três por ano, com danos graves para o conhecimento da lei em vigor.

IV. A reforma de 2006, louvável nos propósitos de simplificação, tirou credibilidade ao registo[1325]. Particularmente na área sensível das sociedades, diversas situações são publicitadas sob a exclusiva responsabilidade das apresentações. Na prática, isso levou os bancos a exigir, para quaisquer operações, garantias pessoais dos gerentes e, até, dos sócios. Foi pena. A disponibilidade da informática teria permitido simplificar, sem baixar o rigor.

[1325] *Vide* J. A. Mouteira Guerreiro, *Registo comercial – Ainda existe?* O Direito, 2008, 367-390.

§ 30.° A reforma do registo comercial de 2006   435

143. A eliminação da competência territorial das conservatórias

I. Para efeitos do registo comercial, o País estava dividido em áreas encabeçadas por conservatórias. Cada uma delas tinha competência para a prática de atos: *grosso modo*, os levados a cabo por comerciantes individuais e por sociedades cujos estabelecimento principal e sede, respetivamente, se situassem nas suas circunscrições – artigos 24.° a 26.° do CRC, versão de 1986. Todos estes preceitos foram revogados pelo Decreto-Lei n.° 76-A/2006, de 29 de março.

II. Paralelamente, o artigo 33.° do referido Decreto-Lei n.° 76-A/2006 veio alterar o artigo 28.° da Lei Orgânica da Direção-Geral dos Registos e Notariado, aprovada pelo Decreto-Lei n.° 87/2001, de 17 de março, com alterações introduzidas pelo Decreto-Lei n.° 178-A/2005, de 28 de outubro. Segundo o novo n.° 2 daquele preceito:

> Os atos (...) podem ser efetuados e os respetivos meios de prova obtidos em qualquer conservatória do registo comercial, independentemente da sua localização geográfica.

O n.° 3 acrescenta:

> A competência para a prática dos atos referidos no número anterior pode ser atribuída a qualquer conservatória de registos, através de despacho do diretor-geral dos Registos e Notariado.

III. A supressão da competência territorial das conservatórias é tornada possível pela criação de uma base de dados nacional (78.°-B): esta centraliza toda a informação relativa às entidades sujeitas a registo de tal modo que se torna indiferente o ponto concreto de recolha de informação – ou da sua disponibilização ao público. Ambas podem, de resto, ser também levadas a cabo por via informática.

Acabando a competência territorial: desaparece o vício de inexistência, por realização do registo em conservatória incompetente. Donde a revogação do artigo 21.°.

144. Registos por transcrição e por depósito

I. Ponto-chave do novo registo comercial é a contraposição entre o registo por transcrição e o registo por depósito (53.°-A/1, do CRC). Nestes termos:

436   *O estatuto geral dos comerciantes*

– no registo por transcrição, o conservador procede à extratação dos elementos que definem a situação jurídica das entidades sujeitas a registo constantes dos documentos apresentados (53.º-A/2);
– no registo por depósito procede-se ao mero arquivamento dos documentos que titulam factos sujeitos a registo (53.º-A/3).

No Direito anterior, a regra era a do registo por transcrição, então dito, meramente, "registo"; o depósito reportava-se aos documentos na base dos quais era feito o registo (59.º/1, do CRC, versão de 1986), fazendo parte dos seus elementos [55.º/1, *a*), do CRC, versão de 1986]. Eram objeto de depósito os documentos de prestação de contas (15.º/3, do CRC, versão de 1986).

II. Apenas no registo por transcrição o conservador tem um papel ativo, assegurando-se da regularidade formal e substancial dos títulos que lhe sirvam de base (47.º do CRC). No depósito, o conservador limita-se a verificar se o requerimento corresponde ao modelo, se foram pagas as taxas, se a entidade objeto do registo tem número de pessoa coletiva, se o representante tem legitimidade para requerer o registo, se foi feito o primeiro registo relativo à entidade em causa e se o facto está sujeito a registo (46.º/2, do CRC). Trata-se de tarefas administrativas que não implicam valorações de fundo: o depósito é um mero arquivamento.

III. A lei (53.º-A/5, do CRC) indica os factos que estão sujeitos a registo por (mero) depósito. Todos os outros seguem o esquema do registo por transcrição. Dada, porém, a extensão dos factos que passaram para o regime de depósito, mais fácil se torna indicar os da transcrição. Assim, registam-se por transcrição:
– quanto a comerciantes individuais (2.º do CRC), o início, a alteração e a cessação de atividade, as modificações do seu estado civil e regime de bens e a mudança do estabelecimento principal;
– quanto a sociedades (3.º do CRC), a constituição, a designação e a cessação de funções por qualquer causa que não seja a do decurso do tempo, dos titulares dos órgãos, a mudança de sede, as alterações do pacto, a dissolução, os liquidatários, o encerramento da liquidação e o regresso à atividade;
– quanto a empresas públicas (5.º do CRC), a constituição , a designação dos membros dos órgãos, as alterações dos estatutos e a extinção;

§ 30.° A reforma do registo comercial de 2006 437

– quanto a ACE (6.°), a AEIE (7.°) e a EIRL (8.°, todos do CRC), operem valorações similares, com adaptações.

Grosso modo, podemos efetivamente considerar que, nestes casos, há ainda uma margem de apreciação, por parte do conservador. Em todos os restantes – e são a generalidade, no tocante às sociedades – o registo é como que mecânico, assim se explicando o mero depósito dos elementos pertinentes. Por isso, apenas aos registos por transcrição:

– se aplica o regime da nulidade (22.°);
– se manifesta o princípio da legalidade (47.°);
– pode haver recusa propriamente dita (48.°) e não mera rejeição do pedido (46.°/2).

IV. No registo por transcrição, procede-se à apresentação (46.°/1); ele deve ser efetuado no prazo de 10 dias pela ordem de anotação ou da sua dependência (54.°/1), ou no de um dia, se for pedida urgência (54.°/2). Ele compreende a matrícula das entidades sujeitas a registo, as inscrições, os averbamentos e as anotações de factos a eles respeitantes (55.°/1).

No registo por depósito, procede-se ao arquivamento dos documentos visados e à respetiva menção na ficha de registo (55.°/2).

145. O processo do registo

I. O processo do registo, no formato resultante da reforma de 2006, percorre, em síntese, o seguinte caminho[1326]:

– o pedido do registo é formulado verbalmente, quando efetuado por pessoa que tenha legitimidade para o efeito (4.°/1);
– nos restantes casos, é feito por escrito, em modelo adequado (4.°/2).

Por seu turno, nas conservatórias existem (1.°/1):

a) Um diário em suporte informático;
b) Fichas de registo com o mesmo tipo de suporte;
c) Pastas de arquivo.

[1326] Todos os preceitos subsequentes pertencem ao Regulamento do Registo Comercial, aprovado pela Portaria n.° 657-A/2006, de 28 de junho.

438   *O estatuto geral dos comerciantes*

II. Os registos por transcrição seguem a metodologia regulada nos artigos 8.º a 13.º. Assim:

– a matrícula deve conter o número, a natureza da entidade, o nome ou firma do comerciante individual ou a firma ou denominação da pessoa coletiva (8.ª);
– o extrato das transcrições compreende certas menções gerais (9.º) e, eventualmente, especiais (10.º);
– os averbamentos são explicitados (11.º).

Quanto aos registos por depósito, há a salientar:

– menções gerais: data, facto, nome ou denominação (melhor seria "firma") (14.º);
– menções especiais elencadas na lei (15.º).

III. Finalmente, o artigo 16.º determina que as notificações sejam efetuadas por carta registada.

146. Papel da informática, apresentação por notário e documentos

I. No novo regime, a informática tem um papel decisivo. Assim:

– os atos incluídos no registo por transcrição são efetuados em suporte informático (58.º/1), arquivando-se os documentos (59.º);
– as publicações obrigatórias são feitas em sítio da Internet, de acesso público (70.º/2);
– as certidões podem ser disponibilizadas em suporte eletrónico (75.º/3) ou em sítio da Internet (75.º/5);
– a requisição de certidões pode ser feita por via eletrónica (77.º/3);
– a base de dados do registo comercial vem regulada, sendo de responsabilidade do Diretor-Geral dos Registos e do Notariado (78.º-B a 78.º-L).

O recurso à informática na publicidade registal foi já objeto de regulamentação comunitária no campo das sociedades comerciais: a Diretriz n.º 2003/58/CE, de 15 de julho[1327], veio alterar a 1.ª Diretriz do Direito

---

[1327] *Vide* o nosso *Direito europeu das sociedades* (2005), 156 ss., com outros textos relevantes – 135 ss..

§ 30.° A reforma do registo comercial de 2006 439

das sociedades, precisamente nesse sentido[1328]. Além disso, permite que os Estados introduzam registos na língua própria e numa qualquer outra língua da União.

II. O pedido de registo é feito pelo interessado[1329], ou apresentado diretamente pelo notário, na conservatória competente (28.°-A). Tratando--se de sociedade: apenas esta tem legitimidade para o pedido (29.°/5), podendo, quando ela não o faça, qualquer pessoa solicitar junto do conservador a sua promoção (28.°-A/1).

III. Quanto aos documentos, temos a seguinte novidade: podem ser aceites, sem tradução, quando escritos em inglês, francês ou espanhol (leia-se: castelhano), quando o funcionário competente domine essas línguas (32.°/2). Depende das áleas dos conhecimentos linguísticos dos funcionários; além disso, não se entende porque não admitir outros idiomas que o funcionário domine: alemão, italiano, russo, chinês ou árabe, como exemplos mais frisantes. No fundo, melhor seria permitir aos funcionários a autenticação de traduções.

147. A impugnação de decisões

I. Também o sistema de impugnação das decisões do conservador foi alterado: no sentido da eliminação dos passos inúteis e demorados.

Assim, foi suprimida a figura da reclamação para o próprio conservador (artigos 98.° a 100.° do CRC, revogados): nunca havia êxito. Da decisão de recusa da prática do ato de registo cabe (101.°/1):

– recurso hierárquico para o diretor-geral dos Registos e do Notariado;
– impugnação judicial.

[1328] Oliver Scholz, *Die Einführung elektronischer Handelsregister im Europarecht*, EuZW 2004, 172-176 (176/II); Alexander Krafka/Heinz Willer, *Registerrecht* cit., 7.ª ed., 19.

[1329] Diretamente ou por representação, nos termos o artigo 30.°, que prevê também o pedido por advogados ou solicitadores.

440 *O estatuto geral dos comerciantes*

Impugnada a decisão, o conservador profere, em 10 dias, despacho a sustentar ou a reparar a decisão (101.º-B/1). Sendo sustentada, o diretor- -geral decide em 90 dias (102.º/1), podendo ser ouvido o conselho técnico, que se pronuncia em 60 dias (102.º/2).

II. Sendo o recurso hierárquico considerado improcedente, pode ainda o interessado impugnar judicialmente a decisão: tem 20 dias (104.º/1). Da sentença cabe recurso, com efeito suspensivo, recurso esse que pode ser interposto pelo autor, pelo réu, pelo diretor-geral dos Regis- tos e do Notariado e pelo Ministério Público (106.º/1). Do acórdão da Relação não cabe recurso para o Supremo Tribunal de Justiça (106.º/4).

Apesar das simplificações, uma mera teima burocrática pode ocasio- nar, para os particulares, um calvário processual.

148. O regime transitório

I. A reforma do registo comercial de 2006 pressupôs meios materiais e humanos cuja mobilização iria exigir algum tempo. O Decreto-Lei n.º 76-A/2006, de 29 de março, previu, assim, uma série de disposições tran- sitórias. A saber:

– a supressão da competência territorial depende de despacho do diretor-geral dos Registos e do Notariado; até lá, funcionaria a sub- secção que tem o seu início no artigo 43.º do diploma (43.º);
– mantinha-se, entretanto, o vício da "inexistência", para os registos efetivados em conservatórias incompetentes (44.º);
– transitoriamente, conservavam-se as regras tradicionais de compe- tência, agora vertidas nos artigos 45.º, 46.º, 47.º, 48.º e 49.º;
– o registo por transcrição devia ser recusado quando a conservatória seja territorialmente incompetente (50.º);
– continuava o regime dos factos a averbar às inscrições (51.º) e das certidões negativas (52.º, todos do Decreto-Lei n.º 76-A/2006).

II. O segundo ponto transitório tinha a ver com os suportes de registo. Estes passam a ser informáticos (58.º/1, do CRC). Isso pressupõe uma informatização dos serviços de registo comercial: de grande fôlego. En- quanto isso não estivesse aprontado, mantinha em vigor o esquema antigo dos livros, fichas e verbetes (53.º do Decreto-Lei n.º 76-A/2006). Também

§ 30.° A reforma do registo comercial de 2006 441

os atos de registo por depósito e as publicações foram objeto de preceitos transitórios (55.° e 54.° do mesmo diploma).

III. A alteração de certos prazos explica o artigo 56.°/1 do Decreto--Lei n.° 76-A/2006, de 29 de março: os novos prazos são apenas aplicáveis aos registos e procedimentos requeridos a partir da data da sua entrada em vigor. Os n.°s 2 e 3 desse artigo fazem novas especificações.

149. As reformas de 2007, de 2008 e de 2009

I. Como foi referido, ainda a reforma de 2006 não havia assentado e nova reforma acudia: a aprovada pelo Decreto-Lei n.° 8/2007, de 17 de janeiro. Vamos, agora, centrar a atenção no domínio do Registo Comercial: área onde o legislador decidiu proceder "... ao aperfeiçoamento de algumas disposições ..."[1330].

II. Foram alterados 19 artigos do Código do Registo Comercial e aditado um novo. No essencial, as alterações visaram:

– adaptar a terminologia à reforma de 2006, em pontos que, então, escaparam ao legislador;
– resolver aspetos práticos, entretanto detetados;
– harmonizar melhor as novas soluções.

Houve, ainda, complementos importantes, como o de permitir a prestação de contas através de transmissão eletrónica de dados.

III. Nesse mesmo ano, o Decreto-Lei n.° 318/2007, de 26 de setembro, relativo à "marca na hora", alterou o artigo 42.° do Código de Registo Comercial (prestação de contas).

Segue-se o Decreto-Lei n.° 34/2008, de 26 de fevereiro, que atingiu o seu artigo 93.°-C (gratuitidade do registo e custas).

O Decreto-Lei n.° 73/2008, de 16 de abril (sucursal na hora), modificou os artigos 17.° e 58.° (línguas e termos).

[1330] DR I Série, n.° 12, de 17-jan.-2007, 379/II.

Três meses volvidos, o Decreto-Lei n.º 116/2008, de 4 de julho[1331], que aprovou importantes medidas de simplificação, desmaterialização e desformalização de atos e processos na área do registo, alterou os artigos 15.º, 22.º, 30.º, 32.º, 43.º, 44.º, 46.º, 49.º, 50, 52.º, 54.º, 65.º, 82.º, 84.º, 85.º, 88.º, 90.º, 91.º, 94.º, 101.º-B, 102.º, 106.º, 107.º, 111.º e 112.º, aditando ainda o artigo 94.º-A.

Ainda nesse ano, o Decreto-Lei n.º 247-B/2008, de 30 de dezembro, relativo ao cartão de empresa[1332], alterou os artigos 32.º, 48.º, 52.º e 53.º-A, sempre do mesmo Código.

IV. Em 2009, a Lei n.º 19/2009, de 12 de maio, relativa a fusões transfronteiriças, modificou os artigos 3.º e 67.º-A e aditou-lhe o artigo 74.º-A. Menos de duas semanas depois, seguiu-se o Decreto-Lei n.º 122/2009, de 21 de maio, que veio facilitar as fusões, alterando os seus artigos 52.º e 53.º-A. E esse mesmo artigo 53.º-A, em conjunto com o artigo 57.º, foram depois atingidos pelo Decreto-Lei n.º 292/2009, de 13 de outubro. As já referidas alterações de 2012 e de 2015 foram menores.

V. As editoras não conseguem manter, no mercado, versões consolidadas e atualizadas. Os estudiosos não se lançaram à aventura de preparar códigos anotados: correm o risco de desatualizações, no próprio período da sua elaboração. Recomenda-se o maior cuidado, aos operadores jurídicos: há que verificar sempre, com cautela, as precisas leis em vigor.

[1331] Com a Declaração de Retificação n.º 47/2008, de 25 de agosto.

[1332] *Vide* Francisco Mendes Correia, *O Decreto-Lei n.º 247-B/2008, de 30 de dezembro: cartão de empresa, cartão de pessoa colectiva e outras novidades*, RDS 2009, 287-290.

§ 31.º O ÂMBITO E OS PRINCÍPIOS
DO REGISTO COMERCIAL

150. O âmbito do registo comercial

I. O registo comercial visa dar publicidade à situação jurídica dos comerciantes individuais, das sociedades comerciais, das sociedades civis sob forma comercial e dos estabelecimentos individuais de responsabilidade limitada "... tendo em vista a segurança do comércio jurídico" – artigo 1.º/1 do CRC. Trata-se, pois, de uma publicidade virada para a situação dos comerciantes ou entidades próximas (as sociedades civis sob forma comercial). O n.º 2 do mesmo artigo alarga a publicidade comercial a entidades semelhantes a comerciantes: cooperativas, empresas públicas, agrupamentos complementares de empresas, agrupamentos europeus de interesse económico e outras pessoas singulares ou coletivas a ele sujeitas[1333]. Além da publicidade, o registo comercial permite uma função de controlo[1334].

II. Quanto a comerciantes individuais, estão sujeitos a registo – artigo 2.º do CRC:

a) O início, alteração e cessação da atividade do comerciante individual;
b) As modificações do seu estado civil e regime de bens;
c) A mudança de estabelecimento principal.

[1333] No tocante às funções do registo comercial: Johannes Hager, *Das Handelsregister*, Jura 1992, 57-65 (57).

[1334] Bernhard Schaub, em Ebenroth/Boujong, *Handelsgesetzbuch Kommentar* cit., 1, 3.ª ed., § 8, Nr. 44-53 (87-89); Alexander Krafka, no *Münchener Kommentar zum HGB* cit., 1, 4.ª ed., § 8, Nr. 3-15 (151-156).

444 *O estatuto geral dos comerciantes*

Como se vê, são visados elementos básicos sobre a qualidade de comerciante, sobre o regime de bens, decisivo para se valorar a cobertura patrimonial e sobre o estabelecimento principal. Por esta via, o próprio estabelecimento comercial, quando pertença de uma pessoa singular, tem alguma publicidade.

III. As sociedades comerciais e as sociedades civis sob forma comercial têm numerosas situações sujeitas a inscrição comercial: veja-se a enumeração do artigo 3.º/1 do CRC. Em termos sintéticos, ficam abrangidos:

– o próprio contrato de sociedade;
– a situação jurídica das quotas das sociedades por quotas;
– a designação e cessação de funções dos administradores, gerentes ou diretores;
– as modificações societárias.

E são ainda *grosso modo* esses mesmos fatores que devem ser publicitados no tocante a sociedades anónimas europeias (3.º/2), a cooperativas (4.º), a empresas públicas (5.º), a agrupamentos complementares de empresas (6.º), a agrupamentos europeus de interesse económico (7.º) e a estabelecimentos individuais de responsabilidade limitada (8.º, todos do CRC).

IV. Estão ainda sujeitas a registo as ações que possam interferir nas situações que devam ser inscritas, de acordo com a renumeração do artigo 9.º do CRC.
O artigo 10.º do mesmo Código submete também a registo comercial:

a) O mandato comercial escrito, suas alterações e extinção;
b) A designação do gestor judicial, quando os poderes conferidos e os suspensos, restringidos ou condicionados aos órgãos sociais devam ser registados [preceito revogado];
c) A criação, a alteração e o encerramento de representações permanentes de sociedades, cooperativas, agrupamentos complementares de empresas e agrupamentos europeus de interesse económico com sede em Portugal ou no estrangeiro, bem como a designação, poderes e cessação de funções dos respetivos representantes;
d) A prestação de contas das sociedades com sede no estrangeiro e representação permanente em Portugal;

§ 31.º O âmbito e os princípios do registo comercial   445

e) O contrato de agência ou representação comercial, quando celebrado por escrito, suas alterações e extinção;
f) Quaisquer outros factos que a lei declare sujeitos a registo comercial.

V. Os atos sujeitos a registo constituem uma tipicidade fechada. Podemos admitir que outras leis submetam certos atos a registo comercial; podemos também aceitar que algumas formulações legais admitam interpretação extensiva: não é porém possível, por analogia ou com recurso a princípios, ampliar a lista em jogo.

E paralelamente, há que recusar a redução teleológica da lista, de modo a retirar, dela, factos que, atentos os fins das normas em jogo, já nada ganhem com a inscrição comercial.

Por exemplo: poderia ser desejável submeter a registo comercial o contrato de concessão comercial ou o contrato de franquia; todavia e a menos que, em concreto, seja possível estabelecer que esses contratos envolvem no seu núcleo essencial, uma situação de agência, não há base legal para um dever de registo.

As normas que obrigam ao registo são puras regras de procedimento, historicamente condicionadas e cuja segurança se sobrepõe a quaisquer outras considerações. Estão, um tanto, na situação das normas relativas à forma dos atos.

Fora isso, domina sempre a autonomia privada e a regra de que os efeitos jurídicos se produzem, na íntegra, logo que os competentes processos de formação da vontade se achem concluídos.

151. Os princípios do registo comercial; o princípio da instância

I. A estruturação jurídica do registo comercial fica mais clara com recurso à formulação dos grandes princípios que a regem. São eles:

– o princípio da instância;
– o princípio da obrigatoriedade;
– o princípio da competência (só até 2007);
– o princípio da legalidade;
– o princípio do trato sucessivo.

Todos eles comportam apenas uma parcela – ainda que significativa – das regras jurídicas em jogo, admitindo desvios e exceções.

II. Segundo o princípio da instância, o registo comercial efetua-se a pedido dos interessados. Apenas há registos oficiosos nos casos previstos pela lei – artigo 28.° do CRC. O artigo 28.°-A, de 2006, prevê, todavia, a hipótese de apresentação pelo notário[1335].

O registo pode ser pedido pelos próprios, pelos representantes legais ou pelas pessoas que nele tenham interesse – artigo 29.°. Temos, ainda, também como novidade de 2006, a promoção de registos pelas sociedades (29.°-A). E o registo pode ainda ser solicitado por "mandatário com procuração bastante", por quem tenha poderes para intervir no respetivo título e – regra com grande alcance prático – por advogado ou solicitador cujos poderes de representação se presumem – artigo 30.°/1, do CRC.

Nas hipóteses de reclamação ou de recurso, hierárquico ou contencioso, a lei é mais exigente com o título de representação – *idem*, n.° 2, agora n.° 3.

152. O princípio da obrigatoriedade

I. Segundo o princípio da obrigatoriedade, os interessados estariam adstritos a requerer a inscrição dos factos sujeitos a registo comercial. Trata-se de um princípio que comporta duas vertentes:

– a obrigatoriedade direta;
– a obrigatoriedade indireta.

A inscrição é diretamente obrigatória nos casos referidos no artigo 15.°/1 e 2, do CRC. Estes números remetem para diversas alíneas dos artigos 3.° a 8.°, que indicam os factos sujeitos a registo. Verifica-se que a larga maioria desses factos está sujeita a registo. Os notários devem remeter às conservatórias competentes, todos os meses, a relação dos documentos que titulem factos sujeitos a registo obrigatório – artigo 16.° do CRC. O incumprimento do dever de requerer a inscrição é punido com as coimas elencadas no artigo 17.° do mesmo Código.

[1335] Podemos seguir regras paralelas no § 12 do HGB: *vide* Alexander Krafka, no *Münchener Kommentar zum BCB* cit., 1, 4.ª ed., § 12, Nr. 2-9 (240-243).

§ 31.º O âmbito e os princípios do registo comercial 447

II. A inscrição torna-se, além disso, indiretamente obrigatória para todos os factos sujeitos a registo: eles só produzem efeitos perante terceiros depois da data da respetiva inscrição[1336] – artigo 14.º/1 do CRC – ou depois da data da publicação, quando estejam sujeitos a registo e a publicação obrigatória – artigo 14.º/2 do mesmo CRC.

Quanto às ações sujeitas a registo: o essencial delas não tem seguimento, após os articulados, enquanto não for feita prova de ter sido requerida a competente inscrição – artigo 15.º/4. No que tange a procedimentos cautelares: a decisão não é proferida enquanto aquela prova não for feita – idem, n.º 4, in fine.

III. Estamos perante encargos em sentido técnico: donde a obrigatoriedade indireta. Procurando dotar de publicidade registal toda uma série de situações jurídicas comerciais, o legislador seguiu a via de as privar de parte da sua eficácia, enquanto o registo não se encontrar efetuado.

Resta acrescentar que, na sujeição ao registo comercial, resulta a especificidade máxima, perante os civis, de boa parte dos atos comerciais.

153. Os princípios da competência, da legalidade e do trato sucessivo

I. Encontramos, depois, os princípios da competência, da legalidade e do trato sucessivo: eles poderiam ser reconduzidos a um princípio da legalidade em sentido amplo, uma vez que decorrem de uma lógica subordinação da prática registal às coordenadas injuntivas do ordenamento. O princípio da competência foi suprimido em 2006: apenas se mantém, transitoriamente, nos termos do artigo 43.º do Decreto-Lei n.º 76-A/2006, de 29 de março, conservando-se, entretanto, a "inexistência", por via do artigo 44.º do mesmo diploma.

O princípio da competência determina que o registo se efetive na conservatória com cuja circunscrição territorial o facto a inscrever tenha uma conexão relevante. As regras da competência constam dos artigos 24.º e seguintes do CRC. A sua observância é fundamental: de outro

---

[1336] Tratando-se de registo *on line* de uma sociedade, a data relevante não é a da submissão *on line*, mas a da anotação no organismo competente: RLx 2-mai.-2013 (Ana Lucinda Cabral), Proc. 1126/0.

448   *O estatuto geral dos comerciantes*

modo, os interessados não saberão onde se dirigir para alcançar as informações que pretendam.

O desrespeito por este princípio recebe, da lei, uma sanção severa: o registo feito em conservatória territorialmente incompetente é considerado inexistente pelo artigo 21.°, do CRC. Mantemos as nossas reservas em relação a este apregoado vício da inexistência[1337]: a sanção deveria ter sido a da nulidade.

II. Requerido o registo – e, após 2006, tratando-se de registo por transcrição –, o conservador não se limita a inscrever passivamente. Ele é oficial público e vai emprestar, à inscrição, o selo da verosimilhança estadual. Assim, segundo o artigo 47.° do CRC,

> A viabilidade do pedido de registo a efetuar por transcrição deve ser apreciada, em face das disposições legais aplicáveis, dos documentos apresentados e dos registos anteriores, verificando-se especialmente a legitimidade dos interessados, a regularidade formal dos títulos e a validade dos atos neles contidos.

Paralelamente, o registo deve ser recusado nos casos seriados no artigo 48.°/1 do CRC:

> 1. O registo deve ser recusado nos seguintes casos:
>
> *a*) Quando a conservatória for territorialmente incompetente;
> *b*) Quando for manifesto que o facto não está titulado nos documentos apresentados;
> *c*) Quando se verifique que o facto constante do documento já está registado ou não está sujeito a registo;
> *d*) Quando for manifesta a nulidade do facto;
> *e*) Quando o registo já tiver sido lavrado como provisório por dúvidas e estas não se mostrem removidas;
> *f*) Quando o preparo exigido não tiver sido pago;
> *g*) Quando, tendo a apresentação sido efetuada por telecópia, não derem entrada na conservatória, nos cinco dias úteis imediatos ao da apresentação, as fotocópias e documentos necessários ao registo.

As alíneas *a*) e *f*) foram revogadas em 2006.

[1337] *Tratado* II, 4.ª ed., 925 ss. e *Direitos reais/Sumários*, ed. 2000/2001, 88-89, quanto a igual sanção prevista, em certos casos, no CRP.

§ *31.° O âmbito e os princípios do registo comercial*   449

Como se infere do n.° 2 desse preceito, os casos de recusa são, em princípio, taxativos; nos restantes casos de óbice, o registo deve ser efetuado provisoriamente por dúvidas – artigo 49.° do CRC. O legislador assegurou-se ainda de que o conservador funcionaria como auxiliar dos serviços de fiscalização das contribuições e impostos – artigo 51.°.

III. O registo não devia ser definitivamente lavrado quando se mostrasse em desconformidade com inscrições anteriores. Tratava-se de uma decorrência do princípio da legalidade (estrita) e que o CRC autonomizava no seu artigo 31.°, a propósito de quotas ou partes sociais. Esse princípio desapareceu em 2006, tendo sido revogado o artigo 31.° em causa. Tal explica-se pelo novo regime do registo das quotas (artigos 242.°-A a 242.°-F do CSC), que dispensa a intervenção do conservador[1338].

[1338] *Manual de Direito das sociedades* 2, 374 ss..

§ 32.º OS EFEITOS DO REGISTO COMERCIAL

154. Generalidades; efeito presuntivo e regra da prioridade

I. O registo comercial visa dar publicidade a determinadas situações jurídicas comerciais. Trata-se de uma publicidade organizada pelo Estado, através de serviços públicos competentes e mais: de uma publicidade tornada, no essencial, obrigatória por lei.

Compreende-se, a essa luz, que ele não se quede pelo mero aspeto informativo. Quem se submeta a registo há-de ter alguma vantagem. E quem adira ao que o registo proclame merecerá, também, uma certa proteção: decorre da fé pública[1339].

II. O primeiro efeito resultante do registo comercial é presuntivo. Nos termos do artigo 11.º do CRC, na redação do Decreto-Lei n.º 8/2007, de 17 de janeiro:

> O registo por transcrição definitivo constitui presunção de que existe a situação jurídica, nos precisos termos em que é definida.

[1339] Otto Keim, *Das sogennante Publizitätsprinzip im deutschen Handelsrecht* (1930), 6 ss., Hans-Werner Steckhan, *Grenzen des öffentlichen Glaubens der Handelsregisterbekanntmachung*, DNotZ 1971, 211-229 (228-229), Peter Jürgen Gotthardt, *Vertrauensschutz und Registerpublizität*, JZ 1971, 312-320 (312 ss.), Karsten Schmidt, *Sein – Schein – Handelsregister/Grundfragen des Verkehrsschutzes durch Handelsregister und Bekanntmachung*, JuS 1977, 209-217 (212 ss.), Paul Hofmann, *Das Handelsregister und seine Publizität*, JA 1980, 264-273 (265 ss.) e Johannes Hager, *Das Handelsregister* cit., 59 ss.. Outras indicações: Alexander Kreba, no *Münchener Kommentar zum HGB* cit., 1, 4.ª ed., § 15 (319-320).

§ 32.º Os efeitos do registo comercial 451

Este preceito comporta consequências práticas de relevo. Em qualquer circunstância, o interessado que apresente certidão de determinado facto inscrito fica exonerado de demonstrar a sua ocorrência e os seus contornos; inversamente: o contra-interessado terá de fazer prova em contrário, impugnando ainda o registo que considere erróneo – o que, só por si, já implica uma ação judicial. Cumpre ainda sublinhar que, hoje, as inscrições relativas às sociedades estão disponíveis *on line*: basta indicar o competente número, em qualquer serviço público para que, de imediato, este aceda ao registo, com a presunção que dele emerge.

III. A presunção derivada do registo comercial, de acordo com a regra geral do artigo 350.º/2, do Código Civil, pode pois ser ilidida mediante prova em contrário. Trata-se de uma denominada presunção *iuris tantum*.

IV. Pode acontecer que, com referência às mesmas quotas ou partes sociais, surjam inscrições ou pedidos de inscrições incompatíveis. Prevalece o facto primeiro inscrito, nos termos do artigo 12.º do CRC. O registo provisório vem tratado nos artigos 43.º, 44.º e 50.º.

155. Efeito constitutivo

I. No Direito comercial funciona, de princípio, a regra da imediata eficácia dos diversos atos jurídicos. Os contratos devem, só por si, ser pontualmente cumpridos – artigo 406.º/1 – enquanto os próprios efeitos reais se desencadeiam por mero efeito do contrato – artigo 408.º/1, ambos do Código Civil. Em consonância com essas regras, o registo predial não tem, entre nós, eficácia constitutiva, excetuando o particular caso da hipoteca.

II. No domínio do registo comercial, assim é igualmente, como princípio. O ato sujeito a registo e não registado poderá ter uma eficácia mais reduzida – *vide* o artigo 13.º/1 do CRC – mas não deixa de existir enquanto tal.

O registo assume, todavia, um efeito constitutivo no domínio das sociedades comerciais. Estas só adquirem a personalidade pelo registo – artigo 5.º CSC. Também os efeitos da fusão ou da cisão de sociedade só ocorrem aquando da sua inscrição – artigos 112.º e 120.º do CSC – outro

452 *O estatuto geral dos comerciantes*

tanto sucedendo com a extinção – artigo 162.°/2 do CSC. Deve adiantar-se que o CSC, pela falta do cuidado posto na sua revisão, não foi harmónico: não consignou o registo constitutivo no tocante às alterações do contrato de sociedade – artigo 88.° – e à transformação de sociedades – artigo 135.°, este revogado, ambos do CSC[1340].

Perante os princípios gerais do Direito português, não parece possível alargar por analogia as situações de registo constitutivo. O artigo 13.°/2 do CRC, numa demonstração de autonomia dogmática do Direito das sociedades comerciais deixa, todavia, margem para isso.

III. Ainda como hipótese de registo comercial constitutivo surge-nos a do artigo 3.°/1, *f*), do CRC, na parte em que refere o penhor de quotas ou de direitos sobre elas; opera, então, o artigo 681.°/2, *in fine*, do Código Civil.

156. Efeito indutor de eficácia; a) A publicidade negativa

I. Os atos sujeitos a registo comercial só produzem efeitos plenos depois de registados. Podemos distinguir aqui duas proposições distintas:

– o ato sujeito a registo e não registado não produz todos os seus efeitos: é a publicidade negativa, uma vez que da não-publicitação resulta uma diminuição de efeitos;
– o ato indevidamente registado ou incorretamente registado pode produzir efeitos tal como emerge da aparência registal: é a publicidade positiva, porquanto da mera publicitação resultam efeitos de outro modo inexistentes.

Trata-se de uma situação legislativa muito interessante, que só foi alcançada, na Alemanha, após prolongados debates e uma reforma legisla-

---

[1340] Também no Direito alemão o registo comercial assume eficácia constitutiva no domínio das sociedades; *vide* o § 41, I, 1 do AktG e o § 11 I do GmbHG, quanto a sociedades anónimas e por quotas, respetivamente; *vide* Friedrich Kübler/Heinz-Dieter Assmann, *Gesellschaftsrecht*, 6.ª ed. (2006), 189 e 276 e Peter Kreutz, *Die Bedeutung von Handelsregistereintragung und Handelsregister bekanntmachung im Gesellschaftsrecht*, Jura 1982, 626-641 (629). Tem ainda interesse referir a monografia clássica de Heinrich Göppert, *Eintragungen in das Handelsregister von besonderer Eigenart* (1934).

§ 32.º Os efeitos do registo comercial

tiva[1341]-[1342]. Entre nós, ela ocorreu mercê de contributos retirados do tradicional registo predial mas que, uma vez recebidos no campo mercantil, ganharam uma especial coloração.

Cabe estudá-los e pôr em relevo as suas potencialidades.

II. Segundo o artigo 14.º/1 do CRC,

> Os factos sujeitos a registo só produzem efeitos contra terceiros depois da data do respetivo registo.

Esse preceito complementa o do artigo 13.º/1 do CRC, que determina:

> Os factos sujeitos a registo, ainda que não registados, podem ser invocados entre as próprias partes ou seus herdeiros.

À partida, poderíamos construir a situação daqui emergente de uma de duas formas:

– ou entendendo que os atos sujeitos a registo são atos de produção sucessiva complexa, de tal modo que estariam incompletos antes

---

[1341] Mais precisamente: a alteração introduzida no § 15 do HGB, pela Lei de 30-ago.-1969.

[1342] Referimos, desde já e apenas entre literatura específica da época: Eberhard von Olshausen, *Neuerungen im System der handelsrechtlichen Rechtsscheingrundsätze*, BB 1970, 137-145 (137 ss.), Volker Beuthien, *Fragwürdige Rechtsschleingrenzen im neuen § 15, Abs. 3 HGB*, NJW 1970, 2283-2284, Hans-Werner Steckhan, *Zur Normzweck und Rechtsfolge des neuen § 15 Abs. 3 HGB*, NJW 1971, 1594-1596, Konrad Beyerle, *Fragwürdige Rechtsscheinhaftung in § 15 Abs. 3 HGB*, BB 1971, 1482-1489 (1482), Harald Bürck, *§ 15 III HGB und die Grundsätze der Haftung von fehlerhaften und entstehenden Personengesellschaften gegenüber Dritten/Zugleich ein Beitrag zum Problem des Rechtsscheins*, AcP 171 (1971), 328-357, Volker Beuthien, *Sinn und Grenzen der Rechtsscheinhaftung nach § 15 Abs. 3 HGB*, FS Reinhard (1972), 199-210 e G. Sandberger, *Die handelsrechtliche Register-Rechtsscheinhaftung nach der Neufassung des § 15 HGB*, JA 1973, 215-220.

Quanto aos antecedentes desse preceito e ao seu entendimento atual: Martin Schmidt-Kessler/Christina Kopp, em Schmidt-Kessler/Leutner/Müther, *Handelsregisterrecht* cit., § 15 (363 ss.), Peter Krebs, no *Münchener Kommentar zum HGB* cit., 1, 4.ª ed., § 15, Nr. 80 (356) (2010), § 15 (311 ss.) e Klaus J. Hopt, em Baumbach/Hopt, *Handelsgesetzbuch* cit., 36.ª ed., § 15, Nr. 16 ss. (127 ss.), (2012), § 15 (116 ss.).

do registo: apenas com este eles atingiriam a maturidade, produzindo efeitos plenos: será a teoria da compleitude;
– ou aceitando que tais atos estão perfeitos; simplesmente, cedem perante o silêncio do registo; este, dotado de fé pública e pela omissão da inscrição, diz-nos que os atos não existem: será a teoria da publicidade (negativa).

As consequências práticas são relevantes. Para a teoria da compleitude, o ato pura e simplesmente não está completo; assim ele é, por si mesmo, incapaz de produzir efeitos perante terceiros, seja qual for a situação. Já para a teoria da publicidade, a situação é diversa: o ato é por si, oponível *erga omnes*; simplesmente, dada a proteção da aparência, os terceiros que acreditem no silêncio do registo são protegidos: só que isso apenas sucederá se estiverem de boa-fé.

III. Terceiro, para efeitos do registo comercial, é qualquer pessoa estranha ao ato inscrito[1343]. O artigo 14.º/1 não teve o cuidado de completar "... só produzem efeitos contra terceiros *que, sem culpa, os desconhecessem*, depois da data do respetivo registo" ou, pela negativa "... não produzem efeitos perante terceiros de boa-fé ...". Não obstante, parece-nos que essa solução se impõe, dadas as claras exigências do sistema[1344]. Assim:

– os atos produzem os efeitos previstos na lei logo que intrinsecamente completos;
– o registo nulo produz efeitos, em certos termos, perante terceiros de boa-fé – artigo 22.º/4 do CRP;

[1343] Não operam, aqui, as delimitações enquadradas no registo predial; *vide* STJ 15-mar.-2012 (Marques Pereira), Proc. 954/06; em sentido contrário, no que não nos parece a boa doutrina, RGm 8-out,-2015 (Maria Luísa Ramos), Proc. 482/12; por duas razões: a alteração introduzida no CRP para limitar o conceito de terceiro é contrária ao sistema, não devendo ser alargada fora do seu estreito âmbito da aplicação; o recurso ao registo predial como Direito subsidiário do registo comercial só se aplica quando haja lacuna neste: o que, aqui, não sucede.

[1344] Hans-Werner Steckhan, *Grenzen des öffentlichen Glaubens der Handelsregisterbekanntmachung* cit., 228-229: só se "finge" quando haja boa-fé.

§ 32.º Os efeitos do registo comercial 455

– em geral, só se justifica a proteção de quem aja de boa-fé, isto é, sem contundir, conscientemente, com regras jurídicas ou posições alheias.

Podemos, pois, optar pela teoria da publicidade negativa: os atos sujeitos a registo não produzem efeitos, enquanto não estiverem registados[1345], contra terceiros de boa-fé, isto é, contra terceiros que, sem culpa, os ignorassem.

IV. Uma doutrina divulgada na Alemanha tem sido levada a fazer uma nova distinção. Estamos no campo comercial; a rapidez e a segurança do giro são fundamentais para os valores em presença. Deste modo, todos devem saber, à partida, com o que contar. Não basta que o terceiro de boa-fé possa, perante a ausência de inscrição, agir como se não existisse o facto omisso no registo: é necessário que outros terceiros possam assentar o seu comportamento nesse mesmo estado de coisas. Essa doutrina tem vindo a apelar, por isso e para a publicidade negativa, a uma ideia de confiança em abstrato: o simples facto de não-inscrição levaria a proteger todos os terceiros, independentemente de distinções diferenciadoras[1346].

Arriscada via: como explica Canaris, por este caminho, a tutela da confiança deixará de assentar numa crença legítima para ser algo de artificial, alheio aos valores de origem[1347].

Os interesses comerciais que esta diferenciação da confiança iria tutelar ficam perfeitamente assegurados com a presunção geral de boa-fé de que cada um beneficia. Na falta de inscrição, todos se presumem ignorar a verdadeira situação substantiva: esta é-lhes, pura e simplesmente, inoponível. Queda sempre em aberto, às partes interessadas, vir demonstrar que, afinal, o terceiro, estando de má-fé, não pode prevalecer-se da omissão registal.

[1345] Quanto a este âmbito, A. Hueck, *Gilt § 15 Abs 1 HGB auch beim Erlöschen und bei der Änderung nicht eingetragener, aber eintragungspflichtiger Rechtsverhältnisse?*, AcP 118 (1920), 350-377.

[1346] Assim, Eberhard Schilken, *Abstrakter und konkreter Vertrauensschutz im Rahmen des § 15 HGB*, AcP 187 (1987), 1-22 (21-22). Pelo contrário, na publicidade positiva, a confiança seria protegida em concreto.

[1347] Claus-Wilhelm Canaris, *Handelsrecht* cit., 24.ª ed., 57.

456 *O estatuto geral dos comerciantes*

Fora isso "ficciona-se" o que resulta do registo ou melhor: ficciona--se que não existe o que dele não conste[1348].

157. Segue; b) A publicidade positiva; as nulidades do registo

I. Como referimos, o registo comercial assume um efeito indutor de eficácia, com publicidade positiva, sempre que um terceiro se possa prevalecer de um facto indevido ou incorretamente registado. Algo que não existe, mercê da fé pública registal, irá produzir efeitos apenas com base no registo.

II. Na sequência de diversas vicissitudes que marcaram a transposição de regras do registo predial para o comercial, a lei portuguesa veio a tratar esta matéria a partir das nulidades do registo. Nos termos do artigo 22.º do CRC[1349]:

1. O registo por transcrição é nulo:
a) Quando for falso ou tiver sido feito com base em títulos falsos;
b) Quando tiver sido feito com base em títulos insuficientes para a prova legal do facto registado;
c) Quando enfermar de omissões ou inexatidões de que resulte incerteza acerca dos sujeitos ou do objeto da relação jurídica a que o facto registado se refere;
d) Quando tiver sido assinado por pessoa sem competência funcional, salvo o disposto no n.º 2 do artigo 369.º do Código Civil;
e) Quando tiver sido lavrado sem apresentação.

2. Os registos nulos[1350] só podem ser retificados nos casos previstos na lei, se não estiver registada a ação de declaração de nulidade.
3. A nulidade do registo só pode, porém, ser invocada depois de declarada por decisão judicial com trânsito em julgado.

[1348] Uwe John, *Fiktionswirkung oder Schutz typisierten Vertrauens durch das Handelsregister/Zur Frage der negative Publizität bei nichteingetragener Veränderung selbst nicht eingetragener Rechtsverhältnisse*, ZHR 140 (1976), 236-255.

[1349] Na redação dada pelo Decreto-Lei n.º 116/2008, de 4 de julho.

[1350] Para uma hipótese de um registo nulo por ter sido lavrado com base em títulos falsos, *vide* REv 14-mai.-2015 (Alexandra Moura Santos), Proc. 1608/13; a apresentação com um título falso pode envolver crime: RCb 2-mar.-2016 (Jorge França), Proc. 2125/13.

§ 32.° Os efeitos do registo comercial

A referência a registo "por transcrição" apenas surgiu com a reforma de 2006 e dentro da sua lógica[1351].

Os registos nulos só podem ser retificados nos casos previstos na lei e isso se não estiver registada a ação de declaração de nulidade – *idem*, n.° 2. Além disso, a nulidade de registo somente é invocável depois de declarada por decisão judicial transitada – *idem*, n.° 3.

Perante outros vícios que não originem nulidade, o registo é considerado, simplesmente, inexato – artigo 23.°. Em princípio, a inexatidão dará lugar à retificação[1352] – artigos 81.° e seguintes, sempre do CRC.

O Decreto-Lei n.° 122/2009, de 21 de maio, inseriu, no CRCom, um artigo 23.°-A, segundo o qual, no momento do registo de encerramento da liquidação ou da cessação de atividade, consoante o caso, deve ser obrigatoriamente indicado o representante para efeitos tributários, nos termos do Decreto-Lei n.° 398/98, de 17 de dezembro, artigo 19.°/4. A inserção sistemática deste preceito não parece a ideal.

III. Havendo nulidade: nos termos do artigo 22.°/4 do CRC,

4. A declaração de nulidade do registo não prejudica os direitos adquiridos a título oneroso por terceiro de boa-fé, se o registo dos correspondentes factos for anterior ao registo da ação de nulidade.

Temos portanto[1353]:

– um registo nulo, isto é, um registo que, por se ter envolvido nalgum dos vícios alinhados no artigo 22.° do CRC, não corresponde à realidade substantiva;
– um terceiro que, com base nele, adquire direitos;
– a título oneroso;
– de boa-fé;

[1351] *Supra*, 435 ss..

[1352] Quanto a retificações, STJ 27-abr.-1999 (Fernandes Magalhães), BMJ 486 (1999), 330-332; em RGm 14-jan.-2016 (Francisca Mendes) Proc. 7615/13, admite-se o recurso ao processo de retificação para promover o cancelamento de registos nulos por insuficiência do título.

[1353] Em geral, Lutz Zimmer, *§ 15 Abs. 2 HGB und die allgemeine Rechtsscheinhaftung* (1998) e Peter Krebs, no *Münchener Kommentar zum HGB* cit., 1, 4.ª ed., § 15, Nr. 83 ss. (357 ss.).

– e que registe, ele próprio, os correspondentes factos antes de ter sido registada a ação de nulidade.

Desta feita, é por o registo dizer de mais que vai ser induzida uma eficácia puramente assente na publicidade. Donde a designação: publicidade positiva[1354].

IV. Os requisitos têm explicações à luz do sistema. Assim:

– um registo nulo: trata-se da base da construção; se o registo fosse válido, a eficácia derivaria da situação material subjacente, não se assistindo a uma indução de eficácia por via da publicidade;
– um terceiro que adquira, com base nele: terá de haver uma causalidade, ainda que abstrata, entre o registo nulo e a atuação do terceiro[1355], isto é: não se torna necessário demonstrar que o terceiro tenha acedido ao concreto registo nulo e, por isso, tenha constituído os seus direitos: o simples facto de existir uma inscrição dotada de fé pública faz correr, contra o seu beneficiário, os riscos de toda a subsequente negociação comercial; a causalidade ficará estabelecida no momento em que o terceiro registe, ele próprio, os factos que lhe dizem respeito;
– a título oneroso: estamos no domínio da tutela da confiança, em detrimento dos titulares dos interesses legítimos; assim, só se justifica o sacrifício quando a pessoa a tutelar tenha realizado o "investimento de confiança", isto é: tenha, por via da confiança, suportado um esforço que não possa, sem injustiça, ser invalidado;
– de boa-fé: o beneficiário da publicidade positiva deve desconhecer, sem culpa, a realidade substantiva protelada pelo registo[1356]; de

---

[1354] Ainda que o quadro legal não seja idêntico, *vide* Paul Hofmann, *Das Handelsregister und seine Publizität* cit., 268, Peter Kreutz, *Die Bedeutung von Handelsregistereintragung und Handelsregisterbekanntmachung im Gesellschaftsrecht* cit., 639 e Johannes Hager, *Das Handelsregister* cit., 64.

[1355] Jochen Axer, *Abstrakte Kausalität – ein Grundsatz des Handelsrechts?/Zugleich ein Beitrag zur gesetzlichen Konzeption und Risikozuordnung durch Aussenhaftungsnormen des Handelsgesetzbuches* (1936), 84 ss..

[1356] Segundo a doutrina, acima rebatida, que distingue entre a confiança abstrata e a concreta, a boa-fé aqui exigida incluir-se-ia na segunda; *vide* Eberhard Schilken, *Abstrakter und konkreter Vertrauensschutz* cit., 21-22 (o resumo).

§ 32.º Os efeitos do registo comercial 459

outro modo, não pode recorrer à proteção do sistema; tal como sucede no ordenamento, também aqui se deverá tratar da boa-fé subjetiva ética e não meramente psicológica: não basta desconhecer: é necessário que esse desconhecimento não seja provocado por negligência, descuido ou obtusidade inadmissível[1357];

– e que registe, ele próprio, antes de ter sido registada a ação de nulidade: o próprio terceiro, para ser protegido, tem de dar cumprimento à necessidade do registo; de outro modo, haverá uma publicidade negativa que neutralizará a publicidade positiva adveniente do registo nulo.

158. Segue; c) A invocação da eficácia da aparência

I. A eficácia da aparência, seja na forma de publicidade negativa – artigo 13.º/1 – seja na da positiva – artigo 22.º/4, ambos do CRC – é uma vantagem concedida aos terceiros e que estes poderão – ou não – aproveitar, consoante lhes convenha. Estamos no campo do Direito privado.

II. O ato sujeito a registo e não inscrito só produz efeitos entre as partes; porém, o terceiro poderá prevalecer-se dele. De certo, bastaria que estivesse de má-fé para já não se poder acolher à tutela da aparência. Mas de modo algum se admite que o próprio, que não tenha registado, venha, daí, a retirar vantagem[1358].

No caso de publicidade positiva, assim é igualmente; apenas sucede que o terceiro que pretenda prevalecer-se da nulidade do registo, invocando-a, terá de munir-se da sentença prevista no artigo 22.º/3. Se, porém, a nulidade não tiver de ser invocada, o terceiro poderá assentar a sua atuação na realidade substantiva, sendo certo que, nessa altura, os seus direitos nunca seriam prejudicados ... pela declaração de nulidade do registo: pelo contrário.

[1357] *Tratado* I, 4.ª ed., 968 ss..

[1358] Assim, segundo RCb 15-set.-1998 (Ferreira de Barros), CJ XXIII (1998) 4, 12-13, o adquirente de quota que já tenha outorgado na escritura de cessão pode ser citado judicialmente como gerente, ainda que o facto não se mostre inscrito.

III. Nestas condições ocorre a *Rosinentheorie* ou teoria das passas (de uva): pode o terceiro, num complexo não registado ou indevidamente registado, escolher alguns dos aspetos que lhe convenham, remetendo os outros para a realidade substantiva[1359]? Por exemplo: é eleito um conselho de administração, não se procedendo à competente inscrição; pode o terceiro concluir certos contratos com o conselho anterior e outros com o novo, conforme lhe convier?

Repugna uma resposta genérica: as situações podem ser muito diversas. O terceiro que tenha conhecimento de uma insuficiência registal não é obrigado a conhecer todas as irregularidades eventualmente perpetradas. No exemplo acima dado, o terceiro conhecia, evidentemente, a nova eleição, pelo que não poderia propor-se de boa-fé, para desfrutar da tutela registal. Noutros casos, porém, o terceiro poderá ter uma representação fragmentária: prevalecer-se-á, então, do registo na medida em que lhe convier.

Se for acatado o ónus material ou encargo de inscrição, os interessados ficarão ao abrigo de quaisquer surpresas. Tratando-se de vários factos distintos sujeitos a registo, pode o terceiro interessado prevalecer-se da falta de registo de algum ou alguns deles, sem o fazer em relação a todos[1360].

159. O problema das invalidades substantivas

I. No registo predial, o artigo 17.º/2 do respetivo Código tutela a confiança de terceiros perante as nulidades do registo. Com isso coloca-se uma interessante controvérsia doutrinária, no tocante às invalidades substantivas: quando estas não sejam refletidas pelo registo, poderão ser invocadas contra quem tenha aderido à aparência registal[1361]? As discussões aí havidas fazem apelo, ainda, ao artigo 291.º do Código Civil e provocaram,

---

[1359] *Vide* Eberhard von Olshausen, *Rechtsschein und "Rosinentheorie"*, AcP 189 (1989), 223-243 (224-225) e Claus-Wilhelm Canaris, *Handelsrecht* cit., 24.ª ed., 60. A *Rosinentheorie* foi acolhida pelo BGH 1-dez.-1975, BGHZ 65 (1976), 309-311, tendo sido criticada por diversa doutrina.

[1360] STJ 18-mai.-1999 (Torres Paulo), CJ/Supremo VII (1999) 2, 92-97.

[1361] *Vide* os nossos *Sumários de Direitos reais*, ed. 2000/2001 cit., n.º 93.

§ 32.° Os efeitos do registo comercial · 461

após uma sucessão de acórdãos do Pleno do Supremo fixando jurisprudência em sentidos opostos(!), uma recente e lastimável intervenção legislativa, que colocou o registo predial português na cauda dos seus congéneres europeus[1362].

Pensamos que não há qualquer vantagem em trazer toda esta desnorteante turbulência para as fronteiras do registo comercial. As necessidades do comércio não o tolerariam.

II. Quando seja perpetrada uma invalidade substantiva, o registo comercial que publicite o inerente ato é, pura e simplesmente, incorreto (falso). Ele não dá conta da verdade.

Assim, o registo inerente é nulo, por via do artigo 22.°/1, *a*), do CRC, seguindo-se o regime normal da publicidade positiva. Os próprios valores do sistema exigem que não se introduzam, aqui, distinções não previstas por lei e que mais não fariam do que, sem critério, reduzir a tutela dispensada pela aparência registal.

160. A responsabilidade do Estado

I. O registo comercial tem eficácia substantiva genérica. Ao contrário do que sucede no registo predial, não encontramos, aqui, a eficácia meramente enunciativa: não é possível a inscrição de factos não sujeitos a registo, como se infere do artigo 48.°/1, *c*), *in fine*, do CRP.

Todos os atos podem, pois, passar pelos crivos dos artigos 13.°/1 e 22.°/4 do CRC, originando situações de publicidade positiva e negativa.

II. Quando isso suceda, os particulares podem ser prejudicados. Aí cumpre distinguir: ou a incompleitude ou vício registais foram obra dos próprios particulares prejudicados e *sibi imputet*, ou isso sucedeu por falha dos serviços, *maxime* por atraso.

[1362] *Idem*, n.° 93, II.

Nessas condições, cabe uma ação de responsabilidade civil contra o Estado[1363], nos termos da Lei n.° 67/2007, de 31 de dezembro: por ato de gestão pública[1364].

[1363] *Vide* a monografia de Dietrich Gammelin, *Rechtsscheinhaftung des Kaufmanns und Regressansprüche gegen den Staat bei fahlerhaften Publikationsakt der Presse/Eine Untersuchung zu § 15 Abs. 3 HGB* (1973).

[1364] *Tratado* VIII, 646 ss..

SECÇÃO IV

A INSOLVÊNCIA

§ 33.º INTRODUÇÃO AO DIREITO DA INSOLVÊNCIA

161. A insolvência

I. Na tradição portuguesa, a situação do mercador incapaz de assegurar os seus pagamentos era dita *quebra*[1365]: uma expressão que se mantinha no Código Comercial de Ferreira Borges, de 1833[1366], lado a lado com a falência. E já aí – artigo 1122.º – a insolvência era reservada para o não-comerciante.

Falência provém do latim *fallens* (*fallentis*), de *fallo* (*fefelli, falsum*): enganar, trair ou dissimular. Tem o seu quê de pejorativo.

Ainda no Direito tradicional, a falência era um instituto de comerciantes, enquanto a insolvência respeitava a não-comerciantes: tal o esquema do Código de Processo Civil de 1939 – artigos 1135.º e seguintes e 1313.º e seguintes, respetivamente. Recordamos que a falência era a situação qualitativa do comerciante incapaz de honrar os seus compromissos, enquanto a insolvência traduzia a situação quantitativa do não-comerciante cujo passivo superasse o ativo. Entendia-se que o comerciante, mesmo com um passivo superior ao ativo, poderia continuar o seu manejo na base do crédito; já o não-comerciante não teria tal possibilidade. Esta valoração não era, há muito, adequada.

O Código de Processos Especiais de Recuperação da Empresa e de Falência, adotado pelo Decreto-Lei n.º 132/93, de 23 de abril, veio quebrar

---

[1365] Ord. Fil., Liv. V, tit. LXVI = ed. Gulbenkian, IV e V, 1214.

[1366] Livro III, 3.ª parte: *Das quebras, rehabilitação do fallido, e moratorias*.

464   *O estatuto geral dos comerciantes*

essa tradição. A insuficiência patrimonial, concretizada na falta dos pagamentos, passou a dizer-se "insolvência"; a situação jurídica daí decorrente, assente em decisões judiciais com regras complexas, passou a ser a "falência".

Com o denominado Código da Insolvência e da Recuperação de Empresas, promulgado pelo Decreto-Lei n.º 53/2004, de 18 de março, alterado, ainda em *vacatio*, pelo Decreto-Lei n.º 200/2004, de 18 de agosto e, depois, por diversos diplomas, tudo mudou, desaparecendo essa última noção. Apenas ficou a insolvência que equivale:

– à situação do devedor que se encontre impossibilitado de cumprir as suas obrigações vencidas – artigo 3.º/1[1367];
– à situação subsequente à "sentença de insolvência" – artigo 36.º.

II. A ideia de insolvência foi retirada da *Insolvenzordnung* alemã, de 5-out.-1994 e que constituiu a grande fonte inspiradora do legislador nacional de 2004. Por seu turno, o *Insolvenzrecht* veio absorver os anteriores[1368]:

– *Konkursrecht* ou Direito da falência, que rege a liquidação universal do património do devedor e providencia o pagamento rateado dos credores;
– *Vergleichrecht* ou Direito da recuperação, que abrange as regras que poderão permitir, ao devedor, a prorrogação da sua atividade, minorando os aspetos atinentes ao incumprimento.

Além disso, operou a unificação entre o Direito da República Federal alemã (Ocidental), centrado na velha *Konkursordnung*, de 1877 e o da ex-República Democrática Alemã, reformado pela *Gesamtvollstreckungsordnung*, de 1990[1369].

[1367] Os preceitos sem indicação de fonte pertencem, nesta rubrica, ao CIRE.

[1368] Ludwig Häsemeyer, *Insolvenzrecht*, 4.ª ed. (2007), 5.

[1369] *Vide* a introdução de Reinhard Bork, *Insolvenzordnung*, da Beck, 14.ª ed. (2011), X-XI. Quanto à evolução do Direito da insolvência, particularmente na Alemanha cujo sistema influenciou, também neste setor e dretamente o Direito português, *vide* Peter Gottwalt, *Insolvenzrechts-Handbuch*, 5.ª ed. (2015), LXXI + 2942 pp., § 1, Nr. 8 ss. (9 ss.) e Karsten Schmidt, *Insolvenzordnung*, 19.ª ed., (2016), XXXVIII + 2700 pp., Einleitung, Nr. 1-18 (2-6).

§ 33.º *Introdução ao Direito da insolvência* 465

III. Insolvência é a negação de solvência, de *solvo* (*solvi, solutum*): desatar, explicar, pagar. Traduzirá, assim, a situação daquele que não paga. Apresenta, perante a falência, duas vantagens:

– semanticamente, ela surge valorativamente mais neutra do que a tradicional "falência";
– conceitualmente, ela abrange quer a dimensão da liquidação universal do património, quer as medidas de recuperação que venham a ser adotadas.

162. O Direito da insolvência

I. Direito da insolvência será o sector jurídico-normativo relativo a essa mesma realidade[1370]. Como qualquer disciplina, o Direito da insolvência pode ser tomado em dupla aceção:

– na de um conjunto sistematizado de normas e de princípios;
– na de uma disciplina jurídico-científica.

Ambos os termos coincidiriam no núcleo "insolvência".

II. O Direito da insolvência versa, em geral:

– a situação do devedor impossibilitado de cumprir as suas obrigações pecuniárias;
– os esquemas de preservação e de agressão patrimoniais;
– o reconhecimento e a graduação das dívidas;
– a execução patrimonial e o pagamento aos credores;
– eventuais esquemas de manutenção da capacidade produtiva do devedor;
– a própria situação do devedor insolvente.

Tem, como se imagina, um importante nível processual. Mas corresponde, antes de mais, a um significativo campo substantivo: define, num momento crítico, diversos direitos e deveres das pessoas envolvidas.

[1370] Em especial, *vide* Luís Menezes Leitão, *Direito da insolvência*, 6.ª ed. (2015), 15 ss..

III. O Direito da insolvência é, em bloco, considerado Direito privado. Ele é dominado por vetores de autodeterminação e de autorresponsabilidade, colocando frente a frente pessoas iguais em direitos. As suas estruturas são privadas e isso independentemente dos planos processuais; estes apenas visam a concretização da materialidade em jogo[1371].

A natureza privada do Direito da insolvência pode ser seguida ao longo de todo o CIRE. Ela corresponde a múltiplas equações conceituais e culturais[1372]: permanentemente, o Direito da insolvência faz apelo a categorias civis, em especial de Direito das obrigações, correspondendo a uma tradição comercial.

IV. No âmbito do Direito privado, o Direito da insolvência é um ramo próprio do Direito da responsabilidade patrimonial. Recordamos os princípios clássicos dessa responsabilidade:

– pelo cumprimento da obrigação respondem todos os bens do devedor suscetíveis de penhora – 601.°;
– não sendo a obrigação voluntariamente cumprida, tem o credor o direito de exigir judicialmente o seu cumprimento e de executar o património do devedor – 817.°, ambos do Código Civil.

O Direito da insolvência é o lógico desenvolvimento destes postulados. Trata-se de uma disciplina jurídica autónoma. Todavia, ela insere-se, quer pela tradição, quer pelo relevo prático, na grande província do Direito comercial. Por isso a inserimos na presente obra, até que seja possível dar-lhe um tratamento universitário autónomo.

163. Aspetos metodológicos

I. O surgimento de um Código da insolvência com múltiplos aspetos muito inovadores, implicou, no imediato, um período de exegese. Havia que apreender a nova sistemática e os múltiplos textos em que ela assenta. Foram traçadas as contraposições com os regimes anteriores. Surgiram

---

[1371] Com indicações: Häsemeyer, *Insolvenzrecht* cit., 4.ª ed., 9-11; Michael C. Frege/ /Ulrich Keller/Ernst Riedel, *Insolvengrecht*, 8.ª ed. (2015), LXVII + 1264 pp., Nr. 8 (5).
[1372] *Tratado* I, 4.ª ed., 88 ss..

§ 33.º Introdução ao Direito da insolvência

decisões aplicativas e análises dos comentadores e dos doutrinadores. A situação prolongou-se mercê de sucessivas alterações introduzidas no Código, numa instabilidade que persiste.

II. O CIRE acusa uma marcada influência alemã: particularmente da *Insolvenzordnung*, de 5-out.-1994[1373]. Pela nossa parte, consideramos este aspeto como vantajoso, pelas perspetivas jurídico-científicas que abre[1374]. O Direito português, na tradição de Guilherme Moreira, vem mantendo um diálogo fecundo com a Ciência do Direito de além-Reno. Não há qualquer risco de descaracterização: é evidente que os elementos jurídico-científicos alemães, privados da sua língua de origem e adaptados à realidade nacional, estão longe do germanismo puro.

Mas em compensação, fica assegurada uma vitalidade científica que os nossos escassos centros universitários não podem atingir: como manter equipas, durante anos, a estudar, apenas, insolvências? Além disso, o Direito português conserva-se inconfundível com os dos seus vizinhos, no Sul da Europa: um ponto muito importante para a manutenção, no futuro, da especificidade da nossa cultura jurídica.

Seja como for: é natural, para mais nesta fase, que se privilegiem as fontes jurídico-científicas alemãs.

III. Finalmente: numa introdução ao nosso Direito da insolvência, deve-se procurar surpreender o sistema, apontando as suas vertentes inovadoras. Os aspetos sectoriais interessar-nos-ão, sobretudo, enquanto

---

[1373] *Vide* Wolfgang Breuer, *Insolvenzrecht/Ein Einführung*, 3.ª ed. (2011), 1; a *Insolvenzordnung* (InsO) foi alterada, em especial, por uma Lei de 5-abr.-2004, que transpôs, para o Direito interno alemão, a Diretriz n.º 2002/47/CE, relativa a contratos de garantia financeira. Seguiram-se outras alterações; *vide infra*, 484.

[1374] A obra mais envolvente é a organizada por Hans-Peter Kirchhof/Hans-Jürgen Lwowski/Rolf Stürner, *Münchener Kommentar zur Insolvenzordnung*, 2.ª ed. (2007), três volumes num total de 5.200 pp., tendo-se iniciado uma 3.ª ed., em 2016, pelo 4.º volume, 1662 pp.; outros comentários são os de: Eberhard Braun (org.), *Insolvenzordnung Kommentar*, 4.ª ed. (2010), LXV + 1779 pp.; Dirk Andres/Rolf Leithaus, *Insolvenzordnung Kommentar*, 2.ª ed. (2011), XLVIII + 1127 pp.; Gerhart Kreft (org.), *Insolvenzordnung/ Heidelberger Kommentar*, 6.ª ed. (2011), XXXI + 2457 pp.. Indicaremos bibliografia mais recente: *infra*, 469.

Entre as revistas especializadas em insolvência cumpre referir a NZI (*Neue Zeitschrift für das Recht der Insolvenz und Sanierung*).

468 *O estatuto geral dos comerciantes*

exemplos para o que se pretende seja o novo sentido da responsabilidade patrimonial[1375].

164. Autonomia dogmática e bibliografia

I. O Direito da insolvência oscilou entre o Direito comercial e o Direito processual civil. Neste, ora surgia como um capítulo do processo executivo, ora merecia uma rubrica própria. O desenvolvimento de uma filosofia recuperatória, com oscilações e a preocupação de satisfazer os credores, evitando meandros processuais, conduziu a uma privatização das insolvências.

Hoje, o Direito da insolvência apresenta-se como uma disciplina dogmática própria, ainda que ligada ao comércio, que de resto transcende. Implica técnicas próprias e alguns princípios autónomos. Além disso e sobretudo: tem cultores especializados, publicações específicas e uma bibliografia cada vez mais envolvente. Razões pragmáticas levam a incluí-lo, ainda que em moldes simplificados, numa disciplina geral de Direito comercial.

II. Bibliografia portuguesa, posterior a 2012:

Catarina Serra, *O regime português da insolvência*, 5.ª ed., Coimbra, 2012;
Maria do Rosário Epifânio, *Manual de Direito da insolvência*, 6.ª ed., Coimbra, 2014;
Luís Menezes Leitão, *Direito da insolvência*, 6.ª ed., Coimbra, 2015, 368 pp.;
idem, *Código da Insolvência e da Recuperação de Empresas Anotado*, 8.ª ed., Coimbra, 2015, 517 pp.;
Alexandre de Soveral Martins, *Um curso de Direito da insolvência*, 2.ª ed., Coimbra, 2016, 722 pp..

[1375] Da presente rubrica, foi feita uma primeira versão publicada sob o título *Introdução ao Direito da insolvência*, O Direito 137 (2005), 465-506.

§ 33.º Introdução ao Direito da insolvência 469

III. Bibliografia alemã, posterior a 2015:

Michael C. Frege/Ulrich Keller/Ernst Riedel, *Insolvenzrecht*, 8.ª ed., Munique, 2015, LXVII + 1264 pp.;

Peter Gottwald, *Insolvenzrechts-Handbuch*, 5.ª ed., Munique, 2015, LXXI + 2942 pp.;

Wilhelm Uhlenbruck/Heribert Hirte/Heinz Vallender (org.), *Insolvenzordnung*, 14ª ed., Munique, 2015, XXXIX + 3424 pp.;

Karsten Schmidt (org.), *Insolvenzordnung*, 19.ª ed., Munique, 2016, XXXVIII + 2700 pp.;

Godehard Kayser/Christoph Thole, *Insolvenzordnung*, 8.ª ed., Heidelberg, 2016, XXX + 2688 pp..

IV. Bibliografia francesa, posterior a 2014:

Françoise Pérochon, *Entreprise en difficulté*, 10.ª ed., Paris, 2014, 878 pp.;

André Jacquemont/Régis Vabres, *Droit des entreprise en difficulté*, 9.ª ed., Paris, 2015, 750 pp..

§ 34.° A EVOLUÇÃO DO DIREITO DA INSOLVÊNCIA

165. O Direito romano

I. As origens ocidentais da falência remontam ao Direito romano e, neste, à Lei das XII Tábuas[1376]:

Cabe recordar alguns aspetos do sistema romano da execução por dívidas e da sua evolução.

Numa fase inicial, tudo seria entregue à justiça privada. Um primeiro progresso adveio da Lei das XII Tábuas, que procurou pôr cobro ao desforço pessoal, regulando as consequências do incumprimento.

Como ponto de partida, a dívida devia ser confessada ou devia verificar-se a condenação judicial do devedor no seu cumprimento; prevenia-se, deste modo, qualquer arbítrio no domínio da existência da própria posição a defender. De seguida, havia que esperar trinta dias, durante os quais o devedor tentaria ainda arranjar meios para cumprir. Decorridos os trinta dias, dava-se a *manus iniectio indirecta:* o devedor era preso pelo tribunal (se fosse pelo próprio credor, ela seria *directa*) e, não pagando, era entregue ao credor que o levava para sua casa, em cárcere privado; aí podia ser amarrado, mas devia ser alimentado, conservando-se vivo. Durante sessenta dias ficava o devedor assim preso, nas mãos do credor, que o levaria consecutivamente a três feiras, com grande publicidade, para que alguém o resgatasse, pagando a dívida; nesse período, ele poderia pactuar com o credor o que ambos entendessem ou praticar o *se nexum dare,* entregando-se nas suas mãos como escravo. Se passado esse tempo nada se resolvesse, o credor podia tornar o devedor seu escravo, vendê-lo fora da cidade (*trans Tiberim*) ou matá-lo, *partes secanto* (esquartejando-o); havendo vários credores, as *partes* deviam ser proporcionais à dívida; mas se alguém cortasse mais do que o devido, a lei não previa especial punição.

[1376] *Vide* Wilhelm Endemann, *Die Entwicklung des Konkursverfahrens in der gemeinrechtlichen Lehre bis zu der Deutschen Konkursordnung*, ZZP 12 (1888), 24-96.

§ 34.º A evolução do Direito da insolvência

Toda esta minúcia – que chegava ao ponto de fixar o peso máximo das grilhetas com que podia ser preso o devedor e de determinar o mínimo de alimentos que lhe deviam ser dados, enquanto estivesse no cárcere privado – traduzia já, ao contrário do que possa parecer, um progresso importante na caminhada tendente a tutelar a personalidade humana.

Novos passos foram dados, ainda no Direito romano. A *Lex Poetelia Papiria de nexis,* de 326 a. C., reagindo a graves questões sociais entretanto suscitadas [1377], veio proibir o *se nexum dare* e evitar a morte e a escravatura do devedor.

Depois, admitiu-se que, quando o devedor tivesse meios para pagar, a ordem do magistrado se dirigisse à apreensão desses meios e não à prisão do devedor: pela *missio in possessionem* os bens eram retirados e vendidos, com isso se ressarcindo o credor.

A *Lex Julia* veio admitir que o próprio devedor tomasse a iniciativa de entregar os seus bens aos credores – *cessio bonorum* – evitando a intromissão infamante do tribunal.

II. Seja pela *missio in possessionem,* seja pela *cessio bonorum,* a execução do devedor inadimplente assumia uma feição patrimonial, com determinados formalismos [1378]. No termo, operava a venda do património do insolvente: a *bonorum venditio.*

O adquirente – o *bonorum emptor* – comprava em bloco o património falimentar e ficava obrigado a pagar todos os débitos do falido, na proporção do preço por ele oferecido na hasta pública [1379]. Pela compra, o *bonorum emptor* ficava sub-rogado nos direitos e obrigações que o falido tivesse contra terceiros. Dispunha de duas vias para atuar esses direitos, ou para ser convencido nas obrigações correspondentes, na base de duas *actiones utiles*: a *serviana,* pela qual o *bonorum emptor* era equiparado a

---

[1377] As peripécias que terão levado à aprovação desta lei podem ser seguidas em Titus Livius, *Ab urbe condita* 2.23 = Foster, *Livy in fourteen volumes,* ed. bilingue (1967), 1.º vol., 291-293 e *passim; vide* Jean Imbert, *"Fides" et "nexum",* St. Arangio-Ruiz (1953), 339-363 (342, 343 e 355) e Sebastião Cruz, *Da "solutio"/terminologia, conceito e características, e análise de vários institutos afins,* I – *Épocas arcaica e clássica* (1962), 37, nota 58.

[1378] *Vide,* em especial, Giovanni Elio Longo, *Esecuzione forzata (diritto romano),* NssDI VI (1960), 713-722 (717 ss.), com indicações.

[1379] De acordo com os exemplos das fontes, o preço costumava ficar abaixo do valor real do património, o qual já era insuficiente, em regra, para pagar as dívidas; daí que os credores do falido recebessem, apenas, uma pequena percentagem dos seus créditos.

um herdeiro, e a *rutiliana*, que operava uma transposição de nomes, na fórmula respetiva[1380].

Apesar destes avanços, não se encontra, no Direito romano, um típico processo judicial que vise a repartição de um património sobreendividado pelos credores, de acordo com os seus direitos preexistentes[1381] e isso, para mais, quando o património em jogo pertença a um comerciante. Os glosadores pouco mais avançaram, nesse sentido, do que a *missio in bona romana*[1382].

III. O problema dos *mercatores cessantes et fugitivi* veio a ser, num primeiro tempo, enfrentado com medidas draconianas[1383]. Apenas a profissionalização do comércio levou à ideia de que a quebra era sempre uma eventualidade comercial de encarar, cabendo enquadrá-la com um novo regime inteligente, capaz de minorar os danos para os credores, para o comércio em geral e para o próprio falido. Deve ainda esclarecer-se que a falência surgiu como um instituto tipicamente comercial. Tal a sua origem e tal a sua evolução, até que, nos nossos dias, ela veio a aproximar-se do Direito comum.

166. Evolução subsequente; tradições francesa, alemã e anglo-saxónica

I. A falência, com os antecedentes apontados, resulta de institutos criados nas cidades italianas da baixa Idade Média[1384].

As primeiras medidas relativas às falências eram fragmentárias; visavam pôr termo a aspetos abusivos mais marcados, surgindo um tanto ao sabor de condicionalismos pontuais. Houve um certo contributo peninsular para o tema das falências, sendo de referir a obra de Salgado de Samoza

---

[1380] *Vide* Longo, *Esecuzione forzata (diritto romano)* cit., 719/II.

[1381] Trata-se da definição clássica de falência no Direito comum; *vide* Hieronimus Bayer, *Theorie des Concurs-Prozesses nach gemeinem Rechte*, 4.ª ed. (1850), 3-4; a 1.ª ed. desta obra data de 1836.

[1382] Wilhelm Endemann, *Die Entwicklung des Konkursverfahrens* cit., 34.

[1383] Wilhelm Endemann, *Die Entwicklung des Konkursverfahrens* cit., 36.

[1384] Bayer, *Theorie des Concurs-Prozesses*, 4.ª ed. cit., 8 ss., J. Kohler, *Lehrbuch des Konkursrechtes* (1891), 11 ss., Lothar Seuffert, *Deutsches Konkursprozessrecht* (1899), 7 ss., Umberto Santarelli, *Fallimento (storia del)*, DDP/SCom, vol. V (1990), 366-372 (367) e C. Accorella/U. Gualazzini, *Fallimento (storia)*, ED XVI (1967), 220-232 (221). Entre nós, Pedro de Sousa Macedo, *Manual de Direito das Falências*, 1 (1964), 21 ss..

§ 34.° A evolução do Direito da insolvência

(1653)[1385], clássico na matéria[1386]. Samoza esclareceu, em especial, o tema dos diversos tipos de falência.

II. Uma primeira tentativa de codificar as falências surgiu em França, através da Ordenança de 1673. Apenas o Código de Comércio de 1807, de Napoleão, procedeu a uma regulamentação mais cabal da matéria, no seu livro III, das falências e bancarrotas (artigos 437.° a 614.°)[1387]. Fê-lo, porém, em termos muito severos para o comerciante falido[1388], de tal modo que os próprios credores acabavam prejudicados: os comerciantes em dificuldades retardavam ao máximo a sua apresentação, o que conduzia, depois, a situações irrecuperáveis. O Livro III do *Code de Commerce* foi remodelado pela Lei de 28 de maio de 1838, longamente em vigor. Mais tarde, tentar-se-iam encontrar esquemas alternativos à falência. Com efeito, toda esta tradição latina esteve marcada pela infâmia do comerciante e por medidas tendentes a defender os credores.

III. Uma tradição diversa é constituída pela experiência alemã, desde o início vocacionada para comerciantes e não-comerciantes[1389]. O diploma pioneiro foi o Código das Falências prussiano, de 8-mai.-1855, que serviu de base ao Código das Falências alemão de 10-fev.-1877, preparado por Carl Hagens. O Código em causa, conhecido pela sigla KO (*Konkursordnung*), vigorou a partir de 1-out.-1879, atravessando as mais variadas situações sócio-económicas[1390]. A KO foi substituída pela *Insolvenzordnung (InsO)* que entrou em vigor em 1-jan.-1999[1391].

[1385] Francisco Salgado Samoza, *Labyrinthus creditorum concurrentium ad litem per debitorem communem inter illos causatam.*

[1386] Endemann, *Die Entwicklung des Konkursverfahrens* cit., 40 ss. e J. Kohler, *Lehrbuch des Konkursrechtes* cit., 24 ss..

[1387] J. A. Rogron, *Code de Commerce expliqué* cit., 5.ª ed., 141-189.

[1388] Jean Escarra, *Cours de Droit Commercial* (1952), 1038 e André Jacquemont, *Droit des entreprises en difficulté*, 6.ª ed. (2009), n.° 14 (7); a severidade teve a ver com especulações surgidas em torno dos fornecimentos aos exércitos franceses.

[1389] Bayer, *Theorie des Concurs-Prozesses* cit., 4.ª ed., 58 ss., Endemann, *Die Entwicklung des Konkursverfahrens* cit., 48 ss., J. Kohler, *Lehrbuch des Konkursrechtes* cit., 32 ss. e Lothar Seuffert, *Deutsches Konkursprozessrecht* cit., 10 ss..

[1390] Fritz Baur/Rolf Stürner/Adolf Schönke, *Zwangsvollstreckungs- Konkurs- und Vergleichsrecht*, 11.ª ed. (1983), 380 ss..

[1391] Reinhard Bork, introdução à *Insolvenzordnung* cit., 13.ª ed., IX.

474   *O estatuto geral dos comerciantes*

O sistema falimentar alemão não é especificamente dirigido a comerciantes, antes abrangendo a antiga "insolvência civil" latina. Por outro lado, salvo determinados abusos, ele não está marcado pela nota infamante que, desde a Idade Média, atinge a falência latina[1392].

IV. Francamente diverso é o sistema anglo-saxónico do *bankruptcy*[1393]. Baseada na *equity*, o *bankruptcy* pretende, antes de mais, recuperar o devedor infeliz. Não é infamante e acaba por ser benéfica para os credores, visto permitir, em termos latos, a manutenção das faculdades produtivas do património concursal.

167. A experiência portuguesa

I. O Direito português das Ordenações não instituía um verdadeiro sistema falimentar[1394]. Apenas nas Ordenações Filipinas surgiam algumas regras. Designadamente, mandava-se que os "... mercadores ..." que "... quebram de seus tratos ..." e levem bens,

> (...) serão havidos por públicos ladrões, roubadores, e castigados com as mesmas penas que por nossas Ordenações e Direito Civil, os ladrões publicos, se castigão, e percam a nobreza, e liberdades que tiverem para não haverem pena vil[1395].

No entanto, já então se admitia a "falência" não fraudulenta:

[1392] Quanto ao regime da KO cite-se, ainda, Othmar Jauernig, *Zwangsvollstrekungs- und Konkursrecht*, 18.ª ed. (1987), 161 ss.. Hoje, sobre a InsO, está disponível Othmar Jauernig/Christian Berger, *Zwangsvollstreckung- und Insolvenzrecht*, 23.ª ed. (2010), 300 pp..

[1393] Francesco de Franchis, *Fallimento in diritto angloamericano*, DDP/SCom V (1990), 434-443. Quanto à evolução histórica marcada, também, pela suavização, *vide* Roy Goode, *Commercial Law*, 4.ª ed. (2010), 903 ss..

[1394] Sobre toda esta matéria, Pedro de Sousa Macedo, *Manual de Direito das Falências* cit., 1, 33 ss.. *Vide*, ainda, Vasco Lobo Xavier, *Falência*, Pólis, 2 (1984), 1363-1367 (1363-1364).

[1395] *Ord. Fil.*, Liv. V, tit. LXVI – "Dos mercadores que quebram. E dos que se levantam com fazenda alheia", proémio = ed. Gulbenkian, IV-V, 1214/I.

§ 34.º A evolução do Direito da insolvência

E os que cairem em pobreza sem culpa sua, por receberem grandes perdas no mar, ou na terra em seus tratos, e comercios licitos, não constando de algum dolo, ou malicia, não incorrerão em pena algum crime[1396].

II. A matéria foi reformada pelo Marquês de Pombal[1397]. Seria, no entanto, necessário aguardar as reformas liberais para assistir a verdadeiras codificações sobre o tema.

O Código Comercial de 1833 (Ferreira Borges) compreendia uma rubrica intitulada *Das quebras, rehabilitação do fallido e moratorias*[1398]. O artigo 1121.º dispunha:

> Diz-se negociante quebrado aquelle, que por vício da fortuna ou seu, ou parte da fortuna e parte seu, se ache inhabil para satisfazer os seus pagamentos, e abandona o commercio.

III. A disciplina das falências foi retomada pelo Código Comercial de Veiga Beirão (1888) surgindo, aí, como Livro IV – artigos 692.º a 749.º – que tanto se ocupava das questões substantivas como das processuais. A partir de então, essa matéria conheceu várias vicissitudes[1399]. Assim:

– a Lei de 13 de maio de 1896, que aprovou o Código de Processo Comercial, autorizou o Governo a legislar sobre o processo das falências: este desempenhou-se, elaborando um Código das Falências, aprovado por Decreto de 26 de julho de 1899[1400]; foi revogado, então, o Livro IV do Código de Veiga Beirão;
– o próprio Decreto de 26 de julho de 1899, que encarregava o Governo de rever o Código de Processo Comercial determinava "... uma nova publicação oficial do Código de Processo Comercial, na qual deverá inserir-se este Código de Falências" – artigo 3.º; assim se fez: o Decreto de 14 de dezembro de 1905 aprovou um novo

---

[1396] *Idem*, § 8 = ed. Gulbenkian, IV-V, 1215/II.

[1397] Alvará de 13-nov.-1756; *vide* Sousa Macedo, ob. cit., 39-40.

[1398] *Vide*, na ed. da Imprensa da Universidade de Coimbra, 1856, a p. 212.

[1399] *Vide* a resenha de Alberto dos Reis/Amaral Cabral, *Código Comercial Português*, 2.ª ed. (1946), 378.

[1400] O respetivo relatório é assinado por Borges Cabral e pode ser confrontado em Barbosa de Magalhães, *Código de Processo Comercial Anotado*, 1, 3.ª ed., (1912), 17-31. Colhem-se, aí, interessantes elementos sobre a temática comercial da época.

Código de Processo Comercial, que englobou o anterior Código das Falências;
– o Decreto n.º 25.981, de 26 de outubro de 1935, veio aprovar um novo Código das Falências (Manuel Rodrigues)[1401]; a disciplina ganhou, pois, outra vez autonomia;
– o Decreto-Lei n.º 29.637, de 28 de maio de 1939 (preambular), que aprovou o novo Código de Processo Civil (Alberto dos Reis), revogou, no seu artigo 3.º o direito processual civil e comercial anterior, referindo expressamente o Código das Falências[1402].

Assistiu-se a uma curiosa caminhada que levaria as falências do Código Comercial ao Código de Processo Civil, onde se têm mantido nas subsequentes reformas – Decreto-Lei n.º 44.129, de 28 de dezembro de 1961, que, na forma, aprovou um novo Código, Decreto-Lei n.º 47.690, de 11 de março de 1967 e Decreto-Lei n.º 242/85, de 9 de julho, para além de outras reformas menores.

Esta evolução, a facultar conclusões genéricas, implicaria, no mínimo, a seguinte: a disciplina das falências tem sido sensível à necessidade de se integrar nos restantes vetores de ordem jurídica.

IV. Mais recentemente, a História parece repetir-se. Após prolongados trabalhos preparatórios, foi aprovada a Lei n.º 16/92, de 6 de agosto, que autorizou o Governo a legislar em áreas que têm a ver com temáticas falimentares.

No uso dessa autorização legislativa, o Governo adotou o Decreto-Lei n.º 132/93, de 23 de abril, o qual aprovou o Código dos Processos Especiais de Recuperação da Empresa e da Falência[1403]. Nos termos preambulares, o novo diploma procurou operar uma destrinça nítida entre empresas viáveis e inviáveis, de modo a recuperar as primeiras. Curiosamente, este então novo diploma foi sentido, pelos agentes económicos,

---

[1401] *Diário do Governo*, I Série, n.º 248 de 26 de outubro de 1935, 1556-1585.

[1402] Quanto a esse preceito, Alberto dos Reis, *Comentário ao Código de Processo Civil*, 1 (1944), 2.

[1403] No manuseio deste diploma: Luís A. Carvalho Fernandes/João Labareda, *Código dos Processos Especiais de Recuperação da Empresa e de Falência anotado*, 3.ª ed. (1999).

§ 34.º *A evolução do Direito da insolvência* 477

como mais duro para com os devedores do que o anterior[1404]. Adiante referiremos as grandes linhas deste diploma. Ele foi substituído pelo Código da Insolvência, hoje em vigor, que dá corpo a uma filosofia distinta.

[1404] Quanto à tradicional problemática político-social subjacente à falência e que tem provocado uma oscilação entre as medidas preventivas e as repressivas, cf. Umberto Navarrini, *Trattato di diritto fallimentare*, 1 (1939), 8 ss.. Um breve apanhado relativo ao CPEF de 1993 consta da introdução de António Mota Salgado à edição da Aequitas/Diário de Notícias.

§ 35.º AS GRANDES REFORMAS DA INSOLVÊNCIA

168. A reforma francesa de 1985

I. O Direito das falências conheceu, nos finais do século XX, reformas importantes[1405]. Nesse ciclo inscrevem-se quer o CPEF português de 1993, quer o atual CIRE. Tanto basta para, do fenómeno, dar notícia.

II. Uma primeira e significativa reforma continental foi levada a cabo pelo Direito francês. A Lei de 11-Jul.-1985 aprovou um novo regime denominado "recuperação e liquidação judiciárias das empresas"[1406]. Vejamos os seus antecedentes.

III. A matéria das falências sempre foi, em França, marcada por acentuada instabilidade[1407]. O Código de Comércio de 1807 era caracterizado por uma grande severidade em relação ao comerciante falido: num prazo de três dias após a cessação de pagamentos, o comerciante era obrigado a entregar o seu balanço, sendo nulos todos os atos subsequentes; na preocupação de tutelar os credores, o processo era, depois, lento e pesado, com

---

[1405] *Vide* Gerhard Hohloch, *Sanierung durch "Sanierungsverfahren"? Ein rechtsvergleichender Beitrag zur Insolvenzrechtsreform*, ZGR 1982, 145-198 e Hans Arnold, *Insolvenzrechtsreform in Westeuropa*, ZIP 1985, 321-333; na origem deste movimento reformador estão as crises petrolíferas e a necessidade, sentida pelos Estados, de procurar proteger as empresas recuperáveis e os níveis de emprego.

[1406] O texto respetivo pode ser confrontado no *Code de Commerce* da Dalloz, 99.ª ed. (2004), 1937 ss., com alterações e legislação complementar. Este texto já não se aplica aos processos iniciados após 1-jan.-2006. Hoje, o quadro legal é diverso.

[1407] Quanto à evolução inserida no texto: Michel Jeantin, *Droit commercial/Instruments de paiement et de crédit/Entreprises en difficulté*, 4.ª ed. (1995), 331 ss.; André Jacquement/Régis Valres, *Droit des entreprises en difficulté* (2015), 9-15.

§ 35.° As grandes reformas da insolvência

grandes custos; havia numerosas hipóteses de prisão, o que levava à fuga do comerciante, privando os síndicos de informações basilares. O esquema não provou, vindo a ser substituído pela Lei de 28-mai.-1838; no fundamental, este diploma acelerava o processo, diminuindo os custos. Nova reforma sobreveio, em 4-mar.-1889, sempre no sentido da suavização: o falido de boa-fé conservava a gestão do património, sendo assistido por um "liquidador". Este quadro manteve-se até que, em 30-out.-1935, nova reforma modificou diversos preceitos: acelerava-se o processo e consignavam-se especiais privilégios para os trabalhadores.

O Decreto de 20-mai.-1955 substituiu todo o livro III do Código de Comércio, já muito retalhado; ele veio aprofundar a distinção entre as falências de boa e de má-fé. Este diploma foi considerado demasiado técnico-jurídico, em detrimento das realidades económicas.

IV. Irrompeu, depois deste ponto, uma nova filosofia: o Direito das falências não deve dirigir-se para o comerciante, variando consoante os juízos que este mereça: trata-se, antes, de salvar a empresa e os valores que ela envolve. Procura-se pois (é a ideia francesa) separar o homem e a empresa e salvaguardar esta[1408].

Em tal linha surgiu a Lei de 13-Jul.-1967, complementada pela Ordenança de 23-set.-1967: deram um primeiro, ainda que limitado passo, nesse sentido. Novas reformas sobrevieram em 15-out.-1981 e 9-abr.-1982.

Tendeu-se, assim, para um Direito das "empresas em dificuldade", em detrimento do velho Direito das falências.

V. A reforma francesa de 1985 veio completar esta evolução[1409]. Ela teve em conta o *Bankruptcy Reform Act* de 1978. No fundamental, ela fixou objetivos legais, designadamente antepondo a recuperação de empresa. Esta deve ser conservada quanto possível, salvaguardando-se a sua atividade e o emprego. Os direitos dos credores surgem apenas em segunda linha. Nova reforma ocorre em 10-Jun.-1994. Visou, essencialmente, moralizar os planos de recuperação da empresa e simplificar o

---

[1408] Françoise Pérochon, *Entreprises en difficulté*, 10.ª ed. (2014), n.º 6 ss. (22 ss.).
[1409] Seguimos Michel Jeantin, *Droit commercial* cit., 345 ss.. *Vide*, ainda, Roberto Marinoni, *Il redressement judiciaire des entreprises nel diritto falimentare francese* (1989).

480   *O estatuto geral dos comerciantes*

processo. Hoje, a reforma de 1985 não é considerada feliz[1410]. Veio a ser substituída pela de 2005, de que abaixo daremos conta.

169. A reforma alemã de 1994/2001

I. Na Alemanha, um tipo de pensamento mais pragmático levou a uma evolução diversa. Com efeito, foi aprovada, em 5-out.-1994, a *Insolvenzordnung*. Cuidadosamente preparada[1411], a *Insolvenzordnung* ou *InsO* teve, no essencial, os objetivos seguintes[1412]:

– fortalecer a autonomia dos credores;
– tornar mais fácil e rápida a abertura do processo[1413], no sentido de uma conformidade com o mercado[1414];
– reduzir os privilégios[1415];
– aumentar a justiça na repartição dos valores[1416];
– fortalecer a ação pauliana[1417];
– alargar os fundamentos;
– incluir as garantias dos credores no processo;

[1410] Françoise Pérocheon, *Entreprises en difficulté* cit., 10.ª ed., n.º 15 (25): uma reforma ideológica, irrealista e utópica; as estatísticas relativas aos primeiros anos de aplicação da lei indicam 90% de casos de liquidação.

[1411] A literatura relativa à reforma pode ser confrontada em Manfred Balz/Hans--Georg Landfermann, *Die neuen Insolvenzgesetze* (1995), XXIX ss.; *vide* Ferdinand Kiessner, no Braun, *InsO/Kommentar*, cit., 4.ª ed., Einf., Nr. 10 ss. (3 ss.) e Gerhart Kreft (org.), *Insolvenzordnung/Heidelberger Kommentar* cit., 6.ª ed., Einleitung (1-6).

[1412] Hans Haarmeyer/Wolfgang Wutzke/Karsten Förster, *Handbuch zur Insolvenzordnung*, 2.ª ed. (1998), 10, Wolfgang Breuer, *Insolvenzrecht/Eine Einführung*, 2.ª ed. (2003), 2 ss. e Ferdinand Kiessner, no Braun, *InsO/Kommentar* cit., 4.ª ed., Einf., Nr. 14 ss. (4 ss.).

[1413] Walter Zimmermann, *Insolvenzrecht*, 3.ª ed. (1999), 5 ss. e Stefan Smid, *Grundzüge des neuen Insolvenzrechts*, 3.ª ed. (1999), 62 ss..

[1414] Peter Gottwald, *Insolvenzrechts-Handbuch*, 5.ª ed. (2015), § 1, Nr. 42 (16); *vide* o Nr. 47 (17-18),

[1415] *Idem,* § 1, Nr. 53-54 (20-21).

[1416] Haarmeyer/Wutzke/Förster, *Handbuch* cit., 591 ss..

[1417] Stefan Smid, *Grundzüge des neuen Insolvenzrechts* cit., 3.ª ed., 236 ss. e Zimmermann, *Insolvenzrecht* cit., 3.ª ed., 139 ss..

§ 35.° As grandes reformas da insolvência

– facilitar a recuperação;
– tratar convenientemente a insolvência do consumidor[1418].

II. Após uma *vacatio* de quatro anos, a InsO entrou em vigor. Os especialistas dirigem-lhe algumas críticas: um diploma complexo, menos permeável a valores empresariais do que seria de esperar e pouco praticável no tocante à insolvência do consumidor[1419]. Ela veio a ser aplicada em período de crise[1420], acompanhando um número crescente de insolvências[1421]. Estas, todavia, não lhe poderão ser imputadas.

Em 2001, sobreveio uma reforma que visou limitar a responsabilidade dos consumidores em dificuldade[1422]. Além disso, introduziu múltiplas correções em pontos que, pela prática, mostraram entravar o rápido andamento dos processos[1423]. Outras se lhe seguiram, abaixo referidas.

III. O distanciamento possível permite considerar que o modelo alemão tem vindo a ganhar terreno[1424]. A matéria da falência afasta-se do Direito comercial, acabando por constituir uma disciplina autónoma. A sua atenção à empresa e, na sequência, a operadores não empresários, vai distanciando-a do âmbito mercantil, integrando-a no processo executivo[1425]. É ainda importante sublinhar a contínua suavização da falência, quando reportada a pessoas singulares, perfeitamente documentada nos dois últimos séculos; afinal, a pessoa humana continua a ser a destinatária final de todo o Direito[1426].

[1418] Othmar Jauernig, *Zwangsvollstreckungs- und Insolvenzrecht*, 21.ª ed. (1999), 290 ss..

[1419] Haarmeyer/Wutzke/Förster, *Handbuch* cit., 11.

[1420] Heinz Vallender, *5 Jahre Insolvenzordnung*, NZI 2004, 17-18.

[1421] A evolução dos números pode ser confrontada em Ulrich Foerste, *Insolvenzrecht*, 2.ª ed. (2004), 2.

[1422] Ferdinand Kiessner, no Braun, *InsO/Kommentar*, 4.ª ed. cit., Einf. Nr. 34-36 (8).

[1423] Peter Gottwald, *Insolvenzrechts-Handbuch* cit., 5.ª ed., § 1, Nr. 66 (23-24); Karsten Schmidt, *Insolvenzordnung* cit., 19.ª ed., Einleitung, Nr. 10 (4).

[1424] Dissemo-lo, já, na 1.ª ed. da presente obra: 345.

[1425] Jauernig, *Zwangsvollstreckungs- und Insolvenzrecht*, 21.ª ed. cit., 173 ss.; quanto ao processo executivo, o manual mais divulgado é: Leo Rosenberg/Hans Friedhelm Gaul/ /Eberhard Schilken, *Zwangsvollstreckungsrecht*, 12.ª ed. (2010), 1376 pp..

[1426] Jean-Luc Vallens, *Droit de la faillite et droits de l'homme*, RDComm 50 (1997), 567-590.

482   *O estatuto geral dos comerciantes*

Também no Direito italiano este movimento se fez sentir. A Lei n.º 80, de 14 de maio de 2005 e o Decreto Legislativo n.º 5, de 9 de janeiro de 2006, introduziram grandes modificações no regime tradicional, de 1942. Procurou-se agilizar o processo e aplicar a autonomia dos credores[1427].

Veremos como esta evolução se projeta no nosso Direito.

170. As reformas das primeiras décadas do século XXI

I. A incapacidade europeia de obter taxas de crescimento significativas e a persistência de um desemprego com pesados custos sociais originaram, ao longo da primeira década do século XXI, reformas significativas no Direito da insolvência. Em mais uma manifestação da riqueza e da variedade jurídico-culturais do Velho Mundo, tais reformas seguiram rumos diferentes, em França e na Alemanha.

II. Como foi adiantado, a reforma francesa de 1985 revelou fraquezas, no plano prático. Aos problemas tradicionais da lentidão, dos custos, do predomínio das liquidações e do mau reembolso dos credores, vieram somar-se disfunções entre as entidades implicadas no processo[1428]. Após pequenas reformas e muita discussão, foi adotada uma nova via pela Lei de 26-Jul.-2005, aperfeiçoada pela Ordenança de 18-dez.-2008[1429]. Seguiu-se o decreto n.º 2009-160, de 12 de fevereiro, que procurou melhorar o processo de salvaguarda.

Temos, depois, a Lei n.º 2014-1, de 2 de janeiro, que habilitou o governo a adotar esquemas de simplificação. Resultou a Ordenança n.º 2014-326, de 12 de março, com diversas melhorias também na salvaguarda e visando um melhor equílibrio com os credores[1430]. Novas medidas de

---

[1427] *Vide* Fabio Santangeli (org.), *Il nuovo falimento* (2006), 931 pp..

[1428] André Jacquemont, *Droit des entreprises en difficulté* cit., n.º 25-26 (14-15).

[1429] A matéria está formalmente incluída no Código de Comércio, Art. L 611.º-1 ss.; pode ser comodamente confrontada em Nicolas Rontchevsky (org.), *Code de Commerce*, 111.ª ed. (2016), 1024 ss., com muitas indicações.

[1430] *Vide* Françoise Pérochon, *Entreprises en difficulté* cit., 10.º ed., n.º 21-39 (30-39); André Jacquemont/Régis Vabres, *Droit des entreprises en dificulté* cit., 9.ª ed., n.º 24-31 (13-21).

§ 35.° As grandes reformas da insolvência

dinamização foram aprovados pela Lei n.° 2015-990, de 6 de agosto (a *Loi Macron*), muito extensa, que visou relançar a economia francesa[1431].

III. No essencial, deram-se maiores poderes ao chefe da empresa devedora e aos credores, procurando reduzir-se o peso do aparelho judiciário. Vingou, também, uma ideia de prevenção. Temos, perante o Direito francês da insolvência, quatro procedimentos:

– um processo de conciliação, que visa a recuperação da empresa por acordo entre o devedor e os seus credores;
– um processo de salvaguarda, pelo qual o devedor, em dificuldades mas sem haver cessação de pagamentos, pode requerer uma "proteção" da Justiça; tal processo permite: (a) deter as execuções; (b) permanecer na direção da empresa e precaver-se contra quaisquer sanções pecuniárias ou profissionais, no caso do plano de salvaguarda ter êxito; (c) conservar a sua remuneração; (d) beneficiar das medidas favoráveis que o plano venha a providenciar;
– um processo de recuperação judicial;
– um processo de liquidação judicial.

A doutrina sublinha a multiplicidade de vias falimentares disponíveis. Censura-lhes, todavia, as dificuldades jurídicas envolvidas e a estreiteza prática do processo de salvaguarda (cerca de 1% do total), bloqueado entre o ideal do processo de conciliação e o processo de recuperação judicial.

IV. Na Alemanha, também após múltiplas discussões foi adotada, em 13-abr.-2007, uma lei para a simplificação do processo de insolvência[1432]. Trata-se de uma reforma fundamentalmente processual, que procurou, em múltiplos pontos, ganhos de celeridade e de eficiência[1433]. Em 7-dez.--2011, foi adotada uma nova reforma circunscrita que procurou, mais uma vez, simplificar o processo e enfrentar a crise oriunda dos *sulprimes* nor-

---

[1431] JORF n.° 0181, de 7-ago.-2015, 13537.

[1432] Ou *Gesetz zur Vereinfachung des Insolvenzverfahrens*.

[1433] Os pontos em causa, bastante numerosos, constam de Ferdinand Kiessner, no Braun, *InsO/Kommentar* cit., 4.ª ed., Einf., Nr. 58-61 (13-14); uma versão sintética consta de Gerhart Kreft, *InsO/Heidelberger Kommentar* cit., 6.ª ed., Einleitung, Nr. 12 (3).

484   *O estatuto geral dos comerciantes*

te-americanos[1434]. De novo se põe a opção de facilitar o procedimento falimentar através do reforço da administração[1435] ou de prevenir a situação de quebra nos pagamentos[1436], sob um pano de fundo de tratamento equitativo dos credores[1437]. No essencial, essa reforma: (a) aumentou o âmbito de proteção das empresas; (b) reforçou a autonomia dos redores; (c) incrementou o plano de insolvência. Seguiu-se a reforma derivada da Lei de 15-jul.-2013, que facilitou a liberação dos débitos incobráveis, relativamente a consumidores. Seguiu-se um projeto de reforma sobre a insolvência de grupos, ainda por aprovar[1438].

V. Como linhas de força a retirar da evolução recente das leis sobre insolvência, registamos as seguintes:

– a difícil busca de um equilíbrio entre os direitos dos credores e a manutenção sócio-económica da entidade insolvente;
– o esforço técnico para, no domínio da insolvência, reduzir os custos de transação, isto é: os dispêndios gerados pelo processo e o tempo que o mesmo consome:
– a introdução de esquemas destinados a proteger os consumidores.

Uma defesa extrema dos direitos dos credores pode implicar a destruição de riqueza e a supressão de empresas viáveis, com danos sociais.

[1434] Entrou em vigor a 1-mar.-2012; é conhecida pela sigla ESUG (*Gesetz zur Erleicherung der Unternehmenssanierung*); vide Peter Gottwald, *Insolvenzrechts-Handbuch* cit., 5.ª ed., Nr. 74-85 (25-27).

[1435] Gerhard Pape, *Erleichterung der Sanierung von Unternehmen durch Stärkung der Eigenverwaltung*, ZInsO 2010, 1582-1596; Hans Haarmeyer, *Der Sanierungstreuhänder*, ZInsO 2010, 1201-1206.

[1436] Frank Frind, *Vorinsolvenzliche Sanierungsregelungen oder Relauch des Insolvenzplanverfahrens?*, ZInsO 2010, 1427-1431; idem, *Zum Diskussionsentwurf für ein "Gesetz zur weiteren Erleichterung der Sanierung von Unternehmen"*, ZInsO 2010, 1473--1482 e 1524-1530.

[1437] Gerhard Pape, *Erleichterung der Sanierung von Unternehmen durch Insolvenzverfahren bei gleichzeitiger Abschaffung der Gläubigergleichbehandlung?*, ZInsO 2010, 2155-2162.

[1438] Peter Gottwald, *Insolvenzrechts-Handbuch* cit., 5.ª ed., Nr. 86-89 (27-28); Frega/ /Keller/Friedel, *Insolvenzrecht* cit., 8.ª ed., Nr. 17j-17k (14-15); Godehard Kayser/Ulristojh Thule, *Insolvenzordnung* 8.ª ed. (2016), Einleitung, Nr. 18-19 (6-7).

§ 35.º *As grandes reformas da insolvência* 485

A manutenção de entidades inviáveis dificulta o crédito em geral e implica custos para a comunidade.

Na vertente técnica: a insolvência, enquanto processo universal, implica espaço para resolver problemas de toda a ordem que, a ele, podem aderir. Os custos são, por vezes, desproporcionados. Cercear as vias jurisdicionais de discussão amputa os direitos das pessoas e constitui porta aberta a todos os oportunismos. Há, ainda, que computar a instabilidade legislativa: só por si, ela traduz um custo acrescido e um fator de demora. O mero voluntarismo legislativo só complica.

VI. As reformas da atualidade devem, ainda, lidar com a insolvência de entidades sensíveis, como as instituições de crédito e as seguradoras, com a insolvência de grupos de sociedades e com as insolvências internacionais.

Podemos dizer que o Direito da insolvência se apresenta como uma área especialmente carecida dos esforços da Ciência do Direito.

§ 36.° AS INSOLVÊNCIAS INTERNACIONAIS

171. Aspetos gerais e fontes

I. O processo de insolvência pode ter dimensões que ultrapassem as fronteiras dos Estados. Assim sucede, designadamente, sempre que:

- a entidade insolvente tenha bens em mais de um Estado;
- os contratos que a envolvam e que devam ser levados à sede falimentar tenham conexões com Direitos de vários países;
- os credores do insolvente pertençam a distintos espaços jurídicos;
- surjam, como competentes, tribunais de Países diferentes;
- os bens do insolvente devam ser executados em locais subordinados a mais de uma ordem jurídica.

Estes pontos podem entrelaçar-se, agravando a internacionalidade da insolvência considerada.

II. A primeira via de solução para a internacionalidade de processos insolvenciais repousa em clássicas normas de Direito internacional privado. Cada Estado prescreve a competência internacional dos seus tribunais. O tribunal competente aplica o sistema de normas do seu próprio Estado. E esse sistema indicará, nas diversas situações, qual a lei aplicável.

A solução é funcional em face de insolvências puramente internas ou que tenham conexões (muito) predominantes com o Estado cujos tribunais devam decidir. Deixará de o ser na hipótese inversa. A simples imagem de vários tribunais deverem decidir sobre uma mesma situação falimentar ou sobre situações falimentares conexionadas deixa adivinhar os óbices de tal repartição. A igualdade entre os credores (*par condicio creditorum*) pode ficar em causa.

Além disso, a repartição pluri-estadual das insolvências permite aos devedores inadimplentes refugiarem-se em paraísos jurídicos (*forum*

§ 36.° As insolvências internacionais 487

shopping), dissiparem bens por vários países ou, a qualquer título, tirar partido do caleidoscópio jurídico que reparte o Planeta.

Queda, pois, uma segunda via: a das convenções internacionais sobre a insolvência ou a de instrumentos supranacionais a tanto destinados. As convenções internacionais foram tentadas: sem êxito[1439]. Apenas o quadro europeu permite progredir nesta última hipótese.

III. Insolvência internacional é toda aquela que tenha conexões relevantes com mais de uma ordem jurídica. As fontes disponíveis para dirimir insolvências desse tipo são:

– no plano interno, os artigos 275.° a 300 do CIRE, integrados num título – o XV – intitulado "normas de conflitos";
– no plano europeu, o Regulamento 1346/2000, de 29 de maio e, a partir de 26 de junho de 2017, o Regulamento 2015/848, de 20 de maio.

Vamos considerar os normativos em causa. Acrescentamos que a insolvência pode assumir dimensões complexas, naturalmente agravadas quando ela seja internacional. Recomenda-se, assim, cuidado e experiência.

172. As normas internas de conflitos

I. Como adiantado, o CIRE comporta um título XV sobre normas de conflitos aplicáveis à insolvência[1440]. Além disso, o seu título XIV comporta quatro artigos relativos à execução do Regulamento 1346/2000, de 29 de maio. O título XV tem a ordenação seguinte:

Capítulo I – Disposições gerais (275.° a 287.°);
Capítulo II – Processo de insolvência estrangeiro (288.° a 293.°);
Capítulo III – Processo particular de insolvência (294.° a 296.°).

[1439] *Vide* algumas referências em Maria Helena Brito, *Falências internacionais/ /Algumas considerações a propósito do Código da Insolvência e da Recuperação de Empresas*, Themis/Edição especial, 2005, 183-220 (184-185) e em Alexandre Soveral Martins, *Um curso de Direito da insolvência*, 2.ª ed. (2016), 658-660.

[1440] Maria Helena Brito, *Falências internacionais* cit., 200-220; Dário Moura Vicente, *Insolvência internacional/Direito aplicável*, Est. José Dias Marques (2007), 81-104; Luís Menezes Leitão, *Direito da insolvência* cit., 6.ª ed., 333 ss..

488   *O estatuto geral dos comerciantes*

II. Nas disposições gerais, o artigo 275.º logo anuncia a regra, aliás decorrente do artigo 8.º da Constituição, de que o CIRE se aplica apenas na medida em que não contrarie o Regulamento – leia-se, o n.º 1346/2000 – e as outras normas comunitárias ou resultantes de tratados internacionais[1441]. Posto isso:

- o processo de insolvência e os seus efeitos regem-se pela lei do Estado onde o processo tenha sido instaurado (276.º);
- nas relações laborais, os efeitos da insolvência regem-se, exclusivamente, pela lei aplicável ao contrato de trabalho (277.º);
- os efeitos em causa sobre os direitos do devedor relativos a imóveis, a navios e a aeronaves, regem-se pela lei do País do registo (278.º a 281.º);
- estando em jogo efeitos sobre valores mobiliários, sistemas de pagamento e mercados financeiros, valem os artigos 41.º e 281.º do CVM (282.º);
- nas operações de venda com base em acordos de recompra, opera a lei aplicável a esses contratos (283.º, todos do CIRE).

III. O Direito da insolvência reconhece a possibilidade de decorrer um processo principal num País e processos secundários noutros: estes últimos, restritos aos bens que se encontrem no País em causa. Nesta base, há que entender o artigo 284.º/1: qualquer credor pode exercer os seus direitos tanto no processo principal como nos estrangeiros. Paralelamente, o administrador em processo estrangeiro pode reclamar em Portugal os créditos aí reconhecidos, assim como pode exercer na assembleia de credores os votos inerentes a esses créditos, salvo oposição dos titulares respetivos (284.º/2). O credor pago em processo estrangeiro não pode ser pago no processo pendente em Portugal enquanto os credores do mesmo grau não obtiverem satisfação equivalente (284.º/3). Os efeitos da insolvência sobre as ações pendentes rege-se pela lei do Estado aplicável a essa ação (285.º). Ele não afeta a compensação invocada pelo credor da insolvência, se for permitida pela lei aplicável ao contraditório do devedor (286.º). Quanto à resolução em benefício da massa: ela não é possível se o terceiro demons-

---

[1441] Luís Menezes Leitão, *Código da Insolvência e da Recuperação de Empresas anotado*, 8.ª ed. (2015), 276, considera, assim, o 275.º como sendo "completamente inútil".

§ 36.º As insolvências internacionais 489

trar que o ato se encontra sujeito a uma lei que não permita a impugnação por nenhum meio (287.º).

IV. O CIRE ocupa-se, depois, do processo de insolvência estrangeiro. A insolvência declarada em processo estrangeiro é reconhecida em Portugal, salvo casos de incompetência ou de contrariedade aos princípios fundamentais da ordem jurídica portuguesa, numa solução aplicável às providências de conservação subsequente, bem como a quaisquer decisões, também subsequentes (288.º). Não obstante, o administrador provisório designado antes da declaração de insolvência pode solicitar medidas cautelares referidas no artigo 31.º, para efeitos de conservação de bens em Portugal (289.º). O administrador estrangeiro pode requerer medidas de publicidade (290.º), fixando-se o tribunal competente para a prática dos atos referidos nos artigos 289.º e 290.º (291.º). O cumprimento feito em Portugal na ignorância da declaração de insolvência é liberatória (292.º), exigindo-se a revisão e a confirmação das decisões estrangeiras, para serem exequíveis em Portugal (293.º).

V. Surge, finalmente, o denominado processo particular de insolvência. Quando o devedor não tenha, em Portugal, nem a sede ou domicílio, nem o centro dos principais interesses, o processo de insolvência só abrange os seus bens situados em território português (294.º/1). Esse processo tem algumas particularidades de regime (295.º), particularmente quanto ao plano de insolvência. Finalmente: o reconhecimento de um processo principal de insolvência estrangeira não obsta à instauração, em Portugal, de um processo particular, então chamado processo secundário (296.º).

173. O Regulamento 1346/2000, de 29 de maio

I. Na base da Convenção de Bruxelas de 23 de novembro de 1995, que não chegou a vigorar, foi adotado o Regulamento 1346/2000, de 29 de maio[1442], por último alterado pelo Regulamento 663/2014, de 5 de junho[1443], já substituído, mas ainda em vigor.

[1442] Joce N. L-160/1-18, de 30-jun.-2000.
[1443] Joue N. L-179/4-16, de 19-jun.-2014.

II. Muito comentado[1444], o Regulamento 1346/2000, relativo aos processos de insolvência, comporta um preâmbulo em 33 pontos e 47 artigos, assim arrumados:

Capítulo I – Disposições gerais (1.º a 15.º);
Capítulo II – Reconhecimento do processo de insolvência (16.º a 26.º)[1445];
Capítulo III – Processo de insolvência secundário (27.º a 38.º);
Capítulo IV – Informação dos credores e reclamação dos respetivos créditos (39.º a 42.º);
Capítulo V – Disposições transitórias e finais (43.º a 47.º).

III. O essencial do normativo do Regulamento reencontra-se no CIRE, em preceitos acima examinados. Com efeito, o CIRE limitou-se a acolher os preceitos em causa, preceitos esses que sempre teriam aplicação direta. O Regulamento não tira, todavia, toda a utilidade aos equivalentes preceitos do CIRE. O Regulamento não se aplica a insolvências atinentes a empresas de seguros e instituições de crédito, a empresas de investimento que prestem serviços que impliquem a detenção de fundos ou a valores mobiliários de terceiros, nem aos organismos de investimento coletivo (1.º/2). Além disso, o CIRE tem utilidade perante insolvências instauradas em países terceiros.

174. O Regulamento 2015/848, de 20 de maio

I. A aplicação do Regulamento 1346/2000 foi considerada satisfatória, pela Comissão Europeia. Todavia, alguns dos seus preceitos foram considerados como suscetíveis de aperfeiçoamento. Assim, foi aprovado um novo instrumento: o Regulamento 2015/848, de 20 de maio[1446].

[1444] Assim: Hans-Jochem Lüer, em Wilhelm Uhlenbruck/Heribert Hirte/Heinz Vallender, *Insolvenzordnung*, 14.ª ed. (2015), 3173-3266; Moritz Brinkmann, em Karsten Schmidt, *Insolvenzordnung*, 19.ª ed. (2016), 2356-2521; Susanne Dornblüth, *Insolvenzordnung*, 8ª ed. (2016), 2515-2646.

[1445] *Vide* RLx 29-mai.-2009 (Fernanda Isabel Pereira), Proc. 1351/2007 e RLx 12-abr.-2016 (Afonso Henrique), Proc. 23953/13.

[1446] JOUE N. L-141/19-72, de 3-jun.-2015.

§ 36.º As insolvências internacionais

II. Temos um longo preâmbulo, em 89 pontos, seguindo-se 92 artigos e anexos. Damos nota da sua ordenação:

Capítulo I   – Disposições gerais (1.º a 18.º);
Capítulo II   – Reconhecimento do processo de insolvência (19.º a 33.º);
Capítulo III – Processo de insolvência secundário (34.º a 52.º);
Capítulo IV   – Informação dos credores e reclamação dos respetivos créditos (53.º a 55.º);
Capítulo V   – Processos de insolvência relativos a membros de um grupo de sociedades (56.º a 77.º):
Secção 1   – Informação e comunicação (56.º a 60.º);
Secção 2   – Coordenação (61.º a 77.º);
Capítulo VI   – Proteção de dados (78.º a 83.º);
Capítulo VII – Disposições transitórias e finais (84.º a 92.º).

III. Além da pormenorização, o Regulamento 2015/848 tem, como especial novidade, os capítulos relativos aos grupos de sociedades e à proteção de dados. Segundo o seu artigo 92.º e com poucas exceções, ele será aplicável a partir de 26-jun.-2017.

§ 37.º PERFIL GERAL DA INSOLVÊNCIA

175. Princípios clássicos

I. A ação de falência – que decorria, em princípio, perante um estado de falência, antes definido no artigo 1135.º do Código de Processo Civil como o do comerciante impossibilitado de cumprir as suas obrigações – operava como uma ação executiva universal e coletiva, com base em adequada sentença – artigos 1174.º e seguintes do mesmo Código. O CPEF veio referir uma situação de insolvência – artigo 3.º – como a da empresa que se encontre impossibilitada de cumprir pontualmente as suas obrigações, em virtude de o seu ativo disponível ser insuficiente para satisfazer o seu passivo exigível[1447]. O CIRE generalizou a ideia.

II. Na falência jogam-se interesses opostos que o Direito procura harmonizar[1448]; assim:

- o comerciante falido pretende retardar ou evitar a falência e, quando ela porventura se dê, atravessá-la com um mínimo de danos, de modo a poder reiniciar a sua vida empresarial;
- os credores visam a obtenção de um máximo de valor, por forma a minorar os prejuízos que, em princípio, irão sofrer nos seus direitos de crédito;

[1447] Trata-se da redação introduzida pelo Decreto-Lei n.º 315/98, de 20 de outubro; por consequência, devem ser liminarmente rejeitados os embargos em que os embargantes não demonstrem ter ativo suficiente: RCb 9-nov.-1999 (Eduardo Antunes), CJ XXIV (1999) 5, 25-28.

[1448] Michael C. Frage/Ulrich Keller/Ernst Riedel, *Insolvenzrecht* cit., 8.ª ed., Nr. 1-6 (3-5); Peter Gottwald, *Insolvenzrecht-Handbuch* cit., 5.ª ed., § 1, Nr. 38-62 (15-23).

§ 37.º Perfil geral da insolvência   493

– os terceiros aspiram à normal prossecução da sua atividade, sem serem afetados pelas operações falimentares que, a seu lado, venham a decorrer;
– a comunidade e o Estado desejariam, por fim, que a empresa em dificuldades as ultrapassasse, de modo a prosseguir na sua tarefa criadora de riqueza;
– o mercado pretende, objetivamente, a remoção das iniciativas inviáveis, de modo a deixar o caminho livre a novos empreendimentos.

Registe-se ainda que os diversos credores do falido, entre os quais, normalmente, o próprio Estado, têm, entre si, interesses antagónicos: dado o fenómeno do rateio, a vantagem de um é, tendencialmente, o prejuízo de outro.

III. A primeira preocupação da ordem jurídica, com vista ao enquadramento das posições conflituosas acima referenciadas e tendente à sua composição, dirige-se à celeridade e à simplificação processuais.

O fator tempo adquire, na falência, uma dimensão de primeiro plano. Desde o momento em que se anuncie algum dos motivos de declaração de falência e até ao termo da liquidação do património responsável, verifica--se uma situação de incerteza que paralisa os bens e veda as iniciativas dos agentes envolvidos. Os meios produtivos implicados são afetados, sendo ainda de aguardar deteriorações e desperdícios. E enquanto o processo se arrastar, acumulam-se, naturalmente, as próprias despesas motivadas por ele, pelos seus incidentes e pela manutenção e administração da massa falida.

A simplificação é requerida pela extraordinária complexidade das situações que, numa falência, tendem a ser debatidas. Na verdade, tratando-se de uma execução universal e, para mais, com interesses contrapostos, há que tornar firmes todas as situações jurídicas envolvidas, delimitando-as nos seus âmbitos e perfil normativos; tudo isso soma-se, ainda, aos clássicos temas das garantias gerais e especiais das obrigações que assumem, na falência, o ponto alto da sua existência. Podem ocorrer questões prévias, prejudiciais ou preliminares que, sendo consideradas – como não deixarão de ser, desde que pertinentes – alongam desmesuradamente todo o processo.

494   *O estatuto geral dos comerciantes*

Ao apontar, entre os processos especiais, a falência, o Direito processual procurou apurar uma metodologia que acelere e simplifique as operações da liquidação de patrimónios, nela subjacentes.

IV. Um processo de falência assenta em múltiplas soluções jurídicas de tipo substantivo.

Ao Direito civil e comercial compete definir os direitos das partes envolvidas, os seus limites e as regras a observar quando, entre eles, se registem conflitos.

O domínio adjetivo da problemática em jogo não deve distorcer as saídas que, em cada momento histórico, os ordenamentos considerem justas. A bondade do procedimento falimentar, quanto à satisfação dos interesses em presença é, tão-só, a dos regimes substantivos implicados: tudo decorre em termos que tais regimes aflorem, sejam ponderados e deem lugar às decisões mais oportunas.

Como segundo vetor relativo à falência aponta-se, pois, o que se poderá chamar inoquidade dos procedimentos processuais: estes devem ser de tal ordem que não perturbem as soluções de fundo encontradas, pelo ordenamento, para as questões que se suscitem.

V. Finalmente, o processo de falência deve deixar incólume a possibilidade de decisão jurisdicional dos pontos litigiosos que se apresentem. Apenas no respeito do contraditório e perante a produção da prova que considere necessária, pode o Tribunal solucionar os múltiplos pleitos secundários que, muitas vezes, se acolhem a uma falência, una na sua aparência.

Aponte-se, pois, a salvaguarda das margens de decisão das diversas questões, dentro da falência.

176. **Situações especiais; a banca e os seguros**

I. Em sectores muito sensíveis, a lei optou por estabelecer regimes especiais em detrimento do sistema comum de recuperação de empresas e da falência. Trata-se, no fundamental, de proteger o público, prejudicado perante a cessação de atividade de entidades que atuem nos sectores em causa.

§ 37.° Perfil geral da insolvência

II. Assim sucede com as instituições de crédito: o RGIC, nos seus artigos 139.° e seguintes, prescreve um regime especial de intervenção corretiva administração provisória e resolução, que procura contemplar os valores aí em jogo[1449]. A liquidação das instituições de crédito segue o regime fixado no Decreto-Lei n.° 199/2006, de 25 de outubro[1450]. A crise subsequente a 2007, agravada pelo problema do défice, que levou o País a pedir ajuda externa, em 2011, conduziu à necessidade de nova reforma.

E assim sucede, também, com as companhias ou empresas de seguros: dada a necessidade de proteger os segurados, estava previsto, nos artigos 109.° e seguintes do Decreto-Lei n.° 94-B/98, de 17 de abril, um regime especial[1451]. Hoje, regem os artigos 328.° e seguintes do RGAS, aprovado pela lei n.° 147/2015, de 9 de setembro[1452].

[1449] *Manual de Direito bancário*, 5.ª ed., 1122 ss..

[1450] Alterado pelo Decreto-Lei n.° 31-A/2012, de 10 de fevereiro e pela Lei n.° 23-A/2015, de 26 de março.

[1451] *Vide* Arnaldo Filipe da Costa Oliveira, *A protecção dos credores de seguros na liquidação de seguradoras/Considerações de Direito constituído e a constituir* (2000).

[1452] *Direito dos seguros*, 2.ª ed., 323 ss..

§ 38.° O REVOGADO PROCESSO ESPECIAL
DE RECUPERAÇÃO DE EMPRESAS E DA FALÊNCIA

177. A recuperação de empresas; o Decreto-Lei n.° 177/86, de 2 de julho

I. Tem interesse, para o conhecimento do atual regime e, ainda, pelo facto de muitos processos de insolvência (de falência) hoje em curso se pautarem pelo Direito anterior, fazer uma resenha do revogado sistema do processo especial de recuperação de empresas e da falência.

O Direito falimentar anterior tinha uma acentuada dimensão preventiva. Mais do que repartir com justiça o património do comerciante infeliz, pretende evitar-se a necessidade de o fazer. O CPEF tinha importantes dispositivos, nesse sentido. Ele foi antecedido pelo Decreto-Lei n.° 177/86, de 2 de julho, que cumpre recordar em grandes linhas: ele teve o fito declarado[1453] de promover a recuperação das "empresas". Foi, nessa medida, inovador.

Para tanto, o Decreto-Lei n.° 177/86 procurou a introdução,

(...) com caráter sistematizado e coerente, de um direito pré-falimentar, intencionalizado à recuperação de empresa e à adequada proteção dos credores; com isto se tutelam, obviamente, os interesses dos trabalhadores[1454].

[1453] Veja-se, nesse sentido, o preâmbulo desse diploma. No rescaldo, ainda, dos momentos revolucionários anteriores, lê-se, por exemplo, no preâmbulo em causa (n.° 1):

E a empresa, perante as justas reivindicações sociais do movimento sindical, não interessa apenas aos detentores do capital, mas também, motivadamente, aos dadores de trabalho. Uma possessiva "teologia do capitalismo ficou-se nos caminhos do tempo".

[1454] Preâmbulo, n.° 1.

§ 38.º *O revogado processo especial de recuperação*   497

O diploma, para além de ajustes de pormenor, introduziu uma nova modalidade de recuperação económica – a somar à concordata e ao acordo de credores que vinham já do regime anterior: a gestão controlada da empresa.

II. O Decreto-Lei n.º 177/86 abrangia 56 artigos, assim ordenados:

Capítulo I   – Processo especial de recuperação da empresa e da pro-
                 teção dos credores
Secção I   – Disposições gerais – 1.º-19.º
Secção II   – Concordata – 20.º-25.º
Secção III – Acordo de credores – 26.º-32.º
Secção IV – Gestão controlada – 33.º-49.º
Capítulo II – Disposições avulsas – 50.º-56.º

A matéria, particularmente inovatória, da gestão controlada surge no artigo 3.º/2 e nos artigos 33.º e seguintes. Todos estes aspetos serão abaixo analisados, a propósito do CPEF.

III. Parece importante sublinhar que, embora a filosofia do Decreto-
- Lei n.º 177/86 fosse, de facto, a de auxiliar as empresas, prevenindo a sua falência, ele não esqueceu os detentores de interesses diversos e, designada-mente, os credores.

Com efeito, o Decreto-Lei n.º 177/86, após um despacho inicial do juiz que – artigo 8.º/1 – verificaria os pressupostos da aplicação do diploma, previa um período de "observação" e, ainda diversas prorrogações, até que fosse adotado um esquema de recuperação ou fosse declarada a falência da empresa.

Estas delongas jogam contra os credores, que não podem reaver os seus valores e que – não havendo recuperação – vêm agravar a situação da empresa.

Por isso, o artigo 11.º do Decreto-Lei n.º 177/86 suspendeu diversos prazos, deixando pairar o seguinte princípio essencial: o esquema da recu-peração não pode ser invocado para prejudicar os credores. Já as regras e soluções nele previstas terão a aplicação que deles resulte.

IV. O dispositivo do Decreto-Lei n.º 177/86, de 2 de julho, foi parcial-mente alterado pelo Decreto-Lei n.º 10/90, de 5 de janeiro.

Este diploma – como se anuncia, aliás, no seu preâmbulo – visou ace-lerar o procedimento recuperatório, pondo termo a alguns bloqueios revela-dos pela prática. Em simultâneo, os direitos dos credores eram respeitados.

498 · O estatuto geral dos comerciantes

178. O Código dos Processos Especiais de Recuperação da Empresa e da Falência; a) A recuperação

I. O CPEF, aprovado pelo Decreto-Lei n.° 132/93, de 23 de abril, manteve, no essencial, as traves mestras que advinham já do Decreto-Lei n.° 177/86, de 17 de junho. Este Código foi alterado, com certa profundidade, pelo Decreto-Lei n.° 315/98, de 20 de outubro: um diploma que, para além do que apresenta como melhorias processuais, veio introduzir a "situação económica difícil" como novo pressuposto da providência de recuperação – artigo 3.°. Redenominou, ainda, o acordo de credores, o qual passou a designar-se "reconstituição empresarial" – artigo 4.°, ambos do CPEF, versão alterada. A assembleia de credores manteve o seu papel central.

II. Logo à partida, o CPEF vinha dar um papel – pelo menos formal – à empresa[1455]. Além disso, extinguiu os privilégios creditórios[1456], reforçou os poderes da comissão de credores e introduziu, como medida de recuperação, a reestruturação financeira: ambos estes pontos serão examinados mais abaixo.

Conceptualmente, o CPEF pôs cobro à clássica distinção entre a falência e a insolvência. Num plano organizatório, extinguiram-se as figuras do síndico e das câmaras de falência.

O devedor insolvente que não seja titular de empresa ou cuja empresa não exerça atividade, à data em que o processo for instaurado, não pode beneficiar do processo de recuperação: apenas pode evitar a declaração de falência, mediante a apresentação de concordata – artigo 27.° do CPEF.

III. O CPEF distinguia e regulava quatro tipos de providências de recuperação de empresas, que podiam ser requeridos no condicionalismo do seu artigo 8.°[1457]: a concordata, a reconstituição empresarial, a reestruturação financeira e a gestão controlada.

A concordata consistia, segundo o artigo 66.°, na simples redução ou modificação da totalidade ou de parte dos débitos da empresa em situação

---

[1455] À qual é reconhecida capacidade judiciária: STJ 23-abr.-1996 (Cardona Ferreira), CJ/Supremo IV (1996) 1, 167-170.

[1456] RPt 24-out.-1995 (Emérico Soares), CJ XX (1995) 4, 219-220; trata-se duma medida de aplicação imediata: RLx 28-Jun.-1998 (Martins de Sousa), CJ XXIV (1999) 1, 95-97 e RPt 19-abr.-1999 (Paiva Gonçalves), CJ XXIV (1999) 2, 208-209.

[1457] A falência pode ser requerida a todo o tempo, enquanto se verificar a situação de insolvência: RLx 25-jan.-2000 (André Santos), CJ XXV (2000) 1, 89-91 (90).

§ 38.° O revogado processo especial de recuperação

de insolvência ou económica difícil, podendo a modificação traduzir-se numa simples moratória.

IV. A reconstituição empresarial – artigo 78.°/1 – traduzia a constituição de uma ou mais sociedades destinadas à exploração de um ou mais estabelecimentos da empresa devedora, desde que os credores, ou alguns deles ou terceiros se disponham a assegurar e dinamizar as respetivas atividades. Trata-se de uma versão evoluída e flexibilizada do antigo acordo de credores.

V. A reestruturação financeira vinha definida, no artigo 87.° do CPEF, como[1458]:

> (...) o meio de recuperação de empresa insolvente ou em situação económica difícil que consiste na adoção de uma ou mais providências destinadas a modificar a situação do passivo da empresa ou a alterar o seu capital, em termos que assegurem, só por si, a superioridade do ativo sobre o passivo e a existência de um fundo de maneio positivo.

As providências de reestruturação financeira surgiam alinhadas no artigo 88.°[1459]. Este preceito distingue entre providências com incidência no passivo da empresa e providências com incidência no ativo.

Quanto às primeiras, temos:

a) A redução do valor dos créditos, quer quanto ao capital, quer quanto aos juros;

b) O condicionamento do reembolso de todos os créditos ou de parte deles às disponibilidades do devedor;

c) A modificação dos prazos de vencimento ou das taxas de juro dos créditos;

d) A dação em cumprimento de bens da empresa para extinção total ou parcial dos seus débitos;

e) A cessão de bens aos credores.

No que tange às segundas, referia a lei:

a) O aumento do capital da sociedade com respeito pelo direito de preferência dos sócios;

[1458] Na redação dada pelo Decreto-Lei n.° 315/98, de 20 de outubro, que se limitou, aqui, a introduzir a menção à empresa "em situação económica difícil".

[1459] RCb 16-jan.-1996 (Vergílio Oliveira), CJ XXI (1996) 1, 12-14.

b) A conversão de créditos sobre a sociedade em participação no aumento de capital deliberado nos termos da alínea anterior, na parte não subscrita pelos sócios;

c) A reserva à subscrição de terceiros do aumento de capital deliberado nos termos da alínea *a*), na parte não subscrita;

d) A redução de capital para cobertura de prejuízos.

Alguma doutrina tem apontado a taxatividade destas medidas[1460]. Mas na verdade, dadas as garantias que todo o processo assegura – veja-se a homologação judicial! – e a necessidade de observar determinados princípios, não vemos qualquer obstáculo em adotar medidas que não se insiram, geometricamente, nas alíneas apontadas.

O processo falimentar deve, precisamente, ser o oposto ao formalismo desconforme com as realidades sócio-económicas subjacentes. De todo o modo, a gravidade de algumas medidas exige apoio na lei.

VI. A gestão controlada, segundo o artigo 97.° do CPEF,

(...) é o meio de recuperação da empresa insolvente ou em situação económica difícil que assenta num plano de atuação global, concertado entre os credores e executado por intermédio da nova administração, com um regime próprio de fiscalização.

O plano podia prever alguma ou algumas das iniciativas previstas no artigo 101.° do CPEF.

179. Segue; a assembleia de credores

I. Em todo o processo de recuperação, cumpre sublinhar o papel básico da assembleia de credores – artigos 28.° e seguintes do CPEF. Compete-lhe escolher, sendo esse o caso, alguma das providências de recuperação – cf. o artigo 54.° do CPEF. Vamos ilustrar os poderes de que dispõe à luz da reestruturação financeira.

[1460] Assim, Carvalho Fernandes/João Labareda, *Código dos Processos Especiais de Recuperação de Empresa e da Falência Anotado*, 3.ª ed. cit., anotação 2.ª ao artigo 88.° (262); cf., também, Robin de Andrade, *Reestruturação financeira e gestão controlada como providências de recuperação*, RB 27 (1993), 77-92 (78). Estes autores suavizam, no entanto, a sua opinião, sublinhando a possibilidade de associar medidas provenientes de outras figuras recuperatórias.

§ 38.º O revogado processo especial de recuperação   501

II. A assembleia de credores tem, na reestruturação financeira, poderes alargados. O próprio artigo 88.º, acima citado, atribui-lhe a possibilidade de adotar as providências de reestruturação financeira que se imponham, algumas das quais expropriativas[1461].

Parece-nos evidente que não está aqui em causa qualquer problema de violação da propriedade privada e, daí, de inconstitucionalidade[1462]. Os credores, pela má situação económica da empresa devedora, já tinham os seus direitos em grave prejuízo. As medidas de recuperação só aparentemente são expropriativas: na realidade, elas visam, sim, salvar, da "propriedade" dos credores, o que possa ser salvo, restituindo-lhes, quanto possível, o valor que lhes cabia.

III. Com recurso à jurisprudência da época, podemos apontar algumas proposições ilustrativas do papel importante conferido, por lei, à assembleia:

– compete aos credores (e não ao juiz) decidir adiamentos[1463];
– na reestruturação financeira, o Tribunal não se sobrepõe à assembleia de credores[1464];
– o Tribunal não introduz alterações no plano aprovado pelos credores[1465];
– a assembleia de credores é soberana, tendo o juiz um mero controlo de legalidade[1466].

IV. Finalmente, parece-nos importante sublinhar, sempre de acordo com a lógica do instituto e com apoio na jurisprudência, que a recuperação das empresas não deve ser sujeita a um rigorismo formalista[1467]. Assim:

– o prazo do artigo 53.º/1 do CPEF podia ser ultrapassado, de modo a tudo se fazer para evitar a falência[1468];

[1461] RLx 27-mai.-1997 (Pinto Monteiro), CJ XXII (1997) 3, 96-97, referindo a constitucionalidade da alienação de participações, assim decidida.

[1462] Assim, STJ 7-out.-1999 (Herculano Namora), CJ/Supremo VII (1999) 2, 49-52 (51).

[1463] REv 2-nov.-1995 (Pita de Vasconcelos), BMJ 451 (1995), 533 (o sumário).

[1464] RCb 16-jan.-1996 (Vergílio Oliveira), CJ XXI (1996) 1, 12-14 (13/II).

[1465] STJ 24-set.-1996 (Cardona Ferreira), CJ/Supremo IV (1996) 3, 11-14 (13/II).

[1466] RCb 19-nov.-1996 (Herculano Namora), CJ XXI (1996) 5, 11-13.

[1467] Recorde-se: STJ 23-abr.-1996 (Cardona Ferreira), CJ/Supremo IV (1996) 1, 167-170.

[1468] RPt 27-nov.-1995 (Guimarães Dias), BMJ 451 (1995), 512-513 (o sumário).

502   *O estatuto geral dos comerciantes*

– a comissão de credores podia ser alterada, sem taxatividade de motivos[1469].

V. A dispensa do formalismo implicava o incremento da boa-fé. Deste modo e como exemplo, o trabalhador que acorde na assembleia a redução geral dos créditos da empresa a 30% renuncia, implicitamente, aos privilégios que lhe atribuía o artigo 12.º/1 da Lei n.º 17/86, de 19 de junho[1470].

180. A falência e as suas consequências

I. Não havendo lugar à recuperação – artigos 122.º e seguintes –, devia ser decretada a falência[1471]. A competente sentença deve conter os elementos especificados no artigo 128.º do CPEF.

A massa falida corresponde ao conjunto de bens penhoráveis da pessoa que, por incorrer nalgum dos pressupostos previstos na lei, se sujeite ao processo de falência.

Perante os bens incluídos na massa, o falido ficava numa situação de inibição[1472]; de facto, havendo falência declarada, ele não podia:

– administrar e dispor dos seus bens havidos ou que, de futuro, lhe advenham – artigo 147.º/1, do CPEF;
– atuar pessoal e livremente, sendo representado pelo administrador da falência para todos os efeitos, salvo quanto ao exercício dos seus direitos exclusivamente pessoais ou estranhos à falência – artigo 147.º/2, do mesmo Código;
– exercer o comércio, diretamente ou por interposta pessoa, bem como desempenhar as funções de titular de órgão em qualquer sociedade comercial ou civil – artigo 148.º/1, ainda do diploma em causa.

No que toca às inibições relativas aos bens, deve frisar-se que o artigo 147.º/1 carece de uma interpretação integrada[1473]. O falido pode adquirir,

---

[1469] RCb 27-mai.-1997 (Ferreira Barros), CJ XXII (1997) 3, 24-25.

[1470] RLx 12-nov.-1997 (Constante Horta), BMJ 471 (1997), 451 (o sumário).

[1471] STJ 18-mai.-1999 (Ferreira de Almeida), CJ/Supremo VII (1999), 103-105 e RPt 3-nov.-1998 (Emídio Costa), BMJ 481 (1998), 542 (o sumário).

[1472] Pedro de Sousa Macedo, *Manual de Direito das Falências* cit., 2, 63 ss., Manuel de Andrade, *Teoria geral da relação jurídica*, 2.º vol. (1970, reimpr.), 56 ss. e Fernando Olavo, *Direito comercial* cit., 1, 2.ª ed. (1970), 165 ss..

[1473] Assim, Fernando Olavo, *Direito comercial* cit., 1, 2.ª ed., 166 ss..

§ 38.° O revogado processo especial de recuperação

pelo seu trabalho, meios de subsistência (e logo dispor deles), bem como auxiliar na administração da massa, praticando certos atos – artigo 155.°/2.

Com estas precisões, subsiste pois, a afirmação inicial: a massa abrange os bens penhoráveis do falido.

II. A falência analisava-se numa projeção processual do princípio da responsabilidade patrimonial, particularmente adaptada à realidade do comércio. No termo de conturbada mas segura evolução histórica[1474], pode considerar-se que, no inadimplemento, responde o património do devedor e não a sua pessoa.

Essa responsabilidade patrimonial é, no entanto e logicamente, limitada aos próprios bens do devedor; salvo havendo uma particular causa que envolva o terceiro ou os bens deste, apenas o património do devedor responde pelos seus débitos; tal o alcance do lapidar artigo 601.° do Código Civil[1475].

Alargar a responsabilidade patrimonial aos bens de terceiros sem que, para tanto, exista título legitimador equivaleria a uma expropriação por utilidade particular e sem qualquer indemnização. Trata-se de um ponto que dispensará maiores considerações.

Estes vetores podem ser transpostos para o domínio da falência, sem dificuldades: a massa não abrange, em princípio, os bens de terceiros.

III. O CPEF, com o fito de precisar alguns dos aspetos em jogo, estabelece ainda outras regras que podem repercutir-se na composição da massa falida; assim o artigo 156.°, relativo aos atos resolúveis em benefício da massa[1476], ou o próprio artigo 147.°/1, que proclama o envolvimento dos bens que, futuramente, advenham ao falido.

Julga-se, contudo, que tais regras apenas concretizam os princípios basilares acima referenciados; não os põem em causa.

Foi ainda dito que a massa falida compreende um conjunto de bens. Embora consagrada, esta afirmação é pouco técnica: não se trata de bens, que constituem, tão-só, uma realidade objetiva, mas dos direitos a eles rela-

---

[1474] *Direito das obrigações* 1, 155 ss..

[1475] O artigo 818.° do Código Civil explicita as hipóteses de execução de bens de terceiro: tal sucede quando eles "... estejam vinculados à garantia do crédito, ou quando sejam objeto de ato praticado em prejuízo do credor, que este haja procedentemente impugnado". Sobre o tema em geral: Menezes Cordeiro, *Da falência e das benfeitorias e incorporações feitas por terceiros*, O Direito 120 (1988), 85-108.

[1476] RCb 26-out.-1999 (Artur Dias), CJ XXIV (1999) 4, 44-48.

504   *O estatuto geral dos comerciantes*

tivos. A massa inclui, pois, os direitos patrimoniais privados penhoráveis do falido[1477].

Esta precisão permite formular uma observação do maior relevo: quando, sobre um bem, incidam vários direitos de diversos titulares, apenas cabem, em rigor, à massa, os direitos que pertençam à esfera patrimonial do falido; ficam sempre ressalvados os direitos de terceiros.

IV. Diversos atos celebrados pelo falido podiam ter destinos a decidir, quando ainda estejam em execução. Temos regras quanto à compra e venda (161.º a 164.º), quanto à promessa[1478] (164.º-A), quanto à associação em participação (166.º), quanto ao mandato e à comissão (167.º), quanto à agência (168.º), quanto ao arrendamento (169.º e 170.º) e quanto à própria posse (171.º).

Também os contratos de trabalho tinham regras específicas (172.º a 174.º).

[1477] Também se pode falar em "direitos suscetíveis de expropriação forçada"; cf. Virgilio Andrioli, *Fallimento (diritto privato e processuale)*, ED XVI (1967), 264-462 (390).

[1478] RLx 12-out.-1999 (Quinta Gomes), CJ XXIV (1999) 4, 122-124.

§ 38.º O CÓDIGO DA INSOLVÊNCIA

176. A Lei n.º 39/2003, de 22 de agosto (autorização legislativa)

I. A aprovação do Código da Insolvência[1479] foi precedida por uma autorização legislativa da Assembleia: a Lei n.º 39/2003, de 22 de agosto. Efetivamente, o Código veio reger alguns aspetos que se incluem na reserva relativa de competência legislativa do Parlamento, tal como resulta do artigo 165.º da Constituição.

II. A Lei n.º 39/2003 consta de 13 artigos, com o seguinte teor geral:
  1.º Objeto;
  2.º Estado e capacidade das pessoas;
  3.º Disposições penais;
  4.º Regras de competência territorial;
  5.º Competências do juiz;
  6.º Competências do Ministério Público;
  7.º Recursos;
  8.º Exoneração do passivo de pessoas singulares;
  9.º Benefícios fiscais no âmbito do processo de insolvência;
  10.º Alterações ao Código Penal;
  11.º Alterações à Lei de Organização e Funcionamento dos Tribunais Judiciais;
  12.º Alterações ao Código de Processo Civil;
  13.º Duração.

[1479] Quanto ao CIRE, dispomos de vários comentários: Luís A. Carvalho Fernandes/ /João Labareda, *Código da insolvência e de recuperação de empresas anotado*, 2 volumes (2005), 624 + 478 pp.; AAVV, *Código da Insolvência e da recuperação de empresas anotado* (2006), 603 pp.; Luís M. Martins, *Processo de insolvência anotado e comentado* (2011, reimp.), 816 pp.; Luís Menezes Leitão, *Código da insolvência e da recuperação de empresas*, 8.ª ed. (2015), 517 pp..

506   *O estatuto geral dos comerciantes*

Como se vê, temos aqui matérias que se prendem com as seguintes alíneas do artigo 165.º da Constituição:

a) Estado e capacidade das pessoas;
c) Definição dos crimes, penas, medidas de segurança e respetivos pressupostos, bem como de processo criminal;
i) Criação de impostos e sistema fiscal (...);
p) Organização e competência dos tribunais e do Ministério Público (...).

Além disso, o Código da Insolvência pode implicar a extinção de alguns direitos patrimoniais privados: trata-se de matéria que toca em direitos fundamentais e, ainda, na igualdade.

III. Dos aspetos envolvidos importa reter os que se prendam com o Direito da insolvência. A esse propósito, sublinhe-se o objeto do Código, tal como previsto no artigo 1.º/2:

> (...) um processo de execução universal que terá como finalidade a liquidação do património de devedores insolventes e a repartição do produto obtido pelos credores ou a satisfação destes pela forma prevista num plano de insolvência que, nomeadamente, se baseie na recuperação da empresa compreendida na massa insolvente.

A ideia de devedor insolvente é expressamente definida no artigo 2.º/1 da lei em causa: será o que se encontre impossibilitado de cumprir as suas obrigações vencidas. O n.º 2 desse preceito alarga a noção às pessoas coletivas, às associações e às sociedades sem personalidade jurídica.

IV. Outros aspetos importantes do novo regime podem ser respigados da Lei n.º 39/2003. Assim e quanto ao estado e capacidade das pessoas:

– a declaração de insolvência priva imediatamente o insolvente, por si ou pelos seus administradores, dos poderes de administração e de disposição da massa insolvente, os quais passam a competir ao administrador da insolvência – 2.º/4;
– o processo pode prever um incidente de qualificação da insolvência como fortuita ou culposa – 2.º/5; sendo culposa, o juiz determinará a inibição do insolvente ou dos seus administradores para o exercício do comércio ou para cargos de administração até 10 anos – 2.º/7
– bem como a sua inabilitação – 2.º/8.

§ 39.º O Código da insolvência

V. Ainda um relevo particular assiste à possibilidade, conferida pelo artigo 8.º, de exoneração do passivo das pessoas singulares: mediante a verificação de várias condições aí referidas.

A panorâmica da lei de autorização legislativa, no tocante ao direito da insolvência, é limitada: abrange apenas os pontos sujeitos a autorização legislativa.

182. O Decreto-Lei n.º 53/2004, de 22 de agosto (diploma preambular)

I. O Código da Insolvência foi aprovado pelo Decreto-Lei n.º 53/2004, de 22 de agosto[1480]. Trata-se de um diploma precedido por um largo preâmbulo explicativo – 52 números, em 8 pp. a duas colunas, do *Diário da República* – que sublinha as opções básicas do novo diploma e os seus aspetos inovatórios mais marcantes[1481].

II. O próprio Decreto-Lei n.º 53/2004 compõe-se de treze artigos:

1.º Aprovação do Código da Insolvência e da Recuperação de Empresas;
2.º Alterações ao Código Penal;
3.º Aditamento ao Código Penal;
4.º Alterações ao Código de Processo Civil;
5.º Alteração do regime do registo informático de execuções;
6.º Alteração ao Código do Registo Civil;
7.º Alteração ao Código do Registo Comercial;
8.º Alteração à Lei de Organização e Funcionamento dos Tribunais Judiciais;
9.º Alteração ao Regulamento Emolumentar dos Registos e Notariado;
10.º Norma revogatória;
11.º Remissão para preceitos revogados;
12.º Regime transitório;
13.º Entrada em vigor.

O Código da Insolvência é aprovado pelo artigo 1.º, publicando-se em anexo ao diploma.

[1480] DR I-A, n.º 66, de 18-mar.-2004, 1402-1465.
[1481] *Vide* o nosso *Introdução ao Direito da insolvência* cit., 491.

508   *O estatuto geral dos comerciantes*

III. Como se vê, dos treze artigos do Decreto-Lei n.° 53/2004, oito referem-se a alterações em diplomas complementares: os códigos Penal, de Processo Civil, do Registo Civil e do Registo Comercial e, ainda, ao regime do registo informático da execução e à Lei de Organização e Funcionamento dos Tribunais Judiciais.

O artigo 10.° revoga o Código dos Processos Especiais de Recuperação da Empresa e de Falência, de 1993, enquanto o artigo 11.° dispõe sobre as remissões para preceitos revogados, reportando-os ao novo Código.

IV. Quanto ao Direito transitório: o CPEF de 1993 continua a aplicar--se aos processos de recuperação da empresa e de falência pendentes à data da entrada em vigor do Código da Insolvência – 12.°/1.

Finalmente: foi prevista uma *vacatio* de 180 dias: o Código da Insolvência entraria assim em vigor a 15-set.-2004.

183. O Decreto-Lei n.° 200/2004, de 18 de agosto e as reformas subsequentes

I. Em plena *vacatio*, o Código da Insolvência foi alterado: pelo Decreto-Lei n.° 200/2004, de 18 de agosto[1482]. Este diploma explica, no seu preâmbulo, a sua própria razão de ser. Diz, designadamente:

> A necessidade de assegurar que a entrada em vigor de uma reforma desta envergadura não é prejudicada por eventuais dúvidas que a redação legal possa suscitar nos operadores judiciários exige que se procedam a pequenas correções e ajustamentos que, entretanto, se verificaram ser necessários.

II. Isto posto, o preâmbulo clarifica que foram retificadas remissões, erros ortográficos ou gramaticais e clarificações pontuais de redação. Além disso, foram introduzidas três alterações de fundo que "... não afetam minimamente a filosofia da reforma". São elas:

– o oferecimento de provas só é obrigatório quando seja um terceiro a requerer a insolvência;

[1482] DR I-A, n.° 194, de 18-ago.-2004, 5260-5316.

§ *39.º O Código da insolvência* 509

– as impugnações das reclamações de créditos serão imediatamente consideradas procedentes quando às mesmas não seja oposta qualquer resposta;
– a assembleia de credores pode reunir para aprovação do plano de insolvência logo após o termo do prazo para impugnação da lista de credores reconhecidos; a aprovação de tal plano exige, agora, a aprovação pela maioria dos votos correspondentes a créditos não subordinados.

III. O Decreto-Lei n.º 200/2004 alterou, depois, 37 artigos do Código da Insolvência.

O seu artigo 2.º refere a republicação, em anexo, do Código da Insolvência, no seu todo, enquanto o artigo 3.º fixa a entrada em vigor do novo Código: 15-set.-2004, agora apontado diretamente.

O Decreto-Lei n.º 76-A/2006, de 29 de março, alterou o artigo 234.º do CIRE.

Uma reforma mais significativa foi a introduzida pelo Decreto-Lei n.º 282/2007, de 7 de agosto. Este diploma visou remover estrangulamentos e dificuldades relacionados com a aplicação prática do CIRE. Designadamente: (a) foram abolidas as publicações em jornais diários; (b) previu-se um esquema muito célere, quando seja patente a falta de património do devedor; (c) aumentou-se a rapidez das operações envolvidas; (d) facultou-se a melhor escolha dos administradores, em casos que a requeiram, por razões técnicas. Foram alterados dezoito artigos do CIRE[1483].

O Decreto-Lei n.º 116/2008, de 4 de julho, veio introduzir alterações consideráveis nos Códigos do Registo Predial (1.º) e do Registo Comercial (9.º), pelo prisma da simplificação informática. Alterou os artigos 38.º e 81.º do CIRE.

O Decreto-Lei n.º 185/2009, de 12 de agosto, referente a registos e a contas, modificou (de novo), os códigos de registo; alterou os artigos 38.º e 146.º do CIRE.

IV. Nos finais de 2011, foi anunciada uma nova reforma da insolvência cujos estudos estariam em curso. Tal reforma visaria:

[1483] Os artigos 9.º, 27.º, 32.º, 34.º, 37.º, 38.º, 39.º, 44.º, 52.º, 55.º, 57.º, 75.º, 164.º, 216.º, 229.º, 230.º, 232.º e 290.º.

510   *O estatuto geral dos comerciantes*

– a recuperação de empresas que se encontrem no mercado, gerando riqueza e emprego;
– a agilização do sistema vigente.

Esses objetivos concretizar-se-iam, depois, em múltiplas atuações. No fundo, reencontramos, aqui, parâmetros que já conduziram a reformas noutros países. Vamos aguardar. Na linha assim anunciada, seguiram-se as alterações que seguem.

A Lei n.º 16/2012, de 20 de abril, alterou 41 artigos do CIRE, simplificando formalidades e procedimentos e introduziu o processo especial de revitalização.

A Lei n.º 66-B/2012, de 31 de dezembro (OGE para 2013), alterou (234.º) os artigos 16.º, 268.º, 260.º e 270.º do CIRE.

O Decreto-Lei n.º 26/2015, de 6 de fevereiro, tomou medidas quanto à reestruturação e revitalização de empresas; modificou o artigo 17.º-F do CIRE.

184. Legislação complementar

A publicação do Código da Insolvência foi acompanhada pela de alguma regulação complementar. Temos:

– o Decreto-Lei n.º 54/2004, de 18 de março, que estabelece o regime jurídico das sociedades de administradores da insolvência;
– a Lei n.º 22/2013, de 26 de fevereiro, relativa ao estatuto do administrador da insolvência[1484];
– a Portaria n.º 1039/2004, de 13 de agosto, que aprova vários modelos a serem juntos ao plano de pagamentos;
– a Portaria n.º 51/2005, de 20 de janeiro[1485], que fixa a remuneração do administrador da insolvência;
– a Portaria n.º 265/2005, de 17 de março, que aprova o modelo de cartão de identificação dos administradores da insolvência.

[1484] Revogou e substituiu a Lei n.º 32/2004, de 22 de julho, alterada pelo Decreto-Lei n.º 282/2007, de 7 de agosto e pela Lei n.º 34/2009, de 14 de julho.
[1485] Com a Declaração de Retificação n.º 25/2005, de 22 de março.

§ 39.° O Código da insolvência

185. O sistema geral do Código da Insolvência

I. O Código da Insolvência está ordenado em dezassete títulos. Tais títulos dividem-se em capítulos subdivididos, nalguns casos, por secções. Eis a panorâmica dos títulos:

I – Disposições introdutórias (1.° a 17.°-I);
II – Declaração da situação de insolvência (18.° a 45.°);
III – Massa insolvente e intervenientes no processo (46.° a 80.°);
IV – Efeitos da declaração de insolvência (81.° a 127.°);
V – Verificação dos créditos. Restituição e separação de bens (128.° a 148.°);
VI – Administração e liquidação da massa insolvente (149.° a 171.°);
VII – Pagamento aos credores (172.° a 184.°);
VIII – Incidentes de qualificação da insolvência (185.° a 191.°);
IX – Plano de insolvência (192.° a 222.°);
X – Administração pelo devedor (223.° a 229.°);
XI – Encerramento do processo (230.° a 234.°);
XII – Disposições específicas da insolvência de pessoas singulares (235.° a 266.°);
XIII – Benefícios emolumentares e fiscais (267.° a 270.°);
XIV – Execução do Regulamento (CE) n.° 1346/2000, do Conselho, de 29 de maio (271.° a 274.°);
XV – Normas de conflitos (275.° a 296.°);
XVI – Indiciação de infração penal (297.° a 300.°);
XVII – Disposições finais (301.° a 304.°).

II. Existem dois grandes sistemas de ordenação de diplomas:

– sistema dogmático;
– sistema funcional.

O sistema dogmático ordena a matéria em função de categorias jurídico-científicas: o exemplo mais claro é o Código Civil. O sistema funcional opera com recurso à marcha do processo, seguindo o seu desenvolvimento dinâmico: o exemplo, ainda que parcelar, é o Código de Processo Civil. O Código da Insolvência segue, predominantemente, o sistema funcional.

III. O sistema adotado pelo CIRE tem uma lógica, própria, diversa da do regime anterior. Ele conduz a um novo equilíbrio, o qual está clara-

512   *O estatuto geral dos comerciantes*

mente ao serviço de uma Filosofia diferente. Deve ser considerado no seu conjunto. Não obstante, salientamos como títulos especialmente interessantes para uma apresentação geral do novo Código:

    I – Disposições introdutórias;
    II – Declaração da situação de insolvência;
    IX – Plano de insolvência.

186. As disposições introdutórias

    I. O artigo 1.º apresenta a finalidade do processo de insolvência[1486]:

– a execução universal para liquidação do património do devedor insolvente;
– a repartição do produto obtido pelos credores;
– ou a satisfação destes pela forma prevista num plano de insolvência.

Havendo plano de insolvência: poderá este basear-se na recuperação da empresa compreendida na massa insolvente.

Temos, aqui, novidades importantes. Aparece um único processo, com supressão da antiga recuperação de empresas: uma unificação que viria a regredir em 2012, com a (re)introdução do processo de revitalização, na sequência da crise de 2009/2014. Além disso, o CIRE apresentou-se diretamente como detentor de um projeto, resumido ao seu artigo 1.º. Explica a doutrina que preceitos dessa natureza, para além do seu papel de enquadramento, constituem ainda uma indicação importante para a interpretação e a aplicação de todos os demais preceitos. Releva o elemento teleológico da interpretação.

[1486] Corresponde ao § 1 da InsO alemã; Ferdinand Kiessner, *InsO/Kommentar* cit., 4.ª ed., 21 ss.; Hans-Peter Kirchhof, *InsO/Heidelberger Kommentar* cit., 6.ª ed., § 1 (9 ss.); Rolf Leithaus, em Andres/Leithaus, *InsO/Kommentar* cit., 2.ª ed., 1 ss.; Werner Sternal, em Kayser/Thole, *Insolvenzordnung* cit., 8.ª ed., § 1 (11 ss.); Irmtraut Papel, em Uhlenbruck/ /Hirte/Vallender, *InsO/Kommentar* cit., 14.ª ed., § 1 (1 ss.); Karsten Schmidt, *Insolvenzordnung* cit., 19.ª ed., § 1 (11 ss.).

§ 39.° O Código da insolvência

II. O artigo 2.°/1 fixa os sujeitos passivos da insolvência: fundamentalmente pessoas singulares, pessoas coletivas e pessoas rudimentares[1487]. O n.° 2 procede a uma delimitação negativa, excluindo da insolvência comum as pessoas coletivas públicas e as entidades públicas empresariais[1488]. Ficam também exceptuadas as empresas de seguros, as instituições de crédito, as sociedades financeiras e determinadas empresas de investimento, mas apenas na medida em que o processo de insolvência seja incompatível com os regimes especiais previstos para essas entidades.

O CPEF referia, genericamente, as empresas passíveis de recuperação. Quanto a insolventes que não fossem empresas: sujeitavam-se, salvo concordata particular, à falência direta. Tudo isto desaparece com o CIRE.

III. O artigo 3.° define situação de insolvência. Ele abrange um critério principal, completado, para as pessoas coletivas, por critérios acessórios[1489]. Assim:

– critério principal: o devedor encontra-se impossibilitado de cumprir as suas obrigações vencidas[1490]; o artigo 20.°/1 comporta "factos--índices", cuja perença leva à presunção de insolvência, nos termos do artigo 3.°/1[1491];

– critério acessório: as pessoas coletivas e os "patrimónios autónomos", por cujas dívidas nenhuma pessoa singular responde pessoal e ilimitadamente, por forma direta ou indireta: quando o passivo for manifestamente superior ao ativo, com as correções previstas no n.° 3.

[1487] Vide o § 11 da InsO: Leithaus, em Andres/Leithaus, *InsO/Kommentar* cit., 2.ª ed., § 11 (89 ss.).

[1488] Vide o § 12 da InsO: *idem*, § 12 (92 ss.).

[1489] RPt 3-nov.-2005 (Fernando Baptista), Proc. 0534960.

[1490] Till Weber, *Zur Definition der Zahlungsunfähigkeit nach der InsO*, ZInsO 2004, 66-71 e Breuer, *Insolvenzsrecht* cit., 2.ª ed., 50-51; vale o § 17/1 da InsO. Com indicações, Harald Busshardt, no Braun, *InsO/Kommentar* cit., 4.ª ed., § 17 (171 ss.). O § 17 foi concretizado através de decisões exemplares do BGH alemão: *idem*, § 17, Nr. 7 (173). Na nossa jurisprudência, *vide* RLx 24-mai.-2011 (Luís Lameiras), Proc. 221/10.

[1491] RCb 17-jan.-2012 (Teles Pereira), Proc. 2476/10.

À situação de insolvência atual é equiparada a iminente, quando o próprio devedor se apresente à insolvência[1492].

187. Segue; noções legais

I. O Direito falimentar foi, ao longo dos tempos, fixando uma terminologia específica[1493]. O Código da Insolvência veio modificar algumas das locuções já habituais. O legislador teve, por isso, o cuidado de apresentar, de modo explícito, algumas das noções novas. Assim:

– a data da insolvência equivale ao dia (e à hora) em que a respetiva sentença foi proferida (4.º/1);
– a empresa é definida como toda a organização de capital e de trabalho destinada ao exercício de qualquer atividade económica (5.º)[1494];
– os administradores são aqueles a quem, nas pessoas coletivas, incumba a administração ou liquidação da entidade ou património em causa; nas pessoas singulares, os seus representantes legais e mandatários com poderes gerais de administração (6.º/1)[1495];
– os "responsáveis legais" são as pessoas que respondam pessoal e ilimitadamente pela generalidade das dívidas do insolvente, ainda que a título subsidiário (6.º/2).

II. Será, depois, um trabalho de exegese do Código da Insolvência o verificar até que ponto estas noções são efetivamente utilizadas nas diversas disposições.

[1492] *Vide* o § 18 do InsO; Busshardt, no Braun, *InsO/Kommentar* cit., 4.ª ed., § 18 (184 ss.), Kirchhof, no *InsO/Heidelberger Kommentar* cit., 6.ª ed., 203 ss. e Breuer, *Insolvenzsrecht* cit., 2.ª ed., 52-53; Sebastian Mock, em Uhlenbruck/Hirte/Vallender, *Insolvenzordnung Kommentar* cit., 14.ª ed., § 19 (329 ss.).

[1493] Um "glossário": Breuer, *Insolvenzsrecht* cit., 2.ª ed., 7-10.

[1494] RGm 30-abr.-2009 (Raquel Rego), Proc. 2598/08, considera, para o CIRE, "empresa" e "pessoa coletiva" como equiparáveis.

[1495] Crítico: Luís Menezes Leitão, *Código da Insolvência e da Recuperação de Empresas* cit., 8.ª ed., 60.

§ 39.° O Código da insolvência

188. Segue; preceitos processuais

I. Ainda no domínio das disposições introdutórias, cumpre chamar a atenção para diversos preceitos que têm uma imediata configuração processual.

O artigo 7.° trata do tribunal competente[1496]. Mais precisamente:

– é competente o tribunal da sede ou do domicílio do devedor ou do autor da herança, à data da morte e, ainda, o do lugar onde o devedor tenha o centro dos seus principais interesses[1497];
– a instrução e decisão de todos os termos do processo de insolvência, bem como dos seus incidentes ou apensos, compete sempre ao juiz singular.

II. O próprio processo de insolvência[1498], uma vez instaurado, tem as seguintes particularidades:

– a instância do processo não é passível de suspensão, exceto nos casos expressamente previstos no próprio Código (8.°/1): de notar, desde já, a suspensão prevista no artigo 10.°, no caso de falecimento do devedor: o processo corre, então, contra a herança jacente, que se mantém indivisa, até ao encerramento do mesmo, podendo ser suspenso pelo prazo, não prorrogável, de cinco anos, quando um sucessor do devedor o requeira e o juiz considere conveniente a suspensão;
– ela suspende-se caso, contra o mesmo devedor, corra processo de insolvência, primeiro instaurado (8.°/2);
– o processo de insolvência, incluindo todos os seus incidentes, apensos e recursos, tem caráter urgente e goza de precedência sobre o serviço ordinário do tribunal (9.°/1);

[1496] Foerste, *Insolvenzrecht* cit., 2.ª ed., 22-24; RLx 25-jan.-2011 (Luís Lameiras), Proc. 2009/10.7.

[1497] Entendendo-se como tal aquele em que ele os administre, de forma habitual e cognoscível por terceiros. *Vide* o § 3 da InsO: Andres no Andres/Leithaus, *InsO/Kommentar* cit., 2.ª ed., § 3 (8 ss.); Kirchhof, no *InsO/Heidelberger Kommentar* cit., 6.ª ed., § 3 (14 ss.); Werner Sternal, em Kayser/Thole, *Insolvenzordenung* cit., 8.ª ed., § 3 (17 ss.).

[1498] *Vide* Pedro de Albuquerque, *Declaração da situação de insolvência*, O Direito 2005, 507-525.

516   *O estatuto geral dos comerciantes*

– as citações, notificações, publicações e registos gozam de regimes mais expeditos (9.º/2 a 5);
– as autoridades públicas titulares de créditos podem, a todo o tempo, confiar a mandatários especiais a sua representação no processo de insolvência, em substituição do Ministério Público (13.º).

III. Temos, depois, desvios importantes em relação aos princípios gerais do processo:

– o princípio do inquisitório: no processo de insolvência, embargos e incidente de qualificação de insolvência, a decisão do juiz pode ser fundada em factos que não tenham sido alegados pelas partes – artigo 11.º; há um desvio perante o artigo 664.º do Código de Processo Civil[1499];
– a quebra do contraditório: a audiência do devedor, incluindo a citação, pode ser dispensada quando acarrete demora excessiva o facto de residir no estrangeiro ou ter paradeiro desconhecido (12.º/1);
– o grau único de recurso: salvo determinadas oposições de julgados, não há recurso dos acórdãos proferidos pelo tribunal da relação (14.º/1)[1500].

IV. Resta acrescentar que o valor da ação de insolvência é o do ativo do devedor (15.º), que ficam ressalvados certos procedimentos especiais (16.º) e que o Código de Processo Civil tem aplicação subsidiária (17.º).

[1499] Indo-se muito além do artigo 264.º do mesmo diploma.

[1500] Esta restrição foi julgada constitucional: TC n.º 320/2006, de 17-mai.-2006 (Pamplona de Oliveira), DR II Série n.º 167, de 30-ago.-2006, 16996-16998.

§ 40.° COORDENADAS DA INSOLVÊNCIA

189. Enumeração

I. O Código da Insolvência surge estruturalmente novo. A continuidade em relação ao Direito anterior é assegurada pela Ciência do Direito. Se procurarmos enumerar as grandes linhas inovatórias, encontramos[1501]:

– a primazia da satisfação dos credores;
– a ampliação da autonomia privada dos credores;
– a simplificação do processo.

Estas linhas vêm, depois, entrecruzar-se em todo o Código, dando azo às mais diversas e inovatórias soluções.

II. Num moderno Direito da insolvência, existe um conjunto de questões económicas e políticas que cumpre ter presentes. Como auxiliar, podemos contar com a análise económica do Direito da insolvência[1502].

[1501] Em geral: Catarina Serra, *O novo regime português da insolvência/Uma introdução*, 2004 e 4.ª ed. (2010), 176 pp.. Desta Autora, *vide* ainda a monografia *A falência no quadro da tutela jurisdicional dos direitos de crédito* (2009), 530 pp..

Referimos, ainda, como bibliografia geral, além da obra já citada de Luís Menezes Leitão e dos *Códigos anotados*, AAVV, *Análise teórico-prática do processo de insolvência* (2006), 168 pp.; Luís Miguel Pestana de Vasconcelos, *A cessão de créditos em garantia e a insolvência* (2007), 1080 pp.; Luís A. Carvalho Fernandes/João Labareda, *Colectânea de estudos sobre a insolvência* (2009), 339 pp.; Joana Albuquerque Oliveira, *Curso de processo de insolvência e de recuperação de empresas* (2011), 264 pp.; Maria do Rosário Epifânio, *Manual de Direito da insolvência*, 3.ª ed. (2011), 322 pp.; Rui Pinto (coord.), *Direito da insolvência/Estudos* (2011), 386 pp.; Alexandre de Soveral Martins, *Um curso de Direito da insolvência*, 2.ª ed., (2016), 722 pp..

[1502] Häsemeyer, *Insolvenzrecht* cit., 4.ª ed., 81 ss., com indicações.

Deverão ser ponderados os interesses dos credores, a concorrência e a concentração das empresas e o mercado de trabalho. Mas também opções como a dupla emprego/desenvolvimento e, naturalmente, a tutela das pessoas, devem ser tidas em boa conta.

Sobre tudo isto vão, depois, assentar os "custos da transação": tanto maiores quanto mais complexo, mais demorado e mais inseguro for o processo de insolvência. Fica bem claro que estes "custos da transação" podem comprometer todos os outros objetivos do processo falimentar.

Pede-se um processo eficaz, que respeite a verdade material[1503], mas que conduza a um epílogo rápido. Quanto mais depressa for possível entregar a falência aos credores, mais cedo ficará o Estado – particularmente na sua vertente jurisdicional – exonerado de uma responsabilidade que, de todo, não lhe incumbe.

190. A primazia da satisfação dos credores

I. Como verificámos aquando das reformas vintistas das leis da falência, a problemática sócio-económica ligada aos temas concursais levou os legisladores a privilegiar soluções que permitissem a recuperação das empresas. E a esse propósito, vimos como a ideia foi acolhida, entre nós, através do Decreto-Lei n.º 177/86, de 2 de julho e, depois, pelo Código dos Processos Especiais de Recuperação de Empresa e da Falência.

A prática do sistema mostrou ser mau caminho. As empresas em dificuldades não se recuperam, pela natureza das coisas, só por si. A obrigatoriedade de percorrer o calvário da recuperação para, depois, encarar a fase concursal, traduzia-se, em regra, num sorvedouro de dinheiro, com especiais danos para os credores e os próprios valores subjacentes à empresa.

II. Podemos apontar três causas para essa situação:

– a empresa recuperável deve ser retomada pelos novos donos sem passivo; ora a sua assunção no quadro da "recuperação" tendia a implicar a manutenção de passivos anteriores;

[1503] Neil Andrews, *The Pursuit of Truth in Modern English Civil Proceedings*, ZZPInt 8 (2003), 69-96.

§ 40.° Coordenadas da insolvência 519

– o processo de recuperação era lento; durante muitos meses, a empresa via aumentar o seu défice, de tal modo que a recuperação se ia desvanecendo;
– as dificuldades de recuperação afastavam, do processo, os empresários mais dinâmicos e capazes; foi-se criando uma categoria de agentes que tiravam partido da situação sem, necessariamente, pretenderem relançar empresas.

No fundo, havia um remar contra o mercado, só possível em cenários nos quais o Estado admitisse injetar importâncias maciças, para tornear as dificuldades. Como contraponto, apenas uma vantagem: o arrastamento das situações levava os trabalhadores a, progressivamente, procurar novos empregos, permitindo, aos poucos, convencer as pessoas da inevitabilidade do encerramento da empresa.

III. A primazia do interesse dos credores (46.°/1) pretende afastar o óbice da recuperação: esta deixa de ser o fim último do processo; surge à frente, como mera eventualidade, totalmente dependente da vontade dos credores.
Mas esta primazia não funcionaria, apenas, em detrimento da empresa: ela exige, também, o sacrifício de terceiros que tenham contratado com a entidade insolvente. Donde o princípio geral do artigo 102.°/1, referente a negócios ainda não cumpridos: o seu cumprimento fica suspenso até o administrador da insolvência declarar optar pela execução ou recusar o cumprimento.
Temos um mundo de possibilidades, de acordo com os contratos em presença[1504]. O CIRE dispõe sobre venda com reserva de propriedade (104.°), venda sem entrega (105.°), contrato-promessa (106.°)[1505], operações a prazo (107.°), locação (108.° e 109.°), mandato e gestão (110.°), prestação duradoura de serviço (111.°), procurações (112.°), trabalho (113.°), prestação de serviço (114.°), cessão e penhor de créditos futuros

---

[1504] Vide os §§ 103-128 da InsO; indicações em Andres no Andres/Leithaus, InsO/ Kommentar cit., 2.ª ed., 358 ss., Wolfgang Marotzke, em Godehard Kayer/Wolfgang Marotzke, no InsO/Heidelberger Kommentar cit., 8.ª ed., § 103 ss. (948 ss.) e Harald Kroth, no Braun, InsO/Kommentar cit., 4.ª ed., 743 ss..

[1505] Vide, como espécie doutrinalmente interessante, STJ 14-Jun.-2011 (Fonseca Ramos), CJ/Supremo XIX (2011) 2, 108-112 (109 ss.).

(115.°), contas correntes (116.°), associação em participação (117.°) e agrupamento complementar de empresas e agrupamento europeu de interesse económico (118.°).

IV. De um modo geral, a preocupação do novo regime é a de permitir, sendo esse o caso, o termo dos contratos envolvidos na falência, sem maiores encargos para os credores. Haverá, caso a caso, que procurar, nos regimes dos contratos expressamente versados no CIRE e nas regras neste previstas, as bases para a aplicação a outros negócios.

Por curiosidade: na ordem alemã, têm ocasionado especial atenção as situações de reserva de propriedade[1506], de mútuo[1507] ou de garantias pessoais[1508], de trabalho[1509], de locação[1510] e de Direito de autor[1511].

191. A ampliação da autonomia privada dos credores

I. A reforma não se limitou a reconhecer a primazia da satisfação dos credores, como o objetivo último de todo o processo: ela consigna meios diretos para a prossecução desse encargo e, designadamente: coloca nas mãos dos credores as decisões referentes ao património do devedor e à sua liquidação.

II. A autonomia privada dos credores denota-se nos pontos mais diversos:

[1506] Natascha Kupka, *Die Behandlung von Vorbehaltskäufers nach der Insolvenzrechtsreform*, InVo 2003, 213-222.

[1507] Wolfgang Marotzke, *Darlehen und Insolvenz*, ZInsO 2004, 1273-1283.

[1508] Cartas de conforto: Uwe Paul, *Patronatserklärungen in der Insolvenz der Tochtergesellschaft*, ZInsO 2004, 1327-1329.

[1509] Wolfgang Marotzke, *Die Freistellung von Arbeitnehmern in der Insolvenz des Arbeitgebers*, InVo 2004, 301-316.

[1510] Volkhard Frenzel/Nikolaus Schmidt, *Die Mietforderung nach Anzeige der Masseunzulänglichkeit in der Insolvenz des Mieters*, InVo 2004, 169-172, Andreas Ringstmeier, *Abwicklung von Mietverhältnisse in masseunzulänglichen Insolvenzverfahren*, ZInsO 2004, 169-174 e Peter von Wilmowsky, *Der Mieter in Insolvenz: die Kündigungssperre*, ZInsO 2004, 882-888.

[1511] Barbara Stickelbrock, *Urheberrechtliche Nutzungsrechte in der Insolvenz*, WM 2004, 549-563.

§ 40.° Coordenadas da insolvência

– qualquer credor, mesmo condicional, pode requerer a insolvência, nas condições do artigo 20.°[1512]; pode, também, requerer medidas cautelares – 31.°;
– os credores podem eleger quem entenderem para o cargo de administrador, em detrimento do administrador provisório indicado pelo juiz – 53.°/1[1513]; fixarão, nessa altura, a sua remuneração – 60.°/2[1514]; a posição do administrador deve ser funcionalizada[1515], tendo estabilidade[1516];
– a assembleia de credores pode prescindir da existência da comissão de credores, substituir os seus membros, aumentar o seu número ou criar a comissão, quando o juiz não a tenha previsto – 67.°/1;
– em toda a lógica da insolvência prevalece a assembleia de credores – 80.°;
– a assembleia de credores delibera sobre a manutenção em atividade do estabelecimento ou estabelecimentos ou sobre o seu encerramento – 156.°/2; ela dá ainda o seu consentimento para atos jurídicos especialmente relevantes – 161.°/1; o n.° 3 desse preceito enumera, a título exemplificativo, os atos de especial relevo, os quais incluem a venda da empresa;
– a assembleia de credores pode aprovar um plano de insolvência – 192.° e seguintes;
– a assembleia de credores pode pôr termo à administração da massa insolvente pelo devedor – 228.°/1, b).

III. De todas estas medidas, a mais visível é a da possibilidade de aprovação do plano de insolvência[1517]. Trata-se de uma figura inspirada

---

[1512] De notar que o artigo 98.°/1 prevê um "prémio" para o devedor requerente.

[1513] Harald Hess/Nicole Ruppe, *Answahl und Einsetzung des Insolvenzverwalters*, NZI 2004, 641-645.

[1514] Com alguns elementos: Peter Depré/Günter Mayer, *Die Vergütung des Zwangsverwalters nach dem "dritten Entwurf"*, InVo 2004, 1-3.

[1515] Kurt Bruder, *Auskunftsrecht und Auskunftspflicht des Insolvenzverwalters und seiner Mietarbeiter*, ZVI 2004, 332-336.

[1516] Pode ser destituído com justa causa (56.°/1); *vide* RPt 13-Jul.-2011 (Filipe Caroço), Proc. 1384/10.

[1517] *Vide* Eduardo Santos Júnior, *O plano de insolvência/Algumas notas*, O Direito 2006, 571-591.

no *Insolvenzplan* alemão – §§ 217 a 279 do InsO[1518]. O plano de insolvência vem substituir os quatro esquemas antes previstos no CPEF:

– a concordata: ou redução ou modificação dos créditos (66.º do CPEF);
– a reconstituição empresarial: constituição de uma ou mais sociedades (78.º/1 do CPEF);
– a reestruturação financeira (87.º do CPEF);
– a gestão controlada (97.º do CPEF).

Tais hipóteses eram consideradas demasiado rígidas. A recuperação de empresas na sua base surgia, ainda, dificultada pelo esquema lento e pesado que poderia levar à sua aprovação.

Perante a lei nova, os credores poderão adotar as medidas que entenderem, no quadro do plano de insolvência[1519].

O artigo 195.º/2, *b*), ainda que a título exemplificativo, permite intuir quatro hipóteses de planos de insolvência:

– o plano de liquidação da massa insolvente (*Liquidationsplan*);
– o plano de recuperação (*Sanierungsplan*);
– o plano de transmissão de empresa (*Übertragungsplan*);
– o plano misto.

O conteúdo concreto depende, porém, da vontade das partes.

[1518] Häsemeyer, *Insolvenzrecht* cit., 4.ª ed., 746 ss., Breuer, *Insolvenzrecht* cit., 2.ª ed., 173 ss., Foeste, *Insolvenzrecht* cit., 2.ª ed., 219 ss., Axel Flessner, no *InsO/Heidelberger Kommentar* cit., 6.ª ed., prenot. §§ 217-269 (1648 ss.) e Ulrich Haas, *idem*, 8.ª ed., 1797 ss.; Andres no Andres/Leithaus, *InsO/Kommentar* cit., 2.ª ed., prenot. §§ 217-269 (688 ss.); Eberhard Braun (org.), *InsO/Kommentar* cit., 4.ª ed., prenot. §§ 217-269 (1253); Hans--Jochem Lüer/Georg Streit, em Uhlenbruck/Hirte/Vallender, *Insolvenzordnung* cit., 14.ª ed., prenot. §§ 217-269 (2449 ss.); Jürgen Sphiedt, em Karsten Schmidt, *Insolvenzordnung* cit., 19.ª ed., intr. §§ 217 ss. (1724 ss.): todos com inúmeras indicações.

[1519] Todavia, não com relevo quanto a créditos fiscais, quando haja oposição do Estado: RPt 7-Jul.-2011 (José Ferraz), Proc. 393/10 e RPt 13-Jul.-2011 (Soares de Oliveira), Proc. 134/11: uma saída decorrente da Lei do Orçamento para 2011, que mais dificulta a recuperação das empresas. Mas *vide* RGm 18-out.-2011 (Maria Catarina Gonçalves), Proc. 5036/10.

§ 40.º Coordenadas da insolvência

192. A simplificação do processo; a insolvência da pessoa singular

I. Todo o processo de insolvência sofreu uma grande simplificação perante o anterior Código. Apenas alguns exemplos:

– desaparece o dualismo recuperação/falência, substituído por um processo único: o da insolvência;
– todo o processo e os seus apensos têm caráter de urgência, preferindo aos restantes;
– é evitada a duplicação do chamamento dos credores ao processo;
– os registos são urgentes;
– o processo não pode ser suspenso;
– as notificações são mais expeditas;
– há apenas um grau de recurso.

II. É evidente que a celeridade processual exige uma cultura de ligeireza, por parte dos operadores judiciários, particularmente dos advogados. Mas requer-se, ainda, um esforço judicial, no sentido de ultrapassar a escassez regulativa, através de novas rotinas que permitam prosseguir os fins da insolvência: a rápida satisfação dos credores e, sendo esse o caso, um plano de insolvência que faculte recuperar a empresa.

III. Nos artigos 249.º e seguintes, o CIRE ocupa-se da insolvência da pessoa singular, desde que:

– não tenha sido titular da exploração de qualquer empresa nos três anos anteriores ao início do processo de insolvência;
– à data do início do processo, não tenha: dívidas laborais; mais de 20 credores; um passivo global superior a 300.000 euros.

Os artigos 235.º e seguintes preveem a exoneração do passivo restante[1520]: pode ser concedido, ao insolvente, a exoneração dos créditos sobre a insolvência, que não forem integralmente pagos no processo de insolvência ou nos cinco anos posteriores ao encerramento deste. Encontramos matéria inspirada na *Rechtschuldbefreiung* dos §§ 286 ss. da

---

[1520] *Vide* RPt 9-jan.-2006 (Pinto Ferreira), CJ XXXI (2006) 1, 160-162.

InsO[1521] e no processo de insolvência do consumidor – §§ 304 ss., do mesmo diploma[1522]. A ideia básica será:

– a de simplificar o inerente processo;
– a de facilitar a liberação do devedor, como base para uma nova partida.

O regime acabaria por ser pouco aberto. Veremos as possibilidades futuras de o reforçar. Categoria específica será a dos profissionais liberais[1523].

[1521] Häsemeyer, *Insolvenzrecht* cit., 3.ª ed., 649 ss.; Andres no Andres/Leithaus, *InsO/Kommentar* cit., 2.ª ed., §§ 286-303; Hans-Georg Landfermann, no *InsO/Heidelberger Kommentar* cit., 6.ª ed., prenot. §§ 286 ss. (1829 ss.); Andreas Lang, no Braun, *InsO Kommentar* cit., 4.ª ed., §§ 286 ss. (1411 ss.); Werner Sternel, em Uhlenbruck/Hirte/Vallender, *Insolvenzordnung* cit., 14.ª ed., Vorb zu § 286 (2759 ss.); Jochen Waltenberger, no *InsO/Heidelberger Kommentar* cit., 8.ª ed., Vor §§ 286 ff. (2046 ss.); Kei Henning, em Karsten Schmidt, *Insolvenzordnung* cit., 19.ª ed., §§ 286 ss. (2028 ss.).

[1522] Breuer, *Insolvenzrecht* cit., 2.ª ed., 158 ss.. *Vide* Wilhelm Klaas, *Fünf Jahre Verbraucherinsolvenz*, ZInsO 2004, 577-580 e Kai Henning, *Aktuelles zu Überschuldung und Insolvenzen natürlicher Personen*, ZInsO 2004, 585-594.

[1523] Christian Tetzlaff, *Die Abwicklung von Insolvenzverfahrung bei selbstständigtätigen natürlichen Personen*, ZVI 2004, 2-9 e Christine Neumann, *Praxisprobleme bei der Insolvenz von Selbstständigen*, ZVI 2004, 637-638.

§ 41° A REVITALIZAÇÃO DE EMPRESAS

193. O Memorando da Troika

I. A reforma da insolvência levada a cabo pela Lei n.º 16/2012, de 20 de abril, decorreu das obrigações assumidas pelo Estado Português, através da assinatura do Memorando da Troika[1524].

Curiosamente, o Memorando da Troika ocupa-se da matéria da insolvência a propósito do seu ponto 2: *Regulação e supervisão do sector financeiro*, fazendo-lhe, depois, uma curta referência a propósito do sistema judicial.

II. Quanto à regulação e supervisão do sector financeiro, o Memorando refere a insolvência logo a abrir, a propósito dos objetivos. Diz ele:

Objectivos
Preservar a estabilidade do sector financeiro, manter a liquidez e apoiar uma desalavancagem equilibrada e ordenada do sector bancário; reforçar a regulação e supervisão bancária; concluir o processo relacionado com o Banco Português de Negócios e racionalizar a estrutura do banco público Caixa Geral de Depósitos; reforçar o enquadramento legal da reestruturação, saneamento e liquidação das instituições de crédito e do Fundo de Garantia de Depósitos e do Fundo de Garantia de Crédito Agrícola Mútuo; reforçar o enquadramento legal de insolvência de empresas e de particulares.

De seguida, a insolvência surge a propósito do Fundo de Garantia de Depósitos. Respigamos o ponto 2.16.:

[1524] Em geral, *vide* o nosso *Perspetivas evolutivas do Direito da Insolvência*, Themis, 22/23 (2012), 7-50.

526 *O estatuto geral dos comerciantes*

2.16. O Código de Insolvência será alterado até ao fim de Novembro de 2011 a fim de assegurar que os depositantes garantidos e/ou os Fundos (tanto directamente como através de sub-rogação) gozem de prioridade sobre os credores não garantidos numa situação de insolvência de uma instituição de crédito.

III. Ocorre um ponto intitulado *Enquadramento legal da reestruturação de dívidas de empresas e de particulares*, que dispõe:

2.17. A fim de melhor facilitar a recuperação efectiva de empresas viáveis, o Código de Insolvência será alterado até ao fim de Novembro de 2011, com assistência técnica do FMI, para, entre outras, introduzir uma maior rapidez nos procedimentos judiciais de aprovação de planos de reestruturação
2.18. Princípios gerais de reestruturação voluntária extra judicial em conformidade com boas práticas internacionais serão definidos até fim de Setembro de 2011.
2.19. As autoridades tomarão também as medidas necessárias para autorizar a administração fiscal e a segurança social a utilizar uma maior variedade de instrumentos de reestruturação baseados em critérios claramente definidos, nos casos em que outros credores também aceitem a reestruturação dos seus créditos, e para rever a lei tributária com vista à remoção de impedimentos à reestruturação voluntária de dívidas.
2.20. Os procedimentos de insolvência de pessoas singulares serão alterados para melhor apoiar a reabilitação destas pessoas financeiramente responsáveis, que equilibrem os interesses de credores e devedores.
2.21. As autoridades lançarão uma campanha para sensibilizar a opinião pública e as partes interessadas sobre os instrumentos de reestruturação disponíveis para o resgate precoce de empresas viáveis através de, por exemplo, formação e novos meios de informação.

O Memorando refere a monitorização do endividamento *de empresas e de particulares*. Fá-lo nos termos seguintes:

2.22. As autoridades prepararão relatórios trimestrais sobre os sectores de empresas e de particulares que incluam uma avaliação das respectivas pressões de financiamento e actividades de refinanciamento de dívida. As autoridades avaliarão os programas de garantia actualmente em vigor, bem como as alternativas de financiamento no mercado (market-based financing

§ 41.° A revitalização de empresas 527

alternatives). Será constituído um grupo de trabalho para preparar planos de contingência para o tratamento eficiente dos desafios colocados pelo endividamento elevado nos sectores das empresas e de particulares. Estas actividades reforçadas de monitorização serão postas em vigor até fim de Setembro de 2011, em consulta com a CE, o BCE e o FMI.

Finalmente, no ponto 7. *Condições de enquadramento*, a propósito das ações civis nos tribunais, surgem as menções seguintes:

7.12. Avaliar a necessidade de Secções especializadas nos Tribunais Comerciais com juízes especializados em processos de insolvência. [T4 - 2011]

7.13. O Governo irá rever o Código de Processo Civil e preparará uma proposta até ao final de 2011, identificando as áreas-chave para aperfeiçoamento, nomeadamente (i) consolidando legislação para todos os processos de execução presentes a tribunal; (ii) conferindo aos juízes poderes para despachar processos de forma mais célere; (iii) reduzindo a carga administrativa dos juízes e; (iv) impondo o cumprimento de prazos legais para os processos judiciais e em particular, para os procedimentos de injunção e para processos executivos e de insolvência. [T4 - 2011]

IV. A linguagem é pouco elegante e menos precisa. A sistematização da matéria surge insatisfatória. No que tange às insolvências civis, apontamos três vetores:

– o incentivo à recuperação de empresas;
– a maior rapidez processual;
– a reabilitação das pessoas singulares.

194. O regresso à recuperação, a simplificação e os credores

I. A principal novidade introduzida no Código da Insolvência pela Lei n.° 16/2012, de 20 de abril, consubstancia-se no processo especial de revitalização (PER), presente nos artigos 17.°-A a 17.°-I, então introduzidos e que constituem um novo capítulo II[1525].

[1525] Existe já alguma doutrina especializada sobre o tema; assim, Nuno Salazar Casanova/David Sequeira Dinis, *PER / O processo especial de revitalização/Comentários*

528   *O estatuto geral dos comerciantes*

Esse processo funciona perante devedores que não possam cumprir as suas obrigações, mas que ainda sejam suscetíveis de recuperação (17.º-A). Cabe ao próprio devedor fazer um juízo de oportunidade nesse sentido, manifestando a sua vontade a, pelo menos, um dos seus credores, no sentido de encetar negociações (17.º-C). Essa declaração é comunicada ao juiz o qual nomeia, de imediato, um administrador provisório. Posto isso, todos os demais credores são notificados pelo próprio devedor, iniciando--se as negociações (17.º-D). Todas as ações destinadas a cobrar dívidas são suspensas, enquanto durarem as negociações (17.º-E)[1526]. As negociações concluem-se com um plano de recuperação, assinado por todos os credores ou adotado por maioria, com homologação do tribunal (17.º-F)[1527].

O artigo 17.º-I prevê acordos extrajudiciais de recuperação do devedor, a homologar pelo tribunal.

II. São tomadas diversas medidas de simplificação processual. Finalmente, os credores continuam a ser os donos do processo. Particularmente relevante, no PER, é o efeito "paralisador" (*standstill*) do procedimento: permite, ao devedor infeliz, um prazo de graça que ele poderá usar para reorganizar a empresa e para negociar, com os credores, saídas mais aprazíveis[1528]. Tudo depende, em última instância, do juízo da banca.

195. O SIREVE, o PARI e o PERSI

I. Ainda na decorrência do acordo com a Troika, a RCM n.º 43/2011, de 25 de outubro, veio aprovar denominados "princípios orientadores da recuperação extrajudicial de devedores". No fundo, tratava-se de criar um quadro de adesão voluntária destinado a promover a eficácia de procedi-

---

aos artigos 17.º-A a 17.º-I do Código da Insolvência e da Recuperação de Empresas (2014), 199 pp.; Maria do Rosário Epifânio, *O processo especial de revitalização* (2015), 115 pp.; Catarina Serra, *O processo especial de revitalização/Colectânea de jurisprudência* (2016), 384 pp..

[1526] REv 2-jun.-2016 (Silva Rato), Proc. 2696/13, quanto à noção desse tipo de ações.

[1527] Devendo ser respeitado o prazo aí previsto, sob pena de caducidade do plano: RPt 2-jun.-2016 (Fernando Baptista), Proc. 631/15.

[1528] Soraia Filipa Pereira Cardoso, *Processo especial de revitalização/O efeito de standstill* (2016), 141 pp., 45 ss..

§ 41.º *A revitalização de empresas* 529

mentos extrajudiciais de devedores em dificuldade. Pretendendo ir mais longe, foram adotados, por lei, três esquemas a tanto destinados: o Sistema de Recuperação de Empresas por Via Extrajudicial (SIREVE), o Plano de Ação para o Risco de Incumprimento (PARI) e o Procedimento Extrajudicial de Regularização de Situações de Incumprimento (PERSI). Estas designações pitorescas correspondem a múltiplas regras, de que damos breve conta.

II. O SIREVE resultou do Decreto-Lei n.º 178/2012, de 3 de agosto, muito alterado e republicado pelo Decreto-Lei n.º 26/2015, de 6 de fevereiro. Ele aplica-se a empresas em situação económica difícil ou de insolvência iminente, mas que obtenham uma avaliação positiva global em determinados indicadores (2.º). Deve haver um diagnóstico prévio favorável do IAPMEI (2.º-A), ao qual é dirigido o requerimento (3.º). Este despacha em 15 dias, recusando, pedindo elementos ou aceitando (6.º). Seguem-se negociações com os credores, acompanhadas pelo IAPMEI (8.º). Delas pode resultar um acordo, reduzido a escrito (12.º), o qual extingue as execuções (13.º). A haver incumprimento, os credores podem, individualmente, resolver o acordo (14.º). O SIREVE é incompatível com o PER [18.º1, *c*)], sendo confidencial.

III. O PARI foi adotado pelo Decreto-Lei n.º 227/2012, de 25 de outubro. Ele corresponde a um plano de ação a "implementar" pelas instituições de crédito, que "descreva detalhadamente os procedimentos e medidas adotados para o acompanhamento da execução dos contratos de crédito e a gestão de situações de risco de incumprimento" (11.º/1).

IV. O PERSI resulta do mesmo Decreto-Lei n.º 227/2012. Trata-se, também, de um procedimento extrajudicial, a elaborar pelas instituições de crédito (12.º). Havendo uma mora de 15 dias, as instituições de crédito devem apurar quais as razões subjacentes (13.º). A partir do 31.º dia de mora e até ao 60.º, o cliente é integrado no PERSI (14.º/1). Posto o que procede a uma avaliação do cliente e faz propostas (15.º), podendo seguir-se uma fase de negociação (16.º). O PERSI extingue-se com o pagamento das obrigações em mora, com a obtenção de um acordo ou com a declaração de insolvência do cliente bancário (17.º/1).

530   *O estatuto geral dos comerciantes*

196. Perspetivas

I. Não é possível substituir o dinheiro por procedimentos jurídicos. O universo falimentar depende de variáveis económicas gerais. Estas são pouco animadoras. O País não parará de se endividar, enquanto não atingir taxas de crescimento da ordem dos 3%. Sabemos que desde o ano 2000, com uma dívida cotada triplo A, juros baixos e dinheiro ilimitadamente disponível, não cresceu mais de 1%. Alcançar, na presente conjuntura, os 3%, é fisicamente impossível. O défice não diminuirá sustentadamente sem crescimento. As punções fiscais não adiantam, perante a inanição da economia. Pelo contrário: comprometem o investimento e conduzem a quebras na cobrança de impostos, que irão agravar o défice. E o Estado não pode cortar mais despesas sem aumentar o desemprego e a crise de produção. Para fechar o círculo, não há soluções nem dentro do euro, nem fora dos quadros da União Europeia. O *Brexit* só pode agravar o cenário. Finalmente, o método de desagravar o défice do Estado através de cortes no investimento público vai, queira-se ou não, fechar as portas a um crescimento futuro.

II. A experiência de recuperação das empresas de 1993 não foi conseguida. Apesar dos progressos alcançados em 2004, a insolvência mantém-se como um cemitério de empresas e de riqueza: cerca de 95% dos créditos são perdidos. A revitalização criada, como processo especial, em 2012, só funciona se houver dinheiro para injetar nas empresas em dificuldades. Não há. E o que houvesse, não estaria disponível, para tal efeito. A História da insolvência mantém-se, pois, num eterno oscilar entre a liquidação e a recuperação, sendo que esta em pouco ultrapassava os níveis vocabulares.

III. Fica um ponto interessante positivo: o da efetiva melhoria progressiva dos processos judiciais, graças, designadamente, às novas tecnologias. Esta via, embora não sendo milagrosa, é interessante, porquanto reduz os custos de transação.

Cabe aos credores, donos efetivos do património em dificuldade, gerir, com eficácia, os valores inerentes, de modo a minimizar os danos. Partindo de um patamar atual de 95% de créditos perdidos, há uma larga margem futura para aperfeiçoar o Direito da insolvência. As instituições de crédito têm, todavia, a maior dificuldade em desistir de créditos, tidos

§ *41.° A revitalização de empresas*   531

como ativos: preferem, objetivamente, perder tudo do que abdicar de parte. Muito dificilmente será possível modificar tal cultura.

IV. Um segundo aspeto positivo prende-se com a insolvência das pessoas singulares: dos seres humanos. Um processo expedito permitirá encerrar uma fase menos favorável da vida patrimonial dos devedores singulares infelizes. A sua reabilitação, em prazos curtos, permitirá novos reinícios de vida. Também o Direito da insolvência lida com pessoas.

§ 42.º A RESPONSABILIDADE DO REQUERENTE DA INSOLVÊNCIA

197. O problema e o seu interesse

I. Com o fito de aprofundar, em termos jurídico-científicos, um ponto específico do Direito da insolvência, particularmente apto a integrar essa disciplina nos valores básicos do ordenamento, vamos considerar a responsabilidade do requerente da insolvência.

O tema é relevante: a vários títulos. Na verdade, o requerimento de uma insolvência pode ter as mais graves consequências junto do requerido. Desde logo, fica envolvido o seu bom nome na praça: o saber-se que alguém foi requerido como insolvente é arrasador para os negócios. De seguida, podem processar-se graves danos morais. Finalmente e em qualquer caso:

- citado para uma insolvência, o devedor tem o ónus de se opor (30.º);
- cabe ainda ao devedor o ónus da prova da sua solvência (30.º/4);
- mesmo antes de citado, podem ser tomadas medidas cautelares (31.º/4);
- pode ser nomeado um administrador provisório (32.º, todos do CIRE).

Tudo isto representa um manancial de prejuízos. Um requerimento de insolvência insubsistente pode, mesmo quando rejeitado, provocar danos em bola de neve de montantes muito elevados.

II. A insolvência, uma vez requerida e mau grado a oposição do devedor, pode prosseguir, chegando-se a uma sentença que a declare, com as vastas consequências elencadas no artigo 36.º do CIRE. À sentença pode-se reagir com embargos (40.º) ou por via de recurso (42.º, ambos do CIRE): com efeito suspensivo, mas sem impedir a imediata venda de

§ 42.º A responsabilidade do requerente da insolvência   533

alguns bens (40.º/3 e 42.º/3). De todo o modo, é evidente que a sentença de declaração de insolvência, mesmo a não subsistir, tem efeitos devastadores, no devedor. Toda a sua atividade produtiva poderá ser paralisada: mal parece necessário exemplificar as possíveis consequências.

III. Pergunta-se se os graves danos provenientes do simples requerimento da insolvência ou da sua declaração, quando um e outra se venham a revelar inconsistentes, não têm solução. À partida, poderíamos considerar que as diversas pessoas – singulares ou coletivas – correm o risco de, a todo o tempo, serem "vítimas" de requerimentos improcedentes de insolvência ou, quiçá mesmo, de sentenças de insolvência insubsistentes. Seria, porém, totalmente incompreensível, perante qualquer ordem jurídica civilizada, que tendo o processo sido desencadeado por malquerença, por despeito, por leviandade ou por razões fúteis, nenhuma compensação houvesse para o lesado.

IV. Analiticamente, o problema põe-se nos seguintes termos: o requerente da falência deve deduzir uma petição na qual exponha os factos que integram os pressupostos da declaração requerida (23.º/1). Se indicar factos falsos ou insubsistentes, o pedido não deixará de ser apreciado liminarmente em termos positivos (27.º/1), seguindo-se a tramitação subsequente. E tudo prosseguirá, de modo inexorável, até que se apurem os equívocos. Podem-se alegar, conscientemente, os tais factos falsos? E negligentemente? O atual Direito deve poder responder a estas questões. De resto: elas não são novas, pelo que principiaremos pela evolução histórica do tema.

198. A evolução do tema nas leis nacionais

I. O artigo 1166.º do Código Ferreira Borges (1833) inserido no livro denominado *Das quebras, rehabilitação do fallido, e moratorias*, título XI, *Das quebras*, secção II, *Das medidas provisorias nas quebras*, veio dispor[1529]:

[1529] *Codigo Commercial Portuguez seguido dos appendices*, ed. Imprensa da Universidade (1856), 221.

Revogada a sentença de declaração da quebra, tudo será posto no antigo estado. E o comerciante, contra quem teve logar o procedimento, poderá intentar a sua acção d'indemnização de perdas e damnos, se no procedimento interveiu dolo, falsidade, ou injustiça manifesta, contra o auctor da injuria.

Temos, aqui, uma previsão muito lata que se caracterizava por prever, em tema de responsabilidade do requerente da falência:

– uma ação autónoma;
– com recurso às regras gerais da responsabilidade civil: "indemnização de perdas e damnos".

Na época, culpa e ilicitude estavam, ainda, por autonomizar. O legislador recorria, contudo, a uma fórmula suficientemente ampla, para abranger, em termos atualistas, quer o dolo, quer a negligência. Teria de haver sempre ilicitude culposa; digamos que, embora lata, a responsabilidade não era objetiva.

II. O Código Veiga Beirão (1888) manteve um nível específico de proteção para o requerido em autos de falência. Fê-lo a propósito do requerimento da declaração de quebra sem audiência do falido. Dispunha o artigo 699.º, § 2.º[1530]:

> Os credores que requererem a declaração de quebra sem audiencia do falido respondem para com ele por perdas e danos, sendo convencidos da falta de fundamento para a quebra, salva sempre a acção criminal, se a ela houver lugar.

Parecia claro: não se exigia uma específica prova de dolo ou de má-fé, valendo apenas a "falta de fundamento". Todavia, a responsabilidade aí prevista restringia-se à hipótese em que a quebra fosse requerida sem prévia audiência do falido[1531]. No tocante à falência comum, com audiência do requerido: a questão cairia nas regras gerais da responsabilidade

---

[1530] Luiz da Cunha Gonçalves, *Comentário ao Código Comercial Português* 3 (1918), 495.
[1531] *Vide Responsabilidade civil do requerente de falência*, RT 56 (1938), 306-308 (307/I).

§ 42.º A responsabilidade do requerente da insolvência

civil, na opinião de Cunha Gonçalves, em termos que abaixo melhor consideraremos[1532].

Carecido de estudos académicos, o tema das falências era, nessa época e na prática, (mal)tratado pelos tribunais. Dá-nos conta Almeida Saldanha (1897) do facto de, na maior parte das comarcas, se dispensar a audiência do devedor, para efeitos de falência, não obstante isso não ter sido requerido nem fundamentado. Ora, diz ele, essa prática, seria ilegal e absurda, "... tanto mais que os credores apenas respondem por perdas e danos quando requererem a declaração de quebra *sem audiência do falido*, nos termos do artigo 698.º, e do § 2.º do artigo 699.º"[1533].

Perante este estado dos problemas, não admira que o tema da responsabilidade do requerente não tivesse sido aprofundado. Essa falta de estudo explicará a subsequente evolução errática.

III. O Código de Processo Comercial de 24-jan.-1895[1534] não abrangeu as falências, que se mantiveram no Código Comercial. Seguiu-se-lhe a Lei de 13-mai.-1896, que autorizou o Governo a estatuir sobre "... o processo a seguir nos casos de fallencia ...". E assim foi aprovado, em 26-Jul.--1899, o Codigo de fallencias[1535]. Dispunha o artigo 5.º deste diploma[1536]:

(...)

§ 2.º Denegada a declaração de fallencia ou revogada a sentença que a declarou, o credor que a houver requerido com dôlo ou má fé responde para com o arguido por perdas e damnos, salva sempre a acção criminal que tiver logar.

§ 3.º Tendo sido requerida a declaração de fallencia por mais de um credor, esta responsabilidade é solidaria.

Como se vê, o artigo 5.º, § 2.º, do *Codigo de fallencias* de 1899 adotou uma fórmula mais lata do que a do Código Veiga Beirão: reportava uma responsabilidade geral do requerente, independentemente de ele ter pedido a não-audiência do requerido. Tem interesse transcrever um troço

---

[1532] Luiz da Cunha Gonçalves, *Comentário* cit., 3, 494.

[1533] Eduardo d'Almeida Saldanha, *Das fallencias* I (1897), 111; o itálico provém do original transcrito.

[1534] COLP Anno 1895 (1896), 80-94 (João Franco).

[1535] COLP Anno 1899 (1900), 199-217 (Alpoim Cabral).

[1536] *Idem*, 205/II.

de Barbosa de Magalhães, como modo de ilustrar a forma por que, na época, o preceito era entendido. Diz ele[1537]:

> A accusação de fallido é tão grave para a vida do commerciante, que não póde deixar de ser grande a responsabilidade de quem a faz. Basta muitas vezes ella para determinar o descredito, e portanto a ruina de quem estava ainda em muito soffriveis condições financeiras.
>
> Precisa por isso a lei de ser rigorosa contra os que com dolo ou má fé arrastam ao tribunal um commerciante honrado, lançando sobre elle desconfianças injustas, que, embora desfeitas, perturbam irreparavelmente o movimento dos seus negocios, e abalam para sempre o seu bom nome. Não se julgaram bastantes, para tornar effectiva esta responsabilidade, os principios geraes de processo civil e commercial, segundo os quaes, sempre que o tribunal entende que a parte vencida litigou de má fé, lhe impõe na sentença a multa de 10 por cento do valor em que decair, nunca superior a 1:000$000 réis, e a condemna a pagar, á outra parte uma indemnisação, que não poderá exceder o dobro das custas do processo.
>
> Aqui nem sempre ha propriamente parte vencida, porque o tribunal póde logo denegar a declaração da fallencia sem mesmo ouvir o arguido; não ha ainda sufficientes elementos para apreciar a sinceridade do requerente; e o valor da indemnisação não podia reduzir-se áquella insignificancia. Portanto, é em acção por fóra que, na maior parte dos casos, essa materia terá de ser discutida e a indemnisação liquidada. Nada obsta, porém, a que na propria sentença proferida sobre o pedido de declaração da fallencia, ou sobre embargos a ella opostos, haja a condemnação de má fé, se houver sido pedida, e os seus fundamentos allegados e provados, embora fique para a execução liquidar o quantitativo da indemnisação devida. Qualquer d'estas condemnações não prejudica a acção criminal, que terá logar quando se verifiquem tambem os elementos essencialmente constitutivos do crime de participação ou denunciação calumniosa.

Verifica-se, pois, embora com uma linguagem algo imprecisa, mercê das deficiências então presentes na dogmática da responsabilidade civil, que a doutrina distinguia entre a responsabilidade civil geral (*culpa in agendo*), que se imporia perante o requerente culposo da falência e a litigância de má-fé, própria das regras de processo.

[1537] J. M. Barbosa de Magalhães, *Codigo de fallencias annotado* (1901), 46-47.

§ 42.º A responsabilidade do requerente da insolvência

IV. O próprio Decreto de 26-Jul.-1899, que aprovou o *Codigo de fallencias*, determinou que[1538]:

> O governo fará uma nova publicação official do codigo de processo commercial, na qual deverá inserir-se este codigo de fallencias.

O Governo desempenhou-se aprovando, em 14-dez.-1905, o (novo) *Codigo de processo commercial*[1539]. Este, nos seus artigos 181.º e seguintes, acolheu o *Codigo de fallencias* de 1899. A responsabilidade do requerente da falência que fosse desatendido surgia no artigo 187.º, §§ 2 e 3[1540], do Código de Processo Comercial de 1905, equivalente aos acima transcritos §§ 2 e 3 do artigo 5.º do Código de Falências de 1899[1541].

Perante essa redação, perguntava-se se, para haver responsabilidade do requerente de falência era mesmo necessário "dolo ou má-fé" ou se se poderia, para além deles, lançar mão do dispositivo geral do artigo 2361.º do Código de Seabra. Cunha Gonçalves respondia pela positiva[1542]. Eis o seu texto básico:

> Mas, sendo o crédito mercantil tão fragil como o vidro, é evidente que não pode o bom nome dum comerciante ficar á mercê de qualquer credor mal intencionado. O simples requerimento de falencia, produzindo na praça um grave alarme, pode causar ao comerciante enormes prejuizos, emquanto se não prove ser infundada a acusação, chegando esta prova ao conhecimento do público. Porisso, o crèdor que requerer a falencia com dolo ou má-fé responderá para com o argùído por perdas e danos, além de ficar sujeito á acção criminal por difamação ou denúncia caluniosa; e, se fôrem dois ou mais os requerentes, será solidária essa responsabilidade (Cód. de Proc. Com., art. 187.º §§ 2.º e 3.º), salvo se algum dêles provar que estava em boa-fé. E' claro que a indemnização terá de ser pedida pelo argùído em processo distinto, por acção ordinaria; mas a má-fé ou o dolo pode ser declarado na propria sentença que denegar a falencia, ou revogar a declaração desta por efeito dos embargos do falido. E note-se que, hoje, o falido tem

---

[1538] *Idem*, 205/I.

[1539] Colp 1905 (1906), 623-648 (Artur Montenegro).

[1540] *Idem*, 635/I.

[1541] J. M. Barbosa de Magalhães, *Codigo de Processo Comercial Anotado*, 2, 3.ª ed. (1912), 188, mantendo as anotações por ele feitas sobre o artigo 5.º, § 2, do Código de falências e acima transcritas.

[1542] Luiz da Cunha Gonçalves, *Comentário* cit., 494.

538   *O estatuto geral dos comerciantes*

este direito mesmo que tenha sido ouvido antes da sentença declaratoria da falencia, ao contrario do disposto no § 2.º do art. 699.º dêste código. Mas, para que o requerente fique sujeito a pagar perdas e danos, será forçoso que tenha procedido com *dolo ou má-fé*? Entendo que não. O facto de a citada disposição se referir expressamente a estas circunstancias não significa que seja inaplicavel a êste caso a regra geral do art. 2561.º do Cód. Civil. A indemnização será devida sempre que o crèdor tivér procedido *temerária, leviana e imprudentemente*, embora sem a *intenção de prejudicar*, que é a característica do dolo. Todavia, é claro que não haverá tal leviandade e imprudencia quando se tenham dado numerosas circunstancias, que levariam a pessôa mais avisada e prudente a supôr que o devedor cessára pagamentos ou estava insolvente, taes como protestos de letras, pedidos de moratórias contratos simulados, etc. Nêste caso, a denegação ou revogação da falencia não produzirá responsabilidade alguma para o requerente.

A *Revista dos Tribunais* considerava esta solução "muito discutível": quando a lei de processo exigisse requisitos especiais para que o requerente de um ato seja responsabilizado, não seria possível invocar as regras gerais da responsabilidade civil[1543]. Evidentemente: o problema que a excelente *Revista dos Tribunais* não logrou transcender foi o de que, na verdade, litigância de má-fé e responsabilidade civil são realidades distintas.

IV. Podemos considerar que a evolução, no século XIX, da responsabilidade do requerente de falência deu-se, com clareza, no sentido da *culpa in petendo* ou responsabilidade pelo intentar de uma ação[1544]. A litigância de má-fé tinha o seu campo próprio, bastante restrito e delimitado. A gravidade dos valores aqui em presença explicava a necessidade do recurso à responsabilidade civil.

V. Na conturbada história do Direito falimentar português, seguiu-se o Código de Falências aprovado pelo Decreto-lei n.º 25:981, de 26-out.-

---

[1543] *Responsabilidade civil do requerente da falência* cit., 306/II e 307/I. Parece ser essa a opção de STJ 31-mai.-1938 (Magalhães Barros), GRLx 52 (1938), 221-222 (222/I), que mandou averiguar o "dolo ou má-fé".

[1544] *Vide* o nosso *Litigância de má-fé, abuso do direito de ação e culpa "in agendo"*, 2.ª ed. (2011), com indicações e onde procedemos à investigação básica ora utilizada.

§ 42.º *A responsabilidade do requerente da insolvência*   539

-1935[1545]. Este Código veio omitir qualquer menção à responsabilidade do requerente da falência. Perante esse silêncio, haveria duas hipóteses:

– ou se remetia para os princípios gerais;
– ou se admitia uma total irresponsabilidade.

Esta última hipótese pareceria bizarra[1546]. Quedava a primeira e, ainda aí, com duas sub-hipóteses:

– ou se aplicavam as regras gerais de responsabilidade civil;
– ou se recorria ao regime processual de litigância de má-fé.

A *Revista dos Tribunais*, com dúvidas, pareceu apoiar esta última hipótese[1547]. Evidentemente: a alternativa era falsa uma vez que ambos os institutos – com pressupostos distintos, finalidades diversas, e regimes autónomos – podem funcionar em simultâneo. Não é possível reconstituir, historicamente, o porquê da supressão, no Código de Falências de 1935, da referência à concreta responsabilidade do requerente desatendido. De todo o modo, a sua preparação[1548] e a subsequente promulgação[1549] provocaram um surto de interesse doutrinário sobre o tema. Todavia, pouco se passou da natural fase exegética subsequente a uma codificação[1550]. Os

---

[1545] DG I Série, n.º 248, de 26-out.-1935, 1556-1585 = Colp, 1935, 2.º semestre (1945), 467-496; o Decreto-lei n.º 25:981 compreende um interessante preâmbulo doutrinário (DG n.º 248 cit., 1556-1565).

[1546] Todavia, ela está algo subjacente à GRLx 52 (1938), 222/I, a qual, em anot. ao referido STJ 31-mai.-1938 vem dizer que a solução aí encontrada – a responsabilidade por "dolo ou má-fé" – seria mais difícil à luz do Código de Falências de 1935, dado o seu silêncio.

[1547] *Responsabilidade civil do requerente da falência* cit., 308/II.

[1548] Com referência ao então projeto, *vide* Palma Carlos, *Declaração de falência por apresentação de comerciante* (1935), 191 pp..

[1549] Assim: Artur Pavão da Silva Leal, *Das falências e concordatas/Estudo prático seguido de um formulário* (1936), 19 ss., com o Código de Falências, acompanhado por anotações e Barbosa de Magalhães, *Algumas considerações sobre o novo Código de Falência*, GRLx 51 (1937-38), 97-99.

[1550] Referimos, ainda, a publicação de Huberto Pelágio, *Código Comercial e Código de Falências*, 2.ª ed. atualizada e anotada (1939), 257-369.

540   *O estatuto geral dos comerciantes*

Autores, mesmo quando andaram próximos do problema da responsabilidade do requerente da falência, não o aprofundaram[1551].

Pois bem: num cenário marcado pela instabilidade legislativa, é sabido que os silêncios da lei comprometem o desenvolvimento doutrinário. A responsabilidade do requerente iria entrar numa certa letargia – e isso mau grado a clara aplicabilidade dos princípios gerais.

VI. O Código de Falências de 1935 teve vida curta: foi absorvido pelo Código de Processo Civil, promulgado pelo Decreto-lei n.º 29:637, de 28 de maio de 1939[1552]. Este diploma retomou a tradição portuguesa de contemplar, de modo expresso, a hipótese do indevido requerimento de falência. No seu artigo 1152.º[1553], dispunha-se[1554]:

> Denegada a declaração de falência ou revogada a sentença que a declarou, verificar-se-á sempre se o requerente procedeu de má fé para o efeito de, em caso afirmativo, ser condenado em multa e indemnização nos termos dos artigos 465.º e seguintes, salva a acção criminal a que houver lugar.

A quebra com a tradição da *culpa in agendo* era manifesta. O artigo 1152.º mais não fazia do que, a propósito da responsabilidade do requerente, remeter para a litigância de má-fé. Evidentemente: ao lado desta, haveria sempre que aplicar os princípios gerais da responsabilidade civil, tal como reclamava Cunha Gonçalves[1555].

Pouco animada pela doutrina, a jurisprudência não revelou, neste domínio, grande pujança.

[1551] Assim, Silva Leal, *Das falências e concordatas* cit., 165, a propósito dos embargos à falência, limita-se a dizer:

> Os embargos à falência, quando recebidos por despacho do juiz, leva (sic) a uma certa presunção de justiça a favor do falido.

[1552] DG I Série, n.º 123, de 28-mai.-1939, 419-548; registem-se, como curiosidades, que era então Ministro da Justiça Manuel Rodrigues Júnior e que esse diploma foi publicado num Domingo: provavelmente para não falhar a data de 28-mai..

[1553] Sem epígrafe: o Código de Processo Civil de 1939 – ao contrário do de 1961 – não epigrafou os seus artigos.

[1554] DG n.º 123, de 28-mai.-1939, 513/I.

[1555] *Supra*, 514-515.

§ 42.° A responsabilidade do requerente da insolvência 541

Quanto ao escasso interesse da doutrina sobre o próprio tema das falências, cumpre documentar o que segue. José Alberto dos Reis (1875- -1959) – o maior processualista do século XX – que se notabilizou pelos seus *Comentário ao Código de Processo Civil*[1556] e *Código de Processo Civil Anotado*[1557], acabaria por dar escassos desenvolvimentos ao instituto da falência. Este seria explanado no 2.° vol. dos *Processos especiais*: obra póstuma, publicada em 1956[1558] e onde, como assume o próprio Autor, a falência foi passada "... muito mais ao de leve do que tem acontecido em relação aos outros processos"[1559].

Num País com escassa dimensão universitária, uma contingência deste tipo pode ser decisiva nas quebras de investigação e de desenvolvimento doutrinário.

VII. Seguiu-se o Código de Processo Civil, aprovado pelo Decreto- -Lei n.° 44 129, de 28 de dezembro de 1961. Este diploma, no seu artigo 1188.°, epigrafado "apreciação oficiosa da má-fé do requerente", veio dispor nos seguintes e precisos termos[1560]:

> Denegada a declaração de falência ou revogada a sentença que a tenha declarado, verificar-se-á sempre se o requerente procedeu de má fé para o efeito de, em caso afirmativo, ser condenado em multa e indemnização nos termos dos artigos 456.° e seguintes, salva a acção criminal a que houver lugar.

O legislador veio, como se vê e pura e simplesmente, manter a remis- são de 1939 – quiçá: inútil – para a litigância de má-fé. A novidade cifrou- -se na esclarecedora epígrafe. Parece óbvio que, estando, para mais, a falência consignada em pleno Código de Processo Civil, o instituto da litigância de má-fé sempre teria aplicação. E quanto à *culpa in agendo* ou responsabilidade pelo intentar de uma ação?

[1556] José Alberto dos Reis, *Comentário ao Código de Processo Civil*, 3 volumes (1944-1946); há edições posteriores.

[1557] José Alberto dos Reis, *Código de Processo Civil Anotado*, 6 volumes (1944-1948); há edições e reimpressões posteriores; quanto à elaboração desta obra e da referida na nota anterior cf. o prefácio de Manuel de Andrade ao 2.° vol. dos *Processos especiais*, referido na nota seguinte.

[1558] José Alberto dos Reis, *Processos especiais*, 2 (1956, reimp. 1982), 543 pp..

[1559] José Alberto dos Reis, *Processos especiais* cit., 2, 311-312 (312).

[1560] DG I Série, n.° 299, de 28-dez.-1961, 1926/I.

542   *O estatuto geral dos comerciantes*

A literatura nacional sobre o tema foi escassa[1561]. De todo o modo, a que surgiu, era clara. Dizia Pedro de Sousa Macedo[1562]:

> Na doutrina, a tendência é para alargar a responsabilidade civil do requerente de falência em casos de culpa, pelo menos de culpa grave. A temeridade e a ligeireza do requerente pode provocar prejuízos extensos na empresa, pela perda do crédito ou pela suspensão das suas atividades, o que justifica um tratamento especial da responsabilidade processual. Basta a notícia de que se requereu a falência para provocar a retração do crédito, sem que a decisão judicial possa sanar a desconfiança surgida.

Pedro de Sousa Macedo exprime o sentir do sistema. Todavia, mantém-se a confusão entre o instituto da litigância de má-fé e a *culpa in agendo*. Não se trata de institutos complementares nem, muito menos, antagónicos: antes diferentes. A primeira assegura o policiamento do processo, tendo horizontes limitados e escassas hipóteses de ressarcimento; a segunda traduz a via cabal para a eliminação completa de danos.

VIII. O transcrito artigo 1188.º do Código de Processo Civil de 1961 foi sobrevivendo às diversas alterações subsequentes, sem merecer especial atenção[1563].

O Decreto-Lei n.º 177/86, de 2 de julho, filiado nas tentativas de enquadrar socialmente a falência, criou o processo especial de recuperação da empresa e da proteção dos credores. Nada se dispôs quanto à responsabilidade de quaisquer intervenientes. Paralelamente, manteve-se em vigor o referido artigo 1188.º[1564].

O Decreto-Lei n.º 132/93, de 23 de abril, aprovou o Código dos Processos Especiais de Recuperação de Empresa e de Falência. No seu artigo 9.º, ele revogou os preceitos do Código de Processo Civil relativos à falên-

---

[1561] No plano universitário, referimos as (tardias) lições de João de Castro Mendes/ /Joaquim de Jesus Santos, *Direito processual civil (Processo de falência)* (1982, polic., 119 pp.): simples sumários que, a p. 112, referem os embargos à falência sem nada dizer sobre a eventual responsabilidade do requerente da própria falência.

[1562] Pedro de Sousa Macedo, *Manual de Direito das falências*, 1 (1964), 398.

[1563] Fernando Luso Soares/Duarte Romeira Mesquita/Wanda Ferraz de Brito, *Código de Processo Civil Anotado*, 5.ª ed. (1987), 770: como anotação, apenas se diz, aí, que corresponde ao artigo 1152.º do Código de 1939.

[1564] *Vide* António Mota Salgado, *Falência e insolvência/Guia prático*, 2.ª ed. (1987), 84.

§ 42.° A responsabilidade do requerente da insolvência 543

cia, entre os quais o referido artigo 1188.°[1565]. E em sua substituição, nada previu. Apenas o seu artigo 131.°, sob a epígrafe "revogação da declaração de falência", veio dispor:

> Se vier a ser revogada a sentença que declarou a falência, serão as custas do processo suportadas pelo requerente, mas a revogação não afeta os efeitos dos atos legalmente praticados pelos órgãos de falência.

É óbvio (!) que, sendo revogada a sentença, apenas o requerente suportaria as custas. O CPEF foi particularmente inútil, neste ponto. Porque nada disse quanto à responsabilidade do requerente? A doutrina, perante o vazio daí resultante, não desenvolve[1566]. Curiosamente: em 1993, veio repetir-se o sucedido com o silêncio, em 1935, do Código de Falências então promulgado. Mas diferentemente do ocorrido nesta última ocasião, não surgiram doutrinadores a explicar o alcance do silêncio.

Pela nossa parte, não temos dúvidas; têm aplicação, em simultâneo:

– o disposto sobre litigância de má-fé, por via dos artigos 456.° e seguintes, do Código de Processo Civil;
– as regras sobre a responsabilidade aquiliana, por força do artigo 483.°/1, do Código Civil.

199. O artigo 22.° do CIRE: origem plausível

I. Fixados os parâmetros ontológicos subjacentes à evolução da matéria, passamos a considerar o dispositivo do CIRE relativo à responsabilidade do requerente da insolvência. Dispõe o seu artigo 22.°, sob a epígrafe "dedução de pedido infundado":

> A dedução de pedido infundado de declaração de insolvência, ou a devida apresentação por parte do devedor, gera responsabilidade pelos prejuízos causados ao devedor ou aos credores, mas apenas em caso de dolo.

Mas apenas em caso de dolo? Uma interpretação literal e imediata descobrirá, aqui, um caso único, no Direito português, de uma responsabi-

---

[1565] DR I Série-A, n.° 95, de 23-abr.-1993, 976-2009 (1982/I).

[1566] *Vide* Luís A. Carvalho Fernandes/João Labareda, *Código dos Processos Especiais de Recuperação da Empresa e de Falência Anotado*, 3.ª ed. (1999), 366.

544   *O estatuto geral dos comerciantes*

lidade civil assente, apenas, no dolo. A assim ser: a pessoa que, por descuido grosseiro e indesculpável, viesse com um pedido de declaração de insolvência totalmente descabido, que provocasse os maiores danos patrimoniais e morais, não responderia ... por não ter agido com dolo. A solução é tão obtusa que não pode resultar da lei, no seu conjunto. Antes de passar a uma interpretação razoável do preceito, vamos apontar o que supomos ser a sua origem. Ela situa-se no Direito alemão e resultou de uma transposição menos pensada.

II. O Direito alemão, seja na anterior *Konkursordnung*, seja na atual *Insolvenzordnung*, não prevê uma especial responsabilidade do requerente de insolvência injustificada. A omissão está em consonância com a inexistência de qualquer dispositivo especial de litigância de má-fé ou de responsabilidade. Cairíamos, deste modo, no sistema geral da responsabilidade civil.

A jurisprudência veio, todavia, a tomar uma posição muito restritiva. No caso liderante do BGH 3-out.-1961, entendeu-se que o requerente infundado de insolvência não responderia por negligência[1567].

Essa posição foi mantida em múltiplas decisões subsequentes: BGH 13-mar.-1979[1568], BGH 12-mai.-1992[1569], BGH 26-Jun.-2001[1570] e BGH 25-mar.-2003[1571]. Com a seguinte argumentação subjacente: uma vez que está em causa o recurso legítimo aos tribunais do Estado, a responsabilidade teria de operar por via do § 826 do BGB: atuação dolosa e contrária aos bons costumes. O "mero" dolo nem seria suficiente[1572]. O § 826 do BGB, que não tem equivalente no Direito português, só admite a responsabilidade por violação dos bons costumes no caso de dolo.

[1567] BGH 3-out.-1961, BGHZ 36 (1962), 18-24 (20) = NJW 1961, 2254-2256 (2255/I e II) = JZ 196, 94-95 (94/I), anot. Fritz Baur, desfavorável. Ambas as instâncias haviam decidido em sentido contrário.

[1568] BGH 13-mar.-1979, BGHZ 74 (1980), 9-20 (13).

[1569] BGH 12-mai.-1992, BGHZ 118 (1993), 201-209 (206).

[1570] BGH 26-Jun.-2001, BGHZ 148 (2002), 175-187 (182 ss.) = NJW 2001, 3187- -3190 (3189/I).

[1571] BGH 25-mar.-2003, BGHZ 154 (2004), 269-275 (273-274) = NJW 2003, 1934- -1936 (1935/II).

[1572] Ludwig Häsemeyer, *Insolvenzrecht*, 4.ª ed. (2007), 141-142; Smid/Leonhart, em Leonhart/Smid/Zeuner, *Insolvenzordnung/Kommentar*, 3.ª ed. (2010), § 14, Nr. 48-54 (162- -164) [Nr. 48 (162)].

§ 42.° A responsabilidade do requerente da insolvência   545

III. A doutrina discorda. Logo na altura, Fritz Baur explica que a atuação negligente não é lícita[1573]. Segue-se Walter Zeiss, que considerou a opção do BGH insuportável (*nicht tragbar*)[1574]. De igual modo, em recensão a Klaus Hopt[1575], esse Autor apoia as críticas por este formuladas à orientação do BGH[1576]. Também Loritz, quanto a uma questão paralela, se mostra adverso a tal opção[1577]. Michael App sustenta que a responsabilização do requerente injustificado de insolvência deveria seguir os moldes gerais do § 823 do BGB: por dolo e por negligência[1578].

Os comentaristas e os tratadistas atuais mantêm o criticismo em relação à opção restritiva da jurisprudência alemã. Aponta-se a responsabilidade pelo § 823 do BGB[1579]; a necessidade de alargar a responsabilidade à negligência grosseira[1580], não se devendo afastar aqui os deveres de cuidado[1581]. A hipótese do escopo abusivo é também referida[1582].

IV. A orientação deprimida da jurisprudência alemã foi ainda objeto de crítica, por parte de Jan Roth. Este Autor, numa monografia intitulada *oposição de interesses no processo de abertura da insolvência* (2004)[1583], chama a atenção para a presença atuante, na esfera do credor e na do deve-

---

[1573] Fritz Baur, anot. BGH 3-out.-1961, JZ 1962, 95-96 (95/I). *Vide*, também Hermann Weitnauer, anot. BGH 24-out.-1961, JZ 489-491 (490).

[1574] Walter Zeiss, *Schadensersatzpflichten aus prozessualen Verhalten*, NJW 1967, 703-709 (704-705).

[1575] Klaus Hopt, *Schadensersatz aus unberechtigter Verfahrenseinleitung/Eine rechtsvergleichenden Untersuchung zum Schutz gegen unberechtigte Inanspruchnahme staatlicher Verfahren* (1968), 2.

[1576] Walter Zeiss, rec. a Klaus Hopt, ob. cit., JZ 1970, 198-199 (198/II).

[1577] Karl-Georg Loritz, anot. BGH 15-fev.-1990, JZ 1990, 866-868 (866).

[1578] Michael App, *Probleme bei Konkursanträgen aufgrund von Steueransprüchen*, ZIP 1992, 460-463 (462/I).

[1579] Ludwig Häsemeyer, *Insolvenzrecht*, cit., 4.ª ed., 141.

[1580] Hermannjosef Schmahl, no *Münchener Kommentar zur Insolvenzordnung*, 1, 2.ª ed. (2007), § 14, Nr. 142 (382).

[1581] *Idem*, § 14, Nr. 144 (382); Mihai Vuia, em Peter Gottwald, *Insolvenzrechts-Handbach* cit., 5.ª ed. § 8, Nr. 57 (214-215).

[1582] Karlhaus Fuchs, em Graf-Schliker, *InsO/Kommentar*, cit., 2.ª ed., § 14, Nr. 9 (89).

[1583] Jan Roth, *Interessenwiderstreit im Insolvenzeröffnungsverfahren/Eine Untersuchung des Insolvenzeröffnungsverfahrens unter verfahrens- und verfassungsrechtlichen Gesichtspunkten* (2004), 187 pp..

546   *O estatuto geral dos comerciantes*

dor, de direitos fundamentais[1584]. A ponderação desses direitos é necessária para dirimir os conflitos em causa, pondo-se em crise o simplismo da jurisprudência[1585].

Também Shenja Schillgalis aprontou uma monografia com o título sugestivo de *proteção jurídica do devedor perante requerimentos negligentes e injustificados de insolvência*[1586]. Apesar de ter merecido uma recensão bastante crítica de Stefan Smid[1587], a Autora ocupa-se de um tema de atualidade e critica, com oportunidade, a orientação predominante na jurisprudência[1588].

V. Na verdade, a opção do BGH alemão surge inadequada, mesmo na sua área de jurisdição. E todavia: parece ter sido essa a doutrina que o legislador de 2004 decidiu importar para o Direito português.

Devemos, também aqui, ter o sentido das proporções. Explicam os especialistas que, na Alemanha, o requerido é protegido pelo juiz[1589]. Os requerimentos de insolvência são resolvidos com rapidez, afastando-se, de imediato ou em poucos dias os que se apresentem injustificados. Ora entre nós, um pedido infundado de insolvência pode demorar muitos anos até ser esclarecido e afastado. Entretanto, temos toda a margem do Mundo para que a entidade indevidamente requerida caia, mesmo, em insolvência: e isso por via do requerimento!

Uma solução má, para a Alemanha, é péssima, para nós. A utilização do Direito comparado na feitura das leis não pode operar sem um conhecimento do terreno e sem uma ponderação das consequências a que pode conduzir.

[1584] *Idem*, 62 ss., sublinhando (73 ss.) o direito de liberdade pessoal que assiste ao devedor.

[1585] *Idem*, 181 (o resumo).

[1586] Shenja Schillgalis, *Rechtsschutz des Schuldners bei fahrlässig unberechtigten Insolvenzanträgen/insbesondere bei Anordnung von Sicherungsmassnahmen gemäss § 21 InsO* (2006), 166 pp..

[1587] Stefan Smid, DZWIR 2007, 43-44 (43/I, apontando, todavia, a oportunidade).

[1588] Shenja Schillgalis, *Rechtsschutz* cit., 47 ss., 111-112.

[1589] Ludwig Häsemeyer, *Insolvenzrecht* cit., 4.ª ed., 138.

§ 42.º A responsabilidade do requerente da insolvência

200. Interpretação integrada

I. O alcance injustificadamente restritivo do artigo 22.º deve ser reduzido com recurso a uma interpretação integrada. A sua inadequação não suscita dúvidas[1590]. Mas há que agir. Assim, Luís Menezes Leitão propôs que, por analogia, a responsabilidade do artigo 22.º do CIRE se aplicasse, pelo menos, à negligência grosseira: *culpa lata dolo aequiparatur*[1591]. Esta saída é o *minimum* aceitável. Mas podemos ir mais longe.

II. Aparentemente, o artigo 22.º transcrito prevê:

– a responsabilidade do requerente e a do devedor apresentante;
– por danos causados *ao* devedor ou aos credores.

Não pode ser: é óbvio que o devedor apresentante não é responsabilizável por danos causados ... a ele mesmo. A lei, por imperativo de sintaxe, quer dizer:

– o requerente é responsável por danos que cause ao devedor, com o requerimento indevido;
– o devedor é responsável por danos que cause aos credores, com a apresentação indevida.

No primeiro caso, o requerente deve agir com o cuidado requerido ao *bonus pater familias*, nos termos gerais do artigo 487.º/2, do Código Civil.

No segundo caso, o devedor deve cumprir o dever de apresentação previsto no artigo 18.º/1, sendo a insolvência imediatamente declarada – 28.º, ambos do CIRE. Perante isso e na dúvida, o *bonus pater familias* que se apresente à insolvência não pode ser sancionado ainda que se venha a descobrir que, afinal, essa sua iniciativa veio prejudicar os próprios credores. Mas sê-lo-á se tiver agido *com dolo*. E neste ponto, aceitamos a suges-

---

[1590] Paula Costa e Silva, *A litigância de má fé* (2008), 506-511.
[1591] Luís Menezes Leitão, *Código da Insolvência e da Recuperação de Empresas anotado*, 2.ª ed. (2005), 59 e 4.ª ed. (2008), 71; uma opção sufragada por Pedro de Albuquerque, *Responsabilidade processual por litigância de má fé, abuso de direito e responsabilidade civil em virtude de actos praticados no processo* (2006), 157-158 e por Luís A. Carvalho Fernandes/João Labareda, *Código da Insolvência e da Recuperação de Empresas Anotado* I (2005), 142. Quanto a Luís Menezes Leitão *vide*, hoje, o *Código anotado* cit., 8.ª ed., 87-88.

548 O estatuto geral dos comerciantes

tão crítica que dirigiu Luís Menezes Leitão, à 1.ª ed. da nossa obra sobre a litigância de má-fé[1592]: o devedor que se apresente à insolvência e, com negligência grosseira, prejudique os credores, é responsável: o "dolo" é, no Direito civil, sempre acompanhado pela negligência grosseira.

III. Em suma: *a exigência de dolo* (leia-se: dolo ou negligência grosseira) constante do artigo 22.º do CIRE, pela própria lógica sintática do preceito, dobrada pelas exigências de coerência, de acerto (de cuja presunção o legislador desfruta, nos termos do artigo 9.º/3, do Código Civil) e de lógica do sistema, *apenas se aplica à indevida apresentação do devedor, para efeitos de imputação dos danos causados aos credores.*

De outra forma, em vez do final "... mas apenas em caso de dolo", claramente ligado "... aos credores ...", dir-se-ia:

> A dedução de pedido infundado de declaração de insolvência ou a indevida apresentação do devedor geram responsabilidade pelos *prejuízos dolosamente causados.*

Quanto ao pedido infundado: ele é ilícito e responsabiliza, por dolo ou mera culpa, nos termos do artigo 483.º/1, do Código Civil.

IV. É evidente que a interpretação do artigo 22.º do CIRE, acima exarada, sendo – como é – uma exigência da leitura coerente do texto desse preceito vai, sobretudo, ao encontro das poderosas diretrizes jurídico-científicas aqui presentes, que temos vindo a apurar.

201. A aplicabilidade na insolvência da litigância de má-fé, do abuso do direito de ação e da *culpa in agendo* ou *in petendo*

I. A matéria da insolvência é, em geral, Direito privado. Mas o direito de requerer a insolvência tem uma clara colocação processual. E no âmbito da ação de insolvência, requerente e requerido podem adotar as mais diversas condutas. Nessa dimensão, quer um quer outro podem litigar de má-fé. Aplicam-se, nesse domínio e diretamente, os artigos 456.º e seguin-

---

[1592] Luís Menezes Leitão, *Código da Insolvência* cit., 4.ª ed., 22.º, anot. 2 (71), mantida na 8.ª ed. (2015), 88, mau grado já termos aludido à posição desse Professor.

§ 42.º A responsabilidade do requerente da insolvência

tes do Código de Processo Civil: é a concretização da "polícia" no processo.

II. Ao requerer uma insolvência, o interessado pode incorrer em *venire contra factum proprium*, em *tu quoque* ou em desequilíbrio no exercício, violando a boa-fé. Há abuso do direito de ação, devendo seguir-se as consequências daí resultantes.

III. Finalmente: o requerente de insolvência pode agir sem que se verifique algum dos factos referidos no artigo 20.º/1, do CIRE. Nessa altura, o requerimento é infundado e, como tal, ilícito. Havendo dolo ou mera culpa (483.º/1, do Código Civil), o requerente é responsável:

– por danos morais: bom nome e reputação, direito à imagem, direito à intimidade da vida privada e direito à integridade psíquica;
– por danos patrimoniais: atentado aos direitos de propriedade, de liberdade de empresa, de liberdade de trabalho e de integridade patrimonial.

Ficam envolvidos, nos termos gerais, os danos emergentes e os lucros cessantes.

§ 43.º VALORAÇÃO DO CÓDIGO DA INSOLVÊNCIA

202. Aspetos gerais

I. O legislador goza de uma presunção de acerto – artigo 9.º/3 do Código Civil. Perante isso, pergunta-se qual o sentido de valorar uma lei, tanto mais que não estão aqui em causa temas de política legislativa. A nossa perspetiva será simples: procuraremos, tão-só, isolar alguns dos valores subjacentes e seguir a sua prossecução no Código.

A tradição nacional é severa: não demos fé de, nas últimas décadas, ter surgido algum diploma de fôlego que, no imediato, não lograsse críticas severas dos concidadãos, mesmo quando francamente desajustadas: lembremos o sucedido com o Código do Trabalho. Tempos volvidos, tais vozes cessam. Os juristas reagem mal perante a instabilidade das fontes e, em especial: quando não tenham sido chamados a participar na reforma.

II. Uma valoração objetiva constitui um auxiliar importante, na aplicação do novo diploma. Dá colorido ao sentido geral da interpretação e permite uma mais fácil integração das lacunas. Além disso, a valoração do Código constitui um elemento significativo no pré-entendimento da matéria, interagindo em todo o processo de realização do Direito.

III. O Código da Insolvência aproxima-se do seu décimo quinto aniversário. Neste momento, contamos já mais de três milhares de decisões judiciais publicadas, que dele fazem aplicação. Multiplicam-se os estudos monográficos e as exposições gerais. Impõe-se uma consolidação doutrinária, só possível em obras da especialidade.

§ 43.º Valoração do Código da Insolvência

203. As opções básicas

I. A ideia de um ramo jurídico-normativo dedicado à recuperação das empresas é algo *naïf*. Só poderia ser operacional se se traduzisse – a favor da empresa a recuperar – em vantagens ou privilégios inacessíveis às restantes e, como tais, contrários à lógica igualitária da economia de mercado.

Podemos ir mais longe: a empresa recuperável não chega às portas de um processo judicial de recuperação. Ela obtém, seja dos bancos, seja dos acionistas, seja de terceiros interessados, seja, finalmente, dos próprios operadores económicos, os apoios para relançar o seu funcionamento produtivo. A recuperação será prévia a qualquer processo.

II. A empresa em recuperação judicial perde muito da sua agilidade. A menos que se trate de um expediente para executar um plano integrado mais vasto, a recuperação judicial tende a saldar-se por maiores prejuízos para os credores.

Pareceu assim credível a opção de pôr termo à dualidade recuperação/falência. A pessoa incapaz de cumprir as suas obrigações verá o seu património entregue aos credores, sob a fiscalização do Estado. Temos a insolvência a qual, todavia, surge compatível com um plano – o plano da insolvência – que permita aproveitar as estruturas empresariais recuperáveis.

Todavia, a crise de 2009/2014 e a pressão da Troika e do politicamente correto levaram ao ressuscitar da "recuperação", através do PER ou processo de revitalização. Ao que se sabe: sem êxito assinalável.

III. As exigências formais redundam em demoras que apenas fazem subir os custos marginais da insolvência. Quantos processos "tradicionais" aguardaram anos e anos pelos mais simples e diversos despachos! Só podemos aplaudir a simplificação processual. Apenas lamentamos a dificuldade de recurso para o Supremo (14.º/1): não cremos que aí residam especiais ganhos, perdendo-se a possibilidade de sedimentar grandes orientações nacionais: um ponto a reponderar.

A tríade: primado da insolvência sobre a recuperação, poder e autonomia dos credores e ligeireza processual vêm ao encontro das preocupações atuais, correspondendo, quanto sabemos, à melhor forma de preservar a riqueza.

204. Técnica e estímulo jurídico-científico

I. Na globalidade, o Código de 2004 assume uma técnica feliz. Houve que introduzir conceitos novos e sequências criativas. Em diversas circunstâncias, os autores materiais do texto lutaram com a pura inexistência de cobertura linguística, ficando na contingência de criar novas locuções. Tarefa ingrata, sem alternativa e que se presta a críticas fáceis e inadequadas.

Norma a norma e caso a caso, os textos da insolvência serão ponderados. Parece-nos inevitável que a criação de novas rotinas demore o seu tempo. Repare-se que, em diversos âmbitos, deparamos com institutos carecidos de aplicação prática anterior. Não é, porém, tarefa de um código de fôlego especificar o dia-a-dia das funções aplicadoras.

II. O CIRE vem relançar a matéria da insolvência. Fá-lo pelo prisma da sua substancialização. Dispomos, agora, de novas bases para discutir temas como o da estrutura das obrigações e o da natureza da garantia patrimonial. A reconstrução dos direitos subjetivos na insolvência, com um tratamento autónomo para as posições pessoais, as relações duradouras e as situações potestativas, representam desafios jurídico-científicos irresistíveis.

Torna-se mais viável, num momento histórico delicado, lançar um domínio autónomo: o Direito da insolvência.

Por fim: há que destacar todo o domínio crescente das insolvências internacionais[1593], acima referenciadas[1594].

[1593] *Vide* Dário Moura Vicente, *Insolvência internacional: Direito aplicável*, O Direito 2006, 793-815.

[1594] *Supra*, 486 ss..

III

CONTRATOS COMERCIAIS

CAPÍTULO I
DOS CONTRATOS COMERCIAIS EM GERAL

SECÇÃO I
PRINCÍPIOS GERAIS

§ 44.º AUTONOMIA DAS PARTES

205. *Numerus apertus*; o poder do mercado

I. O Direito comercial dos contratos, enquanto Direito privado, é dominado pelos princípios comuns[1595] e, em especial, pela autonomia privada, genericamente consignada no artigo 405.º/1, do Código Civil. As partes podem, pois, celebrar os contratos que entenderem e, designadamente:

– escolher um tipo legal previsto na lei;
– eleger um tipo social que, embora sem previsão legal específica, esteja consagrado pelos usos e pela prática do comércio;
– remeter pura e simplesmente para um modelo estrangeiro ou consagrado na prática estrangeira, ainda que submetendo-o, no que as partes não regulem, à lei nacional;
– associar, num mesmo contrato, regras provenientes de dois ou mais tipos legais ou sociais;

[1595] Jacques Mestre/Marie-Ève Tian-Pancrazi, *Droit commercial* cit., 29.ª ed., 733 ss. (n.º 942 ss.); *Tratado* VII, 61 ss; Dominique Legeais, *Droit commercial et des affaires*, 22.ª ed. (2015), 473 ss. (n.º 908 ss.); José A. Engrácia Antunes, *Direito dos contratos comerciais* (2009), 93 ss.; Nuno Manuel Pinto Oliveira, *Princípios de Direito dos contratos* (2011), 147 ss..

- inserir, junto de cláusulas típicas, proposições inteiramente novas, de sua lavra;
- engendrar figuras contratuais antes desconhecidas;
- adotar contratos comerciais apenas consignados em leis estrangeiras, quando as normas de conflitos o permitam.

Tanto basta para se considerar que, no Direito comercial, de resto numa manifestação simples de uma regra de Direito privado, vigora um postulado de *numerus apertus*: o número de atos mercantis teoricamente possíveis é ilimitado.

II. Da vigência de um *numerus apertus negotiorum* decorrem, sempre de acordo com os vetores gerais, dois corolários significativos:

- as descrições legais relativas a contratos comerciais não são contratualmente típicas: trabalhamos com conceitos de ordem, os quais permitem a juridificação de elementos a eles alheios;
- as regras comerciais são suscetíveis de aplicação analógica, mesmo quando especialmente previstas para um determinado tipo; essa aplicação é, de resto, possível, como vimos, dentro e fora do Direito mercantil.

III. A existência de um *numerus apertus* de contratos comerciais e o progressivo envelhecimento do Código Veiga Beirão conduzem a que muitos dos atos hoje praticados não se revejam nele.

Nos diversos países, a falta de regulação codificada vem sendo suprida pelas cláusulas contratuais gerais e por Direito consuetudinário: quanto a este último, é o que sucede hoje, por exemplo, na Alemanha, com os contratos de locação financeira (*leasing*) e de cessão financeira (*factoring*)

Entre nós, País de legislação fácil e contínua, há, antes de mais, que lidar com numerosos diplomas extravagantes. A multiplicação destes não deve, todavia, fazer esquecer a regra básica da autonomia privada, que domina o conjunto.

IV. A referência, no Direito comercial, a um *numerus apertus* de figuras e à autonomia privada, dados os fins assumidamente em jogo (os do lucro) levam a colocar o tema do poder juridificador do mercado.

§ 44.° *Autonomia das partes* 557

Desde o momento em que este se encaminhe para certas figuras ou para determinadas soluções, não caberá ao Direito aceitá-las e assegurar a sua efetiva prossecução? Qualquer resistência, no presente período de globalização, apenas irá determinar uma fuga de operadores e de capitais para praças mais permissivas[1596]. A própria análise económica do Direito terá, aqui, uma palavra importante[1597].

Trata-se de uma colocação a ter em conta. Todavia, mesmo aceitando o papel do mercado, este deve ser delimitado: qualquer atuação ilícita não deixará de o ser, por obedecer às leis do mercado. Há regras juridicamente necessárias[1598].

206. Contratos mistos; a natureza comercial

I. As partes têm, como se viu, a possibilidade de juntar num único contrato cláusulas provenientes de diversos tipos contratuais ou, ainda, de reunir, também no mesmo instrumento, cláusulas típicas e cláusulas novas. Os híbridos daí resultantes podem, de resto, configurar-se como tipos comerciais sociais: basta que apresentem uma certa estabilidade ditada pela prática mercantil. Em qualquer dos casos, há que lidar com as regras sobre contratos mistos[1599].

[1596] Roy Goode, *Commercial Law* cit., 3.ª ed., 159 ss..

[1597] Wolfgang Franz/Helmut Hesse/Hans Jürgen Ramser/Manfred Stadler, *Ökonomische Analyse von Verträgen* (2000), Hans-Bernd Schäfer/Claus Ott, *Lehrbuch der ökonomische analyse des Zivilrechts*, 4.ª ed. (2005), 393 ss. e Fernando Araújo, *Teoria económica do contrato* (2007), 13 ss. e *passim*.

[1598] Roy Goode, *Commercial Law in the Next Millenium* cit., 44 ss.. *Vide* Christoph G. Paulus/Wolfgang Zenker, *Grenzen der Privatautonomie*, JuS 2001, 1-9.

[1599] Gino de Gennaro, *I contratti misti* (1934), 106-107 e Francesco Messineo, *Contratto innominato (atipico)*, ED X (1962), 95-110 (95 ss.); em data mais recente, C. Massimo Bianca, *Diritto Civile* III – *Il contratto* (1987), 450 ss., Wolfgang Eick, *Das Problem der gemischten Verträge* (1984), Larenz/Canaris, *Lehrbuch des Schuldrechts*, II, 2, 13.ª ed. (1994), 41 ss., Volker Emmerich, *Münchener Kommentar BGB*, 5.ª ed. (2007), § 311, Nr. 42 ss. (1449 ss.), Esser/Schmidt, *Schuldrecht*, I, 1, 8.ª ed. (1995), 213 ss., Manfred Löwisch, *Staudingers Kommentar*, 13.ª ed. (1995), § 305 (63 ss.) e Luisa Vigone, *Contratti atipici/ /Guida ai principali contratti commerciali e finanziari*, 2.ª ed. (1998).

Entre nós, além de *Direito das obrigações* 1, 424 ss., *Direito bancário*, 5.ª ed., 446 ss. e *Tratado* VII, 207 ss., com indicações, Pedro Pais de Vasconcelos, *Contratos atípicos* (1994) e Rui Pinto Duarte, *Tipicidade e atipicidade dos contratos* (2000).

Em rigor, de acordo com os quadros civis, seria possível distinguir:

– contratos típicos: aqueles cuja regulamentação geral consta da lei;
– contratos mistos em sentido estrito: aqueles que resultem da junção, num único instrumento contratual, de cláusulas retiradas de dois ou mais contratos típicos;
– contratos mistos em sentido amplo: aqueles que correspondam a um conjunto de cláusulas próprias de tipos contratuais legais e de cláusulas engendradas pelas partes;
– contratos atípicos (em sentido estrito): aqueles que surjam como total criação da vontade das partes.

Em sentido amplo, todos os contratos mistos são atípicos.

II. Uma vez que resultam da autonomia privada, os contratos mistos podem-se multiplicar até ao infinito. No entanto, para facilitar o seu estudo, é comum apontar algumas das suas configurações mais habituais[1600]. Assim, cumpre recordar:

– contratos múltiplos ou combinados: uma das partes está vinculada a prestações específicas de vários tipos contratuais enquanto a outra está obrigada a uma prestação própria de um único tipo;
– contratos de tipo duplo ou geminados: uma das partes está ligada à prestação típica de um contrato enquanto a outra deve realizar a prestação própria do outro;
– contratos mistos em sentido estrito, indiretos ou cumulativos: as partes escolhem um certo tipo contratual mas utilizam-no de tal modo que, com ele, prosseguem o escopo próprio de outro;
– contratos complementares: a obrigação própria de um contrato é acompanhada por obrigações retiradas de tipos contratuais diferentes.

[1600] *Direito das obrigações* 1, 424 e *Tratado* VII, 211 ss., Vaz Serra, *União de contratos – contratos mistos*, separata do BMJ 91 (1960), 7, Galvão Telles, *Manual dos Contratos em geral*, 3.ª ed. (1966), 384, Antunes Varela, *Das obrigações em geral*, 1, 10.ª ed. (2000), 279 ss. e Mário Júlio de Almeida Costa, *Direito das obrigações*, 10.ª ed. (2006), 373 ss. e Luís Menezes Leitão, *Direito das obrigações* 1, 13.ª ed. (2013), 188 ss..

§ 44.° *Autonomia das partes* 559

Estas modalidades clássicas operam, se bem se atentar, nos contratos mistos em sentido estrito. No entanto, seria fácil proceder ao seu alargamento de modo a abranger todos os contratos mistos. De facto, quando decidam utilizar a sua autonomia de modo a compor novas fórmulas contratuais, as partes não podem, em regra, limitar-se a juntar, unicamente, cláusulas provenientes de vários tipos contratuais: seria necessário engendrar cláusulas de adaptação que, para além de contemplarem casos concretos, assegurassem ainda a concatenação entre as várias parcelas. Muitas vezes, os contratos assim compostos não têm *nomen iuris* nas fontes: são inominados[1601].

Por isso, as diversas manifestações de contratos mistos tenderão sempre a apresentar-se como complexos integradores de cláusulas totalmente atípicas: qualquer junção é sempre criativa.

III. Os contratos regem-se, em princípio, pelas regras pretendidas pelas partes. Deve entender-se que apenas por exceção a lei interfere na liberdade contratual associando, aos negócios por elas celebrados, cláusulas ou regras de sua autoria.

Nos contratos mistos, esse princípio é, ainda, mais ponderoso. De facto, o contrato misto é, por definição, atípico ou não previsto na lei. Procurar, nesta, normas que se lhe apliquem conduz a fatais perturbações ou desvios: a lei, pura e simplesmente, não previu o caso em causa.

Não obstante, pode suceder que as partes estabeleçam um contrato misto, mas sem prever, para ele, um particular e explícito regime. Nessa ocasião, poderá ser necessário recorrer à lei, ainda que a título supletivo. Faz então sentido procurar fixar, em abstrato, o regime correspondente ao contrato em jogo.

Historicamente, são três as teorias apresentadas para explicar regime aplicável aos contratos mistos: a teoria da absorção, a teoria da combinação e a teoria da analogia[1602]. O conteúdo dessas doutrinas seria o seguinte:

[1601] RCb 23-mar.-1999 (Maria Regina Rosa), CJ XXIV (1999) 2, 29-31 (30/II).

[1602] A origem e a difusão dessas teorias pode ser confrontada, com indicações, no *Tratado* VII, 215 ss..

560   *Dos contratos comerciais em geral*

- pela teoria da absorção haveria que determinar, em cada contrato misto concretamente surgido, qual o elemento tipicamente prevalente; esse elemento ditaria, depois, o regime do conjunto;
- pela teoria da combinação impor-se-ia uma dosagem entre os regimes próprios dos diversos tipos contratuais em presença; todos eles contribuiriam para fixar o regime final do contrato misto a integrar;
- pela teoria da analogia considerar-se-ia que o contrato misto, por definição, seria um contrato não regulado na lei; assim sendo, lidar-se-ia com uma lacuna que não poderia deixar de ser integrada, nos termos gerais.

Todas estas teorias, quando tomadas de modo isolado, levantam dúvidas e prestam-se a críticas. No que agora interessa, a prática comercial e o especial papel que aí assumem as realidades económicas subjacentes permitem apurar elementos úteis para a teoria geral dos contratos civis.

A teoria da absorção pode desvirtuar alguns dos contratos mistos reduzindo, excessivamente, a autonomia privada. Na verdade, um contrato misto será sempre mais do que, apenas, um dos seus elementos, por dominante que se apresente.

A teoria da combinação também teria o seu quê de limitador; de facto, o contrato misto tem um valor de conjunto que transcende a soma das meras parcelas que o formem: o seu regime não pode, pois, ser um somatório de elementos preexistentes. Além disso, verifica-se que a teoria da combinação não dá a forma de articulação dos diversos regimes nem exprime o peso relativo que cada um deles deverá ter na solução final. De todo o modo, quando o contrato considerado tenha cláusulas de origem bem marcada, ela é operacional[1603], ainda que sempre sob sindicância.

A teoria da analogia por fim, ignora a vontade das partes e é puramente formal: não esclarece qual o critério para considerar análogos casos integráveis nos diversos tipos contratuais.

IV. A doutrina obrigacional clássica aponta soluções mais moderadas: a teoria da combinação aplicar-se-ia a contratos múltiplos e aos gemi-

---

[1603] Assim: STJ 11-fev.-1999 (Noronha Nascimento), CJ/Supremo VII (1999) 1, 111-114 (113/I).

§ 44.° Autonomia das partes

nados, ficando a da absorção para os contratos cumulativos e para os complementares.

Como pura indicação tradutora da vontade normal das partes, esta orientação pode ser acolhida; mas pouco mais. Na verdade, o essencial terá de residir sempre na autonomia privada: quando esta seja omissa, impõe-se recorrer aos princípios gerais de integração dos negócios jurídicos, com relevo para a vontade hipotética das partes e para a boa-fé.

Este último aspeto tem vindo, na doutrina mais recente, a dar um certo fôlego à teoria da absorção. Na verdade, as partes, ao contratar, ainda que através de composições mistas, terão tido em vista algum ou alguns efeitos primordiais. Tais efeitos impregnam o contrato. Eles irão constituir o *centro de gravidade* do conjunto, propiciando a aplicação das regras dirigidas, justamente, aos aspetos preponderantes.

Trata-se de um ponto com relevo específico no Direito comercial. As necessidades de normalização, de simplicidade e de rapidez levam a que, as partes, mesmo quando acrescentem determinadas cláusulas atípicas, tenham em vista um determinado padrão a que, apesar de tudo, ainda seja possível reconduzir o contrato. As regras típicas mais próximas serão, assim, aplicáveis, quando, *in concreto*, não se imponham outros esquemas.

V. É também a teoria da absorção, na fórmula acima apontada do "centro de gravidade", que permite delucidar a natureza objetivamente comercial ou não comercial dos contratos mistos. Com efeito, como qualificar o contrato atípico que reúna em si cláusulas retiradas de figuras comerciais, ao lado de cláusulas civis ou indefinidas?

Não sendo possível uma qualificação subjetiva – p.ex.: o contrato é comercial por ter sido celebrado entre comerciantes no exercício da sua profissão – haverá que determinar o âmbito em que cai o essencial do contrato. Seja ele mercantil e comercial será o contrato, no seu todo.

207. As coligações de contratos

I. Nos Direitos codificados, o contrato é tratado como uma figura isolada. Tanto na lei como na doutrina, cada negócio contratual surge como um espaço insular e bem delimitado; ele apresenta-se como uma

562 Dos contratos comerciais em geral

figura autónoma e inteiramente desligada, quer em termos de celebração, quer no regime, de quaisquer outros negócios circundantes. O tráfego comercial faculta um cenário efetivo bastante diferente. Muitas vezes os contratos encadeiam-se, uns nos outros, de tal modo que surge toda uma série de interações relevantes para o regime aplicável. O recurso a vários contratos devidamente seriados e articulados é particularmente indicado para enquadrar situações complexas: temos, então, coligações ou uniões de contratos.

Os contratos em coligação distinguem-se dos contratos mistos: nos primeiros, diversos negócios encontram-se associados em função de fatores de diversa natureza, mas sem perda da sua individualidade; nos segundos, assiste-se à presença de um único contrato que reúne elementos próprios de vários tipos contratuais[1604].

Nas uniões de contratos, segundo a tradição de Enneccerus/Lehmann, distinguem-se:

– a união externa;
– a união interna;
– a união alternativa.

Na união externa, dois ou mais contratos surgem materialmente unidos, sem que entre eles se estabeleça um nexo juridicamente relevante. Na união interna, dois ou mais contratos surgem conectados porquanto alguma das partes – ou ambas – concluem um deles subordinadamente à conclusão de outro ou em função desse outro. Na união alternativa, a concretização de um contrato afasta a celebração do outro. Este quadro afastaria a relevância jurídica das uniões externas; pelo contrário, nas uniões internas e nas alternativas, haveria uma interação capaz de interferir no regime das figuras em presença.

[1604] *Vide Direito das obrigações* 1, 429 ss. e *Tratado* VII, 273 ss., Vaz Serra, *União de contratos/Contratos mistos* cit., 6, Galvão Telles, *Manual dos contratos em geral* cit., 3.ª ed., 395 ss., Antunes Varela, *Das obrigações em geral* cit., 1, 10.ª ed., 281 ss., Almeida Costa, *Direito das obrigações* cit., 9.ª ed., 330 ss.. Nesta matéria teve muito peso o desenvolvimento de Enneccerus/Lehmann, *Recht der Schuldverhältnisse*, 15.ª ed. (1958), 394 ss., dada a divulgação que a tradução castelhana dessa obra conheceu entre nós, sobretudo através de Vaz Serra. Em geral, refiram-se, ainda: Giuseppe Osti, *Contratto*, NssDI IV (1959), 463-535 (500), Francesco Messineo, *Contratto collegato*, ED X (1962), 48-54 (48 ss.) e Antonio Rappazzo, *I contratti collegati* (1998), 174 pp..

§ 44.º *Autonomia das partes* 563

Outros autores apresentam quadros ordenados segundo linhas diversas. Atente-se, por exemplo, no de Michele Giorgianni, que distingue[1605]:

– conexões funcionais;
– conexões causais;
– conexões unitárias.

Nas conexões funcionais, verifica-se uma união entre dois ou mais contratos para melhor prosseguir certo fim; nas conexões causais, um dos contratos estabelece uma relação donde deriva, depois, o outro; nas conexões unitárias, uma figura aparentemente una revela, a uma análise mais atenta, vários negócios.

Francesco Messineo, que reforça as suas afirmações com uma larga casuística, contrapõe, no essencial[1606]:

– situações de dependência ou de interdependência;
– conexões genéticas ou funcionais;
– conexões económicas.

Um estudo atento destas figuras permitiria apurar múltiplos reflexos destas ocorrências nos regimes em jogo.

II. Numa tentativa mais abrangente, é possível apresentar um novo quadro. Deixando de parte as uniões externas e as alternativas, verifica-se, no tocante às internas, que elas podem ser arrumadas em função de vários critérios. Assim, de acordo com o tipo de articulação, podem-se distinguir:

– uniões processuais;
– uniões não-processuais.

As primeiras ocorrem quando vários negócios se encontrem conectados para a obtenção de um fim (p. ex.: um pacto quanto à forma, um contrato-promessa e o contrato definitivo); as segundas, nos restantes casos.

De acordo com o conteúdo, surgem:

[1605] Michele Giorgianni, *Negozi giuridici collegati*, RISG 1937, 275-352 (327 ss.). Procedeu-se a uma adaptação linguística.

[1606] Francesco Messineo, *Contratto collegato* cit., 50. Recordamos que a doutrina italiana lida, simplesmente, com contratos; perante a unificação levada a cabo pelo Código Civil de 1942, não há que distinguir entre contratos civis e contratos comerciais.

– uniões homogéneas;
– uniões heterogéneas.

Nas primeiras, os vários contratos em presença são do mesmo tipo (p. ex., várias compras e vendas); nas segundas, eles reconduzem-se a tipos diferentes (p. ex., mútuo e compra e venda).

O modo de relacionamento entre os contratos coligados permite apurar:

– uniões hierárquicas;
– uniões prevalentes;
– uniões paritárias.

Nas uniões hierárquicas, um segundo contrato encontra-se subordinado a um primeiro, porquanto encontra neste a sua fonte de legitimidade; tal será o caso, p. ex., da agência/subagência. Nas uniões prevalentes, um contrato especifica o objeto, o conteúdo e o regime de um certo espaço jurídico o qual irá, depois, ser retomado, por remissão, pelo segundo; p. ex., uma compra mercantil e a subsequente revenda. As uniões prevalentes são frequentes nas situações em que um contrato de base seja servido por vários contratos instrumentais ou, simplesmente, em que tal contrato seja concretizado por outros – p. ex., contrato-promessa e contrato definitivo. Às uniões prevalentes também se pode chamar uniões com subordinação. Nas uniões paritárias, vários contratos surgem conectados internamente, mas em pé de igualdade; p. ex., várias compras e vendas.

O tipo de articulação, por fim, permite distinguir:

– uniões horizontais ou em cadeia;
– uniões verticais ou em cascata.

Na união horizontal ou em cadeia, vários contratos conectam-se na horizontal, celebrados em simultâneo ou sem que, entre eles, se estabeleçam espaços de tempo relevantes. Na união vertical ou em cascata, os contratos articulam-se na vertical, dependendo uns dos outros ou justificando-se, nessa linha, entre si, de modo a dar corpo a uma ideia de sucessão.

As diversas classificações, acima apresentadas, podem interpenetrar-se. Assim, uma união poderá ser processual, heterogénea, prevalente e vertical – o caso do contrato-promessa/contrato definitivo – ou não proces-

§ 44.º *Autonomia das partes* 565

sual, homogénea, hierárquica e vertical – o da empreitada/subempreitada, por exemplo.

III. Os elementos coligidos não têm um alcance meramente descritivo. Na verdade, eles ganham relevo por traduzirem ou implicarem um determinado regime. As combinações possíveis são tão numerosas que não seria possível proceder a uma completa explanação do tema. Algumas precisões são, no entanto, desejáveis.

Desde logo, impõe-se deixar claro o fundamento do regime das coligações de contratos ou, se se quiser, das interações relevantes, em termos jurídicos, que delas derivem: a autonomia privada. As partes são, por certo, livres de contratar e, fazendo-o, de inserir nos contratos as cláusulas que lhes aprouver. Simplesmente, quando através de uma associação contratual ou de contratos previamente celebrados, elas optem, livremente, por um certo tipo de soluções, cabe-lhes honrar a palavra dada, salvo impedimento ou justificação legais.

Para além da autonomia privada há que lidar, em certas conjunturas, também com limitações de ordem jurídica. Bem pode suceder que o legislador, conhecendo os efeitos úteis ou nefastos de certas conexões contratuais, dimane normas destinadas a incentivá-las ou a proibi-las. Como é de esperar, podem ocorrer múltiplas soluções de meio termo.

208. Segue; os seus efeitos

I. Sem preocupações de exaustividade, passamos a apontar alguns aspetos jurídicos em que as coligações de contratos relevam.

Desde logo, no domínio da validade.

Nas uniões verticais, pode suceder que os contratos posteriores vejam a sua validade dependente da dos anteriores. E isso por uma de três vias:

– a da legitimidade;
– a do vício na formação da vontade;
– a da ilicitude.

Uma coligação de contratos pode estruturar-se de tal modo que a legitimidade para a celebração de um segundo contrato dependa da idoneidade de um primeiro. Por exemplo, a invalidade da agência determina, *ipso iure*, a ilegitimidade da subagência.

566 *Dos contratos comerciais em geral*

Numa segunda combinação, verifica-se que, em certos casos, um dos contratos é celebrado na convicção da existência válida de outro; uma falha a nível deste último abre brechas no primeiro, por vício na formação da vontade. Tal o caso radical do contrato-promessa/contrato definitivo: as partes que celebrem uma compra e venda em execução de um contrato-promessa que se venha a revelar nulo, podem proceder à competente anulação: ele foi celebrado no pressuposto da existência do dever de contratar, no que pode ser considerado um erro sobre o objeto[1607].

Um terceiro caso traduz ocorrências nas quais um primeiro contrato inviabilize a celebração de certos negócios. Pense-se num pacto de não-concorrência: salvo um distrate, as partes envolvidas não podem celebrar negócios de determinado teor. Caso ocorram, eles serão ilícitos, com todas as consequências que isso possa acarretar.

II. As coligações relevam, depois, no conteúdo. E isso por algum dos três caminhos seguintes:

– por remissão;
– por condicionamento;
– por potenciação.

Há remissão quando um contrato, de modo implícito ou explícito, apele para outro, no tocante às regras que estabeleça.

Há condicionamento nos casos em que um contrato não possa, na sua regulamentação, ir além de certos limites prescritos em contrato anterior ou, muito simplesmente, deva seguir vias por eles pré-determinadas.

Há potenciação sempre que os contratos unidos sejam necessários para a obtenção de objetivos comuns, os quais ficarão perdidos na falha de algum deles.

III. As uniões têm um papel na interpretação. Perante contratos unidos, em cadeia ou em cascata, a interpretação das declarações em jogo deve ter o conjunto em conta. Um declaratário normal pode ser levado a dar, às declarações negociais que porventura receba, sentidos diferentes consoante os contratos antecedentes que, com elas, se apresentem conec-

---

[1607] Mais do que um erro sobre os motivos: tomou-se o objeto por devido, quando o não era, sem necessidade de mais indagações.

§ 44.º *Autonomia das partes* 567

tados. Elas refletem-se, ainda, na cessação dos contratos envolvidos: dependendo do caso concreto, pode a impunibilidade ??? de um dos contratos coligados, inviabilizar o conjunto, assim como a resolução ou a denúncia de alguns deles podem fazer cair todas elas.

IV. Estes diversos aspetos podem estar interligados: apenas por razões de estudo e de análise se procedeu, aqui, à sua destrinça.

Assim, uma união de contratos pode, com facilidade, interligar os negócios envolvidos em termos de validade, de conteúdo, de interpretação e de subsistência. Em qualquer dos casos, havendo união, os diversos contratos não podem ser tratados separadamente, quer aquando da interpretação, quer no momento da aplicação.

209. Consensualidade e normalização

I. A liberdade de forma dos atos jurídicos, genericamente prevista no artigo 219.º do Código Civil, é ainda um corolário do princípio da autonomia privada. Assim, as partes podem obrigar-se livremente, pela via que bem escolherem, salvo regra em contrário.

De um modo geral, podemos considerar que, no Direito comercial, as exigências formais são menores. Por isso, encontramos derrogações na forma exigida para certos atos: normas comerciais específicas prescrevem, para certos atos, um formalismo menos exigente do que o requerido no Direito civil. Por vezes, áreas específicas do Direito comercial, como o Direito bancário, fixam desagravamentos ainda maiores. Esta ideia funciona perante outras atuações que devam acompanhar as declarações de vontade, com relevo para a entrega da coisa, nos contratos reais *quoad constitutionem*. Assim, o penhor civil exige o desapossamento do devedor – artigo 669.º/1 do Código Civil; o penhor mercantil contenta-se com a entrega simbólica da coisa – artigo 398.º, § único, do Código Comercial; o penhor bancário dispensa qualquer entrega – artigo 1.º do Decreto-Lei n.º 29833, de 17 de agosto de 1939.

A propósito de cada ato dotado de consagração legislativa, haverá que indagar a solução vertida na lei.

II. A desformalização dos contratos comerciais é aparentemente contraditada pelas necessidades de rapidez e de segurança que reinam no mundo dos negócios. Um tanto paradoxalmente, o consensualismo retarda a prática de certos atos: implica que as pessoas se conheçam, troquem mensagens preambulares e, depois, se ponham de acordo quanto ao negócio pretendido. Não pode ser. A prática das cláusulas contratuais gerais conduz a uma normalização da vida comercial, particularmente em áreas sensíveis como a da banca, a dos transportes e a dos seguros. Essa tendência agrava-se pela necessidade de, rapidamente, com eficácia e sem dúvidas, exibir a prova dos atos celebrados. Tal prova colocaria imensos problemas, quando se reportasse à prática oral de atos.

Podemos concluir que as necessidades de normalização da vida comercial implicam uma certa reformalização dos contratos mercantis. Bastará pensar nos títulos de crédito e em diversos instrumentos próprios da prática bancária, nos conhecimentos relativos a contratos de transporte ou nas apólices de seguros, para o confirmarmos.

III. Os compromissos comerciais modernos tendem a ser celebrados por escrito, pelas razões apontadas. O recurso intensivo a cláusulas contratuais gerais permite aproveitar textos já impressos em formulários adequados, nos quais o consumidor ou o pequeno comerciante se limitam a assinalar a sua vontade em determinadas quadrículas, mediante a aposição de cruzes. Através de cláusulas contratuais gerais, as partes estipularam, ainda e muitas vezes, a sua vontade de, apenas por escrito e mediante determinados canais, convencionarem novas alterações.

A própria defesa do consumidor – matéria que pertence ao Direito civil dos nossos dias, mas que atinge muito particularmente o Direito comercial – requer, muitas vezes e até por exigências legais explícitas, o recurso à forma escrita. Esta torna mais consciente o pequeno contratante permitindo, depois, um controlo *a posteriori*.

IV. A exteriorização da vontade através de computador constitui, ainda, um modo de consensualizar, reformalizando, o Direito comercial dos nossos dias. Sempre nos termos de diversas cláusulas contratuais gerais, as partes acordam em manifestar a sua vontade, quanto à prática futura de atos, através da introdução de elementos em autómatos, por forma preestabelecida. Tal introdução, eventualmente autenticada pelo uso de um número pessoal secreto, ao qual apenas o cliente tem acesso, exprime uma vontade juridicamente relevante, com todas as consequências e sem alternativas de formulação.

§ 44.º Autonomia das partes

210. A delimitação negativa; a deontologia comercial

I. A autonomia das partes que domina o Direito comercial encontra, na sua frente, diversos vetores injuntivos que provocam a sua delimitação negativa.

Os requisitos gerais do negócio jurídico são aplicáveis aos contratos comerciais. Assim, estes devem respeitar o artigo 280.º do Código Civil[1608] sendo, em especial:

- possíveis, quer física quer juridicamente;
- determináveis, ainda quando indeterminados, no momento da sua conclusão;
- lícitos;
- conformes com os bons costumes e a ordem pública.

II. Poderia parecer que alguns destes fatores teriam, no Direito comercial, uma eficácia mais lassa. No comércio, em nome do lucro, seria possível ir mais longe do que no campo civil, atenuando os rigores das leis e negociando, até às fronteiras do engano (*dolus bonus*), com os particulares.

Trata-se de uma conceção que tem, subjacente, uma ideia de degradação social e moral do estatuto do comerciante, própria de certa tradição nacional. Há que bani-la.

O exercício do comércio tem a sua deontologia. Poder-se-ia tolerar que o ocasional caia na barganha e procure, num negócio, faturar vantagens extraordinárias. Mas a um profissional isso não é permitido. Margens de lucro exorbitantes jogam, a prazo, contra o mercado e contra os seus operadores. Um comerciante não pode enganar o seu cliente: isso equivale – para além dos relevantes aspetos morais – a erradicar novos negócios e, no limite, a esterilizar um segmento do mercado.

III. Vamos pois manter que os requisitos dos negócios, particularmente as exigências de atuação segundo os bons costumes – onde se inclui a deontologia do comércio – assumem, no Direito comercial, uma feição ainda mais exigente do que no civil.

[1608] *Tratado* II, 4.ª ed., 541 ss..

Estará presente uma especial filosofia do mercado. Os atos devem ser praticados com celeridade e eficiência. A sua justiça e o seu equilíbrio intrínsecos serão um fator suplementar de rapidez e proficuidade.

211. O papel jurídico-científico da contratação comercial

I. A contratação comercial tem um papel jurídico-científico que, muitas vezes, não é referido. Com efeito, o aprofundamento da matéria envolvida cabe, na tradição continental, ao Direito civil. Todavia, o grande motor de toda a evolução, no domínio contratual ou, mais latamente, na área do Direito das obrigações, advém do Direito comercial.

II. Institutos como a *culpa in contrahendo*, a contratação mitigada, as cláusulas contratuais gerais, a boa-fé na execução dos contratos, a alteração das circunstâncias, a transmissão das obrigações, a tutela da confiança e a responsabilidade obrigacional, surgiram e desenvolveram-se no campo mercantil. É neste que, pelos valores envolvidos, pela complexidade das relações e pela capacidade dos sujeitos fazerem valer os seus direitos, surgem os problemas capazes de provocar decisões exemplares.

Este estado de coisas mais justifica que os comercialistas não percam de vista a evolução do Direito civil e inversamente.

§ 45.º PRINCÍPIOS E REGRAS COMERCIAIS

212. Os chamados princípios comerciais materiais

I. Quando ponderámos as fontes e o regime geral dos atos de comércio, referimos a possibilidade, correntemente usada pela doutrina especializada, de construir princípios comerciais materiais[1609]. Nessa ocasião, localizámos:

- a internacionalidade;
- a simplicidade e a rapidez;
- a clareza jurídica, a publicidade e a tutela da confiança;
- a onerosidade.

Esses princípios, que não são exclusivamente comerciais, antes abarcando largas áreas do moderno Direito patrimonial privado, procuram atingir o Direito comercial no seu todo, alargando-se, ainda, a sectores normativos dele autonomizados, como o Direito das sociedades comerciais e o Direito dos títulos de crédito[1610]. Damo-los, aqui, como reproduzidos.

II. Neste momento interessa, fundamentalmente, considerar os princípios e as regras mais especificamente virados para o Direito dos contratos comerciais. Será esse o sentido da presente rubrica, sem prejuízo de se fazer apelo à matéria geral, sempre que conveniente para a exposição.

[1609] *Supra*, 231 ss..

[1610] E mesmo no "núcleo duro" do Direito comercial, eles atingem áreas, como as da conformação das obrigações em geral e da responsabilidade.

213. A liberdade de língua; o uso obrigatório do português

I. Entrando na matéria pela ordem do Código Comercial, encontramos, como primeira regra comercial para todos os contratos, a do artigo 96.º: a regra da liberdade de língua. *Os títulos comerciais são válidos qualquer que seja a língua em que estejam exarados.*

Surge este preceito inspirado no artigo 51.º do Código de Comércio espanhol[1611] e teve, como objetivo imediato, contraditar o artigo 248.º, do Código Comercial de Ferreira Borges, de 1833, assim redigido:

> As escripturas, apolices, ou quaesquer outros escriptos commerciaes por obrigações contrahidas em territorio portuguez, seja qual for a nação dos contrahentes, serão inadmissiveis em juizo, não sendo exarados no idioma vulgar do reino.

Cumprido esse papel histórico – pouco vincado, uma vez que o Código Ferreira Borges foi globalmente revogado – o que resta do princípio da liberdade de língua?

II. O artigo 365.º, do Código Civil, reconhece a validade dos documentos passados no estrangeiro. Podemos daí retirar: exarados em língua estrangeira. Por outro lado, e mercê de legislação especial, os atos públicos praticados em Portugal, mesmo no domínio comercial, devem sê-lo em português: artigos 133.º/1, do CPC, quanto a atos judiciais e 42.º/1, do CNot, quanto aos notariais. O registo comercial admite documentos escritos em língua estrangeira quando traduzidos nos termos da lei notarial; em certos casos e após a reforma de 2006, aceita documentos em francês, inglês ou castelhano, desde que o funcionário "domine" a língua em causa – 32.º/2, do CRC[1612].

[1611] Luiz da Cunha Gonçalves, *Comentário* cit., 1, 178, que acaba, já então, por concluir no sentido da total inutilidade da regra.

[1612] Como regra básica, deve manter-se a obrigatoriedade do português. Torna-se interessante notar que o Código Comercial de Moçambique, de 2005, não tem dúvidas a esse respeito: artigos 21.º (a firma deve ser redigida em língua oficial) e 459.º/2 (obrigatoriedade de tradução, para a língua oficial, de instrumentos contratuais redigidos em língua estrangeira, "... sob pena de não ser admitido como prova no Juízo pátrio"). Segundo o artigo 10.º da Constituição da República de Moçambique, "... a língua portuguesa é a língua oficial". *Vide*, também, o artigo 13.º da Constituição do Brasil, o artigo 19.º/1 da Constituição de Angola.

§ 45.° *Princípios e regras comerciais* 573

E quanto a atos civis particulares praticados em Portugal? Não conhecemos nenhum preceito que obrigue ao uso do português. Dois estrangeiros que contratem em Portugal usarão a sua língua; um estrangeiro e um português recorrerão à língua em que ambos se entendam; finalmente, dois portugueses poderão querer aproveitar um texto já elaborado em língua estrangeira, nenhuma razão havendo, em última instância, para os discriminar em relação aos estrangeiros. A liberdade de língua é de regra, no Direito privado, exceto nos atos públicos onde, salvo o que se disse quanto ao registo comercial, se deve usar o português. No Direito da arbitragem, há liberdade da língua (32.°/1 da LAV de 2011[1613].

O artigo 96.° não tem alcance especial: reafirma uma regra hoje comum. Vale como profissão de fé no universalismo do Direito comercial.

III. O uso de línguas estrangeiras é permitido nos contratos comerciais. Impõem-se, todavia, algumas delimitações e restrições.

Nos contratos comerciais internacionais, os usos tendem a impôr a língua inglesa. Nada impede, contudo, que as partes recorram a qualquer outra língua, que ambas dominem.

Nos contratos comerciais concluídos em Portugal, com recurso a cláusulas contratuais gerais, a língua portuguesa impõe-se.

Com efeito, segundo o artigo 7.°/3 da Lei n.° 24/96, de 31 de julho, republicada pela Lei n.° 47/2014, de 28 de julho, – a atual Lei de Defesa dos Consumidores – a informação ao consumidor é prestada em língua portuguesa. Por seu turno, o Decreto-Lei n.° 238/86, de 19 de agosto[1614], determina que – artigo 1.° – "as informações sobre a natureza, características e garantias de bens ou serviços oferecidos ao público no mercado nacional ..." sejam prestadas em língua portuguesa, enquanto o artigo 3.° desse mesmo diploma dispõe:

> Sem prejuízo de conterem versão em língua ou línguas estrangeiras, os contratos que tenham por objeto a venda de bens ou produtos ou a prestação de serviços no mercado interno, bem como a emissão de faturas ou recibos, deverão ser redigidos em língua portuguesa.

[1613] *Vide* o nosso *Tratado da arbitragem* cit., 314 ss.; nesse âmbito, há que lidar com a tática linguística e com o risco linguístico e, naturalmente: que defendeu o português.

[1614] Alterado, no seu artigo 4.°, pelo Decreto-Lei n.° 42/88, de 6 de fevereiro.

574 *Dos contratos comerciais em geral*

O Decreto-Lei n.º 62/88, de 27 de fevereiro, obriga ao uso da língua portuguesa no tocante às – artigo 1.º/1:

> (...) informações ou instruções respeitantes a características, instalação, serviço ou utilização, montagem, manutenção, armazenagem, transporte, bem como as garantias que devem acompanhar ou habitualmente acompanhem ou sejam aplicadas sobre máquinas, aparelhos, utensílios e ferramentas (...).

O artigo 9.º do Decreto-Lei n.º 24/2014, de 14 de fevereiro, relativo a ato de comércio fora de estabelecimento comercial vincula ao uso do português, enquanto o artigo 26.º do Decreto-Lei n.º 10/2015, de 16 de janeiro, referente ao acesso ao comércio, impõe a prestação de informações em língua portuguesa.

De todos estes preceitos, com relevo especial para o artigo 3.º do Decreto-Lei n.º 238/86, de 17 de agosto, retiramos a regra de que, perante consumidores finais – e logo, sempre, tratando-se de cláusulas contratuais comuns – deve ser usada a língua portuguesa. A regra é aplicável a bens e a serviços, o que é dizer: comércio, no seu todo. Dadas as finalidades da lei, não é possível recorrer a qualquer outra língua latina, mesmo próxima: muitas vezes, palavras estrangeiras aparentemente semelhantes às nossas, escondem diferenças de sentido que podem induzir em erro o consumidor.

IV. O anteprojeto de Código do Consumidor[1615] obriga ao uso do português. Vamos reter algumas normas do seu artigo 26.º:

> – todas as informações relativas a produtos ou serviços oferecidos ao público no mercado nacional devem ser prestadas em língua portuguesa;
> – se as informações ou instruções se encontrarem redigidas em língua estrangeira, é obrigatória a sua tradução integral em português;
> – os contratos que tenham, por objeto produtos ou serviços oferecidos no mercado nacional, bem como as faturas ou recibos, deverão ser redigidos em língua portuguesa.

Trata-se de normas importantes, com incidência direta no campo comercial.

[1615] Comissão do Código do Consumidor (presid. António Pinto Monteiro) (2006), 26-27.

§ 45.º Princípios e regras comerciais

V. Os preceitos que impõem o uso do português têm a ver com a tutela do consumidor: não com a validade dos atos. Assim, a violação do Decreto-Lei n.º 238/86 não é sancionada com a nulidade dos contratos prevaricadores, mas a título de contraordenação. Havendo danos, ela pode dar azo a deveres de indemnizar por violação de normas de proteção, nos termos do artigo 483.º/1, 2.ª parte, do Código Civil. Inferir uma nulidade por via do artigo 294.º do Código Civil pode redundar num dano maior para o consumidor, que se pretende proteger.

O uso de língua estrangeira nos contratos comerciais, celebrados em território nacional, põe em crise o cumprimento dos deveres de informação que possam surgir a favor do consumidor. Tratando-se de cláusulas contratuais gerais, o uso de língua estrangeira pode ainda implicar, nos termos do artigo 8.º da LCCG, a sua não-inclusão nos contratos singulares, com o subsequente recurso às regras supletivas que pretenderam afastar. Nos restantes casos, seja com apelo à regra geral do uso do português para a tutela do consumidor, seja por via da boa-fé, o recurso a uma língua estrangeira, por parte do comerciante, faz correr, contra este, o risco linguístico de quaisquer mal-entendidos[1616].

Não se trata de uma defesa nacionalista da língua portuguesa[1617] – defesa essa que deverá ocorrer no ensino e no campo cultural – mas, antes, da proteção do comércio *intra muros*, o tal pequeno comércio a que hoje se aplica (ainda), em especial, o Direito comercial tradicional. A situação dos pequenos operadores ficaria mais precarizada quando, no próprio território nacional, irrompesse o *jargon* dos negócios em língua inglesa ou – porventura pior ainda – qualquer outro menos normalizado.

[1616] Quanto ao risco linguístico, Reinhard Bork, *Allgemeiner Teil des Bürgerlichen Gesetzbuchs*, 2.ª ed. (2006), § 16, Nr. 629 (236); com interesse: recordamos OLG Bremen 22-jun.-1973, WM 1973, 1228-1230, onde se fez correr tal risco contra um iraniano que veio afirmar não conhecer bem as cláusulas contratuais gerais alemãs, em virtude da língua e Erik Jayme, *Sprachrisiko und Internationales Privatrecht beim Bankverkehr mit ausländischen Kunden*, FS Bärmann 1975, 509-522 (516): a questão resolve-se segundo a língua acordada para o contrato; para além disso, poderá haver deveres de esclarecimento, nos termos gerais. Para outros elementos: *Tratado*, II, 4.ª ed., 148 e 719-720.

[1617] Quanto à defesa razoável da língua portuguesa, *vide* o excelente acórdão do STJ 22-jun.-1993 (Cardona Ferreira), BMJ 428 (1993), 613-624 (619).

214. As comunicações à distância

I. O artigo 97.° do Código Comercial fixava o valor da "correspondência telegráfica". Em síntese, era o seguinte[1618]:

– os telegramas cujos originais houvessem sido assinados pelo expedidor ou mandados expedir por quem figure como expedidor valem como documentos particulares;
– o mandato e "toda a prestação de consentimento", transmitidos telegraficamente com a assinatura reconhecida "... são válidos e fazem prova em juízo...".

O preceito acrescentava ainda a regra de que a alteração ou a transmissão de telegrama seriam imputáveis, nos termos gerais, a quem as tivesse causado; que o expedidor que houvesse respeitado os regulamentos se presumiria isento de culpa e que, finalmente, a data e hora exaradas se presumiriam exatas.

II. O artigo 97.° em causa surgiu logo no início das telecomunicações. Hoje, o telégrafo está em desuso; foi, sucessivamente, substituído pelo *telex*, pelo *fax* e pela possibilidade de transmissão por rede de computadores, *maxime* pela *Internet*.

As leis vieram a adaptar-se. O Decreto-Lei n.° 28/92, de 27 de fevereiro, admitiu o uso de telecópia – normalmente dita *telefax* – na prática de atos processuais[1619]. Veio exigir que fosse utilizado ou o serviço público de telecópia ou equipamento de advogado ou solicitador constante de lista oficial organizada pela Ordem dos Advogados ou pela Câmara dos Solicitadores – artigo 2.°/2; tais listas seriam remetidas à Direção-Geral dos Serviços Judiciários, que as faria circular por todos os tribunais – *idem*, n.° 3. As telecópias provenientes de aparelhos assim registados presumir-se-iam verdadeiras e exatas, salvo prova em contrário – 4.°/1.

[1618] Oliveira Ascensão, *Direito Comercial* cit., 1, 375 ss., inclina-se para a revogação, pelo artigo 379.° do Código Civil, do artigo 97.° do Código Comercial; no entanto, aquele preceito parece-nos compatível com um regime comercial não coincidente, como é aqui o caso.

[1619] *Vide* STJ 3-nov.-2009 (Azevedo Ramos), CJ/Supremo XVII (2009) 3, 130-132.

§ 45.º *Princípios e regras comerciais* 577

Trata-se de um esquema ainda pesado, que invalida alguns atos[1620], complicando todos, mas que a jurisprudência tem procurado – e bem – facilitar[1621]. Há, todavia, que prestar uma especial atenção à matéria dos prazos[1622] e à da equivalência do material transmitido com o original[1623]. Deve manter-se sempre a regra de não invalidar atos por quebras não essenciais. Por seu turno, o Decreto-Lei n.º 461/99, de 5 de novembro, veio regular o uso de telecópia nos serviços de registo e de notariado; foi substituído pelo Decreto-Lei n.º 66/2005, de 15 de março.

III. Na fixação das regras relativas a comunicações negociais à distância, cumpre distinguir entre a prática do ato em si e a sua prova. Um documento escrito e assinado não deixa de o ser pelo facto de ser enviado por cópia à distância. Assim, e retomando em termos atualistas o velho artigo 97.º do Código Comercial, vamos entender que os documentos telecopiados, cujos originais tenham sido assinados pelo próprio, valem como documentos particulares. Satisfazem, ainda, a exigência de forma escrita.

Documentos autênticos ou autenticados remetidos por telecópia valem, enquanto atos; a telecópia é um documento particular que atesta a sua existência, podendo ser exibidos, em juízo, os originais, para se fazer prova plena ou melhor prova.

Finalmente: de acordo com o artigo 26.º do Decreto-Lei n.º 7/2004, de 7 de janeiro[1624], as declarações eletrónicas com suporte adequado satisfazem a exigência legal de forma escrita, valendo a assinatura eletrónica.

[1620] STJ 12-mar.-1996 (Oliveira Branquinho), CJ IV (1996) 1, 146-149 e REv 17-dez.-1996 (Henriques da Graça), CJ XXI (1996) 5, 295-296.

[1621] Admitindo a interposição de recurso por *fax* não registado, por não haver, *in concreto*, dúvidas de autenticidade e por não ter sido preterida qualquer formalidade essencial, *vide* o Despacho do Presidente da RLx 12-nov.-1992 (Cardona Ferreira), CJ XVII (1992) 5, 111 ou aceitando o pagamento de multa no dia seguinte ao do envio do documento: RLx 18-jun.-2002 (Eduardo Sousa Magalhães), CJ XXVII (2002) 3, 100-101 (101/II).

[1622] *Vide* RCb 19-fev.-2002 (António Piçarra), CJ XXVII (2002) 1, 37-39 (39/I).

[1623] Despacho do Presidente da RGm 17-jun.-2003 (Lázaro Faria), CJ XXVIII (2003) 3, 294-296 (296).

[1624] Quanto a esse diploma: *infra*, 648. O Decreto-Lei n.º 7/2004, de 7 de janeiro, foi alterado pelo Decreto-Lei n.º 62/2009, de 10 de março e pela Lei n.º 46/2012, de 29 de agosto.

578 *Dos contratos comerciais em geral*

O uso da internet tem vindo a ser oficializado, especialmente no campo do registo e das sociedades[1625].

215. A solidariedade

I. O artigo 100.º estabelece a regra supletiva da solidariedade passiva, nas obrigações comerciais[1626]. Recorde-se que, no Direito comum, por via do artigo 513.º do Código Civil, vigora a regra inversa.

O § único do artigo 100.º afasta essa regra, nos contratos mistos (com o sentido que a expressão aí tem), quanto aos não-comerciantes: aí, a exigibilidade *in totum et totaliter* terá de ser convencionada, nos termos do referido artigo 513.º, do Código Civil. Resta acrescentar que, nas relações comerciais, são frequentes as convenções de solidariedade.

II. O artigo 101.º estabelece uma solidariedade do fiador de obrigação mercantil, mesmo que não comerciante. Desde logo, temos uma manifestação da natureza acessória da fiança: esta será comercial quando a obrigação principal o seja. De seguida, ocorre um afastamento do benefício da excussão previsto no artigo 638.º/1 do Código Civil. Desenha-se, aqui, no entanto, um tipo contratual próprio: o da fiança comercial.

216. O regime conjugal de dívidas

I. As obrigações comerciais originam um regime especial, no tocante à responsabilidade dos cônjuges[1627]. Segundo o artigo 1691.º/1, *d*), do Código Civil, na redação introduzida pelo Decreto-Lei n.º 496/77, de 25 de novembro, ambos são responsáveis:

[1625] *Vide* o Decreto-Lei n.º 125/2006, de 29 de junho, quanto a empresas *on line*, por último alterado pelo Decreto-Lei n.º 209/2012, de 19 de setembro.

[1626] STJ 20-abr.-2004 (Ferreira Girão), Proc. 04B4067.

[1627] Quanto à evolução histórica deste tema, Antunes Varela, *Direito da família*, 1, 4.ª ed. (1996), 409 ss.. Essa evolução é importante para se entender o alcance do sistema em vigor. Quanto ao Direito anterior, Fernando José Bronze, *Aditamentos às Lições de Direito Comercial (A mulher casada e o exercício do comércio)*, por Ferrer Correia, revistos por António Agostinho Caeiro (1971, polic.).

§ 45.º Princípios e regras comerciais 579

(...) pelas dívidas contraídas por qualquer dos cônjuges no exercício do comércio, salvo se se provar que não foram contraídas em proveito comum do casal, ou se vigorar entre os cônjuges o regime da separação de bens[1628].

Este preceito, ao contrário da primitiva solução do Código, permite evitar a comunicabilidade das dívidas comerciais[1629] através da elisão da presunção de proveito comum: maior equidade e menor segurança para o comércio[1630]. O ónus da elisão compete, nos termos gerais, ao cônjuge interessado em não arcar com a responsabilidade pela dívida comercial em causa[1631]. Tudo depende, todavia, de o credor demonstrar a qualidade de comerciante do devedor[1632].

O artigo 10.º, na redação dada pelo Decreto-Lei n.º 363/77, de 2 de setembro, vinha afastar a moratória prevista inicialmente no artigo 1696.º/1 do Código Civil,

quando for exigido de qualquer cônjuge o cumprimento de uma obrigação emergente do ato de comércio, ainda que este o seja apenas em relação a uma das partes.

Mantinha-se, pois, também a este nível, um esquema que tutela o crédito comercial, em comparação com o comum. O artigo 4.º do Decreto--Lei n.º 329-A/95, de 12 de dezembro, veio alterar o artigo 1696.º/1, do

---

[1628] *Vide* uma aplicação deste preceito em STJ 19-mar.-1998 (Lúcio Teixeira), CJ/ /Supremo VI (1998) 1, 142-143 e em REv 10-mar.-2010 (Isoleta Almeida Costa), Proc. 6070/08.6.

[1629] O artigo 15.º do CCom, na redação introduzida pelo Decreto-Lei n.º 363/77, de 2 de setembro, presume que as dívidas comerciais do cônjuge comerciante foram contraídas no exercício do seu comércio.

[1630] Pires de Lima/Antunes Varela, *Código Civil Anotado*, 4, 2.ª ed. (1992), 338 e Francisco Pereira Coelho/Guilherme de Oliveira, *Curso de Direito da família*, 1, 4.ª ed., (2008), 449 ss.. O proveito comum afere-se não pelo resultado, mas pela aplicação da dívida: STJ 7-jan.-2010 (Serra Baptista), Proc. 2318/07.2.

[1631] *Vide* STJ 15-mar.-2005 (Reis Figueira), CJ/Supremo XIII (2005) 1, 132-137 (135).

[1632] A qual não ocorre se o débito em jogo resultar de um aval prestado por um gerente de uma sociedade comercial: RPt 23-jun.-2005 (Fernando Baptista), CJ XXX (2005) 3, 196-198 (197).

580 *Dos contratos comerciais em geral*

Código Civil, suprimindo, em geral, a moratória[1633]. O Decreto-Lei n.º 180/96, de 25 de setembro, veio aditar um artigo 27.º ao Decreto-Lei n.º 329-A/95, tornando a nova redação do artigo 1696.º do Código Civil aplicável às causas pendentes. Parece impor-se um juízo de inconstitucionalidade[1634], sendo certo que as caleidoscópicas normas portuguesas põem um desafio permanente a todos os juristas interessados.

II. A matéria atinente à solidariedade comercial e ao regime de responsabilidade por dívidas dos cônjuges apresenta alguma subtileza, com dúvidas na execução. O ónus da prova da comercialidade cabe ao interessado[1635], o que mais agrava a situação.

O comércio não se compadece com tal situação. Assim, é frequente os operadores comerciais, particularmente a banca, quando deparem com regimes de comunhão geral ou de adquiridos, exigirem a vinculação de ambos os cônjuges, em termos de solidariedade.

217. Tutela do crédito comercial

I. A prática comercial dos nossos dias revela um certo laxismo na observância do que deveria ser uma estrita deontologia profissional. É sabido que, perante um incumprimento temporário (mora), o credor prejudicado hesitará em recorrer às vias judiciais: irá encarecer a operação, ficando dependente de medidas e da diligência de terceiros. O devedor pode contar com esta derrapagem, retardando sistematicamente os seus pagamentos. Tal situação acabou por se tornar uma prática corrente, principalmente no Sul da Europa, sendo levada a cabo por grandes empresas, em detrimento das pequenas e das médias. No caso português, joga ainda a situação de morosidade – por vezes ao nível do bloqueio – dos nossos tribunais. A recuperação judicial de créditos em mora, mesmo perante devedores solventes, é desanimadora.

[1633] No relatório do Decreto-Lei n.º 329-A/95, de 12 de dezembro, o legislador limitou-se a dizer que a moratória era "injustificada": como bem diz o Supremo no acórdão abaixo citado, isso não justifica coisa nenhuma.

[1634] STJ 5-fev.-1998 (Sousa Inês), BMJ 474 (1998), 369-377.

[1635] STJ 9-nov.-1995 (Sampaio da Nóvoa), BMJ 451 (1995), 344-349.

§ 45.° *Princípios e regras comerciais* 581

Além disso, empresas de grande porte impõem, nas suas cláusulas contratuais gerais, prazos de pagamento alongados: sessenta ou, mesmo, noventa dias. Tudo isto origina insolvência e desemprego.

II. O problema apontado veio ainda assumir uma dimensão gravosa no plano da concorrência. Os países do Norte da Europa, com elevadas taxas de juros (no início do século) e sistemas judiciais dinâmicos, apresentam, por sistema, prazos mais curtos de cumprimento do que os países do Sul, com circunstancialismos inversos.

De acordo com números de 2004, mas esclarecedores, nos países escandinavos os credores são pagos entre 27 e 34 dias; já nos países do Sul, essas cifras sobem para entre 74 e 94 dias. Na Finlândia os credores são pagos em 29 dias, contra 91 em Portugal.

Estima-se que, mercê destas moras generalizadas, ocorra cerca de um quarto das insolvências europeias. Perdiam-se, por ano, 23,6 biliões de euros, com uma quebra de 450.000 postos de trabalho[1636].

Em 2014, a situação parece ter piorado. Embora os atrasos tenham diminuído (68 dias para Portugal, contra 28 dias de média, na Europa), as empresas nacionais perderam 9.200 milhões de euros por via das moras: impensáveis 4% do PIB! No plano europeu, 8 milhões de empresas poderiam ter contratado mais um trabalhador[1637].

Ora se alguns atrasos são explicáveis por dificuldades das entidades devedoras, muitos derivam de um puro *Diktat* de grandes empresas ou (sobretudo) do Estado, relativamente a pequenos e médios fornecedores ou construtores. Com isso, realizam imensos benefícios, à custa da economia e dos mais fracos.

III. Perante este estado de coisas, as instâncias comunitárias decidiram intervir[1638]. A Comissão Europeia, através da sua recomendação

---

[1636] *Vide* Ana Catarina Rocha, *A cláusula de reserva de propriedade na Directiva 2000/35/CE do Parlamento Europeu e do Conselho sobre as medidas de luta contra os atrasos de pagamento*, RFDUP 2005, 9-78 (9 ss.), onde podem ser confrontadas as fontes. Os números indicados no texto reportam-se a 2004 e, portanto: são anteriores à crise de 2007/2014, sobre a qual indicamos, de seguida, os elementos concretos disponíveis, quanto ao problema aqui referido.

[1637] Cifras confrontáveis no *Relatório sobre Pagamentos* (2015), na Net.

[1638] Quanto a elementos comunitários: M. Alessandro Livi, *La direttiva 2000/35/CE sui ritardi di pagamento nelle transazioni commerciali e la sua attuazione*, em Vincenzo

582   *Dos contratos comerciais em geral*

n.º 95/198, de 12 de maio[1639], relativa aos prazos de pagamento nas transações comerciais, convidou os Estados-membros (artigo 1.º):

> (...) a tomar as medidas jurídicas e práticas necessárias para fazer respeitar os prazos de pagamento contratuais nas transações comerciais e para assegurar prazos de pagamento melhores nos contratos públicos.

Ocorriam outras indicações, nomeadamente – 3.º, *b*) – a fixação, a título subsidiário, de taxas de juro suficientemente altas para serem dissuasivas para os maus pagadores.

Seguiu-se a Diretriz n.º 2000/35, de 29 de junho, que estabelece medidas de luta contra os atrasos de pagamento nas transações comerciais[1640]. Em síntese, tem o seguinte conteúdo:

Artigo 1.º   Âmbito de aplicação;
Artigo 2.º   Definições;
Artigo 3.º   Juros em caso de atraso de pagamento;
Artigo 4.º   Reserva de propriedade;
Artigo 5.º   Procedimentos de cobrança de dívidas não impugnadas;
Artigo 6.º   Transposição;
Artigo 7.º   Entrada em vigor;
Artigo 8.º   Destinatário.

As "definições" são importantes, precisando o âmbito de aplicação do diploma. Elas enfrentam um problema tipicamente comunitário: dada a diversidade existente entre as Ciências jurídicas nacionais, não bastaria apelar para os conceitos habituais.

Entre as definições adotadas conta-se a de "transação comercial": qualquer transação entre empresas ou entre empresas e entidades públicas que dê origem ao fornecimento de mercadorias ou à prestação de serviços contra uma remuneração (2.º/1, 1ª parte)[1641]. A matéria tem, pois, a ver com o Direito comercial, embora faça sentido referi-la, aqui.

Cuffaro (org.), *La disciplina dei pagamenti commerciali* (2006), 1-39 (1 ss.).

[1639] JOCE N. L 127, de 10-jun.-1995, 19-22.

[1640] JOCE N. L 200, de 8-ago.-2000, 35-38.

[1641] Giuseppe Chinè, *I confini oggettivi e soggettivi di applicazione della disciplina sui pagamenti nelle transazioni commerciali*, em Vincenzo Coffaro (org.), *La disciplina dei pagamenti commerciali* (2006), 55-114 (65 ss.).

§ 45.º *Princípios e regras comerciais* 583

IV. A Diretriz n.º 2000/35 foi transposta pelo Decreto-Lei n.º 32/2003, de 17 de fevereiro: não totalmente, uma vez que várias das regras inseridas naquela Diretriz já vigoravam no nosso Direito. Visada foi, em especial, a temática do atraso nos pagamentos[1642].

E as medidas tomadas foram, no essencial, as seguintes:

– sempre que do contrato não constem prazos, são devidos juros, automaticamente, 30 dias após a data de receção da fatura ou da receção dos bens (4.º/2);
– são nulos os prazos excessivos contratualmente fixados para o pagamento (5.º/1), podendo, quando assentes em cláusulas contratuais gerais, ser objeto de ação inibitória (5.º/5);
– o artigo 102.º do Código Comercial recebeu uma redação que permite a fixação de juros moratórios mais elevados (6.º)[1643];
– o atraso nos pagamentos permite o recurso ao regime da injunção (7.º).

O problema enfrentado pela lei exige uma efetiva mutação nas mentalidades e na praxe comercial. A melhor defesa dos devedores é, sempre, o exato e correto cumprimento do que tenham assumido.

V. O Decreto-Lei n.º 32/2003 foi alterado pelo Decreto-Lei n.º 107/2005, de 1 de julho (artigo 7.º) e pela Lei n.º 3/2010, de 27 de abril (artigo 4.º).

Entretanto e no plano europeu, a falta de resultados derivados da Diretriz 2000/35 levou a uma nova e mais enérgica intervenção: levada a cabo pela Diretriz 2011/7, de 16-fev.-2011[1644]. O diploma aplica-se a transações comerciais, isto é, entre empresas ou entre empresas e entidades públicas

---

[1642] Para uma análise das medidas introduzidas pela Diretriz: Ana Catarina Rocha, *A cláusula de reserva de propriedade na Directiva 2000/35* cit., 15 ss..; quanto à transposição alemã, *vide* Martin Schmidt-Kessel, *Die Zahlungsverzugsrichtlinie und ihre Umsetzung*, NJW 2001, 97-103.

[1643] Matéria não aplicável aos consumidores, por via do artigo 2.º/2, *a*), do diploma; *vide* RCb 19-out.-2010 (José Eusébio Almeida), Proc. 286652/08 e RPt 3-nov.-2011 (Maria Amália Santos), Proc. 1407/10.

[1644] JOUE Nr. L-48, de 23-fev.-2011, 1-8.

584 *Dos contratos comerciais em geral*

(2.º, 1). Toma uma série de medidas tendentes a incentivar o pagamento pontual dos montantes devidos[1645] e, designadamente:

– quando haja prazo estipulado e este seja ultrapassado, vencem juros de mora independentemente de interpelação;
– não se tendo estipulado prazo, após 30 dias sobre a emissão da fatura.

No mínimo e independentemente de interpelação, o credor receberá € 40,00, a que acresce uma indemnização razoável pelos custos acrescidos que o credor tenha de suportar (6.º).

VI. A Diretriz 2011/7 foi transposta pelo Decreto-Lei n.º 62/2013, de 10 de maio. Este diploma inseriu, quase à letra, o dispositivo comunitário, na nossa ordem interna. Foi revogado o anterior Decreto-Lei n.º 32/2003.

218. A prescrição presuntiva de dívidas comerciais

I. Ainda como especialidade do comércio, devemos assinalar a prescrição presuntiva bienal prevista no artigo 317.º, *b*), do Código Civil. As prescrições presuntivas, tipicamente latinas, fundam-se na presunção de cumprimento das dívidas envolvidas[1646]. Entre o elenco das situações previstas com esse alcance contam-se, nos termos da referida alínea:

> Os créditos dos comerciantes pelos objetos vendidos a quem não seja comerciante ou os não destine ao seu comércio, e bem assim os créditos daqueles que exerçam profissionalmente uma indústria, pelo fornecimento de mercadorias ou produtos, execução de trabalhos ou gestão de negócios alheios, incluindo as despesas que hajam efetuado, a menos que a prestação se destine ao exercício industrial do devedor; (...)

[1645] Manfred Löwisch/Cornelia Feldmann, no *Staudingers Kommentar* cit., Vorbem zu §§ 286-292, Nr. 6-15 (849-852), com indicações.

[1646] Sobre toda esta matéria: *Tratado* V, 2.ª ed., 215 ss.; *vide* RPt 18-jan.-2011 (Rodrigues Pires), Proc. 213/08.

§ 45.° Princípios e regras comerciais

II. O conteúdo deste preceito tem vindo a ser precisado pela jurisprudência[1647]. No tocante ao comércio, ele coloca um encargo: o de uma especial diligência na cobrança de dívidas, particularmente no relacionamento com não-comerciantes. Visa-se um andamento rápido dos negócios, com segurança para os participantes no mercado.

[1647] P. ex.: RGm 5-fev.-2000 (Carvalho Guerra), CJ XXVIII (2003) 1, 286-288 (287-288) e REv 15-mai.-2003 (Ana Luísa Geraldes), CJ XXVIII (2003) 3, 241-242 (242/I).

SECÇÃO II

A CONTRATAÇÃO COMERCIAL

§ 46.º *CULPA IN CONTRAHENDO*

219. Deveres pré-contratuais mercantis

I. A *culpa in contrahendo* é um instituto geral do Direito privado[1648]. Dada, porém, a sua concretização preferencial através de deveres de informação, ela apresenta-se, cada vez mais, como um instituto vocacionado para atuar no campo dos serviços e, dentro deste, dos serviços comerciais. Vamos recordar o essencial da doutrina e, depois, a sua aplicação mercantil. Manifestações específicas deste instituto ocorrem no campo do Direito bancário e no do Direito dos seguros.

II. A propósito da formação do contrato, e fosse qual fosse o esquema então seguido, uma doutrina radical, hoje abandonada, entendia que, nas negociações preliminares, não havia Direito aplicável: as partes seriam inteiramente livres, podendo assumir as atitudes arbitrárias que entendessem. Não é, contudo, assim. Nas negociações preliminares, as partes

---

[1648] *Tratado* II, 4.ª ed., 207 ss.. *Vide* Manfred Löwisch, no *Staudingers Kommentar*, II, §§ 311, 311a, 312 a-f/*Vertragschluss* (2005), § 311, Nr. 92 ss. (35 ss.) e, quanto às especificidades que a matéria apresente no Direito bancário, *Direito bancário*, 5.ª ed., 468 ss.. Com importantes elementos de Direito comparado, Dário Moura Vicente, *Da responsabilidade pré-contratual em Direito internacional privado* (2001), 241 ss..

Para informações atualizadas: Volker Emmerich, no *Münchener Kommentar zum BGB*, II, 5.ª ed. (2007), § 311/II, Nr. 50 ss. (1451 ss.) e Christian Grüneberg, no Palandt//BGB, 75.ª ed. (2016), § 311/II, Nr. 11 ss. (494 ss.).

§ 46.º Culpa in contrahendo

devem respeitar os valores fundamentais da ordem jurídica, pautando-se pela boa-fé.

O Código Civil português di-lo, de modo expresso, no seu artigo 227.º. A sua aplicação é decisiva no campo comercial[1649].

III. Como figura assente num conceito indeterminado – o de boa-fé – a responsabilidade pré-negocial carece de um processo concretizador, a operar perante cada problema real. O conhecimento e a ponderação das decisões jurisprudenciais que a consubstanciam têm, pois, o maior interesse teórico e prático.

Uma sistematização operada com base na jurisprudência mais rica no domínio da *culpa in contrahendo* – a alemã – permite afirmar que ela ocorre quando, na fase preparatória dum contrato, as partes – ou alguma delas – não acatem certos deveres de atuação que sobre elas impendem. E tais deveres analisam-se em três grupos:

– deveres de proteção: nos preliminares contratuais, as partes devem abster-se de atitudes que provoquem danos nos hemisférios pessoais ou patrimoniais umas das outras; quando não, há responsabilidade;

– deveres de informação: num processo destinado à procura do consenso contratual, as partes devem, mutuamente, prestar-se todos os esclarecimentos e informações necessários à celebração de um contrato idóneo; ficam, em especial, abarcados todos os elementos com relevo direto e indireto para o conhecimento da temática relevante para o contrato, sendo vedada quer a omissão do esclarecimento, quer a prestação de esclarecimentos falsos, incompletos ou inexatos; as doutrina e jurisprudência da atualidade conferem uma intensidade particular aos deveres de esclarecimento, a cargo de uma parte forte e a favor da fraca;

[1649] Recorde-se que foi precisamente um comercialista e numa obra clássica de Direito comercial – Thöl, *Handelsrecht* cit., 5.ª ed. – que aproximou a culpa na formação dos contratos de boa-fé; e foi justamente a prática dos tribunais comerciais alemães do século XIX que permitiu sedimentar os elementos que a tanto conduziram; *vide Da boa fé*, 563.

Quanto ao papel da *culpa in contrahendo* no Direito comercial, mormente após a sua codificação no § 311 do BGB, em 2001: Canaris, *Handelsrecht* cit., 24.ª ed., 55, 77, 146 ss. e *passim*.

– deveres de lealdade: a necessidade de respeitar, na sua teleologia, o sentido das negociações preparatórias não se esgota num nível informativo; podem surgir deveres de comportamento material, com o mesmo sentido de evitar, nos preliminares, atuações que se desviem da busca honesta dum eventual consenso negocial; tais deveres englobam-se na ideia de lealdade; subcaso típico e clássico de deslealdade *in contrahendo* reside na rutura injustificada das negociações[1650]. Mas outras situações surgem, com relevo para a prática, nos preliminares ou lateralmente, de atos de concorrência desleal.

Em termos gerais, o instituto da *culpa in contrahendo*, ancorado no princípio da boa-fé, recorda que a autonomia privada é conferida às pessoas dentro de certos limites e sob as valorações próprias do Direito; em consequência, são ilegítimos os comportamentos que, desviando-se duma procura honesta e correta dum eventual consenso contratual, venham a causar danos a outrem. Da mesma forma, são vedados os comportamentos pré-contratuais que inculquem, na contraparte, uma ideia distorcida sobre a realidade contratual.

IV. A receção, em Portugal, da *culpa in contrahendo* iniciou-se logo com Guilherme Moreira[1651]. Depois de algumas hesitações iniciais[1652], a ideia seria desenvolvida por Galvão Telles, Vaz Serra, Mota Pinto e Ruy de Albuquerque, numa aproximação à boa-fé, na linha germânico-româ-

---

[1650] Philippe le Tourneau, *La rupture des négociations*, RTDComm 51 (1998), 472-
-491 e, entre a jurisprudência estrangeira, OLG Köln, 11-dez.-1998, BB 1999, 1186-1187; quanto à jurisprudência nacional, *Tratado* II, 4.ª ed., 271 ss..

[1651] Guilherme Alves Moreira, *Instituições do Direito Civil Português*, 2 (1911), n.º 202 (664-675). Quanto ao desenvolvimento da *culpa in contrahendo* em Portugal: *Da boa fé*, 571 e Almeida Costa, *Responsabilidade civil pela ruptura das negociações preparatórias de um contrato* (1984), 42 ss..

[1652] Assim, surgiram reparos contra a *culpa in contrahendo* em obras importantes, tais como em Beleza dos Santos, *A simulação* 1 (1921), 10 ss. (14) e Jaime de Gouveia, *Da responsabilidade contratual* (1932), 293 e 294. Mais tarde, tais dúvidas foram sendo ultrapassadas; *vide* Cunha Gonçalves, *Tratado de Direito Civil* 4 (1931), 246-247.

§ 46.° Culpa in contrahendo

nica acima apontada, acabando por ter um acolhimento formal no Código Civil de 1966[1653]. Este dispõe, no seu artigo 227.°/1:

> Quem negoceia com outrem para conclusão de um contrato deve, tanto nos preliminares como na formação dele, proceder segundo as regras da boa fé, sob pena de responder pelos danos que culposamente causar à outra parte.

O dispositivo legal em questão, sendo expresso, confere, à velha *culpa in contrahendo*, a maior extensão; merece um aplauso generalizado por parte da literatura da especialidade.

Através dele devem considerar-se em vigor os aludidos deveres pré--negociais de informação e de lealdade.

220. A jurisprudência comercial

I. A jurisprudência comercial portuguesa, dada a sua dimensão, tem, efetivamente, concretizado a *culpa in contrahendo*. E fê-lo, com especial acuidade, no domínio dos deveres de lealdade pré-negociais, e no do dever, também pré-negocial, duma completa e exata informação. Curiosa e sugestivamente, as decisões emblemáticas sobre *culpa in contrahendo* giram em torno de questões comerciais.

Recordem-se STJ 5-fev.-1981, quanto à rutura de negociações relativas à aquisição de quotas sociais[1654], STJ 14-out.-1986, sobre uma preferência do arrendatário comercial[1655] e STJ 4-jul.-1991, referente a negociações para a constituição de uma sociedade[1656]. Uma rutura de negociações foi sindicada por RLx 18-jan.-1990[1657] enquanto a desleal-

---

[1653] Inocêncio Galvão Telles, *Manual dos contratos em geral*, 3.ª ed. cit., 187-188, Vaz Serra, *Culpa do devedor ou do agente*, BMJ 68 (1957, com separata), n.° 6, 110-132, Mota Pinto, *A responsabilidade pré-negocial pela não conclusão dos contratos*, separata do BFD n.° 14 (1963) e Ruy de Albuquerque, *Da culpa in contrahendo no Direito luso-brasileiro* (1961).

[1654] STJ 5-fev.-1981 (Solano Viana), RLJ 116 (1983), 81-84, com anotação favorável de Almeida Costa, *Ruptura de negociações* cit., de que há separata, já referida.

[1655] STJ 14-out.-1986 (Joaquim Figueiredo), BMJ 360 (1986), 583-587 (586).

[1656] STJ 4-jul.-1991 (Ricardo da Velha), BMJ 409 (1991), 743-750 (749).

[1657] RLx 18-jan.-1990 (Ribeiro Coelho), CJ XV (1990) 1, 144-146.

590 *Dos contratos comerciais em geral*

dade pré-contratual se documenta em STJ 18-out.-1988[1658]. Uma violação do dever de informação, num negócio de cessão de quotas ocorre em STJ 9-mar.-2006[1659] e em STJ 4-abr.-2006[1660]. Todos estes arestos recaem sobre matéria comercial.

II. O sentido geral da jurisprudência acima sumariada é bastante claro; deve, no entanto, ser precisado. Em princípio – e salvo a presença de normas legais aplicáveis que a tal conduzam – não há, nas negociações preliminares, um dever de celebrar o contrato visualizado. Mas há, por certo, um dever de negociar honestamente.

Isso implica, desde logo:

– que a parte que não tenha a intenção de levar por diante as negociações o deva, de imediato, comunicar à contraparte, de modo a não provocar, nela, esperanças vãs, que induzam danos;
– que a parte que detenha, nas negociações, informações vitais para a outra parte as deva, também de imediato, comunicar à contraparte, de modo a evitar contratos distorcidos e, posteriormente, danos; se não o quiser fazer, basta-lhe não contratar;

Como se vê, mesmo as hipóteses de deslealdade, particularmente claras na rutura injustificada das negociações, há sempre, ainda que mediatamente, um dever de informação subjacente, que não foi cumprido.

221. Sentido e consequências; a natureza comercial

I. A violação do artigo 227.º/1, do Código Civil, dá lugar a consequências que importa referir.

A pessoa que cometa tal violação está a pôr em causa deveres específicos de conduta, de base legal. Assim, a responsabilidade é obrigacional e não, apenas, aquiliana: foram violadas obrigações legais e não,

---

[1658] STJ 18-out.-1988 (Soares Tomé), BMJ 380 (1988), 483-401 (490); por lapso do *Boletim* refere-se, aí, o artigo 227.º *do Código Comercial.*

[1659] STJ 9-mar.-2006 (Pereira da Silva), Proc. 06B066.

[1660] STJ 4-abr.-2006 (Nuno Cameira), Proc. 06A222.

§ 46.° Culpa in contrahendo   591

somente, o dever genérico de respeito, implícito no artigo 483.°/1, do Código Civil[1661].

Sendo obrigacional, presume-se a culpa, sempre que ocorra uma inobservância (objetiva) da boa-fé: dispõe, nesse sentido, o artigo 799.°/1, do Código Civil. A culpa envolve, aqui, a ilicitude e a causalidade, na linha do que vimos ser o sentido hoje assumido pela responsabilidade obrigacional.

II. A natureza obrigacional da responsabilidade derivada da *culpa in contrahendo* é essencial para se entender a aplicação do instituto pelos tribunais.

Existe um dever genérico de não causar danos a outrem. Quem, faltando à verdade ou por outro meio idóneo, com culpa, lesar o direito de outrem, causando danos, responde, nos termos gerais do artigo 483.°/1, do Código Civil. Tal sucederia se alguém convencesse outrem a lesar o património próprio. Se a *culpa in contrahendo* viesse dizer isso mesmo, a propósito da conclusão dum contrato, seria escasso o progresso.

Historicamente, a *culpa in contrahendo* surgiu, precisamente, para suprir as insuficiências da responsabilidade aquiliana[1662]. Firmando a existência de obrigações legais de informação e de lealdade, ela permite fazer funcionar os esquemas da responsabilidade obrigacional, mais eficazes.

III. Consumada a violação, há um dever de indemnizar por todos os danos verificados. Já houve conceções ligadas ao denominado interesse negativo e que pretendiam limitar, a este, a indemnização a arbitrar. Este aspeto deve ser situado historicamente.

[1661] No sentido da natureza obrigacional da *culpa in contrahendo*, que temos defendido em diversos escritos – vg., *Tratado* II, 4.ª ed., 277 ss. – depõem, também, Vaz Serra, *Culpa do devedor ou do agente*, BMJ 68 (1957), 13-149 (130 ss.) e RLJ 110 (1978), 270-272 e 274-280 (277 ss.) e Mota Pinto, *Cessão da posição contratual* (1970), 351 ss., entre outros. Trata-se, ainda, da posição dominante na Alemanha e em Itália. Em França, dada a especial natureza que aí assume a responsabilidade civil, a doutrina inclina-se para a natureza aquiliana; *vide* le Tourneau, *La rupture des négociations* cit., 481e 482.

No mesmo sentido obrigacional dessa responsabilidade além do já citado e excelente acórdão do STJ 4-jul.-1991, BMJ 409, 743 ss.: STJ 25-out.-2005 (Silva Salazar), Proc. 05A3054 e STJ 21-dez.-2005 (Lucas Coelho), Proc. 05B2354.

[1662] *Vide* os casos liderantes em Menezes Cordeiro, *Da boa fé* cit., 546 ss..

A ideia de que, por *culpa in contrahendo*, haveria que responder, apenas, pelos danos negativos, i. é, pelos danos que não haveria se não tivessem ocorrido as negociações falhadas, filia-se num entendimento da responsabilidade pré-negocial como fruto de um "contrato tácito", não cumprido, entre as partes. A limitação perdeu, hoje, a sua base de apoio, dado o consenso existente em que a *culpa in contrahendo* deriva da violação do princípio legal da boa-fé[1663]. O artigo 227.º/1 do Código Civil, não faz qualquer limitação; por isso deve entender-se que, violada a boa-fé *in contrahendo*, devem ser ressarcidos *todos* os danos causados[1664]. Ficam envolvidos tanto os danos emergentes – incluindo todas as despesas perdidas – como os lucros cessantes. A jurisprudência mais recente tem vindo a orientar-se neste sentido[1665].

IV. Os deveres de atuação próprios da fase pré-contratual e as dívidas ocasionadas pelo funcionamento da *culpa in contrahendo* na celebração de contratos comerciais têm, elas próprias, natureza comercial.

Desde logo elas terão natureza comercial subjetiva, sempre que provenham de comerciantes no exercício da sua profissão. Mas além disso, teremos de lhes emprestar o regime comercial próprio das obrigações definitivas, por se verificar precisamente o mesmo conjunto de razões que, a estas, conecta aquele. Será pois um bom exemplo de situação jurídica comercial por analogia[1666].

[1663] *Da boa fé* cit., 585, com bibliografia.

[1664] Em apoio de uma pretensa limitação da indemnização, ao denominado interesse negativo, citam-se, por vezes, os artigos 898.º e 908.º, do Código Civil. Tais artigos não conduzem, no entanto, a uma interpretação limitativa. De facto, ao mandarem indemnizar determinados lesados dos danos que eles não teriam sofrido se o contrato nulo ou anulado não tivesse sido celebrado, esses preceitos deixam em aberto a possibilidade de se mostrar que, na falta de contrato inválido, teria havido outro válido. Todos os danos concretos devem, nos termos gerais, ser indemnizados.

Acresce, ainda, que os artigos 898.º e 908.º, do Código Civil, não podem ser transpostos para a *culpa in contrahendo*: eles contemplam, apenas, a invalidade da compra e venda, enquanto a responsabilidade pré-negocial vai bem mais além.

[1665] BGH 24-jun.-1998, NJW 1998, 2900-2901, RLx 29-out.-1998 (Ana Paula Boularot), CJ XXIII (1998) 4, 132-135 (134/II) e REv 11-nov.-1999 (Fernando Bento), CJ XXIV (1999) 5, 262-264 (263/II). Com outros elementos, *Tratado* II, 4.ª ed., 282 ss..

[1666] *Supra*, 211 ss..

222. O conteúdo do dever de informar

I. Como foi referido, um dos deveres por que se concretiza o instituto dito *culpa in contrahendo* é o de informar. Trata-se, mesmo, de um dever envolvente: a própria deslealdade analisa-se, afinal, numa falta de informação. O dever de informar *in contrahendo* assume as mais diversas configurações: tudo depende do contrato em jogo. De todo o modo, será possível referenciar vetores abstratos atuantes, aquando da concretização.

II. À partida, o dever de informação tenderá a abranger tudo quanto, pela natureza da situação considerada, não seja conhecido pela contraparte. Assim, ele será tanto mais intenso quanto maior for a complexidade do contrato e da realidade por ele envolvida.

Em termos descritivos, o dever de informar poderá recair:

– sobre o objeto do contrato: há que evitar que, por ação ou por omissão, a contraparte caia em erro quanto ao objeto material do contrato, nos termos latos que essa realidade comporta; por exemplo: a informação contabilística deficiente sobre o estado duma empresa a alienar[1667];

– sobre aspetos materiais conexos com esse objeto: por vezes, o contrato releva não apenas pelo objeto estrito sobre que recai, mas ainda por determinados aspetos a ele ligados; recorde-se o caso das alterações levadas a cabo numa fração contígua à do objeto do contrato;

– sobre a problemática jurídica envolvida: os contratos em estudo assumem, por vezes, implicações jurídicas conhecidas por uma das partes e, designadamente, pela proponente: há que levá-las ao conhecimento do parceiro nas negociações;

– sobre perspetivas contratuais ou sobre condutas relevantes de terceiros: aquando da contratação e de acordo com as circunstâncias, há que transmitir, à outra parte, dados corretos sobre o futuro do contrato e sobre condutas relevantes de terceiros; pense-se, por hipótese, nas informações sobre a clientela, aquando da transferên-

---

[1667] Quanto à *culpa in contrahendo* na franquia, Canaris, *Handelsrecht* cit., 24.ª ed., 313 ss..

cia dum estabelecimento ou sobre as perspetivas de êxito, num contrato de franquia[1668];

– sobre a conduta do próprio obrigado: a pessoa adstrita à informação deve esclarecer a outra parte sobre a sua intenção de contratar e, designadamente, sobre o seu empenho em levar a bom termo a contratação.

III. O dever de informar não é, apenas, conformado pelos elementos objetivos acima enunciados.

A doutrina e a jurisprudência têm vindo a focar o *relevo da pessoa da contraparte* nessa conformação. Ou seja: o dever de informar é tanto mais intenso e extenso quanto mais inexperiente ou ignorante for a contraparte.

A *culpa in contrahendo* tem vindo a ser usada, com certo êxito, como instituto destinado a tutelar a parte débil e a prevenir a conclusão de contratos injustos[1669]. E justamente, da *culpa in contrahendo* relevam, neste domínio, os deveres de informação. Embora a tutela do contraente débil seja matéria de Direito civil, ela é também compartilhada pelo Direito comercial: a unidade do sistema assim o exige.

[1668] Claus-Wilhelm Canaris, *Handelsrecht* cit., 24.ª ed., 314.

[1669] Recorde-se Oskar Hartwieg, *Culpa in contrahendo als korrektiv für "ungerechte" Verträge*, JuS 1973, 733-740, bem como *Tratado* II, 4.ª ed., 223 ss..

§ 47.º NEGÓCIOS PRELIMINARES E CONTRATAÇÃO MITIGADA

223. Negócios preliminares e intercalares

I. A celebração de contratos comerciais pode ser precedida pela celebração de negócios preliminares e intercalares. No Direito comum documentam-se, como exemplos, contratos-promessas, pactos de preferência, pactos relativos à forma e diversos outros[1670].

No Direito comercial, para além desses esquemas habituais, cabe apontar outros, relativos ao próprio tipo de atividade aí em jogo ou dela emergentes. Podemos mesmo acrescentar que, em virtude da complexidade de certas situações económicas, tais ocorrências são de extremo relevo. Podemos aí inserir diversas figuras de contratos de mediação, isto é: contratos concluídos com terceiros (os mediadores) que assumem a obrigação de proporcionar a celebração de ulteriores contratos definitivos.

II. A qualificação de determinado ato comercial como preliminar ou intercalar tem interesse por permitir situá-lo em união com o contrato definitivo. A interpretação deve ser feita em função do fim prosseguido pelas partes, havendo, ainda, múltiplas implicações, quanto ao alcance e a própria validade dos atos emparelhados.

Finalmente, os negócios preliminares ou intercalares de contratos comerciais têm, eles próprios, natureza comercial.

[1670] Sobre toda esta matéria, para mais desenvolvimento: *Tratado* II, 4.ª ed., 296 ss., em curso de revisão.

224. A contratação mitigada

I. O processo relativo à formação dum contrato é, hoje, completado com recurso à ideia de contratação mitigada. Também aqui temos uma figura comum particularmente detetável no sector criativo do Direito comercial. Trata-se duma realidade de fácil apreensão, totalmente respeitadora dos princípios clássicos e dos textos em vigor e que poderemos expor com recurso às considerações que seguem[1671].

II. Numa visão mais tradicional, perante um efeito jurídico determinado, uma de duas: ou as partes o querem e celebram o correspondente contrato ou não querem, e nada fazem. Depois, num prisma já mais avançado, surge uma terceira possibilidade: é o contrato-promessa que admite, ele próprio, várias graduações, em função, por exemplo, de haver ou não execução específica. A hipótese que agora se coloca é ainda mais flexibilizadora: poderia haver vínculos mais lassos do que a própria promessa não executável especificamente, mas com relevância jurídica. A "contratação mitigada" daria azo a direitos e deveres diferentes dos do contrato clássico mas, de todo o modo, com natureza jurídica.

III. No universo da contratação mitigada, podemos encontrar, como exemplos sedimentados pela prática, as seguintes figuras[1672]:
- as cartas de intenção (*letters of intent*): trata-se de declarações que consignam uma vontade já sedimentada, mas que postulam, ainda, a prossecução de determinadas negociações;
- os acordos de base (*heads of agreement, principles of agreement* ou *Grundvereinbarungen*): são acordos que surgem em negociações complexas, para consignar o consenso no essencial, uma vez obtido; as negociações prosseguirão depois, a nível técnico, para aplainar os aspetos secundários;

[1671] Karsten Schmidt, *Handelsrecht* cit., 6.ª ed., 723 ss..

[1672] Além dos elementos referidos na nota anterior, *vide* Louis Rozès, *Projets et accords de principe*, RTDComm 51 (1998), 501-510, Luís Menezes Leitão, *Negociações e responsabilidade pré-contratual nos contratos comerciais internacionais*, ROA 2000, 49-71 (53 ss.) e *Tratado* II, 4.ª ed., 304 ss..

§ 47.º *Negócios preliminares e contratação mitigada* 597

– os protocolos complementares (*side letters* ou *Zusatzvereinbarungen*), surgem como convénios acessórios que vêm regulamentar ou completar contratos nucleares.

Todas estas figuras requerem, caso a caso, uma ponderação cuidada de modo a determinar, com precisão, os seus alcance e natureza.

IV. Sendo sérias – e, em princípio, tratando-se de declarações feitas por pessoas responsáveis, no universo empresarial, todas o serão – as diversas figuras produzem, sempre, efeitos jurídicos. Assim e de acordo com uma ideia meramente exemplificativa:

– as cartas de intenção sedimentam os aspetos nela consignados, obrigando as partes envolvidas – ou, pelo menos, o signatário da carta – a prosseguir as negociações a partir do que, nelas, esteja consignado;
– os acordos de base envolvem o dever de respeitar o que neles se exprima, mandando prosseguir as negociações de acordo com as linhas neles expressas;
– os protocolos complementares resultam dos convénios nucleares, devendo ser processados de modo a não provocar a sua frustração.

A expressão contratação mitigada pode enganar. Não se trata duma contratação mais fraca; trata-se, antes, duma contratação diferente. Os deveres que resultem das várias fórmulas, acima referidas poderão ser simples deveres de procedimento, de esforço ou de negociação. Mas eles existem e devem ser cumpridos[1673]. A negociação, no seu todo, funciona como um valor comercialmente relevante, que deve ser reconhecido e protegido pelo ordenamento[1674].

V. A grande dúvida coloca-se perante as consequências do incumprimento. Quando uma parte se recuse a prosseguir as negociações, *quid*

[1673] Com indicações jurisprudenciais, Bernard Beignier, *La conduite des négociations*, RTDComm 51 (1998), 463-470.
[1674] Jacques Rojot, *La gestion de la négociation*, RTDComm 51 (1998), 447-462 (447): "gerir é negociar".

iuris? Pode o Tribunal substituir-se ao faltoso ou deve este ser condenado em (mera) indemnização?

Tudo depende da determinabilidade do contrato definitivo. Quando a carta de intenções ou o acordo de princípios estejam tão pormenorizados que, deles, se possa retirar o contrato a celebrar, pode haver execução específica. Quando a margem de indeterminação não possa ser suprida, a única solução para o incumprimento reside na indemnização compensatória: não pode o Tribunal substituir-se a particulares, negociando por eles.

SECÇÃO III

A ADESÃO A CLÁUSULAS CONTRATUAIS GERAIS

§ 48.º O COMÉRCIO
E AS CLÁUSULAS CONTRATUAIS GERAIS

225. As cláusulas e o comércio

I. As cláusulas contratuais gerais – cujos conceitos básicos e o regime serão, abaixo, examinados – têm um papel fundamental no Direito comercial dos nossos dias[1675]. Assim, embora seja matéria fundamentalmente civil, não é possível passá-la sem tratamento numa exposição geral de Direito comercial. De resto, boa parte dos casos concretos em que surgem aplicações do regime próprio das cláusulas contratuais gerais ocorre no campo dos contratos comerciais[1676]. Mais precisamente nas áreas da banca, dos seguros e dos transportes.

II. Historicamente, as primeiras cláusulas contratuais gerais utilizadas no tráfego jurídico filiam-se na prática comercial e, designadamente, na atividade dos banqueiros[1677]: elas correspondiam a "condições", impressas nos livros de cheques em letras reduzidas e que articulavam

---

[1675] Com mais desenvolvimento: *Tratado* II, 4.ª ed., 357 ss.; pelo prisma bancário, *Direito bancário*, 5.ª ed., 483 ss. e, pelo dos seguros, *Direito dos seguros*, 2.ª ed., 641 ss..

[1676] Assim, Abílio Neto, na obra *Código Comercial e contratos comerciais* (2008), 395 ss., inclui a matéria das cláusulas contratuais gerais.

[1677] Ludwig Raiser, *Das Recht der allgemeinen Geschäftbedingungen* (1935), 26 ss. (27); anteriormente, cumpriria referir certos formulários usados pelos notários e que remontam ao Século XV.

600 *Dos contratos comerciais em geral*

deveres e cautelas do cliente. Fizeram a sua aparição na década de 80 do Século XIX.

Significativo é ainda o facto de a doutrina se ter debruçado, pela primeira vez, sobre as cláusulas a propósito dos banqueiros e do Direito bancário. Também a indústria seguradora veio a ter, no tocante às cláusulas contratuais gerais, um papel pioneiro[1678].

III. As cláusulas contratuais gerais praticadas pelos bancos vieram a desenvolver-se, no espaço alemão[1679]. Trata-se duma experiência importante, uma vez que o modelo alemão de lei geral sobre as cláusulas seria adotado, pelo legislador português, através do Decreto-Lei n.º 446/85, de 25 de outubro. Além disso, ele influenciaria decisivamente o Direito comunitário nesse domínio, tendo originado uma Diretriz – a n.º 93/13/CEE, de 5 de abril, abaixo referida – transposta para a nossa ordem interna através do Decreto-Lei n.º 220/95, de 31 de janeiro.

Pois bem: toda esta influência de ordem geral terá, por certo, repercussões nas cláusulas usadas nos contratos comerciais[1680], com relevo para a banca, os seguros e os transportes.

IV. No fundo, podemos adiantar que a temática das cláusulas contratuais gerais se desenvolveu em torno do comércio e por via de valores tipicamente mercantis, abaixo aludidos.

Apenas o facto de, por razões histórico-culturais acima examinadas, o Direito comercial se ter cristalizado em torno dos códigos tardios, explica o terem as cláusulas contratuais gerais caído no domínio do Direito civil e isso mesmo nos ordenamentos que, como o nosso, mantêm a sua contraposição perante o Direito comercial.

226. **Dogmática básica**

I. Referenciada a origem comercial das cláusulas contratuais, cabe analisar o seu concreto regime, hoje vigente. Para tanto, vamos principiar pela sua dogmática básica: embora civil, ela tem, aqui, plena concretização.

[1678] Peter Präve, *Versicherungsbedingungen und AGB-Gesetz* (1998).

[1679] *Vide* o clássico Arwed Koch, *Die Allgemeinen Geschäftsbedingungen der Banken/ihre rechtliche und wirtschaftliche Bedeutung und Entwicklung* (1932), *passim*.

[1680] Karsten Schmidt, *Handelsrecht* cit., 6.ª ed., 658 ss..

§ 48.º *O comércio e as cláusulas contratuais gerais*   601

As cláusulas contratuais gerais traduzem fórmulas pré-elaboradas que proponentes ou destinatários indeterminados se limitam a propor ou a aceitar. Esta ideia decompõe-se em dois pontos essenciais:

– a generalidade: as cláusulas contratuais gerais destinam-se ou a ser propostas a destinatários indeterminados ou a ser subscritas por proponentes indeterminados; no primeiro caso, os utilizadores propõem a uma generalidade de pessoas certos negócios, mediante a simples adesão às cláusulas contratuais gerais; no segundo, os utilizadores declaram aceitar apenas propostas que lhes sejam dirigidas nos moldes das cláusulas contratuais pré-elaboradas; podem, naturalmente, todos os intervenientes ser indeterminados, sobretudo quando as cláusulas sejam recomendadas por terceiros; trata-se duma situação frequente, na Alemanha, onde existem cláusulas contratuais gerais unitárias elaboradas pelas associações dos sectores bancários, dos seguros e dos transportes, designadamente;
– a rigidez: as cláusulas contratuais gerais são acolhidas em bloco por quem as subscreva ou aceite; os intervenientes não têm, no plano dos factos, a possibilidade de modelar o seu conteúdo, introduzindo, nelas, alterações.

Não havendo generalidade, assistir-se-ia a uma simples proposta feita por alguém decidido a não aceitar contrapropostas[1681] enquanto, na falta de rigidez, decorreria um comum exercício de liberdade negocial.

II. Além das duas características apontadas, outras há que não sendo necessárias, surgem, contudo e com frequência, nas cláusulas contratuais gerais; assim:

– a desigualdade entre as partes: o utilizador das cláusulas contratuais gerais – portanto a pessoa que só faça propostas nos seus termos ou que só as aceite quando elas as acompanhem – goza, em regra, de larga superioridade económica e jurídico-científica em relação ao aderente;

[1681] Estaríamos, nesta eventualidade, perante um denominado contrato pré-formulado.

– a complexidade: as cláusulas contratuais gerais alargam-se por grande número de pontos; por vezes, elas cobrem com minúcia todos os aspetos contratuais, incluindo a determinação da lei aplicável e o foro competente para dirimir eventuais litígios;
– a natureza formulária: as cláusulas constam, com frequência, de documentos escritos extensos onde o aderente se limita a especificar escassos elementos de identificação.

III. As cláusulas contratuais gerais devem-se às necessidades de rapidez e de normalização ligadas às modernas sociedades técnicas e ao seu comércio. Não há que perder tempo em negociações relativas a atos correntes, enquanto as entidades que atuam com recurso às cláusulas devem, por razões que se prendem com o seu funcionamento, conhecer de antemão o tipo de vinculações a que vão ficar adstritas.

Os abusos que tal estado de coisas potencia são evidentes. Os particulares que se limitem a aderir às cláusulas têm, logo à partida, uma escassa liberdade para o fazer. As cláusulas contratuais gerais ocorrem, com frequência, em espaços de monopólios ou de oligopólios, difundindo-se, mesmo fora delas, a áreas generalizadas. De seguida, eles conhecem mal – ou não conhecem de todo – as cláusulas a que aderem. E por fim, o próprio teor das cláusulas é tal que os aderentes ficam desprotegidos perante o incumprimento do utilizador ou, simplesmente, perante o próprio lapso ou os azares da fortuna.

IV. Apesar dos pontos críticos acima formulados, as cláusulas contratuais gerais são uma necessidade. A realização efetiva de negociações pré-contratuais em todos os contratos, particularmente nos comerciais celebrados com consumidores, iria provocar um retrocesso na atividade jurídico-económica em geral. Muitos deles não têm, de resto e como se disse, qualquer regime legal. A quebra nos mais diversos sectores de atividade seria inimaginável, pois a rapidez e a normalização seriam postas em crise. Todos seriam prejudicados.

As cláusulas contratuais gerais devem, pois, manter-se, por necessárias. Não pode, porém, o Direito, alhear-se delas: elas põem problemas diferentes, que a teoria geral do negócio jurídico, tal como ainda consta, por exemplo, do Código Civil português de 1966 não estava, de todo, preparada para enfrentar.

§ 48.° O comércio e as cláusulas contratuais gerais

As diversas ordens jurídicas, seja qual for o sistema em que se integrem, têm correspondido ao fenómeno[1682].

227. Evolução; as leis específicas

I. O problema das cláusulas contratuais gerais foi-se implantando e desenvolvendo, ao longo do século, nos diversos países europeus[1683].
A evolução pode ser tipificada em cinco fases:

– aplicação das regras gerais;
– autonomização jurisprudencial;
– pequena referência legal;
– regime legal completo;
– recondução do regime legal completo a grandes codificações.

A aplicação das regras gerais surge como solução natural enquanto o fenómeno das cláusulas for desconhecido ou enquanto se negar o seu reconhecimento. Os diversos problemas que elas suscitem devem, então, ser enquadrados à luz das regras comuns de celebração dos negócios: apela-se, nessa altura, para a boa-fé, os bons costumes, o dolo, o erro ou a usura[1684]. As cláusulas contratuais gerais constituem um modo específico de formação dos contratos. Pretender aplicar-lhes as mesmas regras que funcionam perante uma comum negociação é injusto e inconveniente: equivale a tratar de modo igual o que tem diferenças.

Não se infira daí que os princípios gerais não possam, pelo menos teoricamente, solucionar o problema das cláusulas: eles podem ser concretizados duma ou doutra forma, facultando, consoante a via que tomem, regras diferenciadas. As soluções encontradas para as cláusulas contratuais gerais e que, mais tarde, tiveram consagração jurisprudencial ou

---

[1682] Por um prisma de Direito comparado, Zweigert/Kötz, *Einführung in die Rechtsvergleichung*, 3.ª ed. cit., 325 ss.. Como base para uma pesquisa atualizada quanto à lei alemã vigente, *vide* as anotações de Christian Grüneberg, no Palandt/BGB, 75.ª ed. (2016), 425 ss..

[1683] Zweigert/Kötz, *Einführung in die Rechtsvergleichung* cit., 3.ª ed., 327 ss.. *Vide*, ainda, Hélène Bricks, *Les clauses abusives* (1982).

[1684] Por todos, Oliveira Ascensão, *Teoria geral do Direito civil*, III (1992), que remetia, em particular, para o erro, 366 ss..

604 *Dos contratos comerciais em geral*

mesmo legal resultaram da simples concretização dos princípios gerais. Mas a Ciência do Direito permite, hoje, uma maior ambição.

II. A autonomização jurisprudencial, em regra antecedida ou acompanhada de um conveniente tratamento doutrinário, equivale à obtenção, através dos tribunais, de soluções particularmente adequadas ao problema das cláusulas. As decisões fundam-se nos princípios gerais, mas exprimem já um regime diferenciado, capaz de se analisar num corpo de regras autónomas. Dois aspetos foram conquistados por via jurisprudencial:

– a exclusão de cláusulas não-cognoscíveis;
– a condenação de cláusulas despropositadas.

As cláusulas contratuais gerais que, aquando da celebração, os aderentes não conhecessem – não devendo ou podendo fazê-lo, – não podem considerar-se incluídas nos contratos. Por seu turno, as cláusulas despropositadas, que contra a corrente geral do negócio nele sejam introduzidas, frustrando os seus objetivos normais, devem ser invalidadas[1685]. A autonomização jurisprudencial caracterizou, por largo tempo, os sistemas vigentes em França e na Alemanha[1686].

III. A pequena referência legal equivale ao sistema italiano, na sua versão inicial; de facto, o artigo 1341.º do correspondente Código Civil tomava medidas[1687]:

[1685] Berlioz, *Le contrat d'adhésion* (1973), 117 ss..
[1686] Gaudemet, *Droit des obligations* (1968), 54 ss. e Müller-Graff, *Das Gesetz zur Regelung des Rechts der Allgemeinen Geschäftsbedingungen*, JZ 1977, 245-255 (245 ss.).
[1687] Dizia o artigo 1341.º do Código Civil italiano:

As condições gerais do contrato predispostas por um dos contraentes são eficazes para com o outro se no momento da conclusão do contrato este as conhecer ou teria devido conhecer, usando a diligência normal.

Em qualquer caso não têm efeito, se não forem especificamente aprovadas por escrito, as condições que estabelecem, a favor de quem as predispôs, limitações de responsabilidades, faculdade de rescindir o contrato ou de suspender a sua execução ou que sancionem para com o outro contraente, caducidades, limitações à faculdade de opor exceções, restrições à liberdade contratual nas relações com terceiros, prorrogações ou renovação tácita do contrato, cláusulas compromissórias ou derrogações à competência da autoridade judiciária.

§ 48.° O comércio e as cláusulas contratuais gerais 605

– que conduziam à ineficácia das cláusulas impossíveis de conhecer por parte do aderente;
– que incentivavam uma tomada de consciência por parte do aderente, quando se trate de adotar cláusulas que lhe possam ser prejudiciais.

O esquema era importante e mostrava a atenção do legislador civil a um problema que, de facto, não mais podia ser ignorado pelo Direito. Mas não resolvia todas as questões. A consciencialização do aderente, aquando da adoção de cláusulas contratuais gerais, é importante; mas surge insuficiente; além disso, é irrealista pretender uma sua efetivação universal: basta pensar que as cláusulas contratuais gerais presidem, muitas vezes, a contratos celebrados por comportamentos concludentes, nos quais a possibilidade de conhecimento das cláusulas, ainda que exista, não é, na normalidade social, concretizada. Mesmo quando desconhecedor das desvantagens em que, eventualmente, possa incorrer, o aderente tende a ser levado a subscrever ou a aceitar as cláusulas contratuais gerais que se lhe apresentem, seja por necessidade, seja na esperança de não se deparar com quaisquer problemas que o obriguem a procurar apoio no texto do contrato.

Há que enfrentar, com frontalidade, o verdadeiro problema: certas cláusulas são intrinsecamente injustas ou inconvenientes; e por isso, elas devem ser bloqueadas pelo Direito, seja qual for a consciência que delas houvesse, aquando da conclusão[1688]. Mais tarde, o Direito italiano desenvolveria um esquema completo atinente às cláusulas contratuais gerais, reconduzindo-o ao Código Civil. Finalmente: a matéria foi deslocada para o Código do Consumo de 2005.

IV. A experiência universal mostra assim que o tema das cláusulas contratuais deve ser enfrentado com um corpo adequado de regras, a tanto

---

Vide, quanto à doutrina, p. ex., A. Genovese, *Contratto di adezione*, ED X (1962), 1 ss., M. Dossetto, *Contratto per adesione*, NssDI IV (1960), 536, A. Giordano, *I contratti per adesione* (1951) e, com outros elementos, C. Massimo Bianca, *Diritto civile*, III – *Il contratto* (1987, reimp.). 340 ss., Umberto Morello, *Condizioni generali di contratto* no DDP/SCiv, III (1990), 334-396 e novamente Bianca, *Condizioni generali di contratto (tutela dell'aderente)*, *idem*, 397-403.

[1688] E desde que, naturalmente, elas tenham provindo de cláusulas contratuais gerais; doutra forma, o problema será o da contratação em geral.

606   *Dos contratos comerciais em geral*

destinado e que essas regras não podem ater-se à mera forma de conclusão dos contratos, antes penetrando na sua própria substância, isto é, nas soluções que, uma vez concluídos, eles propiciem.

Os diversos países têm vindo a promulgar leis a tanto destinadas[1689], havendo mesmo recomendações internacionais nesse sentido[1690]. Não se entende como se poderia manter Portugal à margem desse movimento.

Em abstrato, ainda seriam possíveis duas soluções:

– a prévia aprovação das cláusulas contratuais gerais, para que possam, legitimamente, ser utilizadas[1691];
– a sujeição das cláusulas a um controlo normalmente de tipo jurisdicional, depois de terem sido incluídas num determinado contrato[1692].

No seu estado puro, qualquer destas soluções tem inconvenientes. A primeira conduz, com facilidade, a uma burocratização dos negócios jurídicos, dependentes, na sua concreta configuração, de mais uma instância de controlo do Estado, o qual já está, aliás, bem provido de esquemas de intervenção. A segunda tudo deixa depender da iniciativa de cada aderente: ora esta é problemática, uma vez que, de um modo geral, os particulares hesitam em encetar dispendiosos e incertos processos judiciais, para tutelar interesses que, isoladamente tomados, não têm relevância económica.

As leis mais avançadas, conscientes de que tudo deixar na iniciativa particular é insuficiente, têm ensaiado soluções duplas.

Por um lado, permitem que o subscritor, em concreto, de cláusulas contratuais gerais possa, em juízo, apresentar a injustiça a que isso tenha conduzido, exigindo medidas. Por outro, facultam esquemas de apreciação abstrata da idoneidade das cláusulas, independentemente da sua concreta

---

[1689] Assim, a *Lei alemã*, das cláusulas contratuais gerais (AGBG) de 1976, a *Lei austríaca* de proteção do consumidor de 1978, a *Lei francesa* de 1978 e a *Lei inglesa* de 1974. Podem ser confrontados elementos em Zweigert/Kötz, *Einführung* cit., 3.ª ed., 329 ss.; os textos essenciais das leis francesa, inglesa e alemã, acompanhados de traduções italianas, constam de C. M. Branca, *Le condizioni generali di contrato*, 1.º vol. (1979), 291 ss..

[1690] Assim, a Recomendação do Conselho da Europa de 16-nov.-1976 e, hoje, a Diretriz 93/13/CEE, de 5 de abril de 1993, abaixo examinada.

[1691] Tal era o esquema da antiga República Democrática Alemã; a Lei francesa n.º 78-23, artigo 35.º, previa a intervenção do Conselho de Estado para vedar certas cláusulas consideradas abusivas.

[1692] Assim o esquema alemão do AGBG, adotado, também, em Portugal.

§ 48.º O comércio e as cláusulas contratuais gerais

inclusão em contratos; este esquema funciona, designadamente, graças à intervenção de associações de tutela do consumidor e é exercido pelos tribunais. Em Portugal, cumpre já sublinhar uma excelente ação do Ministério Público, a quem a lei confere legitimidade para solicitar, aos tribunais, a apreciação abstrata das cláusulas. Consegue-se, assim, suprir uma certa fraqueza ainda denotada pelas associações de defesa do consumidor.

Em qualquer dos casos, é particularmente importante a elaboração de listas de cláusulas que, por experiência, se tenham mostrado indesejáveis ou injustas. Tais cláusulas vieram sedimentar, aliás, muitas vezes, uma jurisprudência anterior. De outro modo, tudo redundaria na vaguidade, nociva ao tráfego jurídico.

V. Finalmente, estamos perante uma quinta fase: a da recondução dos regimes legais das cláusulas contratuais gerais aos grandes códigos: seja ao Código Civil (Alemanha)[1693], seja ao Código do Consumo (Itália)[1694]. Subsequente está uma preocupação de integração sistemática. As cláusulas não devem ser entendidas como um corpo estranho que dispõe de uma regulação compartimentada. Antes se trata de uma emanação do sistema, perfeitamente integrada nos grandes princípios do ordenamento.

No Direito português, o anteprojeto de Código dos Consumidores inclina-se para a integração da matéria relativa às cláusulas contratuais gerais[1695].

[1693] Vide o nosso *Da modernização do Direito civil I – Aspectos gerais* (2004), 120 ss.. A obra de referência sobre o atual regime das cláusulas contratuais gerais, incluído no BGB, é a de Michael Coester/Dagmar Coester-Waltjen/Peter Schlosser, incluída no monumental *Staudingers Kommentar* II, §§ 305-310 (2008), com 849 pp..

[1694] Enzo Maria Tripodi/Claudio Belli, *Codice del consumo/Commentario del D. Lgs. 6 settembre 2005, n. 206* (2006), 199 ss..

[1695] Artigos 202.º e seguintes; *vide* Comissão do Código do Consumidor, *Código do Consumidor/Anteprojecto*, intr. António Pinto Monteiro (2006), 92 ss..

§ 49.º A LEI PORTUGUESA
DAS CLÁUSULAS CONTRATUAIS GERAIS

228. Aspetos gerais

I. As referências doutrinárias, em Portugal, às cláusulas contratuais gerais, datam do princípio do século XX[1696]. Por influência francesa, falou-se em "contratos *de* adesão"; a locução é imprópria, por dar ideia de um problema de conteúdo (ex., contrato *de* compra e venda, *de* doação, *de* sociedade, etc.) e não de modo de celebração. Melhor seria, pois, falar em contratos *por* adesão. A expressão germânica "condições negociais gerais" (*Allgemeine Geschäftsbedigungen*, conhecida pela sigla AGB) não é tecnicamente satisfatória: a "condição" tem um sentido técnico preciso que, aqui, não se verifica – o dos artigos 270.º e ss. do Código Civil – e podem estar em causa atos não-negociais (embora se trate sempre de contratos). Tão-pouco se deve falar em cláusulas gerais dos contratos, que propiciam novas confusões: desta feita, com conceitos indeterminados ou muito extensos, que vêm referidos na doutrina como "cláusulas gerais".

Tudo visto, parece satisfatória a fórmula, proposta por Almeida Costa: *cláusulas contratuais gerais*, que consta da lei portuguesa.

II. Referenciadas pela doutrina, as cláusulas contratuais gerais eram remetidas, na falta de outros esquemas, para certos princípios gerais capazes de as enfrentar, pelo menos em termos teóricos: estava-se, pois, numa fase de mero recurso às soluções comuns.

Teria sido possível, com base nessas soluções, proceder a concretizações que, aos poucos, sedimentassem um corpo autónomo de decisões,

---

[1696] Indicações: *Tratado* II, 4.ª ed., 420 ss. e, ainda, Carlos Ferreira de Almeida, *Contratos I/Conceito. Fontes. Formação*, 4.ª ed. (2008), 175 ss..

§ 49.° A lei portuguesa das cláusulas contratuais gerais

adaptadas às novas realidades. Isso não sucedeu. Num ambiente marcado pelo escasso interesse da doutrina e por quase nula insistência dos interessados, verificou-se que os tribunais, instados apenas ocasionalmente sobre o assunto, davam por pacífico tudo quanto se contivesse nas cláusulas contratuais gerais.

Tal panorâmica era danosa para os particulares e, em especial, para os consumidores. Por isso se reclamava uma intervenção legislativa cuidada, que solucionasse o problema e integrasse o que, pela evolução económico-social, podia ser considerado como uma verdadeira lacuna regulativa.

III. O Decreto-Lei n.° 446/85, de 25 de outubro, aprovou o regime das cláusulas contratuais gerais[1697].

A feitura do Decreto-Lei n.° 446/85 obedeceu, em traços largos, a algumas opções prévias, que se passam a anunciar.

Assim:

- o tema das cláusulas contratuais gerais carecia, em Portugal, de uma intervenção legislativa tão cuidada quanto possível: desde a industrialização que as cláusulas se haviam generalizado, com todos os problemas que isso sempre acarreta, sem que o legislador civil de 1966 regulasse, no mínimo, o fenómeno e sem que, da parte da jurisprudência, se observasse a produção de um corpo de decisões capazes de dar uma resposta; a doutrina era praticamente unânime nesse sentido, numa posição confirmada pelo Direito comparado e por recomendações de organismos internacionais;
- a intervenção a realizar tinha de assumir uma base doutrinária; ao contrário de experiências estrangeiras, que procederam a uma codificação legislativa da jurisprudência anterior, esta faltava, entre nós;
- a intervenção legislativa procuraria concretizar os grandes princípios civis já existentes que, por vaguidade ou indeterminação, não impulsionavam a jurisprudência; essa concretização poderia ser máxima quando se tratasse de fixar proibições absolutas; mas ela teria de ser mais comedida perante proibições dependentes de valorações, a efetivar na decisão concreta;

[1697] O circunstancialismo objetivo que rodeou o tema das cláusulas contratuais gerais consta do *preâmbulo* do diploma; elementos subjetivos podem ser confrontados na *nota prévia* de Almeida Costa em Almeida Costa/Menezes Cordeiro, *Cláusulas contratuais gerais/Anotação ao Decreto-Lei n.° 446/85, de 25 de outubro* (1986), 5-6. O diploma será referido pela sua sigla LCCG.

610   *Dos contratos comerciais em geral*

– a intervenção não seria incluída no Código Civil, antes se articulando como um diploma extravagante; por conseguinte, ela teria de apresentar uma estruturação completa, minimamente harmoniosa, tanto mais que ela não tem natureza meramente civil;
– a intervenção legislativa teria o cuidado de não proceder a opções doutrinárias mas, apenas, de elaborar preceitos tão claros quanto possível;
– a intervenção legislativa procuraria colher os ensinamentos da experiência, conjugando uma fiscalização singular com uma fiscalização preventiva.

Surgiu assim a lei portuguesa das cláusulas contratuais gerais. Embora o modelo alemão – reconhecidamente, o mais eficaz na defesa dos consumidores e o tecnicamente mais elaborado – tenha sido aproveitado, o diploma nacional procurou, por um lado, atender às realidades do País e, por outro, aproveitar os ensinamentos que a crítica ao AGBG de 1976 possibilitava.

IV. Já com a lei das cláusulas contratuais gerais em plena aplicação, surgiu a Diretriz n.º 93/13/CEE, de 5 de abril de 1993, "relativa às cláusulas abusivas nos contratos celebrados com os consumidores"[1698].

Trata-se de uma Diretriz do Conselho que assenta em considerandos esclarecedores deste modo sintetizados:

– os diversos Estados-membros têm regras diversas sobre cláusulas contratuais gerais o que, no mercado único, provoca distorções na concorrência;
– essa diversidade não acautela as posições dos consumidores que podem não conhecer as diversas leis;
– finalmente, os tribunais devem dispor dos meios necessários para pôr cobro à aplicação de cláusulas abusivas.

V. Os dois primeiros artigos da Diretriz fixam o âmbito de aplicação e apresentam definições.

[1698] Joce N.º L 95/29, de 21-abr.-1993, 29-34. O texto desta Diretriz consta, ainda, de O Direito 127 (1995), 315-324. *Vide*, sobre a mesma, Inocêncio Galvão Telles, *Das condições gerais dos contratos e da Directiva Europeia sobre as cláusulas abusivas*, O Direito 127 (1995), 297-314. A Diretriz provocou alterações nas diversas leis comunitárias; p. ex., no caso alemão, Dagmar Coester-Waltjen, *Änderungen im Recht der Allgemeinen Geschäftsbedingungen*, Jura 1997, 272-275 e Hans-Werner Eckert, *Das neue Recht der Allgemeinen Geschäftsbedingungen*, ZIP 1996, 1238-1241.

§ 49.° *A lei portuguesa das cláusulas contratuais gerais* 611

O artigo 3.°/1 define o que seja uma "cláusula abusiva", nos termos seguintes:

> Uma cláusula contratual que não tenha sido objeto de negociação individual é abusiva quando, a despeito de exigência de boa-fé, der origem a um desequilíbrio significativo em detrimento do consumidor, entre os direitos e obrigações das partes decorrentes do contrato.

A apreciação é efetuada tendo em conta as diversas circunstâncias relevantes e o conjunto das cláusulas – artigo 4.°. As cláusulas devem ser redigidas com clareza – 5.°.

Segundo o artigo 7.° da Diretriz, os Estados-membros deverão providenciar para que, no interesse dos consumidores e dos profissionais concorrentes, existam meios adequados e eficazes para pôr termo à utilização de cláusulas abusivas.

Eles podem – 8.° – adotar ou manter disposições mais rigorosas, para assegurar um nível de proteção mais elevado para o consumidor.

A Diretriz contém um anexo onde são seriadas as diversas cláusulas a proibir. Salvo aspetos pontuais e de técnica jurídica, pode considerar-se que a lista da Diretriz fica aquém da portuguesa – Decreto-Lei n.° 446/85: esta, além de mais completa, apresenta-se dotada de um grau mais elevado de analitismo.

VI. Provavelmente, nem teria sido necessário alterar o Decreto-Lei n.° 446/85, de 25 de outubro, para satisfazer a Diretriz n.° 93/13/CEE. De todo o modo – e bem – sempre se fizeram alguns ajustamentos, de forma a melhor aproximar os diplomas. Além disso, aproveitou-se para introduzir aperfeiçoamentos recomendados pela experiência dos dez anos de vigência da Lei sobre Cláusulas Contratuais Gerais. Assim surgiu o Decreto-Lei n.° 220/95, de 31 de agosto[1699].

Entre as alterações significativas por ele introduzidas cumpre referir a supressão do artigo 3.°/1, *c*), que excluía da fiscalização judicial as "cláusulas impostas ou expressamente aprovadas por entidades públicas com competência para limitar a autonomia privada". Pela nossa parte, já

[1699] O Decreto-Lei n.° 220/95, de 31 de agosto, foi objeto da Declaração de retificação n.° 114/95, de 31 de agosto. Quanto à LCCG, após a revisão de 1995, Almeida Costa, *Nótula sobre o regime das cláusulas contratuais gerais após a revisão do diploma que instituiu a sua disciplina*, separata de DJ, 1997.

612 *Dos contratos comerciais em geral*

perante a redação inicial havíamos sustentado uma interpretação restritiva desse preceito: a autonomia privada só pode ser limitada por uma lei formal, dotada de cobertura constitucional. Não obstante, essa interpretação restritiva nem sempre era a adotada nos tribunais, de tal forma que importantes contratos, designadamente no campo dos seguros, escapavam à sindicância[1700]. Por indicação comunitária, foram estabelecidas regras especiais para determinados contratos bancários – artigo 22.°/2, *a*) e 3, *a*) e *b*). Suprimiram-se referências relativas a conflitos espaciais de normas, tornadas inúteis pela entrada em vigor, entre nós, da Convenção de Roma sobre a Lei Aplicável às Obrigações Contratuais, depois substituída pelo Regulamento Europeu Roma I e elevou-se o valor máximo das sanções pecuniárias compulsórias previstas. Finalmente, previu-se um registo das decisões judiciais que tenham proibido cláusulas contratuais gerais ou que tenham declarado a sua nulidade[1701].

VII. A Diretriz n.° 93/13 veio misturar, com o das cláusulas contratuais gerais, um problema específico da defesa do consumidor: o dos contratos pré-formulados. Pode suceder que o empresário, independente-

---

[1700] RPt 30-jul.-1987 (Aragão Seia), CJ XII (1987) 4, 226-229 (um caso em que o falso disparo, numa pedreira, projetou uma pedra de 12 kg numa trajetória de 500m., até rebentar uma janela e atingir uma criança na cama, a qual ficou com sequelas permanentes; a companhia de seguros fez valer uma cláusula que a ilibava de danos morais, a qual, tendo sido aprovada pelo ISP, escaparia à sindicância judicial, por via do artigo 3.°/1, *c*), da Lei); STJ 20-abr.-1993 (Martins da Costa), BMJ 426 (1993), 483-489 (o seguro de colheitas assenta em cláusulas que, pela mesma razão, seriam insindicáveis); STJ 22-jun.-1993 (Martins da Costa), CJ/Supremo I (1993) 2, 164-166 (de teor semelhante); RLx 8-fev.-1996 (Santos Bernardino), CJ XXI (1996) 1, 114-116 (*idem*; aquando da elaboração deste acórdão, já a alínea *c*) do artigo 3.°/1 da Lei havia sido revogada pelo Decreto-Lei n.° 220/95, de 31 de agosto; porém, o acórdão entendeu que, visto o artigo 12.° do Código Civil, a lei nova não tinha aplicação; pela nossa parte e pelo que ficou dito, não teríamos dúvida em conferir, à "revogação" da alínea *c*), na margem aqui em causa, um sentido interpretativo e, portanto, uma aplicação retroativa.

Em compensação, em STJ 5-jul.-1994 (Machado Soares), CJ/Supremo II (1994) 3, 41-44 (42/1), entendeu-se, bem, que a aprovação pelo Banco de Portugal dos contratos-tipos de locação financeira, então prevista pelo artigo 4.°/2 do Decreto-Lei n.° 171/79, de 6 de junho, hoje revogado, não isentava as inerentes cláusulas duma ponderação jurisdicional, nos termos da LCCG.

[1701] A Portaria n.° 1093/95, de 6 de setembro, incumbiu o Gabinete de Direito Europeu do Ministério da Justiça de "... organizar e manter atualizado o registo das cláusulas contratuais abusivas".

§ *49.° A lei portuguesa das cláusulas contratuais gerais* 613

mente do recurso às cláusulas, confronte o consumidor com um contrato vital para este: mas sem lhe dar qualquer hipótese de negociação: aceita ou recusa. A doutrina, de resto, já havia defendido a possibilidade de aplicar, aos contratos pré-formulados, regras próprias das cláusulas contratuais gerais.

Sempre previdente, o legislador português antecipou-se à elaboração comunitária: na LDC, artigo 9.°, determina a aplicação, aos contratos rígidos ou pré-formulados, das regras sobre as cláusulas. Estava já cumprido o dever de transposição da Diretriz n.° 93/13, neste específico domínio.

A ignorância dos funcionários de Bruxelas quanto ao Direito português levou a Comissão a pressionar o Governo para um pleno de transposição. Inexplicavelmente, este cedeu. Assim surgiu o Decreto-Lei n.° 249/99, de 7 de julho, que introduziu no artigo 1.° da LCCG a referência explícita nos contratos pré-formulados, indiferente ao facto de, com isso, atingir *todos* os contratos rígidos e não, apenas, os concluídos com consumidores. Há que proceder às competentes correções, por via interpretativa, num aspeto que abaixo será retomado[1702].

229. Âmbito e inclusão nos negócios singulares

I. A Lei das Cláusulas Contratuais Gerais visou uma aplicação de princípio a *todas* as cláusulas – artigo 1.°; o artigo 2.° especifica que elas ficam abrangidas independentemente:

- da forma da sua comunicação ao público; tanto se abrangem os formulários como, p. ex., uma tabuleta de aviso ao público;
- da extensão que assumam ou que venham a apresentar nos contratos a que se destinem;
- do conteúdo que as enforme, isto é, da matéria que venham regular;
- de terem sido elaboradas pelo proponente, pelo destinatário ou por terceiros.

II. Algumas matérias ficariam, no entanto, necessariamente excluídas da disciplina das cláusulas contratuais gerais, seja por razões formais –

[1702] Quanto a este processo e à sua crítica, *Tratado* II, 4.ª ed., 511 ss.; *vide infra* 632 ss..

artigo 3.º/1, alíneas *a*) e *b*) – seja em função da matéria – artigo 3.º/1, alíneas *c*), *d*) e *e*), na redação hoje em vigor.

As alíneas *a*) e *b*) – portanto: cláusulas aprovadas pelo legislador e cláusulas resultantes de convenções internacionais – são fáceis de entender: têm a ver com a hierarquia das fontes. As alíneas *c*), *d*) e *e*), já têm a ver com a problemática do consumo.

De facto, o diploma sobre cláusulas contratuais gerais funciona perante situações patrimoniais privadas que tenham a ver, de modo vincado, com o fenómeno geral da circulação dos bens e dos serviços, isto é: com o comércio privado. Retiraram-se, por isso, do seu âmbito de aplicação, as situações jurídicas públicas, bem como as situações familiares e sucessórias; as regulamentações coletivas do trabalho[1703], por seu turno, que representam, já por si, uma particular proteção dos trabalhadores, foram respeitadas.

A exceção do artigo 3.º/1, *c*) – "Contratos submetidos a normas de direito público" – deve ser limitada ao preciso alcance dessas normas: um contrato que tenha aspetos públicos e privados incorrerá, nestes últimos, na LCCG.

A exceção do artigo 3.º/2, *d*) – "Cláusulas de instrumento de regulamentação coletiva de trabalho" – não tem por efeito o remover a LCCG, em absoluto, do Direito do trabalho; garante apenas que os níveis laborais coletivos não sejam limitados pelo dispositivo da LCCG.

Na margem deixada em branco pelos aludidos instrumentos laborais coletivos, na qual seja, pois, operante o recurso a cláusulas contratuais gerais, tem aplicação a LCCG, dentro do sistema das fontes jurídico-laborais[1704]: hoje dispõe expressamente nesse sentido o artigo 96.º do Código do Trabalho[1705].

Finalmente, deve sublinhar-se que, mesmo quando a LCCG não tenha aplicação, ela vale como instrumento auxiliar de aplicação, muito útil sobretudo quando se trate de concretizar conceitos indeterminados,

---

[1703] No essencial, as convenções coletivas de trabalho – portanto, convénios celebrados entre associações sindicais e patronais – e que visam, nos termos da lei, regular múltiplos aspetos das situações jurídicas de trabalho.

[1704] Já: *Manual de Direito do trabalho*, § 15.º; no mesmo sentido, RLx 28-jun.- -1995 (Carlos Hortas), CJ XX (1995) 3, 192-194 (193/2).

[1705] *Vide* o nosso *Introdução: dilemas existenciais do Direito do trabalho*, Cadernos O Direito 1 (2007), 7-13 (11).

§ 49.° *A lei portuguesa das cláusulas contratuais gerais*   615

como o da boa-fé. Esta tem sempre aplicação assegurada em todo o ordenamento.

III. O recurso a cláusulas contratuais gerais não deve fazer esquecer que elas questionam, na prática, apenas a liberdade de estipulação e não a liberdade de celebração.

Assim, elas incluem-se nos diversos contratos que as utilizem – os contratos singulares – apenas na conclusão destes, mediante a sua aceitação – artigo 4.° da LCCG: não são, pois, efetivamente incluídas nos contratos as cláusulas sobre que não tenha havido acordo de vontades.

As cláusulas contratuais gerais inserem-se, no negócio jurídico, através dos mecanismos negociais típicos. Por isso, os negócios originados podem ser valorados, como os restantes, à luz das regras sobre a perfeição das declarações negociais: há que lidar com figuras tais como o erro, a falta de consciência da declaração ou a incapacidade acidental[1706].

Mas dada a delicadeza do modo de formação em jogo, não basta a mera aceitação exigida para o Direito comum: é necessária, ainda, uma série de requisitos postos pelos artigos 5.° e seguintes da LCCG[1707].

De facto, a inclusão depende ainda:

– de uma efetiva comunicação – artigo 5.°;
– de uma efetiva informação – artigo 6.°;
– da inexistência de cláusulas prevalentes – artigo 7.°.

IV. O ponto de partida para as construções jurisprudenciais dos regimes das cláusulas contratuais gerais residiu na condenação de situações em que, ao aderente, nem haviam sido comunicadas as cláusulas a que era suposto ele ter aderido. Foi também a partir daqui que a doutrina iniciou uma elaboração autónoma sobre as cláusulas contratuais gerais.

A exigência de comunicação vem especificada no artigo 5.°, que referencia:

[1706] *Vide*, em especial, Dirk Schroeder, *Die Einbeziehung Allgemeiner Geschäftsbedingungen nach dem AGB-Gesetz und die Rechtsgeschäftslehre* (1983).

[1707] A "observância do disposto neste capítulo", inserida no final do artigo 4.° da LCCG, diz respeito à *inclusão* das cláusulas nos contratos singulares, i. é.: elas incluem-se pela aceitação, mas *apenas quando* observado o disposto no capítulo em causa; considerando o preceito ambíguo, *vide* Raúl Ventura, *Convenção de arbitragem* cit., 24, que, no entanto, parece chegar, por via interpretativa, à mesma conclusão.

616 *Dos contratos comerciais em geral*

– a comunicação na íntegra – n.° 1;
– a comunicação adequada e atempada, de acordo com bitolas a apreciar segundo as circunstâncias – n.° 2.

Em casos-limite não haverá dúvidas: a remissão para tabuletas inexistentes ou afixadas em local invisível não corresponde a uma comunicação completa; a rápida passagem das cláusulas num visor não equivale à comunicação adequada; a exibição de várias páginas de um formulário, em letra pequena e num idioma estrangeiro, seguida da exigência de imediata assinatura não integra uma comunicação atempada. Já a assinatura de um clausulado, "bem impresso, perfeita e completamente legível, sendo as letras de tamanho razoável e razoável, também, o respetivo espaçamento" satisfaz as exigências legais[1708].

O grau de diligência postulado por parte do aderente – e que releva para efeitos de calcular o esforço posto na comunicação – é o comum – artigo 5.°/2, *in fine*: deve ser apreciado *in abstracto*, mas de acordo com as circunstâncias típicas de cada caso, como é usual no Direito civil[1709].

O artigo 5.°/3 melhor precisado pela alteração introduzida pelo Decreto-Lei n.° 220/95, de 31 de agosto, dispõe sobre o melindroso ponto do ónus da prova: ao utilizador que alegue contratos celebrados na base de cláusulas contratuais gerais cabe provar, para além da adesão em si, o efetivo cumprimento do dever de comunicar – cf. o artigo 342.°, do Código Civil. O cumprimento do dever de comunicar prova-se através de indícios exteriores variáveis, consoante as circunstâncias. Assim perante atos correntes e em face de clientes dotados de instrução básica, a presença de formulários assinados pressupõe que eles os entenderam; caberá, então, a estes demonstrar quais os óbices. Já perante um ancião analfabeto, impõe-se um atendimento mais demorado e personalizado. Estão em causa, para além de todos os outros, com especial acuidade, os sectores da banca, dos transportes e dos seguros. E como tal dever, ainda que legal, é específico,

---

[1708] RLx 14-nov.-1996 (Manso Rodrigues), CJ XXI (1996) 5, 93-95 (94/1), a propósito duma cláusula de arbitragem.

[1709] P. ex., há que ter mais cautelas perante um operário indiferenciado do que em face de um advogado experiente; mas em qualquer desses casos deve atender-se a um operário abstrato e a um advogado abstrato correspondentes aos padrões sociais (e não aquele particular operário, que poderá ser extremamente inteligente e assim mais entendido do que o advogado concreto, particularmente obtuso).

§ 49.º A lei portuguesa das cláusulas contratuais gerais   617

o seu incumprimento envolve presunção de culpa, nos termos do artigo 799.º/1 do Código Civil.

A conclusão esclarecida do contrato – base de uma efetiva autodeterminação – não se contenta com a comunicação das cláusulas; estas devem ser realmente entendidas; para o efeito, a LCCG prevê uma obrigação de informar: o utilizador das cláusulas contratuais gerais deve conceder a informação necessária ao aderido, prestando-lhe todos os esclarecimentos solicitados, desde que razoáveis[1710].

Tanto o dispositivo do artigo 5.º como o do artigo 6.º correspondem a uma concretização do artigo 227.º/1, do Código Civil. Para além de menos indeterminados, os deveres legais ora estabelecidos têm um regime diferente: quando não sejam cumpridos não surge apenas um dever de indemnizar, ao contrário do imposto pelo artigo 227.º, do Código Civil; o artigo 8.º permite, se bem se vir, ir mais longe.

V. As partes que subscrevam cláusulas contratuais gerais podem, em simultâneo, acordar, lateralmente, noutras cláusulas específicas. Tal eventualidade nada tem de remoto, uma vez que a adesão se faz em globo, muitas vezes sem atenção a cada uma das cláusulas incluídas no formulário.

O dispositivo do artigo 7.º determina uma prevalência das cláusulas específicas sobre as gerais: a lei, consciente de que, na presença de tais cláusulas, a vontade das partes se inclinou, com toda a probabilidade, para elas, sancionou o que seria já uma lição da experiência.

VI. A presença, num contrato celebrado com recurso a cláusulas contratuais gerais, de dispositivos que não tenham sido devidamente comunicados ou informados não corresponde ao consenso real das partes: ninguém pode dar o seu assentimento ao que, de facto, não conheça ou não entenda. Deve-se, contudo, ter presente que, mesmo nessas situações de falta de vontade há, em termos formais, um assentimento. Pelo Direito comum, várias seriam as soluções a encarar: elas iriam desde a mera indemnização – artigo 227.º/1 – até à anulabilidade por erro – artigos 247.º e 251.º – passando pela ausência de efeitos, por falta de consciência

---

[1710] Aplicações destes deveres podem ser confrontadas em Raúl Ventura, *Convenção de arbitragem* cit., 37 ss.. Adiante veremos que no domínio da celebração do contrato de seguro, o legislador foi mais longe, especificando numerosas informações a prestar pelo segurador.

618   *Dos contratos comerciais em geral*

da declaração – artigo 246.°. Segundo a LCCG, segue-se a solução mais fácil da pura e simples exclusão dos contratos singulares atingidos – artigo 8.°, *a*) e *b*).

As alíneas *c*) e *d*) penalizam, por seu turno, as *"cláusulas-surpresa"* e as que constem de formulários, depois da assinatura dos contratantes: em ambos os casos se verifica um condicionalismo externo que inculca, de novo, a ideia da inexistência de qualquer consenso.

VII. A inserção, no contrato singular, das cláusulas referenciadas no artigo 8.° da LCCG, põe o problema do contrato em causa.

O princípio básico, no domínio das cláusulas contratuais gerais, é o do maior aproveitamento possível dos contratos singulares: estes são, muitas vezes, de grande relevo ou mesmo vitais para os aderentes, os quais seriam prejudicados quando o legislador, querendo pôr cobro a injustiças, viesse multiplicar as nulidades[1711]. O princípio em causa aflora nos artigos 9.° e 13.°.

O artigo 9.° da LCCG determina que, quando se assista à não inclusão de cláusulas contratuais gerais nos contratos singulares, por força do artigo 8.° estes se mantenham, em princípio. Nas áreas desguarnecidas pela exclusão, haverá que recorrer sucessivamente:

– às regras supletivas aplicáveis;
– às regras da integração dos negócios jurídicos.

Caso estas soluções de recurso sejam insuficientes ou conduzam a resultados contrários à boa-fé, a nulidade é inevitável – art. 9.°/2.

230. Interpretação e integração

I. O artigo 10.° da LCCG dispõe sobre a interpretação e integração das cláusulas contratuais gerais, remetendo implicitamente para os artigos 236.° e seguintes do Código Civil.

Esse preceito releva a dois níveis:

[1711] *Vide*, em especial, Harry Schmidt, *Vertragsfolgen der Nichteinbeziehung und Unwirksamkeit von Allgemeinen Geschäftsbedingungen* (1986), 21 ss., 28 ss. e *passim*.

§ 49.° *A lei portuguesa das cláusulas contratuais gerais* 619

– impede as próprias cláusulas contratuais gerais de engendrarem outras regras de interpretação[1712];
– remete para uma interpretação que tenha em conta apenas o contrato singular[1713].

Ambos os aspetos são importantes: o primeiro, por ter conteúdo dispositivo próprio; o segundo, por cortar cerce uma dúvida bem conhecida da doutrina especializada e que se prende com o perpétuo confronto entre as tendências generalizadora e individualizadora da justiça: a primeira tendência exigiria que as cláusulas contratuais gerais fossem interpretadas em si mesmas – sobretudo quando forem completas – de modo a obter soluções idênticas para todos os contratos singulares que se venham a formar com base nelas; a segunda, pelo contrário, abriria as portas a uma interpretação singular de cada contrato em si, com o seguinte resultado, paradoxal na aparência: as mesmas cláusulas contratuais gerais poderiam propiciar, conforme os casos, soluções diferentes.

O artigo 10.° da LCCG aponta para a segunda solução. A prazo, isso deverá levar os utilizadores de cláusulas contratuais gerais que estejam particularmente ciosos da normalização a desenvolver, ao pormenor, os seus formulários, de modo a prevenir hiatos interpretativos. É uma vantagem.

II. O artigo 11.° da LCCG precisa a temática das cláusulas ambíguas remetendo, sem limitação, para o entendimento do aderente normal. Esse preceito faz ainda correr, contra o utilizador, os riscos particulares de uma ambiguidade insanável. Trata-se duma regra tradicional, expressa desde os romanos através de brocardos como *ambiguitas contra stipulatorum* e que se veio a consolidar na jurisprudência dos diversos ordenamentos. As leis modernas sobre cláusulas contratuais gerais têm-se limitado a codificá--la[1714]: assim sucedeu com o § 5.° da AGBG alemão e com o artigo 11.° da LCCG.

[1712] O artigo 18.°, *e*), tem, efetivamente, outro alcance.

[1713] Assim, RPt 14-jan.-1997 (Araújo Barros), CJ XXII (1997) 1, 204-208 (206/2), considerando aplicável, a propósito da interpretação das cláusulas, a regra habitual da doutrina da impressão do destinatário.

[1714] *Vide* o bem elaborado estudo de Christoph Krampe, *Die Unklarheitenregel/ /Bürgerliches und römisches Recht* (1983) bem como Olaf Meyer, *Contra Proferentem? Klares um weniger Klares zur Unklarheitenregel*, ZHR 174 (2010), 108-143; quanto à clareza das cláusulas, BGH 18-jun.-1986, WM 1986, 1194-1197 (1196) e BGH 24-nov.-

§ 50.º CLÁUSULAS CONTRATUAIS GERAIS NULAS E PROIBIDAS

231. Nulidade e proibição

I. O cerne da LCCG reside na proibição de certas cláusulas. Tendo introduzido alguns desvios ao que resultaria do regime geral, a LCCG sentiu a particular necessidade de reafirmar o princípio geral da *nulidade* das cláusulas que contundam com a proibição – artigo 12.º. Mas desde logo se previu a hipótese de novos desvios ("... nos termos deste diploma").

Esses desvios inserem-se no regime da nulidade e têm a ver com o princípio, acima referenciado, do maior aproveitamento dos contratos singulares.

II. A nulidade de cláusulas incluídas em contratos singulares deveria acarretar a invalidade do conjunto, salvo a hipótese de redução – artigo 292.º, do Código Civil.

Os inconvenientes para o aderente poderiam multiplicar-se, como se viu a propósito da não inclusão de certas cláusulas. Por isso se fixou o regime esquematizado que se segue – artigo 13.º/1 e 2 e artigo 14.º da LCCG:

- o aderente pode escolher entre o regime geral (nulidade com hipótese de redução) ou a manutenção do contrato;
- quando escolha a manutenção, aplicam-se, na parte afetada pela nulidade, as regras supletivas;
- caso estas não cheguem, faz-se apelo às normas relativas à integração dos negócios;

-1988, WM 1988, 1780-1784; entre nós, fazendo aplicação da *ambiguitas contra stipulatorum*, no domínio das cláusulas contratuais gerais, *vide* RLx 28-jun.-1995 (Carlos Horta), CJ XX (1995) 3, 192-194 (193/2).

§ 50.º *Cláusulas contratuais gerais nulas e proibidas*   621

– podendo, tudo isto, ser bloqueado por exigências da boa-fé, posto o que se seguirá o esquema da redução, se for, naturalmente, possível; caso contrário, terá de se perfilar a nulidade.

III. Em termos práticos, os dispositivos que determinam a nulidade das cláusulas contratuais gerais proibidas e que, depois, intentam a recuperação dos contratos singulares atingidos, só funcionariam perante negócios de vulto: precisamente aqueles em que pouco se recorrerá à prática da adesão.

No domínio dos negócios correntes do dia-a-dia, nenhum consumidor iria mover uma custosa e sempre incerta ação para fazer valer a nulidade de alguma cláusula.

Apenas o reconhecimento de novos níveis nesta problemática permitirá enfrentar o problema da defesa dos consumidores; aí intervém a ação inibitória, prevista nos artigos 25.º e seguintes da LCCG.

Através desta ação, as entidades referidas no artigo 26.º – associações de defesa do consumidor, outras associações e Ministério Público – podem pedir judicialmente a proibição das cláusulas vedadas, independentemente da contratação que tenham originado.

No domínio de diversos contratos comerciais, a ação inibitória tem sido usada, com êxito, pelo Ministério Público, para conseguir a proibição de cláusulas contrárias à lei[1715].

232. Sistema geral das proibições

I. A LCCG ficaria impraticável se não concretizasse, em moldes materiais, as cláusulas que considera proibidas. Porventura mais relevante do que as precisas enumerações é o sistema geral utilizado na proibição.

A lei portuguesa distinguiu, para efeitos de proibições:

– as relações entre empresários ou os que exerçam profissões liberais, singulares ou coletivos, ou entre uns e outros, quando intervenham apenas nessa qualidade e no âmbito da sua atividade específica – artigo 17.º;

[1715] RLx 16-jun.-1994 (Noronha Nascimento), CJ XIX (1994) 3, 121-127 e STJ 20-jun.-1995 (Pais de Sousa), CJ/Supremo III (1995) 2, 136-138.

622 *Dos contratos comerciais em geral*

– as relações com consumidores finais e, genericamente, todas as não abrangidas pela caracterização acima efetuada – artigo 20.°.

A distinção tem um duplo relevo. Por um lado, permite facultar a essas duas categorias uma proteção diferenciada, com maior adaptação à sua natureza.

Por outro, deixa claro que a lei portuguesa dispensa uma *proteção geral*; assim se distingue da alemã, que só limitadamente se aplica entre comerciantes, por entender que estes, mais informados, podem agir livremente no seio da autonomia privada. As condições existentes em Portugal são diferentes, havendo que dispensar uma proteção ao próprio empresário. Aliás, no domínio comercial, as cláusulas contratuais gerais são, sobretudo, utilizadas por grandes empresas, nas suas relações com pequenos empresários, que merecem uma certa proteção.

II. Deve-se ainda notar que a LCCG utilizou a categoria de empresários e não de comerciantes. Duas razões levaram a tal opção:

– por um lado, a LCCG não se aplica apenas a comerciantes, seja nas suas relações entre si, seja nas relações deles com consumidores finais: o critério de aplicação não é o da comercialidade mas, sim, o do recurso a esquemas pré-formulados;
– por outro, a LCCG não se quis enredar nas discussões clássicas travadas, no último século, em torno da ideia de "comerciante" e de "ato de comércio".

Por razões histórico-culturais referidas repetidas vezes, o Direito comercial tende a cingir-se à matéria classicamente mercantil, deixando escapar para o Direito civil diversas figuras novas. Bastará lembrar, além das cláusulas contratuais gerais, o tema do Direito do consumidor. Curiosamente esta opção do legislador nacional antecipou a reforma alemã de 1998: o § 24 do AGBG passou, em vez de comerciantes, a referir empresários[1716], assim alargando o seu campo de aplicação[1717].

[1716] *Vide* Palandt/Heinrichs, *BGB*, 59.ª ed. (1999), 2506; na 66.ª ed. (2007), *vide* 457.
[1717] Thomas Pfeiffer, *Vom Kaufmännischen Verkehr zum Unternehmensverkehr/ /Die Änderungen des AGB-Gesetzes durch das Handelsrechtsreformgesetz*, NJW 1999, 169-174 (169 e 174/II).

§ 50.° Cláusulas contratuais gerais nulas e proibidas 623

Não obstante, parece indubitável que a quase totalidade dos atos que suscita o recurso às cláusulas contratuais gerais tem natureza mercantil. Desde logo isso sucede com áreas avassaladoras como as da banca, dos seguros e dos transportes. Mas ocorre, ainda, em numerosas outras áreas da distribuição e da prestação profissional de serviços.

III. Na proibição das cláusulas, a lei, na redação dada pelo Decreto--Lei n.° 220/95, de 31 de agosto, adotou o seguinte sistema:

– isolou as disposições comuns por natureza, aplicáveis a todas as relações;
– elencou determinadas proibições relativas às relações entre empresários ou entidades equiparadas;
– passando às relações com consumidores finais, a lei determinou a aplicação de todas as proibições já cominadas para as relações entre empresários e, além disso, prescreveu novas proibições.

Temos, assim, um princípio comum, assente na boa-fé. Além disso, o dispositivo relativo aos empresários funciona como um *mínimo* aplicável em todas as circunstâncias; posto o que, tratando-se de relações com consumidores finais ou de situações não redutíveis às primeiras – p. ex., relações entre meros particulares – haverá que aplicar várias outras proibições.

O teor geral das proibições segue as linhas seguintes:

– nas relações entre empresários deixa-se, às partes, a maior autonomia, apenas se prevenindo, nesse domínio, que elas se exoneram da responsabilidade que, porventura, lhes caiba;
– nas relações com consumidores finais, houve que ir mais longe: para além da intangibilidade da responsabilidade, foram assegurados outros dispositivos de proteção.

IV. Outro aspeto tecnicamente importante tem a ver com a estruturação das cláusulas contratuais gerais proibidas e assenta numa contraposição entre cláusulas absolutamente proibidas e cláusulas relativamente proibidas:

– as cláusulas absolutamente proibidas não podem, a qualquer título, ser incluídas em contratos através do mecanismo de adesão – artigos 18.° e 21.° da LCCG;

– as cláusulas relativamente proibidas não podem ser incluídas em tais contratos desde que, sobre elas, incida um juízo de valor suplementar que a tanto conduza; tal juízo deve ser formulado pela entidade aplicadora, no caso concreto, dentro do espaço para tanto indiciado pelo preceito legal em causa – artigos 19.º e 22.º da LCCG.

A diferenciação fica clara perante o conteúdo das normas em presença; assim:

– o artigo 18.º da LCCG proíbe, na alínea *a*), as cláusulas que excluam ou limitem, de modo direto ou indireto, a responsabilidade por danos causados à vida, à integridade moral ou física ou à saúde das pessoas; sempre que apareça uma cláusula com tal teor, ela será proibida e, daí, nula;
– o artigo 19.º da LCCG proíbe, também na alínea *a*), as cláusulas que estabeleçam, a favor de quem as predisponha, prazos excessivos para a aceitação ou rejeição das propostas; apenas em concreto e perante uma realização dos valores aqui figurados, se poderá afirmar a "excessividade de determinado prazo".

Esta clivagem é estrutural e não se vê como evitá-la: enquanto nalguns casos a simples presença de determinada cláusula pode, desde logo, ser afastada, noutros tal só sucede quando a cláusula em causa assuma uma dimensão negativa; o mesmo prazo pode ser excessivo, ou não, consoante o tipo de contrato em jogo.

O legislador procurou, depois, ir tão longe quanto possível na enumeração das diversas cláusulas absolutas ou relativamente proibidas; competirá, agora, à jurisprudência encontrar um meio termo entre as vertentes generalizadora e individualizadora da justiça.

V. Uma questão complexa tem a ver com as vias de concretização utilizadas no domínio das cláusulas relativamente proibidas. Por um lado, estas dependem de juízos concretos; mas por outro não quis o legislador que se caísse em cláusulas de equidade, que tudo subordinassem a certas impressões do caso concreto, numa situação que, desde logo, inviabilizaria a ação inibitória no tocante às cláusulas relativamente proibidas.

A referência ao "quadro negocial padronizado" pretende, justamente, explicitar que a concretização das proibições relativas deve operar perante

§ 50.º *Cláusulas contratuais gerais nulas e proibidas* 625

as cláusulas em si, no seu conjunto e segundo os padrões em jogo[1718]; por exemplo, em face dum formulário de compra e venda de um automóvel, há que ponderar: se o prazo de entrega é excessivo, tendo em conta *esse tipo de venda* (e não aquela venda concreta), se a cláusula penal é excessiva, etc.. Tratando-se de um automóvel usado, a ponderação será feita de acordo com o padrão "venda de veículos usados", etc..

VI. O núcleo do diploma é dado pela proibição de cláusulas contrárias à boa-fé – artigo 15.º; o artigo 16.º procura precisar um pouco essa remissão indeterminada, ainda que com cuidado para não contundir com a evolução futura do conceito[1719]. Surgem referenciados os dois aspetos, próprios da boa-fé: a tutela da confiança e a primazia da materialidade subjacente[1720].

Perante este aspeto fulcral, as diversas proibições são exemplificativas: em concreto a boa-fé poderá determinar outras, numa situação evidente que a lei reconhece[1721]. Na Alemanha, onde por força do revogado § 24 do AGBG, as diversas proibições não se aplicavam diretamente aos comerciantes, apenas operando a cláusula geral da boa-fé, a doutrina aplaudia a solução[1722] e a jurisprudência concretizava-a, sem sobressaltos[1723].

[1718] Pode ver-se uma correta aplicação desta técnica de ponta em RPt 23-nov.-1993 (Matos Fernandes), CJ XVIII (1993) 5, 225-230 (229-230), a propósito de um contrato de locação financeira.

[1719] Hermann-Josef Bunte, *Entwicklungen im Recht der Allgemeinen Geschäftsbedingungen – Ein Erfahrungsbericht nach 5 Jahren AGB-Gesetz*, BB Beilage Nr. 13/82 (1982), 2 ss. e, por último e com várias indicações, Thomas Becker, *Die Auslegung des § 9 Abs. 2 AGB-Gesetz* (1986) e Hans W. Micklitz, *La loi allemande relative ao régime juridique des conditions générales des contrats du 9 Décembre 1976/Bilan de onze anées d'aplication*, RIDC 41 (1989), 101-122 (110 ss.).

[1720] *Da boa fé*, 1234 ss. e 1252 ss., cuja orientação é, hoje, sufragada pelo legislador.

[1721] Em RPt 21-out.-1993 (Carlos Matias), BMJ 430 (1993), 510 (sumário), afastaram-se diversas cláusulas contratuais gerais patentes num formulário respeitante ao "eurocheque" e ao inerente cartão, por pura e simples contrariedade à boa-fé: o titular "obrigava-se" a não contestar os montantes originados pela utilização e presumia-se que a sua utilização por terceiros era sempre consentida pelo próprio ou, por ele, culposamente facilitada, ainda que se provasse não haver culpa do titular.

[1722] Karsten Schmidt, *Handelsrecht* cit., 5.ª ed., 535. Hoje, vigora o § 310/I, 1 do BGB, que substitui "comerciantes" por empresários. *Vide* Karsten Schmidr cit., 6.ª ed., § 18, IV, 3 (659 ss.).

[1723] Assim: OLG Hamburg 9-mar.-1983, NJW 1983, 1502-1503, a propósito dum

Dos contratos comerciais em geral

A disposição é útil uma vez que o legislador de 1966 não soube prever uma remissão para a boa-fé que faculte um controlo do *conteúdo* dos contratos: apenas a sua formação ou o exercício das obrigações – artigos 227.º/1 e 762.º/2, do Código Civil – mereceram referências. Jogam, aqui, todas as regras sobre a concretização da boa-fé: pretende-se, sempre, uma solução justificada e controlada pela Ciência do Direito e não algo que se aproxime do arbítrio ou de uma equidade informe, no sentido de "justiça do caso concreto".

Resta acrescentar que a LCCG, após mais de quinze anos de aplicação, não deu azo à mínima insegurança, na sua aplicação. Seria urgente retirar, dos manuais da especialidade, o lastro contínuo da referência à insegurança, apenas por ter surgido matéria antes menos habitual, entre nós. Ou então, naturalmente: justificar, perante uma prática que já ultrapassou a centena de acórdãos, em que se cifra a temida insegurança.

233. As cláusulas proibidas

I. O sistema geral acima sumariado desenvolve-se, depois, em catálogos de proibições específicas. Das combinações dos diversos parâmetros resultam as quatro hipóteses básicas contempladas na lei:

- cláusulas absolutamente proibidas entre empresários e equiparados – artigo 18.º;
- cláusulas relativamente proibidas entre empresários e equiparados – artigo 19.º;
- cláusulas absolutamente proibidas nas relações com consumidores finais – artigo 21.º;
- cláusulas relativamente proibidas nas relações com consumidores finais – artigo 22.º.

---

aparelho de venda automática, OLG Frankfurt 30-jun.-1983, BB 1983, 1435-1438, quanto à venda de automóveis, BGH 20-mar.-1985, BGHZ 94 (1985), 105-116, referente à reserva de propriedade, BGH 19-fev.-1992, NJW 1992, 1236-1237, relativo ao encurtamento de certo prazo, BGH 16-nov.-1992, BGHZ 120 (1993), 216-227, o domínio do seguro marítimo, BGH 2-dez.-1992, BGHZ 120 (1993), 300-305, de novo sobre reserva de propriedade e BGH 20-abr.-1993, BGHZ 122 (1994), 241-250, ocupando-se da reparação de automóveis.

§ 50.º Cláusulas contratuais gerais nulas e proibidas   627

Deve-se ter presente que as proibições fixadas para as relações entre empresários e equiparados se aplicam, também, nas relações com consumidores finais.

II. O legislador português procurou ir tão longe quanto possível no aprontar das proibições exaradas na LCCG, numa orientação que, assumida desde o início, foi reforçada em 1995. Para tanto, não recorreu a uma metodologia de tipo dedutivo: antes aproveitou várias experiências científicas, firmadas na resolução de problemas concretos e, designadamente, na prática do AGBG alemão, sedimentado há duas décadas. De resto, as suas formulações são, seguramente, mais precisas do que as deste, como resulta duma simples leitura objetiva e cotejada dos dois textos. As diversas proibições específicas relevam, fundamentalmente, do Direito das obrigações. A sua simples leitura mostra, contudo, um enorme papel no Direito bancário, globalmente dominado, hoje em dia, por cláusulas contratuais gerais.

III. O artigo 18.º da LCCG começa, nas suas alíneas *a*), *b*), *c*) e *d*), por proibir as chamadas cláusulas de exclusão ou da limitação da responsabilidade. O legislador pretendeu deixar, entre empresários, dominar uma autonomia privada alargada, mas com a responsabilidade inerente aos danos causados[1724-1725]. Boa parte das regras agora firmadas transcende o domínio das cláusulas contratuais gerais, aplicando-se a todos os contratos, independentemente do seu modo de celebração. Vejam-se, neste sentido, os artigos 809.º e seguintes, do Código Civil[1726].

[1724] Boa parte das decisões hoje existentes sobre cláusulas proibidas tem, precisamente, a ver com proposições que pretendiam excluir a responsabilidade. Assim: RLx 11-jun.-1992 (Luís Fonseca), CJ XVII (1992) 3, 201-202, relativo a múltiplas cláusulas abusivas usadas por uma empresa fornecedora de gás, entre as quais uma exoneratória; STJ 6-mai.-1993 (Figueiredo de Sousa), BMJ 427 (1993), 509-515 = CJ/Supremo I (1993) 2, 90-91, *idem*, confirmando o acórdão anterior; RLx 27-jun.-1995 (Dinis Nunes), CJ XX (1995) 3, 137-139 (138), em que foram julgadas nulas cláusulas alargadas de irresponsabilidade, usadas por uma lavandaria; RLx 14-mar.-1996 (Torres Veiga), CJ XXI (1996) 2, 81-84, julgando nula uma cláusula pela qual uma empresa de entrega rápida de correio se desresponsabilizava, em caso de atraso, pelos lucros cessantes assim provocados.

[1725] Friedrich Graf von Westphalen, *Die Nutzlosigkeit von Haftungsfreizeichnungs- und Haftungsbegrenzungsklauseln im kaufmännischen Verkehr*, DB 1997, 1805-1810, chamando justamente a atenção para a inoperacionalidade de tais limitações.

[1726] Em RLx 6-abr.-1989 (Costa Raposo), CJ XIV (1989) 2, 124-127, decidiu-se que era nula a cláusula pela qual uma pessoa, cujo nome saíra trocado, na lista telefónica, assim

A alínea *e*) visa evitar que se procure conseguir, por via interpretativa, aquilo que o utilizador não pode diretamente alcançar, com os seus esquemas. Na verdade, a hermenêutica dos contratos regula-se por regras próprias, constituintes por natureza, e que se incorporam nos modelos finais de decisão. Deixá-la ao sabor das cláusulas era permitir, afinal, manipular as decisões em jogo. Anote-se ainda que este preceito tem a ver com a interpretação de qualquer preceito, provenha ele, ou não, de adesão a cláusulas predispostas.

As alíneas *f*), *g*), *h*) e *i*) têm a ver com os institutos da exceção do não cumprimento do contrato (428.° ss.), da resolução por incumprimento (432.° ss.), do direito de retenção (754.° ss.) e das faculdades de compensação (847.° ss.) e de consignação em depósito (841.° ss., todos do Código Civil). Trata-se de institutos que garantem ou reforçam o cumprimento das obrigações. A sua manutenção – com proibição, pois, de cláusulas que pretendam excluí-las – impõe-se pela mesma ordem de ideias que levou a vedar a eliminação da responsabilidade. De novo se deve ter em conta que a possibilidade de excluir estes institutos é, no mínimo, duvidosa já perante as próprias regras gerais. O legislador pretendeu, contudo, evitar dúvidas, neste ponto sensível.

A alínea *j*) visa evitar obrigações perpétuas ou – o que seria ainda pior – obrigações cuja duração ficasse apenas dependente de quem recorra às cláusulas contratuais gerais. Pode sustentar-se – há, aliás, boas razões nesse sentido – que só são viáveis obrigações perpétuas quando a lei o permita ou o imponha: de outro modo, as partes estariam a despojar-se da sua liberdade. A lei esclareceu em definitivo esse ponto, no campo das cláusulas.

A alínea *l*) pretende, por fim, prevenir que, a coberto de esquemas de transmissão do contrato, se venha a limitar, de facto, a responsabilidade. Bastaria, na verdade, transferir a posição para uma entidade que não tenha adequada cobertura patrimonial para, na prática, esvaziar o conteúdo de qualquer imputação de danos[1727].

---

originando vários danos, prescindira previamente, de qualquer indemnização, precisamente por via do artigo 809.° do Código Civil. Temos aqui um exemplo de como, jurisprudencialmente, é possível, na base de princípios gerais, suprir a ausência dum diploma sobre cláusulas contratuais gerais; a LCCG não era, ainda, aqui aplicável.

[1727] *Vide* o já citado STJ 6-mai.-1993 onde também surgiam cláusulas com este vício: foram julgadas absolutamente nulas, na linguagem da LCCG.

§ 50.° *Cláusulas contratuais gerais nulas e proibidas* 629

IV. O artigo 19.° da LCCG reporta-se a proibições relativas no quadro das relações entre empresários. Como foi referido, apenas um juízo de valor, feito dentro da lógica de cada tipo negocial em jogo, permitirá restabelecer a justiça dentro do contrato.

As alíneas *a*) e *b*) têm a ver com prazos dos contratos. No decurso desses prazos, uma das partes fica submetida à vontade da outra. Em concreto, pode compreender-se que assim deva ou possa ser. A justificação, contudo, desaparece quando os prazos sejam demasiado alongados. O *quantum* admissível depende, como é claro, de cada tipo negocial em jogo.

A alínea *c*) proíbe cláusulas penais desproporcionadas aos danos a ressarcir. O artigo 812.° já permitia a sua redução segundo juízos de equidade. Essa solução não é imaginável perante o tráfego negocial de massas; aí, a pura e simples nulidade das cláusulas com o recurso subsequente às regras legais supletivas permite uma solução direta, clara, fácil e justa, em cada situação[1728].

A rapidez do tráfego de massas justifica que, por vezes, se dispensem formais declarações de vontades, substituindo-as por outros indícios. Os comportamentos concludentes têm aqui particular relevo. Mas a situação torna-se inadmissível quando se recorra a factos insuficientes para alicerçar a autonomia privada. Caso a caso será necessário indagar dessa suficiência: tal o sentido da alínea *d*).

A garantia das qualidades da coisa cedida ou de serviços prestados pode ser posta na dependência do recurso a terceiros; pense-se, por exemplo, na garantia dos automóveis, que exige a realização regular de operações de manutenção feitas por agentes autorizados ou representantes. No entanto, em certos casos, tal sujeição apenas irá equivaler a um meio oblíquo de limitar a responsabilidade. Caso a caso, nos termos da alínea *e*), haverá que o demonstrar.

A alínea *f*) trata da denúncia, isto é, da faculdade de, unilateralmente e sem necessidade de justificação, se pôr termo a uma situação duradoura. Essa faculdade, quando a outra parte tenha feito investimentos ainda não

---

[1728] Tal o caso decidido em STJ 5-jul.-1994 (Machado Soares), CJ/Supremo II (1993) 3, 41-44 (43/2): considerou-se desproporcionado que, num contrato de locação financeira, se tivesse inserido, por via de cláusula contratual geral, a regra pela qual, perante o incumprimento do locatário, haveria lugar, além da resolução, ao pagamento de rendas vencidas, com juros e de rendas vincendas.

630   *Dos contratos comerciais em geral*

amortizados, pode colocá-la nas mãos da primeira. Assim, quando seja injusta, é nula.

O estabelecimento de um tribunal competente que envolva graves inconvenientes para uma das partes, em razão da distância ou da língua, por exemplo, deve ser justificado por equivalentes interesses da outra parte. Quando isso não suceda, a competente cláusula é nula, nos termos da alínea *g*). De acordo com uma interpretação preconizada por Miguel Teixeira de Sousa, tal cláusula é extensiva ao tribunal arbitral.

As limitações das alíneas *h*) e *i*) têm a ver com a concessão de poderes excessivos e exorbitantes a uma das partes.

Em todos estes casos de proibição relativa, deve entender-se que, perante a sua concretização, toda a cláusula em jogo é afetada. Não há, pois, qualquer hipótese de se reduzir a cláusula aos máximos admitidos pela lei das cláusulas contratuais gerais: isso iria dar lugar a enormes dúvidas de aplicação, nunca se podendo conhecer de antemão o Direito aplicável. Quando caia sob a alçada de uma proibição, ainda que relativa, a cláusula é toda nula, seguindo-se a aplicação do Direito supletivo que ela pretendera afastar, nos termos gerais.

V. Nas relações com consumidores finais aplicam-se as proibições acima referenciadas e, ainda, as constantes dos artigos 21.º e 22.º, com as alterações introduzidas pelo Decreto-Lei n.º 220/95, de 31 de agosto.

As proibições absolutas inseridas nas alíneas *a*), *b*), *c*) e *d*) do artigo 21.º visam assegurar que os bens ou serviços pretendidos pelo consumidor final sejam, de facto, os que ele vá alcançar. Por seu turno, as alíneas *e*), *f*), *g*) e *h*) pretendem garantir a manutenção eficaz duma tutela adequada, prevenindo a possibilidade de recurso a vias oblíquas para defraudar a lei[1729].

As proibições relativas do artigo 22.º/1 acentuam, também, esta mesma via. Nas relações com consumidores finais, não se trata, apenas, de negar a exclusão de responsabilidade: há que, pela positiva, assegurar a própria obtenção do bem, já que a obtenção duma indemnização é, aqui, problemática e não teria, a efetivar-se, grande significado prático. As

---

[1729] Temos nulidades induzidas de alterações das regras do risco e do ónus de prova – atuais alíneas *f*) e *g*), do artigo 21.º – em RLx 9-jun.-1994 (Flores Ribeiro), CJ XIX (1994) 3, 107-109 –, em condições relativas ao uso de eurocheque e do inerente cartão. Na mesma linha, RLx 16-jun.-1994 (Noronha Nascimento), CJ XIX (1994) 3, 121-127, STJ 20-jun.-1995 (Pais de Sousa), CJ/Supremo III (1995) 2, 136-138.

§ 50.° *Cláusulas contratuais gerais nulas e proibidas*   631

diversas alíneas especificam pontos nos quais, segundo a experiência, os consumidores mais facilmente podem ver em perigo a sua posição[1730].

Também aqui têm aplicação as considerações acima feitas sobre a nulidade plena das cláusulas que caiam sob a alçada de proibições relativas.

234. A conformação dos contratos comerciais

I. Aparentemente, a LCCG poderia surgir como mero conjunto negativo: ela dimanaria uma série de nulidades e de proibições, deixando, quanto ao resto, o caminho livre às partes. Não é assim. A LCCG isola os aspetos mais sensíveis, mais justos e mais equilibrados da contratação, pondo-os ao abrigo do afastamento por cláusulas contratuais gerais. Além disso, ela permite, em diversas áreas, valorações aprofundadas para, no caso concreto, prevenir desequilíbrios. Finalmente, ela apresenta-se como código da negociação correta e leal.

II. Aquando do aparecimento da LCCG, muitos operadores que faziam um apelo intensivo a cláusulas gerais reformularam-nas: tratava-se de as expurgar de nulidades. Nenhum comerciante usa, hoje, cláusulas contratuais gerais sem se inteirar previamente da sua consonância com a LCCG.

As diversas cláusulas, nas respetivas áreas de especialização, tendem a reproduzir o modelo da LCCG[1731] o qual, no fundo, retrata zonas nobres do Direito privado.

III. Este fenómeno tem uma importância acrescida se nos recordarmos que, atualmente, os mais significativos contratos comerciais têm regimes vertidos em cláusulas contratuais gerais. Os tipos legais estão, muitas vezes, ultrapassados; contêm apenas regras de enquadramento pouco mais do que simbólicas.

[1730] Em STJ 6-mai.-1993 já citado, considerou-se também nula uma cláusula que permitia elevações unilaterais de preços – atual artigo 22.°/1, *e*), da LCCG.

[1731] Hans Hermann Eberstein, *Die zweckmässige Ausgestaltung von allgemeinen Geschäftsbedingungen*, 4.ª ed. (1997), examina precisamente diversas cláusulas comerciais habituais à luz do AGBG.

632   *Dos contratos comerciais em geral*

Urge, no Direito comercial português (re)escrever a matéria à luz da prática contratual efetiva. Esta passa, hoje, por cláusulas contratuais gerais.

235. O problema dos contratos pré-formulados

I. O contrato pré-formulado é aquele que uma das partes proponha à outra, sem admitir contrapropostas ou negociações. Aproxima-se das cláusulas contratuais gerais pela rigidez; distingue-se delas pela falta de generalidade.

Quando apresentado a um consumidor, o contrato pré-formulado coloca problemas semelhantes aos das cláusulas contratuais gerais. Por isso, o artigo 9.º/3 da LDC mandava aplicar a esse tipo de contratos o regime das cláusulas contratuais gerais, através duma ponderação feita nos termos do seu n.º 2. Trata-se de uma regra aplicável no domínio dos contratos comerciais.

II. Posto isto, verifica-se que o tema dos contratos pré-formulados veio a ser encarado, pela Diretriz n.º 93/13, de 5 de abril, acima referida, de modo um tanto indiferenciado. Dispôs a Diretriz em causa que toda a cláusula:

> (...) que não tenha sido objeto de negociação individual é considerada abusiva quando, a despeito da exigência de boa-fé, der origem a um desequilíbrio significativo em detrimento do consumidor, entre os direitos e obrigações das partes decorrentes do contrato.

Esta fórmula atinge as cláusulas contratuais gerais. Mas atinge, ainda, as cláusulas rígidas, a incluir nos contratos pré-formulados, tal como acima os definimos. A grande novidade da Diretriz n.º 93/13 foi, pois, a de alargar aos contratos pré-formulados a defesa dispensada aos contratos por adesão. Com uma particularidade: em ambos os casos, a defesa apenas funciona perante consumidores. Nos diversos países, o problema das cláusulas contratuais gerais não era, apenas, um problema de consumidores. A Diretriz n.º 93/13 foi criticada pela generalidade da doutrina, pela confusão que veio estabelecer.

III. O legislador português, quando reformulou o Decreto-Lei n.º 446/85, de 25 de outubro, com o fito de transpor a Diretriz n.º 93/13,

§ 50.° Cláusulas contratuais gerais nulas e proibidas 633

deparou com o seguinte problema: ou mutilava a LCCG, que boas provas dera de si e à qual a doutrina e a jurisprudência se haviam acostumado, ou garantia, através de alterações discretas, o funcionamento da LCCG perante as cláusulas vexatórias rígidas, incluídas em contratos com consumidores. Optou pela segunda hipótese, no Decreto-Lei n.° 220/95, de 31 de agosto.

A referência a consumidores vinha já no artigo 20.° da versão inicial da LCCG: também aí o legislador português se antecipou ao alemão e ao comunitário.

Posto isso, atente-se no artigo 1.°/2 da LCCG na versão de 1995: o ónus da prova da prévia negociação duma cláusula recaía sobre quem pretendesse prevalecer-se do seu conteúdo. Ficava bem entendido que, a não se fazer tal prova, se aplicaria o regime das cláusulas contratuais gerais. Interpretado no seu conjunto, o artigo 1.° da LCCG podia, assim, funcionar perante contratos pré-formulados[1732]. Uma interpretação conforme com as diretrizes comunitárias faria o resto[1733].

A LCCG, na versão de 1995, estava, pois, municiada para se aplicar a contratos pré-formulados.

IV. Todavia, o importante residia noutra dimensão. O tema dos contratos pré-formulados, tal como resulta da Diretriz n.° 93/13, *não pertence às cláusulas contratuais gerais*. É, antes, um ponto de defesa do consumidor. E por isso, na LDC, acima examinada, vamos encontrar os seguintes preceitos:

Artigo 9.°
Direito à proteção dos interesses económicos

1. O consumidor tem direito à proteção dos seus interesses económicos, impondo-se nas relações jurídicas de consumo a igualdade material dos intervenientes, a lealdade e a boa-fé, nos preliminares, na formação e ainda na exigência dos contratos.

2. Com vista à prevenção de abusos *resultantes de contratos pré-elaborados*, o fornecedor de bens e o prestador de serviços estão obrigados:

[1732] Almeida Costa, *Direito das Obrigações*, 10.ª ed. (2006), 262-263.

[1733] Brechmann, *Die richtlinienkonforme Auslegung* (1994), Stefan Grundmann, *EG-Richtlinie und nationales Privatrecht*, JZ 1996, 274-287 e Staudinger/Schlosser, *AGBG* cit., 13.ª ed., § 9, Nr. 62 ss. (241 ss.).

a) À redação clara e precisa, em carateres facilmente legíveis, das cláusulas contratuais gerais, incluindo as inseridas em contratos singulares;

b) À não inclusão de cláusulas em contratos singulares que originem significativo desequilíbrio em detrimento do consumidor.

3. A inobservância do disposto no número anterior fica sujeita ao regime das cláusulas contratuais gerais.

(...)

Como se vê, no local próprio, o legislador tratava os contratos pré--formulados e remetia o seu regime para a LCCG, já preparada para os receber. Apenas por desconhecimento se poderia, pois, vir afirmar que o Estado português não havia transposto o regime da Diretriz n.º 93/13, para a sua ordem interna.

V. O desconhecimento da LDC e a incapacidade de interpretar convenientemente os textos portugueses vigentes levaram a Comissão Europeia a dirigir ao Estado português determinadas missivas: estaria em causa uma transposição insuficiente da Diretriz n.º 93/13/CEE, por não se terem referido, de modo expresso, os contratos pré-formulados. Servil e desnecessariamente, legislou-se de imediato. Através do Decreto-Lei n.º 249/99, de 7 de julho, foi de novo alterada a LCCG. Fundamentalmente, inseriu-se um novo n.º 2, no artigo 1.º, com o seguinte teor:

O presente diploma aplica-se igualmente às cláusulas inseridas em contratos individualizados, mas cujo conteúdo previamente elaborado o destinatário não pode influenciar.

A LCCG foi abastardada sem qualquer necessidade: o preceito agora introduzido já resultava do artigo 9.º/1 a 3, da LDC, acima referido. A Diretriz n.º 93/13/CEE tinha, pois, sido totalmente recebida, como temos vindo a repetir.

Mais grave é, no entanto, o facto de o legislador nacional, no seu afã de mostrar "europeismo", ter "transposto" erradamente a Diretriz em jogo. Esta aplica-se apenas a contratos pré-formulados concluídos entre empresários e consumidores. O n.º 2 do artigo 1.º da LCCG, introduzida em 1999, não teve a cautela de o precisar. Tal como está, parece aplicar-se a todo e qualquer contrato pré-formulado. Teria um imenso impacto no Direito comercial, complicando, inclusive, todas as conclusões dos gran-

§ 50.º *Cláusulas contratuais gerais nulas e proibidas*   635

des negócios: basta ver que, *summo rigore*, qualquer contrato que não tenha implicado, na sua formação, uma contraproposta é pré-formulado. Apenas a presença de consumidores justifica a aplicação do regime das ccg. Será, pois, necessário recorrer a uma interpretação restritiva do preceito invocando, no limite, a necessidade de conformação com a Diretriz n.º 93/13.

SECÇÃO IV
O COMÉRCIO À DISTÂNCIA

§ 51.º COMÉRCIO ELETRÓNICO E COMÉRCIO FORA DO ESTABELECIMENTO

236. A contratação por computador

I. No tráfego jurídico atual usam-se, correntemente, meios eletrónicos: seja para os preliminares contratuais, seja para a celebração de contratos, seja, por fim, para a sua execução. Na origem, o fenómeno é civil[1734]: nessa sede deve ser tratado[1735]. No entanto, ele assume a sua maior expressão justamente em detrimento do Direito comercial clássico. Cumpre referir os seus vetores fundamentais, precisamente pelo prisma mercantil.

II. Como é de constatação geral, os contratos podem ser concluídos através de autómatos ou de computadores[1736]. No início do século XX

[1734] Salvatore Sica/Pasquale Stanzione (org.), *Commercio elettronico e categorie civilistiche* (2002), 417 pp..

[1735] A matéria atinente ao comércio eletrónico foi introduzida no BGB alemão, constando, hoje, do seu § 312e:. Hans-W. Micklitz/Klaus Tonner, *Vertriebsrecht/Haustür-, Fernabsatzgeschäfte und elektronischer Geschäftsverkehr (§§ 312-312f; 355-359 BGB)/Handkommentar* (2002), 170 ss..

[1736] Larenz/Wolf, *Allgemeiner Teil des bürgerlichen Rechts*, 9.ª ed. (2004), 583 ss., Bork, *Allgemeiner Teil*, 2.ª ed. cit., 235-236 e Medicus, *Allgemeiner Teil des bürgerlichen Rechts*, 10.ª ed. (2010), 148 ss.. *Vide* entre nós, o *Tratado*, II, 4.ª ed., 342 ss. e as referências de Ferreira de Almeida, *Texto e enunciado* 3 (1990), 812-813. O comércio eletrónico tem vindo a aumentar continuamente, tendo-se previsto que, em 2004, ultrapasse, só nos Esta-

§ 51.º Comércio eletrónico e comércio fora do estabelecimento 637

surgiram dispositivos automáticos que, mediante a introdução de dinheiro, distribuíam determinados bens aos interessados. A subsequente evolução alargou o tipo de operações facultadas pelos autómatos: que estes asseguram múltiplos fornecimentos de bens e serviços, na base de "contratos" de complexidade crescente. As utilidades proporcionadas vão desde o simples fornecimento de coisas móveis, passando pelos múltiplos serviços implícitos num "estacionamento automático" e até à obtenção de bens, informações ou outras realidades – reservas, câmbios, operações bancárias, etc. – através de acesso a um computador.

Na aparência, os autómatos praticam meras operações materiais; sabe-se, contudo, que tais operações traduzem uma atividade negocial regulada pelo Direito.

III. Tradicionalmente, a contratação com recurso a autómatos pode ser explicada por uma de duas formas[1737]:

– a teoria da oferta automática;
– a teoria da aceitação automática.

Segundo a teoria da oferta automática, comum até há pouco tempo, a simples presença de um autómato pronto a funcionar, mediante adequada solicitação feita por um utente, deve ser vista como uma oferta ao público: acionado o autómato, o utente aceitaria a proposta genérica formulada pela entidade a quem fosse cometida a programação.

A teoria da aceitação automática, preconizada por Medicus[1738], coloca o problema em termos inversos. Explica esse Autor que o simples acionar do autómato – por exemplo, através da introdução de uma moeda – não provoca necessariamente a conclusão do contrato; tal só sucederá se o autómato não estiver vazio, isto é, se se encontrar em condições de fornecer o bem solicitado. Por consequência, o contrato só se concluiria através do funcionamento do autómato, cabendo ao utente a formulação da

---

dos Unidos, a cifra dos 1.000 biliões de dólares; *vide* o prefácio de Victor Ukmar a Giorgio Sacerdoti/Giuseppe Marino, *Il commercio elettronico/Profili giuridici e fiscali internazionali*, 2001.

[1737] Já perante a *Internet*: Stefania Giova, *Qualificazione dell'oferta in internet: offerta al pubblico o invito ad offrire?*, em Sica/Stanzione, *Commercio elettronico* (2002), 105-115.

[1738] Dieter Medicus, *Allgemeiner Teil* cit., 10.ª ed., 148.

proposta. A instalação prévia do autómato representaria, tão-só, uma atividade preparatória: não uma proposta irrevogável.

IV. A discussão pode surgir um tanto circular; tem, no entanto, interesse prático. De facto, se o autómato representar uma oferta ao público, há contrato com a simples aceitação; qualquer falha subsequente surgirá como uma violação do contrato perpetrada pela pessoa que recorra a autómatos para celebrar os seus negócios[1739]. Pelo contrário, se o autómato se limitar a receber propostas, não há violação contratual no caso de não funcionamento: apenas se assistirá, então, a uma não-aceitação. Com a generalização da automação, temos cenários em que contratos de vulto são inteiramente celebrados por autómatos. Várias regras podem então depender de saber quem funciona como proponente e quem opera como aceitante[1740].

V. Perante os princípios clássicos da automação, a presença de um autómato constituiria uma autêntica oferta ao público. A pessoa responsável pelo autómato disfrutaria, ao programá-lo, de liberdade de estipulação, podendo propor o que entender; pelo contrário, o utente apenas poderia aceitar ou recusar a "proposta" automática, colocando-se numa posição semelhante à de aceitante. Acresce ainda que o autómato não tem liberdade de decisão para aceitar ou recusar uma proposta: as opções competentes foram feitas pelo programador e só por este podem ser alteradas. A última palavra seria do utente, num paralelo claro com a aceitação.

Mas essa orientação constitui, tão-só, um ponto de partida. Um autómato pode ser programado para responder a solicitações distintas, por forma adaptada a cada uma delas. Ainda aí seria possível ver a presença de várias ofertas ao público – tantas quantas as opções do utente. Mas a situação complicar-se-ia quando a "oferta" fosse ilimitada, podendo o autómato corresponder a inúmeras solicitações dos utentes: nesta altura, a estes caberia a iniciativa, limitando-se o autómato a aceitar ou a recusar.

[1739] E a menos que a falha seja de tal modo patente que implique, nas palavras de Ferreira de Almeida, *Texto e enunciado* cit., 3, 813, um sinal que contradiga a própria oferta.

[1740] O facto de os autómatos operarem na base de cláusulas contratuais gerais, que procurem resolver os diversos problemas que se venham a pôr, não retira interesse à natureza das declarações que eles traduzam.

§ 51.º Comércio eletrónico e comércio fora do estabelecimento   639

No limite, o autómato é programável para tomar decisões, sendo ainda perfeitamente concebível um negócio "celebrado" entre autómatos – entre computadores – devidamente programados para o efeito.

Os quadros da oferta ao público só podem explicar os primeiros passos dos negócios celebrados com recurso a autómatos. Em esquemas mais elaborados, o autómato reproduz a vontade do seu programador ou da pessoa a quem as atuações deste sejam imputáveis. Nessa medida, a declaração feita através do autómato pode ser proposta ou aceitação ou, mais genericamente, pode ser de qualquer tipo[1741], consoante a vontade dos programadores.

Os únicos limites que o Direito opõe a este prolongamento da vontade humana têm a ver com a forma prescrita para certas celebrações negociais.

237. A contratação por meios eletrónicos ou por *internet*

I. A contratação por meios eletrónicos ou através da *internet*[1742] não se confunde, em si, com a efetuada através de autómato ou de computador, embora, por vezes, lhe esteja associada. De todo o modo, adiantamos que ela tem sido enquadrada com recurso ao Direito vigente[1743], ainda que com particularismos[1744]. Assim, a declaração de vontade feita por compu-

---

[1741] Com inclusão de uma declaração com destinatário determinado.

[1742] Sobre a *Internet* e o Direito, com múltiplos elementos: Markus Köhler/Hans--Wolfgang Arndt, *Recht des Internet*, 2.ª ed. (2000) e, como obra de referência, Georg Borges, *Verträge im elektronischen Geschäftsverkehr/Vertragsabschluss, Beweis, Form, Lokalisierung, anwendbares Recht* (2003), 1052 pp.. Em Itália, dispomos dum importante conjunto de estudos, de Carlo e Fulvio Sarzana di S. Ippolito, publicado, sob um prefácio de Vittorio Novelli, com o título *Profili giuridico del commercio via Internet* (1999), Sacerdoti/Marino, *Il commercio elettronico* cit., Giovanni Mocci, *Operazioni commerciali via internet* (2001) e Sica/Stanzione, *Commercio elettronico e categorie civilistiche*, também já citado. Entre nós, cumpre referir a obra coletiva *As telecomunicações e o Direito na sociedade de informação* (1999), numa excelente organização de António Pinto Monteiro.

[1743] Jochen Taupitz/Thomas Kritter, *Electronic Commerce – Probleme bei Rechtsgeschäften im Internet*, JuS 1999, 839-846 (846).

[1744] Referimos o escrito estimulante de Lorenzo Cavalaglio, *La formazione del contratto/Normative di protezione ed efficienza economica* (2006), 256 pp., especialmente 115 ss..

640 Dos contratos comerciais em geral

tador ou por meios de comunicação eletrónica vale como tal[1745]. E naturalmente, terão aplicação as regras referentes ao erro e ao dolo, nas declarações. A matéria foi em parte tratada pelo Decreto-Lei n.º 7/2004, de 7 de janeiro, abaixo referido[1746].

A contratação pela *internet* conheceu uma evolução que cumpre referenciar.

Num primeiro momento, a *internet* era encarada como mero meio de comunicação. As declarações de vontade eram, simplesmente, transmitidas por essa via[1747]. Os problemas daqui resultantes eram similares aos da comunicação por correio ou pelo telefone. Designadamente: o contrato poder-se-ia ter como celebrado entre presentes ou entre ausentes consoante a proposta e a aceitação fossem separadas por algum lapso de tempo juridicamente relevante[1748].

No passo seguinte, o computador é programado de tal modo que, ele próprio, receba e processe a declaração do interessado, estando em condições de a aceitar. Temos uma declaração do computador ou automatizada[1749]. O exemplo mais claro é o das livrarias eletrónicas que, de modo automático, negoceiam livros. A declaração eletrónica é imputável à pessoa que programou ou mandou programar o computador[1750].

Põe-se, por fim, o problema da prova das declarações de vontade automáticas. Vale a livre apreciação do juiz, sendo de reter, todavia, que os

---

[1745] Mathias Kuhn, *Rechtshandlungen mittels EDV und Telekommunikation/Zurechenbarkeit und Haftung* (1991), 54 ss. (81). *Vide* ainda a obra, já antiga mas ainda útil, de Renato Clarizia, *Informatica e conclusione del contratto* (1985), 59 ss..

[1746] *Infra*, 648. O artigo 22.º do diploma foi alterado pelo Decreto-Lei n.º 62/2009, de 10 de março e, de novo, pela Lei n.º 46/2012, de 29 de agosto, que alterou ainda os seus artigos 7.º, 8.º, 9.º, 23.º, 36.º e 37.º.

[1747] Jörg Fritzsche/Hans M. Maizer, *Angewählte zivilrechtliche Probleme elektronisch signierter Willenserklärung*, DNotZ 1995, 3-25 (8), Wolfgang Fritzmeyer/Sven-Erik Heun, *Rechtsfragen des EDI/Vertragsgestaltung: Rahmenbedingungen im Zivil-, Wirtschafts- und Telekommunikationsrechte*, CR 1992, 129-133 (129 ss.); EDI é a sigla de *eletronic data interchange* e Sven-Erik Heun, *Die elektronische Willenserklärung/Rechtliche Einordnung, Anfechtung und Zugang*, CR 1994, 595-600 (595).

[1748] Larenz/Wolf, *Allgemeiner Teil*, cit., 9.ª ed., 584.

[1749] Jörg Fritzsche/Hans M. Maizer, *Angewählte zivilrechtliche Probleme* cit., 15, Helmut Köhler, *Die Problematik automatisierter Rechtsvorgänge, insbesondere vom Willenserklärungen*, AcP 182 (1982), 128-171 (132 ss.) e Sven-Erik Heun, *Die elektronische Willenserklärung* cit., 595 e 597 ss..

[1750] Jochen Taupitz/Thomas Kritter, *Electronic Commerce – Probleme bei Rechtsgeschäften im Internet*, JuS 1999, 839-846 (840).

§ *51.° Comércio eletrónico e comércio fora do estabelecimento*   641

programas disponíveis permitem imprimir documentos explícitos e circunstanciados, que poucas pessoas poderão "manipular" e que, em geral, fazem fé do neles exarado[1751]. A lei facilita a posição dos particulares: em geral, o ónus da prova corre contra o fornecedor (artigo 4.°/1 do Decreto-Lei n.° 24/2014, de 14 de fevereiro).

II. A facilidade com que, designadamente através da *Internet*, se podem adquirir bens ou serviços e assumir os inerentes encargos, em termos imediatamente eficazes através da utilização de cartões bancários, obriga os Estados a adotar regras de proteção aos utentes[1752].

Com essa finalidade, foi aprovada a Diretriz n.° 97/7/CE, do Parlamento Europeu e do Conselho[1753]. Este diploma atinge, de facto, o chamado comércio eletrónico[1754]: *internet*, telefone e *telefax*[1755]. No fundamental, ele fixa deveres de informação acrescidos e atribui ao adquirente um direito à resolução do contrato, caso se venha a arrepender, supervenientemente, da sua celebração. Ela foi alterada pela Diretriz n.° 2011/83, de 25 de outubro[1756].

Aquela Diretriz foi transposta para o Direito alemão, tomando assento no próprio BGB, através da Lei de 30-mar.-2000[1757]. A reforma foi importante: levou à inclusão, na lei civil fundamental, das noções de

---

[1751] Sven-Erik Heun, *Die elektronische Willenserklärung* cit., 599 ss. e Peter Mankowski, *Zum Nachweis des Zugangs bei elektronischen Erklärungen*, NJW 2004, 1901-1907.

[1752] Retemos: Giovanni Sciancalepore, *La tutela del consumatore: profili evolutivi e commercio elettronico*, em Sica/Stanzione, *Commercio elettronico* (2002), 179-218, bem como Salvatore Vigliar, *Consumer protection e transazioni on-line: breve analisi della policy comunitaria*, *idem*, 219-237.

[1753] JOCE N.° L 144, 19-27, de 4-jun.-1997. *Vide* NJW 1998, 212-215, bem como o escrito de Helmut Köhler, *Die Rechte des Verbrauchers beim Teleshopping (TV-Shopping, Internet-Shopping)*, NJW 1998, 185-190. A Diretriz n.° 97/7/CE foi complementada (por vezes: em sobreposição) pela Diretriz n.° 2000/31/CE, de 29 de junho, JOCE N.° L 200, 35-38, de 8 de Ago.-2000, abaixo referida.

[1754] *Vide* o estudo fundamental de Stephan Lorenz, *Im BGB viel Neues: Die Umsetzung der Fernabsatzrichtlinie*, JuS 2000, 835-843 (836); *vide* Köhler/Arndt, *Recht des Internet* cit., 2.ª ed., 37 ss..

[1755] Ou, em geral, o *e-commerce*.

[1756] JOCE N.° L 304, 64-88, de 21-nov.-2011.

[1757] Além dos escritos de Micklitz/Tonner e de Lorenz, já citados, Klaus Tonner, *Das neue Fernabsatzgesetz – oder: System statt "Flickenteppisch"*, BB 2000, 1415-1420 e Peter Bülow/Markus Artz, *Fernabsatzverträge und Strukturen eines Verbraucherpriva-*

642 *Dos contratos comerciais em geral*

consumidor e de empresário e permitiu a unificação do regime da resolução por arrependimento do consumidor[1758].

III. No Direito português, a transposição foi efetuada pelo Decreto-Lei n.º 143/2001, de 26 de abril[1759], que abrangeu, ainda, outras matérias. Este diploma trata de aspetos heterogéneos que têm, em comum, o figurarem negócios concluídos à distância, por via automática ou não mas, em qualquer caso, fora do estabelecimento. Muito alterado pelo Decreto-Lei n.º 82/2008, de 20 de maio, que procedeu à sua republicação em anexo, ele foi substituído pelo Decreto-Lei n.º 24/2014, de 14 de fevereiro, alterado pela Lei n.º 47/2014, de 28 de julho[1760].

Na versão em vigor, trata-se de um diploma em 35 artigos, assim ordenados:

Capítulo I – Disposições gerais (1.º a 3.º);

Capítulo II – Dos contratos celebrados à distância e dos contratos celebrados fora do estabelecimento comercial (4.º a 21.º);

Capítulo III – Outras modalidades de venda (22.º a 26.º);

Capítulo IV – Práticas proibidas (27.º a 29.º);

Capítulo V – Infrações, fiscalização, contraordenações e sanções (30.º a 32.º);

Capítulo VI – Disposições finais e transitórias (33.º a 35.º).

No tocante ao âmbito de aplicação, registe-se a limitação do consumidor às pessoas singulares – 3.º, *c*)[1761]; não há justificação para isso: a sociedade que, fora do seu âmbito profissional, encomende livros ou músicas

---

trechts im BGB, NJW 2000, 2049-2056. A matéria acabaria por ser envolvida pela reforma de 2001/2002, na sequência da transposição da Diretriz n.º 2000/35.

[1758] Uma apreciação fortemente positiva de reforma emerge de Lorenz, *Im BGB viel Neues* cit., *maxime* 843.

[1759] Ret. n.º 13-C/2001, de 31 de maio.

[1760] *Vide* Jorge Morais Carvalho/João Pedro Pinto-Ferreira, *Contratos celebrados à distância e fora do estabelecimento comercial* (2014), 226 pp. e António Pinto Monteiro (org.), *O novo regime da contratação à distância*, em *Estudos de Direito do Consumidor* n.º 9 (2015), 265 pp..

[1761] Segue a definição do artigo 2.º, 1), da Diretriz 2011/83, de 25 de outubro. A legislação europeia tende a ser restritiva, para salvaguardar a competitividade das empresas do Norte da Europa.

§ 51.° Comércio eletrónico e comércio fora do estabelecimento

pela *internet* (oferta a sócios ou a clientes) tem direito a idêntica proteção. De resto, o anteprojeto do Código do Consumidor permitiria, aqui, um alargamento.

238. Contratos à distância e fora do estabelecimento

I. Quanto a contratos celebrados à distância ou fora do estabelecimento comercial – 4.° – temos a sublinhar a sua não-aplicação a vários campos, com relevo para o financeiro [2.°/2, *a*)][1762]. Posto o que:

– devem ser dadas, ao consumidor, as informações prévias constantes do artigo 4.°/1, com requisitos de forma que assegurem a sua apreensão, respeitando a boa-fé, a lealdade das transações comerciais e a proteção dos incapazes, em especial dos menores; tais informações devem ser confirmadas, aquando da execução e em tempo útil, nas condições e limites do artigo 6.°;

– é conferido ao consumidor um prazo mínimo de 14 dias para que, livremente, ele possa "resolver" (revogar) o contrato, prazo esse que é aumentado se não tiverem sido prestadas as informações devidas (10.°); esse direito ao arrependimento tem algumas garantias e restrições (11.°, 12.° e 17.°); a resolução obriga a restituições (13.°); para esse efeito, o consumidor deve conservar os bens de modo a poder restituí-los em "devidas condições de utilização" (13.°/3);

– o contrato deve ser executado no prazo supletivo de 30 dias a contar do dia seguinte ao da transmissão do acordo do particular (19.°/1), cabendo certas regras na hipótese de indisponibilidade de bens: informação ao cliente, reembolso do que este tenha pago ou, em certos casos, fornecimento de um bem ou serviço diferentes (19.°/2 e 3);

– o pagamento por cartão de crédito ou de débito faz correr pelo banqueiro o risco de fraude (18.°);

– o ónus da prova, quanto à informação prévia, cabe ao vendedor (15.°/7).

[1762] O Decreto-Lei n.° 95/2006, de 29 de maio, em transposição da Diretriz n.° 2002/65, de 23 de setembro, veio reger a comercialização à distância de serviços financeiros prestados a consumidores. *Vide* Vincenzo Zend-Zencovich, *La tutela del fruitore di servizi finanziari resi attarverso reti telematiche*, em Sica/Stanzione, *Commercio elettronico* (2002), 239-255 e Raffaele Lener, *L'offerta telematica di servizi finanziari*, *idem*, 257-272.

644   *Dos contratos comerciais em geral*

II. Os contratos celebrados fora do estabelecimento comercial devem ser reduzidos a escrito, sob pena de nulidade, contendo de forma clara e compreensível e na língua portuguesa todas as informações referidas no artigo 4.º (9.º/1). O fornecedor de bens ou prestador de serviços deve entregar uma cópia do contrato assinado e a confirmação do consumidor (9.º/2). Aplicam-se as demais regras, com relevo para o direito ao arrependimento.

239. Vendas automáticas e vendas especiais esporádicas

I. As vendas automáticas mantêm regras explícitas (22.º a 24.º). Desde logo, elas devem respeitar as regras gerais de indicação dos preços, rotulagem, embalagem, características e condições hígiosanitárias (22.º/2). De seguida, há que usar equipamento que permita a recuperação da importância introduzida, no caso de não fornecimento do bem ou do serviço solicitado (23.º/1). Além disso, o equipamento automático deve exibir uma série de informações (23.º/2). Prevê-se uma responsabilidade solidária entre o proprietário do equipamento e o dono do local onde ele esteja colocado (24.º).

II. São vendas especiais esporádicas as realizadas de forma ocasional fora dos estabelecimentos próprios. Aplica-se-lhes, com adaptações, o regime das vendas fora do estabelecimento comercial (25.º). Elas devem ser previamente comunicadas às entidades competentes: mais particularmente, à ASAE (26.º).

Quanto a vendas proibidas, temos, após a revisão de 2008, apenas as vendas ligadas (27.º/1) e o fornecimento de bens não solicitados (28.º). Os direitos dos consumidores não podem ser limitados por cláusulas contratuais gerais (29.º).

III. A fiscalização é entregue à ASAE (30.º), surgindo uma série de contraordenações, com coimas (31.º). Prevê-se a promoção de ações de informação aos consumidores (33.º/1) e de esquemas de resolução extrajudicial de litígios (33.º/2). Resta acrescentar que o anterior Decreto-Lei n.º 143/2001, de 26 de abril, poderia ter sido mantido, com algumas alterações. A permanente instabilidade legislativa joga, naturalmente, contra

§ 51.º Comércio eletrónico e comércio fora do estabelecimento   645

os consumidores: mesmo os profissionais têm dificuldade em manter-se atualizados, quanto às leis em vigor.

240. Publicidade não solicitada e venda ambulante

I. Um ponto sensível da contratação comercial dos nossos dias tem a ver com as comunicações publicitárias não-solicitadas. O artigo 22.º do Decreto-Lei n.º 7/2004, de 7 de janeiro, complementado pelo Decreto-Lei n.º 62/2009, de 10 de março, veio regular essa prática pouco aprazível.

O artigo 13.º-A da Lei n.º 46/2012, de 29 de agosto, substituindo o artigo 22.º do Decreto-Lei n.º 7/2004, de 7 de janeiro, veio proibir comunicações publicitárias não previamente solicitadas: quanto a pessoas singulares. No tocante às coletivas, vigora o inverso: elas terão de, previamente, recusá-las inscrevendo-se numa lista.

As práticas de abordagem publicitária à distância são particularmente desagradáveis; além disso, em regra, não é possível determinar o seu autor, uma vez que invocam grandes empresas que nada têm a ver com o assunto. Trata-se de uma área que exigiria leis mais exigentes e, sobretudo, mais eficazes.

II. De natureza muito diferente, mas também objeto de regras próprias, é o comércio a "retalho não sedentário" exercido por feirantes. O Decreto-Lei n.º 42/2008, de 10 de março, veio fixar novas regras nesse domínio, sob o signo da simplificação. Foi substituído pela Lei n.º 27/2013, a qual foi revogada pelo Decreto-Lei n.º 10/2015, de 16 de janeiro, que aprovou o regime jurídico de acesso às atividades económicas do comércio, serviços e restauração. Há cautelas com a venda de bebidas alcoólicas (75.º/3), sendo proibida a de certos produtos sensíveis, como medicamentos, armas e combustíveis (75.º/2). Há múltiplas outras regras a considerar, com intervenção regulamentar dos municípios.

III. Boa parte das regras proporcionadas pelo Decreto-Lei n.º 24/2014 já seriam obtidas na base dos princípios gerais. Como linhas de força – e tal como sucede em diversos contratos de consumo – ficam o dever de informação reforçada e o direito ao arrependimento.

646   *Dos contratos comerciais em geral*

241. Documentos eletrónicos e assinatura digital

I. Impõe-se, por fim, uma referência ao tema dos documentos eletrónicos e da assinatura digital[1763].

São documentos eletrónicos aqueles cujo suporte não seja físico, mas "eletrónico": no sentido mais amplo, de modo a abarcar soluções eletromagnéticas e ópticas. O regime normal é-lhes aplicável, com adaptações. De todo o modo, o formalismo jurídico tem levado os legisladores a intervir.

Têm surgido importantes diplomas na Alemanha[1764] e em Itália[1765], bem como instrumentos internacionais[1766].

II. No tocante à assinatura digital: trata-se de um esquema que permite a uma entidade dotada de uma "chave", reconhecer e autenticar uma sequência digital proveniente do autor de uma missiva eletrónica, de modo a autenticá-la. Também este aspeto vem contemplado nas leis acima referidas.

III. Entre nós, surgiu igualmente um diploma relativo a documentos eletrónicos e a assinatura digital: o Decreto-Lei n.º 290-D/99, de 2 de agosto. Bastante aderente à lei italiana[1767], que foi tomada como modelo, este diploma ressente-se da rapidez com que foi aprovado e da falta de

---

[1763] *Vide* Köhler/Arndt, *Recht des Internet* cit., 2.ª ed., 47 ss., Carlo Sarzana, *Documento informatico, firma digitale e crittografia*, em Vittorio Novelli (org.), *Profili giuridici del commercio via Internet* (1999), 121-139. e Georg Borges, *Verträge im elektronischen Geschäftsverkehr* cit., 46 ss.. Entre nós, com indicações, Engrácia Antunes, *Direito dos contratos comerciais* cit., 144 ss..

[1764] *Informations- und Kommunikationsdienste-Gesetz*, de 22-jul.-1997; *vide* http://www.iid.de/iukdg/iukdq.html. O diploma de 1997 foi alterado pela Lei de 16-mai.- 2001; cf. Christian Hertel, no *Staudingers Kommentar BGB* (ed. 2012), §§ 125-129, § 126a Nr. 116 ss. (745 ss.).

[1765] Decreto n.º 513, de 10-nov.-1997; *vide* http://idea.sec.dsi.unimi.it/new/ dpr51 397.html.

[1766] Assim a lei modelo da CNUDCI/UNCITRAL de 1996; cf. http://www.uncitral. org/english/texts/electcom/.

[1767] Quanto à experiência italiana, Mauro Orlandi, *La paternità delle scritture/ /Sottoscrizione e forme equivalenti* (1997), 95 ss., Cesare Massimo Bianca, *La firma digitale*, em Sica/Stanzione, *Commercio elettronico* (2002), 137-141 e Francesco de Santis, *Documento informático, firma digitale e dinamiche processuali, idem*, 143-177.

§ *51.º Comércio eletrónico e comércio fora do estabelecimento* 647

debate sobre o competente projeto. A regulamentação nele prevista acabaria, afinal, por demorar cinco anos a surgir[1768].

O Decreto-Lei n.º 290-D/99 foi muito alterado pelo Decreto-Lei n.º 62/2003, de 3 de abril, que o republicou em anexo. Novas alterações surgiram através do Decreto-Lei n.º 165/2004, de 6 de julho, do Decreto-Lei n.º 116-A/2006, de 16 de junho e do Decreto-Lei n.º 88/2009, de 9 de abril, que procedeu à sua republicação. A regulamentação em falta acabaria por ser adotada pelo Decreto Regulamentar n.º 25/2004, de 15 de julho. O registo das entidades certificadoras obedecia aos termos fixados pela Portaria n.º 1350/2004, de 25 de outubro, substituída pela Portaria n.º 597/2009, de 4 de junho.

A transmissão de documentos por telecópia e por via eletrónica, no notariado, é regulada pelo Decreto-Lei n.º 66/2005, de 15 de março.

Há que ter muita atenção à permanente instabilidade legislativa.

242. Faturas e comércio eletrónicos

I. Vamos ainda dar conta de outros diplomas relativos ao tráfego com suporte eletrónico. Temos:

– o Decreto-Lei n.º 375/99, de 18 de setembro, veio equiparar a fatura eletrónica à fatura emitida em suporte de papel;
– o Decreto Regulamentar n.º 16/2000, de 2 de outubro, veio proceder à sua regulamentação.

II. A generalização do comércio eletrónico levou ao aparecimento de novas diretrizes e aos subsequentes diplomas de transposição. Assim:

– a Diretriz n.º 98/48/CE, de 20 de julho, relativa aos procedimentos da informação no domínio das normas e regulamentações técnicas e às regras relativas aos serviços da sociedade de informação; foi

---

[1768] Entre nós e contendo um apêndice de legislação, cumpre referir Alexandre Libório Dias Pereira, *Comércio electrónico na sociedade da informação: da segurança técnica à confiança jurídica* (1999). *Vide*, ainda, Jorge Sinde Monteiro, *Assinatura electrónica e certificação (A Directiva 1999/93/CE, e o Decreto-Lei n.º 290-D/99, de 2 de agosto)*, RLJ 133 (2001), 261-272.

648   *Dos contratos comerciais em geral*

transposta pelo Decreto-Lei n.º 58/2000, de 18 de abril[1769]; como entidade nacional competente, designou-se o Instituto Português da Qualidade;
– a Diretriz n.º 2000/31/CE, de 8 de junho, referente a certos aspetos legais dos serviços da sociedade de informação, em especial do comércio eletrónico, no mercado interno; foi transposta pelo Decreto-Lei n.º 7/2004, de 7 de janeiro[1770].

Este último diploma toca em diversos campos, como aliás resulta do seu preâmbulo. "Serviço da sociedade da informação" é qualquer serviço prestado à distância por via eletrónica, mediante remuneração ou pelo menos no âmbito de uma atividade económica na sequência de pedido individual do destinatário (3.º/1). Trata-se de uma atividade livre (3.º/3). Vigora um princípio de livre prestação de serviços por parte de entidades estrangeiras (5.º) podendo, todavia, ser tomadas medidas restritivas, quando estejam em causa a dignidade humana, a ordem, a saúde ou a segurança pública e os consumidores (7.º/1).

III. Os prestadores de serviços em rede estão sujeitos a um regime de responsabilidade comum (11.º), enquanto os prestadores intermediários de serviços ficam exonerados de um dever geral de vigilância (12.º).
As comunicações publicitárias em rede e o *marketing* direto ficam sujeitos às regras dos artigos 20.º a 23.º.

IV. O Decreto-Lei n.º 7/2004 regulamenta ainda a contratação eletrónica (24.º a 34.º)[1771]. Alguns aspetos:

– a contratação eletrónica é livre, salvo negócios familiares e sucessórios, negócios que exijam a intervenção de entidades judiciais,

---

[1769] Ret. n.º 6-C/2000, de 31 de maio.

[1770] Trata-se de matéria transposta para o BGB; cf., em especial, o seu § 312 e; *vide* Micklitz/Tonner, *Vertriebsrecht* cit., 170 ss.. Em Itália, *vide* Alberto Parenti, *L'armomizzazione comunitaria in materia di commercio elettronico*, em Sacerdoti/Marino, *Il commercio elettronico* (2001), 77-107.

[1771] Referimos: Claudio Sconamiglio, *La conclusione e l'esecuzione del contratto telematico*, em Sica/Stanzione, *Commercio elettronico* (2002), 73-89. Recorde-se que esse diploma foi, até hoje, alterado pelo Decreto-Lei n.º 62/2009, de 10 de março e pela Lei n.º 46/2012, de 29 de agosto.

§ 51.° Comércio eletrónico e comércio fora do estabelecimento

públicas ou notariais, negócios imobiliários e garantias (25.°/1 e 2); ninguém pode ser obrigado a adotar esta via (*idem*, 3 e 4);
– as declarações eletrónicas, com suporte adequado, satisfazem a exigência legal da forma escrita (26.°/1), valendo a assinatura eletrónica (26.°/2)[1772];
– devem ser dadas informações prévias aos destinatários (28.°)[1773];
– a ordem de encomenda eletrónica deve ser confirmada pela mesma via (29.°).

Os termos contratuais e as cláusulas contratuais gerais devem ser devidamente comunicados (31.°). A oferta de produtos ou serviços em linha, quando completa, representa uma proposta contratual; quando isso não suceda, é um convite a contratar (32.°/1).

Tratando-se de contratação celebrada exclusivamente por computadores, sem intervenção humana é aplicável o regime comum (33.°/1) e as seguintes disposições sobre erro (33.°/2):

a) Na formação da vontade, se houver erro na programação;
b) Na declaração, se houver defeito de funcionamento da máquina;
c) Na transmissão, se a mensagem chegar deformada ao seu destino.

O n.° 3 merece transcrição:

> A outra parte não pode opor-se à impugnação por erro sempre que lhe fosse exigível que dele se apercebesse, nomeadamente pelo uso de dispositivos de deteção de erros de introdução.

O diploma contém algumas regras de supervisão, bem como normas sancionatórias.

V. Muitas das soluções introduzidas pelo Decreto-Lei n.° 7/2004 já eram proporcionadas pelo revogado Decreto-Lei n.° 143/2001. Além disso, é patente a natureza civil desta matéria, em consonância com as regras básicas do Código Civil. Tudo isto ficaria mais claro se obtivesse

---

[1772] Aurelio Gentile, *La "patologia" del contratto telematico (dopo il T.U. 28 dicembre 2000, n. 545)*, em Sica/Stanzione, *Commercio elettronico* (2002), 91-104.
[1773] Ivana Musio, *Obblighi di informazione nel commercio elettronico*, em Sica/ /Stanzione, *Commercio elettronico* (2002), 117-135.

650   *Dos contratos comerciais em geral*

uma codificação condigna, na lei civil geral. A sua aplicação no campo comercial não ofereceria quaisquer dúvidas.

243. Balanço; a natureza comercial

I. Como balanço geral de todo este desenvolvimento, podemos concluir que o Direito dos contratos está em perfeitas condições para reger o comércio eletrónico ou *e-commerce*. Sem dúvida que se impõem determinadas regras de tutela, particularmente dirigidas à seriedade do sistema e à tutela do consumidor.

Mas para além disso, o *e-commerce* surge apenas como uma ferramenta destinada a prolongar a mão humana, facilitando a contratação e suprimindo a distância.

II. Também no tocante à responsabilidade eventualmente provocada por atuações de âmbito eletrónico, as regras tradicionais têm sido entendidas suficientes para reger os diversos problemas[1774].

Em suma: não obstante o relativo sabor de novidade que esta matéria ainda mantém, podemos prosseguir a análise dos aspetos contratuais e de responsabilidade civil em jogo à luz do Direito privado vigente.

III. Quanto à natureza comercial dos atos envolvidos, cumpre assinalar que, paradoxalmente, nem todo o *e-commerce* é comercial. Na verdade, o uso de meios eletrónicos para contratar não altera, só por si, a natureza dos atos envolvidos. Quando estes sejam substancialmente comerciais, a comercialidade mantém-se. E caso o não sejam, não ocorre qualquer comercialidade, só pela via utilizada.

Os domínios da tutela do consumidor são civis. Trata-se dum facto demonstrado pela reforma do BGB, no ano 2001. Todavia, os reflexos comerciais são manifestos.

[1774] Entre nós, Manuel Carneiro da Frada, *Vinho novo em odres velhos? A responsabilidade civil dos "operadores de internet" e a doutrina comum da imputação de danos*, ROA 1999, 665-692. Chamando, todavia, a atenção para as insuficiências do Direito atual, Sofia de Vasconcelos Casimiro, *A responsabilidade civil pelo conteúdo da informação transmitida pela Internet* (2000), especialmente 125-130.

CAPÍTULO II
CONTRATOS ESPECIAIS DE COMÉRCIO

SECÇÃO I
TIPIFICAÇÕES

§ 52.º OS CONTRATOS COMERCIAIS E A SUA ORDENAÇÃO

244. A ordenação legal

I. A fixação de um elenco de contratos especiais de comércio levanta problemas praticamente insolúveis. Com efeito, ela recoloca toda a problemática da precisa determinação dos atos comerciais: matéria histórico-culturalmente condicionada e difícil de explicar, em moldes racionais, na maioria dos seus termos. Além disso, o *numerus apertus* vigente tornaria sempre qualquer enunciado numa sequência exemplificativa.

II. Como primeira e segura base de trabalho, temos o próprio Código Veiga Beirão. Recordemos que, na versão original, ele considerava "contratos de comércio":

– as sociedades;
– a conta em participação;
– as empresas;
– o mandato;
– as letras, livranças e cheques;
– a conta-corrente;
– as operações de bolsa;
– as operações de banco;
– o transporte;

652 *Contratos especiais de comércio*

– o empréstimo;
– o penhor;
– o depósito;
– o depósito de géneros e mercadorias nos armazéns gerais;
– os seguros;
– a compra e venda;
– o reporte;
– o escambo ou troca;
– o aluguer;
– a transmissão e reforma de títulos de crédito mercantil.

III. A matéria das sociedades foi retirada do Código Comercial: consta do Código das Sociedades Comerciais, base de um ramo jurídico autónomo.

A conta em participação é hoje objeto de um diploma legal específico: Decreto-Lei n.º 231/81, de 28 de julho, que veio regular os contratos de consórcio e de associação em participação.

As empresas referidas no artigo 230.º não devem ser consideradas contratos.

As letras, livranças e cheques são tratadas pelas leis uniformes respetivas e animam uma disciplina comercial autónoma: o Direito dos títulos de crédito, que abrangerá também a "transmissão e reforma de títulos de crédito mercantil".

As operações de bolsa incluem-se no Direito dos valores mobiliários.

As operações de banco dão azo aos contratos bancários; estes podem, comodamente, englobar a conta-corrente, o empréstimo, o penhor e o depósito: na prática, são figuras usadas pela banca. O seguro tem, hoje, lei própria, originando um ramo autónomo do Direito.

245. Contratos extravagantes; tipos sociais

I. Fora do Código Comercial, temos essencialmente seis grupos de contratos a apontar:

– o contrato de associação em participação e o contrato de consórcio, introduzidos pelo Decreto-Lei n.º 231/81, de 28 de julho, revogando a conta em participação;
– os contratos de mediação, com especial focagem no contrato de mediação imobiliária, hoje tratado pela Lei n.º 15/2013, de 8 de

§ *52.° Os contratos comerciais e a sua ordenação* 653

fevereiro, a qual veio concretizar o regime geral adotado pelo Decreto-Lei n.° 92/2010, de 26 de julho, sobre o acesso e o exercício de atividades de serviços, em transposições da Diretriz 2006/123, de 12 de dezembro;
– o contrato de agência, regulado pelo Decreto-Lei n.° 178/86, de 3 de julho, com alterações introduzidas pelo Decreto-Lei n.° 118/93, de 13 de abril;
– o contrato de locação financeira, regulado pelo Decreto-Lei n.° 149/95, de 24 de junho, com alterações introduzidas pelo Decreto-Lei n.° 265/97, de 2 de outubro, pelo Decreto-Lei n.° 285/2001, de 3 de novembro e pelo Decreto-Lei n.° 30/2008, de 25 de fevereiro;
– o contrato de cessão financeira, regulado pelo Decreto-Lei n.° 171/95, de 18 de julho, alterado pelo Decreto-Lei n.° 186/2002, de 21 de agosto e pelo Decreto-Lei n.° 157/2014, de 24 de outubro.

Podemos ainda contar com múltiplos diplomas relativos a negócios de crédito e suas garantias[1775].

II. A associação em participação e o consórcio têm natureza organizativa, a explicitar. Surgem na sequência da conta em participação, à qual o primeiro veio suceder, o que lhes confere natureza comercial. O contrato de agência tem uma flagrante ligação com a figura geral do mandato comercial – artigos 231.° e seguintes – embora sirva, também, a distribuição. Por isso, mesmo considerando que apenas a tradição pode valer, a um contrato, o especial qualificativo "comercial", não oferece dúvidas a sua inclusão no elenco aqui em jogo[1776].

No que respeita aos contratos bancários: trata-se de contratos comerciais, de acordo com a qualificação genérica do artigo 362.°. Por razões pragmáticas vamos, todavia, incluí-los em obra autónoma sobre Direito bancário[1777].

[1775] Menezes Cordeiro/Carla Morgado, *Leis da banca anotadas*, 3.ª ed. (2005), 759 ss..

[1776] Aliás e como veremos, o contrato de agência consta de outros códigos comerciais, com relevo para o alemão.

[1777] *Direito bancário*, 5.ª ed., 532 ss. e 601 ss..

654   *Contratos especiais de comércio*

III. Sem regulação legal expressa, podemos ainda apontar as seguintes figuras normalmente usadas por comerciantes, no exercício da sua profissão:

– contratos de promoção: o patrocínio, a publicidade e certas modalidades de mediação;
– contratos de distribuição: a concessão comercial e a franquia;
– contratos de organização: o lojista em centro comercial, a engenharia e certas modalidades de empreitada.

Os contratos de organização referenciados são acentuadamente atípicos. Os contratos de promoção têm vindo a obter regimes tipificados em leis de defesa do consumidor. Embora constituam o principal impulsionador do comércio, eles tendem a cair no campo civil: têm, de facto, um âmbito genérico de aplicação[1778].

246. A ordenação proposta

I. Procurando conciliar a tradição que nos vem do Código Veiga Beirão, base existencial do próprio Direito mercantil, com o relevo prático de alguns tipos extravagantes e sociais e o pragmatismo na distribuição da matéria por disciplinas, vamos proceder à ordenação seguinte[1779]:

– a representação e o mandato comerciais;
– o contrato de mediação;
– os contratos de organização;
– os contratos de distribuição;
– os contratos bancários;
– o contrato de transporte;
– o contrato de seguro;
– os contratos de compra e venda e de troca;
– o contrato de reporte;
– a locação comercial.

[1778] *Tratado* II, 4.ª ed., 110 ss..

[1779] Pedro Romano Martinez, *Contratos comerciais* (2001), estuda, por esta ordem: concessão, agência, franquia, utilização em espaços comerciais, *know-how*, consórcio, transporte, publicidade, patrocínio, edição, mútuo, locação financeira, cessão financeira, seguro e garantia autónoma.

§ 52.º Os contratos comerciais e a sua ordenação 655

II. O mandato comercial permite referir a representação e as diversas figuras tradicionais que se lhe acolhem. Na mediação, além do tronco comum, usaremos algumas das suas modalidades tipificadas na lei. Mas deixaremos a mediação dos seguros para o capítulo relativo ao contrato de seguro. Nos contratos de organização incluímos o consórcio, a associação em participação e o contrato de lojista em centro comercial.

Entre os contratos de distribuição inserimos a agência, a concessão comercial e o contrato de franquia (*franchising*).

Os contratos bancários abrangem, para além das figuras legais ou sociais mais usadas pelos banqueiros, os contratos comerciais de conta-corrente, de empréstimo, de penhor e de depósito.

As demais figuras centrar-se-ão no Código Comercial.

III. A sequência irá seguir o enunciado realizado. Os contratos bancários serão, todavia, objeto de remissão para o nosso *Direito bancário*. Do mesmo modo, apenas abordaremos alguns aspetos introdutórios sobre o seguro: a matéria a ele relativa é remetida para o nosso *Direito dos seguros*. As sociedades pertenciam já ao nosso *Direito das sociedades*, em dois volumes.

SECÇÃO II

A REPRESENTAÇÃO E O MANDATO COMERCIAIS

§ 53.º A REPRESENTAÇÃO EM GERAL

247. Generalidades; evolução geral da representação

I. No Direito comercial, a representação assume um papel de relevo. O comerciante, designadamente quando atinja e ultrapasse a média dimensão, não pode praticar por si todos os atos comerciais próprios do seu giro: terá de ser representado. A representação para efeitos da prática de atos de comércio – ou a representação comercial – assume, nos diversos ordenamentos, certas especialidades[1780].

No caso português – e salvo o que, no final, se dirá – tais especialidades são, porventura, muito marcadas. Só poderemos, todavia, surpreendê-las através da evolução histórica.

II. Em termos muito gerais, podemos considerar que o Direito romano não conhecia a representação[1781]. Esta veio a ser construída no período intermédio, graças aos esforços dos canonistas e, depois, dos jusracionalistas. E dessa construção resulta a ligação ao mandato: sendo incumbido, pelo mandante, de executar determinada tarefa, o mandatário

---

[1780] Com indicações, Josef Drexl/Tobias Mentzel, *Handelsrechtliche Besonderheiten der Stellvertretung*, JURA 2002, 289-296 e 375-381 e Canaris, *Handelsrecht*, cit., 24.ª ed., 221 ss..

[1781] *Tratado* V 2.ª ed., 65 ss., com indicações e, em especial: Pedro de Albuquerque, *A representação voluntária em Direito civil (Ensaio de reconstrução dogmática)* (2004), 43 ss..

§ 53.º A representação em geral

recebia o poder de o representar, isto é, de praticar atos cujos efeitos se repercutiriam, de modo direto, na esfera do mandante. Esta posição, na sequência dos estudos de Jhering[1782] e de Laband[1783], veio a ser revista e aperfeiçoada: o mandato é um contrato que obriga o mandatário a desenvolver uma tarefa jurídica, mas não envolve poderes de representação; estes advêm de um negócio unilateral – a procuração – que, só por si, a nada obriga. Pode, pois, haver mandato com e sem representação e representação com e sem mandato.

Tal esquema foi aceite pela pandetística e passou daí ao BGB, sendo comum nos Direitos de tipo germânico: pelo contrário, ele não se implantou no domínio napoleónico, onde a representação continua a decorrer do mandato[1784]. É à luz deste estado de coisas que deve ser considerada a experiência portuguesa.

III. Na literatura clássica anterior ao Código de Seabra, encontramos referências muito escassas à representação. Em Corrêa Telles e em Coelho da Rocha, o próprio termo "representação" era reportado, apenas, à representação sucessória.

A concessão de esquemas de representação era, todavia, bem conhecida. Efetiva-se através do mandato. Este conferiria poderes ao "procurador" ou "feitor"[1785]. Segundo Coelho da Rocha[1786],

> *Mandato* é o contracto, pelo qual uma pessoa se encarrega de praticar em nome de outra certo acto, ou de administrar um ou mais negocios alheios. Aquelle, que encarrega o negocio, chama-se *constituinte*, ou *mandante*: e aquelle que o acceita chama-se *procurador*, ou *mandatario*: e o titulo que o mandante entrega para este effeito, chama-se procuração.

[1782] Rudolf von Jhering, *Mitwirkung für fremde Rechtsgeschäfte*, JhJb 1 (1857), 273-350 e 2 (1858), 67-180 (2, 131 ss.).

[1783] Paul Laband, *Die Stellvertretung bei dem Abschluss von Rechtsgeschäften nach dem allgem. Deutsch. Handelsgesetzbuch*, ZHR 10 (1866), 193-241 (203 ss.).

[1784] *Tratado* IV, 33 ss..

[1785] J. H. Corrêa Telles, *Digesto Portuguez*, III (1909, correspondente à ed. de 1845), 86 ss. (artigos 599 ss.).

[1786] M. A. Coelho da Rocha, *Instituições de Direito Civil Portuguez*, II, 8.ª ed. (1917, correspondente à 2.ª ed. de 1848), § 792 (540); o Autor dá, aí, conta da escassez de elementos existentes quanto ao mandato o que, todavia, não era totalmente exato; cf. os elementos reportados por Fernando Pessoa Jorge, *O mandato sem representação* (1961), 75 ss..

658   *Contratos especiais de comércio*

O Código de Seabra, beneficiando já da elaboração napoleónica, foi mais longe[1787]. Nos artigos 645.° e 646.°, a propósito da capacidade dos contraentes, veio dispor, respetivamente:

> Os contractos podem ser feitos pelos outorgantes pessoalmente, ou por interposta pessoa devidamente auctorisada

e

> Os contractos feitos em nome de outrem, sem a devida auctorisação, produzem o seu effeito, sendo ratificados antes que a outra parte se retracte.

A representação voluntária surgia, todavia, a propósito do contrato de mandato ou procuradoria. Dispunha o artigo 1318.°,

> Dá-se contracto de mandato ou procuradoria, quando alguma pessoa se encarrega de prestar, ou fazer alguma cousa, por mandado e em nome de outrem. O mandato póde ser verbal ou escripto.

As relações entre o mandato e a procuração resultavam do artigo 1319.°, que passamos a recordar:

> Diz-se procuração o documento, em que o mandante ou constituinte exprime o seu mandato. A procuração póde ser publica ou particular.

A matéria vinha regulada em pormenor, nos artigos subsequentes.

IV. A penetração do pensamento pandetista, a propósito da representação, foi, entre nós, relativamente lenta. Num primeiro momento, apenas podemos sublinhar a passagem de certos desenvolvimentos exegéticos da área do mandato para a dos artigos 645.° e 646.°[1788].

Guilherme Moreira divulgou, na nossa linguagem jurídica, o termo "representação", definindo os seus grandes parâmetros[1789]. Por influência manifesta da lei, mantém a representação voluntária como tendo a sua

---

[1787] *Tratado* V, 2.ª ed., 89 ss..

[1788] Como exemplo, Dias Ferreira, *Código Civil Portuguez Annotado*, 2, 2.ª ed. (1895), 8 (sem desenvolvimento) e 3, 2.ª ed. (1898), 5 ss. e Cunha Gonçalves, *Tratado de Direito civil*, 4 (1931), 189 ss..

[1789] Guilherme Moreira, *Instituições de Direito civil* cit., 1, § 38 (449 ss.).

§ 53.° A representação em geral

principal origem no mandato ou procuração[1790]; todavia, ele logo chama a atenção para o facto de nem sempre o mandato envolver representação: o mandatário poderia encarregar-se de celebrar o negócio jurídico no seu próprio nome[1791].

O próprio Manuel de Andrade pouco mais avançou e isso já em plena preparação do Código Civil[1792].

V. Apenas nos meados do século XX, Inocêncio Galvão Telles, ensinando a matéria dos contratos[1793] e Ferrer Correia, estudando o tema da procuração, procederam a uma clara contraposição entre esta e o mandato[1794]. O pensamento de Jhering, completado com o de Laband, foram expostos, bem como os esquemas adotados pelo Código Civil alemão e pelo italiano.

Nessa sequência, Galvão Telles, no âmbito da preparação do Código Civil, propôs uma clara distinção entre a procuração, fonte de poderes de representação e o mandato[1795]. A proposta foi acolhida também no anteprojeto de Rui de Alarcão[1796].

[1790] *Idem*, 451. Tem ainda interesse, nesta fase, confrontar o desenvolvimento de José Tavares, *Os princípios fundamentais do Direito civil*, 2 (1928), 439 ss..

[1791] Referindo Autores anteriores, Fernando Pessoa Jorge, *O mandato sem representação* cit., 73, nota 96, chama a atenção para uma tradição, radicada em França e, até, entre nós, e anterior a Jhering, de distinguir o mandato da procuração e da representação.

[1792] Manuel de Andrade, *Teoria geral da relação jurídica* (1972, 3.ª reimp. da ed. de 1960), 285 ss. (293).

[1793] Inocêncio Galvão Telles, *Dos contratos em geral*, 1.ª ed. (1947), Capítulo VIII; *vide* deste Autor, a 3.ª ed. dessa obra, sob o título *Manual dos contratos em geral* (1965), 311.

[1794] A. Ferrer Correia, *A procuração na teoria da representação voluntária*, BFD XXIV (1948), 253-293 (258 ss.); trata-se da "lição" proferida pelo seu Autor no concurso para professor extraordinário da Faculdade de Direito de Coimbra. E assim – infelizmente – ele não contém as precisas fontes bibliográficas usadas por Ferrer, na sua preparação. No entanto, parece patente o uso de diversos autores italianos, numa asserção confirmada pelas indicações de obras feitas no final.

[1795] Inocêncio Galvão Telles, *Contratos civis*, RFDUL X (1954), 161-245 (232-233) = BMJ 83 (1959), 114-283 (174-175).

[1796] Rui de Alarcão, *Erro, dolo e coacção – representação – objecto negocial – negócios usurários – condição/Anteprojectos para o novo Código Civil*, BMJ 102 (1961), 167-180 (171 ss.) e *Breve motivação do anteprojecto sobre o negócio jurídico na parte relativa ao erro, dolo, coacção, representação, condição e objecto social*, BMJ 138 (1964), 71-122 (103).

O período concluir-se-ia da melhor forma com o estudo de Pessoa Jorge sobre o mandato sem representação[1797].

VI. O Código Civil de 1966, no termo de toda esta evolução, acolheu o sistema germânico da distinção entre procuração, fonte da representação – artigos 262.º e seguintes – e mandato, modalidade de contrato de prestação de serviço – artigos 1157.º e seguintes – que pode ser com ou sem representação – artigos 1178.º e seguintes e 1180.º e seguintes, respetivamente[1798]. Trata-se de um dado hoje pacífico[1799]. De todo o modo, a passagem de um modelo de tipo napoleónico para o germânico não implicou sobressaltos nem operou passivamente.

Já no âmbito do Código de Seabra, a doutrina sublinhara que o "mandato" era "... um dos raros contratos em que a aceitação da outra parte, neste caso a do mandatário, não figura, em regra, no título em que pelo mandante foram conferidos os poderes, nem tem de ser expressa"[1800]. Tudo se predispunha para o surgimento da procuração como um negócio unilateral, a distinguir do mandato[1801].

Após a entrada em vigor do Código de 1966, mantiveram-se algumas situações de confusão entre mandatários e procuradores: o chamado mandato judicial envolve poderes de representação enquanto, por exemplo, os "mandatários" referidos no artigo 1253.º, c), do Código Civil, são, necessariamente, os que atuem no âmbito de um mandato com representação.

E também no Código Comercial se manteve uma noção pré-pandetística de mandato, como veremos.

248. Requisitos, distinções e regime comum

I. Na representação impõem-se, fundamentalmente, três requisitos[1802]:

[1797] *Supra*, nota 1786.

[1798] *Tratado* V, 2.ª ed., 90 ss..

[1799] *Vide* STJ 17-jun.-2003 (Camilo Moreira Camilo), CJ/Supremo XI (2003) 2, 109-112 (110/II).

[1800] Luiz da Cunha Gonçalves, *Tratado de Direito Civil*, 12 (1933), 388.

[1801] Na jurisprudência, a contraposição entre a procuração e o mandato consta de STJ 5-mar.-1996 (Torres Paulo), CJ/Supremo IV (1996) 1, 111-115 (112/II).

[1802] *Tratado* V, 2.ª ed., 114 ss..

§ 53.° A representação em geral

– uma atuação em nome de outrem[1803]: o representante deve agir esclarecendo a contraparte e os demais interessados que o faz para que os efeitos da sua atuação surjam na esfera do representado; se o representante não invocar expressamente essa sua qualidade, já não haverá representação;
– por conta dele: o representante, além de invocar agir em nome de outrem, deve fazê-lo no âmbito da autonomia privada daquele: atua como o próprio representado poderia, licitamente, fazê-lo[1804]; não há representação, por exemplo, quando o tribunal executa especificamente, nos termos do artigo 830.° do Código Civil, um contrato--promessa;
– e dispondo o representante de poderes para o fazer: tais poderes podem ser legais ou voluntariamente concedidos pelo representado; mas têm de existir.

II. O termo "representação" conhece diversos usos, em Direito, alguns dos quais menos corretos. A matéria pode ser esclarecida através de distinções. Assim, temos:

– a representação legal: trata-se do conjunto de esquemas destinados a suprir a incapacidade dos menores; ela compete aos pais – artigos 1878.°/1 e 1881.°/1, do Código Civil – e deve ser atuada em certos moldes; tais esquemas também funcionam, com determinadas adaptações, perante interditos – artigos 139.° e 144.°;
– a representação orgânica: as pessoas coletivas são representadas, em princípio, pela administração – artigo 163.° do Código Civil[1805]; em rigor não há, aqui, "representação", uma vez que os "representantes" integram órgãos da "representada"; todavia, há um esquema de imputação de efeitos que, histórica e dogmaticamente, deve

---

[1803] *Nomine alieno* ou havendo *contemplatio domini*.

[1804] Evitamos, assim, referir uma atuação "no interesse" do representado; poderá sê-lo ou não, consoante as circunstâncias; em compensação, este requisito parece-nos útil. Mota Pinto, *Teoria geral do Direito civil*, 4.ª ed., por António Pinto Monteiro e Paulo Mota Pinto (2005), 540 ss. exige, apenas, a atuação em nome de outrem.

[1805] Artigos 192.°/1 (sociedades em nome coletivo), 252.°/1 (por quotas), 405.°/1 e 2 (anónimas de tipo latino), 431.°/1 e 2 (anónimas de tipo germânico), e 474.° e 479.° (em comandita); *vide* o nosso *Da responsabilidade civil dos administradores das sociedades comerciais* cit., 367 ss..

muito à representação; a ela há que recorrer, para esclarecer vários aspetos do seu regime;

– a representação voluntária ou em sentido próprio: a que tenha, na sua base, a concessão, pelo representado e ao representante, de poderes de representação.

A representação voluntária traduz a matriz tendencialmente aplicável às outras formas de "representação", as quais, em rigor, são já um fenómeno distinto, com regras próprias. Na verdade, a antiga tutela romana pressupunha atos praticados em nome do próprio *tutor*, equiparado ao *pater*; este, por seu turno, agia sempre em nome próprio. Foi, pois, uma generalização, nem sempre precisa: o alargamento da ideia de uma atuação *nomine alieno*.

Esta generalização surge, na forma, sancionada pelo Código Civil: o dispositivo dos artigos 258.º e seguintes, fundamentalmente moldado sobre a representação voluntária, aplica-se, em moldes tendenciais, a todas as "representações"[1806]: mas apenas caso a caso e na base da analogia.

III. A representação distingue-se de diversas figuras próximas ou afins, que implicam, igualmente, atuações por conta de outrem. Assim[1807]:

– da chamada representação mediata ou imprópria: aí, uma pessoa, normalmente por via de um mandato, age por conta da outra mas em nome próprio; as pessoas que, com ela, contratem desconhecem a existência de um mandato; concluído o negócio, o mandatário deverá, através de novas atuações jurídicas, proporcionar a aquisição pretendida pelo próprio mandante[1808]; cf. o artigo 1182.º, do Código Civil;
– da gestão de negócios representativa: o agente – o gestor – atua em nome do dono, mas sem dispor – e sem invocar – poderes de representação; os negócios que pratique inscrevem-se na esfera do *dominus*, se houver ratificação – artigo 471.º, do Código Civil;

[1806] Pires de Lima/Antunes Varela, *Código Civil Anotado*, 1, 4.ª ed. (1987), 240 ss..

[1807] Larenz/Wolf, *Allgemeiner Teil des Bürgerlichen Rechts* cit., 9.ª ed., 840 ss.; entre nós, em especial, Manuel de Andrade, *Teoria geral* cit., 2, 291 ss..

[1808] Esta atuação poderá ter por fito o escamotear a presença do mandante em determinado negócio; fala-se, então, em "testa-de-ferro"; na Alemanha, em "homem de palha" (*Strohmann*).

§ 53.° A representação em geral

– do contrato para pessoa a nomear: uma parte, aquando da celebração de um contrato, reserva-se o direito de nomear um terceiro que adquira os direitos e assuma as obrigações provenientes desse contrato – artigo 452.°/1, do Código Civil; os efeitos não se repercutem automaticamente na esfera do nomeado: antes se exigem uma declaração de nomeação e, ainda, um instrumento de ratificação ou de procuração anterior ao contrato – artigo 453.°, do mesmo Código;

– do recurso a núncio: o núncio limita-se a transmitir uma mensagem – eventualmente com uma declaração negocial por conteúdo; ao contrário do representante, o núncio não tem margem de decisão: limita-se a comunicar o que tenha recebido; finalmente, o erro do núncio na transmissão conduz ao regime específico do artigo 250.°, do Código Civil.

IV. O negócio jurídico celebrado pelo representante em nome do representado, nos limites dos poderes que lhe competem, produz os seus efeitos na esfera jurídica do representado – artigo 258.°. Trata-se do aspeto básico da representação. A repercussão dos negócios na esfera do representado tem duas características:

– é imediata: independentemente de quaisquer circunstâncias, ela opera no preciso momento em que o negócio funcione;

– é automática: não se exige qualquer outro evento para que ela ocorra.

Frente a frente – ainda que do mesmo lado do negócio – aparecem-nos dois intervenientes: o representado e o representante. Pergunta-se em qual das duas e respetivas vontades se devem verificar os competentes requisitos. Pela teoria do dono do negócio, apenas a vontade do representado teria relevância; pela da representação, contaria tão-só a vontade do representante. O Código Civil deu corpo a uma combinação de ambas, no seu artigo 259.°:

1. À exceção dos elementos em que tenha sido decisiva a vontade do representado, é na pessoa do representante que deve verificar-se, para efeitos de nulidade ou anulabilidade da declaração, a falta ou vício da vontade, bem como o conhecimento ou ignorância dos factos que podem influir nos efeitos do negócio.

664   *Contratos especiais de comércio*

Parte-se, pois, da teoria da representação; todavia, admitindo-se que a vontade do representado possa ter contribuído para o resultado final – e, designadamente, quando o representado tenha dado instruções ao representante, instruções essas que tenham tido efetiva relevância no ato praticado – também neste terão de operar os requisitos negociais.

A má-fé do representado – artigo 259.º/2 – prejudica sempre, mesmo que o representante esteja de boa-fé. De igual modo, a má fé deste prejudica, também, sempre. "Má-fé" está, aqui, aplicada em termos muito amplos: exprime o conhecimento, o desconhecimento culposo e, em geral, a prática de quaisquer ilícitos.

V. Numa situação de representação, o representante age, de modo expresso e assumido, em nome do representado: dá a conhecer o facto da representação. O destinatário da conduta tem, então, o direito, nos termos do artigo 260.º/1, do Código Civil, de exigir que o representante, dentro de prazo razoável, faça prova dos seus poderes: doutra forma, a declaração não produzirá efeitos. Trata-se de um esquema destinado, por um lado, a dar credibilidade à representação e, por outro, a evitar situações de incerteza quanto ao futuro do negócio, sempre que tarde a surgir a prova dos poderes invocados pelo representante. Este preceito deixa ainda clara a necessidade da existência de tais poderes.

Constando os poderes de representação de um documento, pode o terceiro exigir uma cópia dele, assinada pelo representante – artigo 260.º/2. Reforça-se a confiança do terceiro e encontra-se um esquema destinado a melhor responsabilizar o representante.

VI. Nas relações internacionais (privadas), cumpre chamar a atenção para a Convenção de Haia sobre a Lei Aplicável aos Contratos de Mediação e à Representação, de 14-mai.-1978, a qual foi aprovada, para ratificação, pelo Decreto n.º 101/79, de 18 de setembro[1809].

VII. Temos uma distinção importante, a propósito da procuração: a que conceda poderes gerais e a que confira poderes especiais. A primeira permite ao representante a prática de uma atividade genérica, em nome e

---

[1809] DR I Série, n.º 216, de 18-set.-1979, 2381-2388. Quanto à sua aplicação: STJ 15-fev.-2005 (Alves Velho), CJ/Supremo XIII (2005) 1, 73-75.

§ 53.° A representação em geral 665

por conta do representado; a segunda destina-se à prática de atos específicos. O Código de Seabra, no seu artigo 1323.°, distinguia expressamente a procuração geral da especial. A distinção era importante porque, segundo o artigo 1325.° daquele Código, a procuração geral só podia autorizar atos de mera administração.

No Código Civil vigente, vamos encontrar essa contraposição a propósito do mandato. Segundo o seu artigo 1159.°,

1. O mandato geral só compreende os atos de administração ordinária.

2. O mandato especial abrange, além dos atos nele referidos, todos os demais necessários à sua execução.

Esta distinção é aplicável à procuração[1810], na base de um argumento histórico, de um argumento sistemático e de um argumento lógico *a fortiori*. Historicamente, recordamos os acima citados artigos 1323.° e 1325.° do Código de Seabra e o facto de toda esta matéria se ter vindo a desenvolver a partir do mandato. O argumento sistemático aponta a unidade natural que deve acompanhar o mandato com representação: o mandatário irá receber os poderes necessários para executar cada ponto do mandato. Finalmente, o argumento lógico explica que não faz sentido ter uma lei mais exigente para um mero serviço – o mandato – do que para os poderes de representação, que podem bulir com razões profundas de interesse público e privado.

249. O negócio-base; regras quanto ao procurador e à sua substituição

I. O Código Civil, na linha da evolução pandetística iniciada por Jhering, veio a cindir a procuração do mandato: a primeira promove a concessão de poderes de representação; o segundo dá azo a uma prestação de serviço. Como também já referimos, esta evolução não foi total. Assim, a lei pressupõe que, sob a procuração, exista uma relação entre o representante e o representado, em cujos termos os poderes devam ser exercidos: veja-se, a tal propósito, o artigo 265.°/1. Teoricamente, poderíamos assistir a uma atribuição puramente abstrata de poderes de representação; toda-

---

[1810] Parece ser esse, também, o entendimento de Castro Mendes, *Direito civil (Teoria Geral)*, 3 (1968), 405, embora sem apresentar, aí, as suas razões.

666 Contratos especiais de comércio

via, tal "procuração pura" não daria, ao procurador, qualquer título para se imiscuir nos negócios do representado.

A efetiva concretização dos poderes implicados por uma procuração pressupõe um negócio nos termos do qual eles sejam exercidos: o negócio-base.

II. Normalmente, o negócio-base será um contrato de mandato. A procuração e o mandato ficarão, nesse momento, numa específica situação de união. Nessa altura, a própria lei – artigos 1178.° e 1179.°, do Código Civil – manda aplicar ao mandato regras próprias da procuração; as vicissitudes desta vêm bulir com o mandato[1811]. Podemos ir mais longe: a extensão da procuração, as suas vicissitudes[1812], a natureza geral ou especial dos poderes que ela implique e o modo por que eles devam ser exercidos dependerão, também, do contrato-base.

Além do mandato, outras relações básicas vêm referidas na jurisprudência[1813] e na doutrina, com destaque para o contrato de trabalho e para as situações jurídicas da administração das sociedades. Aí, a prática distingue: tratando-se de poderes gerais, com relevo apenas para a denominada "administração ordinária", a representação resultará da própria situação considerada. Os "poderes especiais", designadamente para a prática de atos de alienação, exigirão pelo contrário, um ato explícito do representado.

III. O artigo 265.°/1 e 2, do Código Civil, prevê três fórmulas para a extinção da procuração:

– a renúncia do procurador;
– a cessação do negócio-base;
– a revogação pelo representado.

O procurador pode sempre renunciar à procuração. O Direito versa a relação de representação como eminentemente pessoal e, nessa medida, assente numa confiança mútua. Corolário desse estado de coisas seria, justamente, a possibilidade de qualquer das partes, a todo o tempo, lhe

---

[1811] De salientar, também, o artigo 1165.°: o mandatário pode, na execução do mandato, fazer-se substituir por outrem ou servir-se de auxiliares, nos mesmos termos em que o procurador o pode fazer.

[1812] Assim, STJ 16-abr.-1996 (Matos Canas), CJ/Supremo V (1996) 2, 19-23 (22/I): suspenso o mandato, suspensa fica a procuração.

[1813] RLx 6-mar.-2012 (Maria João Areias), Proc. 148/09.

§ 53.º A representação em geral   667

poder pôr cobro. Todavia, na prática, as coisas não se processam deste modo. As procurações são, muitas vezes, passadas a profissionais, especialistas nos atos de cuja prática se trate e, como tal, remunerados. A renúncia súbita a uma procuração pode prejudicar o representado. Assim, teremos de entender que, sem prejuízo para a regra da livre renunciabilidade aos poderes, por parte do procurador, este poderá ter de indemnizar se causar danos e a sua responsabilidade emergir da relação-base. Tratando-se de um mandato com representação, por exemplo, a renúncia à procuração implica a sua revogação – artigo 1179.º – aplicando-se, consequentemente, o artigo 1172.º, quanto à obrigação de indemnização.

IV. A cessação do negócio-base implica o termo da procuração que, em princípio, não se mantém sem aquele. A lei admite, todavia, que a procuração subsista "se outra for a vontade do representado". Nessa altura, os poderes mantêm-se, aguardando o consubstanciar de outra situação de base que dê sentido ao seu exercício.

O quadro das fórmulas da cessação da procuração e dos poderes de representação que ela envolve devem, assim, completar-se com recurso às causas extintivas dos negócios subjacentes. Tratando-se do mandato – a hipótese mais frequente – recordamos que, nos termos do artigo 1174.º, do Código Civil, ele caduca por morte ou interdição do mandante ou do mandatário ou pela inabilitação do mandante, se o mandato tiver por objeto atos que não possam ser praticados sem intervenção do curador. Todavia, o artigo 1175.º contém uma importante exceção: a morte, interdição ou inabilitação do mandante não faz caducar o mandato quando este tenha sido conferido também no interesse do mandatário ou de terceiro; nos outros casos, a caducidade só opera quando o mandatário tenha conhecimento do evento ou quando da caducidade não possam resultar prejuízos para o mandante ou seus herdeiros.

Estas regras aplicam-se à procuração, no caso de morte, interdição ou inabilitação do representado[1814]: seja diretamente, quando, subjacente, haja mandato, seja por analogia, nos outros casos[1815].

[1814] Assim: STJ 7-mar.-1995 (César Marques), CJ/Supremo III (1995) 1, 113-116 (115/II).

[1815] A doutrina e a jurisprudência alemãs, mau grado a carência de bases legais, chegam a conclusões similares. Vide Larenz/Wolf, *Allgemeiner Teil* cit., 9.ª ed., 883 ss., com indicações.

A morte, interdição ou incapacidade natural do representante, por aplicação também direta ou analógica do artigo 1176.º/1, do Código Civil, obriga os herdeiros deste a prevenir o representado e a tomar as providências adequadas, até que ele próprio esteja em condições de providenciar; o n.º 2 do preceito citado faz recair esse dever sobre as pessoas que convivam com o mandatário, no caso de incapacidade natural deste.

E na pluralidade de representantes, funcionará o artigo 1177.º[1816]: a procuração caduca em relação a todos, ainda que a causa de caducidade respeite apenas a um deles, salvo se outra for a vontade do representado.

V. A revogação da procuração pelo representado é o contraponto da livre renunciabilidade, acima referida: também ela se explica pela natureza de confiança mútua postulada pela representação voluntária. O artigo 265.º/2 não deixou margem para dúvidas: a revogação é livre "... não obstante convenção em contrário ou renúncia ao direito de revogação". Trata-se, aliás, dos mesmos termos usados pelo artigo 1170.º/1 do Código Civil, a propósito da livre revogabilidade do mandato. Nessa ocasião, haverá que observar, quanto a eventuais indemnizações, o regime aplicável ao negócio-base. Perante um mandato, os artigos 1179.º e 1172.º determinarão um dever de indemnizar.

A propósito da revogação da procuração, o artigo 265.º/3, do Código Civil, prevê a hipótese de uma procuração conferida também no interesse do procurador ou de terceiro. Este preceito só faz sentido por, segundo o legislador, existir, subjacente à procuração, um contrato-base ou situação a ele equiparável. Nos termos desse contrato-base, podem surgir poderes de representação concedidos a uma pessoa como uma parcela de um todo mais vasto. O exercício da representação e os moldes em que, pelo contrato-base, ele se possa efetivar, podem traduzir uma vantagem para o próprio representante ou para um terceiro. Nessa altura, a revogação só pode operar havendo justa causa, isto é: surgindo um fundamento, objetivo ou subjetivo, que torne inexigível a manutenção dos poderes conferidos. De novo encontramos um paralelo claro com o disposto para o mandato, no artigo 1170.º/2, do Código Civil.

VI. A revogação – tal como a renúncia – pode ser expressa ou tácita. O artigo 1171.º, a propósito do mandato, consigna uma modalidade de

---

[1816] Com as necessárias adaptações.

§ 53.º A representação em geral   669

revogação que considera "tácita": a de ser designada outra pessoa para a prática dos mesmos atos. Pensamos que esta norma tem aplicação à procuração: o representado que designe outro procurador para a prática dos mesmos atos está, implicitamente, a revogar a procuração primeiro passada. Por aplicação analógica daquele mesmo preceito, a revogação só produz efeitos depois de ser conhecida pelo mandatário.

VII. Em qualquer caso, sobrevindo a cessação de uma procuração, o representante deve restituir, ao representado, o documento de onde constem os seus poderes. Trata-se de uma norma que resulta do artigo 267.º, do Código Civil, e que se destina a evitar que terceiros possam ser enganados, quanto à manutenção de poderes de representação.

O artigo 267.º/1, do Código Civil, refere, apenas, a hipótese da procuração ter "caducado". Subjacente está a ideia de que a extinção atinge o negócio subjacente, arrastando, com isso, a caducidade da procuração. Supomos não haver dificuldades em alargar esse dispositivo às diversas formas de extinção de uma procuração.

250. A tutela de terceiros

I. A procuração destina-se a permitir, ao representante, celebrar, em nome e por conta do representado, atos com terceiros. É um dado importante: a procuração não pode ser tratada como uma exclusiva relação entre representante e representado. A modificação ou a cessação súbitas de uma procuração podem contundir com a confiança de terceiros que, crentes na manutenção dos poderes de representação antes existentes, tivessem mantido uma atividade jurídica com o representante.

Procurando contemplar os interesses e a confiança desses terceiros, mas sem descurar a posição do representado, o Código Civil, no seu artigo 266.º, estabeleceu as seguintes regras:

– havendo modificações ou revogação da procuração – portanto: de atuações que dependam da iniciativa do representante – devem elas ser levadas ao conhecimento de terceiros por meios idóneos; esta regra deve ser entendida como um encargo em sentido técnico[1817],

---

[1817] *Tratado* I, 4.ª ed., 918 ss..

uma vez que da sua inobservância apenas deriva uma inoponibilidade das modificações ou da revogação: "... sob pena de lhes não serem oponíveis senão quando se mostre que delas tinham conhecimento no momento da conclusão do negócio – n.º 1;

– nos restantes casos de extinção da procuração, não se refere um expresso dever de dar a conhecer aos terceiros; não obstante, elas não podem ser opostas ao terceiro que "... sem culpa, as tenha ignorado" – n.º 2[1818].

Aparentemente, a diferença reside no regime do ónus da prova; na hipótese do n.º 1, o representado terá de provar que os terceiros conheciam a revogação; no segundo, a invocação da boa-fé caberá aos terceiros.

II. Temos, aqui, uma norma especial de tutela da confiança, na base da aparência jurídica, que vai bastante mais longe do que o permitido, em geral, pelo Direito português.

O Código Civil alemão, muitas vezes considerado como especialmente dirigido para a tutela da aparência, consigna, nos seus §§ 170 a 173, um esquema de tutela dos terceiros mais parcimonioso[1819].

Como ponto de partida, o § 167 do BGB admite que o poder de representação seja conferido através de uma declaração dirigida ao terceiro, perante o qual a representação deva intervir. Assim sendo e pelo § 170, a procuração produzirá efeitos perante este terceiro, até que a sua cessação lhe seja comunicada.

O § 171 prevê a hipótese do representado, por notificação especial dirigida a um terceiro ou por anúncio público, ter feito saber que conferiu o poder de o representar a outra pessoa; o poder de representação subsiste enquanto não for revogado de forma idêntica. O § 172 assimila a uma notificação especial o facto de o representado ter entregue ao representante um

---

[1818] A jurisprudência entende que não há, aqui, qualquer presunção de ignorância; o terceiro que queira beneficiar deste esquema terá de invocar e de provar o seu desconhecimento, nos termos gerais: STJ 7-mar.-1995 (César Marques), CJ/Supremo III (1995) 1, 113-116 (116/II).

[1819] *Vide*, com múltiplas indicações, Staudinger/Schilken, *BGB*, I, §§ 164-240 (2004), § 170, Nr. 1 ss. (157 ss.) e Karl-Heinz Schramm, no *Münchener Kommentar zum BGB*, 5.ª ed. (2006), § 170 (2117 ss.).

§ 53.° A representação em geral

título de procuração e de este o ter exibido ao terceiro: a representação subsiste até que o título seja restituído ou declarado sem efeitos.

Finalmente, o § 173 esclarece que as regras apontadas não funcionam quando o terceiro tivesse ou devesse ter conhecimento da cessação da procuração.

As figuras da procuração aparente e da procuração tolerada não se reconduzem diretamente a estes preceitos; elas serão, depois, examinadas.

O artigo 266.° do Código Civil derivou, antes, do artigo 1396.° do Código Civil italiano[1820], que reproduz quase à letra. Procurando explicá-lo, a doutrina de Itália apela seja para o facto de a procuração ser, normalmente, comunicada ao terceiro interessado, seja mesmo para a tese de que a declaração de extinção tem o terceiro como destinatário.

III. Para tentar explicar a produção de efeitos da procuração cuja extinção, por não ter sido comunicada aos terceiros interessados, mantém eficácia, surgiram duas teorias:

– a teoria da aparência jurídica;
– a teoria do negócio jurídico.

A teoria da aparência jurídica foi inicialmente defendida por Wellspacher[1821], sendo hoje considerada dominante[1822]. No essencial, ela entende que a procuração se extinguiu efetivamente; todavia, mercê da aparência e para tutela de terceiros, ela mantém alguma eficácia.

A teoria do negócio jurídico, presente em Flume, entende, pelo contrário, que a procuração só se extingue, pelo menos em vários casos, quando a sua cessação seja conhecida pelos terceiros a proteger[1823]. Trata-se de uma orientação que pode invocar determinados apoios legais, perante o BGB: este diploma admite a procuração por comunicação direta feita ao terceiro que irá contratar com o representante.

No Direito português, que não discrimina tal tipo de procuração, a teoria do negócio jurídico não terá quaisquer fundamentos nas fontes.

[1820] Rui de Alarcão, *Breve motivação* cit., 111.

[1821] Moritz Wellspacher, *Das Vertrauen auf äussere Tatbestände im bürgerlichen Rechte* (1906), 79 ss. e 83 ss..

[1822] Assim, Enneccerus/Nipperdey, *Allgemeiner Teil*, 15.ª ed. (1958), § 184, II, 3 (1132 ss.) e Larenz/Wolf, *Allgemeiner Teil* cit., 9.ª ed., 887 ss..

[1823] Werner Flume, *Allgemeiner Teil*, 2, 4.ª ed. (1992), 825.

672   *Contratos especiais de comércio*

Queda optar pela teoria da aparência: o artigo 266.°, do Código Civil, nas precisas condições nele enunciadas, dispensa, aos terceiros aí referidos, uma determinada proteção.

251. Segue; a procuração tolerada e a procuração aparente

I. O artigo 266.° protege os terceiros – ou certos terceiros – perante modificações ou a revogação da procuração, de que não tivessem, sem culpa, conhecimento. No Direito alemão, dados os §§ 170 a 172 do BGB, de teor comparável, a doutrina e a jurisprudência determinaram um princípio de tutela da confiança de terceiros, particularmente útil no domínio comercial. Na base desse princípio, foram autonomizados dois institutos, destinados a essa tutela:[1824]

– a procuração tolerada;
– a procuração aparente.

II. Na procuração tolerada (*Duldungsvollmacht*), verifica-se que alguém admite, repetidamente, que um terceiro se arrogue seu representante. Quando isso suceda, reconhece-se, ao "representante" aparente, autênticos poderes de representação[1825]. Não se admite que, por esta via, surja uma verdadeira procuração[1826]: apenas um esquema de tutela, por força da confiança, imputada ao "representado", suscitada pela conduta do "representante". Todavia, alguma doutrina sustenta a presença, neste caso, de uma verdadeira procuração negocialmente consubstanciada[1827].

[1824] *Vide*, quanto à origem e à evolução destas figuras, com elementos, Staudinger/ Schilken, *BGB* cit., § 167, Nr. 28 (100 ss.). Além dessa obra: Frank Peters, *Zur Geltungsgrundlege der Anscheinsvollmacht*, AcP 179 (1979), 214-244; Hanno Merkt, *Die Dogmatische Znordnung der Duldungsvollmacht zwischen Rechtsgeschäft und Rechtsacheintatbestand*, AcP 204 (2004), 638-659.

[1825] BGH 16-nov.-1987, NJW 1988, 1199-1200 (1200); anteriormente, cf. BGH 21-abr.-1955, NJW 1955, 985.

[1826] Claus-Wilhelm Canaris, *Die Vertrauenshaftung im deutschen Privatrecht* cit., 2.ª ed., 40 ss., bem como Larenz/Wolf, *Allgemeiner Teil* cit., 9.ª ed., 894.

[1827] Assim, H.-M. Pawlowski, *Allgemeiner Teil des BGB*, 6.ª ed. (2000), 336 e Flume, *Allgemeiner Teil* cit., 2, 4.ª ed., 828 ss..

§ 53.º *A representação em geral* 673

Na procuração aparente (*Anscheinsvollmacht*), algumas jurisprudência e doutrina vão ainda mais longe[1828]: alguém arroga-se representante de outrem, sem conhecimento do "representado" (e por isso não cabendo falar em procuração tolerada). Porém, o "representado", se tivesse usado do cuidado exigível, designadamente na vigilância dos seus subordinados, poderia (e deveria) prevenir a situação. Teríamos, assim, um elemento objetivo – a negligência do "representado": na presença de ambos, os poderes de representação teriam lugar[1829]. Alguma doutrina é, aqui, especialmente cautelosa: assim, para Canaris este esquema operaria, apenas, no Direito comercial facultando, nos outros sectores, uma mera responsabilidade por danos de confiança[1830].

Em qualquer dos casos, teria de se exigir a boa-fé por parte do terceiro protegido: a tutela não opera quando ele conhecesse ou devesse conhecer a falta da procuração[1831].

III. Pergunta-se, perante o Direito português, se são utilizáveis os esquemas da procuração tolerada ou da procuração aparente[1832].

À partida, interessa referir que não parece possível alargar o artigo 266.º, do Código Civil, a casos nos quais falte, pura e simplesmente, uma procuração. Na verdade, a previsão protetora assenta num instrumento de representação efetivamente existente, cuja cessação não foi comunicada ao terceiro que, nele, acredite: temos uma razão muito forte para a tutela da aparência. Na falta de procuração e mesmo em situações de tolerância ou de aparência, nada há que, objetivamente, faculte a aplicação do referido artigo 266.º.

[1828] BGH 12-mar.-1981, NJW 1981, 1727-1729 e BGH 24-jan.-1991, NJW 1991, 1225-1226.

[1829] Assim, Larenz/Wolf, *Allgemeiner Teil* cit., 9.ª ed., 896; estes autores explicam que nos casos dos §§ 170-172 se assiste, também, a uma omissão negligente do representado, que não comunicou, de imediato, ao terceiro, a cessação da representação.

[1830] Canaris, *Vertrauenshaftung* cit., 48 ss. e 191 ss. e Anot. a BGH 30-mai.-1975, JZ 1976, 132-134 (133).

[1831] BGH 15-fev.-1982, NJW 1982, 1513-1514 (1514): uma caixa económica não verificou, como devia, que o signatário de um cheque ultrapassara os seus poderes.

[1832] Henrich Ewald Hörster, *A parte geral do Código Civil português/Teoria geral do Direito civil* (1992), 484, nota 36, responde pela negativa, invocando o artigo 457.º do Código Civil.

Fora de qualquer previsão específica, a confiança só é protegida, no Direito português, através da boa-fé e do abuso do direito. Assim, não admitimos nem a "procuração tolerada" nem a "procuração aparente". Todavia, o terceiro que seja colocado numa situação de acreditar, justificadamente, na existência de uma procuração, poderá ter proteção: sempre que, do conjunto da situação, resulte que a invocação, pelo "representado", da falta de procuração constitua abuso do direito, seja na modalidade do *venire contra factum proprium*, seja na da *surrectio*[1833].

Em qualquer dos casos, exigir-se-á cautela e parcimónia na concessão de tal tutela. De notar que o Direito português, no caso especial do contrato de agência – artigo 23.º do Decreto-Lei n.º 178/86, de 3 de julho – admite a figura da representação aparente[1834]. Resulta do teor deste preceito um esquema bastante semelhante ao que resultaria da concretização da cláusula geral da boa-fé.

IV. Pergunta-se se o disposto no artigo 23.º do Decreto-Lei n.º 178/86, de 3 de julho, não poderia ser generalizado, de tal modo que, no Direito comercial e ao contrário do civil, se pudesse admitir a procuração aparente. Já sondámos essa via. Hoje, abandonamo-la: não vemos valores comerciais específicos que justifiquem tal desvio ao Código Civil. Apenas se poderá aceitar uma interpretação extensiva do artigo 23.º do Decreto--Lei n.º 178/86[1835].

Todavia, é de admitir a figura da procuração institucional, para a qual o artigo 23.º em causa dá o seu apoio[1836]. Perante um pretenso representante isolado, a pessoa que, com ele, contacte deve tomar precauções, inteirando-se da existência e da extensão dos seus poderes. Mas quando depare com uma organização na qual se integre o pretenso representante, a confiança legítima é imediata: ninguém, na caixa de um supermercado,

---

[1833] STJ 20-mai.-2015 (Lopes do Rego), Proc. 752-F/1992, onde se protegeu a tutela da parceria de boa-fé, através do *venire contra factum proprium*. Quanto à representação aparente da sociedade, também possível à luz da boa-fé: RCb 19-jun.-2013 (Albertina Pedroso), Proc. 148836/12.

[1834] *Infra*, 786 ss..

[1835] STJ 15-mar.-2005 (Moreira Alves), CJ/Supremo XIII (2005) 1, 137-141 (139): alguém fora designado para desempenhar certas funções: envolve representação.

[1836] Assim: RLx 25-nov.-2011 (Maria Manuela Gomes), Proc. 1062/2001; RCb 24-jan.-2012 (Sílvia Pires), Proc. 3841/07.

§ 53.° A representação em geral

vai interpelar o empregado no sentido de este comprovar os seus poderes de representação[1837]. Nesta área, especialmente relevante para o Direito comercial, opera uma procuração institucional eficaz, independentemente da sua qualidade intrínseca. É como que uma procuração aparente limitada a esse circunstancialismo. A fórmula será a seguinte: há representação *ex bona fide* sempre que o representante se integre numa organização em termos de fazer crer, junto do *bonus pater familias*, na efetiva existência de poderes de representação.

[1837] Neste caso eles derivarão, em regra, de um válido contrato de trabalho: artigo 111.°/3 do Código do Trabalho.

§ 54.° A REPRESENTAÇÃO COMERCIAL

252. A situação em Ferreira Borges

I. O Direito português da representação comercial exige, para ser conhecido, que se tenha em especial conta a evolução acima apontada, com tónica na passagem do sistema napoleónico para o germânico. Sob esse pano de fundo, vamos pois regressar aos factos normativos nacionais.

O Código Ferreira Borges, na tradição do Direito comum, consignava, no seu artigo 762.°, uma ideia geral de mandato:

> O mandato em geral é um contrato, pelo qual um dos contrahentes, que se chama mandante, confia a gestão d'um um mais negocios a outro, que se denomina mandatario, o qual se encarrega, e se obriga a exequil-a. O mandato completa-se pela aceitação.

Trata-se de uma noção civil que o Código Comercial de 1833 fora obrigado a inserir, dada a falta, na época, de um Código Civil. O mandato comercial vinha introduzido no artigo 767.°:

> Quando o mandato tem lugar entre negociantes e por facto de commercio, a convenção é mercantil, e regulada pelas leis d'este codigo.

II. O Código Ferreira Borges distinguia – embora sob uma linguagem arcaica – a possibilidade de o mandato comercial envolver ou não representação. A ideia surgia no artigo 768.°, que dispunha:

> Quando o mandatario contracta com terceiros em seu próprio nome, ou d'uma firma social, a que pertença, é commissario. – Quando o mandatario contracta com terceiro em nome do commitente, é mandatario mercantil, mas não commissario propriamente dicto.

§ 54.º A representação comercial

O mandato mercantil "propriamente dito", envolvendo representação, e a comissão, sem tais poderes, vinham subsequentemente tratadas em secções distintas: artigos 772.º e seguintes e 778.º e seguintes. A regulamentação era bastante minuciosa, culminando ainda com uma secção sobre os modos por que termina o mandato – artigos 818.º e seguintes.

253. O Código Comercial

I. No Código Veiga Beirão, a representação comercial aparece a propósito do mandato. Falta-nos a figura da *Prokura* ou procuração comercial, patente nos §§ 48 e seguintes do HGB alemão[1838]. A essa luz, compreende-se que seja regulada no seu local de tradição. Podemos pois considerar que, no Direito comercial, a representação se mantém no âmbito de influência napoleónica enquanto, no civil, há muito evoluiu para o estilo germânico[1839]. Além disso, há que lidar com práticas comerciais diferenciadoras e com o estilo próprio da disciplina[1840].

II. O artigo 231.º, a propósito da noção de mandato comercial, dá-nos elementos próprios da representação. Assim, segundo o seu teor,

> Dá-se mandato comercial quando alguma pessoa se encarrega de praticar um ou mais atos de comércio por mandato de outrem.

[1838] Claus-Wilhelm Canaris, *Handelsrecht* cit., 24.ª ed., 221 ss., Burkhard W. Pauge, *Handelsvertreter und Makler – Prokura und Handlungsvollmacht*, 2.ª ed (1991), 105 ss. (117 ss.) e Klaus Hoffmann, *Der Prokurist/Seine Rechtsstellung und seine Rechtsbeziehungen*, 6.ª ed. (1990): "o procurador comercial é, há muito, a personalidade com mais perfil no tráfego mercantil" – ob. cit., 1. Referimos, ainda: Dietmar Kohl, *Der Prokurist in der unechten Gesamtvertretung*, NZG 2005, 197-200; Karsten Schmidt, *Handelsrecht* cit., 6.ª ed., § 16, III (566-592); Peter Krebs, no *Münchener Kommentar* cit., 1, 4.ª ed. Vorbemerkung zur 1 48 (763-796).

[1839] Onde, de um modo geral, a representação comercial está mais diferenciada; *vide*, além do cit. Canaris, Thomas Honsell, *Die Besonderheiten der handelsrechtlichen Stellvertretung*, JA 1984, 17-23 e Drexl/Mentzel, *Handelsrechtliche Besonderbeiten der Stellvertretung* cit., 285 ss..

[1840] Tem interesse referir Peter Krebs, *Ungeschriebene Prinzipien der handelsrechtliche Stellvertretung als Schranken der Rechtsfortbildung/Speziell für Gesamtvertretungsmacht und Generalvollmacht*, ZHR 159 (1995), 635-662.

678 Contratos especiais de comércio

Prosseguindo o § único:

> O mandato comercial, embora contenha poderes gerais, só pode autorizar atos não mercantis por declaração expressa.

Encontramos, pois, uma distinção entre poderes gerais e especiais, relevante para a representação, mas que o próprio Código Civil, numa cedência ao passado napoleónico, manteve, como vimos, a propósito do mandato – artigo 1159.º.

III. A associação entre o mandato comercial e a representação aflora ainda no artigo 233.º:

> O mandato comercial, que contiver instruções especiais para certas particularidades de negócio, presume-se amplo para as outras; e aquele, que só tiver poderes para um negócio determinado, compreende todos os atos necessários à sua execução, posto que não expressamente indicados.

Trata-se de um aspeto básico do mandato mercantil[1841]. No Direito comercial, o mandato sem representação diz-se comissão ou contrato de comissão – artigos 266.º e seguintes.

Inferimos daqui que, ao contrário do que se passa no Direito civil, o mandato comercial envolve sempre poderes de representação.

IV. A representação comercial, só por si, não confere, ao representante, a qualidade de comerciante. Os atos comerciais que pratique projetam-se, automática e imediatamente, na esfera do representado: não na do representante. No entanto, se ele exercer a atividade a título profissional, já poderá, por essa via, converter-se em comerciante[1842]. Temos, aqui, um aspeto muito interessante: coloca o nosso sistema jurídico na charneira dos grandes sistemas do Continente europeu.

[1841] Na falta de representação, a pessoa que se obrigue a providenciar contratos poderá ter celebrado um contrato (atípico) dito "mediação"; *vide* STJ 7-mar.-1967 (Carvalho Júnior), BMJ 165 (1967), 318-322 (321-322).

[1842] REv 25-mar.-2004 (Fernando Bento), CJ XXIX (2004) 2, 242-245 (244/II).

§ 54.º A representação comercial

254. A tutela de terceiros

I. No Direito mercantil português, não encontramos preceitos diretamente destinados à tutela de terceiros. Apenas cabe anotar o artigo 242.º segundo o qual o mandatário deve exibir o título que lhe confira os poderes: não pode opor a terceiros quaisquer "... instruções que houvesse recebido em separado do mandante ...", salvo provando que os terceiros em causa delas tinham conhecimento.

Todavia, os terceiros são protegidos – e num grau elevado – através do registo comercial.

Com efeito, nos termos do artigo 10.º, *a*), do CRC, o mandato escrito, suas alterações e extinção estão sujeitos a inscrição comercial[1843]. A aparência daí resultante é tutelada, em termos negativos e positivos, por via dos artigos 14.º/1 e 22.º/4, de acordo com a análise acima realizada[1844].

II. O já referido artigo 23.º do Decreto-Lei n.º 178/86, de 3 de julho, relativo à agência, admite, nos precisos termos nele enunciados, a procuração aparente. Como acima foi dito[1845] não cremos, hoje, que seja possível generalizar esse preceito a todo o Direito comercial. Não seria realista supor que, de tal alargamento, resultassem benefícios para o comércio. Pelo contrário: poderia ser a base de desconfianças prejudiciais.

Em compensação: terá, no campo comercial, o maior interesse a aplicação da ideia de "representação institucional", acima preconizada[1846].

III. Finalmente, em todos os domínios omissos, têm aplicação, a título subsidiário e nos termos do artigo 3.º, as regras examinadas referentes à procuração civil. O mandato comercial não está sujeito a qualquer forma especial, salvo se tiver em vista atos que a exijam. Na prática comercial, designadamente para votar em sociedades, por exemplo, o mandato efetiva-se através de "cartas mandadeiras" que indicam, de

---

[1843] No Direito alemão, Wolfgang Servatius, *Zur Eintragung organschaftlicher Vertretungsmacht ins Handelsregister*, NZG 2002, 456-459.

[1844] *Supra*, 452 ss. e 456 ss..

[1845] *Supra*, 674.

[1846] *Supra*, 674.

modo sumário, o mandante, o mandatário e o assunto a que o mandato diga respeito[1847].

Como balanço, o sistema português parece-nos coerente. A proteção de terceiros, conseguida através dos meios próprios da inscrição tabular, previne certos excessos de tutela da confiança, denunciados noutras latitudes[1848].

[1847] STJ 7-abr.-1970 (Correia Guedes), BMJ 196 (1970), 270-274 (271).

[1848] Assim, Heinz Hübner, *Die Prokura als formalisierter Vertrauenschutz*, FS Klingmüller (1974), 173-183, em crítica a BGH 25-mar.-1968, BGHZ 50 (1969), 112-115.

§ 55.º O MANDATO COMERCIAL

255. Tipos de mandato comercial; o núcleo estrito

I. O Código Comercial dedica ao mandato o título V do seu livro II. Arruma a matéria em três sugestivos capítulos, nos termos seguintes:

I – Disposições gerais (artigos 231.º a 247.º);
II – Dos gerentes, auxiliares e caixeiros (artigos 248.º a 265.º);
III – Da comissão (artigos 266.º a 277.º).

Pela sistematização adotada, podemos concluir que Veiga Beirão optou por uma ideia ampla de mandato, que envolve as diversas outras figuras. O núcleo estrito ocorre a propósito das "disposições" gerais: ele vai, depois, surgir com outros elementos, nos diversos subtipos de mandato comercial.

Os diversos preceitos em jogo, presentes já na versão de 1888, devem ser interpretados à luz da Ciência do Direito dos nossos dias.

II. No mandato comercial, o mandatário obriga-se, tal como no civil[1849], a praticar um ou mais atos jurídicos, por conta de outrem; simplesmente, tais atos são, aqui, de natureza comercial – artigo 231.º. Como vimos, o mandato comercial envolve, ao contrário do civil, representação.

O mandato comercial presume-se oneroso – artigo 232.º – também ao contrário do civil – artigo 1158.º do Código Civil[1850]. A remuneração é acordada pelas partes ou, na falta de acordo, pelos usos da praça onde o mandato for executado.

[1849] Recorde-se a definição do artigo 1157.º do Código Civil:

Mandato é o contrato pelo qual uma das partes se obriga a praticar um ou mais atos jurídicos por conta de outra.

[1850] Quanto ao mandato civil: *Tratado* V, 2.ª ed., 95 ss..

Embora contratual, o mandato mercantil, à imagem do que vimos ocorrer no Código de Seabra e prefigurando a evolução depois processada em torno da procuração, podia ser conferido por via unilateral. O "mandatário", não estando de acordo, poderia recusá-lo. Nessa altura, ele incorre nos deveres previstos no artigo 234.°:

– deve comunicar a sua recusa ao mandante, o mais cedo possível;
– deve praticar todas as diligências necessárias para a conservação de quaisquer mercadorias que lhe hajam sido remetidas, até que o mandante proveja;
– deve consignar em depósito tais mercadorias se, avisado, o mandante nada fizer;
– deve responder pelo incumprimento de qualquer das enunciadas obrigações.

Temos, pois, todo um conjunto de vinculações, consignadas independentemente de contrato, e que se justificam pelos valores comerciais em jogo. Tudo isto é marcadamente especial, em relação ao mandato civil.

III. O mandatário deve, no âmbito do contrato:

– praticar os atos envolvidos de acordo com as instruções recebidas ou, na sua falta, segundo os usos do comércio – 238.°;
– informar o mandante de todos os factos que o possam levar a modificar ou revogar o mandato – 239.°;
– avisar o mandante da execução do mandato, presumindo-se que ele ratifica quando não responda imediatamente, mesmo que exceda os seus poderes – 240.°;
– a pagar juros do que deveria ter entregue, a partir do momento em que não o haja feito – artigo 241.° – o que é dizer: a prestar contas.

Podemos seguir todas estas obrigações nos artigos 1261.° e seguintes do Código Civil. Alguma delicadeza poderá assumir a ideia de "instruções"[1851], usada quer na lei comercial, quer na civil. No fundo, ela traduz

---

[1851] Ingo Koller, *Das Provisions- und Aufwendungsrisiko bei der Komission*, BB 1979, 1725-1734 (1731); o problema põe-se também no tocante à comissão, abaixo referida.

§ 55.° *O mandato comercial*   683

a ligação da atuação do mandatário à vontade do mandante[1852], vontade essa que pode ser dada a conhecer em termos gerais, em moldes finalísticos ou funcionais ou através de indicações mais precisas. Isso não permite, só por si, "laboralizar" o mandato: o mandatário não fica subordinado ao mandante no sentido de genericamente disponível para, em nome da obediência, conformar a sua prestação de acordo com a direção do empregador: trata-se, sempre, de uma atuação limitada.

IV. Por seu turno, o mandante deve:

– fornecer ao mandatário os meios necessários à execução do mandato, salvo convenção em contrário – 243.°;
– pagar-lhe, nos termos ajustados ou segundo os usos da praça – 232.°, § 1.°;
– reembolsá-lo de despesas e compensá-lo – 234.°, 243.° e 246.°.

Também aqui andamos próximos do mandato civil.

V. A revogação e a renúncia não justificadas do mandato dão lugar a indemnização – 245.°. Trata-se de um esquema mais simples e mais amplo do que o previsto na lei civil, sendo certo que nada, na lei, permite limitar a indemnização.

VI. O mandato comercial em sentido estrito tem ainda outras especificidades. Assim, o Código Comercial prevê diversas regras para o caso de o mandato envolver a remessa, ao mandatário, de mercadorias – artigos 234.° a 237.°. Temos, aí, alguns elementos do depósito, sendo certo que, nesta eventualidade, o mandato já não envolve, apenas a prática de atos jurídicos.

Na pluralidade de mandatários, presume-se que devam obrar, por ordem de nomeação, na falta uns dos outros – 244.° – prevendo-se ainda a hipótese de mandato conjunto não aceite por todos – *idem*, § único. A matéria surge, aqui, mais desenvolvida do que no artigo 1166.°, do Código Civil.

[1852] Rolf Knütel, *Weisungen bei Geschäftsbesorgungsverhältnissen, insbesondere bei Komission und Spedition*, ZHR 137 (1973), 285-333 (287 ss.).

684 · *Contratos especiais de comércio*

O artigo 247.º estabelece privilégios creditórios mobiliários especiais a favor do mandatário comercial. De um modo geral, tais privilégios operam sobre mercadorias à guarda do mandatário e por despesas por elas ocasionadas.

VII. A grande clivagem entre o mandato civil e o comercial é, no fundo, a seguinte: apesar de diversos esquemas corretivos, o mandato civil surge, no essencial, passado no interesse do mandante; pelo contrário, o mandato comercial opera também no interesse do mandatário e no do comércio em geral.

Nessas condições, compreendem-se muitas das soluções resultantes do Código Comercial e de que acima demos conta.

Resta adiantar que o movimento tendente a tutelar e a dignificar o mandatário comercial prosseguiu, vindo a atingir o seu ponto alto no contrato de agência, abaixo analisado.

256. Gerentes de comércio

I. O Código Comercial regula, como manifestações especiais de mandatários comerciais, os gerentes, os auxiliares e os caixeiros.

O gerente é a pessoa que detenha mandato geral para tratar do comércio de outrem – artigo 248.º. Não é um mandato geral civil – artigo 1159.º/1 do Código Civil – uma vez que este se limita a atos de administração ordinária, enquanto o gerente de comércio poderá estar titulado para praticar todos os atos próprios da atividade em jogo, seja qual for a sua natureza[1853]. De todo o modo, o mandato aqui em jogo funciona em termos de indeterminação dos atos a praticar.

O gerente tem, nos termos gerais do mandato comercial, confirmado pelos artigos 250.º e 251.º, poderes de representação. A limitação de tais poderes é inoponível a terceiros, "salvo provando que tinham conhecimento dela ao tempo em que contrataram". Temos, aqui, uma específica forma de tutela da confiança dos terceiros e da comunidade em geral, tutela essa que é reforçada pela sujeição da situação de gerência comercial ao registo mercantil – 10.º, *a*) do CRC.

[1853] STJ 15-jun.-1999 (Machado Soares), Proc. 99A052.

§ 55.° *O mandato comercial* 685

II. Se o gerente contratar em nome próprio mas por conta do proponente, o regime do artigo 252.° não coincide, rigorosamente, com as regras civis do mandato sem representação: o gerente fica pessoalmente obrigado podendo, todavia, o contratante acionar o gerente ou o proponente: mas não ambos.

Além disso, temos as seguintes especificidades:

– o gerente não pode, salvo autorização expressa do proponente, desenvolver atividade com a deste concorrente; se o fizer, responde pelos danos podendo ainda, o proponente, fazer seu o negócio faltoso – 253.°;

– havendo registo do mandato, o gerente tem legitimidade judicial ativa e passiva, como representante do proponente – 254.°

III. As regras sobre a gerência comercial aplicam-se – artigo 255.° –,

(...) aos representantes de casas comerciais ou sociedades constituídas em país estrangeiro que tratarem habitualmente, *no reino*, em nome delas, de negócios do seu comércio.

Trata-se, pois, da figura do escritório de representação.

IV. A morte do proponente não põe termo à gerência comercial – artigo 261.°. Havendo revogação do mandato, ficam extintos os poderes de representação: não quaisquer outros elementos decorrentes da prestação de serviço – 262.°. Este preceito tem grande interesse uma vez que traduz, quase oitenta anos antes do Código Civil, uma primeira dissociação entre mandato e representação.

V. A figura da gerência comercial, manifestação de um mandato mercantil de ordem geral, tem vindo a perder importância, mercê do aparecimento de tipos contratuais mais precisos e, designadamente: a agência e a concessão comerciais, abaixo examinadas. Além disso, temos a figura atípica do gerente do estabelecimento comercial, que opera como salariado[1854].

Mantêm, todavia, um papel residual.

[1854] STA 19-abr.-2007 (Pais Borges), Proc. 0632/06.

686 *Contratos especiais de comércio*

Todas as regras relativas ao mandato estrito, acima examinadas, têm, aqui, aplicação.

257. Auxiliares e caixeiros

I. Ao lado da figura geral do gerente de comércio, o Código Veiga Beirão refere ainda as figuras dos auxiliares de comércio e dos caixeiros.

O auxiliar distingue-se do gerente pelo seguinte: enquanto este tem mandato geral – 248.º e 249.º – o auxiliar tem apenas mandato para tratar de algum ou alguns ramos do tráfego do proponente – 256.º. As sociedades devem consignar esta hipótese nos seus estatutos – *idem*, § único.

No âmbito do mandato, os auxiliares são representantes – artigo 258.º.

O Código Comercial admite ainda que, como auxiliares, possam funcionar "empregados" do comerciante, devidamente mandatados – artigo 257.º. Repare-se: o aspeto laboral opera, apenas, nas relações internas entre o comerciante e o seu empregado, sendo insuficiente para justificar o tipo de representação aqui em causa.

Os poderes de representação do trabalhador, automaticamente decorrentes do seu contrato de trabalho, só funcionam no âmbito da empresa.

II. Os caixeiros são pessoas mandatadas para vender e cobrar, em nome e por conta do comerciante mandante. Têm, para isso, os necessários poderes.

Os artigos 260.º, 264.º e 265.º fixam um regime próximo do que hoje resultaria ser uma relação de trabalho. De todo o modo, sustentamos que a qualificação do "caixeiro" como trabalhador não é automática nem fatal: caso a caso teremos de indagar se existe a subordinação tipicamente laboral[1855].

258. O contrato de comissão

I. A comissão é um contrato de mandato comercial sem representação: nos termos do artigo 266.º:

[1855] *Vide* um caso de "caixeiro/trabalhador" em STJ 12-fev.-2009, (Vasques Dinis) CJ/Supremo XVII (2009) 1, 281-287 = Proc. 0852573.

§ 55.° O mandato comercial

(...) o mandatário executa o mandato mercantil, sem menção ou alusão alguma ao mandante, contratando por si e em seu nome, como principal e único contraente.

A figura, que remonta ao artigo 91.° do Código de Comércio francês[1856] – hoje artigo 132.°-1[1857] – e tem assento nos §§ 383 e seguintes do HGB alemão[1858], assumia o maior interesse antes de o Código Civil ter, em 1966 e nos seus artigos 1180.° e seguintes, introduzido a figura do mandato (civil) sem representação[1859]. Mas ainda tem relevo prático, ocorrendo, por vezes, por via de uma celebração tácita[1860] e visando a prática de atos isolados[1861].

II. Ao contrato de comissão, como mandato que é, aplicam-se as regras gerais acima examinadas, salvo o que respeita à representação – artigos 267.° e 268.°[1862]; o comissário deverá depois retransmitir para o mandante ou comitente o que, por conta deste, haja adquirido: é o que se infere do final do artigo 268.°.

O comissário não responde, perante o mandante e salvo pacto ou uso em contrário, pelo cumprimento das obrigações do terceiro – artigo 269.° e § 1.°; quando assuma esse encargo, pode debitar, além da remuneração ordinária, a comissão *del credere*, a determinar por acordo ou pelos usos da praça – 269.°, § 2.°[1863].

[1856] J. A. Rogron, *Code de Commerce Expliqué* cit., 29.

[1857] Michel Pédamon/Hugues Kenfack, *Droit commercial* cit., 4.ª ed., n.° 746 (754-755).

[1858] Claus-Wilhelm Canaris, *Handelsrecht* cit., 24.ª ed., 453 ss.; Karsten Schmidt, *Handelsrecht* cit., 6.ª ed. § 31 (997 ss.); Klaus J. Hopt, em Baumbach/Hopt, *Handelsgesetzbuch* cit., 36.ª ed., § 383 (1457 ss.).

[1859] Em geral, Günter Hager, *Die Prinzipien der mittelbaren Stellvertretung*, AcP 180 (1980), 239-262 e Georgios Psaroudakis, no Heidel/Schall, *HGB/Kommentar* (2011), § 382 ss. (2369), com indicações.

[1860] Assim, a entrega, por um comerciante a outro, de um bem móvel, para que ele tente um potencial comprador para o mesmo integra um contrato de comissão: RPt 2-jun.-1999 (Sousa Leite), BMJ 488 (1999), 410/I.

[1861] RLx 20-out.-2005 (Fátima Galante), Proc. 4357.

[1862] RLx 23-jun.-1987 (Barbieri Cardoso), CJ XII (1987) 3, 116-118 (117/I).

[1863] Ingo Koller, *Interessenkonflikte im Kommissionsverhältnis*, BB 1978, 1733--1740 (1739).

As consequências da violação ou excesso dos poderes de comissão correm pelo comissário – 270.° e 271.°.

III. O comissário deve agir com prudência – 272.° – otimizando os meios destinados a prosseguir o interesse do mandante[1864]. Tratando-se de bens com preço de bolsa ou de mercado, ele pode, salvo cláusula em contrário, comprar ou vender ao comitente, por conta dele, sem perda da remuneração – 274.°.

O Código Comercial estipula determinados deveres de escrituração – artigos 273.° e 275.° a 277.°. A violação deles traduz a inobservância do mandato, com as consequências legais.

IV. Muito estimulante, em termos dogmáticos, a comissão veio também a perder importância com o aparecimento dos modernos contratos de distribuição, com relevo para a agência.

[1864] Há, pois, toda uma problemática de repartição de riscos entre os intervenientes; *vide* Ingo Koller, *Das Provisions- und Aufwendungsrisiko bei der Kommission* cit., 1733 e, pelo prisma da análise económica, a dissertação de Monika Schütte, *Leistungsstörungen im Kommissionsrecht* (1988).

SECÇÃO III

O CONTRATO DE MEDIAÇÃO

§ 56.º MEDIAÇÃO: NOÇÕES BÁSICAS E EVOLUÇÃO

259. Noções básicas

I. Em sentido amplo, diz-se mediação o ato ou efeito de aproximar voluntariamente duas ou mais pessoas, de modo a que, entre elas, se estabeleça uma relação de negociação eventualmente conducente à celebração de um contrato definitivo. Em sentido técnico ou estrito, a mediação exige que o mediador não represente nenhuma das partes a aproximar e, ainda, que não esteja ligado a nenhuma delas por vínculos de subordinação[1865].

II. A mediação pode ser assumida como objeto de um contrato: teremos um contrato de mediação[1866]. Mas ela pode, também, ocorrer por uma iniciativa do mediador sem que, previamente, nada tenha sido contratado entre ele e qualquer dos intervenientes: falaremos, nessa eventualidade, em mediação liberal. Poderá, assim, haver mediação com ou sem contrato prévio. A situação normalmente prevista nas leis é a de existir um contrato de mediação[1867]: mas não fatalmente.

[1865] *Vide* Luigi Carraro, *Mediazione e mediatore*, NssDI X (1964), 476-483 (476/I).

[1866] Karl Larenz, *Lehrbuch des Schuldrechts* II/1, *Besonderer Teil*, 13.ª ed. (1986), § 54 (395) e Wolfgang Fikentscher, *Schuldrecht*, 9.ª ed. (1997), § 84 (599), ambos quanto ao contrato civil de mediação.

[1867] Arnd Weishaupt, *Der Maklervertrag im Zivilrecht*, JuS 2003, 1166-1173 (1167/I) e Dieter Reuter, no *Staudingers Kommentar*, 2, §§ 652-656 (*Maklerrecht*) (2003), prenot. §§ 652 ss., Nr. 1 (6-7) (há uma edição posterior, referida na nota seguinte).

690 Contratos especiais de comércio

Quando haja contrato de mediação poderemos estar em face de uma mediação civil[1868] ou de uma mediação comercial[1869]: pelo menos perante Direitos que, como o alemão, distingam entre esses dois tipos possíveis[1870].

III. A mediação é constantemente apontada, em países latinos, como uma das áreas menos estudadas[1871], numa asserção particularmente válida, entre nós[1872]. Torna-se, assim, conveniente começar por fixar a terminologia[1873]. Propomos:

- mediador ou mediador contratado: a pessoa que subscreva um contrato de mediação, obrigando-se a promover um ou mais negócios jurídicos;
- mediador liberal: aquele que, independentemente de qualquer contrato, promova a conclusão de negócios jurídicos;
- comitente ou solicitante: aquele que contrate um mediador, através de um contrato de mediação;
- solicitado: a pessoa junto da qual o mediador vá exercer os seus bons ofícios;

[1868] Tratada nos §§ 652 a 656 do BGB; *vide* Hartwig Sprau, no Palandt, *BGB*, 75.ª ed. (2016), Einf. v. §§ 652 ss. (1107 ss.), Herbert Roth, no *Münchener Kommentar zum BGB*, 4, 5.ª ed. (2009), 2163 ss. e, como especial obra de referência, Dieter Reuter, no Staudinger, §§ 652-656 (*Maklerrecht*) (2010), 340 pp..

[1869] *Idem*, nos §§ 93 a 104 do HGB; *vide* Chris Thomale, no Heidel/Schall, HGB (2011), 628 ss.; Günter Reiner, em Ebenroth/Boujong, *Handelsgesetzbuch*, 1, 3.ª ed. (2014), § 93 (1188 ss.); Klaus J. Hopt, no Baumbach/Hopt, *Handelsgesetzbuch*, 36.ª ed. (2014), §§ 93 ss. (517 ss.), Gerrick von Hoyningen-Huene, no *Münchener Kommentar zum HGB*, 1, 4.ª ed. (2016), 1501 ss..

[1870] Hugo Glaser/Theodor Warncke, *Das Maklerrecht in der Praxis/Grundzüge, Rechtsprechung und Schrifttum*, 5.ª ed. (1973), 25 ss..

[1871] Umberto Azzolina, *Le mediazione*, 2.ª ed. (1955), 1.

[1872] Veja-se a nota de abertura de Manuel J. G. Salvador, *Contrato de mediação* (1964), 9; esta obra continua, passados quase cinquenta anos, a ser um dos poucos escritos relativos à mediação em geral, na nossa Terra. De todo o modo e de data mais recente, cumpre citar Carlos Lacerda Barata, *Contrato de mediação*, em *Estudos do Instituto de Direito do Consumo*, coord. Luís Menezes Leitão 1 (2002), 185-231.

[1873] Também Manuel J. G. Salvador, *Contrato de mediação* cit., 34 ss.. Como elemento de consulta: Walter Mäschle, *Maklerrecht/Lexikon des öffentlichen und privaten Maklerrechts* (2002), 504 pp., incluindo um anexo com as leis mais diretamente relevantes.

§ 56.° *Mediação: noções básicas e evolução* 691

– contrato definitivo: o contrato cuja celebração seja prosseguida pelo mediador.

Na tradição portuguesa, o mediador era o corretor. Assim nos surgia essa matéria, no Código Comercial de Ferreira Borges (1833)[1874]e no de Veiga Beirão (1888)[1875]. Todavia, o corretor correspondia a um mediador público, especialmente encartado, pelo Estado, para o exercício de determinadas funções. Iremos mantê-lo com esse alcance, sendo ainda de adiantar que a locução aparece a propósito do mercado mobiliário[1876].

IV. Leis especiais permitem introduzir diversas categorias de mediadores. Sem preocupação de exaustão, adiantamos:

– os mediadores de seguros: Decreto-Lei n.° 144/2006, de 31 de julho, alterado por último e neste momento, pela Lei n.° 147/2015, de 9 de setembro;
– os mediadores imobiliários: Lei n.° 15/2013, de 8 de fevereiro;
– os mediadores financeiros: artigos 289.° e seguintes do CVM.

Caso a caso teremos de apurar se estamos perante uma verdadeira mediação.

260. Direito romano e Direito intermédio

I. A mediação deve ser tão antiga quanto o comércio. As suas presença e eficácia surgiriam tão óbvias que se dispensava, no Direito romano, prever qualquer regulação complexa sobre o tema. Mas ele era conhecido[1877] O mediador era o *proxeneta*: de *pro-xeneo*, dar hospitali-

---

[1874] Artigos 944.° e 1432.° e seguintes, por exemplo.
[1875] Artigos 64.° e seguintes.
[1876] Mais precisamente: sociedades corretoras e sociedades financeiras de corretagem (artigo 293.°/2 do CVM).
[1877] Azzolina, *Le mediazione* cit., 2.ª ed., 3 ss. e Hendrik Philipp Fröber, *Die Entstehung der Bestimmungen des BGB über den Maklervertrag (§§ 652-654 BGB) und die Rechtsprechung des Reichsgerichts zum neuen Maklerrecht* (1997), 28 ss..

692   Contratos especiais de comércio

dade, assistir, tratar. Provém o termo do verbo grego προξενέυ: o interessar-se por qualquer coisa ou o visar-se um determinado fim[1878].

Nas fontes, o *proxeneta* surge tratado por Ulpiano, em fragmentos inseridos nos *digesta*[1879]. Retemos[1880]:

> D. 50.14.2. Si proxeneta intervenerit faciendi nominis, ut nulli solent, videamus an possit quasi mandator teneri[1881].
>
> (…)

Proxeneta faciendi nominis: intervinha de modo a promover a constituição de vínculos obrigacionais. Ulpiano retinha, depois, dois troços:

– a licitude da atuação do proxeneta, cuja responsabilidade se limitava à obtenção da relação final;
– a atribuição eventual do direito a uma compensação.

Os fragmentos de Ulpiano não constituem uma articulação sistemática de mediação. Um tanto ao sabor romano e na falta de um sistema externo de exposição, a matéria surgia tópica: centrada nalguns problemas exemplares. Todavia, fica ilustrada a antiguidade do fenómeno e as linhas essenciais da temática que ele implica. O *proxeneta* poderia ser incluído no grupo extenso das *artes liberales*, remuneradas pelo seu trabalho[1882]. No período tardio surgiu a figura do agente oficial, de natureza diversa[1883].

II. No Direito intermédio, a mediação foi sendo retomada por glosadores e comentadores.

O seu tratamento sistemático ficou a dever-se ao pós-humanista Benvenuto Stracca, autor, em 1558 da obra *De proxenetis et proxeneticis*[1884].

[1878] Com muitos elementos: Rainer Burghardt, *Proxeneta/Untersuchung zum römischen Maklerrecht* (1995), 165 pp..

[1879] *Vide* Massimo Brutti, *Mediazione (storia)*, ED XXVI (1976), 12-33 (13-16).

[1880] *Corpus iuris civilis*, ed. Theodor Mommsen, 1, 8.ª ed. (1899), 855/II-856/I.

[1881] Quanto à discussão dos textos: Rainer Burghardt, *Proxeneta* cit., 4 ss..

[1882] *Vide* Walter Erdmann, *Freie Berufe und Arbeitsverträge in Rom*, SZRom 66 (1948), 567-571, ainda que sem referir expressamente a figura.

[1883] Detlef Liebs, *Ämterkauf und Ämterpatronage in der Spätantike*, SZRom 95 (1978), 158-186.

[1884] Inserido em Benvenuti Stracchae, *De mercatura, cambiis, sponsionibus, creditoribus ... decisiones et tractatus varii. Ad quorum calcem nunc accessere einsdem Benve-*

§ 56.º Mediação: noções básicas e evolução

O *proxeneta* é apresentado na sua posição de intermediário relativamente às partes – ou futuras partes. Pressupunha-se a existência de normas estatutárias densas, nas diversas cidades italianas onde, na Idade Média, surgiu o Direito comercial[1885]. Os mediadores proliferaram, depois, por toda a Europa Ocidental. Vamos encontrá-los nas atuais Bélgica e Holanda, em Espanha (corredores), na Provença e, por fim, em Inglaterra[1886]. Na Alemanha, assiste-se a um seu especial desenvolvimento nos séculos XVII e XVIII[1887].

Importante ainda foi a ideia da profissionalidade do mediador, então sedimentada[1888]. O mediador não era o intermediário casual: antes o que, dessa função, fizesse exercício habitual remunerado. Estava preparado o terreno que, nas fases evolutivas subsequentes, conduziria à intervenção do Estado.

261. Os Direitos nacionais modernos

I. A profissionalização dos mediadores dá-lhes a chave do comércio. Os Estados nacionais modernos cedo se aperceberam da importância da figura. Por isso, chamaram a si uma regulação que, nos inícios, cabia à auto-organização do comércio citadino.

O exemplo liderante vem-nos de França. Ainda na Idade Média, surgiram os primeiros regulamentos régios: Filipe o Belo (1305-1312) e Carlos VI (1415). Seguiram-se, já na Idade Moderna, o édito de Carlos IX (1572) e o Decreto de Henrique IV. Finalmente, a mediação cairia nas

---

nuti Stracchae de assecurationibus, proxenetis adque proxeneticis, Tractatus Ius (1669), 82-114, *apud* Bruti, *Mediazione (storia)* cit., 12/II.

[1885] Bruti, *Mediazione (storia)* cit., 13/II.

[1886] Kurt Toebelmann, *Beiträge zur Geschichte des Maklerrechts nach süddeutschen Quellen*, ZHR 70 (1911), 133-183 e J. A. van Houtte, *Les courtiers au moyen âge. Origines et caractéristiques d'une institution commerciale en Europe occidentale*, RHD 1936, 105-141 (106 ss., com muitas indicações).

[1887] Mario Axmann, *Maklerrecht und Maklerwesen bis 1900/Eine rechtshistorische Untersuchung insbesondere der bürgerlichen Quelle* (2004), 23 ss..

[1888] Azzolina, *Le mediazione* cit., 2.ª ed., 4-5.

Ordenanças de Colbert, de 1673 e de 1681. No fundamental, estas intervenções legislativas seguiam o curso seguinte[1889]:

– consideravam o exercício da mediação como de natureza pública;
– exigiam autorização, limitando o seu exercício;
– atribuíam poderes especiais de autenticação de documentos, aos próprios mediadores;
– em certa altura, chegaram a reconhecer a hereditariedade dos cargos.

II. Na Revolução francesa, tudo isso foi abolido: uma lei de 2-17--mar.-1791 proclamou a liberdade de trabalho, alargando-a à mediação. Mas logo leis de 20-out.-1795 e de 19-abr.-1801, constatando os inconvenientes causados pela integral liberalização, designadamente na área dos câmbios, limitaram o número de inscrições e atribuíram ao primeiro cônsul o poder de designação[1890].

O Código de Comércio de Napoleão, de 1808, não interveio no fundo desta problemática. O seu artigo 77.º limita-se a regras de enquadramento, sem definir o mediador (*courtier*)[1891]. Dispõe:

Há mediadores de mercadorias,
Mediadores de seguros,
Mediadores intérpretes e condutores de navios,
Mediadores de transportes por terra e por água.

Os preceitos subsequentes definiam os papéis respetivos, tendo vindo, ao longo do tempo, a sofrer alterações e inúmeros aditamentos. Seria possível distinguir entre mediadores livres, não ajuramentados e não inscritos em listas oficiais e os mediadores inscritos. No Direito marítimo surgem mediadores privilegiados: oficiais públicos.

[1889] Azzolina, *Le mediazione* cit., 2.ª ed., 6. *Vide* Dieter Reuter, Staudinger, *Maklerrecht* cit., Nr. 72 ss. (38 ss.).

[1890] *Idem*, loc. cit.. Aquando da Restauração, uma Lei de 28-mai.-1816 regressou ao sistema antigo de hereditariedade do cargo; na prática, a multiplicação dos mediadores não autorizados ganhou fôlego, regressando-se a uma liberalização de princípio pela Lei de 18-jul.-1866.

[1891] Jean Escarra, *Cours de Droit commercial* (1952), 708.

§ 56.º Mediação: noções básicas e evolução

III. O aprofundamento dogmático da mediação caberia à doutrina alemã, no século XIX[1892]. Aí ficaria clara a dupla problemática da mediação:

– a sistematização teórica da relação de mediação, com os direitos e deveres inerentes à atividade de relacionar, com independência, dois ou mais sujeitos;
– o relevo público da função, que justifica determinadas intervenções do Estado.

Laband, publicista, veio sublinhar, na mediação, uma evolução que, partindo de bases romanistas de tipo jurídico-obrigacionista, apontaria para uma funcionalização de tipo público[1893]: uma orientação que passaria ao ADHGB de 1861[1894].

Ainda desta época datam as primeiras discussões sobre a natureza da mediação. Primeiro reconduzida ao mandato[1895], a mediação acabaria por ser reconhecida como um contrato autónomo, assim sendo tratada nas codificações comerciais mais avançadas do século XIX.

[1892] Cumpre referir: Paul Laband, *Die Lehre von den Mäklern, mit besonderer Berücksichtigung des Entwurfs zum deutschen Handelsgesetzbuche*, ZdR 20 (1861), 1-65 (1 ss.), onde pode ser confrontada a evolução do instituto, Goldschmidt, *Ursprünge des Mäklerrechts. Insbesondere: Sensal*, ZHR 28 (1882), 115-130 e R. Ehrenberg, *Makler, Hosteliers und Börse in Brügge vom 13. bis zum 16. Jahrhundert*, ZHR 30 (1885), 403-468, também com muitos elementos. *Vide* L. Goldschmidt, *Handbuch ds Handelsrechts A – Universalgeschichte des Handelsrechts* (1891, reimp., 1973), 251 ss. e Axmann, *Maklerrecht und Maklerwesen bis 1900* cit., 19.

[1893] Laband, *Die Lehre von den Mäklern* cit., 14 ss. e 22 ss. ; Laband atribuía a publicização da figura à influência germânica.

[1894] O desenvolvimento na legislação dos Estados alemães anterior ao ADHGB pode ser confrontado em Axmann, *Maklerrecht und Maklerwesen bis 1900* cit., 30 ss.. Indicações, também, em Dieter Reuter, Staudinger *Maklerrecht* cit., Nr. 73 (39).

[1895] Anton Friedrich Justus Thibaut, *System des Pandekten Rechts*, 1 (1805), 2, 6.ª ed. (1823), § 866 (287-288); tratar-se-ia de um especial mandatário, usado para proporcionar negócios e ao qual seria devido um honorário chamado *proxeneticum*. Outras indicações em Paul Laband, *Die Lehre von den Mäklern* cit., 7-8 e nota 18.

IV. Fixados estes exemplos, cabe esclarecer que, a nível mais geral, as funções de corretor foram-se articulando seguindo vários sistemas[1896]. Assim:

– o sistema privado, próprio dos países anglo-saxónicos: a função de corretor é livre, ficando aberta a qualquer interessado;
– o sistema público: os corretores são nomeados pelo Governo ou pela Câmara de Comércio: tal os casos da França ou de Espanha;
– o sistema misto: lado a lado, temos corretores oficiais e corretores públicos: a Alemanha.

Haveria ainda, países significativos que, como a Itália, evoluíram do sistema privado para o público: um ponto que, abaixo, será considerado.

262. Codificações civis e comerciais; justificações da figura

I. A mediação conheceu consagrações comerciais e civis distintas, nalguns ordenamentos europeus influentes.

No Direito alemão, a mediação ficou consagrada, no artigo 66.° do ADHGB de 1861, como o exercício de um ofício público[1897]. O BGB de 1896 tentou uma especial via: quebrando com a dupla tradição do oficialato público e da natureza comercial, ele veio admitir uma mediação civil[1898]: uma inovação no campo europeu. Paralelamente, o HGB de 1897 privatizou a mediação comercial, consagrando-a nos seus §§ 93 e seguintes. Todavia, mantêm-se sectores regulados, em áreas de atividade mais sensível. Até à reforma de 1998, a mediação comercial dependia da qualidade de comerciante de quem a praticasse; daí em diante, a comercialidade

---

[1896] Quando à discussão sobre qual o sistema preferível, no princípio do século XX, *vide* Ruy Ulrich, *Da bôlsa e suas operações* (1906) e Adelino da Palma Carlos, *Direito comercial*, apontamentos coligidos sobre as prelecções do Exmo. Sr. Dr. Barbosa de Magalhães ao curso do 4.° ano jurídico de 1924-1925 (1924), 302.

[1897] Gerrick von Hoyningen-Huene, no *HGB/Münchener Kommentar*, 1, 3.ª ed. cit., § 93, Nr. 6 (1476). *Vide* Axmann, *Maklerrecht und Maklerwesen bis 1900* cit., 55 ss..

[1898] Dieter Reuter, *Staudingers Maklerrecht* cit., Nr. 73 (39). *Vide* Fröber, *Die Entstehung der Bestimmungen des BGB über den Maklervertrag* cit., 33; quanto à origem dos §§ 652 a 654 do BGB *vide*, aí, 49 ss..

§ 56.° *Mediação: noções básicas e evolução* 697

resulta da natureza do negócio visado[1899]. A matéria já antes havia sido ponderada, em termos de reforma[1900]: aliás, fracassada[1901]. Registe-se, ainda, que estamos perante um sector que apresenta grande importância prática, designadamente na Alemanha[1902]. Aí multiplicam-se os tratados e manuais especificamente dirigidos à mediação[1903] e a várias das suas modalidades[1904].

II. No Direito italiano, o Código de Comércio de 1865 retomou o esquema napoleónico, ainda que com um maior desenvolvimento[1905]. Já o Código de Comércio de 1882 dedicou, à mediação, o título V do Livro I (artigos 29.° a 35.°), ocasionando um surto de estudos especializados[1906]. A regulamentação aí estabelecida surge bastante simples e visa o mediador em si. A construção do correspondente contrato, quando exista, é desempenho doutrinário.

Na revisão legislativa subsequente, a matéria da mediação chegaria a ser inserida no anteprojeto de Código de Comércio: artigos 94.° a 101.°. Com o subsequente abandono da ideia de proceder a uma revisão autónoma do Código de Comércio, a matéria passaria para o Código Civil[1907]: artigos 1754.° a 1765.°.

[1899] Von Hoyningen-Huene, ob. e loc. ult. cit..

[1900] Max Vollkommer, *Das neue Maklerrecht – ein Vorbild für die Überarbeitung des Schuldrechts?*, FS Larenz 80 (1983), 663-703, chegando a falar em despedida tácita do BGB (699).

[1901] Dieter Reuter, no Staudinger, *Maklerrecht* cit., prenot. §§ 652 ss., Nr. 75 (40-41).

[1902] Assim, além do já citado Glaser/Warncke, *Das Maklerrecht in der Praxis*, temos, como exemplo, Walter Dehner, *Das Maklerrecht in der neuen Rechtsprechung* (1987).

[1903] Referimos: Peter Schwerdtner, *Maklerrecht*, 3.ª ed. (1987), 247 pp., Igor Petri/ /Michael Wieseler, *Handbuch des Maklerrecht/für Makler und deren Rechtsberater* (1998), 710 pp., Uwe Bethge, *Maklerrecht in der Praxis*, 2.ª ed. (1999), 303 pp. e Hans Christian Ibold, *Maklerrecht/Immobilien – Partnerschaften – Kapitalanlage* (2003), 300 pp..

[1904] Com referência especial à mediação imobiliária: além da última obra referida na nota anterior, *vide* Robert Dyckerhoff/Jürgen George Brandt, *Das Recht des Immobilienmaklers*, 7.ª ed. (1973), 231 pp..

[1905] Azzolina, *Le mediazione* cit., 2.ª ed., 7.

[1906] Uma referência: Leone Bolaffio, *Dei mediatori*, 2.ª, 3.ª e 4.ª ed. (1919), incluído em *Il codice di commercio commentato*, coord. Leone Bolaffio/Cesare Vivante.

[1907] Angelo Luminoso, *La mediazione*, 2.ª ed. (2006), 1.

III. Embora inserida entre os contratos em especial, as normas relativas à mediação não se ocupam diretamente do correspondente contrato: antes versam, na tradição do revogado Código de Comércio, a situação jurídica do mediador.

Quebrando uma anterior tradição liberal, a Lei italiana n.° 39, de 3 de fevereiro de 1989, veio estabelecer um regime restritivo: a mediação fica reservada a profissionais inscritos em determinada lista, dotados de requisitos legalmente fixados[1908].

IV. A função do mediador assenta na própria essência da livre concorrência[1909]: só não seria necessária numa economia inteiramente planificada[1910]. Na verdade, o mercado não pode funcionar se a oferta e a procura não entrarem em contacto, de modo a comporem os preços mais favoráveis para todos os intervenientes. Todavia, a presença de intermediários interessados, nos diversos negócios, é sentida como um peso, quer pelos produtores, quer pelos consumidores finais. A legitimidade das comissões por eles cobradas é questionada[1911]. A jurisprudência já tem sido acusada como pretensamente hostil aos mediadores (*Maklerfeindlich*)[1912]. A própria evolução semântica do clássico *proxeneta*, na língua portuguesa, é sintomática e dispensa glosas.

Tudo isto deve ser evitado. Particularmente entre nós, o mediador arca com a desconsideração histórica que atinge todo o comércio e que cumpre contrariar. O mediador tem um papel básico na economia e no comércio. A disciplina jurídica da mediação deve ser estudada. A função da mediação deve, como qualquer outra, ser exercida com correção e dentro da ética dos negócios. Também por isso não se justifica o desinteresse jurídico-científico a que a matéria tem sido votada. Anote-se, por fim, que os progressos da eletrónica e da informação permanente *on line* põem em crise a mediação tradicional[1913]. Cabe aos mediadores adaptarem-se, integrando-se nos grandes circuitos da sociedade de informação e da nossa Aldeia Global.

[1908] Adolfo di Majo, *Codice civile*, 20.ª ed. (2006), 503; o texto da Lei n.° 39, de 3-fev.-1989, pode ser confrontado em Bruno Trosi, *La mediazione* (1995), 205-209.

[1909] Schwerdtner, *Maklerrecht* cit., 3.ª ed., 8.

[1910] Ibold, *Maklerrecht* cit., 23.

[1911] Dieter Reuter, *Staudingers Maklerrecht* cit., prenot. §§ 652 ss., Nr. 3 (8-9).

[1912] Ibold, *Maklerrecht* cit., 34.

[1913] Ibold, *Maklerrecht* cit., 27.

§ 57.º A MEDIAÇÃO NA EXPERIÊNCIA LUSÓFONA

263. O Direito antigo e o Código Ferreira Borges (1833)

I. Na tradição jurídica portuguesa, a atual figura do mediador era incluída, sem distinções, na de corretor. E a este dedicou a Lei, tradicionalmente, a maior atenção.

Em 19-jan.-1485 foi publicado um regimento dos corretores seguido, em 1494, por novo diploma[1914]. As sucessivas Ordenações ocuparam-se do tema. Nas Filipinas, cabe salientar: Liv. I, tít. 48, § 21[1915] e Liv. III, tít. 59, § 19[1916]: não propriamente com um regime global mas, apenas, para solucionar problemas concretos.

II. O Código Comercial de Ferreira Borges incluía a matéria dos corretores na secção II do título II do Livro I, Parte I, precisamente intitulada *Dos corretores*: artigos 102.º-140. O artigo 102.º apresentava o corretor nestes termos[1917]:

> O officio de corretor é viril e publico. O corretor, e ninguem mais, póde intervir e certificar legalmente os tractos e negociações mercantis.

O âmbito de ação dos corretores era amplo. Dispunha o artigo 103.º:

> As operações dos corretores consistem em comprar e vender para seus committentes mercadorias, navios, fundos publicos, e outros créditos, letras

---

[1914] *Vide* alguns elementos em Adriano Anthero, *Comentario ao Codigo Commercial Portuguez*, I (1913), 128-129.

[1915] Ord. Fil., ed. Gulbenkian, 1, 90/II: o corretor não pode ser procurador.

[1916] Ord. Fil., ed. Gulbenkian, 2 e 3, 656/I e 657/II: contratos celebrados pelo corretor.

[1917] Usamos a edição da Imprensa da Universidade de Coimbra: *Codigo Commercial Portuguez* (1851); mantemos a grafia e a apresentação da época.

700   *Contratos especiais de comércio*

de cambio, livranças, letras da terra, e outras obrigações mercantis: – em fazer negociações de descontos, seguros, contractos de risco, fretamentos, emprestimos com penhor ou sem elle; – e em geral em prestar o seu ministerio nas convenções e transacções commerciaes.

III. O alvará de nomeação de cada corretor designaria o género de negócios para que ele ficava habilitado. A habilitação poderia ser "illimitada e geral para todos os negocios de corretagem" (104.°). O número de corretores em cada praça seria fixo e "proporcionado á sua povoação, trafico e gyro, determinado por regulamentos particulares" (107.°). Havia uma série de exigências e de inibições, no acesso à profissão (108.° e 109.°). Os corretores tinham uma sequência de deveres: deviam certificar--se da identidade e da capacidade dos contratantes (111.°); eram responsáveis pela autenticidade da firma do último cedente (112.°); não deviam "com motivos falsos induzir o contrahente em erro" (113.°); estavam obrigados a sigilo (115.°). Ocorriam, depois, outras obrigações, por especialidades.

IV. O sistema do Código era completado por diversos instrumentos, designadamente o Regulamento da Corporação dos Corretores, aprovado por Decreto de 16 de janeiro de 1837 (Passos Manuel)[1918].
Manteve-se, pois, firme, a tradição do corretor como oficial público. Examinando as suas funções, logo se verifica que elas vão bem além das de mera mediação: temos, lado a lado, esquemas do mandato e do notariado público.

264. O Código Veiga Beirão

I. No Código Comercial de Veiga Beirão (1888), o título VII do Livro I denomina-se, precisamente, *Dos corretores*. Preenche os artigos 64.° a 81.°: uma síntese significativa, em relação ao Código anterior. Podemos dar uma ideia do conteúdo regulativo do Código, através das epígrafes (não oficiais) dos artigos implicados[1919]. Assim:

[1918] *Collecção de Leis e outros Documentos Officiaes* 1837, 98-100.
[1919] Quanto a estes preceitos: Luiz da Cunha Gonçalves, *Comentário ao Código Comercial Português* 1 (1914), 146 ss. e J. Pinto Furtado, *Código Comercial Anotado*, I/*Artigos 1.° a 150.°* (1975), 145 ss..

§ 57.º A mediação na experiência lusófona

artigo 64.º (Ofício do corretor);
artigo 65.º (Quem pode ser nomeado corretor);
artigo 66.º (Operações dos corretores);
artigo 67.º (Caução);
artigo 68.º (Obrigações dos corretores);
artigo 69.º (Livros dos corretores);
artigo 70.º (Cópias a entregar às partes);
artigo 71.º (Força probatória dos protocolos e das cópias);
artigo 72.º (Força probatória dos assentos);
artigo 73.º (Força probatória dos assentos, notas e minutas);
artigo 74.º (Exame dos livros);
artigo 75.º (Obrigação de prestar os serviços);
artigo 76.º (Responsabilidade pela execução do contrato);
artigo 77.º (Aplicabilidade pela execução do contrato);
artigo 78.º (Prescrição da responsabilidade);
artigo 79.º (Presunção de insolvência fraudulenta);
artigo 80.º (Corretagem).

II. O corretor exercia um ofício pessoal, público, viril e de nomeação régia (64.º). Podia ter um substituto, aprovado pelo Governo (65.º). Quanto às suas operações, cumpre reter o artigo 66.º:

As operações dos corretores serão:

1.º Comprar ou vender para os seus comitentes mercadorias, navios, fundos públicos, ações de sociedades legalmente constituídas, títulos de riscos marítimos, letras, livranças, cheques, e outros créditos e obrigações mercantis;

2.º Fazer negociações de descontos, seguros, fretamentos e empréstimos;

3.º Proceder às vendas de fundos públicos, ações ou obrigações de bancos ou companhias, ordenadas por autoridade da justiça da respetiva comarca;

4.º Prestar em geral o seu ofício para todas as operações de bolsa, e em todos os casos em que a lei exija a sua intervenção.

§ único. Os corretores de qualquer praça procederão também às vendas dos títulos mencionados no n.º 3 deste artigo quando lhes forem cometidas pela autoridade judicial competente de qualquer comarca.

Como se vê, estamos perante um misto de mandato e de mediação. Significativamente, o artigo 77.º mandava aplicar certas regras relativas ao mandato e à comissão. Além disso, dos artigos 68.º a 75.º resultavam funções de notariado público.

Pela sua atuação era-lhes devida uma corretagem, fixada em tabela (81.º).

§ 58.º A ESPECIALIZAÇÃO DA MEDIAÇÃO

265. Mediação mobiliária; intermediação financeira

I. O Código Comercial deu o tom mais geral à função dos corretores, no nosso Direito. A evolução subsequente foi marcada pela manutenção da intervenção do Estado e pela especialização crescente dos diversos tipos de corretagem. Em síntese, passamos a indicar a evolução, até aos nossos dias.

II. O importante Decreto de 10-out.-1901 (Hintze Ribeiro) aprovou o *Regimento do officio de corretor*[1920]. Esse diploma dispunha, no seu artigo 4.º:

> Os corretores são de tres especies:
>
> 1.º Corretores de cambios, fundos publicos e particulares, creditos e obrigações mercantis;
> 2.º Corretores de navios, seguros e transportes;
> 3.º Corretores de mercadorias e suas vendas.
> Podia, todavia, ser nomeado um corretor com valência em duas ou três das apontadas áreas.
> Em princípio haveria concurso para o ofício de corretor, a correr na Direção-Geral do Comércio e Indústria (9.º). Os candidatos teriam de exibir conhecimentos de francês e inglês bem como, em certos casos, de alemão (13.º/4). Haveria provas públicas perante um júri (15.º), com pontos sorteados (18.º). A nomeação seria feita por decreto, recaindo sobre os melhores classificados (19.º). O Regimento desenvolvia, depois, os diversos aspetos já inseridos no Código Comercial.

[1920] COLP 1901, 715-722; da mesma data, temos o *Regulamento do serviço e operações de Bolsas de fundos publicos e particulares e outros papeis de credito*, idem, 722-727.

704   *Contratos especiais de comércio*

III. Na evolução subsequente, os corretores foram especializados em três grandes troncos: valores mobiliários, seguros e sector imobiliário. Quanto aos valores mobiliários, o tema passou para o Decreto-Lei n.º 8/74, de 14 de janeiro, que veio regular a organização e o funcionamento das bolsas de valores, bem como estabelecer o Regimento do Ofício de Corretor[1921]. Retemos alguns aspetos:

- os corretores das bolsas de valores são os intermediários oficiais das operações que nelas têm lugar (91.º/1);
- poderia haver sociedades corretoras (92.º/1);
- os corretores são nomeados por despacho do Ministro das Finanças (94.º/1), podendo haver concursos (95.º/1);
- as obrigações do corretor são especificadas (106.º), surgindo diversas proibições (110.º);
- previam-se câmaras de corretores, abrangendo todos os que exerçam a sua capacidade profissional junto de uma bolsa.

O Decreto-Lei n.º 8/74, de 14 de janeiro, revogou expressamente o Decreto de 10 de outubro de 1901 e o Regimento do Ofício de Corretor. Estes diplomas não funcionavam, apenas, no domínio do então chamado Direito da bolsa. Alargavam-se aos seguros, aos transportes e às mercadorias. Todavia, com esta revogação, o Código Comercial ficou lei imperfeita. O sistema português, com exceção da bolsa, entraria numa época de liberalização.

IV. O Decreto-Lei n.º 8/74 foi revogado pelo Decreto-Lei n.º 142-A/91, de 10 de abril, que aprovou o Código do Mercado de Valores Mobiliários (artigo 24.º). Esse mesmo preceito revogou os artigos 64.º a 81.º do Código Comercial, mas:

(...) no que se refere às bolsas de valores, seus corretores e operações sobre valores mobiliários.

A contrario sensu, caberia concluir que esses preceitos se mantiveram em vigor para os outros sectores. Todavia, a generalidade dos compiladores considerou que os citados artigos 64.º a 81.º do Código Comercial

---

[1921] DG I Série, n.º 11, de 14-jan.-1974, 42(1)-42(23).

§ 58.° A especialização da mediação   705

haviam sido revogados no seu todo[1922]. Não foi assim. Os deveres consignados no Código Comercial, que não necessitavam do revogado Regulamento de 1901, mantiveram-se em vigor, para os mediadores que não constassem do elenco mobiliário.

V. Finalmente, o Código do Mercado de Valores Mobiliários foi revogado pelo Decreto-Lei n.° 486/99, de 13 de novembro – artigo 15/1, *a*). A antiga matéria dos corretores das bolsas surge agora a propósito da intermediação financeira (289.° a 351.°), havendo ainda que contar com regulamentos e legislação complementar.

266. Mediação dos seguros

I. Em 27-ago.-1975, um despacho do Subsecretário de Estado do Tesouro veio estabelecer a obrigatoriedade de inscrição dos mediadores de seguros. Não era este o meio jurídico para enquadrar o problema. E assim surgiu o Decreto-Lei n.° 145/79, de 23 de maio: o primeiro diploma a regular "as condições e o modo como pode ser exercida em Portugal a atividade de mediação de seguros[1923].

Na base da regulamentação terão pesado as seguintes considerações:

– a reestruturação do sector dos seguros;
– a intervenção de mediadores na grande maioria dos contratos de seguro;
– a necessidade de profissionalização.

A mediação de seguros vem definida como (1.°/1):

(...) a atividade tendente à realização, à assistência ou à realização e assistência de contratos de seguro entre pessoas, singulares ou coletivas, e as seguradoras.

[1922] *Vide* os de resto cuidadosos António Caeiro/M. Nogueira Serens, *Código Comercial/Código das Sociedades Comerciais/Legislação Complementar*, 5.ª ed. (1992), 15. A referência manter-se-ia nas edições subsequentes; cf., na 16.ª ed. (2005), 13.
[1923] Preâmbulo: DR I Série, n.° 118, de 23-mai.-1979, 1059-1065 (1059/I).

706   *Contratos especiais de comércio*

A mediação de seguros ficou reservada aos mediadores inscritos no então INS (6.º/1), não podendo, em especial, ser exercida por companhias de seguros e resseguros, agências de companhias estrangeiras e mútuas de seguros (1.º/2).

II. Os mediadores de seguros foram repartidos por duas categorias (3.º/1):

– agente de seguros: o mediador, pessoa singular ou coletiva, que faz a prospeção e a realização de seguros, presta assistência ao segurado, efetua a cobrança dos prémios e a prestação de outros serviços, se assim o tiver acordado com a seguradora (31.º);
– corretor de seguros: o mediador, pessoa coletiva que forma uma organização comercial e administrativa própria, na qual empregue um ou mais trabalhadores profissionais de seguros (36.º); tem uma competência mais alargada, a qual inclui (40.º):

  – dar informações às seguradoras para a análise de riscos, para a prevenção e segurança e para a instrução de processos de sinistro;
  – colaborar com os peritos e prestar assistência aos agentes que coloquem seguros;
  – fornecer ao então INS uma série de elementos.

Os direitos (13.º) e os deveres (14.º) do mediador foram objeto de alongadas seriações.

III. O primeiro regime dos mediadores de seguros vigorou por 6 anos. Foi substituído por novo regime, adotado pelo Decreto-Lei n.º 336/85, de 21 de agosto[1924]. Segundo o preâmbulo deste diploma, pretendeu-se intervir nos seguintes domínios:

– no da moralização da atividade;
– no da exigência da sua profissionalização;
– no do reforço da disciplina do mercado;
– no da defesa dos interesses das partes envolvidas.

[1924] DR I Série, n.º 191, de 21-ago.-1985, 2700-2708.

§ 58.º *A especialização da mediação* 707

O novo diploma veio estabelecer três categorias de mediadores (2.º):

– o agente de seguros: faz prospeção, visa realizar seguros, presta assistência ao segurado e pode cobrar prémios;
– angariador: *idem*, mas sendo trabalhador de seguros;
– corretor: uma pessoa coletiva devidamente autorizada, e com funções alargadas (45.º).

Em nome da moralização, foi vedada a mediação de seguros nos contratos a celebrar com entidades do sector público (5.º). A lei seguiu a técnica de enumerar os direitos e os deveres dos mediadores em geral (6.º e 7.º) e, depois, de precisar as posições dos diversos tipos de mediadores.

Foram ainda regulados diversos aspetos práticos atinentes às inscrições e às sanções.

O Decreto-Lei n.º n.º 336/85, de 21 de agosto, foi alterado pelo Decreto-Lei n.º 172-A/86, de 30 de junho[1925] (22.º, 23.º e 26.º, tendo ainda sido aditado o artigo 24.º-A), no sentido de alargar a mediação nos seguros a cidadãos de outros países comunitários. Deve ainda apontar-se o Decreto-Lei n.º 386/89, de 9 de novembro[1926], também de origem comunitária, e que veio reger a livre prestação de serviços no âmbito dos Estados-membros.

IV. Passados mais 6 anos: o legislador entendeu dispensar um novo diploma regulador da mediação dos seguros. Fê-lo através do Decreto-Lei n.º 388/91, de 10 de outubro[1927]. Jogaram – diz o legislador – nesse sentido, vários fatores:

– a presença de novos canais de distribuição de seguros, com relevo para as instituições de crédito e as estações de correios;
– a oportunidade de colocar num único instrumento, as regras aplicáveis à mediação de seguros;
– o reforço da profissionalização;
– a liberalização do sistema da comissão, "... que passa a ser negociado livremente entre as seguradoras e os mediadores";
– a especialização "não-vida", "vida";

[1925] DR I Série, n.º 147, de 30-jun.-1986, 1550(2)-1550(3).
[1926] DR I Série, n.º 258, de 9-nov.-1989, 4910-4911.
[1927] DR I Série, n.º 233, de 10-out.-1991, 5265-5275.

708   *Contratos especiais de comércio*

– a abertura aos EIRL e às cooperativas;
– a atualização das sanções.

O sistema em vigor foi alterado em função destas diretrizes. Mante-ve-se, naturalmente, a necessidade de inscrição do ISP (3.°/1), bem como a tripartição em agentes, angariadores e corretores.

O novo regime absorveu a matéria comunitária, passando a ascender a 60 artigos.

V. O novo diploma atingiu a excecional longevidade de mais de vinte anos. Vigorou até ser substituído pelo Decreto-Lei n.° 144/2006, de 31 de julho[1928]: um diploma de fôlego (107 artigos), alterado pelo Decreto-Lei n.° 359/2007, de 2 de novembro, pela Lei n.° 46/2011, de 24 de junho, que criou um tribunal especializado para a concorrência, a regulação e a supervisão, pelo Decreto-Lei n.° 1/2015, de 6 de janeiro e pela Lei n.° 147/2015, de 9 de setembro. A mediação dos seguros é versada no Direito dos Seguros[1929].

267. Mediação imobiliária

I. O sector imobiliário foi, curiosamente, o primeiro a obter uma regulamentação especializada, atinente à mediação. Ela foi aprovada pelo Decreto-Lei n.° 43 767, de 30 de junho de 1961[1930]. Dispunha o seu artigo 1.°:

> A atividade comercial de mediador na compra e venda de bens imobi-liários e na realização de empréstimos com garantia hipotecária, mobiliária ou imobiliária, só pode ser exercida por pessoas singulares ou sociedades de reconhecida idoneidade, que tenham obtido autorização prévia do Ministro das Finanças, mediante portaria.

O diploma continha diversas regras especificamente dirigidas aos mediadores. O contrato de mediação propriamente dito não era objeto de preceitos legais. No mesmo ano, o Decreto-Lei n.° 43 902, de 8 de setem-

---

[1928] DR I Série, n.° 146, de 31-jul.-2006, 5391-5416.
[1929] A matéria consta do nosso *Direito dos seguros* 2.ª ed. (2016), 445 ss..
[1930] DG I Série, n.° 150, de 30-jun.-1961, 774-775.

§ 58.º A especialização da mediação

bro, veio dispor sobre a caução a que os mediadores imobiliários ficavam adstritos[1931].

II. Com alguns aditamentos, o regime básico de 1961 vigorou por mais de trinta anos. O "incremento significativo que se tem verificado na atividade de mediação imobiliária" conduziu à reformulação do seu "enquadramento legislativo": tal o preâmbulo do Decreto-Lei n.º 285/92, de 19 de dezembro, que levou a cabo tal tarefa[1932]. Esse diploma vinha definir a atividade visada (2.º):

> (...) entende-se por mediação imobiliária a atividade comercial em que, por contrato, a entidade mediadora se obriga a conseguir interessado para a compra e venda de bens imobiliários ou para a constituição de quaisquer direitos reais sobre os mesmos, para o seu arrendamento, bem como na prestação de serviços conexos.

O exercício de tal atividade ficava dependente de licenciamento, a obter junto do Conselho de Mercados de Obras Públicas (CMOPP).

III. O Decreto-Lei n.º 285/92 compreendia ainda outros aspetos dignos de interesse jurídico-científico. O artigo 5.º adstringia os mediadores ao uso da "denominação"[1933], "mediador imobiliário" ou "sociedade de mediação imobiliária". O artigo 6.º elencava os seus deveres, na linha do que tradicionalmente constava do Código Comercial, para os corretores.

O artigo 10.º, de forma pioneira, regulava o contrato de mediação imobiliária. Fazia-o nos termos seguintes:

> 1. O contrato de mediação imobiliária está sujeito à forma escrita.
> 2. Do contrato constam obrigatoriamente as seguintes menções:
> a) Identificação das partes;
> b) Objeto e condições do exercício da mediação;
> c) Forma de remuneração;
> d) Prazo de duração do contrato.

[1931] DG I Série, n.º 209, de 8-set.-1961, 1162-1163.

[1932] DR I Série-A, n.º 292, de 19-dez.-1992, 5858-5861.

[1933] Tratando-se, como se trata, de entidades comerciais, o termo correto deveria ser "firma".

710   *Contratos especiais de comércio*

3. Qualquer quantia entregue pelo interessado à entidade mediadora, no âmbito da prestação do respetivo serviço, presume-se que tem carácter de sinal.

4. Tratando-se de contratos com uso de cláusulas contratuais gerais, o mediador imobiliário deve enviar cópia dos respetivos projetos ao CMOPP e ao Instituto Nacional de Defesa do Consumidor.

5. O contrato deve ser assinado em duplicado, sendo um exemplar entregue ao interessado e destinando-se o outro a arquivo, após inscrição no livro de registos a que se refere a alínea *d*) do n.º 1 do artigo 6.º.

6. A omissão da forma legalmente prescrita, bem como do disposto no n.º 4, gera a nulidade do contrato, não podendo esta, contudo, ser invocada pela entidade mediadora.

Este texto foi reconhecido como tendo tipificado o contrato de mediação[1934], pelo menos no campo imobiliário. Não regula toda a matéria em jogo, designadamente a da remuneração que, na linha do entendimento anterior e tradicional, é feita depender do resultado da intervenção do mediador[1935].

IV. Também no sector da mediação imobiliária se faria depois sentir a permanente capacidade interventora do nosso legislador. Assim, ainda não se haviam completado 7 anos sobre o Decreto-Lei n.º 285/92, de 19 de dezembro, quando surge um novo regime: o do Decreto-Lei n.º 77/99, de 16 de março[1936]. Este diploma, segundo o próprio legislador, visou[1937]:

– o reforço da capacidade empresarial das entidades mediadoras;
– a adoção da forma societária;
– maiores requisitos para o acesso à atividade;
– melhor identificação das empresas, dos seus representantes e dos seus prestadores de serviços;
– clarificar o momento e as condições de remuneração;
– reforçar o sistema das garantias;
– criar uma comissão arbitral para o reembolso de garantias indevidamente recebidas;

[1934] RCb 7-out.-1997 (Silva Graça), BMJ 470 (1997), 692-693.
[1935] STJ 31-mar.-1998 (Ribeiro Coelho), BMJ 475 (1998), 680-688 (686).
[1936] DR I Série, n.º 63, de 16-mar.-1999, 1434-1441.
[1937] Quanto ao regime fixado por este diploma: Lacerda Barata, *Contrato de mediação* cit., 210 ss..

§ 58.° A especialização da mediação 711

– estabelecer novos deveres das empresas;
– instituir novas sanções.

O licenciamento seria concedido pelo Instituto de Mercados de Obras
Públicas e Particulares e do Imobiliário (IMOPPI) (8.°/1). O diploma manteve, com alterações (desnecessárias), a definição da mediação imobiliária
(3.°/1). A remuneração depende da "... conclusão e perfeição do negócio
visado pelo exercício da mediação ..." (19.°/1). O contrato de mediação
imobiliária manteve a exigência da forma escrita (20.°/1) e viu alargar o
seu conteúdo com diversas indicações (20.°/2). Pode ser acordado um
regime de exclusividade (20.°/3 e 4).

O Decreto-Lei n.° 258/2001, de 25 de setembro, alterou os artigos
11.°, 16.°, 29.° e 38.° do Decreto-Lei n.° 77/99, de 16 de março[1938].

V. Pouco depois, a Lei n.° 8/2004, de 10 de março, autorizou o
Governo a regular o exercício das atividades de mediação imobiliária e de
angariação imobiliária[1939]. O Governo desempenhou-se, aprovando o que
seria o Decreto-Lei n.° 211/2004, de 20 de agosto: com uma nova regulação para a atividade de mediação imobiliária.

O legislador explicou-se: dificuldades burocráticas teriam dificultado
a aplicação do regime de 1999 enquanto, por outro lado, teriam ocorrido
"grandes transformações do mercado imobiliário" e "um grande desenvolvimento"[1940]. Temos, agora, um diploma extenso, em 58 artigos, assim
ordenados:

Capítulo I – Disposições gerais (1.° a 4.°);
Capítulo II – Atividade de mediação imobiliária:
  Secção I – Licenciamento (5.° a 13.°);
  Secção II – Exercício da atividade (14.° a 21.°);

[1938] DR I Série-A, n.° 223, de 25-set.-2001, 6079-6080.

[1939] DR I Série-A, n.° 59, de 10-mar.-2004, 1293-1294.

[1940] Temos vindo, de modo repetido, a criticar a tendência para os preâmbulos gran-
diloquentes e autolaudatórios: passados anos, perdem qualquer alcance e ficam, para sempre, na nossa folha oficial. Os preâmbulos querem-se claros, chãos e técnicos: nunca políticos. *In casu*: o Decreto-Lei n.° 211/2004 surgiu, precisamente, numa fase de depressão do
mercado imobiliário.

712   *Contratos especiais de comércio*

Secção III – Responsabilidade civil e seguro de responsabilidade civil (22.º e 23.º).

Capítulo III   – Atividade de angariação imobiliária:

Secção I   – Inscrição (24.º a 30.º);

Secção II   – Condições de exercício da atividade (31.º a 35.º).

Capítulo IV – Taxas e registo (36.º e 37.º);

Capítulo V   – Fiscalização e sanções:

Secção I   – Responsabilidade contra-ordenacional (38.º a 48.º);

Secção II   – Responsabilidade criminal (49.º e 50.º).

Capítulo VI – Disposições finais e transitórias (51.º a 58.º).

VI. Vamos reter apenas algumas notas sobre esse diploma. A atividade imobiliária é agora definida (2.º/1) como:

> (...) aquela em que, por contrato, uma empresa se obriga a diligenciar no sentido de conseguir interessado na realização de negócio que vise a constituição ou aquisição de direitos reais sobre bens imóveis, a permuta, o trespasse ou o arrendamento dos mesmos ou a cessão da posição em contratos cujo objeto seja um bem imóvel.

A terminologia tradicional foi alterada (sem vantagens): segundo o artigo 2.º/4 chama-se, agora, "interessado" ao solicitado e "cliente" ao mandante. Os artigos 3.º e 4.º apresentam, ainda, uma contraposição entre:

– a empresa de mediação imobiliária: a que tenha por atividade principal a acima definida;

– a angariação imobiliária: a prestação de serviços necessários para a preparação e cumprimento de contratos de mediação imobiliária.

Mantém-se a necessidade de licenciamento junto do IMOPPI (5.º)[1941]. Os requisitos de ingresso são ampliados (6.º). Complicam-se as regras relativas à remuneração (18.º), conservando-se, no essencial, as atinentes ao contrato de mediação imobiliária (19.º).

Os angariadores obtêm diversas regras próprias (31.º e seguintes). O sector sofreu com a complexidade introduzida. Todavia, apenas cinco anos volvidos o legislador se decidiu a intervir, em nome da simplificação:

[1941] Na falta de licença, o "mediador" não pode ser retribuído: nem mesmo pelo enriquecimento sem causa: STJ 20-jun.-2013 (Abrantes Geraldes), Proc. 1752/09.

§ 58.º A especialização da mediação

o Decreto-Lei n.º 69/2011, de 15 de junho, alterou diversos preceitos do Decreto-Lei n.º 211/2004, o qual foi republicado como anexo.

VII. A mediação imobiliária sofre um especial influxo europeu[1942]. A ideia de um mercado único europeu continuou bloqueada pela existência de múltiplos regimes restritivos, diferentes de país para país. Visando harmonizar o acesso à prestação de serviços, foi adotada a Diretriz n.º 2006/123, de 12 de dezembro[1943]. Essa Diretriz foi transposta pelo Decreto-Lei n.º 92/2010, de 26 de julho, o qual (1.º/1) veio estabelecer os princípios e as regras para simplificar o livre acesso e exercício das atividades de serviços realizados em território nacional. Esse diploma, comporta, entre outros aspetos, medidas de desburocratização e simplificação (5.º e seguintes).

O regime do Decreto-Lei n.º 92/2010 veio repercutir-se na intermediação imobiliária. Deu origem ao Decreto-Lei n.º 15/2013, de 8 de fevereiro, que fixou um novo regime para a mediação imobiliária. Tem o seguinte conteúdo:

Capítulo I   – Disposições gerais (1.º a 3.º);
Capítulo II   – Exercício da atividade por prestadores estabelecidos em Portugal (4.º a 20.º):
  Secção I – Licenciamento (4.º a 12.º);
  Secção II – Condições do exercício da atividade (13.º a 20.º);
Capítulo III – Prestadores estabelecidos noutros Estados do Espaço Económico Europeu (21.º e 22.º);
Capítulo IV – Colaboradores de empresas de mediação imobiliária (23.º a 25.º);
Capítulo V – Fiscalização e sanções; responsabilidade contraordenacional (26.º a 35.º);
Capítulo VI – Disposições gerais e transitórias (36.º a 45.º).

O exercício da atividade de mediação imobiliária depende de inscrição no Instituto da Construção e do Imobiliário, I.P. (InCI) (4.º). O contrato

---

[1942] *Vide* Erwin Seiler/Stephan Kippes/Heinz Rehkugler, *Handbuch für Immobilienmakler und Immobilienberater*, 3.ª ed. (2015), 770 pp..
[1943] JOUE N.º 376, L 36-68, de 27-dez.-2006.

714   *Contratos especiais de comércio*

de mediação imobiliária está sujeito à forma escrita e tem o conteúdo obrigatório prescrito no artigo 16.º/2.

Tudo isto é importante para uma teorização geral da mediação comercial.

268. Mediação monetária

I. Também no sector monetário surgiu uma regulação para a respetiva mediação. O Decreto-Lei n.º 164/86, de 26 de junho[1944], veio invocar, no seu preâmbulo, que o correto funcionamento do mercado monetário interbancário,

> (...) recomenda a intervenção especializada de mediadores profissionais que contribuam para a racionalização do mercado, prevenindo alongadas negociações multilaterais, centralizando a oferta e a procura, promovendo a sua transparência, a rápida e eficiente formação dos preços, a fluidez e o sigilo das transações.

E prossegue:

> As empresas mediadoras dos mercados monetários assumem-se essencialmente como corretoras, isto é, agem sempre e necessariamente por conta de outrem. Não são, por isso, entidades parabancárias, o que as dispensa de estruturas financeiras que àquelas se exige (...)

Isto posto, fixou-se um regime simples, assente nos pontos seguintes:

– exigência de forma de sociedade anónima ou por quotas (1.º/1);
– *idem*, de exclusividade e de exercício por conta de outrem (1.º/2 e 3);
– incompatibilidade (3.º);
– registo no Banco de Portugal (4.º).

Este último recebe poderes de fiscalização (10.º).

II. A aprovação, pelo Decreto-Lei n.º 298/92, de 31 de dezembro, do Regime Geral das Instituições de Crédito e Sociedades Financeiras, permi-

---

[1944] DR I Série, n.º 144, de 26-jun.-1986, 1510-1512.

§ 58.º A especialização da mediação 715

tiu a aprovação de um novo regime: mais simplificado. Tal foi o papel do Decreto-Lei n.º 110/94, de 28 de abril[1945].

No sector bancário caminha-se, pois, num sentido inverso ao dos outros sectores, já examinados.

269. Mediação de jogos sociais do Estado

I. A concluir o levantamento dos regimes específicos para as mediações, cumpre relevar o regulamento dos jogos mediadores dos jogos sociais do Estado, aprovado pela Portaria n.º 313/2004, de 23 de março[1946].

Em causa está o exercício da mediação dos jogos, isto é, dos serviços de assistência (1.º/2):

> (...) com vista à celebração do contrato de jogo entre o Departamento de Jogos da Santa Casa da Misericórdia de Lisboa (DJSCML) e o jogador, recebendo o preço das apostas e procedendo ao pagamento de prémios de jogo, nos termos da lei e do regulamento de cada um dos jogos sociais do Estado.

II. A autorização para a atividade de mediação em causa tem natureza administrativa, sendo concedida, por escrito, pelo DJSCML (2.º/1). Os deveres e incumbências dos mediadores estão fixados, bem como as sanções que se lhes apliquem.

Também neste caso, para além da mediação, estão envolvidas diversas prestações de serviços.

[1945] DR I Série-A, n.º 98, de 28-abr.-1994, 2050-2051.
[1946] DR I Série-B, n.º 70, de 23-mar.-2004, 1653-1657.

§ 59.° DOGMÁTICA GERAL DA MEDIAÇÃO

270. Aceções e modalidades

I. O desenvolvimento anterior logo permitiu verificar que a mediação, conquanto que centrada num núcleo expressivo, assume diversas aceções e modalidades. Vamos tentar clarificar essa matéria, base de qualquer estudo dogmático consistente.

A contraposição entre os diversos sistemas continentais e a própria evolução nacional logo mostram que, na mediação, cumpre distinguir à cabeça:

– a mediação simples;
– a mediação profissional.

Na primeira, o ato ou o efeito de mediar é levado a cabo por qualquer pessoa, sem especiais preparação ou condicionalismo, dentro do espaço jurídico. Na segunda, encontramos uma pessoa que, de modo organizado, lucrativo e tendencialmente exclusivo, utiliza a mediação como modo de vida. Pela natureza das coisas, a mediação profissional torna-se muito mais eficaz, sobretudo em áreas que impliquem investimentos alargados nos domínios da prospeção do mercado e do conhecimento das suas realidades.

A atenção dos Estados, desde os séculos XV e XVI, tem-se virado para a mediação profissional. Ela pode, na verdade, representar o domínio total de determinados sectores comerciais. E caso se torne obrigatória: ela permitirá um controlo eficaz sobre esses sectores, assegurando um bom rendimento aos mediadores.

II. De seguida, passamos a contrapor:

– a mediação liberal;

§ 59.º *Dogmática geral da mediação* 717

– a mediação dependente;
– a mediação oficial.

Na mediação liberal, o mediador age por si, sem qualquer vínculo: opera como um comerciante autónomo, seja ele uma pessoa singular ou coletiva. Na linguagem da mediação imobiliária fala-se, simplesmente, em empresa de mediação; na dos seguros, em corretor (3.º do Decreto-Lei n.º 211/2004 e 8.º, *c*) do Decreto-Lei n.º 144/2006).

Na mediação dependente, o mediador está ligado a uma organização por um vínculo de prestação de serviço, seja em relação ao mediador propriamente dito (angariador imobiliário, artigo 4.º do Decreto-Lei n.º 211/2004), seja em relação à entidade que irá celebrar o contrato final [mediador de seguros ligado – 8.º, *a*), do Decreto-Lei n.º 144/2006], seja ainda em relação a esta mesma entidade ou de outros mediadores [agentes de seguros – 8.º, *b*), do mesmo Decreto-Lei n.º 144/2006].

Na mediação oficial, o mediador é designado por um ato administrativo, encontrando-se em posição funcionalizada pública. Tal o caso dos mediadores dos jogos sociais do Estado (2.º da Portaria n.º 313/2004, de 23 de março).

III. Relevante é ainda a contraposição, que já encontrámos de modo repetido, entre:

– a mediação espontânea;
– a mediação contratada.

Na mediação espontânea, o mediador põe, por iniciativa sua e sem que ninguém lho tivesse solicitado, duas ou mais pessoas em contacto, promovendo entre elas a negociação e a conclusão de um contrato que a ambas interessasse.

Na mediação contratada, o mediador celebra, previamente, um contrato com algum dos envolvidos, comprometendo-se a localizar e a interessar um co-contratante, promovendo, com este, a conclusão contratual definitiva. Podemos, ainda, subdistinguir:

– a mediação contratada unilateral, quando o mediador tenha celebrado o contrato de mediação apenas com um dos interessados no negócio final;
– a mediação contratada bilateral, quando o tenha feito com ambos os interessados.

718   *Contratos especiais de comércio*

Esta última hipótese é frequente no sector imobiliário, onde os interessados compradores se dirigem a agências de mediação imobiliária (8.°/1 do Decreto-Lei n.° 211/2004) em busca de potenciais contratos, agências essas que, previamente, já haviam celebrado contratos de mediação com empresas construtoras ou com proprietários potenciais vendedores ou locadores.

IV. Havendo contrato de mediação, cumpre distinguir:

– a mediação pura: o mediador obriga-se, simplesmente e numa situação de independência e de equidistância em relação às partes, a conseguir a celebração de certo negócio definitivo[1947];
– a mediação mista ou combinada: o mediador, para além dos serviços de mediação propriamente dita, exerce ainda uma atuação por conta de outrem (mandato), podendo igualmente assumir outros serviços: desde a publicidade, à prestação de apoio jurídico.

Neste último caso, haverá que procurar, à luz de diplomas especiais, quando os haja, qual o exato âmbito da figura.

Anote-se, ainda, que a mediação mista pode ser uma atuação interessada, no sentido do solicitador ao qual, inclusive, o mediador poderá estar ligado, institucionalmente ou por contrato[1948], incluindo, até, meios de representação. Já não será uma verdadeira mediação: falaremos em mediação imprópria.

271. Mediação civil e mediação comercial

I. Como vimos, a lei alemã distingue a mediação civil e a mediação comercial[1949]. Na primeira, conter-se-iam as regras gerais[1950], equiva-

---

[1947] O mediador é, essencialmente, imparcial: Lacerda Barata, *Contrato de mediação* cit., 196 ss..

[1948] Tal o caso paradigmático do "mediador de seguro ligado" (Decreto-Lei n.° 144/2006, de 31 de julho), próximo dos antes chamados "angariadores de seguros".

[1949] Dieter Reuter, no Staudinger, *Maklerrecht* cit., §§ 652-656, prenot. § 652 ss., Nr. 24 ss. (19 ss.); tem o maior interesse Markus Würdinger, *Die frei Säulen des Maklerprovisionesrechts/Neue Entwicklungen und Tendenzen im Immobilienmaklerrecht*, J7 2009, 349-356.

[1950] von Hoyningen-Huene, *HGB/Münchener Kommentar* cit., 1, 4.ª ed., § 93, Nr. 14 ss. (1504 ss.).

§ 59.º Dogmática geral da mediação

lendo a segunda às especialidades requeridas pelo comércio[1951]. Nos Direitos latinos, a tradição era a da presença da mediação apenas nas leis comerciais. De resto – e em especial na nossa lei: mais do que a mediação era, em princípio, tratado apenas o mediador.

II. Nada impede a celebração, ao abrigo da liberdade contratual (405.º/1, do Código Civil), de um contrato de mediação puramente civil. Ele traduziria a obrigação de uma das partes de encontrar um interessado para a celebração, com o comitente, de um contrato definitivo.

Tratar-se-ia de um contrato preparatório, a inserir na sequência processual lado a lado com outras hipóteses, como o contrato-promessa, o pacto de opção ou o pacto de preferência e que apenas teria como a especificidade a intromissão, nessa sequência, de um terceiro: o mediador.

As partes incluiriam, nele, as cláusulas que lhes aprouvesse. No silêncio do contrato, nenhum inconveniente haveria em recorrer à lei comercial, procurando regras de aplicação analógica[1952].

III. Na normalidade dos casos, a mediação é comercial. Por uma de duas vias:

– ou por se tratar de um mediador – portanto: um comerciante – no exercício da sua atividade comercial; não haverá qualquer dúvida quando o mediador seja uma sociedade: teremos uma comercialidade subjetiva[1953];

– ou por estar em causa alguma das modalidades de mediação tipificadas em leis comerciais especiais: mediação mobiliária, dos seguros, imobiliária, monetária e de câmbios e de jogos sociais: a comercialidade será objetiva[1954], coincidindo, em regra, com a subjetiva.

IV. O artigo 230.º do Código Comercial dispõe:

Haver-se-ão por comerciais as empresas, singulares ou coletivas, que se propuserem:

[1951] *Idem*, Nr. 24 ss. (1480 ss.).
[1952] *Vide supra*, 148 ss..
[1953] *Idem*, 221 ss..
[1954] *Idem*, 209 ss..

720 Contratos especiais de comércio

(...)
3.º Agenciar negócio ou leilões por conta de outrem em escritório aberto ao público, e mediante salário estipulado;
(...)

Já se tem, neste preceito, pretendido ver uma referência à mediação[1955]. A assim ser, tratar-se-ia de um ato subjetivamente comercial, visto a interpretação geral a dar ao artigo 230.º em causa[1956]. Parece-nos todavia claro que o troço citado (230.º/3.º) não coincide nem com a mediação nem com os mediadores, à época ditos "corretores". Antes abrange diversas figuras de prestação de serviço.

272. Mediação típica e mediação atípica

I. Podemos distinguir, hoje, entre situações típicas de mediação e situações atípicas. As primeiras reportam-se às modalidades que tenham consagração legal: as mediações mobiliárias, de seguros, imobiliária e dos jogos sociais, como exemplos. As restantes serão atípicas. Normalmente, as situações típicas são, ainda, nominadas: dispõem de *nomen iuris*.

II. Nos nossos tribunais, as situações de mediação mais frequentes são as mediações imobiliárias. Elas movimentam valores consideráveis – os tribunais documentam uma comissão de 5% sobre o preço de venda e, ainda, 10% sobre um hipotético sobrepreço[1957] – e, pela maneira incipiente por que ocorrem ou pela diversidade do resultado a que podem conduzir, dão azo a dúvidas. Até ao aparecimento do Decreto-Lei n.º 285/92, de 19 de dezembro, os tribunais proclamavam a mediação (em geral) como inominada e atípica: teria deixado de o ser, após esse diploma[1958]. Surgem, porém, espécies relativas à mediação na área dos

---

[1955] J. P. Remédio Marques, *Direito comercial* (1995), 388 e RCb 22-mai.-2001 (José Alexandre Reis), CJ XXVI (2001) 3, 16-19 (18/I).

[1956] *Supra*, 214 ss..

[1957] P. ex.: STJ 16-out.-2003 (Araújo Barros), Proc. 03B2813.

[1958] STJ 17-jan.-1995 (Martins da Costa), Proc. 085913 = BMJ 443 (1995), 353-363 (362) = CJ/Supremo III (1995) 1, 25-28 (28/I) e STJ 31-mai.-2001 (Abel Freire), CJ/ /Supremo IX (2001) 2, 108-111 (110/I).

§ 59.° Dogmática geral da mediação

seguros, designadamente para fixar a sua diferença em relação à angariação de seguros[1959], à corretagem de seguros[1960] e ao agente de seguros[1961]. Toda esta matéria deve ser sindicada perante os concretos diplomas aplicáveis.

III. No tocante a mediações atípicas, os nossos tribunais permitem documentar as que se reportem[1962]:

– à venda de um automóvel[1963];
– à aquisição de frascos para produtos farmacêuticos[1964];
– a encontrar, no mercado, determinados livros[1965];
– à compra e venda de máquinas industriais e de têxteis[1966];
– à contratação de determinado serviço de fornecimento de gás[1967];
– à colocação de um hotel em mercado[1968].

[1959] STJ 22-fev.-1979 (Rodrigues Bastos), BMJ 284 (1979), 257-261 (260) = Proc. 067615 e STJ 10-mar.-1981 (Moreira da Silva), Proc. 068845, este último explicitando que o contrato de angariação, celebrado em 31-out.-1973, não era afetado pela nacionalização dos seguros, ocorrida em março de 1975.

[1960] STJ 1-jun.-2000 (Sousa Lamas), CJ/Supremo VIII (2000) 2, 278-279 (279/I): consequentemente, as portarias de extensão relativas a instrumentos de regulação coletiva de seguros e de corretagem não abrangem os mediadores.

[1961] STJ 13-mar.-2003 (Reis Figueira), Proc. 03A1048: aqui no âmbito do Decreto-Lei n.° 388/91.

[1962] Quanto a possíveis objetos de mediação (incluindo a matrimonial), Ibold, *Marklerrecht* cit., 34 ss. e 158 ss., de modo desenvolvido.

[1963] STJ 5-fev.-1981 (Daniel Ferreira), Proc. 068845.

[1964] STJ 19-jan.-2004 (Camilo Moreira Camilo), CJ/Supremo XII (2004) 1, 27-29 (28-29) = Proc. 03A4092: diz-se aí que o contrato de mediação:

> (...) pressupõe essencialmente, a incumbência, para uma pessoa, de conseguir interessado para certo negócio, feito pelo mediador, entre o terceiro e o comitente e a conclusão do negócio, entre estes, como consequência adequada da atividade do mediador.

[1965] STJ 2-mai.1978 (Bruto da Costa), BMJ 277 (1978), 171-173 (173) = Proc. 167100, focando a diferença em relação ao contrato de trabalho e STJ 4-mar.-1980 (Aquilino Ribeiro), Proc. 068299, distinguindo do mandato.

[1966] STJ 12-jan.-1994 (Figueiredo de Sousa), Proc. 084244.

[1967] STJ 28-fev.-1978 (Acácio Carvalho), BMJ 274 (1978), 223-232 (228-229) = Proc. 066989.

[1968] STJ 1-abr.-2014 (Gabriel Catarino), Proc. 894/11.

722   *Contratos especiais de comércio*

A prática não-judicial permite apurar muitas outras situações de mediação atípica, designadamente no campo das antiguidades. Tudo isto mostra a necessidade de se apurar um regime geral para o tipo de contrato aqui em análise.

273. Figuras afins

I. A boa explicitação do contrato de mediação leva a distingui-lo das figuras afins. Tradicionalmente, a fronteira é traçada em relação ao mandato e à agência[1969], parecendo-nos ainda útil a distinção perante o contrato de trabalho.

II. A mediação pressupõe, por parte do obrigado, uma atuação material[1970]. Além disso, configura-se como um contrato aleatório, só dado azo a retribuição quando tenha êxito. A sua distinção em face do mandato fica facilitada[1971]:

– o mandato pressupõe uma atuação jurídica por conta do mandante; a mediação implica a condutas materiais;
– o mandatário age por conta do mandante; o mediador atua por conta própria;
– o mandato pode ser acompanhado por poderes de representação; a mediação, a sê-lo, será uma mediação imprópria.

De todo o modo e como veremos, a mediação é, por essência, uma prestação de serviço[1972]. Assim, ela acabará por cair no artigo 1156.º do

---

[1969] *Vide* Bruno Trosi, *La mediazione* cit., 185 ss. e Angelo Luminoso, *La mediazione* cit., 2.ª ed., 199 ss..

[1970] STJ 28-nov.-1978 (Santos Víctor), Proc. 067438 e STJ 27-nov.-1990 (Menéres Pimentel), Proc. 079468. O mediador é um "cooperador material": STJ 13-jul.-1988 (Pinheiro Farinha), Proc. 075988.

[1971] STJ 4-mar.-1980 (Aquilino Ribeiro), Proc. 068299.

[1972] No Direito alemão surge a figura geral do *Geschäftsbesorgungsvertrag* (contrato para a obtenção de um negócio): §§ 675 a 676, ao qual a mediação poderia ser reconduzida. *Vide* Glaser/Warncke, *Das Maklerrecht in der Praxis* cit., 5.ª ed., 62. Quanto à *Geschäftsbesorgung* dispomos, neste momento, de Andreas Begmann e outros, no *Staudingers Kommentar*, 2, § 657-704 (2006): uma obra densa, em 1236 pp..

§ 59.° Dogmática geral da mediação

Código Civil: as regras do mandato, precedendo adequada sindicância, ser-lhe-ão aplicáveis.

III. A mediação é, por si, um contrato inorgânico: não dá azo a nenhuma especial organização, nem pressupõe uma relação duradoura. Além disso, ela postula uma posição de independência do mediador. Podemos, por estes ângulos, distingui-la do contrato de agência[1973]. Assim:

– a agência pressupõe um quadro de colaboração ou de organização duradouro, entre o principal e o agente; a mediação assenta num negócio pontual, apenas eventualmente duradouro[1974];

– o agente deve agir de modo empenhado, por conta do principal; o mediador, na pureza do instituto, mantém-se equidistante;

– a agência é compatível com poderes de representação, o que não sucede com a mediação;

– a agência tem esquemas típicos de retribuição[1975], que não ocorrem na mediação; designadamente: o agente só é remunerado, em regra, quando o contrato definitivo seja cumprido, o que não sucede na mediação.

Na prática, sucede que a mediação e a agência podem combinar-se[1976]. Sucede ainda que certos autodesignados mediadores são, na realidade, agentes. Caso a caso haverá que ponderar a realidade existente. De todo o modo, a diferenciação da mediação perante a agência faculta a distinção em face de outros contratos de distribuição: a concessão e a franquia.

IV. O mediador é, por fim, um profissional independente. Não está sob a direção do comitente. Não haverá qualquer confusão com o contrato de trabalho[1977]. Sucederá, porém e em certos casos, que o mediador se venha a colocar na subordinação económica do comitente. Nessa altura, a exata pesquisa de subordinação jurídica terá de ser encetada na base dos indícios da laboralidade e privilegiando sempre, em última instância, a vontade das partes contratantes.

[1973] António Pinto Monteiro, *Contrato de agência (anteprojecto)*, BMJ 360 (1986), 43-139 (85).

[1974] STJ 31-mar.-1998 (Ribeiro Coelho), BMJ 475 (1998), 680-688 (685).

[1975] *Vide infra*, 699 ss..

[1976] Assim: STJ 9-dez.-1993 (José Magalhães), BMJ 432 (1993), 332-341 (338).

[1977] STJ 2-mai.-1978 (Bruto da Costa), Proc. 067100.

§ 60.º O REGIME E A NATUREZA DA MEDIAÇÃO

274. Requisitos

I. Qualquer pessoa pode, independentemente de haver um contrato de mediação, operar como intermediário num determinado negócio: por iniciativa própria e sem que ninguém lhe tivesse pedido. Põe-se, pois, um curioso problema de ordem prática: o da determinação da própria existência de um contrato de mediação[1978]. Assim:

- para haver mediação, é mister que o mediador tenha recebido uma incumbência[1979], expressa ou tácita[1980];
- é necessário que se tenha chegado a um contrato nesse sentido[1981], sob pena de haver meras negociações[1982];
- admitindo-se, todavia, que a mediação exista mesmo quando não se alcance o negócio definitivo em vista[1983].

Na hipótese de uma mediadora que tenha sido contratada pelo terceiro interessado, não há contrato de mediação entre ela e o vendedor[1984].

[1978] Quanto à formação do contrato de mediação: Schwerdtner, *Maklerrecht* cit., 3.ª ed., 23 ss. e Ibold, *Maklerrecht* cit., 38 ss.; na sequência iremos apoiarmo-nos na jurisprudência portuguesa.

[1979] STJ 19-jan.-2004 (Camilo Moreira Camilo), Proc. 03A4092.

[1980] STJ 12-jun.-1964 (Simões de Carvalho), Proc. 059956.

[1981] Portanto: a um acordo de vontades: STJ 24-jun.-1993 (Miranda Gusmão), Proc. 084937 e RLx 14-abr.-2011 (Ondina Carmo Alves), Proc. 761/07.6.

[1982] RLx 24-jun.-1993 (Cruz Broco), CJ XVIII (1993) 3, 139-142 (141).

[1983] STJ 3-nov.-1993 (Martins da Fonseca), Proc. 083579.

[1984] RLx 30-set.-2003 (Pimentel Marcos), CJ XXVIII (2003) 4, 99-102 (102/I).

§ 60.º O regime e a natureza da mediação

II. Quanto aos requisitos e principiando pelas partes:

– a exigência de licenciamento ou equivalência, mormente no campo imobiliário, só se aplica a profissionais: não ao mediador esporádico e ocasional[1985];
– na hipótese de surgir um "profissional" não autorizado: poderá haver sanções contra este, mas o contrato de mediação, em si, não é nulo[1986].

III. No tocante à forma: a mediação, enquanto contrato atípico, não se sujeita a qualquer forma específica. Todavia, o artigo 10.º/1 do Decreto-Lei n.º 285/92, de 19 de dezembro, relativamente à mediação imobiliária, veio exigir a forma escrita[1987]. A inobservância desta exigência não pode, no entanto, ser invocada pela entidade mediadora (10.º/6[1988] e 19.º/8 do Decreto-Lei n.º 211/2004 e artigo 16.º/5 da Lei n.º 15/2013, de 8 de fevereiro, hoje em vigor); a sua invocação pelo interessado, para não pagar a comissão pode, todavia, constituir abuso do direito[1989]. Logo, também o não poderá ser nem por qualquer interessado, nem ex-officio: apenas pelo cliente do mediador (comitente)[1990]. Estamos, pois, perante uma nulidade atípica[1991]. Além disso, tendo sido obtido êxito com a mediação, mesmo havendo nulidade formal do contrato, como não é possível restituir os serviços prestados, a comissão sempre seria devida[1992]. Há um claro favor negotii, por parte da nossa jurisprudência, o qual é, inclusive, prosseguido também através de regras de Direito transitório[1993].

[1985] STJ 5-nov.-1974 (Albuquerque Bettencourt), BMJ 241 (1974), 265-268 = Proc. 065342 e STJ 1-jun.-1983 (Lopes Neves), Proc. 070279, ambos com referência ao Decreto-Lei n.º 43 767, de 30 de junho de 1961.

[1986] STJ 18-mar.-1987 (Machado Soares), CJ/Supremo V (1997) 1, 158-160 (159/II) = Proc. 96A700.

[1987] Dieter Reuter, Staudingers Kommentar, 2, §§ 652-656 cit., §§ 652-653, Nr. 19 (64-65).

[1988] STJ 7-jul.-1999 (Nascimento Costa), Proc. 99B552.

[1989] REv 30-jun.-2011 (Maria Alexandra Moura Santos), Proc. 126/09.5.

[1990] STJ 29-abr.-2003 (Reis Figueira), Proc. 03A918 e STJ 31-mar.-2004 (Silva Salazar), Proc. 04A647.

[1991] RPt 7-set.-2010 (Maria da Graça Mira), Proc. 8/07.5.

[1992] STJ 20-abr.-2004 (Azevedo Ramos), Proc. 04A800.

[1993] RCb 28-jan.-2003 (Alexandre Reis), CJ XXVII (2003) 1, 18-21 (20), a propósito do aparecimento do Decreto-Lei n.º 77/99, de 16 de março.

726   *Contratos especiais de comércio*

IV. Nos casos de mediação sujeitos a maiores densidades regulativas, haverá que atentar bem nos competentes regimes. Pense-se nos casos da mediação mobiliária e na dos seguros.

275. Cláusulas típicas e boa-fé

I. Há poucas regras diretamente aplicáveis ao contrato de mediação[1994]. Mesmo tratando-se das modalidades especiais tipificadas na lei: o legislador ocupa-se, sobretudo, da figura do mediador, determinando, para este, deveres e encargos. O contrato é deixado em segundo plano.

A jurisprudência tem reclamado, perante essa escassez regulativa, a aplicação sucessiva[1995]:

– das estipulações das partes;
– das normas de aplicação analógica;
– dos princípios gerais das obrigações;
– da decisão judicial integradora.

Pela nossa parte, recordamos que a mediação é, antes de mais, uma prestação de serviço. Na falta de outras regras, haverá sempre que fazer apelo ao previsto para o mandato, por via do artigo 1156.º, do Código Civil.

II. A mediação pode ser acompanhada, a título de cláusula típica, pela exclusividade[1996]. Nessa altura, o comitente compromete-se a, com referência ao projetado negócio, não contratar mais nenhum mediador. A cláusula de exclusividade poderá ainda ser reforçada quando, além de não recorrer a outros intermediários, o comitente se obrigue, também, a não descobrir, ele próprio, um terceiro interessado. Nada disse se presume: deverá ser clausulado e, havendo dúvidas, provado por quem tenha inte-

---

[1994] Donde a afirmação corrente de estarmos perante uma disciplina de base jurisprudencial: Ibold, *Maklerrecht* cit., 29.

[1995] STJ 9-mar.-1978 (Daniel Ferreira), BMJ 275 (1978), 183-190 (187) = Proc. 066824, STJ 9-dez.-1993 (José Magalhães), Proc. 083924 e STJ 16-nov.-2000 (Simões Freire), Proc. 0131229.

[1996] STJ 26-fev.-2002 (Moitinho de Almeida), Proc. 02B2469 e STJ 21-jan.-2003 (Reis Figueira), Proc. 02A3281.

§ 60.º O regime e a natureza da mediação

resse na situação considerada. Havendo exclusividade, surge a presunção (de facto) de que a atividade do mediador contribuiu para a aproximação das partes, facilitando o negócio e revertendo o ónus da prova para os mediados[1997]. Mas a "presunção" pode ser afastada. Muitas vezes os contratos de mediação são concluídos na base de cláusulas contratuais gerais. Nessa eventualidade, o aderente deve ser devidamente esclarecido, pelo mediador, sobre o alcance da exclusividade, sob pena de a cláusula em causa ser devida como não escrita. E quando presente, ela deve ter um prazo razoável: perante a ineficácia da imobiliária, os bens não podem ficar "congelados". Não sendo assim: o contrato é denunciável.

III. Os interessados são vivamente incitados a prever no contrato tudo quanto lhes interesse. Entre as hipóteses normais avultam:

- a indicação de preço mínimo por que o comitente aceite contratar[1998];
- a fixação da comissão, normalmente em percentagem sobre o negócio definitivo; na sua falta, recorrer-se-á ao habitualmente praticado, nas situações semelhantes à considerada[1999];
- a indicação de um prazo de vigência; quando não o façam, haverá que recorrer às regras do mandato.

IV. Em toda a relação de mediação, haverá que observar o princípio da boa-fé (762.º/2, do Código Civil), com todos os deveres acessórios que daí decorrem[2000]. Assim e designadamente:

[1997] RLx 8-abr.-2010 (Rui da Ponte Gomes), Proc. 2983/07; REv 16-jun.-2016 (Elisabete Valente), Proc. 131855/14. Em RCb 18-fev.-2014 (Maria José Guerra), Proc. 704/12, entende-se, porém, que mesmo havendo exclusividade, cabe à mediadora, demonstrar o nexo causal entre a sua atividade e a conclusão do negócio. Tudo depende, a nosso ver, do caso concreto.

[1998] STJ 19-jan.-2004 (Camilo Moreira Camilo), CJ/Supremo XII (2004) 1, 27-29 (28-29): se o mediador lograr um preço inferior e o comitente se recusar a confirmar a encomenda, fica revogada a mediação.

[1999] Funciona o artigo 1158.º/2, do Código Civil, aplicável por via do artigo 1156.º, do mesmo diploma.

[2000] Bethge, *Maklerrecht in der Praxis* cit., 2.ª ed., 73 ss., Petri/Wieseler, *Handbuch des Maklerrechts* cit., 135 ss. e Dieter Reuter, *Staudingers Kommentar*, 2, §§ 652-656 cit., prenot. §§ 652 ss., Nr. 9 (10).

728   *Contratos especiais de comércio*

– há que prestar todas as informações pertinentes entre as partes; as mediações sujeitas a regimes tipificados na lei comportam determinações reforçadas e mais precisas de informações; de todo o modo e em geral, as informações relevantes sempre terão de ser prestadas;
– as partes devem manter-se leais[2001], prevenindo condutas que possam inviabilizar o escopo do negócio; particularmente, não pode o comitente tornar impossível o negócio definitivo[2002]; isso equivaleria a não agir de boa-fé na pendência de uma condição[2003];
– a mediação não pode constituir pretexto para desencadear ou potenciar situações de concorrência.

V. Um ponto importante e delicado é, na mediação, o da proteção do terceiro solicitado. Este não é parte no contrato. Todavia, tem uma tripla proteção:

– o próprio contrato de mediação só se considera cumprido se o contrato definitivo for regularmente obtido: tal não sucede quando o mediador use de dolo, altura em que não há direito à comissão[2004];
– a lei obriga a esclarecer devidamente os terceiros solicitados, em várias situações legalmente previstas[2005]; quando isso não suceda, há responsabilidade, *ex vi* 485.° do Código Civil[2006];
– a boa-fé contratual protege, também, o próprio terceiro; será uma manifestação do efeito protetor de terceiros[2007].

A ética dos negócios, que dá corpo à cláusula dos bons costumes[2008], manda que o mediador respeite, sempre, o terceiro solicitado. Dele depende o mercado e, em geral: todo o progresso da vida económica.

[2001] Quanto aos deveres de lealdade na mediação: Burkard W. Pauge, *Handelsvertreter und Makler/Prokura und Handlungsvollmacht*, 2.ª ed. (1991), 88.

[2002] RCb 8-jun.-2004 (Custódio M. Costa), CJ XXIX (2004) 3, 25-28 (27).

[2003] RCb 23-abr.-2002 (Alexandre Reis), CJ XXVII (2002) 2, 30-33 (32-33).

[2004] REv 3-jun.-2002 (Ana Luísa Geraldes), CJ XXVII (2002) 3, 255-259 (258).

[2005] RPt 29-mai.-2003 (Pinto de Almeida), CJ XXVIII (2003) 3, 177-182 (179/II).

[2006] Jorge Sinde Monteiro, *Responsabilidade por conselhos, recomendações ou informações* (1989), 384 ss..

[2007] *Vide* o nosso *Tratado* VII, 650 ss. e Sinde Monteiro, *Responsabilidade* cit., 518 ss.; esta figura vem também referida no acórdão citado na nota anterior.

[2008] *Vide supra*, 569 ss..

§ 60.° O regime e a natureza da mediação

276. A retribuição

I. A mediação, particularmente quando comercial, é onerosa. Cabe às partes, no contrato, prever com toda a precisão[2009]:

– qual a retribuição devida;
– em que circunstâncias ela deva ser paga;
– em que momento terá lugar a sua satisfação.

A retribuição efetiva-se, muitas vezes, através de uma comissão sobre o preço do negócio definitivo: donde o dizer-se, correntemente, apenas comissão[2010].

Aquando da retribuição e do seu pagamento, há que contar com os deveres fiscais envolvidos: retenção na fonte (quando seja o caso) e IVA.

II. Na falta de estipulação das partes ou na sua insuficiência, há toda uma ponderação jurisprudencial que permite precisar as proposições seguintes[2011]:

– a retribuição só é devida com a conclusão do contrato definitivo: não bastam esforços nesse sentido[2012], ainda que o mediador tenha o direito de ser indemnizado[2013];
– a atividade do mediador deve ser causa adequada ao fecho do contrato definitivo[2014]; ou então: este deve alcançar-se como efeito de intervenção do mediador[2015];

[2009] Lacerda Barata, *Contrato de mediação* cit., 201 ss..

[2010] Em Itália, diz-se "provisão" (*provvizione*): cf. Luminoso, *La mediazione* cit., 2.ª ed., 93 ss.; na Alemanha, usa-se essa mesma expressão (*Provision*): Dieter Reuter, *Staudingers Maklerrecht* cit., §§ 652, 653, Nr. 76 ss. (104 ss.).

[2011] Os pressupostos da "provisão" podem ser seguidos, por exemplo, em Schwerdtner, *Maklerrecht* cit., 3.ª ed., 80 ss..

[2012] STJ 31-mar.-1998 (Ribeiro Coelho), BMJ 475 (1998), 680-688 (686) e RLx 17-fev.-2011 (Maria Amélia Ameixoeira), Proc. 3452/07.

[2013] REv 8-jul.-2010 (Bernardo Domingos), Proc. 214/08.

[2014] STJ 28-fev.-1978 (Acácio Carvalho), BMJ 274 (1978), 223-232 (229); RGm 12-jun.-2014 (Filipe Caroço), Proc. 1218/10.

[2015] RPt 28-set.-1993 (Almeida e Silva), BMJ 429 (1993), 876 e REv 8-jul.-2010 (Bernardo Domingos), Proc. 214/08.

- a remuneração é devida mesmo que o contrato definitivo não venha a ser cumprido[2016];
- *idem*, na hipótese de só não se ter concluído o negócio definitivo por causa imputável ao comitente[2017];
- a subsequente declaração de nulidade do contrato, por causa não imputável à mediadora, não afeta o direito desta à retribuição[2018];
- havendo um concurso de causas que conduzam à celebração do negócio pretendido, a comissão será devida desde que a atuação do mediador também tenha contribuído para o êxito final[2019];
- todavia, quando isso suceda, pode o contrato haver-se como apenas parcialmente cumprido, reduzindo-se a remuneração[2020];
- o negócio definitivo poderá, na mediação imobiliária, ser um simples contrato-promessa ou, antes, a escritura final: depende da interpretação do contrato de mediação[2021].

III. Complementarmente, cabe ainda explicitar outros aspetos, também ligados à retribuição e ao seu pagamento. Assim:

- o contrato de mediação pode reportar-se a um negócio definitivo que recaia sobre coisa futura[2022];
- o próprio solicitante não cumpre o contrato de mediação se bloquear o contrato definitivo[2023];

[2016] STJ 11-nov.-1993 (Martins da Fonseca), Proc. 085387, STJ 5-jun.-1996 (Metello de Nápoles), Proc. 088410, STJ 11-mar.-1999 (Lemos Triunfante), Proc. 99A154.

[2017] RLx 27-jan.-2004 (Pimentel Marcos; vencido: Santos Martins), CJ XXIX (2004) 1, 87-91 (90); RLx 24-mai.-2011 (Maria Teresa Soares), Proc. 11231/08.5; RPt 1-out.-2015 (Filipe Caroço), Proc. 3390/13; RLx 26-nov.-2015 (Rui Moura), Proc. 4483/14,

[2018] RLx 20-jan.-2011 (António Valente), Proc. 5237/04.

[2019] STJ 9-dez.-1993 (José Magalhães), BMJ 432 (1993), 332-341 (338), STJ 16-nov.-2000 (Simões Freire), Proc. 0131229, STJ 31-mai.-2001 (Abel Freire), CJ/Supremo IX (2001) 2, 108-111 (110/I), RLx 18-dez.-2001 (Pais do Amaral), CJ XXVI (2001) 5, 115--117 (117/I), STJ 28-mai.-2002 (Dionísio Correia), Proc. 02B1609 e RLx 27-jan.-2004 (Pimentel Marcos), CJ XXIX (2004) 1, 87-91 (89/II).

[2020] RLx 5-nov.-2015 (Anabela Calafate), Proc. 1383-14.

[2021] REv 24-mar.-1994 (Ribeiro Luís), CJ XIX (1994) 2, 260-262 (261/I), RPt 20-mar.-1995 (Lúcio Teixeira), BMJ 445 (1995), 611, STJ 5-jun.-1996 (Metello de Nápoles), Proc. 088410 e STJ 11-mar.-1999 (Lemos Triunfante), Proc. 99A154.

[2022] RCb 8-jun.-2004 (Custódio M. Costa), CJ XXIX (2004) 3, 25-28 (26/I e II).

[2023] STJ 8-mar.-2005 (Lopes Pinto), Proc. 05A375.

§ 60.° O regime e a natureza da mediação　　　　731

– cabe ao mediador fazer a prova de que a conclusão do negócio definitivo resultou da sua intervenção[2024];

– não cumpre o contrato o mediador que, embora tendo desenvolvido uma atuação útil inicial, venha, depois, empatar a celebração do contrato definitivo[2025];

– a alteração subjetiva de uma das partes no negócio não exclui, só por si, a comissão[2026].

IV. O pagamento da comissão ao mediador dependerá de haver uma relação contratual entre este e o contratante final – ou algum deles[2027]. Na sua falta, poderemos fazer apelo à gestão de negócios. Qualquer pagamento terá, então, uma diversa natureza, devendo efetivar-se nos quadros desse instituto[2028].

277. A cessação

I. O contrato de mediação cessa pelas razões que, nele, as partes tenham querido inserir[2029]. Quando nada digam, teremos de recorrer às regras gerais. Assim:

– quando pactuado para um concreto negócio, ele cessa caso esse negócio se obtenha ou, ainda, na hipótese de ele se tornar definitivamente impossível;

– independentemente disso, o contrato termina pelo incumprimento definitivo de qualquer das partes.

II. Mais complexa será a hipótese de se acordar numa mediação duradoura: destinada, por exemplo, a concluir todos os negócios que uma determinada entidade venha a fazer. Propomos o seguinte:

[2024] RCb 7-out.-1997 (Silva Graça), BMJ 470 (1997), 692-693.

[2025] STJ 17-mar.-1967 (Oliveira Carvalho), BMJ 165 (1967), 331-334 (334), ao abrigo do Direito então vigente, mas em termos sempre atuais.

[2026] RPt 8-set.-2011 (Maria de Jesus Correia), Proc. 340957/10.2.

[2027] STJ 15-out.-1980 (Daniel Ferreira), Proc. 068787.

[2028] *Direito das obrigações* 2 (1986, reimp.), 22 ss. e *Tratado* II/3, 93 ss..

[2029] Quanto à mediação civil e perante o Direito austríaco (embora com referência aos quadros comuns): Wolfgang Fromherz, *Der Zivilmaklervertrag* (1990), 84 ss..

– por via do artigo 1156.° do Código Civil, haverá que recorrer às regras do mandato: o solicitante poderá revogar o contrato mas, uma vez que ele também foi celebrado no interesse do mediador, terá de haver justa causa para a revogação (1170.°/2);

– por aplicação analógica do artigo 28.° do Decreto-Lei n.° 178/86, de 3 de julho, relativo à agência e, ainda, em concretização da boa--fé: por denúncia, com a antecedência aí indicada[2030].

A revogação indevida equivale ao incumprimento, com todas as consequências daí advenientes.

III. A mediação é, em regra, *intuitu personae*. Cessa com a morte ou a extinção de qualquer das suas partes.

278. Características e natureza

I. O périplo anterior permite apresentar as características do contrato de mediação[2031]. Trata-se, fundamentalmente, de uma prestação de serviços materiais, onerosa, aleatória e *intuitu personae*. Outras características dependem do tipo de mediação concretamente em causa.

II. No tocante à sua natureza[2032]: há um debate clássico, com incidência em Itália, que contrapõe as teorias negociais[2033], não-negociais[2034] e mistas[2035]. Boa parte do problema põe-se pelo facto de as leis – particularmente o Código Civil italiano – tratarem a figura da mediação e não, como se impunha, o contrato do mesmo nome. Além disso, novas dúvidas

---

[2030] A RPt 17-mar.-2014 (Augusto de Carvalho), Proc. 137/11, considera o contrato de mediação sempre revogável; na falta de um fundamento objetivo, a revogação poderia dar azo a uma obrigação de indemnizar.

[2031] Lacerda Barata, *Contrato de mediação* cit., 222 ss..

[2032] Elementos: Bethge, *Maklerrecht* cit., 53.

[2033] Alessandro Jordano, *Struttura essenziale della mediazione*, RDComm LV (1957), 1, 209-217 (209 ss.).

[2034] Giuseppe Mirabelli, *Promessa unilaterale e mediazione*, RDComm LI (1953), 2, 165-183 (165 ss.).

[2035] Com indicações, *vide* Luminoso, *La mediazione* cit., 2.ª ed., 41 ss..

§ 60.º O regime e a natureza da mediação

ocorrem pelo facto de não se poder imputar, ao mediador, uma obrigação de resultado: a obtenção de um contrato entre terceiros[2036].

III. Perante o Direito português e em face das muitas dezenas de decisões judiciais que cobrem o assunto – e que vão ao encontro de dados jurídico-científicos imediatos – não temos quaisquer dúvidas em concluir pela sua natureza contratual e com o perfil pré-anunciado.

Fora de um contrato de mediação, qualquer intermediário que "alcance" um negócio entre terceiros apenas poderá, tudo visto, beneficiar do estatuto de gestor de negócios.

[2036] Cesare Tumedei, *Del contrato di mediazione*, RDComm XXI (1923), 1, 113--142 (138 ss.).

SECÇÃO IV

OS CONTRATOS DE ORGANIZAÇÃO

§ 61.º A ASSOCIAÇÃO EM PARTICIPAÇÃO

279. Generalidades; origem e evolução; sistemas societários

I. Nos contratos de organização, encontramos um esquema de colaboração comercial entre duas ou mais partes, com características de duração e de estabilidade[2037].

No tocante à sua inserção nas categorias gerais dos atos jurídicos,
poderíamos considerá-los como fontes de obrigações mútuas de *facere*.
Acessoriamente, podem ocorrer prestações de *dare*. Ao contrário do que
sucede nas sociedades comerciais, os contratos comerciais de (mera) organização não chegam a dar azo a uma entidade autónoma, diversa das próprias partes que lhes estejam na origem. Os contratos de organização têm
um relevo especial no domínio do comércio internacional: através deles,
empresas de diversos Estados podem pôr-se de acordo para a prossecução
de objetivos comuns, de interesse mútuo[2038].

De todo o modo, muitas das origens dos atuais contratos de organização podem ser procurados na *societas* romana. A evolução subsequente
vem adaptando um quadro básico a exigências crescentes de diferenciação
e de cooperação.

[2037] Autores preferem, assim, falar em contratos de cooperação: *vide* Engrácia Antunes, *Direito dos contratos comerciais* cit., 389 ss..

[2038] Em especial, Lima Pinheiro, *Joint venture/Contrato de empreendimento comum
no Direito internacional privado* cit., 41 ss., com múltiplos elementos e Ronald Charles
Wolf, *A Guide to International Joint Ventures with Sample Clauses*, 2.ª ed. (1999).

§ 61.º A associação em participação

II. Na associação em participação, temos uma organização muito elementar que liga uma pessoa a um comerciante: confere-lhe determinados apoios para o desenvolvimento do seu comércio e, em troca disso, recebe parte dos lucros que ele venha a obter. Toda a atuação é desenvolvida em nome e por conta do comerciante.

Esta figura tem raízes antigas. Em Roma, certos estratos sociais estavam proibidos de efetuar comércio. Recorriam, então, a um comerciante, ao qual confiavam capitais, participando, depois, nos lucros. A ideia da sociedade ou do comerciante oculto jogou também na Idade Média[2039], impulsionando a figura da associação em conta de participação[2040].

A associação em participação impôs-se, na prática, antes de a Ciência do Direito ter logrado um aprofundamento capaz dos institutos em presença. Na Ordenança colbertiana de 1673, a associação em participação veio a ser tratada como sociedade: seria mesmo uma sociedade anónima: "ela não tem nome, ela não é conhecida de ninguém, nem importa de qualquer modo ao público"[2041].

III. Assim chegamos ao Código de Comércio de Napoleão. Este acolheu o que denomina "associações comerciais em participação", incluindo-as – artigos 47.º a 50.º – na secção geral relativa às sociedades. Seriam, na lógica desse Código, um quarto tipo social, a somar às sociedades em nome coletivo, em comandita e anónima.

No seu artigo 47.º, o *Code* limitava-se a dizer:

> Essas associações são relativas a uma ou mais operações de comércio; elas têm lugar para os objetivos, nas formas, com as proporções de lucros e nas condições acordadas entre as partes.

[2039] Heinz Paulick, *Handbuch der stillen Gesellschaft*, 3.ª ed. (1981), 27 e Uwe Blaurock, *Handbuch der stillen Gesellschaft*, 6.ª ed. (2003), 33; está disponível a 7.ª ed. (2011), 900 pp.; o *Handbuch* de Blaurock constitui a obra de referência, neste domínio; corresponde à continuação do de Paulick.

[2040] Luiz Cunha Gonçalves, *Comentário* cit., 1, 557-558 e *Da conta em participação*, 2.ª ed. (1923), 23 ss..

[2041] Savary *apud* Cunha Gonçalves, *Comentário* cit., 1, 558; Ercole Vidari, *Corso di diritto commerciale*, 2, 5.ª ed. (1901), 464-465; Uwe Blaurock, *Handbuch der stillen Gesellschaft* cit., 6.ª ed., 35.

736 Contratos especiais de comércio

Estes tipos de associações poder-se-iam provar por qualquer meio e não estariam sujeitas às regras próprias das sociedades.

A reforma de 1921, do Código Comercial francês, veio retirar a expressão "... relativa a uma ou mais operações ..." passando, no novo artigo 44.°, a dispor "as associações em participação são sociedades cuja existência não se revela a terceiros"[2042].

Essa era a conceção francesa tradicional da associação em participação: uma sociedade oculta. Carecia de personalidade jurídica, permitindo associar pessoas não aparentes ao comércio. A matéria foi revista pela Lei de 24-jul.-1966, relativa às sociedades comerciais e que adotou a designação "sociedade em participação". Segue-se a Lei de 4-jan.-1978, que revogou os artigos 419.° e 422.° da Lei de 1966, transferindo a matéria para o Código Civil[2043]: artigos 1871.° e 1972.°. E aí se manteve, perante a reformulação do Código de Comércio de 2000 (artigo 1871.°)[2044].

Esta última reforma abandonou o entendimento tradicional. A sociedade em participação passou a ser, simplesmente, aquela cujos sócios acordaram não a matricular. Seria uma verdadeira sociedade, sem personalidade jurídica[2045]. O seu funcionamento é muito simples[2046]: a sociedade pode ser civil ou comercial, conforme o objeto; cada associado é titular dos bens que afete; cada associado contrata com terceiros, em nome pessoal; a repartição dos lucros obedece ao acordado.

Trata-se de uma curiosa evolução. Apesar da colocação civilística, a tradição parece ser mais forte: a sociedade em participação continua a surgir na manualística comercial. Representa, hoje, um espaço de livre-iniciativa jurídico-privada. Embora continue a permitir sócios ocultos, não é esse um elemento essencial: apenas disponível.

[2042] Raúl Ventura, *Associação em participação (Projecto)*, BMJ 189 (1969), 15-136 e 190 (1969), 5-111 (189, 33 e 55-56). Este trabalho de Raúl Ventura constitui um importante elemento para o estudo da associação em participação; há contudo que ter em conta múltiplas alterações ocorridas, subsequentemente, em Portugal e no estrangeiro.

[2043] O texto pode ser conferido em *Code de Commerce* da Dalloz, rec. Yves Chaput, 95.ª ed. (2000), 1913.

[2044] *Idem*, anot. Nicolas Rontchevsky, 107.ª ed. (2012), 3186.

[2045] Michel Jeantin, *Droit des sociétés*, 2.ª ed. (1992), 95.

[2046] Bianca Lauret/Véronique Bourgninaud/Christine Banner, *Droit des sociétés*, 2.ª ed. (1991/92), 346 ss..

§ 61.º A associação em participação

IV. Uma orientação paralela seria acolhida no ADHGB, daí passando ao HGB[2047]. Aí se denomina sociedade oculta (*stille Gesellschaft*). Ela surge como uma sociedade de pessoas, com determinado escopo. De acordo com a técnica alemã, uma sociedade deste tipo não tem personalidade jurídica: titular das posições jurídicas em jogo é, pois, o empresário aparente.

A *stille Gesellschaft* pode acompanhar toda uma paleta de funções. A doutrina distingue[2048]:

- uma relação qualificada de crédito: o associado não-aparente confia, ao empresário, um determinado valor;
- uma posição quase-comercial do associado não-aparente, quando este tenha um envolvimento indireto na atuação empresarial;
- uma organização já mais elaborada.

O contrato de associação é puramente obrigacional, prevendo-se regras para diversos aspetos do seu funcionamento[2049]. A *stille Gesellschaft* é considerada uma sociedade, sendo versada nos tratados de Direito das sociedades comerciais[2050]. Surge referida uma variedade "reforçada", no tocante ao não conhecimento do "sócio oculto"[2051].

280. Segue; sistemas comutativos

I. Aos sistemas que denominámos "societários", hoje representados curiosamente pela *société en participation* francesa e pela *stille Gesell-*

[2047] Nos seus §§ 335 e seguintes, até 1985; a reforma de 19-dez.-1985, relativa a balanços, reorganizou a matéria: hoje, ela consta dos §§ 230 e ss. do HGB. Com indicações, *vide* Karsten Schmidt, *Gesellschaftsrecht*, 4.ª ed. (2002), § 62 (1836 ss.).

[2048] Karsten Schmidt, *Gesellschaftsrecht* cit., 4.ª ed., 1838 ss. e Uwe Blaurock, *Handbuch der stillen Gesellschaft* cit., 6.ª ed., 58 ss..

[2049] Klaus J. Hopt, em Baumbach/Hopt, *HGB Kommentar*, 36.ª ed. (2014), § 230, Nr. 2 (912). Entre nós, uma breve exposição sobre o esquema alemão pode ser vista em Raúl Ventura, *Associação em participação* cit., 189, 60-62, pelo Direito anterior a 1985.

[2050] Ulrich Eisenhardt, *Gesellschaftsrecht*, 9.ª ed. (2000), 252 ss.; Wolfgang Servatins, em Martin Henssler/Lutz Strohn, *Gesellschaftsrecht*, 3.ª ed. (2016), 484 ss..

[2051] Harm Peter Westermann, *Die "versteckte" stille Gesellschaft*, FS Ulmer 2003, 657-672.

738   *Contratos especiais de comércio*

schaft alemã, opõem-se outros a que chamaremos comutativos. Nestes, a associação em participação é tomada como um simples contrato entre duas pessoas, pelo qual uma, mediante determinada prestação, recebe participação em certos lucros. Tem um nível de álea, ainda que delimitado.

II. A passagem às conceções comutativas deve-se à doutrina italiana[2052]. No domínio do Código de Comércio de 1882, o esquema era próximo do napoleónico[2053]: uma organização elementar com um "sócio" oculto. E assim, vária doutrina reportava a associação em participação a uma fórmula societária. Diversa outra optava, contudo, por um contrato comutativo, numa opção que ganhou terreno através do estudo global dos contratos parciários: contratos semi-aleatórios em que os participantes quinhoavam no resultado de determinada atividade.

Esta orientação foi claramente assumida pelo Código Civil de 1942: a associação em participação[2054] vem definida, no artigo 2549.º, nos termos seguintes:

> Com o contrato de associação em participação o associante atribui ao associado uma participação nos lucros da sua empresa ou de um ou mais negócios contra o correspetivo de determinada contribuição.

III. O *Codice* contém, depois, mais cinco preceitos simples, relativos à pluralidade de associações (2550.º), aos direitos e deveres do terceiro (2551.º), aos direitos do associante e do associado (2552.º), à repartição dos lucros e das perdas (2553.º) e à participação nos lucros e perdas reportada a outros contratos (2554.º)[2055].

Trata-se de um esquema que relaciona apenas duas partes: falta um fundo comum, uma atividade comum e uma prossecução comum de esco-

---

[2052] *Vide* a síntese de Raúl Ventura, *Associação em participação* cit., 189, 63.

[2053] Vidari, *Corso di diritto commerciale* cit., 2, 5.ª ed., 467 ss..

[2054] Incluída no livro V, *Do trabalho*, num título próprio – o VII – lado a lado com títulos relativos, por exemplo, ao trabalho e às sociedades. *Vide* Maurizio de Acutis, *L'associazione in partecipazione: le nuove teaniche di utilizzazione e i problemi giuridici connessi*, RivDCiv XXX (1984), 2, 37-68.

[2055] Pietro Rescigno, *Codice civile*, 7.ª ed. (2008), 4914 ss..

§ 61.° A associação em participação   739

pos económicos[2056]. O contrato surge como aleatório, ainda que com uma álea limitada[2057].

IV. Como veremos, este sistema teve alguma influência na reforma portuguesa de 1981. Todavia, o legislador nacional acabou por optar por um esquema com elementos híbridos: o do contrato "associativo".

281. Os Códigos Comerciais portugueses; a conta em participação

I. O Código Ferreira Borges consagrou a figura ora em estudo, denominando-a associação em conta de participação. Dedicou-lhe 6 artigos, valendo a pena transcrever os essenciais:

> 571. As associações em conta de participação são verdadeiras sociedades mercantis; e podem definir-se as reuniões, que formam dous ou mais commerciantes, sem firma, para lucro commum e social, trabalhando um, alguns, ou todos em seu nome individual sómente. Esta sociedade também se denomina momentanea e anonyma.

> 572. A sociedade em conta de participação póde ser relativa a uma ou mais operações commerciaes, e tem logar ácêrca dos objectos, com as fórmas, nas proporções de interesses, e com as condições ajustadas entre as partes.

> 573. As sociedades em conta de participação provam-se pela exhibição dos livros commerciaes, por correspondencia, ou por testemunhas. Estas sociedades não são sujeitas ás formalidades prescriptas para as demais sociedades mercantis.

> (...)

> 576. Na sociedade em conta de participação o socio ostensivo é o unico, que se obriga para com o terceiro, com quem contracta: ficando todavia um socio obrigado para com o outro por todos os resultados das transacções sociaes, emprehendidas nos termos precisos de seu contracto.

[2056] Giuseppe Ferri, *Associazione in participazione*, NssDI II (1958), 1433-1439 (1435/I) e *Associazione in participazione*, DDP/SCom I (1989), 505-514 (510).

[2057] Mario Ghidini, *Associazione in participazione*, ED III (1958), 849-862 (851/II).

740   *Contratos especiais de comércio*

É patente a direta influência do Código de Comércio francês.

II. Com os antecedentes apontados, o Código Comercial veio acolher o contrato de conta em participação. Fê-lo nos seus artigos 224.º a 229.º, num título III, situado logo após a matéria das sociedades: uma sistematização dotada de lógica evidente. No entanto, é patente a distanciação perante a ideia societária. O contrato deixa de apelar a "sociedade", evitando mesmo a expressão "associação". De resto, "associação em participação" é um pleonasma. Veiga Beirão optou pela designação conta em participação[2058].

III. A conta em participação não chegou, todavia, a antecipar o Código italiano de 1942. O artigo 224.º do Código Veiga Beirão, hoje revogado, dispunha:

> Dá-se conta em participação quando o comerciante interessa uma ou mais pessoas ou sociedades nos seus ganhos e perdas, trabalhando uns, alguns ou todos em seu nome individual somente.

A conta em participação não tinha personalidade jurídica[2059] – 226.º – sendo responsável pelos seus atos apenas aquele que os praticar[2060] – 229.º.

Era, pois, um regime claro e simples, que apelava fundamentalmente ao que as partes tivessem acordado.

282. A associação em participação

I. Na sequência de estudos excelentes de Raúl Ventura, o legislador decidiu introduzir um regime específico dedicado ao consórcio. Aprovei-

---

[2058] Luiz Cunha Gonçalves, *Comentário* cit., 1560, protesta dizendo que não há, aqui, uma mera "conta" (de conta-corrente, p. ex.); propende para a locução italiana "associação em participação". Raúl Ventura seria sensível à ideia, preconizando-a no anteprojeto, depois vertido em lei.

[2059] Disposição que Cunha Gonçalves, *Comentário* cit., 1, 566, considerava inútil. Ele continuava a ver aqui uma sociedade oculta.

[2060] Luiz Cunha Gonçalves, *Comentário* cit., 1, 578 ss..

§ 61.º A associação em participação

tou o ensejo para rever a conta em participação, redenominando a figura: associação em participação[2061].

A matéria foi inserida nos artigos 21.º a 32.º do Decreto-Lei n.º 231/81, de 28 de julho. O artigo 32.º deste preceito revogou – ou terá revogado[2062] – os artigos 224.º a 229.º do Código Comercial. O Direito comercial português detém, neste momento, a mais extensa regulação existente sobre a associação em participação.

II. A necessidade da reforma teria sido suscitada por "frequentes litígios", "... causados pela escassez de regulamentação no Código", segundo o preâmbulo do Decreto-Lei n.º 231/81. De acordo com o levantamento de Raúl Ventura teríamos oito grupos de problemas judicialmente detetados[2063]:

1 – Problemas de qualificação de negócios;
2 – Limite de participação nas perdas;
3 – Legitimidade para exigir o cumprimento de obrigações de terceiros;
4 – Capacidade;
5 – Arrolamento como ato preparatório de dissolução;
6 – Factos dissolutivos;
7 – Processo de liquidação ou de prestação de contas;
8 – Qualificação como sociedade.

Estes pontos terão sido enquadrados pela lei nova.

[2061] Pesou, manifestamente, a influência italiana. *Vide* quanto à denominação da figura, Raúl Ventura, *Associação em participação* cit., 189, 52 ss.. Pela nossa parte: em termos jurídico-científicos, é evidente que Raúl Ventura teve razão; em moldes culturais – que, no Direito, também são científicos: há que preservar as terminologias; a modificação de 1981, importante em termos de regulação, era dispensável quanto à designação: apenas veio quebrar a unidade até então existente, com os regimes vigentes em Angola, em Cabo Verde, na Guiné, em Moçambique e em São Tomé.

[2062] A dúvida cifra-se no facto de o artigo 32.º do Decreto-Lei n.º 231/81, de 28 de julho, ter, de modo expresso, referido os artigos 224.º a 227.º; trata-se de lapso não retificado, uma vez que a matéria da conta em participação, toda ela substituída, abrangia os artigos 224.º a 229.º. Curiosamente, o lapso em causa surge, também, no preâmbulo do Decreto-Lei n.º 231/81, de 28 de julho.

[2063] Raúl Ventura, *Associação em participação* cit., 189, 43-47.

742   *Contratos especiais de comércio*

III. Na base de cuidadosos preparatórios de Raúl Ventura, o novo regime da associação em participação obteve, no Decreto-Lei n.° 231/81, um tratamento técnico excelente. Pena foi que não se tenha inserido o novo regime no Código Comercial, à semelhança da experiência alemã.

A questão da natureza da associação em participação foi muito discutida, na doutrina portuguesa do Código Veiga Beirão[2064]. Analisando o problema, Raúl Ventura concluiu que, para haver sociedade, seria necessário o exercício em comum de certa atividade económica que não fosse de mera fruição[2065]. Isso não se verificaria na figura em estudo. Raúl Ventura excluiu, por isso, a natureza societária. Mas não a conduziu, pura e simplesmente, à solução comutativa, uma vez que descobre um fim comum, o que lhe conferiria elementos de tipo associativo[2066]. Opta, pois, por este último entendimento, que viria a ser acolhido pelo Supremo[2067].

283. O regime

I. O artigo 21.° do Decreto-Lei n.° 231/81, de 28 de julho, não define propriamente a associação em participação. Dá, todavia, uma ideia bastante precisa dessa figura, quando prescreve:

> 1. A associação de uma pessoa a uma atividade económica exercida por outra, ficando a primeira a participar nos lucros ou nos lucros e perdas que desse exercício resultarem para a segunda, regular-se-á pelo disposto nos artigos seguintes.

O comerciante diz-se "associante" e "associado" a pessoa que a ele se liga.

[2064] Com indicações exaustivas, Raúl Ventura, *Associação em participação* cit., 189, 78 ss.. Desse Autor *vide*, ainda, *Associação à quota* (1968), 59 ss., nota 36. Tem também interesse confrontar Barbosa de Magalhães, *Conta em participação*, GRLx 42 (1928), 241--243, 257-262 e 273-276.

[2065] Raúl Ventura, *Associação em participação* cit., 189, 85.

[2066] Raúl Ventura, *Associação em participação* cit., 189, 95.

[2067] *Vide* o excelente assento do STJ(P) 2-fev.-1984 (Menéres Pimentel), DR I Série n.° 62, de 15-mar.-1988, 1066-1070 (1068), com indicações doutrinárias.

§ 61.° A associação em participação 743

A participação nos lucros é essencial[2068]; a participação nas perdas pode ser dispensada – n.° 2 – entende-se que pelas partes. A solução supletiva será, pois, a da comunhão nos lucros e nas perdas. A participação do associado nas perdas e a sua responsabilidade ilimitada devem ser provadas por escrito[2069], devendo ainda resultar de convenção expressa ou das circunstâncias do contrato qualquer participação diversa da supletiva – artigo 25.°/2.

Pode haver vários associados: não se presume, então, a sua solidariedade, ativa e passiva, para com o comerciante – 22.°/1.

O contrato é consensual – artigo 23.°/1, salvo se alguma forma especial for exigida pela natureza dos bens com que o associado contribua, prevendo o n.° 3 desse preceito uma reforçada hipótese de conversão[2070].

II. O associado obriga-se, fundamentalmente, a uma contribuição de natureza patrimonial – artigo 24.°/1; esta pode ser dispensada no contrato, se ele participar nas perdas. A mora suspende o exercício da sua posição jurídica, mas não prejudica a exigibilidade das suas obrigações – n.° 5.

Ele participa, assim, nos lucros e, eventualmente, nas perdas[2071]. O montante dessa participação deve resultar – como se disse – de convenção expressa ou das circunstâncias do contrato; dispondo-o apenas quanto aos lucros, a regra é aplicável às perdas e inversamente – artigo 25.°/2.

Na falta de qualquer das apontadas soluções, a participação do associado nos lucros e perdas será proporcional à sua contribuição, havendo avaliação – 25.°/3; na falta desta, a participação será de metade, sendo possível a redução equitativa – 25.°/3.

A participação nas perdas é limitada à contribuição do associado – *idem*, n.° 4 – incluindo-se as operações pendentes à data do início e do

---

[2068] Assim, em RLx 22-mai.-1992 (Silva Salazar), CJ XVII (1992) 3, 188-191 (190/ II), num contrato que as próprias partes haviam denominado "associação em participação" e que visava ceder a uma delas determinados lugares ativos no Autódromo do Estoril, entendeu-se não haver tal tipo contratual, por falta de participação nos lucros; ainda quanto aos requisitos da associação em participações: RCb 9-set.-2014 (Artur Dias), Proc. 499/11, RPt 14-set.-2015 (Carlos Querido), Proc. 842/10 e STJ 16-fev.-2016 (Sebastião Póvoa), Proc. 17099/98.

[2069] Será, pois, uma curiosa hipótese de forma *ad probationem*.

[2070] Quanto à constituição da figura em análise: Blaurock, *Handbuch der stillen Gesellschaft* cit., 6.ª ed., 154 ss..

[2071] STJ 18-set.-2003 (Luís Fonseca), Proc. 03B1729.

744 *Contratos especiais de comércio*

termo do contrato – n.º 5. Valem os resultados do exercício, apurados segundo os critérios da lei ou os usos do comércio – n.º 6 – e havendo, quanto a lucros, que deduzir as perdas em exercícios anteriores, até ao limite da responsabilidade do associado – n.º 7.

A referência aos usos, aqui feita, permite fazer intervir as regras próprias do sector onde o problema se ponha: marítimo, industrial ou livreiro, por hipótese.

III. O associante tem, no fundamental, os deveres seguintes[2072]:

– proceder com a diligência de um gestor criterioso e ordenado – artigo 26.º/1, *a*);
– conservar as bases essenciais da associação, designadamente não fazendo sua a empresa – *idem*, *b*);
– não concorrer com a empresa – *idem*, *c*);
– prestar todas as informações ao associado – *idem*, *d*);
– colher, quando o contrato o preveja, o prévio acordo do associado, para certos atos ou ouvi-lo – 26.º/2;
– prestar contas – artigo 31.º[2073].

No domínio da associação em participação, apenas o associante atua, em termos comerciais: o associado não tem qualquer atividade, para além da contribuição. Assim, ela poderia ter lugar quanto a uma farmácia, mesmo não sendo o associado farmacêutico[2074].

IV. A associação extingue-se nos casos referidos no artigo 27.º. A morte do associante ou do associado não faz cessar, só por si, a associação: pode conduzir a isso, caso seja vontade dos sucessores ou do contraente sobrevivo – artigo 28.º: uma regra aplicável à extinção do associado ou do associante – artigo 19.º.

[2072] Direitos e deveres envolvidos: Blaurock, *Handbuch der stillen Gesellschaft* cit., 6.ª ed., 220 ss..

[2073] Trata-se da solução consignada no referido assento do STJ(P) de 2-fev.-1984, assim tirado:

> No contrato de conta em participação, regulado pelos artigos 224.º a 229.º do Código Comercial, o associante (*sócio ostensivo*) é obrigado a prestar contas ao associado (*sócio oculto*), salvo havendo convenção em contrário.

[2074] RLx 26-nov.-1987 (Ricardo da Velha), CJ XII (1987) 5, 128-134 (132).

§ 61.° A associação em participação - 745

Quando o contrato tenha sido celebrado por tempo determinado ou para certa operação, pode haver resolução antecipada, baseada em justa causa – artigo 30.°/1. A "justa causa" a considerar é a civil (por oposição à laboral ou, mesmo, à societária), patente, por exemplo, no mandato – artigo 1170.°/2, do Código Civil[2075]. Assim, ela pode concretizar-se mercê de factos objetivos, que tenham a ver com a pura realidade dos negócios, ou subjetivos, ligados à atuação da parte considerada. Neste último caso, o artigo 30.°/2 do Decreto-Lei n.° 231/81 refere um "facto doloso ou culposo de uma parte", altura em que cabe um dever de indemnizar[2076].

Tratando-se de contratos de duração indeterminada, ele pode cessar a todo o tempo após o decurso de 10 anos – 30.°/3. Ressalva-se, mesmo então, a hipótese de responsabilidade por abuso do direito – *idem*, n.° 4[2077].

284. **A natureza**

I. Apesar dos esforços levados a cabo pelo legislador de 1981, no tocante à precisa definição do contrato de associação em participação, os tribunais continuam a ser solicitados nesse campo. Particularmente em causa está a sua distinção do contrato de sociedade: RLx 7-jun.-1990[2078], STJ 11-jun.-1991[2079], REv 5-fev.-1998[2080], STJ 15-mai.-2003[2081] e STJ 8-nov.-2005[2082], como exemplos.

II. Perante o Código Civil de 1966 e nos termos da demonstração irrespondível do saudoso Prof. Raúl Ventura, não parece haver margem para dúvidas: a sociedade, segundo o artigo 980.° do referido Código, postula um "exercício comum de certa atividade económica". Ora tal exer-

---

[2075] Maria Raquel Rei, *A justa causa no contrato de mandato* (1994, polic.).

[2076] Quanto a consequências da resolução do contrato de associação em participação: STJ 7-dez.-2005 (Moitinho de Almeida), Proc. 05B3382.

[2077] O legislador sentiu a necessidade de fazer esta ressalva porque, em 1981, a concretização do abuso do direito era ainda pouco frequente, nos tribunais. Hoje, não haveria necessidade de o explicitar.

[2078] RLx 7-jun.-1990 (Silva Paixão), CJ XV (1990) 3, 134-137 (136/I).

[2079] STJ 11-jun.-1991 (Menéres Pimentel), BMJ 408 (1991), 597-602 (601).

[2080] REv 5-fev.-1998 (Gaito das Neves), CJ XXIII (1998) 1, 267-270 (271/I).

[2081] STJ 15-mai.-2003 (Araújo de Barros), Proc. 03B1255.

[2082] STJ 8-nov.-2005 (Azevedo Ramos), Proc. 05A2740.

cício falta na associação em participação. Mas também não podemos optar pela solução comutativa do Código Civil italiano: não há, aqui, apenas uma troca (aleatória) de um contributo pela participação nos lucros. A lei postula uma pequena organização entre as partes.

Impõe-se, pois, também aqui, a conclusão de Raúl Ventura, sufragada pelo Supremo: um contrato com elementos associativos ou, em terminologia mais recente, um contrato de organização.

III. Podemos ir mais longe. A prevalência de uma dogmática integrada e de um pensamento sistemático permitem verificar que a associação em participação não joga com o Direito das sociedades comerciais. Trata-se de lógicas distintas: as sociedades, embora se prendam a uma ideia de organização voluntária, postulam esquemas de adjunção muito mais vincados e, sobretudo: diferentes.

Ainda por razões dogmáticas e sistemáticas, a associação em participação, herdeira direta da conta em participação, deverá ser tida como um "ato" comercial objetivo.

Quer isto dizer que, na sua integração, haverá que passar pelos princípios comerciais, antes de apelar ao Direito civil.

§ 62.º O CONSÓRCIO

285. Noções básicas; nota de Direito comparado

I. A figura do consórcio tem ascendência romana. Em Gaio, por exemplo, apareciam referências ao *consortium* como traduzindo formas de organização entre várias pessoas, com objetivos comuns[2083].

A revolução industrial, com a tendência conhecida para a concentração ou simples junção de empresas, ditadas por necessidades económicas[2084], provocou um incremento no domínio dos consórcios[2085]. Hoje, pode considerar-se que, para além de dimensões jurídicas, o consórcio apresenta uma faceta social e económica[2086] que explica o seu aparecimento nas mais diversas sociedades e no próprio plano internacional.

Apesar de quanto ficou dito, seria tentativa vã o procurar retirar, de puras considerações económicas ou sociológicas, o regime do consórcio ou, mesmo, a sua própria autonomização. As evidentes necessidades económicas que dão, ao consórcio, uma particular oportunidade, são comuns às diversas manifestações de associativismo com finalidades comerciais e industriais. Convém recordar, a tal propósito, que um Autor versátil como Francesco Carnelutti incluía o consórcio dentro duma noção ampla de sociedade[2087], enquanto Emilio Betti, elevando o consórcio a escopo

---

[2083] *Vide* Paolo Frezza, *"Consortium"*, NDI III (1938), 952-953.

[2084] Merece uma especial referência o escrito, hoje clássico, de Vittorio Salandra, *Il diritto delle unioni di imprese (consorzi e gruppi)* (1934), especialmente pp. 5 ss., com a importante recensão de Tullio Ascarelli, *Le unioni di emprese*, RDComm XXXIII (1935), I, 152-184.

[2085] Giuseppe Auletta, *Consorzi commerciali*, NDI III (1938), 956-966 (956).

[2086] Giannantonio Giuglielmetti, *Consorzi industriali*, NssDI IV (1959), 269-284 (270-271).

[2087] Francesco Carnelutti, *Natura giuridica dei consorzi industriali*, RDComm XXXVII (1939), I, 1-14 (13-14).

748   *Contratos especiais de comércio*

último, apresentava certas sociedades como um modo de o prosseguir[2088]. Estes quadros foram, pelo menos num campo técnico, superadas pela evolução legislativa posterior; mantêm, contudo, um interesse inegável para o conhecimento da figura. Decisivo para o regime do consórcio acaba por ser a lei concretamente aplicável.

II. Procurando ilustrar a relevância da lei em causa, cabe inserir uma breve nota de Direito comparado.

A ciência comparatística permite documentar uma grande diversidade de figuras tecnicamente distintas, todas destinadas a prosseguir interesses económicos, com recurso à conjugação de esforços de várias entidades. Para além das manifestações societárias, cada vez mais especializadas nos diversos ordenamentos[2089], podem referenciar-se várias figuras ilustrativas.

Assim, no Direito alemão, aparecem algumas formas de concatenação de empresas, sector do Direito das uniões das empresas[2090], às quais os comunitaristas prestam cuidada atenção[2091], outro tanto sucedendo com os estudiosos do Direito da economia[2092] e do Direito da concorrência[2093]. Toda esta rica problemática, cuja atualidade se estendeu perante as exigências comunitárias da concorrência, não está aqui em causa, salvo alusões necessárias; não se joga, contudo, uma fórmula jurídica específica.

[2088] Emilio Betti, *Società commerciale costituita per finalità di consorzi*, em anotação a Milão, 7-nov.-1940, RDComm XXXIX (1941), II, 335-341 (337). Esta mesma decisão foi objeto de outra importante anotação: Remo Franceschelli, *Consorzi costituiti in forma di società per azione*, RDComm XXXIX (1941), II, 73-81.

[2089] Por todos, Götz Hueck/Christine Windbichler, *Gesellschaftsrecht*, 20.ª ed. (2003), 3-4.

[2090] Herbert Wiedemann, *Gesellschaftsrecht/Ein Lehrbuch des Unternehmen- und Verbandsrechts*, I – *Grundlagen* (1980), 102 ss., com especial referência a *joint ventures*. Karsten Schmidt, *Gesellschaftsrecht* cit., 4.ª ed., 94, fala em *Gemeinschaftsunternehmen*.

[2091] Ernst-Joachim Mestmäcker, *Europäisches Wettbewerbsrecht* cit., 284 ss. e 431 ss..

[2092] Wolfgang Fikentscher, *Wirtschaftsrecht* cit., 1, 121, 166 e 614 ss., onde podem ser confrontadas várias modalidades, bem como o 2.º vol., *Deutsches Wirtschaftsrecht* (1983), 319 ss..

[2093] Fritz Rittner, *Einführung in das Wettbewerbs- und Kartellrecht*, 2.ª ed. (1985), 166 ss..

§ 62.º O consórcio

No Direito anglo-saxónico ocorre a figura dos *joint ventures*[2094], próximos, nalgumas das suas manifestações, dos consórcios latinos.

No Direito francês, por fim, observa-se uma inexistência específica de regras dirigidas a contratos de cooperação entre as empresas, regulados, deste modo, pelos princípios gerais[2095], lado a lado com a figura, já mais rígida, dos agrupamentos de interesses económicos, dotados de personalidade jurídica[2096].

No Direito italiano legislado, aparece, efetivamente, a figura do consórcio: terá sido a experiência inspiradora do legislador de 1981.

286. O Direito português; influências decisivas

I. O Direito português, através do Decreto-Lei n.º 231/81, de 28 de julho, define o consórcio como:

> (...) o contrato pelo qual duas ou mais pessoas singulares ou coletivas que exerçam uma atividade económica se obrigam entre si a, de forma concertada, realizar certa atividade ou efetuar certa contribuição com o fim de prosseguir qualquer dos objetos referidos no artigo seguinte[2097].

Por seu turno, o artigo seguinte em causa – o 2.º – dispõe:

> O consórcio terá um dos seguintes objetos:
>
> *a)* Realização de atos materiais ou jurídicos, preparatórios quer de um determinado empreendimento, quer de uma atividade contínua;

[2094] Raúl Ventura, *Primeiras notas sobre o contrato de consórcio*, ROA 41 (1981), 609-690 (617 ss.), Andrea Astolfi, *Il contratto internazionale di "joint venture"*, RSoc 22 (1977), 809-902 e Ronald C. Wolf, *International Joint Venture*, 2.ª ed. cit., 3 ss.. No Direito uniforme norte-americano, *vide* Tatelbaum/Pearson, *Manual of Credit and Commercial Laws* cit., 91.ª ed., 2.1. ss..

[2095] Assim, Francisco Lefebvre, *Les contrats de coopération inter-entreprises* (1974), 50 ss..

[2096] René Rodière/Bruno Oppetit, *Droit Commercial/Groupements Commerciaux*, 10.ª ed. (1980), 357 ss.. Com vários elementos de Direito comparado, cf. Christian Moller--Gugenberger, *Gesellschaft – Société und Groupement als Rechtsformen zur Unternehmenskooperation* (1976), 102 ss..

[2097] Artigo 1.º. Uma anotação a este preceito pode ser confrontada em Raúl Ventura, *Primeiras notas sobre o contrato de consórcio* cit., 631-643.

750   *Contratos especiais de comércio*

b) Execução de determinado empreendimento;
c) Fornecimento a terceiros de bens, iguais ou complementares entre si, produzidos por cada um dos membros do consórcio;
d) Pesquisa ou exploração de recursos naturais;
e) Produção de bens que possam ser repartidos, em espécie, entre os membros do consórcio[2098].

II. Esta noção apresenta-se bastante elaborada e equivale, no essencial, a uma receção de correspondente fórmula italiana, contida no artigo 2602.º do Código Civil de 1942[2099]. Por isso se compreende o especial interesse que o conhecimento da doutrina e da jurisprudência italianas apresenta para a aplicação do Direito português, no tocante a consórcios.

O Direito italiano anterior a 1942 conhecia a figura do consórcio[2100], referenciando-se nela, várias modalidades já bem tipificadas, com regras e perfis próprios[2101]. Os autores recorriam às regras gerais sobre contratos[2102]. Ascarelli, com a sua especial autoridade, negava autonomia e identidade ao consórcio, dada a multiplicidade das figuras que se lhe abrigavam[2103].

III. O vigoroso movimento científico que conduziu à codificação civil de 1942 – a qual, como é sabido, abrange o Direito comercial e o Direito do trabalho – permitiu precisar melhor a noção de consórcio.

[2098] *Idem*, 643-648.

[2099] Esse preceito foi alterado pela Lei n.º 377, de 10-mai.-1976, abaixo referida; *vide* Triola, *Codice civile annotato* cit., 3.ª ed., 2335.

[2100] Assim, além dos já citados trabalhos de Carnelutti, *Natura giuridica dei consorzi industriali*, de Remo Franceschelli, *Consorzi costituiti in forma di società per azione*, de Emilio Betti, *Società commerciale costituita per finalità di consorzio*, de Auletta, *Consorzi commerciali* e de Salandra, *Il diritto delle unioni di imprese*, refiram-se Luigi Raggi, *Consorzi*, NDI III (1938), 953-956, bem como a anotação à Corte d'Appello di Milano 11-jan.- -1934, FI 1934, I, 1113-1116, assinalada G.F.. Tem ainda o maior interesse confrontar Tullio Ascarelli, *Riflessioni in tema di consorzi, mutue, associazioni e società*, incluído nos *Saggi di diritto commerciale* (1955), 273-323 (301).

[2101] Por exemplo: Luigi Raggi, *Consorzi di comuni*, NDI III (1938), 966-968, e *Consorzi obbligatori*, *idem*, 976-978, Carlo Petrocchi, *Consorzi di utenze d'acque pubbliche*, *idem*, 968-971, Antonino Vitale, *Consorzi idraulici*, *idem*, 971-976 e *Consorzi portuale*, *idem*, 993-995 e Michele Carlo Isacco, *Consorzi stradali*, *idem*, 978-993.

[2102] Giuseppe Auletta, *Consorzi commerciali* cit., 961.

[2103] Tullio Ascarelli, *Riflessioni in tema di consorzi* cit., 301.

§ 62.º O consórcio

Deste modo, a definição retirada do artigo 2602.º do Código Civil, versão inicial, apresentava o consórcio como:

> (...) uma associação de pessoas singulares ou coletivas, livremente criada ou obrigatoriamente imposta, para satisfação em comum de necessidades de estas pessoas[2104].

Havia duas orientações clássicas de consórcio que deixaram marcas impressivas no instituto, até aos nossos dias. Uma, presente em Giuseppe Auletta[2105], que via no consórcio um modo de regular a concorrência e outra, apoiada por Franceschelli[2106], que propugnava por um esquema destinado a melhor prosseguir certa produção.

O *Codice* não tomou posição definitiva: como tem sido observado, a definição legal era suficientemente ampla para abarcar, como objetivo, quer uma obra ou prestação comum, quer a regulação de relações entre os consorciados[2107].

IV. Amparada agora numa sólida referência legal, a ideia de consórcio desenvolveu-se, vendo multiplicadas as suas aplicações específicas[2108].

Um melhor esclarecimento efetivo da figura – embora a doutrina sempre chamasse a atenção para a escassez de jurisprudência[2109] – está na origem duma reforma surgida em 1976. Através da Lei n.º 377, de 10 de

---

[2104] Giuseppe Ferri, *Consorzi (Teoria generali e consorzi industriali)*, ED IX (1961), 371-389 (371); Giannantonio Giuglielmetti, *Consorzi industriali* cit., 272.

[2105] G. Auletta, *Consorzi commerciali* cit., 956 ss..

[2106] R. Franceschelli, *Consorzi per il coordinamento della produzione e degli scambi*, 2.ª ed., no *Commentario del Codice Civile* de A. Scialoja e G. Branca, Liv. V – *Del lavoro*, art. 2602-2640 (1970), 1-157 (5 ss., 35 ss. e *passim*).

[2107] Ferri, *Consorzi* cit., 372. Em geral, cumpre referir Luigi Filippo Paolucci, *Consorzi e società consortili nel diritto commerciale*, no DDP/SCom, 3 (1990), 433-447.

[2108] Como meros exemplos ilustrativos, podem citar-se os seguintes títulos: Mario Bandini, *Consorzi agrari*, NssDI IV (1959), 247-250, Giuseppe Stancanelli, *Consorzi amministrativi*, *idem*, 250-254, e *Consorzi stradali*, *idem*, 285-290, Carlo Petrocchi, *Consorzi di bonifica integrale*, *idem*, 254-261 e *Consorzi per l'uso delle acque*, *idem*, 290-294, Elio Gizzi, *Consorzi fra enti pubblici*, *idem*, 261-265, Antonino Vitale/Carlo Petrocchi, *Consorzi idraulici*, *idem*, 265-269, Luigi Acrosso, *Consorzi in agricoltora*, ED IX (1961), 389-408, Giovanni Miele/Giuseppe Stancanelli, *Consorzi amministrativi*, *idem*, 408-414 e Marcello Bernardi, *Consorzi fra enti locali*, *idem*, 414-425.

[2109] Assim, Ascarelli, *Reflessioni in tema di consorzi* cit., 273.

752   *Contratos especiais de comércio*

maio desse ano, o artigo 2602.º do Código Civil Italiano recebeu nova redação[2110].

Diz agora esse preceito:

> Com o contrato de consórcio vários empresários instituem uma organização comum para a disciplina ou para o desenvolvimento de determinadas fases da respetiva empresa.

Houve um alargamento da figura, apontado por todos os comentadores do instituto e que frutificaria, aliás, em numerosas aplicações mais ou menos aparentadas[2111]. Mas houve também e sobretudo: um centrar do instituto num significativo elemento: o da organização[2112].

Estas considerações são tendencialmente válidas para a realidade jurídica portuguesa.

287. Regime vigente

I. O consórcio, tomado como tipo contratual, pode ser comodamente ponderado com recurso à explanação dos seus elementos.

A definição legal requer, em primeiro lugar, duas ou mais pessoas singulares ou coletivas[2113]. A pluralidade de sujeitos liga-se à natureza

---

[2110] *Vide La nuova disciplina dei consorzi*, RSoc 21 (1976), 729-735, Giorgio Marasa, *Prima valutazioni sulla nuova normativa in tema di consorzi*, RDCiv XXIII (1977), II, 524-552, Ernesto Simonetto, *Consorzi/Primi appunti sulla Legge 10 Maggio 1976, n.º 377*, RSoc 22 (1977), 785-808 e Giannantonio Giuglelmetti, *Consorzi e società consortile*, NssDI/*Appendice*, vol. II (1981), 488-495 (488 ss.). Diversos elementos podem ainda ser confrontados em Rescigno, *Codice civile*, 6.ª ed. cit., 3715 ss..

[2111] Como meros exemplos, retiram-se: Brunetto Carpino, *Consorzi agrari*, NssDI/ Appendice, vol. II (1981), 479-481, Alberto Abrami, *Consorzi di bonifica integrale*, *idem*, 482-486, Elio Gizzi, *Consorzi fra enti pubblici*, *idem*, 486-488, Francesco Garri, *Consorzi per l'uso delle acque*, *idem*, 497-498, Fiorenzo di Pasquali, *Alcuni aspetti dell'attività dei consorzi di garanzia nell prassi del mercado azionario italiano*, Riv. della Società 30 (1985), 14-61 e, ainda que noutro domínio, Alberto Crespi, *Disposizioni penale in materia di società e di consorzi*, RSoc 31 (1986), 70-111. Cite-se, também, Gian Domenico Mosco, *I consorzi tra emprenditori*, cit. em RSoc 30 (1985), 1543-1444, com recensão.

[2112] Além dos referidos, em especial, Giorgio Fornasiero, *Organizzazione e intuitus nelle società* (1984), 175 e 178.

[2113] Luigi Raggi, *Consorzi* cit., 953 e Raúl Ventura, *Primeiras notas* cit., 633. *Vide* TCAN 20-fev.-2015 (Alexandra Alendouro), Proc. 00239/12.

§ 62.º O consórcio 753

contratual da figura. Para além disso, a lei não põe limites máximos. Este ponto, embora simples, tem relevância por permitir concluir que o consórcio desaparece quando se perca tal pluralidade, desde que, nos termos gerais, possa operar a confusão – artigo 868.º do Código Civil português – e sem prejuízo de terceiros – artigo 871.º/1, do mesmo diploma.

II. As pessoas em causa deverão exercer uma atividade económica[2114]. Desta feita, a lei visou acentuar a natureza basicamente lucrativa e, daí, comercial, da figura. Parece, contudo, que não se colocam dúvidas no tocante à possibilidade de, através da autonomia privada, se poder utilizar o consórcio num sentido puramente civil: mas ele terá sempre um teor oneroso, por oposição a gratuito.

As pessoas interessadas no contrato vão obrigar-se, pelo consórcio, a agir de forma concertada: postula-se uma organização comum[2115]. Trata-se de um ponto decisivo porquanto possibilita a qualificação do consórcio como um contrato de organização – por oposição a contrato de aquisição, de serviços, etc.[2116]. As partes apresentam-se, nele, com interesses comuns e não contrapostos[2117]. Este aspeto, como será aludido mais detidamente, é determinante em todo o regime do contrato.

III. A concertação referida reporta-se ao desenvolvimento de certa atividade ou à efetivação de certa contribuição. Ficam contornados os consórcios puramente passivos, em que uma das partes se adstringiria, simplesmente, a não concorrer com a primeira. Esses elementos – a atividade e/ou a contribuição – são devidos por cada um dos consorciados, sempre com subordinação à ideia de "concatenação".

Deve ainda frisar-se que o contrato visa um dos objetivos do artigo 2.º do Decreto-Lei n.º 231/81, de 28 de julho. Apesar de limitativa, a lista

---

[2114] Giuglielmetti, *Consorzi industriali* cit., 272.

[2115] Giuglielmetti, *Consorzi industriali* cit., 273, Ferri, *Consorzio* cit., 373 e Franceschelli, *Consorzi* cit., 46; nesse sentido, já Auletta, *Consorzi commerciali* cit., 959 e, depois da reforma de 1976, Simonetto, *Consorzi* cit, 791 e Marasa, *Prime valutazioni* cit, 538.

[2116] Giorgio Fornasiero, *Organizzazione e intuitus* cit., 178.

[2117] Quanto a essa importante categoria, Vittorio Salandra, *Il contratto plurilaterale e la società di due soci*, RTDPC III (1949), 836-843 (839), Italo Uberti-Bona, *Questioni in tema di cointeressenza fra imprenditori*, RDComm 51 (1953), I, 128-146 (142 ss.) e Disiano Preite, *Il conflitto di interessi del socio tra codice e disciplina del mercato mobiliare*, RSoc 33 (1988), 361-470 (368 ss.).

754   *Contratos especiais de comércio*

desse preceito é bastante lata. Adiante-se um ponto do maior relevo: o objetivo – qualquer que ele seja – é comum ou tem um nível comum de integração[2118]. Assim se reforça, num plano teleológico repercutido em todo o regime, quanto acima foi dito sobre a organização comum[2119].

IV. Por determinação legal, os contratos de consórcio devem ser celebrados por escrito, requerendo-se a escritura quando estejam envolvidos imóveis – artigo 3.º. As partes têm larga liberdade de estipulação – artigo 4.º[2120]. Esse preceito apenas ressalva as normas imperativas que ele próprio contenha: um afloramento de um princípio geral. O consórcio não está sujeito ao registo comercial: o artigo 3.º do CRCom não o inclui entre os factos a inscrever[2121].

As alterações ao contrato, a adotar pela forma utilizada para a sua celebração inicial, devem ser aprovadas por todos os contraentes, salvo quando o próprio contrato preveja outra fórmula.

V. Numa contraposição mais ou menos valorizada na doutrina estrangeira[2122], a lei portuguesa distingue, com clareza, o consórcio interno do externo – artigo 5.º do Decreto-Lei n.º 231/81:

– no consórcio interno as atividades ou os bens são fornecidos a um dos membros do consórcio e só este estabelece relações com terceiros ou, então, tais atividades ou bens são fornecidos diretamente a terceiros por cada um dos membros do consórcio, sem expressa invocação dessa qualidade[2123];

[2118] Fornasiero, *Organizzazione e intuitus* cit., 181.

[2119] A RPt 17-out.-1996 (Manuel Ramalho), BMJ 460 (1996), 803, entendeu que havia consórcio perante um contrato escrito entre uma sociedade e uma pessoa singular em que aquela se compromete a construir, em terreno fornecido por esta, certos edifícios para vender, suportando os custos; os lucros seriam divididos por ambos.

[2120] RGm 25-out.-2012 (Rita Romeira), Proc. 280998/11.

[2121] RLx 14-fev.-2013 (Vaz Gomes), Proc. 5556/09.

[2122] Giuglielmetti, *Consorzi industriali* cit., 278, Fornasiero, *Organizzazione e intuitus* cit, 177 e Raúl Ventura, *Primeiras notas* cit, 651 ss..

[2123] RLx 16-abr.-1996 (Joaquim Dias), CJ XXI (1996) 2, 94-96 (95/II e 96/I).

§ 62.º O consórcio

– no consórcio externo, as atividades ou os bens são fornecidos a terceiros por cada um dos consorciados, com invocação expressa dessa qualidade[2124].

Contra o que poderia resultar de uma leitura mais apressada dos textos legais, o consórcio externo não se distingue do interno por, ao contrário deste, produzir efeitos perante terceiros. A fronteira reside no facto de, no consórcio externo, se assistir a um reforço do elemento organizativo.

VI. A lei portuguesa, dado o peso da organização no domínio do consórcio, regulou longamente essa matéria: artigos 7.º (Conselho de orientação e fiscalização), 12.º (Chefe do consórcio), 13.º (Funções internas do chefe do consórcio), 14.º (Funções externas do chefe do consórcio) e 20.º (Proibição de fundos comuns[2125]).

Os deveres dos consorciados, nas dimensões da proibição da concorrência e da prestação de informações, são explicitados – artigo 8.º – surgindo ainda regras no tocante à repartição dos valores recebidos pela atividade nos consórcios internos e à participação em lucros e perdas – artigo 18.º. A denominação vem predisposta no artigo 15.º e as relações com terceiros no 19.º[2126]. Todos estes preceitos têm em comum o serem supletivos, numa ocorrência que deverá ser confirmada caso a caso, perante a própria lei e em face dos princípios gerais.

VII. A denominação do consórcio externo tem regras. Segundo o artigo 15.º/1 do Decreto-Lei n.º231/81, os seus membros podem juntar os seus nomes, firmas ou denominações sociais, com o aditamento "Consórcio de ..." ou "... em consórcio", sem prejuízo de apenas ser responsável perante terceiros quem assine os contratos.

A propósito da denominação do consórcio, pôs-se um problema que animou a nossa jurisprudência. Um determinado regulamento veio estabele-

---

[2124] Hipóteses de consórcios externos podem ser confrontados em RCb 19-jan.-1995 (Daniel Almada), CJ XX (1995) 2, 48-51, em STJ 22-mai.-1996 (Victor Devesa), CJ/Supremo IV (1996) 2, 262-266 (265/II), STJ 24-fev.-1999 (Silva Paixão), CJ/Supremo VII (1999) 1, 124-125 (124/I) e em STJ 18-jun.-2002 (Pinto Monteiro), Proc. 02A637.
[2125] TCAS 11-etc.-2014 (Cristina dos Santos) Proc. 11420/14.
[2126] STJ 17-jun.-2014 (Fonseca Ramos), Proc. 112/07.

cer um consórcio entre os (então) CTT e TLP denominando-o *Transdata – CTT e TLP em consórcio*. A RLx 8-mai.-1990 entendeu que isso não era possível: a locução *"Transdata"* estaria a mais, podendo induzir terceiros de que haveria uma entidade *a se*[2127]; este acórdão foi revogado pelo STJ 23-mai.-1991, não unânime, que teve opção inversa: mau grado a presença da locução *"Transdata"*, não haveria perigo de confusão por se acrescentar *"em consórcio"*; além disso, o artigo 15.°/1 em causa não diz "os mesmos *só* podem fazer-se designar, juntando todos os seus nomes ..."[2128].

A orientação da Relação de Lisboa e do Conselheiro vencido no Supremo parece-nos corresponder melhor ao entendimento da lei: admitir uma denominação para o consórcio que transcenda a soma das denominações das partes, equivale a publicitar uma entidade independente tanto mais que, no giro comercial, esse *plus* tenderá a prevalecer. O princípio da verdade das firmas e das denominações deve, também aqui, levar a melhor.

Prevalecerá, pois, a interpretação teleológica e integrada do artigo 15.°/1, do Decreto-Lei n.° 231/81.

VIII. Deve ficar bem claro que, quanto às posições dos contratantes, toda esta regulamentação é apenas um modelo que a lei põe à disposição das partes. Estas, nos termos do artigo 405.° do Código Civil, dispõem de plena liberdade contratual: podem, designadamente, celebrar consórcios "atípicos", acrescentar cláusulas suas ao modelo legal ou afastar soluções legais supletivas.

O preâmbulo do Decreto-Lei n.° 231/81 teve o cuidado de sublinhar a natureza supletiva da generalidade das regras sobre o consórcio, de modo a não restringir a imaginação das partes. O artigo 4.°, n.° 1, por seu turno, proclamou expressamente a liberdade das partes, no tocante à fixação dos termos e condições do contrato.

288. Problema da repartição dos ganhos e perdas

I. Num consórcio, as partes concertam-se para desenvolver determinada atividade económica. Pergunta-se se elas poderão ajustar uma repartição abstrata dos ganhos e das perdas.

[2127] RLx 8-mai.-1990 (Sousa Inês), CJ XV (1990) 3, 110-112 (111/I).

[2128] STJ 23-mai.-1991 (Pereira da Silva; vencido: Roger Lopes), BMJ 407 (1991), 571-577 (574).

§ 62.º O consórcio

O consórcio não tem personalidade jurídica. Assim sendo, a contratação com terceiros é feita em nome de algum ou alguns dos consorciados. Pode algum consorciado, que não tenha contratado diretamente com terceiros, ser chamado a receber lucros ou a suportar prejuízos?

II. Estamos no domínio patrimonial privado. Todos os direitos em jogo no consórcio são plenamente disponíveis. Não há nenhuma regra, no Direito português, que proíba estabelecer regimes de solidariedade passiva ou ativa, isto é: regimes nos quais uma mesma dívida passe a ser exigível, por inteiro, a um único de vários codevedores ou um mesmo crédito a ser liberatoriamente pagável a um único de vários cocredores. A lei não prescreve, todavia, nenhuma solidariedade; nem ativa, nem passiva[2129]. Apenas não proíbe que as partes, ao abrigo da sua autonomia privada, o façam.

Assim sendo, é perfeitamente possível estabelecer regras de responsabilidade limitada, aquém da solidariedade pura: por exemplo, pode-se contratar que uma entidade responda até 30% de determinada dívida. De igual modo se poderá combinar que uma entidade possa receber, em termos liberatórios, até 30% do crédito.

III. No que toca às relações internas entre as partes: é totalmente viável que duas pessoas ajustem entre si uma certa repartição de esforços ou de lucros, num negócio para o qual ambas tenham contribuído.

Deve ficar muito claro que tal repartição de lucros e de perdas nada tem a ver com o estabelecimento de uma pessoa coletiva[2130]. Trata-se dum fenómeno corrente, que a todo o momento se verifica em situações de compropriedade.

Não é a comunhão em lucros e em prejuízos que dá azo à personalidade coletiva, como o mostra o regime das sociedades civis sob forma civil: estas, de acordo com a doutrina dominante, não têm sempre personalidade jurídica plena. Para haver pessoa coletiva, é determinante o reconhecimento jurídico, o qual surge não pela comunhão em lucros e prejuízos mas, antes, por uma determinada organização formal.

[2129] Só quem, concretamente, celebre contratos com terceiros, responde: RCb 19-jan.-1995 cit., CJ XX, 2, 48-51 (acidente de trabalho), confirmado por STJ 22-mai.-1996 cit., CJ/Supremo IV, 2, 265/II e STJ 24-fev.-1999 cit., CJ/Supremo VII, 1, 125/II.

[2130] REv 5-fev.-1998 (Gaito das Neves), CJ XXIII (1998) 1, 267-270 (269/I), explicando que seria absurdo obrigar as pessoas interessadas em cooperar a instituir sociedades.

758   *Contratos especiais de comércio*

IV. No caso do consórcio, todas estas noções recebem plena confirmação.

Pelo contrato de consórcio, as partes obrigam-se a efetuar determinada contribuição para certos objetivos – artigo 1.º do Decreto-Lei n.º 231/81, de 28 de julho. Logo, podem sofrer prejuízos.

Se a contribuição for percentualmente definida, os prejuízos do consorciado serão uma percentagem dos prejuízos totais. As contribuições podem ser em dinheiro, nos termos do artigo 4.º, n.º 2, do Decreto-Lei n.º 231/81.

Por outro lado, os valores a receber de terceiros – e que darão eventualmente lugar a lucros – podem, nos termos do contrato de consórcio, ser repartidos entre as partes, de acordo com uma distribuição diferente da que resultaria das relações diretas com terceiros em causa – artigo 10.º, n.º 2, do Decreto-Lei n.º 231/81. Esta hipótese não se esgota, de modo algum, na possibilidade de se fixar uma remuneração para o chefe do consórcio. Os valores em causa podem, materialmente, ser recebidos por um único dos consorciados que, depois, fará a repartição pelos outros, bastando, para tanto, que o contrato lhe confira os necessários poderes, como resulta do artigo 16.º, n.º 1, do citado Decreto-Lei.

V. Tudo isto é reforçado pelo princípio básico do artigo 4.º, n.º 1, segundo o qual

> Os termos e condições do contrato serão livremente estabelecidas pelas partes, sem prejuízo das normas imperativas constantes deste diploma.

A ideia central do legislador consta, aliás, do preâmbulo do Decreto-Lei n.º 231/81, em troço já referido e que, pela sua clareza incisiva, bastará, transcrever:

> Na regulamentação do contrato de consórcio constante do presente diploma predominam preceitos supletivos. Como já acima se disse, não é intuito do Governo estancar a imaginação dos interessados, mas, sim, por um lado criar as grandes linhas definidoras do instituto e, por outro, fornecer uma regulamentação tipo da qual os interessados possam afastar-se quando julguem conveniente e à qual eles possam introduzir os aditamentos que considerem aconselháveis.

A vontade das partes deve ser respeitada.

§ 62.º O consórcio   759

A proibição de fundos comuns, estabelecida no artigo 20.º do Decreto-Lei n.º 231/81, nada tem a ver com a repartição dos lucros e perdas. Ela apenas visa facilitar a definição das relações entre as partes, remetendo-as para o artigo 1167.º, *a*), do Código Civil, relativo ao mandato.

Por muito ténue que seja a organização pressuposta pelo consórcio, ela ainda será alguma. Havendo organização, é totalmente razoável esperar que as partes incorram numa quota de esforço e percebam uma quota de vantagens. Seria impensável que a lei o viesse proibir.

289. O termo do consórcio

I. O consórcio dá lugar a uma situação jurídica duradoura. Como tal, torna-se necessário fixar esquemas de cessação, sem o que ela tenderia a eternizar-se no tempo.

Vigora pois a regra de que, salvo quando a lei disponha de outro modo, os contratos não se destinam a ser perpétuos. No entanto, tem-se assistido a uma certa evolução no sentido do reforço da estabilidade dos consórcios: jogaram as necessidades económicas e sociais que ditaram o aparecimento da figura, bem como a conveniência em alargar a autonomia das partes.

Assim, a reforma italiana de 1976 suprimiu a regra de que os consórcios não poderiam ter durações superiores a 10 anos[2131].

II. A lei portuguesa sobre consórcios distinguiu, no tocante à sua cessação, três modalidades[2132]:

– a exoneração dos seus membros;
– a resolução do contrato;
– a extinção do consórcio.

[2131] Giugliemetti, *Consorzi e società consortile* cit, 490 e Franceschelli, *Consorzi* cit, 74 ss.. Quanto às modificações sofridas pelo regime italiano do consórcio, Paolucci, *Consorzi e società consortili* cit, 433 e *passim*.

[2132] Quanto ao Direito italiano, aqui sempre tão presente, Ferri, *Consorzio* cit, 382 e Auletta, *Consorzi commerciali* cit, 963.

760   *Contratos especiais de comércio*

Estas modalidades, tratadas nos seus artigos 9.°, 10.° e 11.°, têm o maior interesse, uma vez que são específicas deste tipo contratual: elas não correspondem inteiramente à teoria geral dos contratos.

III. A exoneracão dos membros do consórcio corresponde a uma posição potestativa que o consorciado tenha de pôr cobro aos seus compromissos, excluindo-se do consórcio. Compreende-se que ela requeira uma particular justificação, seja ela:

– uma impossibilidade superveniente de realizar as suas obrigações, a qual terá de ser liberatória, nos termos gerais – portanto absoluta, objetiva e definitiva;
– um comportamento de um consorciado que traduza um incumprimento perante o outro bem como uma impossibilidade em relação, também, a outro membro, sem que seja possível utilizar o esquema da resolução.

Tal o sentido do artigo 9.°, nas duas alíneas do seu n.° 1.

IV. A resolução equivale a uma posição potestativa que o consorciado tenha de excluir os outros do consórcio. Compreende-se que, pela sua gravidade, se requeira justa causa – artigo 10.°/1 – a qual pode, de acordo com o elenco desse mesmo preceito, ser subjetiva ou objetiva. Esse artigo exige "declarações escritas emanadas de todos os outros" [membros]: a jurisprudência admite, quando haja apenas dois elementos, que a resolução seja oral[2133]. Parece bem: removidos problemas probatórios, mantém-se, sempre que possível pela letra da lei, a regra da consensualidade.

V. Finalmente, os cenários de extinção do consórcio alinham-se no artigo 11.° e englobam:

– a revogacão – artigo 11.°/1, *a*): "O acordo unânime dos seus membros"[2134];
– a caducidade – artigo 11.°/1, *b*), primeira parte (realização do objeto), *c*) (decurso do prazo) e *d*) (extinção da pluralidade de membros);

[2133] STJ 23-out.-1997 (Miranda Gusmão), CJ V (1997) 3, 94-97 (96/II).
[2134] Assim: RLx 16-abr.-1996 (Joaquim Dias), CJ XXI (1996) 2, 94-96 (96/I).

§ 62.º *O consórcio*   761

– a impossibilidade – artigo 11.º/1, *b*), segunda parte (objeto que se torna impossível).

Há um prazo supletivo de dez anos, prorrogável – 11.º/2 – e admitem-se ainda outras cláusulas de extinção.

§ 63.º O CONTRATO DE LOJISTA EM CENTRO COMERCIAL

290. Generalidades

I. Os contratos de organização podem implicar situações complexas, que envolvem teias de serviços e o desfrute de bens diversos, materiais e imateriais. Um bom exemplo é constituído pelo contrato de lojista em centro comercial. Trata-se de um tipo social, inicialmente apresentado como exótico, mas que hoje tem uma aplicação corrente alargada.

II. Com antecedentes nos anos 70 do século XX, verificou-se, a partir da década de oitenta desse século, a exploração dos centros comerciais. Trata-se de uma particular técnica de comercializar todo o tipo de bens e de serviços, através da alocação de um espaço considerável, servido por garagens e parques de estacionamento, gerido sob uma marca de prestígio e com uma grande publicidade. Esse espaço (o centro comercial) alberga, depois, dezenas ou centenas de lojas que são entregues a lojistas para exploração individual. Os lojistas cultivam ramos diversos de negócio, devidamente planificados. As lojas são ordenadas de modo a cativar, ao máximo, os consumidores. Temos, por exemplo, "lojas-âncoras", em regra supermercados ou pontos de venda de alimentos, que provocam o afluxo dos consumidores; nas suas imediações são colocadas lojas, por exemplo, de perfumes ou de *underware*, que obtêm, assim, um *plus* de clientela.

III. O funcionamento correto de um centro comercial exige uma perfeita planificação do conjunto, com bons conhecimentos de *marketing*. A direção (o promotor) organiza serviços de publicidade, de animação, de limpeza, de segurança e de apoio de todo o tipo. Os lojistas devem manter elevados estalões de qualidade, respeitando o tempo de abertura: não pode haver lojas fechadas, o que afasta a clientela do centro.

291. Esquema geral; a inaptidão do arrendamento

I. Em termos contratuais, o lojista recebe o gozo da loja e das partes comuns e beneficia de todo o universo disponibilizado pelo promotor: isolada, a sua loja teria muito pouca (ou nenhuma) clientela, salvo as "lojas--âncoras". Em troca, paga, em regra, duas parcelas mensais: uma quantia fixa e uma percentagem sobre a faturação bruta que realize. Tudo isto pressupõe grande mobilidade e dinamismo: o lojista que não cumpra ou não tenha sorte sai, para dar lugar a empresários mais aptos. Além disso, a entidade promotora quer, sempre, ter o controlo total sobre quem é lojista no "seu" centro: a "intrusão" de lojistas marginais, não-recomendáveis ou ligados ao crime organizado, pode deitar tudo a perder.

II. Quando surgiram, os centros comerciais colocaram um problema jurídico muito delicado. Havendo uma cedência onerosa do gozo de uma loja, cairíamos no arrendamento comercial. Este tem um regime vinculístico muito violento para o senhorio, que seria o promotor: a cessação do contrato é difícil e exige uma ação de despejo que pode demorar anos; além disso, o arrendatário pode trespassar o seu estabelecimento ou ceder a sua exploração sem o consentimento do senhorio, dando lugar a lojistas não aprovados pelo promotor do centro.

III. Todavia, era evidente que o centro comercial, dotado de uma lógica de escala e gerido como uma grande empresa global, não podia ficar dependente do vinculismo, aqui fora de qualquer justificação económica. Os primeiros "contratos de lojistas" foram de inspiração brasileira e procuravam realçar os aspetos não locatícios da situação. Por cautela, os promotores dotaram-se de "veículos": sociedades instrumentais arrendatárias que "subarrendavam" aos lojistas: sendo "necessário", estas sociedades dissolver-se-iam, fazendo caducar os contratos dos lojistas.

Mas havia que assumir a realidade: o contrato de lojista em centro comercial é um tipo social que recolhe, dos tipos legais, diversos elementos.

292. Um tipo autónomo

I. O tema do contrato de lojista em centros comerciais obteve o interesse dos jurisprudentes. Foram elaborados e publicados pareceres e anotações de, entre outros, Inocêncio Galvão Telles[2135], Pedro Paes de Vasconcelos[2136], Oliveira Ascensão[2137], Antunes Varela[2138], Lebre de Freitas[2139], Ana Afonso[2140], Henrique Mesquita[2141], Calvão da Silva[2142] e Cassiano Santos[2143]. Pedro Malta da Silveira dedicou-lhe uma monografia significativa[2144] outro tanto sucedendo com Ana Isabel da Costa Afonso[2145]. Foram, ainda, elaborados pareceres que, de certo modo, se projetaram na jurisprudência subsequente, inéditos: de Oliveira Ascensão[2146] e nossos.

[2135] Inocêncio Galvão Telles, *Utilização de espaços nos "shopping centers"/Parecer*, CJ XV (1990) 2, 23-34 (33/II), propende para o arrendamento para comércio e indústria, perante o contrato de lojista; do mesmo Autor e na mesma linha, *Contratos de utilização de espaços nos centros comerciais*, O Direito 123 (1991), 521-534 e *Contratos de utilização de espaços nos centros comerciais*, em António Pinto Monteiro (coord.), *Contratos: actualidade e evolução* (1997), 241-255.

[2136] Pedro Paes de Vasconcelos, *Contratos de utilização de lojas em centros comerciais: qualificação e forma*, ROA 1996, 535-549.

[2137] José de Oliveira Ascensão, *Integração empresarial e centros comerciais*, RFDUL XXXII (1991), 29-70 e *Lojas em centros comerciais; integração empresarial; forma*: anotação a STJ 24-mar.-1992, ROA 1994, 819-842.

[2138] Antunes Varela, Anotação a STJ 24-mar.-1992 (Fernando Fabião), RLJ 128 (1996), 278-286, RLx 22-out.-1992 (António da Cruz), *idem*, 286-292, RLx 18-mar.-1993 (Eduardo Batista), *idem*, 292-302, STJ 26-abr.-1994 (Santos Monteiro), *idem*, 302-307 e STJ 1-fev.-1999 (Oliveira Branquinho), 307-315, *idem*, 315-320 e 368-373 e RLJ 129 (1996), 142-152 e 203-214.

[2139] José Lebre de Freitas, *Da impenhorabilidade do direito de lojista de centro comercial*, ROA 59 (1999), 47-86.

[2140] Ana Afonso, *Funcionamento de centro comercial em edifício submetido ao regime da propriedade horizontal*, anot. a STJ 9-mar.-2004, CDP 9 (2005), 61-75.

[2141] STJ 9-mar.-2004 (Alves Velho), CJ/Supremo XII (2004) 1, 114-118 = CDP 9 (2005), 54-60.

[2142] STJ 13-set.-2007 (Custódio Montes), RLJ 136 (2007), 329-359, anot. João Calvão da Silva, *idem*, 359-376.

[2143] Filipe Cassiano Santos, *O contrato de instalação de lojista em centro comercial (e a aplicação do artigo 394.º do Código Civil), quando celebrado por adesão*, CDP 24 (2008), 3-20.

[2144] Pedro Malta da Silveira, *A empresa nos centros comerciais e a pluralidade de estabelecimentos/os centros comerciais como realidade juridicamente relevante* (1999), 213 pp..

[2145] Ana Isabel da Costa Afonso, *Os contratos de instalação de lojistas em centros comerciais/Qualificação e regime jurídico* (2003), 393 pp..

[2146] Veja-se a referência feita por Antunes Varela, *Das obrigações em geral* cit., 1, 10.ª ed., 299, nota 1.

§ 63.º O contrato de lojista em centro comercial   765

II. No início dos centros comerciais, na década de 80 do século XX, a doutrina e a jurisprudência dividiram-se quanto à qualificação das cedências do espaço para os lojistas[2147]. Todavia, após o acórdão do Supremo de 12-jul.-1994 (caso Imaviz)[2148]e o apoio da generalidade dos autores[2149], passaram a ser qualificados como contratos atípicos e não como arrendamentos, assim se conseguindo afastar o regime vinculístico[2150]. Vamos ver em que termos:

– STJ 6-dez.-1990: são contratos inominados e não de arrendamento; por isso, cabe processo comum para a restituição da loja e não ação de despejo[2151];
– RLx 18-mar.-1993: a cedência de local a um lojista é um contrato atípico, com o regime jurídico que resultar das cláusulas convencionadas[2152];
– STJ 26-abr.-1994: trata-se de um contrato atípico de âmbito muito mais vasto do que o do arrendamento comercial[2153];
– STJ 1-fev.-1995: representa uma unidade nova e distinta, que não se compadece com o regime locatício[2154];
– STJ 24-out.-1996: é um contrato atípico inominado, insuscetível de se espartilhar nos estreitos limites do contrato de locação[2155];
– STJ 18-mar.-1997: um contrato atípico, não integrável na figura da cessão da exploração ou do arrendamento comercial; não exige forma especial[2156];
– STJ 14-out.-1997: mas já será mero arrendamento comercial se faltar o regime comum de constituição e de funcionamento[2157];
– RLx 11-nov.-1997: um contrato atípico e inominado que não está sujeito a escritura pública[2158];

[2147] Veja-se o parecer de Galvão Telles referido *supra*, nota 734.

[2148] STJ 12-jul.-1994 (Cardona Ferreira), CJ/Supremo II (1994) 2, 176-181 (179).

[2149] Antunes Varela, *Centros comerciais, Shopping centers: natureza jurídica dos contratos de instalação de lojistas* (1995), 100 pp., separata da RLJ, chegando mesmo a publicar a sua intervenção sob a forma de livro.

[2150] *Vide* a síntese de RPt 7-mai.-2002 (Cândido de Lemos), Proc. 0220469.

[2151] STJ 6-dez.-1990 (Menéres Pimentel), Proc. 079450; *vide*, ainda, STJ 26-abr.--1984 (Magalhães Baião), RLJ 122 (1989), 59-62, anot. Antunes Varela, *idem*, 62-64.

[2152] RLx 18-mar.-1993 (Eduardo Batista), CJXVIII (1993) 2, 115-121 (118/II).

[2153] STJ 26-abr.-1994 (Santos Monteiro), CJ/Supremo II (1994) 2, 59-62 (61/II-62/I).

[2154] STJ 1-fev.-1995 (Oliveira Branquinho), CJ/Supremo III (1995) 1, 46-50 (50/I).

[2155] STJ 24-out.-1996 (Almeida e Silva), BMJ 460 (1996), 742-751 (749).

[2156] STJ 18-mar.-1997 (Fernandes Magalhães), CJ/Supremo V (1997) 2, 26-30 (29).

[2157] STJ 14-out.-1997 (Agostinho Sousa Inês), CJ/Supremo V (1997) 3, 77-80 (79).

[2158] RLx 11-nov.-1997 (José Azadinho Loureiro), BMJ 471 (1997), 445-446 (445, o sumário).

766 *Contratos especiais de comércio*

- STJ 20-jan.-1998: é atípico e inominado, não sendo penhorável[2159];
- STJ 9-jul.-1998: num contrato misto de arrendamento e prestação de serviço, em que não se possa estabelecer uma relação de prevalência, não se pode fazer funcionar a teoria da absorção; aplica-se, então, a teoria da combinação, sobressaindo a componente de serviços, com adaptações; todavia, a relação afasta quer o arrendamento, quer a prestação de serviço, sendo o contrato atípico[2160];
- RPt 17-nov.-1998: atípico e inominado; rege-se pelas disposições gerais dos contratos e pelas disposições especiais, não excecionais, dos contratos com que aparente mais forte analogia[2161];
- RPt 8-mai.-2000: é atípico ou inominado o contrato de instalação de lojistas em centros comerciais e não pode ser qualificado como de arrendamento ou de subarrendamento[2162];
- STJ 28-set.-2000: ultrapassa o arrendamento e o misto de locação e prestação de serviços[2163];
- STJ 11-abr.-2002: o contrato de utilização das lojas não é arrendamento mas contrato atípico e inominado, regulando-se, em primeira linha, pelas normas gerais dos contratos e só depois pelas do contrato mais próximo, que é aquele[2164];
- STJ 14-mai.-2002: justifica-se a aplicação do regime jurídico dos centros comerciais às lojas que funcionem nos fundos de um hotel[2165];
- STJ 9-mar.-2004: o regulamento do centro comercial tem natureza meramente obrigacional[2166];
- RLx 20-jan.-2005: um contrato atípico e inominado; mas admite o trespasse[2167];

[2159] STJ 20-jan.-1998 (Lopes Pinto), BMJ 473 (1998), 516-526 (524-525) = CJ/ /Supremo VI (1998) 1, 15-19 (18) = RLJ 131 (1998), 138-143, anot. Antunes Varela, *idem*, 143-147 e 373-378.

[2160] STJ 9-jul.-1998 (Torres Paulo), Proc. 98A679.

[2161] RPt 17-nov.-1998 (Durval Morais), BMJ 481 (1998), 539 (o sumário).

[2162] RPt 8-mai.-2000 (Caimoto Jácome), Proc. 0050361.

[2163] STJ 28-set.-2000 (Dionísio Correia), CJ/Supremo VIII (2000) 3, 49-52 (51), fazendo um largo apanhado doutrinário.

[2164] STJ 11-abr.-2002 (Quirino Soares), Proc. 02B826.

[2165] STJ 14-mai.-2002 (Silva Salazar), CJ/Supremo X (2002) 2, 60-63 (62): um cabeleireiro.

[2166] STJ 9-mar.-2004 (Alves Velho), CJ/Supremo XII (2004) 1, 114-118 (116).

[2167] RLx 20-jan.-2005 (Fernanda Isabel Pereira), CJ XXX (2005) 1, 91-93 (92-93).

§ 63.º O contrato de lojista em centro comercial 767

– STJ 10-mai.-2005: maioritariamente tem-se entendido que se trata de contratos atípicos, inominados, celebrados ao abrigo da autonomia contratual; mas o afastamento do vinculismo pode envolver abuso do direito[2168];
– STJ 23-jan.-2007: é uma nova figura contratual e que constitui um verdadeiro contrato atípico ou inominado[2169];
– STJ 5-jul.-2007: é atípico ou inominado[2170];
– STJ 13-set.-2007: é um contrato atípico; não é típico, de arrendamento, nem misto de arrendamento e de prestação de serviço[2171];
– RLx 12-mar.-2009: é atípico; rege-se em primeira linha pelo estipulado pelas partes e, se necessário e onde puder recorrer-se à analogia do clausulado, pelos contratos típicos com afinidade[2172];
– RLx 31-mar.-2009: o facto de o centro ainda não estar pronto não é incumprimento do promotor; essencial é que já se possa falar em Centro Comercial[2173];
– RLx 16-abr.-2009: é um contrato atípico e inominado diverso de um contrato misto de arrendamento e de prestação de serviço[2174];
– STJ 30-jun.-2009: não se confunde com o contrato de arrendamento, de carácter vinculístico, podendo ser resolvido, nos termos gerais, por incumprimento; mas não é lícita a consagração contratual da ação direta[2175].
– STJ 1-jul.-2010: é um contrato atípico e inominado de cedência de espaços[2176];
– RLx 28-jun.-2013: *idem*, sujeito à liberdade contratual das partes[2177];
– RLx 13-mar.-2014: *idem*[2178].

[2168] STJ 10-mai.-2005 (Pinto Monteiro), Proc. 05A198.
[2169] STJ 23-jan.-2007 (Borges Soeiro), Proc. 06A4201.
[2170] STJ 5-jul.-2007 (Sebastião Póvoas), Proc. 07A2107.
[2171] STJ 13-set.-2007 (Custódio Montes), Proc. 07B1857.
[2172] RLx 12-mar.-2009 (Granja da Fonseca), Proc. 251/2009-6.
[2173] RLx 31-mar.-2009 (Rui Moura), Proc. 5646/2008-1; também RLx 31-mai.-2007 (Manuel Gonçalves), Proc. 861/2007-6.
[2174] RLx 16-abr.-2009 (Carla Mendes), Proc. 8849/05.
[2175] STJ 30-jun.-2009 (Cardoso de Albuquerque), Proc. 1398/03.
[2176] STJ 1-jul.-2010 (Alberto Sobrinho), Proc. 4477/05.
[2177] RLx 28-jun.-2013 (José Vitor Amaral), Proc. 1572/06.
[2178] RLx 13-mar.-2014 (Vitor Amaral), Proc. 569/12.

768   *Contratos especiais de comércio*

293. Natureza e regime

I. Os problemas relativos a lojistas têm-se posto, na prática, quase todos pelo prisma do gozo das lojas. Como este é retribuído temos, *prima facie*, um arrendamento comercial: o regime vinculístico teria, como foi dito, aplicação, desequilibrando o contrato.

A jurisprudência deparou com um problema de articulação valorativa: sendo o contrato de lojista em centro comercial um contrato misto e vingando, como quereria a doutrina maioritária, a teoria da combinação, aplicar-se-ia ao segmento "gozo da coisa", o regime do arrendamento: precisamente o que se queria evitar!

A solução encontrada foi a radical: o contrato de lojista seria algo de totalmente atípico, de tal modo que se pudesse esconjurar o arrendamento. E por essa via, acaba-se nos princípios gerais e à doutrina de Schreiber: o recurso à analogia, mas só na medida do conveniente.

II. Homenageamos a jurisprudência que, mau grado a desfavorabilidade da lei estrita, apoiou, no sistema, soluções justas. Mas podemos ir mais longe. Na verdade, "contrato atípico" é, aqui, pouco. A construção que se impõe será outra: o centro comercial é, antes de mais, uma imensa teia de serviços organizados. Sem eles, não há comércio integrado pensável. O contrato de lojista, traduzindo embora uma organização comercial, deveria ser reconduzido ao universo dos serviços, devidamente filtrado pela Lei sobre as Cláusulas Contratuais Gerais. Isto teria a vantagem de sublinhar as obrigações do promotor. Os excessos do arrendamento, que levaram ao seu erradicar deste universo, deixaram os lojistas sem proteção. Também nem tanto. O trabalho de lojista, sem horários e sem garantias, é por vezes extenuante para pequenas empresas de base familiar. Na realidade de um grande centro, torna-se fácil impor uma ordem, à margem do contrato e da lei, sem que quedem vias de resposta; já se tentou, para o efeito, ressuscitar, por via constitucional, o vinculismo. O Tribunal Constitucional debruçou-se sobre o tema, produzindo o seguinte aresto:

> – TC n.º 632/2005: (...) o artigo 405.º do Código Civil, quando interpretado no sentido de que o princípio da liberdade contratual abrange a liberdade de as partes optarem livremente pelo modelo contratual típico de arrendamento comercial ou pelo modelo contratual atípico comummente designado de contrato de instalação de lojista em centro comercial não é inconstitucional por violação do "princípio da confiança do cidadão, emanado do

§ *63.° O contrato de lojista em centro comercial*   769

princípio do Estado de Direito Democrático na sua vertente de Estado de Direito, consagrado no artigo 2.° da Constituição"[2179].

Tem toda a razão. Mas cabe ao Direito, com o conjunto dos instrumentos disponibilizados pela sua Ciência, encontrar, também neste domínio, um equilíbrio.

O primeiro passo reside, como sempre, na divulgação universitária do tema.

III. Outros pontos do regime do contrato de lojista em centro comercial podem ser precisados com recurso à jurisprudência. Assim:

- os elementos publicitados em brochuras podem ser vinculativos para a entidade organizadora[2180];
- o lojista pode resolver o contrato, em caso de insucesso do centro comercial[2181];
- a gestora do centro comercial deve preservar a manutenção do conjunto, concorrendo para a rentabilização da clientela[2182];
- ao contrato de lojista são aplicáveis: as respetivas cláusulas; o regime geral dos contratos; subsidiariamente, as regras do arrendamento e da prestação de serviço[2183];
- ocorrendo o trespasse de uma loja, a entidade gestora mantém-se vinculada perante o novo lojista[2184].

[2179] TC n.° 632/2005, de 15-nov.-2005 (Benjamim Rodrigues), DR II Série, n.° 247, de 29-dez.-2005, 18122-18126 (18126).

[2180] RPt 19-dez.-2012 (Maria João Areias), Proc. 2279/08.

[2181] STJ 14-abr.-2013 (Tavares de Paiva), Proc. 2357/07.

[2182] RLx 28-jun.-2013 (José Vítor Amaral), Proc. 1572/06.

[2183] RLx 13-mar.-2014 (Vítor Amaral), Proc. 569/12.

[2184] STJ 20-mai.-2015 (Orlando Afonso), Proc. 6427/09.

SECÇÃO V
OS CONTRATOS DE DISTRIBUIÇÃO

§ 64.° CONTRATOS DE DISTRIBUIÇÃO EM GERAL

294. A distribuição e o Direito

I. Qualquer economia moderna assenta numa divisão de funções e de tarefas.

Designadamente: o fabricante de bens terá, em princípio, aptidões industriais; mas não comerciais. Por seu turno, no próprio campo da comercialização, haverá agentes económicos grossistas e, separadamente, retalhistas: aqueles que têm contacto mais estreito com o público, em especial com os pequenos consumidores privados.

Os circuitos económicos de distribuição dos bens, desde o produtor e até ao consumidor final, são dobrados por esquemas jurídicos destinados a legitimá-los, fixando os direitos e os deveres das partes envolvidas. Trata-se, *grosso modo*, dos contratos de distribuição[2185]. A matéria pode ser ordenada por várias formas[2186], abrangendo mais ou menos figuras[2187].

[2185] Em especial e com indicações, Karsten Schmidt, *Handelsrecht* cit., 6.ª ed., § 25 (837 ss.); Gerrick von Hoyningen-Huene, *Münchener Kommentar zum Handelsgesetzbuch*, I, §§ 1-104, 4.ª ed. (2016), 1149 ss.; Markus Roth, no Baumbach/Hopt, *HGB Kommentar*, 35.ª ed. (2012), Vor § 84 (343-344); a rubrica não consta da 36.ª ed.. Entre nós, é incontornável Fernando A. Ferreira Pinto, *Contratos de distribuição (Da tutela do distribuidor integrado em face da cessação do vínculo* (2013), 910 pp..

[2186] *Vide* a introdução de Martinek a Michael Martinek/Franz-Jörg Semler/Stefan Habermeier, *Handbuch des Vertriebsrechts*, 2.ª ed. (2003), 3 ss., 12 ss. e *passim*; esta obra, com LXXI + 1500 pp. e 38 autores, é o escrito de referência, neste momento.

[2187] António Pinto Monteiro, *Contratos de distribuição comercial* (2002), 25 ss., com indicações, bem como Engrácia Antunes, *Direito dos contratos comerciais* cit.,

§ 64.º Contratos de distribuição em geral

Na presente edição, por razões pragmáticas, mantemos a abrangência mais estrita.

II. Os códigos comerciais não têm autonomizado os diversos contratos de distribuição, regulando-os. Muitos deles, de resto, correspondem a figuras relativamente recentes, de inspiração norte-americana.

Abrem-se, assim, lacunas, que vêm sendo colmatadas:

– ou por recurso à analogia, a partir das normas efetivamente existentes, normalmente dedicadas ao contrato paradigmático da agência[2188];

– ou com base em cláusulas contratuais gerais, devidamente sindicadas pela prática.

Vários são, de todo o modo, os esquemas contratuais possíveis, típicos ou atípicos. Impõem-se, pois, algumas distinções.

III. A comercialização dos bens e a sua distribuição, na sociedade, pode ser feita de forma direta ou indireta. A saber[2189]:

– distribuição direta: o bem passa diretamente do produtor ao consumidor, ainda que através de representantes, de comissários ou de mediadores;

– distribuição indireta: o bem atravessa ainda várias fases, passando do produtor ao grossista, do grossista ao retalhista e do retalhista ao consumidor final.

Por seu turno, a distribuição indireta pode ser integrada ou não-integrada. Mais precisamente:

– distribuição indireta integrada: existe uma coordenação entre a produção e a comercialização, de tal modo que o distribuidor é

---

435 ss.. Uma enumeração extensa consta de Martinek/Semler/Habermeier, *Handbuch des Vertriebsrechts* cit., 2.ª ed., 97 ss..

[2188] Michael Martinek, *Vom Handelsvertreterrecht zum Recht der Vertriebssysteme*, ZHR 161 (1997), 67-101 (72 ss.).

[2189] Por todos: Oreste Cagnasso, *Concessione di vendita*, DDP/SCom, III (1990), 220-229 (221) e Augusto Baldassari, *Il contratto di agenzia* (2003), 3 ss.. Entre nós, Maria Helena Brito, *O contrato de concessão comercial* (1990), 1 ss..

772   *Contratos especiais de comércio*

integrado em circuitos próprios do produtor, sujeitando-se, eventualmente, às suas diretrizes;
– distribuição indireta não-integrada: não há tal coordenação; os distribuidores atuam sem concertação com os produtores.

IV. Numa economia de tipo ocidental que inscreva a livre-concorrência como um valor básico, capaz de regularizar o mercado, protegendo a qualidade dos produtos e defendendo os consumidores, a distribuição tem a maior importância. As intervenções que o Direito aí tenha devem ser temperadas pela lógica da concorrência.

Particularmente relevantes são, neste domínio e entre nós, as regras de defesa da concorrência, inseridas na Lei n.º 18/2003, de 11 de junho, e que vedam, designadamente, os acordos e práticas concertadas tendentes a interferir nos mercados (artigo 4.º).

Também a nível contratual, as intervenções do Estado serão norteadas pela defesa do mercado e, por essa via, dos consumidores. As regras sobre as cláusulas contratuais gerais e a defesa do consumidor devem estar sempre presentes.

295. Os contratos de distribuição

I. Dos diversos esquemas de distribuição acima referidos, interessa reter a distribuição indireta integrada[2190]. Esse tipo de distribuição pressupõe, em regra, a celebração, entre os interessados e, designadamente, entre o produtor e os distribuidores, de adequados instrumentos contratuais.

A doutrina especializada aponta quatro tipos de situações jurídicas possíveis[2191]:

[2190] Seguimos a ordenação germânica, também corrente em Itália e que se apresenta mais analítica, num prisma jurídico; em França é comum a referência a "intermediários" do comércio, os quais incluem a comissão, a corretagem e a agência comercial. *Vide* Jacques Mestre/Marie-Ève Pancrazi, *Droit commercial* cit., 29.ª ed., n.º 64 ss. (65 ss.); Michel Pédamon/Hugues Kenfack, *Droit commercial*, 4.ª ed. (2015), Nr. 743 ss. (752 ss.); Françoise Dekeuwer-Défossez/Edith Blary-Clément, *Droit commercial* cit., 11.ª ed., n.º 75 ss. (64 ss.).

[2191] Karsten Schmidt, *Handelsrecht* cit., 6.ª ed., 7§ 25, II (841 ss.); von Hoyningen-Huene, *HGB/Münchener Kommentar* cit., 4.ª ed., Vor § 84 (1150-1155); Fernando Ferreira Pinto, *Contratos de distribuição* cit., 49 ss..

§ 64.° Contratos de distribuição em geral

– a agência;
– a concessão;
– a franquia;
– a livre organização de cadeias.

Nesta última hipótese, não há instrumentação contratual que estruture a articulação entre produtor, distribuidores e retalhistas. Quanto às outras, cumpre retê-las[2192]. Temos, ainda, outras modalidades, que podemos considerar atípicas, como a do contrato de distribuição de publicações[2193].

II. O contrato de agência, cujo regime foi, entre nós, codificado pelo Decreto-Lei n.° 178/86, de 3 de julho, alterado pelo Decreto-Lei n.° 118/93, de 13 de abril, vem definido como[2194] – artigo 1.°/1:

> (...) contrato pelo qual uma das partes se obriga a promover por conta da outra a celebração de contratos, de modo autónomo e estável e mediante retribuição, podendo ser-lhe atribuída certa zona ou determinado círculo de clientes.

A noção portuguesa de agência foi inspirada no artigo 1742.° do Código Civil italiano. Compreende-se, também por isso, o relevo, entre nós, da doutrina italiana, no conhecimento do instituto e dos aspetos que lhe são conexos[2195]. Um especial afinamento vem-nos, igualmente, da

---

[2192] Entre nós, António Pinto Monteiro, *Contratos de agência, de concessão e de franquia ("franchising")*, Est. Eduardo Correia III (1984, mas 1989), 303-327 e *Contratos de distribuição comercial* cit., 75 ss..

[2193] RLx 19-mai.-2011 (Maria José Mouro), Proc. 268/04.

[2194] Artigo 1.°/1 do Decreto-Lei n.° 178/86, na redação dada pelo Decreto-Lei n.° 118/93; *vide:* António Pinto Monteiro, *Contrato de agência – Anotação ao Decreto-Lei n.° 178/86, de 3 de julho*, 7.ª ed. atualizada (2010), 51, Carlos Lacerda Barata, *Anotações ao Novo Regime do Contrato de Agência* (1994) 12 e *Sobre o contrato e agência* (1991), 16 ss.; Maria Helena Brito, *O contrato de agência*, em *Novas perspectivas do Direito comercial*, org. Faculdade de Direito de Lisboa/Centro de Estudos Judiciários (1988), 105-135 (114). Outras indicações bibliográficas nacionais podem ser vistas em António Pinto Monteiro, *Contratos de distribuição comercial* cit., 28 ss..

[2195] Quanto aos antecedentes da situação atualmente existente em Itália, *vide* Aldo Formiggini, *Il contratto do agenzia*, 2.ª ed. (1958), 1 ss.. Entre as obras posteriores, cumpre citar Enrico Rotondi, *Il contratto di agenzia nella giurisprudenza* (1989) e Augusto Baldassari, *Il contratto di agenzia* (2003, já citado), 498 pp..

774 *Contratos especiais de comércio*

doutrina alemã: esta tem, além disso, um papel liderante na conformação das regras comunitárias[2196].

III. O contrato de concessão é um contrato atípico e inominado e que tem sido definido como aquele no qual uma pessoa – o concedente – reserva a outra – o concessionário – a venda de um seu produto, para revenda, numa determinada circunscrição[2197].

IV. Por fim, no contrato de franquia (*franchising*), uma pessoa – o franqueador – concede a outra – o franqueado – a utilização, dentro de certa área, cumulativamente ou não, de marcas, nomes, insígnias comerciais, processos de fabrico e técnicas empresariais e comerciais, mediante contrapartidas[2198].

O contrato de franquia tem sofrido uma evolução: enquanto, numa primeira fase[2199], a franquia implicava, no essencial, uma autorização para usar certas normas e insígnias[2200], ela tem vindo, mais recentemente –

[2196] Referimos: Wolfram Küstner, *Das neue Recht des Handelsvertreters*, 4.ª ed. (2003), Jürgen Evers/Kurt von Manteuffel, *Inhaltskontrolle von Handelsvertreterverträgen* (1998), Eckard Flohr, em Martinek/Semler/Habermeier, *Handbuch des Vertriebsrechts*, cit., 2.ª ed., 255 ss. e, em especial, Klaus J. Hopt, *Handelsvertreterrecht/§§ 84-92 c, 54, 55 HGB*, 5.ª ed. (2015), XLII + 500 pp.. Coligindo elementos sobre diversos países, *vide* Herbert Stumpt, Gudrun Fichna e Jürgen Dircks, *Internationales Handelsvertretersrecht*, 4.ª ed. (1986); quanto a Portugal (bastante elementar) cf., aí, 364-369. Mais desenvolvida e atualizada é a obra maciça (1200 pp.) de Friedrich Graf von Westphalen (org.), *Handbuch des Handelsvertreterrechts in EU-Staaten und der Schweiz* (1995), 1207 pp.; *vide*, aí, o trabalho de Ralph Stock sobre Portugal, 981 ss., já com alguma dimensão.

[2197] Manuel J. G. Salvador, *Contrato de mediação* cit., 244-245.

[2198] Trata-se da noção proposta por nós em *Do contrato de franquia ("franchising"): autonomia privada versus tipicidade negocial*, ROA 1988, 63-84 (67), onde se pode confrontar a bibliografia existente na época. Mais tarde, Gianmaria Galimberti, *Il franchising* (1991), 15, Walter Skaupy, *Zu den Begriff "Franchise", "Franchisevereinbarung" und "Franchising"*, NJW 1992, 1785-1790 (1785), Eike Ullmann, *Die Verwendung von Marke, Geschäftsbezeichnung und Firma im geschäftlichen Verkehr, insbesondere des Franchising*, NJW 1994, 1255-1262 (1255-1256) e Volker Emmerich, *Franchising*, JuS 1995, 761-764 (761). De notar que, embora conservando um certo sabor de novidade, o contrato de franquia já é, há muito, uma figura experimentada; *vide* Vincenzo Buoncore, *Contratti del consumatore e contratti d'impresa*, RDCiv XLI (1995), 1-41 (33).

[2199] Trata-se da situação que motivou o nosso estudo de 1988, citado na nota anterior.

[2200] Herbert Gross e Walther Skaupy, *Das Franchise-System/Neue Vertriebswege für Waren und Dienste*, 2.ª ed. (1968), Volker Behr, *Der Franchisevertrag/Eine Untersuchung*

§ 64.º Contratos de distribuição em geral

pelo menos nalgumas das suas modalidades – a implicar investimentos e publicidade a cargo do franqueador e, ainda, certas distribuições de bens e serviços[2201]. Aproxima-se, assim, da agência, podendo ser qualificado como um verdadeiro instrumento de distribuição.

V. Nada impede as partes de confecionar contratos atípicos de distribuição. De todo o modo, havendo distribuição, encontraremos sempre um núcleo contratual bastante próximo da agência.

Esta ergue-se como a figura-matriz dos contratos de distribuição[2202]. As suas normas podem alargar-se aos contratos de distribuição acima referidos e, ainda, aos contratos de distribuição atípica[2203]. A esta luz compreende-se a relevância comunitária assumida pela agência, abaixo explicitada.

---

zum Recht der USA mit vergleichender Hinweisen zum deutschen Recht (1976), distinguindo os diversos tipos – 15 ss. –, Walther Skaupy, *Das "Franchising" als zeitgerechte Vertriebskonzeption*, DB 1982, 2446-2450 e Hans Forkel, *Der Franchisevertrag als Lizenz am Immaterialgut Unternehmen*, ZHR 153 (1989), 511-538. Quanto à evolução histórica da franquia, cumpre citar Michael Martinek, *Franchising* (1987, com 710 pp. maciças), 33 ss..

[2201] Christian Joerges, *Status und Kontrakt im Franchise-Recht*, AG 1991, 325-351, Manfred Wolf e Christina Ungeheuer, *Vertragsrechtliche Probleme beim Franchising*, BB 1994, 1027-1033, Walther Skaupy, *Franchising/Handbuch für die Betriebs- und Rechtspraxis*, 2.ª ed. (1995), 24 ss. (os tipos) e Norbert Horn e Martin Henssler, *Der Vertriebsfranchisenehmer als selbständiger Unternehmer*, ZIP 1998, 589-600.

[2202] *Vide* o já citado escrito de Martinek, *Vom Handelsvertreterrecht zum Recht der Vertriebssysteme*. Entre nós: António Pinto Monteiro, *Contratos de distribuição comercial* cit., 62 ss., 64 ss. e *passim*.

[2203] *Vide* o caso de STJ 21-abr.-2005 (Oliveira Barros), CJ/Supremo XIII (2005) 2, 49-56 (53/II).

§ 65.º A AGÊNCIA

296. Origem e evolução; o papel de matriz

I. Os antecedentes da agência remontam aos vários esquemas que, desde a Antiguidade, permitiam o exercício do comércio à distância, através de auxiliares. O seu perfil atual é, porém, relativamente recente[2204].

De facto, não era possível distinguir, nas épocas mais recuadas e em termos dogmáticos, as figuras da representação comercial, do gerente do comércio, da agência e da própria cessão financeira. Não obstante, cabe uma referência global à feitoria, de cujas modalidades emergiriam, séculos volvidos, diversas figuras ligadas à distribuição dos bens e serviços[2205].

II. O Código Ferreira Borges, nos seus artigos 141.º e seguintes, ainda versava a figura do feitor. Este correspondia *grosso modo* ao gerente de comércio, estando munido de poderes de representação. Segundo o seu artigo 144.º:

> Os feitores tractam e negoceiam em nome dos seus proponentes: nos documentos, que nos negocios delles assinarem, devem declarar, que firmam com poder da pessoa, ou sociedade, que representam.

[2204] Quanto à evolução histórica, além de António Pinto Monteiro, *Contratos de distribuição comercial* cit., 34 ss. e 77 ss., Oreste Cagnasso, *Agenzia*, DDP/SCom I (1990), 41-51 (41/II), sublinhando que apenas no século XIX a agência se autonomizou, Aldo Formigini, *Agenzia (contratto di)*, NssDI I, 1 (1957), 400-406, apontando uma origem recente, Roberto Baldi, *Il contratto di agenzia/La concessione i vendita/Il franchising*, 6.ª ed. (1997), 1 ss., Klaus J. Hopt, em Baumbach/Hopt, *Handelsgesetzbuch*, cit., 36.ª ed., § 84, Nr. 2 (360); Karsten Schmidt, *Handelsrecht* cit., 6.ª ed., Nr. 3 (849-850).

[2205] No tocante à feitoria, Menezes Cordeiro, *Da cessão financeira (factoring)* (1994), 25 ss..

§ 65.° A agência

É muito interessante sublinhar que o Código Ferreira Borges já assegurava uma certa tutela de terceiros. Segundo o seu artigo 146.°:

> Os contractos celebrados pelo feitor d'um estabelecimento commercial, ou fabril, que notoriamente pertença a uma pessoa ou sociedade conhecida, entendem-se feitos por conta do proprietario do estabelecimento, ainda que o feitor o não declarasse ao acto de celebral-os, recaindo taes convenções sobre objectos abrangidos no gyro e trafico do estabelecimento; ou quando, ainda que de diversa natureza, resultar, que o feitor obrou com ordem do preponente; – ou que este approvou a sua gestão por termos expressos, ou por factos positivos, que induzam presumpção legal.

O Código Ferreira Borges fixava, depois e com pormenor, diversas regras próprias das figuras envolvidas.

III. O Direito comercial português poderia ter desenvolvido toda uma técnica moderna de distribuição em torno da figura do feitor e das suas modalidades. Todavia, acabaria por prevalecer a influência de variadas legislações estrangeiras.

O Código Veiga Beirão, como vimos, interrompeu a tradição das feitorias, a favor da do mandato, de inspiração napoleónica.

Subsequentemente, por influência das doutrinas alemã e italiana, viria a impor-se a figura da agência: primeiro como tipo social; mais tarde, com relevo ainda para as transposições comunitárias, por via legal direta.

IV. O contrato de agência, hoje dotado de regime legal expresso nos diversos Direitos da União, não é apenas um contrato de distribuição, entre outros. Ele funciona como uma matriz de distribuição, isto é, como uma figura exemplar[2206].

Muitas das regras próprias da agência operam como princípios gerais que enformam todos os contratos de distribuição. Por isso, a prática, a doutrina e a jurisprudência, quando confrontadas com fórmulas de distribuição, fazem apelo às regras da agência.

No Direito comercial como noutras disciplinas jurídico-privadas, a "teoria geral" pode ser feita através de figuras exemplares. Pense-se no papel que o direito de propriedade tem, como via para fixar o regime geral

---

[2206] *Vide*, ainda, Claus-Wilhelm Canaris, *Handelsrecht* cit., 24.ª ed., 248-249.

778   *Contratos especiais de comércio*

dos direitos reais ou na função que as sociedades anónimas assumem como matriz do Direito das sociedades comerciais.

297. A Diretiz n.º 86/653/CEE

I. O contrato de agência tomado, para mais, como modelo reitor dos diversos contratos de distribuição, tem um papel importante nas relações de comércio internacionais. Muitas vezes, o agente é um veículo privilegiado para colocar as mercadorias para além das fronteiras. Além disso, a agência pode bulir com questões de concorrência.

À luz destas considerações, compreende-se que as instâncias europeias tenham procurado uma certa uniformização dos regimes nacionais da agência. Assim surgiu a Diretriz n.º 86/653/CEE, do Conselho, de 18 de dezembro de 1986, relativa à coordenação do Direito dos Estados-membros sobre os agentes comerciais[2207]. Trata-se da única Diretriz sobre matéria comercial nuclear[2208].

II. A Diretriz n.º 86/653/CEE abrange 23 artigos, repartidos por cinco capítulos[2209]:

Capítulo I   – Âmbito de aplicação – 1.º e 2.º;
Capítulo II – Direitos e obrigações – 3.º a 5.º;
Capítulo III – Remuneração – 6.º a 12.º;
Capítulo IV – Celebração e fim do contrato de agência – 13.º a 20.º;
Capítulo V – Disposições gerais e finais – 21.º a 23.º.

A Diretriz – 1.º/2 – apresenta o agente comercial como

(...) a pessoa que, como intermediário independente, é encarregada a título permanente, quer de negociar a venda ou a compra de mercadorias para uma outra pessoa, adiante designada "comitente", quer de negociar e concluir tais operações em nome e por conta do comitente.

[2207] JOCE N. L 382, 17-21, de 31-dez.-1986; o seu texto pode ser comodamente confrontado em António Pinto Monteiro, *Contrato de agência/Anotação*, 7.ª ed. (2010), 177-187.

[2208] Descontando, pois, as matérias atinentes às sociedades, à banca, aos seguros e aos valores mobiliários.

[2209] *Vide* Baldassari, *Il contratto di agenzia* cit., 24 ss..

§ 65.º A agência 779

A Diretriz tem um cuidado especial em subordinar as partes à lealdade e à boa-fé – artigos 3.º/1 e 4.º/1. Trata-se de um claro predomínio da técnica jurídica alemã, em termos que não podem ser ignorados[2210].

III. A matéria da remuneração é cuidadosamente versada – artigos 6.º e seguintes[2211]. Perfilam-se razões de concorrência, para além das de justiça: o legislador comunitário ficou preocupado com o facto de os Estados menos "protetores" conseguirem, por essa via, uma concorrência mais forte, contra os restantes.

Essa mesma lógica explica o relevo dado ao termo do contrato. O artigo 17.º versa, com pormenor, a indemnização de clientela.

A Diretriz foi, depois, transposta para os ordenamentos internos dos diversos Estados da União[2212].

298. **O regime legal; generalidades**

I. O contrato de agência dispõe, como foi referido, de regime legal específico: o aprovado pelo Decreto-Lei n.º 178/86, de 3 de julho, com alterações introduzidas pelo Decreto-Lei n.º 118/93, de 13 de abril.

O diploma alarga-se por 39 artigos, assim distribuídos:

Capítulo I – Disposições gerais (1.º a 5.º);
Capítulo II – Direitos e obrigações das partes:
  Secção I – Obrigações do agente (6.º a 11.º);
  Secção II – Direitos do agente (12.º a 20.º);
Capítulo III – Proteção de terceiros (21.º a 23.º);
Capítulo IV – Cessação do contrato (24.º a 36.º);
Capítulo V – Normas de conflitos (37.º e 38.º);
Capítulo VI – Disposição final (39.º).

[2210] Quanto à Diretriz em causa, Jörg Schmidt, *Vertragsfreiheit und EG-Handelsvertreterrichtlinie*, ZHR 156 (1992), 512-520.

[2211] No Direito italiano, Baldassari, *Il contratto di agenzia* cit., 293 ss..

[2212] *Vide*, numa organização de Graf von Westphallen, o já citado *Handbuch des Handelsvertreterrechts in EU-Staaten und der Schweiz*: um escrito maciço onde são examinados os regimes de agência em todos os Estados da UE e na Suíça.

780   *Contratos especiais de comércio*

O regime aprovado entrou em vigor 30 dias após a publicação do Decreto-Lei n.° 178/86, segundo o seu artigo 39.°; as alterações introduzidas em 1993 entraram em vigor, para os contratos de agência anteriormente celebrados, em 1-jan.-1994.

II. De acordo com a noção de agência contida no artigo 1.°/1 do Decreto-Lei n.° 178/86[2213], temos, como elementos fundamentais[2214]:

– o dever de promover, por conta de outrem, a celebração de contratos;
– de modo autónomo e estável;
– mediante retribuição.

A agência será pois, em rigor, uma prestação de serviço, mais particularmente uma modalidade de mandato. A autonomia é importante: permite, desde logo, uma distinção do contrato de trabalho[2215]. Não é total; à semelhança do mandatário, o agente deve acatar as instruções do principal[2216]: instruções concretizadoras e não inovatórias, como abaixo será referido. A agência é um contrato oneroso.

Ao agente são requeridos investimentos pessoais e, por vezes, materiais. Além disso, ele dá uma face aos produtos do principal, integrando-se,

---

[2213] Januário Gomes, *Da qualidade de comerciante do agente comercial*, BMJ 313 (1982), 17-49 (36) e Pinto Monteiro, *Contrato de agência (Anteprojecto)*, BMJ 360 (1986), 43-139 (62) e *Contrato de agência/Anotação ao Decreto-Lei n.° 178/86, de 3 de julho* (1987), 17 ss., 2.ª ed. (1993), 27, 3.ª ed. (1997), 35 ss., 4.ª ed. (2000), 37 ss., 5.ª ed. (2004), 43 ss., e 7.ª ed. (2010), 49 ss.. Recorde-se Klaus J. Hopt, *Handelsvertreterrecht*, cit., 3.ª ed., 14. A propósito da agência e reportando-se à noção, cabe ainda referir uma jurisprudência significativa: RCb 14-dez.-1993 (Paiva Gonçalves), CJ XVIII (1993) 5, 46-48 (47/II), RPt 18-out.-1994 (Araújo Barros), CJ XIX (1994) 4, 212-220 (216/I), 5.° Juízo Cível Lx (Brites Lameiras), CJ XXII (1997) 2, 304-309 (306), RCb 27-jan.-1998 (Rua Dias), CJ XXIII (1998) 1, 18-22 (20/II) e RCb 12-jan.-1999 (Maria Regina Rosa), CJ XXIV (1999) 1, 5-9 (7/I); REv 21-jan.-2016 (Silva Rato), Proc. 810/13.

[2214] Claus-Wilhelm Canaris, *Handelsrecht* cit., 24.ª ed., 249 ss..

[2215] STJ 3-fev.-1999 (Quirino Soares), CJ/Supremo VII (1999) 1, 70-73 (72/I). Quanto à distinção entre agência e trabalho *vide* Maria Adozinda Barbosa Pereira, *Contrato de trabalho – Contrato de agência – Distinção*, na RMP 94 (2003), 149-153.

[2216] O legislador procurou evitar a denominação da pessoa por conta da qual o agente deve atuar, falando, por sistema em "a outra parte". Todavia, a terminologia consagrada, por influência anglo-saxónica, é o "principal"; ela ocorre no artigo 18.°/1, *a)*, do Decreto-Lei n.° 178/86 e, ainda, nos seus artigos 19.°, 23.°/1, 28.°/3 e 33.°/4. A Diretriz n.° 86/653/CEE, na sua versão portuguesa, fala em "comitente".

§ 65.º A agência   781

nessa medida, na lógica do mercado. Compreende-se, a esta luz, a necessidade sentida, pelo Direito, de lhe atribuir uma certa proteção.

III. O contrato de agência parece não estar, à partida, sujeito a qualquer forma. No entanto, o artigo 1.º/1 atribui, a cada parte, o direito de exigir, da outra, um documento assinado com o conteúdo do contrato. Visa-se, assim, a proteção do agente, que nunca poderá ser confrontado com a pura e simples nulidade do contrato, por falta de forma. Além disso, diversas cláusulas devem necessariamente assumir a forma escrita:

– a que confira ao agente poderes de representação – artigo 2.º/1;
– a que lhe permita cobrar créditos – artigo 3.º/1;
– a que estabeleça uma proibição de concorrência pós-eficaz – artigo 9.º;
– a convenção *del credere* – artigo 10.º;
– a cessação por mútuo acordo – artigo 25.º;
– a declaração de resolução – artigo 31.º.

Na prática, os contratos de agência assumem a forma escrita. É ainda frequente que derivem da simples adesão a cláusulas contratuais gerais.

IV. À semelhança do que ocorre com o mandato, a agência pode ser celebrada com ou sem representação – artigo 2.º/1[2217]; havendo representação, presume-se que o agente está autorizado a cobrar os créditos do principal – 3.º/2 – o que, de outra maneira, exigiria autorização escrita – *idem*, n.º 1. Cobranças não autorizadas caem no artigo 770.º do Código Civil, sem prejuízo do disposto sobre representação aparente, no domínio da agência – 3.º/2.

Na agência sem representação, das duas uma:

– ou o agente contrata em nome próprio devendo, depois, retransmitir para o principal a posição adquirida;
– ou o contrato é celebrado, pelo cuidado do agente, diretamente entre o principal e o terceiro.

[2217] António Pinto Monteiro, *Contrato de agência* cit., 7.ª ed., 60 ss..

Quando o contrato nada diga e não haja, *in concreto*, instruções do principal, pode o agente sem representação optar por qualquer uma dessas duas vias: é prerrogativa sua, enquanto prestador autónomo.

V. A agência pode ser celebrada com vista à celebração de contratos num círculo predeterminado: seja uma circunscrição geográfica – por exemplo: agente para o distrito de Lisboa – seja uma delimitação pessoal – por exemplo: agente para os juristas – seja, finalmente, uma combinação de ambos.

Essa delimitação pode ser associada a uma cláusula de exclusivo: nos termos do artigo 4.º do Decreto-Lei n.º 178/86, o principal não deve, no círculo que caiba ao agente, contratar qualquer outro agente, quando este possa exercer atividades em concorrência com o primeiro.

VI. Num paralelo com o disposto para o mandato – artigo 1165.º do Código Civil – o agente pode recorrer a auxiliares e a substitutos, contratando, designadamente, subagentes – artigo 5.º do Decreto-Lei n.º 178/86, diretamente e *a fortiori*[2218].

O disposto sobre agência aplica-se, à subagência, com as necessárias adaptações – artigo 5.º[2219]. Fica todavia claro que, em relação ao principal, não pode o subagente receber poderes que o próprio agente não detivesse.

299. As posições das partes

I. O Decreto-Lei n.º 178/86 veio definir, com elegância, as posições das partes. Para tanto, recorreu à indicação das obrigações e dos direitos do agente: dada a natureza contratual da figura em jogo, fácil é, daí, extrapolar os direitos e os deveres do principal[2220].

[2218] RLx 9-jan.-1997 (Ponce de Leão, vencido: Santos Bernardino), CJ XXII (1997) 1, 83-85 (84/II). *Vide* RLx 14-fev.-2006 (Pimentel Marcos), CJ XXXI (2006) 1, 107-113 (109/II e 110/I), traçando as diferenças entre agência e concessão.

[2219] António Pinto Monteiro, *Contrato de agência* cit., 7.ª ed., 79.

[2220] Sobre toda esta matéria, com indicações, cf. a importante anotação de António Pinto Monteiro, *Contrato de agência* cit., 7.ª ed., 81 ss..

§ 65.º A agência

À partida, deve ter-se presente que o contrato de agência, como prestação autónoma de serviço, implica uma margem lata de concretização. Justamente aí reside uma das suas vantagens: permite ao agente procurar, nas condições de mercado de resto muito mutáveis, as melhores soluções para a execução do que lhe compita.

Compreende-se, por isso, a importância que tem o fim geral do contrato na determinação da conduta das partes, a pautar pela cláusula geral da boa-fé: artigos 6.º e 12.º do Decreto-Lei n.º 178/86. Há pois que recorrer aos princípios mediantes da tutela da confiança e da primazia da materialidade subjacente.

II. Passando às obrigações do agente, deparamos com a enumeração do artigo 7.º, puramente exemplificativa; ele deve[2221]:

– respeitar as instruções do principal que não ponham em causa a sua autonomia; trata-se de uma fórmula a entender no contexto, uma vez que qualquer instrução obrigatória põe em causa a autonomia de quem o receba; pretende o legislador que as instruções não tenham tal densidade que coloquem o agente na posição de empregado do principal[2222];

– prestar as informações pedidas e as necessárias, esclarecendo ainda o principal sobre a situação do mercado e as suas perspetivas; trata-se de obrigações cujo conteúdo variará imensamente, de acordo com a situação considerada: poderão ir desde meras referências ao ambiente geral até pequenos estudos de política económica;

– prestar contas; o artigo 7.º, d), é pouco explícito, neste domínio; na dúvida, caberá recorrer ao artigo 1161.º, c), do Código Civil: as contas deverão ser prestadas no fim do contrato ou sempre que o principal o exija; havendo uma conta-corrente, recorrer-se-á às regras desta ou a qualquer outro esquema que tenha sido convencionado.

[2221] Claus-Wilhelm Canaris, *Handelsrecht* cit., 24.ª ed., 256 ss. e von Hoyningen-Huene, *Münchener Kommentar*, §§ 1-104 cit., 4.ª ed., § 86 (1199 ss.).

[2222] Nas palavras de Canaris, ob. cit., 257: as instruções concretizam os deveres existentes: não podem criar novos deveres.

Além disso, impendem sobre o agente:

- um dever de segredo, que pode mesmo ser pós-eficaz – artigo 8.°;
- um dever de não-concorrência pós-eficaz, se for acordado por escrito; esse dever não pode exceder os dois anos e circunscrever-se-á à zona ou círculo de clientes confiados ao agente – artigo 9.°[2223];
- um dever de garantir, havendo acordo escrito, o cumprimento das obrigações de terceiro, desde que respeitantes a contrato por si negociado: é a convenção *del credere*, a qual deve especificar o contrato e individualizar as pessoas garantidas – artigo 10.°;
- um dever de avisar de imediato o principal de qualquer impossibilidade sua de cumprir o contrato.

III. Quanto a direitos, desfruta o agente da enumeração do artigo 13.°. Assim, cabem-lhe[2224]:

- o direito de receber do principal os elementos necessários ao exercício da sua atividade; trata-se de uma concretização do artigo 1167.°, *a*), do Código Civil;
- o direito de receber sem demora a informação da aceitação ou da recusa dos contratos concluídos sem poderes;
- o direito de receber periodicamente a relação dos contratos celebrados e das comissões devidas, "... o mais tardar até ao último dia do mês seguinte ao trimestre em que o direito à comissão tiver sido adquirido" – artigo 13.°, *c*) – bem como todas as informações necessárias para verificar os montantes das comissões – *idem, d*).

No que tange a remunerações, a lei especifica, desde logo, o direito à retribuição – artigo 13.°, *e*). A retribuição é fixada por acordo das partes ou, na falta deste e sucessivamente, pelos usos e pela equidade – 15.°. Nenhum obstáculo existe em que a retribuição consista, simplesmente, em comissões pelos contratos celebrados.

IV. Segue-se, depois, o direito a uma comissão – artigo 16.°; o artigo 13.°, *f*), fala em "comissões especiais" – pelos contratos que haja promo-

---

[2223] *Vide* Claus-Wilhelm Canaris, *Handelsrecht* cit., 24.ª ed., 277 ss..

[2224] Referindo os deveres do principal: Klaus J. Hopt, *Handelsvertreterrecht* cit., 5.ª ed., 67 ss..

§ 65.º A agência   785

vido e, ainda, pelos contratos concluídos com clientes por si angariados, desde que concluídos antes do termo do contrato – n.º 1; ficam, pois, cobertas as situações de contratação direta entre o principal e o cliente angariado. Havendo exclusivo, a comissão alarga-se a todos os contratos celebrados com o principal na área do contrato – n.º 2; cessando a agência, a comissão só se reporta aos contratos anteriormente preparados ou negociados por ele, nos termos especificados no n.º 3, todos do artigo 16.º do Decreto-Lei n.º 178/86. Neste último caso, o novo agente não tem direito à mesma comissão, sem prejuízo de uma possível repartição equitativa, entre ambos – artigo 17.º.

O direito à comissão mereceu, ao legislador, ainda, uma particular atenção, no tocante à sua concretização. Prevaleceu uma orientação protetora do agente. Assim, segundo o artigo 18.º:

– o agente adquire o direito à comissão quando ocorra uma de duas circunstâncias: ou o principal cumpra ou deva ter cumprido o contrato ou o terceiro o haja cumprido;
– tendo o principal executado a sua obrigação e tendo o terceiro cumprido o contrato ou devesse fazê-lo, o agente adquire o direito à comissão, mesmo quando haja cláusula em contrário;
– constituído o direito respetivo, a comissão deve ser paga até ao último dia do mês seguinte ao trimestre em que o direito tiver sido adquirido;
– havendo convenção *del credere*, pode o agente exigir as comissões devidas, uma vez celebrado o contrato: é evidente, dado que ele garante o seu cumprimento pelo terceiro[2225].

Se o contrato providenciado pelo agente não for cumprido por causa imputável ao principal, mantém-se o direito daquele à comissão – artigo 19.º.

V. Além da retribuição e da comissão de base, acima referidas, o agente tem ainda o direito a outras prestações retributivas. Assim:

– uma comissão especial relativa ao encargo de cobrança – artigo 13.º, *f)*;

[2225] Claus-Wilhelm Canaris, *Handelsrecht* cit., 24.ª ed., 260.

786 Contratos especiais de comércio

– uma comissão especial pela convenção *del credere* – artigo 13.°, *f*);
recorde-se o artigo 269.°, § 2.°, do Código Comercial;
– uma compensação pela cláusula pós-eficaz de não-concorrência –
artigo 13.°, *g*).

O agente tem ainda o direito de ser avisado de qualquer diminuição
da atividade do principal, seja perante o convencionado, seja perante o que
seria de esperar – artigo 14.°.

Em compensação e salvo cláusula em contrário, ele não tem direito
ao reembolso de despesas pelo exercício normal da sua atividade – artigo
20.°: trata-se de um tributo por ele prestado à autonomia de que desfruta.

300. A proteção de terceiros

I. O contrato de agência visa celebrar negócios entre o principal e
terceiros. Estes colocam-se, porém, na situação de contratar não com o
próprio dono do negócio, mas com um intermediário. Podem, por isso,
encontrar-se numa posição de certa vulnerabilidade.

Dado o especial interesse que o principal retira da atuação de agentes
e visto o valor geral que a confiança nos negócios representa, dentro da
sociedade, a lei estabeleceu diversos mecanismos para a proteção dos terceiros – artigos 21.° a 23.° do Decreto-Lei n.° 178/86, de 3 de julho[2226].

II. Desde logo, o agente deve informar os interessados dos poderes
que possui. Através de letreiros e nos documentos que o identifiquem como
agente, ele deve esclarecer se tem, ou não, o poder de representação e se
pode efetuar a cobrança de créditos – artigo 21.°. O incumprimento desta
regra torna-o responsável por todos os danos que venha a ocasionar[2227].

III. Quando não tenha poderes de representação, o agente ou contrata
no próprio nome, funcionando as regras do mandato sem representação ou
proporciona uma contratação direta entre o principal e o terceiro. Se,

---

[2226] António Pinto Monteiro, *Contrato de agência* cit., 7.ª ed., 111 ss..
[2227] No sempre paralelo Direito alemão: Klaus J. Hopt, *Handelsvertreterrecht* cit.,
5.ª ed., 216 ss..

§ 65.º A agência 787

porém, contratar em nome próprio, caímos na representação sem poderes, prevista no artigo 268.º/1 do Código Civil: recorda-o o artigo 22.º/1 do Decreto-Lei n.º 178/86.

A proteção do terceiro intervém no n.º 2 deste preceito: o negócio considera-se ratificado se o principal, tendo conhecimento da sua celebração e do conteúdo essencial do mesmo e estando o terceiro de boa-fé, não lhe manifestar, no prazo de cinco dias após aquele conhecimento, a sua oposição.

IV. O artigo 23.º/1 do Decreto-Lei n.º 178/86 estabelece, por fim, uma hipótese muito particular de representação aparente. Assim:

– havendo representação sem poderes, isto é: quando o agente, sem representação, contrate, não obstante, em nome do principal;
– mas acreditando o terceiro de boa-fé na existência deles;
– desde que essa confiança seja objetivamente justificada;
– e tendo o princial contribuído para fundar essa confiança,

o negócio é eficaz. A hipótese mais simples será a de o agente, com conhecimento e sem reação do principal, se proclamar publicamente seu representante.

Esse dispositivo é aplicável à cobrança de créditos por agente não autorizado – 23.º/2.

301. A cessação

I. A cessação do contrato de agência foi rodeada, pelo legislador, de cautelas especiais. Trata-se, efetivamente, de um momento de vincada vulnerabilidade do agente. A respetiva regulação – artigos 24.º a 36.º do Decreto-Lei n.º 178/86[2228] –, é ainda particularmente importante por representar um regime paradigmático para as diversas obrigações duradouras[2229].

[2228] António Pinto Monteiro, *Contrato de agência* cit., 7.ª ed., 119 ss.. No paralelo Direito italiano, Baldi, *Il contratto di agenzia*, cit., 6.ª ed., 235 ss..

[2229] Sobre toda a matéria subsequente, em especial: Fernando Ferreira Pinto, *Contratos de distribuição* cit., 291 ss..

788 Contratos especiais de comércio

Desde logo, o artigo 25.º enumera as formas de cessação do contrato de agência[2230]:

– o acordo das partes ou distrate;
– a caducidade;
– a denúncia;
– a resolução.

O mútuo acordo é sempre possível; exige, como foi referido, forma escrita – artigo 25.º.

II. A caducidade tem a ver com a sobrevivência de um facto extintivo[2231]. O artigo 26.º enumera: o termo do prazo, a condição e a morte ou extinção do agente[2232].

Na falta de prazo, o contrato tem-se como celebrado por tempo indeterminado – artigo 27.º/1[2233]. E por tempo indeterminado se tem por celebrado o contrato que, não obstante o decurso do respetivo prazo, continue a ser executado pelas partes.

III. A denúncia é o ato unilateral, discricionário e recipiendo, que se destina a fazer cessar um contrato de duração indeterminada. É, efetivamente, uma valoração geral do ordenamento: a de que não pode haver vinculações perpétuas[2234].

A denúncia deve ser comunicada à outra parte com determinada antecedência. A lei – artigo 28.º/1 – fixa prazos crescentes, em consonância com a duração do contrato, nos termos seguintes:

– um mês, se o contrato durar menos de um ano;

[2230] Quanto ao Direito alemão, fonte inspiradora do nosso: Canaris, *Handelsrecht* cit., 24.ª ed., 277 ss. e Flohr, em Martinek/Semler/Habermeier, *Handbuch des Vertriebsrechts* cit., 2.ª ed., 319 ss.. No Direito italiano, surge útil: Baldassari, *Il contratto di agenzia* cit., 379 ss..

[2231] *Tratado*, V, 2.ª ed., 240 ss..

[2232] Fernando Ferreira Pinto, *Contratos de distribuição* cit., 315 ss..

[2233] A lei diz: "presume-se"; resta inferir que, mau grado a não-indicação de qualquer prazo, a parte interessada ainda poderá provar que contratou dentro dum horizonte temporal limitado; por hipótese: sob condição resolutiva ou com referência a um termo incerto (p. ex.: enquanto se comercializar determinado modelo).

[2234] Tais elementos: Fernando Ferreira Pinto, *Contratos de distribuição* cit., 338 ss..

§ 65.º A agência

– dois meses, se o contrato já tiver iniciado o segundo ano de vigência;
– três meses, nos casos restantes.

O termo do prazo deve, salvo convenção em contrário, coincidir com o último dia do mês – n.º 2.

Estes prazos têm um duplo alcance: são supletivos e mínimos. Funcionam sempre que as partes nada digam e não podem, por elas, ser encurtados.

As partes podem, sim, fixar prazos mais longos; o prazo a observar pelo principal não pode ser inferior ao do agente – 28.º/3 – devendo concluir-se: quando este último seja superior, deve o primeiro alinhar automaticamente por ele.

Como se impunha, para a determinação da contagem do pré-aviso de denúncia, o artigo 28.º/4 mandou contar, na hipótese de conversão de agência com prazo em agência de duração indeterminada, por execução posterior das partes, o tempo decorrido desde o início.

A denúncia sem pré-aviso é eficaz: mas obriga o denunciante a indemnizar a outra parte, pelos danos assim causados – artigo 29.º/1. Sendo o agente prejudicado, a lei permite – *idem*, n.º 2 – que a indemnização seja substituída pela remuneração que, na base da média mensal do ano precedente ou do próprio ano, quando o contrato neste haja principiado, o agente iria auferir.

IV. A resolução implica um ato recipiendo, assente em determinada justificação e que faça cessar imediatamente o contrato de agência, tenha ele ou não prazo[2235]. Na linguagem própria do mandato, exigir-se-ia "justa causa" – artigo 1170.º/2 do Código Civil. O Decreto-Lei n.º 178/86 entendeu, porém e atentos os valores de certeza do comércio, especificar as hipóteses de resolução: uma "subjetiva" e outra "objetiva". Assim, a resolução pode operar – artigo 30.º:

– se a outra parte faltar ao cumprimento das suas obrigações quando "... pela sua gravidade ou reiteração, não seja exigível a subsistência do vínculo contratual"; temos, aqui, a hipótese de incumprimento culposo que, por ter a ver com o sujeito, se diz "subjetiva";

[2235] Fernando Ferreira Pinto, *Contratos de distribuição* cit., 393 ss..

790   *Contratos especiais de comércio*

– se ocorrerem circunstâncias que tornem impossível ou prejudiquem gravemente o fim contratual, em termos que tornem inexigível a sua manutenção, até ao prazo convencionado ou imposto para a denúncia; é a hipótese "objetiva".

Em ambas as hipóteses, a lei usa o conceito indeterminado da "inexigibilidade". Caso a caso ele terá de ser concretizado, tendo em conta a confiança e a materialidade subjacente.

V. A resolução deve ser comunicada por escrito, com indicação das razões e no prazo de um mês após o seu conhecimento – artigo 31.º[2236]. Ultrapassado esse prazo, caduca o direito à resolução; quedará, ao interessado, lançar mão da denúncia.

Independentemente do direito à resolução – e, portanto: mesmo que este caduque – a parte lesada tem o direito de ser indemnizada pelos danos resultantes do incumprimento pela outra parte – artigo 32.º/1[2237]. Se, porém, a resolução operar por razões objetivas, a parte lesada terá o direito a uma indemnização assente na equidade – artigo 32.º/2.

302. A indemnização de clientela; outros aspetos

I. O contrato de agência pode, pelo seu funcionamento, acarretar clientes para o principal, clientes esses que se manterão mesmo após o seu termo. O legislador entendeu, por isso, que cessando a agência, era justo compensar o agente pelo enriquecimento assim proporcionado à outra parte[2238].

[2236] STJ 14-jun.-2011 (Garcia Calejo), Proc. 4883/05.04.

[2237] STJ 21-abr.-2016 (Tavares de Paiva), Proc. 3314/07: são possíveis *cláusulas penais*, mas não contrariando a LCCG.

[2238] Trata-se de uma clara criação do Direito alemão; de entre a vasta bibliografia existente, referimos: Klaus J. Müller, *Ausschluss des Ausgleichsanspruchs des Handelsvertreters nach § 92 c I HGB*, NJW 1998, 17-19 (19/II): a indemnização só pode ser excluída fora da União Europeia, Klaus J. Hopt, *Handelsvertreterrecht* cit., 5.ª ed., 155 ss., Karl-Heinz Thume, *Der Angleichsanspruch des Handelsvertreters gem. § 89 b HGB im Lichte der Europäischen Union*, BB 2004, 2473-2478 e Canaris, *Handelsrecht* cit., 24.ª ed., 271 ss..

§ 65.° A agência

Este é o sentido da indemnização de clientela, prevista no artigo 33.°
do Decreto-Lei n.° 178/86[2239].

II. A indemnização de clientela é devida pelo principal ao agente.
Ela é cumulável com outras indemnizações a que haja direito – designadamente: a indemnização por denúncia sem pré-aviso ou sem pré-aviso
suficiente e a indemnização por incumprimento – e exige, cumulativamente[2240]:

- que o agente tenha angariado novos clientes para a outra parte ou
  tenha aumentado substancialmente o volume de negócios com a
  clientela já existente[2241];
- que o principal venha a beneficiar consideravelmente, após a cessação do contrato, da atividade desenvolvida pelo agente;
- que o agente deixe de receber qualquer retribuição por contratos
  negociados ou concluídos, após a cessação da agência, com os
  clientes angariados ou cujos negócios tenham sido aumentados.

A indemnização de clientela pode ser exigida pelos herdeiros –
artigo 33.°/2 – não sendo devida se o contrato tiver cessado por razões
imputáveis ao agente ou se este tiver cedido, por acordo com a outra
parte, a sua posição contratual a um terceiro – *idem*, n.° 3. A intenção de
exercer o direito à indemnização de clientela deve ser comunicada ao
principal no prazo de um ano, sendo a eventual ação judicial intentada no
ano subsequente, sob pena de caducidade – artigo 33.°/4. Temos, aqui,
prazos relativamente curtos, de modo a prevenir situações de indefinição
prolongada.

[2239] António Pinto Monteiro, *Contrato de agência* cit., 7.ª ed., 142 ss.. Quanto à
indemnização de clientela *vide* ainda, em especial, Luís Menezes Leitão, *A indemnização
de clientela no contrato de agência* (2006), 114 pp.. Menezes Leitão vê, na indemnização
de clientela, um tipo de enriquecimento sem causa (*idem*, 98 ss.) e Fernando Ferreira Pinto,
Contratos de distribuição cit., 542 ss..

[2240] STJ 14-jun.-2011 (Garcia Calejo), Proc. 4883/05.04.

[2241] Não basta, como bem explica o cit. acórdão da RLx 14-fev.-2006, CJ XXXI, 1,
112/I, que o agente tenha angariado *alguma* clientela; tem de ter aumentado consideravelmente o volume dos negócios.

792   *Contratos especiais de comércio*

III. A indemnização de clientela deve ser calculada equitativamente – artigo 34.°[2242]. Este preceito introduziu, porém, um limite máximo: ele não pode exceder uma retribuição anual, calculada nos termos médios aí referidos.

Prevaleceu, desta feita, uma preocupação de não esmagar o principal, ainda que, eventualmente, à custa de alguma injustiça. Se, porém, se provar um prejuízo superior a essa cifra, acompanhado por um dano que transcenda, igualmente, a retribuição anual, fica aberta a hipótese de inconstitucionalidade: por violação da propriedade privada – artigo 62.°/1, da Constituição.

IV. No termo do contrato, cada contraente deve restituir os objetos, valores e demais elementos que pertençam ao outro – artigo 36.°; o agente goza, todavia, sobre eles, do direito de retenção pelos créditos resultantes da sua atividade – 35.°.

V. As regras relativas ao regime da cessação de agência têm aplicação imediata nos contratos que se desenvolvam, exclusiva ou predominantemente, em território nacional; só pode ser aplicada lei diversa da portuguesa se ela for mais vantajosa para o agente – 38.°. Trata-se de uma norma imperativa. Esta regra pode ser falseada, designadamente pela atribuição de competência a tribunais estrangeiros, cujas regras de conflitos poderão não envolver um preceito semelhante ao referido artigo 38.°. O mesmo se diga com a previsão de convenções de arbitragem internacional. A jurisprudência tem oscilado[2243]. Todavia: quando esses resultados sejam prosseguidos com recurso a cláusulas contratuais gerais, a remissão para foros estranhos (públicos ou arbitrais) é nula, nos termos do artigo

---

[2242] RCb 12-jan.-1999 (Maria Regina Rosa), CJ XXIV (1999) 1, 5-9 (8/II). Existe uma muito significativa jurisprudência sobre a indemnização de clientela, abaixo referida a propósito do contrato de concessão; curiosamente e entre nós: é precisamente a propósito do contrato de concessão que, na prática, este tema tem sido discutido. *Vide*, ainda, António Pinto Monteiro, *Contrato de agência* cit., 7.ª ed., 154 ss.., também com indicações e Luís Menezes Leitão, *A indemnização de clientela* cit., 65 ss..

[2243] *Vide* RLx 8-nov.-2005 (Roque Nogueira), CJ XXX (2005) 5, 84-88 (88/I), optando pela competência dos tribunais portugueses e STJ 11-out.-2005 (Alves Velho), CJ/ /Supremo XIII (2005) 3, 71-73 (72/II), admitindo a convenção de arbitragem internacional: num caso que, todavia, não envolvia cláusulas contratuais gerais.

§ 65.º *A agência* 793

19.º, *g*), da LCCG. Além disso, quando os tribunais estrangeiros ou arbitrais não apliquem o Direito português, o pedido de revisão das respetivas sentenças pode ser impugnado por via do artigo 1100.º/2, do Código de Processo Civil.

§ 66.° A CONCESSÃO

303. O perfil da concessão

I. O contrato de concessão apresenta, dentro dos contratos de distribuição, um perfil característico[2244].

À partida, ele opera em áreas que exigem investimentos significativos e que o produtor dos bens ou serviços a distribuir não queira ou não possa, ele próprio, efetuar[2245]. Corresponde, pois – pelo menos tendencialmente – a esquemas destinados a distribuir produtos de elevado valor, com exemplo clássico nos veículos automóveis[2246].

II. Na concessão, um produtor fixa, com um distribuidor – o concessionário –, um quadro de distribuição que se norteia pelos seguintes parâmetros[2247]:

[2244] Thomas Manderla, em Martinek/Semler/Habermeier, *Handbuch des Vertriebsrechts*, 2.ª ed. (2003), 385 ss., Jürgen Niebeling, *Vertragshändlerrecht*, 2.ª ed. (2003), 1 ss. e Claus-Wilhelm Canaris, *Handelsrecht* cit., 24.ª ed., 282 ss..

[2245] Quanto aos bastidores económicos da concessão, *vide* Peter Ulmer, *Der Vertragshändler* (1969), 23 ss.; esta obra de Ulmer, em 520 pp. maciças, é o grande clássico sobre a concessão. *Vide* a recensão de Fritz Rittner, *Vertragshändler und Vertragshändlervertrag*, ZHR 135 (1971), 62-77.

[2246] Jobst Wolter, *Rechtsprobleme der Vertriebsvereinbarung über Kraftfahrzeuge und ihre vertragliche Bewältigung* (1981), 8 ss. e Mathias Habersack e Peter Ulmer, *Rechtsfragen des Kraftfahrzeugsvertriebs durch Vertragshändler/Verkauf und Leasing* (1998), 21 ss..

[2247] Trata-se de elementos retirados da conhecida e sempre citada definição de Peter Ulmer, *Der Vertragshändler* cit., 206. *Vide* Karsten Schmidt, *Handelsrecht* cit., 6.ª ed., § 28, II, 2, Nr. 11 ss. (900 ss.), e von Hoyningen-Huene, *Münchener Kommentar* cit., 4.ª ed., Prenot. § 84, Nr. 13 (1152-1153). *Vide*, ainda, Baldi, *Il contratto di agenzia* cit., 6.ª ed., 81 ss. e Fabio Bortolotti, *Concessione di vendita (contratto di)*, NssDI/App. II (1981), 221-234 (221-222); este Autor acaba por definir a concessão nos termos seguintes: "contrato de

§ 66.° A concessão

– um comerciante (o concessionário) insere-se na rede de distribuição de um produtor;
– adquire o produto em jogo, junto do produtor e obriga-se a vendê-lo, em seu próprio nome, na área do contrato.

III. A concessão pode, depois, ser enriquecida com numerosas outras cláusulas. Designadamente, o concessionário pode ficar adstrito a determinadas metas, à efetivação de certos investimentos ou à utilização de marcas ou de insígnias que identifiquem o produto em jogo.

IV. A concessão é um contrato que estabelece relações duradouras, no âmbito das quais o concessionário opera *iure proprio*[2248]. Pode ainda operar como promessa genérica de aquisição e de venda de produtos, com diversas prestações de *facere* em anexo. Em qualquer caso, ele manifesta-se como um contrato-quadro, em cujo âmbito vão, depois e na execução, surgir outros contratos, entre as duas partes[2249].

Com muita frequência, o contrato de concessão implica uma distribuição a nível internacional. Nessa eventualidade, ele é ainda complementado com elementos internacionais privados.

304. Figuras afins

I. O contrato de concessão fica mais claro se se proceder à sua distinção de outras figuras afins[2250]. Algumas, especialmente ligadas à distribui-

---

distribuição com o qual o sujeito (o concessionário), agindo nas vestes de adquirente revendedor, assume estavelmente o encargo de providenciar a comercialização, em determinada zona, de produtos dum fabricante (o concedente), em troca duma posição privilegiada na revenda".

[2248] STJ 1-fev.-2001 (Quirino Soares), CJ/Supremo IX (2001) 1, 90-95 (92/I) e RPt 9-mar.-2004 (Alberto Sobrinho), CJ XXIX (2004) 2, 160-164 (162/II).

[2249] RLx 23-set.-2003 (Tomé Gomes), CJ XXVIII (2003) 4, 90-98 (92), RLx 8-jun.--2004 (Abrantes Geraldes), CJ XXIX (2004) 3, 99-102 (101/I), STJ 7-abr.-2005 (Lopes Pinto), CJ/Supremo XIII (2005) 2, 30-34 (32), falando num contrato-quadro complexo com três elementos: estabelece relações duradouras, prevê ulteriores compras para revenda e tem como objeto a compra de determinados produtos e RLx 21-abr.-2005 (Urbano Dias), CJ XXX (2005) 2, 107-114 (109/II).

[2250] *Vide* José Alberto Vieira, *O contrato de concessão comercial* (1991, reimp., 2006), 59 ss. e Fernando Ferreira Pinto, *Contratos de distribuição* cit., 58 ss..

796   *Contratos especiais de comércio*

ção, foram acima referidas. No entanto, parece útil retomá-las, ainda que para efeitos de contraposição: ao contrário da agência, o contrato de concessão dispõe, apenas, de tipicidade social. Assim e no tocante a figuras típicas, cumpre distinguir:

– o contrato de agência, pelo qual "uma das partes se obriga a promover por conta da outra a celebração de contratos em certa zona ou determinado círculo de clientes, de modo autónomo e estável e mediante retribuição" – artigo 1.° do Decreto-Lei n.° 178/86, de 3 de julho; na concessão, o concessionário age *por conta própria*;

– o contrato de mandato, pelo qual "... uma das partes se obriga a praticar um ou mais atos jurídicos por conta de outrem" – artigo 1157.° do Código Civil[2251]; de novo se deve enfocar que o concessionário atua *por conta própria*; além disso, ele adstringe-se a múltiplas *atividades materiais* e não apenas jurídicas;

– o contrato de trabalho, pelo qual "... uma pessoa se obriga, mediante retribuição, a prestar a sua atividade intelectual ou manual a outra pessoa, sob a autoridade e direção desta" – artigo 1152.° do Código Civil e artigo 1.° do Decreto-Lei n.° 49.408, de 24 de novembro de 1969[2252];

– o contrato de comissão, pelo qual "... o mandatário executa o mandato mercantil, sem menção ou alusão alguma ao mandante, contratando por si e em seu nome, como principal e único contraente" – artigo 266.° do Código Comercial; mantém-se quanto foi dito a propósito do mandato o qual, como é sabido, pode ser com ou sem representação;

– o contrato de sociedade, pelo qual "... duas ou mais pessoas se obrigam a contribuir com bens ou serviços para o exercício em comum de certa atividade económica, que não seja de mera fruição, a fim de repartirem os lucros resultantes dessa atividade" – artigo 980.° do Código Civil[2253]; na concessão, não há propriamente uma atividade comum – o concessionário age por si e para si – nem

---

[2251] Pessoa Jorge, *O mandato sem representação* cit., 271 ss..

[2252] Menezes Cordeiro, *Manual de Direito do Trabalho* (1991), 15. Quanto à distinção da concessão, Klaus J. Hopt. *Die Selbständigkeit von Handelsvertretern und anderen Vertriebspersonen – Handels- und arbeitsrechtliche Dogmatik und Vertragsgestaltung*, DB 1998, 863-870.

[2253] Menezes Leitão, *O contrato de sociedade civil* (1988, polic.), 6 ss..

§ 66.º A concessão

afluxo de bens para um acervo comum, nem, por fim, pelo menos como elemento essencial, um quinhoar nos lucros;
– o contrato de consórcio, pelo qual duas ou mais pessoas se obrigam, entre si, a realizar certa atividade de forma concertada[2254]; na concessão, não há, propriamente, uma atividade comum, antes se verificando que os beneficiários agem por si.

III. O contrato de concessão também se distingue, com facilidade, de vários contratos atípicos – portanto não regulados por lei – embora, desta feita, não se possa recorrer ao auxílio das definições legais. Assim:
– do contrato de mediação, pelo qual uma pessoa – o mediador – se obriga a pôr em contacto duas ou mais pessoas, para a conclusão de um negócio, sem estar ligado a qualquer delas por um vínculo de colaboração, de dependência ou de representação[2255]; o concessionário, embora independente do concedente, não se obriga a promover qualquer aproximação entre este e terceiros: contrata, ele próprio, com todos os riscos inerentes;
– do contrato de transmissão de saber-fazer (know-how), pelo qual uma pessoa transmite, a outra, a tecnologia ou, em geral, os conhecimentos aplicados necessários para concretizar determinada tarefa, não patenteados[2256]; na verdade, este elemento está, em regra, presente na concessão, mas não a esgota;
– do contrato de franquia, dominado pela autorização para usar certas marcas ou insígnias e para utilizar especiais esquemas de comercialização; ainda quanto à diferenciação da franquia, faz-se notar que,

---

[2254] *Vide* as especificações do artigo 2.º do Decreto-Lei n.º 231/81, de 28 de julho.

[2255] Manuel J. G. Salvador, *Contrato de mediação* cit., 32. Certas modalidades de mediação têm regulação legal, o que mais permite sedimentar a clivagem apontada no texto; *vide supra*, 687 ss. *Vide*, ainda, Pessoa Jorge, *O mandato sem representação* cit., 231 ss.

[2256] Luigi Sordelli, *Il know-how: facoltà di disporne e interesse al segreto*, RDInd 1986, 93-157 (125, 134 e *passim*), António Cardoso Mota, *O know-how e o Direito comunitário da concorrência*, CCTF 130 (1984), 47 ss., e Mestmäcker, *Europäisches Wettbewerbsrecht* cit., 484.

798   *Contratos especiais de comércio*

nesta, a fiscalização do franqueador é mais intensa do que a do concedente[2257].

Também não oferece dúvidas a distinção entre o contrato de concessão e outros contratos, como os de corretagem[2258] e os de propaganda ou publicidade[2259] e similares.

IV. As distinções operadas são fáceis quando, da concessão, se retenha o seu núcleo mais "duro". Todavia, não podemos abstrair da natureza atípica do presente contrato. Muitas vezes ele inclui cláusulas próprias de figuras "afins", de tal modo que a distinção acaba por surgir problemática. E as próprias figuras afins apresentam por vezes, entre elas, elos de comunicação que dificultam uma distinção linear.

Na literatura, têm ocorrido diversas intervenções quanto à clivagem entre contratos de distribuição – entre as quais a concessão – e o contrato de trabalho. A necessidade de distinção cifra-se no seguinte: nos contratos de distribuição, é frequente o distribuidor ficar económica e socialmente subordinado ao produtor. A própria subordinação jurídica – no sentido de o distribuidor, contratualmente, dever acatar as instruções do produtor – pode fazer a sua aparição. O problema tem-se posto em relação à franquia[2260], em relação à concessão[2261] e, em geral, em relação aos colaboradores do produtor[2262]. O alargamento da proteção laboral[2263] poderia ter, como efeito, o alcançar os contratos de distribuição mais subordinantes.

[2257] STJ 21-abr.-2005 (Neves Ribeiro), CJ/Supremo XIII (2005) 2, 57-64 (60/I). Quanto ao controlo pelo concedente: STJ 3-mai.-2000 (Silva Paixão), CJ/Supremo VIII (2000) 2, 45-48 (48).

[2258] Gonçalves Salvador, *Contrato de mediação* cit., 246 ss. e Pessoa Jorge, *Mandato sem representação* cit., 234 ss.; *vide* o artigo 66.° do Código Comercial e o artigo 91.° do Decreto-Lei n.° 8/74, de 14 de janeiro (corretores das bolsas de valores), hoje revogado.

[2259] Gonçalves Salvador, *Contrato de mediação* cit., 251 ss..

[2260] Ortwin Wekrich, *Zur Abgrenzung von Franchise- und Arbeitsvertrag*, DB 1988, 806-808 e Volker Matthiessen, *Arbeits- und handelsrechtliche Ansätze eines Franchisenehmerschutzes*, ZIP 1988, 1089-1098.

[2261] Klaus J. Hopt, *Dia Selbständigkeit von Handelsvertretern* cit., 863 ss..

[2262] Joachim Berndt, *Arbeitnehmer oder freier Mitarbeiter/Zur Aktuelle Diskussion um der Scheinselbständigkeit*, BB 1998, 894-896, apelando para a determinação do grau de dependência pessoal.

[2263] Wolfgang Hromadka, *Zur Begriffsbestimmung des Arbeitnehmers*, DB 195-201, Gerhard Reinicke, *Neudefinition des Arbeitnehmerbegriffs durch Gesetz und Rechtspre-*

§ 66.° A concessão

Em qualquer dos casos, a eventual aplicação de regras de tipo laboral teria de ser ponderada, caso a caso.

305. O regime da concessão

I. O contrato de concessão não tem base legal direta. Estamos perante uma figura assente na autonomia privada. À partida, trata-se de um contrato que não está sujeito a qualquer forma solene. Pode ser meramente verbal[2264] ou pode resultar de condutas concludentes[2265]. Para além disso, o seu regime resultará, antes de mais, da interpretação e da integração do texto que tenha sido subscrito pelas partes.

No que as partes tenham deixado em aberto, haverá que recorrer à analogia. O Direito comparado há muito estabelece, neste domínio, o recurso ao regime da agência[2266].

II. O legislador português foi sensível a este movimento. No próprio preâmbulo do Decreto-Lei n.° 178/86, de 3 de julho, no final do seu n.° 4, depois de se mencionar o contrato de concessão, vem dizer-se:

> Relativamente a este último, deteta-se no direito comparado uma certa tendência para o manter como contrato atípico, ao mesmo tempo que se vem pondo em relevo a necessidade de se lhe aplicar, por analogia – quando e na

---

chung?, ZIP 1998, 581-588 e Robert Weimer e Dietrich Goebel, *Neue Grundsatzfragen um Scheinselbständigkeit und arbeitnehmerähnliche Selbständige*, ZIP 1999, 217-226.

[2264] STJ 3-mai.-2000 (Silva Paixão), CJ/Supremo VIII (2000) 2, 45-48 (47/I).

[2265] RLx 2-fev.-2006 (Fernanda Isabel Pereira), CJ XXXI (2006) 1, 87-94 (89/II): um acórdão excelente, com muitos elementos doutrinários.

[2266] Assim: Franz-Jörg Semler, *Aktuelle Fragen im Recht der Vertragshändler*, DB 1985, 2493-2497 (2493-2494); Karsten Schmidt, *Handelsrecht* cit., 6.ª ed., § 28, III (912 ss.); Gerrick von Hoyningen-Huene, no *Münchener Kommentar zum HGB* cit., 1, 4.ª ed., Vor § 84, Nr. 12 (1152), na origem, *vide* a dissertação de Franziska-Sophie Evans-v. Krbek, *Die analoge Anwendung der Vorschriften des Handelsvertreterrechts auf den Vertragshändler* (1973). Quanto à jurisprudência, referimos: BGH 24-mar.-1959, BB 1959, 540-541 e BGH 19-dez.-1966, BB 1967, 94-95.

A doutrina também tem reclamado a aplicação de certas regras da agência ao contrato de franquia ou, pelo menos, a certas modalidades de franquia; *vide* Michael Martinek, *Franchising im Handelsrecht/Zur analogen Anwendbarkeit handelsvertreterrechtlicher Vorschriften auf Franchiseverträge*, ZIP 1988, 1362-1379.

800   *Contratos especiais de comércio*

medida em que ela se verifique –, o regime da agência, sobretudo em matéria de cessação do contrato.

A doutrina[2267] e a jurisprudência[2268] nacionais têm acolhido esta indicação: a analogia com a agência é um instrumento fundamental para acudir a lacunas que surjam em concretos contratos de concessão. Particularmente relevantes são as regras relativas à cessação do contrato. A norma atinente à indemnização de clientela – o artigo 33.º do Decreto-Lei n.º 178/76 – tem segura aplicação ao contrato de concessão[2269]:

[2267] Assim, António Pinto Monteiro, *Contrato de agência/Anotação ao Decreto-Lei n.º 178/86, de 3 de julho* cit., 7.ª ed., 67 ss..

[2268] STJ 4-mai.-1993 (Santos Monteiro), BMJ 427 (1993), 524-532 (530) = CJ/ /Supremo I (1993) 2, 78-80 (79/II), RPt 27-jun.-1995 (Matos Fernandes), CJ XX (1995) 3, 243-248 (246/II), STJ 22-nov.-1995 (Mário Cancela), BMJ 451 (1995), 445-458 (454-455) = CJ/Supremo III (1995) 3, 115-118 (117/I), RPt 13-mar.-1997 (Custódio Montes), CJ XXII (1997) 2, 196-198 (196/I), REv 24-abr.-1997 (Pita de Vasconcelos), CJ XXII (1997) 2, 269- -272 (270/II), STJ 5-jun.-1997 (Costa Soares), BMJ 468 (1997), 428-438 (434), RCb 28-out.-1997 (Eduardo Antunes), CJ XXII (1997) 4, 43-48 (47/II), RLx 30-out.-1997 (Salvador da Costa), CJ XXII (1997) 4, 129-134 (132/II: o caso "Hyundai"), STJ 23-abr.-1998 (Aragão Seia), BMJ 476 (1998), 379-388 (387), STJ 1-fev.-2001 cit., CJ/Supremo IX, 1, 95/I, RLx 23-set.-2003 cit., CJ XXVIII, 4, 95, STJ 15-abr.-2004 (Salvador da Costa), CJ/ /Supremo XII (2004) 2, 25-28 (26), RLx 8-jun.-2004 cit., CJ XXIX, 3, 101/I, STJ 7-abr.- -2005 cit., CJ/Supremo XIII, 2, 33/I, STJ 21-abr.-2005 cit., CJ/Supremo XIII, 2, 61/II, RLx 17-jun.-2010 (Fernanda Isabel Pereira), Proc. 6889/03.4, STJ 4-nov.-2010 (Maria dos Prazeres Beleza), Proc. 2916/05.9, STJ 11-nov.-2010 (Maria dos Prazeres Beleza), Proc. 4749/03.8, RLx 15-fev.-2011 (Abrantes Geraldes), Proc. 1387.05.4, STJ 27-out.-2011 (Tavares de Paiva), Proc. 8559.06.2, STJ 29-set.-2015 (Gregório Silva Jesus), Proc. 1552/07 e STJ 12-mai.-2016 (Maria da Graça Trigo), Proc. 2470/08.

[2269] Assim: Karsten Schmidt, *Kundenstammüberlassung und "Sogwirkung der Marke": taugliche Kriterien für Ausgleichsanspruch des Vertragshändlers?*, DB 1979, 2357-2363, Horst S. Werner e Jürgen Machunsky, *Probleme und Voraussetzungen des Ausgleichsanspruchs des Vertragshändlers*, BB 1983, 338-342, Hans-Jürgen Hiekel, *Der Ausgleichsanspruch des Handelsvertreters und des Vertragshändlers* (1985), 13 ss. (as diversas teorias), Norbert Horn, *Zum Ausgleichsanspruch des Eigenhändlers: Kundenstamm und werbende Tätigkeit*, ZIP 1988, 137-146 e Karl-Heinz Thume, *Neues zum Ausgleichsanspruch des Handelsvertreters und des Vertragshändlers*, BB 1994, 2358-2363. A regra em causa também se aplica à franquia: Theo Bodewig, *Der Ausgleichsanspruch des Franchisenehmers nach Beendigung des Vertragsverhältnisses*, BB 1997, 637-644. Recorde-se que estamos numa área de receção comunitária: os textos alemães equivalem aos nossos.

§ 66.º A concessão   801

a jurisprudência confirma-o[2270]. De todo o modo, caso a caso haverá que verificar se existe analogia.

III. No regime da concessão comercial há, ainda, que atentar nas regras sobre cláusulas contratuais gerais. Muitas vezes os grandes produtores ou fabricantes recorrem a cláusulas contratuais gerais para uniformizar os diversos contratos de distribuição que celebrem.

As cláusulas contratuais gerais, daí derivadas, sujeitam-se às regras jurídicas gerais e, em particular, ao regime específico que para elas exista[2271].

Finalmente, haverá que atentar, no domínio da concessão, nas regras da concorrência. Trata-se de matéria que abaixo referiremos, a propósito da franquia e que, aqui, têm aplicação.

306. Especificidades

I. Na base da prática nacional, é possível apontar algumas especificidades, no tocante ao regime e ao funcionamento prático da concessão. Quanto ao seu conteúdo, fica entendido:

– que a concessão postula uma relação de confiança; não se justifica, assim, a aplicação do prazo admonitório do artigo 808.º/1, 2.ª parte, do Código Civil[2272];

– que o regime de exclusividade não é necessário[2273] devendo, para existir, ser acordado[2274]; a exclusividade não é, ainda e só por si, contrária às regras da concorrência[2275]; tão-pouco é suficiente para provar a concessão[2276];

[2270] Essa a opção dos casos citados na nota 2268.

[2271] Hermann-Josef Bunte, *Interessenkollision und Interessenabwägung im Vertragshändlervertrag*, ZIP 1982, 1166-1172 (1170).

[2272] RLx 11-jul.-2002 (Tomé Gomes), CJ XXVII (2002) 4, 71-75.

[2273] RLx 23-set.-2003 cit., CJ XXVIII, 4, 93.

[2274] RLx 8-jun.-2004 cit., CJ XXIX, 3, 101/II.

[2275] RPt 9-mar.-2004 cit., CJ XXIX, 2, 163.

[2276] STJ 3-mai.-2000 cit., CJ/Supremo VIII, 2, 47/I e 48/I.

802 — Contratos especiais de comércio

– que ela pode envolver a formação profissional do pessoal do concessionário[2277].

II. A concessão, nos seus elementos úteis, deve ser provada por quem, dela, se queira prevalecer[2278]. Quanto à sua duração:

– não havendo prazo, ela só pode ser denunciada com um pré-aviso, sob pena de dar azo a um dever de indemnizar[2279];
– havendo culpa do concedente na cessação da concessão, pode este ser condenado a retomar os *stocks* antes vendidos ao concessionário[2280]; não há, todavia, nenhum fundamento jurídico para, em qualquer caso, limitar as indemnizações ao dano negativo: pelo Direito português, todos os danos devem ser sempre indemnizados[2281];
– a denúncia ilegal é eficaz, mas obriga a indemnizar[2282].

III. No ponto delicado da indemnização de clientela, que demonstra uma especial litigiosidade, passamos a considerar o que segue. A doutrina dadora de toda esta problemática tem vindo a exprimir cautela, quanto à transposição automática do regime de agência: a analogia teria de ser verificada[2283]. Já se entendeu que a indemnização de clientela teria uma natureza social: isso obrigaria a verificar se o concessionário se inseriu mesmo na organização do concedente e se ele é digno de tutela[2284]. Não é assim. A indemnização de clientela é uma compensação prevista ... pela clientela angariada, desde que se verifiquem os demais pressupostos da lei e haja analogia[2285]. Havendo lei, não se aplicam as regras do enriquecimento

---

[2277] STJ 21-abr.-2005 cit., CJ/Supremo XIII, 2, 60/II.

[2278] STJ 15-abr.-2004 cit., CJ/Supremo XII, 2, 28.

[2279] STJ 10-mai.-2001 (Aragão Seia), CJ/Supremo X (2001) 2, 62-70 (67).

[2280] RCb 25-jan.-2005 (Helder Roque), CJ XXX (2005) 1, 11-18 (15/I). Quanto ao problema do destino do *stock* remanescente, *vide* Fernando Ferreira Pinto, *Contratos de distribuição* cit., 466 ss..

[2281] Contra o que se veio dizer na, de resto douta, decisão citada na nota anterior.

[2282] RLx 21-abr.-2005 cit., CJ XXX, 2, 114/I.

[2283] Niebeling, *Vertragshändlerrecht* cit., 2.ª ed., 57 ss.. Para uma ponderação dos vários aspetos: Canaris, *Handelsrecht* cit., 24.ª ed., 288 ss..

[2284] Jörn Eckert, *Die analoge Anwendung des Ausgleichsanspruchs nach § 89 b HGB auf Vertragshändler und Franchisenehmer*, WM 1991, 1237-1248 (1248/II).

[2285] RLx 23-set.-2003 cit., CJ XXVIII, 4, 95-97: em detalhe, num desenvolvimento importante; RCb 25-jan.-2005 cit., CJ XXX, 1, 15-16; STJ 21-abr.-2005 cit., CJ/Supremo

§ 66.° A concessão

803

sem causa[2286]. As normas sobre a indemnização de clientela, na agência, não têm aplicação automática: há, sempre, que ponderar os requisitos e a analogia[2287].

IV. Finalmente: os nossos tribunais não devem ter receio em arbitrar indemnizações, quando se justifiquem. Além da indemnização de clientela, a interrupção abrupta de uma concessão pode obrigar à retoma dos *stocks*, como vimos; pode haver danos não-patrimoniais[2288]; pode, ainda, impor-se uma indemnização por investimentos feitos pelo concessionário[2289], incluindo em formação profissional e que se venham a perder; por último, caberá indemnizar pelas maiores despesas: despedimentos coletivos, restituição de subsídios ao Estado e incumprimentos ocasionados junto de fornecedores. O Direito tem de reagir aos problemas do nosso tempo.

XIII, 2, 59-61; RLx 27-mai.-2014 (Isabel Fonseca), Proc. 1951/12.

[2286] RLx 11-jul.-2002 cit., CJ XXVII, 4, 75.

[2287] RLx 2-fev.-2006 cit., CJ XXXI, 1, 90/II e 93/II; restritivo: STJ 12-mar.-2015 (Paulo Sá), Proc. 2199/11.

[2288] *Idem*, 90.

[2289] Susane Creutzig, *Investitionsersatzanspruch des Vetragshändels: vergessen, obwohl existenznotwendig?*, NJW 2002, 3430-3436 (3436/I).

§ 67.° A FRANQUIA (*FRANCHISING*)

307. Generalidades

I. Um dos mais elaborados tipos contratuais próprios da distribuição é o contrato de franquia. Nele, uma pessoa – o franqueador – concede a outra – o franqueado[2290] –, dentro de certa área, cumulativamente ou não[2291]:

– a utilização de marcas, nomes ou insígnias comerciais;
– a utilização de patentes, técnicas empresariais ou processos de fabrico;
– assistência, acompanhamento e determinados serviços;
– mercadorias e outros bens, para distribuição.

A ideia de franquia anda, inicialmente, em torno da de privilégio ou liberdade[2292]: o franqueador permite, ao franqueado, o acesso a áreas que, em princípio, lhe estariam vedadas. Essas áreas têm a ver com a utilização das marcas, nomes, insígnias, patentes e outras técnicas de que o franqueador tenha o exclusivo. Mais tarde, a franquia enriqueceu-se com elementos próprios da distribuição de bens e de serviços.

[2290] Em português correto, deve dizer-se *franquear* (pôr à disposição, permitir, conceder), *franqueador* e *franqueado* e não *franquiar* (selar, estampilhar), *franquiador* e *franquiado*.

[2291] Martinek/Habermeier, em Martinek/Semler/Habermeier, *Handbuch des Vertriebsrechts* (2003), 467 ss.; Claus-Wilhelm Canaris, *Handelsrecht* cit., 24.ª ed., 297 ss.; Karsten Scmidt, *Handelsrecht* cit., 6.ª ed., § 28, II, Nr. 22-40 (904-911). Como obra de referência, cumpre ainda citar Jan Patrick Giesler/Jürgen Nauschütt/Stephan Gerstner, *Franchiserecht* (2002), XXX + 658 pp., com vários colaboradores.

[2292] Menezes Cordeiro, *Do contrato de franquia ("franchising"). Autonomia privada* versus *tipicidade negocial*, ROA 1988, 63-84 (66-67).

§ 67.° A franquia (franchising)

II. O contrato de *franchising* surgiu nos Estados Unidos[2293], ainda que com raízes anteriores[2294]. Era um meio privilegiado para, no vasto e desenvolvido Continente norte-americano, conseguir montar rapidamente uma rede de comercialização, sem os inerentes riscos e investimentos. O empresário que tivesse iniciado um esquema de sucesso, a nível local, assente em insígnias facilmente publicitáveis e em técnicas de comercialização atraentes, poderia, pela franquia, permitir que outros interessados copiassem precisamente o mesmo esquema, noutros locais, mediante contrapartidas. Empreendimentos hoje universais, como a *Avis* (aluguer de automóveis) ou a *McDonalds* (alimentação rápida) assentam nesse esquema[2295].

Mais tarde, o *franchising* tornou-se um esquema próprio para a expansão internacional de empreendimentos norte-americanos, vindo a ser usado por iniciativas provenientes de outros países[2296].

III. A franquia atinge hoje cifras significativas. O seu êxito é reconduzido a três fatores[2297]:

– às possibilidades abertas pela publicidade, no tocante à divulgação de marcas e de estilos de vida;
– à mobilidade crescente dos consumidores, que facilita uma oferta uniforme de bens;
– ao aumento dos seus rendimentos.

A franquia evoluiu no sentido de um verdadeiro contrato de distribuição. Inicialmente e como foi dito, a franquia era, antes de mais, um meio

---

[2293] Michael Martinek, *Franchising* cit., 33 ss., Wakther Skaupy, *Franchising/Handbuch für die Betriebs- und Rechtspraxis*, 2.ª ed. (1995), 1 ss. e Baldi, *Il contratto di agenzia* cit., 6.ª ed., 123 ss.. Entre nós, L. Miguel Pestana de Vasconcelos, *O contrato de franquia (franchising)* (2000), 11 ss., Maria de Fátima Ribeiro, *O contrato de franquia/Franchising//Noção, natureza jurídica e aspectos fundamentais de regime* (2001), 12 ss. e Fernando Ferreira Pinto, *Contratos de distribuição* cit., 66 ss..

[2294] J. C. e G. Teston, *Le franchising et les concessionaires* (1973), A 2.

[2295] Kai-Thorsten Zwecker, *Inhaltskontrolle von Franchiseverträgen* (2000), 82.

[2296] Cosima Möller, *Der Franchiseverträg im Bürgerlichen Recht/Ein Beitrag zur Diskussion über die Rechtsnatur des Franchiseverträges*, AcP 203 (2003), 319-347 (319-321).

[2297] Christian Joerges, *Franchise-Verträge und europäisches Wettbewerbsrecht*, ZHR 151 (1987), 195-223 (197).

806   *Contratos especiais de comércio*

de permitir o uso de marcas, patentes e outros benefícios de que o franqueador tinha o exclusivo[2298]. Mais tarde, ela veio implicar elementos próprios da agência e da concessão: angariar clientes e distribuir bens e serviços[2299], funcionando numa base hierarquizada[2300].

IV. Finalmente, um aspeto terminológico. A expressão inglesa *franchising*, de origem franco-normanda, está consagrada. Todavia, não há dificuldade em usar o vernáculo franquia, franqueador e franqueado, para exprimir o inglês *franchise* ou *franchising*, *franchisor* e *franchisee*, o francês *franchisage*, *franchiseur* e *franchisé* ou o alemão *Franchise-Vertrag*, *Franchise-Geber* e *Franchise-Nehmer*, respetivamente.

308. Modalidades; desenvolvimento em Portugal

I. O contrato de franquia é atípico. Totalmente dependente da autonomia privada, ele pode apresentar elementos próprios da agência ou da concessão, surgindo como o mais variável e mais complexo dos contratos de distribuição[2301].

A doutrina tem vindo a proceder a diversas classificações, de acordo com critérios variados[2302].

II. De entre as múltiplas classificações de franquias, uma delas, adaptada pelo Tribunal das Comunidades Europeias em 1986, no conhecido caso *Pronuptia*, abaixo referido, merece ser retida. Ela distingue[2303]:

[2298] Hans Forkel, *Der Franchisevertrag als Lizenz am Immaterialwert Unternehmen*, ZHR 153 (1989), 511-538.

[2299] Herbert Gross/Walther Skaupy, *Das Franchise-System/Neue Vertriebswege für Waren und Dienste*, 2.ª ed. (1968) e Walther Skaupy, *Das "Franchising" als zeitgerechte Vertriebskonzeption*, DB 1982, 2446-2450.

[2300] Gunther Teubner, *"Verbund", "Verband" oder "Verkehr"? Zur Aussenhaftung von Franchising-Systemen*, ZHR 154 (1990), 295-324 (295 ss.).

[2301] Zwecker, *Inhaltskontrolle von Franchiseverträgen* cit. 35 e a introdução de Giesler/Nauschütt, em Giesler/Nauschütt/Gerstner, *Franchiserecht* cit., 1 ss..

[2302] Volker Behr, *Der Franchisevertrag/Eine Untersuchung zum Recht der USA mit vergleichender Hinweisen zum deutschen Recht* (1976), 15 ss., Martinek, *Franchising* cit., 231 ss. e Skaupy, *Franchising* cit., 2.ª ed., 24 ss..

[2303] Acórdão de 28-jan.-1986, cujo texto pode ser confrontado, entre outros locais, em NJW 1986, 1415-1417 = RTDE 1986, 298-306 = CML *Rev* 1986, 23: 683-691 e, ainda,

§ 67.° A franquia (franchising)　　807

– a franquia de serviços, pela qual o franqueado oferece um serviço sob a insígnia, o nome comercial ou mesmo a marca do franqueador, conformando-se com as diretrizes deste último;
– a franquia de produção, pela qual o próprio franqueado fabrica, segundo as indicações do franqueador, produtos que ele vende sob a marca deste;
– a franquia de distribuição, pela qual o franqueado se limita a vender certos produtos num armazém, que usa a insígnia do franqueador.

Exemplos de franquias de serviços são as da *Avis* ou da *Hertz*, no domínio da locação de automóveis, que permitem, a pequenas empresas em todo o Mundo, locar automóveis em termos uniformes a um público essencialmente móvel, aproveitando as insígnias, a publicidade, a promoção e a clientela da casa-mãe; de franquias de produção, as da *Coca-Cola* ou da *Pepsi-Cola,* que facultam a confeção, também por todo o Mundo, das conhecidas bebidas, por produtores dispersos, sempre sob a mesma designação e em conformidade com certas especificações técnicas dadas pelas casas-mães e, também aqui, de modo a aproveitar as insígnias, a publicidade, a implantação e a clientela por estas promovidas ou alcançadas[2304]; de franquias de distribuição as *Pronuptia*, pela qual estabelecimentos pela Europa vendem ao público trajes de noiva, sob o timbre parisiense, numa apresentação uniforme e tirando partido do prestígio daí derivado[2305].

---

em anexo a Philippe Bessis, *Le contrat de franchisage* (1998), 103-115, aqui citado pelo primeiro dos referidos locais.

Outras distinções aparecem, mais simplificadas, designadamente na literatura de inspiração anglo-saxónica. Assim, separa-se, nos EEUU, o *tradicional franchising* do *business format franchising*: no primeiro há simples prestações ou distribuições sob as marcas ou insígnias do franqueador, enquanto, no segundo, se verifica a adoção, pelo franqueado, de toda uma técnica empresarial do primeiro; esta contraposição aparece, também, sob as designações, respetivamente, de *product franchise* e de *package franchise*; cf. Joerges, *Franchise-Verträge und europäisches Wettbewerbsrecht* cit., 197-198 e Galan Corona, *Los contratos de "franchising" ante el derecho comunitario de la libre competencia*, RIE 13 (1986), 687-702 (689).

[2304] Exemplo europeu é o da *Campari*, cujas franquias foram autorizadas pela Comissão Europeia em 23-dez.-1977, JOCE N.° L 70/69-78 (78), de 13-mar.-1978.

[2305] E cujo teor pode ser confrontado nos locais sup. cit., na nota 2215 ou, em língua portuguesa, a propósito da decisão da Comissão Europeia em 17-dez.-1986, JOCE N.° L 13, 39-47 (39-41), de 15-jan.-1987.

808   *Contratos especiais de comércio*

III. A franquia tem tido uma expressão muito marcada, em Portugal, designadamente a partir da década de 80 do século XX. Existem, neste momento, associações e publicações especializadas.

Entre nós, o desenvolvimento jurídico da franquia tem-se acentuado[2306]. Também a jurisprudência direta vem surgindo: e deve ainda sublinhar-se que muitas decisões tomadas a propósito de contratos de concessão têm a ver com franquias: as linhas divisórias entre esses dois contratos, ambos atípicos, são, fatalmente, ténues.

309. As posições das partes

I. Como referimos, a franquia vive dominada pela autonomia privada: apenas pela interpretação de cada contrato considerado se poderá verificar qual o seu alcance e quais os deveres que dele resultam para as partes.

Na base da habitualidade[2307], é possível apontar os deveres das partes que, em regra, tendem a surgir[2308].

II. Assim, num contrato de franquia, poderão ser obrigações do franqueador:

– facultar ao franqueado o uso de uma marca, insígnia ou designação comercial na comercialização de serviços ou produtos por este adquiridos ou fabricados;

[2306] Além do nosso *Do contrato de franquia* cit., de Pinto Monteiro, *Contratos de agência, de concessão e de franquia* cit., e de Pestana de Vasconcelos, *O contrato de franquia* cit., referimos: Carlos Olavo, *O contrato de franchising*, em *Novas perspectivas do Direito comercial* (publ. FDL/CEJ) (1988), 159-174, Manuel Pereira Barrocas, *Franchising*, ROA 1989, 127-168, Isabel Alexandre, *O contrato de franquia (franchising)*, O Direito 1991, 319-383, Ana Paula Ribeiro, *O contrato de franquia (franchising) no Direito interno e internacional* (1994) e Miguel Gorjão-Henriques, *Da restrição da concorrência na comunidade europeia: a franquia de distribuição* (1998).

[2307] Giorgio de Nova, *Franchising*, no DDP/SCom VI (1991), 296-308 (300), fala, a esse propósito, num "tipo social".

[2308] *Vide* RPt 19-mai.-2010 (Maria Catarina Gonçalves), Proc. 6350/06; RLx 21-jan.--2010 (Ondina Carmo Alves), Proc. 1209/08.4; RLx 27-jan.-2015 (Maria do Rosário Morgado), Proc. 1601/11; RLx 1-dez.-2015 (João Ramos de Sousa), Proc. 1300/12.

§ 67.° *A franquia* (franchising) 809

– auxiliar o franqueado no lançamento e na manutenção de certa atividade empresarial, munindo-o de conhecimentos técnicos ou produtos necessários;
– facultar ao franqueado técnicas ou processos produtivos de que o franqueador teria o exclusivo[2309];
– fornecer os bens ou serviços que, porventura, o franqueado deva distribuir.

Note-se que todas estas faculdades são concedidas, na generalidade dos casos, apenas para determinadas circunscrições territoriais.

Por outro lado, o franqueador poderá ter, como direitos:

– uma certa retribuição calculada, muitas vezes, como percentagem do produto de vendas[2310] ou correspondente ao produto de certas aquisições que o franqueado se poderá obrigar a fazer-lhe;
– poderes de fiscalização quanto às especificações e qualidades do produto vendido sob as suas marcas, insígnias ou designações comerciais[2311];
– poderes de aprovação ou fiscalização no tocante a pontos de venda, sua configuração e demais circunstancialismos;
– poderes no domínio da cessão da posição contratual e da renovação do contrato;
– direito de receber a contrapartida dos bens ou serviços que forneça.

III. No tocante a direitos, o franqueado poderá ter os seguintes:

– o uso de marcas, insígnias ou nomes comerciais do franqueador;
– a utilização de conhecimentos, técnicas empresariais ou modos de fabrico pertença do franqueador;

[2309] *Vide* Jan Patrick Giesler, *Wieviel know-how braucht Franchising?*, ZIP 2003, 1025-1032 (1032/II, recomendando que o *know-how* envolvido seja cuidadosamente descrito no contrato.

[2310] Fala-se, então, em *royalties*: independentes dos lucros do franqueado. *Vide* REv 13-dez.-2001 (Maria Laura Leonardo), CJ XXVI (2001) 5, 270-274 (272/II).

[2311] Há, na franquia, uma maior ingerência do franqueador do que o que sucede, na concessão, relativamente ao concedente: RLx 3-nov.-2005 (Graça Amaral), CJ XXX (2005) 5, 71-79 (74).

810 *Contratos especiais de comércio*

– o auxílio do franqueador no lançamento, manutenção e desenvolvimento da sua atividade, no que toca a indicações;
– fornecimentos acordados.

Finalmente, o franqueado poderá ficar adstrito:

– ao pagamento de certas retribuições ou à aquisição, junto do franqueador, de certos produtos;
– ao lançamento e desenvolvimento da sua atividade dentro de certa circunscrição;
– à manutenção das qualidades dos serviços ou dos produtos franqueados;
– ao sigilo no tocante a conhecimentos recebidos do franqueador;
– à comparticipação em despesas de publicidade;
– a certas cláusulas de não-concorrência.

310. A cessação

I. O contrato de franquia dá lugar a uma situação duradoura[2312]. Na sua cessação, há que observar os quadros competentes, com relevo para a resolução (unilateral e justificada)[2313] e a denúncia (unilateral e discricionária). O modelo da cessação de agência é aplicável, com as adaptações necessárias. A cessação não pode, pela natureza das coisas, ser retroativa.

II. Como especialidade, verifica-se que o franqueado fica numa patente subordinação económica. Por vezes, são-lhe exigidos investimentos significativos, em nome de uma situação que o franqueador poderá fazer cessar *ex abrupto*, se o contrato lho permitir. Ora os contratos de franquia são fixados unilateralmente pelos franqueadores que, muitas vezes, recorrem para o efeito a cláusulas contratuais gerais.

Põe-se, deste modo, o problema da tutela do franqueado. À partida, a doutrina entende que, embora economicamente subordinado, o franqueado é juridicamente autónomo: não se justificaria, por isso, o recurso a uma

---

[2312] Christian Joerges, *Status und Kontrakt im Franchise-Recht*, AG 1991, 325-351.
[2313] *Vide* RLx 6-mar.-2014 (Maria José Mouro), Proc. 124822/12.

§ *67.° A franquia* (franchising)   811

tutela de tipo laboral[2314]. Impor-se-ia, contudo, alguma proteção: a do contrato de agência[2315].

III. Assim, e dependendo embora do tipo de franquia, haverá que procurar, no campo da agência, regras aplicáveis, diretamente ou por analogia[2316], numa posição clara na nossa jurisprudência[2317]. Algumas dessas regras servirão para suprir a regulação contratual; outras, porém, são injuntivas. Entre estas últimas, contam-se as relativas à cessação do contrato e, particularmente, as que fixam pré-avisos e a indemnização de clientela[2318]. Trata-se da orientação mais correta, ainda que dependente sempre de um juízo em concreto[2319].

O contrato de franquia é ainda dominado por uma certa relação de confiança, que ambas as partes devem preservar[2320].

IV. A franquia é, muitas vezes, celebrada com recurso a cláusulas contratuais gerais. A LCCG é, assim, um instrumento jurídico privilegiado para facultar, ao Tribunal, o controlo das cláusulas injustas[2321].

[2314] Ortwin Welrich, *Zur Abgrenzung von Franchise- und Arbeitsvertrag*, DB 1988, 806-808, Volker Matthiessen, *Arbeits- und handelsrechtliche Ansätze eines Franchiseneh-merschutzes*, ZIP 1988, 1089-1096 e Robert Weimar/Dietrich Goebel, *Neue Grundsatzfragen um Scheinselbstandigkeit und arbeitnehmerähnliche Selbständige*, ZIP 1999, 217-226. Ainda quanto à franquia e ao trabalho: Zwecker, *Inhaltskontrolle von Fran-chiseverträgen* cit., 125 e Giesler/Nauschütt/Gerstner, *Franchiserecht* cit., 492 ss..

[2315] Matthiessen, *Arbeits- und handelsrechtliche Ansätze eines Franchisenehmer-schutzes* cit., 1096.

[2316] Michael Martinek, *Franchising im Handelsrecht/Zur analogen Anwendbarkeit handelsvertreterrechtlicher Vorschriften auf Franchisevertrage*, ZIP 1988, 1362-1379.

[2317] STJ 23-fev.-2010 (Sebastião Póvoas), Proc. 589/06 e STJ 25-jan.-2011 (Garcia Calejo), Proc. 6350/06.5.

[2318] Maria de Fátima Ribeiro, *O contrato de franquia* cit., 263 ss., com indicações.

[2319] Nesse sentido, também Pinto Monteiro, *Contrato de agência*, 7.ª ed. cit., 147 ss..

[2320] Manfred Wolf/Christina Ungeheuer, *Vertragsrechtliche Probleme beim Fran-chising*, BB 1994, 1027-1033.

[2321] Jens Ekkenga, *Grundfragen der AGB-Kontrolle von Franchise-Verträgen*, AG 1989, 301-316.

311. Problemas de concorrência

I. O contrato de franquia deve ser cuidadosamente conjugado com as regras da concorrência, designadamente as derivadas do Tratado de Roma e introduzidas, depois, nas diversas ordens internas dos países que hoje compõem a União Europeia.

À partida, cumpre recordar o artigo 81.° do Tratado de Roma (hoje: artigo 101.° do Tratado de Lisboa), cujo n.° 1 articula[2322]:

> São incompatíveis com o mercado comum e proibidos todos os acordos entre empresas, todas as decisões de associações de empresas e todas as práticas concertadas que sejam suscetíveis de afetar o comércio entre os Estados membros e que tenham por objetivo ou efeito impedir, restringir ou falsear a concorrência no mercado comum, designadamente as que consistam em:
>
> *a)* Fixar de forma direta ou indireta, os preços de compra ou de venda, ou quaisquer outras condições de transação;
>
> *b)* Limitar ou controlar a produção, a distribuição, o desenvolvimento técnico ou os investimentos;
>
> *c)* Repartir os mercados ou as fontes de abastecimento;
>
> (...)

O n.° 3 do mesmo artigo, porém, vinha dispor:

> As disposições do n.° 1 podem, todavia, ser declaradas inaplicáveis:
> – a qualquer acordo, ou categoria de acordos entre empresas;
> (...)

que contribuam para melhorar a produção ou a distribuição dos produtos ou para promover o progresso técnico ou económico, contanto que aos utilizadores se reserve uma parte equitativa do lucro daí resultante, e que:

> (...)

[2322] Gorjão-Henriques, *Da restrição da concorrência na comunidade europeia: a franquia de distribuição* cit., 95 ss.. Quanto ao preceito transcrito, com indicações, Thomas Eilmansberger, em Rudolf Streinz, *EUV/EGV* (2003), Art. 81 (925 ss.) e EUV/AEUV, 2.ª ed. (2012), Art. 101 (1107 ss.).

§ 67.º *A franquia* (franchising)

II. O dispositivo do Tratado de Roma, acima transcrito, surge-nos hoje no artigo 9.º/1 da Lei n.º 19/2012, de 8 de maio[2323]. O artigo 10.º dessa Lei vem, com efeito, complementar, sob a epígrafe "justificação das práticas proibidas":

> 1. Podem ser consideradas justificadas os acordos entre empresas, as práticas concertadas entre empresas e as posições de associação de empresas, referidas no artigo anterior que contribuam para melhorar a produção ou a distribuição de bens e serviços ou para promover o desenvolvimento técnico ou económico desde que, cumulativamente:
>
> *a)* Reservem aos utilizadores desses bens ou serviços uma parte equitativa do benefício daí resultante;
> *b)* Não imponham às empresas em causa quaisquer restrições que não sejam indispensáveis para atingir esses objetivos;
> *c)* Não deem a essas empresas a possibilidade de eliminar a concorrência numa parte substancial do mercado dos bens ou serviços em causa.

III. Uma aplicação estrita e literal dos artigos 81.º/1 ou 4.º/1 do Tratado de Roma e da Lei n.º 19/2012, de 8 de maio, respetivamente, sem se terem em conta as ressalvas depois efetuadas por ambos os diplomas, iria dificultar, na prática, os diversos contratos de distribuição, com relevo para a franquia, a agência e a concessão[2324].

IV. De facto, o contrato de franquia já foi enquadrado, no Direito da concorrência dos nossos dias. Foi liderante, neste domínio, o *caso Pronuptia*, decidido pelo Tribunal das Comunidades Europeias, em 28-jan.-1986[2325-2326]. Os princípios retirados deste acórdão estão na base do Regulamento (CEE) n.º 4087/88, da Comissão[2327].

[2323] Anteriormente, constava do artigo 2.º/1 do Decreto-Lei n.º 371/93, de 29 de outubro, alterado pelo Decreto-Lei n.º 140/98, de 16 de maio e, depois, do artigo 4.º/1 da Lei n.º 18/2003, de 11 de junho.

[2324] Francesco de Franchis, *Franchising in diritto comparato*, no DDP/SCom, vol. VI (1991), 308-309.

[2325] *Supra*, 775-776.

[2326] Gorjão-Henriques, *Da restrição da concorrência* cit., 333 ss. e Eilmansberger, em Streinz, *EUV/EGV* cit., Art. 81, Nr. 183 ss. (988 ss.).

[2327] Pode ser comodamente consultado em anexo a Pestana de Vasconcelos, *O contrato de franquia* cit., 186-197. Quanto ao Regulamento, Gorjão-Henriques, *Da restrição da concorrência* cit., 401 ss..

814   *Contratos especiais de comércio*

Basicamente, o entendimento que prevaleceu, quanto à validade dos contratos de franquia, perante as leis de concorrência, é o seguinte:

– apenas perante o contexto económico, contrato a contrato e cláusula a cláusula, será possível, perante as leis de concorrência, formular um juízo de licitude;
– são lícitas as cláusulas destinadas a evitar que o saber-fazer e a assistência, concedidas ao franqueado, venham a aproveitar a concorrentes;
– são lícitas as cláusulas que organizem o contrato e a fiscalização, de modo a preservar a identidade e a reputação da marca, da insígnia ou do nome do franqueador;
– são restritivas da concorrência as cláusulas que impliquem repartições de mercados ou prefixações de preços, salvo a verificação do artigo 81.º/3 do Tratado de Roma.

Embora apuradas para a franquia, estas regras relevam para todos os contratos de distribuição. Posteriores intervenções do Conselho parecem depor nesse sentido[2328].

312. Aspetos práticos

I. A franquia coloca, desde logo, problemas de interpretação contratual. Esta deve reconstituir uma lógica empresarial, em termos de funcionalidade, de modo a apreender a lógica do grupo onde o franqueado pretendeu integrar-se[2329]. Pode, no grupo, haver mesmo uma coordenada societária[2330], o que logo justificaria uma interpretação de tipo objetivo[2331]. A sua natureza mista permite fazer apelo aos mais diversos contratos[2332]: todavia, deverá prevalecer o centro de gravidade dado, pelas

---

[2328] Temos em mente os Regulamentos n.º 1215/1999, de 10-jun.-1999 e n.º 1216/ /1999, da mesma data, confrontáveis em Pestana de Vasconcelos, *O contrato de franquia* cit., 198-207.

[2329] RCb 2-nov.-2004 (Custódio M. Costa), CJ XXIX (2004) 5, 7-13 (12/I).

[2330] Teubner, *"Verbund", "Verband" oder "Verkehr"?* cit., 324.

[2331] *Direito das sociedades*, 1, 3.ª ed., 494 ss..

[2332] Möller, *Der Franchisevertrag* cit., 325-326.

§ 67.º *A franquia* (franchising) 815

partes, ao negócio. Estão sempre envolvidos deveres de lealdade, que se manifestam por uma defesa do espírito de grupo[2333].

II. No período pré-contratual, é muito importante que o candidato a franqueado seja claramente informado das implicações da sua adesão. A *culpa in contrahendo* tem um papel significativo, neste domínio[2334]. Também os vetores relativos à tutela dos consumidores devem estar presentes[2335]: as cláusulas da franquia não os podem comprometer.

III. As regras sobre indemnização de clientela, quando cesse o contrato, são aplicáveis: na base da analogia com a agência e na medida em que ela exista[2336]. Na franquia sucede, muitas vezes, que a clientela é angariada pelo franqueador: dado o peso da sua marca e da sua publicidade. O franqueado pouco receberá, por isso. Mas quando o contrato seja ilicitamente interrompido pelo franqueador, todos os danos ilícitos devem ser indemnizados: investimentos perdidos, maiores despesas e danos morais.

[2333] Gunther Teubner, *Profit sharing als Verbundspflicht? Zur Weiterleitung von Netzvorteilen in Franchise-Systemen*, ZHR 168 (2004), 78-96 (87) e Reinhard Böhner, *Vom Franchisevertrags- zum Franchisenetzwerkrecht*, BB 2004, 119-124.

[2334] Patrick Giesler/Jürgen Nauschütt, *Das vorvertragliche Haftungssystem beim Franchising*, BB 2003, 435-437 e Möller, *Der Franchisevertrag* cit., 343.

[2335] Jan Patrick Giesler, *Die Auswirkung der Schuldrechtsreform auf Franchiseverhältnisse*, ZIP 2002, 420-427 (420 ss.).

[2336] RLx 3-nov.-2005 cit., CJ XXX, 5, 75-76.

SECÇÃO VI

OS CONTRATOS BANCÁRIOS

§ 68.º CONTRATOS BANCÁRIOS

313. Características gerais

I. O Código Comercial dedica o título IX, do seu Livro II, às operações de banco. No seu artigo 362.º, dispõe:

> São comerciais todas as operações de bancos tendentes a realizar lucros sobre numerário, fundos públicos ou títulos negociáveis, e em especial as de câmbio, os arbítrios, empréstimos, descontos, cobranças, aberturas de créditos, emissão e circulação de notas ou títulos fiduciários pagáveis à vista e ao portador.

Perante esta apresentação e tendo em conta os vetores gerais do Código, podemos considerar contratos bancários os celebrados pelas instituições de crédito ou banqueiros, no exercício da sua profissão.

II. O artigo 363.º remete para legislação especial. O artigo 4.º/1 do RGIC[2337], enumera as seguintes operações bancárias[2338]:

[2337] Aprovado pelo Decreto-Lei n.º 298/92, de 31 de dezembro, diversas vezes alterado, designadamente pelo Decreto-Lei n.º 201/2002, de 26 de setembro, que republicou em anexo a sua versão consolidada e, por último e neste momento, pelo Decreto-Lei n.º 20/2016, de 20 de abril.

[2338] O artigo 4.º do RGIC foi alterado pelos Decretos-Leis n.ºˢ 317/2009, de 30 de outubro e 242/2012, de 7 de novembro.

§ 68.º *Contratos bancários*   817

1. Os bancos podem efetuar as operações seguintes e prestar os serviços de investimento a que se refere o artigo 199.º-A não abrangidos por aquelas operações:

a) Receção de depósitos ou outros fundos reembolsáveis;

b) Operações de crédito, incluindo concessão de garantias e outros compromissos, locação financeira e *factoring*;

c) Serviços de pagamento, tal como definidos no artigo 4.º do regime jurídico dos serviços de pagamento e da moeda eletrónica;

d) Emissão e gestão de outros meios de pagamento não abrangidos na alínea anterior, tais como cheques em suporte de papel, cheques de viagem em suporte de papel e cartas de crédito;

e) Transações, por conta própria ou da clientela, sobre instrumentos do mercado monetário e cambial, instrumentos financeiros a prazo e opções e operações sobre divisas ou sobre taxas de juro e valores mobiliários;

f) Participação em emissões e colocações de valores mobiliários e prestação de serviços correlativos;

g) Atuação nos mercados interbancários;

h) Consultoria, guarda, administração e gestão de carteiras de valores mobiliários;

i) Gestão e consultoria em gestão de outros patrimónios;

j) Consultoria das empresas em matéria de estrutura do capital, de estratégia empresarial e de questões conexas, bem como consultoria e serviços no domínio da fusão e compra de empresas;

k) Operações sobre pedras e metais preciosos;

l) Tomada de participações no capital de sociedades;

m) Mediação de seguros;

n) Prestação de informações comerciais;

o) Aluguer de cofres e guarda de valores;

p) Locação de bens móveis, nos termos permitidos às sociedades de locação financeira;

q) Prestação de serviços de investimento a que se refere o artigo 199.º-A, não abrangidos pelas alíneas anteriores;

r) Emissão de moeda eletrónica;

s) Outras operações análogas e que a lei lhes não proíba.

As referidas operações estão reservadas a banqueiros: a primeira sempre; as restantes quando exercidas a título profissional. Trata-se da regra de exclusividade, expressa no artigo 8.º do RGIC, que transcrevemos para facilidade de consulta:

818   *Contratos especiais de comércio*

1. Só as instituições de crédito podem exercer a atividade de receção, do público, de depósitos ou outros fundos reembolsáveis, para utilização por conta própria.

2. Só as instituições de crédito e as sociedades financeiras podem exercer, a título profissional, as atividades referidas nas alíneas *b*) a *i*), *g*) a *s*) do n.º 1 do artigo 4.º, com exceção da consultoria referida na alínea *i*).

(...)

III. Os contratos bancários podem ser caracterizados como contratos comerciais, a praticar por banqueiros no exercício da sua profissão e que traduzem, em termos materiais, o manuseio do dinheiro e as diversas operações com ele relacionadas.

Enquanto contratos comerciais, eles seguem boa parte dos princípios acima enumerados. Têm, todavia, algumas especificidades ditadas pelo seu objeto e pela sua inserção institucional.

314. **Enumeração e remissão**

I. O citado artigo 362.º faz uma enumeração de contratos bancários. Hoje, a lista está alterada: houve figuras que caíram em desuso, enquanto outras vieram à luz, ditadas pela evolução da economia e da técnica.

De entre as várias enumerações possíveis, vamos reter a seguinte:

– a abertura de conta;

– o depósito bancário;

– a convenção de cheque;

– o giro bancário;

– moeda estrangeira e câmbios;

– emissão de cartão bancário;

– mútuo bancário;

– contratos especiais de crédito;

– locação financeira (*leasing*);

– cessão financeira (*factoring*);

– penhor bancário;

– garantias financeiras;

– garantias bancárias;

– cartas de conforto.

§ 68.º *Contratos bancários* 819

II. Diversos contratos comerciais podem, comodamente, ser tratados a propósito das figuras bancárias acima referidas. De modo a conseguir um suplemento de integração e de utilidade, remetemos o seu estudo para o nosso *Direito bancário*[2339].

[2339] 1.ª ed. (1998), 447 ss., 2.ª ed. (2001), 489 ss., 3.ª ed. (2006), 469 ss., 4.ª ed. (2010), 565 ss. e 5.ª ed. (2014), 532 ss.; temos em preparação a 6.ª ed. (2017).

SECÇÃO VII

O CONTRATO DE TRANSPORTE

§ 69.º O DIREITO GERAL DOS TRANSPORTES

315. Generalidades; aspetos institucionais e materiais

I. O ser humano tem a capacidade de se deslocar levando, com ele, utensílios e outros bens. Os nossos antepassados surgidos, tanto quanto se sabe, no Centro de África, vieram, em vagas sucessivas e dispondo apenas de meios rudimentares, a ocupar toda a superfície do Planeta.

Está ao alcance da Humanidade, com a tecnologia disponível, iniciar a colonização do Sistema Solar: ponto é que o progresso do Direito fosse capaz de acompanhar os das Ciências da Natureza e da Tecnologia, pondo termo aos conflitos e aos desperdícios.

II. A movimentação de pessoas e de bens permite introduzir a ideia de transporte[2340]. No transporte, em sentido técnico-jurídico, procede-se à deslocação voluntária e promovida por terceiros, em termos organizados, de pessoas ou de bens, de um local para o outro[2341].

O papel dos transportes nas sociedades industriais e pós-industriais mal carece de referência. Desde o momento em que se proceda a uma divisão acentuada do trabalho, tudo tem de ser transportado: as matérias-primas para os locais de processamento; os materiais processados para as

---

[2340] Wanda d'Alessio, *Diritto dei transporti* (2003), 161.

[2341] Barthélémy Mercadal, *Droit des transports terrestres et aériens* (1996), 1 ss.; Isabelle Bon-Garcin/Maurice Bernadet/Yves Reinhard, *Droit des transports* (2010), 683 pp., 1 ss..

§ 69.º O direito geral dos transportes

unidades de fabrico; as peças fabricadas para os locais de montagem; os equipamentos para os locais de distribuição e de venda; os bens diversos, para a residência dos consumidores. A população tem, a nível global, uma mobilidade crescente: cada vez é mais inverosímil que alguém nasça, viva e morra na mesma localidade. Independentemente das migrações por razões económicas, sociais ou pessoais, as pessoas viajam em negócios, em estudos, em lazer.

Todo o dia-a-dia depende de uma rede de transportes em perfeito e permanente funcionamento, assente em incontável miríade de atos jurídicos especializados, a tanto destinados.

III. Podemos admitir que a teia de transportes se desenvolva de modo espontâneo, pelo menos nas sociedades abertas. Todavia, a partir de certa dimensão, impõe-se uma especialização profissionalizante, com intervenção dos Estados e com uma colaboração planificada entre todos os agentes. Esse aspeto mais se acentua quando os transportes passem, por sistema, a implicar o cruzamento das fronteiras dos Estados, internacionalizando-se.

O Direito dos transportes assume, assim, uma dupla dimensão. Por um lado, ele vai regular as organizações nacionais e internacionais tendentes a disciplinar ou a normalizar os transportes e os próprios transportadores, na medida em que, pelos valores em jogo, não possam deixar de satisfazer determinados requisitos. Trata-se do Direito institucional dos transportes. Por outro, o Direito dos transportes regula os negócios pelos quais o transportador se compromete, perante um interessado, a assegurar o transporte de pessoas ou de bens de um local para outro. É o Direito material dos transportes.

IV. O Direito material dos transportes reporta-se, essencialmente, ao Direito dos contratos de transporte. Trata-se de um capítulo do Direito comercial[2342]. Apesar da evidente especialidade, parece excessivo proclamar a sua autonomização como disciplina. De modo significativo, a importante reforma do Direito dos transportes alemã, de 25-jan.-1998, foi

---

[2342] A obra de referência é constituída pelo VII volume do *Münchener Kommentar zum HGB, 7: §§ 407-619 (Transportrecht)*, 3.ª ed. (2014), XXXIII + 2731 pp. maciças, org. Jürgen Basedow e com a colaboração de Andreas Blaschczok, Peter Bydlinski, Roland Dubischar, Fritz Frantzioch, Wolf Goette, Herbert Kronke, Gerfried Mutz e Edgar Ruhwedel, atualizado no vol. VIIa (2000), em 330 pp..

822 Contratos especiais de comércio

formalmente inserida no HGB[2343]: aí regressaram numerosas normas que, anteriormente, andavam dispersas em diplomas extravagantes[2344].

E também entre nós, o essencial do regime relativo ao contrato de transporte se mantém no Código Veiga Beirão.

316. O Código Comercial e o papel das cláusulas contratuais gerais

I. Pela sua própria natureza, o Direito dos transportes tem significativos planos internacionais, abaixo referidos[2345]. Não obstante, como fonte básica enformadora de conceitos e de valorações gerais, mantém-se o regime interno e comum do contrato de transporte, ainda hoje constante dos artigos 366.º a 393.º do Código Comercial[2346]. Esses preceitos só não têm uma aplicação direta e de princípio ao transporte marítimo – *vide* o artigo 366.º – nem ao transporte aéreo, inexistente em 1888.

II. O contrato de transporte pode implicar vertentes técnicas consideráveis, assim como particularidades específicas, condicionadas pelo objeto a transportar ou pelo meio utilizado. Além disso, o transporte atual efetiva-se, quanto possível, em massa, de modo a reduzir custos.

Tudo isso obriga a uma normalização dos contratos a celebrar e a uma aceleração de todo o processo. Esses vetores são prosseguidos através de cláusulas contratuais gerais. Muitas vezes exaradas nos próprios títulos de transporte ou nos conhecimentos, elas dão corpo às regras contratuais concretas[2347].

[2343] Com indicações, Karsten Schmidt, *Handelsrecht* cit., 6.ª ed., § 32 (1059 ss.) e Jürgen Basedow no *Münchener Kommentar zum HGB* cit., 3.ª ed., 3-13.

[2344] Claus-Wilhelm Canaris, *Handelsrecht* cit., 24.ª ed., 485.

[2345] *Infra*, 825 ss..

[2346] Cunha Gonçalves, *Comentário* cit., 2, 392 ss.; Francisco Costeira da Rocha, *O contrato de transporte de mercadorias/Contributo para o estudo da posição jurídica do destinatário no contrato de transporte de mercadorias* (2000), 44 ss.. Vide Engrácia Antunes, *Direito dos contratos comerciais* cit., 725 ss...

[2347] Wanda d'Alessio, *Diritto dei transporti* cit., 174 ss..

§ 69.º O direito geral dos transportes

III. O esforço de unificação levou, na Alemanha, à preparação de cláusulas contratuais gerais, à disposição de todos os transportadores[2348].

Também entre nós, os diversos transportadores recorrem a essa técnica de contratação, inevitável perante as realidades dos nossos dias. Impõe-se proceder à sua sindicância, à luz da LCCG. Existe jurisprudência nesse domínio[2349].

317. Quadro geral dos contratos de transporte

I. Referenciadas as diversas fontes, podemos passar a expor um quadro geral classificatório dos contratos de transporte[2350].

De acordo com a realidade a transportar, o transporte diz-se de mercadorias ou de passageiros. Este último abrange, ainda, a bagagem que acompanhe os passageiros em causa.

A via distingue os transportes em terrestres, aéreos e marítimos. Subdistinção nos terrestres é a que contrapõe os rodoviários aos ferroviários. Os transportes fluviais seguem, no essencial, o regime dos terrestres, como se infere do próprio artigo 366.º[2351]. Os contratos de transporte marítimo constituem uma disciplina comercial especializada[2352], dispondo o contrato de transporte rodoviário nacional de mercadorias do regime adotado pelo Decreto-Lei n.º 239/2003, de 4 de outubro[2353].

II. O transporte poderá ser interno ou internacional, consoante venha bulir com o Direito de um único Estado ou com os de diversos Estados.

[2348] O texto pode ser confrontado em Ingo Koller, *Transportrecht* cit., 5.ª ed., 920 ss.. Está disponível a 8.ª ed. (2013), XXIX + 1644 pp..

[2349] Assim, RLx 14-mar.-1996 (Torres Veiga), CJ XXI (1996) 2, 81-84 (83/I), invalidando uma cláusula de exoneração de responsabilidade utilizada por uma empresa de transportes rápidos.

[2350] *Vide* Andreas Kadletz, em Thomas Pfeiffer/Lutz Batereau, *Handbuch der Handelsgeschäfte* (1999), 770 ss., com as fontes.

[2351] Nos países com ligações fluviais internacionais, há diversas convenções a observar. Quanto à experiência francesa, Mercadal, *Droit des transports* cit., 295 ss..

[2352] *Vide* Januário Gomes, *O ensino do Direito marítimo* cit., *passim*; do mesmo Autor: *Leis marítimas* cit., onde podem ser confrontadas as fontes pertinentes.

[2353] Alterado pelo Decreto-Lei n.º 145/2008, de 28 de julho, que lhe aditou o artigo 4.º-A, relativo à remuneração.

824 *Contratos especiais de comércio*

Trata-se de uma distinção rica em consequências, como melhor resultará da consideração do Direito internacional dos transportes.

III. A crescente interação dos transportes leva, muitas vezes, a que qualquer operação de transporte implique a utilização combinada de diversos meios de transporte.

Fala-se, a tal propósito, em transportes multimodais[2354]. As Nações Unidas aprontaram, em 24 de maio de 1980, uma convenção sobre o transporte multimodal internacional de mercadorias, a TMI: todavia, esta ainda não entrou em vigor.

Existem certas regras da CNUDCI/UNCITRAL relativas aos documentos de transporte multimodal, de 1975, revistas em 1991.

[2354] Mercadal, *Droit des transports* cit., 327 e Karsten Schmidt, *Handelsrecht* cit., 6.ª ed, § 32, III (1082 ss.).

§ 70.° O DIREITO INTERNACIONAL DOS TRANSPORTES; OS *INCOTERMS*

318. As convenções internacionais

I. A globalização dos transportes e as necessidades daí decorrentes, cada vez menos limitadas às fronteiras de cada Estado nacional, levaram a uma multiplicação de convenções internacionais.

Os diversos contratos de transporte não podem deixar de se confrontar com essas fontes. Vamos, por isso, proceder a uma breve enunciação.

II. A harmonização do Direito dos transportes foi iniciada em 1890, com a Convenção de Berna sobre os transportes ferroviários[2355]. Seguiu-se a Convenção de Bruxelas de 1924, relativa ao transporte marítimo sob conhecimento ou guia[2356] e a Convenção de Varsóvia, de 1929, quanto ao transporte aéreo.

Culminando este esforço surge a Convenção de Genebra, de 19 de maio de 1956, aprovada pelo Decreto-Lei n.° 46.235, de 18 de março de 1965 e relativa ao contrato de transporte internacional de mercadorias por estrada[2357]. Aderiram à Convenção de Genebra, conhecida pela sigla CMR[2358], todos os Estados do Ocidente Europeu, salvo a Islândia e a

---

[2355] Costeira da Rocha, *O contrato de transporte* cit., 51 ss..

[2356] REv 25-out.-2001 (Laura Leonardo), CJ XXVI (2001) 4, 275-280 (278), RPt 10-dez.-2001 (Fonseca Ramos), CJ XXVI (2001) 5, 209-216 (213) e RCb 25-mar.-2003 (António Piçarra), CJ XXVIII (2003) 2, 27-29 (28/II).

[2357] Costeira da Rocha, *O contrato de transporte* cit., 52 ss.; *vide* RPt 9-jan.-2006 (Pinto Ferreira), CJ XXXI, 157-160 (159/I). Em geral e com indicações: Peter Mankowski, *Transportverträge*, em Christoph Reithmann/Dieter Martiny, *Internationales Vertragrecht*, 6.ª ed. (2004), 1051-1248 (1053 ss.).

[2358] Retirada da designação francesa: *Convention Relative au Contrat de Transport International de Marchandises par Route*. O texto da CMR pode ser confrontado em anexo

Albânia, bem como os Estados da antiga União Soviética[2359]. O Direito português decidiu transpor, para a ordem interna, o essencial dessa convenção: tal o papel do Decreto-Lei n.º 239/2003, de 4 de outubro, cujo preâmbulo é elucidativo.

O transporte internacional rodoviário de passageiros e bagagens, mercê dos cuidados da UNIDROIT, veio a conhecer uma Convenção, assinada em Genebra a 1 de março de 1973, ou CVR[2360]. Ela não foi ratificada por Portugal tendo, todavia, entrado em vigor no dia 12 de abril de 1994.

No campo rodoviário há ainda que ter em conta um elevado número de acordos bilaterais[2361].

III. No tocante aos transportes ferroviários surgiram, como foi dito, os primeiros esforços para a harmonização internacional. A citada Convenção de Berna, de 1890, regulava transportes internacionais ferroviários

---

a Alfredo Proença, *Transporte de mercadorias por estrada* (1998), 115 ss.. Em alemão e com um comentário: Rolf Herber/Henning Piper, *CMR/Internationales Strassentransportrecht/Kommentar* (1996); *vide*, ainda, Ingo Koller, *Transportrecht/Kommentar*, 5.ª ed. (2004), 1013 ss., bem como o comentário maciço de Basedow, no *MünchKomm HGB*, VII cit., 855-1274.

[2359] Mercadal, *Droit des transports* cit., 369.

[2360] Mercadal, *Droit des transports* cit., 369.

[2361] Retemos os elementos seguintes: o acordo entre o Governo português e o francês – Aviso de 29 de dezembro de 1970; o acordo entre o Governo português e o espanhol sobre os transportes rodoviários internacionais – Aviso de 1 de abril de 1971; o acordo entre o Governo português e o dos Países Baixos – Aviso de 24 de julho de 1973; o acordo entre o Governo português e o belga – Aviso de 1 de agosto de 1975; o acordo entre o Governo português e o alemão – Aviso de 24 de fevereiro de 1976; o acordo entre o Governo português e o sueco – Decreto n.º 86/77, de 16 de junho; o acordo entre o Governo português e o romeno – Decreto 124/79, de 14 de novembro; o acordo entre o Governo português e o checoslovaco – Aviso de 27 de março de 1980; o acordo entre o Governo português e o dinamarquês – Decreto do Governo n.º 19/84, de 24 de abril; o acordo entre o Governo português e o luxemburguês – Decreto do Governo n.º 37/84, de 16 de julho; o acordo entre o Governo português e o búlgaro – Decreto do Governo n.º 34/85, de 9 de setembro; o acordo entre o Governo português e o polaco – Decreto do Governo n.º 5/87, de 19 de janeiro; o acordo entre o Governo português e o norueguês – Resolução da Assembleia da República n.º 31/94, de 29 de junho; o acordo entre o Governo português e o marroquino – Decreto n.º 12/95, de 17 de maio; o acordo entre o Governo português e a Federação da Rússia – Resolução da Assembleia da República n.º 53/99, de 2 de julho; e o acordo entre o Governo português e o eslovaco – Resolução da Assembleia da República n.º 41/2000, de 2 de maio.

§ 70.° O Direito internacional dos transportes, os incoterms   827

de mercadorias[2362]. Aquando da sua revisão de 1924, foi adotada uma Convenção Internacional relativa ao Transporte de Passageiros e de Mercadorias por Caminho de Ferro. Seguiram-se diversas revisões, até à de 1980. Esta, assinada em 9-mai.-1980, veio a ser conhecida por Convenção Relativa aos Transportes Internacionais Ferroviários ou COTIF, aprovada para ratificação pelo Decreto n.° 50/85, de 27 de novembro[2363]. A COTIF institucionalizou a antiga União de Berna, que passou a Organização Intergovernamental para os Transportes Internacionais Ferroviários (COFIF), dotada de diversos órgãos, entre os quais a assembleia geral (OTIF) e um secretariado: a Repartição Central dos Transportes Internacionais Ferroviários (OCTI).

Como Apêndice A surgem as denominadas "Regras uniformes relativas ao transporte internacional ferroviário de passageiros e bagagens" ou CIV e, como Apêndice B, as "Regras uniformes relativas ao contrato de transporte internacional ferroviário de mercadorias" ou CIM[2364].

A COTIF foi alterada pelo Protocolo aprovado a 20 de dezembro de 1990 pela OTIF, aprovado para ratificação, pelo Decreto n.° 10/97, de 19 de fevereiro[2365].

IV. No domínio dos transportes aéreos, devemos recordar, quanto às aeronaves, a Convenção sobre Aviação Civil Internacional, de Chicago, assinada em 7 de dezembro de 1944, aprovada para ratificação pelo Decreto-Lei n.° 36:158, de 17 de fevereiro de 1947 e a Convenção Relativa ao Reconhecimento Internacional de Direitos sobre Aeronaves, concluída em Genebra, em 19 de junho de 1948, aprovada para ratificação pelo Decreto n.° 33/85, de 4 de setembro.

Os contratos internacionais de transporte aéreo foram objeto da Convenção de Varsóvia de 12 de outubro de 1929[2366], modificada pelo Proto-

---

[2362] E da qual resultou a União de Berna, que reunia os diversos Estados que fossem parte na Convenção. *Vide* Gerfried Mutz/*MünchKomm HGB*, VII cit., 1513 ss..

[2363] O texto em português, da COTIF pode ser confrontado no DR I Série n.° 273, de 27-nov.-1985, 3944(45)-3944(90), com os seus importantes anexos; versões em alemão e em francês constam de Mutz/*MünchKomm HGB*, VII cit., 1523-1532.

[2364] Mutz/*MünchKomm HGB*, VII cit., 1533-1656.

[2365] *Vide* ainda o Aviso n.° 171/97, de 7 de junho.

[2366] A que Portugal aderiu, pelo Decreto-Lei n.° 26.706, de 20 de janeiro de 1936.

828   *Contratos especiais de comércio*

colo de Haia de 28 de setembro de 1955[2367] e pelo Protocolo de Montreal de 25-set.-1975, ratificado por Portugal em 1982[2368].

V. O transporte por mar conhece também múltiplos instrumentos. Trata-se, contudo, de matéria autonomizada em Direito marítimo, disciplina especializada do Direito comercial.

319. As diretrizes comunitárias

I. As exigências da integração europeia levaram ao aparecimento de diretrizes com relevância no sector dos transportes. Especialmente em causa estão aspetos institucionais de acesso à categoria de operadores[2369].

No campo dos transportes internacionais rodoviários de mercadorias, vieram dispor as Diretrizes n.º 89/438/CEE[2370] e n.º 91/224/CEE[2371], ambas do Conselho. A matéria foi transposta pelo Decreto-Lei n.º 279-A/92, de 17 de dezembro, que estabeleceu o novo regime jurídico do transporte público internacional rodoviário de mercadorias.

Quanto ao transporte ferroviário, cumpre citar a Diretriz n.º 91/440, de 29 de julho de 1991[2372].

[2367] Aprovado, para ratificação, pelo Decreto-Lei n.º 45 069, de 12 de junho de 1963.

[2368] Decreto n.º 96/81, de 24 de julho. *Vide* Koller, *Transportrecht* cit., 5.ª ed., 1511 ss. e as informações de Mercadal, *Droit des trasports* cit., 249. Quanto à Convenção de Varsóvia, cf. Koller, *Transportrecht* cit., 5.ª ed., 1360 ss. (versão de Haia) e 1470 ss. (versão de 1929) bem como Herbert Kronke, *MünchKomm HGB* cit. VII, 1943-2151.

[2369] Algumas considerações podem ser confrontadas em Letizia Rita Sciumbata (org.), *I trasporti nella normativa europea* (2003), com um anexo de documentação.

[2370] JOCE N.º L 212, 101-105, de 22-jul.-1989; esta Diretriz veio alterar as Diretrizes n.º 74/561/CEE, relativa ao acesso à profissão de transportador rodoviário e mercadorias, no domínio dos transportes nacionais e internacionais, n.º 74/562/CEE, relativa ao acesso à profissão de transportador rodoviário de passageiros, no domínio dos transportes nacionais e internacionais e n.º 77/796/CEE, que tem por objetivo o reconhecimento mútuo dos diplomas, certificados e outros títulos de transportador rodoviário de mercadorias e de transportador rodoviário de passageiros e que inclui medidas destinadas a facilitar o exercício efetivo da liberdade de estabelecimento dos transportadores.

[2371] JOCE N.º L 103, 1-2, de 23-abr.-1991; esta Diretriz alterou a Diretriz n.º 75/130//CEE, relativa ao estabelecimento de regras comuns para certos transportes combinados de mercadorias entre Estados-membros.

[2372] JOCE N.º L 237, 25-28, de 24-ago.-1991.

§ 70.° *O Direito internacional dos transportes, os* incoterms   829

II. A matéria dos transportes vem, assim, a suscitar uma diferenciação crescente. Os princípios jurídicos que a conformam bem como numerosas das suas concretizações mantêm-se, porém, fiéis à comercialística privada.

320. Os *incoterms*

I. No comércio internacional, particularmente no sector dos transportes, foi-se tornando habitual a utilização de cláusulas típicas, expressas pelas siglas respetivas em inglês. Elas dispensam explicitas as condições em que o negócio é celebrado, facilitando cláusulas normalizadas e o conhecimento dos elementos essenciais do negócio[2373]. Pense-se, por exemplo, nas cláusulas FOB (*free in board*) ou CIF (*cost, insurance and freight*). A lista de siglas em uso foi-se alongando, com inevitáveis flutuações. Para evitar os inconvenientes daí resultantes, a Câmara de Comércio Internacional, de Paris[2374], procurou interpretar as cláusulas em uso, consolidando-as. Assim surgiram os *incoterms*: de *international commercial terms*[2375]. Foram publicadas versões sucessivamente mais aperfeiçoadas: a primeira data de 1936, seguindo-se versões de 1953, de 1980, de 1990, de 2000 e de 2010[2376]. Como se vê, a tendência é a de uma revisão de dez em dez anos.

II. Cumpre dar uma ideia dos *incoterms* em uso[2377]. Eles repartem-se por quatro grupos, de acordo com o seu sentido geral. Temos:

– *grupo E*: de *ex*, partidas: a obrigação mínima para o exportador: a mercadoria é entregue no local da produção ou "fábrica";

[2373] RLx 3-mai.-2012 (Aguiar Pereira), Proc. 43/09.

[2374] www.iccwbo.org/

[2375] Baumbach/Hopt, *Handelsgesetzbuch*, 36.ª ed. (2014), anexo 6 (1713 ss.) e Martiny, *Internationale Formulare*, em Reitmann/Martiny, *Internationales Vertragsrecht* cit., 6.ª ed., 602 ss.. Entre nós: Luís de Lima Pinheiro, *Direito comercial internacional* (2005), 325 ss..

[2376] Com indicações, Roth, em Koller/Roth/Morck, *HGB*, cit., 5.ª ed., § 346, Nr. 20 (980) e Klaus J. Hopt Baumbach/Hopt, *HGB*, cit., 36.ª ed., Nr. 19 ss. (1719 ss.). (6).

[2377] A matéria pode ser confrontada, com comodidade, na *Net*; *vide*, entre nós, Lima Pinheiro, *Direito comercial internacional* cit., 328 ss..

- *grupo F*: de *free*, livre: a mercadoria é entregue ao transportador, não sendo o transporte principal da responsabilidade do exportador;
- *grupo C*: de *cost* ou *carriage*, custo: o custo do transporte principal é assumido pelo exportador: mas não os riscos subsequentes ao embarque;
- *grupo D*: de *delivery*: chegada ou entrega: a obrigação máxima para o exportador, que assume todos os riscos e os custos até ao local de entrega.

Posto isto, os *incoterms* são os seguintes:

- grupo E:

  EXW (*ex works*): a mercadoria é entregue na "fábrica", sendo o transporte alheio ao exportador.

- grupo F:

  FCA (*free carrier*): a mercadoria é entregue ao transportador, aí cessando o papel do exportador;

  FAS (*free alongside ship*): *idem*, sendo a mercadoria entregue ao lado do navio;

  FOB (*free on board*): *idem*, sendo a mercadoria entregue a bordo do navio.

- grupo C:

  CFR (*cost and freight*): o exportador assume o custo e o frete;

  CIF (*cost, insurance and freight*): *idem*, mas incluindo, também, o seguro;

  CPT (*carriage paid to*): *idem*, mas especificando-se o local até onde o porte é pago;

  CIP (*carriage and insurance paid to*): *idem*, incluindo o seguro.

- grupo D:

  DAF (*delivered at frontier*): o vendedor assume os custos e os riscos até à fronteira acordada;

  DES (*delivered ex ship*): o vendedor arca com os custos e os riscos do embarque e do transporte; a transferência dos riscos e custos faz-se a bordo do navio, no local de chegada;

  DEQ (*delivered ex quay*): *idem*, mas no cais do porto de chegada;

  DDU (*delivered duty unpaid*): a mercadoria é entregue com os impostos a cargo do comprador;

  DDP (*delivered duty paid*): *idem*, mas com os impostos pagos.

§ 70.° *O Direito internacional dos transportes, os* incoterms   831

A presente indicação visa, apenas, dar uma ideia dos *incoterms* atuais: ela não dispensa a análise cuidadosa, nas fontes, do efetivo alcance de cada um destes termos. Temos, de resto, bons exemplos de análise na jurisprudência[2378].

III. Esta matéria deve ser manejada com cuidado. Em primeiro lugar, quando se usem os *incoterms* da CCI, haverá que especificar, no contrato: *incoterms 2010* ou *incoterms CCI 2010*. Há *incoterms* de sentido não coincidente, usados nos Estados Unidos; há *incoterms* arcaicos e há figuras atípicas, que podem não corresponder ao sentido preciso de nenhum dos 13 *incoterms* "oficiais". Ainda a este propósito, cumpre reter que a CCI não tem qualquer poder normativo não assumido, livremente, pelas partes. Limita-se a propor os *incoterms*, em geral aceites: mas não obrigatórios.

Pergunta-se se os *incoterms* não assumem uma força vinculativa, na qualidade de usos do comércio. No domínio internacional, poder-se-á falar, efetivamente, numa prática reiterada. Todavia, a força vinculativa dos *incoterms* provém sempre da sua inclusão em contratos. Deriva, pois, da autonomia privada. Não obstante, quando pactuados, há uma forte indicação no sentido de as partes terem pretendido, precisamente, assumir o sentido fixado pela CCI. Pelo menos, assim o entenderia o destinatário normal.

321. Segue; aplicação interna e natureza

I. Os *incoterms* podem ser usados no plano interno. Quando isso suceda, operam as considerações acima expendidas sobre o seu alcance. A positividade dos *incoterms* advém sempre da autonomia privada, assumindo o alcance que lhes daria o destinatário normal. Esse alcance será,

---

[2378] Por exemplo: RPt 26-abr.-2007 (Teles de Menezes), Proc. 0731617 (*incoterm* EXW); STJ 5-jul.-2007 (JOão Bernardo), Proc. 07B1944 (*incoterm* CIF; refere outros); STJ 23-out.-2007 (Fonseca Ramos), Proc. 07A3119 (*incoterm* EXW); RPt 3-jul.-2008 (Pinto de Almeida), Proc. 0830298 (*incoterm* EXW); RCb 28-set.-2010 (Martins de Sousa), Proc. 6/06.6 (*incoterm* CIP); STJ 20-set.-2011 (Martins de Sousa), Proc. 7199/07.3 (*incoterm* CFR); RPt 26-abr.-2007 (Teles de Menezes), Proc. 0731617 (*incoterm* EXW); STJ 31-jan.-2012 (Salreta Pereira), Proc. 13/2002 (*incoterm* CRF).

832 Contratos especiais de comércio

em princípio, o da CCI, admitindo-se, todavia, que outra possa ser a solução concreta.

II. Quanto ao alcance material: logo se verifica que, embora esta matéria surja no domínio dos transportes, ela assume um alcance que o transcende, penetrando no campo da compra e venda, dos seguros e de diversas prestações de serviço.

O principal interesse reside na sua natureza sintética – sempre três iniciais – e na normalização rápida que permitem.

III. Pergunta-se se os *incoterms* dão azo a cláusulas contratuais gerais. Entre nós, já se respondeu negativamente[2379]. Todavia, cremos que se trata, muito claramente, de cláusulas contratuais gerais[2380]: visam contratantes indeterminados e, quando adotados por proposta de uma das partes, traduzem a típica rigidez, salvo quando se prove que não corresponderam a nenhuma proposta firme, antes tendo advindo de negociação. Além disso, os *incoterms* surgem, em regra, inseridos em textos contratuais mais vastos que são, eles próprios, cláusulas contratuais gerais.

Isto dito, temos algumas especificidades. Assim:

– os *incoterms* correspondem a cláusulas experimentadas e equilibradas; só por si, não incorrem nas proibições da LCCG, ainda que a sua articulação com outras cláusulas não deva deixar de ser sindicada;
– a interpretação dos *incoterms*, quando se determine que se trata dos *incoterms 2000* da CCI, deve seguir o indicado por esta orientação[2381]: sempre sem prejuízo da sua articulação global, que deverá atender à LCCG.

IV. Muito importante pelo prisma do Direito português é a necessidade de comunicação e a de informação, previstas nos artigos 5.° e 6.° da LCCG. Mostra a experiência que muitos pequenos e médios operadores nacionais são levados a subscrever clausulados que contêm *incoterms*

[2379] Assim: Lima Pinheiro, *Direito comercial internacional* cit., 326, nota 762.
[2380] Claus-Wilhelm Canaris, *Handelsrecht* cit., 24.ª ed., 342.
[2381] BGH 18-jan.-1975, NJW 1976, 852-853 (853) e BGH 23-mar.-1964, BGHZ 41 (1964), 215-222 (221): exclui-se a interpretação complementadora.

§ 70.º *O Direito internacional dos transportes, os* incoterms   833

sem, deles, terem uma ideia precisa e completa. O utilizador assume o encargo de desdobrar, traduzir e explicar os *terms* ou, pelo menos, de remeter o aderente para os sítios da CCI onde podem ser obtidos os competentes esclarecimentos.

No limite, as cláusulas atingidas não se incluem nos contratos singulares (8.º da LCCG), sendo substituídas por regras supletivas aplicáveis. É certo que estas, muitas destas, acabam por revalidar os *incoterms*. Tudo depende, todavia e em concreto, das articulações que possam surgir com outras cláusulas contratuais.

V. Finalmente, cabe referir que a nossa jurisprudência conhece e aplica os *incoterms*, deles retirando os competentes desenvolvimentos jurídico- -normativos. Assim sucede, designadamente, com a cláusula CIF[2382] e com as cláusulas FOB[2383].

322. *Trade terms*

I. Além dos *incoterms*, cumpre ainda referir os *trade terms*[2384]. Trata-se de cláusulas usualmente presentes em contratos internacionais, particularmente de compra e venda, mas que têm uma especial presença nos contratos de transporte, mesmo internos. Uma primeira versão normalizada foi publicada, em 1923, pela Câmara de Comércio Internacional, sendo a última versão de 1953[2385]. Não têm a solidez dos *incoterms 2000*; além disso, verifica-se a existência de diversas versões, algumas de proveniência norte-americana[2386]. Correspondem, tecnicamente, a cláusulas contratuais gerais, que devem ser comunicadas e esclarecidas por quem as proponha à adesão de outrem, nos termos gerais.

[2382] STJ 3-fev.-2005 (Oliveira Barros), CJ/Supremo XIII (2005) 1, 61-64 (62/II).

[2383] STJ 23-abr.-1992 (Figueiredo de Sousa), BMJ 416 (1992), 656-662 (660) e RPt 8-fev.-1996 (Sousa Leite), CJ XXI (1996), 213-215 (214/II).

[2384] Canaris, *Handelsrecht* cit., 24.ª ed., 343.

[2385] Baumbach/Hopt, *Handelsgesetzbuch* cit., 36.ª ed., Incoterms Einl, Nr. 4 (1717) e Martiny, *Internationale Formulare* cit., 604 ss.. *Vide* Karsten Schmidt, *Münchener Kommentar/HGB* cit., V, § 346, Nr. 61 ss. (63 ss.) e Detlev Joost, em Ebenroth/Boujong, *HGB Kommentar*, II, 3.ª ed. (2015), § 346, Nr. 103 (66).

[2386] Diversos "dicionários" de *trade terms* podem ser confrontados na *net*.

II. Damos, de seguida, alguns exemplos de *trade terms* que têm surgido – e sido aplicados – nos nossos tribunais:

CAD (*cash against documents*): o comprador só pode receber a mercadoria depois de comprovado o pagamento do preço faturado[2387];

COD (*cash on delivery* ou *collect on delivery*): o comprador deve pagar no ato de entrega da mercadoria; a cláusula não se mostra cumprida se o transportador se limitar a aceitar um (mero) cheque[2388];

FCL (*full container load*): tratando-se do transporte de um contentor selado, compete ao interessado provar que o desaparecimento da carga se deu durante o transporte.

Toda esta área exige uma especialização crescente.

[2387] STJ 8-jul.-2003 (Fernando Araújo de Barros), CJ/Supremo XI (2003) 2, 147-151 (149/II).

[2388] RPt 2-jul.1996 (Gonçalves Vilar), BMJ 459 (1996), 604 e RPt 15-jan.-2002 (Mário Cruz), CJ XXVII (2002) 1, 184-186 (185/I): cheque esse que – já se vê – nem tinha provisão.

§ 71.º O CONTRATO DE TRANSPORTE

323. Nota histórica

I. No Código Ferreira Borges, a matéria dos transportes estava, ainda, pouco caracterizada: ela entroncava na grande cepa românica do mandato.

Segundo o artigo 170.º desse diploma,

> O empresario d'um estabelecimento, que se encarrega do transporte de mercadorias por terra, canaes ou rios, chama-se expedicionario ou commissario de transportes. Quando elle mesmo preside á recovagem, chama-se recoveiro; e são os empregados seus os barqueiros, carreteiros e almocreves, que o representam.

O artigo 171.º completava:

> Como o recoveiro pode ser elle mesmo, ou representar o commissario expedicionario, e póde acompanhar como almocreve a recovagem, a legislação ácerca dos recoveiros comprehende o que esta á testa da administração, e os mesmos almocreves e barqueiros.

Como se vê, a própria linguagem surge arcaica, apesar de as categorias jurídicas fundamentais serem claramente percetíveis. Estes textos dão bem a ideia do papel que a industrialização teve no campo do contrato de transporte.

II. O papel da guia de transporte, autêntico título de crédito, vinha já exarado no artigo 175.º do Código de 1833:

> A cautela de recovagem é o título legal do contracto entre o carregador e o recoveiro: por ella se decidirão todas as questões ácerca do transporte das fazendas: contra ella não são admissiveis exceções algumas, salvo de falsidade, ou erro involuntario de redação.

O Código Civil de Seabra referia, nos seus artigos 1410.º e 1411.º, o contrato de recovagem, barcagem e alquilaria[2389]. Os respetivos textos são curiosos e interessantes:

Artigo 1410.º

Diz-se recovagem, barcagem e alquilaria o contrato por que qualquer ou quaisquer pessoas se obrigam a transportar, por água ou por terra, quaisquer pessoas, ou animais, alfaias ou mercadorias de outrem.

Artigo 1411.º

Este contrato será regulado pelas leis comerciais, e pelos regulamentos administrativos, se os condutores tiverem constituído alguma empresa ou companhia regular ou permanente. Em qualquer outro caso, observar-se-ão as regras gerais dos contratos civis, com as modificações expressas na presente secção.

Trata-se de figuras que rapidamente foram caindo em desuso, tendo sido substituídas, logo em 1888, pela ideia atual de contrato de transporte[2390]. Este constitui o cerne do transporte, abrangendo as regras que, depois, se poderão aplicar às diversas modalidades pactuadas pelas partes ou correspondentes ao tipo social adotado[2391].

III. O transporte já foi entendido como um misto de prestação de serviço, de locação e de depósito[2392]: serviço porque há troca de atividade humana por dinheiro; locação porque há uso temporário do meio de transporte; depósito porque há entrega e guarda de bens. Este último elemento faltaria no contrato de transporte de passageiros.

Também já se aproximou o transporte de um mandato. A circunscrição deste contrato à atuação jurídica levou, todavia, a doutrina para outras áreas.

Hoje, podemos assentar na autonomia conceitual e substancial do contrato de transporte. Capaz de implicar uma infinidade de operações

---

[2389] Luiz da Cunha Gonçalves, *Tratado de Direito civil*, 7 (1933), 663 ss..

[2390] *Idem*, 7, 665.

[2391] Corresponde à figura alemã do *Frachtvertrag*; *vide* Karsten Schmidt, *Handelsrecht* cit., 5.ª ed., 915 ss..

[2392] Cunha Gonçalves, *Comentário* cit., 2, 394.

§ *71.° O contrato de transporte* 837

materiais ou de ser muito simples, o contrato de transporte constitui um tipo contratual bem caracterizado, com as especificidades de que abaixo se dará conta.

324. O transporte em geral

I. O Código Comercial não define o contrato de transporte. Limita-se, no seu artigo 366.°, a dispor quando se deva considerar mercantil um transporte determinado.

O transporte não tem hoje assento no Código Civil[2393]. De todo o modo, ele aparece referido ou pressuposto em vários dos seus preceitos. Assim:

– o artigo 46.°/3 do Código Civil dispõe sobre a lei reguladora dos direitos reais "... sobre os meios de transporte submetidos a um regime de matrícula";
– o artigo 755.°/1 atribui o direito de retenção – alínea *a*) – ao "transportador, sobre as coisas transportadas, pelo crédito resultante do transporte";
– o artigo 755.°/2, nessa sequência, determina: "Quando haja transportes sucessivos, mas todos os transportadores se tenham obrigado em comum, entende-se que o último detém as coisas em nome próprio e em nome dos outros";
– o artigo 797.°, a propósito do que denomina "promessa de envio", dispõe: "Quando se trate de coisa que, por força de convenção, o alienante deva enviar para local diferente do lugar do cumprimento, a transferência do risco opera-se com a entrega ao transportador ou expedidor da coisa ou à pessoa indicada para a execução do envio";
– os artigos 2214.° a 2219.° regulam o testamento feito a bordo de navio ou de aeronave.

II. Com recurso a categorias gerais, poderemos apresentar o contrato de transporte como aquele pelo qual uma pessoa – o transportador – se obriga perante outro – o interessado ou expedidor – a providenciar a des-

---

[2393] Ao contrário do que vimos suceder no Código de Seabra.

838   *Contratos especiais de comércio*

locação de pessoas ou de bens de um local para o outro[2394]. Em regra, porém, não chega o transporte em si: o transportador só conclui a execução do seu contrato com a entrega do bem ao destinatário[2395]. Surge, assim, uma relação triangular, cuja natureza abaixo será explicitada.

Temos as várias distinções básicas acima referidas: o transporte de passageiros ou de mercadorias, terrestre, marítimo ou aéreo, rodoviário ou ferroviário e nacional ou internacional.

Todas estas classificações podem combinar-se entre si: assim um transporte internacional marítimo de passageiros ou um transporte rodoviário de mercadorias. Temos, finalmente, o transporte multimodal.

III. O contrato de transporte implica, por vezes, uma articulação de esforços, analisando-se em vários contratos dele dependentes. Assim, é frequente o transportador organizar a viagem, subcontratando num ou mais transportadores materiais. Nessa altura, o transportador será, em relação aos subcontratados, expedidor; o interessado apenas contrata com o primeiro transportador, o qual assume o compromisso de colocar pessoas e bens no local do destino. O contrato de transporte reporta-se ao conjunto.

O contrato de transporte é oneroso. O transportador tem o direito a perceber uma remuneração denominada "frete".

IV. Em termos civilísticos, o contrato de transporte é uma prestação de serviço[2396]. Todavia, não é o serviço em si que interessa ao contratante: releva, para este, apenas o resultado, isto é: a colocação da pessoa ou do bem, íntegros, no local do destino. Por isso, o transporte funciona como modalidade de empreitada[2397]. Podemos ainda acrescentar que, justamente por relevar o resultado final, o transporte acaba por assumir um conteúdo lato: abrange todas as operações necessárias para que o seu sentido útil possa ser atingido[2398].

[2394] Quanto às definições usadas na jurisprudência: STJ 3-out.-1994 (Torres Paulo), CJ/Supremo II (1994) 3, 78-81 (80/I) e STJ 6-mar.-1997 (Almeida e Silva), CJ/Supremo V (1997) 1, 135-138 (137/I).

[2395] RCb 30-mar.-2004 (António Piçarra), CJ XXIX (2004) 2, 24-26 (25/II).

[2396] RPt 8-fev.-1996 (Sousa Leite), CJ XXI (1996) 1, 213-215.

[2397] Assim, Claus-Wilhelm Canaris, *Handelsrecht* cit., 24.ª ed., 486.

[2398] RPt 1-fev.-1999 (Azevedo Ramos), CJ XXIV (1999) 1, 208-210 (209/II).

325. O Código Comercial

I. O Código Comercial regula, como foi dito, o essencial do transporte comercial: artigos 366.º a 393.º. Não define "contrato de transporte": pressupõe a noção. Dispõe, sim, sobre o condicionalismo que permita considerá-lo como transporte mercantil.

Segundo o corpo do artigo 366.º,

> O contrato de transporte por terra, canais ou rios considerar-se-á mercantil quando os condutores tiverem constituído empresa ou companhia regular permanente.

O § 1.º explica que haverá "empresa" quando qualquer ou quaisquer pessoas "... se proponham exercer a indústria de fazer transportar (...) alfaias ou mercadorias de outrem". Retiramos daqui que a lei visou o transporte profissional, feito por pessoas singulares.

O § 2.º remete as "companhias de transportes" para as sociedades comerciais. No fundo, os §§ 1.º e 2.º do artigo 366.º dão corpo ao artigo 13.º.

A lei usa a expressão "condutores". Trata-se de um aflorar da *locatio-conductio operis faciendi*, de que deriva o transporte; de todo o modo, o § 3.º do artigo 366.º passa a denominar as "empresas e companhias" de "condutores" transportadores.

Os transportes marítimos eram remetidos para o livro III do Código constando hoje de leis extravagantes.

II. Retomando as categorias comuns acima enunciadas, o artigo 367.º explicita a possibilidade de o transportador fazer o transporte por si ou por entidade diversa. Nessa altura, o transportador inicial mantém-se transportador para com o interessado expedidor e assume, perante o transportador direto, a categoria de expedidor.

III. Fixados estes quadros, o Código Comercial vem tratar, no fundamental, os aspetos seguintes:

– a escrituração do transportador – 368.º;
– a guia de transporte – 369.º a 375.º;
– a execução do transporte – 378.º a 382.º;
– a responsabilidade do transportador – 376.º, 377.º e 383.º a 386.º;

840   *Contratos especiais de comércio*

– a entrega e as garantias do transportador – 387.° a 392.°.

O artigo 393.° prevê regras especiais para os transportes ferroviários, sendo ainda aplicáveis as regras do Código.

IV. A escrituração do transportador deve especificar os elementos referidos no artigo 368.°. A inobservância deste preceito teria, contudo, apenas as consequências probatórias acima referidas, a propósito da escrituração em geral[2399].

326. A guia de transporte

I. O contrato de transporte não está, à partida, sujeito a qualquer forma especial[2400]. Todavia, cada uma das partes tem o direito de, para defesa dos seus interesses e garantia da operação, exigir à outra uma formalização através da guia de transporte[2401].

A guia de transporte é um documento emitido pelo transportador e entregue ao expedidor e do qual consta o essencial do contrato. A guia é facultativa: o expedidor pode, porém, exigir a sua entrega podendo o transportador exigir, por seu turno, um duplicado da guia, assinado por aquele. Quando exista, a guia de transporte torna-se o elemento fundamental do contrato[2402].

A guia é à ordem – indicando nominalmente o proprietário dos bens transportados – ou ao portador.

II. Como foi referido, da guia de transporte deve constar o essencial do contrato de transporte que tenha sido ajustado entre as partes. O artigo 370.° remete para "... o que nos regulamentos especiaes do transportador for prescrito ...": hoje, será o que conste das cláusulas contratuais gerais. Na falta de tais "regulamentos", o artigo 370.° manda incluir na guia:

[2399] *Supra*, 409 ss..

[2400] Karsten Schmidt, *Handelsrecht* cit., 6.ª ed., § 32, IV, Nr. 16 (1066); *vide* RPt 8-fev.-1996 (Sousa Leite), CJ XXI (1996) 1, 213-215 (214/II), STJ 28-jan.-1997 (Silva Paixão), CJ/Supremo VI (1997) 1, 71-73 (73/I) e STJ 11-mar.-1999 (Machado Soares), CJ//Supremo VIII (1999) 1, 141-146 (145/I).

[2401] Com indicações: Costeira da Rocha, *O contrato de transporte* cit., 121 ss..

[2402] RPt 22-mai.-2003 (Sousa Leite), CJ XXVIII (2003) 3, 173-175 (173-174).

§ 71.º O contrato de transporte 841

1.º Nomes e domicílio do expedidor, do transportador e do destinatário;
2.º Designação da natureza (...) dos objetos a transportar (...);
3.º Indicação do lugar em que deve fazer-se a entrega;
4.º Enunciação da importância do frete, com declaração de se achar ou não satisfeito (...);
5.º Determinação do prazo [da] (...) entrega (...);
6.º Fixação da indemnização por que responde o transportador (...);
7.º Tudo o mais (...)

III. Os artigos 373.º, 374.º e 375.º contêm regras importantes sobre a guia de transporte[2403]:

– todas as questões àcerca do transporte se decidirão pela guia, não sendo contra a mesma admissíveis exceções algumas, salvo de falsidade ou de erro involuntário de redação;
– se a guia for à ordem, a transferência da propriedade dos objetos transportados faz-se por endosso; sendo ao portador, por tradição;
– quaisquer estipulações particulares não constantes da guia são inoponíveis ao destinatário ou aos adquirentes, por endosso ou por tradição.

A guia serve, pois, de meio de prova do contrato, de meio de prova de receção das mercadorias e de esquema jurídico de circulação dos bens.

É possível apontar nela as características da literalidade, da abstração e da legitimação, o que faz dela um título de crédito, embora específico: o crédito à entrega das mercadorias, nas condições nela descritas.

No domínio do Direito uniforme surge-nos um instituto semelhante, ainda que não tão marcado: a declaração de expedição do artigo 6.º da Convenção CMR, como exemplo[2404].

327. A execução do transporte

I. O contrato de transporte pressupõe entidades profissionais a tanto destinadas. Estas, nos termos do artigo 4.º/1 do Decreto-Lei n.º 370/93, de

---

[2403] Cunha Gonçalves, *Comentário ao Código Comercial* cit., 2, 409 ss.. Este Autor fala na tripla função de meio de prova, de meio fácil de transmissão das mercadorias e de guia ou instrução aos agentes do transportador.

[2404] STJ 20-mai.-1997 (Silva Paixão), CJ/Supremo V (1997) 2, 84-86 (86/I).

842   *Contratos especiais de comércio*

29 de outubro, não podem recusar arbitrariamente a contratação do serviço para que sejam solicitadas.

Antecipando-se a esta regra de não-discriminação, o artigo 378.° determina que o transportador expeça os objetos a transportar pela ordem por que os receber: sem preferências pessoais[2405].

II. O transportador tem, a seu cargo, os deveres de informação que, em geral, resultam da boa-fé na execução dos contratos, consignada no artigo 762.°/2, do Código Civil. O artigo 379.° veio precisar esses deveres: se o transporte não se puder realizar ou estiver extraordinariamente demorado, por caso fortuito ou de força maior, deve o transportador avisar imediatamente[2406] o expedidor: este tem o direito de rescindir o contrato, reembolsando aquele das despesas e restituindo a guia de transporte. O ónus da prova de que houve força maior cabe ao transportador, como se alcança do artigo 383.°.

Sobrevindo a ocorrência durante o transporte, o transportador tem direito à parte proporcional do frete – artigo 379.°, § único.

III. O expedidor pode, na execução e dentro de certos limites, alterar unilateralmente o contrato, dando contraordens: é o que resulta do artigo 380.°, preceito esse que corresponde, em parte, ao artigo 396.° do revogado Código de Comércio italiano[2407]. Porém, se isso conduzir a mudança de caminho ou ao seu alongamento, há alteração no frete; na falta de acordo, subsiste a obrigação primeiro assumida. Chegando o objeto ao destino e exigido ele pelo destinatário, portador da guia, cessa a possibilidade de alteração – § 1.° do artigo 380.°. Havendo alteração – § 2.° – pode ser exigida a entrega e substituição da guia.

O transportador pode escolher o caminho que mais lhe convenha, salvo pacto expresso em contrário; nessa altura, o transportador é responsável por qualquer dano "... que aconteça às fazendas ..." – artigo 381.°.

[2405] Nas palavras de Cunha Gonçalves, *Comentário ao Código Comercial* cit., 2, 428.

[2406] Isto é: logo que, do facto, tenha conhecimento.

[2407] Cunha Gonçalves, *Comentário ao Código Comercial* cit., 2, 430.

§ 71.º O contrato de transporte

328. A responsabilidade do transportador

I. O Código Comercial contém, no seu artigo 376.º, uma norma de especial relevo prático: a de que, se o transportador aceitar sem reserva os objetos a transportar, se presume que os mesmos não têm vícios aparentes.

Assim, se os objetos chegarem com vícios e não houver reserva na guia, presume-se que houve má execução do transportador. Seguem-se as regras próprias da responsabilidade contratual – artigos 798.º e seguintes, do Código Civil.

O transportador responde pelos seus empregados e auxiliares e pelos transportadores subsequentes – artigo 377.º; trata-se duma manifestação da regra do artigo 800.º, do Código Civil.

II. O artigo 383.º conecta-se com o artigo 376.º: o transportador, desde que receba e até que entregue as coisas transportadas, responde pela sua perda ou deterioração, salvo quando proveniente de caso fortuito, de força maior, de vício do objeto, de culpa do expedidor ou de culpa do destinatário[2408]. Opera a presunção de "culpa" contra ele: se não lograr fazer prova de algum destes fatores, ele será responsabilizado. No fundo, trata-se de uma manifestação do artigo 799.º, do Código Civil.

A avaliação dos danos faz-se pela convenção ou nos termos gerais de Direito – artigo 384.º.

O destinatário pode, a expensas suas, fazer verificar o estado dos objetos transportados – artigo 385.º.

Finalmente, o transportador responde para com o expedidor por quanto resultar de omissão sua, no domínio das leis fiscais.

III. A presunção de culpa do transportador opera no tocante às diversas formas do Direito internacional dos transportes. Assim, no caso dos transportes ferroviários, operam os artigos 35.º, § 1 e 36.º, § 2, do CVM[2409]. Quanto a transportes aéreos, dispõe o artigo 18.º da Convenção de Varsóvia, modificado pelo Protocolo de Montreal[2410]. Também a

---

[2408] Cunha Gonçalves, *Comentário ao Código Comercial* cit., 2, 439 ss..

[2409] STJ 3-out.-1994 cit., CJ/Supremo II, 3, 80/I.

[2410] STJ 26-set.-1996 (Sampaio da Nóvoa), CJ/Supremo IV (1996) 3, 16-19 (18): foi condenada a transportadora aérea que insistiu em fazer transportar no porão uma delicada

844   *Contratos especiais de comércio*

CMR prevê presunções de culpa, sendo certo que ela se aplica a todos os danos contratuais[2411]. Segundo o seu artigo 17.°/1, o transportador é responsável pela perda total ou parcial da coisa, desde o carregamento à entrega. Fica incluído o furto da coisa o qual, em certas condições, não é imprevisível[2412].

IV. O transportador pode ainda provocar danos extracontratuais. A jurisprudência já entendeu, nessa eventualidade, que se desemboca na responsabilidade aquiliana, com a consequente aplicação do prazo curto de prescrição previsto no artigo 498.°, do Código Civil[2413].

Devemos ir mais longe. O transportado entrega-se, para todos os efeitos, nas mãos do transportador. Para além do que resulte do contrato, há deveres de segurança assentes na boa-fé e que decorrem do artigo 762.°/2, do Código Civil. Quando tais deveres se mostrem violados, a responsabilidade do transportador é obrigacional, ocorrendo a presunção de culpa do artigo 798.° e seguintes, do Código Civil.

Para além disso, há que observar as convenções internacionais aplicáveis.

O transportador responde perante o destinatário[2414], incluindo por atos de agentes e auxiliares[2415]. A baldeação[2416] e a descarga[2417] são, também, risco dele. O transporte, particularmente quando internacional, pode implicar operações burocráticas: são da conta do transportador[2418].

---

máquina de filmar, a qual ficou inutilizada.*Vide*, também, STJ 30-set.-1997 (Pais de Sousa), CJ/Supremo V (1997) 3, 37-41, que atribuiu uma significativa (e justa) indemnização a um advogado, que ficou sem a mala, por inépcia da transportadora.

[2411] RCb 19-mai.-1998 (Gil Roque), BMJ 477 (1998), 574.

[2412] RCb 13-nov.-2001 (Cardoso Albuquerque), CJ XXVI (2001) 5, 19-21.

[2413] STJ 13-fev.-2001 (Fernandes Magalhães), CJ/Supremo IX (2001) 1, 117-119 (118-119): um caso de danos à saúde, provocados num transportado.

[2414] RCb 16-dez.-2015 (Manuel Capelo), Proc. 2308/13.

[2415] RPt 18-abr.-1996 (Oliveira Barros), CJ XXI (1996) 2, 220-225 (225/I) e STJ 11-mar.-1999 (Machado Soares), CJ VIII (1999) 1, 141-146 (146/I).

[2416] STJ 17-fev.-1998 (Pais de Sousa), CJ/Supremo VI (1998) 1, 77-79 (79/I).

[2417] STJ 18-abr.-1996 (Joaquim de Matos), CJ/Supremo IV (1996) 2, 33-36 (35-36).

[2418] STJ 25-fev.-1997 (Fernandes Magalhães), CJ/Supremo V (1997) 2, 21-24 (23/I).

§ 71.° O contrato de transporte

329. A entrega e as garantias do transportador

I. O transportador deve entregar prontamente os objetos transportados ao destinatário, sem mais indagações – artigo 387.°. Se este não os quiser receber, pode requerer consignação em depósito, à disposição do expedidor, sem prejuízo de terceiro – artigo 388.°. Recorde-se que vale sempre como destinatário quem constar da guia[2419]. Expirado o prazo de transporte, todos os direitos revertem para o destinatário – artigo 389.°.

II. O transportador não é obrigado a fazer a entrega enquanto o destinatário não cumprir aquilo a que (porventura) for obrigado – artigo 390.°. Há, também, retenção pela restituição da guia – artigo 390.°, § 2.°. Se a retenção não convier ao transportador, pode ele requerer o depósito e a venda – artigo 390.°, § 3.°.

Tratando-se de transporte civil, a retenção da transportadora vai mais longe: ela opera por qualquer crédito resultante do transporte – e, portanto: também pelo frete – artigo 755.°/1, *a*), do Código Civil[2420]. O dinamismo comercial joga, pois, aqui, contra o transportador.

III. O artigo 391.° confere ao transportador um privilégio – entenda-se: mobiliário especial –, sobre os objetos transportados, pelos créditos resultantes do contrato de transporte[2421].

Por seu turno, o expedidor tem privilégio, pelo valor dos objetos transportados, sobre os instrumentos principais e acessórios que o transportador empregue na sua atividade – artigo 392.°[2422].

[2419] Cunha Gonçalves, *Comentário ao Código Comercial* cit., 2, 455 ss..

[2420] RLx 27-set.-2001 (Maria Manuela Gomes), CJ XXVI (2001) 4, 96-98 (98/I).

[2421] *Vide* a norma similar do § 441/I, HGB; *vide* Karsten Schmidt, *Handelsrecht* cit., 6.ª ed., § 32, III, Nr. 68 (1084).

[2422] Cunha Gonçalves, *Comentário ao Código Comercial* cit., 2, 456.

§ 72.º FIGURAS AFINS DO CONTRATO DE TRANSPORTE E NATUREZA

330. O transitário

I. O Código Comercial regula o essencial do contrato de transporte. Na prática, haverá que atender às diversas modalidades existentes e às regras – nacionais e internacionais – que se apliquem ao concreto contrato em jogo. Para além disso, deve-se ter presente:

- que o transportador se rodeia, ou pode rodear, dos mais diversos auxiliares, com os quais celebre contratos destinados a assegurar distintas operações materiais por que se pode repartir um concreto transporte;
- que as partes, no exercício da sua autonomia privada, podem concluir contratos aparentados ao transporte mas dele distintos, em pontos essenciais.

Multiplicam-se as figuras afins ao transporte. Elas podem ser usadas pelas partes para evitar a aplicação de regras que lhes não convenham. Caso a caso cumprirá verificar se as regras afastadas estão na disponibilidade das partes.

II. Como figura afim de primeira linha surge o contrato de expedição ou de trânsito[2423], celebrado pelo interessado ou expedidor com um transitário. A lei não regula diretamente o contrato em causa, mas ocupa-se do

---

[2423] Costeira da Rocha, *O contrato de transporte* cit., 70 ss.; RLx 3-mar.-2016 (Regina Almeida), Proc. 293-07.

§ 72.° *Figuras afins do contrato de transporte e natureza* 847

seu conteúdo. Assim, segundo o artigo 1.°/2 do Decreto-Lei n.° 255/99, de 7 de julho[2424]:

> A atividade transitária consiste na prestação de serviços de natureza logística e operacional que inclui o planeamento, o controlo, a coordenação e a direção das operações relacionadas com a expedição, receção, armazenamento e circulação de bens ou mercadorias, desenvolvendo-se nos seguintes domínios de intervenção:
>
> *a*) Gestão dos fluxos de bens ou mercadorias;
> *b*) Mediação entre expedidores e destinatários, nomeadamente através de transportadores com quem celebre os respetivos contratos de transporte;
> *c*) Execução dos trâmites ou formalidades legalmente exigidos, inclusive no que se refere à emissão do documento de transporte unimodal ou multimodal.

A noção que aqui surge é ampla. O contrato desenhado é uma figura mista, que envolve elementos de organização, de mediação, de agência e de prestação de serviço.

Em sentido estrito, o contrato de expedição é, simplesmente, um mandato pelo qual o transitário se obriga a celebrar um (ou mais) contratos de transporte, por conta do expedidor[2425].

III. Compreende-se a utilidade da figura. O interessado em determinado transporte poderá desconhecer os operadores. Muitas vezes será necessário associar vários contratos: transporte por terra até ao porto de embarque; transporte marítimo; transporte ferroviário; transporte rodoviário e todas as inerentes operações de transbordo. A saída mais indicada reside na conclusão, com um especialista – o transitário – de um contrato

---

[2424] Este diploma veio substituir o anterior regime, aprovado pelo Decreto-Lei n.° 43/83, de 7 de julho. É patente um certo esforço legislativo no sentido de substancializar a matéria. O Decreto-Lei n.° 255/99 foi alterado pela Lei n.° 5/2013, de 22 de janeiro, que tem a sua redação nos seus artigos 3.°, 9.° e 11.°.

[2425] Costeira da Rocha, *O contrato de transporte* cit., 79 e 81 ss.; STJ 14-jun.-2011 (Helder Roque), Proc. 437/05.9. *Vide*, ainda, STJ 4-nov.-2010 (Gonçalo Silvano), Proc. 3219/04.1.

848   *Contratos especiais de comércio*

especial de mandato pelo qual, por conta do interessado, ele conclua os necessários contratos de transporte[2426].

Ainda a esta luz, entende-se o interesse público assumido pelos transitários: um tanto à semelhança do que vimos suceder com a mediação[2427]. Em termos práticos, todo o sector dos transportes acaba por ficar na mão dos transitários. O Estado intervém, assegurando-se de que a competente atividade só possa ser exercida por empresas detentoras de alvará emitido pela Direção-Geral de Transportes Terrestres (2.º/1 do Decreto-Lei n.º 255/99, de 7 de julho), depois de verificados os requisitos de idoneidade legais (*idem*, 3.º e 4.º).

As próprias empresas transitárias podem celebrar contratos de transporte[2428], devendo, então, observar as competentes cláusulas[2429].

IV. O mandato especial subjacente ao contrato de expedição pode, nos termos gerais, ser concluído com ou sem representação. Na interpretação e na execução das suas cláusulas, devemos ter presente o tratar-se de um contrato instrumental: ele faz sentido apenas por via da obtenção de um adequado contrato de transporte.

331. Contratos de reboque, de tração e de fretamento

I. Ainda como figuras afins do contrato de transporte surgem-nos, particularmente no sector marítimo, outras figuras negociais.

O artigo 1.º/1 do Decreto-Lei n.º 431/86, de 30 de dezembro, apresenta como de reboque o contrato pelo qual:

[2426] O Código Civil italiano define o contrato de expedição nos termos seguintes (artigo 1737.º; *vide* Triola, *Codice civile annotato* cit., 3.ª ed., 1632/II):

O contrato de expedição é um mandato pelo qual o expedidor assume a responsabilidade de concluir, em nome próprio e por conta do mandante, um contrato de transporte e de efetivar as operações acessórias.

Vide Wanda d'Alessio, *Diritto dei transporti* cit., 210 ss..

[2427] *Supra*, 696 ss..

[2428] STJ 8-jul.-2003 cit., CJ/Supremo XI, 2, 149/I.

[2429] STJ 25-fev.-1997 (Fernandes Magalhães), CJ/Supremo V (1997) 2, 21-24 (23/II) e RPt 1-fev.-1999 (Azevedo Ramos), CJ XXIV (1999) 1, 208-210 (210/I), onde podem ser confrontadas numerosas outras decisões, no mesmo sentido.

§ 72.° Figuras afins do contrato de transporte e natureza

(...) uma das partes se obriga, em relação à outra, a proporcionar a força motriz de um navio, embarcação ou outro engenho análogo, designado "rebocador", a navio, embarcação ou outro engenho análogo, designado "rebocado", a fim de auxiliar a manobra deste ou de o deslocar de um local para local diferente.

O reboque pode assumir diversas modalidades[2430]. Todavia, ele assume uma natureza unitária, devendo ser entendido como uma especial prestação de serviço. Transcende claramente o contrato de transporte, que agrupa muitos outros elementos.

II. O contrato de tração apresenta-se como um "reboque" terrestre. A figura da tração tem sido autonomizada a propósito do risco especial que envolve, com as inerentes consequências no plano do seguro[2431]. Conceitualmente e em si, o contrato de tração analisa-se numa prestação de serviço atípica[2432].

III. O contrato de fretamento é, *grosso modo*, um aluguer de navio. Segundo o artigo 1.° do Decreto-Lei n.° 191/87, de 29 de abril, pelo contrato de fretamento:

(...) uma das partes (fretador) se obriga em relação à outra (afretador) a pôr à sua disposição um navio, ou parte dele, para fins de navegação marítima, mediante uma retribuição pecuniária denominada frete.

Podem surgir situações de fronteira. No núcleo, porém, não vemos qualquer confusão com o transporte[2433].

332. A natureza

I. A natureza do contrato de transporte surge como um tema clássico de discussão[2434], que já aflorámos em termos introdutórios. Nos moldes

---

[2430] Costeira da Rocha, *O contrato de transporte* cit., 92 ss. e 100 ss..

[2431] STJ 18-jan.-2000 (Aragão Seia), CJ/Supremo VIII (2000) 1, 34-37.

[2432] Cunha Gonçalves, *Comentário* cit., 2, 378-379.

[2433] Costeira da Rocha, *O contrato de transporte* cit., 109 ss.

[2434] Entre nós e com indicações: Costeira da Rocha, *O contrato de transporte* cit., 143 ss. e 183 ss..

civilísticos, o contrato de transporte é uma prestação de serviço[2435]. Todavia, não é o serviço em si que interessa ao contratante: releva, para este, apenas o resultado, isto é: a colocação da pessoa ou do bem, íntegros, no local do destino. Por isso, o transporte funciona como modalidade de empreitada[2436]. Podemos ainda acrescentar que, justamente por relevar o resultado final, o transporte acaba por assumir um conteúdo lato: abrange todas as operações necessárias para que o seu sentido útil possa ser atingido[2437].

II. Um especial problema é posto pela figura do destinatário. Este, como vimos resultar do regime do transporte, pode assumir posições ativas, incluindo direitos. Mas como é isso possível, uma vez que o contrato é celebrado entre o interessado e o transportador? Lado a lado surgem, hoje, duas orientações básicas:

– a teoria do contrato trilateral;
– a teoria do contrato a favor de terceiro.

A primeira, defendida entre nós por Costeira da Rocha[2438], apresenta o contrato de transporte como um negócio a três: o expedidor, o transportador e o destinatário. Este daria o seu acordo num momento ulterior. A segunda, perfilhada pela generalidade da doutrina alemã[2439], descobre, no transporte, um contrato a favor do destinatário, ao qual este pode aderir, nos termos gerais do Código Civil.

III. É exato que, no contrato de transporte, podemos descobrir diversos pontos que se afastam do regime previsto nos artigos 443.º e seguintes do Código Civil[2440]. Todavia, a estrutura básica "a favor de terceiro" mantém-se. As especificidades são naturais: embora a favor de terceiro, o contrato de transporte constitui uma indubitável figura especializada, em traços legais específicos. Além disso, devemos ter presente que, ao tempo

---

[2435] RPt 8-fev.-1996 (Sousa Leite), CJ XXI (1996) 1, 213-215.
[2436] Assim, Claus-Wilhelm Canaris, *Handelsrecht* cit., 24.ª ed., 486.
[2437] RPt 1-fev.-1999 (Azevedo Ramos), CJ XXIV (1999) 1, 208-210 (209/II).
[2438] *Idem*, 227 ss..
[2439] Claus-Wilhelm Canaris, *Handelsrecht* cit., 24.ª ed., 504.
[2440] *Vide* o seu levantamento em Costeira da Rocha, *O contrato de transporte* cit., 209 ss..

de Veiga Beirão, a categoria dos contratos a favor de terceiro não havia, ainda, sido dogmatizada, entre nós. Aí radicam diversas "especialidades" do transporte, que poderia hoje ser reescrito em termos dogmaticamente atualizados.

Em suma: o transporte é uma prestação de serviço tipo empreitada, em regra a favor de terceiro e dotado de um regime mercantil especializado.

SECÇÃO VIII

O CONTRATO DE SEGURO

§ 73.º PROBLEMÁTICA GERAL DOS SEGUROS

333. Generalidades

I. No contrato de seguro[2441], uma pessoa transfere para outra o risco da verificação de um dano, na esfera própria ou alheia, mediante o pagamento de determinada remuneração[2442]. A pessoa que transfere o risco, assumindo a remuneração, diz-se tomador do seguro ou subscritor; a que assume o risco e recebe a remuneração, é a entidade seguradora; o dano eventual é o sinistro; a pessoa cuja esfera jurídica fica protegida pelo seguro

---

[2441] *Vide* a definição proposta no nosso *Anteprojecto do regime geral dos seguros*, RFDUL 2001, de que há separata. *Vide* Pedro Romano Martinez, *Direito dos seguros/Relatório* (2006), 41.

[2442] Na mesma linha temos as noções de seguro adotadas pela jurisprudência; assim, RCb 3-mai.-2005 (Távora Vítor), CJ XXX (2005) 3, 5-8 (6/II) e STJ 17-nov.-2005 (Salvador da Costa), CJ/Supremo XIII (2005) 3, 120-125 (122/I).

O artigo 1.º da LCS, aprovada pelo Decreto-Lei n.º 72/2008, de 16 de abril, optou por uma descrição mais detida:

> Por efeito do contrato de seguro, o segurador cobre um risco determinado do tomador do seguro ou de outrem, obrigando-se a realizar a prestação convencionada em caso de ocorrência do evento aleatório previsto no contrato, e o tomador do seguro obriga-se a pagar o prémio correspondente.

Vide Pedro Romano Martinez e outros, *Lei do contrato de seguro anotada* (2009), 37-38. Na literatura neste momento mais recente, referimos Alexander Bruns, *Privatversicherungsrecht* (2015), XLII + 528 pp. e Manfred Wandt, *Versicherungsrecht*, 6.ª ed. (2015), XXX + 621 pp..

§ *73.º Problemática geral dos seguros* 853

(e que pode, ou não, coincidir com o tomador do seguro) é o segurado; a remuneração da seguradora, devida pelo tomador do seguro, é o prémio. Como se vê, a área jurídica dos seguros postula uma linguagem própria, desenvolvida pela prática e, em certos casos, acolhida pelas leis.

II. Uma pessoa poderia acordar com outra compensá-la por um dano eventual que viesse a ocorrer, a troco de uma retribuição. Semelhante acordo equivaleria, tecnicamente, a uma aposta. Se, todavia, o segurador for uma entidade de grande porte, com conhecimento do sector e munida de estatísticas, ele pode celebrar um número elevado de contratos. Não sabe que sinistros concretos irão ocorrer, mas calcula quantos vão ter lugar. Isso permite fixar uma pequena remuneração, a cargo de cada interessado, a qual, havendo sinistros, lhe permita indemnizá-los, conservando uma demasia: a repartir por custos administrativos e por um lucro, para os investidores. O seguro deixa de ser uma aposta e passa a ser uma indústria. Quanto ao interessado: ele transfere o risco para o segurador, em vez de constituir reservas para a eventualidade do sinistro ou de ficar arruinado caso ele ocorra.

III. Os contratos de seguro, inicialmente reservados a grandes empreendimentos, designadamente de tipo marítimo, vieram a popularizar-se. Em áreas sensíveis, como a dos acidentes de viação e a dos acidentes de trabalho, o seguro é mesmo obrigatório. Noutra vertente, há seguros de pessoas, com escopos assistenciais. Em certos casos, o segurador paga uma quantia pela morte do segurado. Tudo isto pressupõe que os seguradores operem de acordo com regras adequadas e que constituam reservas que lhes permitam honrar os seus compromissos. Os seguros funcionam na medida em que as pessoas confiem no sistema. Cabe aos Estados intervir. Hoje, fazem-no através de entidades independentes, dotadas de poderes de autoridade. Desenvolve-se um Direito institucional de seguros, capaz de assegurar os bons funcionamento e qualidade dos seguradores: matéria hoje regida pelo Regime Geral da Atividade Seguradora (RGAS), aprovado pela Lei n.º 147/2015, de 9 de setembro. Por seu turno, a supervisão dos seguros cabe, atualmente, à Autoridade de Supervisão dos Seguros e Fundos de Pensões, com estatutos resultantes do Decreto-Lei n.º 1/2015, de 6 de janeiro; é conhecida pela sigla ASF.

IV. Os seguradores, justamente porque lhes cabe amealhar património para enfrentar eventuais sinistros ou outras responsabilidades, tornam-

854 *Contratos especiais de comércio*

-se detentores de muita riqueza. Esta deve ser administrada com cuidado. Os seguros, por seu turno e independentemente do que suceda, são ativos patrimoniais, considerados, por lei, como produtos financeiros. O sector dos seguros representa uma parcela muito elevada de riqueza mundial. O Direito europeu dá-lhe uma especial atenção, multiplicando-se as diretrizes dos seguros, na área institucional.

IV. O Direito dos seguros desenvolve-se em três pólos: o Direito do contrato de seguro, de tipo privado e comercial, o Direito dos seguradores, também privado e da área das sociedades e o Direito da supervisão pública. Há múltiplas pontes entre esses três pólos.

334. Remissão

I. O contrato de seguro – primeiro confinado ao seguro marítimo – começou por surgir como um dos múltiplos contratos, inseridos nos diversos códigos comerciais. Mercê de crises sucessivas, desenvolveu-se o Direito institucional dos seguros, assente em leis extravagantes. Na Alemanha, desde o início do século XX, surgiram leis especiais sobre a supervisão (12-mai.-1901) e o contrato de seguro (30-mai.-1908). Trata-se do País que mais atenção tem dado ao Direito dos seguros, no plano legislativo, jurisprudencial e doutrinário.

II. O Direito dos seguros está hoje autonomizado, nos diversos países. Dispõe de especialistas, de tratados, de monografias e de revistas próprios. Em conjunto com o Direito bancário e o Direito dos transportes, ele integra o grande tríptico da economia pós-industrial.

III. O Direito dos seguros não estava, entre nós, estudado sistematicamente. Tão-pouco era ensinado nas nossas universidades. Em anteriores edições desta obra, procurámos agitar esse estado de coisas, integrando os rudimentos dos seguros[2443]. O desenvolvimento tornava-se incomportá-

---

[2443] Assim, no nosso *Manual de Direito comercial*, 1.ª ed. (2001), 544-616 e 2.ª ed. (2007), 725-832.

§ 73.° Problemática geral dos seguros

vel, pelo que preparámos uma obra autónoma[2444]: isso facultou reduzir o espaço dedicado aos seguros, no Direito comercial[2445]. O Direito dos seguros conquistou o seu espaço próprio[2446]. Isso permite-nos, na atual edição do presente escrito, reduzir o tratamento da matéria a estas breves noções. O estudo do contrato de seguro é remetido para o nosso livro *Direito dos seguros*[2447]. Resta acrescentar que todos os juristas – estudiosos e práticos – devem prestar a maior atenção a esta matéria.

[2444] *Direito dos seguros*, 1.ª ed. (2013), 916 pp..
[2445] O nosso *Direito comercial*, 3.ª ed. (2012), 819-837.
[2446] *Direito dos seguros*, 2.ª ed. (2016), 973 pp..
[2447] *Direito dos seguros*, 2.ª ed., 479-901.

SECÇÃO IX

OS CONTRATOS DE COMPRA E VENDA
E DE TROCA MERCANTIS

§ 74.° A COMPRA E VENDA COMERCIAL

335. Delimitação

I. O Código Comercial regula a compra e venda no título XVI do seu livro segundo, dedicando-lhe 14 artigos: do 463.° ao 476.°. Subjacente está o regime geral da compra e venda ou compra e venda civil, hoje consignado nos artigos 874.° a 939.°, do Código Civil[2448].

A compra e venda comercial funciona como efetivo contrato mercantil especial: ela pressupõe, subjacente, o regime civil, limitando-se a estabelecer especialidades. Cumpre ainda salientar que o sistema de compra e venda comercial foi fixado com referência ao Código de Seabra. Parte das suas normas perdeu hoje razão de ser: o Código Civil de 1966 veio a estabelecê-las com generalidade.

II. A compra e venda é o contrato pelo qual se transmite a propriedade – isto é: o direito de propriedade – de uma coisa ou outro direito, mediante um preço – artigo 874.° do Código Civil. O direito transmitido é-o por mero efeito do contrato – 879.°, a); além disso, este obriga a entregar a

---

[2448] Em especial, Pedro Romano Martinez, *Direito das Obrigações (Parte especial) Contratos* (2000), 21-139, Filipe Cassiano dos Santos, *Direito comercial português* cit., 1, 365 ss., José A. Engrácia Antunes, *Direito dos contratos comerciais* cit., 341 ss. e Luís Menezes Leitão, *Direito das obrigações, 3 – Contratos em especial*, 7.ª ed. (2010), 92-96. Quanto ao facto de o Código Veiga Beirão ter, no essencial, pressuposto a lei civil, Cunha Gonçalves, *Comentário ao Código Comercial Português*, 3 (1918), 2.

§ 74.º A compra e venda comercial 857

coisa e a pagar o preço – alíneas *b*) e *c*), do mesmo preceito, também do Código Civil.

Para além destas noções gerais, as regras do Código Civil devem estar sempre presentes, em qualquer compra e venda comercial: seja para completar o regime de Veiga Beirão, seja para, por confronto, permitir uma melhor interpretação das suas normas.

III. Perante a existência de dois regimes para a compra e venda – o civil e o comercial – compreende-se a preocupação que o legislador pôs na exata delimitação do tipo mercantil.

O artigo 463.º começou por fixar o que considera compras e vendas comerciais. São elas, seguindo os seus cinco números[2449]:

– a compra de móveis para revenda ou para aluguer;
– a compra, para revenda, de fundos públicos ou de quaisquer títulos de crédito;
– a venda de móveis, de fundos públicos ou de títulos de crédito, quando tivessem sido adquiridos com o intuito de revenda;
– as compras, para revenda, de imóveis e a revenda dos imóveis adquiridos com esse intuito;
– as compras e vendas de partes ou de ações de sociedades comerciais.

O Direito comercial separa a compra e venda, distinguindo as duas operações: a compra em si, pela qual o sujeito adquire o direito, pagando o preço e a venda, pela qual ele arrecada um preço, abrindo mão do direito[2450]. Trata-se da técnica possibilitada pela existência dos chamados "atos mercantis unilaterais": os que o são apenas com referência a uma das partes – artigo 99.º.

IV. Infere-se dos quatro primeiros números do artigo 463.º que a pedra de toque da comercialidade da compra ou da venda reside na sua inserção num processo de aquisição para revenda[2451].

[2449] Enumeração não-taxativa, segundo REv 12-dez.-1996 (Fernando Baptista; vencido: Geraldes de Carvalho), CJ XXI (1996) 5, 273-276 (274/II).

[2450] *Vide* o assento do STJ(P) 27-nov.-1964 (Gonçalves Pereira), BMJ 141 (1964), 171-174 (173).

[2451] Ou, se se preferir: a compra e venda comercial visa o lucro, enquanto a civil procura, simplesmente, a aquisição do bem; *vide* Cunha Gonçalves, *Da compra e venda no Direito comercial português*, 2.ª ed. (1924), 87.

Embora objetivamente comercial, a compra e venda mercantil é, assim, detetada pelo facto de ser praticada por um comerciante no exercício da sua profissão. Esta asserção é confirmada pela primeira exclusão levada a cabo pelo artigo 464.°. Segundo esse preceito,

> Não são consideradas comerciais:
>
> 1.° As compras de quaisquer coisas móveis destinadas ao uso ou ao consumo do comprador ou de sua família, e as revendas que porventura desses objetos se venham a fazer;

Mais objetivamente comercial surge a hipótese do artigo 463.°, 5.°: a das compras e vendas de partes ou de ações de sociedades comerciais. Em 1888, era importante "comercializar" toda a matéria atinente às sociedades comerciais; hoje, o problema não se põe, uma vez que essa matéria está sujeita ao Código das Sociedades Comerciais. De resto, este preceito foi mesmo revogado pelo artigo 3.°/1 do Decreto-Lei n.° 262/86, de 2 de setembro: o diploma que aprovou o Código em causa.

V. Finalmente, na determinação do tipo comercial da compra e venda, pesou ainda a tradição jurídico-cultural que, às disciplinas privadas, dá o seu perfil. Assim se entendem as exclusões dos números 2.° a 4.° do artigo 464.°, relativas, respetivamente:

– aos produtos agrícolas;
– ao artesanato;
– à agro-pecuária.

O comércio afirmou-se por oposição à agricultura e ao artesanato: os referidos números do artigo 464.° são o tributo, nem sempre lógico ou racional, pago a essas origens.

336. Modalidades

I. A lei comercial fixa determinadas modalidades de compra e venda, mais em uso no comércio e para as quais fixa regras supletivas. Nada impede, pois, que contratos puramente civis recorram a tais regras – de resto: largamente generalizadas pelo Código Civil de 1966 – ou que contratos comerciais as afastem. Estamos numa área essencialmente dominada pela autonomia privada.

§ 74.° A compra e venda comercial

II. A primeira modalidade consagrada por Veiga Beirão é a do contrato para pessoa a nomear. O artigo 465.° declara possível essa ocorrência sem, para ela, prescrever qualquer regime. O Código Civil de 1966 veio regular a figura, nos seus artigos 452.° a 456.°[2452]: trata-se de regras subsidiariamente aplicáveis no campo comercial, parecendo-nos, em princípio, bem adaptadas à corrente realidade[2453].

III. Temos, depois, a venda sobre amostra: segundo o artigo 469.°, ela considera-se sempre feita debaixo da condição de a coisa ser conforme à amostra ou à qualidade convencionada. O regime é justo e razoável: só não se entendia porque não aplicá-lo à compra e venda civil. O Código Civil de 1966 resolveu a questão prevendo, no seu artigo 925.°, a venda sujeita a prova, integrada numa secção: venda a contento e venda sujeita a prova[2454].

Os artigos 470.° e 471.° reportam-se a vendas que não estejam à vista nem possam designar-se por um padrão, submetendo-as ao que o Código Civil chama "segunda modalidade de venda a contento" – artigo 924.° do Código Civil. O artigo 471.° dá um prazo de 8 dias para a consolidação das vendas por amostra ou a contento[2455]. Havendo dolo do vendedor, este preceito não se aplica: mesmo na compra e venda comercial, haverá que recorrer aos artigos 913.° e seguintes, do Código Civil[2456], numa solução duvidosa[2457], que carece de investigação mais detida.

IV. As "cousas não vendidas a esmo ou por parte incerta, mas por conta, peso ou medida" – artigo 472.° – seguem o regime das obrigações genéricas, previsto nos artigos 539.° a 542.°, do Código Civil. A concentração opera a delimitação do risco; a entrega, a sua inversão[2458].

[2452] *Direito das obrigações* 1, 544 ss..
[2453] *Tratado de Direito civil*, VII, 585 ss..
[2454] Romano Martinez, *Direito das Obrigações/Contratos* cit., 78 ss..
[2455] STJ 26-fev.-1957 (Agostinho Fontes), BMJ 64 (1957), 540-545 (544).
[2456] STJ 7-out.-2003 (Afonso Correia), Proc. 03A2663.
[2457] STJ 5-dez.-2002 (Oliveira Barros), Proc. 02B3555, que parece partir de uma posição inversa, embora afaste o prazo curto do artigo 471.° perante dolo ou perante abuso do direito.
[2458] *Direito das Obrigações* 1, 341 ss..

860 *Contratos especiais de comércio*

V. O artigo 467.º permite a compra e venda de bens futuros, incluindo os alheios[2459]. A matéria está tratada no artigo 893.º do Código Civil. Mais explícita, a lei comercial parte de um prisma de validade do negócio e determina, expressamente, o dever do vendedor de adquirir a coisa – artigo 467.º, § único[2460]. A lei comum consegue o mesmo objetivo através da obrigação de convalidação prevista no artigo 897.º, do Código Civil.

337. Particularidades de regime

I. A lei comercial compreende certas regras quanto ao regime da compra e venda, algumas das quais com particularidades.

Desde logo o artigo 466.º admite que o preço da coisa se venha a determinar posteriormente. A regra consta hoje, com mais pormenor, do artigo 883.º do Código Civil. Este preceito protege, de resto, melhor o comércio do que o artigo 466.º em causa.

A entrega da coisa antes do preço, quando devida, cessa na hipótese de falência do comprador, salvo caução – artigo 468.º.

II. O prazo para entrega da coisa é supletivamente fixado em 24 horas: artigo 473.º: uma regra sem correspondência no Direito civil – *vide* o artigo 882.º do Código Civil – onde, na falta de estipulação das partes, haverá que recorrer à regra geral do artigo 777.º/1, deste último Código. Subespécie mercantil é a da compra e venda em feira ou mercado, a executar no mesmo dia ou no dia seguinte – artigo 475.º.

III. Pela lei civil, a falta de pagamento do preço não permite, salvo convenção em contrário, a resolução do contrato – artigo 886.º, do Código Civil. A lei comercial vai mais longe: segundo o artigo 474.º, se o comprador de coisa móvel não cumprir com aquilo a que for obrigado, pode o vendedor depositar a coisa ou fazê-la revender. Esta última hipótese envolve a resolução do contrato[2461]. A revenda – § 1.º – deve ser feita em hasta pública ou, tendo a coisa preço cotado na bolsa ou no mercado, por

---

[2459] STJ 18-dez.-1971 (Ludovico da Costa), BMJ 202 (1971), 194-200 (198).
[2460] RLx 18-set.-2007 (Luís Espírito Santo), Proc. 5175/2007.7.
[2461] Contra: Luís Menezes Leitão, *Direito das obrigações* cit., 3, 7.ª ed., 95-96.

§ 74.º A compra e venda comercial

intermédio de corretor, ao preço corrente, salvo o direito do vendedor ao pagamento da diferença entre o preço obtido e o estipulado e à indemnização. O comprador deve ser avisado – § 2.º.

IV. O vendedor não pode recusar a fatura, com o recibo do preço – artigo 476.º. Trata-se de uma manifestação do direito à quitação – artigo 787.º do Código Civil – num campo hoje reforçado por exigências fiscais.

V. Podemos ainda considerar, como particularidade da compra e venda mercantil, o regime especial da tutela da confiança, previsto no artigo 1301.º, do Código Civil[2462]. Segundo esse regime, quem reivindicar, de terceiro, coisa por ele comprada de boa-fé a comerciante, no exercício do comércio, é obrigado a restituir o preço que o adquirente tiver dado por ela; goza, todavia, do direito de regresso contra aquele que, culposamente, deu causa ao prejuízo[2463].

[2462] *Da boa fé* cit., 451 ss..
[2463] RLx 25-mar.-1999 (Santos Bernardino), CJ XXIV (1999) 2, 96-99 (97-98).

§ 75.° O ESCAMBO OU TROCA COMERCIAIS

338. A equiparação à compra e venda

I. Sobre o escambo ou troca contém o Código Veiga Beirão um único artigo, que preenche todo o título XVIII do seu livro II: o artigo 480.°. Diz este preceito:

> O escambo ou troca será mercantil nos mesmos casos em que o é a compra e venda, e regular-se-á pelas mesmas regras estabelecidas para esta, em tudo quanto forem aplicáveis às circunstâncias ou condições daquele contrato.

Este preceito terá de ser interpretado no sentido de ser mercantil a troca feita para revenda da coisa trocada[2464]. Para além disso, tem um regime fortemente moldado sobre o da compra e venda[2465].

II. A troca era definida no artigo 1592.° do Código Civil de Seabra:

> Escambo ou troca é o contrato, por que se dá uma cousa por outra, ou uma espécie de moeda por outra espécie dela.

O artigo 1594.° remetia o regime da troca para o da compra e venda, salvo no tocante ao preço.

III. O contrato de troca será o mais antigo da Humanidade. Não obstante, o Código Civil de 1966 suprimiu-o. Limita-se, no seu artigo 939.°, a remeter os contratos onerosos "... pelos quais se alienem bens ou se

---

[2464] Cunha Gonçalves, *Comentário* cit., 3, 3.
[2465] Luís Menezes Leitão, *Direito das obrigações* cit., 3, 7.ª ed., 171 ss..

§ 75.° *O escambo ou troca comerciais* 863

estabeleçam encargos sobre eles ..." para as normas da compra e venda, na medida do possível[2466].

Trata-se de um princípio que, para além da troca, poderá ser aplicável, com as devidas adaptações, no Direito comercial.

[2466] Pires de Lima/Antunes Varela, *Código Civil Anotado*, 1, 4.ª ed. (1997), 235-238.

SECÇÃO X

O REPORTE

§ 76.º O REPORTE

339. Noção geral

I. O Código Veiga Beirão dá, do reporte, uma definição legal. Segundo o artigo 477.º,

> O reporte é constituído pela compra, a dinheiro de contado, de títulos de crédito negociáveis e pela revenda simultânea de títulos da mesma espécie, a termo, mas por preço determinado, sendo a compra e a revenda feitas à mesma pessoa.

Esta definição, aceite com algumas reservas na doutrina[2467], teve por fonte o artigo 72.º do Código de Comércio do Reino de Itália, de 1882, assim concebido[2468]:

[2467] Ruy Ennes Ulrich, *Do Reporte no Direito Comercial Portuguez* (1906), 17 ss., que alinha as seguintes críticas: *a*) a definição legal não indica o fim do contrato; *b*) ela não distingue o reporte do deporte; *c*) ela não refere o reporte indireto, ou seja, com intervenção de terceiros; *d*) ela faz perder de vista a unidade orgânica da figura; *e*) ela não fala na real remuneração do contrato; *f*) ela considera a soma dada pelo reportador como um preço, o que seria inexato e insuficiente; *g*) em vez de falar em venda, seria preferível que o Código adotasse a designação genérica de transferência de propriedade.

Também com críticas, *vide* Luiz da Cunha Gonçalves, *Da compra e venda no Direito comercial português* cit., 48 ss., procurando reconduzir o reporte à compra e venda, e, desse mesmo autor, Comentário cit., 3, 53. Mais exegético, *vide* Adriano Anthero, *Comentário ao Codigo Comercial Portuguez*, 2 (1915), 269 ss..

Finalmente, sobre toda esta matéria, *vide* o nosso *Do reporte: subsídios para o regime jurídico do mercado de capitais e da concessão de crédito*, em *Banca, bolsa e*

§ 76.º O reporte 865

O contrato de reporte é constituído pela venda com pagamento imediato de títulos de crédito que circulam no comércio e pela revenda contemporânea, a termo, mediante um preço determinado, à mesma pessoa, de títulos da mesma espécie.

Este parentesco tem importância científica e doutrina. Nas palavras de Ruy Ulrich:

Assim é que a definição de reporte dada pelo nosso Código é precisamente igual à definição do Código Italiano, de modo que as discussões acerca dela travadas na jurisprudência italiana têm cabimento natural no nosso trabalho[2469].

II. Procurando, em termos singelos, distinguir o papel de cada um dos intervenientes, verifica-se que[2470]:

– uma pessoa (o reportado) vai obter a disposição de uma certa soma em dinheiro, com títulos de que se não pretende, em definitivo, desfazer;
– uma outra pessoa (o reportador) vai conseguir a disponibilidade temporária de certos títulos.

Conforme as circunstâncias, assim se pode distinguir, no reporte em sentido amplo, o reporte estrito e o deporte: no reporte estrito, os títulos são mais caros na retransmissão, sendo o reportador remunerado através dessa diferença; no deporte, os títulos são mais baratos na retransmissão, cabendo a remuneração ao reportado. Tudo depende, pois, da posição dos títulos no mercado e da vontade dos intervenientes.

---

crédito, 1 (1990), 167-183, Sofia do Nascimento Rodrigues, *A operação de reporte* (1998, polic.) e Miguel Pestana de Vasconcelos, *Do reporte com função de crédito e garantia*, em *Nos 20 anos do Código das Sociedades Comerciais*, 3 (2007), 9-59.

[2468] Os antecedentes do preceito italiano podem ser confrontados em Luigi Tartufari, *Della vendita e del riporto*, 6.ª ed. revista por Enrico Soprano (1936), 587 ss.. Os preparatórios do próprio Código português não revelam qualquer discusão específica sobre o reporte.

[2469] Ruy Ulrich, *Do reporte* cit., 17.

[2470] Renato Corrado, *Borsa (contratti di borsa valori)*, NssDI II (1958), 540-553 (547) e Cesare Vivante, *Il contratto di riporto*, RDComm XXIII (1925), I, 97-117 (98 ss.), por todos.

340. Modalidades e características

I. O reporte comporta várias classificações, em função de múltiplos critérios.

Bastante relevante, ainda que algo empírica, é a contraposição entre o chamado reporte de banca e o reporte de bolsa[2471]:

- no reporte de banca pretende obter-se dinheiro ou assegurar temporariamente a disponibilidade de um determinado conjunto de títulos;
- no reporte de bolsa visa diferir-se uma venda de títulos a prazo, quando, na altura, não vejam realizadas as suas previsões sobre a alta ou a baixa dos títulos.

Pode considerar-se que apenas a segunda modalidade tem a ver com o denominado jogo da bolsa, assumindo contornos especulativos; a primeira apresenta-se como uma operação financeira[2472].

II. O reporte em geral tem as seguintes características:

- é um contrato consensual;
- real *quoad constitutionem*;
- sinalagmático e bivinculante;
- oneroso;
- relativo a títulos;
- de *dare* e de *facere*;
- típico e nominado.

Trata-se de um contrato consensual por não haver, na lei, qualquer particular exigência de forma, para se proceder à sua válida celebração.

[2471] Gastone Cottino, *Riporto/permuta*, volume integrado no *Commentario del Codice Civile a cura di A. Scialoja e G. Branca*, IV – *Le obbligazioni, art.* 1548-1555 (1970), 1-2.

[2472] Luigi Bianchi d'Espinosa, *I contratti di borsa. Il riporto*, vol. XXXV; t. 2, do *Trattado di diritto civile e commerciale* de Antonio Cicu e Francesco Messineo (1969), 448-489, e Giuseppe Regusa Maggiore, *Il riporto bancario e il riporto-proroga di fronte al fallimento*, Banca, XLV (1982), 1027-1035 (1029-1030).

§ 76.° O reporte

A sua natureza real *quoad constitutionem* resulta da exigência legal expressa – artigo 477.°, § único, do Código Comercial, diretamente retirada do artigo 72/II do Código Comercial italiano de 1882:

> É condição essencial à validade do reporte a entrega real dos títulos[2473].

É sinalagmático e bivinculante porquanto implica prestações recíprocas, ficando ambas as partes vinculadas[2474].

Surge oneroso porquanto ambas as partes são chamadas a efetuar sacrifícios económicos.

É relativo a títulos de crédito negociáveis: o legislador afastou (pelo menos nominadamente) o reporte referente a outros títulos, o qual, a ser admissível e quando o seja, terá de se reivindicar da liberdade contratual[2475].

Dá lugar a prestações de *dare* e de *facere*: na sua configuração clássica, o reporte obriga as partes a entregar e restituir determinados objetos, surgindo, em simultâneo, múltiplos deveres de atuação a cargo de ambas.

Apresenta-se, por fim, como um contrato típico e nominado, uma vez que, além da designação própria dispõe, na lei, de uma regulação específica e autónoma.

[2473] Trata-se da solução comum nos diversos autores e nos vários ordenamentos. Assim: Vivante, *Il contrato di riporto* cit., 104 (n.° 7) e *Trattato di diritto commerciale*, vol. IV, *Le obbligazioni*, 4.ª ed. (1916), 255 (n.° 1712); G. Cottino, *Riporto/permuta* cit., 22 ss.; Rafael Ruiz y Ruiz, *La compravenda de valores mobiliarios* (1944), 163; Enrico Colagrosso, *Diritto bancario/Soggetti-titoli-negozi giuridici* (1947), 318; d'Espinosa, *I contratti di borsa. Il riporto* cit., 513 ss.. Tal como sucede nos restantes contratos reais *quoad constitutionem*, também aqui seria possível suscitar a questão da existência de reportes puramente consensuais, celebrados ao abrigo da autonomia privada.

[2474] *Direito das Obrigações* 1, 422 ss..

[2475] Na Alemanha, a prática vai no sentido do alargamento da figura, inserida na categoria das operações de bolsa a termo (*Börsentermingeschäfte*). Quanto ao condicionalismo particular que levou à aprovação da lei de 8 de maio de 1908 sobre a bolsa, *vide* Paul Koutaïssoff, *Le jeu de bourse/Étude de droit civil comparé/droits allemand, anglais, français et suisse* (1931), 174 ss.. O desenvolvimento histórico da bolsa de Francoforte, onde tiveram a sua origem muitas destas operações e, provavelmente, o próprio reporte, pode ser confrontado em Helmut Coing, *Die Frankfurter Börse in der Entwicklung unserer freiheitlichen Wirtschafts- und Gessellschaftsordnung*, ZHR 150 (1986), 141-154.

Entre nós, quanto à possibilidade de alargamento do objeto do reporte, cf. Cunha Gonçalves, *Comentário* cit., 3, 53-54.

868   *Contratos especiais de comércio*

341. Função e natureza

I. A natureza do reporte – que merece, aliás, nos nossos dias um consenso bem sedimentado – tem relevância em aspetos importantes do seu regime. Não obstante, e para não converter o problema numa questão puramente conceitual, a sua determinação deve ser precedida por algumas considerações sobre a função da figura.

II. O reporte tem, no seu essencial, uma função financeira[2476]. Como explica d' Espinosa[2477]:

> Apesar de, na sua estrutura, o reporte se articular como uma dupla transferência de títulos contra um preço, a função económica do reporte não é a de uma operação de troca, mas a de uma operação de crédito.

E dentro da categoria financeira, o reporte surge como operação garantida.

Na verdade, as partes que recorrem ao reporte não pretendem, por definição, uma transferência de títulos: tudo se passa de modo diverso, uma vez que a titularidade do reportador é efémera. E, pela mesma ordem de ideias, tão-pouco está em causa uma transferência definitiva de fundos. Tudo visto, joga-se, no reporte, um mútuo especialmente garantido[2478].

III. A discussão que se poderia travar em torno da natureza do reporte tem a ver com a sua essência unitária ou não-unitária. No primeiro caso, o reporte constituiria um tipo negocial próprio e autónomo, dotado da sua regulação; no segundo, ele deveria ser entendido ou como uma união de contratos, ou como um contrato misto: ele iria retirar de outras figuras

---

[2476] Ruy Ulrich, *Do reporte*, cit.. 45 ss., focando as suas diversas utilidades, todas redutíveis a esse plano. *Vide* ainda: R. Corrado, *Borsa (contratti di borsa valori)*, cit., 548; Cyrille David, *Le report en Bourse*, RTDComm 18 (1965), 287-315 (311); G. Cottino, *Del riporto* cit., 124.

[2477] D'Espinosa, *I contratti di borsa. Il riporto*, cit., 485.

[2478] P. ex., R. Corrado, ob. e loc. ult. cit.; Francesco Messineo, *Riporto e mutuo contra pegno di titoli*, Banca 1937, II, 188 ss. = *Operazioni di borsa e di banca*, 2.ª ed. (1954), 171-183 (173) (cita-se por este último local), Domenico Carabalese, *La struttura giuridica delle operazioni di banca* (1923), 310; Ruiz y Ruiz, *La compraventa de valores mobiliários* cit., 164; Antonio Rodriguez Sastre, *Operaciones de bolsa/Doutrina, legislación y jurisprudência españolas* (1944), 467.

§ 76.º O reporte   869

preexistentes vários dos seus elementos, compondo-se, depois, uma regulação que de todos fosse um somatório.

Mas a discussão é puramente hipotética, uma vez que, desde sempre, a doutrina defende a natureza unitária do reporte. Entre nós, citem-se Ruy Ulrich[2479], Veiga Beirão[2480], Cunha Gonçalves[2481] e Abílio Neto[2482], embora com matizes vários. Na doutrina estrangeira, designadamente na italiana, cuja influência entre nós, neste domínio, já foi mencionada, refiram-se Vidari[2483], Vivante[2484], Messineo[2485], Ascarelli[2486], Tartufari[2487], Corrado[2488], Colagrosso[2489], d'Espinosa[2490] e Cottino[2491], entre outros.

Pode ainda acrescentar-se ser esta a posição há muito dominante, na doutrina alemã.

IV. A natureza unitária do reporte aflora em pontos tão simples e significativos como: não faz sentido atribuir um papel autónomo a alguma das operações materiais ou jurídicas que nele se insiram ou não é possível

---

[2479] Ruy Ulrich, *Do reporte* cit., 221.

[2480] Francisco António da Veiga Beirão, *Direiito Comercial Portuguez/Esboço de um Curso* (1912), 128.

[2481] Cunha Gonçalves, *Da Compra e Venda* cit., 11, 51 e *Comentário* cit., 3, 53, apelando à figura da venda.

[2482] Abílio Neto, *Código Comercial Anotado* cit., 7.ª ed., 448, falando em "unidade orgânica".

[2483] Ercole Vidari, *Corso di diritto commerciale*, vol. III, 4.ª ed. (1895), 583 (n.º 2928).

[2484] Cesare Vivante, *Il contratto di riporto* cit., 98.

[2485] Francesco Messineo, *Riporto e mutuo contra pegno di titoli*, cit., 175, bem como locais abaixo examinados.

[2486] Tullio Ascarelli, *In tema di operazioni di banca e di borsa*, RISG 1 (nova série), 1926, 367-384 (372).

[2487] Luigi Tartufari, *Della vendita e del riporto* cit., 596, que, apesar de admitir no reporte uma compra e uma revenda, considera-as "[...] entre si íntima e indisssociavelmente coligadas".

[2488] Renato Corrado, *Borsa (contratti di borsa valori)* cit., 548.

[2489] Enrico Colagrosso, *Diritto bancario/Sogetti-titoli-negozi giuridici* cit., 375-376 e 379.

[2490] Liugi Bianchi d'Espinosa, *I contratti di borsa. Il riporto* cit., 491 e *passim*.

[2491] Gastone Cottino, *Del riporto/Della permuta* cit., 18 e *passim*.

870   *Contratos especiais de comércio*

invalidar um dos "negócios" parciais que comporiam o reporte sem, com isso, invalidar o conjunto[2492].

Este ponto suscita hoje consenso alargado. Mas queda ainda verificar se, sendo unitário, o reporte não poderá reconduzir-se a algum outro tipo negocial.

Em termos algo abstratos, têm sido referidos, a tal propósito, três grandes grupos de teorias[2493]:

– as teorias do empréstimo;
– as teorias do penhor;
– as teorias da compra e venda.

As teorias do empréstimo veem, no reporte, uma espécie de mútuo: o reportado receberia, no essencial, uma coisa fungível – o dinheiro –, obrigando-se a restituir outro tanto; o reportado, por seu turno, receberia títulos que, de igual modo, teria de restituir; o esquema seria mesmo facilitado porque, no reporte, o reportador não tem de restituir os próprios títulos que recebeu, mas antes títulos da mesma espécie. Em termos efetivos, esta orientação assume algum peso: tem sido focado o papel do reporte como meio de obter crédito[2494]. Mas juridicamente, a distinção é clara: o regime do reporte – com a sua dupla transmissão e a particular forma de calcular o "preço" – não tem a ver com as regras do mútuo. Resta apenas concluir – mas aí sem dúvidas – que o Direito põe à disposição dos interessados várias formas de conseguir crédito; entre elas contam-se o mútuo, o comodato, o reporte e outras[2495]. Trata-se de uma situação relevante, em termos interpretativos.

As teorias do penhor enfocam, no reporte, a dimensão de garantia: a entrega dos títulos teria, no fundamental, o papel de assegurar a efetivação da restituição do dinheiro. A garantia, só por si, mal descreveria o

---

[2492] Ficam, naturalmente, ressalvadas as regras da redução, que não têm a ver, de modo direto, com o que se trata no texto.

[2493] Ruy Ulrich, *Do reporte* cit., 185 ss., com adaptações. V. Rodriguez Sastre, *Operaciones de bolsa* cit., 454 ss..

[2494] O reporte destaca-se da antecipação, entendida sempre como mútuo; *vide* Francesco Messineo, *L'anticipazione sopra valori mobiliari e merci*, em *Operazioni di borsa e di banca* cit., 371-431; desse mesmo autor: *Riporto e mutuo contra pegno di titoli* cit., 171 ss.. Por fim, d'Espinosa, *I contratti di borsa. Il riporto* cit., 536 ss..

[2495] R. Corrado, *Borsa (contratti di borsa valori)* cit., 548.

§ 76.º O reporte 871

reporte: por isso, estas teorias surgem combinadas com a anterior. De novo aqui a doutrina chama a atenção para o intenso paralelo económico existente entre o mútuo pignoratício e o reporte[2496]. Há, no entanto, diferenças de regime, servidas por toda uma tradição de separação, que se deve preservar.

As teorias de compra e venda foram as mais antigas, emergindo já no próprio relatório Mancini, que antecedeu o projeto do que seria o revogado Código Comercial italiano, de 1882[2497]. Para elas, o reporte analisar-se-ia, de facto, em duas compras e vendas simultâneas, uma imediata e outra diferida, de sinal contrário. Trata-se, porém, de uma orientação abandonada entre nós, já desde Ruy Ulrich. Na verdade, qualquer contrato que implique a transferência de direitos, mediante dinheiro – e todos os contratos onerosos redundam, no fundo, em esquemas desse tipo –, têm algo da compra e venda, que funciona como o grande modelo dos negócios translativos e dispendiosos. Mas por aí ficam as semelhanças: o reporte funciona como um todo, uma estrutura, e não como um somatório. Por isso, as regras que se lhe aplicam são diversas das das simples compras e vendas.

V. É, pois, com tranquilidade que a doutrina atual – com raízes, aliás, bastante antigas – considera o contrato de reporte como um negócio próprio, autónomo, típico ou *sui generis*, dotado de regras específicas e com objetivos financeiros.

342. Os denominados direitos acessórios

I. Do regime do reporte – aliás bastante claro – interessa determinar quanto respeita aos denominados direitos acessórios. Como pano de fundo e prevenindo confusões, interessa ter presente que, no reporte, não há uma venda atual de títulos e uma recompra diferida de títulos da mesma espécie, entre os mesmos intervenientes; a venda e a recompra são simultâneas,

---

[2496] D'Espinosa, *Il contratti di borsa. I riporto* cit., 541.

[2497] Elas aparecem, assim, na doutrina mais antiga, com exemplo de Vidari, *Corso di diritto commerciale* cit., 3, 4.ª ed., 528 (n.º 2927). Recorde-se que, entre nós, foi protagonista desta orientação Cunha Gonçalves.

872   *Contratos especiais de comércio*

só que uma opera a dinheiro de contado e a outra a termo – artigo 477.°, do Código Comercial.

O reporte não obriga, pois, o reportado a recomprar os títulos nem o reportador a revendê-los: chegado o termo, a "revenda", já celebrada aquando do reporte, produz os seus efeitos, sem necessidade de qualquer outra manifestação de vontade humana.

II. Os direitos acessórios são, genericamente, todas as vantagens que, pelo Direito, caibam aos titulares dos títulos de crédito dados de reporte. Em princípio, eles irão variar com o tipo de títulos em jogo[2498].

Põe-se a questão de saber a quem competem tais direitos acessórios, durante o reporte: se ao reportador, se ao reportado.

Uma primeira posição possível, de tipo radical, negaria pura e simplesmente a existência do problema: tudo se dissolvendo em duas compras e vendas, reportado, reportador e reportado seriam, por esta ordem, sucessivamente proprietários. E assim sendo, os direitos acessórios caberiam, por essa mesma ordem, também sucessivamente, aos intervenientes.

Esta posição maximalista tem sido, há mais de meio século, sempre rejeitada. Duas razões fundamentais, na verdade, a tanto obrigam:

- em termos metodológicos, fazer depender o regime do reporte a sua qualificação conceptual como "compra e venda" equivale a uma forma exacerbada de jurisprudência dos conceitos; há que prevenir tais excessos arcaicos ponderando, no mínimo, os valores em presença. Noutro prisma: a qualificação conceptual depende do regime e não o inverso;
- em termos de Direito positivo, sabe-se, hoje, que o reporte é um tipo negocial próprio e autónomo; não se lhe podem aplicar, sem mais, as regras da compra e venda, antes cabendo pesquisar os normativos mais adequados, para os interesses em jogo.

III. O artigo 478.° do Código Comercial Português dispõe:

[2498] Quanto às diferentes categorias de títulos de crédito, duas classificações abrangentes de Hueck/Canaris, *Recht der Wertpapiere* cit., 11.ª ed., 18, Wolfgang Zöllner, *Wertpapierrecht* cit., 13.ª ed., 8 ss., Giuseppe Gualtieri, *I titoli di credito* (1853), 83 ss., e Alberto Asquini, *Il titoli di credito*, recolhido por Giorgio Oppo (1939), 87 ss..

§ 76.° O reporte 873

A propriedade dos títulos que fizerem objeto do reporte transmite-se para o comprador revendedor, sendo, porém, lícito às partes estipular que os prémios, amortizações e juros que couberem aos títulos durante o prazo da convenção corram a favor do primitivo vendedor.

Trata-se de um preceito inspirado no artigo 72.°/3 do Código de Comércio italiano, de 1882:

As partes poderão acordar que os prémios, os reembolsos e os juros destinados a seguir esses títulos no período do reporte devam aproveitar ao vendedor.

Uma vez que o preceito português foi retirado do italiano, parece razoável ponderar a interpretação deste ponto, em Itália.

IV. A doutrina mais antiga[2499], partindo da ideia de que, no reporte, se assistia a uma dupla venda da propriedade, imputava os direitos acessórios ao reportador. Mas cedo houve uma viragem espetacular baseada, sobretudo, nos trabalhos clássicos de Vivante[2500] e de Messineo[2501], e que acabaria por fazer o pleno da doutrina e da jurisprudência.

Na sua base encontra-se o uso das diversas bolsas – em Itália, em Espanha, em França e na Alemanha[2502] – de atribuir, ao reportado, os referidos direitos acessórios ou, pelo menos, as vantagens a eles inerentes. A argumentação apresentada pelos diversos autores não era coincidente, antes revelando várias subtilezas particulares.

[2499] Cita-se, a tal propósito, Breglia e Tartufari, este último nas primeiras edições do seu *Della vendita e dei riporto*. A edição aqui consultada – a 6.ª, revista e atualizada por Enrico Soprano –, deixa já, porém, entender outra posição.

[2500] Cesare Vivante, no já citado *Il contratto di riporto*, RDComm 23 (1925), 97-117 (especialmente, 110 ss.).

[2501] Francesco Messineo, *La sorte dei diritti accessori nel contratto di riporto*, RDComm 23 (1925), 328-329, também publicado em Messineo, *Operozioni di borsa e di banca/Studi giuridici*, 2.ª ed. (1954), 147-163, de que existe uma versão em castelhano, de R. Gay de Montella, sob o título *Operaciones de bolsa y de banca/Estudios jurídicos* (1957), 138-52.

[2502] P. ex., Messineo, *La sorte dei diritti accessori* cit., 334, Cyrille David, *Le report en Bourse* cit., 302, Ascarelli, *In tema di operazioni di banca* cit., 372, citando Nussbaum, Ruiz y Ruiz, *La compraventa de valores mobiliarios* cit., 166, Rodriguez Sastre, *Operaciones de bolsa* cit., 464, Cottino, *Del riporto/della permuta* cit., 56, e Luigi Bianchi d'Espinosa, *Borsa valori/Contratti di borsa*, ED V (1959), 592-608 (600).

No entanto, em grandes traços, podem apontar-se as seguintes proposições; segundo Vivante, à partida, o reportador teria tais direitos,

(...) mas, na restituição, deve creditar ao reportado o seu valor, pois os títulos que deve restituir devem ter o mesmo conteúdo do que aqueles que recebeu na conclusão do contrato, no momento em que recupera integralmente o preço desembolsado[2503].

De acordo com Messineo,

A razão pela qual a prática de exercer os direitos acessórios por conta do reportado parece-me legítima e a qual Tartufari e Breglia não abalaram é a mesma que referi mais à frente. Qualquer que seja o preço que o reportado deva pagar para retomar os títulos no fim da operação, isto é, igual, superior ou inferior ao recebido, conserva sempre o seu direito a receber o *tantundem* dos títulos; aí, bem poderá o reportador não restituir os mesmos que recebeu, mas deverá substituir em qualquer caso, títulos equivalentes. Supor que possa restituir títulos depauperados dos acessórios equivaleria a autorizar efeitos não consentidos pelo contrato e, indiretamente, deformar a índole destes[2504].

Outros argumentos foram aventados; assim, Vivante entendia que o "vendedor" referido no artigo 72.º/3 do Código de Comércio italiano era na realidade, o reportador[2505]; Tartufari, por seu turno, chamava a atenção para o facto de, dados os usos da bolsa, se dever ter por inseridos nos diversos reportes a cláusula atribuindo os "acessórios" ao reportado[2506]; Ascolli propõe que, caso a caso, se indague da probabilidade da sujeição das partes aos referidos usos[2507].

A jurisprudência acolheria estas enérgicas posições doutrinárias; segundo a Cassação Italiana, em 25 de janeiro de 1932:

[2503] Vivante, *Il contratto di riporto* cit., 111.

[2504] Messineo, *La sorte dei diritto accessori* cit., 334.

[2505] Vivante, *Il contratto di riporto* cit., 111. Este autor, ob. cit., 112, chamava ainda a atenção para o enriquecimento injusto que a solução inversa iria acarretar para o reportador e contra o reportado.

[2506] Tartufari, *Della vendita e del riporto* cit., 6.ª ed., 628.

[2507] Ascarelli, *In tema di operazioni di banca e di borsa* cit., 374.

§ 76.° O reporte   875

(...) na falta de um pacto em contrário, o benefício destes direitos (acessórios) deve caber ao reportado, porque os títulos devem-lhe ser restituídos com o mesmo conteúdo que o reportador recebeu no momento[2508].

V. Estava preparado o terreno doutrinário e jurisprudencial para uma clarificação legal. O Código Civil de 1942 veio dispor, no seu artigo 1550.°:

> Os direitos acessórios e os deveres inerentes aos títulos de reporte pertencem ao reportado (...)
> O direito de voto, salvo pacto em contrário, pertence ao reportador.

O preceito é aplaudido pela generalidade da doutrina, que o considera como mera consolidação do direito anterior[2509]. E a justificação mantém-se bastante simples; nas palavras de Colagrosso:

> Dada a unidade orgânica do contrato, os direitos acessórios e os deveres inerentes aos títulos dados de reporte, ao contrário do que sucedeu na venda a termo (art. 1531 Cód. Civ.) respeitam ao reportado, por ele ser o proprietário definitivo da operação concluída (...)[2510].

Naturalmente, quando se trata de exercer posições que requeiram a posse das ações – a qual compete ao reportador – há que estabelecer esquemas de colaboração entre as partes para que todos possam ser satisfeitos. Há, neste ponto, uma vasta casuística, que varia, no modo de efetivação prática, em função dos concretos direitos em jogo[2511]. Não há, contudo, dúvidas no essencial.

VI. No Direito português, a doutrina antiga, assente na ideia de compra e venda ou da propriedade, sem mais, do reportador, atribuía, a este,

---

[2508] Transcrito em d'Espinosa, *I contratti di borsa. Il riporto* cit., 500, nota 35; cf., também desse autor, *Le operazioni e i contratti di borsa* (1960), 69-70.

[2509] P. ex., Gastone Cottino, *Dei riporto/Della permuta* cit., 57, d'Espinosa, *I contratti di borsa. Il riporto* cit., 500, e *Borsa valori* cit., 600.

[2510] Enrico Colagrosso, *Diritto bancario* cit., 337.

[2511] Por exemplo, o caso relatado em Andrea Paccielo, *A proposito di un caso di riporti di titoli azionari con diritto di voto riservato al riportato e legittimazione al voto*, Banca, XLV (1982), 147-151 (149): fora-se, aí, mais longe, atribuindo, também, ao reportado, o direito de voto; em Assembleia Geral pôs-se, depois, o problema de como poderia ele votar, em termos práticos, uma vez que não era o possuidor de títulos.

os direitos acessórios[2512]. Mais recentemente, temos propendido para solução diversa[2513].

O artigo 478.º do Código Comercial, em jogo neste ponto, recebe claramente o artigo 72.º do Código Comercial italiano de 1882.

Além disso, é conhecido o papel do pensamento jurídico italiano, na comercialística portuguesa. Tanto bastaria para transpor as considerações acima alinhadas para o espaço nacional, concluindo que, afinal, os direitos acessórios competem ao reportado. Não se vai, no entanto, absolutizar este aspeto. Apenas se dirá que, dado o flagrante paralelo com o Direito italiano anterior a Rocco, há um argumento histórico sério, no sentido de, no Direito português, imputar ao reportado os direitos acessórios.

Outros argumentos devem, agora, ser ponderados. Em termos dogmáticos, temos dois pontos a sublinhar:

- no reporte, o reportador deve, no final, restituir "(...) títulos da mesma espécie (...)" – artigo 477.º do Código Comercial –, ou seja, com as mesmas qualidades; ora, a fazer seus os direitos acessórios, ele iria restituir títulos depauperados, despidos de alguma ou algumas das suas potencialidades; em suma: títulos de outra espécie, já que não releva tanto a sua designação como o seu real conteúdo;
- no reporte, compra e revenda operam logo, havendo apenas um contrato; o reportador é proprietário sujeito a termo resolutivo: apenas detém uma "propriedade" gravada, com a qual, assim sendo, tão-só pode gerar produtos gravados.

VII. Quanto à dimensão teleológica, frisamos o seguinte:

- no reporte há, em termos substanciais, um negócio financeiro e não um esquema aquisitivo; deste modo, ele não poderia ser utilizado para receber outras vantagens que não as proporcionadas pelo próprio reporte;
- o reporte não é um negócio aleatório[2514]; assim, ele não iria abran-

---

[2512] Ruy Ulrich, *Do reporte* cit., 140 ss., baseando-se exclusivamente na propriedade, e Cunha Gonçalves, *Comentário* cit., 3, 55, também assente na propriedade.

[2513] Menezes Cordeiro, *O reporte* cit., 181 ss..

[2514] Neste ponto: Cesare Coltro Lammpi, *Considerazioni sui contratti a premio e sulla aleatorietà dei contratti di borsa*, RDComm LVI (1958), I, 380-405 (397), e Maggiore, *Il riporto bancario* cit., 1030.

§ 76.° O reporte 877

ger vantagens eventuais, que escapassem à vontade inicial, autodeterminada, das partes.

VIII. Finalmente, e quanto ao elemento sistemático: o reporte sujeita-se, como contrato, aos princípios gerais[2515] e, designadamente, aos que limitam os juros, vedam a usura e proscrevem o enriquecimento injusto.

Há, pois, razões ponderosas, de ordem histórica, dogmática, teleológica e sistemática que, no Direito português, pressionam para a atribuição, ao reportado, dos direitos acessórios.

IX. Haverá que propor a ultrapassagem, por via interpretativa, do artigo 477.° do Código Comercial? Pensa-se que não.

O artigo 477.°, na parte aqui em causa, permitirá tão-só retirar uma norma supletiva: a de que, durante o prazo da convenção, correm a favor do reportador os prémios, amortizações e juros.

Podem as partes, de modo direto ou indireto, expresso ou tácito, no próprio contrato de reporte, em contrato antecedente ou em contrato subsequente, estipular que tais prémios, amortizações e juros caibam ao reportado.

Mas sobretudo, nenhuma razão há para interpretar de modo extensivo o referido artigo 477.° do Código Comercial. Pelo contrário: fortes razões já ponderadas reclamariam mesmo uma interpretação mais comedida.

X. Desde logo, ao mencionar (...) prémios, amortizações e juros (...) durante o prazo da convenção corram a favor (...), a lei está a chamar a atenção para realidades que vencem periodicamente, de modo repetido. Um exemplo: havendo um reporte sobre títulos que, na sua vigência sejam integralmente amortizados, não se vê que[2516] o reportador possa nada restituir no termo.

Depois, ao restringir a referência aos "prémios, amortizações e juros", deixa-se no vago tudo quanto, sendo acessório, não possa reconduzir-se a essas realidades. A tais realidades haverá que aplicar as regras

---

[2515] Assim sucede também com os contratos inominados que surgem neste domínio; cf. a sentença do Tribunal de Milão de 11-nov.-1982, *Borsa*, XLVI (1983), 461-465.

[2516] Salvo, naturalmente, se a interpretação do contrato permitir revelar que as partes o celebraram tendo em vista esse fator.

gerais que informam o reporte e que determinam, no termo, uma total restituição ao reportado.

Em suma: julga-se possível, através do sublinhar da natureza supletiva do artigo 477.º do Código Comercial e da necessidade de prevenir a sua interpretação extensiva, colocá-la em consonância com o Direito comercial dos nossos dias.

O reporte poderia, assim, ser considerado como um negócio de crédito.

SECÇÃO XI

A LOCAÇÃO COMERCIAL

§ 77.º A LOCAÇÃO COMERCIAL

343. O aluguer comercial

I. O aluguer objetivamente comercial está associado à compra e venda: segundo o artigo 481.º, ele será mercantil quando a coisa tiver sido comprada para se lhe alugar o uso[2517].

II. O Código Comercial, para além do citado, contém apenas um preceito sobre o aluguer comercial: o artigo 482.º que, excecionando os fretamentos de navios, remete simplesmente para o regime civil.

Resta recordar que o fretamento consta, hoje, de legislação avulsa e mais precisamente do Decreto-Lei n.º 191/87, de 29 de abril, que revogou, no seu artigo 49.º, os artigos 541.º a 562.º, do Código Comercial.

344. O arrendamento comercial

I. Paradoxalmente, a locação comercial apresenta mais especificidades no domínio do arrendamento, matéria que não consta do Código Comercial.

II. Os artigos 110.º e seguintes do RAU tratavam do arrendamento para comércio e indústria. O regime aí fixado apresenta uma série de espe-

---

[2517] Com observações críticas, Cunha Gonçalves, *Comentário* cit., 3, 4.

cificidades perante as regras comuns, que só se explicam pela natureza comercial dos valores envolvidos. Particularmente em causa estava o estabelecimento comercial. Trata-se de matéria que estudámos a esse propósito[2518].

Como vimos, o NRAU de 2006 pretendeu abolir os arrendamentos comerciais como categoria autónoma. Para além do *lack of culture* que essa impensada medida representa para o património jurídico nacional, ela não foi consequente: continuaram a surgir preceitos que só se explicam pela manutenção dessa categoria contratual, agora inominada[2519].

[2518] *Supra*, 330 ss..
[2519] *Supra*, 334 ss..

SECÇÃO XII

TRANSMISSÃO E REFORMA DE TÍTULOS
DE CRÉDITO MERCANTIS

§ 78.º TRANSMISSÃO E REFORMA DE TÍTULOS DE CRÉDITO

345. Remissão

O Código Comercial, no título XX do seu Livro II, regula a transmissão e reforma dos títulos de crédito mercantil. Trata-se dos últimos "contratos comerciais" nele previstos. Dedica-lhes os artigos 483.º e 484.º.

Embora formalmente inserida no Código Comercial, esta matéria prende-se, materialmente, com a dos títulos de crédito, hoje uma disciplina comercial autónoma. Para aí remetemos.

ÍNDICE DE JURISPRUDÊNCIA

JURISPRUDÊNCIA PORTUGUESA

Tribunal Constitucional

TC n.º 421/99, de 30-jun.-1999 (Paulo Mota Pinto), preferência no arrendamento comercial – 344

TC n.º 632/2005, de 15-nov.-2005 (Benjamim Rodrigues), contrato de instalação de lojista – 768, 769

TC n.º 320/2006, de 17-mai.-2006 (Pamplona de Oliveira), constitucionalidade da existência, na insolvência, de apenas um grau de recurso – 516

Supremo Tribunal de Justiça (Pleno)

STJ(P) 27-nov.-1964 (Gonçalves Pereira), compra e venda comercial – 225, 285, 287

STJ(P) 2-fev.-1984 (Menéres Pimentel), conta em participação; natureza – 742, 744

STJ(P) 22-abr.-1997 (Ramiro Vidigal), exame à escrituração: artigo 42.º do Código Comercial – 107, 410

Supremo Tribunal de Justiça

STJ 20-jun.-1930 (Albuquerque Barata), comerciantes pessoas coletivas – 281

STJ 8-fev.-1935 (Pires Soares), cessão de exploração (caso "Águia de Ouro") – 347

STJ 31-mai.-1938 (Magalhães Barros), responsabilidade do requerente da falência – 538, 539

STJ 26-fev.-1957 (Agostinho Fontes), venda comercial a contento – 859

STJ 23-mar.-1962 (Lopes Cardoso), pessoa coletiva não-comerciante – 281

STJ 19-fev.-1963 (Ricardo Lopes), atos comerciais mistos – 226

STJ 12-jun.-1964 (Simões de Carvalho), mediação – 724

STJ 16-fev.-1967 (Torres Paulo), cessão de exploração – 347

STJ 7-mar.-1967 (Carvalho Júnior), contrato de mediação – 678

STJ 17-mar.-1967 (Oliveira Carvalho), mediação; cumprimento – 731

STJ 7-abr.-1970 (Correia Guedes), mandato comercial; carta mandadeira – 680

STJ 18-dez.-1971 (Ludovico da Costa), compra e venda comercial de bens futuros – 860

STJ 5-nov.-1974 (Albuquerque Bettencourt), mediação – 725

STJ 28-fev.-1978 (Acácio Carvalho), mediação no fornecimento de gás – 721

STJ 9-mar.-1978 (Daniel Ferreira), mediação; regime – 726

STJ 2-mai.1978 (Bruto da Costa), mediação na compra de livros – 721, 723

STJ 28-nov.-1978 (Santos Victor), mediação – 722, 729

STJ 22-fev.-1979 (Rodrigues Bastos), seguro; forma; papel do angariador – 721

STJ 4-mar.-1980 (Aquilino Ribeiro), mediação e mandato – 721, 722

STJ 26-jun.-1980 (Rodrigues Bastos), "estatutos" dos bancos – 252

STJ 15-out.-1980 (Daniel Ferreira), mediação; comissão – 731

STJ 5-fev.-1981 (Solano Viana), *culpa in contrahendo* – 589

STJ 5-fev.-1981 (Daniel Ferreira), mediação automóvel – 721

STJ 10-mar.-1981 (Moreira da Silva), mediação – 721

STJ 1-jun.-1983 (Lopes Neves), mediação – 725

STJ 26-abr.-1984 (Magalhães Baião), contrato de lojista – 765

STJ 8-mai.-1984 (Moreira da Silva), "estatutos" dos bancos – 252

STJ 19-jun.-1984 (Silva Cura), firma; verdade e exclusividade – 390

STJ 18-jun.-1985 (Solano Viana), firma; expressões correntes – 398

STJ 14-out.-1986 (Joaquim Figueiredo), *culpa in contrahendo* – 589

STJ 18-mar.-1987 (Machado Soares), mediação – 725

STJ 13-jul.-1988 (Pinheiro Farinha), mediação – 722

STJ 18-out.-1988 (Soares Tomé), *culpa in contrahendo* – 590

STJ 14-mar.-1990 (Barros Sequeira), anatocismo – 248

STJ 27-nov.-1990 (Menéres Pimentel), mediação – 722

STJ 6-dez.-1990 (Menéres Pimentel), mediação – 765

STJ 23-mai.-1991 (Pereira da Silva), firma; novidade – 756

STJ 23-mai.-1991 (Pereira da Silva; vencido: Roger Lopes), consórcio; denominação – 398

STJ 11-jun.-1991 (Menéres Pimentel), associação em participação e sociedade – 745

STJ 4-jul.-1991 (Ricardo da Velha), *culpa in contrahendo* – 589, 591

STJ 24-mar.-1992 (Fernando Fabião), contrato de lojista – 764

STJ 23-abr.-1992 (Figueiredo de Sousa), cláusula FOB – 833

STJ 28-mai.-1992 (José Magalhães), firma; novidade – 398

STJ 20-abr.-1993 (Martins da Costa), ccg; seguro de colheitas – 612

STJ 4-mai.-1993 (Santos Monteiro), contrato de concessão; regime – 800

STJ 6-mai.-1993 (Figueiredo de Sousa), ccg; proibições – 627, 628, 631

STJ 22-jun.-1993 (Cardona Ferreira), defesa da língua portuguesa – 575

Índice de jurisprudência

STJ 22-jun.-1993 (Martins da Costa), ccg; seguro de colheitas – 612
STJ 24-jun.-1993 (Miranda Gusmão), mediação – 724
STJ 3-nov.-1993 (Martins da Fonseca), mediação – 724
STJ 11-nov.-1993 (Martins da Fonseca), mediação; retribuição – 730
STJ 9-dez.-1993 (José Magalhães), seguro; mediação – 723, 726, 730
STJ 12-jan.-1994 (Figueiredo de Sousa), mediação na compra de equipamento – 721
STJ 26-abr.-1994 (Santos Monteiro), contrato de lojista – 764, 765
STJ 12-jun.-1994 (Cardona Ferreira), contrato de lojista – 765
STJ 15-jun.-1994 (Roger Lopes), estabelecimento; farmácia; preferência do senhorio – 345
STJ 5-jul.-1994 (Machado Soares), ccg; locação financeira – 612, 629
STJ 12-jul.-1994 (Cardona Ferreira), contrato de lojista – 765
STJ 3-out.-1994 (Torres Paulo), contrato de transporte – 838, 843
STJ 17-jan.-1995 (Martins da Costa), mediação – 720
STJ 1-fev.-1995 (Oliveira Branquinho), contrato de lojista – 765
STJ 14-fev.-1995 (Cardona Ferreira), anatocismo – 248
STJ 7-mar.-1995 (César Marques), procuração; aplicação de regras do mandato – 667, 670
STJ 20-jun.-1995 (Pais de Sousa), ccg; ação inibitória – 621, 630
STJ 9-nov.-1995 (Sampaio da Nóvoa), dívidas comerciais dos cônjuges – 580
STJ 22-nov.-1995 (Mário Cancela), contrato de concessão; regime – 800
STJ 5-mar.-1996 (Torres Paulo), procuração e mandato – 660
STJ 12-mar.-1996 (Oliveira Branquinho), uso de telecópia – 577
STJ 16-abr.-1996 (Matos Canas), mandato e procuração; suspensão – 666
STJ 18-abr.-1996 (Joaquim de Matos), transporte; descarga; responsabilidade – 844
STJ 23-abr.-1996 (Cardona Ferreira), falência; empresa – 314, 498, 501
STJ 22-mai.-1996 (Victor Devesa), consórcio externo – 755, 757
STJ 5-jun.-1996 (Metello de Nápoles), mediação; execução – 730
STJ 12-jun.-1996 (Metelo de Nápoles), preferência na aquisição de estabelecimento – 344
STJ 24-set.-1996 (Cardona Ferreira), assembleia de credores – 501
STJ 26-set.-1996 (Miranda Gusmão), firma; novidade – 398
STJ 26-set.-1996 (Sampaio da Nóvoa), transporte aéreo; responsabilidade – 843
STJ 24-out.-1996 (Almeida e Silva), contrato de lojista – 765
STJ 22-jan.-1997 (Cardona Ferreira), firma; evolução – 364, 398
STJ 28-jan.-1997 (Silva Paixão), contrato de transporte; forma – 840
STJ 4-fev.-1997 (Ramiro Vidigal), firma; exclusividade – 397
STJ 25-fev.-1997 (Fernandes Magalhães), contrato de transporte; transitários – 844, 848

886   *Direito comercial*

STJ 6-mar.-1997 (Almeida e Silva), contrato de transporte – 838
STJ 18-mar.-1997 (Fernandes Magalhães), contrato de lojista – 765
STJ 17-abr.-1997 (Almeida e Silva), registo comercial; inscrições provisórias – 431
STJ 20-mai.-1997 (Silva Paixão), contrato de transporte; CMR – 841
STJ 5-jun.-1997 (Costa Soares), contrato de concessão; regime – 800
STJ 30-set.-1997 (Pais de Sousa), transporte aéreo; responsabilidade – 844
STJ 14-out.-1997 (Agostinho Sousa Inês), contrato de lojista – 765
STJ 23-out.-1997 (Miranda Gusmão), consórcio; extinção – 760
STJ 11-nov.-1997 (Martins da Costa), aplicação analógica de normas societárias – 233
STJ 20-jan.-1998 (Lopes Pinto), contrato de lojista – 766
STJ 5-fev.-1998 (Sousa Inês), dívidas dos cônjuges; inconstitucionalidade – 580
STJ 17-fev.-1998 (Pais de Sousa), transporte; baldeação; responsabilidade – 844
STJ 17-fev.-1998 (Torres Paulo), trespasse; proibição pós-eficaz de concorrência – 346
STJ 19-mar.-1998 (Lúcio Teixeira), prova de empréstimo mercantil; dívidas de cônjuges – 236, 579
STJ 31-mar.-1998 (Ribeiro Coelho), mediação imobiliária; mediação – 710, 723, 729
STJ 23-abr.-1998 (Aragão Seia), contrato de concessão; regime – 800
STJ 6-mai.-1998 (Miranda Gusmão), cessão de exploração – 347
STJ 2-jun.-1998 (Tomé de Carvalho), cessão de exploração – 350
STJ 17-jun.-1998 (Aragão Seia), firma; concorrência desleal – 400
STJ 30-jun.-1998 (Machado Soares), cessão de exploração – 350
STJ 9-jul.-1998 (Torres Paulo), contrato de lojista – 766
STJ 29-set.-1998 (Ferreira Ramos), trespasse de estabelecimento comercial – 343, 346
STJ 6-out.-1998 (Lemos Triunfante), juros comerciais moratórios – 237
STJ 29-out.-1998 (Sousa Dinis), firma; verdade e exclusividade – 391
STJ 1-fev.-1999 (Oliveira Branquinho), contrato de lojista – 764
STJ 3-fev.-1999 (Quirino Soares), contrato de agência – 780
STJ 9-fev.-1999 (Francisco Lourenço), aplicação analógica de normas societárias – 233
STJ 9-fev.-1999 (Martins da Costa), firma pessoal – 383
STJ 11-fev.-1999 (Noronha Nascimento), contratos mistos – 560
STJ 24-fev.-1999 (Silva Paixão), consórcio externo – 755, 757
STJ 11-mar.-1999 (Machado Soares), contrato de transporte – 840, 844
STJ 11-mar.-1999 (Martins da Costa), firma; língua portuguesa – 387
STJ 11-mar.-1999 (Lemos Triunfante), mediação; retribuição – 730

Índice de jurisprudência

STJ 25-mar.-1999 (Herculano Namora), estabelecimento comercial; elementos – 342

STJ 27-abr.-1999 (Fernandes Magalhães), registo comercial; retificações – 457

STJ 18-mai.-1999 (Ferreira de Almeida), falência – 502

STJ 18-mai.-1999 (Torres Paulo), registo comercial; falta; invocação – 460

STJ 15-jun.-1999 (Machado Soares), gerente de comércio – 684

STJ 17-jun.-1999 (Sousa Inês), firma; verdade e exclusividade – 391

STJ 7-jul.-1999 (Nascimento Costa), mediação – 725

STJ 7-out.-1999 (Herculano Namora), reestruturação financeira – 501

STJ 18-jan.-2000 (Aragão Seia), contrato de tração; seguro – 849

STJ 29-fev.-2000 (Dionísio Correia), cessão de exploração – 350

STJ 28-mar.-2000 (Francisco Lourenço), trespasse de estabelecimento; forma – 342, 343

STJ 3-mai.-2000 (Silva Paixão), contrato de concessão; controlo – 799, 801

STJ 1-jun.-2000 (Sousa Lamas), corretagem de seguros – 721

STJ 28-set.-2000 (Dionísio Correia), contrato de lojista – 766

STJ 16-nov.-2000 (Simões Freire), mediação – 726, 730

STJ 13-dez.-2000 (Sousa Dinis), solidariedade nas obrigações comerciais – 237

STJ 1-fev.-2001 (Quirino Soares), contrato de concessão – 795, 800

STJ 13-fev.-2001 (Fernandes Magalhães), transporte; danos à saúde – 844

STJ 3-mai.-2001 (Ferreira de Almeida), seguro; *favor* – 798

STJ 10-mai.-2001 (Aragão Seia), contrato de concessão; pré-aviso – 802

STJ 31-mai.-2001 (Abel Freire), mediação – 720, 730

STJ 26-fev.-2002 (Moitinho de Almeida), mediação; regime – 726

STJ 11-abr.-2002 (Quirino Soares), contrato de lojista – 766

STJ 14-mai.-2002 (Silva Salazar), cessão de exploração – 350

STJ 14-mai.-2002 (Silva Salazar), contrato de lojista – 766

STJ 28-mai.-2002 (Dionísio Correia), mediação – 730

STJ 18-jun.-2002 (Pinto Monteiro), consórcio externo – 755

STJ 5-dez.-2002 (Oliveira Barros), venda a contento; dolo – 859

STJ 21-jan.-2003 (Reis Figueira), mediação; regime – 726

STJ 8-mar.-2003 (Ezagüy Martins), anatocismo – 248

STJ 13-mar.-2003 (Reis Figueira), agente de seguros – 721

STJ 29-abr.-2003 (Reis Figueira), mediação – 725

STJ 15-mai.-2003 (Araújo de Barros), associação em participação – 745

STJ 17-jun.-2003 (Camilo Moreira Camilo), mandato e procuração – 660

STJ 8-jul.-2003 (Fernando Araújo de Barros), cláusulas CAD – 834, 848

STJ 18-set.-2003 (Luís Fonseca), associação em participação; perdas – 743

STJ 7-out.-2003 (Afonso Correia), coisas vendidas a esmo – 859

STJ 16-out.-2003 (Araújo Barros), mediação; retribuição – 720

888   *Direito comercial*

STJ 15-jan.-2004 (Duarte Soares), aplicação analógica de normas societárias – 233

STJ 19-jan.-2004 (Camilo Moreira Camilo), mediação na compra de frascos – 721, 724, 727

STJ 9-mar.-2004 (Alves Velho), contrato de lojista – 764, 766

STJ 31-mar.-2004 (Silva Salazar), mediação – 725

STJ 15-abr.-2004 (Salvador da Costa), contrato de concessão – 800, 802

STJ 20-abr.-2004 (Azevedo Ramos), mediação – 725

STJ 20-abr.-2004 (Ferreira Girão), solidariedade nas obrigações comerciais – 578

STJ 13-jul.-2004 (Salvador da Costa), locação de estabelecimento – 349

STJ 3-fev.-2005 (Oliveira Barros), cláusula CIF – 833

STJ 15-fev.-2005 (Alves Velho), Convenção da Haia sobre a Lei Aplicável aos Contratos de Mediação e à Representação – 664

STJ 8-mar.-2005 (Lopes Pinto), mediação; cumprimento – 730

STJ 15-mar.-2005 (Moreira Alves), procuração aparente; interpretação extensiva do regime da agência – 674

STJ 15-mar.-2005 (Reis Figueira), dívidas comerciais dos cônjuges; presunção de proveito comum – 579

STJ 7-abr.-2005 (Lopes Pinto), contrato de concessão – 795, 800

STJ 21-abr.-2005 (Neves Ribeiro), concessão e franquia – 775, 798, 800, 802

STJ 21-abr.-2005 (Oliveira Barros), contratos atípicos de distribuição – 775

STJ 10-mai.-2005 (Pinto Monteiro), contrato de lojista – 767

STJ 11-out.-2005 (Alves Velho), agência; convenção de arbitragem – 792

STJ 25-out.-2005 (Silva Salazar), *culpa in contrahendo*; natureza obrigacional – 591

STJ 8-nov.-2005 (Azevedo Ramos), associação em participação – 745

STJ 17-nov.-2005 (Salvador da Costa), contrato de seguro – 852

STJ 7-dez.-2005 (Moitinho de Almeida), associação em participação – 745

STJ 21-dez.-2005 (Lucas Coelho), *culpa in contrahendo*; natureza obrigacional – 591

STJ 31-jan.-2006 (Azevedo Ramos), EIRL – 358

STJ 9-mar.-2006 (Pereira da Silva), informação *in contrahendo* – 590

STJ 4-abr.-2006 (Nuno Cameiro), informação *in contrahendo* – 590

STJ 6-abr.-2006 (Pereira da Silva), cessão de exploração; nulidade – 350

STJ 20-jun.-2006 (Fernandes Magalhães), nome do estabelecimento – 333

STJ 9-out.-2006 (Sebastião Póvoas), trespasse do estabelecimento; universalidade – 342

STJ 23-jan.-2007 (Borges Soeiro), contrato de lojista – 767

STJ 5-jul.-2007 (João Bernardo), *incoterms* – 831

STJ 5-jul.-2007 (Sebastião Póvoas), contrato de lojista – 767

STJ 13-set.-2007 (Custódio Montes), contrato de lojista – 764, 767

Índice de jurisprudência 889

STJ 23-out.-2007 (Fonseca Ramos), *incoterms* – 831
STJ 12-fev.-2009 (Vasques Dinis), caixeiro, trabalhador – 686
STJ 25-mar.-2009 (Oliveira Vasconcelos), exclusividade da firma – 397
STJ 30-jun.-2009 (Cardoso de Albuquerque), contrato de lojista – 767
STJ 3-nov.-2009 (Azevedo Ramos), uso de *telefax* em processo – 576
STJ 7-jan.-2010 (Serra Baptista), regime conjugal de dívidas – 579
STJ 23-fev.-2010 (Sebastião Póvoas), contrato de franquia – 811
STJ 1-jul.-2010 (Alberto Sobrinho), contrato de lojista – 767
STJ 28-set.-2010 (Hélder Roque), novidade da firma – 398
STJ 4-nov.-2010 (Gonçalo Silvano), contrato de transporte; expedição – 847
STJ 4-nov.-2010 (Maria dos Prazeres Beleza), contrato de concessão – 800
STJ 11-nov.-2010 (Maria dos Prazeres Beleza), contrato de concessão – 800
STJ 25-jan.-2011 (Garcia Calejo), contrato de franquia – 811
STJ 16-mar.-2011 (Moreira Alves), preferência no trespasse – 344
STJ 7-jun.-2011 (Azevedo Ramos), competência dos tribunais de comércio – 230
STJ 14-jun.-2011 (Fonseca Ramos), insolvência; contrato-promessa – 519
STJ 14-jun.-2011 (Garcia Calejo), indemnização de clientela – 790, 791
STJ 14-jun.-2011 (Helder Roque), contrato de expedição – 847
STJ 15-set.-2011 (Silva Gonçalves), competência dos tribunais de comércio – 230
STJ 20-set.-2011 (Martins de Sousa), *incoterms* – 831
STJ 27-out.-2011 (Tavares de Paiva), contrato de concessão – 800
STJ 31-jan.-2012 (Salreta Pereira), *incoterm* CRF – 831
STJ 15-mar.-2012 (Marques Pereira), registo comercial e terceiro – 454
STJ 14-abr.-2013 (Tavares de Paiva), contrato de lojista – 769
STJ 20-jun.-2013 (Abrantes Geraldes), mediador não licenciado – 712
STJ 1-abr.-2014 (Gabriel Catarino), mediação atípica – 721
STJ 17-jun.-2014 (Fonseca Ramos), consórcio/denominação – 755
STJ 12-mar.-2015 (Paulo Sá), concessão/analogia – 803
STJ 20-mai.-2015 (Lopes do Rego), representação aparente – 674
STJ 20-mai.-2015 (Orlando Afonso), contrato de lojista – 769
STJ 29-set.-2015 (Gregório Silva Jesus), concessão/analogia – 800
STJ 16-fev.-2016 (Sebastião Póvoas), associação em participação – 743
STJ 21-abr.-2016 (Tavares de Paiva), agência/indemnização – 790
STJ 12-mai.-2016 (Maria da Graça Trigo), contrato de concessão; analogia com
   a agência – 800

Supremo Tribunal de Administrativo
STA 19-abr.-2007 (Pais Borges), gerência comercial – 685

Tribunal Central Administrativo Norte
TCAN 20-fev.-2015 (Alexandra Alendouro), consórcio – 752

890   *Direito comercial*

Tribunal Central Administrativo Sul
TCAS 11-set.-2014 (Cristina dos Santos), consórcio; fundos comuns – 755

Relação de Coimbra
RCb 29-out.-1991 (Costa Marques), "estatutos" dos bancos – 252
RCb 14-dez.-1993 (Paiva Gonçalves), contrato de agência – 780
RCb 23-fev.-1994 (Silva Freitas), firma-nome e firma-denominação – 372
RCb 19-jan.-1995 (Daniel Almada), consórcio externo – 755, 757
RCb 16-jan.-1996 (Vergílio Oliveira), falência; reestruturação financeira – 499, 501
RCb 19-nov.-1996 (Herculano Namora), assembleia de credores – 501
RCb 27-mai.-1997 (Ferreira Barros), comissão de credores; recuperação de empresa – 502
RCb 7-out.-1997 (Silva Graça), contrato de mediação imobiliária – 710, 731
RCb 28-out.-1997 (Eduardo Antunes), contrato de concessão; regime – 800
RCb 9-dez.-1997 (Serra Baptista), cessão de exploração – 350
RCb 27-jan.-1998 (Rua Dias), contrato de agência – 780
RCb 19-mai.-1998 (Gil Roque), transporte; responsabilidade; CMR – 844
RCb 15-set.-1998 (Ferreira de Barros), registo comercial; oponibilidade – 459
RCb 12-jan.-1999 (Maria Regina Rosa), contrato de agência – 780, 792
RCb 23-mar.-1999 (Maria Regina Rosa), contratos inominados – 559
RCb 22-jun.-1999 (Araújo Ferreira), penhor mercantil – 236
RCb 26-out.-1999 (Artur Dias), falência; atos resolúveis – 503
RCb 9-nov.-1999 (Eduardo Antunes), falência; embargos – 492
RCb 20-mar.-2001 (Gil Roque), cessão de exploração – 350
RCb 22-mai.-2001 (José Alexandre Reis), mediação; artigo 23.º; seguro – 720
RCb 13-nov.-2001 (Cardoso Albuquerque), responsabilidade do transportador – 844
RCb 19-fev.-2002 (António Piçarra), atos judiciais por fax; prazos – 577
RCb 23-abr.-2002 (Alexandre Reis), mediação, boa-fé – 728
RCb 24-set.-2002 (Artur Dias), nome do estabelecimento; regime – 333
RCb 28-jan.-2003 (Alexandre Reis), mediação – 725
RCb 25-mar.-2003 (António Piçarra), transporte, convenção de Bruxelas – 825
RCb 30-mar.-2004 (António Piçarra), transporte; entrega ao destinatário – 838
RCb 27-abr.-2004 (Araújo Ferreira), solidariedade do fiador comercial – 237
RCb 8-jun.-2004 (Custódio M. Costa), mediação; boa-fé – 728, 730
RCb 2-nov.-2004 (Custódio M. Costa), franquia – 814
RCb 25-jan.-2005 (Helder Roque), contrato de concessão; retoma de *stocks* – 802
RCb 3-mai.-2005 (Távora Vítor), contrato de seguro – 852
RCb 28-set.-2010 (Martins de Sousa), *incoterms* – 831
RCb 19-out.-2010 (José Eusébio Almeida), regime das dívidas comerciais – 583

Índice de jurisprudência

RCb 17-jan.-2012 (Teles Pereira), presunção de insolvência – 513
RCb 24-jan.-2012 (Sílvia Pires), representação institucional – 674
RCb 19-jun.-2013 (Albertina Pedroso), representação aparente – 674
RCb 18-fev.-2014 (Maria José Guerra), mediação; exclusividade – 727
RCb 9-set.-2014 (Artur Dias), associação em participação – 743
RCb 16-dez.-2015 (Manuel Capelo), responsabilidade do transportador – 844
RCb 2-mar.-2016 (Jorge França), registo nulo; títulos falsos – 456

Relação de Évora

REv 9-nov.-1989 (Raúl Mateus), "estatutos" dos bancos – 252
REv 14-dez.-1989 (Raúl Mateus), atos comerciais mistos – 225
REv 24-mar.-1994 (Ribeiro Luís), mediação; execução – 730
REv 2-nov.-1995 (Pita de Vasconcelos), assembleia de credores – 501
REv 9-jul.-1996 (Mota Miranda), anatocismo – 248
REv 12-dez.-1996 (Fernando Baptista; vencido: Geraldes de Carvalho), hipóteses de compra e venda comercial – 857
REv 17-dez.-1996 (Henriques da Graça), uso de telecópia – 577
REv 12-jan.-1997 (Rodrigues dos Santos), estabelecimento; defesa possessória – 352
REv 24-abr.-1997 (Pita de Vasconcelos), contrato de agência; regime – 800
REv 29-jan.-1998 (Gomes da Silva), cessão de exploração – 350
REv 5-fev.-1998 (Gaito das Neves), associação em participação e sociedade; consórcio – 745, 757
REv 7-mai.-1998 (Mota Miranda), aplicação analógica de normas societárias – 233
REv 11-nov.-1999 (Fernando Bento), *culpa in contrahendo*; indemnização – 592
REv 25-out.-2001 (Maria Laura Leonardo), transporte; convenção de Bruxelas – 825
REv 13-dez.-2001 (Maria Laura Leonardo), franquia – 809
REv 3-jun.-2002 (Ana Luísa Geraldes), mediação; cumprimento – 728
REv 25-mar.-2004 (Fernando Bento), mandatário comercial; qualidade de comerciante – 678
REv 15-mai.-2003 (Ana Luísa Geraldes), prescrição de créditos comerciais – 585
REv 10-mar.-2010 (Isoleta Almeida Costa), regime conjugal de dívidas – 579
REv 8-jul.-2010 (Bernardo Domingos), mediação; intervenção do mediador – 729
REv 30-jun.-2011 (Maria Alexandra Moura Santos), mediação; comissão – 725
REv 14-mai.-2015 (Alexandra Moura Santos), registo nulo; títulos falsos – 456
REv 21-jan.-2016 (Silva Rato), contrato de agência – 780
REv 2-jun.-2016 (Silva Rato), PER; suspensão de ações – 528
REv 16-jun.-2016 (Elisabete Valente), mediação; exclusividade – 727

892   *Direito comercial*

Relação de Guimarães
RGm 5-fev.-2000 (Carvalho Guerra), prescrição de créditos comerciais – 585
Despacho do Presidente da RGm 17-jun.-2003 (Lázaro Faria), atos judiciais por
    fax – 577
RGm 30-abr.-2009 (Raquel Rego), empresa e pessoa coletiva – 514
RGm 18-out.-2011 (Catarina Gonçalves), plano de insolvência – 522
RGm 25-out.-2012 (Rita Romeira), consórcio; liberdade contratual – 754
RGm 12-jun.-2014 (Filipe Caroço), mediação; execução – 729
RGm 8-out.-2015 (Maria Luísa Ramos), registo comercial; terceiros – 454
RGm 14-jan.-2016 (Francisca Mendes), registo comercial; retificações – 457

Relação de Lisboa
RLx 23-jun.-1987 (Barbieri Cardoso), contrato de comissão – 687
RLx 26-nov.-1987 (Ricardo da Velha), associação em participação; farmácia – 744
RLx 21-jun.-1988 (Beça Pereira), firma; registo; firmas estrangeiras – 400
RLx 6-abr.-1989 (Costa Raposo), ccg; proibições – 627
RLx 18-jan.-1990 (Ribeiro Coelho), *culpa in contrahendo* – 589
RLx 8-mai.-1990 (Sousa Inês), consórcio; denominação – 756
RLx 7-jun.-1990 (Silva Paixão), associação em participação e sociedade – 745
RLx 22-mai.-1992 (Silva Salazar), associação em participação; requisitos – 743
RLx 11-jun.-1992 (Luís Fonseca), ccg; proibições – 627
RLx 22-out.-1992 (António da Cruz), contrato de lojista – 764
Despacho do Presidente da RLx 12-nov.-1992 (Cardona Ferreira), recurso por *fax*
    – 557
RLx 18-mar.-1993 (Eduardo Batista), contrato de lojista – 764, 765
RLx 24-jun.-1993 (Cruz Broco), mediação – 724
RLx 7-Jul-1993 (Cruz Broco), anatocismo – 248
RLx 18-nov.-1993 (Lopes Pinto), estabelecimento; preferência do senhorio – 345
RLx 9-jun.-1994 (Flores Ribeiro), ccg; nulidades – 630
RLx 16-jun.-1994 (Noronha Nascimento), ccg; ação inibitória – 621, 630
RLx 27-jun.-1995 (Dinis Nunes), ccg; nulidades – 627
RLx 28-jun.-1995 (Carlos Horta), ccg; contrato de trabalho; interpretação – 614,
    620
RLx 29-jun.-1995 (Silva Salazar), estabelecimento; preferência do senhorio – 345
RLx 8-fev.-1996 (Santos Bernardino), ccg; seguro de transporte – 612
RLx 14-mar.-1996 (Torres Veiga), contrato de transporte; ccg – 627, 823
RLx 16-abr.-1996 (Joaquim Dias), consórcio interno – 754, 760
RLx 31-out.-1996 (Silva Salazar), anatocismo – 248
RLx 14-nov.-1996 (Manso Rodrigues), ccg; arbitragem – 616
RLx 9-jan.-1997 (Ponce de Leão, vencido: Santos Bernardino), subagência – 782

Índice de jurisprudência

RLx 27-mai.-1997 (Pinto Monteiro), assembleia de credores; reestruturação financeira – 501

RLx 3-jul.-1997 (Dário Rainho), princípios comerciais; operações de bolsa – 236

RLx 3-jul.-1997 (Proença Fouto), penhora de estabelecimento comercial – 352

RLx 30-out.-1997 (Salvador da Costa), contrato de concessão; regime – 800

RLx 11-nov.-1997 (José Azadinho Loureiro), contrato de lojista – 765

RLx 12-nov.-1997 (Constante Horta), recuperação de empresa; boa-fé – 502

RLx 4-jun.-1998 (Proença Fouto), cessão de exploração; forma – 350

RLx 28-jun.-1998 (Martins de Sousa), falência; extinção de privilégios creditórios – 498

RLx 2-jul.-1998 (Urbano Dias), cessão de exploração – 350

RLx 29-out.-1998 (Ana Paula Boularot), *culpa in contrahendo*; indemnização – 592

RLx 4-nov.-1998 (Martins da Fonseca), firma; "núcleo"; novidade – 398

RLx 25-mar.-1999 (Santos Bernardino), coisa comprada a comerciante – 237, 861

RLx 12-out.-1999 (Quinta Gomes), falência; destino da promessa – 504

RLx 25-jan.-2000 (André Santos), falência; requerimento – 498

RLx 10-mai.-2001 (Salazar Casanova), trespasse de estabelecimento; atividade acessória – 343

RLx 5-jul.-2001 (Ferreira de Almeida), cessão de exploração – 350

RLx 27-set.-2001 (Maria Manuela Gomes), transporte; direito de retenção – 845

RLx 18-dez.-2001 (Pais do Amaral), mediação – 730

RLx 26-fev.-2002 (Vaz das Neves), trespasse; preferência do senhorio – 345

RLx 18-jun.-2002 (Eduardo Sousa Magalhães), recurso por *fax*; multa – 577

RLx 11-jul.-2002 (Tomé Gomes), contrato de concessão; confiança – 801, 803

RLx 16-jan.-2003 (António Valente), nome do estabelecimento – 333

RLx 3-jun.-2003 (Pimentel Marcos), usos bancários – 252

RLx 23-set.-2003 (Tomé Gomes), contrato de concessão; indemnização de clientela – 795, 800, 801, 802

RLx 30-set.-2003 (Pimentel Marcos), mediação – 724

RLx 27-jan.-2004 (Pimentel Marcos), mediação; falta de contrato definitivo por culpa do comitente – 730

RLx 8-jun.-2004 (Abrantes Geraldes), contrato de concessão – 795, 800, 801

RLx 18-nov.-2004 (Maria Manuela Gomes), firma; novidade – 398

RLx 20-jan.-2005 (Fernanda Isabel Pereira), contrato de lojista – 766

RLx 21-abr.-2005 (Urbano Dias), contrato de concessão – 795, 802

RLx 20-out.-2005 (Fátima Galante), contrato de comissão – 687

RLx 8-nov.-2005 (Roque Nogueira), agência, convenção de arbitragem – 792

RLx 3-nov.-2005 (Graça Amaral), franquia – 809, 815

RLx 2-fev.-2006 (Fernanda Isabel Pereira), concessão; analogia com a agência – 799, 803

RLx 14-fev.-2006 (Pimentel Marcos), subagência, indemnização de clientela – 782, 791

RLx 31-mai.-2007 (Manuel Gonçalves), contrato de lojista – 767

RLx 18-set.-2007 (Luís Espírito Santo), compra de bens futuros – 860

RLx 13-mar.-2008 (Ezagüy Martins), defesas reais de estabelecimento – 352

RLx 12-mar.-2009 (Granja da Fonseca), contrato de lojista – 767

RLx 31-mar.-2009 (Rui Moura), contrato de lojista – 767

RLx 16-abr.-2009 (Carla Mendes), contrato de lojista – 767

RLx 29-mai.-2009 (Fernanda Isabel Pereira), insolvência; reconhecimento – 490

RLx 21-jan.-2010 (Ondina Carmo Alves), contrato de franquia – 808

RLx 8-abr.-2010 (Rui da Ponte Gomes), mediação; exclusividade – 727

RLx 17-jun.-2010 (Fernanda Isabel Pereira), contrato de concessão – 800

RLx 20-jan.-2011 (António Valente), mediação; retribuição – 730

RLx 25-jan.-2011 (Luís Lameiras), insolvência; tribunal competente – 515

RLX 15-fev.-2011 (Abrantes Geraldes), contrato de concessão – 800

RLx 17-fev.-2011 (Maria Amélia Ameixoeira), mediação; retribuição – 729

RLx 10-mar.-2011 (Isabel Canadas), estabelecimento comercial; penhora – 352

RLx 14-abr.-2011 (Ondina Carmo Alves), contrato de mediação – 724

RLx 19-mai.-2011 (Maria José Mouro), contrato de distribuição de publicações – 773

RLx 24-mai.-2011 (Gouveia de Barros), preferência do senhorio comercial – 344

RLx 24-mai.-2011 (Luís Lameiras), situação de insolvência – 513

RLx 24-mai.-2011 (Maria Teresa Soares), mediação; cumprimento – 730

RLx 25-nov.-2011 (Maria Manuela Gomes), representação institucional – 674

RLx 6-mar.-2012 (Maria João Areias), representação; contrato de trabalho – 666

RLx 3-mai.-2012 (Aguiar Pereira), *incoterms* – 829

RLx 14-fev.-2013 (Vaz Gomes), consórcio; registo – 754

RLx 2-mai.-2013 (Ana Lucinda Cabral), registo *on line*; data – 447

RLx 28-jun.-2013 (José Vítor Amaral), contrato de lojista – 767, 769

RLx 15-out.-2013 (Pimentel Marcos), exclusividade da firma – 397

RLx 6-mar.-2014 (Maria José Mouro), franquia; resolução – 810

RLx 13-mar.-2014 (José Vítor Amaral), contrato de lojista – 767, 769

RLx 27-mai.-2014 (Isabel Fonseca), indemnização de clientela – 802

RLx 27-jan.-2015 (Maria do Rosário Morgado), contrato de franquia – 808

RLx 5-nov.-2015 (Anabela Calafate), mediação; retribuição – 730

RLx 26-nov.-2015 (Rui Moura), mediação; retribuição – 730

RLx 1-dez.-2015 (João Ramos de Sousa), contrato de franquia – 808

RLx 3-mar.-2016 (Regina Almeida), contrato de expedição – 846

RLx 12-abr.-2016 (Afonso Henrique), insolvência; reconhecimento – 490

Relação do Porto

RPt 30-jul.-1987 (Aragão Seia), seguro; ccg – 612
RPt 28-set.-1993 (Almeida e Silva), mediação; retribuição – 729
RPt 21-out.-1993 (Carlos Matias), ccg; boa-fé – 625
RPt 23-nov.-1993 (Matos Fernandes), ccg; "quadro negocial padronizado" – 625
RPt 18-out.-1994 (Araújo Barros), contrato de agência – 780
RPt 20-mar.-1995 (Lúcio Teixeira), mediação – 730
RPt 27-jun.-1995 (Matos Fernandes), contrato de concessão; regime – 800
RPt 24-out.-1995 (Emérico Soares), falência; extinção de privilégios creditórios
– 498
RPt 27-nov.-1995 (Guimarães Dias), recuperação de empresa – 501
RPt 8-fev.-1996 (Sousa Leite), contrato de transporte – 833, 838, 840, 850
RPt 18-abr.-1996 (Oliveira Barros), transporte; responsabilidade por auxiliares –
844
RPt 2-jul.-1996 (Gonçalves Vilar), transporte; cláusula COD – 834
RPt 17-out.-1996 (Manuel Ramalho), consórcio; requisitos – 754
RPt 14-jan.-1997 (Araújo Barros), ccg; interpretação – 619
RPt 13-mar.-1997 (Custódio Montes), contrato de concessão; regime – 800
RPt 27-nov.-1997 (Viriato Bernardo), registo comercial; tribunal competente –
432
RPt 8-jan.-1998 (Oliveira Vasconcelos), cessão de exploração – 350
RPt 16-mar.-1998 (Gonçalves Ferreira), anatocismo – 248
RPt 3-nov.-1998 (Emídio Costa), falência – 502
RPt 17-nov.-1998 (Durval Morais), contrato de lojista – 766
RPt 1-fev.-1999 (Azevedo Ramos), contrato de transporte; transitários – 838, 848,
850
RPt 4-fev.-1999 (João Vaz), estabelecimento; defesa possessória – 352
RPt 19-abr.-1999 (Paiva Gonçalves), falência; extinção de privilégios creditórios
– 498
RPt 22-abr.-1999 (Viriato Bernardo), falência; inibição dos administradores – 276
RPt 2-jun.-1999 (Sousa Leite), contrato de comissão – 687
RPt 1-jul.-1999 (Oliveira Vasconcelos), estabelecimento comercial; trespasse –
342
RPt 8-mai.-2000 (Caimoto Jácome), contrato de lojista – 766
RPt 22-mar.-2001 (Alves Velho), uso comercial; "salvo boa cobrança" – 250
RPt 10-dez.-2001 (Fonseca Ramos), transporte; convenção de Bruxelas – 825
RPt 15-jan.-2002 (Mário Cruz), cláusula COD – 834
RPt 7-mai.-2002 (Cândido de lemos), contrato de lojista – 765
RPt 22-mai.-2003 (Sousa Leite), transporte; guia – 840

896 · Direito comercial

RPt 29-mai.-2003 (Pinto de Almeida), mediação; deveres perante terceiros – 728
RPt 9-mar.-2004 (Alberto Sobrinho), contrato de concessão – 795, 801
RPt 15-out.-2004 (João Bernardo), trespasse; proibição pós-eficaz de concorrência – 346
RPt 23-jun.-2005 (Fernando Baptista), dívidas dos cônjuges; proveito comum – 579
RPt 3-nov.-2005 (Fernando Baptista), situação de insolvência – 513
RPt 9-jan.-2006 (Pinto Ferreira), insolvência da pessoa singular – 523, 825
RPt 11-dez.-2006 (Jorge Vilaça), EIRL; forma – 357
RPt 26-abr.-2007 (Teles de Menezes), *incoterms* – 831
RPt 3-jul.-2008 (Pinto de Almeida), *incoterms* – 831
RPt 19-mai.-2010 (Maria Catarina Gonçalves), contrato de franquia – 808
RPt 7-set.-2010 (Maria da Graça Mira), mediação; nulidade atípica – 725
RPt 18-jan.-2011 (Rodrigues Pires), prescrição de dívidas comerciais – 584
RPt 29-mar.-2011 (Maria Cecília Agante), tribunais de comércio; competências – 230
RPt 28-abr.-2011 (Maria Catarina), transmissão de estabelecimento; preferência – 344
RPt 7-jul.-2011 (José Ferraz), plano de insolvência – 522
RPt 13-jul.-2011 (Filipe Caroço), administrador de insolvência; distribuição – 521
RPt 13-jul.-2011 (Soares de Oliveira), plano de insolvência – 522
RPt 8-set.-2011 (Maria de Jesus Correia), contrato de mediação – 731
RPt 25-out.-2011 (Ramos Lopes), trespasse de estabelecimento – 341
RPt 3-nov.-2011 (Maria Amália Santos), regime das dívidas comerciais – 583
RPt 19-dez.-2012 (Maria João Areias), contrato de lojista – 769
RPt 17-mar.-2014 (Augusto de Carvalho), mediação; revogabilidade – 732
RPt 14-set.-2015 (Carlos Querido), associação em participação – 743
RPt 1-out.-2015 (Filipe Caroço), mediação; retribuição – 730
RPt 2-jun.-2016 (Fernando Baptista), PER; caducidade – 528

1.ª Instância
5.º Juízo Cível Lx (Brites Lameiras), contrato de agência – 780

Procuradoria-Geral da República
PGR n.º 153/83, de 7 de Dezembro (António Gomes Lourenço Martins), firma; evolução – 373
PGR n.º 56/85, de 24 de Outubro (Mário José de Araújo Torres), firma; evolução – 372
PGR n.º 2/2003, de 12 de Fevereiro (Maria Fernanda Maçãs), vendedores ambulantes – 259

Índice de jurisprudência 897

JURISPRUDÊNCIA ALEMÃ

Bundesgerichtshof
BGH 21-abr.-1955, procuração tolerada – 672
BGH 24-mar.-1959, contrato de concessão; regime – 799
BGH 7-jan.-1960, qualificação de comerciante por analogia – 149
BGH 3-out.-1961, insolvência; responsabilidade do requerente – 544, 545
BGH 24-out.-1961, insolvência; responsabilidade do requerente – 545
BGH 26-jun.-1963, pessoa semelhante a comerciante – 287-288
BGH 23-mar.-1964, *incoterms* – 832
BGH 19-dez.-1966, contrato de concessão; regime – 799
BGH 25-mar.-1968, mandato; tutela da confiança – 680
BGH 13-jul.-1972, qualificação de comerciante por analogia – 149
BGH 18-jan.-1975, *incoterms* – 832
BGH 30-mai.-1975, procuração aparente – 673
BGH 1-dez.-1975, registo comercial; invalidades; *Rosinentheorie* – 460
BGH 13-mar.-1979, insolvência; responsabilidade do requerente – 544
BGH 12-mar.-1981, procuração aparente – 673
BGH 15-fev.-1982, procuração aparente; boa-fé – 673
BGH 20-mar.-1985, ccg; comerciantes – 626
BGH 18-jun.-1986, ccg; clareza – 619
BGH 16-nov.-1987, procuração tolerada – 672
BGH 24-nov.-1988, ccg; clareza – 619-620
BGH 15-fev.-1990, insolvência; responsabilidade do requerente – 545
BGH 24-jan.-1991, procuração aparente – 673
BGH 19-fev.-1992, ccg; comerciantes – 626
BGH 12-mai.-1992, insolvência; responsabilidade do requerente – 544
BGH 16-nov.-1992, ccg; comerciantes – 626
BGH 2-dez.-1992, ccg; comerciantes – 626
BGH 20-abr.-1993, ccg; comerciantes – 626
BGH 24-jun.-1998, *culpa in contrahendo*; indemnização – 592
BGH 26-jun.-2001, insolvência; responsabilidade do requerente – 544
BGH 25-mar.-2003, insolvência; responsabilidade do requerente – 544

Tribunais de apelação
OLG Bremen 22-jun.-1973, risco linguístico –
OLG Hamburg 9-mar.-1983, ccg; comerciantes – 575
OLG Frankfurt 30-jun.-1983, ccg; comerciantes – 625
OLG Köln, 11-dez.-1998, *culpa in contrahendo*; rutura de negociações – 588
OLG Celle 19-nov.-1999, composição da firma; conjunto impronunciável – 386

898   *Direito comercial*

JURISPRUDÊNCIA FRANCESA

Cour de Cassassion
CssFr 12-mar.-1985, nome comercial – 363

JURISPRUDÊNCIA ITALIANA

Tribunal de Apelação de Milão, 11-jan.-1934, consórcio – 750
Tribunal de Milão, 7-nov.-1940, consórcio – 748
Tribunal de Milão, 11-nov.-1982, reporte; contratos inominados – 877

JURISPRUDÊNCIA EUROPEIA

Tribunal de Justiça das Comunidades Europeias
TJCE 28-jan.-1986, *franchising* (caso Pronuptia) – 806
TJCE 7-mar.-1996, conceito de empresa – 311

ÍNDICE ONOMÁSTICO

Abrami, Alberto – 752
Abreu, António José Teixeira d' – 120
Abreu, Jorge Coutinho de – 101, 122,
    123, 175, 192, 196, 207, 208,
    213, 215, 217, 218, 223, 224,
    225, 256, 270, 276, 281, 285,
    287, 289, 290, 302, 313, 318,
    319, 322, 327, 332, 343, 378,
    398, 399, 412, 414
Accorella, C. – 472
Acitores, Antonio Serrano – 200
Acutis, Maurizio de – 738
Afferni, Vittorio – 418, 419, 420
Afonso II, D. – 83, 84
Afonso III, D. – 84
Afonso IV, D. – 84
Afonso, Ana Isabel da Costa – 764
Afonso, Orlando – 769
Agante, Maria Cecília – 230
Aguesseau, Henri-François d' – 48
Alarcão, Rui de – 343, 659, 671
Albertazzi, A. – 60
Albuquerque, Cardoso de – 767, 844
Albuquerque, Martim de – 121
Albuquerque, Pedro de – 122, 315,
    317, 319, 515, 547, 656
Albuquerque, Ruy de – 159, 588, 589
Alendouro, Alexandra – 752
Alessio, Wanda d' – 820, 822, 848
Alexander, Christian – 162

Alexandre, Isabel – 808
Alfandari, Elie – 308
Almada, Daniel – 755
Almeida, António Pereira de – 123,
    196, 213, 270, 281
Almeida, Carlos Ferreira de – 123,
    171, 196, 608, 636, 638
Almeida, Ferreira de – 350, 502
Almeida, J. C. Moitinho de – 726,
    745
Almeida, José Eusébio – 583
Almeida, Pinto de – 728, 831
Almeida, Regina – 846
Altmeppen, Holger – 420
Alves, José Carlos Moreira – 77
Alves, Moreira –344, 674
Alves, Ondina Carmo – 724, 808
Alves, Sílvia – 135
Amaral, Diogo Freitas do –254, 269
Amaral, Francisco – 127
Amaral, Graça – 809
Amaral, José Vítor – 767, 769
Amaral, Pais do – 730
Ameixoeira, Maria Amélia – 729
Ammannati, Laura – 311
Amzalak, Moses – 89
Andrade, José Robin de – 500
Andrade, Manuel de – 241, 242, 243,
    254, 502, 541, 659, 662
Andreoti, Roberto – 50

Andres, Dirk – 467, 512, 513, 515, 519, 522, 524
Andrews, Neil – 518
Andrioli, Virgilio – 504
Angelici, Carlo – 74
Ann, Christoph – 164
Anschütz, August – 68
Anthero, Adriano – 200, 213, 218, 223, 269, 313, 699, 864
Antunes, Eduardo – 492, 800
Antunes, José Augusto Engrácia – 122, 124, 196, 249, 555, 646, 734, 770, 822, 856
App, Michael – 545, 794
Aproli, Cesare – 60
Araújo, Fábio Caldas de – 127
Araújo, Fernando – 557
Areias, Maria João – 666, 769
Arndt, Hans-Wolfgang – 639, 641, 646
Arnold, Hans – 478
Artz, Markus – 197, 262, 641
Ascarelli, Tullio – 339, 747, 750, 751, 869, 873, 874
Ascensão, José de Oliveira – 149, 162, 163, 166, 174, 196, 207, 208, 209, 210, 212, 218, 223, 224, 225, 228, 233, 235, 254, 256, 261, 270, 276, 281, 285, 287, 290, 313, 319, 322, 338, 343, 352, 354, 358, 372, 378, 386, 394, 398, 576, 603, 764
Asquini, Alberto – 73, 74, 309, 872
Assmann, Heinz-Dieter – 452
Astolfi, Andrea – 749
Audit, Bernard – 183
Auletta, Giuseppe – 76, 198, 311, 747, 750, 751, 753, 759
Aureliano, Nuno – 345
Axer, Jochen – 458
Axmann, Mario – 693, 695, 696
Azevedo, Álvaro Villaça – 127

Azzolina, Umberto – 690, 691, 693, 694, 697

Baas, Dieter – 318
Backhaus, Jürgen – 302
Baião, Magalhães – 765
Baker, J. H. – 78
Baldassari, Augusto –771, 773, 778, 779, 788
Baldi, Roberto – 776, 787, 794, 805
Ballersted, Kurt – 302, 303
Ballot-Iéna, Aurélie – 198
Balossini, Cajo Enrico – 242
Balz, Manfred – 480
Bandini, Mario – 751
Banner, Christine – 736
Baptista, Fernando – 513, 528, 579, 857
Baptista, Serra –350, 579
Barata, Albuquerque – 281
Barata, Carlos Lacerda – 690, 710, 718, 729, 732, 773
Barrocas, Manuel Pereira – 808
Barros, Araújo de – 619, 720, 745, 780, 834
Barros, Ferreira de – 459, 502
Barros, Gouveia de – 344
Barros, Henrique da Gama – 83, 84, 85
Barros, Magalhães – 538
Barros, Oliveira – 775, 833, 844, 859
Basedow, Jürgen – 241, 250, 821, 822, 826
Baskind, Eric – 79, 199
Bastos, Rodrigues – 252, 721
Batista, Eduardo – 764, 765, 950
Baumann, Horst – 149
Baumbach, Adolf – 41, 44, 162, 166, 236, 364, 411, 416, 420, 428, 453, 687, 690, 737, 770, 776, 829, 833
Baums, Theodor – 63

Índice onomástico

Baur, Eberhard – 366
Baur, Fritz – 473, 544, 545
Bayer, Hieronimus – 472, 473
Bayreuther, Frank – 365
Bechtold, Rainer – 159
Becker, Thomas – 625
Begmann, Andreas – 722
Behr, Volker – 774, 806
Beignier, Bernard – 597
Beirão, Francisco António da Veiga –
    99, 101, 103, 104, 118, 154, 157,
    174, 195, 224, 238, 266, 312,
    415, 740, 851, 857, 859, 869
Beleza, Maria dos Prazeres – 800
Belli, Claudio – 607
Benevides, José – 118, 212, 222
Bento, Fernando – 592, 678
Berg, Albert Jan van Den – 190
Berger, Christian – 474
Berlioz – 604
Bernadet, Maurice – 820
Bernardi, Marcello – 751
Bernardino, Santos – 237, 612, 782, 861
Bernardo, João – 346, 831
Bernardo, Viriato – 276, 432
Berndt, H. – 283
Berndt, Joachim – 798
Bertacchini, Elisabetta – 319
Bessis, Philippe – 807
Bethge, Uwe – 697, 727, 732
Bettencourt, Albuquerque – 725
Betti, Emilio – 747, 748, 750
Beuthien, Volker – 453
Beyerle, Konrad – 453
Bianca, C. Massimo – 557, 605, 646,
    736
Bianchini, Mariagrazia – 48, 50
Biedenkopf, Kurt H. – 305
Bitter, Georg – 197, 324
Blanc, Etienne – 365

Blary-Clément, Édith – 51, 56, 198,
    362, 363, 772
Blaschczok, Andreas – 821
Blaurock, Uwe – 735, 737, 743, 744
Bocchini, Ermano – 421
Böcking, Hans-Joachim – 411
Böckstiegel, Karl-Heinz – 186, 189
Bodewig, Theo – 800
Böhm, Franz – 305
Böhner, Reinhard – 815
Böhringer, Walter – 429
Bolaffio, Leone – 66, 697
Bonell, Michael Joachim – 184, 185,
    186
Bonelli, Franco – 185
Bonfante, Pietro – 47, 48
Bon-Garcin, Isabelle – 820
Borchardt, S. – 126
Borges, Georg – 639, 646
Borges, José Ferreira – 61, 88, 95, 96,
    97, 98, 99, 100, 101, 102, 116,
    194, 312, 475, 676
Borges, Pais – 685
Bork, Reinhard – 464, 473
Bornkamm, Joachim – 162
Borrie, Sir Gordon J. – 79, 80, 199
Bortolotti, Fabio – 794
Boujong, Karlheinz – 201, 380, 411,
    443, 690, 833
Boularot, Ana Paula – 592
Bourcart, G. – 47, 49, 52, 55
Bourgninaud, Véronique – 736
Bove, Lucio – 49
Bradgate, Robert – 78, 79, 199
Braga, Theophilo – 116
Branca, C. M. – 606
Branca, G. – 751
Branco, Gerson Luiz Carlos – 77
Brandão, Alfredo – 104
Brandt, Jürgen George – 697

Branquinho, Oliveira – 577, 764, 765, 950

Braun, Eberhard – 467, 480, 481, 483, 513, 514, 519, 522, 524

Brechmann – 633

Breglia – 873, 874

Breuer, Wolfgang – 467, 480, 513, 514, 522, 524

Bricks, Hélène – 603

Brinkmann, Moritz – 490

Brinz, Alois – 353

Brito, José Alves – 379

Brito, Maria Helena – 154, 487, 771, 773

Brito, Wanda Ferraz de – 542

Bröcker, Norbert – 171

Broco, Cruz – 248, 724

Bronze, Fernando José – 578

Brox, Hans – 43, 166, 197, 324, 340

Bruder, Kurt – 521

Brügemann, Dieter – 149

Brüggemeier, Gert – 321

Bruhn, F. A. T. – 62

Bruns, Alexander – 172

Brutti, Massimo – 692

Budde, Wolfgang Dieter – 406, 407, 411

Bülow, Peter – 166, 197, 261, 262, 641

Bunte, Hermann-Josef – 625, 801

Buoncore, Vincenzo – 774

Bürck, Harald – 453

Bürge, Alfons – 50

Burghardt, Rainer – 692

Busse, Rudolf – 164

Busshardt, Harald – 513, 514

Bussmann, Kurt – 301

Bydlinski, Franz – 146, 147

Bydlinski, Peter – 821

Cabral, Alpoim – 535

Cabral, Amaral – 475

Cabral, Ana Lucinda – 447

Cabral, Borges – 475

Cabral, Rita Amaral – 297

Caeiro, António – 123, 202, 705

Caeiro, António Agostinho – 122, 578

Caetano, Marcello – 269

Cagnasso, Oreste – 771, 776

Calafate, Anabela – 730

Calderale – 127

Calejo, Garcia – 790, 791, 811

Calleça, J. B. – 118, 195

Callisto, Avelino César Augusto Maria – 116

Callmann, Rudolf – 300

Câmara, Paulo – 124, 169, 180

Cameira, Nuno – 590

Camilo, Camilo Moreira – 660, 721, 724, 727

Campana, Marie-Jeanne – 307

Campos, Diogo Leite de – 248

Campos, João Mota – 423

Canadas, Isabel – 352

Canaris, Claus-Wilhelm – 41, 43, 44, 64, 140, 141, 143, 146, 151, 158, 159, 166, 197, 232, 234, 235, 264, 266, 287, 288, 289, 290, 306, 324, 340, 341, 351, 361, 367, 380, 383, 386, 390, 393, 406, 407, 412, 420, 455, 460, 557, 587, 593, 594, 656, 672, 673, 677, 687, 777, 780, 783, 784, 785, 788, 790, 794, 802, 804, 822, 832, 833, 838, 850, 872

Canas, Matos – 666

Cancela, Mário – 800

Candeias, Ricardo – 284

Canotilho, Gomes – 268

Capelo, Manuel – 844

Capper, Philip – 189

Carabalese, Domenico – 868

Carbonneau, Thomas E. – 187

Índice onomástico

Carbonnier, Jean – 366
Cardoso, Barbieri – 687
Cardoso, José Pires – 121
Cardoso, Lopes – 281
Cardoso, Soraia Filipa Pereira – 528
Carlos, Adelino da Palma – 119, 195, 209, 213, 249, 539, 696
Carneiro, Manuel Borges – 92, 650
Carnelutti, Francesco – 74, 747, 750
Caroço, Filipe – 521, 729, 730
Carpentier, Paul – 67
Carpino, Brunetto – 752
Carraro, Luigi – 689
Carvalho Júnior – 678
Carvalho, Acácio – 721, 729
Carvalho, Alberto António de Moraes – 102
Carvalho, Alfredo Artur de – 103
Carvalho, Augusto de – 732
Carvalho, Fernando Tavares de – 371
Carvalho, Geraldes de – 857
Carvalho, Jorge Morais – 642
Carvalho, Oliveira – 731
Carvalho, Orlando de – 58, 69, 72, 121, 139, 313, 322, 347
Carvalho, Simões de – 724
Carvalho, Tomé de – 350
Casanova, Mario – 339, 362, 395, 421
Casanova, Nuno Salazar – 343, 527
Casaregis, Josephi Laurenti Mariae de – 53
Casimir, Jean-Pierre – 308
Casimiro, Sofia de Vasconcelos – 650
Cassandro, Giovanni – 49
Cassano, Giuseppe – 202
Cassese, Sabino – 302
Castro, Carlos Osório de – 123
Catarino, Gabriel – 721
Caussain, Jean-Jacques – 308
Cavalaglio, Lorenzo – 639
Cerami, Pietro – 49, 50

Chaput, Yves – 307, 736
Chartier, Yves – 174
Chinè, Giuseppe – 582
Chorão, Luís Bigotte – 90, 93, 95, 101
Cian – 198, 199, 310
Cicu, Antonio – 866
Clarizia, Renato – 640
Clasen, Ralf – 202
Claussen, Carsten Peter – 171
Coelho, Francisco Pereira – 579
Coelho, José Gabriel Pinto – 104, 118, 195, 207, 209, 212, 221, 222, 223, 225, 269, 369, 371
Coelho, Lucas – 591
Coelho, Ribeiro – 589, 710, 723, 729
Coester, Michael – 607
Coester-Waltjen, Dagmar – 607, 610
Coffaro, Vincenzo – 582
Coing, Helmut – 51, 52, 53, 57, 83, 365, 867
Colagrosso, Enrico – 867, 869, 875
Colbert – 53, 694
Colussi, Vittorio – 311
Connolly, Michael – 79, 199
Contamine-Raynaud, Monique – 174
Corapi, Diego – 127
Cordeiro, A. Barreto Menezes – 124, 169, 180
Cordeiro, António Menezes – 58, 62, 95, 114, 159, 166, 168, 172, 219, 232, 285, 297, 302, 315, 343, 344, 346, 352, 354, 360, 428, 503, 591, 609, 653, 776, 796, 804, 876
Corona, Galan – 8074
Corrado, Renato – 865, 868, 869, 870
Corrêa, A. A. de Castro – 50
Correia, Afonso – 859
Correia, António de Arruda Ferrer – 120, 121, 122, 166, 196, 212, 223, 225, 235, 256, 270, 280,

289, 290, 313, 333, 348, 399, 578, 659

Correia, Dionísio – 350, 730, 766

Correia, Francisco Mendes – 376, 442

Correia, Luís Brito – 122, 123, 196, 212, 270, 280, 290, 299, 317, 318

Correia, Maria de Jesus – 731

Correia, Miguel A. Pupo – 123, 196, 212, 219, 225, 228, 256, 270, 281, 313

Corsi, Francesco – 74, 420

Côrte-Real, Mattoso – 104

Cosack, Konrad – 68

Costa, Adalberto – 160

Costa, Bruto da – 721, 723

Costa, Custódio M. – 728, 730, 814

Costa, Emídio – 502

Costa, F. Carvalho – 121

Costa, Isoleta Almeida – 579

Costa, Ludovico da – 860

Costa, Mário Júlio de Almeida – 558, 562, 588, 589, 608, 609, 611, 633

Costa, Martins da – 233, 383, 387, 612, 720

Costa, Nascimento – 725

Costa, Salvador da – 349, 800, 852

Costa, Vicente J. F. Cardozo da – 101

Costi, Renzo – 302

Cottino, Gastone – 198, 311, 866, 867, 868, 869, 873, 875

Couret, Alain – 308

Court, Le – 308

Crespi, Alberto – 752

Creutzig, Susane – 803

Crezelius, Georg – 304, 406, 412

Cruz, António da – 764

Cruz, Guilherme Braga da – 104, 116, 118

Cruz, Mário – 834

Cruz, Sebastião – 471

Cuffaro, Vincenzo – 581-582

Cunha, Paulo – 208, 279

Cunha, Paulo Olavo – 122, 123, 124, 140, 141, 196, 223

Cura, Silva – 390

Curti, Arthur – 79, 80

Danz, Erich – 253

Darrel, Keith B. – 202

David, Cyrille – 868, 873

Decocq, Georges – 198

Dehner, Walter – 697

Dekeuwer-Défossez, Françoise – 51, 61, 198, 307, 362, 363

Delebecque, Philippe – 197

Delgado, Mário Luiz – 77

Denozza, Francesco – 76, 198, 311

Depré, Peter – 521

Derais, Yves – 189

Derrida, Fernand – 308

Devesa, Victor – 755

Dias, Artur – 333, 503, 743

Dias, Guimarães – 501

Dias, Joaquim – 754, 760, 780

Dias, Rua – 350, 795

Dias, Urbano – 350, 795

Diederichsen, Uwe – 151

Dinis, David Sequeira – 527

Dinis, Sousa – 237, 391

Dinis, Vasques – 686

Dircks, Jürgen – 774

Döllerer, Georg – 303

Domingos, Bernardo – 729

Doria, António Álvaro – 96

Dornblüth, Susane – 490

Dossetto, M. – 605

Dreher, Meinrad – 151, 265

Drexl, Josef – 656, 677

Drischler, Karl – 429

Druey, Jean Nicolas – 303

Duarte, Innocencio de Sousa – 99, 195

Duarte, Rui Pinto – 557

Índice onomástico

Dubischar, Roland – 821
Dubson, Paul – 79, 199
Duden, Konrad – 306
Dudge, Stephen – 79
Dupichot, Jacques – 308
Dyckerhoff, Robert – 697
Ebenroth, Carsten Thomas – 201, 360, 411, 443, 690, 833

Eberstein, Hans Hermann – 631
Eckardt, Karl August – 300
Eckert, Hans-Werner – 610
Eckert, Jörn – 802
Ehlers, Dirk – 306
Ehrenberg, R. – 47, 695
Ehrenberg, Victor – 365, 366, 419
Eichler, Hermann – 144
Eick, Wolfgang – 557
Eilmansberger, Thomas – 812, 813
Eisenhardt, Ulrich – 53, 737
Ekkenga, Jens – 811
Ellenberger, Jürgen – 365
Ellis, Jason – 79, 199
Emmerich, Volker – 161, 162, 301, 302, 557, 586, 774
Endemann, Wilhelm – 68, 296, 297, 353, 470, 472, 473
Engelhardt, W. W. – 304
Engert, Andreas – 328
Enneccerus, Ludwig – 242, 243, 253, 562, 671
Epifânio, Maria do Rosário – 276, 468, 517, 528
Erdmann, Walter – 692
Erne, Roland – 171
Escarra, Jean – 307, 339, 473, 694
Esser – 557
Evers, Jürgen – 774

Fabião, Fernando – 764
Fabricius, Fritz – 186

Fadda, Carlos – 49, 50
Falk, Zeev W. – 47
Fanelli, Giuseppe – 311
Faria, Avelino – 348
Faria, Lázaro – 577
Farinha, Pinheiro – 722
Farjat, Gérard – 174
Fechner, Erich – 301
Feijó, Carlos Maria – 128
Feldmann, Cornelia – 584
Felgueiras, Luís Sottomayor – 137
Felsner, Marcus – 396
Ferid, Murad – 174, 362
Fernandes, Luís A. Carvalho – 276, 315, 476, 500, 505, 517, 543, 547
Fernandes, Matos – 625, 800
Ferrara Jr., Francesco – 74, 198, 420
Ferrara, Giorgio – 339
Ferraz, José – 522
Ferreira, Alexandre Dias – 196, 658
Ferreira, Amadeu – 171
Ferreira, Araújo – 236, 237
Ferreira, Cardona – 248, 314, 364, 498, 501, 575, 577, 765
Ferreira, Daniel – 721, 726, 731
Ferreira, Dias – 103, 104, 196, 658
Ferreira, Eduardo Paz – 302
Ferreira, Gonçalves – 248
Ferreira, Pinto – 523, 825
Ferreira, Taborda – 343
Ferri, Giuseppe – 74, 739, 751, 753, 759
Ferro-Lizzi, Paolo – 302
Fezer, Karl-Heinz – 364
Fichna, Gudrun – 774
Figueira, Eliseu – 319
Figueira, Reis – 579, 721, 725, 726
Figueiredo, Joaquim – 589
Figueiredo, Mário Augusto Jorge de – 100, 118, 119, 195, 212, 270

Fikentscher, Wolfgang – 78, 151, 152, 159, 302, 689, 748
Fioretta, Piero – 397
Fiúza, Ricardo – 127, 128
Fleischer, Holger – 69
Fleischhauer, Jens – 420
Flessner, Axel – 522
Flohr, Eckard – 774, 788
Flume, Werner – 671, 672
Foerste, Ulrich – 481, 515
Fonseca, Granja da – 767
Fonseca, Isabel – 802
Fonseca, Luís – 627, 743
Fonseca, Martins da – 398, 724, 730
Fontes, Agostinho – 859
Forkel, Hans – 367, 775, 806
Formigini, Aldo – 776
Fornasiero, Giorgio – 752, 753, 754
Förster, Karsten – 480, 481
Förtsch, R. – 68
Fortuna, João António de Freitas – 104, 117
Foster – 471
Fouto, Proença – 350, 352
Frada, Manuel Carneiro da – 650
Fraga, Castro – 344
França, Jorge – 456
França, Maria Augusta – 122
Franceschelli, Remo – 311, 748, 750, 751, 753, 759
Franchis, Francesco de – 474, 813
Franssen, Max – 60
Frantzioch, Fritz – 821
Franz, Wolfgang – 557
Fredericq, Louis – 339
Frege, Michael C. – 466
Freire, Abel Simões – 720, 726, 730
Freire, Pascoal José de Melo – 194
Freitas, Inácio – 90
Freitas, José Lebre de – 352, 764
Freitas, Silva – 372

Frenzel, Volkhard – 520
Frezza, Paolo – 747
Frind, Frank – 484
Fritzmeyer, Wolfgang – 640
Fritzsche, Jörg – 640
Fröber, Hendrik Philipp – 691, 696
Fromherz, Wolfgang – 731
Fuchs, Karlhaus – 545
Furtado, J. Pinto – 200, 280, 700
Furtado, José Braz de Mendonça – 222

Gadea, Enrique – 199
Gaiti, Joan. Dominici – 53
Galante, Fátima – 687
Galgano, Francesco – 42, 51, 52, 66, 69
Galimberti, Gianmaria – 774
Gallesio-Piuma, Maria Elena – 311
Gaminde, Eba – 199
Gamm, Otto-Friedrich Frh. von – 403
Gammelin, Dietrich – 462
Garcia, Augusto Teixeira – 132
Garcia, José Reus y – 59
García, Maria Teresa Bote – 200
Gareis, Carl – 68
Garri, Francesco – 752
Gaudemet – 604
Gaul, Hans Friedhelm – 481
Gennaro, Gino de – 420, 557
Genovese, A. – 605
Gentile, Aurelio – 649
Geraldes, Abrantes – 712, 795, 800
Geraldes, Ana Luísa – 585, 728
Germain, Michel – 197
Gerstner, Stephan – 804, 806, 811
Gessler, Ernst – 305, 306
Ghidini, Mario – 739
Gierke, Julius von – 302, 320
Gieseke, Paul – 301
Giesler, Jan Patrick – 804, 806, 809, 811, 815

Índice onomástico

Giordano, A. – 605
Giorgianni, Michele – 563
Giova, Stefania – 637
Girão, Ferreira – 578
Giuglielmetti, Giannantonio – 747, 751, 753, 754
Gizzi, Elio – 751, 752
Glaser, Hugo – 690, 697, 722
Gmür, Rudolf – 71
Goddé, Pierre – 308
Godinho, João Carlos – 317
Goebel, Dietrich – 799, 811
Goette, Wolf – 821
Goldschmidt, Levin – 47, 48, 49, 50, 51, 52, 53, 54, 59, 60, 62, 63, 68, 360, 695
Goldstajn, Aleksandar – 186
Göllert, Kurt – 406
Gombeaux, Edmond – 418, 419
Gomes, José Luís Caramelo – 160
Gomes, Manuel Januário da Costa – 90, 111, 175, 290, 344, 780, 823
Gomes, Maria Manuela – 674, 845
Gomes, Quinta – 504
Gomes, Rui da Ponte – 727
Gomes, Sousa – 118
Gomes, Tomé – 795, 801
Gomes, Vaz – 754
Gonçalves, Luiz da Cunha – 120, 145, 195, 200, 212, 213, 218, 223, 252, 269, 283, 313, 369, 412, 422, 534, 535, 537, 540, 572, 588, 658, 660, 700, 735, 740, 822, 836, 841, 842, 843, 845, 849, 856, 857, 862, 864, 867, 869, 871, 876, 879
Gonçalves, Manuel – 767
Gonçalves, Maria Catarina – 344, 522, 808
Gonçalves, Paiva – 498, 780
Gonçalves, Silva – 230

Goode, Roy – 78, 79, 80, 199, 474, 557
Göppert, Heinrich – 452
Gorjão-Henriques, Miguel – 808, 812, 813
Gotthardt, Peter Jürgen – 450
Götting, Horst-Peter – 366
Gottwald, Peter – 469, 480, 481, 484, 492, 545
Gouveia, Jaime de – 588
Graça, Henriques da – 577
Graça, Silva – 710, 731
Graf-Schliker – 545
Graziani, Alessandro – 362, 395
Greco, Paolo – 74
Gros, Marius – 411
Gross, Herbert – 774, 806
Grossfeld, Bernhard – 49, 407, 408
Grossmann, Adolf – 298
Grossmann-Doerth, Hans – 186
Grundmann, Stefan – 633
Grüneberg, Christian – 586, 603
Gualazzini, U. – 472
Gualtieri, Giuseppe – 872
Guedes, Correia – 680
Guerra, Carvalho – 585
Guerra, Maria José – 727
Guerreiro, J. A. Mouteira – 430, 434
Guerrera, Fabrizio – 339
Guestin – 363
Günther, Eberhard – 305
Gusmão, Miranda – 347, 398, 724, 760
Gustavus, Eckart – 429
Guth, Wilfried – 305

Haarmeyer, Hans – 40, 481, 484
Haas, Ulrich – 522
Habermeier, Stefan – 770, 771, 774, 788, 794, 804
Habersack, Mathias – 794
Hachenburg – 298
Haedicke, Maximilian – 164

Hagens, Carl – 473
Hager, Günter – 687
Hager, Johannes – 443, 450, 458
Hahn, Friedrich von – 63, 64, 68
Hartwieg, Oskar – 594
Häsemeyer, Ludwig – 464, 466, 517, 522, 524, 544, 545, 546
Hattenhauer, Hans – 61, 361
Hausmann, Fritz – 298
Heck, Philipp – 141, 304
Hedemann, Justos Wilhelm – 294, 322
Hefermehl, Wolfgang – 166, 305
Heidel, Thomas – 149, 201, 411, 412, 687, 690
Heidinger, andreas – 360, 380, 382, 389
Heinemann, Andreas – 151
Heinrich, Irmgard – 361
Heinrichs – 622
Heinz, Rudolf – 179
Heise, Georg Arnold – 41, 53
Henning, Kai – 524
Henrique, Afonso – 490
Henrique, Cardeal D. – 88
Henssler, Martin – 43, 143, 166, 197, 340, 737, 775
Herber, Rolf – 142, 826
Hertel, Christian – 646
Herzog, A. – 63
Hess, Harald – 521
Hesse, Helmut – 557
Heun, Sven-Erik – 640, 641
Hiekel, Hans-Jürgen – 800
Hiersemenzel, C. C. E. – 41, 61, 140
Hilaire, Jean – 49
Hirte, Heribert – 469, 490, 512, 514, 522, 524
Hoeren, Thomas – 202
Hoffmann, Klaus – 677
Hofmann, Paul – 450, 458
Hohloch, Gerhard – 478

Höhn, Günther – 389
Homem, António Barbas – 87
Hommelhoff, Peter – 303, 305
Honsell, Thomas – 677
Hooley, R. J. A. – 79, 199
Hopt, Klaus J. – 41, 44, 201, 236, 262, 321, 364, 411, 416, 420, 428, 453, 545, 690, 737, 770, 774, 776, 780, 784, 786, 790, 796, 798, 829, 833
Horn, Norbert – 671, 689, 775, 800
Hörster, Henrich Ewald – 673
Horta, Carlos – 614, 620
Horta, Constante – 502
Houtte, J. A. van – 693
Hoyningen-Huene, Gerrick von – 690, 696, 697, 718, 770, 772, 783, 794, 799
Hromadka, Wolfgang – 798
Hubmann, Heinrich – 303
Hübner, Heinz – 680
Hueck, Alfred – 166, 455, 872
Hueck, Gotz – 748
Hüffer, Uwe – 305, 395
Hunter, Martin – 189
Huvelin, P. – 49, 50

Ibold, Hans Christian – 697, 698, 721, 724, 726
Ignacio, Arroyo Martínez – 199
Imbert, Jean – 471
Inês, Agostinho Sousa – 391, 580, 756, 765
Ippolito, Benjamin – 197, 308
Ippolito, Carlo Sarzana di S. – 639
Ippolito, Fulvio Sarzana di S. – 639
Irti, Natalino – 146
Isacco, Michele Carlo – 750
Isay, Rudolf – 296, 297, 354

Jacobi, Erwin – 297, 299, 300

Índice onomástico 909

Jácome, Caimoto – 766
Jacquemont, André – 469, 473, 482
Jadaud, Bernard – 308
Jaeger, Pier Giusto – 76, 198, 297, 311
Jarvin, Sigvard – 189
Jauernig, Othmar – 474, 481
Jayme, Erik – 575
Jeantin, Michel – 478, 479, 736
Jessen, Jens – 301
Jesus, Gregório Silva – 800
Jhering, Rudolf von – 289, 657, 659, 665
Joerges, Christian – 775, 805, 807, 810
John, Uwe – 400, 456
Jones, Lucy – 79, 199
Joost, Detlev – 201, 300, 306, 833
Jordano, Alessandro – 732
Jordão, Levy Maria – 102
Jorge, Fernando Pessoa – 289, 657, 659, 660, 796, 797, 798
Judge, Stephen – 199
Juglart, Michel de – 197, 308
Jung, Peter – 197, 326
Jürgenmeyer, Michael – 298

Kadletz, Andreas – 823
Kayer, Godehard – 519
Keenan, Denis King – 79, 199
Keidel, Helmut – 429
Keim, Otto – 450
Keller, Ulrich – 466, 469, 484, 492
Kenfack, Hugues – 174, 198, 363, 687, 772
Kern, Bernd-Rüdiger – 64
Kern, Christa – 395
Kessler, Jürgen – 412
Kessler, Manfred H. – 320
Kessler, Marco – 149
Keukenschrijver, Alfred – 164
Kiessner, Ferdinand – 480, 481, 483, 512

Kippes, Stephan – 713
Kirchhof, Hans-Peter – 467, 512, 514, 515
Klaas, Wilhelm – 524
Klauer, Irene – 180
Klíma, Josef – 47
Kling, Michael – 161, 680
Klippel, Diethelm – 361, 362, 366
Klunzinger, Eugen – 43, 155, 197
Knütel, Rolf – 683
Koch, Arwed – 600
Koch, Wolfgang – 320
Kocka, Jürgen – 67
Kohl, Dietmar – 677
Köhler, Helmut – 162, 163, 367. 394, 640, 641
Kohler, J. – 472, 473
Köhler, Markus – 639, 641, 646
Kokemoor, Axel – 197, 326
Koller, Ingo – 41, 201, 416, 420, 682, 687, 688, 823, 826, 828, 829
Kopp, Christina – 453
Koppensteiner, Hans-Georg – 304
Kötz, Hein – 71, 77, 81, 603, 606
Koutaïssoff, Paul – 867
Krafka, Alexander – 380, 428, 4.9, 443, 44
Kraft, Alfons – 399
Krampe, Christoph – 619
Krasser, Rudolf – 164
Krause, Hermann – 142, 296, 297, 298, 301
Krause, Ortwin – 360, 361
Krbek, Franziska-Sophie Evans-v. – 799
Krebs, Peter – 453, 457, 677
Kreft, Gerhart – 467, 480, 483
Kreutz, Peter – 452, 458
Kritter, Thomas – 639, 640
Kröger, Detlef – 202
Kröll, Stefan M. – 189

Kronke, Herbert – 821, 828
Kropff, Bruno – 305
Kroth, Harald – 519
Kübler, Friedrich – 452
Kuchinke, Kurt – 395
Kuhn, Mathias – 640
Kümpel, Siegfried – 171
Kumpan, Christoph – 201
Kuntze, Otto – 303, 306, 315, 328
Kuntze-Kaufhold – 248
Kupka, Natascha – 520
Küstner, Wolfram – 774

Laband, Paul – 296, 297, 353, 657, 659, 695
Labareda, João – 276, 315, 476, 500, 505, 517, 543, 547
Lamas, Sousa – 721
Lambert-Faivre, Yvonne – 174, 307, 308
Lameiras, Brites – 780
Lameiras, Luís – 513, 515
Lammel, Siegbert – 53
Lammpi, Cesare Coltro – 876
Landfermann, Hans-Georg – 480, 524
Lang, Andreas – 524
Laranjo, Frederico – 104
Larenz, Karl – 301, 365, 557, 636, 640, 662, 667, 671, 672, 673, 689
Lauffer, Hans-Martin – 303
Lauret, Bianca – 736
Lazarski, Henry – 308
Leal, Artur Pavão da Silva – 539, 540
Leão, Ponce de – 782
Lefebvre, Francisco – 749
Legeais, Dominique – 198, 555
Lehmann, Julius – 298
Lehmann, Karl – 65, 68, 419
Lehmann, Heinrich – 562
Leitão, Adelaide Menezes – 163

Leitão, Luís Menezes – 87, 315, 319, 379, 465, 468, 487, 488, 505, 514, 517, 547, 548, 558, 596, 690, 791, 792, 796, 856, 860, 862
Leite (Lumbrales), João Pinto da Costa – 119
Leite, Sousa – 687, 833, 838, 840, 850
Leithaus, Rolf – 467, 512, 513, 515, 519, 522, 524
Lemos, Cândido de – 765
Lener, Raffaele – 643
Leonardo, Maria Laura – 809, 825
Leonhart – 544
Leotardi, Honorati – 53
Lessmann, Herbert – 143
Lettl, Tobias – 43, 155, 162, 197, 236, 266, 360
Leutner, Gerd – 419, 453
Leveneur, Laurent – 174
Lévy-Bruhl, H. – 50
Lew, Julian D. M. – 189
Libonati, Berardino – 302, 311
Lieb, Manfred – 264
Liebs, Detlef – 692
Lima, José Lobo d'Avila – 119
Lima, Pires de – 254, 348, 579, 662, 863
Lindacher, Walther F. – 395
Lisboa, José da Silva (Visconde de Cayrú) – 90, 95, 98, 194
Livi, M. Alessandro – 581
Livius, Titus – 471
Locré, M. le Baron – 54
Longo, Giovanni Elio – 471, 751
Longobardi, Nino – 311
Lopes, Ramos – 341
Lopes, Ricardo – 226
Lopes, Roger – 345, 756
Lordi, Luigi – 73, 241
Lorenz, Stephan – 641, 642

Índice onomástico

Loritz, Karl-Georg – 545
Loureiro, José Azadinho – 765
Loureiro, José Pinto – 330
Lourenço, Francisco – 233, 342
Lowe, Robert – 79, 80
Löwisch, Manfred – 557, 584, 586
Luchterhandt, Hans-Friedrich – 305
Lüer, Hans-Jochem – 490, 522
Luís, Ribeiro – 730
Lumia, Isidoro la – 74, 362
Luminoso, Angelo – 697, 722, 729, 732
Lutter, Marcus – 396
Lwowski, Hans-Jürgen – 467
Lyon-Caen, Charles – 59-60
Lyon-Caen, Gérard – 49

Maçãs, Maria Fernanda – 259
Macedo, Pedro de Sousa – 281, 472, 474, 475, 502, 542
Machado, João Baptista – 253
Machado, Santos – 317
Machunsky, Jürgen – 800
Maffei, Domenico – 89
Magalhães, José M. Vilhena Barbosa de – 94, 95, 96, 99, 100, 102, 103, 104, 112, 116, 117, 120, 145, 195, 209, 213, 218, 223, 225, 226, 249, 269, 281, 313, 330, 332, 333, 334, 335, 343, 347, 351, 353, 354, 405, 475, 536, 537, 539, 696, 742
Magalhães, Eduardo Sousa – 577
Magalhães, Fernandes – 457, 765, 844, 848
Magalhães, José – 398, 723, 726, 730
Maggiore, Giuseppe Regusa – 866, 876
Magnus, Ulrich – 183
Magri, Gino – 362
Maizer, Hans M. – 640
Majo, Adolfo di – 698

Makower, H. – 63, 68, 361, 395
Manara, Ulisses – 224
Manderla, Thomas – 794
Mankowski, Peter – 641, 825
Mansfield, William Murray – 78, 185
Manteuffel, Kurt von – 774
Marasa, Giorgio – 752, 753
Marchetti, Piergaetano – 302
Marcos, Pimentel – 252, 397, 724, 730, 782
Marcos, Rui Manuel de Figueiredo – 90, 91, 92
Marghieri, Alberto – 198
Marino, Giuseppe – 637, 639, 648
Marinoni, Roberto – 479
Marotzke, Wolfgang – 519, 520
Marquês de Pombal – 90, 475
Marques, César – 667, 670
Marques, Costa – 252
Marques, J. P. Remédio – 124, 196, 207, 208, 212, 287, 720
Marquitz, Werner – 300
Marsh, S. B. – 78, 79, 199
Martens, Georg Friedrich von – 41
Martens, Klaus-Peter – 305
Martinek, Michael – 770, 771, 774, 775, 788, 794, 799, 804, 805, 806, 811
Martinez, Pedro Romano – 172, 337, 654, 852, 856, 859
Martins, Alexandre de Soveral – 468, 487, 517
Martins, António Gomes Lourenço – 373
Martins, Ezagüy – 248, 352
Martins, Luís M. – 505
Martins, M. Costa – 172
Martins, Oliveira – 103
Martins, Santos – 730
Martiny, Dieter – 825, 829, 833
Marty, Jean-Paul – 144

Mäschle, Walter – 690
Mateus, Raúl – 225, 252
Matias, Carlos – 625
Matos, J. Rodrigues de – 268
Matos, Joaquim de – 844
Matta, José Caeiro da – 100, 104, 118, 119, 195, 211, 223, 224-225
Mattfeld, Antje – 304
Matthiessen, Volker – 798, 811
Mattos, José d'Assumpção – 100, 104, 119, 195
Mayer, Günter – 521
Medeiros, Rui – 268
Medicus, Dieter – 636, 637
Medina, José Miguel Garcia – 127
Mellerowicz, Konrad – 303
Mendes, Carla – 767
Mendes, Evaristo – 122
Mendes, Francisca – 457
Mendes, João de Castro – 542, 665
Mendes, Maia – 118
Mendes, Manuel Ohen – 174
Meneses, Miguel Pinto de – 86, 89, 194
Menezes, Teles de – 831
Mengoni, Luigi – 362
Menjucq, Michel – 198
Mensching, Adolf – 41
Mentzel, Tobias – 656, 677
Mercadal, Barthélémy – 820, 823, 824, 826, 828
Merkt, Hanno – 411, 416, 672
Merle, Werner – 304
Mertens, Hans-Joachim – 187
Merz, Hans – 71
Mesquita, Duarte Romeira – 542
Messineo, Francesco – 557, 562, 563, 866, 868, 869, 870, 873, 874
Mestmäcker, Ernst Joachim – 304, 305, 748, 797
Mestre, Jacques – 41, 51, 56, 47, 198, 362, 407, 419, 555, 772

Meyer, Barbara Elisabeth – 300, 354
Meyer, Olaf – 619
Meyer, Rudolf – 185, 186
Meyer-Landrut – 318
Micklitz, Hans W. – 625, 636, 641, 648
Miele, Giovanni – 751
Mira, Maria da Graça – 725
Mirabelli, Giuseppe – 732
Miranda, Gil – 122
Miranda, Jorge – 268, 285
Miranda, Mota – 233, 248
Mistelis, Loukas A. – 189
Mittermaier, F. – 60, 66, 67
Mocci, Giovanni – 639
Mock, Sebastian – 514
Modugno, Franco – 146
Molengraaff, W. L. P. A. – 60
Möller, Cosima – 805, 814, 815
Moller-Gugenberger, Christian – 749
Möllers, Thomas M. J. – 248, 249
Mommsen, Theodor – 692
Moncada, Cabral de – 120, 198
Moniz, Carlos Botelho – 160
Monteiro, António Pinto – 253, 574, 607, 639, 642, 661, 723, 764, 770, 773, 775, 776, 778, 780, 781, 782, 786, 787, 791, 792, 800, 808, 811
Monteiro, Jorge Sinde – 647, 728
Monteiro, Fernando Pinto – 501, 755, 767
Monteiro, Santos – 764, 765, 800
Montella, R. Gay de – 873
Montenegro, Artur – 537
Montes, Custódio – 764, 767, 800
Montessori, Roberto – 309
Morais, Durval – 766
Morais, Fernando de Gravato – 337, 345, 348
Morck, Winfried – 41, 201, 416, 420, 829

Índice onomástico

Moreira, António – 172
Moreira, Guilherme Alves – 116-117, 145, 153, 207, 211, 212, 217, 219, 222, 224, 467, 588, 658
Moreira, Vital – 268
Morello, Umberto – 605
Moreno, Alberto Diaz – 199
Morgado, Carla – 114, 653
Morgado, Maria do Rosário – 808
Mosco, Gian Domenico – 752
Mossa, Lorenzo – 73, 74, 309
Mota, António Cardoso – 797
Moura, Rui – 730, 767
Mouro, Maria José – 773, 810
Müller, Doris – 388
Müller, Helmut – 180
Müller, Klaus J. – 790
Müller-Erzbach, Rudolf – 142, 297, 366, 418
Müller-Freienfels, Wolfram – 150
Müller-Graf, Peter-Christian – 179, 604
Musio, Ivana – 649
Müther, Peter-Hendrik – 419, 453
Mutz, Gerfried – 821, 827

Namora, Herculano – 342, 501
Napoleão – 54, 55, 60, 69, 152, 408, 409, 473, 694, 735
Nápoles, Metello de – 344, 730
Nascimento, Noronha – 560, 621, 630
Nattini, Angelo – 311
Nauschütt, Jürgen – 804, 806, 811, 815
Navarrini, Umberto – 477
Nell-Breuning, Oswald von – 304, 305
Nery Junior, Nelson – 127
Nery, Rosa Maria de Andrade – 127
Neto, Abílio – 123, 202, 371, 599, 869
Netter, Oskar – 298, 299
Neumann, Christine – 524
Neuner, Jörg – 141, 143

Neves, Gaito das – 745, 757
Neves, Lopes – 725
Neves, Vasco Santiago – 121
Neves, Vaz das – 345
Niebeling, Jürgen – 794, 802
Nipperdey, Hans-Carl – 242, 243, 253, 399, 671
Nobel, Peter – 304
Nogueira, José Duarte – 83
Nogueira, Roque – 792
Nova, Giorgio de – 808
Novelli, Vittorio – 639, 646
Nóvoa, Sampaio da – 580, 843
Nunes, Dinis – 627
Nussbaum, Arthur – 144, 873

Oetker, Hartmut – 44, 197, 326
Ohmeyer, Kamillo Edlen von – 296, 297
Olavo, Carlos – 163, 164, 808
Olavo, Fernando – 99, 121, 122, 146, 153, 166, 196, 208, 212, 213, 218, 221, 223, 225, 256, 257, 270, 280, 282, 330, 333, 369, 429, 502
Oliveira, Arnaldo Filipe da Costa – 495
Oliveira, Ernesto de – 202
Oliveira, Guilherme de – 579
Oliveira, Joana Albuquerque – 517
Oliveira, Joaquim Dias Marques de – 128
Oliveira, Nuno Manuel Pinto – 555
Oliveira, Pamplona de – 516
Oliveira, Soares de – 522
Oliveira, Vergílio – 499, 501
Olshausen, Eberhard von – 262, 453, 460
Oppetit, Bruno – 749
Oppikofer, Hans – 297
Oppo, Giorgio – 872
Orlandi, Mauro – 646

Osborne, Greg – 79, 199
Osterrieth, Christian – 164
Osti, Giuseppe – 562
Ott, Claus – 238, 557
Otto, Martin – 164

Pacchioni, Giovanni – 362
Pahl, Lothar – 419
Paillusseau, Jean – 308
Paiva, Tavares de – 769, 790, 800
Paixão, Silva – 745, 755, 798, 799, 840, 841
Palandt – 365, 586, 603, 622, 690
Panucchio, Vincenzi – 311
Paoli, Ugo Enrico – 48
Paolucci, Luigi Filippo – 751, 759
Papagiannis, Ioannis Men. – 49
Pape, Gerhard – 484
Papel, Irmtraut – 512
Pardessus, Jean-Marie – 48
Parenti, Alberto – 648
Pasquali, Fiorenzo di – 752
Passow, Richard – 299, 300
Pasteris, Carlo – 51, 57
Pauge, Burkard W. – 677, 728
Paul, Uwe – 520
Paulick, Heinz – 735
Paulo, Octávio Castelo – 196
Paulo, Torres – 346, 460, 660, 766, 838
Paulus, Christoph G. – 557
Paver, Uwe – 283
Pawlowski, Hans-Martin – 365, 366, 672
Pazos, Juan Baró – 59
Pearson, John K. – 81, 749
Pédamon, Michel – 51, 54, 56, 174, 198, 339, 363, 687, 772
Pedrosa, Guimarães – 103, 104
Pedroso, Albertina – 674
Pelágio, Huberto – 539

Pereira, A. Gonçalves – 225, 857
Pereira, Aguiar – 829
Pereira, Alexandre Libório Dias – 124, 647
Pereira, Beça – 400
Pereira, Fernanda Isabel – 490, 766, 799, 800
Pereira, Maria Adozinda Barbosa – 780
Pereira, Marques – 454
Pereira, Salreta – 831
Pereira, Teles – 513
Pérez, Ana Felícias Muñoz – 200
Pérochon, Françoise – 469, 482
Pescatore, Gabriele – 175, 362
Peter, Karl – 304
Peters, Frank – 672
Petri, Igor – 697, 727
Petrocchi, Carlo – 750, 751
Petrucci, Aldo – 49, 50
Peyramaure, Philippe – 308
Pfeiffer, Thomas – 622, 823
Piçarra, António – 577, 825, 838
Piergiovanni, Vito – 51, 185
Piltz, Burghard – 183
Pimentel, Diogo Pereira Forjaz de Sampaio – 99, 102, 117, 195
Pimentel, Menéres – 722, 742, 745, 765
Pinheiro, Luís de Lima – 154, 186, 189, 734, 829, 832
Pinho, António Simões de – 100, 118, 195
Pinner, Albert – 298
Pinto, Alexandre Mota – 179
Pinto, Carlos Mota – 253, 588, 589, 591, 661
Pinto, Fernando Ferreira – 123, 770, 772, 787, 788, 789, 791, 795, 802, 805
Pinto, Lopes – 345, 730, 766, 795
Pinto, Madeira – 104

Índice onomástico

Pinto, Paulo Mota – 253, 315, 344, 661
Pinto, Rui – 517
Pinto-Ferreira, João Pedro – 642
Piper, Henning – 826
Pires, Rodrigues – 584
Pires, Sílvia – 674
Pirovano, Antoine – 54, 57
Pisko, Oskar – 148, 296, 297, 354
Planiol, Marcel – 365
Pohlmann, Hansjörg – 52
Polleri, Vittorio – 311
Pont, Manuel Broseta – 199
Porto, Manuel Lopes – 179
Possner, Richard A. – 238
Póvoas, Sebastião – 342, 743, 767, 811
Prasca, M. S. – 60
Präve, Peter – 600
Preis, Ulrich – 142
Preite, Disiano – 753
Presti, Gaetano – 199
Preuss, Nicola – 420
Priester, Hans-Joachim – 303
Proença, Alfredo – 826
Psaroudakis, Georgios – 687
Puchelt, Ernst Sigismund – 68
Purpura, Gianfranco – 50
Püttner, Günther – 301
Querido, Carlos – 743

Raggi, Luigi – 750, 752
Raisch, Peter – 42, 45, 57, 139, 142, 144, 146, 148, 149
Raiser, Ludwig – 599
Raiser, Thomas – 303, 304, 306, 328
Ralha, Eduardo Marques – 100, 118, 195, 212
Ramalho, Manuel – 754
Ramires, Gabriel – 104
Ramos, Azevedo – 230, 358, 576, 725, 745, 838, 848, 850
Ramos, Ferreira – 343

Ramos, Fonseca – 519, 755, 825, 831
Ramos, Maria Luísa – 454
Ramser, Hans Jürgen – 557
Raposo, Costa – 627
Rappazzo, Antonio – 562
Rathenau, Walther – 297, 298, 299
Rato, Silva – 528, 780
Redfern, Alan – 189
Rego, Antonio – 199
Rego, Lopes do – 674
Rego, Raquel – 514
Rehkugler, Heinz – 713
Rehme, Paul – 47, 48, 53
Rei, Maria Raquel – 745
Reiner, Günter – 690
Reinhard, Yves – 820
Reinicke, Gerhard – 798
Reis, José Alberto dos – 117, 475, 476, 541
Reis, José Alexandre – 117, 475, 476, 541
Reitmann, Christoph – 829
Relvas, José – 413
Rescigno, Matteo – 199
Rescigno, Pietro – 198, 420, 738, 752
Rescio, Giuseppe A. – 418, 419, 420
Reuber, Klaus – 303
Reuschle, Fabian – 360, 380
Reuter, Dieter – 311, 689, 690, 694, 695, 696, 697, 698, 718, 725, 727, 729
Ribeiro, Ana Paula – 808
Ribeiro, Aquilino – 721, 722
Ribeiro, Aureliano Strecht – 252
Ribeiro, Ernesto Rodolpho Hintze – 103, 116, 703
Ribeiro, Flores – 630
Ribeiro, Maria de Fátima – 805, 811
Ribeiro, Neves – 798
Ricard, Paul – 95
Riedel, Ernst – 466, 469, 492

Riegger, Bodo – 394
Riezer, J. – 67
Ring, Gerhard – 262, 264, 265, 364, 381, 388
Ringling, Wilfried – 406
Ringstmeier, Andreas – 520
Rintelen, Max – 418, 419
Ripert, G. – 56, 197, 338, 339
Rittner, Fritz – 304, 305, 306, 316, 748, 794
Rives-Lange, Jean-Louis – 174
Roach, Lee – 79, 199
Roblot, R. – 56, 197, 338, 339
Rocco, Alfredo – 120, 198, 309, 876
Rocha, Ana Catarina – 581, 583
Rocha, Francisco Costeira da – 822, 825, 840, 846, 847, 849, 850
Rocha, M. A. Coelho da – 101, 657
Rodière, René – 749
Rodrigues Júnior, Manuel – 540
Rodrigues, Benjamim – 769
Rodrigues, Luís Barbosa – 135
Rodrigues, Manso – 616
Rodrigues, Manuel – 226, 476
Rodrigues, Sofia do Nascimento – 865
Rogron, J. A. – 57, 58, 306, 408, 473, 687
Rojot, Jacques – 597
Romeira, Rita – 754
Römer, Jac. – 62
Rontchevsky, Nicolas – 56, 482, 736
Roque, Gil – 350, 844
Roque, Hélder – 398, 802, 847
Rosa, Maria Regina – 559, 780, 792
Rosado, Javier Martínez – 200
Rose, Francis – 79, 199
Rosenberg, Leo – 481
Roth, Herbert – 690
Roth, Jan – 545
Roth, Markus – 770

Roth, Wulf-Henning – 41, 201, 340, 388, 416, 420, 829
Rotondi, Enrico – 773
Rozès, Louis – 596
Ruhwedel, Edgar – 821
Ruiz, Rafael Ruiz y – 867, 868, 873
Ruperto, C. – 362
Ruppe, Nicole – 521

Sá, Eduardo Alves de – 104, 120, 198, 211, 222, 223, 224
Sá, Paulo – 803
Sacerdoti, Giorgio – 637, 639, 648
Säcker, Franz Jürgen – 305, 365
Salandra, Vittorio – 747, 750, 753
Salanitro, Niccolò – 76, 198, 311
Salazar, Silva – 248, 345, 350, 591, 725, 743, 766
Saldanha, Eduardo de Almeida – 99, 104, 117, 213, 535
Salgado, António Mota – 477, 542
Salvador, Manuel J. G. – 690, 774, 797
Samoza, Francisco Salgado – 472, 473
Sánchez, Guilhermo J. Jiménez – 199
Sandberger, G. – 453
Santangeli, Fabio – 482
Santarelli, Umberto – 472
Santarém, Pedro de (Petrus Santerna) – 89, 172
Santis, Francesco de – 646
Santo, João Espírito – 42, 335
Santo, Luís Espírito – 860
Santorini, Mario – 338
Santos Júnior, Eduardo – 521
Santos, Alexandra Moura – 456
Santos, André – 498
Santos, António Marques dos – 182, 186
Santos, Beleza dos – 588
Santos, Cristina dos – 755

Índice onomástico

Santos, Filipe Cassiano – 122, 123, 196, 207, 218, 764, 856
Santos, Joaquim de Jesus – 542
Santos, Maria Alexandra Moura – 725
Santos, Maria Amália – 583
Santos, Rodrigues dos – 352
Santos, Rute Martins – 136
Sanz, Fernando Martínez – 199
Sarzana, Carlo – 646
Sasso, Cosimo – 334
Sastre, Antonio Rodriguez – 868
Savage – 79
Savary, Jacques – 53-54, 152, 419, 735
Savigny – 185
Schäch, Klaus-Hannes – 287, 288
Schaefer, Erich – 262
Schäfer, Hans-Bernd – 238, 557
Schall, Alexander – 149, 201, 411, 412, 687, 690
Schaub, Bernhard – 443
Schaub, Hermann – 201
Scherner, Karl Otto – 53
Schiling, Wolfgang – 329
Schilken, Eberhard – 455, 458, 481, 670, 672
Schillgalis, Shenja – 546
Schioppa, Antonio Padoa – 51, 54, 60, 66
Schlesinger, Piero – 199
Schlichting, Gerhard – 399
Schlosser, Peter – 607, 633
Schmahl, Hermannjosef – 545
Schmatz, Hans – 429
Schmidt, Eberhard – 298
Schmidt, Harry – 618
Schmidt, Jörg – 779
Schmidt, Karsten – 41, 44, 142, 143, 146, 153, 180, 186, 197, 201, 235, 251, 261, 262, 263, 265, 303, 306, 323, 324, 406, 450, 464, 469, 481, 490, 512, 522,

524, 596, 600, 625, 677, 687, 737, 748, 770, 772, 776, 794, 799, 800, 822, 824, 833, 836, 840, 845
Schmidt, Nikolaus – 520
Schmidt, Ralf Bodo – 303, 304
Schmidt-Kessler, Martin – 419, 453, 583
Schmidt-Leithoff, Christian – 316
Schmidt-Recla, Adrian – 64
Schmitthoff, Clive M. – 185, 1876
Scholz, Johannes-Michael – 83
Scholz, Oliver – 439
Schönke, Adolf – 473
Schramm, Karl-Heinz – 670
Schricher, Gerhard – 396
Schroeder, Dirk – 615
Schroeder, Hans-Patrick – 187
Schroeder, Klaus Peter – 49
Schroeder, Werner – 179
Schulte, Rainer – 164
Schultze-von Lasaulx, H. A. – 142
Schumacher, Florian – 197
Schütte, Monika – 688
Schwabach, Aaron – 202
Schweitzer, Heike – 305
Schwerdtner, Peter – 365, 697, 698, 724, 729
Schwintowski, Hans-Peter – 167
Scialoja, Antonio – 175, 751
Sciancalepore, Giovanni – 641
Sciumbata, Letizia Rita – 828
Sconamiglio, Claudio – 648
Sealy, L. S. – 79, 199
Seia, Aragão – 400, 612, 800, 802, 849
Seiler, Erwin – 713
Semler, Franz Georg – 328, 770, 771, 774, 788, 794, 799, 804
Sendin, Paulo Melero – 122, 196, 218
Sequeira, Barros – 248
Serens, M. Nogueira – 123, 202, 705

Serna, Pedro Gomes de la – 59

Serra, Adriano Paes da Silva Vaz – 121, 347, 558, 562, 588, 589, 591

Serra, Catarina – 124, 196, 276, 468, 517, 528

Servatius, Wolfgang – 679

Seuffert, Lothar – 472, 473

Sica, Salvatore – 636, 637, 639, 641, 643, 646, 648, 649

Silva, Almeida e – 431, 729, 765, 838

Silva, Fernando Emygdio da – 119

Silva, Francisco António Fernandes da – 102

Silva, Gaspar Pereira da – 102, 194

Silva, Gomes da – 350

Silva, J. F. Azevedo e – 100, 101, 104, 117, 195, 213

Silva, João Calvão da – 764

Silva, Manuel Gomes da – 272

Silva, Moreira da – 252, 721

Silva, Nuno Espinosa Gomes da – 93

Silva, Paula Costa e – 171, 547

Silva, Pereira da – 350, 398, 590, 756

Silvano, Gonçalo – 847

Silveira, Pedro Malta da – 764

Simonetto, Ernesto – 752, 753

Singh, Karam – 79

Skaupy, Walther – 774, 775, 805, 806

Slorach, J. Scott – 79, 199

Smid, Stefan – 480, 544, 546

Smith, I. T. – 175

Soares, Costa – 800

Soares, Duarte – 233

Soares, Emérico – 498

Soares, Fernando Luso – 542

Soares, Machado – 350, 612, 629, 684, 725, 840, 844

Soares, Maria Teresa – 730

Soares, Pires – 347

Soares, Quirino – 766, 780, 795

Soares, Torquato de Sousa – 83

Sobrinho, Alberto – 767, 795

Soeiro, Borges – 767

Sonnenberger, Hans Jürgen – 174, 186, 362

Soprano, Enrico – 865, 873

Sordelli, Luigi – 797

Sortais, Jean-Pierre – 308

Soulsby, J. – 78, 79, 199

Sousa, António Baptista de (Visconde de Carnaxide) – 103, 120

Sousa, Figueiredo de – 627, 721, 833

Sousa, João Ramos de – 808

Sousa, Martins de – 498, 831

Sousa, Miguel Teixeira de – 358, 630

Sousa, Pais de – 621, 630, 844

Souto, Adolpho de Azevedo – 120

Souto, Carlos Ernesto Martins – 118, 195

Souza, José Ferreira Marnoco e – 117

Sprau, Hartwig – 690

Stadler, Manfred – 557

Stancanelli, Giuseppe – 751

Stanzione, Pasquale – 636, 637, 639, 641, 643, 646, 648, 649

Staub, Herman – 68

Staudinger – 183, 633, 670, 672, 694, 695, 697, 718

Stebut, Dietrich von – 320

Steckhan, Hans-Werner – 450, 453, 454

Stein, Ursula – 185, 186, 187

Steinbeck, Anja – 197, 326, 394

Steinmann, Horst – 304

Sternal, Werner – 512, 515

Steuck, Heinz-Ludwig – 283

Stickelbrock, Barbara – 520

Stöber, Kurt – 429

Stock, Ralph – 774

Stolp, Herrmann – 126

Stracchae, Benvenuti – 692, 693

Streinz, Rudolf – 812, 813
Streit, Georg – 522
Strohn, Lutz – 737
Stucchi, M. – 175
Stumpt, Herbert – 774
Stürner, Rolf – 467, 473
Szramkiewicz, Romuald – 49, 53

Tanna, Suresh – 79
Tartufari, Luigi – 865, 869, 873, 874
Tassinari, Federico – 418, 420, 421
Tatelbaum, Charles M. – 81, 749
Taupitz, Jochen – 639, 640
Tavares, José Maria Joaquim – 117, 118, 119, 120, 195, 211, 218, 222, 224, 281, 312, 659
Teixeira, Lúcio – 236, 579, 730
Telles, Inocêncio Galvão – 145, 289, 558, 562, 588, 589, 610, 659, 764, 765
Telles, J. H. Corrêa – 657
Teston, G. – 805
Teston, J. C. – 805
Tetzlaff, Christian – 524
Teubner, Gunther – 299, 321, 329, 806, 814, 815
Thaller, E. – 54
Thibaut, Anton Friedrich Justus – 695
Thöl, Heinrich – 41, 42, 63, 68, 587
Thole, Christoph – 469, 512, 515
Thomale, Chris – 690
Thomas, Stefan – 161
Thume, Karl-Heinz – 790, 800
Tian-Pancrazi, Marie-Eve – 41, 51, 198, 407, 419, 555
Tiny, Kiluange – 136
Tiny, N'Gunu – 136
Toebelmann, Kurt – 693
Toffoletto, Alberto – 76, 198
Tomás, António José – 196
Tomás, Dionisio A. Perona – 59, 67

Tomás, Manuel Fernandes – 96
Tomé, Soares – 590
Tonner, Klaus – 636, 641, 648
Torres, Arnaldo Pinheiro – 89
Torres, Mário José de Araújo – 372
Tosi, Jean-Pierre – 308
Tourneau, Philippe le – 588, 591
Trabucchi – 310
Treber, Jürgen – 265
Triebel, Volker – 78, 79, 80
Trigo, Maria da Graça – 800
Triola, Roberto – 310, 750, 848
Tripodi, Enzo Maria – 607
Triunfante, Lemos – 237, 730
Trochu, Michel – 308
Tröller, Alois – 165
Trosi, Bruno – 698, 722
Troullier, Albert – 47
Tullio, Leopoldo – 175
Tumedei, Cesare – 733

Uberti-Bona, Italo – 753
Uhlenbruck, Wilhelm – 469, 490, 512, 514, 522, 524
Ukmar, Victor – 637
Ullmann, Eike – 774
Ulmer, Peter – 303, 737, 794
Ulrich, Ruy Ennes – 89, 119, 696, 864, 865, 868, 869, 870, 871, 876
Ungeheuer, Christina – 775, 811
Ureba, Alberto Alonso – 199
Utrel – 135
Vabres, Régis – 469, 482

Vale, Oliveira – 104
Valente, António – 333, 730
Valente, Elisabete – 727
Valeri, Giuseppe – 49, 74
Vallender, Heinz – 469, 481, 490, 512, 514, 522, 524
Vallens, Jean-Luc – 481

Varela, Antunes – 243, 254, 347, 348, 558, 562, 578, 579, 662, 764, 765, 766, 863
Vasconcelos, Joana – 337
Vasconcelos, Luís Miguel Pestana de – 517, 805, 808, 813, 814, 865
Vasconcelos, Oliveira – 342, 350, 397
Vasconcelos, Pedro Pais de – 124, 196, 557, 764
Vasconcelos, Pita de – 501, 800
Vaz, João – 352
Veiga, Torres – 627, 823
Veil, Rüdiger – 306
Velha, Ricardo da – 589, 774
Velho, Alves – 250, 664, 764, 766, 792
Ventura, Paulo – 172
Ventura, Raúl – 121, 122, 615, 617, 736, 737, 738, 740, 741, 742, 745, 746, 749, 752, 754
Viana, Solano – 398, 589
Vicente, Dário Moura – 189, 487, 552, 586
Victor, Santos – 722
Vidari, Ercole – 66, 735, 738, 869, 871
Vidigal, Ramiro – 107, 397, 410
Vieira, José Alberto – 795
Vigliar, Salvatore – 641
Vigone, Luisa – 557
Vilaça, Jorge – 357
Vilar, Gonçalves – 834
Vinken – 283
Vitale, Antonino – 750, 751
Vítor, Távora – 852
Vivante, Cesare – 66, 71, 72, 75, 120, 144, 152, 198, 241, 697, 865, 867, 869, 873, 874
Vogel, Louis – 197
Völderndorff, von – 68
Vollkommer, Max – 697
Vossius, Oliver – 142

Vuia, Mihai – 545
Wahl, Albert – 55, 1474
Wallbrecht, Dirk – 202
Waltenberger, Jochen – 524
Wamser, Frank – 400
Wandt, Manfred – 172
Warncke, Theodor – 690, 697, 722
Weber, Max – 304
Weber, Till – 513
Weider, Manfred – 52
Weimar, Robert – 811
Weise, Paul-Frank – 187
Weishaupt, Arnd – 689
Weitnauer, Hermann – 545
Wekrich, Ortwin – 798
Wellspacher, Moritz – 671
Welp, Marcus – 396
Wengler, A. – 63
Werner, Horst S. – 305, 800
Wertenbruch, Johannes – 395
Westermann, Harm Peter – 737
Westermann, Harry – 304
Westphalen, Friedrich Graf von – 627, 774
Weyhe, Lothar – 49
Wiedemann, Harald – 406, 407, 411
Wiedemann, Herbert – 305, 329, 748
Wieland, Karl – 68, 142, 309, 419
Wieseler, Michael – 697, 727
Willer, Heinz – 380, 428, 439
Wilmowsky, Peter von – 520
Windbichler, Christine – 748
Wittig, Arne – 171
Wolf, Manfred – 365, 636, 640, 662, 667, 671, 672, 673, 775, 811
Wolf, Ronald Charles – 734, 749
Wolter, Jobst – 794
Wolter, Udo – 150
Wood, Sir John C. – 175
Woolf – 79
Wörlen, Rainer – 197, 326

Índice onomástico

Würdinger, Markus – 718
Wutzke, Wolfgang – 480, 481

Xavier, Alberto – 121
Xavier, Vasco da Gama Lobo – 121, 196, 208, 213, 217, 223, 270, 319, 474

Zeiss, Walter – 545

Zend-Zencovich, Vincenzo – 643
Zenker, Wolfgang – 557
Zeuner – 544
Zimmer, Lutz – 457
Zimmermann, Walter – 480
Zöllner, Wolfgang – 146, 166, 305, 872
Zwecker, Kai-Thorsten – 805, 806, 811
Zweigert, Konrad – 71, 77, 81, 603, 606

ÍNDICE BIBLIOGRÁFICO

AAVV – *Análise teórico-prática do processo de insolvência*, 2006.

AAVV – *Das gesamte Privatversicherungsrecht*, 2011.

Abrami, Alberto – *Consorzi di bonifica integrale*, NssDI/Appendice, vol. II (1981), 482-486.

Abreu, António José Teixeira d' – *vide* Tavares, José.

Abreu, Jorge Coutinho de – *Definição de empresa pública*, 1990;
 – *Da empresarialidade (As empresas no Direito)*, 1994;
 – *Uma introdução ao Direito comercial* em *Ab uno ad omnes/75 anos da Coimbra Editora* (1998), 519-537;
 – *Curso de Direito Comercial, 1 – Introdução, actos de comércio, comerciantes, empresas, sinais distintivos*, 10.ª ed., 2016.

Accorella, C./Gualazzini, U. – *Fallimento (storia)*, ED XVI (1967), 220-232.

Acitores, Antonio Serrano – *vide* Pérez, Ana Felícias Muñoz.

Acrosso, Luigi – *Consorzi in agricoltora*, ED IX (1961), 389-408.

Acutis, Maurizio de – *L'associazione in partecipazione: le nouve tecniche di utilizzazione e i problemi giuridici connessi*, RivDCiv XXX (1984), 37-68.

Afferni, Vittorio – *Registro delle imprese (cenni storici e di diritto comparato)*, NssDI XV (1968), 178-195.

Afonso, Ana Isabel da Costa – *Os contratos de instalação de lojistas em centros comerciais/Qualificação e regime jurídico*, 2003;
 – *Funcionamento de centro comercial em edifício submetido ao regime da propriedade horizontal*, anotação a STJ 9-mar.-2004, CDP 9 (2005), 61-75.

Alarcão, Rui de – *Erro, dolo e coacção – representação – objecto negocial – negócios usurários – condição/Anteprojectos para o novo Código Civil*, BMJ 102 (1961), 167-180;
 – *Breve motivação do anteprojecto sobre o negócio jurídico na parte relativa ao erro, dolo, coacção, representação, condição e objecto social*, BMJ 138 (1964), 71-122;
 – *Sobre a transferência da posição do arrendatário no caso de trespasse*, BFD 47 (1971), 21-54.

Albertazzi, A./Prasca, M. S. – *Comento analitico al codice di commercio per gli stato sardi*, 3 volumes, 1843-1845.

Albuquerque, Martim de – *vide* Olavo, Fernando.

Albuquerque, Pedro de – *Direito de preferência dos sócios em aumentos de capital nas sociedades anónimas e por quotas*, 1993;
– *A representação voluntária em Direito civil (Ensaio de reconstrução dogmática)*, 2004;
– *Declaração da situação de insolvência*, O Direito 2005, 507-525;
– *Responsabilidade processual por litigância de má fé, abuso de direito e responsabilidade civil em virtude de actos praticados no processo*, 2006.

Albuquerque, Ruy de – *Da culpa in contrahendo no Direito luso*-brasileiro, 1961.

Alessio, Wanda d' – *Diritto dei transporti*, 2003.

Alexander, Christian – *Wettbewerbsrecht*, 2016.

Alexandre, Isabel – *O contrato de franquia (franchising)*, O Direito 1991, 319-383.

Alfandari, Elie – *Droit des affaires*, 1993.

Almeida, António Pereira de – *Direito Comercial*, 1.º vol., 1976-77, 2.º vol. – *Sociedades comerciais/Sumários desenvolvidos*, 1981, e 3.º vol. – *Títulos de crédito*, 1988.

Almeida, Carlos Ferreira de – *Texto e enunciado 3*, 1990;
– *Direito comercial/Programa e textos de apoio pedagógico*, 1994;
– *O Código dos Valores Mobiliários e o sistema jurídico*, sep. dos CadMVM 7 (2000), 19-47;
– *Contratos I/Conceito. Fontes. Formação*, 4.ª ed., 2008.

Almeida, J. C. Moitinho de – *O contrato de seguro no Direito português e comparado*, 1971.

Altmeppen, Holger – *Disponibilität des Rechtsscheins/Struktur und Wirkungen des Redlichkeitsschutzes im Privatrecht*, 1993.

Alves, José Carlos Moreira – *A unificação do Direito privado brasileiro*, RDC 2015, 9-22.

Alves, Sílvia/Rodrigues, Luís Barbosa – *Código Comercial e Legislação Complementar de Moçambique*, 2006.

Amaral, Diogo Freitas do – *Introdução ao estudo do Direito 1*, 2004;
– *vide* Caetano, Marcello.

Amaral, Francisco – *O novo Código Civil brasileiro*, em *Estudos em Honra do Professor Doutor Inocêncio Galvão Telles*, 4 (2003), 9-19.

Ammannati, Laura – *Le privatizzazioni delle imprese pubbliche in Italia*, 1995.

Amzalak, Moses – *O "Tratado de Seguros" de Pedro de Santarém*, EF/Anais XXVI (1958), 335-354.
– *vide* Santarém, Pedro de.

Andrade, José Robin de – *Reestruturação financeira e gestão controlada como providências de recuperação*, RB 27 (1993), 77-92.

Andrade, Manuel de – *Fontes de direito, vigência, interpretação e aplicação da lei*, BMJ 102 (1961), 141-152;
  – *Teoria geral da relação jurídica*, 1972, 3.ª reimp. da ed. de 1960; 2.º vol., 1970, reimpr..

Andreoti, Roberto – *Su alcuni problemi del rapporto fra politica di sicurezza e controllo del commercio nell'impero romano*, RIDA XVI (1969), 215-257.

Andres, Dirk – no Dirk Andres/Rolf Leithaus, *Insolvenzordnung Kommentar*, 2.ª ed., 2011.

Andrews, Neil – *The Pursuit of Truth in Modern English Civil Proceedings*, ZZPInt 8 (2003), 69-96.

Andrioli, Virgilio – *Fallimento (diritto privato e processuale)*, ED XVI (1967), 264-462.

Angeli, Giorgio – *La riassicurazione/Teoria, pratica e tematiche varie*, 2.ª ed., 1981.

Angelici, Carlo – *Diritto commerciale* I, 2002.

Angeloni, Vittorio – *Assicurazione della responsabilità civile*, ED III (1958), 554-573.

Ann, Christoph – *vide* Krasser, Rudolf.

Anotação à Corte d'Appello di Milano 11-jan.-1934, assinalada G.F., FI 1934, I, 1113-1116.

Anschütz, August/Völderndorff, von – *Kommentar zum Allgemeinen Deutschen HGB mit Ausschluss des Seerechts*, 1870.

Anteprojecto do regime geral dos seguros, RFDUL 2001.

Anthero, Adriano – *Comentário ao Codigo Comercial Portuguez*, I, 1913, II, 1915.

Antunes, José A. Engrácia – *Liability of corporate groups*, 1994;
  – *Os grupos de sociedades/Estrutura e organização jurídica da empresa plurisocietária*, 1993, reimp., 2002;
  – *Os usos e o costume no Direito comercial/Algumas breves reflexões*, em *Estudos Comemorativos dos 10 anos da FDUNL*, II (2008), 215-239;
  – *Direito dos contratos comerciais*, 2009.

App, Michael – *Probleme bei Konkursanträgen aufgrund von Steueransprüchen*, ZIP 1992, 460-463

Appendice ao Codigo Commercial Portuguez aprovado pela Carta de Lei de 28 de Junho de 1888, 3.ª ed., 1906.

Aproli, Cesare – *Lezioni di diritto commerciale*, 2.º vol., 1855.

Araújo, Fábio Caldas de – *vide* Medina, José Miguel Garcia.

Araújo, Fernando – *Teoria económica do contrato*, 2007.

Arnold, Hans – *Insolvenzrechtsreform in Westeuropa*, ZIP 1985, 321-333.

Artz, Markus – *vide* Bülow, Peter.

Ascarelli, Tullio – *In tema di operazioni di banca e di borsa*, RISG 1 (nova série), 1926, 367-384;

926   *Direito comercial*

– *Le unioni di emprese*, recensão a Vittorio Salandra, *Il diritto delle unioni di imprese (consorzi e gruppi)* (1934), RDComm XXXIII (1935), I, 152-184;
– *Riflessioni in tema di consorzi, mutue, associazioni e società*, incluído nos *Saggi di diritto commerciale* (1955), 273-323;
– *Corso di diritto commerciale*, 3.ª ed., 1962.
Ascensão, José de Oliveira – *Lições de Direito Comercial, I – Parte Geral*, 1986/87;
– *Direito comercial*, vol. I – *Institutos gerais*, 1998/99, vol. II – *Direito industrial*, 1987/88, reimpr. 1994, vol. III – *Títulos de crédito*, 1993, e vol. IV – *Sociedades comerciais*, 1993;
– *O E.I.R.L. ou o falido rico*, O Direito 120 (1988), 17-34;
– *Estruturas jurídicas da empresa*, 1989;
– *Integração empresarial e centros comerciais*, RFDUL XXXII (1991), 29-70;
– *Teoria geral do Direito civil*, III, 1992;
– *Lojas em centros comerciais; integração empresarial; forma*: anotação a STJ 24-mar.-1992, ROA 1994, 819-842.– *Efeitos da falência sobre a pessoa e negócios do falido*, ROA 1995, 641-688;
– *Concorrência desleal/Parte geral*, 2000;
– *Concorrência desleal*, 2002;
– *O Direito. Introdução e Teoria Geral*, 13.ª ed., 2005.
Ascensão, Oliveira/Cordeiro, Menezes – *Cessão de exploração de estabelecimento comercial, arrendamento e nulidade formal/Parecer*, ROA 1987, 845-927.
Asquini, Alberto – *Codice di commercio, codice dei comercianti o codice misto di diritto privato?*, RDComm XXV (1927) 1, 507-524;
– *Il titoli di credito*, recolhido por Giorgio Oppo, 1939;
– *Una svolta storica del diritto commerciale*, RDComm XXXVIII (1940) I, 509-517;
– *Il diritto commerciale nel sistema della nuova codificazione*, RDComm XXXIX (1941) I, 429-438;
– *Sulle nuove posizioni del diritto commerciale*, RDComm XL (1942) I, 65-71.
Assmann, Heinz-Dieter – *vide* Kübler, Friedrich.
Astolfi, Andrea – *Il contratto internazionale di "joint venture"*, RSoc 22 (1977), 809-902.
Audit, Bernard – *La vente internationale de marchandises*, 1990.
Auletta, Giuseppe – *Consorzi commerciali*, NDI III (1938), 956-966.
Auletta, Giuseppe/Salanitro, Niccolò – *Diritto Commerciale*, 8.ª ed., 1993, 14.ª ed., 2003, 18.ª ed., 2010 e 20.ª ed., 2015.

Índice bibliográfico 927

Aureliano, Nuno – *A obrigação de não concorrência do trespassante de estabelecimento comercial no Direito português*, em *Estudos em Honra do Prof. Doutor Inocêncio Galvão Telles*, 4 (2003), 717-815.

Axer, Jochen – *Abstrakte Kausalität – ein Grundsatz des Handelsrechts?/Zugleich ein Beitrag zur gesetzlichen Konzeption und Risikozuordnung durch Aussenhaftungsnormen des Handelsgesetzbuches*, 1936.

Axmann, Mario – *Maklerrecht und Maklerwesen bis 1900/Eine rechtshistorische Untersuchung insbesondere der bürgerlichen Quelle*, 2004.

Azevedo, Álvaro Villaça (coord.) – *Código Civil Comentado*, em publicação a partir de 2003.

Azzolina, Umberto – *Le mediazione*, 2.ª ed., 1955.

Baas, Dieter – *Leitungsmacht und Gemeinwohlbindung der AG*, 1976.

Backhaus, Jürgen – *Öffentliche Unternehmen*, 2.ª ed., 1980.

Baker, J. H. – *The Law Merchant and the Common Law before 1700*, CLJ 38 (2), nov. 1979, 295-322.

Baldassari, Augusto – *Il contratto di agenzia*, 2003.

Baldi, Roberto – *Il contratto di agenzia/La concessione i vendita/Il franchising*, 6.ª ed., 1997.

Ballersted, Kurt – *Unternehmen und Wirtschaftsverfassung*, JZ 1951, 486-493;
– *Das Unternehmen als Gegenstand eines Bereicherungsanspruchs*, FS W. Schilling (1973), 289-307;
– *Was ist Unternehmensrecht*, FS Duden 1977, 15-36.

Ballot-Iéna, Aurélie – *vide* Decocq, Georges.

Balossini, Cajo Enrico – *Il diritto delle consuetudine e degli usi*, 1974;
– *Usi (Teoria degli)*, NssDI XX (1975), 200-209.

Baltzer, Corinna – *vide* Weber-Rey, Daniela.

Balz, Manfred/Landfermann, Hans-Georg – *Die neuen Insolvenzgesetze*, 1995.

Bandini, Mario – *Consorzi agrari*, NssDI IV (1959), 247-250.

Banner, Christine – *vide* Lauret, Bianca.

Barata, Carlos Lacerda – *Sobre o contrato e* agência, 1991;
– *Anotações ao Novo Regime do Contrato de* Agência, 1994;
– *Contrato de mediação*, em *Estudos do Instituto de Direito do Consumo*, coord. Luís Menezes Leitão 1 (2002), 185-231.

Barrocas, Manuel Pereira – *Franchising*, ROA 1989, 127-168.

Barros, Henrique da Gama – *História da Administração Pública em Portugal nos séculos XII a XV*, 2.ª ed. dirigida por Torquato de Sousa Soares, tomo IX, 1950.

Basedow, Jürgen – *Handelsgebraüche und AGB- Gesetz/Spontane Regelbildung im Zeitalter Kodifizier Usance*, ZHR 150 (1986), 469-491;

928   Direito comercial

– (org.) *Münchener Kommentar* ao HGB, VII volume – *Transportrecht*, 1997, atualizado no vol. VIIa, 2000.

Baskind, Eric/Osborne, Greg/Roach, Lee – *Commercial Law*, 2.ª ed., 2016.

Bauer, Günther – *Die Kraftfahrtversicherung*, 4.ª ed., 1997.

Baumann, Horst – *Strukturfragen des Handelsrechts*, AcP 184 (1984), 45-66.

Baumbach, Adolf/Hefermehl, Wolfgang – *Wechselgesetz und Scheckgesetz*, 23.ª ed., 2007;
– *Wettbewerbsrecht*, 22.ª ed., 2001.

Baumbach, Adolf/Köhler, Helmut/Bornkamm, Joachim – *Wettbewerbsrecht*, 24.ª ed., 2006.

Baumbach, Gustav/Hopt, Klaus J. – *Handelsgesetzbuch,* 32.ª ed., 2006, 35.ª ed., 2012 e 36.ª ed., 2014.

Baums, Theodor – *Entwurf eines allgemeines Handelsgesetzbuches für Deutschland*, 1848/49.

Baur, Eberhard – *Der Schutz des ausländische Namens und des ausländischen Handelsnahmens in Frankreich*, 1967.

Baur, Fritz – anotação a BGH 3-out.-1961, JZ 1962, 95-96.

Baur, Fritz/Stürner, Rolf/Schönke, Adolf – *Zwangsvollstreckungs- Konkurs- und Vergleichsrecht*, 11.ª ed., 1983.

Bayer, Hieronimus – *Theorie des Concurs-Prozesses nach gemeinem Rechte*, 1.ª ed., 1836; 4.ª ed., 1850.

Bayreuther, Frank – *Münchener Kommentar/BGB*, 5.ª ed. (2006), § 12.

Bechtold, Rainer – GWB/*Kartellgesetz/Gesetz gegen Wettbewerbsbeschränkungen/Kommentar*, 3.ª ed., 2002.

Becker, Thomas – *Die Auslegung des § 9 Abs. 2 AGB-Gesetz*, 1986.

Begmann, Andreas e outros – no *Staudingers Kommentar*, 2, § 657-704, 2006.

Behr, Volker – *Der Franchisevertrag/Eine Untersuchung zum Recht der USA mit vergleichender Hinweisen zum deutschen Recht*, 1976.

Beignier, Bernard – *La conduite des négociations*, RTDComm 51 (1998), 463-470;
– *Droit des assurances*, 2011.

Beirão, Francisco António da Veiga – *Codigo Commercial* (*Relatório da Proposta de Lei*), DCDep 1887, 599-614;
– *Appendice ao Codigo Commercial Portuguez approvado pela Carta de Lei de 28 de Junho de 1888*, 3.ª ed., 1906;
– (referido F. Beirão) *Codigo Commercial/Apontamentos para a historia das suas fontes*, O Direito 41 (1909), 305-306, 42 (1910), 273-274 e 43 (1911), 2-4, 33-36, 49-52, 81-84, 161-163, 193-195, 273-276 e 289-292;
– *Direito Commercial Portuguez/Esboço do curso professado pelo Lente cathedratico do Instituto superior de commercio*, 1912.

Belli, Claudio – *vide* Tripodi, Enzo Maria.

Benevides, José – *Contractos commerciaes*, 1892.

Berg, Albert Jan van Den (ed.) – *New Horizonts in International Commercial Arbitration and Beyond*, 2004.

Berlioz – *Le contrat d'adhésion*, 1973.

Bernardi, Marcello – *Consorzi fra enti locali*, ED IX (1961), 414-425.

Berndt, H. – *Stiftung und Unternehmen*, 3.ª ed., 1978.

Berndt, Joachim – *Arbeitnehmer oder freier Mitarbeiter/Zur Aktuelle Diskussion um der Scheinselbständigkeit*, BB 1998, 894-896.

Bertacchini, Elisabetta – *Oggetto sociale e interesse tutelato nelle società per azioni*, 1995.

Bessis, Philippe – *Le contrat de franchisage*, 1998.

Bethge, Uwe – *Maklerrecht in der Praxis*, 2.ª ed., 1999.

Betti, Emilio – *Società commerciale costituita per finalità di consorzi*, em anotação a Milão, 7-Nov.-1940, RDComm XXXIX (1941), II, 335-341.

Beuthien, Volker – *Fragwürdige Rechtsschleingrenzen im neuen § 15, Abs. 3 HGB*, NJW 1970, 2283-2284;
– *Sinn und Grenzen der Rechtsscheinhaftung nach § 15 Abs. 3 HGB*, FS Reinhard (1972), 199-210.

Beyerle, Konrad – *Fragwürdige Rechtsscheinhaftung in § 15 Abs. 3 HGB*, BB 1971, 1482-1489.

Bianca, C. Massimo – *Le condizioni generali di contrato*, 1.° vol., 1979;
– *Diritto civile*, III – *Il contratto*, 1987, reimp.;
– *Condizioni generali di contratto (tutela dell'aderente)* no DDP/SCiv, III (1990), 397-403;
– *La firma digitale*, em Sica/Stanzione, *Commercio elettronico* (2002), 137-141.

Bianchini, Mariagrazia – *Diritto commerciale nel diritto romano*, DDP/*Sezione Commerciale* IV (1990), 320-333.

Biedenkopf, Kurt H. – *Answirkungen der Unternehmensverfassung auf die Grenzen der Tarifautonomie*, FS Kronstein (1967), 79-105.

Birds, John – *Modern Insurance Law*, 8.ª ed., 2010.

Bitter, Georg/Schumacher, Florian – *Handelsrecht mit UN-Kaufrecht*, 2.ª ed., 2015.

Blanc, Etienne – *Traité de la contrefaçon*, 1838.

Blary-Clément, Édith – *vide* Dekeuwer-Défosser, Françoise.

Blaurock, Uwe – *Handbuch der stillen Gesellschaft*, 6.ª ed., 2003 e 7.ª ed., 2011.

Bocchini, Ermano – *Registro delle imprese*, ED XXXIX (1988), 515-533.

Böcking, Hans-Joachim/Gros, Marius – em Ebenroth/Boujong, *Handelsgesetzbuch Kommentar* 1, 3.ª ed., 2014.

Böckstiegel, Karl-Heinz – *Die Bestimmung des anwendbaren Rechts in der Praxis internationaler Schiedsgerichtsverfahren*, FS Beitzke (1979), 443-458.

930 *Direito comercial*

Böckstiegel, Karl-Heinz e outros – *Recht und Praxis der Schiedsgerichtsbarkeit der Internationalen Handelskammer*, 1986.

Bodewig, Theo – *Der Ausgleichsanspruch des Franchisenehmers nach Beendigung des Vertragsverhältnisses*, BB 1997, 637-644.

Böhm, Franz – *Der Zusammenhang zwischen Eigentum, Arbeitskraft und dem Betreibe eines Unternehmens*, FS Kronstein (1967), 11-45.

Böhner, Reinhard – *Vom Franchisevertrags- zum Franchisenetzwerkrecht*, BB 2004, 119-124.

Böhringer, Walter – *vide* Gustavus, Eckart.

Bolaffio, Leone – *Dei mediatori*, 2.ª, 3.ª e 4.ª ed. (1919), incluído em *Il codice di commercio commentato*, coord. Leone Bolaffio/Cesare Vivante.

Bolaffio, Leone/Vivante, Cesare (coord.) – *Il codice di commercio commentato*, em nove volumes subdivididos em tomos, 3.ª ed., a partir de 1913.

Bonell, Michael Joachim – *An International Restatement of Contract Law/The UNIDROIT Principles of International Commercial Contracts*, 2.ª ed., 1997; – *Das autonome Recht des Welthandels – Rechtsdogmatische und rechtspolitische Aspekte*, RabelsZ 42 (1978), 485-506.

Bonell, Michael J./Bonelli, Franco (org.) – *Contratti commerciali internazionali e principi Unidroit*, 1997.

Bonelli, Franco – *vide* Bonell, Michael J..

Bonfante, Pietro – *Lezioni di storia del commercio, 1 – Era antica (mediterranea)*, 1925.

Bon-Garcin, Isabelle/Bernadet, Maurice/Reinhard, Yves – *Droit des transports*, 2010.

Borchardt, S./Stolp, Herrmann – *Das Brasilianische Handelsrecht/Nach dem Codigo Commercial do Imperio do Brasil*, 1856.

Borges, Georg – *Verträge im elektronischen Geschäftsverkehr/Vertragsabschluss, Beweis, Form, Lokalisierung, anwendbares Recht*, 2003.

Borges, José Ferreira – *Commentario sobre a legislação portugueza ácerca de avarias*, 1830, ed. em Londres; – *Synopsis juridica do contracto de cambio maritimo ou contracto de risco, com referencia ás leis e costumes das praças da Europa*, 1830, ed. em Londres; – *Jurisprudência do Contracto-mercantil de sociedade, segundo a legislação, e arestos dos Codigos, e Tribunaes das Naçoens mais cultas da Europa*, 1.ª ed., 1830, Londres e 2.ª ed., 1844, Lisboa; – *Das fontes, especialidade e excellencia da administração commercial segundo o codigo commercial portuguez*, 1835, Porto; – *Memoria em Refutação do Relatorio e Decretos do Ministro das Justiças o Rev. Antonio Manoel Lopes Vieira de Castro na parte relativa á administração commercial, pelo Author do Codigo*, 1837;

Índice bibliográfico 931

– *Diccionario Jurídico-Commercial*, Lisboa, 1839; há uma 2.ª ed., póstuma, 1856;
– *Commentarios sobre a legislação portugueza ácerca de seguros maritimos*, 1841;
– *Instituições de direito cambial portuguez com referencia ás leis, ordenações e costumes das principaes praças da Europa ácerca da letra de cambio*, 2.ª ed., 1844.

Bork, Reinhard – introdução a *Insolvenzordnung*, da Beck, 9.ª ed., 2004;
– *Allgemeiner Teil des Bürgerlichen Gesetzbuchs*, 2.ª ed., 2006.

Bornkamm, Joachim – *vide* Baumbach, Adolf.

Borrie, Sir Gordon J. – *Commercial Law*, 6.ª ed., 2000.

Bortolotti, von Fabio – *Concessione di vendita (contratto di)*, NssDI/App. II (1981), 221-234.

Boujong, Karlheinz/Ebenroth, Carsten Thomas/Joost, Detlev – *Handelsgesetzbuch* 1 e 2, 3.ª ed., 2014.

Bourcart, G. – *Esquisse historique du Droit commercial jusqu'au Code de commerce Français de 1804*, ADC XXXIII (1924), 259-283.

Bourgninaud, Véronique – *vide* Lauret, Bianca.

Bove, Lucio – *vide* Fadda, Carlo.

Bradgate, Robert – *Commercial Law*, 3.ª ed., 2000;
– *vide* Savage.

Braga, Theophilo – *Características dos actos commerciaes/Dissertação para o concurso da cadeira de commercio e economia política na academia polytechnica do Porto*, 1868.

Branca, C. M. – *Le condizioni generali di contrato*, 1.º vol., 1979.

Branco, Gerson Luiz Carlos – *As obrigações contratuais civis e mercantis e o projeto de Código Comercial*, RJLB 2015, 849-887.

Brandt, Jürgen George – *vide* Dyckerhoff, Robert.

Braun, Eberhard (org.) – *Insolvenzordnung Kommentar*, 4.ª ed., 2010.

Brechmann – *Die richtlinienkonforme Auslegung*, 1994.

Breuer, Wolfgang – *Insolvenzrecht/Ein Einführung*, 3.ª ed., 2011.

Bricks, Hélène – *Les clauses abusives*, 1982.

Brinkmann, Moritz – em Karsten Schmidt, *Insolvenzordnung*, 19.ª ed. (2016), 2356-2521.

Brinz, Alois – *Lehrbuch der Pandekten*, 1.º vol., 1857.

Brito, José Alves – *vide* Leitão, Adelaide Menezes.

Brito, Maria Helena – *O contrato de agência*, em *Novas perspectivas do Direito comercial*, org. Faculdade de Direito de Lisboa/Centro de Estudos Judiciários (1988), 105-135;
– *O contrato de concessão comercial*, 1990;
– *Direito do comércio internacional* (Relatório), 2004;

932   *Direito comercial*

– *Falências internacionais/Algumas considerações a propósito do Código da Insolvência e da Recuperação de Empresas*, Themis/Edição especial, 2005, 183-220.

Brito, Wanda Ferraz de – *vide* Soares, Fernando Luso.

Bröcker, Norbert – *vide* Claussen, Carsten Peter.

Bronze, Fernando José – *Aditamentos às Lições de Direito Comercial (A mulher casada e o exercício do comércio)*, por Ferrer Correia, revistos por António Agostinho Caeiro, 1971, polic..

Brox, Hans –   *Handelsrecht und Wertpapierrecht*, 3.ª ed., 1983.

Brox, Hans/Henssler, Martin – *Handelsrecht mit Grundzügen des Wertpapierrechts*, 22.ª ed., 2016.

Bruck, Ernst/Müller, Hans – *Kommentar zum Versicherungsvertragsgesetz*, 8.ª ed., 1961.

Bruder, Kurt – *Auskunftsrecht und Auskunftspflicht des Insolvenzverwalters und seiner Mietarbeiter*, ZVI 2004, 332-336.

Brügemann, Dieter – *GrossKomm/HGB*, 4.ª ed., 1995.

Brüggemeier, Gert – *Organisationshaftung/Deliktsrechtliche Aspekte innerorganisatorischer Funktionsdifferenzierung*, AcP 191 (1991), 33-68.

Bruhn, F. A. T. – *Sammlung von Entscheiden des Oberappellationsgerichts zu Lübeck in Lübecker Rechtssachen*.

Bruns, Alexander – *Privatversicherungsrecht*, 2015.

Brutti, Massimo – *Mediazione (storia)*, ED XXVI (1976), 12-33.

Büchner, F. – *Grundriss der Versicherungsgeschichte*, em Walter Grosse/Heinz Leo Müller-Lutz/Reimer Schmidt, *Die Versicherung*, 1.º vol., 1962.

Budde, Wolfgang Dieter e outros – *Beck'scher Bilanz-Kommentar. Handels- und Steuerrecht/§§ 238 bis 339 HGB*, 3.ª ed. (1995), § 238, Nr. 56.

Bülow, Peter – *Handelsrecht*, 6.ª ed., 2009;
– *Wechselgesetz/Scheckgesetz Kommentar*, 5.ª ed., 2013.

Bülow, Peter/Artz, Markus – *Neues Handelsrecht*, JuS 1998, 680-684;
– *Fernabsatzverträge und Strukturen eines Verbraucherprivatrechts im BGB*, NJW 2000, 2049-2056;
– *Handelsrecht*, 7.ª ed., 2015.

Bunte, Hermann-Josef – *Entwicklungen im Recht der Allgemeinen Geschäftsbedingungen – Ein Erfahrungsbericht nach 5 Jahren AGB-Gesetz*, BB Beilage Nr. 13/82 (1982), 2 ss.;
– *Interessenkollision und Interessenabwägung im Vertragshändlervertrag*, ZIP 1982, 1166-1172.

Buonocore, Vincenzo – *Contratti del consumatore e contratti d'impresa*, RDCiv XLI (1995), 1-41;
– *Il diritto commerciale nel sistema del diritto privato*, em Buonocore e outros, *Manuale di diritto commerciale*, 3.ª ed. (2001), 3-37;

Índice bibliográfico 933

– (org.) *Manuale di diritto commerciale*, 14.ª ed., 2015.

Bürck, Harald – *§ 15 III HGB und die Grundsätze der Haftung von fehlerhaften und entstehenden Personengesellschaften gegenüber Dritten/Zugleich ein Beitrag zum Problem des Rechtsscheins*, AcP 171 (1971), 328-357.

Bürge, Alfons – *Fiktion und Wirklichkeit: Soziale und rechtliche Strukturen des römischen Bankwesens*, SZRom 104 (1987), 465-558.

Burghardt, Rainer – *Proxeneta/Untersuchung zum römischen Maklerrecht*, 1995.

Busse, Rudolf/Keukenschrijver, Alfred – *Patentgesetz Kommentar*, 7.ª ed., 2013.

Busshardt, Harald – no Eberhard Braun (org.), *Insolvenzordnung Kommentar*, 4.ª ed., 2010.

Bussmann, Kurt – *Die Rechtsstellung der gemischtwirtschaftlichen Unternehmungen/unter besonderer Berücksichtigung der Gross-Hamburger Elektrizitätswirtschaft*, 1922.

Buttaro, Luca – *Assicurazione in generale*, ED III (1958), 427-454;
– *Assicurazione (contratto di)*, ED III (1958), 455-493;
– *Assicurazione contra i danni*, ED III (1958), 493-519;
– *Assicurazione sulla vita*, ED III (1958), 608-663.

Bydlinski, Franz – *Sonderprivatrechte – Was ist das?*, FS Walther Kastner 90. (1992), 71-83.

Cabral, Rita Amaral – *vide* Cordeiro, Menezes;
– *vide* Reis, Alberto dos.

Caeiro, António/Serens, M. Nogueira – *Código Comercial/Código das Sociedades Comerciais/Legislação Complementar*, 5.ª ed., 1992; 12.ª ed., 2000; 16.ª ed., 2005; 18.ª ed., 2011.

Caeiro, António Agostinho – *vide* Bronze, Fernando José;
– *vide* Correia, A. Ferrer.

Caetano, Marcello – *Manual de Direito administrativo*, tomo II, 10.ª ed., 1972, at. Diogo Freitas do Amaral.

Cagnasso, Oreste – *Agenzia*, DDP/SCom I (1990), 41-51;
– *Concessione di vendita*, DDP/SCom, III (1990), 220-229.

Calleça, J. B. – *vide* Coelho, J. G. Pinto.

Callisto, Avelino Cesar Augusto Maria – *Direito Commercial – Natureza dos actos comerciaes/Dissertação inaugural para o acto de conclusões magnas*, 1868.

Callmann, Rudolf – *Der Unternehmensbegriff im gewerblichen Rechtsschutz*, ZHR 97 (1932), 129-152.

Câmara, Paulo – *Manual de Direito dos Valores Mobiliários*, 2.ª ed., 2011.

Campana, Marie-Jeanne – *Code de Commerce*, 1991.

Campos, Diogo Leite de – *Seguro de responsabilidade civil fundada em acidentes de viação/Da natureza jurídica*, 1971;
– *Anatocismo/Regras e usos particulares do comércio*, ROA 1988, 37-62.

934 *Direito comercial*

Campos, João Mota – *Registo comercial/Código Comercial/Regulamento do Registo Comercial* (1955.

Canaris, Claus-Wilhelm – *Die Feststellung von Lücken im Gesetz*, 1964, reimpr., 1981;
 – anotação a BGH 30-mai.-1975, JZ 1976, 132-134;
 – *Die Vertrauenshaftung im deutschen Privatrecht*, 2.ª ed., 1983;
 – *Handelsrecht*, 23.ª ed., 2000 e 24.ª ed., 2006;
 – *vide* Hueck;
 – *vide* Larenz.

Candeias, Ricardo – *Personalização de equipa e transformação de clube em sociedade anónima desportiva (Contributo para um estudo das sociedades desportivas)*, 1999, polic..

Candian, Aurelio Donato – *Forma e assicurazione/Un contributo in tema di contratti a prova formale*, 1988.

Canotilho, Gomes/Moreira, Vital – *Constituição da República Portuguesa Anotada*, 3.ª ed., 1993; 1, 4.ª ed., 2007.

Capper, Philip – *International Arbitration: a Handbook*, 2004.

Carabalese, Domenico – *La struttura giuridica delle operazioni di* banca, 1923.

Carbonneau, Thomas E. (org.) – *Lex Mercatoria and arbitration: a discussion of the new Law Merchant*, 1996.

Carbonnier, Jean – *Droit civil 1. Les personnes*, 21.ª ed., 2000.

Cardoso, Soraia Filipa Pereira – *Processo especial de revitalização/O efeito útil de* standstill, 2016.

Cardoso, José Pires – *Elementos de Direito comercial*, 1933;
 – *Noções de Direito Comercial*, actualizadas por F. Carvalho Costa e Vasco Santiago Neves.
 – *Compêndio de noções de Direito Comercial*, s/d, mas 1970.

Carlos, Adelino da Palma – *Direito Comercial/Apontamentos coligidos sobre as prelecções do Exmo. Sr. Dr. Barbosa de Magalhães ao Curso Jurídico de 1924-1925*, 1924;
 – *Declaração de falência por apresentação de comerciante*, 1935;
 – *vide* Magalhães, Barbosa de.

Carneiro, Manuel Borges – *Direito civil de Portugal 1*, 1826.

Carnelutti, Francesco – *Natura giuridica dei consorzi industriali*, RDComm XXXVII (1939), I, 1-14.

Carpentier, Paul – *Code de commerce allemand/traduit et annoté*, 1896.

Carpino, Brunetto – *Consorzi agrari*, NssDI/Appendice, vol. II (1981), 479-481.

Carraro, Luigi – *Mediazione e mediatore*, NssDI X (1964), 476-483.

Carvalho, Fernando Tavares de – *Das firmas e denominações das sociedades*, 1939;

Índice bibliográfico   935

– *As minhas afirmações sobre firmas: depoimento sobre a razão de ser de uma atitude*, 1943.

Carvalho, Jorge Morais/Pinto-Ferreira, João Pedro – *Contratos celebrados à distância e fora do estabelecimento comercial*, 2014.

Carvalho, Orlando de – *Critério e estrutura do estabelecimento comercial* I – *O problema da empresa como objecto de negócios*, 1967.

Casanova, Mario – *Natura e limiti del diritto alla ditta*, RDComm XXVI (1928) 2, 201-204;
– *Ditta*, NssDI VI (1960), 1-17;
– *Registro delle imprese (Diritto italiano vigente)*, NssDI XV (1968), 195-210;
– *Azienda*, Apendice I NssDI (actualização ao Novissimo Digesto Italiano) (1980), 626-635;
– *Azienda*, DDP/SezComm II (1989), 76-97.

Casanova, Nuno Salazar/Dinis, David Sequeira – *PER/O processo especial de revitalização/Comentários aos artigos 17.º-A a 17.º-I do Código da Insolvência e da Recuperação de Empresas*, 2014.

Casaregis, Josephi Laurenti Mariae de – *Discursus legalis de commercio*, em dois tomos, Florença, 1719.

Casimir, Jean-Pierre/Couret, Alain – *Droit des affaires/gestion juridique de l'entreprise*, 1987.

Casimiro, Sofia de Vasconcelos – *A responsabilidade civil pelo conteúdo da informação transmitida pela Internet*, 2000.

Cassandro, Giovanni – *Storia del diritto commerciale*, 1, 1955;
– *Assicurazione (storia)*, ED III (1958), 420-426.

Cassano, Giuseppe (org.) – *Codice dell'internet*, 2006.

Cassese, Sabino – *L'impresa pubblica: storia di un concetto*, em Berardino Libonati/Paolo Ferro-Lizzi, *L'impresa* (1985), 167-182.

Castro, Carlos Osório de – *Os efeitos da nulidade da patente sobre o contrato de licença da invenção patenteada*, 1994;
– *Valores mobiliários/Conceito e espécies*, 1999.

Caussain, Jean-Jacques – *vide* Paillusseau, Jean.

Cavalaglio, Lorenzo – *La formazione del contratto/Normative di protezione ed efficienza economica*, 2006.

Cerami, Pietro/Petrucci, Aldo – *Diritto commerciale romano/Profilo storico*, 2010.

Chaput, Yves – recensão ao *Code de Commerce* da Dalloz, 95.ª ed. (2000), 1913.

Chartier, Yves – *Droit des affaires*, 2.ª ed., 1986.

Chinè, Giuseppe – *I confini oggettivi e soggettivi di applicazione della disciplina sui pagamenti nelle transazioni commerciali*, em Vincenzo Coffaro (org.), *La disciplina dei pagamenti commerciali* (2006), 55-114.

936   *Direito comercial*

Chorão, Luís Bigotte – *A comercialística portuguesa e o ensino universitário do Direito comercial no século XIX/I – Subsídios para a História do Direito comercial*, 1998.

Cian, Marco (org.) – *Diritto commerciale* 1, 2014;
– (org.) *Manuale di Diritto commerciale*, 2016.

Cian/Trabucchi – *Commentario breve al Codice Civile*, 4.ª ed., 1992.

Cicu, Antonio/Messineo, Francesco – *Trattado di diritto civile e* commerciale, t. 2, 1969.

Cinq années d'application de la loi du 25-Jan.-1985, 3.ª ed., 1991.

Clarizia, Renato – *Informatica e conclusione del contratto*, 1985.

Clarke, Malcolm A. – *The Law of Insurance Contracts*, 2.ª ed., 1994.

Clasen, Ralf – *vide* Kröger, Detlef.

Claussen, Carsten Peter/Bröcker, Norbert/Erne, Roland – *Bank- und Börsenrecht*, 3.ª ed., 2008.

Code de Commerce da Dalloz, 95.ª ed., 2000, red. Yves Chaput.

Code de Commerce da Dalloz, 111.ª ed., 201, org. Nicolas Rontchevsky, com índices e um *addendum* de 93 pp..

Codigo Commercial Portuguez, ed. da Imprensa Nacional, 1833 = ed. da Imprensa da Universidade, 1856.

Codigo Commercial Portuguez, edição da Imprensa da Universidade de Coimbra, 1851.

Código das Empresas Comerciais e Registo das Firmas, Praia, 2003.

Código do Consumidor/Anteprojecto, intr. António Pinto Monteiro, 2006.

Coelho, Francisco Pereira/Oliveira, Guilherme de – *Curso de Direito da família*, vol. I, 3.ª ed., 2003.

Coelho, J. G. Pinto – *Apontamentos de Direito Commercial*, por J. B. Calleça, 1911

Coelho, José Gabriel Pinto – *Direito Commercial Portuguez*, vol. I , 1914;
– *Lições de Direito Comercial* (1942, Lisboa), editadas por Carlos Ernesto Martins Souto;
– *As firmas e o Decreto n.º 19.638: Resposta ao Dr. Fernando Tavares de Carvalho*, 1943;
– *Lições de Direito comercial* 1, 3.ª ed., 1957;
– *Lições de Direito Comercial*, 1.º vol., por Carlos Ernesto Martins Souto, Lisboa, 1942.

Coester, Michael/Coester-Waltjen, Dagmar/Schlosser, Peter – no *Staudingers Kommentar* II, §§ 305-310, 2008.

Coester-Waltjen, Dagmar – *Änderungen im Recht der Allgemeinen Geschäftsbedingungen*, Jura 1997, 272-275;
– *vide* Coester, Michael.

Índice bibliográfico

Coing, Helmut – *Europäisches Privatrecht (1500 bis 1800)* – Band I – *Älteres Gemeines Recht*, 1985;
– *Die Frankfurter Börse in der Entwichklung unserer freiheitlichen Wirtschafts- und Gessellschaftsordnung*, ZHR 150 (1986), 141-154;
– *Europäisches Privatrecht (1800 bis 1914)* – Band II – *19. Jahrhundert*, 1989.

Colagrosso, Enrico – *Diritto bancario/Soggetti-titoli-negozi giuridici*, 1947.

Collecção das Leys, Decretos e Alvarás, tomo I, 1790, II volume.

Colussi, Vittorio – *Capacità e impresa* I – *L'impresa individuale*, 1974.

Comporti, Marco/Scalfi, Gianguido – *Responsabilità civile e assicurazione obbligatoria*, 1988.

Connolly, Michael – *Comercial Law*, 2.ª ed., 1999.

Contamine-Raynaud, Monique – *vide* Rives-Lange, Jean-Louis.

Corapi, Diego – *L'unificazione del codice di commercio e del codice civile in Brasile*, em Calderale, *Il nuovo Codice Civile brasiliano* (2003), 3-14.

Cordeiro, A. Barreto Menezes – *Direito dos valores mobiliários*, I – *Fontes, dogmática geral*, 2015.

Cordeiro, António Menezes – *Direito da economia* I, 1986;
– *Problemas de sistematização*, em *A feitura das leis*, II volume (1986), 133-149;
– *Direito das obrigações* 2, 1986, reimp.;
– *Da falência e das benfeitorias e incorporações feitas por terceiros*, O Direito 120 (1988), 85-108;
– *Do contrato de franquia ("franchising"). Autonomia privada* versus *tipicidade negocial*, ROA 1988, 63-84;
– *Ciência do Direito e Metodologia Jurídica nos finais do Século XX*, 1989;
– *Teoria geral do Direito civil/Relatório*, 1988;
– *Do reporte: subsídios para o regime jurídico do mercado de capitais e da concessão de crédito*, em *Banca, bolsa e crédito*, 1.º vol. (1990), 167--183;
– *Manual de Direito do Trabalho*, 1991;
– *Da pós-eficácia das obrigações*, em *Estudos de Direito civil*, 1991, reimp., 143-197;
– *Direitos reais*, 1993, *Reprint*;
– *Da cessão financeira (factoring)*, 1994;
– *Da responsabilidade civil dos administradores das sociedades comerciais*, 1997;
– *Direito bancário/Relatório*, 1997;
– *Tratado de Direito civil português* I – *Parte Geral*, tomo II – *Coisas*, 2000;
– *A posse/Perspectivas dogmáticas actuais*, 3.ª ed., 2000;

938 — *Direito comercial*

- *Direito dos seguros: perspectivas de reforma*, em *I Congresso Nacional de Direito dos Seguros*, org. António Moreira e M. Costa Martins (2000), 17-29;
- *O levantamento da personalidade colectiva no Direito civil e comercial*, 2000;
- *Direitos reais/Sumários*, ed. 2000/2001;
- *Da boa fé no Direito civil*, 2.ª reimp., 2001;
- *Tratado de Direito civil* I/2, 2.ª ed., 2002
- *Da modernização do Direito civil* I – *Aspectos gerais*, 2004;
- *Tratado de Direito civil* I/4, 2005;
- *Direito europeu das sociedades*, 2005;
- *Introdução ao Direito da insolvência*, O Direito 137 (2005), 465-506;
- *Defesa da concorrência e direitos fundamentais das empresas*, em Ruy de Albuquerque/Menezes Cordeiro, *Regulação e concorrência/Perspectivas e limites da defesa da concorrência* (2005), 121-157;
- recensão a Carlos Olavo, *Propriedade industrial* I – *Sinais distintivos do comércio/Concorrência desleal*, 2.ª ed. (2005), O Direito 2005, 617-618;
- recensão a Luís de Lima Pinheiro, *Arbitragem transnacional: a determinação do estatuto da arbitragem* (2005), O Direito 2006, 219-211;
- *A grande reforma das sociedades comerciais*, O Direito 138 (2006), 445-453;
- *Regulação económica e supervisão bancária*, O Direito 138 (2006), 245-276:
- *O anteprojecto de Código do Consumidor*, O Direito 138 (2006), 685-715;
- *Manual de Direito das sociedades* 2, 2.ª ed., 2007;
- *Introdução: dilemas existenciais do Direito do trabalho*, Cadernos O Direito 1 (2007), 7-13;
- *Direito bancário*, 1.ª ed., 1998, 2.ª ed., 2001, 3.ª ed., 2006, 4.ª ed., 2010 e 5.ª ed., 2014;
- *Introdução ao Direito da prestação de contas*, 2008;
- *Tratado de Direito civil* II/2, 2010;
- *O sistema lusófono de Direito*, ROA 2010, 17-119;
- *Do regime do contrato de seguro/Um anteprojecto*, na RFDUL 2011;
- *Litigância de má fé, abuso do direito de ação e culpa "in agendo"*, 2.ª ed., 2011;
- *Direito das sociedades*, 1, 3.ª ed., 2011;
- *Tratado de Direito civil* I, 4.ª ed., 2012;
- *Direito angolano dos petróleos*, 2012;
- *Perspetivas evolutivas do Direito da insolvência*, Themis 22/23 (2012), 7-50;
- *Leis do arrendamento urbano anotadas*, 2014;

Índice bibliográfico 939

– *Tratado da arbitragem*, 2015;
– *Direito dos seguros*, 2.ª ed., 2016;
– *vide* Costa, Almeida.

Cordeiro, Menezes/Cabral, Rita Amaral – *Aquisição de empresas*, separata da ROA, 1995.

Cordeiro, Menezes/Fraga, Castro – *O novo regime do arrendamento urbano anotado*, 1990.

Cordeiro, Menezes/Morgado, Carla – *Leis dos seguros anotadas*, 2002;
– *Leis da banca anotadas*, 3.ª ed., 2005.

Corona, Galan – *Los contratos de "franchising" ante el derecho comunitario de la libre competencia*, RIE 13 (1986), 687-702.

Corpus iuris civilis, ed. Theodor Mommsen, 1, 8.ª ed., 1899.

Corrado, Renato – *Borsa (contratti di borsa valori)*, NssDI II (1958), 540-553.

Corrêa, A. A. de Castro – *Existiu em Roma um Direito comercial?*, RFDUSP, LXV (1970), separata.

Correia, A. Ferrer/Caeiro, António A. – *Lei das sociedades comerciais (Anteprojecto)*, BMJ 189 (1969), 15-136.

Correia, António de Arruda Ferrer – *Sociedades fictícias e unipessoais*, 1948;
– *A procuração na teoria da representação voluntária*, BFD XXIV (1948), 253-293;
– *O problema das sociedades unipessoais*, BMJ 166 (1967), 183-217;
– *Reivindicação do estabelecimento comercial como unidade jurídica* (1957), em *Estudos jurídicos*, 2.º vol. (1969), 255-276;
– *Direito comercial*, 1.º vol., 1973, *Reprint*, 1994;
– *Lições de Direito Comercial*, 1 (1973), 2 (1968) e 3 (1975);
– *vide* Bronze, Fernando José.

Correia, Francisco Mendes – *O Decreto-Lei n.º 247-B/2008, de 30 de Dezembro: cartão de empresa, cartão de pessoa colectiva e outras entidades*, RDS 2009, 287-290.

Correia, Luís Brito – *Direito comercial*, 1.º vol., 1987/88; 2.º vol. – *Sociedades comerciais*, 1989; e 3.º vol. – *Deliberações dos sócios*, 1990;
– *Os administradores de sociedades anónimas*, 1991

Correia, Miguel A. Pupo – *Direito comercial/Direito da empresa*, com a colaboração de António José Tomás e Octávio Castelo Paulo, 11.ª ed., 2009;
– *Direito comercial/Lições dadas ao 3.º ano do Departamento de Direito da Universidade Lusíada* (1988); 12.ª ed., 2011, reimp., 2015.

Corsi, Francesco – *vide* Ferrara Jr., Francesco;
– *vide* Ferrara.

Cosack, Konrad – *Lehrbuch des Handelsrechts*, 5.ª ed., 1900.

Costa, Adalberto – *Regime legal da concorrência*, 2004.

940   *Direito comercial*

Costa, Mário Júlio de Almeida – *Responsabilidade civil pela ruptura das negociações preparatórias de um contrato*, 1984;
– nota prévia a Almeida Costa/Menezes Cordeiro, *Cláusulas contratuais gerais/Anotação ao Decreto-Lei n.º 446/85, de 25 de Outubro* (1986), 5-6;
– *Nótula sobre o regime das cláusulas contratuais gerais após a revisão do diploma que instituiu a sua disciplina*, separata de DJ, 1997;
– *Direito das obrigações*, 9.ª ed., 2001, reimp., 2005.

Costa, F. Carvalho – *vide* Cardoso, José Pires.

Costa, Vicente J. F. Cardozo da – *Que he o codigo civil?*, 1822.

Costi, Renzo – *Privatizzazione e diritto delle società per azioni*, GiurComm 22.1 (1995), 77-100.

Cottino, Gastone – *Riporto/permuta*, volume integrado no *Commentario del Codice Civile a cura di A. Scialoja e G. Branca, IV – Le obbligazioni, art.* 1548-1555 (1970), 1-2;
– *Diritto commerciale/Imprenditori, impresa e azienda*, vol. I, tomo 1.º, 3.ª ed., 1993.

Court, Le – *L'entreprise/Environnement juridique-economique*, 1988.

Crespi, Alberto – *Disposizioni penale in materia di società e di consorzi*, RSoc 31 (1986), 70-111.

Creutzig, Susane – *Investitionsersatzanspruch des Vetragshändels: vergessen, obwohl existenznotwendig?*, NJW 2002, 3430-3436.

Crezelius, Georg – em Karl Peter/Georg Crezelius, *Neuzeitlich Gesellschaftsverträge und Unternehmensformen*, 5.ª ed. (1987), Nr. 7;
– *Einführung in das Handelsbilanzrecht*, JA 1990, 366-369 e 1991, 1-7

Cruz, Guilherme Braga da – *A Revista de Legislação e de Jurisprudência/Esboço da sua História*, vol. I, 1975, separata.

Cruz, Sebastião – *Da "solutio"/terminologia, conceito e características, e análise de vários institutos afins*, I – *Épocas arcaica e clássica*, 1962.

Cunha, Paulo Olavo – *Os direitos especiais nas sociedades anónimas: as acções privilegiadas*, 1993;
– *Direito comercial – II – Sociedades anónimas*, 2.ª ed., 1994;
– *Lições de Direito comercial*, 2010;
– *Direito das sociedades comerciais*, 5.ª ed., 2015.

Curti, Arthur – *Englands Privat- und Handelsrecht*, 2.º vol. *Handelsrecht*, 1927.

Danz, Erich – *Laienverstand und Rechtsprechung (§§ 157, 242 BGB)*, JhJb 38 (1899), 373-500;
– *Rechtsprechung nach der Volkanschaung und nach dem Gesetz/Ein Beitrag zur Lehre von Gewohnheitsrecht und zur Gesetzauslegung*, JhJb 54 (1909), 1-81.

Dargent, Laurent – *Code des assurances* (ed. Dalloz), 17.ª ed., 2011.

Índice bibliográfico

Darrel, Keith B. – *Issues in Internet Law*, 2006.

David, Cyrille – *Le report en Bourse*, RTDComm 18 (1965), 287-315.

Decocq, Georges/Ballot-Iéna, Aurélie – *Droit commercial*, 7.ª ed., 2015.

Dehner, Walter – *Das Maklerrecht in der neuen Rechtsprechung*, 1987.

Dekeuwer-Défossez, Françoise – *Droit commercial/Activités commerciales, commerçants, fonds de commerce, concurrence, consomation*, com a colaboração de Édith Blary-Clément, 10.ª ed., 2010 :

Dekeuwer-Défossez, Françoise/Blary-Clément, Edit – *Droit comercial*, 8.ª ed., 2004, 10.ª ed., 2010 e 11.ª ed., 2015.

Delgado, Mário Luiz – *Codificação, descodificação, recodificação do Direito civil brasileiro*, 2010.

Denozza, Francesco – *vide* Jaeger, Pier Giusto.

Depré, Peter/Mayer, Günter – *Die Vergütung des Zwangsverwalters nach dem "dritten Entwurf"*, InVo 2004, 1-3.

Derais, Yves – *vide* Jarvin, Sigvard.

Derrida, Fernand/Goddé, Pierre/Sortais, Jean-Pierre – *Redressement et liquidation judiciaires des entreprises*, DS hors série 1986, 2.ª ed..

Diederichsen, Uwe – *Zur gesetzlichen Neuordnung des Schuldrechts*, AcP 182 (1982), 101-125.

Dinis, David Sequeira – *vide* Casanova, Nuno Salazar

Dircks, Jürgen – *vide* Stumpt, Herbert.

Döllerer, Georg – *Zum Gewinnbegriff des neuen Aktiengesetzes*, FS Gessler (1971), 93-110.

Donati, Antigono – *Trattato del diritto delle assicurazioni private*, vol. 1, 1952.

Doria, António Álvaro – *Borges, José Ferreira*, DHP I (1979), 357-358.

Dornblüth, Susane – *Insolvenzordnung*, 8.ª ed., 2016.

Dörner, Heinrich (publ.) – *Allgemeine Versicherungsbedingungen* (AVB), 6.ª ed., 2009.

Dossetto, M. – *Contratto per adesione*, NssDI IV (1960), 536.

Dreher, Meinrad – *Das neue Handelsstand*, em *Die Reform des Handelsstandes und der Personengesellschaften/Fachtagung der Bayer-Stiftung für deutsches und internationales Arbeits- und Wirtschaftsrecht* (1998), 1-21; – recensão a Andreas Heinemann, *Handelsrecht im System des Privatrechts – Zur Reform des deutschen Handelsgesetzbuchs*, ZHR 163 (1999), 488-490.

Drexl, Josef/Mentzel, Tobias – *Handelsrechtliche Besonderheiten der Stellvertretung*, JURA 2002, 289-296 e 375-381.

Drischler, Karl – *Verfügung über die Führung und Einrichtung des Handelsregisters (Handelsregisterverfügung)*, 5.ª ed., 1983.

Druey, Jean Nicolas – *Geheimsphare des Unternehmens*, 1977.

Duarte, Innocencio de Sousa – *Diccionario de Direito Commercial*, 1880.

942   *Direito comercial*

Duarte, Rui Pinto – *Tipicidade e atipicidade dos contratos*, 2000.
Dubson, Paul – *Business Law*, 16.ª ed., 1997.
Duden, Konrad – *Zur Methode der Entwicklung des Gesellschaftsrechts zum "Unternehmensrecht"*, FS W. Schilling (1973), 309-331.
Dudge, Stephen – *Business Law*, 1995.
Dupichot, Jacques – *vide* Juglart, Michel de.
Dyckerhoff, Robert/Brandt, Jürgen George – *Das Recht des Immobilienmaklers*, 7.ª ed., 1973.

Ebenroth, Carsten Thomas – *vide* Boujong, Karlheinz.
Eberstein, Hans Hermann – *Die zweckmässige Ausgestaltung vom allgemeinen Geschäftsbedingungen*, 4.ª ed., 1997.
Eckardt, Karl August – *Betrieb und Unternehmen/Ein Beitrag zur juristischen Terminologie*, ZHR 94 (1929), 1-30.
Eckert, Hans-Werner – *Das neue Recht der Allgemeinen Geschäftsbedingungen*, ZIP 1996, 1238-1241.
Eckert, Jörn – *Die analoge Anwendung des Ausgleichsanspruchs nach § 89 b HGB auf Vertragshändler und Franchisenehmer*, WM 1991, 1237-1248.
Ehlers, Dirk – *Der Schutz wirtschaftlicher Unternehmen vor terroristische Anschlägen, Spionage und Sabotage*, FS Lukes (1989), 337-357.
Ehrenberg, R. – *Makler, Hosteliers und Börse in Brügge vom 13. bis zum 16. Jahrhundert*, ZHR 30 (1885), 403-468.
Ehrenberg, Victor – *Über das Wesen der Firm/Zugleich ein Beitrag zur Lehre von den negativen Verbindlichkeiten*, ZHR 28 (1882), 25-55;
– *Versicherungsrecht*, 1893;
– *Handelsregistergericht und Prozessgericht – Prüfungspflicht und Prüfungsrecht des Registergerichts*, JhJb 61 (1912), 423-492.
Eichler, Hermann – *Die Einheit des Privatrechts*, ZHR 126 (1964), 181-198.
Eick, Wolfgang – *Das Problem der gemischten Verträge*, 1984.
Eickmann, Dieter – em Peter Gottwald, *Insolvenzrechts-Handbuch*, 1990, 277 ss..
Eilmansberger, Thomas – em Rudolf Streinz, *EUV/EGV*, 2003.
Eisenhardt, Ulrich – *Zu den deutschrechtlichen Wurzeln des Handelsrechts oder wie deutsch ist das deutsche Handelsrecht?*, FS Raisch (1995), 51-65;
– *Gesellschaftsrecht*, 9.ª ed., 2000.
Ekkenga, Jens – *Grundfragen der AGB-Kontrolle von Franchise-Verträgen*, AG 1989, 301-316.
Ellenberger, Jürgen – no Palandt/BGB, 75.ª ed. (2016), § 12.
Ellis, Jason – *vide* Slorach, J. Scott.
Emmerich, Volker – *Das Wirtschaftsrecht der öffentlichen Unternehmen*, 1969;
– *Franchising*, JuS 1995, 761-764;
– *Münchener Kommentar BGB*, 5.ª ed., 2007;

Índice bibliográfico 943

– *Kartellrecht*, 13.ª ed., 2014;
– *Unlauterer Wettbewerb*, 10.ª ed., 2016.

Endemann, Wilhelm – *Das deutsche Handelsrecht/Systematisch dargestellt*, 2.ª ed., 1868, e 4.ª ed., 1887;
– *Die Entwicklung des Konkursverfahrens in der gemeinrechtlichen Lehre bis zu der Deutschen Konkursordnung*, ZZP 12 (1888), 24-96.

Engelhardt, W. W. – *Sind Genossenschaften gemeinwirtschaftliche Unternehmen?*, 1978.

Engert, Andreas – *Eine juristische Theorie des Unternehmens*, FS Heldrich 2005, 87-111.

Enneccerus, Ludwig/Lehmann, Heinrich – *Recht der Schuldverhältnisse*, 15.ª ed., 1958.

Enneccerus, Ludwig/Nipperdey, Hans Carl – *Allgemeiner Teil des Bürgerlichen Rechts*, 1, 15.ª ed. (1958), § 41

Entwurf eines Gesetzes über den Versicherungsvertrag, 1903.

Epifânio, Maria do Rosário – *Os efeitos substantivos da falência*, 2000;
– *Manual de Direito da insolvência*, 6.ª ed., 2014;
– *O processo especial de revitalização*, 2015.

Erdmann, Walter – *Freie Berufe und Arbeitsverträge in Rom*, SZRom 66 (1948), 567-571.

Erne, Roland – *vide* Claussen, Carsten Peter.

Escarra, Jean – *Cours de Droit Commercial*, 10.ª ed., 1952.

Espinosa, Luigi Bianchi d' – *Borsa valori/Contratti di borsa*, ED V (1959), 592-608;
– *I contratti di borsa. Il riporto*, 1969.

Esser/Schmidt – *Schuldrecht*, I, 1, 8.ª ed., 1995.

Evers, Jürgen/Manteuffel, Kurt von – *Inhaltskontrolle von Handelsvertreterverträgen*, 1998.

Fabricius, Fritz – *Internationales Handelsrecht und Weltfrieden – Eine Bestandsaufnahme*, FS Schmitthoff (1973), 100-144.

Fadda, Carlo – *Istituti commerciali del diritto romano/Introduzione*, 1903, reimpr. 1987, com notas de Lucio Bove.

Falk, Zeev W. – *Zum jüdischen Handelsrecht*, RIDA XVI (1969), 11-19.

Fanelli, Giuseppe – *Introduzione alla teoria giuridica dell'impresa*, 1950;
– *Assicurazione (rami minori)*, ED III (1958), 593-608.

Farenga, Luigi – *Diritto delle assicurazioni private*, 3.ª ed., 2010.

Faria, Avelino – *O contrato de exploração de estabelecimento comercial ou industrial*, RT 77 (1959), 66-70.

Farjat, Gérard – *Droit économique*, 1977.

944   *Direito comercial*

Fechner, Erich – *Das wirtschaftliche Unternehmen in der Rechtswissenschaft*, 1942.

Feijó, Carlos Maria – *O nosso Direito de economia de Angola*, 2005.

Feldmann, Cornelia – *vide* Löwisch, Manfred.

Felsner, Marcus – *Fortführung der Firma bei Ausscheiden des namensgebenden Gesellschaftes nach dem Handelsrechtsreformgesetz*, NJW 1998, 3255-3257.

Ferid, Murad/Sonnenberger, Hans Jürgen – *Das französische Zivilrecht*, 2.ª ed., vol. I/1, 1994.

Fernandes, Luís A. Carvalho/Labareda, João – *Código dos Processos Especiais de Recuperação de Empresa e de Falência Anotado*, 3.ª ed., 1999;
– *Código da insolvência e de recuperação de empresas anotado*, 2 volumes, 2005;
– *Colectânea de estudos sobre a insolvência*, 2009

Ferrara Jr., Francesco/Corsi, Francesco – *Gli imprenditori e le società*, 12.ª ed., 2001, 14.ª ed., 2009 e 15.ª ed., 2011. ??no n.º 59 está referido, apenas, Francesco Ferrara ??

Ferrara, Giorgio – *Azienda (diritto privato)*, ED IV (1959), 680-740.

Ferreira, Alexandre Dias – *Direito comercial das empresas*, 2.ª ed., Coimbra, 2015.

Ferreira, Amadeu – *Direito dos valores mobiliários*, 1997.

Ferreira, Dias – *Código Civil Portuguez Annotado*, vol. II, 2.ª ed., 1895, e III, 2.ª ed., 1898.

Ferreira, Eduardo Paz – *Sumários de Direito da Economia*, I, 1995.

Ferreira, Taborda – *Sublocação e trespasse; elementos para a definição do trespasse*, RDES 9 (1956), 97-112.

Ferri, Giuseppe – *Revisione del Codice Civile e autonomia del diritto commerciale*, RDComm XLIII (1945) I, 99-113;
– *Associazione in participazione*, NssDI II (1958), 1433-1439;
– *Consorzi (Teoria generali e consorzi industriali)*, ED IX (1961), 371-389;
– *Associazione in participazione*, DDP/SCom I (1989), 505-514.

Ferro-Luzzi, Paolo – *vide* Libonati, Berardino.

Fezer, Karl-Heinz – *Liberalisierung und Europäisierung des Firmenrechts*, ZHR 161 (1997), 52-66.

Fichna, Gudrun – *vide* Stumpt, Herbert.

Figueira, Eliseu – *Disciplina jurídica dos grupos de sociedades/Breves notas sobre o papel e a função do grupo de empresas e a sua disciplina jurídica*, CJ XV (1990) 4, 35-59.

Figueiredo, Mário Augusto Jorge de – *Caracteres gerais dos títulos de crédito e seu fundamento jurídico*, 1919;
– *Contrato de conta corrente*, 1923;
– *Lições de Direito Comercial* (coligidas por António Simões de Pinho), 1928;

Índice bibliográfico 945

– *Lições de Direito Comercial* (coligidas por Eduardo Marques Ralha), 1930.

Fikentscher, Wolfgang – *Methoden des Rechts in vergleichender Darstellung*, Band II – *Anglo-amerikanische* Recht, 1975;
– *Wirtschaftsrecht*, 1.º vol., *Weltwirtschaftsrecht und Europäisches Wirtschaftsrecht*, 1983; 2º vol., *Deutsches Wirtschaftsrecht*, 1983;
– *Schuldrecht*, 9.ª ed., 1997.

Fioretta, Piero – *In tema di ononimia tra ditte non concorrenti*, RDComm L (1952) 2, 265-272.

Fiúza, Ricardo (coord.) – *Novo Código Civil Comentado*, 2003.

Fleischer, Holger – introdução a *Handelsgesetzbuch*, 44.ª ed. da Beck, 2006.

Fleischhauer, Jens/Preuss, Nicola – *Handelsregisterrecht/Verfahren – Anmeldungsmuster – Erläuterungen*, 2.ª ed., 2010.

Flessner, Axel – no *Insolvenzordnung/Heidelberger Kommentar*, 6.ª ed., 2011.

Flohr – em Michael Martinek/Franz-Jörg Semler/Stefan Habermeier, *Handbuch des Vertriebsrechts*, 2.ª ed., 2003.

Flume, Werner – *Allgemeiner Teil*, 2, 4.ª ed., 1992.

Foerste, Ulrich – *Insolvenzrecht*, 2.ª ed., 2004.

Forkel, Hans – *Die Übertragbarkeit der Firma*, FS Paulick 1973, 101-117;
– *Der Franchisevertrag als Lizenz am Immaterialgut Unternehmen*, ZHR 153 (1989), 511-538.

Formigini, Aldo – *Agenzia (contratto di)*, NssDI I, 1 (1957), 400-406;
– *Il contratto do agenzia*, 2.ª ed., 1958.

Fornasiero, Giorgio – *Organizzazione e intuitus nelle società*, 1984.

Förster, Karsten – *vide* Haarmeyer, Hans.

Förtsch, R. – *vide* Puchelt, Ernst Sigismund.

Fortuna, João Antonio de Freitas – *Analyse do projecto de Código Commercial*, 1888.

Foster – *Livy in fourteen volumes*, ed. bilingue, 1, 1967.

Frada, Manuel Carneiro da – *Vinho novo em odres velhos? A responsabilidade civil dos "operadores de internet" e a doutrina comum da imputação de danos*, ROA 1999, 665-692.

Fraga, Castro – *vide* Cordeiro, Menezes.

Fragali, Michele – *Assicurazione del credito*, ED III (1958), 528-554.

França, Maria Augusta – *A estrutura das sociedades anónimas em relação de grupo*, 1990.

Franceschelli, Remo – *Consorzi costituiti in forma di società per azione*, em anotação a Milão, 7-nov.-1940, RDComm XXXIX (1941), II, 73-81;
– *Consorzi per il coordinamento della produzione e degli scambi*, 2.ª ed., no *Commentario del Codice Civile* de A. Scialoja e G. Branca, Liv. V – *Del lavoro*, art. 2602-2640 (1970), 1-157;
– *Imprese e imprenditori*, 1972, reimpr. da 3.ª ed..

Franchis, Francesco de – *Fallimento in diritto angloamericano*, DDP/SCom V (1990), 434-443;
– *Franchising in diritto comparato*, no DDP/SCom, vol. VI (1991), 308-309.

Franssen, Max – *vide* Molengraaff, W. L. P. A..

Franz, Wolfgang/Hesse, Helmut/Ramser, Hans Jürgen/Stadler, Manfred – *Ökonomische Analyse von Verträgen*, 2000.

Fredericq, Louis – *Précis de Droit Commercial*, 1970.

Frege, Michael C./Keller, Ulrich/Riedel, Ernst – *Insolvenzrecht*, 8.ª ed., 2015.

Freire, Pascoal José de Melo (Paschalis Josephii Melli Freirii) – *Institutiones Juris Civilis Lusitani cum publici tum privati*, Liber I *De jure publico*, ed. Inácio Freitas, 1815;
– *Instituições de Direito Civil português*, trad. port. de Miguel Pinto de Meneses, BMJ 161 (1966), 112-113; existe uma reimpr. da 3.ª ed., no original latino, de 1842.

Freitas, Inácio – *vide* Freire, Pascoal José de Melo.

Freitas, José Lebre de – *Da impenhorabilidade do direito de lojista de centro comercial*, ROA 59 (1999), 47-86;
– *A penhora do direito ao arrendamento e trespasse*, em Estudos em Honra do Prof. Doutor Inocêncio Galvão Telles 2 (2002), 477-491.

Frenzel, Volkhard/Schmidt, Nikolaus – *Die Mietforderung nach Anzeige der Masseunzulänglichkeit in der Insolvenz des Mieters*, InVo 2004, 169-172.

Frezza, Paolo – *"Consortium"*, NDI III (1938), 952-953.

Frind, Frank – *Vorinsolvenzliche Sanierungsregelungen oder Relauch des Insolvenzplanverfahrens?*, ZInsO 2010, 1427-1431;
– *Zum Diskussionsentwurf für ein "Gesetz zur weiteren Erleichterung der Sanierung von Unternehmen"*, ZInsO 2010, 1473-1482 e 1524-1530.

Fritzmeyer, Wolfgang/Heun, Sven-Erik – *Rechtsfragen des EDI/Vertragsgestaltung: Rahmenbedingungen im Zivil-, Wirtschafts- und Telekommunikationsrechte*, CR 1992, 129-133.

Fritzsche, Jörg/Maizer, Hans M. – *Angewählte zivilrechtliche Probleme elektronisch signierter Willenserklärung*, DNotZ 1995, 3-25.

Fröber, Hendrik Philipp – *Die Entstehung der Bestimmungen des BGB über den Maklervertrag (§§ 652-654 BGB) und die Rechtsprechung des Reichsgerichts zum neuen Maklerrecht*, 1997.

Fromherz, Wolfgang – *Der Zivilmaklervertrag*, 1990.

Fuchs, Karlhaus – em Graf-Schliker, *InsO/Kommentar*, 2.ª ed. (2001), § 14.

Funk, Jörg – *Angewähte Fragen aus dem Allgemeinen Teil zum neuen VVG aus der Sicht einer Rechtsabteilung*, VersR 2008, 163-169.

Furtado, J. Pinto – *Código Comercial Anotado, I/Artigos 1.º a 150.º*, 1975;
– *Disposições gerais do Código comercial*, 1984.

Furtado, José Braz de Mendonça – *Lições de Direito commercial*, 1889-1890 [litografadas e citadas por Pinto Coelho, *Direito commercial portuguez* cit., 1, 61, nota 1; não podemos confrontá-las]

Gadea, Enrique/Gaminde, Eba/Rego, Antonio – *Manual sobre la contratación mercantil*, 2015.

Gaiti, Joan. Dominici – *De credito Tractatus ex libris, epistolis, cambiis*, 1696.

Galgano, Francesco – *História do Direito Comercial*, trad. port. João Espírito Santo, s/d, a 2.ª ed. original italiana é de 1980.

Galimberti, Gianmaria – *Il franchising*, 1991.

Gallesio-Piuma, Maria Elena/Polleri, Vittorio – *Elementi di diritto commerciale*, 2.ª ed., 1996.

Gaminde, Eba – *vide* Gadea, Enrique.

Gamm, Otto-Friedrich Frh. von – *Die Unterlassungsklage gegen Firmenmissbrauch nach § 37 II HGB*, FS Stimpel (1985), 1007-1014.

Gammelin, Dietrich – *Rechtsscheinhaftung des Kaufmanns und Regressansprüche gegen den Staat bei fahlerhaften Publikationsakt der Presse/Eine Untersuchung zu § 15 Abs. 3 HGB*, 1973.

Garcia, Augusto Teixeira – *Nota justificativa*, em *Código Comercial/Versão portuguesa*, Imprensa Oficial de Macau (1999), V-XLVI.

Garcia, José Reus y – *vide* Serna, Pedro Gomes de la.

Garcia, Maria Teresa Bote – *Derecho mercantil*, 6.ª ed., 2016.

Gareis, Carl – *Das deutsche Handelsrecht*, edições anteriores a 1900; a 8.ª ed., inalterada, é de 1909.

Garri, Francesco – *Consorzi per l'uso delle acque*, NssDI/Appendice, vol. II (1981), 497-498.

Gasperoni, Nicola – *Contratto di assicurazione (in generale)*, NssDI IV (1959), 563-609.

Gaudemet – *Droit des obligations*, 1968.

Gaul, Hans Friedhelm – *vide* Rosenberg, Leo.

Gennaro, Gino de – *I contratti misti* (1934), 106-107 ; – *L'iscrizione degli atti societari*, RSoc I (1956), 222-250.

Genovese, A. – *Contratto di adezione*, ED X (1962), 1 ss..

Gentile, Aurelio – *La "patologia" del contratto telematico (dopo il T.U. 28 dicembre 2000, n. 545)*, em Sica/Stanzione, *Commercio elettronico* (2002), 91-104.

Gerstner, Stephan – *vide* Giesler, Jan Patrick.

Gessler, Ernst – *Der Schutz der abhängigen Gesellschaft*, FS Walter Schmidt (1959), 247-278; – *Das "Unternehmen" im Aktiengesetz*, FS Knur (1972), 145-164.

Ghidini, Mario – *Associazione in participazione*, ED III (1958), 849-862.

Giannattasio, Carlo – *Assicurazione contro gli incendi*, ED III (1958), 520-527.

Gierke, Julius von – *Versicherungsrecht*, 1947;
– *Das Handelsunternehmen*, ZHR 111 (1948), 1-17;
– *Firmenuntergang und Firmenverlegung*, ZHR 112 (1949), 1-11.

Gieseke, Paul – *Die rechtliche Bedeutung des Unternehmens*, FS Ernst Heymann (1940), 112-147.

Giesler, Jan Patrick – *Die Auswirkung der Schuldrechtsreform auf Franchise-verhältnisse*, ZIP 2002, 420-427;
– *Wieviel know-how braucht Franchising?*, ZIP 2003, 1025-1032.

Giesler, Jan Patrick/Nauschütt, Jürgen/Gerstner, Stephan – *Franchiserecht*, 2002.

Giesler, Patrick/Nauschütt, Jürgen – *Das vorvertragliche Haftungssystem beim Franchising*, BB 2003, 435-437.

Giesler/Nauschütt – introdução a Jan Patrick Giesler/Jürgen Nauschütt/Stephan Gerstner, *Franchiserecht* (2002), 1 ss..

Giordano, A. – *I contratti per adesione*, 1951.

Giorgianni, Michele – *Negozi giuridici collegati*, RISG 1937, 275-352.

Giova, Stefania – *Qualificazione dell'oferta in internet: offerta al pubblico o invito ad offrire?*, em Sica/Stanzione, *Commercio elettronico* (2002), 105-115.

Giuglielmetti, Giannantonio – *Consorzi industriali*, NssDI IV (1959), 269-284;
– *Consorzi e società consortile*, NssDI/*Appendice*, vol. II (1981), 488-495.

Gizzi, Elio – *Consorzi fra enti pubblici*, NssDI IV (1959), 261-265;
– *Consorzi fra enti pubblici*, NssDI/Appendice, vol. II (1981), 486-488

Glaser, Hugo/Warncke, Theodor – *Das Maklerrecht in der Praxis/Grundzüge, Rechtsprechung und Schriftum*, 5.ª ed., 1973.

Gmür, Rudolf – *Das schweizerische Zivilgesetzbuch verglichen mit dem deutschen Bürgerlichen Gesetzbuch*, 1965.

Goddé, Pierre – *vide* Derrida, Fernand.

Godinho, João Carlos – *vide* Machado, Santos.

Goebel, Dietrich – *vide* Weimar, Robert.

Goldschmidt, Levin – *Ueber die wissenschaftliche Behandlung des deutschen Handelsrechts und den Zweck dieser Zeitschrift*, ZHR 1 (1858), 1-24;
– *Handbuch des Handelsrechts*, em dois volumes e com várias edições após 1864;
– *Die Codification des Deutschen bürgerlichen und Handelsrechts*, ZHR 20 (1874), 134-171;
– *Handbuch des Handelsrechts*, 2.ª ed., 1874;
– *Handbuch des Handelsrechts*, Teil B-1 – *Geschichtlich-Literarische Ein-leitung und Grundlehren*, 1875, reimpr., 1973;
– *Ursprünge des Mäklerrechts. Insbesondere: Sensal*, ZHR 28 (1882), 115-130;
– *Handbuch ds Handelsrechts* A – *Universalgeschichte des Handelsrechts*, 1891, reimp., 1973;

Índice bibliográfico 949

– *Universalgeschichte des Handelsrechts*, parte A do *Handbuch des Handelsrechts*, 3.ª ed., 1891, 2.ª reimpr., 1973.

Goldstajn, Aleksandar – *The New Law Merchant reconsidered*, FS Schmitthoff (1973), 172-185.

Göllert, Kurt/Ringling, Wilfried – *Bilanzrecht*, 1991.

Gombeaux, Edmond – *La legislation française du registre du commerce*, ADC XXX (1921), 5-44 e 85-112.

Gomes, José Luís Caramelo – *Lições de Direito da concorrência*, 2010.

Gomes, Manuel Januário da Costa – *Da qualidade de comerciante do agente comercial*, BMJ 313 (1982), 17-49;
  – *Assunção fidejussória de dívida/Sobre o sentido e o âmbito da vinculação como fiador*, 2000;
  – *Cessão da posição do arrendatário e direito de preferência do senhorio*, em Estudos em Honra do Prof. Doutor Inocêncio Galvão Telles 2 (2002), 493-536;
  – *O ensino do Direito marítimo/O soltar das amarras do Direito da navegação marítima*, 2005;
  – *Leis marítimas*, 2.ª ed., 2007.

Gonçalves, Luiz da Cunha – *Comentário ao Código Comercial Português*, 1, 1914; 2, 1915; e 3, 1918;
  – *Da conta em participação*, 2.ª ed., 1923;
  – *Da compra e venda no Direito comercial português*, 2.ª ed., 1924;
  – *Tratado de Direito Civil*, 1, 1929; 4, 1931; 12, 1933.

Goode, Roy – *Commercial Law in the Next Millenium*, 1998;
  – *Commercial Law*, 5.ª ed., 2016.

Göppert, Heinrich – *Eintragungen in das Handelsregister von besonderer Eigenart*, 1934.

Gorjão-Henriques, Miguel – *Da restrição da concorrência na comunidade europeia: a franquia de distribuição*, 1998.

Gotthardt, Peter Jürgen – *Vertrauensschutz und Registerpublizität*, JZ 1971, 312-320.

Götting, Horst-Peter – *Persönlichkeitsrechte als Vermögensrechte*, 1995.

Gottwald, Peter – *Insolvenzrechts-Handbuch*, 5.ª ed. (2015).

Gouveia, Jaime de – *Da responsabilidade* contratual, 1932.

Graziani, Alessandro – *Ditta*, ED XIII (1964), 345-356.

Greco, Paolo – *Il diritto commerciale fra l'autonomia e la fusione*, RDComm XLV (1947) I, 1-11.

Gros, Marius – *vide* Böcking, Hans-Joachim.

Gross, Herbert/Skaupy, Walther – *Das Franchise-System/Neue Vertriebswege für Waren und Dienste*, 2.ª ed., 1968.

950 *Direito comercial*

Grossfeld, Bernhard – *Zur Geschichte des europäischen Bilanzrechts*, FS Habscheid (1989), 131-138;
– *Vergleichendes Bilanzrecht*, AG 1995, 112-119;
– *Bilanzrecht/Jahresabschluss, Konzernabschluss, Internationale Standards*, 3.ª ed., 1997.

Grossfeld, Bernhard/Papagiannis, Ioannis Men. – *Levin Goldschmidt/Zur Geschichte des modernen Handelsrechts*, ZHR 159 (1995), 529-549.

Grossmann, Adolf – *Unternehmensziele im Aktienrecht/Eine Untersuchung über Handlungsmassstäbe für Vorstand und Aufsichtsrat*, 1980.

Grossmann-Doerth, Hans – *Der Jurist und das autonome Recht des Welthandels*, JW 1929, 3447-3451.

Grüneberg, Christian – no Palandt/BGB, 75.ª ed., 2016.

Grundmann, Stefan – *EG-Richtlinie und nationales Privatrecht*, JZ 1996, 274-287.

Gualazzini, U. – *vide* Accorella, C..

Gualtieri, Giuseppe – *I titoli di* credito, 1853.

Guerreiro, J. A. Mouteira – *Noções de Direito Registral (Predial e Comercial)*, 2.ª ed., 1994;
– *Registo comercial – Ainda existe?*, O Direito, 2008, 367-390.

Guerrera, Fabrizio – *I trasferimenti di azienda*, 2000.

Guestin – anotação a CssFr 12-mar.-1985, D 1985, 1, 471.

Guiné-Bissau/Código Civil (com anotações) e Legislação Complementar, 2006.

Günther, Eberhard – *Das Unternehmen im Wettbewerb*, FS Bartholomeyczick (1973), 59-74.

Gustavus, Eckart/Böhringer, Walter – *Handelsregister-Anweldungen*, 2.ª ed., 1990.

Guth, Wilfried – FS Semler (1993), 713-719.

Haarmeyer, Hans – *Der Sanierungstreuhänder*, ZInsO 2010, 1201-1206.

Haarmeyer, Hans/Wutzke, Wolfgang/Förster, Karsten – *Handbuch zur Insolvenzordnung*, 2.ª ed., 1998.

Haas, Ulrich – no *InsO/Heidelberger Kommentar*, 8.ª ed. (2016), 1797 ss..

Habermeier, Stefan – *vide* Martinek, Michael.

Habersack, Mathias/Ulmer, Peter – *Rechtsfragen des Kraftfahrzeugsvertriebs durch Vertragshändler/Verkauf und Leasing*, 1998.

Hachenburg – *Vom Aktienwesen im Grossbetriebe*, JW 1918, 16-18.

Haedicke, Maximilian – *Patentrecht*, 2.ª ed., 2013.

Hager, Günter – *Die Prinzipien der mittelbaren Stellvertretung*, AcP 180 (1980), 239-262.

Hager, Johannes – *Das Handelsregister*, Jura 1992, 57-65.

Hahn, Friedrich von – *Commentar zum Allgemeinen Deutschen Handelsgesetzbuch*, vol. 1.º, 3.ª ed., 1879;

Índice bibliográfico 951

– *Commentar zum Allgemeinen Deutschen Handelsgesetzbuch*, 1.º vol., 3.ª ed., 1879, e 2.º vol., 2.ª ed., 1883.

Handelsgesetzbuch, 58.ª ed. da Beck, 2015, com intr. de Wolfgang Hefermehl.

Hartwieg, Oskar – *Culpa in contrahendo als korrektiv für "ungerechte" Verträge*, JuS 1973, 733-740.

Häsemeyer, Ludwig – *Insolvenzrecht*, 3.ª ed., 2003 e 4.ª ed., 2007.

Hattenhauer, Hans – introdução a *Allgemeines Landrecht für die Preussischen Staaten von 1794*, 1970.

Hausmann, Fritz – *Die Aktiengesellschaft als "Unternehmen an sich"*, JW 1927, 2953-2956;
– *Vom Aktienwesen und vom Aktienrecht*, 1928;
– *Entwurf eines Gesetzes über Aktiengesellschaften und Kommanditgesellschaften auf Aktien sowie Entwurf eines Einführungsgesetzes nebst erläuternden Bemerkungen*, 1930;
– *Gesellschaftsinteresse und Interessenpolitik in der Aktiengesellschaft*, Bank-Archiv XXX (1930/31), 57-65 e 86-95.

Heck, Philipp – *Weshalb besteht ein von dem bürgerlichen Rechte gesonderter Handels-privatrecht*, AcP 92 (1902), 438-466.

Hedemann, Justus Wilhelm – *Das bürgerliche Recht und die neue Zeit*, 1919.

Hefermehl, Wolfgang – *Der Aktionär als "Unternehmen" im Sinne des Konzernrechts*, FS Gessler (1971), 203-217;
– *vide* Baumbach, Adolf.

Heidel, Thomas/Schall, Alexander – *Handelsgesetzbuch*, 2.ª ed., 2015.

Heidinger, Andreas – *HGB/Münchener Kommentar*, 1, 3.ª ed., prenot. § 17, Nr. 21 ss. (369 ss.).

Heinemann, Andreas – *Handelsrecht im System des Privatrechts – Zur Reform des deutschen Handelsgesetzbuchs*, FS Fikentscher 1998, 349-379

Heinrich, Irmgard – *Firmenwahrheit und Firmenbeständigkeit*, 1982.

Heinrichs – *vide* Palandt.

Heise, Georg Arnold – *Heise's Handelsrecht/Nach dem Original- Manuscript*, 1814-1817, publ. 1858.

Henning, Kai – *Aktuelles zu Überschuldung und Insolvenzen natürlicher Personen*, ZInsO 2004, 585-594;
– em Karsten Schmidt, *Insolvenzordnung*, 19.ª ed., 2016.

Henssler, Martin – *Gewerbe, Kaufmann und Unternehmen/Herkunft und Zukunft der subjektiven Anknüpfung des Handelsrechts*, ZHR 161 (1997), 13-51;
– *vide* Brox, Hans;
– *vide* Horn, Norbert.

Herber, Rolf – *Probleme der gesetzlichen Fortentwicklung des Handels- und Gesellschaftsrechts*, ZHR 144 (1980), 47-73.

952   *Direito comercial*

Herber, Rolf/Piper, Henning – *CMR/Internationales Strassentransportrecht/Kommentar*, 1996.

Hertel, Christian – no *Staudingers Kommentar BGB* (ed. 2012), §§ 125-129.

Herzog, A. – *Das österreichische Handelsrecht/nach dem Handelsgesetzbuche vom 17. December 1862*, 1863.

Hess, Harald/Ruppe, Nicole – *Answahl und Einsetzung des Insolvenzverwalters*, NZI 2004, 641-645.

Hesse, Helmut – *vide* Franz, Wolfgang.

Heun, Sven-Erik – *Die elektronische Willenserklärung/Rechtliche Einordnung, Anfechtung und Zugang*, CR 1994, 595-600;
– *vide* Fritzmeyer, Wolfgang.

Hiekel, Hans-Jürgen – *Der Ausgleichsanspruch des Handelsvertreters und des Vertragshändlers*, 1985.

Hiersemenzel, C. C. E. – *Preussisches Handels-Recht*, 1856.

Hilaire, Jean – *Introduction historique au Droit commercial*, 1986.

Hirte, Heribert – *vide* Uhlenbruck, Wilhelm.

Hoeren, Thomas – *Internet und Recht – Neue Paradigmen des Informationsrechts*, NJW 1998, 2849-2861;
– *Internet und Jurisprudenz/zwei Welten begegnen sich*, NJW 2000, 188-190.

Hofmann, Edhar – *Privatversicherungsrecht*, 3.ª ed., 1991;
– *vide* Stieel, Ernst.

Hoffmann, Klaus – *Der Prokurist/Seine Rechtsstellung und seine Rechtsbeziehungen*, 6.ª ed., 1990.

Hofmann, Paul – *Das Handelsregister und seine Publizität*, JA 1980, 264-273;
– *Handelsrecht*, 11.ª ed., 2002.

Hohloch, Gerhard – *Sanierung durch "Sanierungsverfahren"? Ein rechtsvergleichender Beitrag zur Insolvenzrechtsreform*, ZGR 1982, 145-198.

Höhn, Günther – *Akademische Grade-, Dienst- und Berufbezeichnungen sowie Titel (Namensattribute) in der Firma in firmen- und wettbewerbsrechtlicher Sicht*, ZHR 153 (1989), 386-422.

Homem, António Barbas – *Judex perfectus/Função jurisdicional e estatuto judicial em Portugal (1640-1820)*, tomo I, 1998.

Hommelhoff, Peter – *Die Konzernleitungspflicht/Zentrale Aspekte eines Konzernverfassungsrechts*, 1982.

Hommelhoff, Peter/Priester, Hans-Joachim – *Bilanzrichtliniengesetz und GmbH*, 1986.

Honsel, Heinrich (org.) – *Berliner Kommentar zum Versicherungsvertragsgesetz*, 1999.

Honsell, Thomas – *Die Besonderheiten der handelsrechtlichen Stellvertretung*, JA 1984, 17-23.

Hooley, R. J. A. – *vide* Sealy, L. S..

Índice bibliográfico 953

Hopt, Klaus – *Schadensersatz aus unberechtigter Verfahrenseinleitung/Eine rechtsvergleichenden Untersuchung zum Schutz gegen unberechtigte Inanspruchnahme staatlicher Verfahren*, 1968

Hopt, Klaus J. – *Die Selbständigkeit von Handelsvertretern und anderen Vertriebspersonen – Handels- und arbeitsrechtliche Dogmatik und Vertragsgestaltung*, DB 1998, 863-870;
– *Handelsvertreterrecht/§§ 84-92 c, 54, 55 HGB*, 5.ª ed., 2015;
– no Baumbach/Hopt, *Handelsgesetzbuch*, 32.ª ed., 2006; 35.ª ed., 2012 e 36.ª ed., 2014.
– *vide* Baumbach, Gustav.

Hopt, Klaus. J./Kumpman, Christoph – *Handelsgesetzbuch*, 37.ª ed., 2016.

Horn, Norbert – *Zum Ausgleichsanspruch des Eigenhändlers: Kundenstamm und werbende Tätigkeit*, ZIP 1988, 137-146;
– (ed.) *Arbitration Foreign Investement Disputes/Procedural and Substantive Legal Aspects*, 2004.

Horn, Norbert/Henssler, Martin – *Der Vertriebsfranchisenehmer als selbständiger Unternehmer*, ZIP 1998, 589-600.

Horn, Norbert/Kocka, Jürgen – *Recht und Entwicklung der Grossenunternehmenim 19. und frühen 20. Jahrhundert/Law and the Formation of the Big Enterprises in the 19th and Early 20th Centuries*, 1979.

Hörster, Henrich Ewald – *A parte geral do Código Civil português/Teoria geral do Direito civil*, 1992.

Houtte, J. A. van – *Les courtiers au moyen âge. Origines et caractéristiques d'une institution commerciale en Europe occidentale*, RHD 1936, 105-141.

Hoyningen-Huene, Gerrick von – no *HGB/Münchener Kommentar*, 1, §§ 1-104, 4.ª ed., 2016.

Hromadka, Wolfgang – *Zur Begriffsbestimmung des Arbeitnehmers*, DB 195-201

Hubmann, Heinrich – *Das Recht am Unternehmen*, ZHR 117 (1955), 41-81.

Hübner, Heinz – *Die Prokura als formalisierter Vertrauenschutz*, FS Klingmüller (1974), 173-183.

Hueck, A. – *Gilt § 15 Abs 1 HGB auch beim Erlöschen und bei der Änderung nicht eingetragener, aber eintragungspflichtiger Rechtsverhältnisse?*, AcP 118 (1920), 350-377.

Hueck, Gotz/Windbichler, Christine – *Gesellschaftsrecht*, 20.ª ed., 2003.

Hueck/Canaris, Claus-Wilhelm – *Recht der Wertpapiere*, 12.ª ed., 1986.

Hüffer, Uwe – *Das Namenrecht des ausscheidenden Gesellschafters als Grenze zulässiger Firmenfortführung*, ZGR 1986, 137-151;
– *Gesellschaftsrecht*, 4.ª ed., 1996.

Hunter, Martin – *vide* Redfern, Alan.

Huvelin, P. – *Études d'Histoire du Droit Commercial Romain (Histoire Externe – Droit Maritime)*, publ. H. Lévy-Bruhl, 1929.

954   *Direito comercial*

Ibold, Hans Christian – *Maklerrecht/Immobilien – Partnerschaften – Kapitalanlage*, 2003.

Ignacio, Arroyo Martínez (org.) – *Código de comercio y legislación mercantil*, 32.ª ed., 2015.

Imbert, Jean – *"Fides" et "nexum"*, St. Arangio-Ruiz (1953), 339-363.

Ippolito, Benjamin – *vide* Juglart, Michel de.

Ippolito, Carlo Sarzana di S./Ippolito, Fulvio Sarzana di S. – *Profili giuridico del commercio via Internet*, 1999.

Ippolito, Fulvio Sarzana di S. – *vide* Ippolito, Carlo Sarzana di S..

Irti, Natalino – *L'età della decodificazione*, 4.ª ed., 1999.

Isacco, Michele Carlo – *Consorzi stradali*, NDI III (1938), 978-993.

Isay, Rudolf – *Das Recht am Unternehmen*, 1910.

J. C. e G. Teston, *Le franchising et les concessionaires*, 1973.

Jacobi, Erwin – *Betrieb und Unternehmen als Rechtsbegriffe*, FS Ehrenberg (1927), 1-39.

Jacquemont, André – *Droit des entreprises en difficulté*, 6.ª ed., 2009.

Jacquemont, André/Vabres, Régis – *Droit des entreprises en difficulté*, 6.ª ed.,

Jadaud, Bernard – *Le redressement et la liquidation judiciaires des entreprises*, 1986.

Jaeger, Pier Giusto – *L'interesse sociale*, 1964, reimpr., 1972.

Jaeger, Pier Giusto/Denozza, Francesco/Toffoletto, Alberto – *Appunti di diritto commerciale* I, 7.ª ed., 2010

Jarvin, Sigvard/Derais, Yves (org.) – *Collection of ICC Arbitral Awards/Recueil des sentences arbitrales de la CCI*, 7 volumes já publicados, a partir de 1974.

Jauernig, Othmar – *Zwangsvollstreckungs- und Insolvenzrecht*, 18.ª ed., 1987, e 21.ª ed., 1999.

Jauernig, Othmar/Berger, Christian – *Zwangsvollstreckungs- und Insolvenzrecht*, 23.ª ed., 2010.

Jayme, Erik – *Sprachrisiko und Internationales Privatrecht beim Bankverkehr mit ausländischen Kunden*, FS Bärmann 1975, 509-522.

Jeantin, Michel – *Droit commercial/Instruments de paiement et de crédit/Entreprises en difficulté*, 4.ª ed., 1995;
– *Droit des sociétés*, 2.ª ed., 1992.

Jessen, Jens – *Unternehmen und Unternehmensrecht*, ZHR 96 (1931), 37-94.

Jhering, Rudolf von – *Mitwirkung für fremde Rechtsgeschäfte*, JhJb 1 (1857), 273-350 e 2 (1858), 67-180.

Joerges, Christian – *Franchise-Verträge und europäisches Wettbewerbsrecht*, ZHR 151 (1987), 195-223 ;
– *Status und Kontrakt im Franchise-Recht*, AG 1991, 325-351

Índice bibliográfico 955

John, Uwe – *Fiktionswirkung oder Schutz typisierten Vertrauens durch das Handelsregister/Zur Frage der negative Publizität bei nichteingetragener Veränderung selbst nicht eingetragener Rechtsverhältnisse*, ZHR 140 (1976), 236-255;
– *Der Grundsatz der Firmeneinheit in Deutschland und Österreich*, FS Duden 1977, 173-190.

Jones, Lucy – *Introduction to Business Law*, 3.ª ed., 2015.

Joost, Detlev – *Betrieb und Unternehmen als Grundbegriffe im Arbeitsrecht*, 1988;
– em Ebenroth/Boujong, *HGB Kommentar* II, 3.ª ed. (2015);
– *vide* Boujong, Karlheinz.

Jordano, Alessandro – *Struttura essenziale della mediazione*, RDComm LV (1957), 1, 209-217.

Jorge, Fernando Pessoa – *O mandato sem representação*, 1961.

Judge, Stephen – *Business Law*, 1998.

Juglart, Michel de/Ippolito, Benjamin – *Cours de Droit Commercial/Actes de commerce. Commerçants. Fonds de commerce. Effets de commerce*, 11.ª ed., 1995.

Juglart, Michel de/Ippolito, Benjamin/Dupichot, Jacques – *Cours de Droit Commercial*, 2.º vol., *Les sociétés commerciales*, 10.ª ed., 1999.

Judge, Stephen – *Business Law*, Londres, 1998.

Jung, Peter – *Handelsrecht*, 10.ª ed., 2014;

Jürgenmeyer, Michael – *Das Unternehmensinteresse*, 1984.

Kadletz, Andreas – em Thomas Pfeiffer/Lutz Batereau, *Handbuch der Handelsgeschäfte*, 1999.

Kaublach, Detlef – introdução à 16.ª ed. da Beck, *Versicherungsaufsichtsgesetz* (1996), XXV ss..

Kayser, Godehard/Marotzke, Wolfgang – no Gerhart Kreft, *Insolvenzordnung//Heidelberger Kommentar*, 6.ª ed., 2011.

Kayser, Godehard/Thole, Christoph – *Insolvenzordnung*, 8.ª ed., 2016.

Keenan, Denis King – *Mercantile Law*, 1989.

Keidel, Helmut/Schmatz, Hans/Stöber, Kurt – *Registerrecht*, 5.ª ed., 1991.

Keim, Otto – *Das sogennante Publizitätsprinzip im deutschen Handelsrecht*, 1930.

Keller, Ulrich – *vide* Frege, Michael C..

Kenfack, Hugues – *vide* Pédamon, Michel.

Kern, Bernd-Rüdiger/Schmidt-Recla, Adrian – *125 Jahre Reichsgericht*, 2006.

Kern, Christa – *Verwertung der Personalfirma im Insolvenzverfahren*, BB 1999, 1717-1720.

Kessler, Jürgen – em Heidel/Schall, *HGB/Kommentar*.

Kessler, Manfred H. – *Die Leitungsmacht des Vorstandes einer Aktiengesellschaft*, AG 1995, 61-76 e 120-132.

956   *Direito comercial*

Kessler, Marco – em Thomas Heidel/Alexander Schall, *HGB/NomosKommentar* (2011), § 1.

Keufack, Hugues – *vide* Pédamon, Michel.

Keukenschrijver, Alfred – *vide* Busse, Rudolf.

Kiessner, Ferdinand – no Eberhard Braun (org.), *Insolvenzordnung Kommentar*, 4.ª ed., 2010.

Kippes, Stephan – *vide* Seiler, Erwin.

Kirchhof, Hans-Peter – no *Insolvenzordnung/Heidelberger Kommentar*, 6.ª ed., 2011.

Kirchhof, Hans-Peter/Lwowski, Hans-Jürgen/Stürner, Rolf – *Münchener Kommentar zur Insolvenzordnung*, 2.ª ed., 2007, três volumes.

Klaas, Wilhelm – *Fünf Jahre Verbraucherinsolvenz*, ZInsO 2004, 577-580.

Klauer, Irene – *Die Europäisierung des Privatrechts*, 1998.

Klíma, Josef – *Le droit commercial dans la périphérie de la sphère mésopotamienne*, RIDA XVI (1969), 21-29.

Kling, Michael/Thomas, Stefan – *Kartellrecht*, 2.ª ed., 2015.

Klippel, Diethelm – *Der zivilrechtliche Schutz des Namens/Eine historische und systematische Untersuchung*, 1985;
– *vide* Otto, Martin.

Klunzinger, Eugen – *Grundzüge des Handelsrechts*, 14.ª ed., 2011.

Knütel, Rolf – *Weisungen bei Geschäftsbesorgungsverhältnissen, insbesondere bei Komission und Spedition*, ZHR 137 (1973), 285-333.

Koch, Arwed – *Die Allgemeinen Geschäftsbedingungen der Banken/ihre rechtliche und wirtschaftliche Bedeutung und Entwicklung*, 1932.

Koch, Peter – introdução à recolha da Beck, *Privatversicherungsrecht*, 3.ª ed. (1997), IX ss..

Koch, Wolfgang – *Das Unternehmensinteresse als Verhaltensmassstab der Aufsichtsratsmitglieder im mitbestimmten Aufsichtsrat einer Aktiengesellschaft*, s/d, 1985.

Kocka, Jürgen – *vide* Horn, Norbert.

Kohl, Dietmar – *Der Prokurist in der unechten Gesamtvertretung*, NZG 2005, 197-200.

Kohler, Adelmo – *vide* Donati, Antigono.

Köhler, Helmut – *Die Problematik automatisierter Rechtsvorgänge, insbesondere vom Willenserklärungen*, AcP 182 (1982), 128-171;
– *Die Rechte des Verbrauchers beim Teleshopping (TV-Shopping, Internet--Shopping)*, NJW 1998, 185-190;
– *Namensrecht und Firmenrecht*, FS Fikentscher (1998), 494-515;
– *Die kommerzielle Verwertung der Firma durch Verkauf und Lizenzvergabe*, DStR 1999, 510-515;
– *Das neue UWG*, NJW 2004, 2121-2127;

Índice bibliográfico 957

– introdução a *Wettbewerbsrecht/Kartellrecht*, 36.ª ed., 2016;
– *vide* Baumbach, Adolf.

Kohler, J. – *Lehrbuch des Konkursrechtes*, 1891.

Köhler, Markus/Arndt, Hans-Wolfgang – *Recht des Internet*, 2.ª ed., 2000.

Kokemoor, Axel – *vide* Wörlen, Rainer.

Koller, Ingo – *Interessenkonflikte im Kommissionsverhältnis*, BB 1978, 1733-1740;
– *Das Provisions- und Aufwendungsrisiko bei der Komission*, BB 1979, 1725-1734;
– *Transportrecht/Kommentar*, 5.ª ed., 2004. Está disponível a 8.ª ed., 2013.

Koller, Ingo/Roth, Wulf-Henning/Morck, Winfried – *Handelsgesetzbuch*, 7.ª ed., 2011.

Kopp, Christina – *vide* Schmidt-Kessler, Martin.

Koppensteiner, Hans-Georg – *Internationalen Unternehmen im deutschen Gesellschaftsrecht*, 1971.

Kötz, Hein – *vide* Zweigert, Konrad.

Koutaïssoff, Paul – *Le jeu de bourse/Étude de droit civil comparé/droits allemand, anglais, français et* suisse, 1931.

Krafka, Alexander – no *Münchener Kommentar zum HGB* 1, 4.ª ed., 2016.

Krafka, Alexander/Willer, Heinz – *Registerrecht*, 7.ª ed., 2007.

Kraft, Alfons – *Die Führung mehrerer Firmen*, 1966.

Krampe, Christoph – *Die Unklarheitenregel/Bürgerliches und römisches Recht*, 1983.

Krasser, Rudolf – *Patentrecht: Ein Lehr- und Handbuch zum deutschen Patent- und Gebrauchsmusterrecht, Europäischen und Internationalen Patentrecht*, 6.ª ed., 2008.

Krasser, Rudolf/Ann, Christoph – *Patentrecht*, 7.ª ed., 2016.

Krause, Hermann – *Kaufmannsrecht und Unternehmensrecht*, ZHR 105 (1938), 69-132;
– *Unternehmer und Unternehmung/Betrachtungen Rechtsgrundlage des Unternehmertums*, 1954.

Krause, Ortwin – *Die Entwicklung des Firmenrechts im 19. Jahrhundert*, 1995.

Krbek, Franziska-Sophie Evans-v. – *Die analoge Anwendung der Vorschriften des Handelsvertreterrechts auf den Vertragshändler*, 1973.

Krebs, Peter – *Ungeschriebene Prinzipien der handelsrechtliche Stellvertretung als Schranken der Rechtsfortbildung/Speziell für Gesamtvertretungsmacht und Generalvollmacht*, ZHR 159 (1995), 635-662;
– no *Münchener Kommentar* 1, 4.ª ed., 2016.

Kreft, Gerhart (org.) – *Insolvenzordnung/Heidelberger Kommentar*, 6.ª ed., 2011.

Kreutz, Peter – *Die Bedeutung von Handelsregistereintragung und Handelsregister bekanntmachung im Gesellschaftsrecht*, Jura 1982, 626-641.

Kritter, Thomas – *vide* Taupitz, Jochen.

Kröger, Detlef/Clasen, Ralf/Wallbrecht, Dirk – *Internet für Juristen*, 1996.

Kröll, Stefan M. – *vide* Lew, Julian D. M..

Kronke, Herbert – em *Münchener Kommentar zum Handelsgesetzbuch*, 7 (1997), 1943-2151.

Kropff, Bruno – *Konzerneingangskontrolle bei der qualifiziert konzerngebundenen Aktiengesellschaft*, FS Goerdeler (1987), 259-278.

Kroth, Harald – no Eberhard Braun (org.), *Insolvenzordnung Kommentar*, 4.ª ed., 2010.

Kübler, Friedrich/Assmann, Heinz-Dieter – *Gesellschaftsrecht*, 6.ª ed., 2006.

Kuchinke, Kurt – *Die Firma in der Erbfolge*, ZIP 1987, 681-687.

Kuhn, Mathias – *Rechtshandlungen mittels EDV und Telekommunikation/Zurechenbarkeit und Haftung*, 1991.

Kümpel, Siegfried/Wittig, Arne – *Bank- und Kapitalmarktrecht*, 4.ª ed., 2010.

Kumpman, Christoph – *vide* Hopt, Klaus. J..

Kuntze-Kaufhold – *Legal best Practices: von der tatsächlichen zur guten Übung in der Rechtsanwendung*, ARSP 95 (2009), 102-119.

Kunze, Otto – *Bemerkungen zu Inhalt und Methode einer Unternehmensrechtsreform*, FS Gessler (1971), 47-57;
– *Bemerkungen zum Verhältnis von Arbeits- und Unternehmensrecht*, FS W. Schilling (1973), 333-361;
– *Unternehmensverband und Unternehmensrecht*, FS K. Duden (1977), 201-228;
– *Unternehmensverband und Unternehmensgrösse*, FS R. Fischer (1979), 365-384;
– *Zum Stand der Entwicklung des Unternehmensrechts*, ZHR 144 (1980), 100-135;
– *Unternehmen und Gesellschaft*, ZHR 147 (1983), 16-20.

Kupka, Natascha – *Die Behandlung von Vorbehaltskäufers nach der Insolvenzrechtsreform*, InVo 2003, 213-222.

Küstner, Wolfram – *Das neue Recht des Handelsvertreters*, 4.ª ed., 2003.

Laband, Paul – *Die Lehre von den Mäklern, mit besonderer Berücksichtigung des Entwurfs zum deutschen Handelsgesetzbuche*, ZdR 20 (1861), 1-65;
– recensão a Endemann, *Das deutsche Handelsrecht*, ZHR 8 (1865), 638-649;
– *Die Stellvertretung bei dem Abschluss von Rechtsgeschäften nach dem allgem. Deutsch. Handelsgesetzbuch*, ZHR 10 (1866), 193-241.

Labareda, João – *vide* Fernandes, Luís A. Carvalho.

Lambert-Faivre, Yvonne – *L'entreprise et ses formes juridiques*, RTDComm XXI (1968), 907-975;

Lambert-Faivre, Yvonne/Leveneur, Laurent – *Droit des assurances*, 12.ª ed., 2005 ;

Índice bibliográfico 959

– *Droit des assurances*, 13.ª ed., 2011.

Lammel, Siegbert – *Die Gesetzgebung des Handelsrechts*, em H. Coing, *Handbuch der Quellen*, vol. II, tomo II – *Gesetzgebung und Rechtsprechung* (1976), 571-1083.

Lammpi, Cesare Coltro – *Considerazioni sui contratti a premio e sulla aleatorietà dei contratti di borsa*, RDComm LVI (1958), I, 380-405.

Landfermann, Hans-Georg – no *Insolvenzordnung/Heidelberger Kommentar*, 6.ª ed., 2011;
  – *vide* Balz, Manfred.

Lang, Andreas – no Eberhard Braun (org.), *Insolvenzordnung Kommentar*, 4.ª ed., 2010.

Langheid, Theo – *Auf dem Weg zu einem neuen Versicherungsvertragsrecht*, NJW 2006, 3317-3322;
  – *vide* Römer, Wolfgang.

Larenz, Karl – *Lehrbuch des Schuldrechts* II/1, *Besonderer Teil*, 13.ª ed., 1986.

Larenz/Canaris – *Lehrbuch des Schuldrechts*, II, 2, 13.ª ed., 1994.

Larenz/Wolf – *Allgemeiner Teil des bürgerlichen Rechts*, 9.ª ed., 2004

Lauffer, Hans-Martin – *Der notwendige Unternehmensgewinn/Eine Analyse des bilanziellen Mindestgewinns*, 1968.

Lauret, Bianca/Bourgninaud, Véronique/Banner, Christine – *Droit des sociétés*, 2.ª ed., 1991/92.

Lavori preparatori del codice di commercio del Regno d'Italia, 2 volumes, 1883.

Lazarski, Henry – *vide* Paillusseau, Jean.

Le privatizzazioni: forma di società per azioni e titolarità pubblica del capitale (Seminario), 1995.

Leal, Artur Pavão da Silva – *Das falências e concordatas/Estudo prático seguido de um formulário*, 1936.

Lefebvre, Francisco – *Les contrats de coopération inter*-entreprises, 1974.

Legeais, Dominique – *Droit commercial et des affaires*, 22.ª ed., 2015.

Lehmann – *vide* Enneccerus.

Lehmann, Julius – *Soll bei einer künftigen Reform des Aktienrechts eine Annährung an das englisch-amerikanische Recht in grundlegenden Fragen stattfinden?*, DJT 34 (1927) 1, 258-331;

Lehmann, Karl – *Das Recht der Aktiengesellschaft*, 1, 1898, reimpr. 1964;
  – *Die Entwicklung des deutschen Handelsrechts*, ZHR 52 (1902), 1-30;
  – *Handelsrecht*, 2.ª ed., 1912.

Leitão, Adelaide Menezes – *Estudo de Direito privado sobre a cláusula geral de concorrência desleal*, 2000.

Leitão, Adelaide Menezes/Brito, José Alves – *CSC/Clássica*, 2.ª ed., 2011.

Leitão, Luís Menezes – *O contrato de sociedade* civil, 1988, polic.;
  – *Pressupostos da exclusão de sócio nas sociedades comerciais*, 1989;

960   *Direito comercial*

- *Negociações e responsabilidade pré-contratual nos contratos comerciais internacionais*, ROA 2000, 49-71;
- *A indemnização de clientela no contrato de agência*, 2006;
- *Código da insolvência e da recuperação de empresas*, 2.ª ed., 2005, 3.ª ed., 2006, 4.ª ed., 2008 e 8.ª ed., 2015;
- *Direito das obrigações* 1, 8.ª ed., 2009; *Direito das obrigações* 3 – *Contratos em especial*, 7.ª ed., 2010;
- *Direito da insolvência*, 6.ª ed., 2015.

Leite (Lumbrales), João Pinto da Costa – *Organização bancária portuguesa*, 1927.

Leithaus, Rolf – *vide* Andres, Dirk.

Lener, Raffaele – *L'offerta telematica di servizi finanziari*, em Sica/Stanzione, *Commercio elettronico* (2002), 257-272.

Leonhart – *vide* Smid.

Leotardi, Honorati – *Liber singularis, de usuris, et contractibus usurariis coërcendis*, 4.ª ed., 1682.

Lessmann, Herbert – *Vom Kaufmannrecht zum Unternehmensrecht?*, FG Zivilrechtslehrer 1934/35 (1999), 361-381.

Lettl, Tobias – *Handelsrecht*, 3.ª ed., 2015;
- *Wettbewerbsrecht*, 3.ª ed., 2016.

Leutner, Gerd – *vide* Schmidt-Kessel, Martin.

Leveneur, Laurent – *vide* Lambert-Faivre, Yvonne.

Lew, Julian D. M./Mistelis, Loukas A./Kröll, Stefan M. – *Compaparative International Commercial Arbitration*, 2003.

Libonati, Berardino/Ferro-Luzzi, Paolo (org.) – *L'impresa*, 1985.

Lieb, Manfred – *Probleme des neuen Kaufmannsbegriffs*, NJW 1999, 35-36.

Liebs, Detlef – *Ämterkauf und Ämterpatronage in der Spätantike*, SZRom 95 (1978), 158-186.

Lima, José Lobo d'Avila – *Da concorrência desleal*, 1910.

Lima, Pires de/Varela, Antunes – *Código Civil Anotado*, 1, 3.ª ed., 1986, 4.ª ed., 1987; e 4, 2.ª ed., 1992.

Lindacher, Walther F. – *Firmenbeständigkeit und Firmenwahrheit/Bemerkung zum Spannungsverhältnis beider Grundsätze in Fälle des Rechtsformes?*, BB 1977, 1676-1681 (1681).

Lisboa, José da Silva (Visconde de Cayrú) – *Principios de Direito Mercantil e Leis da Marinha para uso da mocidade Portugueza,/destinada ao commercio dividido em oito tratados elementares, contendo a respectiva legislação patria e indicando as fontes originais dos regulamentos maritimos das principaes praças da Europa*, 1798.

Livi, M. Alessandro – *La direttiva 2000/35/CE sui ritardi di pagamento nelle transazioni commerciali e la sua attuazione*, em Vincenzo Cuffaro (org.), *La disciplina dei pagamenti commerciali* (2006), 1-39.

Índice bibliográfico

Livro das leis e posturas, ed. RFDUL, 1971.

Locré, M. le Baron – *La legislation civile, commercielle et criminelle de la France* (31 volumes), 1.º vol., 1827.

Longo, Giovanni Elio – *Esecuzione forzata (diritto romano)*, NssDI VI (1960), 713-722.

Longobardi, Nino – *Crisi dell'impresa e intervento pubblico*, 1985.

Lordi, Luigi – *Istituzioni di diritto commerciale* 1, 1943.

Lorenz, Stephan – *Im BGB viel Neues: Die Umsetzung der Fernabsatzrichtlinie*, JuS 2000, 835-843.

Loritz, Karl-Georg – anotação a BGH 15-fev.-1990, JZ 1990, 866-868

Losco, Giorgio – *vide* Marlotti, Paolo.

Loureiro, José Pinto – *Manual do inquilinato*, 2.º vol., 1942.

Lowe, Robert – *Commercial Law*, 6.ª ed., 1983.

Löwisch, Manfred – no *Staudingers Kommentar*, II, §§ 311, 311a, 312a-f/*Vertragschluss*, 2005.

Löwisch, Manfred – *Staudingers Kommentar*, 13.ª ed., 1995.

Löwisch, Manfred/Feldmann, Cornelia – no *Staudingers Kommentar*, ????

Lowry, John/Rawlings, Philip/Merkin, Robert – *Insurance Law/Doctrines and Principles*, 3.ª ed., 2011

Luchterhandt, Hans-Friedrich – *Der Begriff "Unternehmen" im Aktiengesetz 1965*, ZHR 132 (1969), 149-174.

Lüer, Hans-Jochem – em Wilhelm Uhlenbruck/Heribert Hirte/Heinz Vallender, *Insolvenzordnung*, 14.ª ed. (2015), 3173-3266.

Lüer, Hans-Jochem/Streit, Georg – em Wilhelm Uhlenbruck/Heribert Hirte/Heinz Vallender, *Insolvenzordnung*, 14.ª ed. (2015).

Lumia, Isidoro la – *Nome civile e nome commerciale*, RDComm XI (1913) 2, 170-178;
– *L'autonomia del nuovo diritto delle imprese commerciali*, RDComm XL (1942) I, 1-9.

Luminoso, Angelo – *La mediazione*, 2.ª ed., 2006.

Lutter, Marcus/Welp, Marcus – *Das neue Firmenrecht der Kapitalgesellschaften*, ZIP 1999, 1073-1083.

Lwowski, Hans-Jürgen/Stürner, Rolf – *vide* Kirchhof, Hans-Peter.

Lyon-Caen, Charles (org.) – *Les lois commerciales de l'Univers*, tomo XXVIII, s/d.

Lyon-Caen, Gérard – *Contribution à la recherche d'une définition de Droit commercial*, RTDComm II (1948), 577-588.

Macedo, Pedro de Sousa – *Manual de direito das falências* 1, 1964.

Machado, João Baptista – *Introdução ao Direito e ao discurso legitimador*, 1983.

Machado, Santos/Godinho, João Carlos – *Novo regime de fiscalização das sociedades anónimas anotado*, 1970.

Machunsky, Jürgen – *vide* Werner, Horst S..

Maffei, Domenico – *Il giurisconsulto portoghese Pedro de Santarém autore del primo Trattado sulle assicurazioni* (1488), BFD supl. LVIII (1982), 703-728.

Magalhães, Barbosa de – *Algumas considerações sobre o novo Código de Falência*, GRLx 51 (1937-38), 97-99.

Magalhães, J. M. Barbosa de – *Codigo de Processo Comercial Anotado*, 2, 3.ª ed., 1912.

Magalhães, José Manuel V. Barbosa de – *Dissolução de sociedades em comandita*, GRLx 33 (1920), 337-338;
 – *Sociedades comerciais irregulares*, GRLx 34 (1920), 241-245;
 – *Lições de Direito comercial* por A. Palma Carlos, 1924;
 – *Conta em participação*, GRLx 42 (1928), 241-243, 257-262 e 273-276;
 – *Princípios de Direito Comercial/Parte Geral* (lições por José d'Assumpção Mattos), 1933;
 – *Sociedades comerciais irregulares*, GRLx 47 (1934), 321-329 e 337-343;
 – *A revisão geral do Código Civil, a autonomia do Direito comercial e o problema da codificação*, ROA 10 (1950), 1 e 2, 1-58;
 – *José Ferreira Borges*, em *Jurisconsultos Portugueses do Século XIX*, 2.º vol. (1960), 202-311;
 – *Do estabelecimento comercial/Estudo de Direito privado*, 1.ª ed., 1951, 2.ª ed., 1964.

Magalhães, José Maria Barbosa de – *Codigo completo de processo comercial/Unificação e coordenação annotada dos dois codigos vigentes sobre processo mercantil*, 1.º vol., 1895, e 2.º vol., 1896;
 – *Codigo completo de processo comercial*, 2.ª ed., 1901;
 – *Codigo de Fallencias Annotado*, 1901;
 – *Codigo de Processo Commercial Annotado*, 2 volumes, s/d, relativo ao Código aprovado pelo Decreto de 14 de dezembro de 1905;
 – *Código de Processo Comercial Anotado* 1, 3.ª ed., 1912.

Maggiore, Giuseppe Regusa – *Il riporto bancario e il riporto-proroga di fronte al fallimento*, Banca, XLV (1982), 1027-1035.

Magnus, Ulrich – *vide* Staudinger.

Magri, Gino – *Sul concetto giuridico della ditta commerciale*, RDComm X (1912) 1, 18-39.

Maizer, Hans M. – *vide* Fritzsche, Jörg.

Majo, Adolfo di – *Codice civile*, 20.ª ed., 2006.

Makower, H. – *Das allgemeine deutsche Handelsgesetzbuch*, 1864;
 – *Das allgemeine Deutsche Handelsgesetzbuch/Kommentar*, 8.ª ed., 1880.

Manara, Ulisses – *Gli atti di commercio secondo l'art. 4 del vigente Codice Commerciale italiano/Commento teorico-pratico*, 1887.

Manderla, Thomas – em Michael Martinek/Franz-Jörg Semler/Stefan Habermeier, *Handbuch des Vertriebsrechts*, 2.ª ed. (2003), 385 ss..

Mankowski, Peter – *Transportverträge*, em Christoph Reithmann/Dieter Martiny, *Internationales Vetragrecht*, 6.ª ed. (2004), 1051-1248;
– *Zum Nachweis des Zugangs bei elektronischen Erklärungen*, NJW 2004, 1901-1907.

Manteuffel, Kurt von – *vide* Evers, Jürgen.

Marasa, Giorgio – *Prima valutazioni sulla nuova normativa in tema di consorzi*, RDCiv XXIII (1977), II, 524-552.

Marchetti Piergaetano (org.) – *Le privatizzazioni in Italia/Saggi, leggi e documenti*, 1995.

Marcos, Rui Manuel de Figueiredo – *A legislação pombalina/Alguns aspectos fundamentais*, 1990;
– *As companhias pombalinas/Contributo para a História das sociedades por acções em Portugal*, 1995.

Marghieri, Alberto – *Manuale di diritto commerciale italiano*, 2.ª ed., 1902.

Marinoni, Roberto – *Il redressement judiciaire des entreprises nel diritto falimentare francese*, 1989.

Marlotti, Paolo/Losco, Giorgio – *Codice dei contratti assicurativi/Compendio normativo e giurisprudenziale comentato*, 1999.

Marotzke, Wolfgang – *Darlehen und Insolvenz*, ZInsO 2004, 1273-1283;
– *Die Freistellung von Arbeitnehmern in der Insolvenz des Arbeitgebers*, InVo 2004, 301-316;
– em Godehard Kayser/Wolfgang Marotzke, *Insolvenzordnung/Heidelberger Kommentar*, 8.ª ed. (2016).
– *vide* Kayser, Godehard.

Marques, A. H. de Oliveira – *Para a História dos seguros em Portugal/Notas e documentos*, 1977.

Marques, J. P. Remédio – *Direito comercial/Introdução. Fontes. Actos de Comércio. Comerciantes. Estabelecimento. Sinais distintivos*, 1995.

Marquitz, Werner – *Der Rechtsschutz des kaufmännischen Unternehmens durch die §§ 823 ff. BGB*, 1937.

Marsh, S. B./Soulsby, J. – *Business Law*, 7.ª ed., 2002.

Martens, Georg Friedrich von – *Grundriss des Handelsrechts insbesondere des Wechsel- und Seerechts*, 1.ª ed., 1797; 2.ª ed., 1805, e 3.ª ed., 1820.

Martens, Klaus-Peter – *Das Unternehmen und seine Ordnung*, RdA 1972, 269-279.

Martin, Anton – *vide* Prölss Erich R..

Martinek, Michael – *Franchising*, 1987;

964   *Direito comercial*

– *Franching im Handelsrecht/Zur analogen Anwendbarkeit handelsvertreterrechtlicher Vorschriften auf Franchiseverträge*, ZIP 1988, 1362-1379;
– *Vom Handelsvertreterrecht zum Recht der Vertriebssysteme*, ZHR 161
(1997), 67-101;
– introdução a Michael Martinek/Franz-Jörg Semler/Stefan Habermeier,
Handbuch des Vertriebsrechts, 2.ª ed., 2003.

Martinek, Michael/Habermeier, Stefan – em Michael Martinek/Franz-Jörg Semler/
Stefan Habermeier, *Handbuch des Vertriebsrechts*, 2.ª ed. (2003), 467 ss.

Martinez, Pedro Romano – *Direito das Obrigações (Parte especial) Contratos*,
2000;
– *Contratos comerciais*, 2001;
– *Direito dos seguros/Relatório*, 2006;
– *Lei do Contrato de Seguro, com remissões para legislação revogada e
preceitos relacionados*, 2008;
– *Código do Trabalho Anotado*, 9.ª ed., 2013.

Martinez, Pedro Romano e outros – *Lei do contrato de seguro anotada*, 2.ª ed.,
2011.

Martiny, Dieter – *Internationale Formulare*, em Christoph Reitmann/Dieter Martiny, *Internationales Vertragsrecht*, 6.ª ed., 2004.

Martins, Alexandre de Soveral – *Um curso de Direito da insolvência*, 2.ª ed., 2016.

Martins, Luís M. – *Processo de insolvência anotado e comentado*, 2011, reimp..

Marty, Jean-Paul – *La distinction du droit civil et du droit commercial dans la
législation contemporaine*, RTDComm 1981, 681-702.

Mäschle, Walter – *Maklerrecht/Lexikon des öffentlichen und privaten Maklerrechts*, 2002.

Massimo, Drago (org.) – *Codice delle assicurazioni*, 2011

Matos, J. Rodrigues de – *Condicionamento industrial*, 1940.

Matta, José Caeiro da – *Direito Commercial Português*, 1910.

Mattfeld, Antje – no *Münchener Handbuch des Gesellschaftsrechts*, I, 2.ª ed.,
2004.

Matthiessen, Volker – *Arbeits- und handelsrechtliche Ansätze eines Franchiseneh-
merschutzes*, ZIP 1988, 1089-1098.

Mattos, José d'Assumpção – *Princípios de Direito Comercial/Parte Geral, Em
rigorosa harmonia com as Prelecções do Exmo. Sr.: DOUTOR BARBOSA
DE MAGALHÃIS:*, 1933;
– *vide* Magalhães, José Manuel V. Barbosa de.

Matusche-Beckmann, Annemarie – *vide* Hübner, Ulrich.

Mayer, Günter – *vide* Depré, Peter.

Mazziteli, Maria Francesca (org.) – *Diritto delle assicurazioni private*, 8.ª ed.,
2010.

Medeiros, Rui – *vide* Miranda, Jorge.

Índice bibliográfico   965

Medicus – *Allgemeiner Teil des bürgerlichen Rechts*, 10.ª ed., 2010.

Medina, José Miguel Garcia/Araújo, Fábio Caldas de – *Código Civil comentado*, 2014.

Mellerowicz, Konrad – *Der Wert der Unternehmung als Ganzes*, 1952.

Mendes, Evaristo – *A transmissibilidade das acções*, 2 volumes, 1989, polic..

Mendes, João de Castro – *Direito civil (Teoria Geral)*, III, 1968.

Mendes, João de Castro/Santos, Joaquim de Jesus – *Direito processual civil (Processo de falência)*, 1982, polic..

Mendes, José M. Amado – *vide* Rodrigues, Manuel Ferreira.

Mendes, Manuel Ohen – *Direito Industrial* I, 1984.

Meneses, Miguel Pinto de – *vide* Freire, Pascoal José de Melo;
– *vide* Santarém, Pedro de.

Mengoni, Luigi – *Nome sociale e ditta*, RDComm LIV (1956) 2, 47-53.

Menjucq, Michel – *Droit commercial et des affaires*, 9.ª ed., 2015.

Mensching, Adolf – *Das deutsche Handelsrecht zum praktischen Gebrauch gemeinsatzlich dargestellt*, 1864.

Mentzel, Tobias – *vide* Drexl, Josef.

Mercadal, Barthélémy – *Droit des transports terrestres et aériens*, 1996.

Merkin, Robert – *vide* Lowry, John.

Merkt, Hanno – *Die dogmatische Zuordnung der Duldungsvollmacht zwischen Rechtsgeschäft und Rechtsscheintatbestand*, AcP 204 (2004), 638-659;
– em Adolf Baumbach/Klaus J. Hopt, *Handelsgesetzbuch*, 35.ª ed. (2012), § 238.

Merle, Werner – *Personenhandelsgesellschaften als Unternehmer im Gewerberecht*, FS Bartholomeizcik (1973), 279-288.

Mertens, Hans-Joachim – *Das lex mercatoria-Problem*, FS Odersky (1996), 857-872.

Merz, Hans – *Obligationenrecht/Allgemeiner Teil*, I, 1984.

Mesquita, Duarte Romeira – *vide* Soares, Fernando Luso.

Mesquita, Maria José Rangel de – *vide* Soares, Adriano Garção.

Messineo, Francesco – *La sorte dei diritti accessori nel contratto di riporto*, RDComm 23 (1925), 328-329;
– *Riporto e mutuo contra pegno di titoli*, Banca 1937, II, 188 ss. = *Operazioni di borsa e di banca*, 2.ª ed. (1954), 171-183;
– *Operazioni di borsa e di banca/Studi giuridici*, 2.ª ed., 1954; existe uma versão em castelhano, de R. Gay de Montella, *Operaciones de bolsa y de banca/Estudios jurídicos*, 1957;
– *L'anticipazione sopra valori mobiliari e merci*, em *Operazioni di borsa e di banca/Studi giuridici*, 2.ª ed., 1954, 371-431;
– *Contratto collegato*, ED X (1962), 48-54;
– *Contratto innominato (atipico)*, ED X (1962), 95-110;

966   *Direito comercial*

– *vide* Cicu, Antonio.

Mestmäcker, Ernst Joachim – *Zur Systematik des Rechts der Verbundenen Unternehmen im neuen Aktiengesetz*, FG Kronstein (1967), 129-150; – *Europäisches Wettbewerbsrecht*, 1974.

Mestmäcker, Ernst Joachim/Schweitzer, Heike – *Europäisches Wettbewerbsrecht*, 3.ª ed., 2014.

Mestre, Jacques/Tian-Pancrazi, Marie-Eve – *Droit commercial*, 29.ª ed., 2012.

Meyer, Barbara Elisabeth – *Das subjektive Recht am Unternehmen*, 1933.

Meyer, Olaf – *Contra Proferentem? Klares um weniger Klares zur Unklarheitenregel*, ZHR 174 (2010), 108-143.

Meyer, Rudolf – *Bona fides und lex mercatoria in der europäischen Rechtstradition*, 1994.

Meyer-Landrut – *vide* Schmidt.

Micklitz, Hans W. – *La loi allemande relative ao régime juridique des conditions générales des contrats du 9 Décembre 1976/Bilan de onze anées d'aplication*, RIDC 41 (1989), 101-122.

Micklitz, Hans-W./Tonner, Klaus – *Vertriebsrecht/Haustür-, Fernabsatzgeschäfte und elektronischer Geschäftsverkehr (§§ 312-312f; 355-359 BGB)/Handkommentar*, 2002.

Miele, Giovanni/Stancanelli, Giuseppe – *Consorzi amministrativi*, ED IX (1961), 408-414.

Mirabelli, Giuseppe – *Promessa unilaterale e mediazione*, RDComm LI (1953), 2, 165-183.

Miranda, Gil – *vide* Olavo, Fernando.

Miranda, Jorge – *As associações públicas no Direito português*, 1985.

Miranda, Jorge/Medeiros, Rui – *Constituição portuguesa anotada 1*, 2.ª ed. 2010.

Mistelis, Loukas A. – *vide* Lew, Julian D. M..

Mittermaier, F. – *Die Leistung der Gesetzgebung. Rechtsprechung und Miesenschaft in Italien auf dem Gebiete des Handelsrechts*, ZHR 4 (1861), 327-340; – *Das Italienische Handelsgesetzbuch von Jahre 1882*, ZHR 29 (1883), 132-181; – *Das Spanische Handelsgesetzbuch von 1885*, ZHR 33 (1887), 286-330.

Mocci, Giovanni – *Operazioni commerciali via internet*, 2001.

Mock, Sebastian – em Wilhelm Uhlenbruck/Heribert Hirte/Heinz Vallender, *Insolvenzordnung*, 14.ª ed. (2015).

Modugno, Franco – *Norme singolari, speciali, eccezionali*, ED XXVIII (1979), 506-531.

Molengraaff, W. L. P. A. – *Principes de droit commercial néerlandais*, trad. fr. Max Franssen, 1931.

Möller, Cosima – *Der Franchiseverträg im Bürgerlichen Recht/Ein Beitrag zur Diskussion über die Rechtsnatur des Franchiseverträges*, AcP 203 (2003), 319-347.

Moller-Gugenberger, Christian – *Gesellschaft – Société und Groupement als Rechtsformen zur Unternehmenskooperation*, 1976.

Möllers, Thomas M. J. – *Standards als sekundäre Rechtsquellen/Ein Beitrag zur Bindungswirkung von Standards*, em Thomas M. J. Möllers (org.), *Geltung und Faktizität von Standards* (2009), 143-171.

Möllers, Thomas M. J. (org.) – *Geltung und Faktizität von Standards*, 2009.

Moncada,Cabral de – *vide* Rocco, Alfredo.

Moniz, Carlos Botelho (coord.), *Lei da concorrência anotada*, 2016.

Mönnich, Ulrike – no Beckmann, *Versicherungsrechts- Handbuch*, 2.ª ed., 2009.

Monteiro, António Pinto – *Contrato de agência (anteprojecto)*, BMJ 360 (1986), 43-139;
 – *Contratos de agência, de concessão e de franquia ("franchising")*, Est. Eduardo Correia III (1984, mas 1989), 303-327;
 – (org.) *As telecomunicações e o Direito na sociedade de informação*, 1999;
 – *Contratos de distribuição comercial*, 2002;
 – *Contrato de agência/Anotação ao Decreto-Lei n.º 178/86, de 3 de Julho*, 1987, 2.ª ed., 1993, 3.ª ed., 1997, 4.ª ed., 2000, 5.ª ed., 2004, 7.ª ed., 2010;
 – (org.), *O novo regime da contratação à distância*, em *Estudos de Direito do Consumidor* n.º 9, 2015;
 – *vide* Pinto, Carlos Mota.

Monteiro, Jorge Sinde – *Responsabilidade por conselhos, recomendações ou informações*, 1989;
 – *Assinatura electrónica e certificação (A Directiva 1999/93/CE, e o Decreto-Lei n.º 290-D/99, de 2 de Agosto)*, RLJ 133 (2001), 261-272.

Montella, R. Gay de – *Operaciones de bolsa y de banca/Estudios jurídicos*, 1957;
 – *vide* Messineo, Francesco.

Montessori, Roberto – *Il concetto di impresa negli atti di commercio/Dell'art. 3 Cod. di Comm.*, RDComm X (1912) 1, 408-445 e 497-523.

Morais, Fernando de Gravato – *Novo regime do arrendamento comercial*, 2006.

Morck, Winfried – *vide* Koller, Ingo.

Moreira, Guilherme Alves – *Actos de Commercio/Estudo exegético e critico das disposições do novo Código Commercial*, vol. I/*Dissertação inaugural para o acto de conclusões magnas*, 1889;
 – *Instituições de Direito civil*, 1, 1903;
 – *Instituições do Direito Civil Português*, vol. 1.º – *Parte geral*, 1907, e 2.º vol., 1911.

Moreira, Vital – *vide* Canotilho, Gomes.

Morello, Umberto – *Condizioni generali di contratto*, no DDP/SCiv, III (1990), 334-396.

Moreno, Alberto Diaz – *vide* Sánchez, Guilhermo J. Jiménez.

Morgado, Carla – *vide* Cordeiro, António Menezes.

Mosco, Gian Domenico – *I consorzi tra emprenditori*, RSoc 30 (1985), 1543-1444, com recensão.

Mossa, Lorenzo – recensão a Wieland, *Handelsrecht*, RDComm XIX (1921) 1, 283-287;
– *I problemi fondamentali del diritto commerciale*, RDComm XXIV (1926) 1, 233-252;
– *Per il nuovo codice di commercio*, RDComm XXVI (1928) 1, 16-33;
– *Scienza e metodi del diritto commerciale*, RDComm XXXIX (1941) I, 439-449;
– *Trattato del nuovo diritto commerciale/Secondo il Codice Civile del 1942* – I – *Il livro del lavoro/L'impresa corporativa*, 1942;
– *Il diritto del lavoro, il diritto commerciale ed il Codice Civile*, RDComm XLIII (1945) I, 39-75.

Mota, António Cardoso – *O know-how e o Direito comunitário da concorrência*, CCTF 130 (1984), 47 ss..

Müller, Hans – *vide* Bruck, Ernst.

Müller, Helmut – *Versicherungsbinnenmarkt/Die europäische Integration im Versicherungswesen*, 1995.

Müller, Klaus J. – *Ausschluss des Ausgleichsanspruchs des Handelsvertreters nach § 92 c I HGB*, NJW 1998, 17-19.

Müller-Erzbach, Rudolf – *Die Erhaltung des Unternehmens*, ZHR 61 (1908), 357-413;
– *Deutsches Handelsrecht* 2.ª e 3.ª ed., 1928.

Müller, Doris – *Das neue Firmenrecht in der Praxis*, 65-71.

Müller-Freienfels, Wolfram – *Zur "Selbständigkeit" des Handelsrechts*, FS v. Caemmerer 1978, 583-621.

Müller-Graf, Peter-Christian – em Rudolf Heinz, *EUV/AEUV*, 2.ª ed., 2012.

Müller-Graff – *Das Gesetz zur Regelung des Rechts der Allgemeinen Geschäftsbedingungen*, JZ 1977, 245-255.

Musio, Ivana – *Obblighi di informazione nel commercio elettronico*, em Sica/Stanzione, *Commercio elettronico* (2002), 117-135.

Müther, Peter-Hendrik – *vide* Schmidt-Kessel, Martin.

Mutz, Gerfried – *Münchener Kommentar HGB*, VIIa.

Nattini, Angelo – *Lezioni di diritto commerciale/Impresa – Azienda – Società – Titoli di credito-cambiali*, 1950.

Nauschütt, Jürgen – *vide* Giesler, Jan Patrick.

Navarrini, Umberto – *Trattato di diritto fallimentare*, 1.º vol., 1939.
Nell-Breuning, Oswald von – *Unternehmensverfassung*, FG Kronstein (1967), 47-77.
Nery, Junior Nelson/Nery, Rosa Maria de Andrade – *Código Civil Anotado e Legislação Extravagante*, 2.ª ed., 2003.
Nery, Rosa Maria de Andrade – vide Nery, Junior Nelson.
Neto, Abílio – *Sociedades por quotas/Notas e comentário*, 1977;
– *Código Comercial e Código das Sociedades Comerciais Anotados*, 14.ª ed., 1998;
– *Código Comercial e contratos comerciais*, 2008;
– *Código Comercial*, 1.ª ed., 2008.
Netter, Oskar – *Zur aktienrechtlichen Theorie des "Unternehmens an sich"*, FS Albert Pinner (1932), 507-612.
Neumann, Christine – *Praxisprobleme bei der Insolvenz von selbstständigen*, ZVI 2004, 637-638.
Neuner, Jörg – *Handelsrecht – Handelsgesetz – Grundgesetz*, ZHR 157 (1993), 243-290.
Neves, Vasco Santiago – vide Cardoso, José Pires.
Niebeling, Jürgen – *Vertragshändlerrecht*, 2.ª ed., 2003.
Nipperdey, Hans-Carl – *Die Zulässigkeit doppelter Firmenführung für ein einheitliches Handelsgeschäft*, FS Hueck 1959, 195-217;
– vide Enneccerus, Ludwig.
Nobel, Peter – *Anstalt und Unternehmen/Dogmengeschichtliche und vergleichende Vorstudien*, 1978.
Nogueira, José Duarte – *Lei e poder régio* I – *As leis de Afonso II*, 2006.
Nova, Giorgio de – *Franchising*, no DDP/SCom VI (1991), 296-308.
Novelli, Vittorio – prefácio a Carlo e Fulvio Sarzana di S. Ippolito, *Profili giuridico del commercio via Internet*, 1999.
Novelli, Vittorio – vide Sarzana, Carlo.
Nussbaum, Arthur – *Die Auflösung des Handelsrechtsbegriffs*, ZHR 76 (1915), 325-336.

Oetker, Hartmut – *Handelsrecht*, 7.ª ed., 2015;
– *Handelsgesetzbrech Kommentar*, 4.ª ed., 2015.
Ohmeyer, Kamillo Edlen von – *Das Unternehmen als Rechtsobjekt/Mit einer systematischen Darstellung der Spruchpraxis betreffend die Exekution auf Unternehmen*, 1906.
Olavo, Carlos – *O contrato de franchising*, em *Novas perspectivas do Direito comercial* (publ. FDL/CEJ) (1988), 159-174;
– *Propriedade industrial* I – *Sinais distintivos do comércio/Concorrência desleal*, 2.ª ed., 2005.

970   *Direito comercial*

Olavo, Fernando – *Abertura de crédito documentário*, 1952;
  – *Desconto bancário: introdução, descrição, estrutura e natureza*, 1955;
  – *Lições Direito Comercial*, policop., 1959;
  – *Direito Comercial*, vol. II, apontamentos coligidos por Alberto Xavier e Martim de Albuquerque, 1963;
  – *A empresa e o estabelecimento comercial*, CTF 55-60 (1963), 14-37;
  – *Sociedade em nome colectivo – Ensaio de anteprojecto*, BMJ 179 (1968), 15-37;
  – *Direito Comercial*, vol. I, 1.ª ed., 1964; 2.ª ed., 1970 e 2.ª reimpr., 1979;
  – *Manual de Direito comercial* I, 1964;
Olavo, Fernando/Miranda, Gil – *Sociedade em comandita/Notas justificativas*, BMJ 221 (1972), 11-42, 223 (1973), 15-65 e 224 (1973), 5-79.
Oliveira, Arnaldo Filipe da Costa – *A protecção dos credores de seguros na liquidação de seguradoras/Considerações de Direito constituído e a constituir*, 2000.
Oliveira, Guilherme de – *vide* Coelho, Francisco Pereira.
Oliveira, Joana Albuquerque – *Curso de processo de insolvência e de recuperação de empresas*, 2011.
Oliveira, Joaquim Dias Marques de – *Manual de Direito comercial angolano* II, 2011.
Olshausen, Eberhard von – *Neuerungen im System der handelsrechtlichen Rechtsscheingrundsätze*, BB 1970, 137-145;
  – *Rechtsschein und "Rosinentheorie"*, AcP 189 (1989), 223-243 ;
  – *Fragwürdige Redeweisen im Handelsrechtsreformgesetz*, JZ 1998, 717-720;
Oppetit, Bruno – *vide* Rodière, René.
Oppikofer, Hans – *Das Unternehmensrecht in geschichtlicher, vergleichender und rechtspolitischer Betrachtung*, 1927.
Oppo, Giorgio – *vide* Asquini, Alberto.
Ord. Fil., Liv. V, tit. LXVI – "Dos mercadores que quebram. E dos que se levantam com fazenda alheia", proémio = ed. Gulbenkian, IV-V, 1214/I.
Ord. Fil., Liv. V, tit. LXVI = ed. Gulbenkian, IV e V, 1214.
Orlandi, Mauro – *La paternità delle scritture/Sottoscrizione e forme equivalenti*, 1997.
Osborne, Greg – *vide* Baskind, Eric.
Osterrieth, Christian – *Patentrecht*, 4.ª ed., 2010.
Osti, Giuseppe – *Contratto*, NssDI IV (1959), 463-535.
Ott, Claus – *vide* Schäfer, Hans-Bernd.
Otto, Martin/Klippel, Diethelm (publ.) – *Geschichte des deutschen Patentrechts*, 2015.

Ovidio, Antonio Lefebvre d'/Pescatore, Gabriele/Tullio, Leopoldo – *Manuale di diritto della navigazione*, 8.ª ed., 1996.

Pacchioni, Giovanni – *Nome civile e nome commerciale*, RDComm XI (1913) 2, 165-170.

Paccielo, Andrea – *A proposito di un caso di riporti di titoli azionari con diritto di voto riservato al riportato e legittimazione al voto*, Banca, XLV (1982), 147-151.

Pahl, Lothar – *Haftungsrechtlichen Folgen versäumter Handelsregistereintragungen und Bekanntmachungen*, 1987.

Paillusseau, Jean/Caussain, Jean-Jacques/Lazarski, Henry/Peyramaure, Philippe – *La cession d'entreprise*, 1988.

Palandt/Heinrichs – *BGB*, 59.ª ed., 1999; 66.ª, 2007; 75.ª, 2016.

Panucchio, Vincenzi – *Teoria giuridica dell'impresa*, 1974.

Paoli, Ugo Enrico – *L'autonomia del diritto commerciale nella Grecia classica*, RDComm XXXIII (1935) I, 36-54.

Paolucci, Luigi Filippo – *Consorzi e società consortili nel diritto commerciale*, no DDP/SCom 3 (1990), 433-447.

Papagiannis, Ioannis Men. – *vide* Grossfeld, Bernhard.

Pape, Gerhard – *Erleichterung der Sanierung von Unternehmen durch Stärkung der Eigenverwaltung*, ZInsO 2010, 1582-1596;
– *Erleichterung der Sanierung von Unternehmen durch Insolvenzverfahren bei gleichzeitiger Abschaffung der Gläubigergleichbehandlung?*, ZInsO 2010, 2155-2162.

Papel, Irmtraut – em Wilhelm Uhlenbruck/Heribert Hirte/Heinz Vallender, *Insolvenzordnung*, 14.ª ed. (2015).

Parenti, Alberto – *L'armomizzazione comunitaria in materia di commercio elettronico*, em Sacerdoti/Marino, *Il commercio elettronico* (2001), 77-107.

Pasquali, Fiorenzo di – *Alcuni aspetti dell'attività dei consorzi di garantia nell prassi del mercado azionario italiano*, Riv. della Società 30 (1985), 14-61.

Passow, Richard – *Betrieb, Unternehmen, Konzern*, 1925.

Pasteris, Carlo – *Diritto commerciale*, NssDI V (1960), 813-819.

Pauge, Burkhard W. – *Handelsvertreter und Makler – Prokura und Handlungsvollmacht*, 2.ª ed., 1991.

Paul, Uwe – *Patronatserklärungen in der Insolvenz der Tochtergesellschaft*, ZInsO 2004, 1327-1329.

Paulick, Heinz – *Handbuch der stillen Gesellschaft*, 3.ª ed., 1981.

Paulo, Octávio Castelo – *vide* Correia, Pupo.

Paulus, Christoph G./Zenker, Wolfgang – *Grenzen der Privatautonomie*, JuS 2001, 1-9.

972 *Direito comercial*

Paver, Uwe – *Eignet sich die Stiftung für den Betrieb erwufwirtschaftlicher Unternehmen?*, 1967.

Pawlowski, H.-M. – *Allgemeiner Teil des BGB*, 6.ª ed., 2000.

Pawlowski, Hans-Martin – *Allgemeiner Teil des BGB*, 6.ª ed., 2000.

Pazos, Juan Baró – *La codificación del Derecho civil en España (1808-1889)*, 1993.

Pearson, John K. – *vide* Tatelbaum, Charles M..

Pédamon, Michel/Kenfack, Hugues – *Droit commercial/Commerçants et fonds de commerce/Concurrence et contrats de commerce*, 4.ª ed., 2015.

Pedicini, Ettore – *Il broker di assucurazioni*, 1998.

Pelágio, Huberto – *Código Comercial e Código de Falências*, 2.ª ed. atualizada e anotada, 1939.

Pereira, Alexandre Libório Dias – *Comércio electrónico na sociedade da informação: da segurança técnica à confiança jurídica*, 1999;
– *Direito comercial das empresas/Apontamentos teórico-práticos*, 2.ª ed., 2015.

Pereira, Maria Adozinda Barbosa – *Contrato de trabalho – Contrato de agência – Distinção*, na RMP 94 (2003), 149-153.

Pérez, Ana Felícias Muñoz/Acitores, Antonio Serrano/Rosado, Javier Martínez – *Handbook of Spanish Business Law*, 2016.

Pérochon, Françoise – *Entreprise en difficulté*, 10.ª ed., 2014.

Pescatore, G./Ruperto, C. – *Codice civile annotato*, 2.º vol., 10.ª ed., 1997.

Pescatore, Gabriele – *vide* Ovidio, Antonio Lefebvre d'.

Peters, Frank – *Zur Geltungsgrundlage der Anscheinsvollmacht*, AcP 179 (1979), 214-244.

Petri, Igor/Wieseler, Michael – *Handbuch des Maklerrecht/für Makler und deren Rechtsberater*, 1998.

Petrocchi, Carlo – *Consorzi di utenze d'acque pubbliche*, NDI III (1938), 968-971;
– *Consorzi di bonifica integrale*, NssDI IV (1959), 254-261;
– *Consorzi per l'uso delle acque*, NssDI IV (1959), 290-294;
– *vide* Vitale, Antonino.

Petrucci, Aldo – *vide* Cerami, Pietro.

Peyramaure, Philippe – *vide* Paillusseau, Jean.

Pfeiffer, Thomas – *Vom Kaufmännischen Verkehr zum Unternehmensverkehr/ Die Änderungen des AGB-Gesetzes durch das Handelsrechtsreform-gesetz*, NJW 1999, 169-174;
– *vide* Kadletz, Andreas.

Piergiovanni, Vito – *Diritto commerciale nel diritto medievale e moderno*, DDP/ /*Sezione Commerciale* IV (1990), 333-345;
– (org.) *From lex mercatoria to commercial law*, 2005.

Piltz, Burghard – *Neue Entwicklungen im UN-Kaufrecht*, NJW 2000, 553-560;

– Neue Entwicklungen im UN-Kaufrecht, NJW 2005, 2126-2131.

Pimentel, Diogo Pereira Forjaz de Sampaio *– Synthese do Codigo de Commercio Portuguez/Na ordem das annotações ao mesmo Codigo pelo Auctor d'estas annotações*, 2.ª ed., 1866;
– Projecto de Codigo de Commercio, 1870;
– Annotações ou synthese annotada do Codigo de Commercio, tomo I, 1874;
– Annotações ou synthese annotada do Codigo do Commercio, 1875.

Pinheiro, Luís de Lima *– Contrato de empreendimento comum (joint-venture) em Direito internacional privado*, 1998;
– Arbitragem transnacional: a determinação do estatuto da arbitragem, 2005;
– Direito comercial internacional, 2005

Pinho, António Simões de *– vide* Figueiredo, Mário Augusto Jorge de.

Pinner, Albert – relatório, DJT 34 (1927) 2, 611-678.

Pinto, Alexandre Mota – em Manuel Lopes Porto/Gonçalo Anastácio, *Tratado de Lisboa anotado e comentado* (2012), 316 ss..

Pinto, Carlos Mota *– A responsabilidade pré-negocial pela não conclusão dos contratos*, separata do BFD n.º 14, 1963;
– Cessão da posição contratual, 1970;
– Teoria geral do Direito civil, 4.ª ed., por António Pinto Monteiro e Paulo Mota Pinto, 2005.

Pinto, Fernando Ferreira *– Contrato de distribuição/Da tutela do distribuidor integrado em face da cessação do vínculo*, 2013.

Pinto-Ferreira, João Pedro *– vide* Carvalho, Jorge Morais.

Pinto, Paulo Mota *– Interesse contratual negativo e interesse contratual positivo* I, 2008;
– vide Pinto, Carlos Mota.

Pinto, Rui (coord.) *– Direito da insolvência/Estudos*, 2011

Piper, Henning *– vide* Herber, Rolf.

Pirovano, Antoine *– Introduction critique au droit commercial contemporain*, RTDComm XXXVIII (1985), 219-263.

Pisko, Oskar *– Das Unternehmen als Gegenstand des Rechtsverkehrs*, 1907;
– Handelsgesetze als Quelle des bürgerlichen Rechts/Ein Beitrag zur Lehre von der Analogie, 1935.

Planiol, Marcel *– Traité élementaire de Droit civil*, I, 3.ª ed., 1904.

Pohlmann, Hansjörg *– Die Quellen des Handelsrechts*, em Helmut Coing, *Handbuch der Quellen und Literatur der neueren europäischen Privatrechtsgeschichte*, vol. I *Mittelalter (1100-1500)* (1973), 801-834.

Polleri, Vittorio *– vide* Gallesio-Piuma, Maria Elena.

Pont, Manuel Broseta/Sanz, Fernando Martínez *– Manual de Derecho Mercantil*, 22.ª ed., 2 vols., 2015.

Porto, Manuel Lopes – *Teoria da integração e políticas comunitárias*, 1997.

Possner, Richard A. – *Economic Analysis of Law*, 5.ª ed., 1998.

Prasca, M. S. – *vide* Albertazzi, A..

Präve, Peter – *Versicherungsbedingungen und Transparenzgebot*, VersR 2000, 138-144.

Preis, Ulrich – *Der persönliche Anwendungsbereich der Sonderprivatrechte/Zur systematischen Abgrenzung von Bürgerlichen Recht, Verbraucherrecht und Handelsrecht*, ZHR 158 (1994), 567-613.

Preite, Disiano – *Il conflitto di interessi del socio tra codice e disciplina del mercato mobiliare*, RSoc 33 (1988), 361-470.

Presti, Gaetano/Rescigno, Matteo – *Corso di diritto commerciale 1*, 7.ª ed., 2016.

Preuss, Nicola – *vide* Fleischhauer, Jens.

Priester, Hans-Joachim – *vide* Hommelhoff, Peter.

Proença, Alfredo – *Transporte de mercadorias por estrada*, 1998.

Prölss, Erich R./Martin, Anton – prosseguido por Ulrich Knappmann, Jürgen Prölss, Helmut Kollhosser e Wolfgang Voit, *Versicherungsvertragsgesetz*, 26.ª ed., 1998.

Psaroudakis, Georgios – no Heidel/Schall, *HGB/Kommentar* (2011), § 382 ss..

Puchelt, Ernst Sigismund/Förtsch, R. – *Kommentar zum Allgemeinen Deutschen Handelsgesetzbuch*, 1893.

Purpura, Gianfranco – *Studi romanistici in tema di diritto commerciale maritimo*, 1996.

Püttgen, Frank J. – *Europäisiertes Versicherungsvertragsschlussrecht*, 2011.

Püttner, Günther – *Die öffentlichen Unternehmen/Ein Handbuch zu Verfassungs- und Rechtsfragen der öffentlichen Wirtschaft*, 2.ª ed., 1985.

Raggi, Luigi – *Consorzi*, NDI III (1938), 953-956;
  – *Consorzi di comuni*, NDI III (1938), 966-968;
  – *Consorzi obbligatori*, NDI III (1938), 976-978.

Raisch, Peter – *Die Abgrenzung des Handelsrechts vom Bürgerlichen Recht als Kodifikationsproblem im 19. Jahrhundert*, 1962;
  – *Geschichtliche Voraussetzungen, dogmatische Grundlagen und Sinnwandkung des Handelsrechts*, 1965;
  – *Die rechtsdogmatische Bedeutung der Abgrenzung von Handelsrecht und bürgerlichen Recht/Zugleich ein Beitrag zur analogen Anwendung handelsrechtlicher Normen auf Nichtkaufleute*, JuS 1967, 533-542 ;
  – *Zur Analogie handelsrechtlicher Normen*, FS Stimpel (1985), 29-46;
  – *Handels- oder Unternehmensrecht als Sonderprivatrecht?*, ZHR 154 (1990), 567-578.

Raiser, Ludwig – *Das Recht der allgemeinen Geschäftbedingungen*, 1935.

Raiser, Thomas – *Das Unternhemen als Organisation/Kritik und Erneuerung der juristischen Unternehmenslehre*, 1969;
– *Unternehmensziele und Unternehmensbegriff*, ZHR 144 (1980), 206-231;
– *Theorie und Aufgaben des Unternehmensrechts in der Marktwirtschaft*, ZRP 1981, 30-35;
– *Unternehmensrecht als Gegenstand juristischer Grundlagenforschung*, FS Erich Potthoff (1989), 31-45.

Raiser, Thomas/Veil, Rüdiger – *Recht der Kapitalgesellschaften*, 4.ª ed., 2006.

Ralha, Eduardo Marques – *vide* Figueiredo, Mário Augusto Jorge de.

Ramser, Hans Jürgen – *vide* Franz, Wolfgang.

Rappazzo, Antonio – *I contratti collegati*, 1998.

Rathenau, Walther – *Vom Aktienwesen/Eine geschäftliche Betrachtung*, 1918.

Rawlings, Philipp – *vide* Lowry, John.

Redfern, Alan/Hunter, Martin – *Law and Practice of International Commercial Arbitration*, 2004.

Regimento do ofício de Corretor e o Regulamento do serviço e operações das Bolsas de fundos públicos e particulares e outros papéis de crédito, 1901.

Rego, Antonio – *vide* Gadea, Enrique.

Rego, Margarida Lima – *Contrato de seguro e terceiros/Estudo de Direito civil*, 2010.

Regulamento de fiscalização das sociedades anonymas, de 13-abr.-1911 (José Relvas), CLP 1911, 2072-2077.

Regulamento do Tribunal Arbitral do Centro de Arbitragem Comercial, aprovado em 1-out.-1987, com alterações de 31-jan. e 28-abr.-1992.

Rehkugler, Heinz – *vide* Seiler, Erwin.

Rehme, Paul – *Geschichte des Handelsrechts* (1914), 52 ss. (existe uma versão de 1913, incluída no *Handbuch des gesamten Handelsrechts*, vol. I, org. Victor Ehrenberg, 29-259)

Rei, Maria Raquel – *A justa causa no contrato de mandato*, 1994, polic..

Reiner, Günter – em Ebenroth/Boujong, *Handelsgesetzbuch Kommentar* 1, 3.ª ed., 2014.

Reinicke, Gerhard – *Neudefinition des Arbeitnehmerbegriffs durch Gesetz und Rechtsprechung?*, ZIP 1998, 581-588.

Reis, José Alberto dos – *Dos títulos ao portador – Dissertação inaugural para o acto de conclusões magnas*, 1899;
– *Comentário ao Código de Processo Civil*, 3 volumes, 1944-1946;
– *Código de Processo Civil Anotado*, 6 volumes, 1944-1948;
– *Processos especiais*, 2, 1956, reimp. 1982.

Reis, José Alberto dos/Cabral, Amaral – *Código Comercial Português*, 2.ª ed., 1946.

Relatório sobre Pagamentos, 2015, na Net.

976   *Direito comercial*

Renger, Reinhard – *Versicherungsvertragsgesetz*, 44.ª ed., 2005.

Rescigno, Matteo – *vide* Presti, Gaetano.

Rescigno, Pietro (org.) – *Codice civile*, 2 volumes, 8.ª ed., 2008. ou 7.ª

Rescio, Giuseppe A. – *La pubblicità comerciale in Gran Bretagna*, em *La pubblicità commerciale nei paesi dell'unione europea* (2000), 53-67;
– *La pubblicità commerciale in Francia*, em *La pubblicità commerciale nei paesi dell'unione europea* (2000), 33-51.

Rescio, Giuseppe A./Tassinari, Federico – *La pubblicità commerciale nei paesi dell'unione europea*, 2000.

Responsabilidade civil do requerente de falência, RT 56 (1938), 306-308.

Reuber, Klaus – *Die haftungsrechtliche Gleichbehandlung von Unternehmensträgern/Der allgemeine Gleichheitssatz (Art. 3 Abs. 1GG) als Wertungskriterium für die Anwendung des § 31 BGB auf Unternehmensträger*, 1990.

Reuschle, Fabian – no Ebenroth/Boujong, *HGB Kommentar*, 1 e 2 ??, 3.ª ed., 2014.

Reuter, Dieter – anotação a TJE 7-mar.-1996, JuS 1996, 836-837;
– no Staudinger, §§ 652-656 (*Maklerrecht*), 2010.

Revisão do Código Comercial português por convite da câmara dos senhores deputados por uma comissão nomeada de entre os seus sócios pela Associação Mercantil.

Ribeiro, Ana Paula – *O contrato de franquia (franchising) no Direito interno e internacional*, 1994.

Ribeiro, Aureliano Strecht – *Código Comercial Português/actualizado e anotado*, II, 1939.

Ribeiro, Maria de Fátima – *O contrato de franquia/Franchising/Noção, natureza jurídica e aspectos fundamentais de regime*, 2001.

Ribeiro, Ernesto Rodolpho Hintze – *Theoria e legislação do recambio/Estudo jurídico-commercial*, 1870.

Ricard, Paul – *Traité général du Commerce*, 1.º vol., 1798.

Riedel, Ernst – *vide* Frege, Michael C..

Riegger, Bodo – *Die Veräusserung der Firma durch den Konkurs verwalter*, BB 1983, 786-788.

Riezer, J. – *Zur Revision des Handelsgesetzbuchs*, ZgHR/BH XXXIII (1887).

Ring, Gerhard – *Das neue Handelsrecht*, 1999.

Ringling, Wilfried – *vide* Göllert, Kurt.

Ringstmeier, Andreas – *Abwicklung von Mietverhältnisse in masseunzulänglichen Insolvenzverfahren*, ZInsO 2004, 169-174.

Rintelen, Max – *Untersuchungen über die Entwicklung des Handelsregisters*, 1914.

Ripert, G./Roblot, R. – *Traité Élementaire de Droit Commercial*, 1.º vol., 10.ª ed., 1980;

Índice bibliográfico 977

– *Traité de Droit Commercial*, tomo 1.º, 17.ª ed., por Michel Germain/Louis Vogel, 1998 e tomo 2.º, 16.ª ed., por Philippe Delebecque/Michel Germain, 2000;
– *Traité de Droit Commercial* I/2, 18.ª ed., 2003.

Rittner, Fritz – *Unternehmen und Freier Beruf als Rechtsbegriffe*, 1962;
– *Vertragshändler und Vertragshändlervertrag*, ZHR 135 (1971), 62-77, recensão a Peter Ulmer, *Der Vertragshändler*, 1969;
– *Zur Verantwortung des Vorstandes nach § 76 Abs 1, AktG 1965*, FS Gessler (1971), 139-158;
– *Unternehmenspenden an politische Parteien*, FS Knur (1972), 205-233;
– *Unternehmensverfassung und Eigentum*, FS W. Schilling (1973), 363-384;
– *Einführung in das Wettbewerbs- und Kartellrecht*, 2.ª ed., 1985;
– *Zur Verantwortung der Unternehmensleitung*, JZ 1988, 113-118;
– *Unternehmensfreiheit und Unternehmensrecht zwischen Kapitalismus, Sozialismus und Laborismus*, 1998.

Rives-Lange, Jean-Louis/Contamine-Raynaud, Monique – *Droit bancaire*, 6.ª ed., 1995.

Roach, Lee – *vide* Baskind, Eric.

Roblot, R. – *vide* Ripert, G..

Rocco, Alfredo – *Principii di diritto commerciale/Parte generale*, 1928;
– *Princípios de Direito Comercial/Parte Geral*, trad. de Cabral de Moncada, 1931.

Rocha, Ana Catarina – *A cláusula de reserva de propriedade na Directiva 2000/35/ CE do Parlamento Europeu e do Conselho sobre as medidas de luta contra os atrasos de pagamento*, RFDUP 2005, 9-78.

Rocha, Francisco Costeira da – *O contrato de transporte de mercadorias/Contributo para o estudo da posição jurídica do destinatário no contrato de transporte de mercadorias*, 2000.

Rocha, M. A. Coelho da – *Instituições de Direito Civil Portuguez*, tomo II, 8.ª ed., 1917, correspondente à 2.ª ed., de 1848.

Rodière, René/Oppetit, Bruno – *Droit Commercial/Groupements Commerciaux*, 10.ª ed., 1980.

Rodrigues, Azevedo – *vide* Borges, António.

Rodrigues, Luís Barbosa – *vide* Alves, Sílvia.

Rodrigues, Manuel Ferreira/Mendes, José M. Amado – *História da Indústria Portuguesa/Da Idade Média aos nossos dias*, 1999.

Rodrigues, Rogério – *vide* Borges, António.

Rodrigues, Sofia do Nascimento – *A operação de reporte*, 1998, polic..

Rogron, J. A. – *Code de Commerce expliqué*, 5.ª ed., 1834.

Rojot, Jacques – *La gestion de la négociation*, RTDComm 51 (1998), 447-462.

978 *Direito comercial*

Römer, Jac. – *Sammlung von Entscheiden des Oberappellationsgerichts zu Lübeck in Frankfurter Rechtssachen.*

Römer, Wolfgang – *Zu ausgewählten Probleme der VVG-Reform*, VersR 2006, 740-745 e 865-870.

Römer, Wolfgang/Langheid, Theo – *Versicherungsvertragsgesetz*, 1997.

Rontchevsky, Nicolas – anotação ao *Code de Commerce* da Dalloz, 107.ª ed. (2012) ;
– (org.) *Code de Commerce*, 107.ª ed., 2012.

Rosado, Javier Martínez – *vide* Pérez, Ana Felícias Muñoz.

Rose, Francis (ed.) – *Blackstone's Statutes on Commercial & Consumer Law*, 24.ª ed., 2015-2016.

Rosenberg, Leo/Gaul, Hans Friedhelm/Schilken, Eberhard – *Zwangsvollstreckungsrecht*, 12.ª ed., 2010.

Roth, Günther H. – *Handels- und Gesellschaftsrecht/Das Recht des Kaufmännischen Unternehmens*, 1980.

Roth, Herbert – no *Münchener Kommentar zum BGB*, 4, 5.ª ed. (2009), 2163 ss..

Roth, Jan – *Interessenwiderstreit im Insolvenzröffnungsverfahren/Eine Untersuchung des Insolvenzröffnungsverfahrens unter verfahrens- und verfassungsrechtlichen Gesichtspunkten*, 2004.

Roth, Markus – no Baumbach/Hopt, *HGB Kommentar*, 35.ª ed., 2012.

Roth, Wulf-Henning – *Das neue Firmenrecht*, em *Die Reform des Handelsstandes und der Personengesellschaften/Fachtagung der Bayer-Stiftung für deutsches und internationales Arbeits- und Wirtschaftsrecht* (1998), 31-64;
– em Ingo Koller/Wulf-Henning Roth/Winfried Morck, *Handelsgesetzbuch*, 7.ª ed., 2011.

Rotondi, Enrico – *Il contratto di agenzia nella* giurisprudenza, 1989.

Rozès, Louis – *Projets et accords de principe*, RTDComm 51 (1998), 501-510.

Ruiz, Rafael Ruiz y – *La compravenda de valores* mobiliarios, 1944.

Ruperto, C. – *vide* Pescatore, G..

Ruppe, Nicole – *vide* Hess, Harald.

Sá, Eduardo Alves de – *Primeiras explicações do Codigo Commercial Portuguez de 1888*, vol. 1.º, 1903.

Sá, J. Alves de – *vide* Vivante, Cesare.

Säcker, Franz Jürgen – *Unternehmensgegenstand und Unternehmensinteresse*, FS Lukes (1989), 547-557;
– no *Münchener Kommentar/BGB*, 7.ª ed., 2015.

Salandra, Vittorio – *Il contratto plurilaterale e la società di due soci*, RTDPC III (1949), 836-843.

Salanitro, Niccolò – *vide* Auletta, Giuseppe.

Saldanha, Eduardo de Almeida – *Estudos sobre o Direito Comercial Portuguez*, 1, 1896;
– *Das fallencias* I, 1897.

Salgado, António Mota – introdução ao *Código dos Processos Especiais de Recuperação da Empresa e da Falência*, edição da Aequitas/Diário de Notícias;
– *Falência e insolvência/Guia prático*, 2.ª ed., 1987.

Salvador, Manuel J. G. – *Contrato de mediação*, 1964.

Sammlung von Entscheiden des Ober-Appellationsgerichts der vier freien Städte zu Lübeck in Frankfurter Rechtssachen;

Sammlung von Erkenntnissen und Entscheidungsgründe des Ober-Appellations--Gerichts zu Lübeck in Hamburgischen Rechtssachen

Sánchez, Guilhermo J. Jiménez/Moreno, Alberto Diaz – *Lecciones de derecho mercantil*, 2012.

Sandberger, G. – *Die handelsrechtliche Register-Rechtsscheinhaftung nach der Neufassung des § 15 HGB*, JA 1973, 215-220.

Santangeli, Fabio (org.) – *Il nuovo falimento*, 2006.

Santarelli, Umberto – *Fallimento (storia del)*, DDP/SCom, vol. V (1990), 366-372.

Santarém, Pedro de (Petrus Santerna) – *Tratado dos seguros*, traduzido em português por Miguel Pinto de Meneses, EF/Anais XXVI (1958), 355-476;
– *Tratado dos seguros* (reedição no latim original, acompanhada de traduções em português, inglês e francês), 1971, sendo a versão portuguesa antecedida por um prefácio de Ruy Ennes Ulrich, de *Duas palavras* ... de Arnaldo Pinheiro Torres e de *Notas bibliográficas* de Moses Amzalak.

Santis, Francesco de – *Documento informático, firma digitale e dinamiche processuali*, em Sica/Stanzione, *Commercio elettronico* (2002), 143-177.

Santo, João Espírito – *Especificidades dos arrendamentos para comércio ou indústria*, em Estudos em Honra do Prof. Doutor Inocêncio Galvão Telles 2 (2002), 429-475;
– *vide* Galgano, Francesco.

Santorini, Mario – *Azienda in diritto comparato*, DDP/SezCom 2 (1987), 97-99.

Santos Júnior, Eduardo – *O plano de insolvência/Algumas notas*, O Direito 2006, 571-591.

Santos, António Marques dos – *As normas de aplicação imediata no Direito internacional privado/Esboço de uma teoria geral*, 1, 1990, 656-690;
– *Direito internacional privado/Colectânea de textos legislativos de fonte interna e internacional*, 2.ª ed., 2002.

Santos, Beleza dos – *A simulação* 1, 1921.

Santos, Filipe Cassiano dos – *Estrutura associativa e participação societária capitalística*, 2002;

980 *Direito comercial*

– *Direito comercial português* I – *Dos actos de comércio às empresas: o regime dos contratos e mecanismos comerciais no Direito português*, 2007;
– *O contrato de instalação de lojista em centro comercial (e a aplicação do artigo 394.º do Código Civil), quando celebrado por adesão*, CDP 24 (2008), 3-20.

Santos, José Maia dos – *vide* Soares, Adriano Garção.

Santos, Rute Martins – *vide* Tiny, Kiluange.

Sanz, Fernando Martínez – *vide* Pont, Manuel Broseta.

Sarzana, Carlo – *Documento informatico, firma digitale e crittografia*, em Vittorio Novelli (org.), *Profili giuridici del commercio via Internet* (1999), 121-139.

Sasso, Cosimo – *Avviamento d'impresa*, DDP/SezComm II (1987), 56-74.

Sastre, Antonio Rodriguez – *Operaciones de bolsa/Doutrina, legislación y jurisprudência españolas*, 1944.

Savage/Bradgate – *Business Law*, 1993.

Savary, Jacques – *Le parfait negociant*, dois tomos, 1763.

Savigny – *System des heutigen römischen Rechts*, vol. VIII, 1842.

Scalfi, Gianguido – *Assicurazione (contratto di)*, DDP/SCom I (1990), 333-366.

Schäch, Klaus-Hannes – *Die Kaufmannsähnlichen Personen als Ergänzung zum normierten Kaufmannsbegriff*, 1989.

Schaefer, Erich – *Handelsrechtsreformgesetz/Erläuternde Darstellung des neuen Rechts anhand der Materialen*, 1999.

Schäfer – *Der neue Handelstand/Zur Geschichte und Motiven des neuen Kaufmannsbegriffs nach der Handelsrechtsreform 1998*, em *Die Reform des Handelsstandes und der Personengesellschaften/Fachtagung der Bayer- -Stiftung für deutsches und internationales Arbeits- und Wirtschaftsrecht* (1998), 23-29;
– *vide* Schwintowski.

Schäfer, Hans-Bernd/Ott, Claus – *Lehrbuch der ökonomische analyse des Zivilrechts*, 4.ª ed., 2005.

Schall, Alexander – *vide* Heidel, Thomas.

Schaub, Bernhard – em Ebenroth/Boujong, *Handelsgesetzbuch Kommentar* 1, 3.ª ed., 2014.

Schaub, Hermann – Fundador de *Grosskommentar zum Handelsgesetzbuch*, 4.ª ed., vários autores, a partir de 1983.

Scherner, Karl Otto – *Die Wissenschaft des Handelsrechts*, em H. Coing, *Handbuch der Quellen*, vol. II – *Neuere Zeit (1500-1800)/Das Zeitalter des gemeinen Rechts*, tomo I – *Wissenschaft* (1977), 797-801.

Schiling, Wolfgang – *Das Aktienunternehmen*, ZHR 144 (1980), 136-144.

Schilken, Eberhard – *Abstrakter und konkreter Vertrauensschutz im Rahmen des § 15 HGB*, AcP 187 (1987), 1-22;

Índice bibliográfico 981

– *vide* Rosenberg, Leo;
– *vide* Staudinger.

Schillgalis, Shenja – *Rechtsschutz des Schuldners bei fahrlässig unberechtigten Insolvenzanträgen/insbesondere bei Anordnung von Sicherungsmassnahmen gemäss § 21 InsO*, 2006.

Schioppa, Antonio Padoa – *Saggi di storia del diritto commerciale*, 1992.

Schlesinger, Piero (org.) – *Il Codice Civile/Commentario*, em várias dezenas de volumes, em curso de publicação.

Schlichting, Gerhard – *Die Zulässigkeit mehrerer Firmen für ein einzelkaufmännisches Unternehmen*, ZHR 134 (1970), 322-343.

Schlosser, Peter – *vide* Coester, Michael.

Schmahl, Hermannjosef – no *Münchener Kommentar zur Insolvenzordnung*, 1, 2.ª ed., 2007.

Schmatz, Hans – *vide* Keidel, Helmut.

Schmidt – *vide* Esser.

Schmidt, Eberhard – *Bedarf das Betriebsgeheimmis einer verstärkten Schutz?*, DJT 36 (1930) 1, 101-230.

Schmidt, Harry – *Vertragsfolgen der Nichteinbeziehung und Unwirksamkeit von Allgemeinen Geschäftsbedingungen*, 1986.

Schmidt, Jörg – *Vertragsfreiheit und EG-Handelsvertreterrichtlinie*, ZHR 156 (1992), 512-520.

Schmidt, Karsten – *Sein – Schein – Handelsregister/Grundfragen des Verkehrsschutzes durch Handelsregister und Bekanntmachung*, JuS 1977, 209-217;
– *Kundenstammüberlassung und "Sogwirkung der Marke": taugliche Kriterien für Ausgleichsanspruch des Vertragshändlers?*, DB 1979, 2357-2363;
– *Vom Handelsrecht zum Unternehmens- Privatrecht?*, JuS 1985, 249-257;
– *Spekulation oder skeptischer Empirismus im Umgang mit kodifizierten Recht?*, JuS 1985, 939-941;
– *Bemerkungen zur Überarbeitung des Handelsgesetzbuchs/Von Recht des "Handelstands" (Erstes Buch) zum Recht der "Unternehmen"*, DB 1994, 515-521;
– *Das Handelsrechtsreformgesetz*, NJW 1998, 2161-2169 ;
– *Gesellschaftsrecht*, 4.ª ed., 2002;
– *"Unternehmer" – "Verbraucher" – "Kaufmann"/Schmittstellen im "Sonderprivatrecht" und Friktionen zwischen §§ 13, 14 BGB und §§ 1 ff. HGB*, BB 2005, 837-842;
– *Handelsrecht/Unternehmensrecht* 1, 6.ª ed., 2014;
– *Insolvenzordnung*, 19.ª ed., 2016;
– *Münchener Kommentar zum Handelsgesetzbuch* I – §§ 1-104a, 4.ª ed., 2016.

982   *Direito comercial*

Schmidt-Kessel, Martin – *Die Zahlungsverzugsrichtlinie und ihre Umsetzung*, NJW 2001, 97-103.

Schmidt-Kessel, Martin/Leutner, Gerd/Müther, Peter-Hendrik – *Handelsregister-recht/Kommentar*, 2010.

Schmidt-Kessler, Martin/Kopp, Christina – em Martin Schmidt-Kessel/Gerd Leutner/Peter-Hendrik Müther, *Handelsregisterrecht/Kommentar* (2010), § 15.

Schmidt, Nikolaus – *vide* Frenzel, Volkhard.

Schmidt, Ralf Bodo – *Wirtschaftslehre der Unternehmung*, 1969.

Schmidt, Reimer – introdução ao monumental comentário de Erich R. Prölss, *Versicherungsaufsichtsgesetz*, 11.ª ed. (1997), 1 ss..

Schmidt/Meyer-Landrut – *AktG/Grosskomm*, 2.ª ed., 1961.

Schmidt-Leithoff, Christian – *Die Verantwortung der Unternehmensleitung*, 1989.

Schmidt-Recla, Adrian – *vide* Kern, Bernd-Rüdiger.

Schmitthoff, Clive M. – *Das neue Recht des Welthandels*, RabelsZ 28 (1964), 47-77

Schneider, Winfried-Thomas – em Roland Michael Beckmann/Annemarie Matusche-Beckmann, *Versicherungsrechts-Handbuch*, 2.ª ed., 2009

Scholz, Johannes-Michael – *Portugal*, em Helmut Coing (org.), *Handbuch der Quellen und Literatur der neueren europäischen Privatrechtsgeschichte* – vol. III, *Das 19. Jahrhundert*, tomo 1 (1982), 687-861.

Scholz, Oliver – *Die Einführung elektronischer Handelsregister im Europarecht*, EuZW 2004, 172-176.

Schönke, Adolf – *vide* Baur, Fritz.

Schramm, Karl-Heinz – no *Münchener Kommentar zum BGB*, 5.ª ed., 2006, § 170

Schricher, Gerhard – *Rechtsfragen der Firmenlizenz*, FS Gamm (1990), 289-301.

Schroeder, Dirk – *Die Einbeziehung Allgemeiner Geschäftsbedingungen nach dem AGB-Gesetz und die Rechtsgeschäftslehre*, 1983.

Schroeder, Hans-Patrick – *Die lex mercatoria arbitralis*, 2007.

Schroeder, Klaus Peter – recensão a Lothar Weyhe, *Levin Goldschmidt/Ein Gelehrtenleben in Deutschland* (1996), NJW 1997, 2666.

Schulte, Rainer (org.) – *Patentgesetz mit Europäischem Patentübereinkommen*, 9.ª ed., 2014.

Schultze-von Lasaulx, H. A. – *Handel und Gewerbe. Gedanken zur Gruppierung des Rechtsstoffes*, AcP 145 (1939), 234-247.

Schulze-Osterloh, Joachim – *Jahresabschluss, Abschlussprüfung und Publizität der Kapitalgesellschaften nach dem Bilanzrichtlinien-Gesetz*, ZHR 150 (1986), 532-569.

Schumacher, Florian – *vide* Bitter, Georg.

Schütte, Monika – *Leistungsstörungen im Kommissionsrecht*, 1988.

Schwabach, Aaron – *Internet and the Law: Technology, Society and Compromises*, 2005.

Índice bibliográfico 983

Schweitzer, Heike – *vide* Mestmäcker, Ernst Joachim.
Schwerdtner, Peter – *Maklerrecht*, 3.ª ed., 1987;
– *Münchener Kommentar/BGB*, 3.ª ed. (1993), § 12, Nr. 41.
Schwintowski, Hans-Peter – *Bankrecht*, 3.ª ed., 2011.
Sciancalepore, Giovanni – *La tutela del consumatore: profili evolutivi e commercio elettronico*, em Sica/Stanzione, *Commercio elettronico* (2002), 179-218.
Sciumbata, Letizia Rita (org.) – *I trasporti nella normativa europea*, 2003.
Sconamiglio, Claudio – *La conclusione e l'esecuzione del contratto telematico*, em Sica/Stanzione, *Commercio elettronico* (2002), 73-89.
Sealy, L. S./Hooley, R. J. A. – *Commercial Law*, 2003.
Seiler, Erwin/Kippes, Stephan/Rehkugler, Heinz – *Handbuch für Immobilienmakler und Immobilienberater*, 3.ª ed., 2015.
Semler, Franz-Jörg – *Aktuelle Fragen im Recht der Vertragshändler*, DB 1985, 2493-2497.
Semler, Franz Georg – *Vom Gesellschaftsrecht zum Unternehmensrechts/Versuch einer Orientierung*, FS Raisch 1995, 291-308.
Sendin, Paulo Melero – *Lições de Direito comercial e de Direito da economia*, 2 volumes, 1979-80;
– *Letra de câmbio/L.U. de Genebra*, vol. I. *Circulação cambiária*, 1976, e vol. II, *Obrigações e garantias cambiárias*, 1982;
– *Artigo 230.º, Código Comercial e teoria jurídica da empresa mercantil*, Estudos F. Correia, II (1989), 909-1064.
Serens, M. Nogueira – *vide* Caeiro, António.
Serna, Pedro Gomes de la/Garcia, José Reus y – *Código de Comercio, arreglado á la reforma de metade en 6 de Deciembre de 1869*, 5.ª ed., 1869.
Serra, Adriano Paes da Silva Vaz – *Culpa do devedor ou do agente*, BMJ 68 (1957), 13-149, e 110-132, e RLJ 110 (1978), 270-272 e 274-280;
– *Culpa do devedor ou do agente*, BMJ 68 (1957, com separata), n.º 6, 110-132;
– *União de contratos – contratos mistos*, separata do BMJ 91, 1960;
– *Acções nominativas e acções ao portador*, BMJ 175 (1968), 5-43, 176 (1968), 11-81, 177 (1968), 5-94 e 178 (1968), 17-85;
– anotação a STJ 16-fev.-1967, RLJ 100 (1968), 262-266;
– *Assembleia geral*, BMJ 197 (1970), 2-176.
Serra, Catarina – *Efeitos da declaração de falência sobre o falido*, SI 47 (1998), 274-313;
– *A falência no quadro da tutela jurisdicional dos direitos de crédito*, 2009;
– *Direito comercial/Noções fundamentais*, 2009;
– *O novo regime português da insolvência/Uma introdução*, 2004 e 4.ª ed., 2010;
– *O regime português da insolvência*, 5.ª ed., 2012;

984   *Direito comercial*

– *O processo especial de revitalização/Colectânea de jurisprudência*, 2016.

Servatius, Wolfgang – *Zur Eintragung organschaftlicher Vertretungsmacht ins Handelsregister*, NZG 2002, 456-459;
– em Martin Henssler/Lutz Strohn, *Gesellschaftsrecht*, 3.ª ed. (2016), 484 ss..

Seuffert, Lothar – *Deutsches Konkursprozessrecht*, 1899.

Sica, Salvatore/Stanzione, Pasquale (org.) – *Commercio elettronico e categorie civilistische*, 2002.

Silva, Fernando Emygdio da – *Seguros mútuos*, 1911.

Silva, Gaspar Pereira – *Fontes proximas do Codigo Commercial Portuguez ou Referencia aos Codigos das Naçoens civilisadas e às obras dos melhores Jurisconsultos onde se encontrarão disposições ou doutrinas identicas ou similhantes à legislação do mesmo Codigo*, 1843.

Silva, J. F. Azevedo e – *Commentario ao Novo Codigo Commercial Portuguez*, Fasc. 1.º, *Introdução*, 1888.

Silva, João Calvão da – Anotação a STJ 13-set.-2007 (Custódio Montes), RLJ 136 (2007), 359-376.

Silva, Nuno Espinosa Gomes da – *História do Direito Português/Fontes de Direito*, 4.ª ed., 2006.

Silva, Paula Costa e – *Direito dos valores mobiliários/Relatório*, 2004;
– *A litigância de má fé*, 2008.

Silveira, Pedro Malta da – *A empresa nos centros comerciais e a pluralidade de estabelecimentos/os centros comerciais como realidade juridicamente relevante*, 1999.

Simonetto, Ernesto – *Consorzi/Primi appunti sulla Legge 10 Maggio 1976, n° 377*, RSoc 22 (1977), 785-808.

Singh, Karam – *vide* Woolf, Emile.

Skaupy, Walther – *Das "Franchising" als zeitgerechte Vertriebskonzeption*, DB 1982, 2446-2450.
– *Zu den Begriff "Franchise", "Franchisevereinbarung" und "Franchising"*, NJW 1992, 1785-1790;
– *Franchising/Handbuch für die Betriebs- und Rechtspraxis*, 2.ª ed., 1995;
– *vide* Gross, Herbert.

Slorach, J. Scott/Ellis, Jason – *Business Law 2015-2016*, 32.ª ed., 2015.

Smid, Stefan – *Grundzüge des neuen Insolvenzrechts*, 3.ª ed., 1999;
– DZWIR 2007, 43-44.

Smid/Leonhart – em Leonhart/Smid/Zeuner, *Insolvenzordnung/Kommentar*, 3.ª ed., 2010.

Smith, I. T./Wood, Sir John C. – *Industrial Law*, 1986.

Soares, Adriano Garção/Santos, José Maia dos/Mesquita, Maria José Rangel de – *Seguro obrigatório de responsabilidade civil automóvel*, 3.ª ed., 2006.

Soares, Fernando Luso/Mesquita, Duarte Romeira/Brito, Wanda Ferraz de – *Código de Processo Civil Anotado*, 5.ª ed., 1987.

Sonnenberger, Hans Jürgen – *Treu und Glauben – ein supranationaler Grundsatz?*, FS Odersky (1996), 703-721;
– *vide* Ferid, Murad.

Soprano, Enrico – *vide* Tartufari, Luigi.

Sordelli, Luigi – *Il know-how: facoltà di disporne e interesse al segreto*, RDInd 1986, 93-157.

Sortais, Jean-Pierre – *vide* Derrida, Fernand.

Soulsby, J. – *vide* Marsh, S. B..

Sousa, António Baptista de (Visconde de Carnaxide) – *Sociedades anonymas/ Estudo theorico e pratico de direito interno e comparado*, 1913.

Sousa, Miguel Teixeira de – *As partes, o objecto e a prova na acção executiva*, 1995.

Souto, Adolpho de Azevedo – *Estudos sobre o Codigo Commercial* I – *Forma de contrato de sociedade*, O Direito 42 (1910), 113-117;
– *O 3.º congresso juridico internacional das sociedades por acções e das sociedades cooperativas*, O Direito 42 (1910), 289-291 e 305-308 e O Direito 43 (1911), 17-20.

Souto, Carlos Ernesto Martins – *vide* Coelho, J. G. Pinto.

Souza, José Ferreira Marnoco e – *Das letras no direito comercial portuguez/ Dissertação inaugural*, 1897, depois refundido e reeditado sob o título *Das letras, livranças e cheques/Commentario ao titulo VI do livro II do Codigo Commercial* – vol. 1.º *(Artt. 278.º-313.º)*, 1905.

Spliedt, Jürgen – em Karsten Schmidt, *Insolvenzordnung*, 19.ª ed., 2016

Sprau, Hartwig – no Palandt, *BGB*, 71.ª ed. (2012), §§ 652 ss..

Stadler, Manfred – *vide* Franz, Wolfgang.

Stancanelli, Giuseppe – *Consorzi amministrativi*, NssDI IV (1959), 250-254;
– *Consorzi stradali*, NssDI IV (1959), 285-290;
– *vide* Miele, Giovanni.

Stanzione, Pasquale – *vide* Sica, Salvatore.

Staub, Herman – *Kommentar zum Allgemeinen Deutschen Handelsgesetzbuch (ohne Seerecht)*, 1893.

Staudinger/Magnus, Ulrich – *Wiener UN-Kaufrecht*, 2005.

Staudinger/Schilken – *BGB*, I, §§ 164-240, 2004.

Stebut, Dietrich von – *Geheimnischutz und Verschwiegenheitspflicht im Aktienrecht*, 1972.

Steckhan, Hans-Werner – *Grenzen des öffentlichen Glaubens der Handelsregisterbekanntmachung*, DNotZ 1971, 211-229;
– *Zur Normzweck und Rechtsfolge des neuen § 15 Abs. 3 HGB*, NJW 1971, 1594-1596.

986   *Direito comercial*

Stein, Ursula – *Lex mercatoria: Realität und Theorie*, 1995.

Steinbeck, Anja – *Handelsrecht*, 3.ª ed., 2014.

Steinberg, Anja – *Die Verweltbarkeit der Firma und der Marke in der Insolvenz*, NZG 1999, 133-140;
    – *Handelsrecht*, 2.ª ed., 2010.

Steindl, Enrico – *Il contratto di assicurazione*, 2.ª ed., 1990.

Steinmann, Horst – *Das Grossunternehmen im Interessenkonflikt/Ein wirtschaftswissenschaftlicher Diskussionsbeitrag zu Grundfragen einer Reform der Unternehmensordnung in hochentwickelten Industriegesellschaften*, 1969.

Sternal, Werner – em Godehard Kayser/Christoph Thole, *Insolvenzordnung*, 8.ª ed. (2016);
    – em Wilhelm Uhlenbruck/Heribert Hirte/Heinz Vallender, *Insolvenzordnung*, 14.ª ed. (2015).

Steuck, Heinz-Ludwig – *Die Stiftung als Rechtsform für wirtschaftliche Unternehmen*, 1967.

Stickelbrock, Barbara – *Urheberrechtliche Nutzungsrechte in der Insolvenz*, WM 2004, 549-563.

Stöber, Kurt – *vide* Keidel, Helmut.

Stolp, Herrmann – *vide* Borchardt, S..

Strobel, Daniele de – *L'assicurazione di responsabilità civile*, 4.ª ed., 1998.

Stucchi, M. (org.) – *Codice della navigazione*, 2011.

Stumpt, Herbert/Fichna, Gudrun/Dircks, Jürgen – *Internationales Handelsvertretersrecht*, 4.ª ed., 1986.

Stürner, Rolf – *vide* Baur, Fritz.

Szramkiewicz, Romuald – *Histoire du Droit des affaires*, 1989.

T. D., *Les Cinq Codes, Napoleón, de Procedure Civile, de Commerce, d'Instruction criminelle, et Pénal*, 1811.

Tanna, Suresh – *vide* Woolf, Emile.

Tartufari, Luigi – *Della vendita e del riporto*, 6.ª ed. revista e actualizada por Enrico Soprano, 1936.

Tassinari, Federico – *La pubblicità commerciale nella repubblica federale tedesca*, em *La pubblicità commerciale nei paesi dell'unione europea* (2000), 1-31;
    – *La pubblicità commerciale in Spagna*, em *La pubblicità commerciale nei paesi dell'unione europea* (2000), 69-104;
    – *vide* Rescio, Giuseppe A..

Tatelbaum, Charles M./Pearson, John K. (ed.) – *Manual of Credit and Commercial Laws*, 91.ª ed., 1999.

Taupitz, Jochen/Kritter, Thomas – *Electronic Commerce – Probleme bei Rechtsgeschäften im Internet*, JuS 1999, 839-846.

Tavares, José Maria Joaquim – *A determinação dos actos de commercio (Analyse do art.2.º do Codigo Commercial)*, em *Estudos jurídicos* (s/d), 588-616;
– *Problemas práticos sobre a qualidade de comerciante*, em *Estudos Jurídicos* (s/d), 617-646;
– *A fiança no Direito commercial*, 1896;
– *Das Emprezas no Direito Commercial (Estudo sobre o artigo 230.º do Código Commercial Portuguez)*, 1898;
– *Das sociedades commerciaes/Tractado theorico e pratico (Dissertação inaugural para o acto de conclusões magnas na Faculdade de Direito), em dois volumes, Parte I – Das sociedades industriaes em geral*, 1899, e *Parte II – A disciplina juridica commum das sociedades commerciaes*, 1899;
– *Curso de Direito Commercial*, tomo I, 1901;
– *Os princípios fundamentais do novo typo das sociedades por quotas*, em *Estudos Jurídicos*, publ. José Tavares/António José Teixeira d'Abreu (1912), 60-75;
– *A constituição das sociedades por quotas*, em *Estudos Jurídicos*, publ. José Tavares/António José Teixeira d'Abreu (1912), 367-380;
– *A determinação dos actos de commercio (Analyse do art. 2.º do Codigo commercial)*, em *Estudos Jurídicos*, publ. José Tavares/António José Teixeira d'Abreu (1912), 588-614.
– *Sociedades e empresas comerciais*, 2.ª edição completada das *Sociedades Commerciaes* e da parte jurídica das *Emprezas no Direito Commercial Portuguez*, 1924;
– *Os princípios fundamentais do Direito civil*, II, 1928.
Telles, Inocêncio Galvão – *Dos contratos em geral*, 1.ª ed., 1947;
– *Aspectos comuns aos diversos contratos*, RFDUL VII (1950), 234-315;
– *Contratos civis*, RFDUL X (1954), 161-245 e BMJ 83 (1959), 114-283;
– *Manual dos contratos em geral*, 3.ª ed., 1965;
– *Utilização de espaços nos "shopping centers"/Parecer*, CJ XV (1990) 2, 23-34;
– *Das condições gerais dos contratos e da Directiva Europeia sobre as cláusulas abusivas*, O Direito 127 (1995), 297-314;
– *Contratos de utilização de espaços nos centros comerciais*, O Direito 123 (1991), 521-534 e em António Pinto Monteiro (coord.), *Contratos: actualidade e evolução* (1997), 241-255.
Telles, J. H. Corrêa – *Commentario critico á Lei da Boa Razão, em data de 18 de Agosto de 1769*, 1836;
– *Digesto Portuguez*, tomo III, 1909, correspondente à ed. de 1845.
Tetzlaff, Christian – *Die Abwicklung von Insolvenzverfahrung bei selbstständigtätigen natürlichen Personen*, ZVI 2004, 2-9.

988   *Direito comercial*

Teubner, Gunther – *Corporate fiduciary duties and their beneficiaries: a functional approach to the legal institutionalization of corporate responsability*, em Klaus J. Hopt/Gunther Teubner, *Corporate Governance and Directors' Liabilities/Legal, economic and sociological analyse on corporate social responsability* (1985), 149-177;
- *Unternehmensinteresse – das gesellschaftliche Interesse des Unternehmens "an sich"?*, ZHR 149 (1985), 470-488;
- *Unternehmenskorporatismus/New Industrial Policy und das "Wesen" der juristischen Person*, KritV 1987, 61-85;
- *"Verbund", "Verband" oder "Verkehr"? Zur Aussenhaftung von Franchising-Systemen*, ZHR 154 (1990), 295-324;
- *Profit sharring als Verbundspflicht? Zur Weiterllitung von Netzvorteilen in Franchise-Systemen*, ZHR 168 (2004), 78-96.

Thaller, E. – *De la place du commerce dans l'histoire générale et du droit commercial dans l'ensemble des sciences*, ADC 1892, 49-70, 97-128, 145-168, 192-215, 257-286.

Thibaut, Anton Friedrich Justus – *System des Pandekten Rechts*, 1, 1805), 2, 6.ª ed., 1823.

Thöl, Heinrich – *Das Handelsrecht*, 1.º vol., 3.ª ed., 1854;
- *Zur Geschichte des Entwurfes eines allgemeinen deutschen Handelsgesetzbuches*, 1861;
- *Das Handelsrecht*, 5.ª ed., 2 tomos, 1876.

Thole, Christoph – *vide* Kayser, Godehard.

Thomale, Chris – no Heidel/Schall, HGB (2011), 628 ss..

Thomas, Stefan – *vide* Kling, Michael.

Thume, Karl-Heinz – *Neues zum Ausgleichsanspruch des Handelsvertreters und des Vertragshändlers*, BB 1994, 2358-2363;
- *Der Angleichsanspruch des Handelsvertreters gem. § 89 b HGB im Lichte der Europäischen Union*, BB 2004, 2473-2478

Tian-Pancrazi, Marie-Eve – *vide* Mestre, Jacques.

Tiny, Kiluange/Santos, Rute Martins/Tiny, N'Gunu – *Investimentos em São Tomé e Príncipe/Legislação Básica*, 2006.

Tiny, N'Gunu – *vide* Tiny, Kiluange.

Toebelmann, Kurt – *Beiträge zur Geschichte des Maklerrechts nach süddentschen Quellen*, ZHR 70 (1911), 133-183.

Toffoletto, Alberto – *vide* Jaeger, Pier Giusto.

Tomás, Dionisio A. Perona – *Notas sobre el proceso de la codificación mercantil en la España del siglo XIX*, 2015.

Tonner, Klaus – *Das neue Fernabsatzgesetz – oder: System statt "Flickenteppisch"*, BB 2000, 1415-1420;
- *vide* Micklitz, Hans-W..

Torre, Antonio la – *L'assicurazione nella storia delle idee/La risposta giuridica al bisogno di sicurezza economica: ieri e oggi*, 2.ª ed., 2000.

Torres, Arnaldo Pinheiro – *vide* Santarém, Pedro de.

Tosi, Jean-Pierre – *Introduction au droit de l'entreprise*, 1970.

Tourneau, Philippe le – *La rupture des négociations*, RTDComm 51 (1998), 472-491.

Trabucchi – *vide* Cian.

Treber, Jürgen – *Der Kaufmann als Rechtsbegriff im Handels- und Verbraucherrechte/Überlegung zum Handelsrechtsreformgesetz*, AcP 199 (1999), 525-590.

Triebel, Volker – *Englisches Handels- und Wirtschaftsrecht*, 1978.

Triola, Roberto – *Codice Civile annotato*, 3.ª ed., 2003.

Tripodi, Enzo Maria/Belli, Claudio – *Codice del consumo/Commentario del D. Lgs. 6 settembre 2005, n. 206*, 2006.

Trochu, Michel – *L'entreprise: antagonisme ou collaboration du capital et du travail*, RDComm XXII (1969), 681-717.

Tröller, Alois – *Immaterialgüterrecht/Patentrecht, Markenrecht, Muster- und Modellrecht, Urheberrecht, Wettbewerbsrecht*, 3.ª ed., 1.º vol., 1983) e 2.º vol., 1985.

Trosi, Bruno – *La mediazione*, 1995.

Troullier, Albert – *Documents pour servir à l'histoire de l'évolution des effets de commerce et notamment de la lettre de change*, 1912.

Tullio, Leopoldo – *vide* Ovidio, Antonio Lefebvre d'.

Tumedei, Cesare – *Del contrato di mediazione*, RDComm XXI (1923), 1, 113-142.

Uberti-Bona, Italo – *Questioni in tema di cointeressenza fra imprenditori*, RDComm 51 (1953), I, 128-146.

Uhlenbruck, Wilhelm – em Peter Gottwald, *Insolvenzrechts-Handbuch*, 1990.

Uhlenbruck, Wilhelm/Hirte, Heribert/Vallender, Heinz – *Insolvenzordnung*, 14.ª ed., 2015.

Ukmar, Victor – prefácio a Giorgio Sacerdoti/Giuseppe Marino, *Il commercio elettronico/Profili giuridici e fiscali internazionali*, 2001.

Ullmann, Eike – *Die Verwendung von Marke, Geschäftsbezeichnung und Firma im geschäftlichen Verkehr, insbesondere des Franchising*, NJW 1994, 1255--1262.

Ulmer, Peter – *Der Vertragshändler*, 1969;
  – *Begriffsvielfalt im Recht der Verbundenen Unternehmen als Folge des Bilanzrichtlinien – Gesetzes – Eine systematische Analyse*, FS Goerdeler (1987), 623-648;
  – *vide* Habersack, Mathias.

Ulrich, Ruy Ennes – *Da bolsa e suas operações*, 1906;

990   *Direito comercial*

– *Do Reporte no Direito Comercial Portuguez*, 1906;
– *vide* Santarém, Pedro de.
Ungeheuer, Christina – *vide* Wolf, Manfred.
Ureba, alberto Alonso e outros – *Código Comercial y Leyes Mercantiles*, 2015.
Utrel – *Código Comercial/Aprovado pelo Decreto-Lei n.º 2/2005*, de 27 de dezembro, 2006.

Vabres, Régis – *vide* Jacquemont, André.
Valeri, Giuseppe – *Autonomia e limiti del nuovo diritto commerciale*, RDComm XLI (1943) I, 21-45;
    – *Il Codice di Commercio*, I. *Come fu suppresso*, II. *Come devrà risorgere*, RDComm XLIII (1945) I, 11-19.
Vallender, Heinz – *5 Jahre Insolvenzordnung*, NZI 2004, 17-18 ;
    – *vide* Uhlenbruck, Wilhelm.
Vallens, Jean-Luc – *Droit de la faillite et droits de l'homme*, RDComm 50 (1997), 567-590.
Varela, Antunes – *Contratos mistos*, BFD 44 (1968), 143-168;
    – anotação a STJ 16-fev.-1967, RLJ 100 (1968), 266-271;
    – Anotação a STJ 26-abr.-1984 (Magalhães Baião), RLJ 122 (1989), 62-64;
    – *Centros comerciais, Shopping centers: natureza jurídica dos contratos de instalação de lojistas* (1995), separata da RLJ;
    – *Direito da família*, 1.º vol., 4.ª ed., 1996;
    – Anotação a STJ 24-mar.-1992 (Fernando Fabião), RLJ 128 (1996), 278-286;
    – Anotação a RLx 22-out.-1992 (António da Cruz), RLJ 128 (1996), 286-292;
    – Anotação a RLx 18-mar.-1993 (Eduardo Batista), RLJ 128 (1996), 292-302;
    – Anotação a STJ 26-abr.-1994 (Santos Monteiro), RLJ 128 (1996), 302-307;
    – Anotação a STJ 1-fev.-1999 (Oliveira Branquinho), 307-315, RLJ 128 (1996), 315-320 e 368-373 e RLJ 129 (1996), 142-152 e 203-214;
    – Anotação a STJ 20-jan.-1998 (Lopes Pinto), RLJ 131 (1998), 143-147 e 373-378;
    – *Das obrigações em geral*, 1, 10.ª ed., 2000;
    – *vide* Lima, Pires de.
Vasconcelos, Joana – em Pedro Romano Martinez, *Código do Trabalho Anotado*, 9.ª ed., 2013.
Vasconcelos, L. Miguel Pestana de – *O contrato de franquia (franchising)*, 2000;
    – *A cessão de créditos em garantia e a insolvência*, 2007;
    – *Do reporte com função de crédito e garantia*, em *Nos 20 anos do Código das Sociedades Comerciais*, 3 (2007), 9-59.
Vasconcelos, Pedro Pais de – *Contratos* atípicos, 1994;

Índice bibliográfico   991

– *Contratos de utilização de lojas em centros comerciais: qualificação e forma*, ROA 1996, 535-549;
– *Direito comercial* 1, 2011.
Veil, Rüdiger – *vide* Raiser, Thomas.
Ventura, Paulo – *Legislação sobre seguros e actividade seguradora*, 1990.
Ventura, Raúl – *Sociedades comerciais: dissolução e liquidação*, 1960;
– *Associação à quota*, 1968;
– *Associação em participação (Projecto)*, BMJ 189 (1969), 15-136 e 190 (1969), 5-111;
– *Primeiras notas sobre o contrato de consórcio*, ROA 41 (1981), 609-690;
– *Dissolução e liquidação de sociedades*, 1987;
– *Fusão, cisão, transformação de sociedades*, 1990;
– *Alterações do contrato de sociedade*, 1.ª ed., 1986, e 2.ª ed., 1991;
– *Estudos vários sobre sociedades anónimas*, 1992;
– *Sociedades por quotas*, vol. I, 1.ª ed., 1987, e 2.ª ed., 1993; vol. II, 1989 e vol. III, 1991.
Ventura, Raúl/Correia, Brito – *Transformação de sociedades – Anteprojecto e notas justificativas*, BMJ 218 (1972), 5-129 e 219 (1972), 11-69 e 220 (1972), 13-83.
Vicente, Dário Moura – *Da arbitragem comercial internacional: Direito aplicável ao mérito de causa*, 1990;
– *Da responsabilidade pré-contratual em Direito internacional privado*, 2001;
– *Insolvência internacional: Direito aplicável*, O Direito 2006, 793-815;
– *Insolvência internacional/Direito aplicável*, Est. José Dias Marques (2007), 81-104.
Vidari, Ercole – *Corso di diritto commerciale* 1, 5.ª ed., 1900; 2, 5.ª ed., 1901; 3, 4.ª ed., 1895.
Vieira, José Alberto – *O contrato de concessão comercial*, 1991, reimp., 2006.
Vigliar, Salvatore – *Consumer protection e transazioni on-line: breve analisi della policy comunitaria*, em Sica/Stanzione, *Commercio elettronico* (2002), 219-237.
Vigone, Luisa – *Contratti atipici/Guida ai principali contratti commerciali e finanziari*, 2.ª ed., 1998.
Vinken – *Die Stiftung als Trägerin von Unternehmen und Unternehmensteilen*, 1970.
Vitale, Antonino – *Consorzi idraulici*, NDI III (1938), 971-976;
– *Consorzi portuale*, NDI III (1938), 993-995.
Vitale, Antonino/Petrocchi, Carlo – *Consorzi idraulici*, NssDI IV (1959), 265-269.
Vivante, Cesare – *Instituições de Direito Comercial*, sobre a 10.ª ed. it., trad. de J. Alves de Sá, 1910;

- *Trattato di diritto commerciale*, I – *I commercianti*, 5.ª ed., 1922; IV – *Le obbligazioni*, 4.ª ed., 1916;
- *Il contratto di riporto*, RDComm 23 (1925), 97-117;
- *vide* Bolaffio, Leone.
- *Trattato di diritto commerciale*, 5.ª ed., quatro volumes, 1922-1929;

Vogel, Joachim/Stockmeier, Hermann – *Umwelthaftpflichtversicherung*, 1997.

Völderndorff, von – *vide* Anschütz, August.

Vollkommer, Max – *Das neue Maklerrecht – ein Vorbild für die Überarbeitung des Schuldrechts?*, FS Larenz 80 (1983), 663-703.

Vossius, Oliver – *Über das Unternehmens-Privatrecht und wider die Methode aprioristischer Fragestellung in der Rechtswissenschaft*, JuS 1985, 936-939.

Vuia, Mihai – em Peter Gottwald, *Insolvenzrechts-Handbuch*, 5.ª ed. (2015).

Wahl, Albert – *Précis Théorique et Pratique de Droit Commercial*, 1922.

Wallbrecht, Dirk – *vide* Kröger, Detlef.

Waltenberger, Jochen – no *InsO/Heidelberger Kommentar*, 8.ª ed., ????

Wamser, Frank – *Die Firmenmehrheit*, 1997.

Wandt, Manfred – *Versicherungsrecht*, 6.ª ed., 2016.

Warncke, Theodor – *vide* Glaser, Hugo.

Weber, Till – *Zur Definition der Zahlungsunfähigkeit nach der InsO*, ZInsO 2004, 66-71.

Weider, Manfred – *Das Recht der deutschen Kaufmannsgilden des Mittelalters*, 1934.

Weimar, Robert/Goebel, Dietrich – *Neue Grundsatzfragen um Scheinselbstandigkeit und arbeitnehmerähnliche Selbständige*, ZIP 1999, 217-226.

Weise, Paul-Frank – *Lex mercatoria/materielles Recht vor der internationalen Handelsschieds-gerichtsbarkeit*, 1990.

Weishaupt, Arnd – *Der Maklervertrag im Zivilrecht*, JuS 2003, 1166-1173.

Weitnauer, Hermann – anotação a BGH 24-out.-1961, JZ 489-491.

Wekrich, Ortwin – *Zur Abgrenzung von Franchise- und Arbeitsvertrag*, DB 1988, 806-808.

Wellhöfer, Werner – *Die Ausübung der Aktionärsrechte zur Verfolgung politischer und gemeinnütziger Interessen auf den Hauptversammlungen deutscher und amerikanischer Aktiengesellschaften*, 1977.

Wellspacher, Moritz – *Das Vertrauen auf äussere Tatbestände im bürgerlichen Rechte*, 1906.

Welp, Marcus – *vide* Lutter, Marcus.

Wengler, A. – *Das allgemeine deutsche Handelsgesetzbuch*, 1867.

Werner, Horst S. – *Der aktienrechtliche Abhängigkeitstatbestand/Eine Untersuchung der Herrschaftsmöglichkeiten von Unternehmen über Unternehmen in der faktischen Konzernverbindung*, 1979.

Werner, Horst S./Machunsky, Jürgen – *Probleme und Voraussetzungen des Ausgleichsanspruchs des Vertragshändlers*, BB 1983, 338-342.

Wertenbruch, Johannes – *Die Firma des Einzelkaufmanns und der OHG/KG in der Insolvenz*, ZIP 2002, 1931-1936.

Westermann, Harm Peter – *Die "versteckte" stille Gesellschaft*, FS Ulmer 2003, 657-672.

Westermann, Harry – *Gedanken zum Unternehmensschutz im Recht der Personenhandelsgesellschaft*, FS Bartholomeizcik (1973), 395-414.

Westphalen, Friedrich Graf von – *Die Nutzlosigkeit von Haftungsfreizeichnungs- und Haftungsbegrenzungsklauseln im kaufmännischen Verkehr*, DB 1997, 1805-1810;
– (org.) *Handbuch des Handelsvertreterrechts in EU-Staaten und der Schweiz*, 1995.

Weyhe, Lothar – *Levin Goldschmidt/Ein Gelehrtenleben in Deutschland*, 1996.

Wieacker, Franz – *Privatrechtsgeschichte der Neuzeit*, 2.ª ed., 1967.

Wiedemann, Harald – *Bilanzrecht/Kommentar zu den §§ 238 bis 342a HGB* (1999), § 238.

Wiedemann, Herbert – *Grundfragen der Unternehmensverfassung*, ZGR 1975, 385-432;
– *Gesellschaftsrecht/Ein Lehrbuch des Unternehmen- und Verbandsrechts*, I – *Grundlagen*, 1980;
– *Das Unternehmen als dialektisches System/Führung und Kommunikation einmal anders betrachtet*, 2003.

Wieland, Karl – *Handelsrecht* vol. I – *Das Kaufmänische Unternehmen und die Handelsgesellschaften*, 1921.

Wieseler, Michael – *vide* Petri, Igor.

Willer, Heinz – *vide* Krafka, Alexander.

Wilmowsky, Peter von – *Der Mieter in Insolvenz: die Kündigungssperre*, ZInsO 2004, 882-888.

Windbichler, Christine – *vide* Hueck, Gotz.

Wittig, Arne – *vide* Kümpel, Siegfried.

Wolf, Manfred – *vide* Larenz, Karl.

Wolf, Manfred/Ungeheuer, Christina – *Vertragsrechtliche Probleme beim Franchising*, BB 1994, 1027-1033.

Wolf, Ronald Charles – *A Guide to International Joint Ventures with Sample Clauses*, 2.ª ed., 1999.

Wolter, Jobst – *Rechtsprobleme der Vertriebsvereinbarung über Kraftfahrzeuge und ihre vertragliche Bewältigung*, 1981.

Wolter, Udo – *Was ist heute Handelsrecht? – Eine Einführung in einige grundsätzliche Probleme eines prekären Rechtsgebiets*, Jura 1988, 169-178.

Wood, Sir John C. – *vide* Smith, I. T..

Woolf, Emile/Tanna, Suresh/Singh, Karam – *Business Law*, 1988.

Wörlen, Rainer/Kokemoor, Axel – *Handelsrecht mit Gesellschaftsrecht*, 12.ª ed., 2015.

Würdinger, Markus – *Die drei Säulen des Maklerprovisionsrechts: Neue Entwicklungen und Tendenzen im Immobilienmaklerrecht*, JZ 2009, 349-356.

Wutzke, Wolfgang – *vide* Haarmeyer, Hans.

Xavier, Alberto – *vide* Olavo, Fernando.

Xavier, Vasco da Gama Lobo – *Anulação de deliberação social e deliberações conexas*, 1976;
– *Direito comercial/Sumários das lições ao 3.º ano jurídico*, 1977/78;
– *Falência*, Pólis, 2 (1984), 1363-1367;
– *Sociedades comerciais/Lições*, 1987.

Zeiss, Walter – *Schadensersatzpflichten aus prozessualen Verhalten*, NJW 1967, 703-709;
– recensão a Klaus Hopt, *Schadensersatz aus unberechtigter Verfahreneinleitung/Eine rechtsvergleichenden Untersuchung zum Schutz gegen unberechtigte Inanspruchnahme staatlicher Verfahren* (1968), JZ 1970, 198-199.

Zend-Zencovich, Vincenzo – *La tutela del fruitore di servizi finanziari resi attarverso reti telematiche*, em Sica/Stanzione, *Commercio elettronico* (2002), 239-255.

Zenker, Wolfgang – *vide* Paulus, Christoph G..

Zimmer, Lutz – *§ 15 Abs. 2 HGB und die allgemeine Rechtsscheinhaftung*, 1998.

Zimmermann, Walter – *Insolvenzrecht*, 3.ª ed., 1999.

Zöllner, Wolfgang – *Zum Unternehmensbegriff der §§ 15 ff AktG*, ZGR 1976, 1-32;
– *Wovon handelt das Handelsrecht?*, ZGR 1983, 82-91, em rec. ao *Handelsrecht* de Karsten Schmidt, 1.ª ed. (1980) e 2.ª ed. (1982);
– *Wertpapierrecht*, 14.ª ed., 1987:

Zwecker, Kai-Thorsten – *Inhaltskontrolle von Franchiseverträgen*, 2000.

Zweigert, Konrad/Kötz, Hein – *Einführung in die Rechtsvergleichung*, 3.ª ed., 1996.

ÍNDICE IDEOGRÁFICO

abreviaturas, 13
acesso ao comércio, 268
ADHGB, 61
advertências, 11
agência, 73, 114, 129, 133, 287, 334, 653, 723, 776
  – cessação, 787
  – diretriz 86/253, 180
  – indemnização de clientela, 790
  – posições das partes, 782
  – proteção de terceiros, 876
  – regime, 779
analogia, 148, 211
Angola, 129
arbitragem, 187
argentarii, 50
arrendamento comercial, 879
associação em participação, 734
  – evolução, 734
  – natureza, 745
  – regime, 742
  – sistemas comutativos, 737
associações, 279
  – desportivas, 284
  – públicas, 285
atos de comércio, 207
  – mistos, 225
  – objetivos, 209
  – por analogia, 211
  – regime geral, 231

– subjetivos, 221
autonomização de disciplinas comerciais, 156
auxiliares, 289

bibliografia
  – estrangeira, 197
  – lusófona, 194
boa-fé, 52, 62, 75, 91, 186, 237, 242, 253, 255, 345, 454, 458, 570, 588, 611, 726
Brasil, 125

Cabo Verde, 129
caixeiros, 289
capacidade para atos de comércio, 269
centro comercial – *vide* contrato de lojista
cláusulas contratuais gerais, 599
  – âmbito, 613
  – dogmática básica, 600
  – evolução, 603
  – interpretação e integração, 618
  – lei portuguesa, 608
  – nulidade, 620
  – proibidas, 626
CNUDCI, 182
Code de commerce, 54
codificações tardias, 66
Código Comercial de 1833, 95

996 *Direito comercial*

Código Comercial de 1888, 101
  – alterações, 106
  – Leis complementares, 113
Código da Insolvência, 505
  – disposições introdutórias, 512
  – legislação complementar, 510
  – memorando da TROIKA, 525
  – noções legais, 514
  – preceitos processuais, 515
  – responsabilidade do requerente, 532
  – simplificação do processo, 523
  – valoração, 550
  – *vide* PARI, PER, PERSI e SIREVE
co-gestão
comentários, 200
comercialidade, 139
comerciante, 259
  – Código Comercial, 265
  – inibições e impedimentos, 274
  – pessoa coletiva, 278
  – pessoa singular, 268
  – proibições, incompatibilidades, 274
  – reforma alemã de 1998, 262
comércio à distância, 643
  – *internet*, 639
comissão (contrato), 686
comissários, 289
compra e venda comercial, 856
  – delimitação, 856
  – modalidades, 858
  – regime, 860
comunicações à distância, 576
concessão, 794
  – especificidades, 801
  – figuras afins, 795
  – perfil, 794
  – regime, 799

concorrência, 70, 73, 79, 80, 115, 124, 146, 157, 164, 181, 228, 277, 302, 328, 610, 748, 779, 812
concorrência desleal, 162
concorrência pós-contratual, 263, 345, 784
consensualidade e normalização, 567
consórcio, 747
  – Direito comparado, 747
  – Direito português, 749
  – regime, 752
  – repartição de ganhos e perdas, 756
  – termo, 759
conta em participação, 739
contratação comercial, 586
contratação mitigada, 593
contrato de lojista, 762
  – autonomia, 763
  – esquema geral, 768
  – natureza, 768
  – regime, 770
contratos bancários, 816
contratos comerciais, 555
  – autonomia das partes, 555
  – coligações, 561
  – contratos especiais, 651
  – deontologia comercial, 569
  – mistos, 557
  – princípios e regras comerciais, 571
contratos de distribuição, 770
contratos pré-formulados, 632
corretores, 94, 98, 108, 169, 699, 700, 704
  – D. Afonso III, 84
culpa in contrahendo, 586
  – dever de informação, 593
  – jurisprudência comercial, 589

Descobrimentos, 85
Direito

Índice ideográfico

– bancário, 167
– da concorrência, 159
– da propriedade industrial, 164
– das sociedades comerciais, 157
– dos seguros, 171
– dos títulos de crédito, 166
– dos valores mobiliários, 169
Direito comercial, 41, 44
– aspetos metodológicos, 191
– condicionantes histórico-culturais, 45, 152
– coordenadas atuais, 139
– dos nossos dias, 191
– evolução alemã, 61
– experiência anglo-saxónica, 78
– experiência lusófona, 83, 125
– génese, 47
– natureza fragmentária, 150
– nuclear, 175
Direito da insolvência, 465
– aspetos metodológicos, 466
– autonomia dogmática, 468
– bibliografia, 468
Direito das empresas, 328
Direito europeu, 179
Direito privado, 41
– unificação, 70
Direito subsidiário, 234
diretrizes comerciais, 179
dívidas dos cônjuges, 578
documentos eletrónicos, 647
doutrina comercial lusófona, 89, 115

EIRL, 356
empresas públicas, 284
empresas, 216, 293
– concretização, 327
– dogmática, 299
– evolução, 302
– experiência portuguesa

– – desenvolvimentos linguísticos, 312
– – interesses da, 315
– – noção quadro, 324
– – objetivação, 313
– tradição
– – francesa, 306
– – germânica, 295
– – italiana, 307
engenharia, 654
entidades de solidariedade social, 283
escambo ou troca, 862
escrituração, 405
– abolição, 414
– Código Comercial, 409
– escopo, 405
– evolução, 407
– reforma de 2006, 414
especialidade, 146
estabelecimento, 330
– aceções, 330
– Direito comparado, 338
– elementos, 332
– natureza, 353
– negociação unitária, 341
– reivindicação, 352
– usufruto, 351

falência – *vide* insolvência
faturas eletrónicas, 647
Ferreira Borges, 95
firma, 71, 107, 132, 359
– aspetos processuais, 400
– evolução, 362
– no Código Comercial, 368
– origens, 359
– princípios, 380
– – autonomia privada, 382
– – normalização, 385
– – novidade, 396

998   *Direito comercial*

– – unidade, 398
– reformas dos anos 80 do séc. XX, 372
– regime especial de constituição de sociedades, 402
franquia (*franchising*), 129, 655, 774, 804
  – aspetos práticos, 814
  – cessação, 810
  – concorrência, 812
  – modalidades, 806
  – posições das partes, 808
fundações, 279

gerente comercial, 287
gestão comercial, 497, 500
Guiné, 130

inconterms, 829
indemnização de clientela, 790
índice
  – bibliográfico,
  – geral, 23
  – ideográfico,
  – jurisprudência, 883
  – onomástico,
insolvência
  – banca e seguros, 494
  – Direito romano, 470
  – experiência portuguesa, 474
  – internacional, 486
  – reformas
    – – alemã, de 1994/2001, 480
    – – francesa, de 1985, 470
    – – primeira década do século XXI, 482
  – Regulamento 1346/2000, 489
  – Regulamento 2015/848, 490
  – tradições francesa, alemã e anglo-saxónica, 472
  – *vide* Código da Insolvência

institutos comerciais sensíveis, 69
integração europeia, 179
intermediação financeira, 703
internacionalismo, 153
internacionalização, 181
internet, 200
ius mercatorum, 51
  – novo, 185

juros, 50, 98, 237, 238, 581, 682, 877
Lei da Boa Razão, 91, 93
liberdade de língua, 572
locação comercial, 879

Macau, 131
mandatário comercial, 289
mandato comercial, 681
  – tipos, 681
mediação, 689
  – características, 732
  – cessação, 731
  – cláusulas típicas, 726
  – dogmática geral, 716
  – figuras afins, 722
  – Direito romano, 691
  – Direitos modernos, 693
  – justificação, 696
  – especialização, 703
  – experiência lusófona, 699
  – dos seguros, 705
  – imobiliária, 708
  – jogos sociais, 715
  – mobiliária, 703
  – monetária, 714
  – natureza, 732
  – requisitos, 724
menores, 272
Moçambique, 133

Ordenações, 85

PARI, 528

PERSI, 528
pessoas semelhantes e comerciantes, 287
plano de insolvência, 484, 489, 509, 511, 521
plano de recuperação, 479, 528
prescrição presuntiva de dívidas comerciais, 584
primeiras leis lusófonas, 83
princípios comerciais, 231
princípios materiais, 235
processo especial de recuperação de empresas (revogado), 496
processo especial de revitalização, 527
procuração aparente, 672
procuração tolerada, 672
profissionais liberais, 290
programa, 193
proxeneta, 691, 692, 698
publicidade não solicitada, 645
publicidade negativa, 452
publicidade positiva, 456

reboque, 848
reformas pombalinas, 90
registo comercial, 418
 – âmbito, 443
 – Código de 1986, 424
 – efeitos, 450
 – – constitutivo, 451
 – – indutor de eficácia, 452
 – – invocação da aparência, 459
 – experiência portuguesa, 421
 – funcionamento, 429
 – princípios do registo, 445
 – reforma de 2006, 433
 – – aspetos gerais, 433
 – – eliminação da competência territorial, 435
 – – impugnação de decisões, 439
 – – papel da informática, 438
 – – processo de registo, 437
 – – regime transitório, 440
 – reformas de 2007, de 2008 e de 2009, 441
reporte, 864
 – direitos acessórios, 871
 – função, 868
 – modalidades, 866
 – noção, 864
representação, 656
 – comercial, 676
 – distinção, 660
 – evolução, 656
 – requisitos, 660
 – tutela de terceiros, 669
responsabilidade do Estado, 461
revistas, 200
RNPC, 374

São Tomé e Príncipe, 136
seguro, 852
 – remissão, 854
SIREVE, 528
sociedades comerciais, 278
solidariedade, 578
standards, 245

Timor, 137
tipos sociais, 652
trade terms, 833
transitário, 846
transporte, 820
 – aspetos institucionais, 820
 – contrato de, 835
 – – Código Comercial, 839
 – – entrega, 845
 – – execução, 840
 – – guia, 840
 – – natureza, 849
 – – responsabilidade do transportador, 843

– Código Comercial, 839
– convenções internacionais, 825
– diretrizes europeias, 828
– *incoterms*, 829
– *trade terms*, 833
trespasse, 341

UNCITRAL, 182
UNIDROIT, 182

Uniform Commercial Code, 79
uso do português, 572
usos comerciais, 240
– e boa-fé, 253
usos no Código Civil, 245

Veiga Beirão, 101
vendas fora do estabelecimento, 643
venire contra factum proprium, 549, 674